Monet

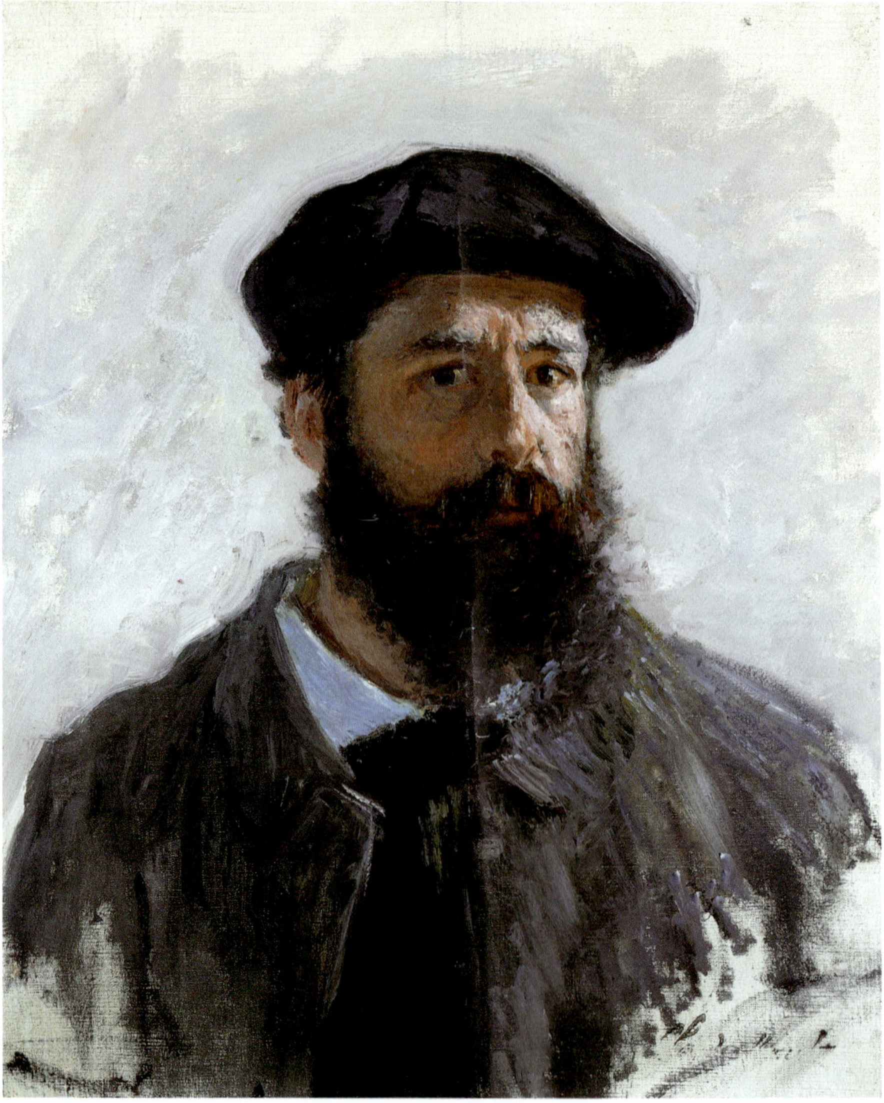

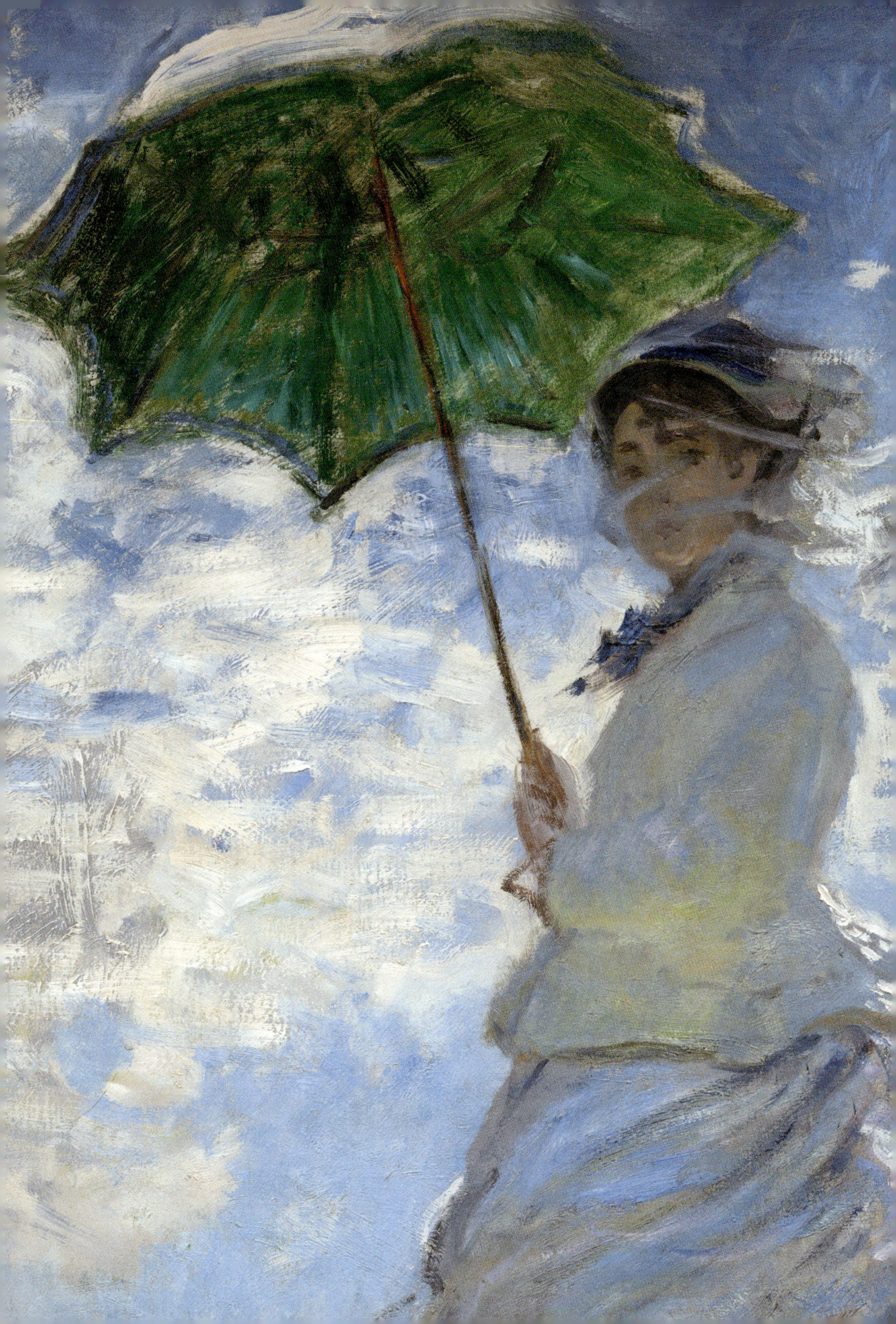

Daniel Wildenstein

Monet

El triunfo del impresionismo

TASCHEN
Bibliotheca Universalis

Índice

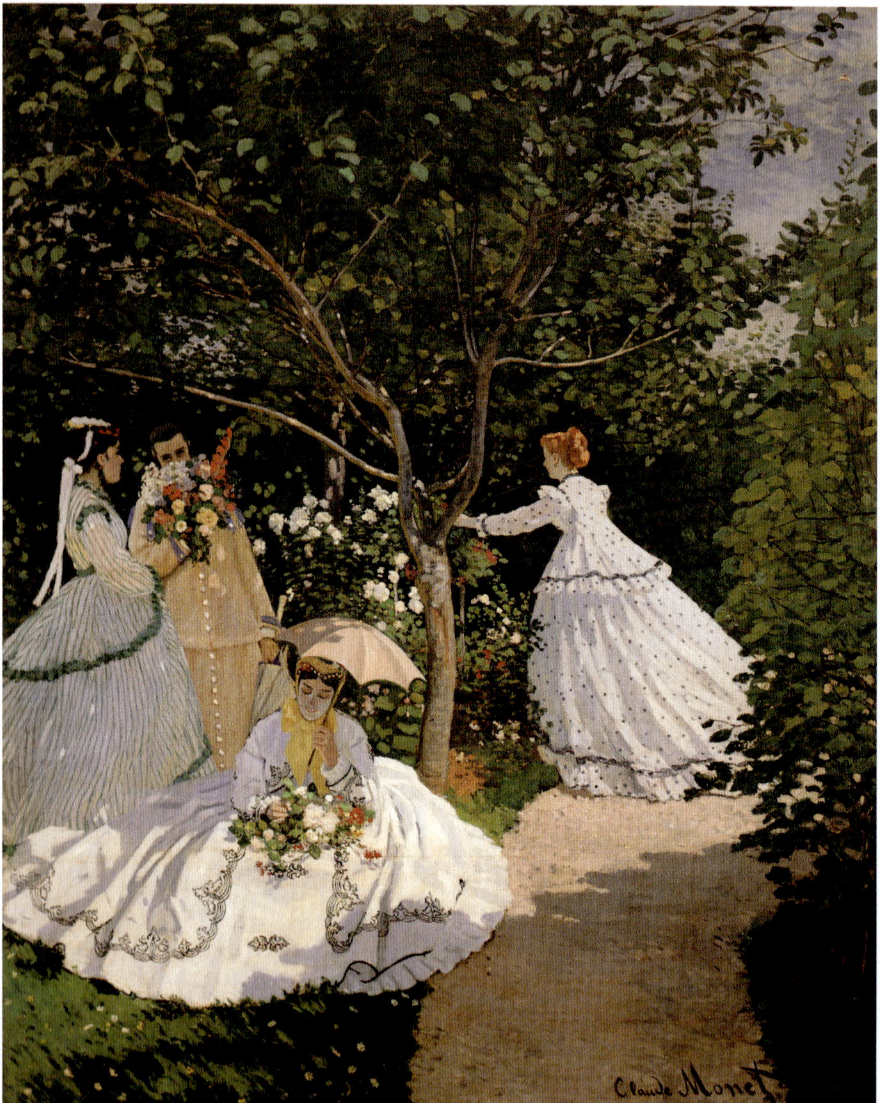
Claude Monet

El triunfo del impresionismo

Ascendencia y nacimiento

Hacia finales del siglo XVIII vivía en París un tal Léon-Pascal Monet con su esposa Catherine Chaumetat. Léon-Pascal había nacido en Aviñón en 1761, si bien la familia de su padre, Claude Monet, procedía del Delfinado. Catherine había venido al mundo en Lyon, en 1772. Cuando contrajo matrimonio con Pascal Monet era viuda de Isidore Gaillard.

El matrimonio Monet llevaba poco tiempo en la capital cuando nació su primer hijo, Claude-Adolphe, el 3 de febrero de 1800. Tras una agitada juventud, en la que, entre otras cosas, estuvo inscrito en la marina mercante de El Havre como «grumete», Adolphe regresó a París. Se casó con Louise-Justine Aubrée el 20 de mayo de 1835 y el joven matrimonio ocupó un apartamento en la rue d'Enghien 7. Louise-Justine era la hija de François-Léonard Aubrée, un funcionario de Hacienda que procedía de Brunoy, en el Départament l'Essonne, y de Marie-Françoise Toffard (o Toffart). Había nacido en París el 31 de julio de 1805 y en el momento de casarse con Adolphe tenía casi 30 años y llevaba más de uno viuda. Su difunto esposo, Emmanuel Cleriadus Despaux, había vivido de rentas y con él había disfrutado de un bienestar económico que no volvería a conocer en mucho tiempo.

Cuando nace su primer hijo, Léon-Pascal, en 1836, el matrimonio Monet-Aubrée ya se había trasladado de la rue d'Enghien a la rue Caumartin 39. Una nueva mudanza los llevará al sur del cerro de Montmartre, donde ocupan un pequeño piso en la rue Laffitte 45, la última casa antes de llegar a la iglesia de Nuestra Señora de Loreto. Aquí es donde, el 14 de noviembre de 1840, Louise-Justine da a luz a su segundo hijo, Oscar-Claude, a quien sus padres llamarán Oscar y que obtendrá fama mundial con el nombre de Claude Monet.

Al término de este breve bosquejo biográfico sobre la ascendencia del futuro maestro de la pintura impresionista llama la atención la convergencia de dos ramas de la familia en la capital francesa, donde se establecieron sus cuatro abuelos hacia 1800, es decir, unos 40 años antes de su nacimiento. Sus padres nacieron ya en París y por tanto Claude Monet puede reclamar para sí el título de «parisino de París», tan poco frecuente en las futuras generaciones.

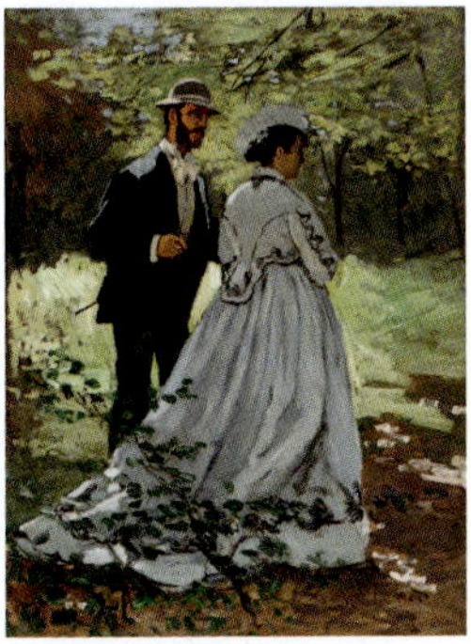

El paseo (Bazille y Camille)
1865
Estudio fragmentario para
93 x 68,9 cm
National Gallery of Art,
Washington, D. C.

PÁGINA 2
Autorretrato con boina
1886
56 x 46 cm
Colección particular

PÁGINA 5
El paseo. Mujer con sombrilla (detalle)
1875
100 x 81 cm
National Gallery of Art,
Washington, D. C.

El traslado a El Havre

El primer acontecimiento en la vida del pequeño Oscar-Claude es su bautizo, celebrado el 20 de mayo de 1841 en la iglesia de Nuestra Señora de Loreto. Del acta parroquial de bautismo se desprende que su padrino, Claude-Pascal Monet, viene expresamente de Nancy

Mujeres en el jardín
1866
256 x 208 cm
Musée d'Orsay, París

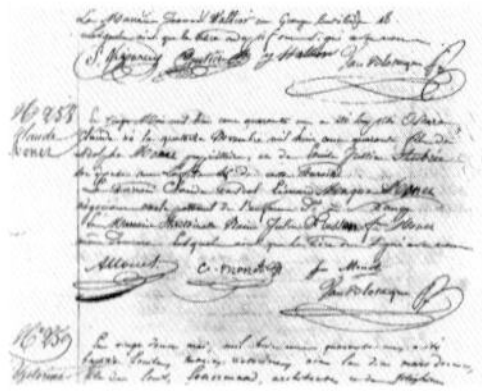

Acta bautismal de Claude Monet
20 de mayo de 1841
(extracto del acta parroquial)

—donde se dedica al comercio— acompañado de su esposa Antoinette-Reine Fresson, que será la madrina. El niño crece bajo la protección de su madre, muy aficionada a la música, que le canta canciones. Sobre las ocupaciones de su padre se sabe muy poco. La denominación de «propietario», entonces muy extendida, aparece siempre en los documentos oficiales al lado de su nombre, pero es poco explícita para proporcionar información útil.

Los negocios no parecen ir bien, pues se ve obligado a abandonar París para dirigirse a El Havre. Le seguirá toda la familia, incluyendo los abuelos Monet Chaumerat. Aunque no se conoce la fecha exacta del traslado definitivo, se puede situar hacia 1845. La decisión en favor de El Havre se explica porque allí vive la hermanastra de Adolphe, Marie-Jeanne Gaillard, hija del primer matrimonio de Catherine Chaumerat. Gracias a su matrimonio con Jacques Lecadre, un «comerciante mayorista de ultramarinos y aprovisionador de barcos», Marie-Jeanne está en condiciones de proporcionar a su hermanastro un puesto en la casa comercial de su marido. Se trata de la «tía Lecadre», quien desempeñará un papel decisivo en la vida de Claude Monet.

Adolphe Monet, cada vez más estrechamente asociado a la gestión del establecimiento de su cuñado Jacques Lecadre, se instala con su familia en el barrio de Ingouville, al norte de El Havre, donde ocupan una casa de amplias dimensiones en la rue d'Epréménil 30, en la que también alojan a inquilinos. Desde aquí se llega fácilmente a la casa comercial de Lecadre, cuya entrada principal se encuentra en la rue Fontenelle 13. La empresa tiene otro edificio muy cerca de allí, en Quai d'Orléans 71, un paseo que recorre el venerable

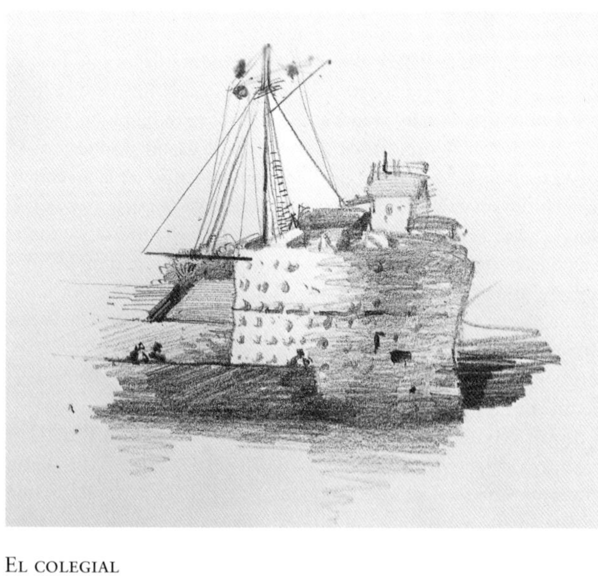

La torre de Francisco I en la entrada al puerto de El Havre
Lápiz sobre papel
1857

puerto mercante. Como la mayoría de las personas de la burguesía de El Havre, la familia Lecadre tiene una casa en Sainte-Adresse, un antiguo pueblo pesquero, que gracias a los esfuerzos de Alphonse Karr se ha convertido en un balneario de renombre. Se encuentra situado en el estuario del Sena, hacia el canal de la Mancha. Aquí muere Pascal Monet, el abuelo paterno de Claude, el 27 de abril de 1851. Su yerno Jacques Lecadre figura como testigo en el acta de defunción. El otro testigo es el clérigo de la iglesia, «amigo del difunto». Por su relación de parentesco con Lecadre, los Monet están vinculados a una de las grandes familias de El Havre, a la que pertenecen varios comerciantes y un médico. Este ejerce su profesión en la rue du Chillou 7 (más tarde 9), y lo hace con tal fama que una de las calles de esta ciudad lleva aún hoy en día el nombre del Docteur Lecadre.

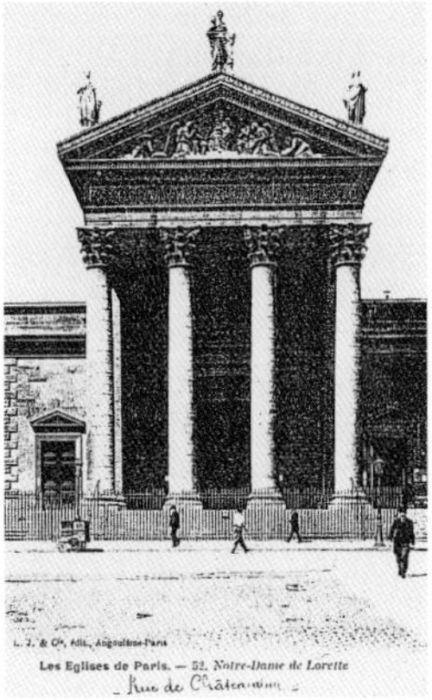

La iglesia de Nuestra Señora de Loreto, París
Tarjeta postal, comienzos del siglo XX

El colegial

Después de terminar la escuela elemental en un colegio privado, el 1 de abril de 1851 — a los 10 años de edad—, Claude se matricula en el instituto municipal de El Havre, donde le había precedido un sobrino del Dr. Lecadre. Los edificios de la escuela, construidos en 1837, dan a la rue de la Mailleraye, que desciende hasta el antepuerto. Aunque el edificio es bastante reciente por aquel entonces y tiene dos plantas, resulta demasiado pequeño para los 197 alumnos que el director Félix Dantu reúne en el curso 1851-1852. El liceo tiene una rama de estudios humanísticos (latín y griego a partir del sexto curso), una rama de comercio y, además, una escuela municipal de pintura. Cuarenta y cinco alumnos internos se hacinan en un dormitorio apenas

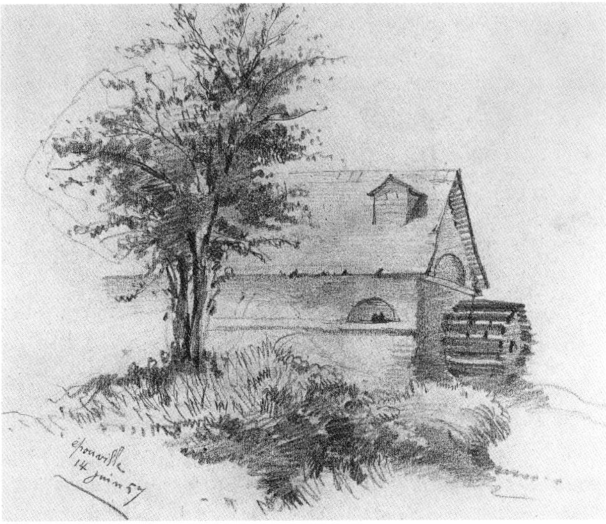

Molino en Lézarde
Lápiz sobre papel
1857

La Tour de Nesle en el estudio Gleyre
Litografía publicada en
del 8 de febrero de 1863,
según un dibujo
de Félix Régamey

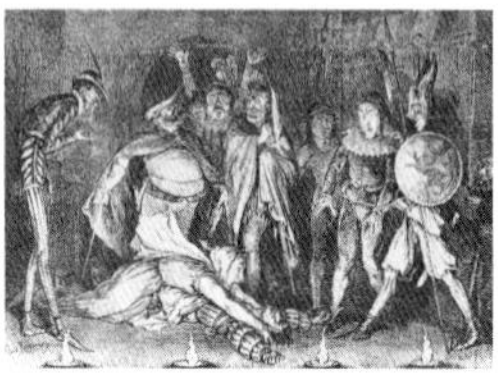

PÁGINA 15, DE IZQUIERDA A DERECHA Y DE ARRIBA ABAJO

Mario Uchard
Lápiz sobre papel
The Art Institute of Chicago

Jules Didier, el hombre mariposa
Lápiz blando sobre papel azul grisáceo, resaltado con pintura blanca al pastel
c. 1860
The Art Institute of Chicago

Rufus Croutinelli
Tiza negra sobre papel,
c. 1859
The Art Institute of Chicago

Léon Manchon, en chaqué
Tiza negra sobre papel gris, resaltado con pintura blanca al pastel
c. 1858
The Art Institute of Chicago

Théodore Pelloquet
Tiza negra sobre papel marrón
c. 1857
Musée Marmottan Monet, París

acondicionado. Como Monet vive en el cercano barrio de Ingouville, puede volver a casa a dormir, aunque probablemente almuerza en el colegio en condición de mediopensionista. Las estrecheces de los locales favorecen los atropellos en el comedor y en el «gran patio» para el recreo, que durante el invierno ilumina un único farol de gas.

Al comenzar octubre, el pequeño Oscar entra en el curso de gramática del sexto curso con monsieur Blanchard como profesor; monsieur Ochard da clases de dibujo. «Yo era indisciplinado por naturaleza —referirá Monet medio siglo más tarde—, incluso siendo aún niño me resultaba imposible someterme a las reglas... La escuela me trasmitió siempre la impresión de estar en una cárcel. No soportaba vivir allí, ni siquiera cuatro horas al día.» Esas cuatro horas se corresponden exactamente con el horario del instituto: dos clases por la mañana y otras dos por la tarde. Si damos fe a sus palabras, Monet se pasaba la mayor parte del tiempo fuera, «cuando el sol invitaba a salir... y daba gusto correr al aire libre, por los acantilados, o chapotear en el agua». El puerto y la playa de El Havre se encontraban a pocos pasos de la rue de la Mailleraye, pero los acantilados de Sainte-Adresse distaban más de 3 km. La dirección de la escuela se muestra en ciertos aspectos liberal —por ejemplo, prohíbe los castigos corporales—, pero se muestra inflexible en cuanto a las faltas de asistencia: quien falta repetidamente sin disculpa es expulsado del instituto. Los externos y mediopensionistas solo tenían libre los jueves y los domingos. ¿Cómo podía desaparecer sin ser visto, con su uniforme y la gorra de colegial?

El ambiente familiar que reinaba durante las vacaciones en casa de los Monet nos es bien conocido, porque una parte de su casa de Ingouville estaba alquilada a un funcionario. El sobrino de este último pasó en el verano de 1853 una semana con su tío, y en su diario anotó: «Conocí a monsieur Monet, a su esposa, dotada de una voz excepcional, y a sus dos hijos. El más joven, a quien entonces aún llamaban Oscar, se ha hecho famoso con el nombre de Claude Monet». Su testimonio es revelador no solo del talento de la madre, sino también del ambiente que se vivía en Ingouville: «Esas breves vacaciones fueron muy agradables para mí. Durante el día, paseos y baños en el mar, al atardecer conciertos y bailes improvisados; todo concurría al regocijo de la casa y los huéspedes eran libres de sumarse a la risa».

Después de las vacaciones de verano, Claude «tuvo que aprender, más mal que bien, las cuatro reglas, con un poco de ortografía», lo que no le impedirá que, cuando sea adulto, escriba correctamente, sea un hombre de negocios inteligente y dé prueba de tener un nivel de cultura más que modesto. En la escuela le recordarán como una «persona especial, muy simpático con sus condiscípulos». No estaba entre los alumnos que pugnaban por los primeros puestos, con excepción del dibujo, una asignatura poco apreciada.

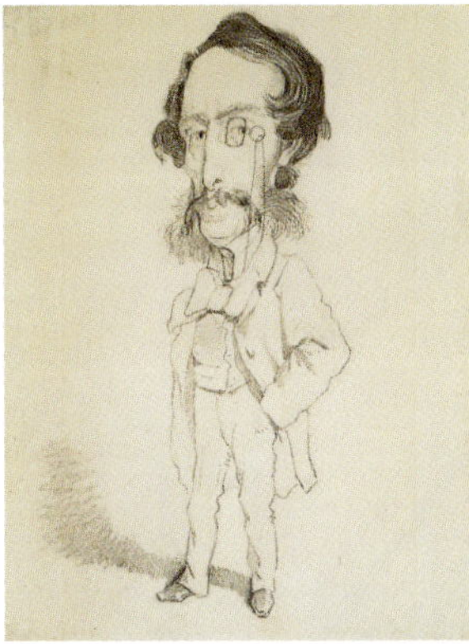

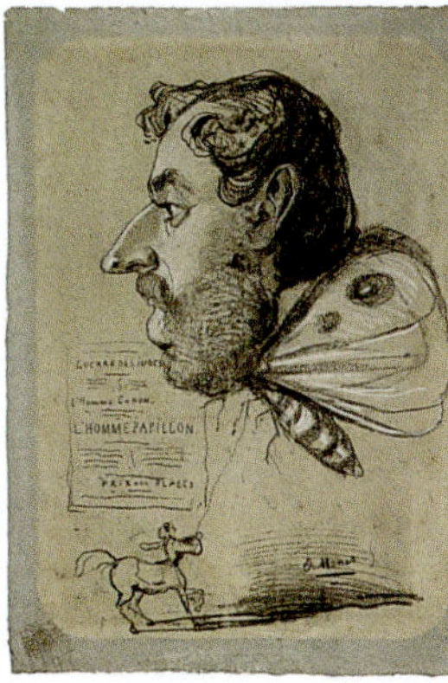
L'HOMME PAPILLON
O. Monet

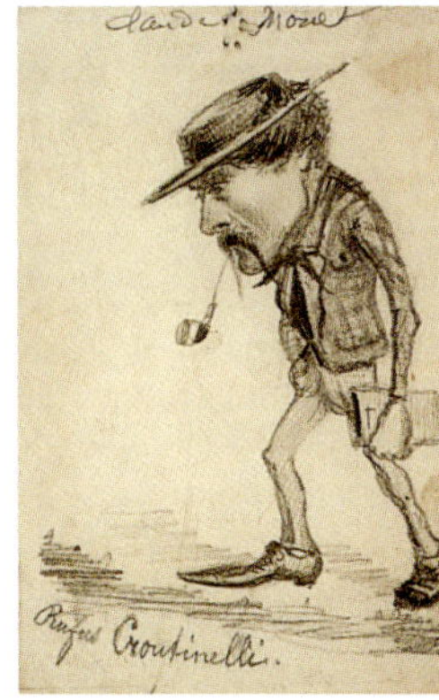
Claude Monet
Rufus Croutinelli.

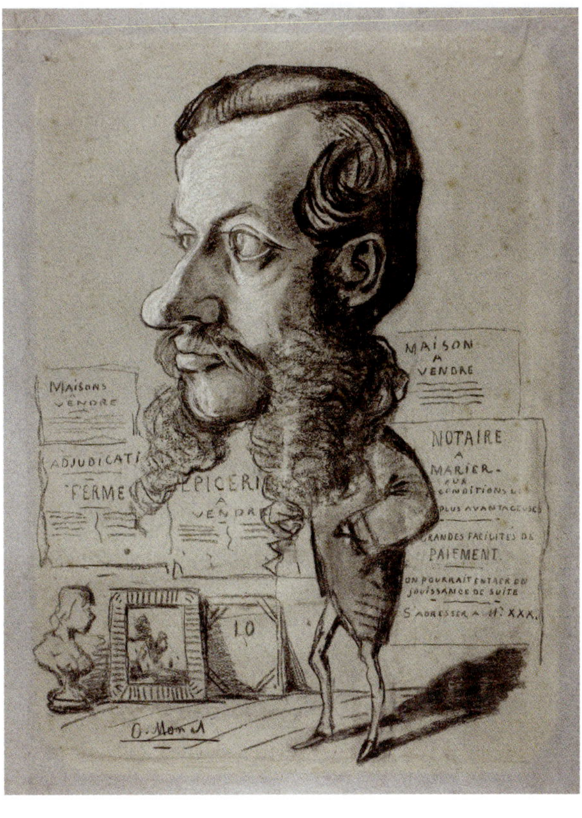
MAISON A VENDRE
MAISONS VENDRE
NOTAIRE A MARIER
CONDITIONS
PLUS AVANTAGEUSES
GRANDES FACILITES DE PAIEMENT
ON POURRAIT ENTRER EN JOUISSANCE DE SUITE
S'ADRESSER A M^E XXX.
ADJUDICATI
FERME
EPICERI
A VENDRE
O. Monet

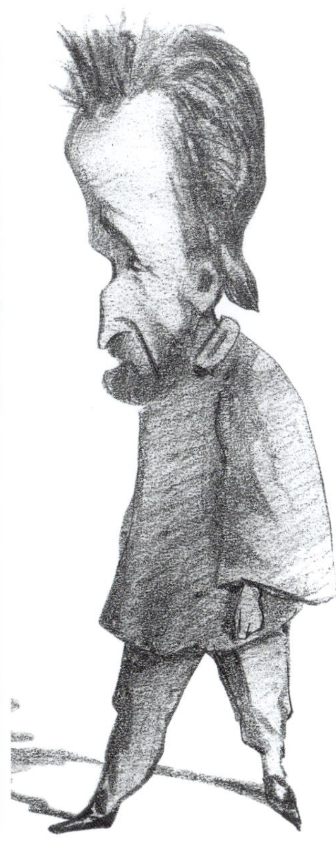

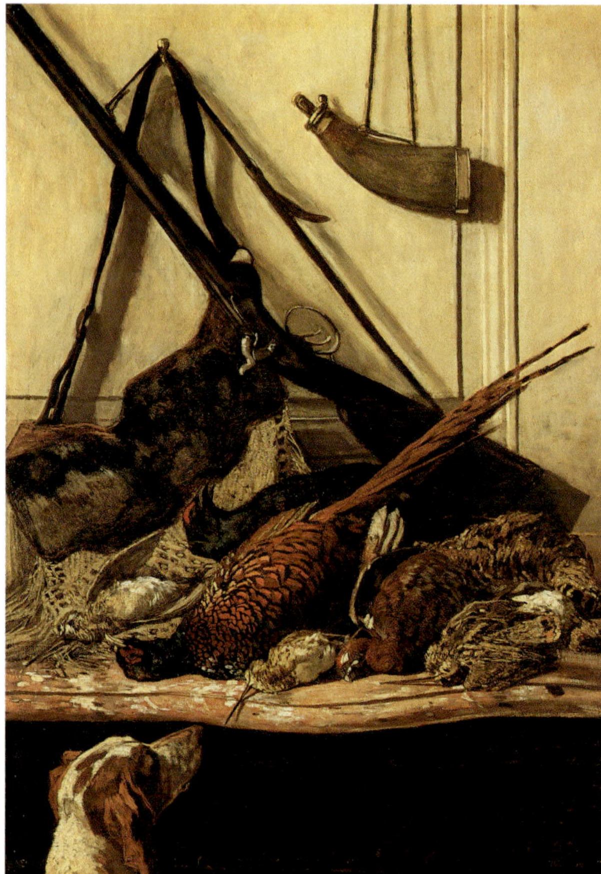

Trofeo de caza
1862
104 x 75 cm
Musée d'Orsay, París

Esquina del estudio
c. 1861
182 x 127 cm
Musée d'Orsay, París

Alumno de Ochard; primeros ensayos

De las clases de dibujo en El Havre se ocupa Jacques-François Ochard desde 1829 y hasta su muerte, acaecida en 1870. Nacido en Saint-Valéry-en-Caux en abril de 1800, Ochard fue alumno de David y expuso retratos en los Salones de 1835 y de 1837, así como un paisaje bretón en el de 1841. Para la iglesia de Saint-François de El Havre pintó dos cuadros, uno de ellos una *Adoración de los Reyes Magos* de grandes dimensiones, que copió de Rubens en Amberes. Sin embargo, trabaja principalmente de profesor y distribuye su tiempo entre la escuela municipal de pintura, las instituciones privadas más importantes y el instituto. Es un buen pedagogo, que sabe despertar el interés de sus alumnos, y a lo largo de su vida reunirá un número considerable de

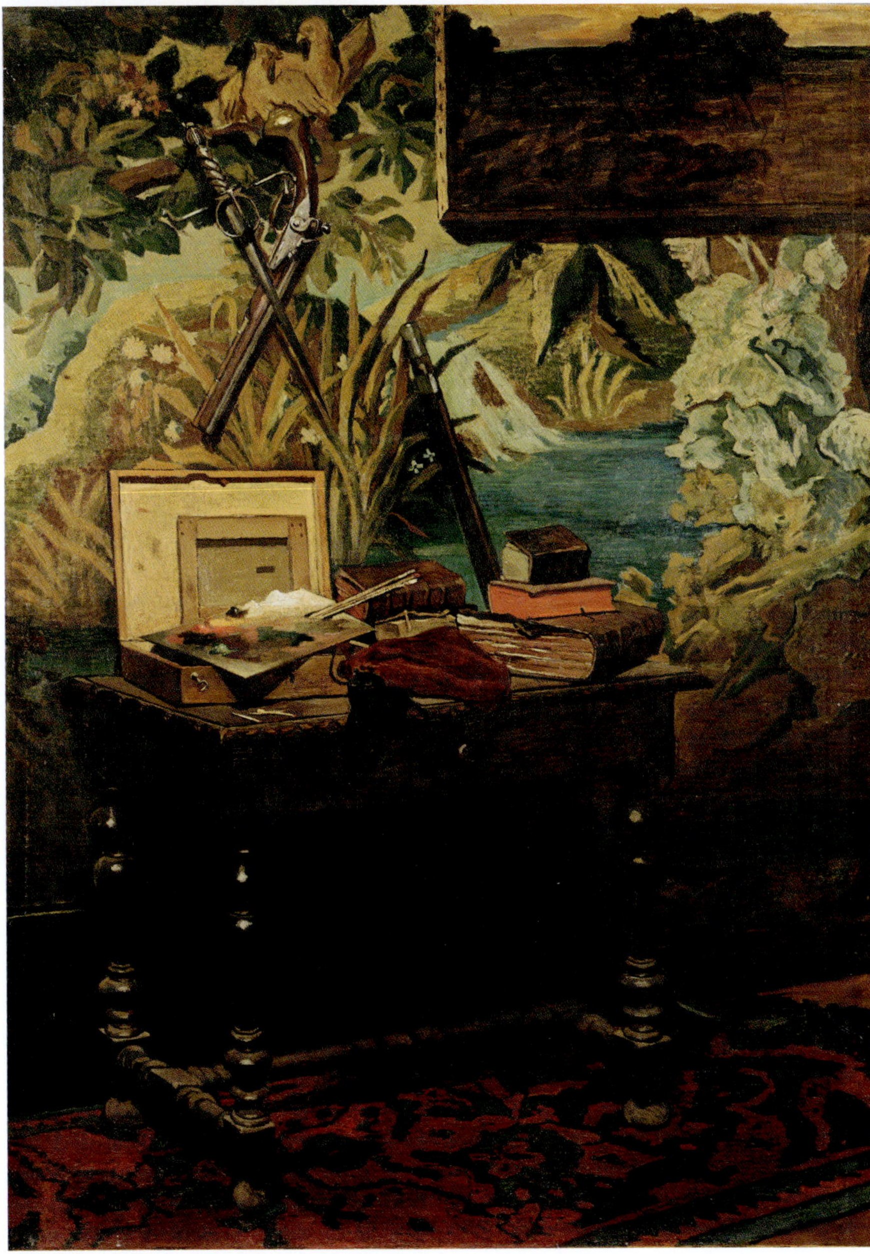

discípulos, entre los que se encuentran Adolphe Yvon, pintor de historia, y Charles-Marie Lhullier (más conocido con el nombre de Lhuillier), quien pintará a Claude Monet vestido de soldado en 1861.

En sus recuerdos, Monet no dirá ni una sola palabra sobre el aprendizaje metódico del dibujo bajo la dirección de Ochard. Según él, su vocación artística surgió espontáneamente y se orientaba en otra dirección: «Decoraba los márgenes de mis libros con guirnaldas y pintaba el papel azul de mis cuadernos con ornamentos llenos de fantasía; allí pintaba el rostro o el perfil de mis profesores, del modo más irrespetuoso, desfigurándolos lo máximo posible». Para hacerlo emplea a veces lápices de colores, a veces la pluma. Animado por el éxito, arranca las hojas del cuaderno y se las regala «cordialmente» a sus compañeros de clase. La mayor parte de los dibujos que han llegado hasta nosotros están recogidos en un cuaderno que no solo contiene caricaturas —en la mayoría de los casos, ensayos bastante toscos—, sino también bocetos de personajes, de barcos y sobre todo de paisajes a la manera clásica; la mayoría están fechados en 1857. Su aprendizaje personal como retratista fue simultáneo a las clases de dibujo.

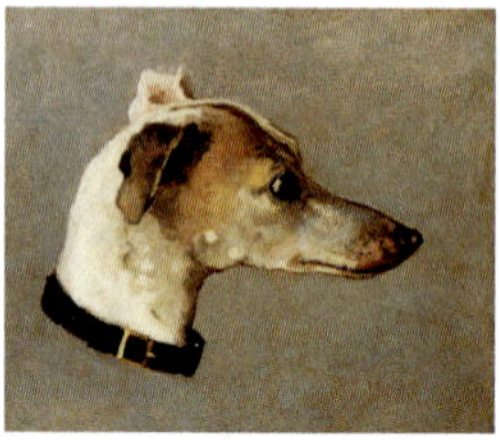

Cabeza de galgo
c. 1862-1863
24 x 28 cm
Colección particular

Monet afirma que dejó la escuela a los catorce o quince años, es decir, hacia finales del curso escolar 1855-1856. Sin embargo, en sus recuerdos juveniles tiende a quitarse años, por lo que es posible que siguiera en el instituto, y también en las clases de Ochard, hasta 1856-1857. En cualquier caso, no hizo los bocetos durante las horas de clase, pues todos los dibujos que llevan fecha y lugar exactos los hizo en domingo, al menos los realizados en los primeros seis meses del año 1857. Lo que no sabemos es si el joven Monet escogió él mismo los motivos.

Muerte de la madre

El Havre conoce una expansión sin precedentes, subrayada por la visita oficial de Napoleón III y la emperatriz Eugenia en agosto de 1857. Surgen barrios completos, se desarrolla el alumbrado urbano, el malecón del puerto se amplía y conquista las calles de Sainte-Adresse en 1858. Se comienza a construir una nueva dársena y la futura naviera trasatlántica inaugura sus oficinas en Quai d'Orléans. Al mismo tiempo, los monumentos del pasado han de dejar paso a las nuevas construcciones. La primera parte de la torre de Francisco I, que Monet pintó en su cuaderno de 1857, es demolida en 1861.

Las salidas dominicales que refleja ese mismo cuaderno testimonian la necesidad de evasión como consecuencia de un acontecimiento doloroso, la muerte de su madre, sucedida el 28 de enero de 1857. Ya no habrá más conciertos y cantos en la rue de Epréménil. Claude sentirá enormemente la falta de protección maternal al quedar bajo la tutela de su padre, que considera a su hijo más joven como un inútil. Si bien es posible que permitiera a su hijo abandonar la escuela en el verano de 1857 —probablemente, sin haber finalizado el bachillerato—, es bastante improbable que le aconsejara convertirse en dibujante y caricaturista. Posiblemente, incluso le exhortó a que siguiera un aprendizaje en la casa comercial de la familia.

En ese estado de cosas interviene la tía Lecadre, quien enviuda de Jacques Lecadre en septiembre de 1858 sin haber tenido descendencia, y se puede ocupar activamente de su sobrino. Ella misma encuentra en el arte una compensación conforme a su posición social e incluso mantiene un contacto regular con el pintor Amand Gautier. Posee un estudio al que invita a Monet y se ocupa de que este pueda continuar sus clases de dibujo, tanto con Ochard como en clases particulares con diversos artistas de El Havre. Sin embargo, la muerte de Jacques Lecadre produce considerables cambios de orden material y moral. Adolphe Monet, que desde que enviuda vive en la rue Fontenelle, asume la dirección de la casa de comercio, que conservará hasta su jubilación en 1860. Por su parte, la tía Lecadre, que vive de su pensión, se traslada a un piso de la place du Commerce 5, donde vivirá algunos años, hasta que vuelva a la casa de la familia en la rue Fontenelle 13.

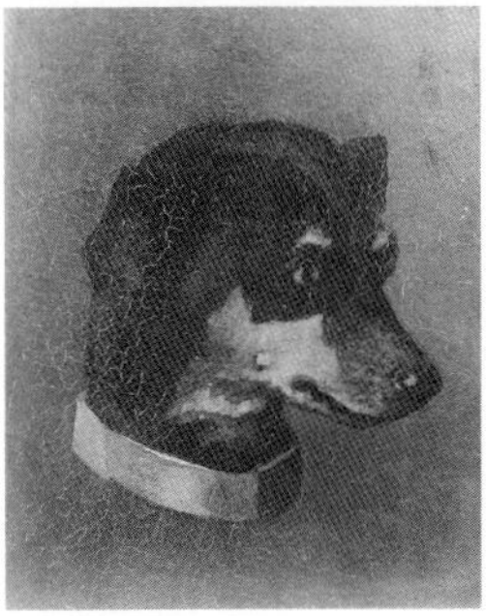

Cabeza de perro
c. 1862-1863
32 x 24,5 cm
Colección particular

Las caricaturas

Las caricaturas que Claude Monet regala a sus compañeros tienen tanto éxito que, en poco tiempo, recibe un gran número de encargos. No se hace de rogar y aprovecha el hecho de que sus admiradores sean personas de posición desahogada. Al principio cobra por sus retratos entre 10 y 20 francos; poco después, el precio fijo es un napoleón (20 francos), sin perder por ello clientela.

Según Monet, toma la decisión de aprovechar comercialmente sus aficiones porque su madre le da poco dinero. Tal afirmación es insostenible, pues, como hemos visto, Louise-Justine Aubrée había fallecido en enero de 1857, cuando el hijo aún no parece estar en condiciones de transformar su talento en dinero. Además, la dirección de la escuela seguramente no habría permitido que uno de sus alumnos se dedicara al comercio, aunque fuera al de su propia producción artística. A la tendencia al rejuvenecimiento que ya hemos constatado en sus recuerdos, en el caso de la muerte de su madre va unido un olvido ciertamente intencionado que hace de la buena mujer testigo de acontecimientos muy posteriores a su muerte.

Las caricaturas le reportan unos beneficios netos de 2.000 francos, es decir que la producción tuvo que comprender más de 100 hojas, porque el precio máximo por unidad era de 20 francos, aunque el total de obras originales conservadas está lejos de acercarse al centenar. La firma «O. Monet» no pudo evitar que un buen número de ellas fueran destruidas. En otra docena de dibujos conservados se dedica a representar más bien «tipos», que no son retratos propiamente dichos. Entre estos últimos, son muy pocos los que representan a personajes notables e identificables de El Havre.

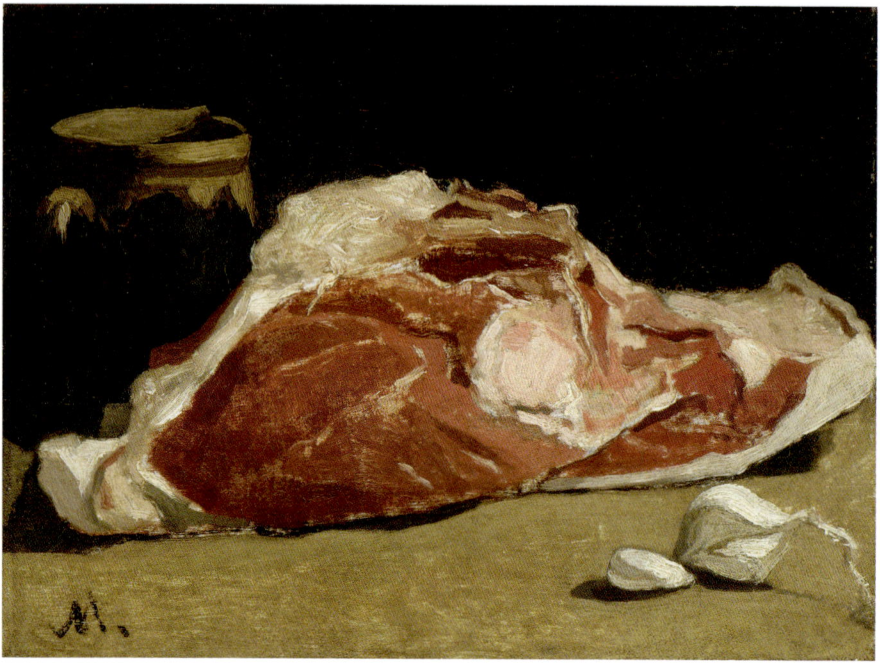

Naturaleza muerta: pedazo de carne
1864
24 x 33 cm
Musée d'Orsay, París

Su facilidad para el dibujo debió de conducirle a la superproducción. Para vender sus obras, y para adular a la vez a sus clientes, Monet expone en el comercio de papelería, marcos y pinturas de Gravier, en la rue de Paris. El escaparate se llena de nuevas caricaturas cada domingo. Cinco o seis, con un marco dorado, se colocan en primer término. Los curiosos se aglomeran delante de ellas: «Es una de él», comentan. Con calculada indiferencia, el joven Oscar saborea los aplausos y las risas: «No cabía en mí de orgullo». Lo que no dice es que, para perfeccionar su estilo, copia los retratos de encargo hechos por especialistas reconocidos. La revista *Le Gaulois* de 1858 le proporciona modelos salidos de la pluma de Carjat y Hadol, en *Le Journal amusant* conoce las obras de Nadar, sin contar el *Panthéon* de este último, del que *Le Figaro* ofrece a sus lectores una segunda versión en diciembre de 1858. Monet se guarda de exponer o de vender estas copias, que se conservarán, sin firma, en cajas y no saldrán a la luz hasta mucho después. El caso más curioso es el del retrato del novelista Mario Uchard, que tomó prestado de Carjat. Los historiadores, confundidos por el parecido del nombre, lo han considerado como una caricatura de Ochard, ignorando que este era «grande, calvo, de tez rosada y tenía una bella barba blanca en forma de abanico», según el testimonio de sus contemporáneos.

Naturaleza muerta con faisán
c. 1861
76 x 62,5 cm
Musée des Beaux-Arts et de la Céramique, Ruán

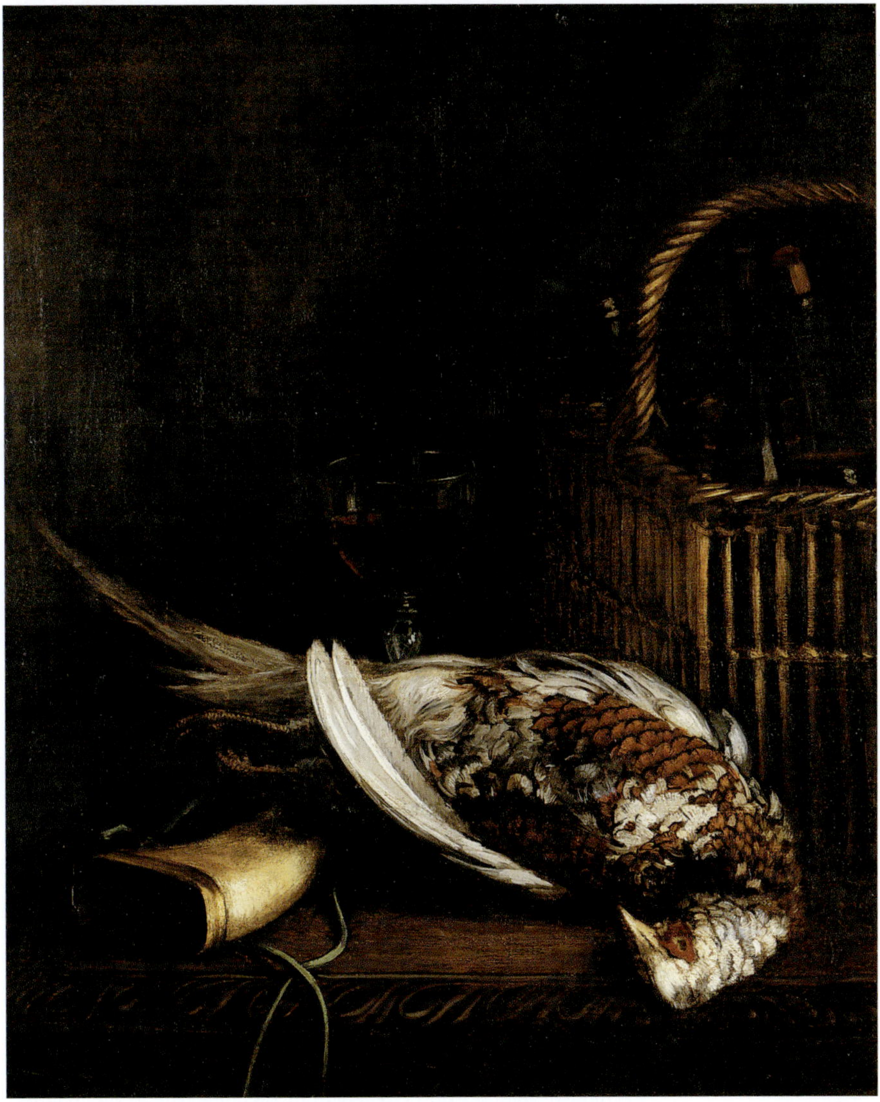

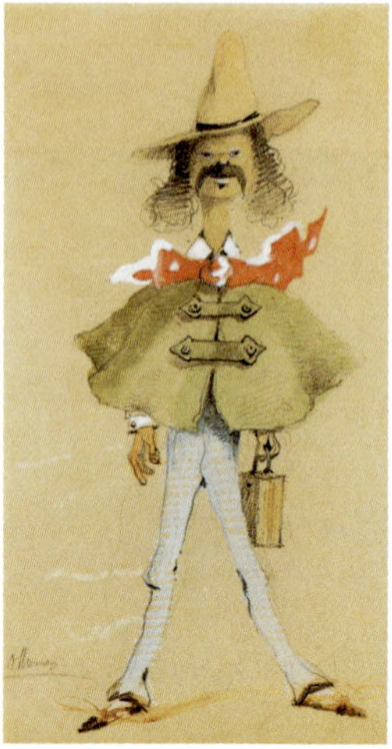

El pintor, con sombrero puntiagudo
Lápiz sobre papel de color arena, realzado con aguada

El encuentro con Boudin

Habituado a las marinas de Gudin, al joven Monet no le gustan los cuadros que el propietario del comercio de marcos suele colgar por encima de sus caricaturas. Según la información que recaba, su autor es un antiguo asociado al patrón del establecimiento, llamado Eugène Boudin. Claude no se siente atraído en absoluto por este hombre, 15 años mayor que él, de aspecto modesto y rasgos toscos, con sus grandes zapatos grises del polvo de los caminos y de la arena de la playa. Sin embargo, el dueño de la tienda le dice: «Debería conocer a monsieur Boudin. Se diga lo que se diga de él, es un experto en su oficio... Le podría dar buenos consejos». Sin embargo, Monet mantiene las distancias. Un día, entra en el establecimiento sin advertir que el pintor se encuentra en el fondo. El dueño se adelanta y presenta al paisajista a «este joven de gran talento para hacer encargos». Con gran mano izquierda, Boudin comienza a alabar sus obritas: «Son divertidas, atrevidas, sencillamente conseguidas. Usted tiene talento». Después, vienen las objeciones: «Pero espero que no se detenga aquí», y le recomienda: «Estudie, aprenda a ver y a pintar, dibuje, haga paisajes». Y como este tema le gusta, llegará a ser incluso lírico, al menos si se cree a Thiébault-Sisson.

A decir verdad, la historia del primer encuentro parece haberse arreglado un poco al gusto de los autores. El hecho es que, después de un primer contacto positivo, Claude esperará hasta el verano para hacer la primera salida de trabajo con su nuevo mentor. Según Jean-Aubry, compra su primera caja de pinturas para la ocasión; después, rodeando el bosque de Montgeon por Frileuse, los dos se dirigen a Rouelles, al noreste de El Havre. Allí, Boudin instala su caballete y comienza a trabajar. Para Monet, es toda una revelación: «Le miro atentamente. De repente, me parece como si un velo se desgarrara: había comprendido, sabía lo que podía ser la pintura». Thiébault-Sisson presenta este acontecimiento como el resultado de una incubación más lenta: «Con una bondad infinita, Boudin se ocupó de mi formación. Con el tiempo, mis ojos se abrieron y comprendí la naturaleza, y, al mismo tiempo, comencé a amarla». Sin embargo, en lo esencial las dos narraciones concuerdan: al lado de una persona mayor, modesta y afortunadamente obstinada, el adolescente recibe preciosas lecciones de pintura y hace una Vista de Rouelles que figura con el número 380 en la exposición municipal de El Havre en agosto-septiembre de 1858.

El lienzo representa un valle atravesado por un riachuelo, el Rouelles o bien el Lézarde, en el que desemboca el primero. Por este motivo, algunos contemporáneos lo llamaron *Vista de las orillas del Lézarde*. Dado por perdido durante más de un siglo, el cuadro se ha encontrado de nuevo y se ha identificado recientemente. Lleva la firma «O. Monet» y la fecha [18]58, y sigue llevando el número 380 del catálogo de 1858. En la misma exposición, dos *Paisajes (Valle de Rouelles)* de Boudin (números 51 y 52) subrayan un parentesco artístico que no escapó a los contemporáneos y que Claude Monet nunca negó: «Si me hice pintor —declaró a Jean-Aubry— se lo debo a Eugène Boudin». La exposición municipal de El Havre permite datar los comienzos de Claude Monet en la pintura paisajística en las primeras semanas del verano de 1858, cuando contaba diecisiete años y medio. El primer encuentro con Boudin en la tienda, unos meses antes, probablemente se remonte a comienzos del mismo año. Al lado de su maestro, Claude continúa sus estudios de la naturaleza. Ya no está condenado a emplear únicamente el lápiz de dibujo como en la escuela tradicional: puede recurrir a la pintura al pastel y al pincel para imitar los matices de color de la realidad. A lo largo del verano, Boudin viaja a Honfleur, donde representa las denominadas *Regatas del 14 de julio*, sin tener en cuenta que, durante el Imperio, la fiesta nacional se celebra el 15 de agosto. Según ciertos autores, Monet le acompaña y, en la Côte de Grâce, aprende «la exacta observación de los matices de los tonos, de la atmósfera y de la perspectiva».

Sin embargo, no renuncia a seguir haciendo retratos por encargo, cada vez más sorprendentes. En 1859, plasma los trazos de los actores y de muchos de los músicos de la orquesta de un grupo de teatro que actúa con notable éxito en El Havre; Lacour, artista y fotógrafo, queda tan satisfecho que expone esta nueva serie de retratos en un escaparate de la place de l'Hôtel-de-Ville, un panteón en miniatura del teatro de El Havre. Paul-Eugène Lecadre, el hijo mayor de su primo, de ocho años de edad, posa con sus más preciosos atavíos. «Oscar» ha plasmado su actitud indolente y el atractivo de sus ojos

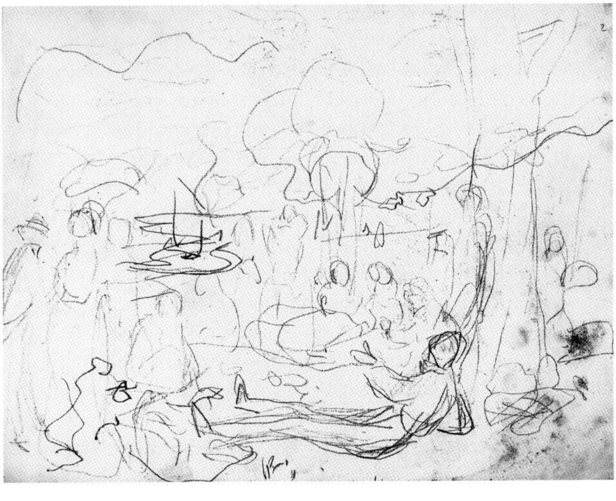

Almuerzo campestre
Lápiz sobre papel
c. 1865
Musée Marmottan Monet, París

claros. El notario Léon Manchon está representado ante un fondo de carteles humorísticos: «Notario busca casarse. Facilidades de pago. Puede disfrutarlo de inmediato».

Solicitud de beca

«Seis meses más tarde, y a pesar de la desaprobación de mi madre, que me veía perdido en compañía de un hombre de tan mala reputación como Boudin, dije con toda claridad a mi padre que me quería hacer pintor, y que me iba a trasladar a París para aprender.

—¡Pero no vas a tener ni un céntimo!

—Ya me las arreglaré.»

Esta es la leyenda, que pese a parecer conforme a la realidad por lo que se refiere a la mala reputación de Boudin, ignora dos hechos esenciales: la madre de Claude ya había muerto cuando él se reúne con el pintor de marinas y Adolphe Monet apoya, al menos al principio, la vocación de su hijo. Este apoyo se manifiesta, por ejemplo, cuando dirige al Ayuntamiento de El Havre una solicitud de beca que le permita estudiar pintura en París. Fechada el 6 de agosto de 1858, la solicitud se presenta al mismo tiempo que se celebra la exposición donde figura la *Vista de Rouelles*. Como referencias, el solicitante se refiere a dos maestros: Ochard y Wissant. La solicitud no se aprueba, pues el 21 de marzo de 1859 se hace necesaria una segunda en la que a los intercesores ya mencionados se añade ahora Boudin. Se ha pretendido hacer creer que las dos solicitudes se presentaron sin el conocimiento de Claude, pero esto parece bastante inverosímil.

En su sesión del 18 de mayo de 1859, el Concejo Municipal debe decidir la elección de un candidato que, según el criterio de Boudin y Riou, merezca obtener la beca de 1.200 francos. El notario Maître Marcel, ponente en funciones, da lectura a las solicitudes presentadas por los candidatos. Entre estos se encuentra un tal Henri Cassinelli, muy recomendado, que Monet caricaturizó con el apelativo poco halagador de «Rufus Croutinelli». A la solicitud de «Monnet [sic] (Oscar)» se adjunta una naturaleza muerta. Según dice el ponente, esta «haría juzgar mal su talento» si este joven «no hubiera dado prueba de su capacidad con los ingeniosos bocetos que todos conocemos» y que atestiguan «destacadas aptitudes naturales para la caricatura». Realmente, en 1859 Claude Monet es ya una celebridad local. Pero las objeciones vienen después: «Esos precoces éxitos, en la dirección que ha dado a su fácil lápiz, ¿no entrañan un peligro, el de impedir que el joven artista se dedique a estudios más serios y más ingratos, pero que son los únicos que dan derecho a las liberalidades municipales?», una pregunta retórica. En lugar de Claude Monet, los becarios del Ayuntamiento de El Havre serán un joven escultor y un futuro arquitecto. Además, en su favor el Concejo dobla el importe de la beca.

Llegada a París

Claude Monet no espera el rechazo de su petición de beca para emprender viaje a París y visitar el Salón que ha abierto sus puertas el 15 de abril de 1859. En esa misma ocasión, se pone en contacto con los artistas para quienes lleva cartas de recomendación. El 19 de mayo, después de sus primeros encuentros, escribe a Boudin, no tanto para darle cuenta de las impresiones, todavía muy ligeras, que ha recogido en el Palacio de la Industria, como para hablarle de las conversaciones. Su primera visita ha sido al corresponsal de la tía Lecadre, Amand Gautier, que vive en la rue d'Isly 8, a dos pasos del Hôtel du Nouveau-Monde, en la place du Havre, donde él se aloja. Gautier le acoge con suma amabilidad, pues él mismo había sido tratado un año antes como un príncipe por una familia de El Havre, los Gaudibert. Gautier enseña algunos de los trabajos que está realizando al joven Monet, que ha admirado en el Salón su *Hermanas de la Caridad*, y además le encarga que haga venir a París a Boudin.

Después se dirige a casa de Lhuillier, probablemente por recomendación de Ochard, maestro de los dos. Lhuillier utiliza un estudio que pone a su disposición Louise-Marie Becq de Fouquières, a la que el joven Monet, al menos en la transcripción de su carta llevada a

Frédéric Bazille
La ambulancia improvisada
(Claude Monet herido)
c. 1866
Musée d'Orsay, París

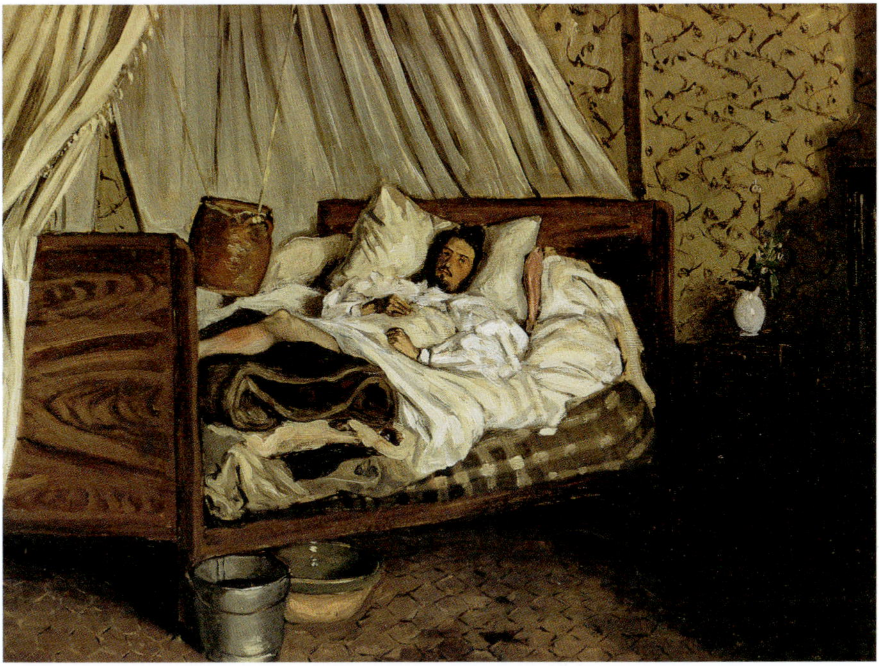

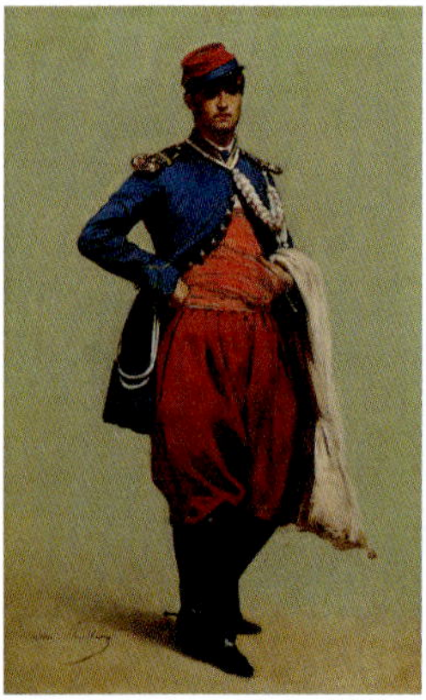

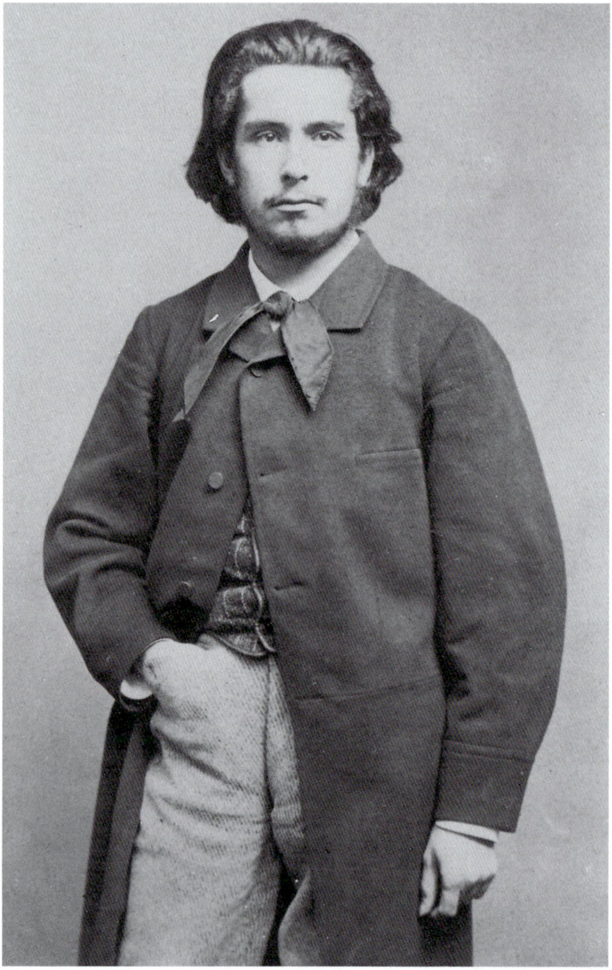

ARRIBA
Charles Lhullier
Retrato de Claude Monet de uniforme
1861
Musée Marmottan Monet, París

DERECHA
Claude Monet a los 20 años

cabo por Gustave Cohen, parece tomar por un hombre. Lhuillier ha vendido en el Salón, por 600 francos, el lienzo *Retratos de MM. X…, interior*, que le ha valido además numerosos encargos; sin embargo, a su visitante no le gusta. Con dos naturalezas muertas bajo el brazo, sube al camino de ronda de Rochechouart para visitar a Troyon, cuyas obras ha admirado en el Salón. «Hombre simpático, sin cumplidos», el maestro piensa que los cuadros de Monet, a pesar de las calidades de color y de efecto, llevan la marca de la facilidad y le aconseja que se dedique a estudiar seriamente la figura; el que mejor le parece es el

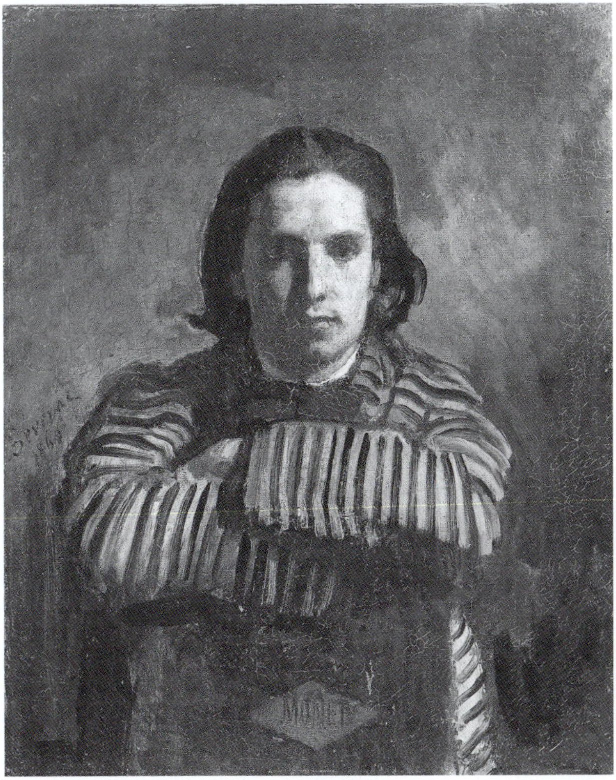

Gilbert A. de Séverac
Retrato de Claude Monet
1865
Musée Marmottan Monet, París

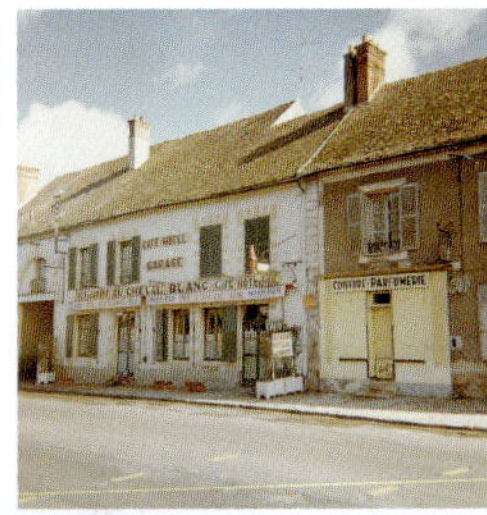

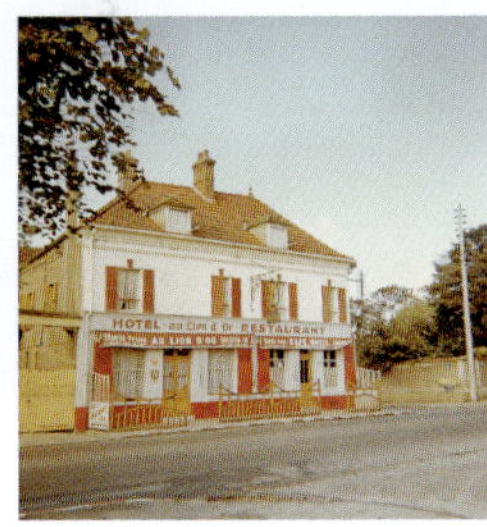

DE ARRIBA ABAJO
El Hôtel du Cheval Blanc en Chailly

El Hôtel du Lion d'Or en Chailly

estudio de Couture. A los ojos de Troyon, el dibujo no constituye un fin en sí mismo. No se debe descuidar la pintura, ya se trate de copias en el Louvre o de estudios en el campo, con la condición de que se «impulsen» más seriamente de lo que, en su opinión, hace Boudin. El programa trazado por Troyon (trabajar durante uno o dos meses en París, volver a El Havre para hacer estudios de paisajes y fijar definitivamente su domicilio en la capital en invierno) es aprobado por Adolphe Monet y la tía Lecadre. No tienen fundamento, por tanto, los relatos de una salida precipitada de El Havre, con la oposición de su padre.

De momento, las cosas parecen ir bien; se aprueba el necesario subsidio, con la condición de que la prolongación de la estancia se dedique a trabajos serios en un estudio. Una segunda carta de Monet a Boudin, fechada el 3 de junio de 1859, no dice nada sobre la elección del estudio, pero parece indicar que está trabajando. Explica con detalle el juicio que le han merecido las obras expuestas en el Salón. Al parecer se interesa por el ilustre Yvon, sin que le guste lo que hace.

Se muestra especialmente impresionado por las obras de Troyon, con cierta reserva, pues algunos cuadros «son demasiado negros en las sombras». Por el contrario, se siente decepcionado por los Delacroix de ese año, pues en ellos ve «evocaciones y esbozos», exactamente lo mismo que le reprocharán a él más de una vez. Quien verdaderamente le entusiasma, más aún que Corot, es Daubigny, ese «tipo imponente». En cuanto a los pintores de marinas, con Isabey a la cabeza, su pobreza deja libre un puesto que Boudin está invitado a ocupar.

Una carta de recomendación recibida de El Havre hace que Monet conozca a Monginot, cuyo *Betrand y Raton* sin embargo no le gusta, pero el visitante se guarda de comunicar sus sentimientos a su anfitrión, quien muy amablemente pone a su disposición su estudio. Monet aprovechará para pintar algunas naturalezas muertas. Aquí conocerá también a Édouard Manet.

Thomas Couture

«Las cosas han cambiado desde que le escribí», se lee al final de la carta que Monet dirige a Boudin el 3 de junio de 1859. En efecto, ha dejado el hotel para ocupar una habitación en la rue Rodier 35, en el arrabal de Montmartre. Esto significa que su familia, a pesar de que le hayan rechazado la beca, le ha autorizado a continuar la estancia, siguiendo el consejo que Troyon le dio en su primera visita. Si a las ayudas paternas se añaden los 2.000 francos de la caricaturas girados por la tía Lecadre, era posible vivir cierto tiempo, pues en esa época un joven podía subsistir con 125 francos al mes. Pero «este desconcertante París», que ya ha provocado retrasos en la correspondencia de Claude, va a producir gastos imprevistos.

A cambio de autorizarle a quedarse en la capital, su familia le exige que entre en el estudio de Thomas Couture, quien prepara a estudiantes para ingresar en la Escuela de Bellas Artes. Además de Troyon, también le ha recomendado Monginot. «Me opuse a esa decisión, no hace falta que lo diga», afirma Monet para subrayar esa independencia de espíritu de la que hace gala. Incluso suponiendo que hubiera dispuesto de los recursos necesarios para seguir esos cursos relativamente onerosos, no estaba seguro de que Couture, que tenía fama de poseer un humor sarcástico, lo recibiera bien. Es fácil imaginar al joven candidato presentándose a Couture con las dos naturalezas muertas que ya había mostrado a Troyon y, en lugar de recibir las lisonjas esperadas, escuchar solo críticas. Monet se rebela. El otro se pone violento y se niega a admitir en su clase a un principiante que además solo dispone de medios limitados. Así se explica el tono que Claude emplea en las líneas dirigidas a Boudin el 20 de febrero del año siguiente. «En cuanto a novedades, he de decirle que Couture, *ese rabioso,* ha abandonado completamente la pintura. No me da pena alguna; en esta exposición ha presentado cuadros bastante malos». Son conocidas las dificultades

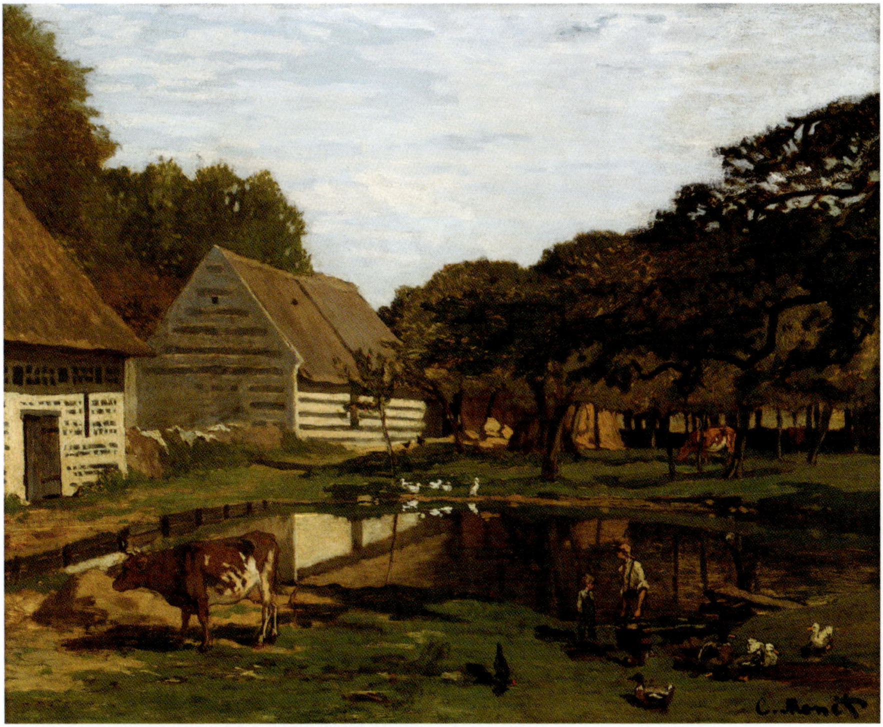

Granja en Normandía
1863
65 x 80 cm
Musée d'Orsay, París

que experimenta el maestro para pasar del esbozo, campo donde destaca, al lienzo terminado, que no le «sale bien», a decir de muchos de sus contemporáneos. Pero para divertirse con sus vacilaciones y sus fracasos, como hace el joven Monet, es preciso tener el resentimiento que deja un encuentro desagradable.

La academia de Suisse

En febrero de 1860, después de un nuevo traslado, Monet se instala en la rue Pigalle 18, en un edificio que hace esquina con la rue La Bruyère, donde cierta «madame Houssemène, que alquila habitaciones amuebladas», pone a disposición de sus inquilinos habitaciones abuhardilladas en el 6.º piso.

Al no entrar en el estudio de Couture, Claude ha de buscarse otro y pone sus miras en una «academia libre» que lleva el nombre de Suisse, su fundador. En su carta del 20 de febrero, habla unas veces de una «academia» donde dibuja figuras al lado de otros paisajistas, y otras de un «estudio» dirigido por un tal Jacque, donde trabaja. De estos datos se ha concluido que Monet fue discípulo de Charles Jacque, pintor

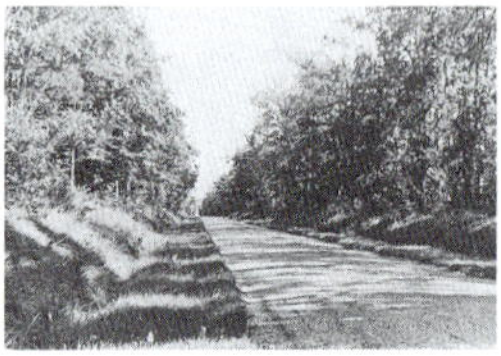

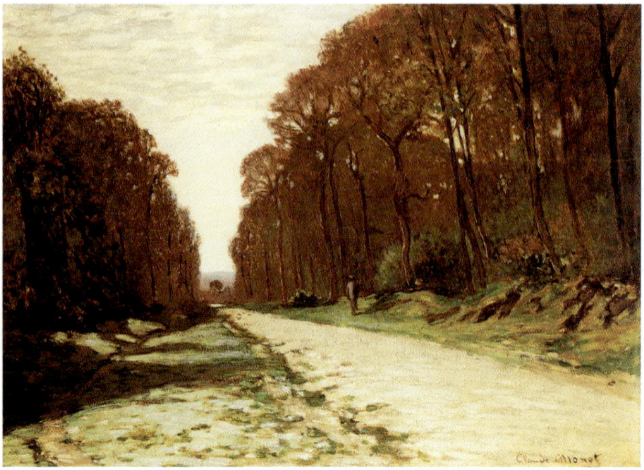

El camino de Macherin (al sur de Barbizon) a Fontainebleau

Camino en el bosque
1864
43 x 60 cm
Colección particular

de Barbizon. En realidad, sin embargo parece que la «academia» y el «estudio» eran un mismo local donde Jacque (¿o Jacques?) ejercía las funciones de supervisor o de director a fin de secundar a un Suisse fatigado por su ya larga carrera.

La academia estuvo muy frecuentada, sobre todo durante la restauración y el reinado de Luis Felipe. Entre sus discípulos se cuentan Delacroix, Bonington, Isabey, Gigoux, Corot y Courbet. Este último se mantendrá fiel a «père Suisse» y le retratará en 1861 con semblante distinguido, gafas y cabello gris. Presentado de ordinario como un antiguo modelo de David, Suisse también es artista. Su academia se encuentra situada en la île de la Cité, cerca del pont Saint-Michel y del boulevard du Palais. En la planta baja del viejo edificio que la alberga, en quai des Orfèvres 4, hay varias tiendas: un comerciante de vinos, un fabricante de barómetros y un fundidor de estaño. Una vez que se ha subido a la segunda planta por una escalera con barandilla en parte de madera, en parte de hierro, se encuentra a la derecha una puerta que da al pequeño apartamento de Suisse, compuesto por tan solo tres estancias cuadradas, una de ellas «con calefacción» y una gran cocina. En la planta intermedia, el estudio, iluminado por dos ventanas, que dan una al patio y la otra al paseo. A partir de 1863, el apartamento de la izquierda de la segunda planta será ocupado por Sabra hijo, «dentista sin diploma», y sus inquietos clientes se encontrarán a veces con las modelos desnudas de la academia.

En verano, la academia abre sus puertas a las 6 de la mañana y por las tardes hay un curso de 19 a 22 horas. Se puede imaginar cómo los jóvenes trabajan, conversan y fuman, «sin excesiva gravedad», en una habitación de paredes desnudas ennegrecidas por generaciones de estudiantes. Abonan al mes una cantidad fija y tienen derecho a dibujar durante tres semanas a un modelo masculino y a uno femenino durante la cuarta. Cada uno emplea las herramientas que prefiere: lápiz, pincel, cuchillo a paleta y, si lo desea, se puede dedicar a composiciones más libres. Parece que nadie corrige. En estas condiciones, el atractivo que ejerce la pequeña república de Suisse se explica comparándola con los estudios tradicionales, más caros, en los que el alumno comienza dibujando según grabados, para pasar «a la brocha», es decir al estudio según escayolas. El modelo vivo, «al natural», solo aparece en el tercer grado, y solo cuando se domina con maestría el dibujo, se admite que el alumno aborde la pintura, en la que el esbozo exige sesiones prolongadas.

Monet no es insensible al ambiente de trabajo libre que reina en la academia de Suisse. En la carta del 20 de febrero de 1860 se le nota contento, entre los demás miembros, todos ellos paisajistas. «Dibujo solo figuras», afirma, y constata con satisfacción que los otros «comienzan a darse cuenta de que es una cosa buena». A menos que exagere un poco para persuadir a Boudin de su aplicación al trabajo, se nota que, lejos de asumir una postura revolucionaria, invita a sus condiscípulos a someterse a una especie de autodisciplina muy moderna. Entre sus compañeros puede considerarse segura la presencia de Pissarro, del que Monet afirmará que trabajaba «al estilo de Corot». Por el contrario, se puede excluir que coincidiera con Cézanne, pues este no llegará a París hasta abril de 1861, cuando Monet ya se ha incorporado al Ejército.

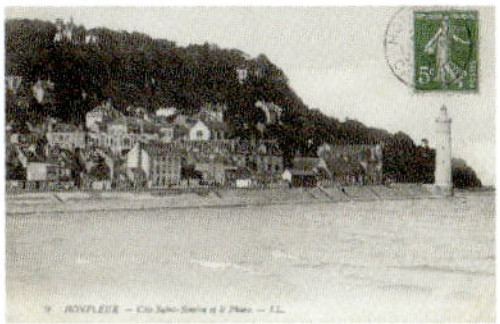

Honfleur, la costa de Saint-Siméon y el faro del hospicio
Tarjeta postal, comienzos del siglo xx

El faro de Honfleur
1864
Estudio
54 x 81 cm
Kunsthaus Zürich, Zúrich

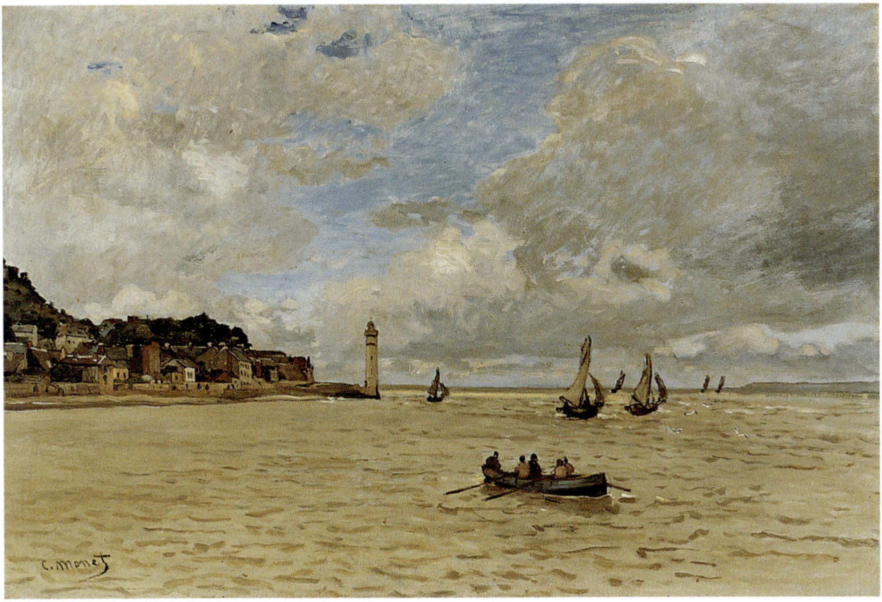

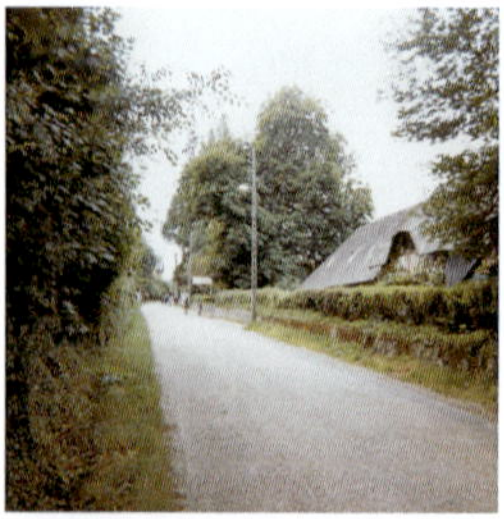

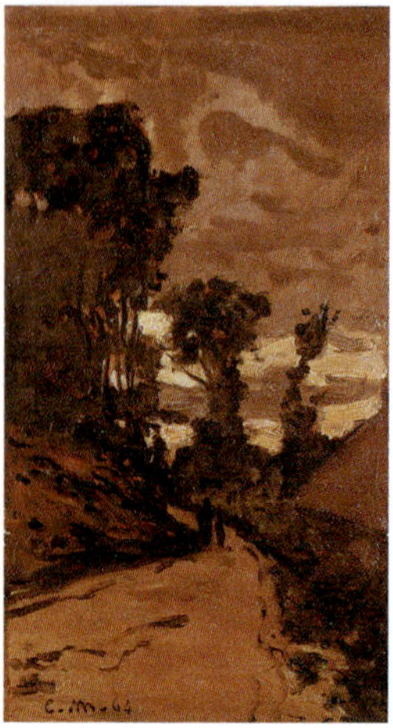

La actual carretera de Trouville a Honfleur

ARRIBA
El camino a la granja Saint-Siméon
1864
37 x 22 cm
Colección particular

De Delacroix a Daubigny

La carta a Boudin del 20 de febrero de 1860, escrita al día siguiente de visitar la Exposición de la École de 1830 que se celebra en el boulevard des Italiens, parece testimoniar una evolución de las opiniones de Claude desde el Salón de 1859, sin que consiga centrarse en el sentimiento artístico, pues se muestra influido por los resentimientos personales y por el entorno.

Troyon le desagrada casi tanto como Rosa Bonheur, pero ¿no se debe a que fue precisamente él quien lo llevó a Couture? A este último lo considera acabado para la pintura, pero esta impresión la comparten demasiados como para considerarla original, y lo mismo puede decirse de sus elogios a Decamps, Rousseau, Dupré, Corot y Millet. Su admiración sin reserva, aunque también sin lirismo, manifestada delante de las obras de Delacroix, «que son espléndidas», contrasta con las reticencias que había sentido durante el Salón del año anterior. Claro que en esta ocasión puede ver una auténtica retrospectiva de más de un cuarto de siglo, con dieciséis lienzos. Le impresionan especialmente *Hamlet*, *Los discípulos de Emaús* y *La barca* (o mejor *El naufragio*) *de Don Juan.* Sería un error exagerar la importancia de estas reacciones, perfectamente normales en un joven al que la influencia de Boudin le ha sacado ya de los senderos trillados, como también ha sido un error silenciar la admiración que siente por Marilhat, sin duda porque se ha juzgado poco conforme a la idea que se tiene de un joven genio, atraído solo por obras maestras. Se olvida que la pintura de Marilhat no está exenta de interés y que los temas africanos curiosamente prefiguran la aventura argelina que Monet va a vivir poco después.

Más tarde no podrá menos que subrayar la seguridad de su juicio. En este contexto resulta especialmente reveladora una anécdota, que se refiere a un pequeño Daubigny, Vendimia al crepúsculo con cuarto creciente, que había colgado en la pared de su habitación en la rue Pigalle, como dice a Boudin en la carta de febrero de 1860. Dos meses más tarde, el 21 de abril, le anuncia orgullosamente: «Gautier... acaba de hacer un aguafuerte según mi Daubigny». El cuadro, según relata Marc Elder, lo había descubierto Monet «entre los trastos viejos de las esquinas» del estudio que puso a su disposición en El Havre su tía Lecadre. El cuadro le gustó, pero antes de comenzar a limpiarlo le pareció prudente esperar a que su tía se mostrara conforme con regalárselo. Solo entonces se percató de que estaba firmado por Daubigny. «Me alegré mucho de haber reconocido e incluso descubierto un lienzo del maestro. Era una confirmación de mi buen ojo».

Aun admitiendo que la tía Lecadre realmente ignorara que poseía una obra de un prestigioso paisajista coetáneo, el «descubrimiento» se vio facilitado por la visita que el joven acababa de hacer al Salón de 1859, donde había tenido ocasión de admirar cinco cuadros de

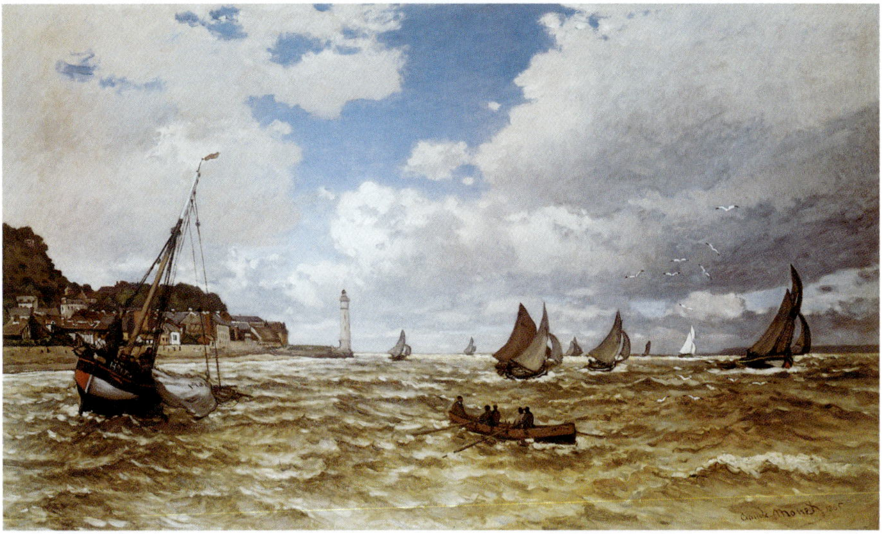

La desembocadura del Sena en Honfleur
1865
90 x 150 cm
Norton Simon Museum, Pasadena, California

Daubigny, entre ellos *Puesta de sol* y *Salida de luna*. Engañada o a sabiendas, su tía le pudo regalar el cuadro con ocasión del aguinaldo al comienzo del año; como fuera, en febrero de 1860, el regalo era reciente.

Siempre según los mismos recuerdos, Monet —deseoso de conseguir el dinero suficiente para «celebrar una fiesta con sus compañeros»— y después de una búsqueda laboriosa, encontró un amante del arte en la persona del comerciante Thomas, que tenía una tienda en la rue du Bac 18. Thomas estaba dispuesto a pagar 400 francos por el Daubigny, con la condición de que el lienzo fuera identificado por su autor. Cuando ya iba a renunciar al trato, Claude se dejó convencer por un compañero más audaz que él y que obtuvo el certificado necesario para celebrar el negocio. En estas circunstancias, Monet sacrifica una obra a sabiendas del gran interés que tiene por ella el grupo al que pertenece. Destinado a glorificar su ojo, el asunto del Daubigny le hace aparecer como un joven de provincias dispuesto a cualquier sacrificio con tal de poder «celebrar una fiesta con sus compañeros». Y esas fiestas solían celebrarse en la famosa Brasserie des Martyrs.

La Brasserie des Martyrs

Desde que se establece en París, en la rue Rodier primero y luego en la rue Pigalle, Monet vive cerca de la «Brasserie bavaroise», fundada hacía no mucho tiempo por un tal Schoen y regentada desde hacía algunos años por el «fabricante de limonadas» Bourgeois. Situada en el número 9 de la rue des Martyrs, según se sube a mano izquierda, se hallaba no lejos de la casa donde Murger se había instalado después

Camino en Chailly. Bosque de Fontainebleau
1865
97 x 130 cm
Ordrupgaardsamlingen, Charlottenlund-Copenhague

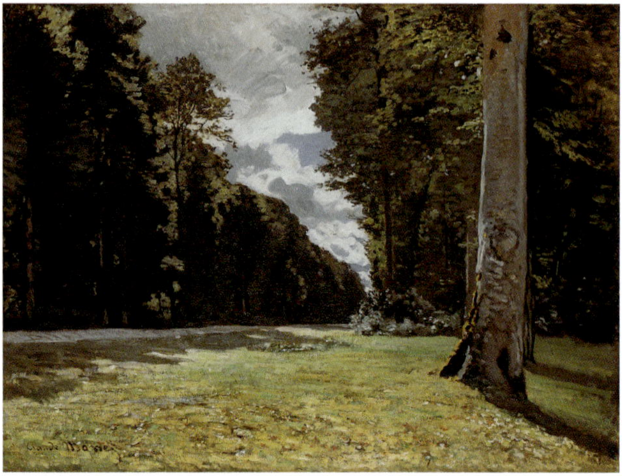

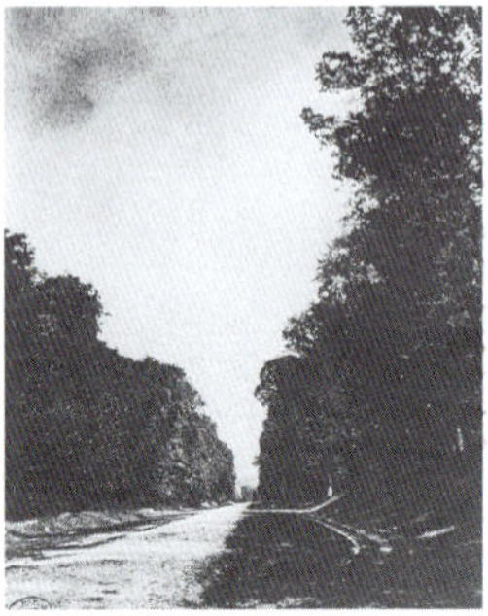

El camino de Chailly

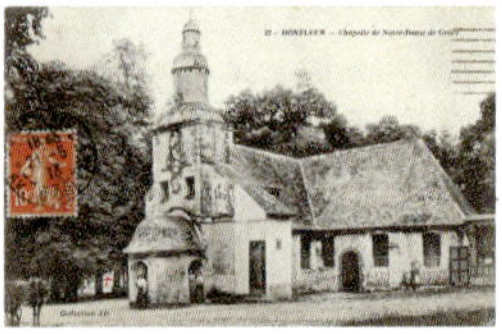

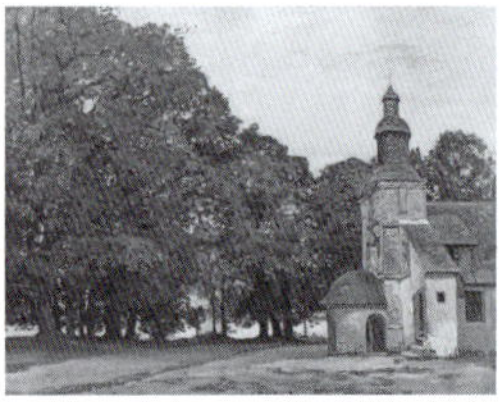

DE ARRIBA ABAJO
Honfleur, capilla de Notre-Dame de Grâce
Tarjeta postal, comienzos del siglo XX

La capilla de Notre-Dame de Grâce en Honfleur 1864
52 x 68 cm
Colección particular

del triunfo de su obra *La vie de bohème.* El «Procope del siglo XIX» ocupa un edificio con mampostería y lienzos de madera construido sobre un cruce de cuatro calles. En la planta baja, una gran sala de café de cinco tramos se prolonga sobre un patio cubierto que alberga dos mesas de billar. Otros cuatro billares se encuentran en una gran sala del primer piso y en una galería vecina hay dos divanes para clientes fatigados. Quienes suben al segundo piso encuentran cinco mesas de billar. Aquí hay varias «habitaciones con calefacción». En el tercer piso, cuatro estancias «sin calefacción», abuhardilladas, parecen destinadas al personal, o puede que estén reservadas a cierto tipo de clientela. El alquiler anual de 5.000 francos, que en 1864 se elevará a 7.000, subraya la importancia del establecimiento. El confort que ofrece no se le escapa a Alfred Delvau. «El aire circula mejor que en otro lugar y los camareros también», incluso en los momentos de mayor afluencia de público, cuando los humos de las pipas y los vapores del alcohol tamizan la luz del gas que centellea en globos blancos. Los ruidos se entrecruzan sin producir el alboroto que reina en otros lugares.

Primero, la Brasserie fue el cuartel general de los poetas, pero hacia 1859 encuentra un nuevo público, más heterogéneo, cuando los realistas comienzan a abandonar sus lugares familiares de encuentro en la rue Hautefeuille y la Brasserie Andler, el feudo de Courbet, migración histórica que desplaza el centro de gravedad de París hacia la orilla derecha del Sena. Allí, en la órbita de la estación de Saint-Lazare, es donde los naturalistas y los impresionistas van a establecer sus cuarteles.

En *Les Derniers Bohèmes,* Firmin Maillard describe la extraña mezcolanza de «devanadores de rimas» y «tribunos sentados y reposados»,

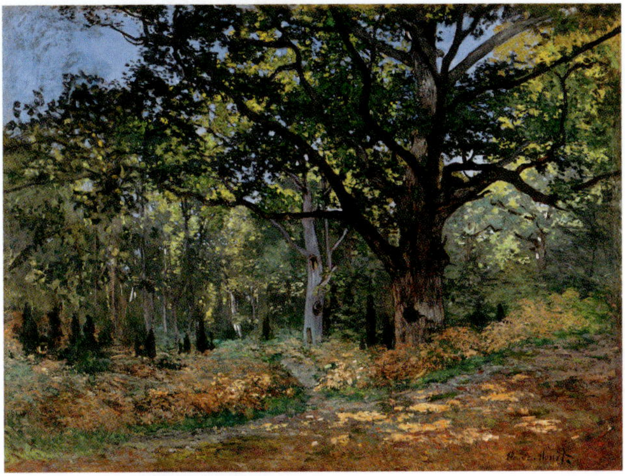

El roble de Bodmer en Bas-Bréau
1865
96,2 x 129,2 cm
The Metropolitan Museum of Art, Nueva York

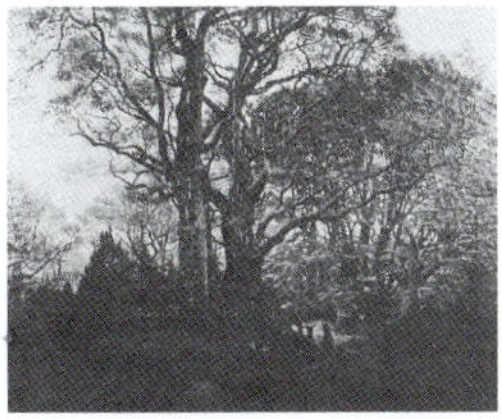

Karl Bodmer
El interior del bosque
c. 1850
Musée du Louvre, París

«maestros pintores y pintores alumnos de la naturaleza», todos «caballeros andantes de la pluma y del pincel, audaces buscadores del infinito, esforzados mercaderes de quimeras». En este ambiente, en el que los «buscadores de palabras» aventajan sin duda alguna a los descubridores de ideas, los verdaderos creadores corren peligro de verse relegados a la sombra. A las palabras siguen en muchos casos verdaderas batallas verbales, sobre todo cuando se enfrentan los discípulos de Picot y de Couture; Monet no habla de estos combates. A «los últimos bohemios» se referirá únicamente cuando Gustave Geffroy le pregunte por sus recuerdos de la Brasserie. Entre «otros malvados sujetos como él en esta época», dice citando a Maillard y Delvau, los cronistas de este pequeño mundo, se encuentra asimismo Castagnary, que algunos años más tarde se convertiría en amigo de Courbet, y también Alphonse Daudet, quien llegaría a ser célebre, Alphonse Duchesne, colaborador de *Le Figaro* a pesar de sus ideas avanzadas, Albert Glatigny, una especie de «Pierrot tísico» que se volverá hacia el Parnaso, y Théodore Pelloquet, el más bohemio de los bohemios, que merece una mención aparte.

El periodista Pelloquet se ve en la calle cuando *Le National* se clausura como consecuencia del golpe de Estado del 2 de diciembre de 1851. Decepcionado de la política, se dedica a la crítica de arte. *Le Siècle* le da una columna y desde entonces se convierte en defensor de jóvenes pintores. Monet representa a este hombrecito de frente despejada —envuelto en su amplio paletó donde guardaba su secreto—, pero no del natural, sino según el *Panthéon Nadar.* Si, como hemos de suponer, la caricatura se hace antes de su partida de El Havre, Claude Monet debe de quedar no poco sorprendido

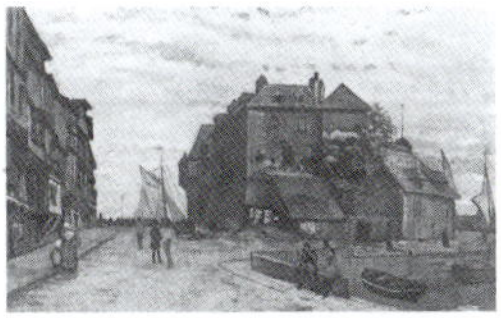

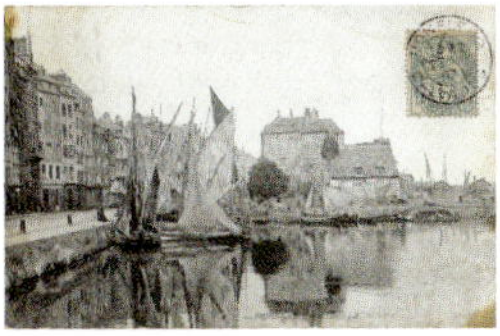

DE ARRIBA ABAJO
La lugartenencia en Honfleur
1864
48,5 x 73 cm
Colección particular

Honfleur, el viejo puerto y la lugartenencia
Tarjeta postal, comienzos del siglo xx

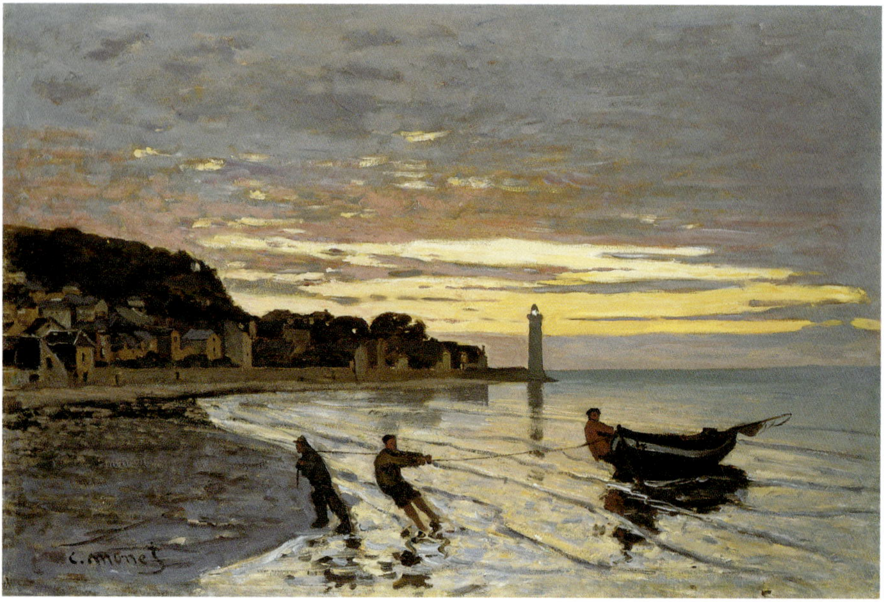

Sirgando un barco, Honfleur,
1864
55,5 x 82 cm
Memorial Art Gallery of the University of Rochester, Nueva York

cuando se encuentra a su modelo en la Brasserie des Martyrs. Se convertirían en amigos inseparables. Cuando se produce su primer encuentro con Clemenceau en el Quartier Latin, Monet está acompañado de Pelloquet, «ese periodista intermitente, lleno de ocurrencias, pero lleno de despreocupación, que se mofa de todo y de todos, empezando por él mismo». La imagen que el político conserva del pintor merece ser transcrita: «Tuve la impresión de que se trataba de una naturaleza ardiente, un poco bohemio, y el recuerdo de dos grandes ojos llenos de fuego, una nariz curvada como si fuera ligeramente árabe y una barba negra de cabellos desordenados».

La asistencia de Monet a la Brasserie des Martyrs dio pie a todo tipo de leyendas. Por ejemplo, conocemos una bella historia, a la que se ha dado verosimilitud por proceder de Firmin Maillard: Claude Monet estaba ocupado haciendo «con dos trazos de lápiz un encargo muy logrado», el retrato de Émile Benassit, pintor costumbrista y caricaturista de *Le Boulevard.* «Un viejo de barba blanca mira sonriendo por encima del hombro de Monet; es el viejo Andrieu». Con el brazo alrededor del cuello de su hijo Jules, futuro miembro de la Comuna, el buen viejo «piensa que si Monet quisiera ilustrar *La Presse de la Jeunesse,* de la que él, Andrieu padre, es el director, sería una gran cosa». Pero, desgraciadamente, *La Presse de la Jeunesse* ha dejado de aparecer en abril de 1857, dos años antes de la llegada de Monet a París. Es decir que Andrieu habría tenido bastantes dificultades para poner en práctica las generosas intenciones que le atribuye Maillard. Pero las leyendas no se olvidan fácilmente. Por el contrario, suele omitirse el capítulo VI de *Les Derniers Bohèmes,* que comienza con la significativa exclamación «¡Y esas damas!». Maillard nos cuenta que Héloïse, Marguerite, Adrianne (apodada Noisette), Eugénie, Clotilde o Hermance están «siempre dispuestas a ofrecer su bello cuerpo en pago de su paso... a la inmortalidad». En cualquier caso, esas bellezas en absoluto tímidas hacen de la Brasserie un lugar poco recomendable para un joven de veinte años que tiene que trabajar. Monet confiará a Geffroy su decepción con las siguientes palabras: «Yo iba por la famosa Brasserie de la rue des Martyrs, lo que me hizo perder bastante tiempo y me hizo el mayor mal».

Un callejón sin salida

A juzgar por las obras conservadas, el rendimiento de la primera estancia de Claude Monet en París es mínimo. De toda su producción de caricaturas, exceptuando algunos encargos de modelos no identificados que bien pudieron ser hechos también en El Havre, queda un retrato del pintor Jules Didier, premio de arte de Roma en 1857, caricaturizado en forma de «hombre mariposa» al que sujeta por las riendas una mujer centauro. Un grabado representa al actor Laferrière, eterno joven héroe, entonces ya de más de 60 años, sobre un fondo de carteles con las piezas de su repertorio y vestido con el uniforme que llevaba en *Historia de una bandera.* Aparecida en *Diogène* el 24 de marzo de 1860, esta estampa es la única huella de la colaboración de Monet con la prensa durante su juventud. La caricatura *Pierre Petit,* destinada al *Gaulois* y al *Charivari,* así como otros encargos anunciados a Amand Gautier el 11 de agosto de 1860, parecen pertenecer al reino de las esperanzas malogradas.

En la academia de Suisse, Monet dibuja «exclusivamente figuras humanas»; probablemente también pinta, como hace en el estudio

Puesta de sol en el mar
c. 1862
Pastel
Museum of Fine Arts, Boston

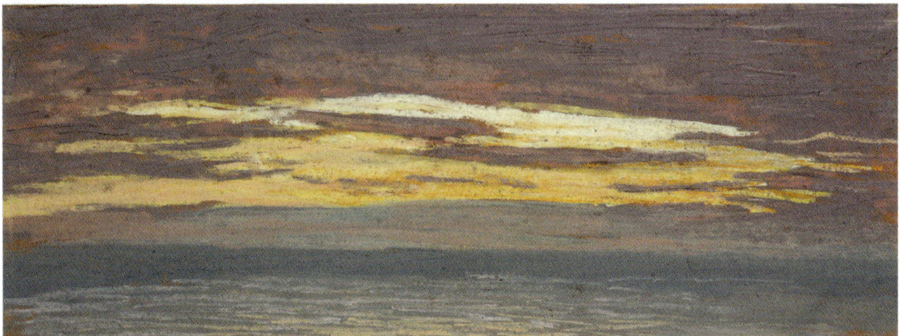

que había puesto a su disposición Monginot. Sin embargo, sus dibujos académicos han desaparecido y de las pinturas realizadas tanto en El Havre como en París han quedado muy pocas para testimoniar su actividad: después de *Vista de Rouelles*, que se remonta al verano de 1858, solamente un *Paisaje de fábricas* difícil de localizar, una *Esquina del estudio* fechada en [18]61 (il. pág. 16) y *Naturaleza muerta con faisán* (il. pág. 21), es decir, tres cuadros en más de dos años y medio.

Se han perdido las naturalezas muertas presentadas al Ayuntamiento de El Havre y a Troyon, al igual que los paisajes realizados a lo largo de una estancia de entre 15 días y tres semanas que Claude proyectaba hacer en la primavera de 1860, en compañía de dos compañeros, en la «atractiva región» de Champigny, donde los merenderos bordean el Marne, salpicado de islas boscosas. En los lienzos que han llegado hasta nosotros, nada recuerda a Corot, en quien Monet pretende haberse inspirado durante cierto tiempo bajo la influencia de Pissarro. Nada que nos remita a Boudin, en quien sigue inspirándose, a pesar de su tendencia a ver la naturaleza con «más generosidad» que su maestro. Nada que anuncie el paisajista que llegará a ser.

Por otro lado, tampoco queda huella alguna de la producción que hizo durante su primera estancia en París para mantenerse y que él mismo recuerda con las siguientes palabras: «Retratos de porteros a 100 *sous*, a 10 francos o a veces incluso a 50 francos, incluido el marco… Hice de todo, lo que me sirvió como preparación para los años duros que seguirían». Los cuadros de porteros no llevan firma, pues Monet no tiene interés alguno en comprometer su nombre con una producción precipitada. A esto se debe también la desaparición de sus obras. Las obras serias, que llevan el monograma «O. M.» o que están firmadas «O. Monet», no se pudieron identificar rápidamente cuando «Claude» Monet se hizo famoso. Sin embargo, teniendo en cuenta sus confesiones sobre el tiempo perdido en la Brasserie, también cabría preguntarse si realmente hizo un número importante de obras.

Un acontecimiento que se produjo en El Havre pesará sobre la existencia de Claude: el 3 de enero de 1860, en la maternidad de rue de la Chapelle, Amande-Célestine Vatine, una joven empleada doméstica que trabajaba en la calle de Pincettes, da a luz a una hija natural a la que se da el nombre de Marie. El padre de la criatura no es otro que Adolphe Monet, que entonces frisaba en los 50 años. Demasiado escrupuloso o demasiado enamorado para dejar a su amante, desde entonces deberá hacer frente a mayores gastos, precisamente en el momento en que parecía que iba a retirarse de los negocios. Se puede imaginar el efecto que los amores paternos produjeron sobre un muchacho que tenía necesidad de otros ejemplos para su propia conducta. Incluso aunque no conozca de inmediato el nacimiento de su hermanastra, los gastos suplementarios asumidos por su padre habrán de reducir las ayudas que él recibía, y la vida parisina hace ya

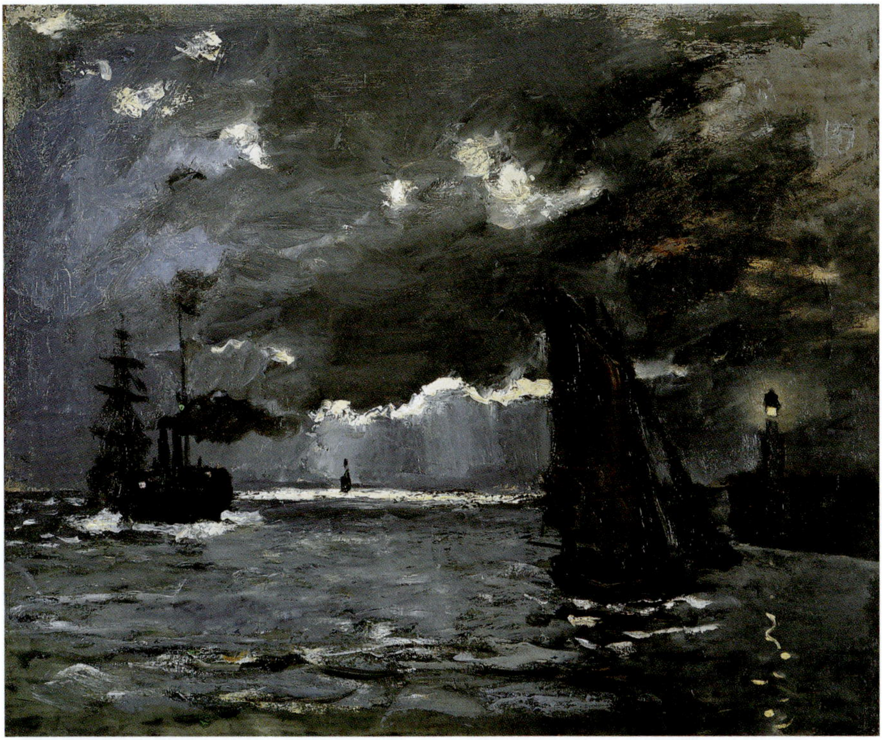

tiempo que mermó, si no es que agotó totalmente, los 2.000 francos de las caricaturas. Ya no podrá hacer el dandi en la Brasserie ni en ninguna otra parte. Se mire por donde se mire, Claude se encuentra en un callejón sin salida. Y la llamada al Ejército no es precisamente la solución.

Marina, por la noche
1866
59,5 x 72,5 cm
National Galleries of Scotland, Edimburgo

La llamada a filas

Domiciliado oficialmente en casa de su familia, en El Havre, cantón sur, Monet comparte el destino del reemplazo de 1860, al que pertenece. El 9 de enero de 1861, el prefecto del Departamento del Sena Inferior invita a los alcaldes a «anunciar públicamente, al finalizar la misa parroquial» la fecha en que los jóvenes han de reunirse para que la suerte decida quiénes entre ellos han de servir realmente en el Ejército. Para el cantón sur de El Havre, el sorteo se fija el sábado 2 de marzo. Conforme al reglamento, Monet se presenta ese día, a la una de la tarde, al subprefecto que preside la operación; «dice su nombre y apellido, así como los de su padre y su madre» y extrae un número de la urna; «pilla» un número bajo. Un mes más tarde, cuando se publica el «reparto del contingente entre los cantones», constata que, de los 228 hombres inscritos en la lista de su cantón sur, solo los 73 primeros serán llamados realmente a filas. Como su número era inferior al 74, está seguro de haber sacado un «número malo» y de que a lo largo del verano tendrá que incorporarse a un servicio activo de siete años.

Barcas de pesca
1866
Estudio fragmentario
para *El puerto de Honfleur*
45 x 55 cm
Colección particular

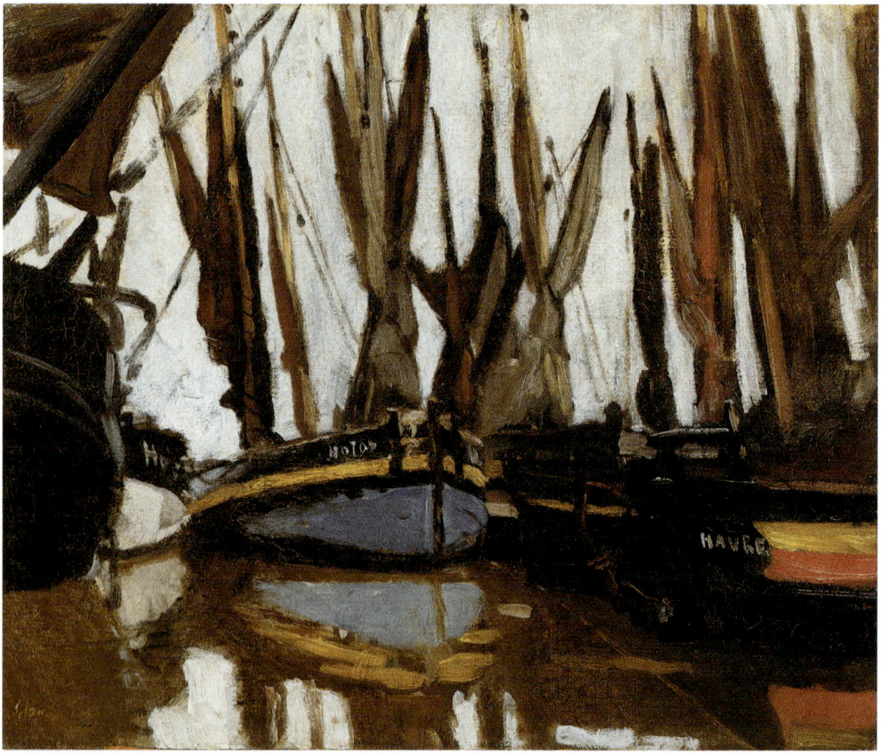

Sin embargo, según el sistema instaurado por la ley de 26 de abril de 1855, los jóvenes comprendidos en el cupo anual podrían quedar exentos contribuyendo a una caja especial destinada a asegurar su reemplazo. Para 1860, la tasa de exención asciende a 2.500 francos. Con esta suma, la familia de Claude podría «rescatarle». Más tarde afirmará que estaban dispuestos a hacerlo si él, por su parte, consentía en volver de París a El Havre para «dedicarse a los negocios».

Sin embargo, Claude Monet no puede renunciar a la pintura a ningún precio. Por el contrario, para salir del atolladero material y moral en el que se encuentra, un alejamiento provisional le parece bien; los siete años de servicio militar, en lugar de asustarlo, le parecen «llenos de encanto», pues lo que le relata un amigo, que está sirviendo en los cazadores de África, le parece prometedor. Le gusta el elegante uniforme. Además, su amigo le contagia su entusiasmo por los aventureros paseos a caballo bajo el sol de África y en la noches del desierto, y abre a sus ojos toda una imaginería oriental, que ya le había seducido en los cuadros de Marilhat.

Para ser admitido en la unidad de su elección, en este caso los cazadores de África, hay que adelantar el enrolamiento unos meses y obligarse voluntariamente a un servicio de la misma duración que el ordinario. El 25 de marzo de 1861, el ministro de la Guerra cierra la lista de los cuerpos a los que se admiten voluntarios; en ella se encuentran también el segundo y tercer regimiento de los cazadores de África. Sin embargo, será el primer regimiento el que acoja al «estudiante» Oscar-Claude Monet, gracias a una orden ministerial especial del 20 de abril de 1861. La incorporación a filas se lleva a cabo el 29 del mismo mes en El Havre. De apariencia vigorosa, el joven es reconocido «apto para el servicio». A pesar de su tradicional banalidad, la ficha de registro no deja de tener interés. Así sabemos que Claude Monet mide 1,65 m, que sus ojos son castaños, y del mismo color son también las cejas y el cabello. Por la mención «mentón redondo» se supone que era imberbe y la nariz «recta» contrasta con la «curvada como si fuera ligeramente árabe» que Clemenceau retuvo en sus recuerdos.

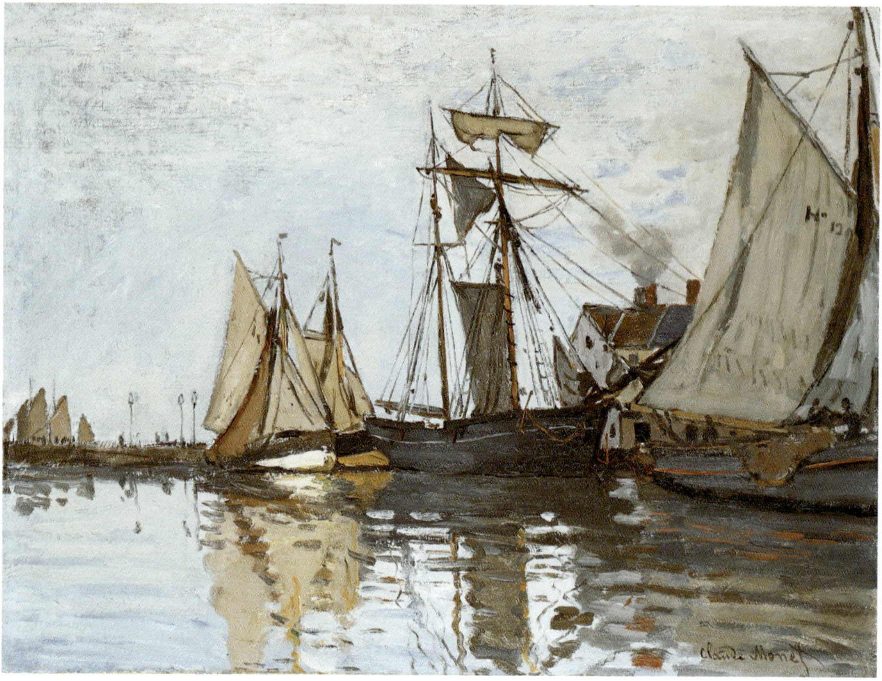

Barcos en el puerto de Honfleur
1866
49 x 65 cm
Colección particular

Argelia

Fundado en 1832, el 1.er regimiento de cazadores de África estacionado en Argelia ilustró su divisa «Ubique primus» en la batalla de Isly, en Crimea y en Solférino. Desde la muerte del coronel Montalembert, víctima del cólera durante una operación en Marruecos, en otoño de 1859, las seis compañías de que se compone el regimiento están a la orden del coronel Lascours. La quinta es enviada a Siria en septiembre de 1860, la sexta irá a México en 1862, la primera y la segunda le seguirán. Es decir, Monet ha elegido un regimiento de élite que el Imperio utiliza tanto en los campos de batalla europeos como en los de ultramar. En tiempos de paz, se ocupa de formar las escoltas que acompañan al mariscal Pélissier, duque de Malakoff, gobernador general de Argelia.

Claude desembarca en Argel y se dirige a su regimiento, que está acuartelado en Mustafá, a las puertas de la ciudad, en edificios de ladrillo de un solo piso. Llega al cuerpo el 10 de junio, donde es asignado a la segunda compañía, en calidad de soldado de caballería de segunda. Formada por unos 100 hombres, la compañía está al mando de un capitán, ayudado por otros oficiales. Como en todo el Ejército francés de la época, hay un buen número de suboficiales.

En 1861, la situación está relativamente tranquila y la instrucción de los reclutas se puede hacer sin precipitación. Monet, que «no ha montado nunca a caballo», ha de pasar muchas horas en la escuela de equitación. No es seguro que llegara a convertirse en un «caballero fino» para tomar parte en una de las columnas formadas con el fin de mostrar a la población una fuerza armada de relativa importancia.

Sometido a la disciplina cuartelera, ¿qué recuerdos conservó de su vida de soldado? Al entusiasmo que trasmite la entrevista concedida a Thiébault-Sisson en 1900 —«Pasé dos años realmente agradables en Argelia»—, sigue en 1914 una apreciación más matizada, a la que se refiere Arnyvelde: «No me sentí mal vestido de uniforme». Después de la Primera Guerra Mundial, el balance es resueltamente positivo, como recoge Geffroy: «Me hizo un gran bien, pues me dio más juicio». Con excepción del clima, esta visión de las cosas parecer ser demasiado objetiva en el plano moral.

En el plano artístico, sería sorprendente que la visión de Monet no hubiera experimentado un enriquecimiento. Geffroy cita «el deslumbramiento de esa tierra caliente e iluminada por el sol», el «mar con sus crestas de olas plateadas», «la embriaguez producida por una vegetación cargada de flores y frutos». Pero guarda un prudente silencio sobre la influencia que el espectáculo causó en el pintor. En 1889, en el *Gil Blas,* Hugues Le Roux fue bastante más lejos: «África completó su formación de colorista. Le enseñó a mirar las sombras, a perseguir la descomposición brillante de la luz, a hacer flotar alrededor de los objetos ese ambiente que los rodea como una aureola». Resumiendo: Monet se vuelve impresionista en su época africana. Reaccionando contra estos propósitos, él mismo marca, en 1900, unos límites que conviene no perder de vista: «¡Cuánto ganó mi visión! No me di cuenta de ello en un principio. Las impresiones de la luz y de los colores que recibí entonces no las pude clasificar hasta más tarde, pero el germen de mis búsquedas futuras está allí».

Esta visión «diferenciada» de la estancia en Argelia no resuelve el problema de las obras realizadas durante ese periodo. Es probable que Monet fuera a África acompañado de sus lápices y su caja de pinturas, pero sobre el uso que pudo hacer de ellos los testimonios son contradictorios. El de Le Roux es ambiguo y dice menos sobre el trabajo realmente realizado que sobre la orientación del *Gil Blas:* «Durante sus dos años en el cuartel argelino solo garabateó algo e hizo estudios durante las guardias». Thiébault-Sisson se muestra más explícito en 1926, cuando describe a un Monet que expresa su alegría de no haberse quedado más tiempo en África, donde «ni un solo momento pensó en pintar». El mismo periodista olvida que, un cuarto de siglo antes, reprodujo unas opiniones diametralmente opuestas y probablemente más próximas a la realidad: «Veía sin cesar cosas nuevas; en mis momentos de asueto, intentaba reproducirlas».

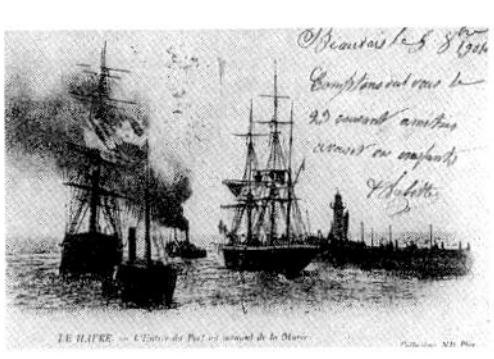

El Havre, entrada al puerto en el momento de la marea
Tarjeta postal, 1904

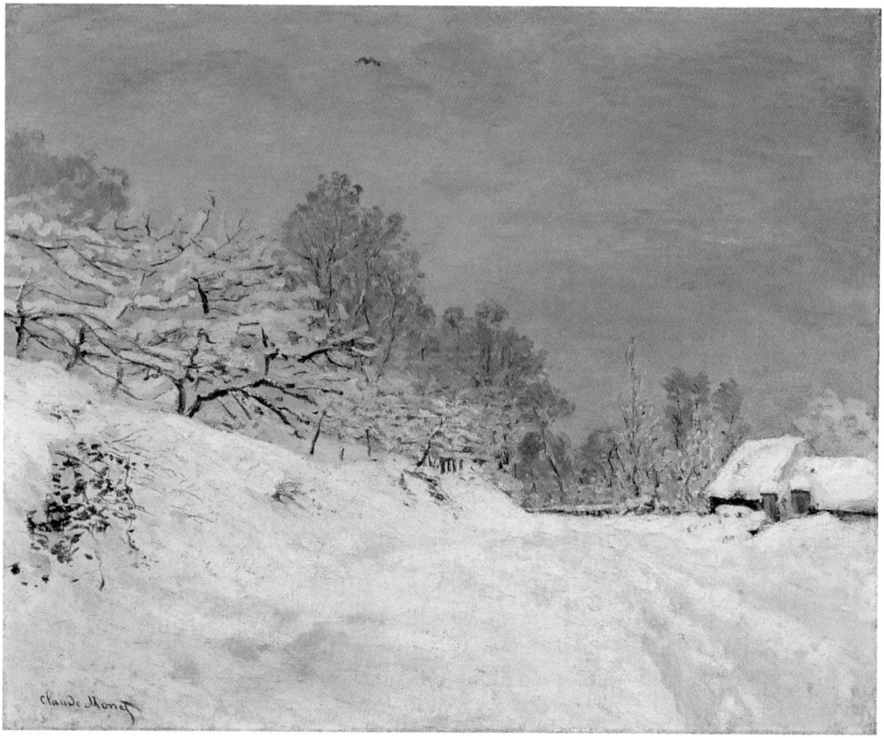

El camino a la granja Saint-Siméon, invierno
1867
81 x 100 cm
Musée d'Orsay, París

¡A saber qué «momentos de asueto» tenía un soldado de caballería de segunda en África durante el Segundo Imperio! Dos frases breves confiadas a Arnyvelde permiten esbozar una respuesta: «Los oficiales usaron mucho mis talentos. Ello me valió varios favores.» Hubo, por tanto, retratos por encargo, como el retrato de su capitán, que Monet hizo para «obtener un permiso» y que solo conocemos por una mención de Clemenceau. Los tempranos esbozos le llevaron realmente a estudios más serios. En aquel entonces, la pintura oriental está muy de moda y varios oficiales parecen tener interés en un cuadro de estas características realizado por uno de sus hombres. Así nació la *Escena argelina* al estilo de Fromentin, que Monet cambiará —mucho tiempo después— a Durand-Ruel, deseoso de volver a estar en posesión de una obra de juventud que primero no había reconocido. En cualquier caso, la estancia de Claude en Argelia es tan breve que no deja lugar a una producción importante. Se conoce el incidente que hizo terminar su carrera militar. Estaba descontento de ver prolongarse las horas en la escuela de equitación y de estar «atado al cuartel o al campo», por lo que se subió a un mulo de carga y, picándole los flancos, atravesó al galope la puerta del cuartel, para terminar la carrera en los olivares de Mustafá, donde al atardecer una patrulla le encontró inconsciente. Le enviaron al calabozo y solo se salvó de un consejo de guerra por contraer a tiempo fiebres tifoideas.

En los archivos del regimiento no se encuentra mención alguna del incidente. Por el contrario hay un «certificado de buena conducta» que le entregan al abandonar el cuerpo. ¿Achacaron sus jefes la escapada a la enfermedad? ¿O es que, con las fiebres, lo soñó? Sorprendentemente, Thiébault-Sisson es el único entrevistador que reproduce esta anécdota en 1926, después de la muerte de Monet, cuando ya no puede confirmarla ni desmentirla. En la ficha tampoco hay referencia a la enfermedad, pero esto lo podría explicar el secreto profesional. Monet habló frecuentemente de ella y en términos demasiado similares para ponerla en duda. La fiebre duró tres semanas; después de dos meses de reposo en Argelia, se le autorizó a pasar seis meses de convalecencia en la capital. Como se encuentra en El Havre desde el verano de 1862, el comienzo de la enfermedad se remonta a la primavera del mismo año. Llegado al cuerpo en junio de 1861, Claude sirve en condiciones normales apenas un año. Su estancia en Argelia no dura los dos años a los que se refiere en sus recuerdos. No es la primera vez que comete un error de este género.

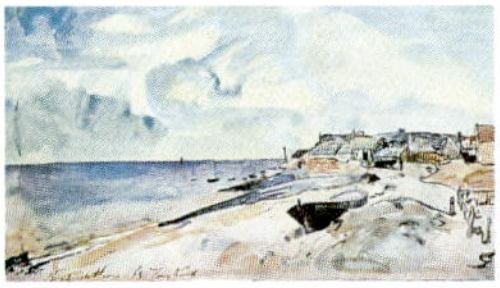

Johann-Barthold Jongkind
Playa en Sainte-Adresse
Acuarela
1863
Musée du Louvre, París

El encuentro con Jongkind

Durante su permiso, Monet no está autorizado a vestir «de paisano». Charles Lhuillier le representa en uniforme de cazador de África: casaca azul, pantalón rojo, forrajera y gorra del uniforme de diario. Esto, sin embargo, no impide que se ponga su blusa de pintor y se dirija a los campos y acantilados de Sainte-Adresse para plantar su caballete en el entorno que le es familiar.

En ausencia de Boudin, retenido en Honfleur y Trouville, Claude trabaja solo. Un día que se instala en los alrededores del cabo de Hève, cerca de una granja de Caux, un amplio terreno rodeado de árboles, donde se levantan «chamizos» en medio de los manzanos, observa una vaca pastando y se decide a hacer un estudio. Para plasmarla en vivo, ha de seguirla en todos sus desplazamientos. Una especie de coloso que observa la escena se ofrece a sujetar el animal aun a riesgo de quedarse tuerto. Después de unos intentos más divertidos que eficaces, el forastero se presenta. Es un ciudadano británico parecido a los que, hace no mucho tiempo, caricaturizó Monet y se interesa vivamente por la pintura. Convencido de que su joven interlocutor compartirá su admiración por Jongkind, organiza una reunión para el domingo siguiente. Sentados a la sombra de la vegetación de un albergue rústico, los tres hacen los honores a la cocina y la sidra normandas. Johan Barthold Jongkind se muestra expansivo, y sus entonaciones guturales resuenan en todo el campo. Claude se guarda mucho de hacer observar que, dos años antes, lo juzgó «muerto para el arte».

Además de por sus propias afirmaciones en entrevistas, el encuentro de Monet con Jongkind está atestiguado, con una variante relativa al lugar, en un documento contemporáneo, una carta del 30 de octubre de 1862. En esta, la tía Lecadre escribe a Amand Gautier: «Tuvo un encuentro, a orillas del mar, con Jongkind, quien le dio algunos consejos. Me habría gustado que le enseñara sus mejores obras pero evitó hacerlo, a pesar de mis insistencias». Aunque no pudo ver más que unos bocetos, el maestro holandés invita a Claude a trabajar con él. Es entonces cuando le da algunas indicaciones técnicas sobre el «cómo y el porqué de su estilo» y sobre esa «espontaneidad culta» que constituye la propia marca de identidad.

Jongkind conocía perfectamente, de su estancia en El Havre, a su «buen amigo Boudin». Conviene, pues, descartar la historia de que fue Monet quien presentó a los dos pintores. Del mismo modo hay que renunciar a la idea de que los tres pintaran juntos, al menos en 1862. Por otro lado, resulta afortunado que Jongkind pudiera ejercer toda su influencia, con todo el vigor de su pasión. Monet no se equivocó en su apreciación: «A partir de ese momento, fue mi verdadero maestro; a él le debo la educación definitiva de mi ojo».

La tía Lecadre tiene en gran estima el talento de Jongkind, pero confiesa para su «vergüenza» que se sentía repelida por «su aspecto excéntrico y su fama de vividor». Intenta vencer sus reparos invitando al maestro a cenar, pero las «maneras» de su invitado no son «del todo edificantes». Ruega a Gautier que guarde secreto de esto, pues considera a Jongkind como «un gran artista y sobre todo una bellísima persona» y «se reprocha no haberle dado una mejor acogida».

Se puede comprender la perturbación de la tía Lecadre, debido a la contradicción entre su sentimiento artístico y los prejuicios de su época; de creer el relato de Monet mismo, Jongkind acudió a la invitación acompañado de una dama que no quiso presentar. Durante la comida, la tía Lecadre dio un plato a Claude y le pidió que lo pasara a «madame Jongkind», a lo que el presunto esposo se echó a reír diciendo: «No, no es mi esposa». Mientras los presentes, avergonzados, no levantaban la vista del plato, explicó, con todo el candor de sus ojos azules: «No es mi mujer, es un ángel». De este modo, los anfitriones conocen el papel que madame Fesser desempeñó en la vida de un hombre a quien salvó de la decadencia. A pesar de todo, el ascendiente que Jongkind aporta al talento de Claude está lejos de tener un efecto que pueda desdeñarse sobre la decisión que ha de tomar la tía Lecadre.

Retrato de Victor Jacquemont con quitasol
1865
105 x 61,5 cm
Kunsthaus Zürich, Zúrich

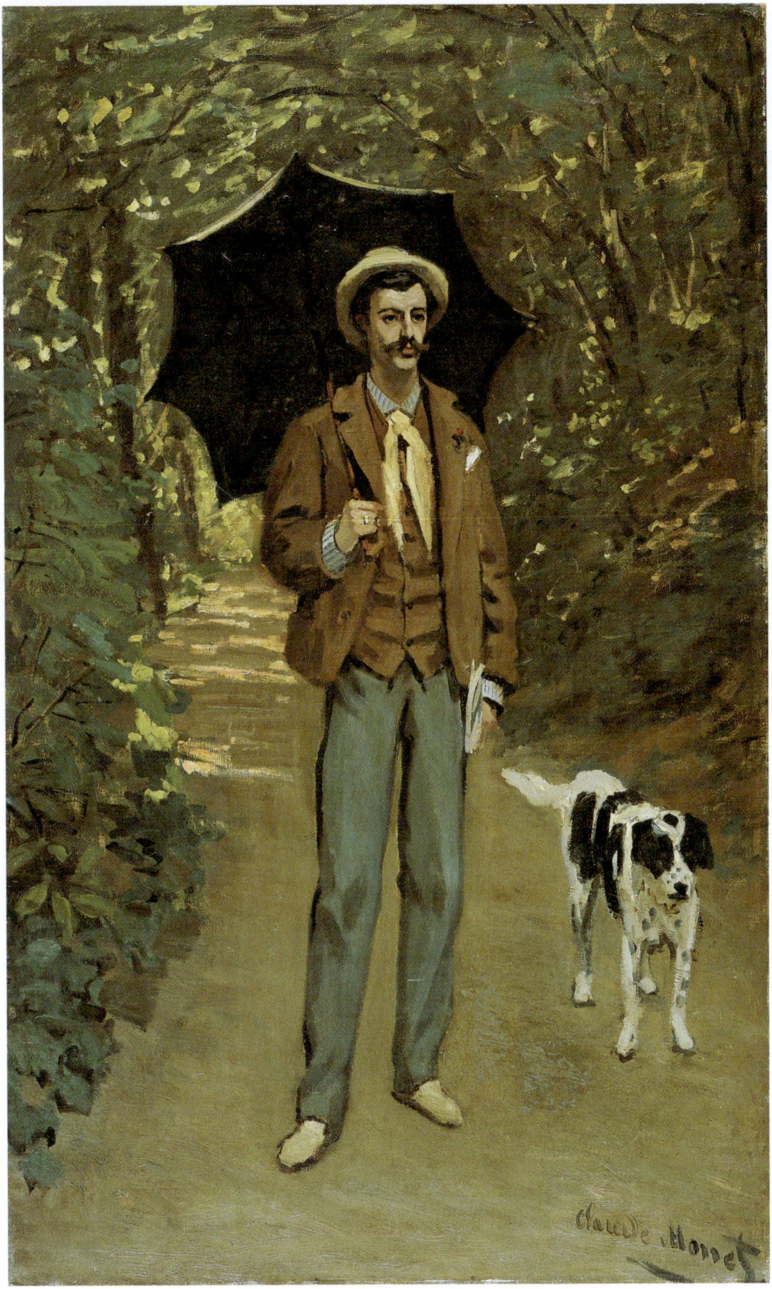
Claude Monet

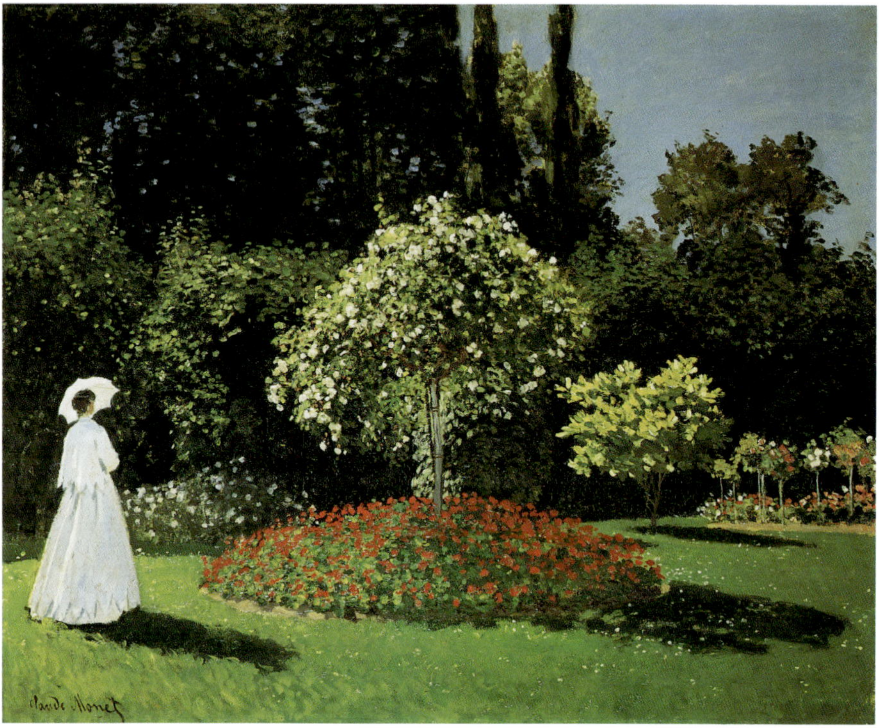

Jeanne-Marguerite Lecadre en el jardín
1866
80 x 99 cm
Museo del Hermitage, San Petersburgo

El licenciamiento

Al terminar la convalecencia, Monet debe reunirse con su regimiento en Argelia, perspectiva que no le agrada en absoluto. Sin embargo, la ley permite rescatar también a los jóvenes que ya han comenzado el servicio. El 8 de abril de 1861, el ministro de la Guerra indicó que, en estos casos, el consejo de administración de los cuerpos podía decretar la excedencia si se presentaba un comprobante del pago de 500 francos por cada año que queda por cumplir. Incorporado el 29 de abril de 1861, a Monet le quedan aún cinco años de servicio y medio, a partir del otoño de 1862. Por lo tanto, la familia tendría que pagar un importe incluso superior a los 2.500 francos previstos originalmente.

Como Adolphe Monet carece de medios, la tía Lecadre se ocupa del asunto y cumple las formalidades. El 30 de octubre, puede ya anunciar a Gautier: «Mi sobrino Oscar se ha quedado conmigo, a la espera de verse liberado de sus obligaciones con los cazadores de África». Y explica este paso con unas consideraciones que permiten hacernos una mejor imagen de su personalidad: «Al liberarlo, no he pensado tanto en su propia satisfacción como en consideraciones que me son casi personales. No quería reprocharme el haber puesto trabas a su carrera artística y haberle dejado demasiado tiempo en una mala escuela, donde habría acabado de desmoralizarse»; a estas palabras siguen unas afirmaciones poco aduladoras del Ejército de África.

Por lo que respecta al futuro, madame Lecadre no sabe qué hacer. A pesar de que observa que la «conducta» de su sobrino es «infinitamente mejor que la del pasado», «tiembla al pensar en devolverle a la libertad», sabiendo cómo la ha empleado en el pasado. Para conseguir sus fines, Monet se presenta como un muchacho juicioso y agradecido: «Trabaja, emplea muy bien el tiempo; se queda siempre cerca de nosotros y parece contento», aunque no consigue convencer a su tía de la calidad de su trabajo: «Sus estudios son siempre esbozos, como los que usted conoce; pero cuando quiere terminarlos para hacer un cuadro, le salen esos horribles pintarrajos, de los que se siente orgulloso; y además encuentra imbéciles que le felicitan».

Como sus observaciones no causan efecto, y con el sentimiento de no «estar a su altura», la buena mujer decide «guardar el más profundo silencio», lo cual no ha de interpretarse como un castigo, pues persiste en su deseo de ayudarle en su carrera: «Deseo traerle a cualquier precio de allí, para que saque partido a sus aptitudes, que realmente las tiene, y para que trabaje seriamente. Tiene que conseguir una posición, pues algún día yo faltaré». Por el modo como pregunta al destinatario de la carta, se ve que espera una respuesta positiva: «¿No cree que mi sobrino debería volver a París a estudiar bajo la dirección y con los consejos de sus maestros?». Se puede estar seguro de que Amand Gautier la confirmó en esta idea. Tres semanas más tarde, el 21 de noviembre de 1862, la autoridad militar pronuncia la exención de Monet y le da un «certificado de buena conducta» por el tiempo pasado en filas. Claude acaba de cumplir los 22 años; ahora podrá dedicarse por entero a la carrera que ha elegido y que los suyos al fin han aceptado definitivamente.

Toulmouche

Después de haber costado a su tía unos 3.000 francos, el precio que debió de pagar por el licenciamiento, y necesitado de su ayuda económica, Monet debe cumplir sin protestar los propósitos de su padre: «Que quede claro que vas a trabajar, y esta vez seriamente. Te quiero ver en un estudio, bajo la disciplina de un maestro conocido. Si vuelves a tu independencia, te recorto la pensión sin vacilar. ¿Está esto claro?».

Para no descuidar toda precaución se dirigen a un pintor con quien están emparentados desde hace poco tiempo: Auguste Toulmouche contrajo matrimonio el 3 de diciembre de 1861 en Nantes —de donde procede— con Marie, una prima de los Lecadre de El Havre, asimismo originarios de Nantes. El «pintor de los tocadores» ha recibido en el Salón de 1861 una segunda medalla que le ha

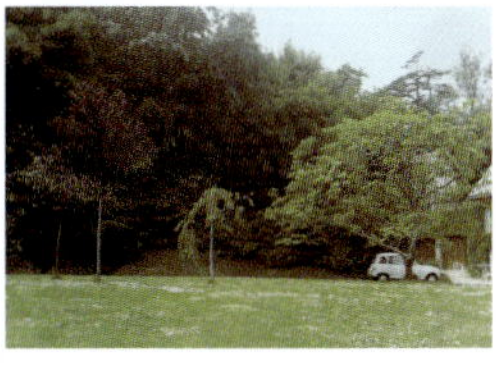

El parque de Le Coteau en Sainte-Adresse (propiedad de la familia Lecadre)

proporcionado un adulador paralelismo con Stevens en la *Gazette des Beaux-Arts*. Casado y galardonado, Toulmouche parece aportar ciertas garantías, más que Jongkind y más que Gautier. «El gran hombre de la familia» será, pues, el corresponsal de su primo, a quien remitirá todos los meses la pensión. Verdadero tutor artístico, deberá informar a El Havre de los trabajos y los progresos del joven.

Prodigando promesas de tomarse en serio las exhortaciones de su familia, Claude sube al tren que le llevará a París. Una de sus primeras visitas es para Toulmouche, instalado en la rue Notre-Dame-des-Champs 70 bis, cerca de las damas del noble barrio de Saint-Germain que le sirven de modelo para sus retratos mundanos. Monet describe la entrevista en los siguientes términos: «Desde mi llegada [a la capital], experimentaba la necesidad de dar a Toulmouche una prueba de mi capacidad. Tomé un lienzo y pinté una naturaleza muerta... ¡Ah! La estoy viendo aún. Representaba un riñón y un platillo con mantequilla... Tenía esos objetos a la vista. Sin saber por qué, me habían seducido y los pinté con fervor». Este relato está corroborado por la existencia de *La chuleta*, identificada por Marc Elder, quien ha narrado lo anteriormente mencionado. Según otros autores, Monet se presentó a Toulmouche con toda una «serie de estudios», lo cual no es incompatible con la versión de Elder: Claude se trajo de El Havre varios estudios de paisajes, pero se apresuró a añadir la indispensable piedra de toque que representaba entonces la naturaleza muerta.

En las reacciones de Toulmouche hay pocas variantes; se presentan en estilo directo: «Muy bien, muy elegante», «Usted tiene porvenir, pero hay que canalizar su ímpetu», «Joven, usted tiene buenas disposiciones, entre al estudio...»; también hay un relato indirecto: «Yo estaba dotado, pero no tenía estudio». Habrá que esperar hasta 1926 para encontrar una nota discordante en la pluma de Thiébault-Sisson: «Cuando fue introducido en el estudio del artista, Claude Monet sufrió desde el primer momento un ataque de horror, al ver las pinturas del hombre que había de dirigirlo y, en caso necesario, censurarlo». Indignado por la idea de tomar a Toulmouche como guía, no volvió a «poner los pies en ese antro». Invención pura y simple. Aceptó los cumplidos de Toulmouche, pero también sus consejos de que fuera con Gleyre, «el maestro de todos nosotros».

El roble de Bodmer en Bas-Bréau
1865
54 x 40 cm
Colección particular

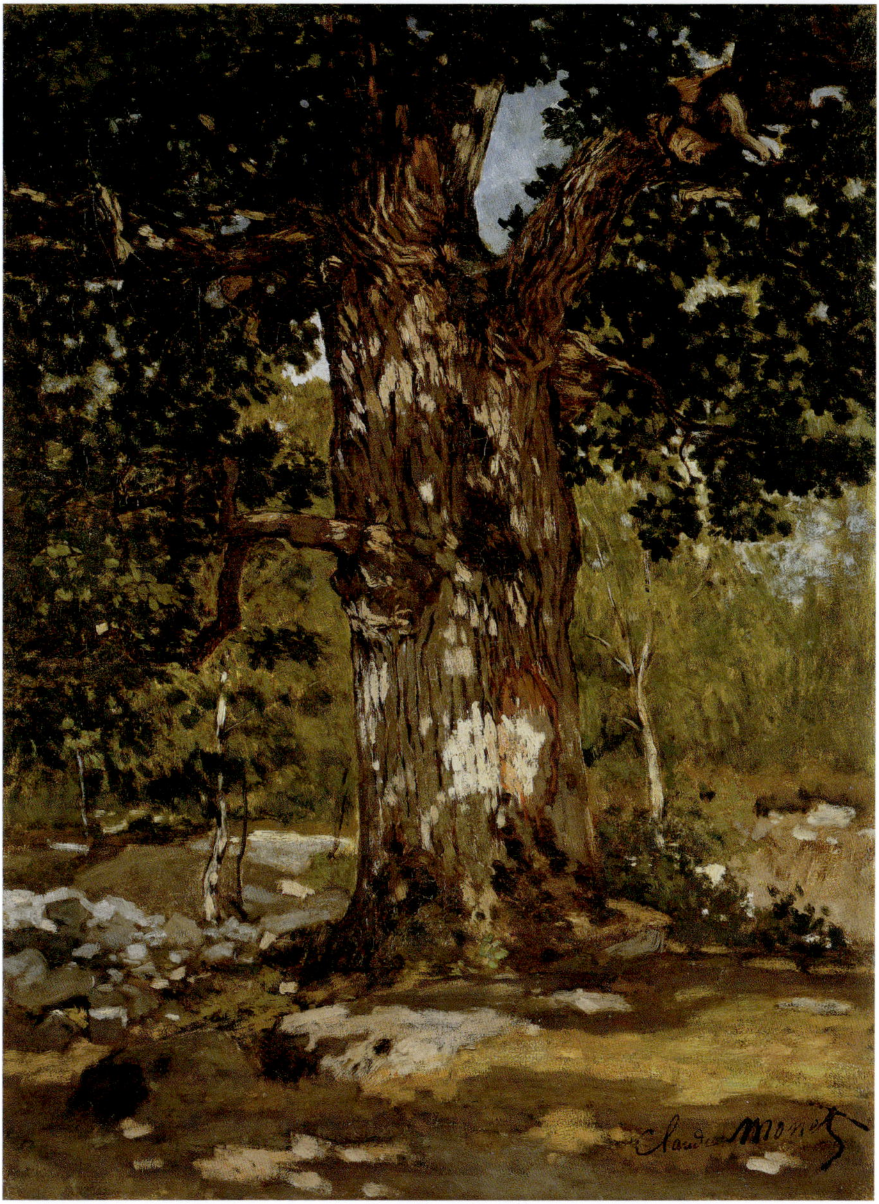
Claude Monet

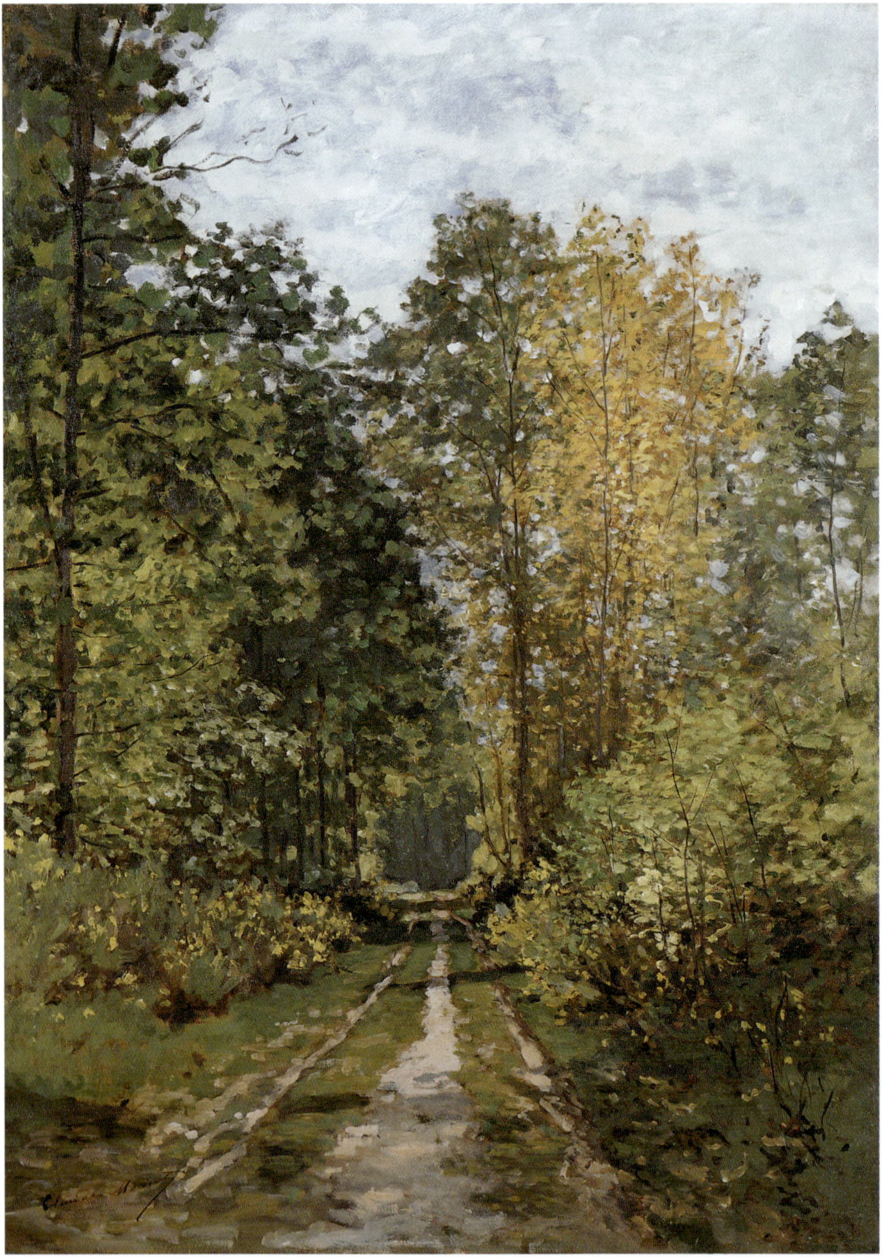

Charles Gleyre y su academia

A finales del otoño de 1862, Claude se incorpora al estudio de Gleyre por recomendación de Toulmouche; aquí permanecerá más tiempo del que confesará más tarde. Demasiado gustoso de hacer de la persona de «Glaire» [apodo que significa clara de huevo, moco, flema] el blanco de sus burlas, Monet le acusa de una fidelidad excesiva a la antigüedad y de estrechez de espíritu.

En realidad, Charles Gleyre es una persona atractiva y discreta, que no tienen nada en común con el pontífice oficial que se ha querido ver en él. Galardonado en dos ocasiones en el Salón, en particular por *La tarde* (o *Las ilusiones perdidas*), que a los ojos del público supera al resto de su producción, deja de exponer en 1849, para repartir su tiempo entre sus discípulos y su pintura, razón de ser y tormento de su vida. «Desde hace dos meses no puedo trabajar —escribe el 5 de enero de 1851—; le he cogido manía a mi profesión. Pintar me horroriza, como el agua a un perro rabioso».

Cuando se pide a los artistas que designen por primera vez ellos mismos a sus representantes en el jurado, Gleyre es elegido en un rango modesto. Los acontecimientos de 1870-1871 le afectan profundamente, pues a pesar de ser ciudadano suizo se siente muy vinculado a Francia. El 5 de mayo de 1874, cuando visita una exposición en beneficio de Alsacia-Lorena, muere repentinamente. Al día siguiente de su muerte, Taine celebra en el *Journal des Débats* su «búsqueda constante y casi perpetuamente feliz de la belleza pura y perfecta». Duranty afirma que «el hombre de sueños poéticos» poseía también «bellas facultades enérgicas y dominaba los colores fuertes y ricos». Paul Mantz se muestra más clarividente cuando, en *La Gazette des Beaux-Arts,* dice que «el hombre era visiblemente superior a su obra».

A pesar de los esfuerzos de Charles Clément y de Émile Montégut, sus biógrafos y amigos, Gleyre será víctima de la ingratitud de los unos y de la ignorancia de los otros, sobre todo en su condición de maestro. Habrá que esperar hasta 1930 para que se produzca un movimiento de rehabilitación, con el estudio de Robert Rey titulado *La renaissance du sentiment classique* y que confirmará las historias de Frédéric Bazille sin renunciar a la indispensable objetividad.

En el momento del retorno de Monet a París, Gleyre vive solo en una casa burguesa de Saint-Germain, en el número 94 de la rue du Bac, donde ocupa un minúsculo apartamento del ala izquierda, con ventanas que dan al patio. Una escalera interior, verdaderamente suicida, permite acceder a un estudio en las buhardillas, que se mantuvo sin mayores modificaciones hasta 1960. El reducido mobiliario del local, como lo describió Clément, muestra que sirvió para el trabajo personal del maestro y para recibir visitas. Bazille indica que su primera visita al maestro, en compañía de Bouchet-Doumenq, fue «en su estudio particular».

Camino en el bosque
1865
79 x 58 cm
Fondation Rau pour
le Tiers-Monde, Zúrich

El alquiler del estudio público se hace en nombre de administradores sucesivos que aseguran la gestión conforme a los deseos de Gleyre, lo que hace muy difícil su identificación. En la novela inglesa *Trilby,* de George Du Maurier, aparece una dirección de fantasía: «en casa de monsieur Carrel (alias Gleyre), rue Notre-Dame-des-Potirons-Saint-Michel», tras la que se oculta la muy real rue Notre-Dame-des-Champs, en la parte que da al boulevard Saint-Michel. En la rue Notre-Dame existen numerosos estudios, pero no hay ninguna casa con el número 70 bis, en la que hubiera siete talleres, sin contar las «galerías acristaladas», y todo ello repartido por varios edificios, la mayoría de una sola planta, separados de la calle por el número 70 y distribuidos por patios y pequeños jardines interiores.

En 1863, seis talleres están ocupados por pintores. El más famoso de ellos es Gérôme; todos exponen en el Salón, tres con el título de «discípulo de monsieur Gleyre». Uno de ellos es Toulmouche, a quien Monet visitó al llegar a París y cuyo padre es el propietario de todo el inmueble. Todo hace creer que «la academia Gleyre» ocupaba el séptimo estudio.

La vida en el estudio

La novela *Trilby* proporciona una descripción demasiado convencional de la academia Gleyre, por lo que se refiere tanto al mobiliario —estufa, plataforma para los modelos, taburetes, sillas bajas, caballetes—, como a la decoración de las paredes —caricaturas y rasgaduras de paletas— y a la fauna de aprendices de pintor que se reúne allí. Tres cuartas partes de los estudios de París seguramente respondían a esta imagen. Los testimonios recogidos por Clément son más instructivos, pero la fuente más directa son las cartas que Frédéric Bazille dirige a su familia de Montpellier, en las que relata una experiencia seguramente próxima a la de sus compañeros de promoción. El primer encuentro en el estudio particular de Gleyre es muy característico: «Me miró de pies a cabeza, pero no me dirigió la palabra; parece que se comporta así con todo el mundo, por timidez». El lunes 10 de noviembre, dos días después de haber escrito estas líneas, Frédéric hace su entrada en el estudio público, para la clásica sesión de la *bizutage* ('novatada'), una prueba que sin embargo no sustituye el pago de 15 francos por la «bienvenida», 30 francos por el «material» y otros 30 francos por el adelanto de tres meses. Así, una vez cubiertos los gastos iniciales, el precio de la mensualidad no supera los 10 francos, gracias a la generosidad del maestro, que en una ocasión dijo a unos alumnos de Delaroche que le solicitaban: «Acepto, pero con una condición: que no me paguéis ni un céntimo. Recuerdo la época en que no podía ni cenar, para ahorrar así los 25 o 30 francos que tenía que pagar a los administradores del estudio de monsieur Hersent».

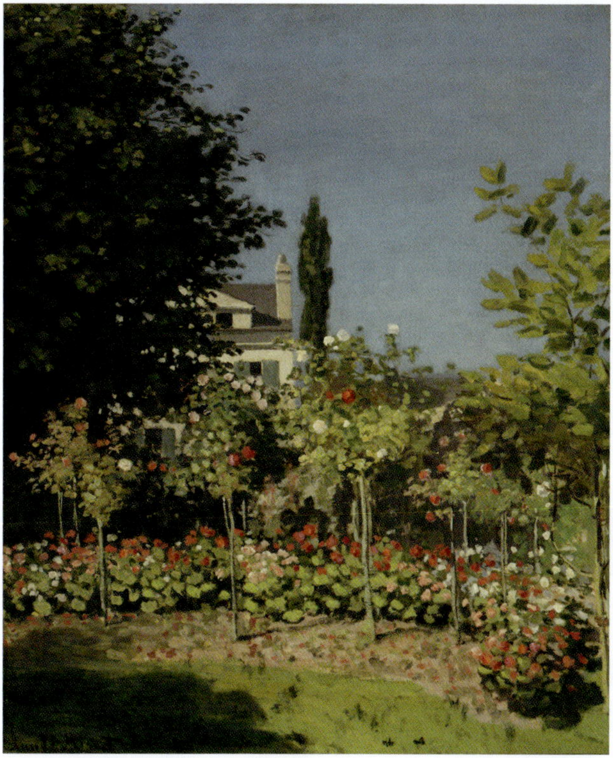

Jardín en flor (Sainte-Adresse)
1866
65 x 54 cm
Musée d'Orsay, París

Abierto desde las ocho de la mañana, el estudio funcionaba al parecer todos los días laborables, pero solo cuatro veces a la semana durante el crudo invierno de 1862-1863. Hacia mediodía, los alumnos podían tomar por 15 céntimos «el almuerzo del aprendiz»: una taza de consomé con mantequilla y una chuleta. Por la tarde, nueva sesión de trabajo que Bazille interrumpe hacia las tres o las cuatro para asistir a las clases de Medicina. Como era el uso de la época, los debutantes deben dedicarse a interminables sesiones de dibujo. El 10 de noviembre, Frédéric, que ha comenzado una academia, constata: «Hay muchos alumnos tan buenos, o tan malos, como yo». A finales de febrero no ha «tocado todavía el color» y no espera hacerlo hasta que sepa dibujar mejor. El «patrón» viene dos veces por semana; Monet dirá más tarde que el lunes era uno de esos dos días. «Entraba en el estudio sin ruido», expondrá Anker, preguntado por Clément, «y comenzaba a dar una vuelta, deteniéndose con cada alumno; solo dirigía la palabra a aquel al que tenía algo que corregir. Hablaba bajo, tan bajo que el vecino apenas oía lo que decía». No le gustaba ni «los fanfarrones» ni «lo raro».

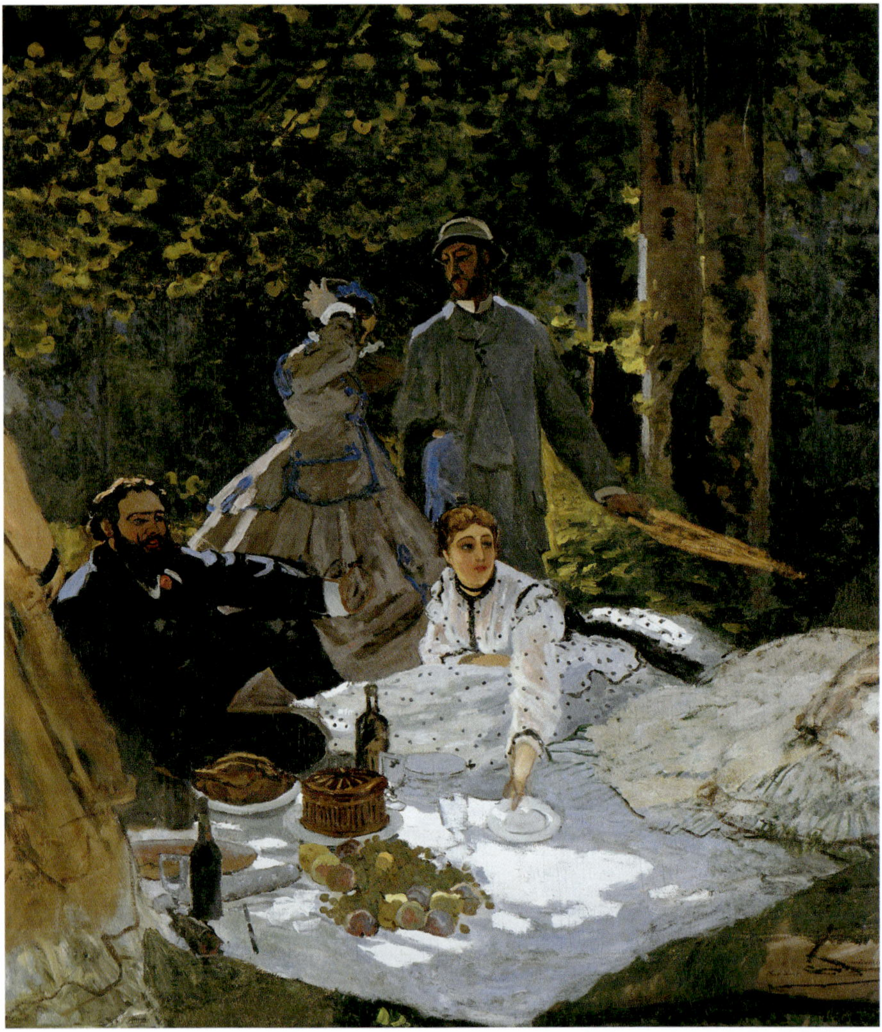

Recomendaba a sus alumnos que prepararan los colores en la paleta, pues tenía miedo de que «este color satánico» pudiera trastornarlos.

Como era demasiado modesto para dar discursos generales y demasiado liberal para tratar de imponer sus puntos de vista sobre el arte, solo de vez en cuando les proponía «un pequeño tema de composición para que cada uno lo hiciera como mejor pudiera». Bazille, a quien se debe esta información, promete enviar a Montpellier la primera composición un poco pasable; pero no puede hacerlo pues, al final de semana, sus estudios están «sucios y cubiertos de las caricaturas que hacen (sus) vecinos». Se adivina la identidad de uno de los caricaturistas impenitentes, pero ignoramos si participó en la representación de *La Tour de Nesle*, dada por los alumnos del estudio el 23 de enero, en presencia de numerosos artistas, entre ellos Gérôme; se hace una colecta destinada a los obreros sin trabajo del departamento Sena inferior. Bazille posa para una caricatura de Félix Régamey, que *Le Boulevard* publica el 8 de febrero.

Se ha afirmado que entre cuatro alumnos de la academia Gleyre, Bazille, Monet, Renoir y Sisley, surgió una amistad inmediata. Pero Frédéric mantiene relaciones más estrechas con varios jóvenes de Montpellier, a los que en diciembre de 1862 invita a una *brandade*, una especialidad provenzal de bacalao. En su correspondencia, por el momento no menciona ni a Renoir ni a Sisley; la primera vez que se refiere a Monet es en la primavera de 1863. En una carta dirigida a su padre, que fechamos el 22 de marzo, y después de anunciar que el vizconde Lepic, hijo del ayudante de campo del Emperador, ha entrado al estudio de Gleyre «para perfeccionarse», añade: «Este joven y otro de El Havre, llamado Monet, que conoce a monsieur Wanner, son mis mejores compañeros entre los aprendices». Se trata del primer testimonio de una naciente amistad. Y es también una prueba de que la estancia de Monet en el estudio de Gleyre duró al menos hasta entonces. Bazille no dice en ninguna parte que su compañero destaque por una actitud contestataria, mientras añade con entusiasmo: «Estoy tomando cada vez más gusto al trabajo del taller, que es la alegría de mi vida». Los elogios que le dirige el maestro, en una ocasión incluso «en voz muy alta» llenan de gozo al respetuoso y simpático Frédéric.

Monet parece haber sentado la cabeza. El 20 de marzo, su tía Lecadre confía en una carta a Amand Gautier —a quien considera más capaz que nadie para «apreciar las disposiciones que posee»—: «Este chico a quien creí perdido en un mal camino, que tanto me ha atormentado, ahora reconoce sus errores. Me lo ha dicho escribiéndome, que me agradece que le haya castigado dejándolo partir... Todas las miserias que ha sufrido lo han transformado y preparado para el trabajo; también me agradece que le haya rescatado. Y lo dice todo con sencillez, se siente que dice lo que piensa. Estoy muy contenta, igual que su padre». Tranquilidad de corta duración, sin duda, pero que merece ser señalada.

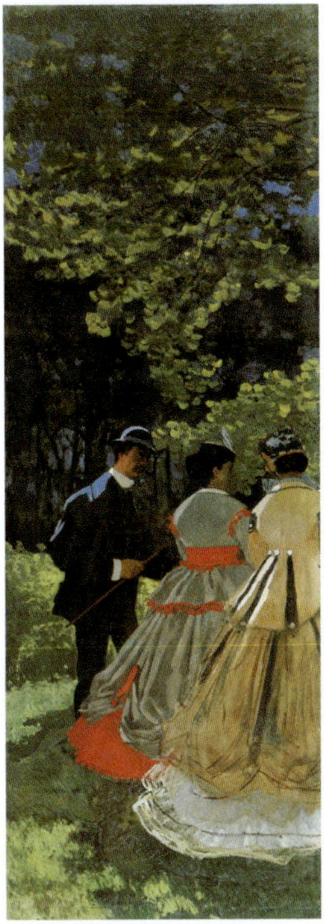

El almuerzo sobre la hierba,
parte izquierda
1865
418 x 150 cm
Musée d'Orsay, París

El almuerzo sobre la hierba,
parte central
1865
248 x 217 cm
Musée d'Orsay, París

Chailly-en-Bière

Al aproximarse el Salón, los «alumnos avanzados» se ven presa de gran efervescencia, pues trabajan a marchas forzadas para terminar las obras que piensan enviar. Los jóvenes todavía no están en condiciones de concurrir y Bazille anuncia a sus padres su intención de aprovechar las vacaciones de Semana Santa y el tiempo excepcionalmente bueno para pintar paisajes en el bosque de Fontainebleau «con dos o tres compañeros». Albert Boyme piensa que la idea fue sugerida por Gleyre mismo. Si esto es así y les recomendó trabajar al aire libre, ¿no sería total su rehabilitación? Pero realmente, la frase de G. Poulain en que se funda Boyme —«El honrado Gleyre aconsejó [a Bazille], lo mismo que a Monet y a Renoir, que trabajaran fuera de su estudio para hacer progresos serios»— indica simplemente que recomendó a sus alumnos ejercitarse fuera de su academia, en un estudio particular, y no en la naturaleza.

El domingo de Pascua, el 5 de abril de 1863, Frédéric dice a su padre que se ha instalado en Chailly, una pequeña población «situada en pleno bosque» (situación que desmiente la topografía y también *El Ángelus* de Millet), «cerca de lugares muy pintorescos». Los dos amigos se han alojado en el «albergue excelente», «Cheval Blanc», donde la pensión solo cuesta 3,75 francos al día. A su vuelta, Frédéric se felicitará de haber aprovechado los consejos de Monet, «que es muy bueno en paisajes». No menciona a ningún otro compañero,

Chailly-en-Bière, situada a 2 km de Barbizon, rodeada por los mismos parajes boscosos, en particular el Bas-Bréau, famoso por sus robles y hayas seculares, es bastante más rústico, menos «desarrollado», cuyo contraste sigue llamando la atención aún hoy en día. Al decidirse por Chailly, Claude y sus compañeros eligieron mantenerse un poco al margen de los maestros de la escuela de Barbizon; quizá contribuyera a esta reserva la influencia de Jongkind.

A diferencia de Bazille, Monet no vuelve a París tras una semana de estancia. En mayo, bastante después de la apertura del Salón —tanto el oficial como el de los rechazados—, sigue estando en Chailly. Toulmouche está preocupado por la prolongación de la estancia y alerta a «madame Lecadre, la esposa del médico». Esta escribe a su sobrino Claude «que no hace falta que te quedes más tiempo en el campo; es una falta grave abandonar tan pronto el estudio». En una carta del 23 de mayo, dirigida a Amand Gautier, Monet se refiere a esta llamada al orden y desmiente categóricamente su salida definitiva de la academia, donde tendrá que volver al dibujo. Explica su alejamiento provisional por los «mil atractivos» de Chailly, a los que no se puede resistir, y se declara satisfecho de sus estudios, que han sido mucho más intensos que en otras ocasiones. Sin embargo, ninguna de las obras conservadas parecen pertenecer a la primera campaña en el bosque de Fontainebleau, que al parecer solo estuvo destinada a explorar el paisaje.

Tarro de melocotones
1866
55,5 x 46 cm
Staatliche Kunstsammlungen Dresden, Galerie Neue Meister

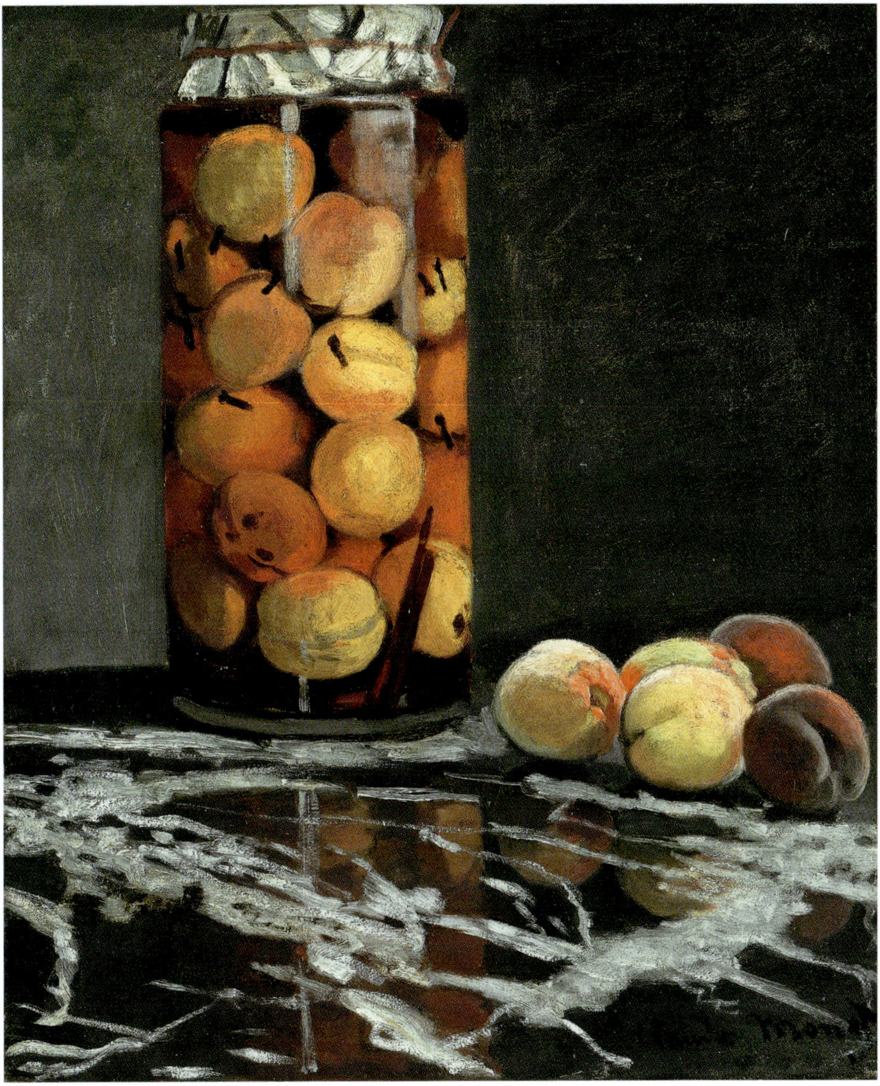

Se puede admitir que, al volver de Chailly, Monet se dirigió a visitar los dos Salones en el Palacio de la Industria, después de haberse perdido la inauguración. Se puede adivinar su reacción, sobre todo ante el *El almuerzo sobre la hierba,* pero no existen documentos contemporáneos al respecto y tampoco sabemos si visitó una exposición particular de Manet en Martinet.

«El estudio está enfermo»

Al comenzar el verano, el estudio Gleyre ha de cerrar provisionalmente, por falta de dinero. Así se lo comunica Bazille a su padre, impaciente de verlo regresar a Montpellier para pasar las vacaciones. Esas mismas vacaciones las vive Monet con su familia en El Havre y en Sainte-Adresse. En esta ocasión pinta *Granja en Normandía* (il. pág. 29), primer paisaje conservado desde su regreso de Argelia, tributario de varias influencias, como sus demás obras de 1862 y 1863. Cuando vuelve al estudio, a comienzos de octubre, Bazille encuentra a casi todos sus compañeros, que lo reciben «con gritos feroces». Algunas semanas más tarde, precisa: «Villa y Monet son los únicos alumnos de mi estudio con los que me encuentro asiduamente; nos llevamos muy bien, pues son buenos muchachos». Esta afirmación, cuando ya ha comenzado el segundo curso, nos proporciona un punto de referencia decisivo para conocer la duración real de la estancia de Monet en la academia de Gleyre.

El invierno es duro; en enero de 1864, las temperaturas descienden a -10 °C. Bazille está desolado: «monsieur Gleyre está bastante enfermo. Parece que el pobre hombre puede perder la vida, todos los alumnos están muy afligidos, pues los que le rodean le tienen mucho cariño. También el estudio está enfermo, quiero decir que carece de fondos. En cualquier caso seguirá funcionando seis meses, pues hemos pagado dos semestres por adelantado». Y 10 días más tarde: «monsieur Gleyre está ya mejor; pero el estudio sigue enfermo». A comienzos del año, el taller consigue prorrogar su existencia otros seis meses, pero en julio de 1864 ha de suspender sus actividades. Bazille permanece fiel hasta el final, como Renoir, quien prefiere al «estimado profesor suizo» antes que a sus profesores de la Escuela de Bellas Artes, pues de aquel aprendió el «oficio de pintor», según su propia expresión, que aparentemente contradice otra afirmación suya, la de que Gleyre «no era capaz de dar ayuda alguna a sus alumnos». Supuestamente Gleyre le comentó lo siguiente: «Usted se dedica a la pintura, sin duda, para divertirse», a lo que Renoir, como es bien sabido, replicó: «Por supuesto; si no me divirtiera, puede estar seguro de que no me dedicaría a ella».

Aunque esta anécdota sucedió más tarde, recuerda los relatos con los que Monet intenta justificar su partida precipitada del estudio. Hugues Le Roux abrió el fuego en 1889 cuando señaló el siguiente diálogo entre Gleyre y Monet a propósito de un estudio de desnudo de este último: «Está bien, joven, pero usted tiene una fastidiosa tendencia a ver la naturaleza demasiado tal como es. Fíjese en los dedos de los pies de su figura. Le ha pintado los pies de un golfo». «Pero si el modelo...» «¿Qué importa el modelo? Recuerde el ideal clásico». Según Thiébault-Sisson, esta situación se agrava por la actitud de descontento que adopta el maestro respecto del discípulo. Ya está decidido a abandonar a un hombre que ignora tanto «la verdad, la vida y la naturaleza», pero esperará algunas semanas hasta que también sus amigos se decidan a irse.

Según relata Marcel Pays en 1921, «15 días de lecciones de este estilo» fueron suficientes para provocar la fuga de Monet. Desde 1900, el modelo ha cambiado de sexo. Ahora se trata de una mujer, «poco agraciada, pero fuerte», cuyas exuberantes formas reproduce minuciosamente Claude. Se invoca la autoridad de Praxíteles para imponer los cánones de la belleza clásica, opuestos al estudio demasiado fiel a la realidad. «Vámonos de aquí» es la decisión de Monet, a quien poco después se sumarán Bazille, Renoir y Sisley.

Este relato es más brillante que sólido. El incidente, que habría tenido consecuencias inmediatas, no pudo suceder al comienzo de una estancia que se iba a prolongar al menos un año y posiblemente incluso dos. ¿No es más probable que sucediera en los últimos tiempos del estudio, cuando el maestro —ya enfermo— estaba preocupado por su próximo cierre?

Sin embargo, la historia no parece inventada por completo; es típica de los estudios. En *La obra,* Zola reproduce un diálogo similar mantenido entre Mazel (Cabanel) y su alumno Fagerolles: «Los muslos no le han salido bien», «Pero, maestro, si son como los de la modelo», «Pues, si los de la modelo son así, lo siento por ella». Cuando se publicó la novela, Monet escribió a Zola para decirle cuánto le recordaba a sus propias experiencias. Como aparece poco antes del artículo de Le Roux, no es imposible pensar en una influencia del libro sobre los recuerdos del pintor.

Honfleur

Las relaciones de Monet con Amand Gautier se han ido haciendo más espaciadas. A finales del invierno 1863-1864, hace casi un año que el corresponsal de la tía Lecadre no ha visto más obras de su protegido. Le invita a trabajar con él en rue de l'Isly 8. Un paseo por las Tullerías hace que el joven se retrase. Al llegar, el maestro lo recibe fríamente y la sesión de trabajo se aplaza *sine die*. En la carta que le escribe unos días después para excusarse, el 7 de marzo, Claude adula a Gautier del mejor modo posible, le asegura su alegría de trabajar con él y le invita a convencerse de la calidad de sus estudios viniendo a almorzar con él a rue de Mazarino 20. Esta es la primera dirección segura de

PÁGINAS 62/63
El almuerzo sobre la hierba
1865
Estudio
130 x 181 cm
Pushkin Museum, Moscú

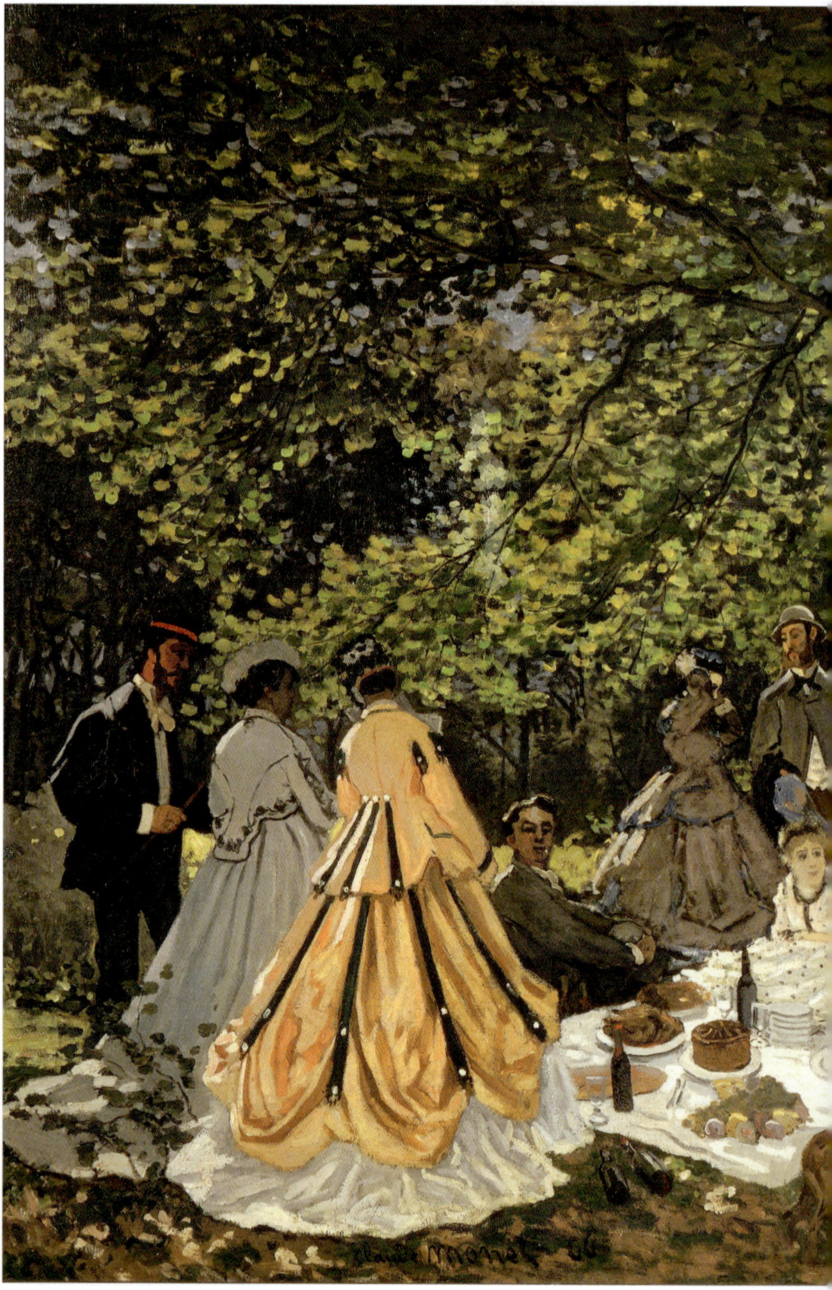

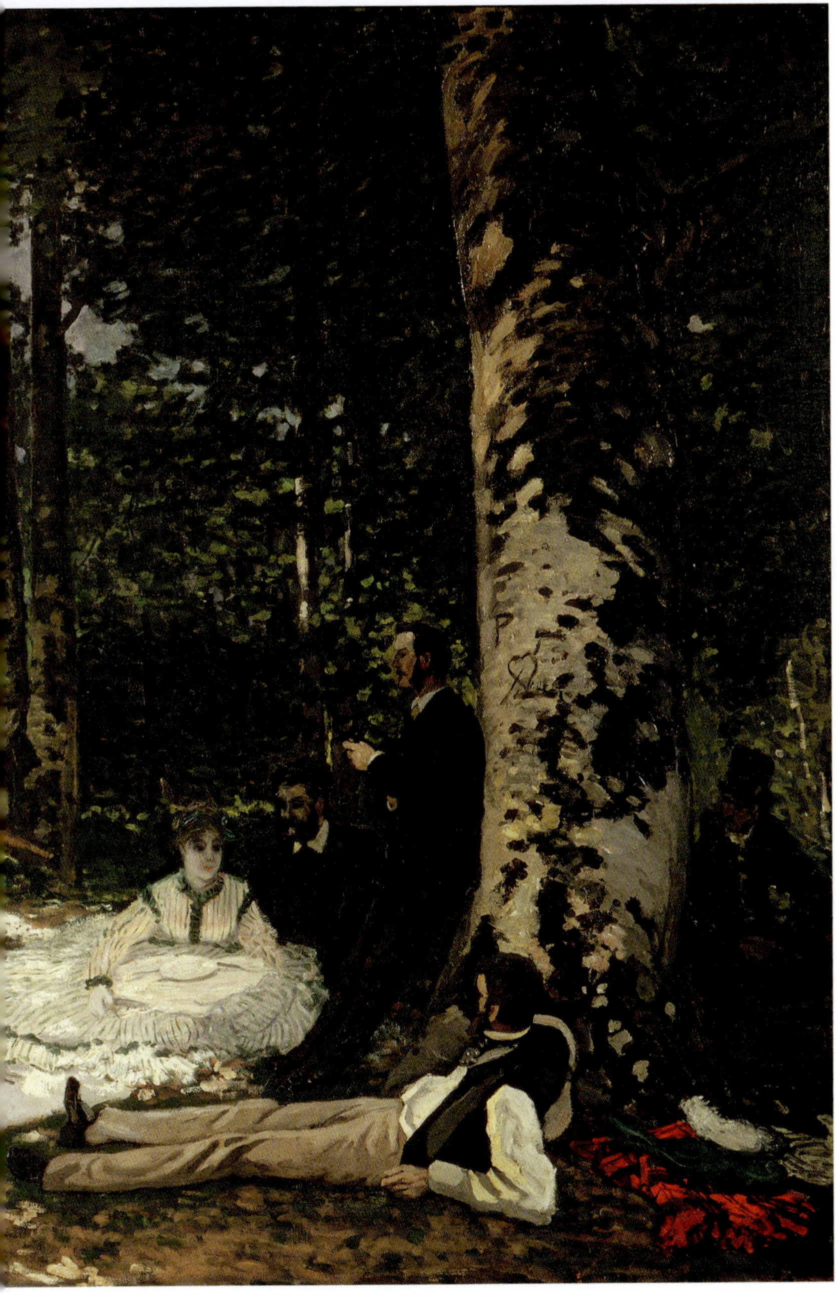

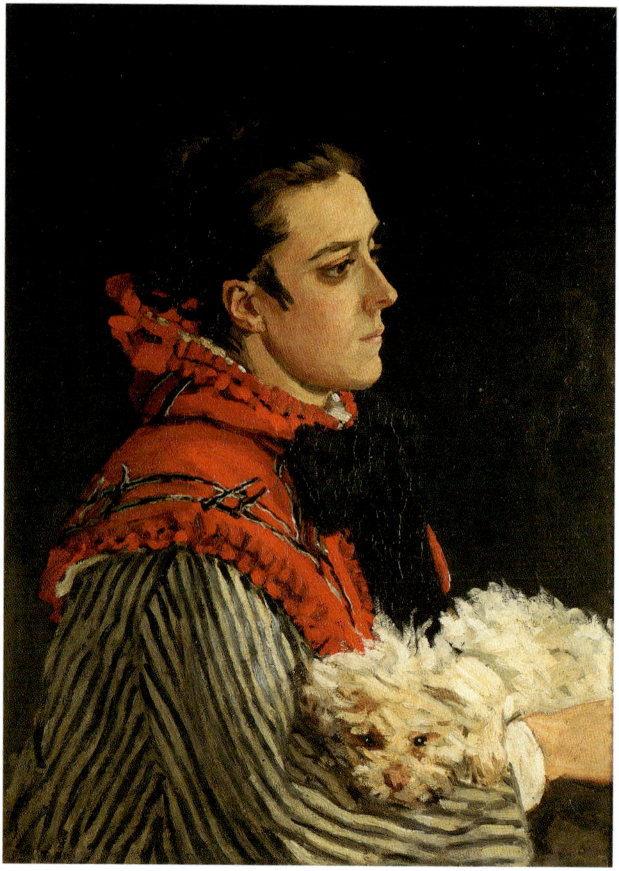

Camille con el perrito
1866
73 x 54 cm
Colección particular

Monet tras su retorno a París. Se trata de un edificio importante de mampostería y vigas de madera restaurado en 1856. Claude ocupa un apartamento minúsculo en la quinta planta, bajo el tejado y que da al patio, del que forma parte el único taller de pintor que hay en la casa. De la rue Mazarino no hay más que unos pasos hasta el hotel du Berri, en la rue de Seine, donde suele ir a almorzar Bazille.

Mientras Bazille está preparando un examen de Medicina, Claude aprovecha las vacaciones de Semana Santa para volver a Chailly, pues en 1864 está fechado el *Camino en el bosque* (il. pág. 30). Probablemente de esa misma época sea *Portadora de madera* y *Camino en Chailly*, que figurará en el Salón de 1866 con el título *Bosque de Fontainebleau*. Durante el gran viaje de 1864 se dirige también a la costa normanda. En diciembre del año anterior, Monet invitó a Bazille a pasar unos días con su familia en El Havre, en la primavera. ¿Tiene demasiado buena opinión de la hospitalidad de los suyos? En marzo no se habla ya de invitación, sino de una estancia de dos semanas en la orilla opuesta del estuario, en Honfleur. Salen en la segunda quincena de mayo y se detienen en Ruán, donde visitan las maravillas góticas. En el museo, *La justicia de Trajano* de Delacroix les llena de admiración. A continuación, descienden el Sena en barco.

Una vez llegados a Honfleur, alquilan dos habitaciones a un panadero y salen en busca de motivos, «fáciles de encontrar», ya sea en el puerto o en el campo. Claude está orgulloso de su Normandía, de la que Frédéric, con un fervor meridional, admira las «pingües praderas», la «abundancia de verdura» y el Sena «excesivamente ensanchado». Les alegra enormemente descubrir, al oeste de Honfleur, un lugar ideal, la granja de Saint-Siméon, situada al pie de la Côte de Grâce, entre la ruta de Trouville y el acantilado que domina el mar. La granjera, *mère* Toutain, y su hija no se hacen de rogar para servir a los pintores comida suficiente para quedarse toda la jornada pintando. Se levantan a las cinco de la mañana y trabajan sin interrupción hasta las ocho de la tarde.

Sin embargo, una vez dejan el estuario para llegarse hasta El Havre, Bazille hace una visita a Wanner, amigo de su familia, e intenta en vano ajustar las fuentes de una propiedad llamada la casa de Méric. Este contratiempo permite a los dos amigos hacer cada uno de ellos un estudio a orillas del mar, en Sainte-Adresse. Frédéric ha de volver a París para preparar la segunda sesión de sus exámenes; suspendió en abril y volvió a hacerlo en esta ocasión. Como entonces en Chailly, Monet se queda sobre el terreno. Sigue aún en Honfleur a mediados de julio, muy contento de haber recibido una carta de cierta Eugénie, cuyo nombre oímos por primera vez. Pero ¿qué puede hacer una joven parisina contra la decisión de Monet de «hacerlo todo», es decir de plasmar en lienzo «todas las cosas más bellas» que descubre a su alrededor? Convencido de la dificultad de esta tarea y no decidido a contentarse con «menos», pone a Bazille en guardia contra Villa, con quien Bazille había trabado tal amistad en el estudio de Gleyre que compartía con él su estudio de la rue de Vaugirard 115.

Hacia finales de agosto todavía no piensa en volver; también están allí Boudin y Jongkind, sus primeros maestros, que se entienden perfectamente, tanto en el trabajo como jugando al dominó. Se espera la llegada de Ribort. Si Frédéric volviera, podría comprobar cómo el amarillo parcial del follaje aporta gran variedad a los efectos. Los estudios de paisajes no son los únicos que ocupan a Claude, sino que también pinta naturalezas muertas. Solo siente no saber pintar mejor. Uno de sus lienzos de flores le parece ser el que «mejor he hecho hasta ahora». Probablemente sea esta la tela que envía a la exposición que se celebra en Ruán en octubre. A veces, una salida en grupo a

Trouville le muestra nuevos objetos que se propone redescubrir el año siguiente; buen testimonio de esas salidas es un dibujo tomado en el Port de Touques.

El 13 de septiembre, y aún desde Honfleur, Monet escribe a Boudin, para disculparse de no poder reunirse con él en Villerville. Jongkind, acompañado de madame Fesser, todavía no ha dejado Honfleur. No fue tanto esta nueva ocasión de trabajar al lado del maestro holandés como los propios esfuerzos de Monet los que aumentan la brecha existente entre la *Granja en Normandía* (il. pág. 29) del año precedente y las obras de factura mucho más libre que pinta entre el verano y el otoño de 1864: *La lugartenencia en Honfleur* (il. pág. 35) y *La rue de la Bavolle en Honfleur, El astillero de pequeños barcos* y *El faro del hospicio* (il. pág. 31), *La granja Saint-Siméon* y *El camino a la granja Saint-Siméon,* con una larga vista en los dos sentidos opuestos (il. pág. 32), y por último, *La capilla de Notre-Dame de Grâce en Honfleur* (il. pág. 34).

Mediado octubre, Monet pasa unos días en Sainte-Adresse para calmar a su familia, descontentos de su larga ausencia. Los esbozos que hace cerca del cabo de Hève no impiden que se produzca una escena. Le ordenan que «se vaya y no vuelva tan pronto» y le amenazan con recortarle la pensión. Este incidente le pone en un aprieto, pues su deuda con *mère* Toutain asciende a casi 800 francos y solo ha podido pagar una cuarta parte gracias a un aficionado para el que ha pintado un cuadro. A la búsqueda de nuevos recursos, dirige a Bazille tres lienzos que Bruyas ha prometido vender. El negocio no se lleva a cabo, pero esta circunstancia nos informa sobre el modo de trabajar de Monet. Quiere confiar a Bazille un estudio que le parece estar influenciado por Corot y otros dos tomados en Saint-Siméon. Por lo que se refiere a estos últimos, ha decidido destinar a Montpellier no los estudios, sino los lienzos que ha pintado en Sainte-Adresse según aquellos. Como, sin embargo, estos no le satisfacen, enviará las obras primitivas. De esto se deduce que con las obras finales deseaba apartarse de los motivos primitivos.

Después de un breve viaje a Ruán, donde comprueba decepcionado que sus cuadros de flores son acogidos con mucha reserva, vuelve a Honfleur, que en esas fechas está prácticamente vacía. A finales de octubre o comienzos de noviembre escribe a Boudin una nueva carta excusándose, en la que dice que cierto monsieur Gaudibert —probablemente, el aficionado al arte ya mencionado— le ha encargado otros dos cuadros. Poco antes, el 11 de julio de 1864, Louis-Joseph, Gaudibert hijo, se ha casado con Marguerite-Eugénie, hija del notario Marcel, que Monet inmortalizará con el nombre de «madame Gaudibert».

El 6 de noviembre de 1864, no sabiendo ya a «qué santo» invocar para dejar la costa normanda de un modo decente habiendo saldado sus deudas, Monet escribe a Bazille para pedirle ayuda con palabras de urgencia. Al parecer le llegó esa ayuda, pues antes de fin de año está

Camille o **La dama del vestido verde**
1866
231 x 151 cm
Kunsthalle Bremen, Alemania

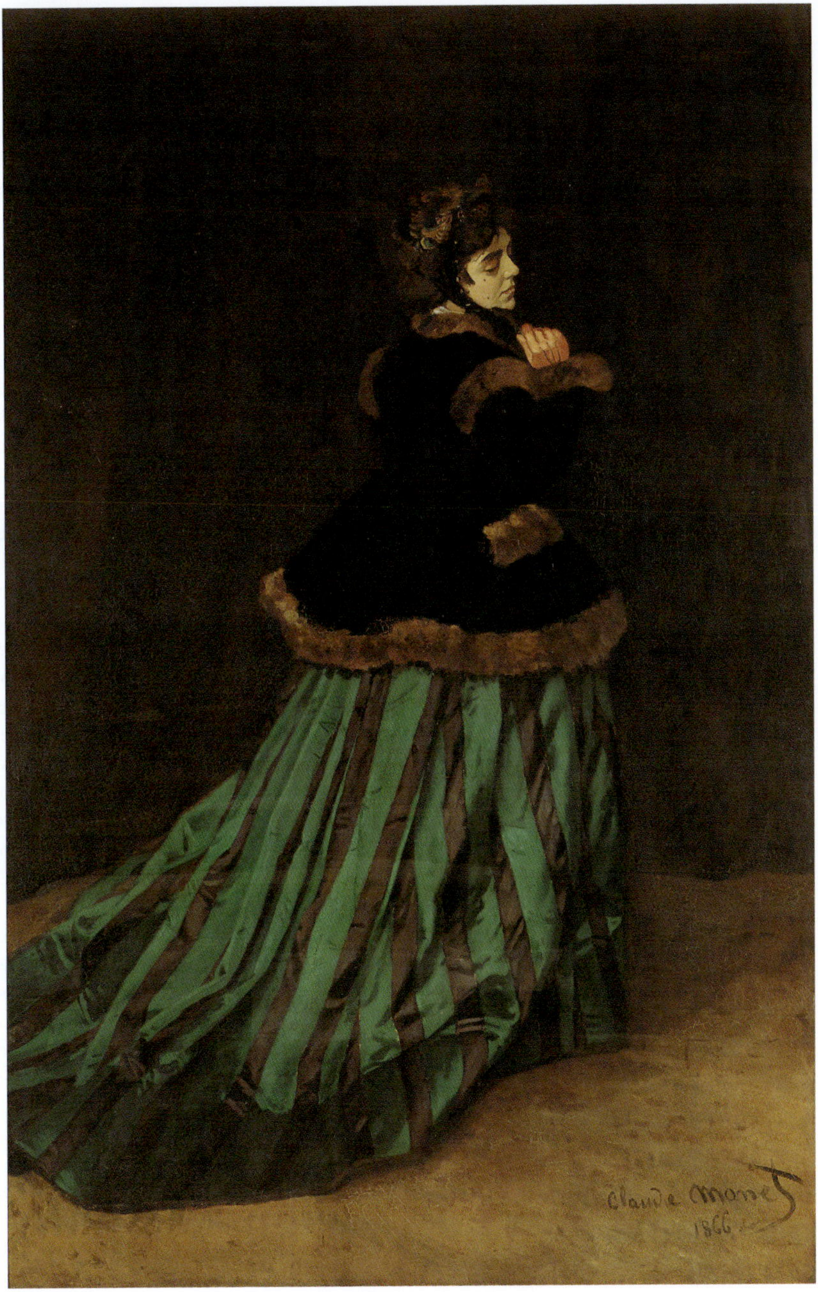
Claude Monet
1866

ya de vuelta en París, cargado con una abundante cosecha de estudios realizados en Sainte-Adresse y sobre todo en Honfleur.

La rue de Furstenberg y el primer Salón

Con la idea de ayudar a su amigo, Bazille ruega al comandante Lejosne, un primo de su madre con quien mantiene un trato frecuente, que le ayude a vender algunos lienzos de Monet. Al mismo tiempo, ruega a sus padres que le devuelvan urgentemente los estudios que no han encontrado comprador en Montpellier. Monet espera poder venderlos con ocasión de un encargo que acaba de recibir, tres cuadros por 400 francos.

Después de dejar a su compatriota L. E. Villa, con quien compartía un estudio en la rue de Vaugirard, Bazille comienza a pintar en el de Monet, mientras busca un apartamento en el que pueda vivir y trabajar, y que encontrará en la quinta planta del número 6 de la rue de Furstenberg. El estudio es lo suficientemente amplio para que también pueda trabajar en él Monet; la situación económica de este se ha aliviado y podrá hacerse cargo de una parte del alquiler. Para comenzar, dispone de 250 francos que le envió su padre con ocasión de un viaje a París. Por su parte, la familia Bazille hace un esfuerzo y Frédéric se puede trasladar en los últimos días del año 1864, mientras en París dominan temperaturas polares: el Sena está completamente helado. Claude conserva su habitación en las afueras.

Según una leyenda basada en afirmaciones hechas por el mismo Monet, desde una ventana de la rue de Furstenberg Bazille y él podían ver trabajar a Delacroix. Sin embargo, aunque es cierto que desde las ventanas que dan al jardín se puede observar el estudio del maestro romántico, este ha muerto un año antes de que los dos amigos se instalen allí. Se ha intentado eludir la dificultad suponiendo que esas observaciones se refieren a dos años antes, cuando visitaron allí a un compañero. Pero incluso esta hipótesis deja un margen demasiado estrecho: Claude y Frédéric no se conocieron hasta noviembre de 1862. Unos meses después, Delacroix está ya tan enfermo que su actividad se ha reducido notablemente, por lo que el desfile de modelos, al que —no sin notables variaciones— se refieren los autores, resulta poco verosímil. Es más probable que Monet oyera hablar de los métodos de trabajo de Delacroix a un familiar del maestro, por ejemplo a Célestin Nanteuil, que vivía en el mismo edificio. Seguramente se apropió de las observaciones de otro y los historiadores le creyeron al pie de la letra.

Conocemos una esquina del estudio de los dos compañeros gracias a una tabla de Bazille. Él, a quien tanto gustaba pintar figuras en sus paisajes, lo ha representado sin persona alguna. Sin embargo, nunca faltaban visitantes: antiguos compañeros del estudio Gleyre, con Renoir y Sisley a la cabeza; Pissarro, a quien conoció en la Académie Suisse; Cézanne, quien ingresó en la misma academia poco después

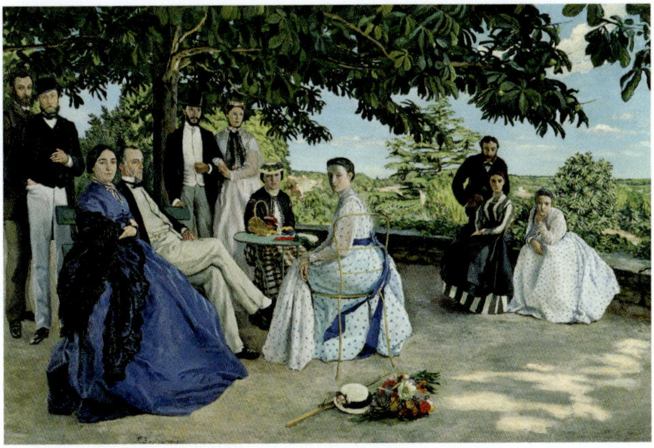

Frédéric Bazille
Reunión de familia
1867
Musée d'Orsay, París

de la partida de Claude al Ejército; Gilbert A. Séverac, quien retrató a Monet en 1865, sin bigote ni barba, con la cabellera romántica que le cae sobre el cuello de un chaleco a rayas, y con la mirada grave y resuelta; y, un poco más tarde, también Courbet. En casa de Lejosne, donde le introduce Bazille, Monet conoce a Fantin-Latour y a otras personalidades de relieve.

Pero esas relaciones no le distraen de su trabajo; tiene el objetivo puesto en el Salón de 1865. El medio será repetir con ciertas variantes los mejores estudios del año anterior. Se decide por dos vistas del estuario tomadas la una desde Honfleur y la otra desde Sainte-Adresse. Trabajando a marchas forzadas, consigue entregar los lienzos antes de que expire el plazo de presentación, fijado el 20 de marzo (il. pág. 33).

Ahora está libre para viajar a Chailly. «Le esperamos», escribe a Bazille el 9 de abril, prueba de que no está solo en el bosque de Fontainebleau. El 28 vuelve a invitarle a que venga «con todos esos señores», y promete que volverá a tiempo para la inauguración del Salón. Sabe que el jurado, compuesto por artistas tan diferentes como Cabanel y Corot, Gérôme y Français, y Gleyre como suplente, ha aceptado sus dos envíos con el número uno.

El lunes 1 de mayo abre sus puertas el Palacio de la Industria. Los cuadros de Monet está colgados en un buen lugar. Al principio, el público se apiña hasta impedir verlos. Un compañero le advierte: «Estás teniendo un gran éxito con tus barcos. Fíjate, hasta Manet los está observando». Amargado por la desfavorable acogida que se ha dado a su *Jesús injuriado* y por el escándalo que ha provocado *Olimpia*, Manet recibe con una ira fácil de adivinar las felicitaciones que ignorantes o malintencionados le prodigan por los lienzos de su casi homónimo: «¿Qué pretende este atrevido que imita tan indignamente mi pintura?». Tal reacción hacen que los partidarios de un

Édouard Manet
El almuerzo en la hierba
1863
Musée d'Orsay, París

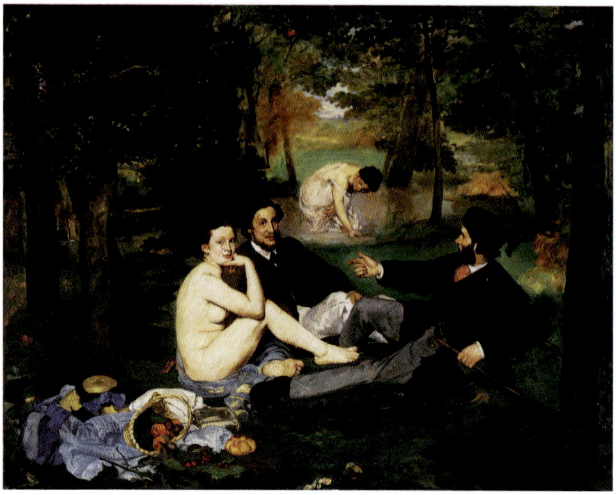

encuentro entre los dos artistas prefieran dejar las presentaciones para otro momento…

Mientras que Renoir figura en el catálogo como «discípulo de monsieur Gleyre», Monet no se refiere a ningún maestro, pese a que el reglamento invita expresamente a hacerlo. Bazille, a quien es extraño cualquier sentimiento de envidia, se alegra con el inesperado éxito de su amigo y añade: «Varios pintores de bastante talento, que no conoce, le han escrito cartas de felicitación». Entre los críticos, Paul Mantz, de *La Gazette des Beaux-Arts,* se muestra especialmente perspicaz. En «estas obras de principiante» reconoce cierta falta de «finura» pero, sorprendido por «el curioso aspecto del conjunto», elogia «el gusto de colores armónicos en el juego de tonos análogos, el destacado sentimiento de valores cromáticos», unidos a «un modo audaz de ver las cosas y de imponerse a la atención del espectador».

Sin esperar a que aparezcan impresas esas alabanzas, Monet toma el tren a Melun, donde un servicio regular de coches lo conduce a Chailly. En su precipitación se ha olvidado de llevarse papel y lápiz. Le ruega a Bazille que los traiga, con un poco de dinero. Para acelerar su venida, le habla de la inminente llegada «de la joven Gabrielle», por quien Bazille parece interesarse.

El almuerzo sobre la hierba

La prisa de Monet no se explica solo por la atracción que siente por motivos tradicionales: la granja, las hayas del camino de Chailly, las encinas de Bas-Bréau (il. págs. 34, 35, 51), sino que se debe sobre todo a la génesis de un proyecto de considerables dimensiones, *El almuerzo sobre la hierba* (il. págs. 56-57), con personajes de tamaño natural vestidos con trajes contemporáneos, situados en un hayedo. Anuncia el proyecto en una posdata de la carta que dirige a Bazille a comienzos de mayo: «Me gustaría conocer su opinión sobre la elección de mi paisaje para mis figuras; a veces tengo miedo de engañarme». El papel y los lápices que reclama están ciertamente destinados a los primeros bosquejos.

Frédéric viaja a lo largo del mes a Chailly para realizar una estancia de cierta duración. Repartirá su tiempo entre su propio trabajo y los requerimientos de su amigo. Sin duda es ahora, o en una estancia un poco posterior, cuando sucede el accidente relatado por Poulain. Herido en una pierna por la mala puntería de un discóbolo inglés, Claude se ve obligado a guardar cama. Bazille lo representó en *La ambulancia improvisada.*

Monet hace estudios fragmentarios al aire libre, pues no es posible pintar un cuadro de esas dimensiones *in situ.* Frédéric vuelve a París, donde trabaja en varias obras y prefiere pasar los fines de semana en el Sena, sobre todo en Bougival, donde gana el primer premio de las regatas del 16 de julio. Monet se impacienta por su prolongada ausencia y, para conseguir que vuelva, se refiere a su «buena antigua amistad». Una sombra se abate sobre las relaciones de los dos jóvenes. Bazille se siente más atraído por Renoir, con quien se tutea ya en esa época, algo que nunca hizo Monet, de quien le separa una gran distancia moral y social.

No obstante, los estudios para el *El almuerzo sobre la hierba* (il. págs. 62/63) van «de maravilla»; ya solo faltan las personas. A pesar de contar con la presencia de un pequeño grupo de artistas bastante agradable, que le inspira, Monet no puede renunciar a la alta figura de Bazille —1,88 m—, prevista para varios personajes. El 16 de agosto le dirige una carta desesperada. Frédéric da el último toque a sus lienzos y vuelve a reunirse con su amigo el 19 de agosto. Ahora, se alojan en el hotel Lion d'Or, regentado por monsieur Barbey, pues Claude ha reñido con el propietario de Cheval Blanc, monsieur Paillard.

Los primeros días, la lluvia entorpece el trabajo. El jueves posterior a su llegada, Bazille solo ha podido posar en dos ocasiones. Cuando vuelve el buen tiempo, se intensifican las sesiones. Sin duda, ahora realiza el único estudio preliminar que se ha conservado, *El paseo* (il. pág. 11). En septiembre, tras la marcha de Frédéric, Monet hace un estudio de la composición completa, que pinta en el interior. Se trata del esbozo conservado en Moscú (il. págs. 62/63), posteriormente fechado en 1866. Se reconoce al gran Bazille extendido al pie de un haya, a la derecha, y en diversas posiciones, de pie. El hombre aún joven sentado a la izquierda probablemente sea un compañero del estudio Gleyre, Albert Lambron, de Piltières. En el cuarto personaje masculino se ha querido reconocer a Sisley. En cuanto a los

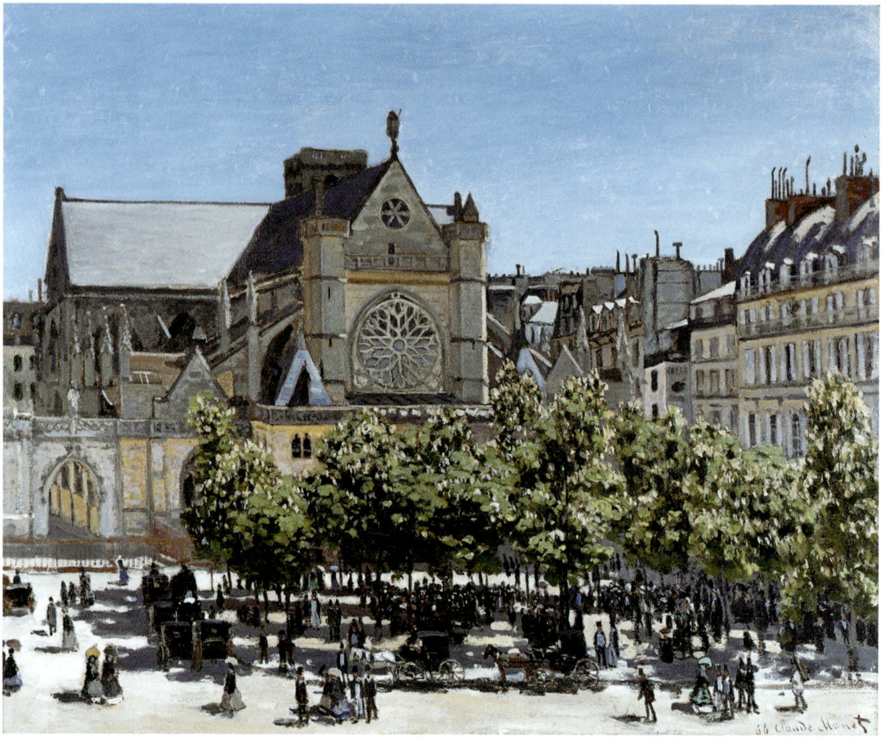

Saint-Germain-l'Auxerrois
1867
79 x 98 cm
Nationalgalerie, Staatliche Museen zu Berlin

personajes femeninos, «la joven Gabrielle», cuya venida se anunciaba a comienzos de mayo, posó sin duda para una o varias figuras. Quizá sea la que lleva una falda punteada (il. págs. 56 y 62/63), que volverá a encontrarse en *Mujeres en el jardín* (il. pág. 10). También podría estar allí «la petite Eugénie», con quien Claude se cartea el año anterior y se hizo fotografiar por Cadart.

En el otoño, Claude sale de Chailly, no sin dificultad. Regresa al estudio de la rue de Furstenberg, pero el pago del alquiler le plantea dificultades. Bazille tarda en enviar su parte desde Méric; incluso parece que rescindió el contrato unilateralmente. A pesar de todo, Monet comienza a pasar el boceto al lienzo final. Para ello consigue una inmensa tela de 4,65 m por más de 6 m (il. págs. 56, 57). El 14 de octubre informa a Bazille, retenido en Méric, que está todo listo y le recomienda que traiga sus «efectos de este verano» correspondientes a las figuras para las que ha posado. Mientras que en los estudios aparece con barba en el extremo izquierdo (il. págs. 11, 62/63), en la versión definitiva se encuentra en su lugar a un hombre imberbe (il. pág. 57). Claro que esto pudo deberse simplemente a que Monet quiso evitar que los cuatro personajes masculinos se parecieran demasiado.

Todas las personas que visitan el estudio se muestran entusiasmadas y pronostican que tendrá un gran éxito en el Salón. Sin embargo, la obra no se enviará al Salón, ni este año ni el siguiente, y quedará sin acabar. Esta renuncia se ha querido explicar aludiendo a una pretendida influencia desalentadora por parte de Courbet. Es cierto que Monet y Courbet se conocen desde hace un tiempo, pero no es seguro que este acudiera a Chailly en 1865 ni que participara en las excursiones de junio a Fontainebleau. De regreso a París en el otoño, después de una prolongada estancia en la costa normanda, se dirige a la rue de Furstenberg para ver el lienzo de su joven compañero y, según el testimonio de Bazille, se muestra «encantado». Incluso se puede admitir que posó para el cuadro final en lugar de Lambron, con bigotes en forma de garfio que dificultan reconocerlo. Esta circunstancia y la exuberancia de ciertas formas femeninas próximas a las de *Muchachas a la orilla del Sena,* la amplia factura del cuadro y el empleo de contornos oscuros, a los que Monet parece no haber renunciado aún, hacen improbable que fuera la presencia del maestro de Ornans lo que hiciera fracasar ese gran proyecto.

Es más probable que, a pesar de todos los ánimos recibidos, Monet tuviera que renunciar finalmente a acabar la obra por los gastos y las dificultades que entrañaba la empresa, acrecentados por la necesidad de abandonar el bello estudio de la rue de Furstenberg el 15 de enero. No se trata tan solo de cuestiones materiales, sino que el problema también existe en lo artístico: el pintor da la impresión de haberse obstinado en los personajes y sus vestidos, objeto de varios retoques, sin ser consciente de que había dominado el verdadero tema del cuadro: los efectos de una luz filtrada a través del follaje que juega sobre los seres y las cosas. El inicio de la pintura moderna no se debe a estas vastas composiciones, último homenaje al academicismo, a pesar de las evidentes innovaciones. El fracaso del *El almuerzo sobre la hierba* —desesperado intento de reconciliar lo irreconciliable— es buen testimonio de ello.

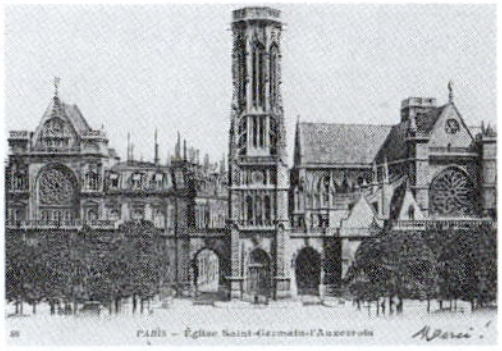

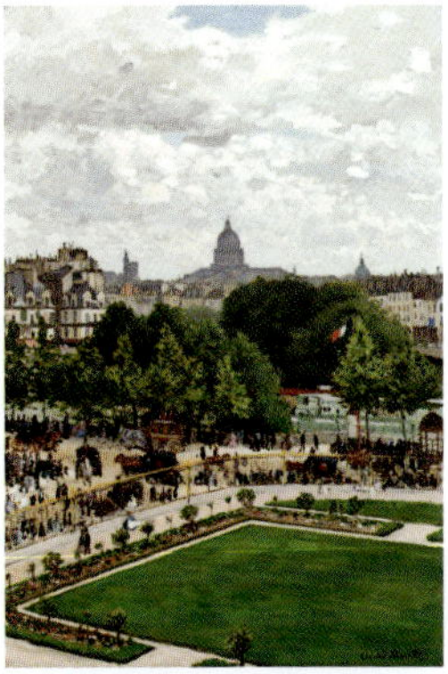

DE ARRIBA ABAJO
La iglesia de Saint-Germain-l'Auxerrois de París
Tarjeta postal, c. 1900

El jardín de la infanta
1867
91 x 62 cm
Allen Memorial Art Museum, Oberlin College, Ohio

Camille

Al dejar el estudio común, los dos pintores emigran a la orilla derecha del Sena. Bazille se instala en rue Godot-de-Mauroy, cerca de la Madeleine, y Monet vuelve a su antiguo barrio, donde alquila, por 800 francos al año, un pequeño estudio sin dependencias en la tercera planta de un inmueble que pertenecía a una amiga de Gautier, Louise-Marie Becq de Fouquières, en la place (o rue) Pigalle 1, esquina a rue Duperré. Se lleva su gran lienzo, que aún sufrirá bastantes vicisitudes.

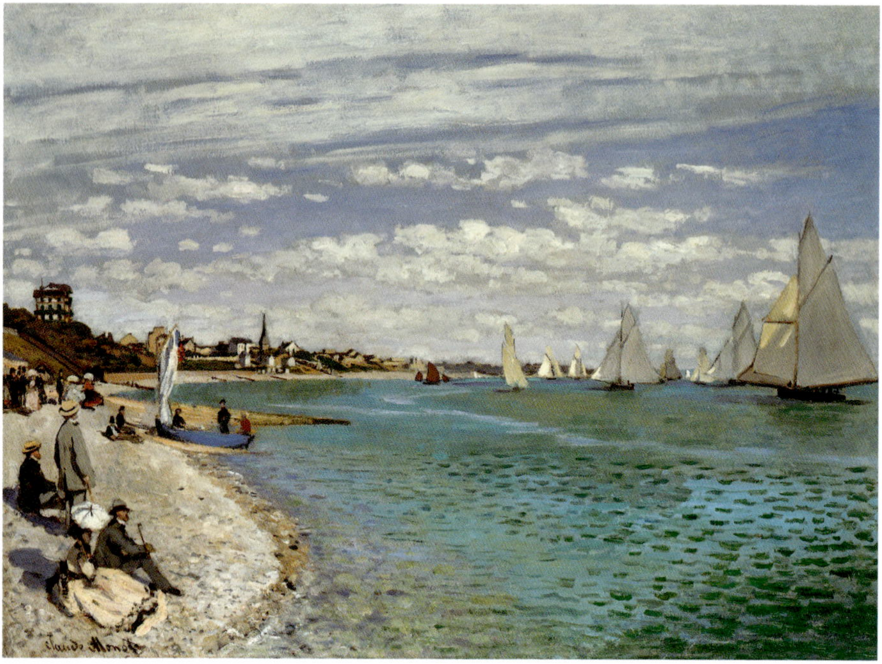

Regata en Sainte-Adresse
1867
75,5 x 101,5 cm
The Metropolitan Museum of Art, Nueva York

Ante la imposibilidad de terminarlo dentro de plazo, reconsidera el problema del envío al Salón. Para mostrar que es más que un «autor sincero de marinas», como le alabó P. Mantz, opta por un *Camino en Chailly* ya antiguo. Al mismo tiempo aborda una figura femenina de tamaño natural. Pero, como estamos en invierno y tiene que terminar pronto, hace posar a su modelo en un interior y ante un fondo uniforme. La modelo es Camille-Léonie Doncieux, su última conquista, una joven de 19 años venida de Lyon a París con sus padres cuando aún era una niña. En los primeros cuadros donde aparece es fácilmente reconocible por el mechón de cabellos que cae sobre la mejilla (il. pág. 64). Posa vestida con una amplia falda de rayas anchas y una especie de chaqueta de terciopelo con guarnición de piel. «Brillante como las telas del Veronés», por emplear una expresión de W. Burger, esa seda convertirá a Camille en la mujer del vestido verde (il. pág. 67). El retrato se termina en cuatro días, y Monet puede enviar los dos lienzos al Palacio de la Industria antes del 20 de marzo. El jurado, compuesto por 24 miembros, contra los 12 del año anterior, se muestra muy severo. Antes del suicidio de Holtzapffel y de la protesta de Cézanne, Monet es informado de que los dos cuadros han sido aceptados. Una vez más, a diferencia de Bazille y Sisley, rechaza ser reconocido como discípulo de Gleyre. Sin embargo, el viejo maestro, que este año ocupa la vicepresidencia, no parece haberse opuesto. En *Mon Salon,* Zola reconoce que, aunque sus alumnos «se encolericen, Gleyre se comporta como una excelente persona».

En el momento de recibir esa buena noticia, Claude ve oscurecerse el horizonte por otro lado, pues su tía parece decidida a dejar de enviarle su pensión. Sin embargo, A. Gautier llega a saber que la tía Lecadre, impresionada por el éxito de su sobrino, continuará haciendo frente a las necesidades «de la vida cotidiana», aunque no se aviene a pagar sus deudas. Por lo que se refiere a las relaciones femeninas de «este pobre muchacho, manso como un cordero», parece que ella las ignora completamente. Seguro del apoyo de su tía, Monet sale de París en la segunda quincena de abril, para establecerse en Sèvres, donde alquila una pequeña casa en Chemin des Closeaux, cerca de la estación de Ville-d'Avray. Este nombre ha prevalecido para designar la primera estancia del pintor en los alrededores de París. Resignado, al menos de momento, a renunciar «a grandes proyectos», prefiere terminar obras más modestas y ruega a Gautier que le ayude a venderlas. Con su alejamiento de París, esperaba poner sus obras a buen recaudo frente a sus acreedores, pero «estos señores» sienten recelo de su partida y amenazan con acudir al juzgado.

Entretanto, se produce el «éxito loco» de *Camille* en el Salón. Vuelven las odiosas comparaciones. Bajo la caricatura que Gill hace del cuadro de su rival, la leyenda pregunta: «¿Manet o Monet?». Y responde: «Monet». Estas comparaciones incesantes provocan una especie de obsesión, que no escapa a Duranty: «Manet está atormentado por su competidor Monet. Dice que después de haberlo "manetizado" habría que "desmonetizarlo"». Gracias a Zacharie Astruc, un encuentro entre los dos artistas pondrá fin a un antagonismo nacido de la falta de delicadeza de ciertas personas.

Sin embargo, hay un crítico que, en su elogio, no opone a Monet y Manet, y este es el más grande de todos, Émile Zola. Partidario convencido del pintor de *Olimpia,* en *L'Événement* del 11 de mayo escribe: «He de reconocer que el lienzo ante el que más me detuve, es *Camille* de monsieur Monet. ¡Qué temperamento entre todos estos eunucos!». Asustado por las protestas que despiertan los ataques del escritor contra el jurado y su apología de Manet, Villemessant, director del diario, encarga a Théodore Pelloquet que tome una posición más contemporizadora. El bohemio se ocupa de esa tarea con tanto celo que Zola, asqueado, abandona la plaza. En cuanto a Monet, sabe apreciar en lo que se merece la actitud de su antiguo compañero de la Brasserie des Martyrs y gustosamente ensalza el apoyo que ha dado a la joven pintura…

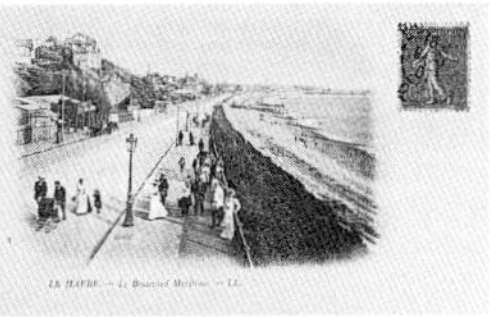

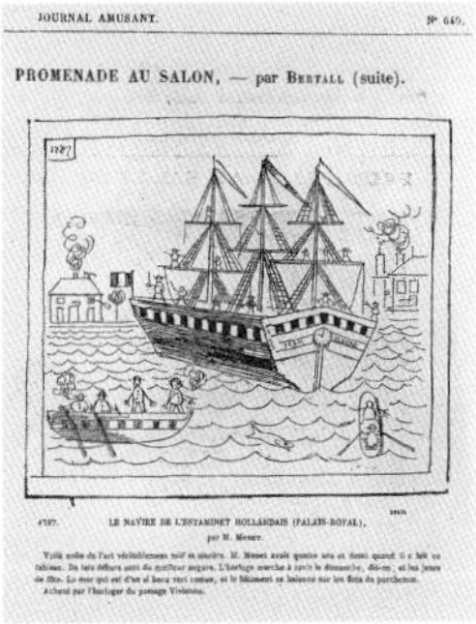

DE ARRIBA ABAJO
El Havre, paseo marítimo
Tarjeta postal, 1900

Naves saliendo del espigón de El Havre
1867
Desaparecido. Este cuadro solo se conoce por las caricaturas del *Journal amusant* y el *Tintamarre-Salon.*

PÁGINAS 76/77
Terraza a la orilla del mar en Sainte-Adresse
1867
98 x 130 cm
The Metropolitan Museum of Art, Nueva York

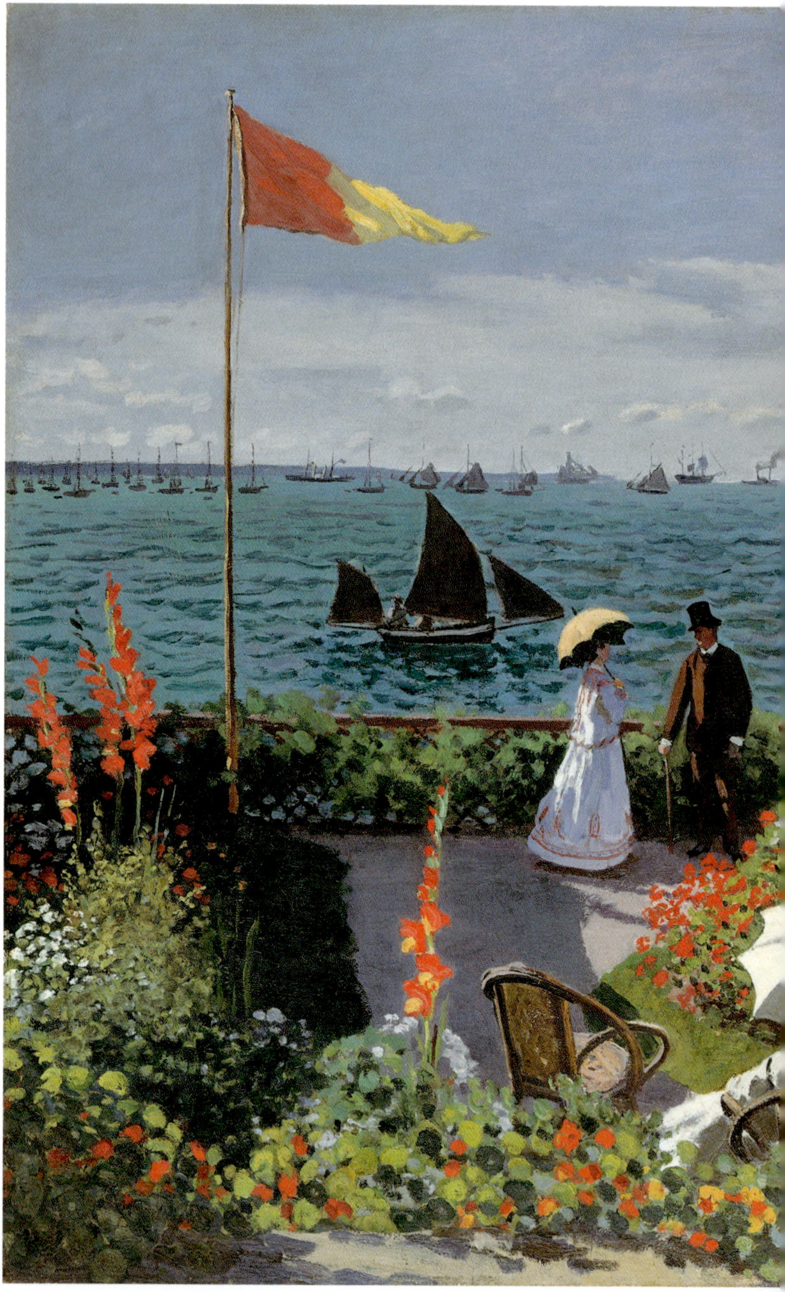

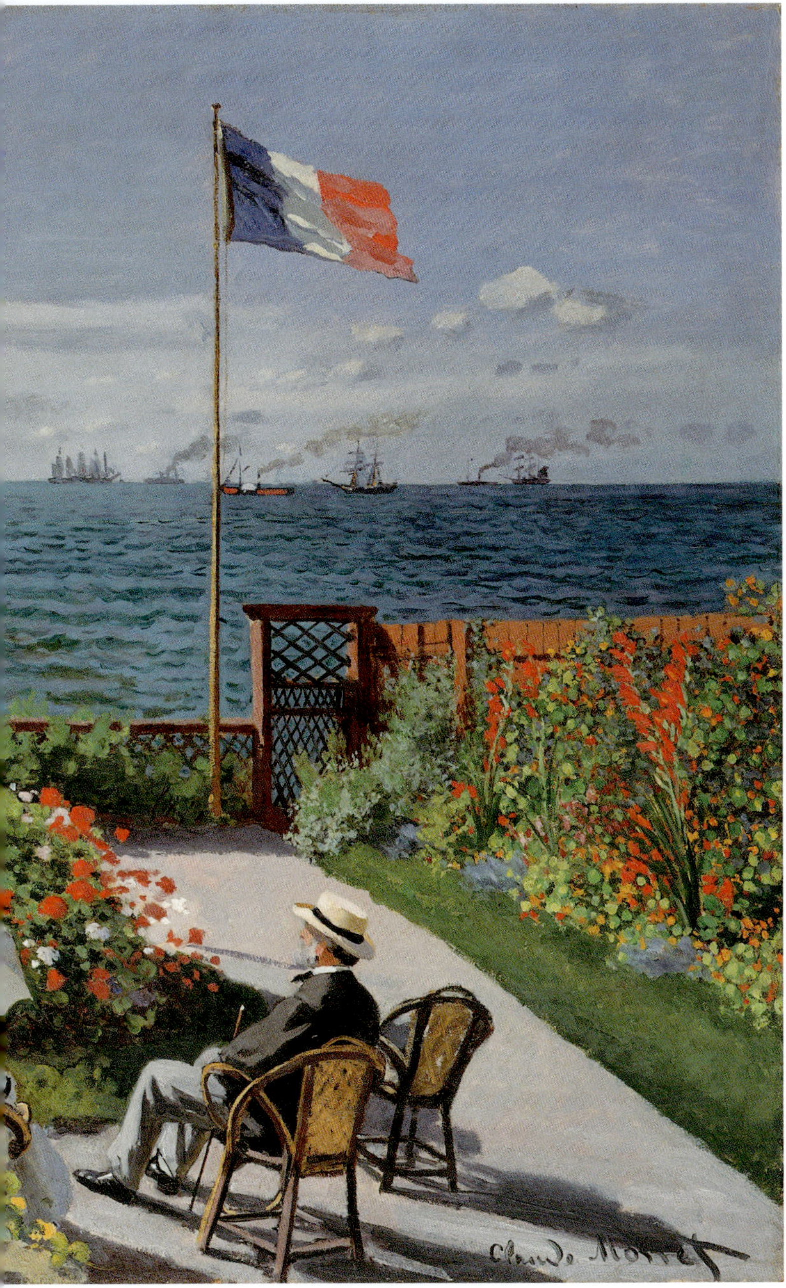
Claude Monet

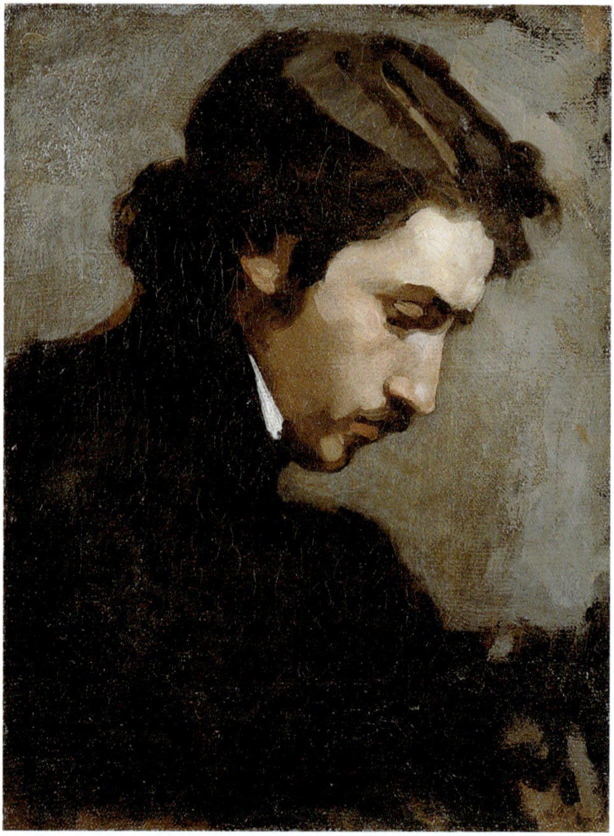

Retrato de un hombre
1867
35 x 26,5 cm
Colección particular

Mujeres en el jardín

La tía Lecadre se declara «encantada» del éxito de su sobrino, quien vende algunos lienzos que le reportan 800 francos. Además, la casa Cadart et Luquet le paga un adelanto por una pequeña réplica de *Camille.* Más importante es que, después de haberse decidido a renunciar «a grandes proyectos», comience uno nuevo, las famosas *Mujeres en el jardín.*

El cuadro tiene una altura superior a los 2,50 m y Monet lo hace directamente al aire libre. A este efecto, ha practicado una zanja para hacer descender el lienzo con un sistema de poleas cuando ha de pintar la parte superior. En esta ocasión, las figuras no son de tamaño natural. Camille posa para las tres de la izquierda. Para la cuarta, la de la derecha, Monet consigue a la joven pelirroja que lleva un vestido punteado y que ya conocimos en el *El almuerzo sobre la hierba* (il. págs. 56, 57).

A lo largo del invierno, Claude confía a Courbet historias sobre sus «escapadas de antaño» con Amand Gautier. Se adivina la reacción de este último, entretanto casado, cuando le refieren esas noticias indiscretas. No obstante, Courbet acude a Ville-d'Avray. Un día que su joven colega no puede pintar por falta de sol, le aconseja «trabajar el paisaje» mientras espera. Desde entonces mantienen discusiones técnicas, que no estremecen la convicción de Monet, pues, con *Mujeres en el jardín,* da a sus investigaciones al aire libre una nueva dimensión, al mismo tiempo que renuncia a la pintura plana de Courbet.

Al verano siguiente, Monet deja Ville-d'Avray para dirigirse a la costa normanda. Courbet, que pasa sus vacaciones con De Choiseul en Deauville, lo encuentra con «su dama» en el casino e invita a la pareja a almorzar en compañía de Boudin. Cuando visita a su familia en Sainte-Adresse, Claude se guarda de llevar a Camille, pero no olvida sus pinturas, de las que hará buen uso en el parque ducal de Coteau (il. pág. 49), donde su prima Jeanne-Marguerite Lecadre ofrece una agradable silueta (il. pág. 48).

En Honfleur, donde establece su estudio en el hotel Cheval Blanc, Monet trabaja esforzadamente en el puerto y a orillas del mar (il. págs. 39, 40). Cuando se acerca el invierno, ruega a Bazille y a Astruc que le envíen algunos lienzos, sobre todo *Camille* o *La dama del vestido verde* y la pequeña réplica que debe terminar para cumplir el encargo. Falto de dinero, tendrá que rascar una *Mujer de blanco* para emprender una gran marina destinada al Salón. Este cuadro, probablemente *El puerto de Honfleur,* no está aún terminado en febrero de 1867, cuando le visita en el Cheval Blanc Dubourg, quien nota la presencia de cierto número de «cuadros con efectos de nieve, muy logrados», *El camino a la granja Saint-Siméon* (il. pág. 44), y se detiene ante «un lienzo de 3 m de altura, comenzado en la naturaleza, al aire libre», sobre el que sus sentimientos son bastante reservados. Se trata de *Mujeres en el jardín,* transportado de Villa-d'Avray a Honfleur, y terminado en el estudio (il. pág. 10).

Aunque dejó Villa-d'Avray en difíciles condiciones, sigue habiendo problemas. Ha dejado tras él algunas cosas y teme que una acreedora, madame Rolina, consiga embargarlas, por lo que encarga a Frédéric que apacigüe a la señora. Los esfuerzos de este y más tarde los de Sisley y de Monet mismo parecen haber sido en vano. Sin embargo, el número de pérdidas, según se deduce de narraciones muy posteriores, es demasiado elevado para resultar creíble.

Antes de que finalice el invierno, Monet se dirige a Bazille, que desde hace algún tiempo ha vuelto a la *rive gauche,* al número 20 de la rue Visconti, en el barrio de Saint-Germain-des-Près. Renoir está ya con él, de modo que Frédéric tendrá a «dos pintores necesitados» en su casa. Claude está dispuesto a presentar *Mujeres en el jardín* (il. pág. 10) y *El puerto de Honfleur* en el plazo fijado por los

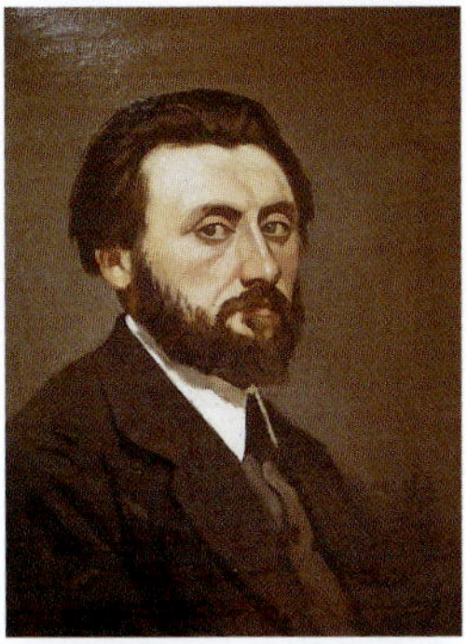

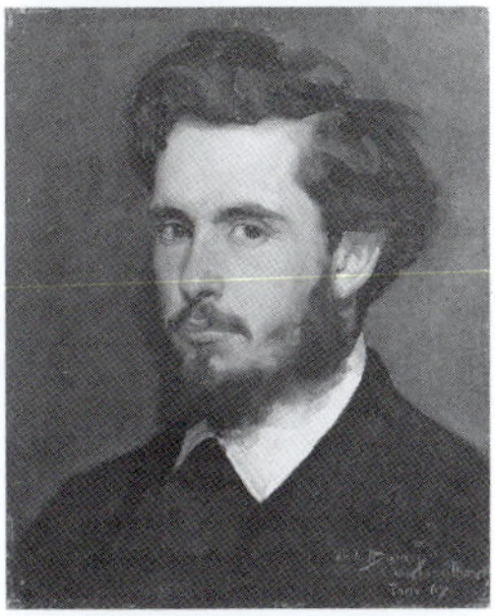

DE ARRIBA ABAJO
Retrato de Ernest Cabadé
1867
61 x 46 cm
Colección particular

Charles Durand, llamado
Carolus-Duran
Portrait of Claude Monet
Musée Marmottan Monet,
París

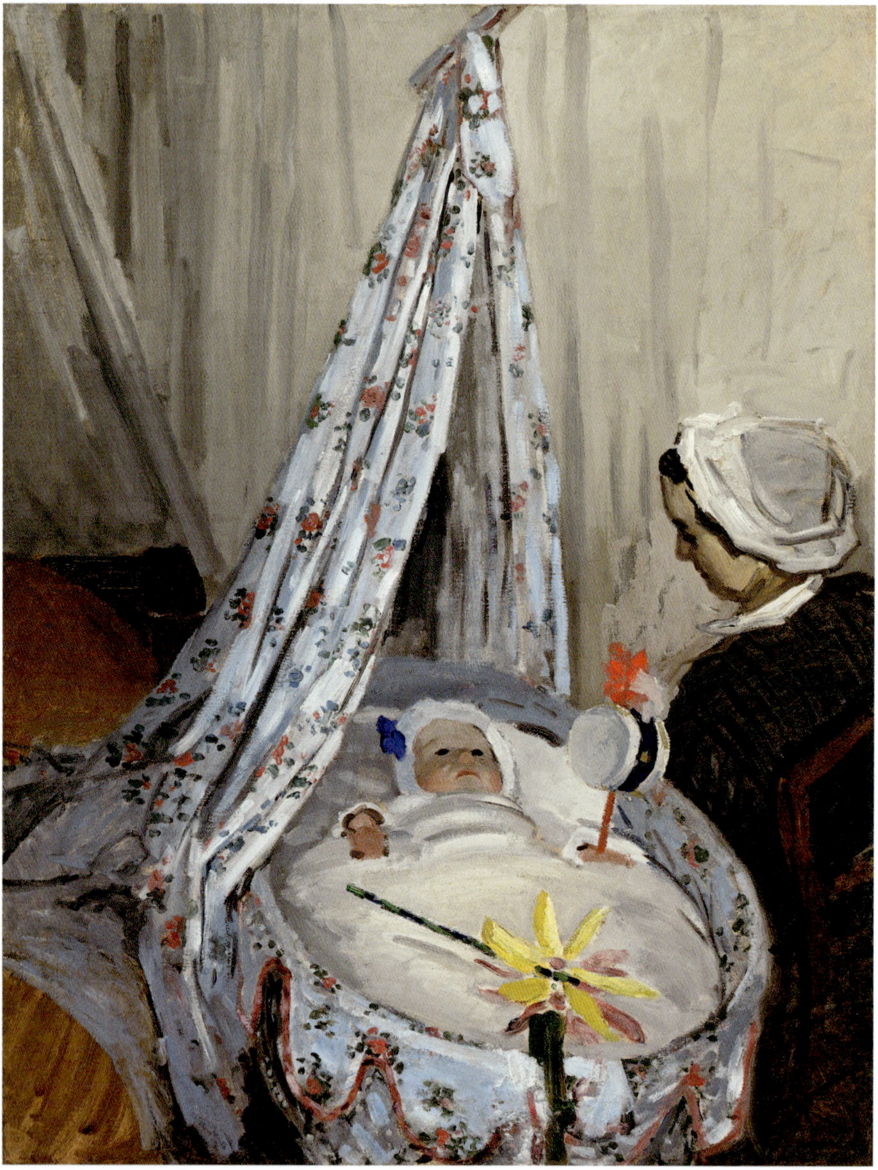

organizadores del Salón, que han de adelantar todas las fechas, por razón de la Exposición Universal. El 29 de marzo de 1867, cuando se conocen las decisiones del jurado, en el que Gleyre es solo suplente, se produce la catástrofe: no es aceptado ninguno de los dos lienzos de Monet. «Precisamente porque está progresando es por lo que lo rechazo», declara Jules Breton a los que se sorprenden de su severidad. Renoir, Bazille, Sisley y Pissarro, por no hablar de Cézanne, han sufrido el mismo destino. Como Monet y una docena de jóvenes artistas presumen que una solicitud al marchante Latouche en favor de un nuevo Salón de los rechazados estaría condenada al fracaso, se deciden a organizar una exposición en un local particular. Bazille está convencido del éxito de esta empresa, por contar con la participación de maestros como Courbet, Corot, Diaz, Daubigny y Monet, «que es el mejor de todos». En su alegría, esboza un retrato de su amigo. Sin embargo, la insuficiencia de la suma recolectada, 2.500 francos, les hace desistir de su proyecto de exposición y cada uno vuelve a su «libertad».

Claude decide dirigirse directamente al público. Sus declaraciones al respecto varían según la fuente que las relata. Parece que expuso *El puerto de Honfleur* en rue Auber, en Hagerman, y *Mujeres en el jardín* (il. pág. 10) en rue La Fayette, en Latouche. Pero este último le compra al mismo tiempo una vista de París, según diferentes autores, lo que se traduce en un verdadero embrollo acerca de qué obras se expusieron en qué lugares. Se dice que, escondido en el fondo de una tienda, Monet pudo oír cómo varios artistas emitían juicios opuestos sobre sus lienzos. A partir de aquí, las versiones divergen: mientras que el punto de vista favorable suele estar representado por Diaz, la opinión hostil se atribuye unas veces a Corot, otras a Daumier o a Manet, al que sorprendería no encontrar en esta situación.

Las necesidades de dinero son cada vez más acuciantes. Bazille, viendo que nadie ofrece un buen precio por *Mujeres en el jardín*, compra el cuadro por la entonces importante suma de 2.500 francos, pagadera en mensualidades de 50 francos. Esta adquisición es acogida con entusiasmo en Méric; también para Monet es una noticia alentadora.

Jean Monet en su cuna
1867
116 x 89 cm
National Gallery of Art,
Washington, D. C.

Nacimiento de su hijo Jean

En la primavera de 1867, instalado sucesivamente en diversos puntos de la columnata del Louvre, en compañía de Renoir, Monet trabaja en vistas de París. Todavía suave en *El Quai du Louvre,* el verde de los jóvenes plátanos es más sostenido en *El jardín de la infanta* (il. pág. 73), mientras que los castaños ya están en flor en *Saint-Germain-l'Auxerrois* (il. pág. 72). Si la representación de los edificios es escrupulosa, el encuadre es ya muy audaz, sobre todo en *El jardín de la infanta,* y la paleta se aclara. Al sol, las siluetas esquemáticas de los personajes, de los caballos y de los coches parecen moverse o inmovilizarse a voluntad del pincel.

En su exposición del Pont de l'Alma, Courbet expuso «cosas malas», en opinión de Monet, que sin embargo no expresa su opinión sobre un cuadro expuesto, *La madre Grégoire,* que inspiró al maestro una declaración clamorosa en pleno Salón Cuadrado del Louvre: «Si *La madre Grégoire* estuviera aquí, bajaría el nivel de todo». A Monet le gustó más la exposición de Édouard Manet, aunque este «se ha dejado llevar demasiado por las alabanzas». No escuchar a los aduladores y ser exigente consigo mismo es la doble lección que Claude extrae de estas exposiciones. Su determinación se manifiesta en la mirada que Carolus-Duran plasma en el bello retrato que hizo de él ese año.

Sin embargo, sobre el cuadro se cierne una sombra: el estado de Camille, que espera descendencia para el verano. El 8 de abril, Claude pone a su padre al corriente de la situación. Dos días más tarde, Bazille escribe en el mismo sentido. La respuesta de Adolphe Monet a Frédéric es conocida: el fracaso de «Oscar» no ha influido en las disposiciones de su familia; lo que no les gusta es su conducta. Si deja el «mal camino» en el que anda descarriado, encontrará la mejor acogida en casa de su tía en Sainte-Adresse. En cuanto a «su querida», debe saber mejor que nadie «lo que ella vale y lo que se merece». Olvidando sus propias relaciones con Amande Vatine, le sugiere el abandono puro y simple.

Fingiendo someterse, pero decidido a no seguir a la letra los consejos paternos, Monet se dirige a casa de Camille, a la que encuentra en cama, enferma. Ella se resigna a la solución que le propone. Para reducir gastos, Claude se trasladará a vivir a casa de su familia, desde donde le enviará tanto dinero como le sea posible. Sobre todo, y esto es lo más importante para la pobre, él se compromete a reconocer a su hijo. Hacia el 10 de junio, después de haber vendido dos lienzos a Cadart y a Latouche, toma el tren para El Havre. Al partir, confía a la joven a un joven estudiante de Medicina, Ernest Cabadé, al que recompensa sus cuidados retratándolo (il. pág. 79).

El 8 de agosto de 1867, a las seis de la tarde, en una habitación de la planta baja del Impasse Saint-Louis 8, en Batignolles, Camille da a luz a «un muchacho grande y bello», que inspira a su padre un

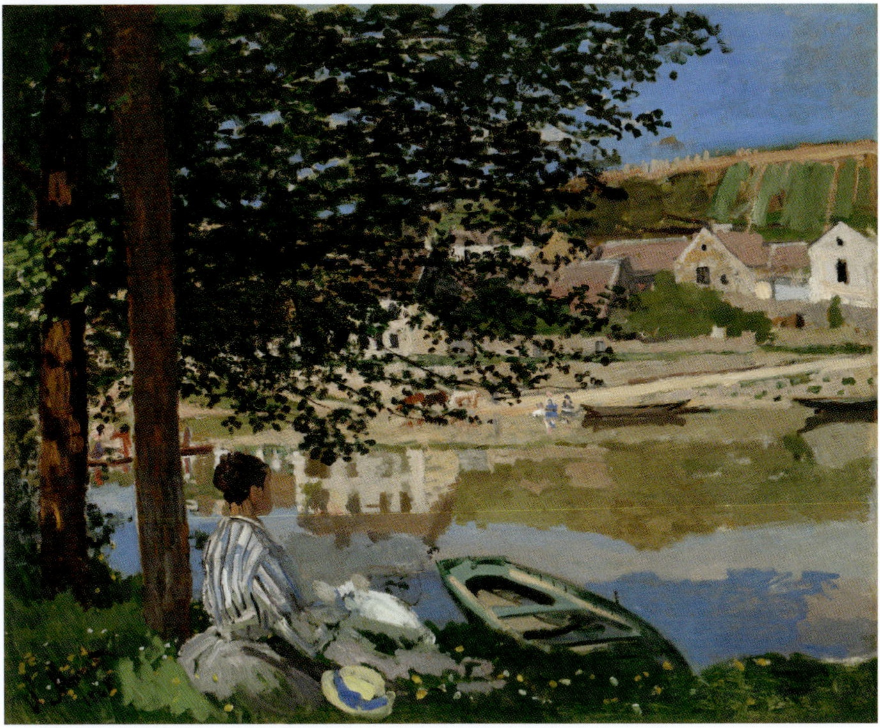

sentimiento de afecto que le asombra, pero que hacían presagiar sus últimas cartas. En el acto que se celebra tres días más tarde en la Alcaldía del décimo séptimo distrito, se inscribe al recién nacido con el nombre de Jean Armand Claude Monet, como «hijo "legítimo" de Claude-Oscar Monet y de Camille-Léonie Doncieux, "su esposa"». Se trata de una falsedad evidente en un documento que, en ausencia del padre —cuya firma falta— es firmado por el oficial del Registro Civil y dos testigos, Zacharie Astruc y Alfred Hatté. Este último, un jubilado de 49 años, ha alquilado a la pareja la habitación donde se produce el alumbramiento y que Claude abandona en el último momento «para no contrariar a la familia».

El río o A orillas del Sena cerca de Bennecourt
1868
81 x 100 cm
The Art Institute of Chicago

Vuelta a los orígenes

En 1867, Monet se halla en una situación extraña. Cargado de responsabilidades en París, en Sainte-Adresse sigue siendo un «pobre muchacho». «Aquí, todo va bien, el trabajo y la familia. Si no fuera por el parto, sería lo más feliz que se puede ser», escribe poco antes del acontecimiento. Mientras que Camille se encuentra en el impasse Saint-Louis, él se instala en la rue des Phares, en la propiedad donde su tía pasa los meses de verano. Incapaz de conseguir algo más que casa y alimentación, se dirige a Bazille y le reclama un adelanto de los 2.500 francos de *Mujeres en el jardín,* con una insistencia chocante, sin tener en cuenta que Frédéric también tendrá que conseguir el dinero de sus padres.

Con la intención de olvidar las preocupaciones materiales, trabaja febrilmente. Ignoramos el momento en que cruza el estuario para dirigirse a Honfleur y qué día asiste a la tempestad sobre el espigón de El Havre, pero desde junio tiene ya «una veintena de lienzos en estado avanzado, extraordinarias marinas y figuras y jardines», con «un enorme barco de vapor» para el Salón (il. pág. 75). *Regata en Sainte-Adresse,* cuadro en el que se reconoce a Adolphe Monet en la playa, (il. pág. 74) forma asimismo parte de este primer lote. Sin embargo, Claude ha sobrestimado sus fuerzas: a primeros de julio se cree amenazado de perder la vista y el médico le desaconseja que trabaje al aire libre. Algunos días más tarde, cuando vuelve a estar mejor, puede recomenzar el trabajo. Con una sola excepción, representa la playa de Sainte-Adresse en dirección este, con la iglesia a la izquierda (il. pág. 74), la misma iglesia que se encuentra en el centro de *Calle en Sainte-Adresse. La Cabaña* anuncia las vistas amplias sobre el mar que el pintor realizará en la década de 1880 desde lo alto de los acantilados de Caux.

La obra más célebre de esta campaña de creación, a la que también pertenecen algunas bellas naturalezas muertas, es *Terraza a la orilla del mar en Sainte-Adresse* (il. págs. 76/77), donde las flores —gladiolos, geranios y capuchinas—, de varios tonos, se funden con el mar, con los barcos y con el cielo, para preludiar las conquistas decisivas del impresionismo. El lugar que Claude reserva a su padre en este lienzo, como en otro pintado por la misma época (il. pág. 74), testimonia las buenas relaciones que mantienen ahora. Por otro lado, Adolphe confía en el porvenir de su hijo y, al igual que la tía Lecadre, incluso llega a testimoniar su admiración con cierta complacencia.

Como muestran los cuadros en los que aparece Jean en la cuna (il. págs. 80, 89), Monet viaja a París en varias ocasiones en los meses siguientes al nacimiento de su hijo. Vuelve a instalarse en la capital para una estancia de cierta duración cuando se aproxima el invierno y, en el momento de comenzar el periodo más frío, se dirige a Bougival, para pintar los primeros *Témpanos de hielo sobre el Sena* de su carrera. A partir de ahora, su domicilio será la habitación que comparte con Camille en el impasse Saint-Louis de Batignolles. El 1 de enero de

Retrato de la señora Gaudibert
1868
216 x 138 cm
Musée d'Orsay, París

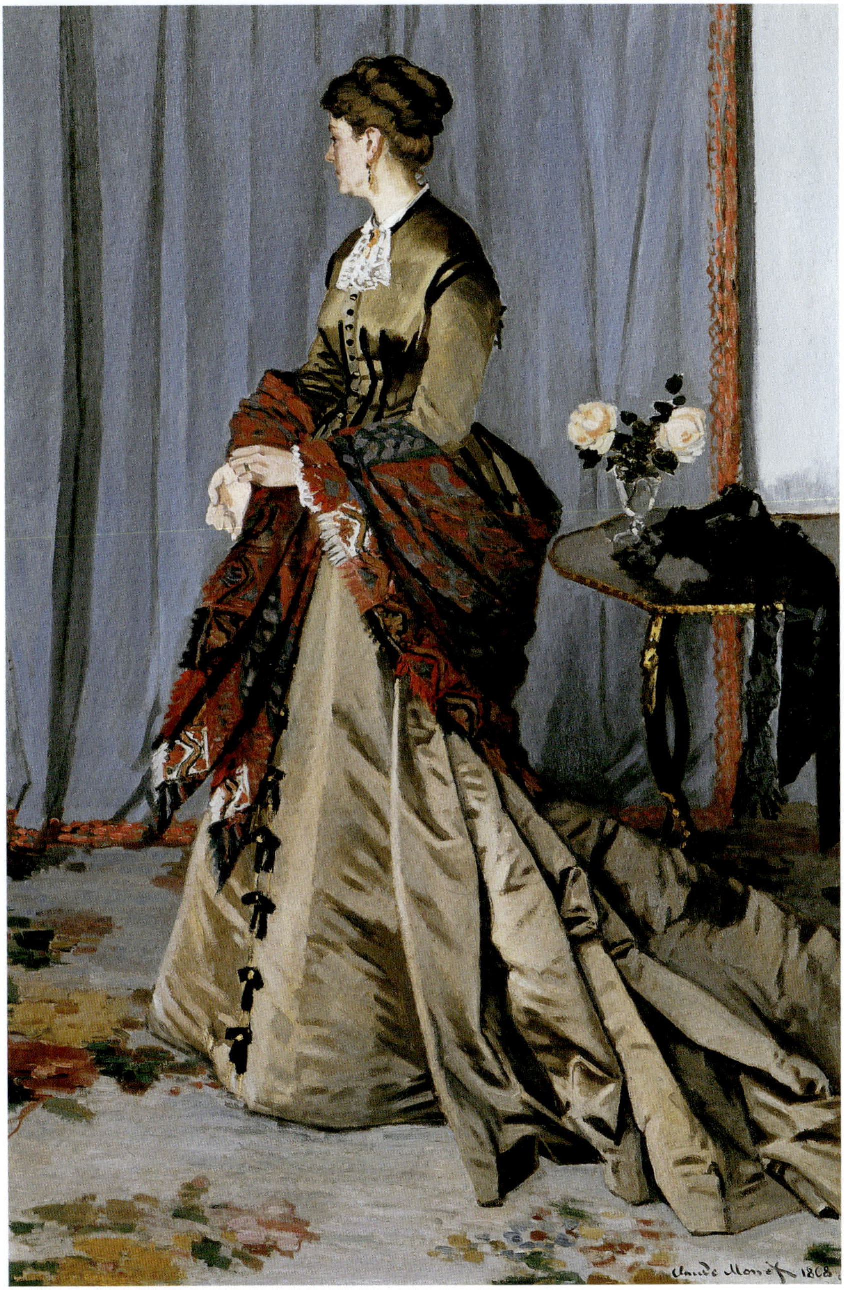
Claude Monet 1868

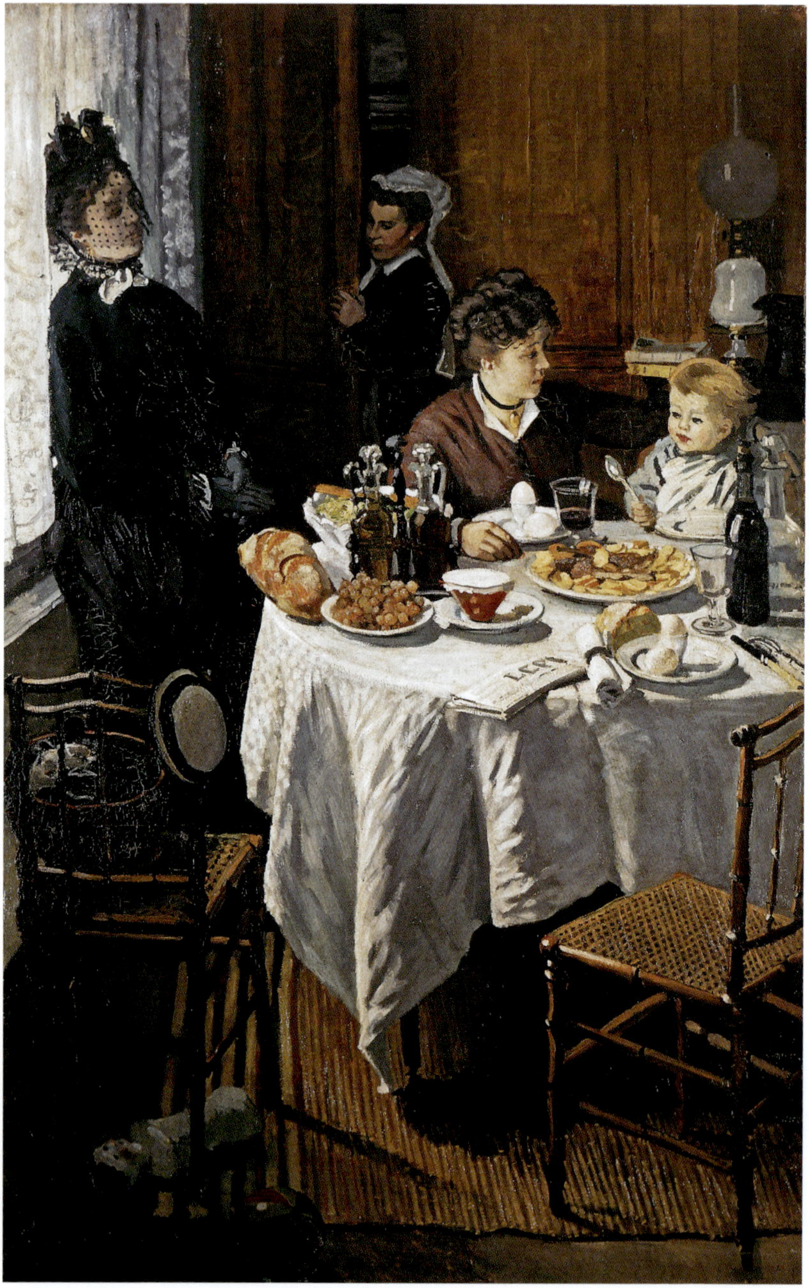

1868 pasa un día «casi sin calefacción». Por la tarde, escribe una carta tan injusta como desesperada a Bazille. En su respuesta, Frédéric invita generosamente a Claude a utilizar el nuevo estudio que va a ocupar en el número 9 de rue de la Paix (desde 1869, rue de la Condamine), cerca del impasse Saint-Louis. Con un afecto inalterable, consigue además que el comandante Lejosne compre una naturaleza muerta de Monet.

Para reducir aún más sus gastos y volver a encontrar los motivos para las marinas, Monet vuelve con su familia en enero y febrero, y comienza a trabajar al aire libre en *El espigón de El Havre,* para el Salón. Un día en que hace un frío «que parte las piedras», Léon Billot, cronista de El Havre, tiene un encuentro curioso cuando camina por el campo nevado: «Primero encontramos un braserillo, luego un caballete y luego un señor, arropado por tres paletós, las manos enguantadas, el rostro medio helado. Era Monet, que estaba estudiando un efecto de la nieve. El arte tiene soldados aguerridos».

Con el invierno también termina la estancia de Monet en El Havre. El 1 de marzo de 1868, F. Martin emplea un vocabulario náutico —«Dentro de unos días, Monet arriará las velas y se dejará remolcar a París»— para armonizar su estilo con las marinas que Monet transporta a París en esta ocasión. Tiene el tiempo justo para dar las últimas pinceladas y para escoger los marcos, pues los envíos han de llegar al Salón antes del 20 de marzo. Algunos días más tarde, con un grupo de amigos, Claude participa en una subasta pública de obras de Boudin y contribuye a elevar los precios. Era una deuda de gratitud con su antiguo maestro.

Cuando se conocen las decisiones del jurado, bastante moderadas en su conjunto, Monet oye que solo se ha aceptado uno de los dos lienzos, *Naves saliendo del espigón de El Havre* (il. pág. 75), gracias a Daubigny. Este gran cuadro, objeto de escándalo para los estrechos de miras, fuente de promesas para algunos espíritus despiertos, no está ni mejor ni peor colgado que el *Retrato de Émile Zola* realizado por Manet, *La Familia* de Bazille y *Lise* de Renoir, y desaparecería en una fecha desconocida. Se han conservado dos caricaturas poco benévolas y una descripción de Zola en *Mon Salon.*

Traspasando el marco de la exposición, el estudio que el novelista dedica a Monet, al que sitúa en el primer puesto de los artistas actuales, trata el conjunto de la obra y se detiene en particular en *El espigón de El Havre,* que acaba de ser rechazado, la misma suerte que *Mujeres en el jardín* (il. pág. 10) sufrió el año precedente. Queda de manifiesto que Zola ha estudiado a fondo los lienzos del pintor. Por otro lado, también él vive en Batignolles y ocupará un puesto en *El estudio de la rue de La Condamine,* obra de Bazille, al lado de Manet, Monet y sus amigos.

Para escapar del ambiente y de las influencias parisinas, Claude decide trasladarse al campo con su mujer y su hijo. Probablemente

El almuerzo
1868
230 x 150 cm
Städelsches Kunstinstitut und Städtische Galerie, Fráncfort del Meno

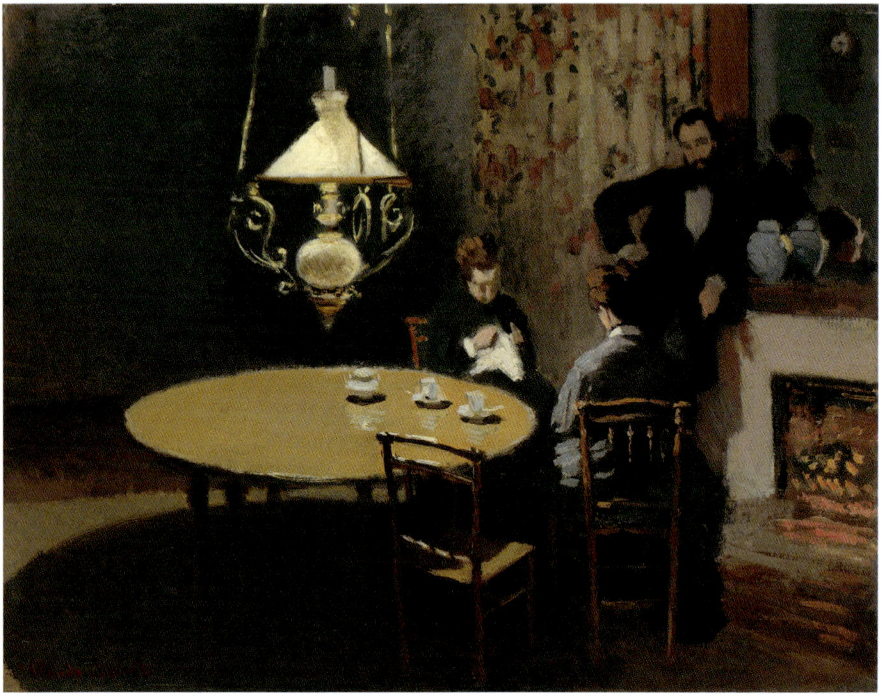

Interior, después de la cena
c. 1868/1869
También llamado *The Sisley Family*
50 x 65 cm
National Gallery of Art, Washington, D. C.

es Zola quien le propone alojarse en el albergue de Gloton, en la aldea de Bennecourt, regentado por madame Dumont y que él mismo frecuenta desde que fue allí la primera vez en 1866 en compañía de Cézanne y de Guillemet. La próxima Bonnières-sur-Seine resultará ser un descubrimiento para el pintor, que no olvidará nunca más: acabará sus días precisamente muy cerca, en Giverny, su último y más prestigioso domicilio. De las diferentes obras realizadas en Bennecourt en la primavera de 1868, solo se conoce un esbozo de color que vendió a Z. Astruc y que probablemente se perdió después y una bella tabla que durante mucho tiempo se denominó *El río,* a falta de una localización más precisa (il. pág. 83).

La estancia en Gloton, como la de Ville-d'Avray, no termina sin dramatismo. Una carta de Monet a Bazille, fechada en «París, este 29 de junio», nos muestra que en el albergue le han echado a la calle, «desnudo como un gusano». Deja a Camille y al «pobre Jean» en el pueblo y él regresa a París, desde donde continúa viaje a El Havre para tentar su suerte con madame Gaudibert, quien está favorablemente impresionada por el éxito que ha obtenido en el Salón. La tarde anterior, antes de salir de Bennecourt, comete «la tontería» de tirarse al agua, afortunadamente sin consecuencias. Este incidente ha provocado discusiones apasionadas, pero la realidad es bien sencilla: fue un gesto irreflexivo de desesperación. Monet es demasiado buen nadador para ahogarse en un brazo del Sena en pleno verano. Su naturaleza resuelta ha tocado fondo; nunca más volverá a cometer un acto de este género.

Madame Gaudibert

Cuando Monet desembarca en El Havre, a finales de junio de 1868, la Exposición Marítima internacional está en pleno apogeo, pero como la inauguración de la sección de pintura se ha previsto para la segunda quincena de julio, aún tiene tiempo para preparar los cinco lienzos que piensa enviar. Este trabajo y los encargos que ha de hacer para procurarse dinero no le ocupan por completo. Trabaja además en temas familiares e incluso tiene tiempo para divertirse un poco como, por ejemplo, el día en que Gustave Courbet le lleva a casa de Alejandro Dumas, que entonces reside en El Havre. Después de las presentaciones, deciden ir al día siguiente al albergue de la bella Ernestine en Saint-Jouin, una aldea de pescadores situada al norte de la ciudad, poco antes de llegar a Étretat. Durante esta memorable excursión, Monet asiste silencioso a las proezas verbales del escritor y a las hazañas culinarias de sus dos compañeros.

Ante la imposibilidad de que su familia acepte la presencia de Camille y de Jean, Claude los lleva a Fécamp, el gran puerto de Terranova, donde espera encontrar un refugio y una nueva fuente de inspiración. Alarmante a comienzos de agosto, la situación mejora un

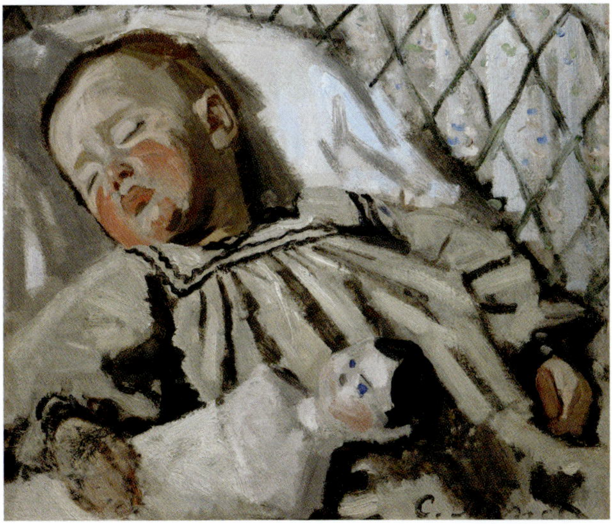

Jean Monet, dormido
1868
42 x 50 cm
Ny Carlsberg Glyptotek, Copenhague

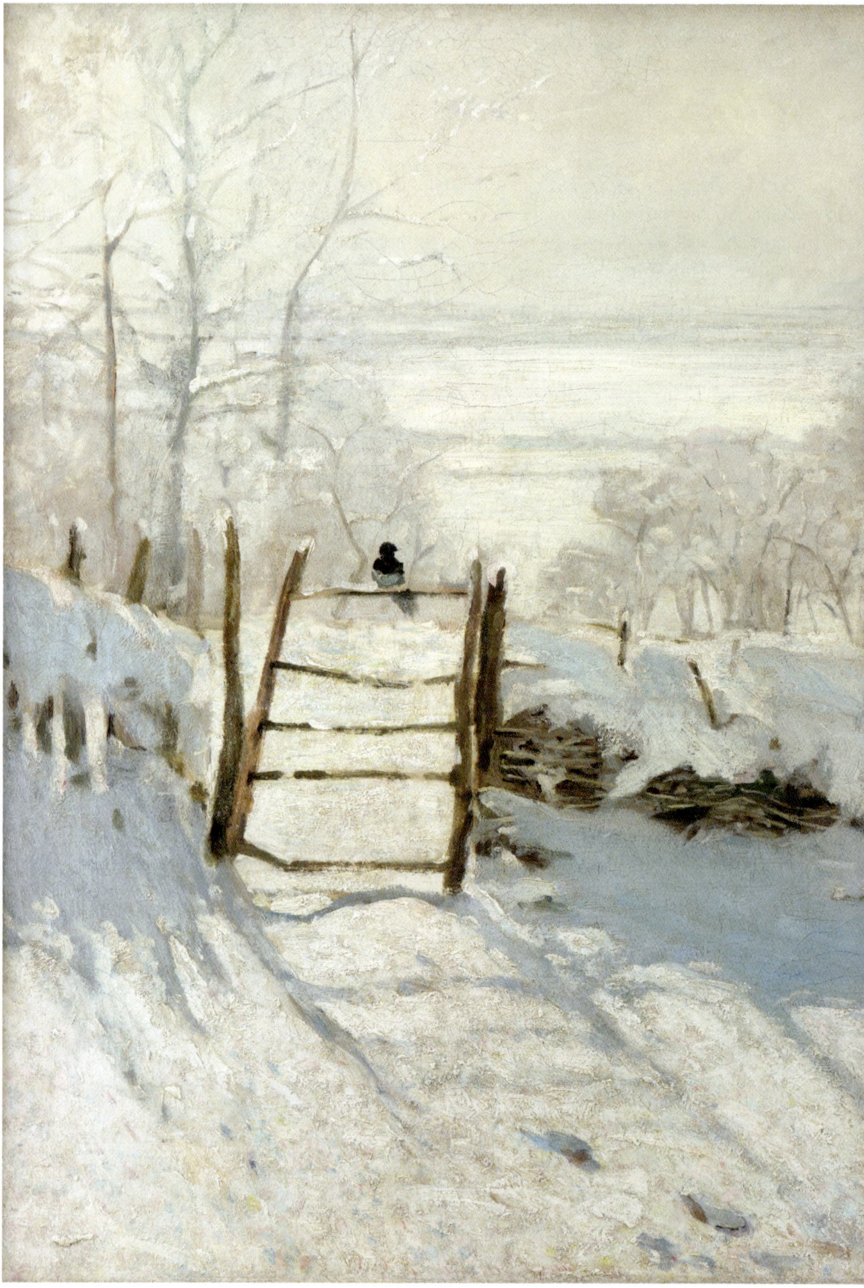

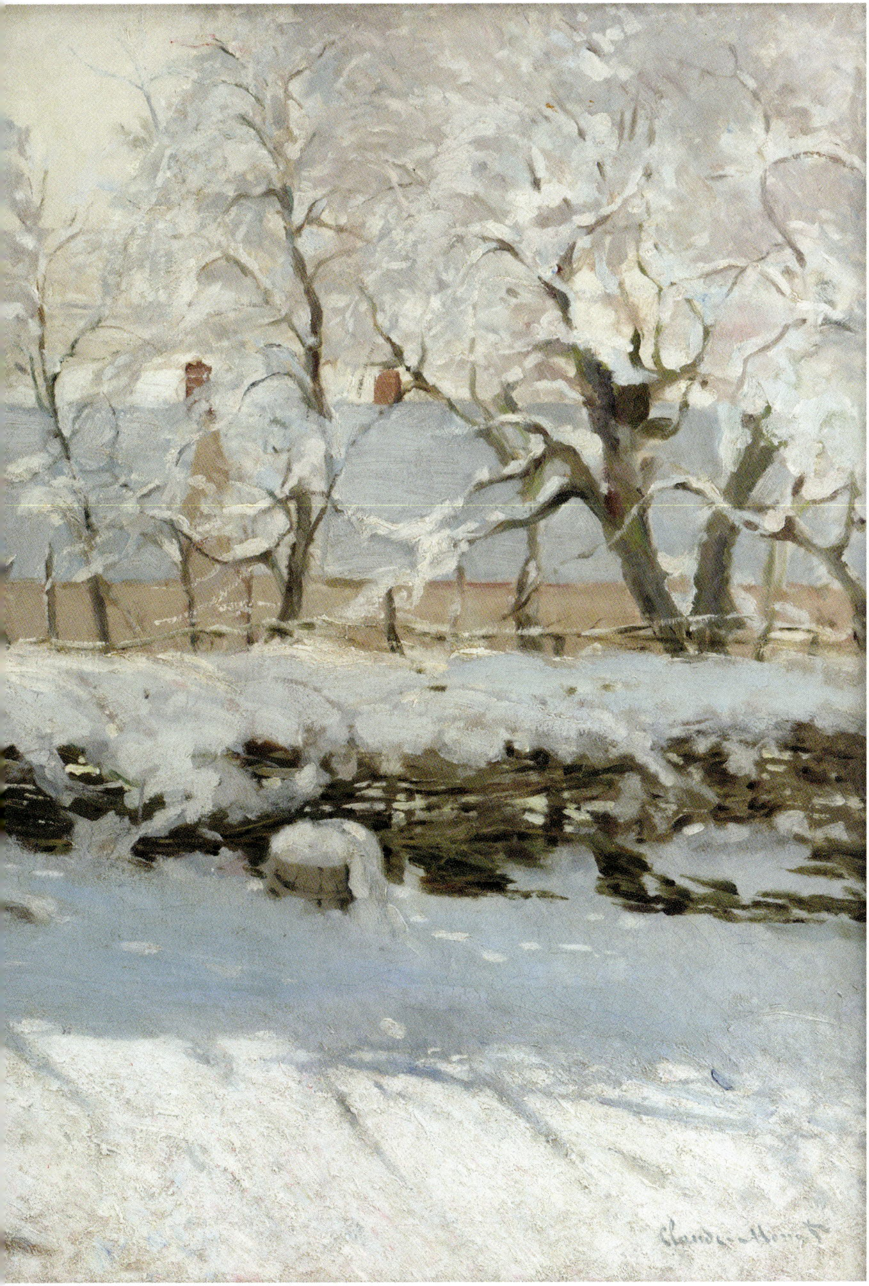

PÁGINAS 90/91
La urraca
1869
89 x 130 cm
Musée d'Orsay, París

poco más tarde, cuando Louis-Joachim Gaudibert requiere su presencia en El Havre con urgencia para que haga el retrato de su esposa. Cuando llega Monet, el 7 de septiembre de 1868, madame Gaudibert se ha retirado a descansar en una propiedad que su padre, el maestro Marcel, tiene en los alrededores, el castillo de Ardennes-Saint-Louis, en el término municipal de Montivilliers. Como ella no se encuentra bien, Monet comienza a trabajar en un retrato del marido, así los Gaudibert tendrán una imagen fiel de «su adorado primogénito». Sin embargo, cuando F. Martin acude a visitarlos a comienzos de octubre, no oculta su disgusto por una obra que considera «endiabladamente vulgar». Para sustraer al pintor de sus recriminaciones, Gaudibert hijo se lo llevará al castillo de las Ardenas. Allí es donde pintará *La señora Gaudibert.*

A comienzos de octubre, los miembros del jurado de la Exposición Marítima se reúnen para tomar decisiones. Algunos de ellos conocen bien a Monet, principalmente Ochard, su antiguo profesor, Cassinelli alias *Croutinelli,* Manchon, el de la caricatura «notario busca casarse», Wanner, amigo de la familia Bazille, y Martin. Este último anuncia a Boudin que piensan adjudicar una medalla de plata a su amigo. La compra de *Camille* por Arsène Houssaye, a un precio de 800 francos, y el rumor de que el director de *L'Artiste* va a destinar el lienzo al Palacio de Luxemburgo causan una gran impresión. No obstante, no consiguen acallar las malas lenguas, que una y otra vez llegan a oídos de Léon Billot: «Cuando se ve el modo de andar de Camille, la provocación con que pisa la acera, se adivina fácilmente

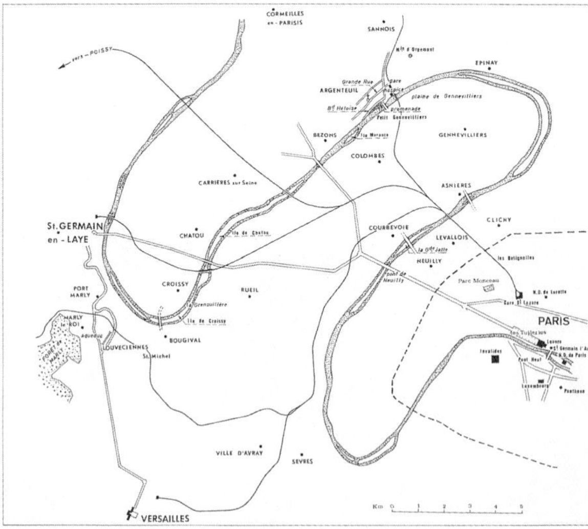

Mapa de la parte oeste de la región parisina, con las localizaciones de los lugares donde trabajó Monet

que Camille no es una mujer de buena sociedad». Nadie, ni siquiera monsieur Gaudibert, quiere recibirla. Monet volverá a reunirse con ella en Montivilliers, después de encontrar un alojamiento en la carretera de El Havre a Étretat.

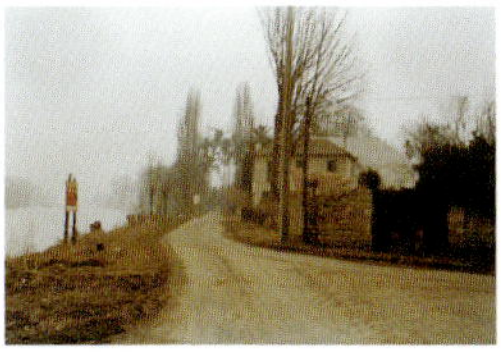

El Sena, por encima de Bougival

La recompensa anunciada por Martin no es inmediata. De las 40 medallas de plata inicialmente previstas, no se destina ninguna a su protegido. Afortunadamente, los organizadores deciden entregar cuatro más; en esta ocasión, Monet sí está entre los galardonados, gracias a *Camille* o *La dama del vestido verde* y a *El puerto de Honfleur.* Al recompensar dos obras relativamente antiguas, el jurado rechaza reconocer sus trabajos más audaces. Por otro lado, a excepción de *Camille,* en la Exposición Marítima no ha encontrado comprador ningún otro lienzo de Monet. La decepción causada por esta circunstancia no es suficiente para explicar el tono desolado de las líneas que dirige a Bazille a finales de octubre: «La pintura no va; ya no cuento con la gloria». Aunque ha sido «recibido muy cordialmente en esta maravillosa región», el círculo vicioso de «decepciones, afrentas, esperanzas y nuevas decepciones» no se ha detenido a la entrada del castillo de las Ardenas, donde ha estado para pintar un retrato. Ignoramos si se trataba del hijo de su mecenas, un muchachito de tres años, o de la segunda versión del retrato de Louis-Joachim. El de su esposa, madame Gaudibert, pintado en la temporada de las rosas, debía de estar prácticamente terminado. Los esfuerzos que le había costado, o que quizá todavía le costaran entonces, y la frialdad con que algunos miembros de la familia Gaudibert recibieron la obra maestra destinada a perpetuar

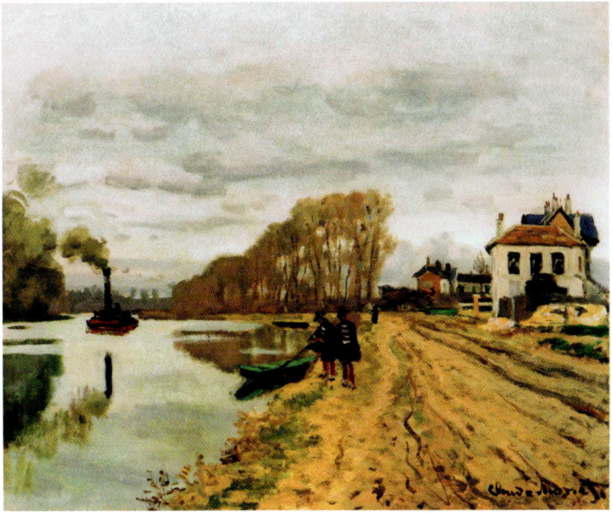

Soldados de la guardia paseando a orillas del Sena
1870
54 x 65 cm
Colección particular

su nombre (il. pág. 85) explican la profunda depresión por la que pasa Monet alrededor de Todos los Santos del año 1868.

Solamente Louis-Joachim ve claro y alaba la obra en presencia de Boudin, además de continuar pagando una ayuda a Monet. Se encuentran testimonios de esta hasta el año 1870, cuando Gaudibert muere y el pintor pierde a su más fiel mecenas. En cuanto a su viuda, morirá en El Havre el 26 de octubre de 1877 a los 33 años de edad. Solo tenía 22 cuando Claude Monet puso en jaque al tiempo y a la muerte plasmando con sus pinceles el perfil perdido y la noble postura de *La señora Gaudibert* (il. pág. 85).

El sueño y el despertar

Cuando comienzan las lluvias, se dispersan los habitantes del castillo de Ardennes-Saint-Louis y Monet se reúne con Camille en Étretat. Allí, en la quietud de su hogar (il. pág. 86), conoce algunas semanas de felicidad. Jean, ahijado de Bazille desde su bautizo en abril de 1868, goza de una salud de hierro. Debe figurar en el Salón «con otras personas alrededor, como es natural» en el famoso *El almuerzo sobre la hierba* (il. págs. 62/63). Al aire libre, los motivos abundan, tanto en la playa de guijarros, dominada por los grandes orificios tallados por la erosión en el acantilado, como en el mar, a la salida de los barcos pesqueros o en el campo, «en el invierno, posiblemente más agradable aún que en el verano» (il. págs. 90/91). Le falta material para llevar a la práctica todos estos proyectos, por lo que ruega a Bazille que le envíe pintura y lienzos antiguos para pintarlos de nuevo. La dirección a la que pide se haga el envío, 13 rue Fontenelle de El Havre, manifiesta que no se ha producido la ruptura entre Claude y su familia.

La felicidad de Claude no se ve perturbada por la venta que sigue al embargo de sus cuadros al clausurarse la Exposición Marítima, pues los ha adquirido monsieur Gaudibert, para satisfacción de su protegido. Decididamente, sería un sueño poder «permanecer siempre cerca de El Havre» y no pasar en París más que un mes al año esperando volver a instalarse de nuevo como triunfador.

El recelo que Monet parece manifestar frente al café Guerbois, en una de las cartas de Étretat, dispensa de extendernos sobre las reuniones del célebre café de la rue des Batignolles, en el que nunca será un verdadero habitual. Originario de La Roche-Guyon, Auguste Guerbois, el fundador del local de quien tomó el nombre, era una persona dotada de prestancia. La fuerte personalidad y el conocimiento de los parajes a orillas del Sena contribuyeron ciertamente a atraer al café Guerbois a los artistas y escritores del grupo de Batignolles.

Los bellos días de Étretat llegan a su fin. Monsieur Gaudibert no puede hacer frente a todos los gastos y la tía Lecadre, descontenta de una relación que en lo sucesivo será conocida hasta las mismas puertas de El Havre, se niega a pagar la pensión de su sobrino. Sus amigos

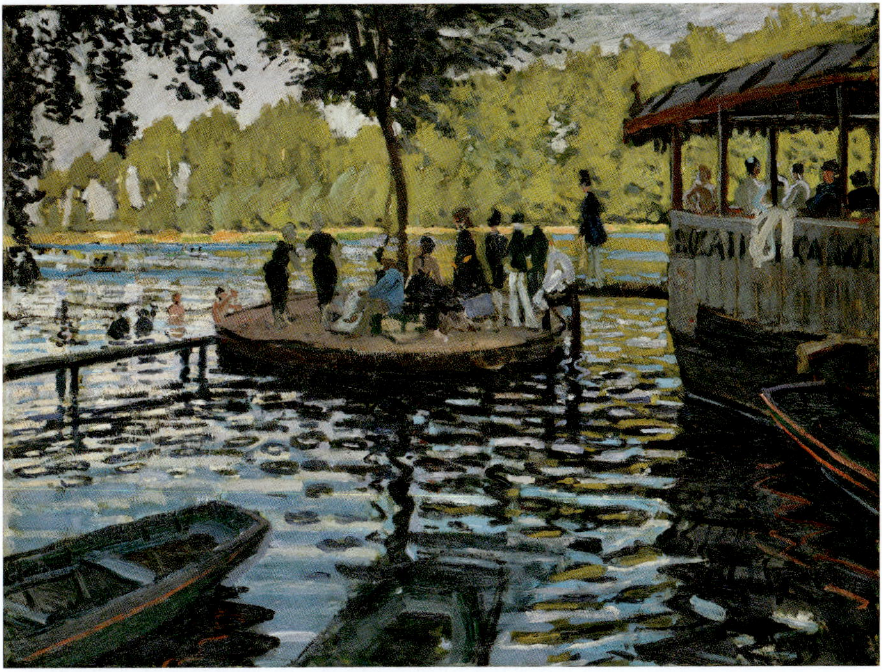

La Grenouillère
1869
75 x 100 cm
The Metropolitan Museum of Art, Nueva York

ven llegar a París a un Monet «hambriento, con las orejas gachas». Una vez más, Bazille le dispensa hospitalidad. Mientras que la familia de Claude sigue mostrándose hostil, los padres de Camille parecen dispuestos a perdonar a su hija, a condición de que se case. En palabras de Bazille, «no están encantados con la idea, pero tampoco quieren que su hija pase hambre».

En el estudio de la rue La Condamine, Monet da las últimas pinceladas a los lienzos que ha destinado al Salón. Se trata de *La urraca* (il. págs. 90/91) y de una marina, en la que trabaja en presencia de Z. Astruc. El 22 de marzo de 1869 se dan a conocer los nombres de los miembros del jurado, entre los que se encuentran Gleyre y Daubigny. A finales de la primera semana de abril, Bazille anuncia a su padre que su *Vista del pueblo* ha sido aceptada gracias a Cabanel; Monet ha sido rechazado completamente. El responsable de este fracaso y de muchos otros será el temible Gérôme, elegido cabeza de lista y que ha tratado a los representantes de la joven escuela como una «banda de locos».

Auguste Renoir
La Grenouillère
1869
Nationalmuseum, Estocolmo

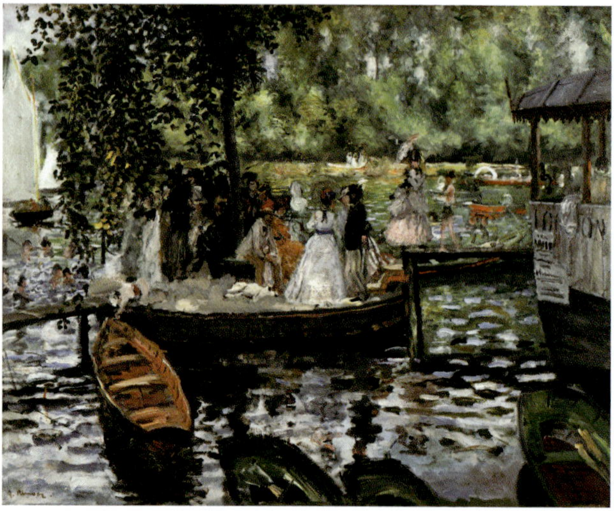

La Grenouillère

Contra este duro golpe, Monet reacciona con valentía. Recuerda el éxito que tuvo la pequeña exposición particular que montó hace dos años y se pone en contacto con Latouche, que a comienzos de año presentó una vista de París suya. El marchante acepta ayudarle de nuevo y, antes de inaugurarse el Salón en el Palacio de la Industria, un buen número de personas se arremolinan delante de los escaparates de la rue La Fayette, donde un estudio de Sainte-Adresse —procedente de su «pintura violenta»— «causa fanatismo», según la curiosa expresión de Boudin. Éxito a base de escándalo, quizá, pero infinitamente preferible al olvido. Por un lado hace una revisión de los proyectos futuros; debe abandonar la costa normanda para establecerse en los alrededores de la capital, en un entorno que le ofrezca condiciones favorables para pintar y que al mismo tiempo le facilite observar lo que sucede en París.

Por haber trabajado durante el invierno de 1867-1868, Monet conoce un sitio que cumple la doble exigencia: Bougival, a la orilla izquierda del Sena, entre Chatou y Port Marly, un lugar frecuentado por los remeros, los artistas y las muchachas frívolas. Se aloja en una casa campesina de la aldea de Saint-Michel, situada en lo alto. El alquiler consume los recursos aportados por monsieur Gaudibert. Muy pronto, se le ha vuelto a terminar el dinero. Una petición dirigida a Houssaye el 2 de junio no parece haber causado resultado, pues comienzan a escasear los víveres, el fuego y la luz. Dirige peticiones patéticas a Bazille, pero solo sirve para acrecentar la fosa de la incomprensión entre el hijo de una familia de buena posición, que está pasando las vacaciones en Méric, y el indigente pintor, cuyo hijo pasa hambre. Teniendo en cuenta tanta miseria, el consejo que le da Bazille de ir a El Havre a pie o de cortar leña en el bosque suenan a broma pesada.

Renoir, que vive en casa de sus padres muy cerca de Saint-Michel, en Voisins, suele pasar frecuentemente por allí para recoger a Claude y bajar hasta el Sena. Apiadándose del desamparo de su amigo, le llena los bolsillos de pan para la mesa de la familia. Un domingo cocina incluso un conejo, con diversas salsas, ante el asombro de un invitado. Su descripción de la situación en Saint-Michel es reveladora: «Estoy en casa de mis padres y voy casi todos los días a casa de Monet, donde lo están pasando muy mal. Ni siquiera tienen para comer todos los días. De todos modos, estoy muy contento porque, por lo que se refiere a la pintura, Monet es muy buena compañía».

Los dos pintores trabajan uno al lado del otro delante de Grenouillère, en la isla de Croissy. Los trabajos realizados posteriormente para profundizar el Sena impiden reconocer el lugar exacto, aunque afortunadamente existe una descripción de Guy de Maupassant que contiene toda la información necesaria sobre este tipo de «café flotante» que era Grenouillère: «La inmensa balsa, cubierta de un techo alquitranado soportado por columnas de madera, está unida a la isla de Croissy por dos pasarelas. Una de ellas penetra hasta el centro de este establecimiento acuático; la otra la comunica con un islote minúsculo, en el que hay un árbol y que tiene como apodo "la Maceta"; más allá, gana la tierra cerca de la oficina de baños». Los elementos mencionados por el escritor figuran, agrupados diversamente, en los lienzos de los dos amigos. En uno de los cuadros de Monet se distinguen los árboles de la isla de Croissy, las cabinas y el comienzo de la pasarela (il. pág. 98); en los otros dos se reconoce el café flotante con su inscripción ALQUILER DE BARCAS, unido por una pasarela al islote de la Maceta (también llamado Le Camembert), sobre el que se alza un pequeño árbol. Desde aquí, una segunda pasarela lleva a la isla de Croissy, fuera del campo visible (il. pág. 95).

A finales de septiembre, Monet se queja a Bazille por las dificultades que ha encontrado. Para preparar una gran *Grenouillère*, «un sueño» para el Salón, solo ha hecho «algunos malos bocetos». Pesimismo injustificado, pues en la Grenouillère su pincelada adquiere un deslumbramiento hasta entonces desconocido en sus cuadros. Ciertamente, el efecto de los reflejos quebrándose en la superficie del agua, perpetuamente agitada en pequeñas olas producidas por los bañistas y las barcas, manifiesta una riqueza de matices que no pudo encontrar en la calma del río Bennecourt ni en las poderosas olas de Étretat. En estas conquistas técnicas, que conducen directamente al impresionismo, el nombre de Auguste Renoir está estrechamente asociado al de Claude Monet.

Cuando el mal tiempo impide trabajar al aire libre, los dos amigos se dedican a pintar naturalezas muertas. En el otoño, Renoir

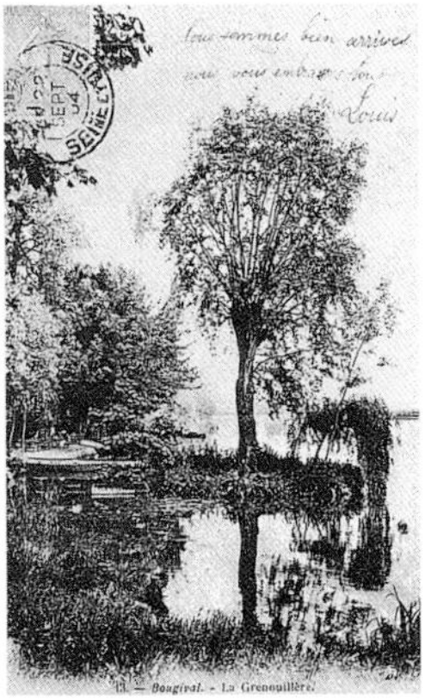

El embarcadero de Camembert, c. 1900
Tarjeta postal, colección Houth

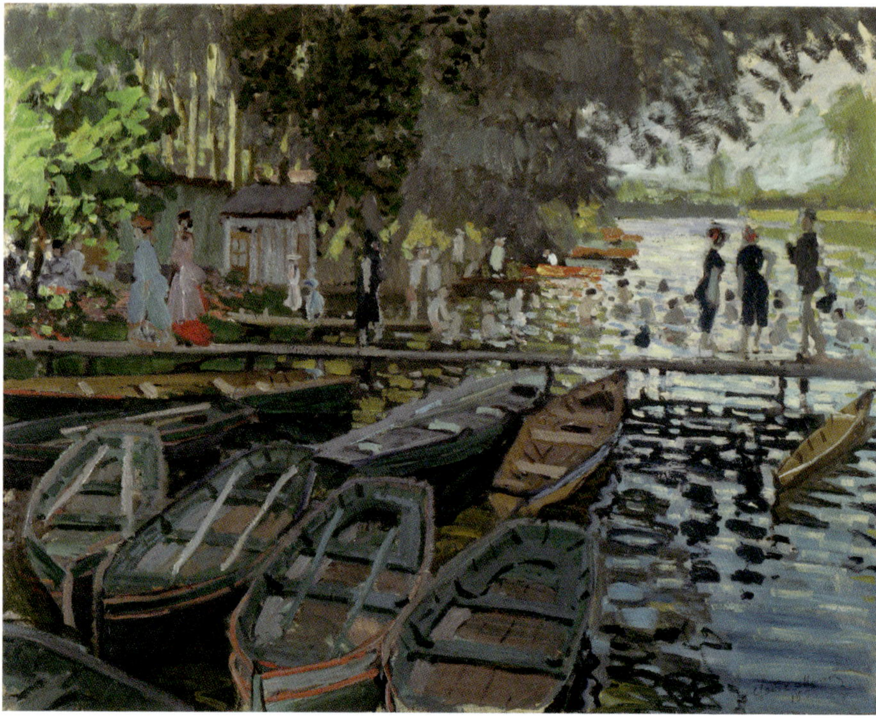

Los baños de Grenouillère
1869
73 x 92 cm
National Gallery, Londres

regresa a París. Monet solo viaja a la capital ocasionalmente para reunirse con un posible comprador o para estrechar algunas manos en Guerbois. Pero también se toma tiempo para posar para *El taller de Batignolles* de Fantin-Latour y para *El taller del artista en la Rue de la Condamine* de Bazille. Un breve viaje que emprende con ocasión del Año Nuevo le lleva al extremo del bosque de Fontainebleau, a Sivry, donde fecha una *Cabeza de jabalí* el 4 de enero de 1870.

Después de esos viajes se alegra de poder reunirse con los suyos en Saint-Michel. A lo largo del invierno caen abundantes nieves que le incitan a salir. Frecuentemente se queda arriba y va a trabajar al bosque de Marly o bien a Louveciennes, donde se detiene bastante tiempo en la carretera a Versalles; claro que puede recuperar fuerzas en casa de Pissarro, que vive al lado de la carretera. En ocasiones, desciende hasta el Sena y representa la huida del río dominado por la línea sombría de las colinas en *Nieve en Bougival.* El mismo motivo se encuentra un poco después, sin nieve, mientras que en *Soldados de la guardia paseando a orillas del Sena* muestra el río en la dirección contraria (il. pág. 93). Cuando hace buen tiempo, se instala en la isla de Croissy, donde pinta *El Sena en Bougival, al atardecer;* el horizonte queda oculto por el acueducto de Marly, que lleva el agua al palacio de Versalles. A la derecha, se distingue el tablero diestro del puente, el motivo central del célebre *El puente de Bougival* (il. pág. 100). Con *Tren en el campo* finaliza un periodo de creación particularmente fecundo.

La boda

Cuando se aproximan las fechas del Salón, crece la agitación entre los artistas y en Guerbois se mantienen discusiones acaloradas. La elección de los miembros del jurado se produce el 24 de marzo de 1870. Arsène Houssaye, en calidad de inspector general de Bellas Artes, procede a hacer el escrutinio. Daubigny y Corot reúnen el mayor número de votos y sus nombres figuran tanto en la lista oficial como en una lista disidente con Millet y Ziem. La mayoría conservadora, para desarmar a la oposición, «admite prácticamente todo lo admisible», es decir, cerca de 3.000 pinturas. Solo hay un excluido de renombre, Claude Monet, a pesar de los esfuerzos de Millet y Daubigny. Ante este desaire, este último dimite y Corot sigue su ejemplo. Son sustituidos por Chaplin y Vollon.

Algunos críticos clarividentes dedican algunas líneas de alabanza al rechazado. Un artículo de Jean Ravenel permite adivinar que ha presentado *El almuerzo* (il. pág. 86) y *La Grenouillère.* Según Castagnary y Burty, Houssaye le presta su apoyo en *L'Artiste.* Asocia su nombre al de Renoir y afirma que los dos pintores son los maestros de la escuela «de la naturaleza por la naturaleza». Renoir, más prudente, se aviene con los poderes establecidos: la indicación «alumno de Gleyre», que continúa acompañando a sus envíos al Salón, contribuye a que sean aceptados. Por su intransigencia, Monet se designa como el verdadero cabeza del grupo. El modesto lugar en que le coloca Fantin-Latour en su *El taller de Batignolles* traduce imperfectamente la verdadera relación de fuerzas.

El 28 de junio, «en las ráfagas de tempestad de la guerra que se avecina», la Alcaldía del octavo distrito registra el matrimonio de Claude Monet, domiciliado en Bougival, con Camille-Léonie Doncieux, domiciliada en el boulevard des Batignolles 17, es decir en casa de los padres de ella, como exigen las convenciones sociales. El registro está firmado por cuatro testigos: Gustave Courbet, un tal Gustave Monet, de desconocidos lazos de parentesco con Claude, el médico Paul Dubois y el periodista Antoine Lafont. Estos dos últimos son grandes aficionados de los cuadros de Monet.

El contrato de matrimonio establece la separación de bienes entre los esposos y contiene cláusulas destinadas a proteger a Camille frente a las dificultades o deudas que su marido pudiera contraer. Más interesante es el artículo 5, en el que los padres Doncieux hacen a su hija una «donación aparte de la herencia» de una suma de 12.000 francos,

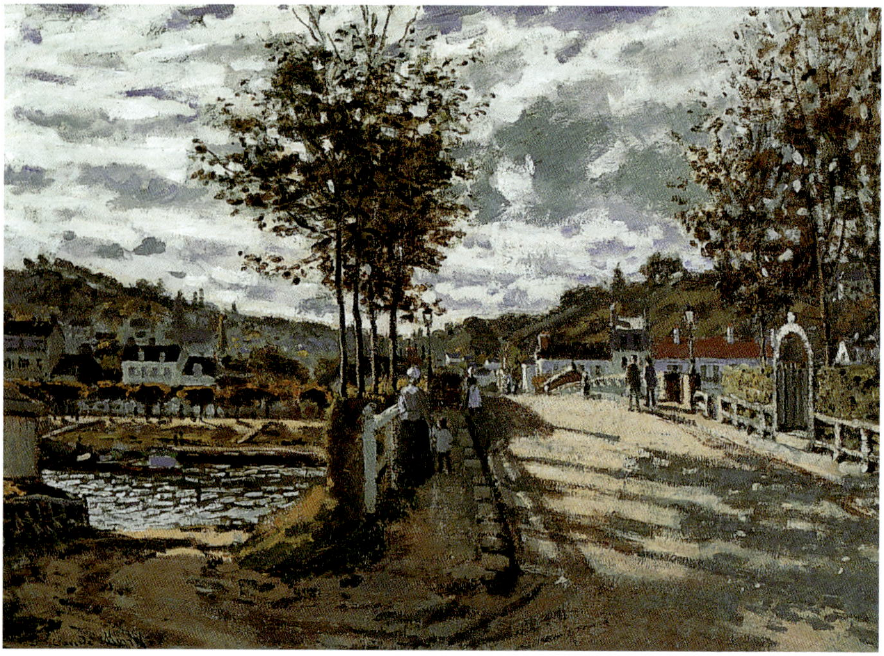

El puente de Bougival
1870
63,5 x 91,5 cm
The Currier Gallery of Art, Manchester, New Hampshire

no exigibles hasta tres meses después de la muerte de monsieur Doncieux, si bien se abonarán inmediatamente dos años de intereses al 5 %, es decir 1.200 francos. La modestia de esta donación y de su pago diferido ha despertado asombro, pero hay que tener en cuenta que los padres de Camille son gente sencilla. Viven en un modesto apartamento y no tienen casa propia. El curioso legado del que la madre Doncieux y su hija menor Geneviève se han beneficiado no influye sustancialmente sobre su situación.

El día de la boda, Monet es incapaz de presentar el menor documento oficial sobre su situación militar. En el impreso de censo del reemplazo de 1870, destinado a la oficina militar de la Alcaldía, el alcalde escribe: «licenciado desde 1860», mención que puede llevarlo directamente al consejo de revisión. Al final de la página, se indican «las reclamaciones que el joven se propone presentar al consejo» y que se refieren a su incorporación al Ejército de África y a su matrimonio, celebrado ese mismo día. En el reverso del impreso, el magistrado municipal solicita a la administración del regimiento un informe sobre la exactitud de las declaraciones de Monet. Desde ahora, este sabe que las autoridades se interesan vivamente por su aptitud para la reserva.

Trouville y la guerra

Cuando se constituye su contrato de matrimonio, Monet se encuentra solo frente a la familia Doncieux. Al parecer, su propia familia se muestra poco interesada por una unión que no aprueba. La tía Lecadre está demasiado enferma para preocuparse de estas cuestiones. De hecho, muere en Sainte-Adresse pocos días después de la boda de Claude, el 7 de julio de 1870, a los 80 años de edad. ¿Qué opinión tiene de este sobrino pródigo, cuyo genio presintió pero que, desde hace dos años, no ha conocido más que fracasos para acabar con un matrimonio desastroso? Sus sobrinos nietos Lecadre, uno médico, el otro negociante, no ven con buenos ojos a su primo, cuya pensión ha consumido parte de la herencia que esperaban obtener.

Antes de salir de Bougival a comienzos del otoño con Camille y Jean, Monet deposita en casa de Pissarro, en Louveciennes, algunos lienzos para ponerlos a salvo de un posible embargo. En Trouville, meta del viaje, se aloja en el hotel Tívoli, regentado por *père* Lang y «recomendado a los señores viajantes de comercio».

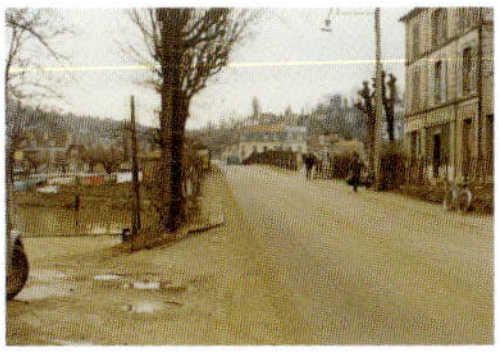

El antiguo puente de Bougival

Con excepción de *La entrada del puerto de Trouville* (il. pág. 102), pintado en la desembocadura del Touques, lo que le interesa principalmente es la vida mundana del célebre balneario. Instalado tanto en la terraza frente al mar delante de la obra *El Hôtel des Roches Noires en Trouville* (il. pág. 104) como en la playa (il. pág. 103), plasma la imagen de un mundo despreocupado, pero que no se logrará salvar de la catástrofe. Más que los estudios de figuras femeninas de evidente originalidad (il. pág. 103), sobre todo las vistas de conjunto merecen ser comparadas con las playas de Boudin. En lugar de pintar de cara al mar, como era la práctica habitual de este último, Monet representa la playa tangencialmente, apoyándose, a la derecha, en la hilera de casas que le interesan tanto como los paseantes o el mar mismo.

El 19 de julio, Francia declara la guerra a Prusia. El 6 de agosto se produce la derrota de Froeschwiller; el 10, Bazille se enrola voluntario en el 3.er batallón de los zuavos. En Trouville, la temporada continúa. Cuando Eugène Boudin y su esposa vienen para instalarse el 12 del mismo mes, encuentran a la familia Monet. «Me parece estar viendo todavía a la pobre Camille en el hotel Tívoli —escribirá el viejo maestro al final de su vida—. Aún conservo un boceto que les representa en la playa. El pequeño Jean juega en la arena y su padre está sentado en el suelo con un cartón de dibujo en la mano.»

El 4 de septiembre, después de la capitulación de Sedán, se proclama la República. El gobierno de la Defensa nacional afirma su resolución de mantener la integridad del territorio. Monet no se siente afectado más que en la época del Imperio. El 9 de septiembre está en El Havre, con su padre, preocupado de sus eternas dificultades económicas. Como teme enfrentarse con *père* Lang en Trouville, ruega a Boudin que vele por Camille. En El Havre se oyen rumores de paz, lo que no impide que centenares de personas se abalancen sobre los transatlánticos que se usan para la travesía de Londres. Sin condenar el derrotismo de los fugitivos, Claude se conmueve por las dificultades que encuentran en su éxodo.

El 13 de septiembre, Boudin se dirige a Bretaña y Monet le escribe cartas desalentadoras desde Trouville, lo cual significa que sigue en la costa normanda a comienzos del otoño de 1870. De este modo, tuvo tiempo suficiente para estudiar objetivamente la situación, que no es tan alarmante como parecía al principio. Ocupados en los sitios de París y Metz, los alemanes no pueden intentar una ofensiva seria contra Normandía. Las instrucciones de Moltke son claras: «Su Majestad no quiere que el 1.er Ejército se implique en El Havre en una operación larga». «Primer puerto del Atlántico —escribe un historiador normando—, base de avituallamiento con víveres y municiones para las tropas francesas del Oeste, ciudad fortificada, El Havre, con un verdadero patriotismo, estaba preparada para la resistencia, gracias a una organización seria y sólida». De hecho, después de una vacilación

La entrada del puerto de Trouville
1870
54 x 66 cm
Szépmüvészeti Múzeum, Budapest

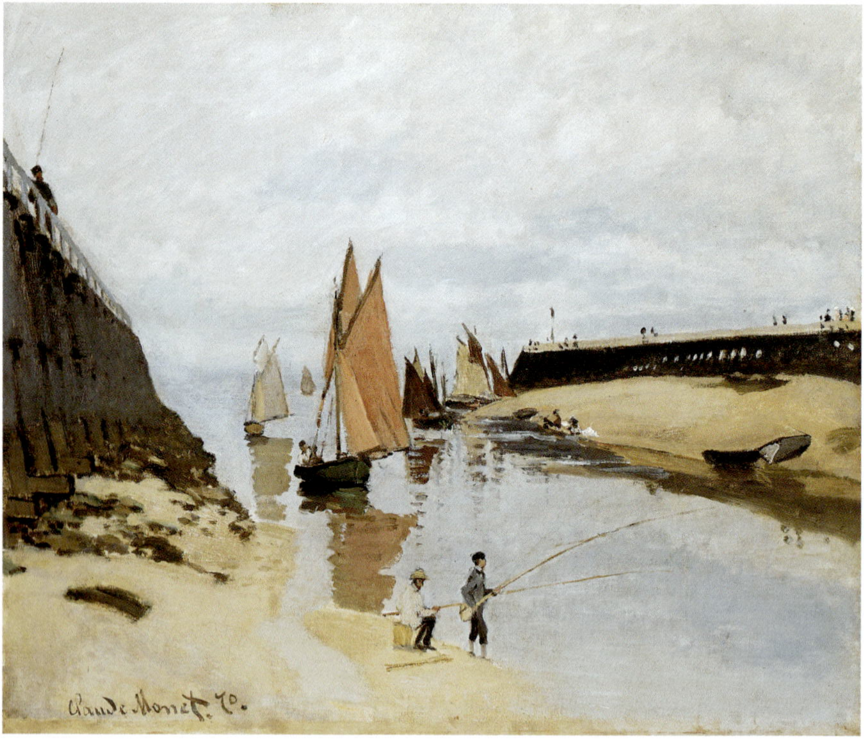

inicial, la autoridad militar tiene la situación dominada. Los hombres en edad de llevar armas, sobre todo si son antiguos soldados, son llamados a alistarse y, si no, en el Ejército regular, al menos en la Guardia Nacional, en los cuerpos francos o entre los exploradores.

Al otro lado del estuario, en Trouville, la temporada ha terminado y un muchacho como Monet difícilmente puede pasar inadvertido. ¿Morir por Gambetta? ¿Por Alsacia-Lorena? El futuro amigo íntimo de Clemenceau prefiere tomar el barco a Inglaterra. Su partida en una fecha desconocida fue uno de los muchos acontecimientos que pasaron inadvertidos en esta época tumultuosa. Por contra, otros quedaron irremediablemente señalados, como es el caso de la muerte del subteniente Frédéric Bazille, el 18 de noviembre de 1870, ante Beaume-la-Rolande. Decididamente, Monet y Bazille nunca se pudieron tutear: no hablaban el mismo lenguaje.

En la playa de Trouville
1870
38 x 46 cm
National Gallery, Londres

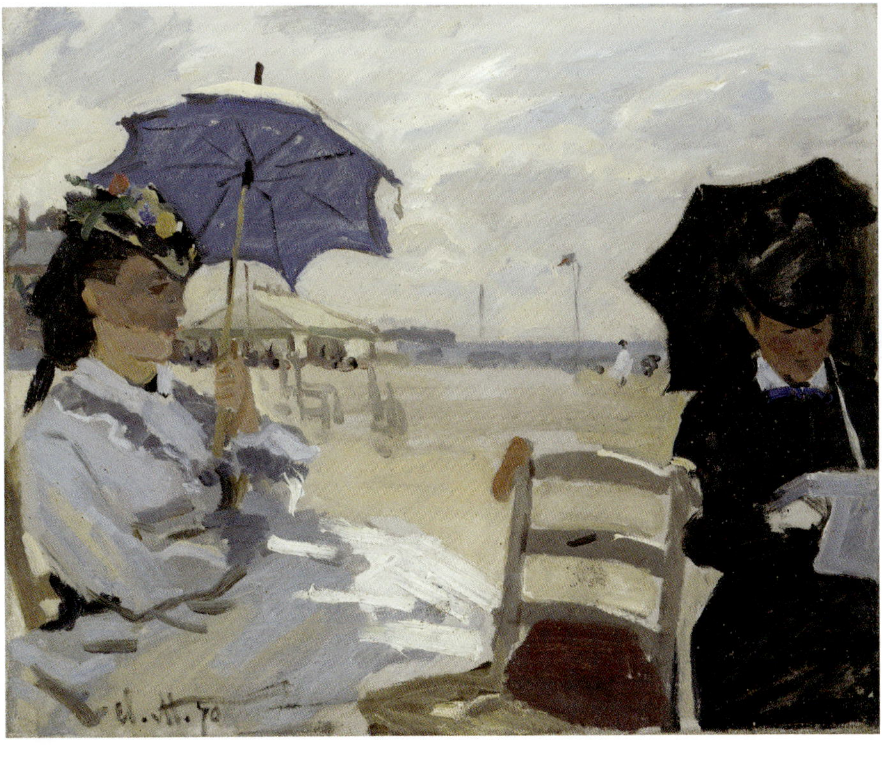

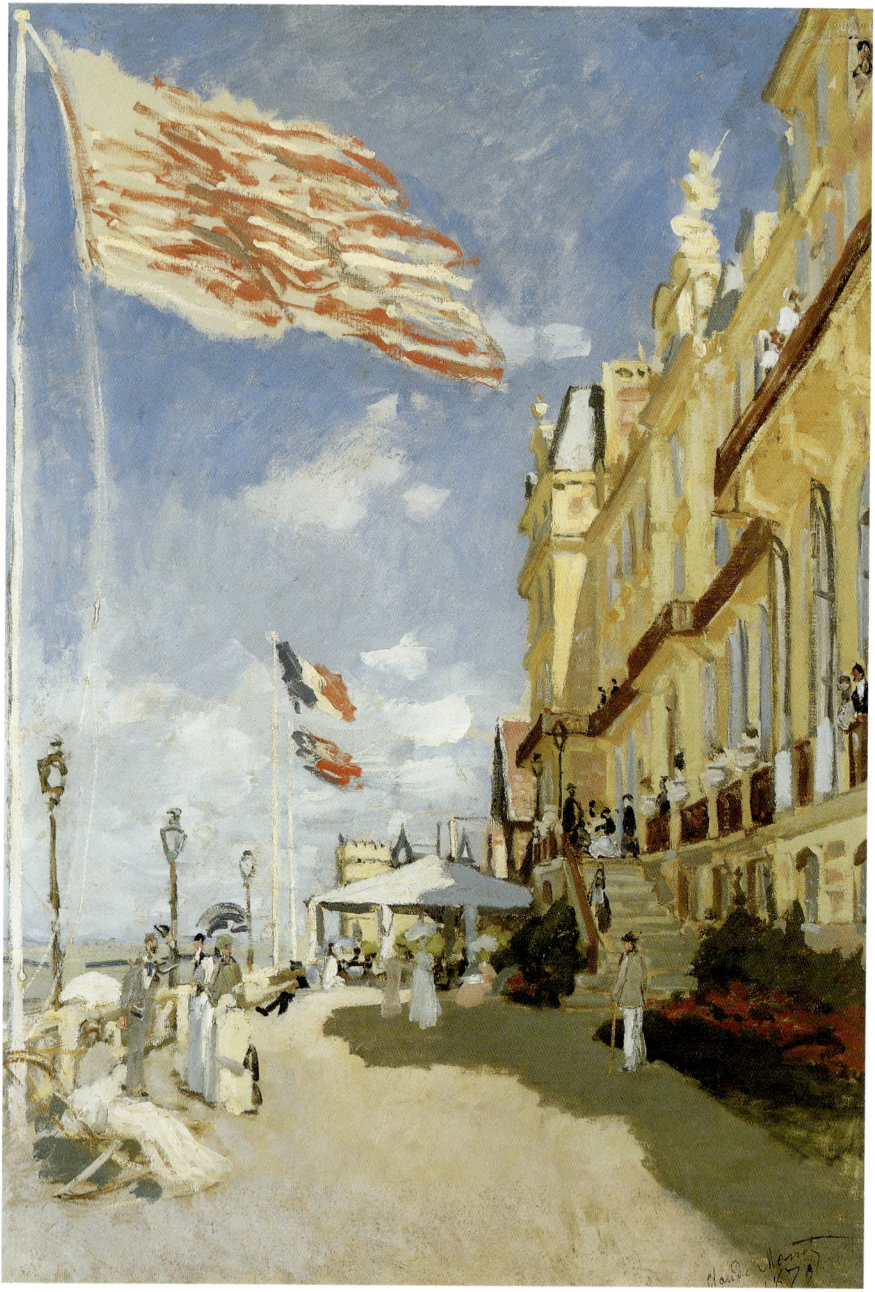

Londres

En Londres, después de los difíciles comienzos, las cosas se arreglan rápidamente. En un café frecuentado por los franceses, Monet se encuentra a Daubigny, que le presenta a Paul Durand-Ruel, asimismo refugiado. Daubigny introduce al compañero pintor con las siguientes palabras: «He aquí a uno que será mucho mejor que todos nosotros... Compre, que yo me comprometo a retomar [los lienzos] que no pueda vender y a darle cuadros míos a cambio». Aunque todavía no compre, en la primera exposición anual de Durand-Ruel en Londres, que abre sus puertas el 10 de diciembre de 1870 en New Bond Street 168, habrá un lienzo de Monet, *La entrada del puerto de Trouville* (il. pág. 102).

Al parecer, el pintor ha llevado una parte de sus estudios recientes a Inglaterra, a menos que los trasladara Camille en su equipaje, si es verdad —como se suele admitir— que ella viajó algo más tarde que su marido. Algo después posa para *Meditación.* Por el contrario, Jean Monet no figura en ninguno de los cuadros pintados en Inglaterra, ni más tarde en Holanda, aunque acompaña a sus padres en todos los desplazamientos. Monet ha situado su domicilio en el centro de la ciudad, en Arundel Street 11, Piccadilly Circus. Más tarde se trasladará a Kensington, en West End, donde quedará instalado en enero, en Bath Place 1.

Decidido a sacar el mayor provecho del exilio voluntario, se pone a trabajar. Desde Victoria Embankment representa *El Parlamento de Londres (El puente de Westminster),* bañado de una bruma coloreada. Es un homenaje a la Inglaterra tradicional, mientras las chimeneas de los remolcadores anuncian la cercanía del puerto. El pintor va río abajo, más allá de London Bridge, y —regresando río arriba— pinta Upper Pool, donde los cambios de la marea no influyen sobre la febril actividad (il. pág. 107). Por el contrario, las vistas tomadas en los grandes espacios verdes de *Hyde Park* y *Green Park,* con las siluetas de los paseantes y de las personas sentadas en la hierba, sugieren impresiones de calma. Por mediación de Durand-Ruel, Monet vuelve a ver a Pissarro, que se ha refugiado en Lower Norwood. Juntos visitan los museos para familiarizarse con las obras de la escuela inglesa y sobre todo con las de Constable y Turner, cuyo legado se expone en la National Gallery y en South Kensington. La influencia de los maestros ingleses —que no conviene exagerar ni negar— y el ambiente tan particular de Londres son, para la génesis del impresionismo, un factor de tanta importancia como otros muchos que le preceden o le siguen.

Rechazados por la Royal Academy, los dos amigos tienen la satisfacción de figurar en la Exposición Internacional de Bellas Artes que se inaugura el 1 de mayo en Kensington, para la que Du Sommerard, el comisario general de la muestra para Francia, solicitó el concurso de Durand-Ruel. El catálogo menciona dos lienzos de Monet:

El Hôtel des Roches Noires en Trouville
1870
80 x 55 cm
Musée d'Orsay, París

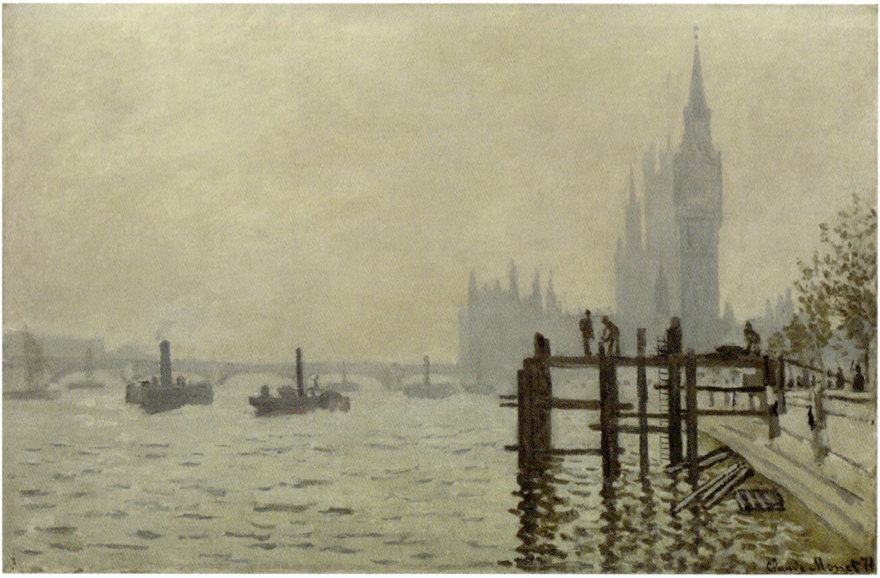

El Parlamento de Londres (El puente de Westmister)
1871
47 x 73 cm
National Gallery, Londres

Meditación, titulado *Reposo,* y un retrato de *Camille* no identificado; al parecer también se mostraron dos marinas.

Durante toda su estancia en Londres, los refugiados no dejan de recibir noticias de Francia. De este modo, Monet conoce la muerte de su padre, acaecida el 17 de enero de 1871 en Sainte-Adresse. Por medio de un poder otorgado el 24 del mismo mes, autoriza a Louis Delafolie, ayudante de notario de El Havre, para que recoja su herencia en su nombre, pero esta se encuentra muy disminuida, pues dos meses y medio antes de su muerte, Adolphe Monet contrajo matrimonio con su querida Amande-Célestine Vatine y reconoció a Marie Vatine como su hija. De este modo, Claude tiene una hermanastra en la que ningún biógrafo ha reparado hasta la fecha. Por lo que se refiere a la guerra, las noticias no son muy halagüeñas: París está sitiada y los barrios extremos ya han sido ocupados. Pissarro oye cómo su casa ha sido requisada y que los soldados han deteriorado varios de sus cuadros. Esto también afecta a Monet, pues había confiado a su amigo algunos lienzos, que en parte podrá recuperar. El armisticio firmado con el Reich alemán el 28 de enero de 1871 deja fuera de la zona ocupada El Havre, defendido por el general Leroy, al igual que Trouville y el oeste de Normandía, que se encuentra bajo las órdenes del general Saussier. De este modo, nada justifica *a posteriori* el exilio de Monet, salvo el deseo de evitar a toda costa el enrolamiento.

El 18 de marzo estalla en la capital el alzamiento que toma el nombre de Comuna de París; el 21 de mayo comienza la semana sangrienta, en cuyo curso los periódicos, mal informados, divulgan la noticia de la muerte de Courbet. Monet se indigna y condena la represión por parte del gobierno de Versalles. Es la única reacción de carácter político que se conoce de este periodo tan ajetreado.

Retrasada por dificultades de última hora, la marcha de Inglaterra se produce a finales de mayo. Monet deja tras de sí un buen número de lienzos. No siente especial pesadumbre al abandonar este «país encantador», un comentario irónico injusto, pues la hospitalidad británica le ha permitido conservar su vida, el objetivo primordial de sus actos durante estos últimos meses.

Barcos en la dársena de Londres
1871
47 x 72 cm
Colección particular

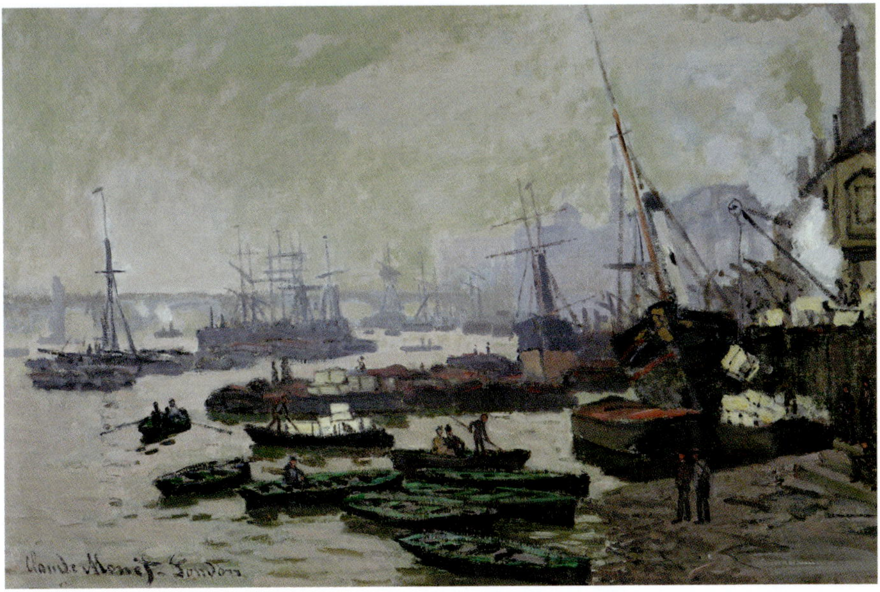

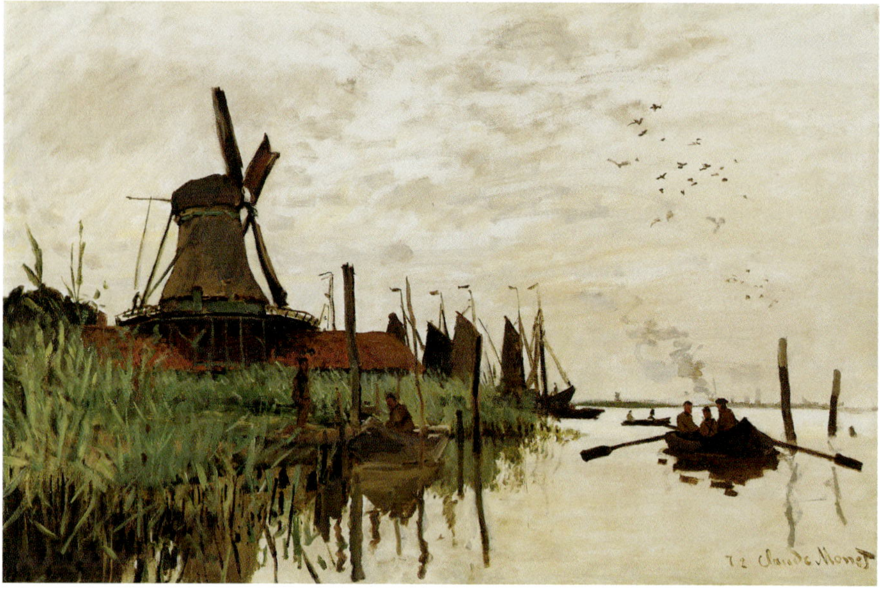

Molino en Zaandam
1871
48 x 73,5 cm
Ny Carlsberg Glyptotek,
Copenhague

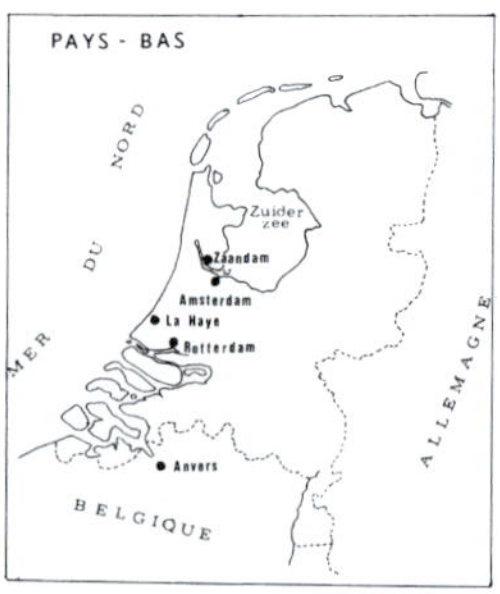

Mapa de los Países Bajos hacia finales del siglo XIX

Zaandam

No se acaba de entender por qué Monet retrasa su vuelta a Francia, donde tiene intereses materiales en El Havre, París y Louveciennes, y se dirige primero a Holanda. En una carta fechada en «Zaandam, el 2 de junio de 1871», informa a Pissarro de que ha llegado en buen estado, mientras que a Camille y Jean el viaje por el mar les ha afectado bastante. Al atravesar «casi toda Holanda» ha visto un país «bastante más bello de lo que se suele decir». El viaje ha durado mucho, pues Zaandam está rodeado de agua por todas partes. Aunque Ámsterdam solo se encuentra a una docena de kilómetros, se tarda dos horas y media en tren, con transbordos en Haarlem y Uitgeest. Es evidente que Monet no ha elegido al azar este lugar perdido. Pissarro conoce el destino del viaje, que posiblemente se deba a un consejo de Daubigny o a los recuerdos de las conversaciones mantenidas con Jongkind. En cualquier caso, Zaandam no es desconocido para los artistas franceses, pues Monet se encuentra allí con el pintor Michel Lévy.

El 2 de junio se instala con su familia en el hotel de Beurs, regentado por «de heer Dorpema», donde puede apreciar la hospitalidad holandesa. Quince días más tarde está «trabajando con todas sus fuerzas» y solo se toma tiempo para visitar el 22 de junio los museos de Ámsterdam, como se desprende del libro de firmas del Rijksmuseum. Le preocupa la confusa cuestión de los cuadros que desea vender en Londres, pero no parece sufrir las habituales dificultades económicas.

En los archivos de Durand-Ruel se registra la compra de dos lienzos de Monet en junio, por 325 y 300 francos. Para elevar sus ingresos, Camille da lecciones de conversación francesa a familias burguesas de la ciudad. Los padres de una de las alumnas, Gurtje van de Stadt, encargan el retrato de su hija. Es el único cuadro que al parecer vendió Monet en Zaandam, donde las personas interesadas por el arte parecen mantenerse fieles a los paisajistas holandeses de la anterior generación, como Van der Maaten y Hilverdink. Tampoco hay que olvidar que Ary Scheffer nació en Dordrecht.

En 1871, Zaandam tiene una población de 12.000 habitantes. La industria, establecida desde hace ya mucho tiempo, se encuentra en plena expansión y la máquina de vapor va ganando terreno, aunque los molinos de viento conservan una posición fuerte. Monet tiene la impresión de que hay cientos de ellos. Todo lo que ha de ser bombeado, cortado, molido, amasado y pelado —el agua de los pólderes, madera, cereales, aceite, cemento, pinturas, papel y minerales— se confía a los molinos. Cada uno de ellos tiene un fin determinado e incluso nombre propio. Algunos se remontan a la época en la que Pedro el Grande hizo su aprendizaje en los astilleros de Zaandam, otros datan del siglo XVIII, mientras que algunos han sido construidos recientemente. Es un verdadero bosque de aspas, de colores vivos que cambian con la estación, que rodea la ciudad, imprimiéndole un carácter rústico, y penetra en ella. Agua por todas partes. Toda una red de canales unidos por puentes de madera comunica con el río Zaan,

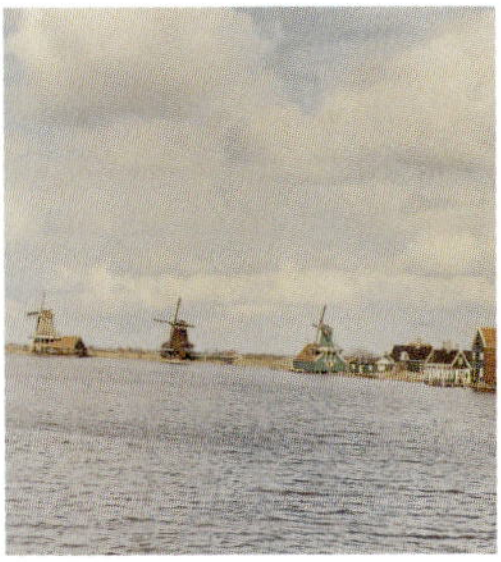

Vista contemporánea de los molinos cercanos a Zaandam

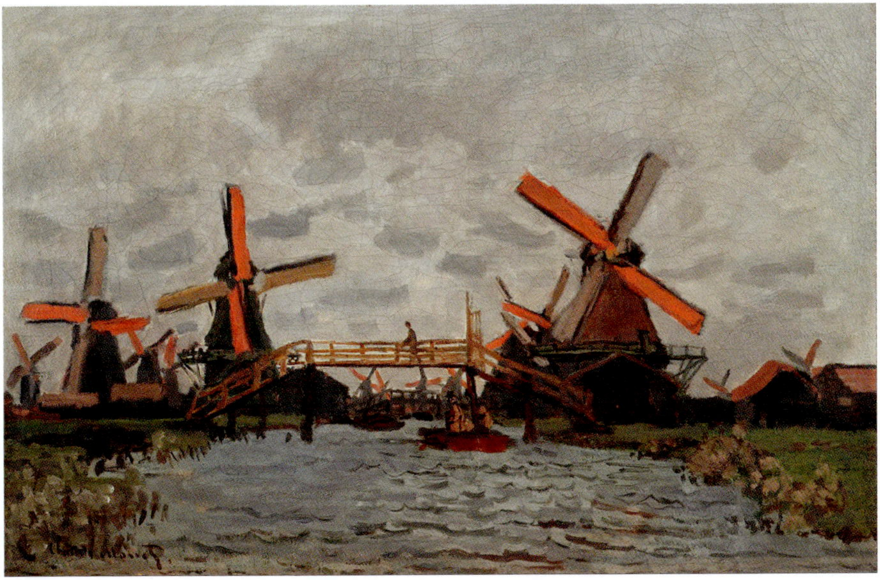

Molinos cerca de Zaandam
1871
48 x 74 cm
Van Gogh Museum, Ámsterdam

que desciende de Wormerveer, al norte, y atraviesa Zaandam, antes de ser detenido por dos esclusas en Dam, sobre las que se levantan las construcciones. Al sur de Dam, el río se ensancha para formar el Voorzaan, que rodea una gran isla antes de desembocar en el Ij, el brazo de mar que une Ámsterdam con el Zuidersee (mar de Ijssel).

Monet utiliza todos estos motivos que se le ofrecen. En sus lienzos se distinguen los estrechos canales, bordeados de molinos (il. pág. 109), río Zaan arriba hacia Dam, con las bellas villas de la ribera occidental (il. pág. 111), las residencias más antiguas y más típicas de la orilla oriental, o molinos, casas y hangares en las dos riberas. También pinta Dam y las casas que allí destacan desde el Zaan, tras las esclusas, o también desde las orillas del Voorzaan, donde ondean las banderas en los mástiles de los barcos atracados. En el muelle del este, Hogendijk, se encuentra la famosa *Casa azul,* que data de 1729. Al otro lado, Zuiddijk alinea los frontones verdes de sus casas de techos rojos, tras una plantación de plataneros. Tras una curva del río, estos conducen a la flecha de la iglesia Zuiderkerk y a la torre del Ayuntamiento. Monet goza de amplias vistas cuando, instalado sobre Dam, representa el agua de Voorzaan con los molinos de la isla al fondo (il. pág. 110). Esta isla le atrae; acude allí y pinta Ooesterkattegat, un robusto molino de colores del que, desde Zaandam, solo se distingue el campanario. La atracción que experimenta ante lo amplio se manifiesta más netamente aún en una vista de un brazo de mar, en la que la costa de Rietland queda reducida a una simple lengua de tierra (il. pág. 108).

Si se añade que estos motivos de gran colorido se iluminan con la bella luz que reina en los Países Bajos y que los cielos, en ocasiones serenos, en ocasiones cubiertos de nubes, se reflejan en las aguas calmas aquí, movidas allí, se tendrá una idea bastante fiel del esplendor que

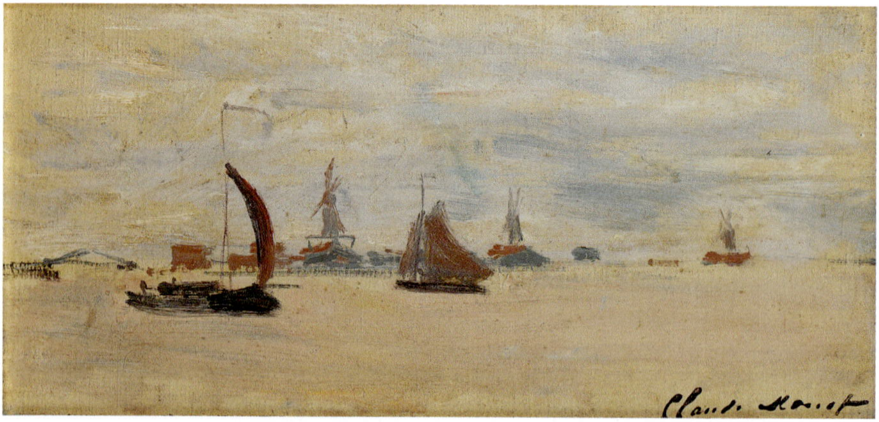

Vista de Voorzaan
1871
18 x 38 cm
Musée Marmottan Monet,
París

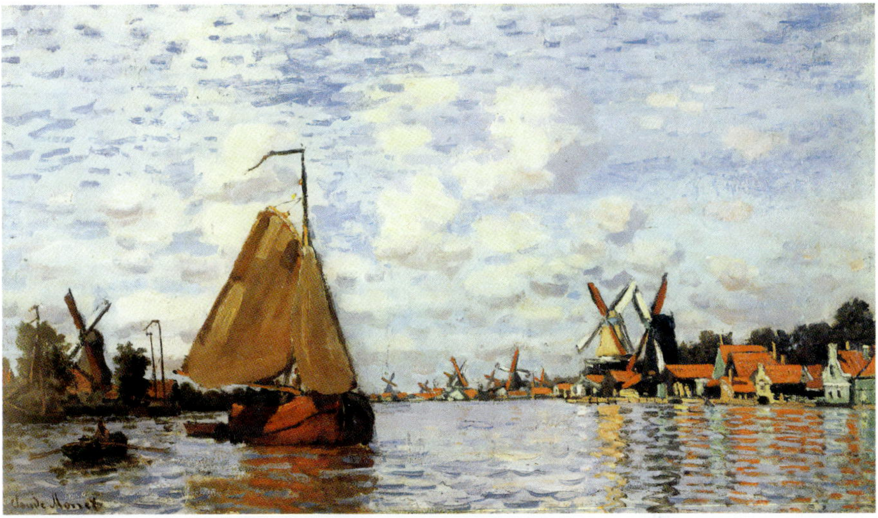

El Zaan, en Zaandam
1871
42 x 73 cm
Colección particular

Monet consigue en Zaandam. «Aquí hay motivos para pintar toda una vida», escribe nada más llegar. Un poco más tarde, añade: «Es difícil encontrar algo más divertido», una palabra que sorprende un poco pero traduce de un modo excelente esa especie de jovialidad con la que Monet, haciendo abstracción de todo elemento moderno, plasma la imagen de una Holanda tradicional, demasiado perfecta para no ser efímera y estar condenada a desaparecer.

Rue de l'Isly

El regreso a París se produce a lo largo del otoño de 1871. Monet se instala en el hotel de Londres y Nueva York, en place du Havre, delante de la estación de Saint-Lazare. El 19 de noviembre vuelve a invitar a Pissarro a que le visite, por lo que debe de llevar ya algunos días allí. A dos pasos del hotel, dispone de un estudio que Amand Gautier utiliza desde hace ya mucho tiempo, en rue d'Isly 8, en la cuarta planta de un edificio que pertenece al vizconde de Montesquiou-Fezensac.

Entre 1872 y 1874, el alquiler se pone a nombre de «Monnet» [sic], por un monto anual de 450 francos pero, ya desde finales de 1871, Monet habla de «mi» taller, como si él fuera el único ocupante. Uno de sus primeros objetivos es recuperar los cuadros que dejó en Francia al comenzar la guerra. «Si tuviera la amabilidad de hacer un paquete con algunos de mis cuadros que aún tiene —escribe a Pissarro el 21 diciembre— me haría un gran favor.» Se trata de los cuadros de Louveciennes; nótese que no estamos hablando de obras perdidas. En cuanto a los lienzos que podrían encontrarse en el último domicilio de Bazille, en la rue des Beaux Arts, Monet puede dirigirse a Edmond

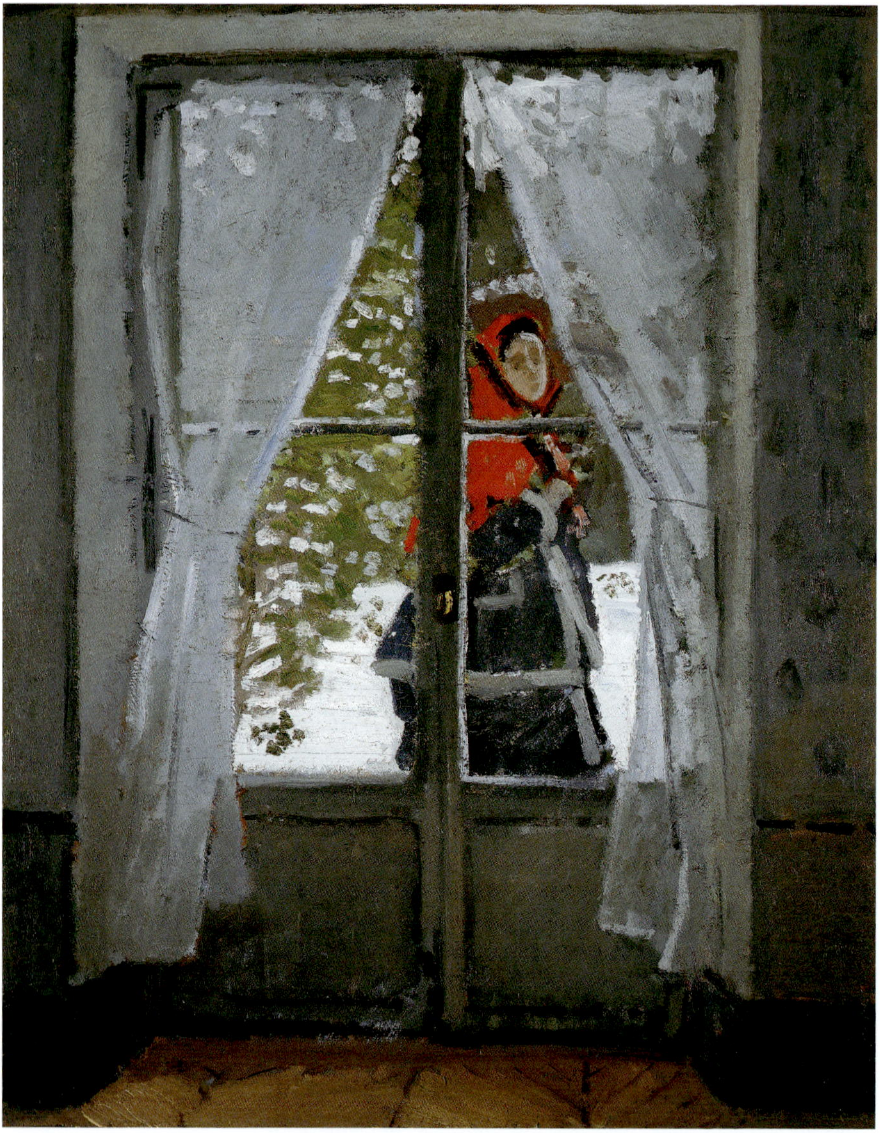

Maître, encargado de todas las cuestiones que han quedado en suspenso tras la muerte de Frédéric.

Paul Durand-Ruel ha regresado a París, pero primero la enfermedad y luego la muerte de su esposa, acaecida el 27 de noviembre, paralizan sus iniciativas durante cierto tiempo. Privado de los consejos de moderación de su mujer, hará —como él mismo dirá— compras imprudentes, de las que Monet se beneficiará más que otros. Pero por el momento ha de tener paciencia y buscar otras fuentes de ingresos. Se esfuerza y vende al menos un lienzo traído de Holanda a su viejo cliente, el marchante Latouche, que lo cederá a Durand-Ruel con una marina en abril de 1872.

Un día de mal tiempo, acompañado por Renoir, que está pintando el mismo motivo, baja a los muelles del Sena y plasma el *Pont Neuf* desde un punto de vista alto; a la derecha del cuadro puede verse la estatua de Vert-Galant. Sin embargo, despliega su principal actividad en el taller de la rue d'Isly, donde trabaja en estudios hechos en Zaandam, que despiertan la admiración de sus visitantes y en particular de Boudin, que vive en el mismo barrio, en la rue Saint-Lazare 31, y acude frecuentemente a ver a Monet. Por la tarde, se reúnen con ellos Camille y Jean.

Están preocupados por la suerte de Courbet, prisionero en Sainte-Pélagie. En nombre de todos los compañeros —solo se nombra expresamente a Monet y a Gautier— Boudin le envía una carta de Año Nuevo, en términos muy estudiados, pues es de suponer que la prefectura de policía la leerá. Cuando le llega la carta, el maestro de Ornans ha sido trasladado a la clínica del Dr. Duval, en Neuilly, donde acaba de ser sometido a una intervención quirúrgica. En su respuesta, Courbet subraya que la manifestación de simpatía le ha afectado más que los «remolones», que son legión. Le alegraría recibir al autor de las letras en compañía de Monet, de Gautier e «incluso» de las «señoras». No dice nada sobre la reciente actitud de Monet, sino que hace un vivo elogio de la valentía de que ha dado prueba Gautier: elegido por la Federación de artistas, ha tenido parte activa en las sesiones, por lo que se ha visto hostigado tras la caída de la Comuna.

Madame Monet con sombrero rojo
1873
100 x 80 cm
The Cleveland Museum of Art

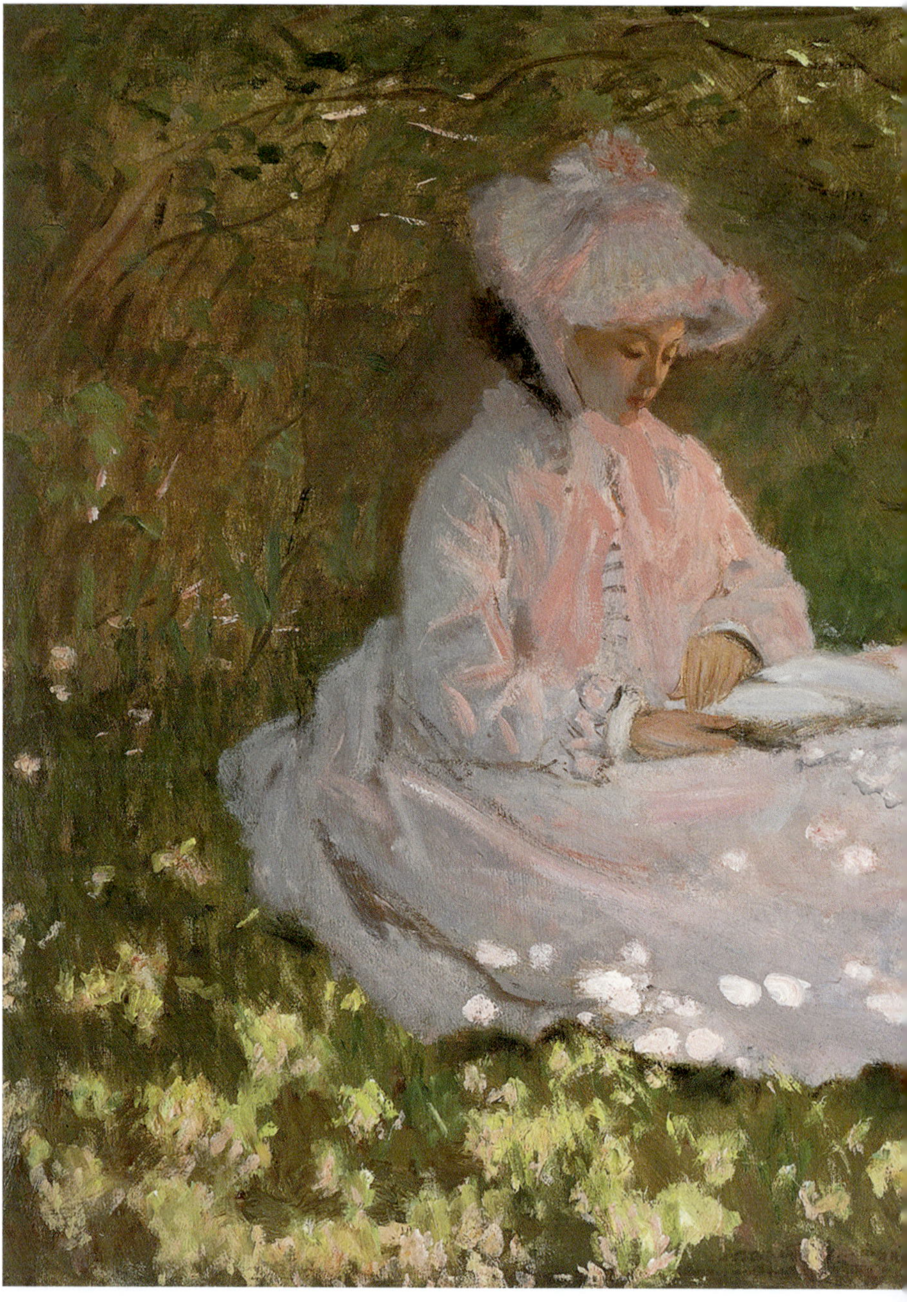

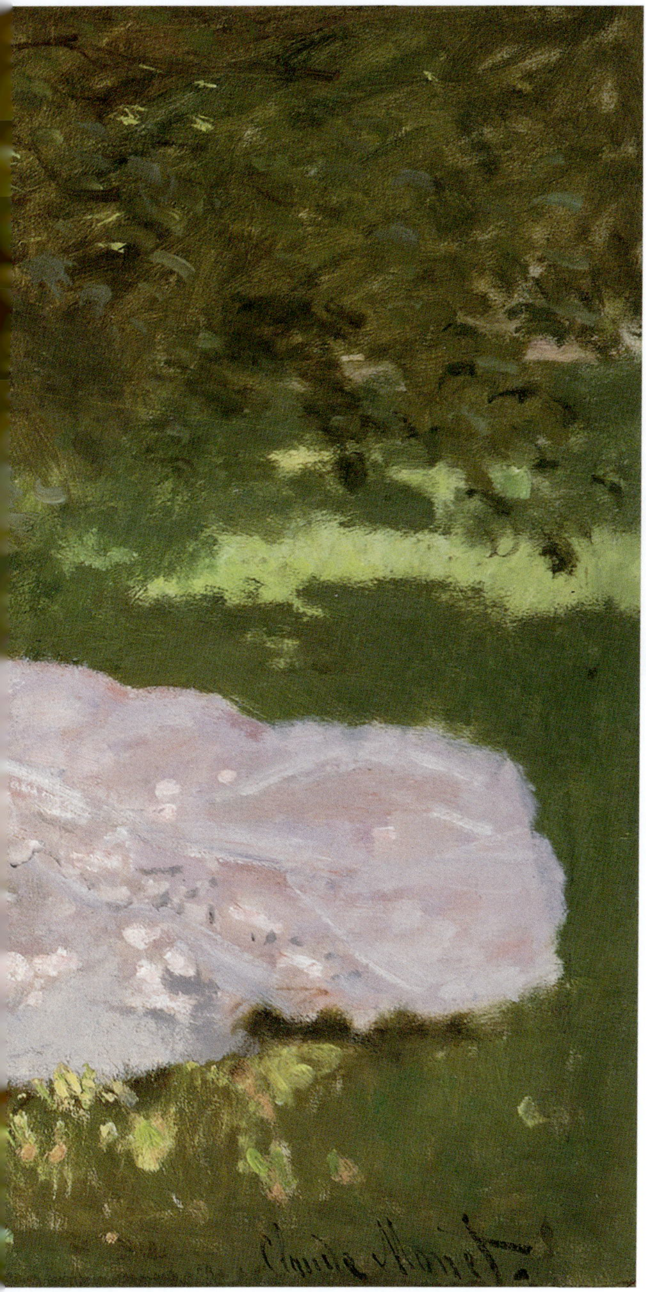

La lectora
1872
50 x 65 cm
Walters Art Gallery,
Baltimore

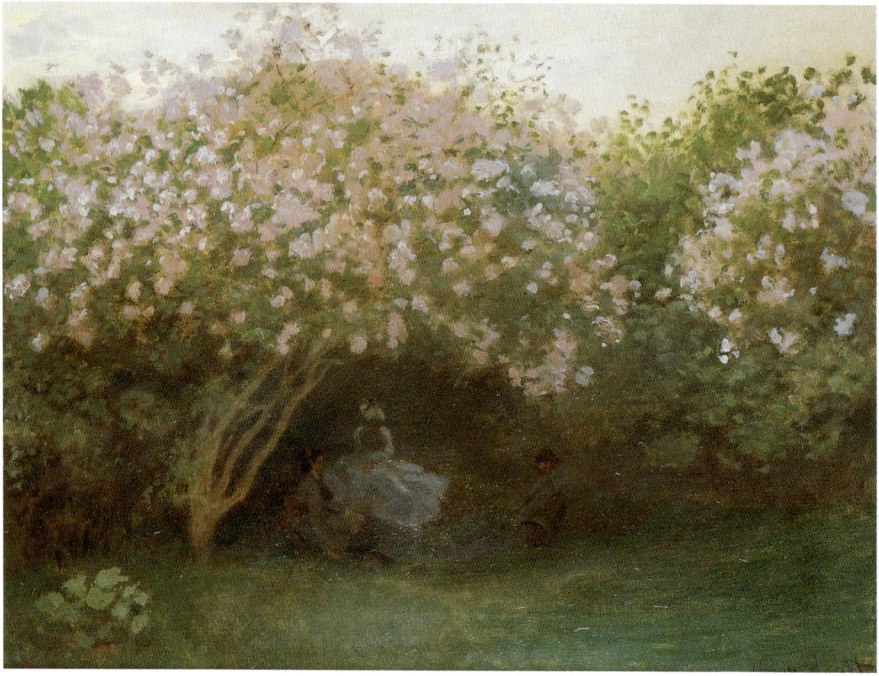

Lilas en un día gris
1872
48 x 64 cm
Musée d'Orsay, París

Los comienzos en Argenteuil y el viaje a Ruán

La severa valoración que Manet ha hecho sobre la actitud de Courbet durante su juicio no le impide mantener buenas relaciones con los amigos del maestro y en particular con Monet. Cuando sabe que este desea instalarse fuera de París, Manet recuerda sus relaciones con la familia Aubry, que tiene importantes posesiones en las afueras. Louis-Eugène Aubry, antiguo notario de París y alcalde de Argenteuil, no sobrevivió a la caída del Imperio. Su viuda, hermana del historiador Ludovic Vitet, usa el doble nombre de Aubry-Vitet, que se convertirá en el apellido de la familia. Ella consiente en alquilar una de sus casas por un canon anual de 1.000 francos, pagadero en cuatro vencimientos. El 21 de diciembre de 1871, Monet anuncia a Pissarro que se encuentra en «pleno zafarrancho de traslado» y el 2 de enero, Boudin acaba de ir a «festejar el estreno de la casa». Bajo esos favorables auspicios se abre el admirable periodo de Argenteuil, la edad de oro de la pintura impresionista.

Al acabar la guerra, Argenteuil se presenta como una «ciudad muy hermosa, con una situación agradable, que se eleva sobre una pequeña colina plantada de viñedos que descienden a la orilla derecha del Sena». Es cabeza de cantón y posee un juzgado de paz, dos agentes judiciales, dos notarios, tres médicos y dos farmacéuticos para sus 8.000 habitantes. Se encuentra en el punto de confluencia de las líneas de ferrocarril del oeste y del norte, y está unida con la estación de Saint-Lazare, de la que dista 10 km, por un tren que circula todas las horas.

La casa Aubry, «cerca del hospicio Porte Saint-Denis», primer domicilio de Monet en Argenteuil, se encuentra bajo la estación, en un extremo de la ciudad antigua, cerca del Sena. Théodule Ribot vivió allí. El estudio, «un cobertizo bastante grande, con amplias ventanas, había sido convertido por este en una oscura mazmorra». Una vez que quita de las ventanas las pantallas de papel negro, Monet distingue «a 40 o 50 pasos, todo lo que sucede a orillas del Sena». Se aprovechará de este punto de vista para ejecutar «en este taller» sus «primeras escenas náuticas de Argenteuil». De hecho, algunas de sus vistas del río parecen haber sido realizadas en estas circunstancias.

Dos puentes atraviesan el Sena: el del ferrocarril y, 500 m más abajo, el de peaje; los dos habían sido volados en 1870, pero fueron reconstruidos rápidamente. No obstante, el viaducto conserva aún andamios cuando Monet lo atraviesa para colocar su caballete a orillas de Petit-Gennevilliers, río arriba.

En uno de los dos lienzos que le inspira este motivo, titulado *El puente de madera*, se descubre —detrás del primer arco— la dársena de Argenteuil con algunos de los motivos que volveremos a ver en el futuro: a la izquierda, la barraca flotante con el alquiler de barcas y, tapado en parte por el andamiaje de la derecha, el paseo de Argenteuil, con sus árboles. Al fondo, la pequeña torre de una casa solariega que mandó construir Luis XIII, a su lado, y ocupando el centro del cuadro, una chimenea de fábrica sin humo y sobre el Sena, algunos barcos y el humo de un remolcador.

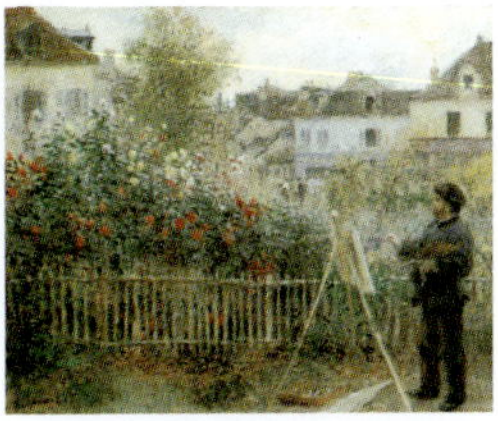

Auguste Renoir
Monet pintando en su jardín en Argenteuil
1873
Wadsworth Atheneum, Hartford, Connecticut

Cuando se retiran los andamios de la reconstrucción, el viaducto de Argenteuil presentará un conjunto de mampostería caliza y de ladrillo, de hierro de fundición, de madera y de hormigón armado. Estos materiales distintos y de coloraciones diversas y las dos casetas de peaje, en piedra y ladrillo, que dan a la margen derecha, se alían con el Sena, con el cielo de Île-de-France y con los árboles del paseo para formar uno de los motivos más característicos de la pintura impresionista.

Monet se dirige regularmente a un punto bastante alejado de la orilla izquierda, donde son raros los paseantes indiscretos. Un pequeño brazo del Sena rodea la isla de Marante, donde los grandes álamos se reflejan en el agua. Monet pinta dos breves series, una en dirección al oeste, hacia Bezons, y la otra en dirección noreste, hacia Argenteuil. En dos lienzos de esta serie se distinguen, a la derecha de la casa señorial a la que ya nos hemos referido, la torre de la basílica nueva y las colinas de Sannois. Cuando Sisley se encuentre en Argenteuil, invitado por Monet, pintará ese motivo, con las otras vistas.

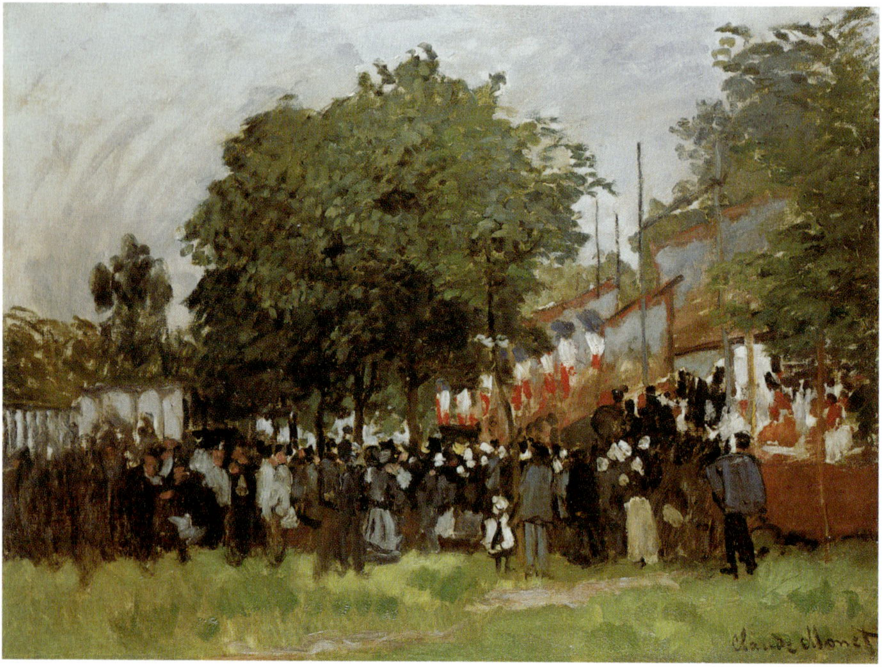

Fiesta en Argenteuil
1872
60 x 81 cm
Colección particular

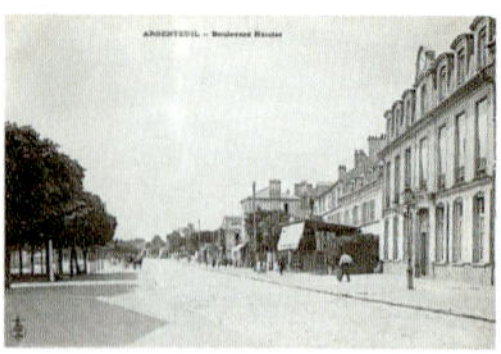

Argenteuil, boulevard Héloïse
Tarjeta postal, 1900

La primavera es magnífica en huertos y jardines. Monet pinta en el suyo algunas figuras en medio de las flores (il. págs. 114/115, 116). Se reconoce a Camille y a otra mujer de traje y sombrero claros, probablemente la esposa de Sisley. En este caso, el personaje masculino echado a los pies de una joven en *Lilas en un día gris* sería el mismo Sisley. En cuanto a los floreros de dibujos azules que se distingue en *El Jardín,* se admite que Monet los trajo de Holanda, pero en ellos no se reconocen auténticos jarrones de Delft.

A pesar de sus atractivos, Argenteuil no absorbe todas las fuerzas que Monet desarrolla en estos comienzos de 1872. Quizá a instancias de su hermano Léon, participa en la 23.ª Exposición Municipal, que se desarrolla en marzo en Ruán. El catálogo menciona un interior, que no es otro que *Meditación* y un canal de Zaandam que pertenece precisamente a Léon Monet, que ha pagado 200 francos por el lienzo.

Durante su estancia en la capital normanda, desarrolla una actividad desbordante. En este caso no le interesa ocultar los signos de la industrialización; al contrario, son evidentes en *Ruisseau de Robec* y en *El tren.* Copa su atención Déville y también pinta el *Monte Riboudet,* que conserva todo su atractivo agreste. Pero el gran preferido es el Sena, junto a dos motivos que solo Ruán puede ofrecer: las torres de su catedral gótica y los grandes veleros que vuelven de sus largos viajes.

La dársena de Argenteuil

A la vuelta de Ruán, y hasta finales de 1872, la principal producción de Monet en Argenteuil se centra en las orillas del Sena. La mayor parte de las vistas tomadas desde la orilla derecha, la de Argenteuil, está pintada hacia la puesta del sol. Tras los árboles del paseo, la casa señorial contrasta con las dos chimeneas de fábrica que la encuadran y, al otro lado de la dársena, se ve la isla de Marante.

Orientado hacia la dirección opuesta, el célebre cuadro del legado Camondo al Louvre, «inigualable maravilla, en el que el arte de Monet alcanza el de Vermeer», ofrece una vista panorámica completa de la *Dársena de Argenteuil:* a la izquierda, los plátanos del paseo, el camino de sirga, en parte doble, y la ribera de suave pendiente, donde se detienen algunos paseantes —Sisley, su mujer, con falda clara, ¿o se trata de Camille?— mientras los personajes sentados siguen las evoluciones de los barqueros. En el primer plano a la derecha, amarrado cerca de la orilla, está el establecimiento de baños calientes que se puede reconocer por las primeras letras de su cartel; más lejos, los estudios flotantes. En la prolongación de la línea de árboles aparece la caseta de peaje, más

Jean Monet en su caballo mecánico
1872
60,6 x 74,3 cm
The Metropolitan Museum of Art, Nueva York

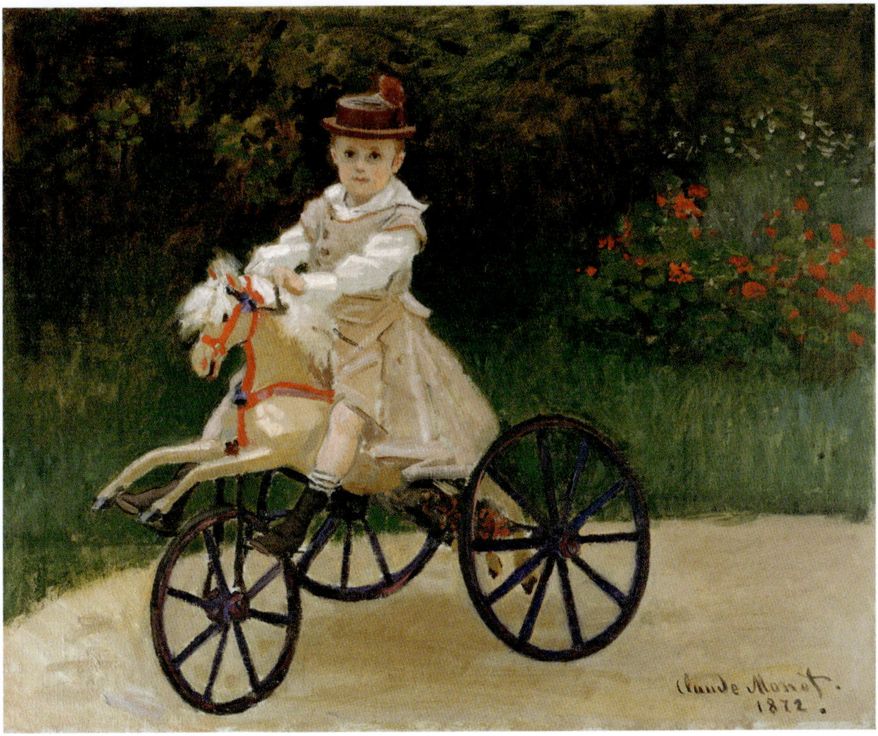

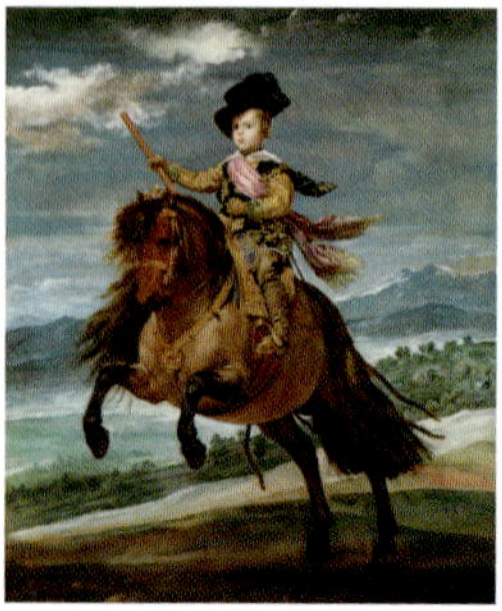

Diego Velázquez
El príncipe Baltasar Carlos, a caballo
1634-1635
Museo del Prado, Madrid

alta que al natural, a la entrada del puente, compuesto de siete arcos, si bien solo se representan cinco. En pleno Sena, hay un remolcador y dos barcos de vela; en el mástil de uno de ellos ondea audaz una bandera roja. El humo del remolcador revela que el viento sopla del suroeste y ha llenado el cielo de nubes que descargarán lluvia. Las sombras paralelas de los árboles se alargan y los bellos días parecen llegar a su fin.

La mayoría de las vistas tomadas desde la orilla izquierda hace suponer que el artista pintaba desde una embarcación, probablemente su famoso estudio flotante, al que el propio Monet se refirió en una ocasión en los siguientes términos: «Una venta fructífera me proporcionó, de un solo golpe, el dinero suficiente para comprar un barco y montar una cabina de tablas, con el espacio suficiente para colocar el caballete». Surgió así una serie de cuadros de pequeñas casas de colores cálidos que preceden a los talleres de construcción de barcos en Petit-Gennevilliers. Como acostumbra, las vistas están tomadas río abajo. Orientado al este, *Regatas en Argenteuil* constituye una excepción. El sol de la tarde esclarece la ribera, las casas y los veleros, y al fondo se distingue el puente. Caillebotte, cuya propiedad está situada ligeramente fuera del campo visual, a la derecha, comprará este cuadro que representa un lugar familiar para él. Otro grupo de vistas presupone que el estudio flotante estaba amarrado en la desembocadura del pequeño brazo del Sena, cerca de la isla de Marante. En uno de los lienzos, además de la torre de la basílica, se puede observar, en la lontananza, la colina de Orgemont, con su molino.

Utilizando cada vez más lienzos del formato de una marina, Monet pinta vistas perpendiculares de la ribera de Argenteuil. Insaciable, desciende el Sena hacia *Carrières-Saint-Denis* y más lejos aún, hasta Bougival, donde vuelve a tratar un motivo que ya pintó tiempo atrás, el de *Soldados de la guardia.*

Alejándose del río, lo atraen varios motivos. Muy cerca de su domicilio, el Hospicio de Argenteuil, con otras casas viejas; un poco más lejos, la entrada del paseo está ocupada por el campo de feria, donde se celebran *Fiesta en Argenteuil* (il. pág. 118), desde la Ascensión a Pentecostés; siguiendo el paseo se topan con *El Boulevard Héloïse,* que pintó asimismo Sisley; saliendo del boulevar, los dos pintores se dirigen a la parte antigua de Argenteuil y se detienen, uno al lado del otro, en *La Rue de la Chaussée. La Estación de Argenteuil* permite a Monet pintar por primera vez locomotoras con sus grandes chimeneas. Por los barrios nuevos se llega al campo; aprovechando el buen tiempo, Monet pinta dos vistas generales; una recuerda que Argenteuil tenía antaño buena fama por su vino blanco; para la otra, ha de subir la cuesta de Sannois. En los días de mal tiempo, bosqueja *Efectos de niebla,* que gustarán especialmente a Durand-Ruel.

Esta es, con *Jean Monet en su caballo mecánico* (il. pág. 119) y algunas naturalezas muertas, la extraordinaria producción del primer año

Monet, fotografiado en Holanda en 1871 o 1874

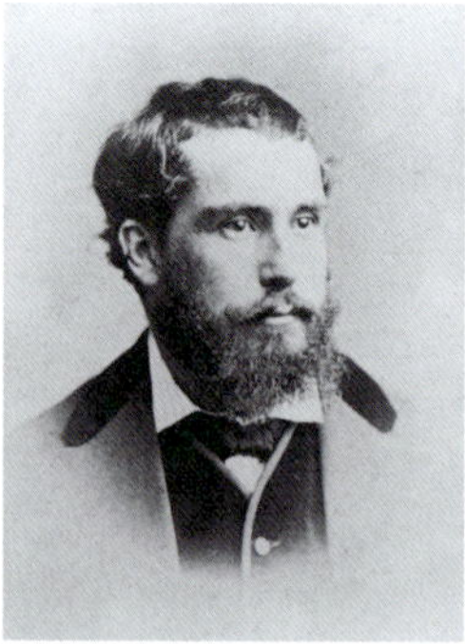

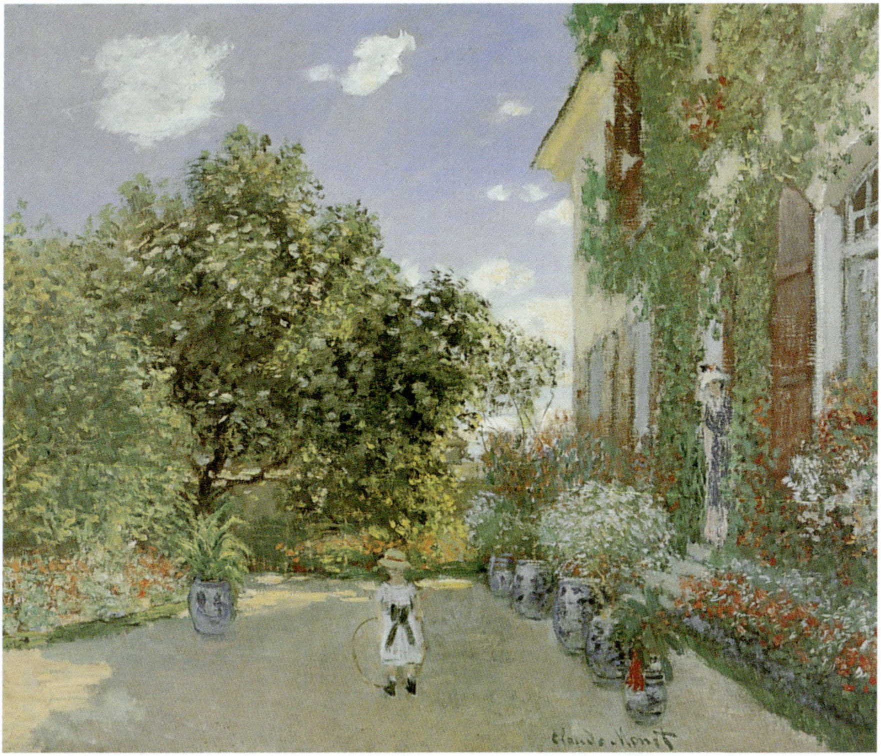

La casa del artista en Argenteuil
1873
60,5 x 74 cm
The Art Institute of Chicago

pasado en Argenteuil. En lo sucesivo, nos limitaremos a señalar las vistas que presentan un motivo inédito o bien a dar una interpretación particularmente original de un tema ya conocido.

Ingresos

Si ya es notable por la producción conservada, 1872 es también un buen año en el terreno económico: Monet vende cinco cuadros a Latouche, dos a Millot, uno a su hermano Léon y a Édouard Manet. Pero su mejor cliente, con diferencia, es Paul Durand-Ruel, que le compra una cantidad importante de obras sin dejar de hacerle participar en sus exposiciones de Londres. Según el libro de cuentas del pintor, de 12.100 francos percibidos durante el año por 38 pinturas, 9.800 correspondieron a la compra de 29 obras por Durand-Ruel. La cantidad más elevada, 600 francos, se pagó por un cuadro pintado en el bosque de Fontainebleau. La cifra más frecuente es la de 300 francos. El marchante da prueba de valentía: durante años, tendrá que conservar guardada la casi totalidad de las obras de Monet adquiridas en esta época.

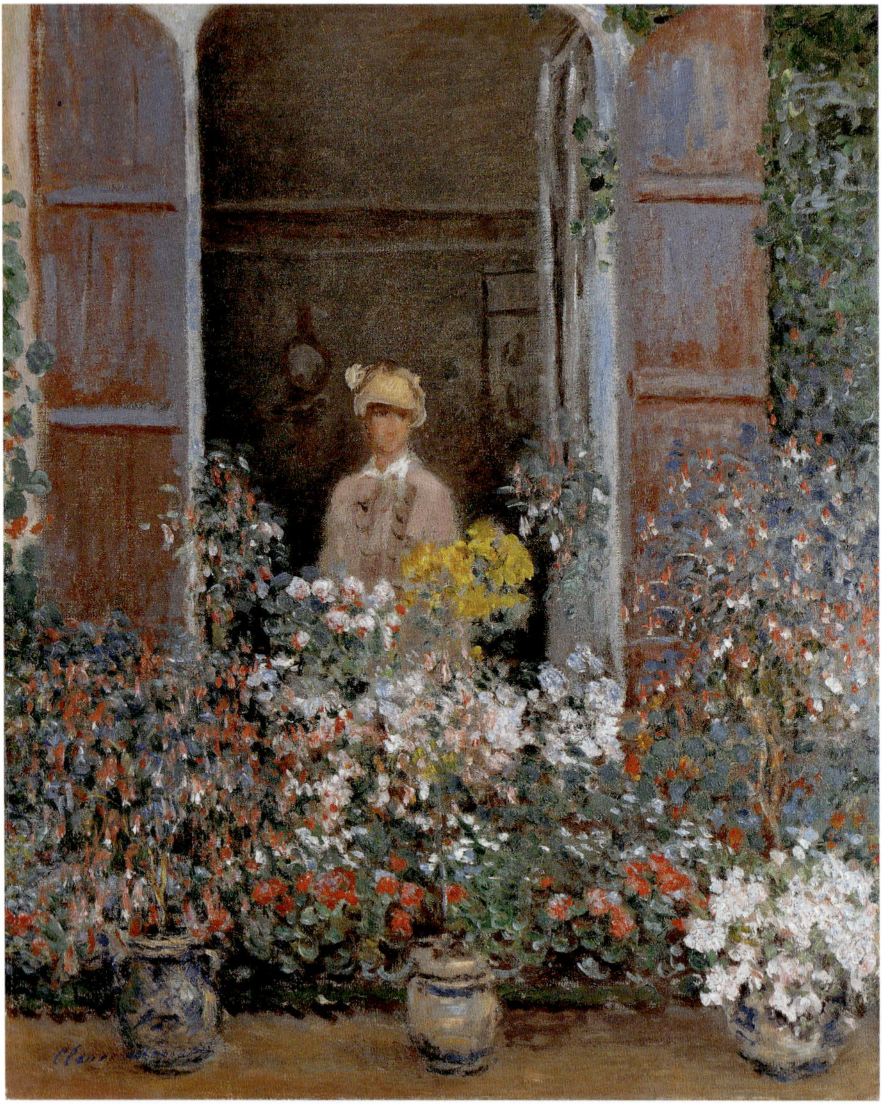

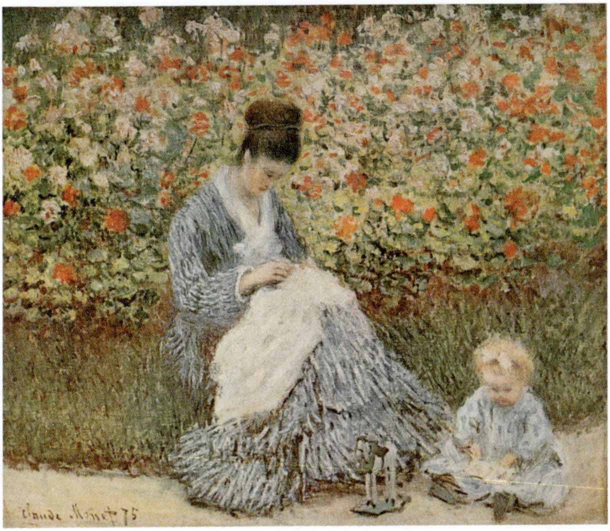

Camille Monet y un niño en el jardín
1875
55 x 66 cm
Museum of Fine Arts, Boston

A los 12.100 francos que le reporta a Monet la venta de sus cuadros, se vienen a añadir otros ingresos. El 14 de junio de 1872, cuando aún sigue oficialmente domiciliado en la rue d'Isly de París, firma ante el notario Merceron de Argenteuil un poder en blanco. Más tarde, el 9 de julio, y ante el mismo notario, firma un descargo para Florentin Ruffin de El Havre. Las dos operaciones están ligadas entre sí y se refieren a un mismo asunto, tratado por la intermediación de este personaje. Se trata probablemente de la sucesión de Adolphe Monet. La suma percibida debió de ser bastante baja, de lo contrario Monet habría acudido personalmente. El 21 de diciembre, les llegan además los primeros intereses mensuales aportados por la dote de Camille, 300 francos.

Coincidiendo con la vuelta a la normalidad en Francia, después de la guerra, la estancia en Argenteuil se desarrolla bajo los mejores auspicios. Así, Boudin escribe a su amigo Martin, el 12 de diciembre de 1872: «Algunas veces viene a visitarnos Monet, que parece satisfecho con su arte, a pesar de la resistencia que experimenta para que se admita su pintura».

En los negocios, 1873 será mejor incluso. El total de las ventas registradas por Monet asciende a 24.800 francos, el doble del año anterior. Una vez más, la cantidad más elevada corresponde a Durand-Ruel: en sus libros se registra, el 28 de febrero, la compra de 25 cuadros de Monet, transacción considerable que exige 12.000 francos; los precios individuales oscilan entre 300, 400 y 500 francos; un *Grenouillère* alcanza incluso los 2.000 francos. En diciembre, por un lote de 9 lienzos, abona 7.000 francos, es decir una media de 777 francos por cuadro.

Camille Monet en la ventana
1873
60 x 49,5 cm
Virginia Museum of Fine Arts, Richmond

Auguste Renoir
Claude Monet, leyendo
1872
Musée Marmottan Monet, París

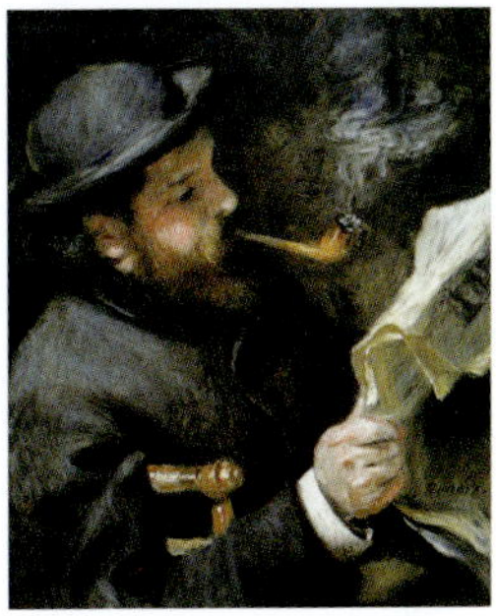

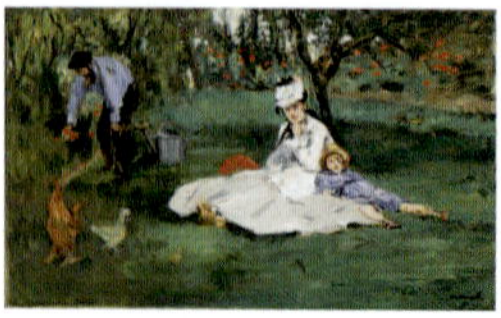

Édouard Manet
La familia Monet en el jardín de Argenteuil
1874
The Metropolitan Museum of Art, Nueva York

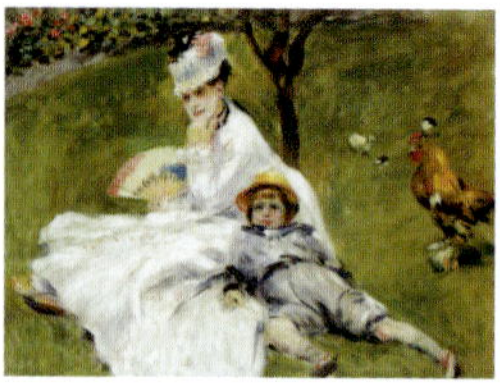

Auguste Renoir
Camille Monet y su hijo
1874
National Gallery of Art, Washington, D. C.

En *Recueil d'estampes*, el catálogo de cuatro volúmenes que la galería Durand-Ruel publica en 1873, Monet figura con tres vistas de Zaandam (il. págs. 108-111) y *Manzanos en flor.* En el prólogo, Armand Silvestre lo compara con Pissarro y Sisley, y afirma que es el «más hábil y el más osado». Fundándose en los estudios sobre los reflejos del agua, nota la influencia de las «imágenes japonesas». Tiene razón Silvestre en referirse a estos influjos, pues sea cual sea el lugar del primer encuentro del pintor con las estampas de un Hiroshige o de un Hokusai —El Havre, París, Zaandam, Ámsterdam o Londres—, siempre les prestará un vivo interés. No obstante, la operación de diciembre de 1873 marca el fin de una época favorable. Víctima de la recesión pasajera que está sufriendo Francia en los años 1872-1873, y comprometido porque una parte de sus clientes no ve con buenos ojos el lugar que otorga a la pintura vanguardista, Durand-Ruel se verá obligado a reducir considerablemente sus compras, e incluso a suspenderlas durante varios años.

No obstante, la contabilidad de Monet revela en 1873 la aparición de nuevos clientes: Hecht y Michel Lévy, cada uno de los cuales compra dos cuadros; Beriot, que paga 1.000 francos por una vista de París (il. pág. 73); Nunès, un primo de Pissarro, que compra una *Vista de Argenteuil;* el marchante Dubourg, que adquiere tres cuadros por un total de 1.500 francos, y, por último, Théodore Duret, futuro abogado y autor de *Les Peintres Impressionnistes* [Los pintores impresionistas]. Sin embargo, las transacciones a propósito de la *Cabaña de Sainte-Adresse*, comprada en mayo, pero pagada a plazos y con retrasos, resultan tan laboriosas que Monet debe recurrir a los buenos oficios de Pissarro.

La herencia de Doncieux

En la carta donde pide a su amigo que tome cartas en el asunto, Monet le comunica también que monsieur Doncieux ha muerto el 22 de septiembre de 1873 en la casa de salud Dubois, en París. El matrimonio Monet está de luto, pero una vez superado el primer dolor, se ha de ocupar de la sucesión del difunto. El 16 de octubre de ese mismo año, ante su notario de Argenteuil, Claude autoriza a Camille a «identificarse como heredera en la mitad». Ese mismo día, por requerimiento de la viuda de Doncieux, su hija menor Geneviève y Camille, el notario parisino Aumont-Thiéville registra el inventario *post mortem* en el domicilio de la familia Doncieux, en el boulevard des Batignolles. El tasador L. E. Baudry estima el valor del mobiliario y de las joyas en 3.196 francos. La viuda declara que desde la muerte de su marido ha vendido las acciones correspondientes al domicilio común por una cantidad de 5.500 francos y que, en el momento de su muerte, no tenía dinero en efectivo.

Un puesto importante en el inventario lo ocupa el legado de Pritelly. Este antiguo recaudador de impuestos de Rueil, muerto el 28 de mayo de 1867, había instituido como heredera universal a

Geneviève Doncieux. Madame Doncieux, a la que se ha hecho un legado particular, es beneficiaria del conjunto; es ella quien percibe los alquileres de una casa de Bougival que Pritelly dejó a Geneviève, además de un paquete de acciones y diversos objetos de arte, como un retrato de Ary Scheffer y un busto de Brunet. Doncieux es consciente del equívoco gesto de Pritelly. Esta es la razón por la que cuando Camille se casó le hizo una donación de 12.000 francos, «aparte de la herencia».

De esta cantidad, 6.000 francos los ha de abonar personalmente madame Doncieux. El 24 de noviembre de 1873, entrega 4.000 francos «a manos de madame Monet» y para el resto obtiene un plazo hasta el 1 de enero de 1877. Los 6.000 francos restantes se han de adelantar de la herencia de Doncieux, pero no hay activo suficiente. Por esta razón, el administrador de la herencia solo abona a Camille 2.130,54 francos. El tutor de Geneviève impugna la decisión, defendida conjuntamente por Claude Monet y madame Doncieux, representados por su abogado, Postel-Dubois. El 16 de junio de 1874, la primera Cámara del Tribunal del Sena dicta sentencia a favor de los defensores y confirma la liquidación. El 28 de octubre siguiente, el notario Aumont-Thiéville puede proceder a ordenar la herencia y confirma el plazo otorgado a madame Doncieux para entregar a

El banco
1873
60 x 80 cm
Colección Walter H. y Leonore Annenberg, Metropolitan Museum of Art, Nueva York

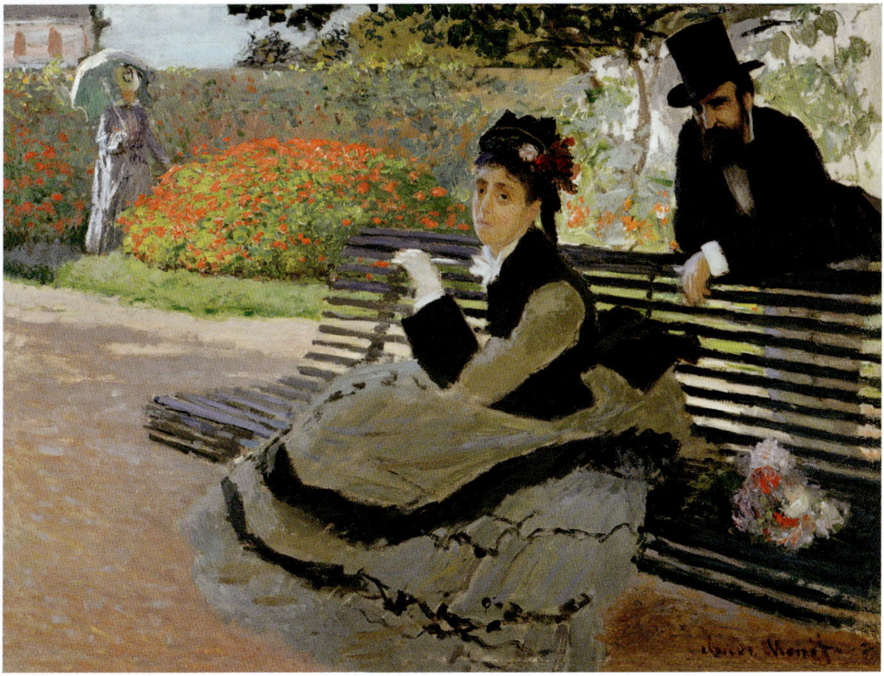

Las amapolas
1873
50 x 65 cm
Musée d'Orsay, París

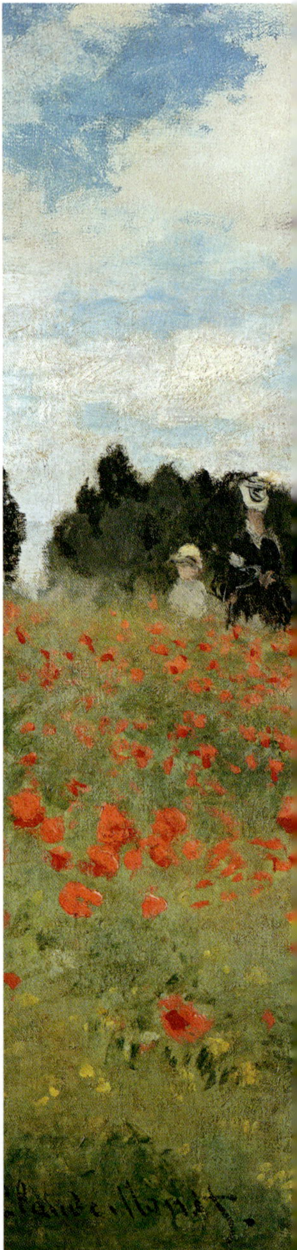

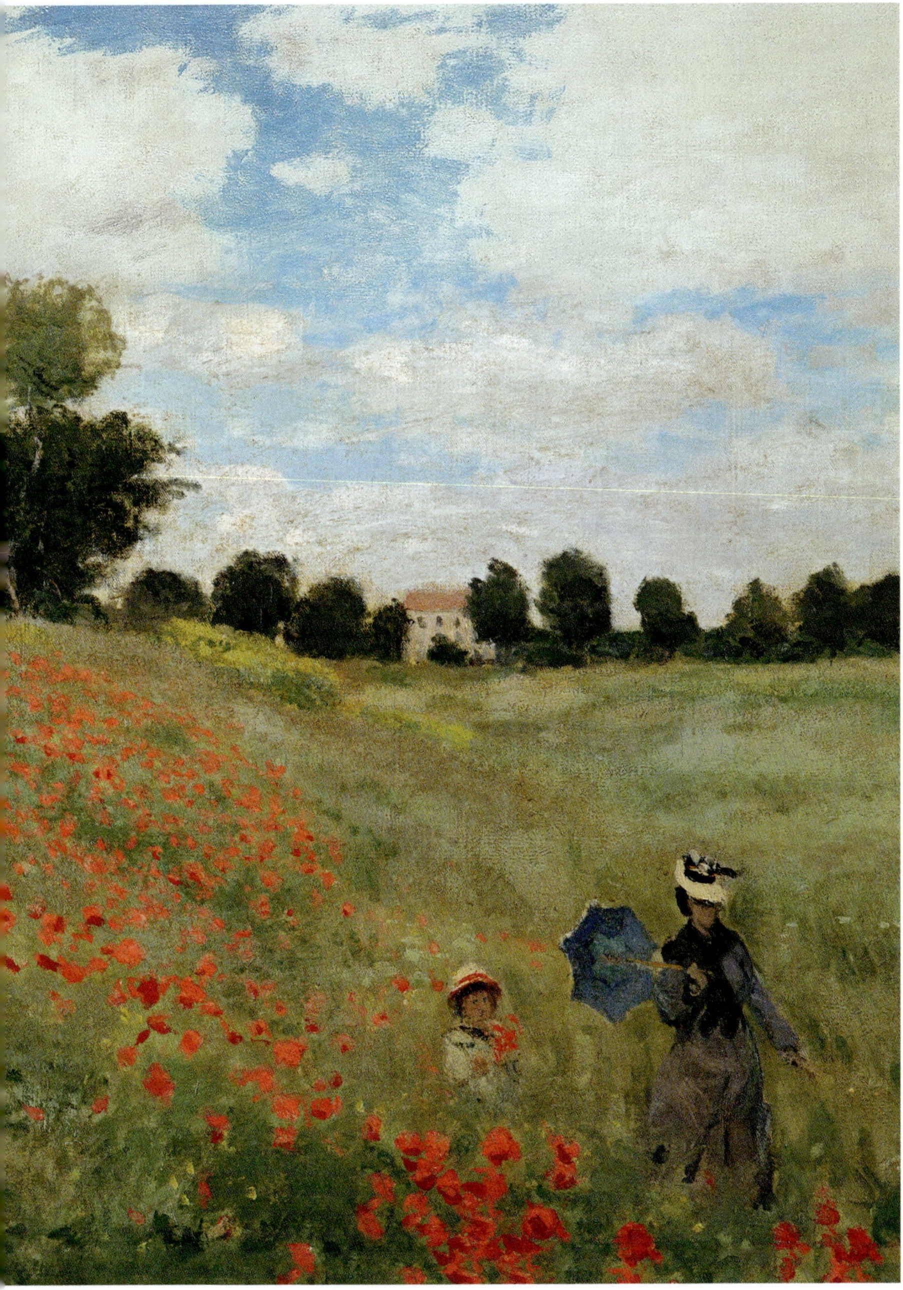

Camille los 2.000 francos que debe abonar aún personalmente. De los 2.130 francos atribuidos a la joven en la liquidación de la herencia, 2.000 han sido depositados ya en esa fecha.

De este modo, de los 12.000 francos que le correspondían a la muerte de su padre, Camille solo recibe 6.000 inmediatamente. Sus «esperanzas» se limitan ahora a 2.000 francos que su madre se ha comprometido a pagar el 1 de enero de 1877. Mientras espera a esa fecha, recibirá los intereses del 5 %, es decir 100 francos anuales, pagaderos en dos plazos semestrales de 50 francos, el 21 de junio y el 21 de diciembre de cada año a partir de 1874. Esta pequeña renta se extinguirá el 2 de octubre de 1875 al transferir el capital de 2.000 francos al comerciante de pintura Carpentier, al parecer para enjugar deudas contraídas por Monet. Será el comienzo de una época de creciente penuria.

«Los hombres del mañana»

Aun cuando sea menos importante en cantidad que la del año anterior, la producción de 1873 no deja de tener interés y variedad. La temporada comienza con *Madame Monet con sombrero rojo* (il. pág. 112), con los efectos de la nieve, de la escarcha y del deshielo. Este año ocupan un puesto particularmente importante las flores: árboles frutales, amapolas (il. págs. 126/127), arriatas, jardines, en particular el de la casa Aubry (il. págs. 121, 122, 125, 129), donde se despliegan los encantos de *El almuerzo.* Jean comienza a parecer un muchacho y para ocuparse de él han contratado a una criada. Camille, sin renunciar a los grandes sombreros que sabe llevar con elegancia (il. págs. 126/127), parece preferir ahora los gorros pequeños, uno oscuro (il. pág. 125), el otro claro (il. pág. 122). En *El banco,* donde guarda un parecido asombroso con Michel Monet, su segundo hijo, aún no nacido, parece avejentada y no parece gozar de buena salud.

Monet tiene abandonado un poco el Sena. Sin embargo, en un cuadro puede verse el puente ya sin andamios. Se produce la primera aparición del *Puente del ferrocarril,* con su tablero recto. En el otoño, el pintor regresa a la orilla del Sena, al pequeño brazo de la isla de Marante. En compañía de Renoir, quien también plasma el puente del ferrocarril, pinta *El estanque de patos.*

Fuera de Argenteuil, le tientan sobre todo el Sena y el mar. De un viaje a Normandía, Monet trae una vista de Étretat (il. pág. 272), dos *Playas de Sainte-Adresse* y un grupo de lienzos pintados en el puerto de El Havre, de los cuales uno dará que hablar. En abril visita Ruán, lo que le proporciona la ocasión de pintar nuevas vistas del Sena (il. pág. 132). Otras dos obras son testimonio de una salida que, desde Argenteuil, le conduce a Asnières, muy cerca de París; el anárquico desarrollo de las casas en los barrios extremos de la capital incluye viviendas más antiguas, cuyos reflejos sobre el agua quedan

Camille y Jean Monet en el jardín de Argenteuil
1873
131 x 97 cm
Colección particular

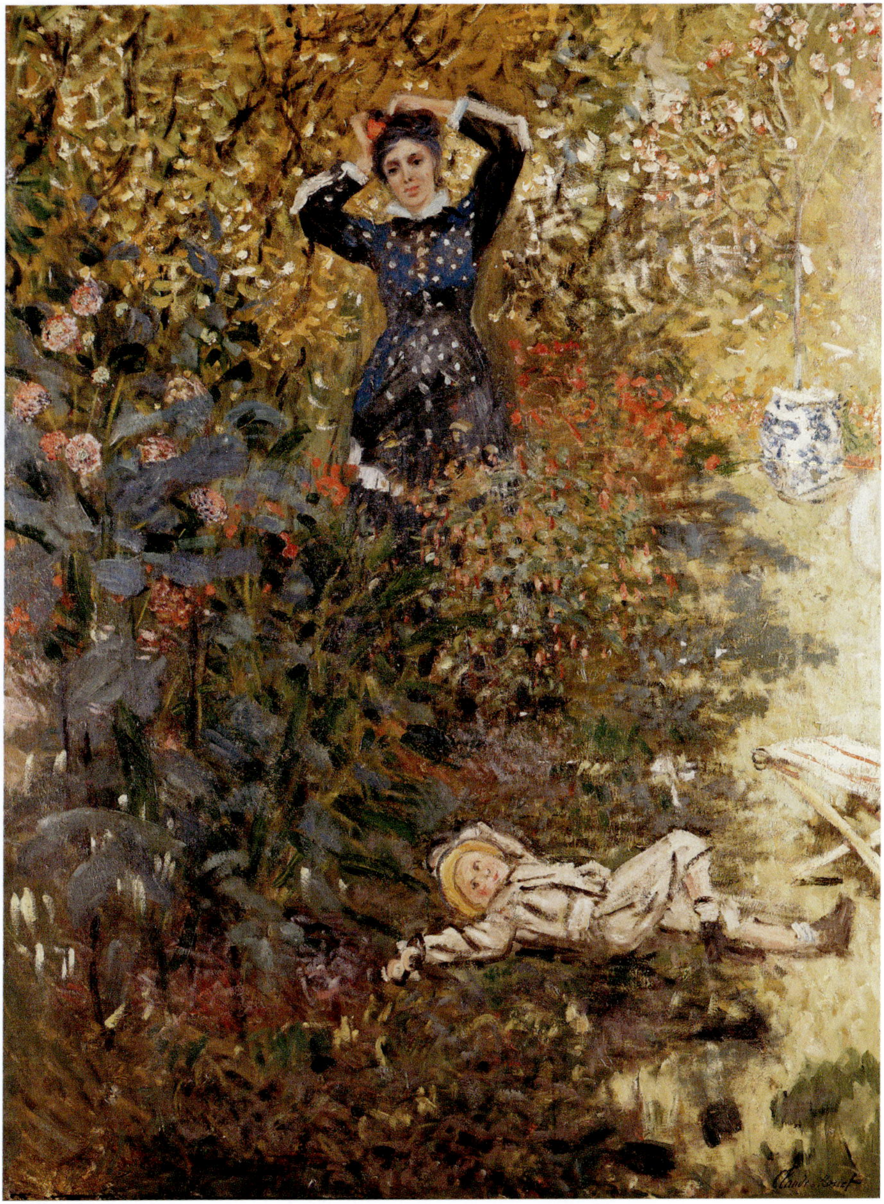

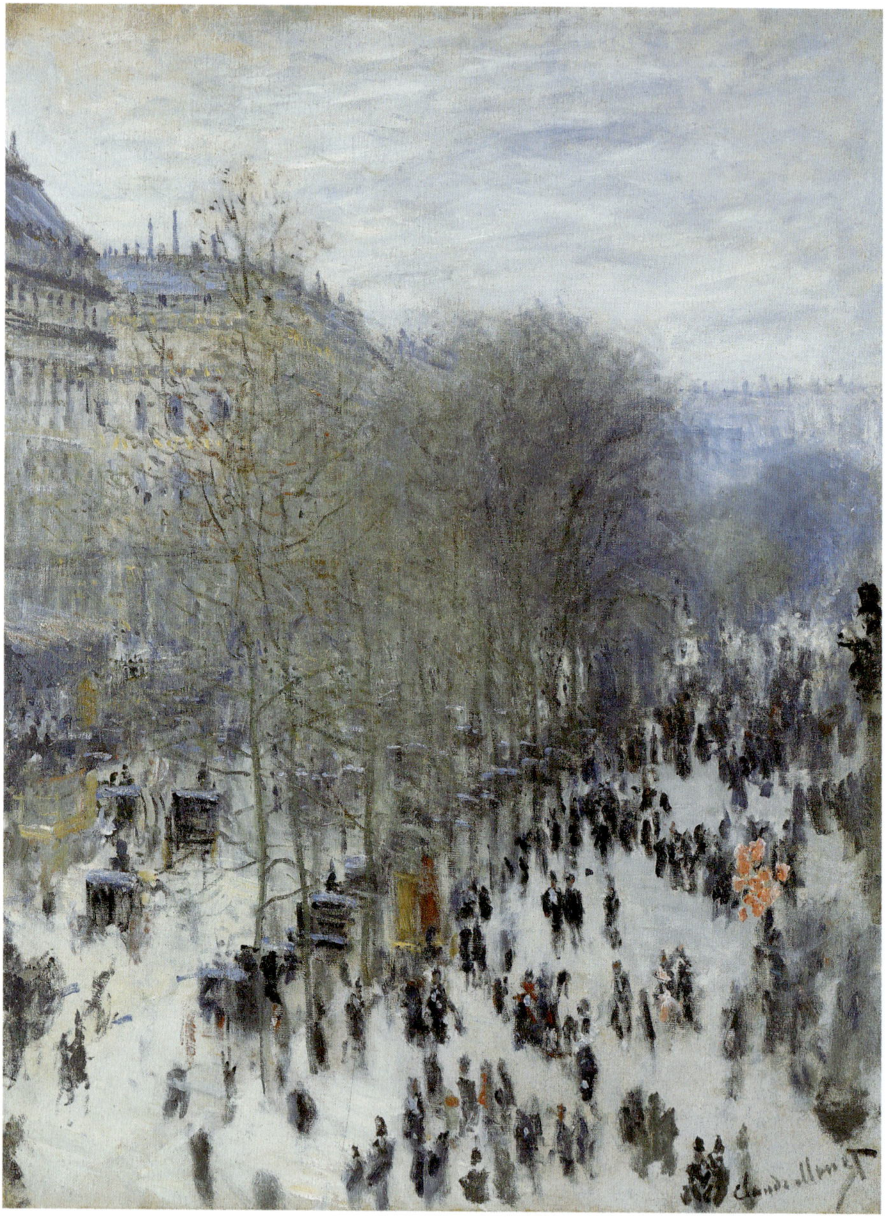

interrumpidos por las masas sombrías de las gabarras. A finales de año, el estudio de Nadar, en la segunda planta de un edificio situado en el ángulo de la rue Daunou y los grandes bulevares, le permite ejecutar vistas con perspectiva alta del *Boulevard des Capucines* (il. pág. 130), cuyos «lengüetazos negros», denunciados por el crítico de «Charivari», y el ambiente azul-violeta, elogiado por William C. Seitz, no dejan de alimentar los comentarios.

La presencia de Monet en los estudios de Nadar no es casual. Allí se celebrará en la primavera de 1874 la primera exposición del grupo que ha creado con Renoir, Pissarro, Sisley y sus amigos. Es la cumbre de una larga historia magistralmente estudiada por John Rewald. Aquí nos limitaremos a señalar los puntos, en parte inéditos, que se refieren especialmente a Monet.

Recuérdese que, desde 1867, la idea de una exposición independiente del Salón ya había sido tomada en consideración por Bazille, Monet y otros compañeros. Faltos de fondos, el intento se quedó en papel mojado y los jóvenes tuvieron que seguir enfrentándose al jurado, con resultados diversos. El fracaso de Monet en 1870 fue particularmente doloroso e injusto. Después de la guerra, renunció a tentar de nuevo la suerte. Pissarro y Sisley también se abstuvieron, síntoma de una nueva orientación. Renoir se mantuvo en la línea tradicional y sufrió dos fracasos rotundos. El Salón de los rechazados que se instala en 1873 tampoco parece ser una solución viable para los que han quedado del grupo de Batignolles. Por otro lado, incluso antes de la apertura del Salón oficial, una carta de Monet a Pissarro revela que los preparativos ya están lo suficientemente avanzados como para confiar en que acabarán «uniéndose por fin». Sin embargo, harán falta muchas sesiones aún para redactar el primer proyecto de estatutos, que llevan la anotación a lápiz «Monet, Porte St-Denis (Argenteuil)».

«Veo una renovación. Somos los hombres del mañana; nuestro día está llegando.» Así se había dirigido Émile Zola, al día siguiente del armisticio de 1871, a su discípulo Paul Alexis. Dos años más tarde, sin comprometerse personalmente en la lucha de los artistas —como había hecho antes de la guerra en favor de Manet—, el escritor delega sus poderes en Alexis. Este se aprovecha de la tribuna que le ha procurado su maestro en *L'Avenir National* para lanzar un vibrante apoyo a la «corporación artística», a la que exhorta a crear sin demora «su organización sindical». Se va a iniciar una campaña de suscripción para sufragar los gastos de las exposiciones y las ventas. Termina diciendo que los interesados pueden dirigirse al abajo firmante.

En la época en que Thiers era presidente, y más aún en tiempos de su sucesor, Mac-Mahon, una llamada de estas características, unida a las correspondientes consideraciones políticas y sociales, corría riesgo de ser considerada subversiva. Pronto, *L'Avenir National* dejará de publicarse. Mientras tanto, los que han inspirado el texto de Alexis

Boulevard des Capucines
1873
80 x 60 cm
The Nelson-Atkins Museum of Art, Kansas City

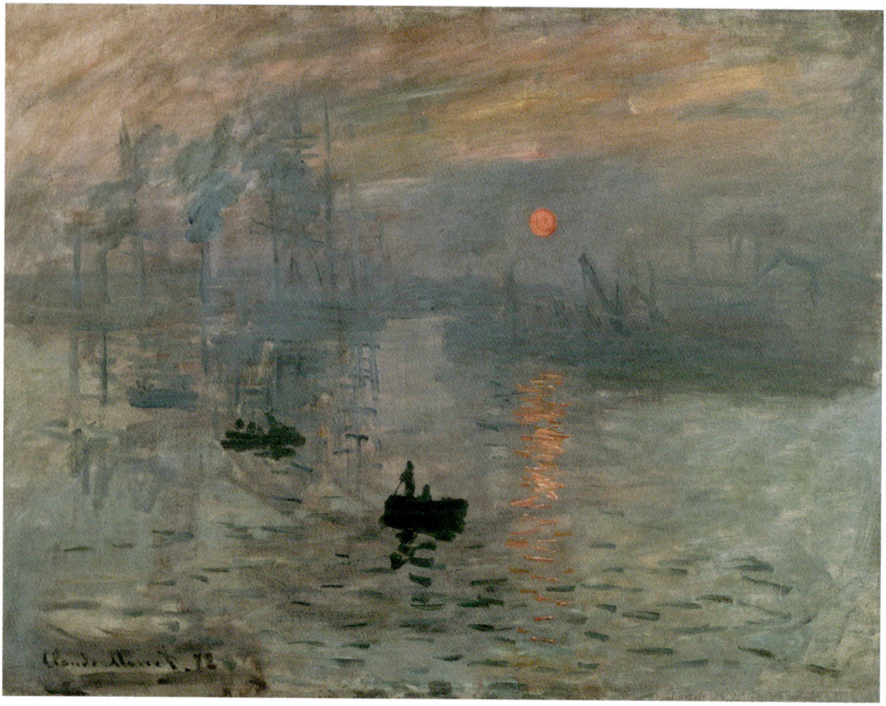

Impresión, sol naciente
1873
48 x 63 cm
Musée Marmottan Monet, París

esperan impacientes al número del 5 de mayo de 1873, en cuya página de cultura aparece dicho texto a seis columnas. Monet, con «un grupo de pintores reunidos con él» se lo agradecen. Alexis publica la carta en un nuevo artículo y asegura haber recibido otra más, «prueba del comienzo de asociación». Cree saber que con Monet se encuentran «varios artistas de gran mérito» como Pissarro, Sisley, Béliard y Guillaumin. Menciona además a Jongkind, A. Gautier, Authier, Numa Coste y Visconti, pero estos últimos no siguen la llamada. A pesar de ello, Alexis los considera a todos miembros del «grupo de naturalistas», una expresión que probablemente también empleaba su maestro, pues tiene ecos del nombre utilizado en literatura.

Para traducir las intenciones de unos y otros en un texto aceptable para todos, se precisa más tiempo del que Monet había previsto inicialmente. A mediados de septiembre de 1873 ruega a Pissarro que se reúna con él en Argenteuil para estudiar «con un señor que está estrechamente unido a la causa… mejoras de forma de varios artículos». Esta reunión debió de celebrarse en ausencia de Renoir, cuyos moderados puntos de vista están muy alejados de los radicales del maestro de Pontoise, que se inspira en los estatutos del gremio de panaderos de la ciudad. Entre los dos, Monet, poco tentado por las cuestiones ideológicas, parece haber desempeñado siempre el papel de conciliador. El texto que se estudia podría corresponder al segundo proyecto de reglamento, en el que aparece el término de «sociedad cooperativa», que Renoir exigió cambiar. Habrá que esperar hasta el 27 de diciembre para que los Estatutos tomen su forma definitiva. Monet figura entre los siete administradores provisionales, pero no forma parte del consejo de vigilancia, compuesto por Béliard, el escultor Ottin y Renoir.

Los problemas de reclutamiento de miembros resultan ser aún más arduos que los de la redacción del texto. Monet pasa el 5 de diciembre en París con la esperanza de recoger cinco firmas. Por la noche se vuelve sin haber conseguido una sola. De todos los artistas que menciona en una carta dirigida a Pissarro ese día, solo Robert y Feyen-Perrin figuran como suscriptores. Además, el segundo solo enviará el 10 % de la cantidad prevista y no participará en la exposición. Los otros no aceptarán las solicitudes que les hacen: Lançon, Michel Lévy (a quien Monet ha conocido poco antes en Zaandam), La Rochenoire (especialmente temido), Los Ríos y el escultor Solari, amigo de Zola como Guillemet, a quien Corot felicita por no haberse comprometido «con esa banda» y cuya fidelidad al Salón será recompensada con una segunda medalla.

Con melancolía, Monet constata que resulta muy difícil sobrepasar el número de 15 miembros fundadores y medita sobre la poca simpatía encontrada. Sin embargo, se supone que a él se debe la adhesión de Boudin. En enero, decepcionado por la inutilidad de sus esfuerzos y posiblemente también por el papel de poca monta que desempeña después de la constitución del consejo de vigilancia, se marcha a El Havre aun a riesgo de ser considerado como un «informal». Hospedado en el hotel del almirantazgo, pinta marinas que le causan muchas preocupaciones (il. pág. 134). Cuando se celebra la primera subasta de Hoschedé, en la que encuentran comprador tres de sus obras, está ausente de París. Le habría gustado recuperar *La casa azul*, adquirida por Baudry. Los precios, comprendidos entre 400 y 500 francos, son tranquilizadores.

Los compañeros siguen luchando; Degas es el que ha obtenido más firmas. En marzo, *in extremis*, Burty se decide a admitir a Bracquemond en la exposición, cuando la lista ya parecía cerrada. Si a los nombres de los 30 participantes se añaden los de quienes suscribieron, pero renunciaron a exponer, y los artistas a quienes se hizo la solicitud en vano, parece evidente que las intenciones sindicales —que tienden a agrupar el mayor número posible de artistas— superan los criterios de una determinada escuela.

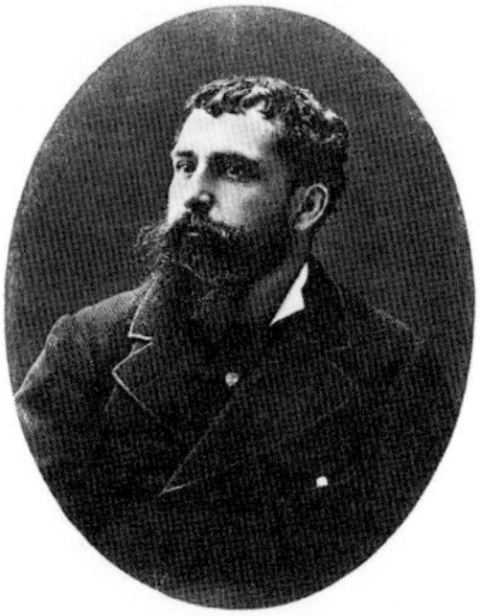

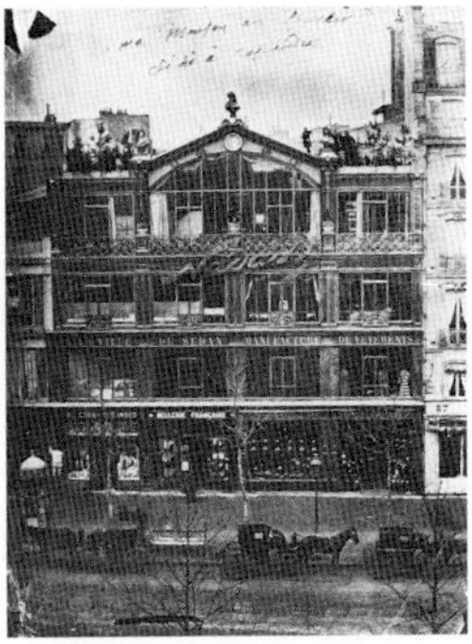

De arriba abajo
Claude Monet c. 1875, en los comienzos del impresionismo

Boulevard des Capucines 35, donde se celebró la primera exposición impresionista en 1874

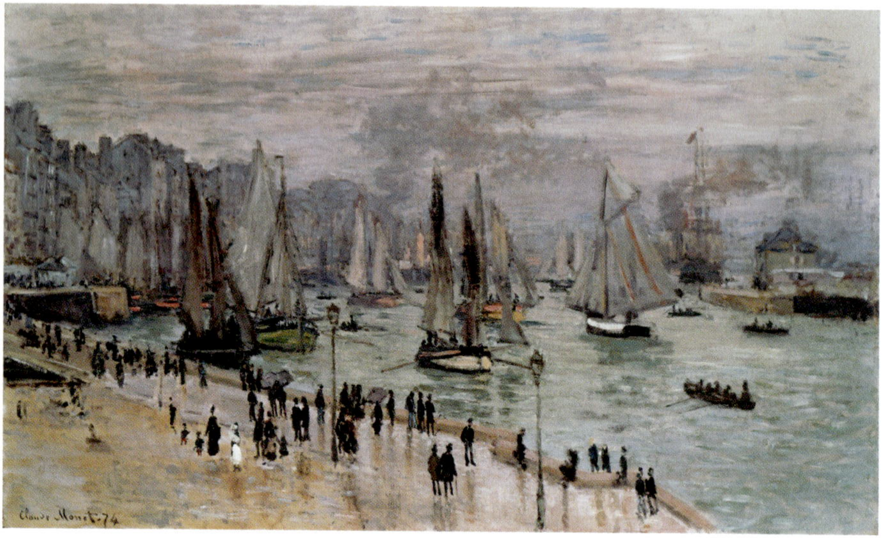

El Havre, barcos de pesca saliendo del puerto
1874
60 x 101 cm
Colección particular

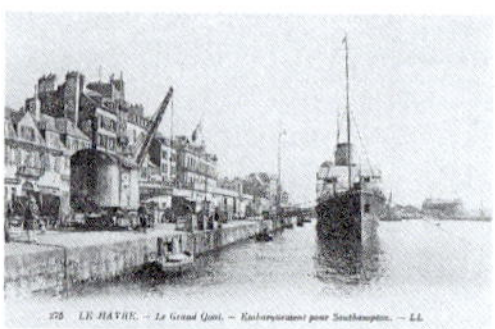

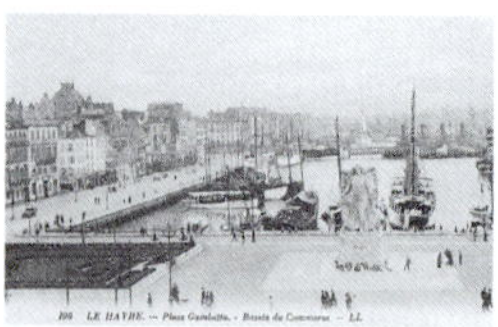

El Havre, el gran paseo marítimo y el puerto comercial
Tarjetas postales, comienzos del siglo xx

Impresión

Según las primitivas disposiciones, cada suscripción de 60 francos daría «derecho a exponer dos obras de arte». Esta limitación no llegó a observarse, pues de los 30 expositores, de los que ninguno abonó más de la mitad de la cuota, se encontraban 165 números en el catálogo (mientras que se esperaban 300, por 150 participaciones). Aunque solo ha abonado una participación, Monet ocupa nueve números en el catálogo, algunos de ellos acompañados de dos bocetos. Cuando Edmond Renoir, quien se ocupaba del catálogo, le pidió que le proporcionara datos concretos para los títulos, Monet le dice, en relación con un cuadro pintado un año antes en El Havre: «ponga *Impresión*». De ahí el famoso nombre *Impresión, sol naciente*.

La Exposición de la «Sociedad anónima cooperativa de artistas» abre sus puertas el 15 de abril de 1874, en el boulevard des Capucines 35, en los salones forrados de un papel rojo parduzco que Nadar acaba de abandonar. A pesar de que la entrada cuesta un franco, el mismo precio que el Salón oficial —el precio del catálogo asciende a 50 *sous*—, acude un número enorme de personas. Aparte de un núcleo de fieles amantes de la pintura, la mayoría viene a divertirse. Según Ernest Chesnau, el conjunto carece de homogeneidad. En un artículo de *Paris Journal*, favorable a la pintura joven y principalmente a Monet, considera que ha sido un error haber admitido a artistas convencionales como Nittis, Boudin, Bracquemond, Brandon, Lépine y Gustave Colin, porque «entre dos obras que se le presenten simultáneamente,

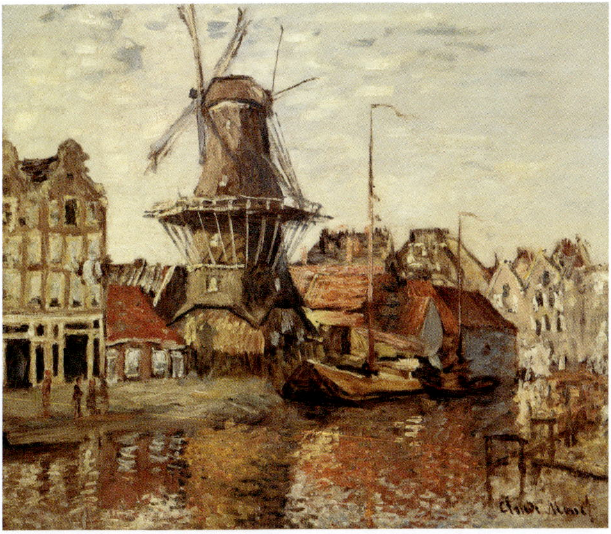

El molino de Onbekende Gracht
1874
56 x 65 cm
The Museum of Fine Arts (John A. and Audrey Jones Beck Collection), Houston

[el público] se pronunciará a favor de la obra convencional y contra la innovadora. Eso es lo que ha sucedido en el boulevard des Capucines».

La prensa conservadora, para evitar toda publicidad a un movimiento que considera subversivo para el orden moral, se abstiene de publicar comentarios. Los otros periódicos se muestran, en conjunto, más favorables a la idea de exposición independiente que a las pinturas presentadas, lo que desconcierta incluso a los mejor dispuestos, que nunca saben muy bien sobre qué base fundamentar sus elogios. Chesneau ha observado que la influencia de la pintura al aire libre comienza a dejar huella, incluso en el Salón. Su estudio posiblemente esté mejor informado que los de Burty, E. d'Hervilly, Léon de Lora, Jean Prouvaire [Catulle Mendès], A. Silvestre y Castagnary. Es cierto que, en el momento de su publicación, el 7 de mayo, ya ha tenido tiempo de leer los artículos de sus colegas... Armand Silvestre, hablando de la «visión de las cosas», ha dicho de Monet, de Pissarro y de Sisley, reconciliados una vez más: «Lo único que persiguen es un efecto de impresión; la búsqueda de la expresión la dejan a los apasionados de la línea», pero su crítica, en general benévola, quedará eclipsada por la malévola y cáustica que, tres días más tarde, publicará Louis Leroy en *Le Charivari.* Jugando con el término *impresión* que le proporciona el catálogo —y que otros ya habían empleado— titula su artículo «Exposición de los impresionistas»; creyendo que iba a dar el golpe de gracia al movimiento ya en su primera «exhibición»; le confiere así carta de naturaleza.

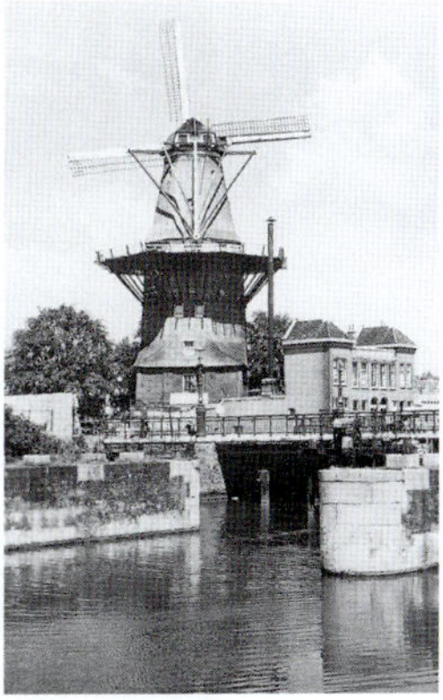

Una estereofotografía de la época muestra la precisión con que Monet trabajó los detalles de su obra n.º 302 (arriba)
Archivos municipales, Ámsterdam

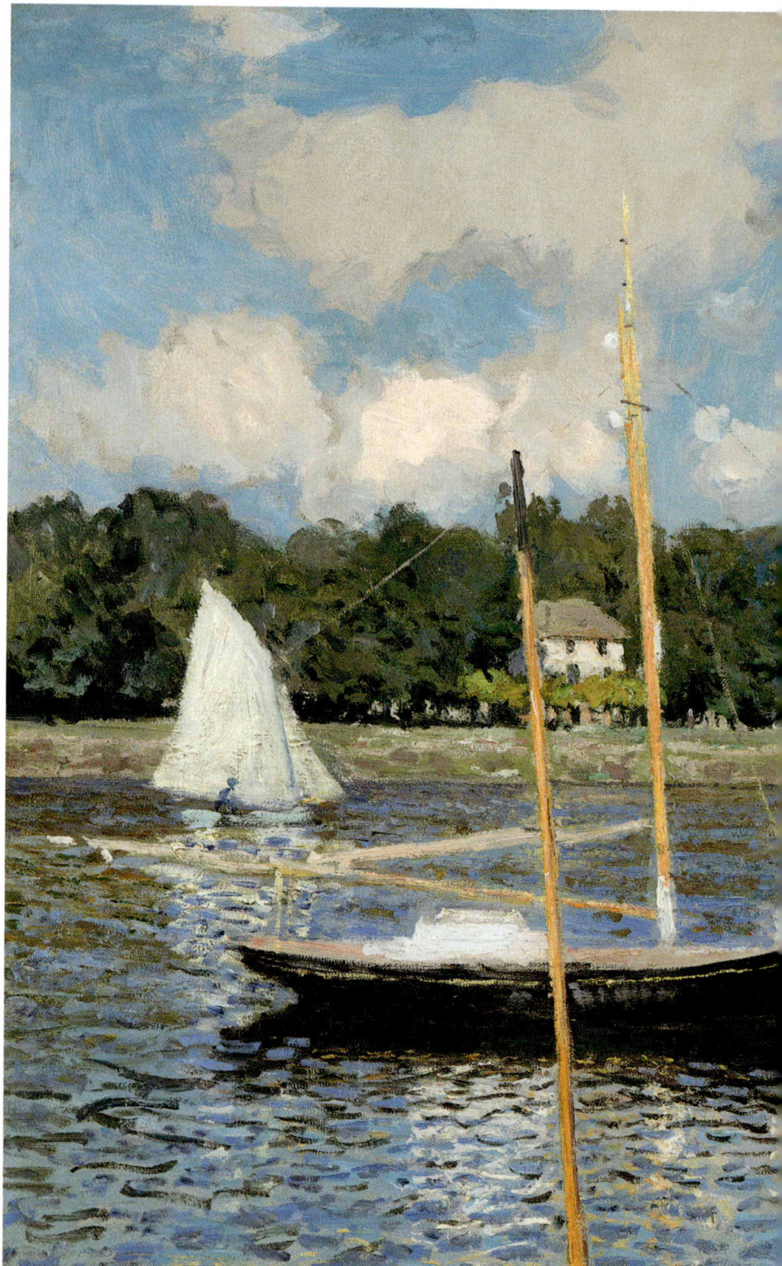

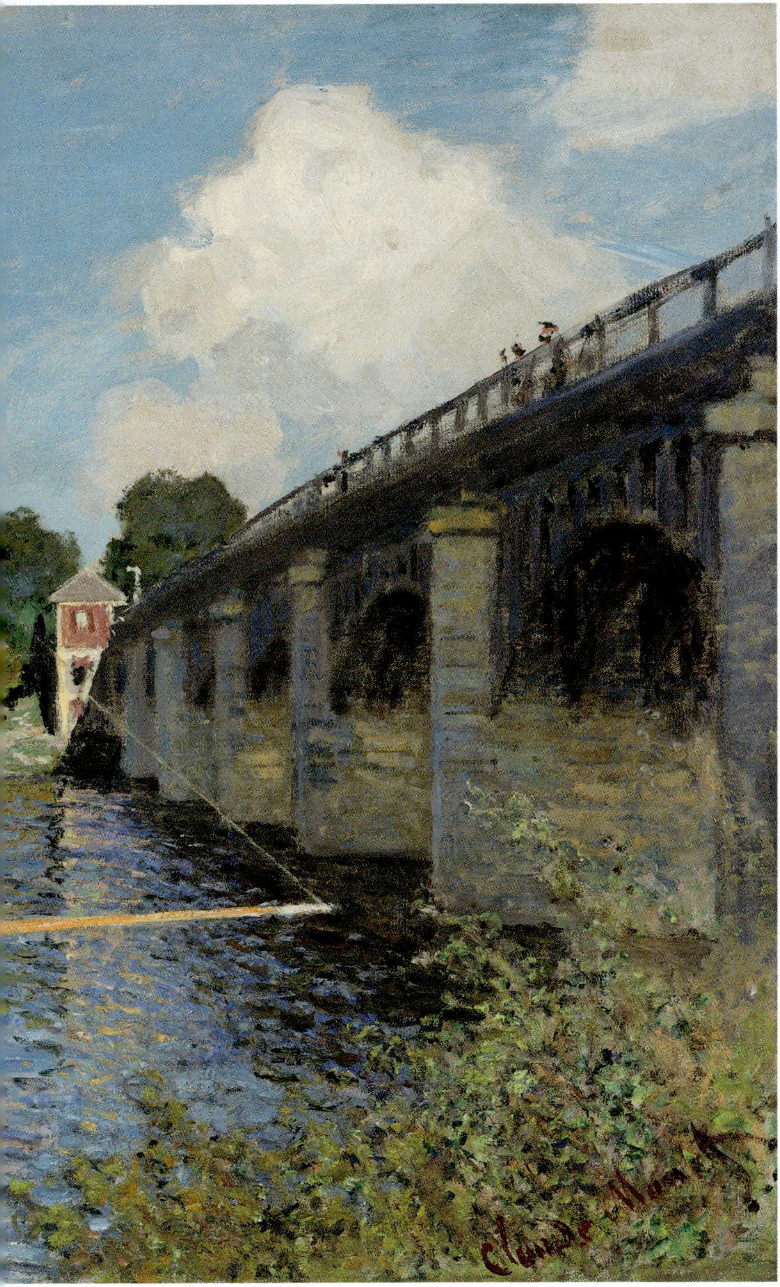

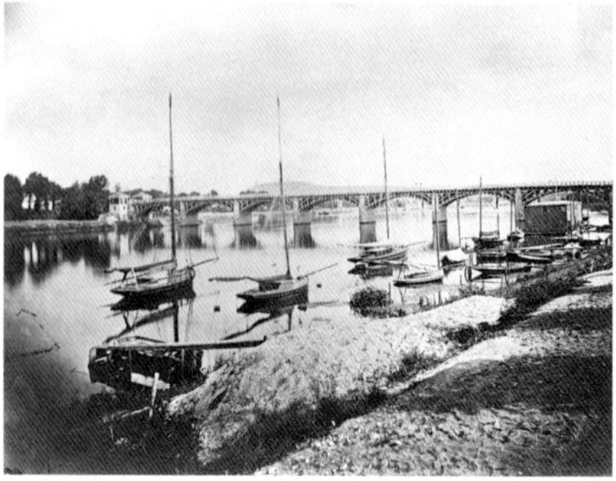

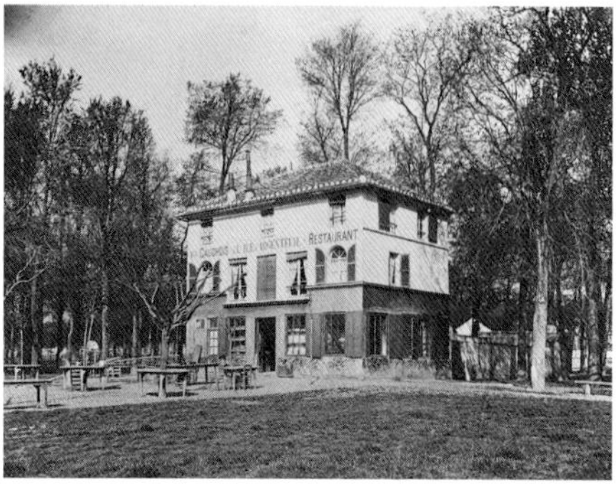

IZQUIERDA
El puente de la carretera en Argenteuil,c. 1875

DERECHA
Merendero en la antigua casa del barquero, en el paseo de Argenteuil, c. 1875

Con excepción de los bocetos a pastel, los cinco cuadros presentados por Monet son mencionados por la crítica. Se trata de *Impresión, sol naciente* (il. pág. 132), *Las amapolas* (il. págs. 126/127), *El Havre, barcos de pesca saliendo del puerto, Boulevard des Capucines* (il. pág. 130), que ocupa el primer puesto en cuanto a número de menciones, *ex aequo* con el *El almuerzo* (il. pág. 86), que Monet quiso presentar para vengarse del rechazo sufrido en el Salón de 1870. Quince días después de comenzar la exposición de la sociedad anónima, que durará un mes, abre sus puertas el Salón, confuso tanto en sus objetivos como en el reclutamiento de sus combatientes. La batalla decisiva ha comenzado; sobre su resultado decidirá la historia.

Buenas y malas horas

Ya vimos cómo, en enero de 1874, cuando los preparativos para la exposición están en su punto álgido, Monet no duda en dejar Argenteuil para dirigirse a El Havre. Hacia finales del invierno, se ausenta una vez más para viajar a Ámsterdam. Según algunos biógrafos, esta segunda estancia en Holanda, atestiguada formalmente por una docena de lienzos no fechados, se desarrolló en 1872. Sin embargo, por motivos estilísticos, 1874 es una fecha más probable.

Del examen de los cuadros de Ámsterdam se desprende una gran impresión de variedades de efectos y motivos. Partiendo de la estación central, en cuyas proximidades se aloja, Monet emprende algunos desplazamientos, cuyo radio no sobrepasa los 1.500 m, pero que se prolongan considerablemente debido a los innumerables canales que surcan la ciudad. Al norte, llega hasta el río Ij, que plasma al mismo tiempo que el puerto. No lejos de su hospedaje pinta dos cuadros de nieve, uno al oeste de la estación, el otro al sur, al extremo de Geldersekade. Realiza aún otras dos vistas sobre la viejas casas del barrio, en una de las cuales se distingue la popular Schreijerstoren, la torre donde lloraban las mujeres antaño, cuando despedían a lo marinos.

PÁGINAS 136/137:
El puente de la carretera, Argenteuil
1874
60 x 80 cm
National Gallery of Art, Washington, D. C.

Un poco más al este, la torre de Montalban da lugar a dos vistas diferentes sobre las aguas del Ouede Schans que la baña. Más al sur, instalados en los muelles del Amstel —el río que dio su nombre a Ámsterdam—, Monet pinta la iglesia de Zuiderkerk, en un extremo de Groenburgval, un tema que recuerda los cuadros de los viejos maestros holandeses. Sin apartarse demasiado de su emplazamiento, representa el Amstel mismo, visto en dirección de la cúpula en forma de bulbo barroco de la Torre de la Moneda. Por último, en una excursión que lo conduce un poco más lejos de lo que tiene acostumbrado, sobre el «muelle desconocido», salva del olvido *El molino de Onbekende Gracht* (il. pág. 135), que ya se había decidido demoler.

El segundo viaje a los Países Bajos, lejos de las influencias de sus compañeros, constituye para Monet una especie de retiro de estudios, a lo largo del cual su estilo se afirma y se enriquece. Todo parece dicho y, por tanto, todo está abierto a nuevas investigaciones, una búsqueda que durará toda la vida. Esta vía, ¡qué ardua se presenta en 1874! Durand-Ruel ha tenido que suspender sus compras y pasar el testigo a uno de sus más famosos clientes, el célebre barítono Faure, el mismo que, en 1869, representa el papel de Mefistófeles en el *Fausto* de Gounod, en la Ópera de París, y que Manet representará en el de Hamlet. El nombre de Faure aparece, este año, en la contabilidad de Monet con una cantidad total de 4.200 francos. Hoschedé, animado sin duda por su venta pública de enero, compra obras por un total de 4.800 francos, por mediación de Durand-Ruel. Mientras que el cantor paga 300 francos por cuadro y 600 francos por cinco bocetos, *Impresión, sol naciente* (il. pág. 132) —adquirido por Hoschedé— le reporta 800 francos.

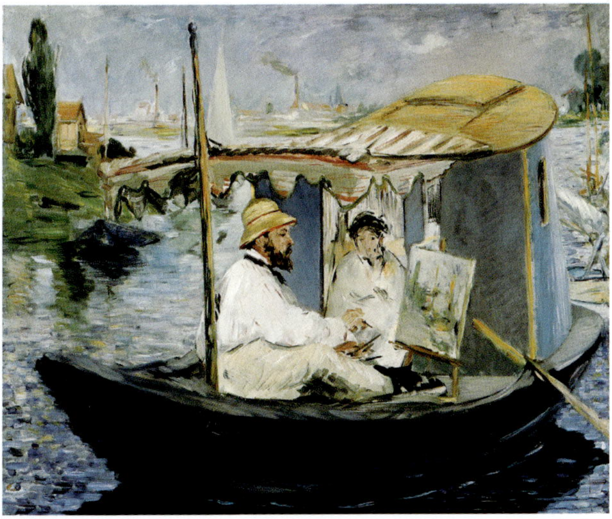

Édouard Manet
Claude Monet y su esposa en su estudio flotante
1874
Bayerische Staatsgemälde-sammlungen, Múnich

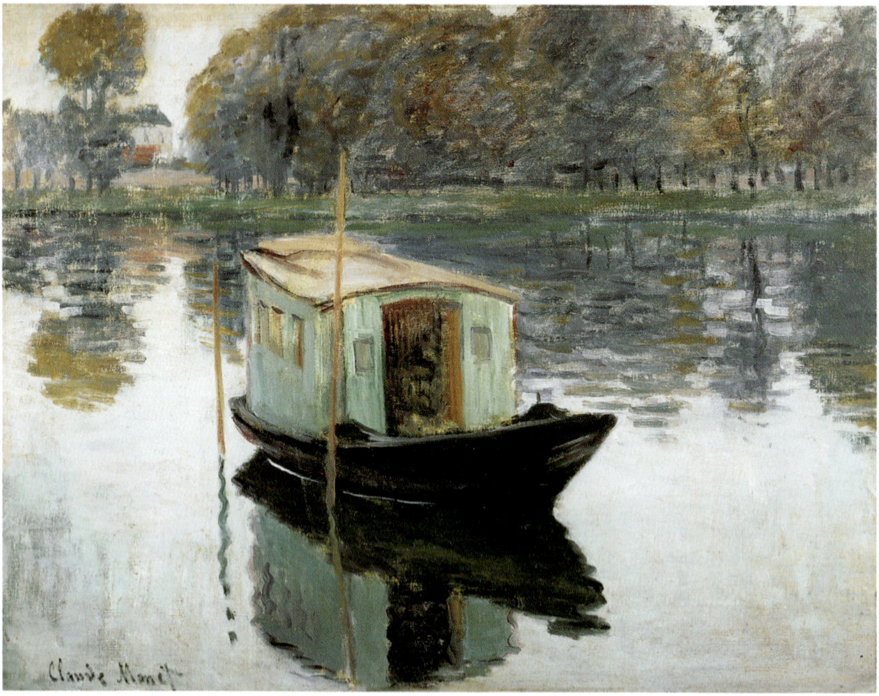

El estudio flotante
1874
50 x 64 cm
Kröller-Müller Museum, Otterlo

Por otros cuatro lienzos se llega a pagar hasta 1.000 francos por cada uno. El comerciante en telas no regatea, para detrimento de su tesorería. El resto de los 10.554 francos que cobra Monet en 1874 se debe a las ventas a O'Doard y a Martin y a un cambio con Dubourg. En total, muy por debajo de los ingresos de 1873.

El pago del alquiler no tarda en resentirse por la disminución de los recursos. Una petición a Manet, no fechada, parece haber sido escrita el 1 de abril de 1874, el día en que vence el plazo. Monet solicita un préstamo de 100 francos. Manet, que también anda escaso de recursos, emite la nota a Duret con una explicación. Cuando Tabarant publicó los dos documentos, expresó su asombro de que tanto la carta de Monet como la nota de Manet estuvieran en posesión de este último. La explicación parece sencilla: Duret no estaba en casa cuando llegó el mensajero y los documentos se devolvieron a Manet, quien hizo el préstamo solicitado. Por otro lado, Monet devolvió el dinero puntualmente, el 27 de mayo. Ese día se muestra «muy ocupado con el traslado del estudio», sin indicar más detalles. Es posible que se trate del taller de la rue de l'Isly, cuyo alquiler deja de pagarse en 1874. Quizá el anexo de la casa Aubry, en Argenteuil, resultaba demasiado pequeño para sus cuadros. Era necesario encontrar otro lugar, también porque las demoras en el pago de los alquileres habían despertado la desconfianza de madame Aubry. Un documento del 18 de junio indica que Monet alquila, sin legalizar, un pabellón perteneciente a un carpintero de Argenteuil, Alexandre-Adonis Flament. El comienzo de la relación de alquiler se fija para el 1 de octubre de 1874 y el precio, 1.400 francos por año, 400 francos más elevado que el estipulado por madame Aubry. Situado frente a la estación, este pabellón completamente nuevo es la «casa rosa de postigos verdes», en la que Cézanne y Chocquet estarán invitados a almorzar en febrero de 1876.

Encuentros importantes

Mientras que el año anterior había quedado ligeramente eclipsado, el Sena vuelve a convertirse en un motivo destacado en 1874, con el puente de la carretera de Argenteuil como protagonista. En dos ocasiones, el puente aparece visto en la dirección del paseo, con el merendero que ocupa la antigua casa del barquero en medio de los árboles, pero en la mayoría de los casos está pintado lateralmente, hasta la orilla de Petit-Gennevilliers, donde puede reconocerse la barraca flotante en la que se alquilan barcas (il. págs. 136/137). Por la originalidad del ángulo, destacan dos vistas tomadas desde arriba, desde el puente, en dirección a la puesta de sol.

Como el puente del ferrocarril apenas se puede entrever entre los arcos del puente vecino, en ocasiones el pintor le dedica cuadros propios. Las regatas de Petit-Gennevilliers dan la impresión de haber sido pintadas a bordo del estudio flotante, que aparece discretamente en un cuadro y ocupando el primer plano en otro (il. pág. 140). Los veleros figuran —bien como elemento secundario, bien como tema principal— en un buen número de obras, entre las que cabe destacar *Los remeros de Argenteuil* porque ese mismo motivo lo pintó también Renoir.

El paseo, en cuyo extremo se encuentra el campo donde se desarrolla la feria, no nos aleja demasiado del río. El agua desempeña un papel muy destacado en *Las ocas,* pintadas con una decoración que recuerda *El estanque de los patos. El prado de Bezons,* con su «gran prado de hierbas amarillentas y maduras», es un motivo único, mientras que *La Grand-Rue de Argenteuil* retoma un motivo tratado por Sisley. Por último, *Manet pintando en el jardín de Monet en Argenteuil* evoca los importantes encuentros de ese verano de 1874.

El respaldo que el pintor de *Olimpia* está prestando a Monet desde la primavera permite afirmar que entre los dos pintores no hay resentimiento alguno, a pesar de las divergencias que se hayan podido manifestar. A lo largo del verano, sus relaciones se harán más estrechas que nunca. Aprovechando la hospitalidad que le dispensa su primo De Jouy en Gennevilliers, Manet —acompañado frecuentemente por su cuñado Rudolf Leenhof y una modelo— se acerca al Sena, donde se reúne con Monet. Probablemente al ejemplo de este se deba que Manet comience a trabajar al aire libre, consiguiendo una pintura que eclipsa los paisajes y las marinas que había pintado anteriormente y que refleja cómo, desde la época de Guerbois, Édouard Manet va asimilando progresivamente los progresos de los otros miembros del grupo de Batignolles. El Sena, en la dársena de Argenteuil, la presencia de Monet y el ejemplo de su obra son para él una revelación que potenciará el nacimiento de muchas obras maestras.

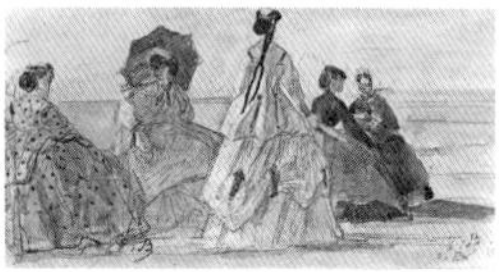

Eugène Boudin
La playa de Trouville
1865
Musée d'Orsay, París

Entre estas se encuentran *Los remeros* y *Monet trabajando en su estudio,* con el fondo en dirección a Bezons, el conocido decorado industrial, que Manet representa con menos discreción que Monet. En 1868, Zola le había calificado de pintor de la vida moderna, pero Monet va apartándose cada vez más de esa «modernidad», porque la industrialización destruye el paisaje natural. En sus cuadros del puerto, el humo de las chimeneas se va haciendo más raro a medida que se desarrolla la navegación a vapor. En sus cuadros del Sena, los remolcadores van desapareciendo progresivamente. Si bien es cierto que en 1875 y 1876 aún pintará algunos cuadros con locomotoras y estaciones, pronto también se apartará de estos motivos. ¿Podría creerse que cada día transitan cuatro trenes por la vía del ferrocarril que separa su jardín de Giverny del estanque de las ninfeas?

En Argenteuil, cuando pintaba *La familia Monet en el jardín,* a Manet no le gustó que también Renoir plasmara el mismo tema en el lienzo *Camille Monet y su hijo en el jardín de Argenteuil.* E incluso llegó a decirle al oído a Claude: «Ese muchacho no tiene ningún talento. Usted, que es su amigo, dígale que deje de pintar», según la anécdota relatada por Vollard primero y más tarde por Marc Elder. Admitiendo que realmente haya sucedido así, revela una oposición de principios entre Renoir, que se tomaba en serio su papel de miembro de la asociación, y Manet, que se sigue manteniendo hostil a las tentativas del grupo y que pregunta a sus compañeros: «¿Por qué no se quedan conmigo? Ya verán como soy yo quien sigue siendo el número uno».

Con todo, el de 1874 es un verano extraordinario, que ve reunidos a Manet, Renoir y Monet bajo el mismo cielo de la Île-de-France, en el mismo jardín florido y delante del mismo Sena de destellos plateados. Horas decisivas en esa aldea predestinada de Argenteuil, donde el impresionismo llega a su apogeo con la convergencia de esos tres genios. Después de esto, ¿qué importa que no consigan superar sus diferencias sobre el mejor modo de dirigirse al público y que —a pesar del balance positivo de su exposición— la sociedad anónima, reunida en una asamblea general bajo la presidencia de Renoir, se disuelva en un triste día gris de diciembre? Es el final de una ilusión, pero no el fin de la esperanza.

El paseo. Mujer con sombrilla
1875
100 x 81 cm
National Gallery of Art, Washington, D. C.

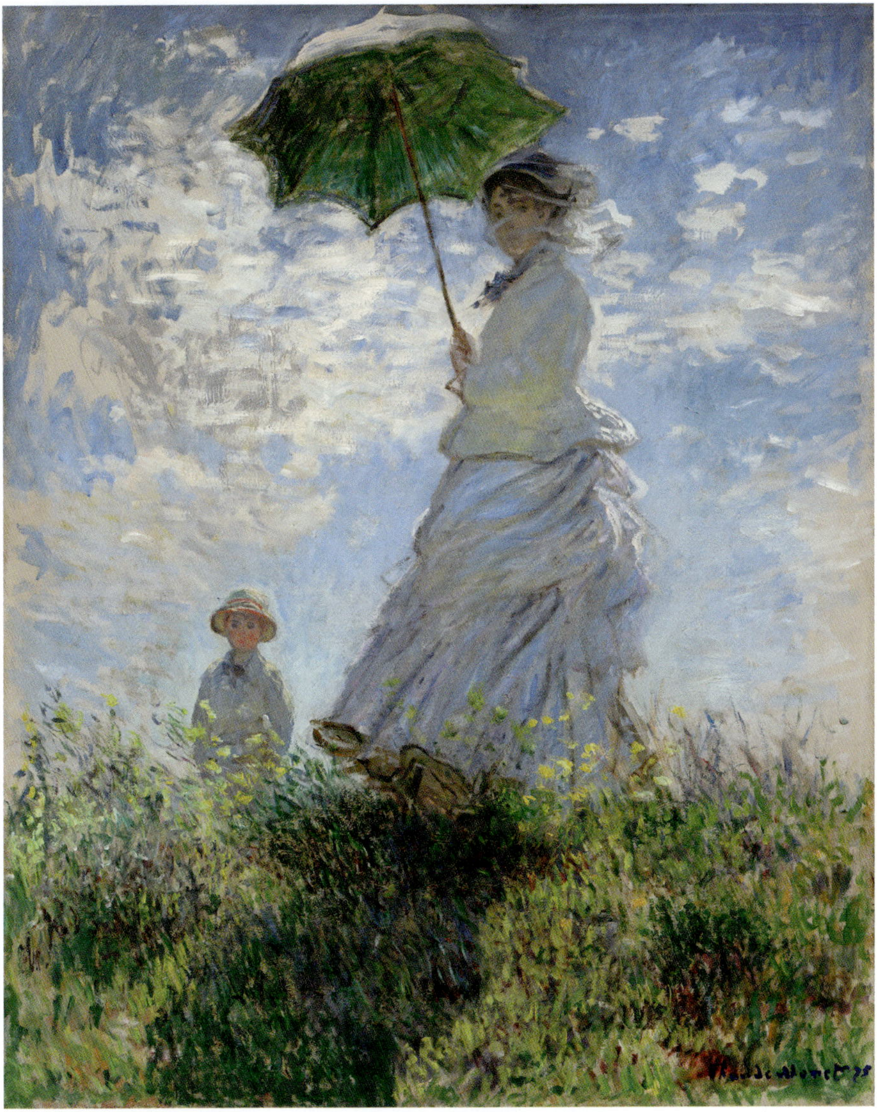

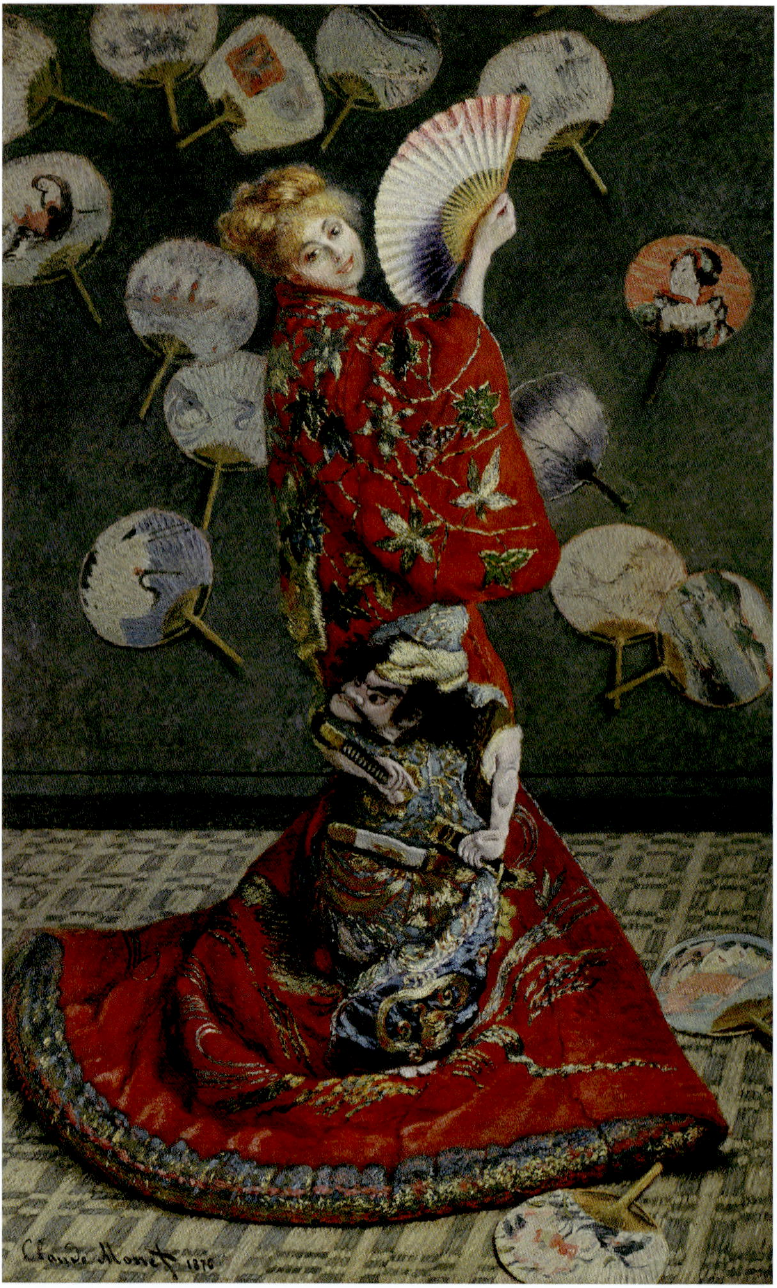
Claude Monet 1876

Subasta en el Hôtel Drouot

Monet no se siente contrariado por quedarse otra vez solo cuando se van sus compañeros. En lo sucesivo, hará todo lo posible por no volver a invitar a nadie a pintar con él. Caillebotte, que comenzará a comprar sus lienzos en 1876, no vendrá a pintar regularmente a Petit-Gennevilliers hasta mucho más tarde, cuando hayan pasado varios años desde que Monet haya abandonado Argenteuil. Es decir, hay que ser prudente frente a las afirmaciones más o menos gratuitas de que el discípulo trabajó bajo la mirada de su maestro.

A finales de 1874 y comienzos de 1875 Monet desarrolla una importante campaña de invierno, durante la cual apenas se aleja de su casa. *La locomotora,* también titulada *El tren en la nieve,* es una de las obras más célebres de este periodo. Contrariamente a lo que se ha dicho, no pinta *Los cargadores de carbón* en Argenteuil, sino en el puente de la carretera de Asnières, en la orilla derecha, la de París. Desde el tren, en el momento de atravesar el puente del ferrocarril de Asnières, puede observar cómo alimentan de carbón la fábrica de gas de Clichy. Al parecer, un día vuelve allí para plasmar en el lienzo su movimiento.

Cuando hace buen tiempo, desciende el Sena hasta Chatou y pinta el puente por el que pasa el ferrocarril de Saint-Germain. Posiblemente es entonces cuando contrae con Fournaise, el hostelero del *Desayuno de remeros* de Renoir, una deuda que vuelve a encontrarse en sus libros de cuentas en enero de 1877, con la anotación: «Fournaise (nota 75) quedan 94,50 francos». La orilla de Petit-Gennevilliers ocupa un lugar muy destacado en las obras de este año, pero Monet busca un nuevo motivo algo más alejado, en la misma orilla. Una admirable serie representa figuras en prados floridos, al pie de un grupo de álamos. Mientras que *Las amapolas* de 1873 parece estar pintado en una pendiente, aquí nos encontramos en la planicie de Gennevilliers.

Acompañada del pequeño Jean, Camille posa para *El paseo. Mujer con sombrilla* (il. pág. 143), un tema que ocupará al pintor durante bastante tiempo aún. Vestida con un suntuoso vestido de teatro, con una curiosa peluca rubia, encarna también a la famosa *La japonesa (Camille en traje japonés),* que terminará el año siguiente (il. pág. 144). Este es el punto culminante de su ya mencionada predilección por las «japoneserías». Aunque los ha representado ya en muchas ocasiones, con las velas recogidas, los barcos conservan un puesto destacado en la producción de 1875. El año siguiente desaparecerán casi por completo. Por el contrario, el estudio flotante será materia de varios estudios, uno de los cuales pasará a ser propiedad de Zola, sin que la transacción figure en la contabilidad de Monet. El jardín de la casa Flament aparece en los lienzos de 1875 (il. pág. 123), un motivo que tratará frecuentemente en su obra de 1876 (il. pág. 147). Todo un grupo de lienzos deja entrever, a través de una pantalla de plantas, el modesto pabellón rosa, con un juego de colores complementarios.

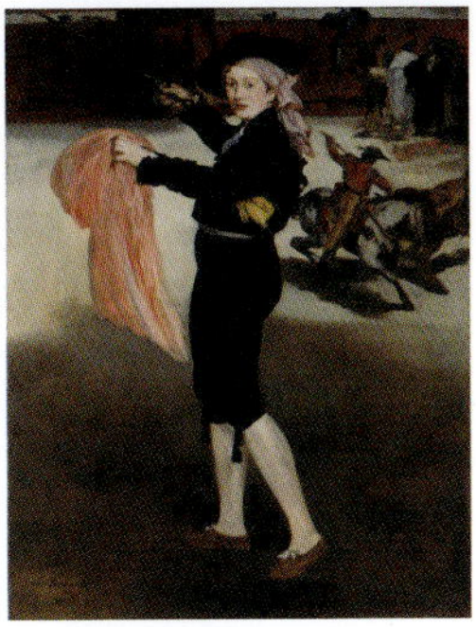

Édouard Manet
Victorine Meurent vestida de torera
1862
The Metropolitan Museum of Art, Nueva York

La japonesa (**Camille en traje japonés**)
1876
231,5 x 142 cm
Museum of Fine Arts, Boston

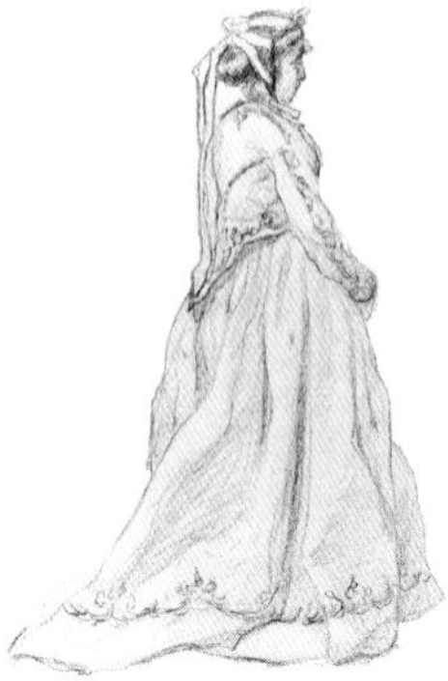

Estudio de mujer
Tiza negra sobre papel

Por lo que se refiere a la historia general del impresionismo, el acontecimiento más importante de 1875 es la subasta pública del 24 de marzo, destinada a reemplazar la exposición que el grupo no consiguió organizar ese año. Solo Berthe Morisot, Sisley y Monet responden positivamente a la llamada de Renoir, a quien al parecer se debió esa iniciativa. Las 63 obras de esos cuatro artistas salen a subasta en el Hôtel Drouot por mediación de Charles Pillet, mientras que Durand-Ruel hace el papel de experto. Infinitamente más homogénea que la exposición de 1874, la subasta provoca en el público reacciones de hostilidad tan violenta que se hace necesario llamar a la policía para mantener el orden. Allí se encuentran, perdidos en la multitud, casi todos los adeptos a esta joven escuela: Blémont, Rouart, Charpentier, Hoschedé, Dollfus, Hecht, Arosa. Las profesiones de algunos de ellos incitan al crítico anónimo de *L'Art* a mofarse de «esas personas expertas en productos ultramarinos, en algodón y franela». En esa misma recensión habla de las «ignorantes aberraciones» de Claude Monet, que sin embargo otros comparan con Turner.

Los precios son descorazonadores. El más elevado, 480 francos, es el que paga el generoso Hoschedé por una obra de Berthe Morisot. De los 20 cuadros que Monet hizo inscribir en el índice, no todos alcanzan los 200 francos, y solo dos sobrepasan los 300 francos. El «beneficio neto» registrado en los libros de cuentas —2.825 francos— se refiere únicamente a los lienzos que el pintor no se vio obligado a rescatar, ya sea directamente, ya sea por los buenos oficios de Durand-Ruel. Se ha dicho que, a la salida del hotel, conoció a Victor Chocquet, que llevaba bajo el brazo un Monet que acababa de adquirir por 100 francos. Sin embargo, contra esta versión hablan al menos tres hechos: ningún lienzo se vendió por un precio tan bajo; Chocquet —lo mismo que Duret y Caillebotte— no figura entre los compradores y, sobre todo, existe un carta de febrero de 1876 que demuestra que Monet no lo conoció hasta entonces.

Los periodistas amigos, que han anunciado y comentado favorablemente la subasta, no están en condiciones de modificar sensiblemente la opinión general. No se debe olvidar que el cierre de los estudios de Millet y Corot, en mayo, sacó al mercado un gran número de obras que sustraen a los impresionistas parte de sus potenciales clientes. Y los pequeños burgueses que gestaron la República al votar la Constitución de 1875, en el campo del arte se muestran más conservadores que los hombres de negocios y los calaveras del Segundo Imperio. En cualquier caso, los ingresos de Monet durante todo el año 1875, un total de 9.765 francos, son —con diferencia— los más bajos registrados desde la guerra. De ahí la angustia que se advierte en sus llamadas a Manet, el amigo de los malos días, quien emplea su buena fama para intentar interesar a Albert Wolff, célebre crítico de *Le Figaro,* en la subasta de marzo. Además, también aparece

En el jardín, los gladiolos
1876
73 x 54,5 cm
Colección particular

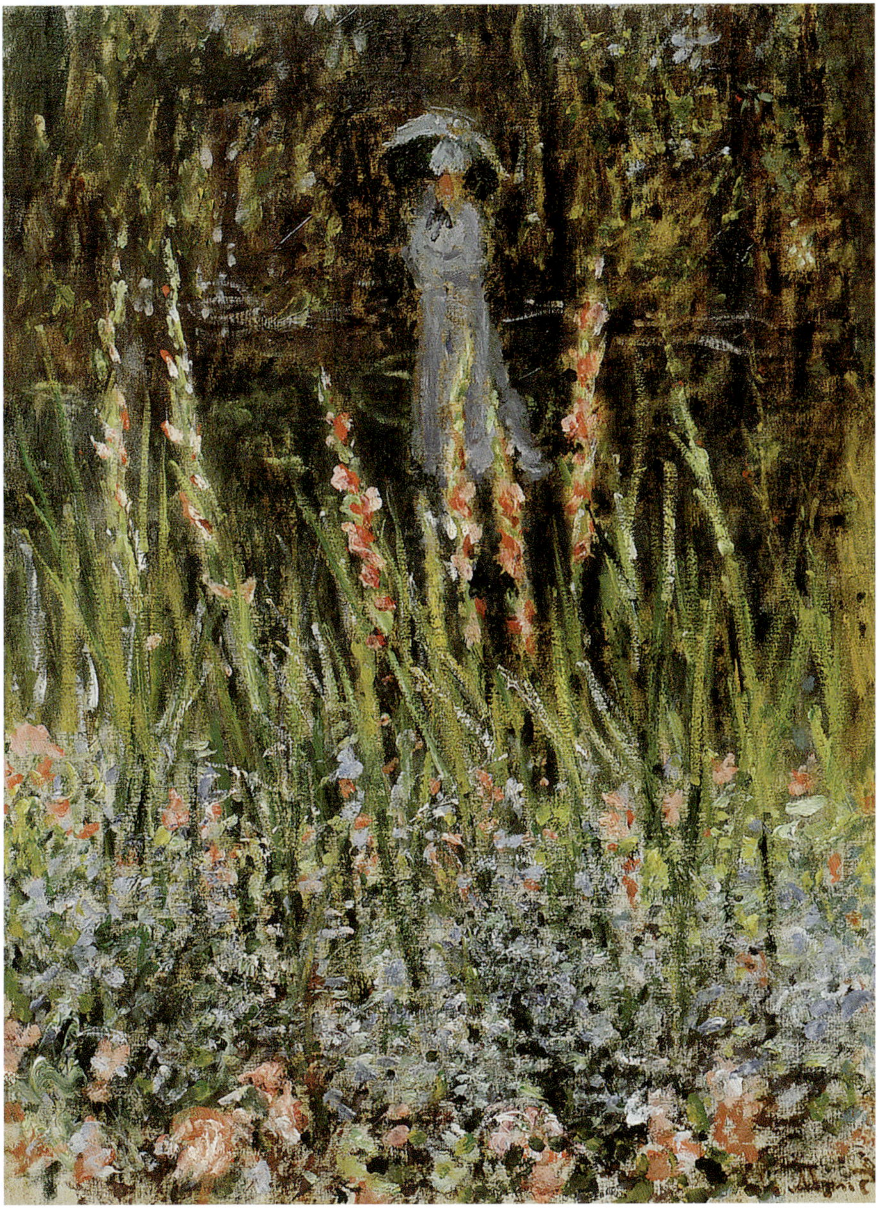

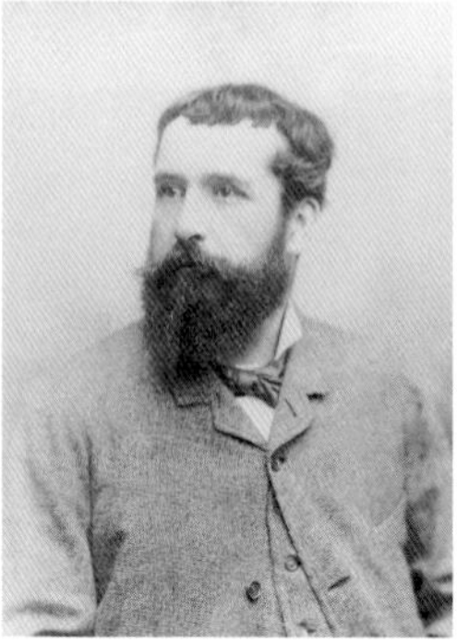

Claude Monet, en la época de Vétheuil, c. 1880

como comprador de las obras de Monet. Lo único que le anima en esta temporada es que el número de clientes directos —unos 15 en 1875— empieza a aumentar. Entre ellos nos encontramos con los nombres de Faure, Blémont, Ernest May, Rouart, Fromenthal y Meixmoron de Dombasle, un pintor lorenés que introducirá el impresionismo en Nancy. Por ahora, tiene que afirmarse, bien o mal, en París.

En la rue Le Peletier

Los primeros meses del año 1876 se caracterizan por dos acontecimientos de innegable importancia: el encuentro de Monet con Chocquet y su participación en la segunda exposición del grupo.

Con ocasión de una visita que hace a Argenteuil, en compañía de Cézanne, a principios de febrero, Chocquet compra un boceto y un pastel por 100 y 20 francos, respectivamente. Habrá que esperar hasta 1878 para descubrir una nueva transacción, por una cantidad de 50 francos en esta ocasión. De la mediocridad de estas operaciones se deduce que, para Chocquet, Monet desempeña un papel marginal. Sin embargo, sí es importante que, en la primavera de 1876, Monet pinta cuatro vistas de las Tullerías desde una ventana del apartamento de Chocquet, en la 5.ª planta de la rue de Rivoli 198, posiblemente animado por Renoir, quien también pintó ese motivo.

La disolución de la cooperativa de artistas, en diciembre de 1874, no significa que sus miembros hayan perdido el interés. Así las cosas, en abril de 1876 organizan una segunda exposición, en los locales de Durand-Ruel, en la rue Le Peletier 11. La mayor parte de las obras de «Monnet» [sic] son prestadas por el barítono Faure. La reciente adquisición de Chocquet figura en el catálogo con el título *Efecto de otoño.* A pesar de la ausencia de su protegido Cézanne, el coleccionista se esfuerza por hacer apreciar la pintura que él admira. Sin embargo, ni él ni los periodistas favorables al grupo consiguen remover montañas. Entre un público menos numeroso que en 1874, los que se mofan siguen siendo la mayoría.

Por el contrario, en los comentarios de la prensa se advierte una evolución favorable. En general, se considera positivo el principio de una exposición independiente del Salón y se aprecia la disposición de las obras, por artistas, mientras que en 1874 resultaba difícil comparar las obras sistemáticamente. Por otro lado, el número de artículos que se dedican a la exposición ha aumentado. Aunque el número de los enemigos irreductibles ha crecido, los ataques siempre son mejores que el silencio. El mismo Albert Wolff desciende de su pedestal para lanzar, en *Le Figaro* del 3 de abril, su famoso «La rue Le Peletier está enferma». Un importante grupo de críticos se muestra titubeante, perplejos por no explicarse el atractivo que ejerce, *volens nolens,* la pintura de los «intransigentes», término que alterna con el de los «impresionistas». Los partidarios compensan la insuficiencia del número con la calidad de una información que toman, en gran parte, del contacto directo con los artistas. Dos célebres escritores, Zola y Mallarmé, a falta de una tribuna libre en París, confían sus estudios a una revista rusa y a otra inglesa.

Claude Monet está considerado, cada vez más, como el jefe del grupo. Bertall, que abomina de los impresionistas, se escandaliza; Zola se congratula. Los paisajes tradicionales tranquilizan, los «deslumbrantes» inquietan. Se oye con frecuencia el reproche de que se contenta con «bocetos». *La japonesa,* llamada *Japonesería* en el catálogo, es la que suscita las reacciones más exaltadas (il. pág. 144). Poco satisfecho de los paisajes, A. de Lostalot —al parecer ha escrito su reseña antes de la aparición del catálogo— reconoce que «el vestido está pintado con inspiración y maestría notables». No así Ch. Bigot, E. Pocheron y S. Boubée. Este último informa a los lectores de la conservadora *Gazette de France* que «*La China* [sic] tiene dos cabezas: una de mujer del mundo galante sobre los hombros y otra de un monstruo, en salva sea la parte…». Sea como fuere, *La Japonesa* reportará a Monet 2.020 francos cuando la venda en una subasta del hotel Drouot, el 14 de abril de 1876.

En un ensayo sobre *La nueva pintura,* que se publica con una tirada de 750 ejemplares, Duranty intenta proporcionar una definición del impresionismo. Fiel a sus convicciones realistas, el autor hace una apasionada defensa del movimiento, si bien a continuación expresa algunas reservas e invita a los paisajistas —maestros del color— a «convidar ahora a las formas al banquete». Inmediatamente, algunos suponen que se ha producido un choque entre Duranty y Degas, síntoma de un resquebrajamiento en el aún débil edificio impresionista. Una carta de Cézanne a Pissarro, de julio de 1876, anuncia disonancias más serias: «Espero que la exposición de nuestra cooperativa sea un fracaso, si tenemos que exponer con Monet». «Monet hace dinero», continúa el pintor de Aix, pensando sin duda en la venta de *La Japonesa.* Sin embargo, el libro de cuentas revela que el total de ingresos de 1876, 12.313 francos, apenas significa un aumento en relación con el año anterior. Para conseguir ese resultado tiene casi que presionar sobre sus clientes eventuales. Algo confusa fue la venta de *La locomotora:* un préstamo de 1.500 francos garantizado con la venta ficticia de 15 tablas a Gustave Manet estableció el precio teórico de cada cuadro en 100 francos. Pero incluso en el caso de ventas reales, en numerosas ocasiones los lienzos no alcanzaban los 200 francos. Y Monet no era un caso aislado: los testimonios concuerdan en subrayar que la época se muestra especialmente difícil para los artistas.

Las tres hijas mayores de la familia Hoschedé, alrededor de su hermano Jacques, vestido de niña.
De izquierda a derecha: Marthe, Suzanne (la futura *Mujer con sombrilla*), Jacques y Blanche, quien se casará con Jean, el hijo mayor de Claude Monet, c. 1873

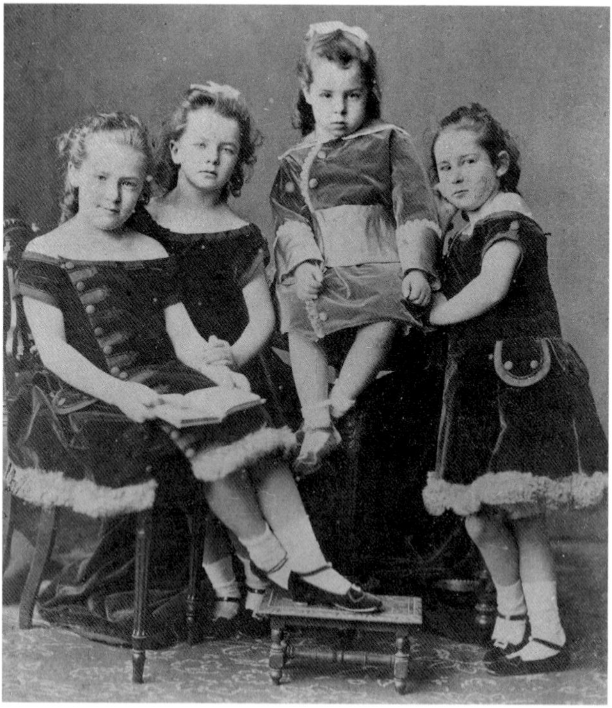

Ernest Hoschedé
Tras arruinarse, el mecenas abandonó este documento, con otros muchos, en manos de un acreedor de Vétheuil.

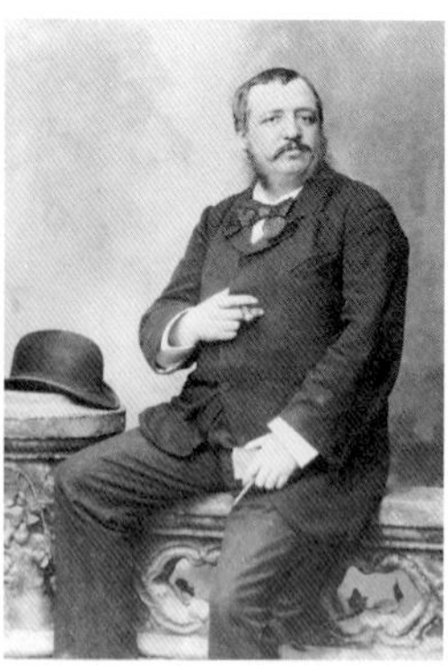

Ernest Hoschedé

El número de personas que compra obras directamente a Monet disminuye en 1876, pero algunos nombres que aparecen ahora por primera vez se mantendrán fieles a su arte. Este es el caso del Dr. De Bellio y del pintor Caillebotte, que suelen pagar por anticipado los lienzos que compran. En este caso, Monet anota los «anticipos» en la columna de entradas, como si se tratase de una venta normal, pero sin indicar a qué obras corresponden, en muchos casos no realizadas aún. Este método, extendido a otros clientes, crea situaciones tensas, cuando la realización de los encargos se retrasa.

Para conocer las relaciones de Monet con De Bellio y Caillebotte, la correspondencia de que disponemos es de innegable importancia. Mientras que para el segundo existen relativamente pocos testimonios, las cartas de Monet a De Bellio son más numerosas. En cuanto al imprevisor mecenas Ernest Hoschedé, y después su mujer e hijos, desempeñará un papel tan decisivo en la vida de Monet que se impone dedicarle un capítulo.

Ernest Hoschedé nació en París el 18 de diciembre de 1837. Su padre era un sencillo empleado de comercio y su madre —de soltera

Honorine Saintonge—, cajera, personas sencillas que, con su trabajo, amasaron una sólida fortuna. Asociado a un tal Blémont, Hoschedé padre sucede a Herbert y Loreau a la cabeza de la antigua casa de tejidos Chevreux-Aubertot, en la esquina de la rue Poissonnière 35 con el bulevar del mismo nombre. Aquí comienza Ernest su carrera parisina de negociante. Participa en las ventas y, a partir de la primavera de 1861, en cierto número de viajes a Gran Bretaña e Irlanda, acompaña tanto a su padre como a Blémont. Pero si su familia le anima a realizar esos viajes —otro le lleva a Italia y Suiza— no es tanto para iniciarle en el comercio internacional como para separarle de una relación que ha iniciado en París con una joven de 17 años, Alice Raingo. Desde el primer momento, la familia Hoschedé se opone terminantemente. La madre, muy posesiva, presiente la catástrofe: «Ernest, Ernest, ¡qué porvenir te espera!». Ernest consigue superar las reticencias paternas y contrae matrimonio con Alice, el 16 de abril de 1863. Sus padres, para manifestar su reprobación, se marchan a Lyon. El mundo en que entra es brillante, demasiado brillante, más próximo al mundo de *La Curée* de Zola que al de *Bonheur des Dames.* Madame Raingo, de soltera Coralie Boulade, es hija natural de un fabricante de tejidos de Lodève. Su marido,

Los cuatro hijos de la familia Hoschedé: Jacques, Suzanne, Blanche y Germaine
Pastel
c. 1880

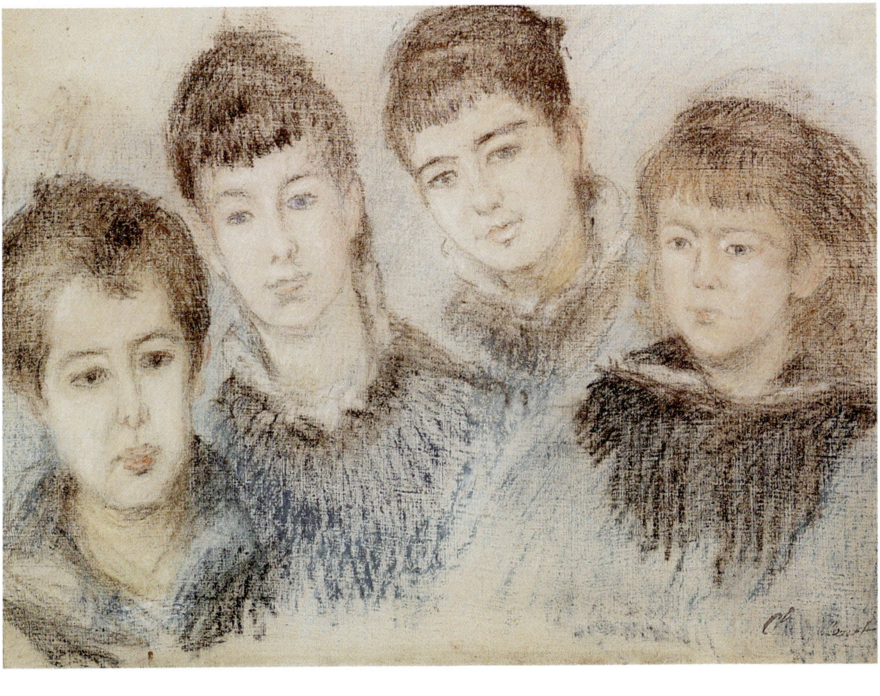

Alphonse Raingo, procede de Tournai y es una de las personalidades más conocidas de la importante colonia belga de París. En los documentos de naturalización de su hermano Jules figura una carta del barón Haussmann en la que se menciona la gran fortuna de los «hermanos Raingo». Aunque Alphonse Raingo y Coralie tienen nueve hijos, Alice recibe una dote de 100.000 francos y un ajuar de 15.000 francos. Compárense estas cifras con la donación de 12.000 francos —que nunca llegaron a pagarse— y con el ajuar de 500 francos de Camille Doncieux. A la vuelta del viaje de novios, Ernest pudo presentar su mujer a sus padres. Alice suplica a su suegra que la perdone y la quiera. Esa misma noche, la terrible dama confía a su diario: «Esta chica es inteligente y voluntariosa, creo. Es de fácil conversación, solo la voz es demasiado alta. Sus rasgos me han parecido más finos y suaves que en la fotografía». La vida irá restañando cicatrices y las dudas se disiparán a medida que vayan naciendo los nietos: Marthe (18 de abril de 1864), Blanche (12 de noviembre de 1865), Suzanne (29 de abril de 1868), Jacques (26 de julio de 1869) y Germaine (15 de agosto de 1873). Entretanto, Hoschedé padre se ha retirado de los negocios, en 1867, y Ernest ha ocupado su puesto. Aunque inquiete a su madre al hacer alguna observación pesimista, cuando sus padres visitan el almacén en rue Poissonnière, aparece como un exitoso hombre de negocios y todo parece discurrir por los cauces acostumbrados.

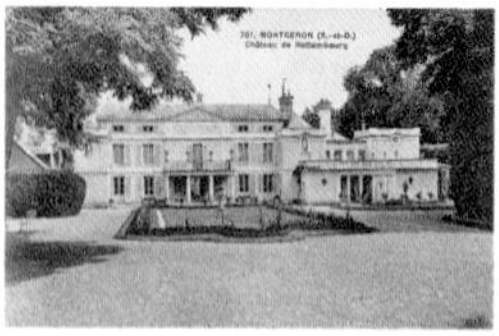

El castillo de Rottembourg en Montgeron, propiedad de Ernest Hoschedé
Tarjeta postal, comienzos del siglo XX

Monsieur Raingo muere en enero de 1870. Aunque ha desembolsado más de un millón de francos para uno de sus yernos, sus posesiones ascienden oficialmente a 2,5 millones de francos de oro, de los cuales una novena parte corresponde a Alice. Entre su herencia se encuentra también el castillo de Rottembourg en Montgeron, estimado en 175.000 francos. Aquí es donde Ernest va a llevar una vida de sibarita, aunque sea propiedad de su esposa. No se conoce con exactitud la fecha en que es presa de su pasión de coleccionista, lo que, con su prodigalidad y sus pocas habilidades para los negocios, acabará por llevarlo a la ruina. El primer síntoma de la quiebra es la subasta pública del 13 de enero de 1874 en la que Hoschedé se separa no solo de tres Monet, sino también de un conjunto de 80 lienzos. Sin embargo, los precios son adecuados y nadie se intranquiliza, ni siquiera su madre, que, habida cuenta del estado de salud de su marido, tiene otras preocupaciones. La muerte de Édouard Casimir se produce el 29 de mayo, privando a su hijo de un asesor de gran importancia. Las compras a altos precios continúan y las últimas ilusiones se pierden cuando se celebra una segunda subasta, el 20 de abril de 1875.

Ernest intenta ofrecer garantías, pero nadie le concede ya crédito. En septiembre se ve obligado a abandonar la casa del comercio familiar donde su presencia «se ha hecho imposible». Informa a su madre

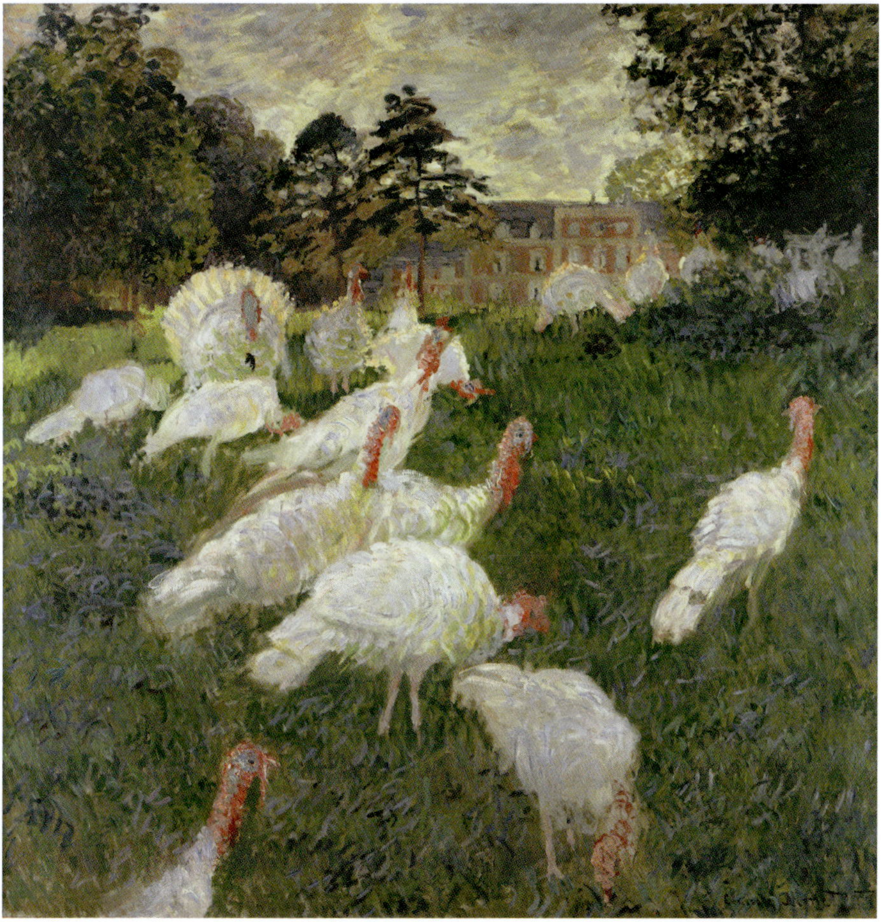

Los pavos
1877
172 x 175 cm
Musée d'Orsay, París

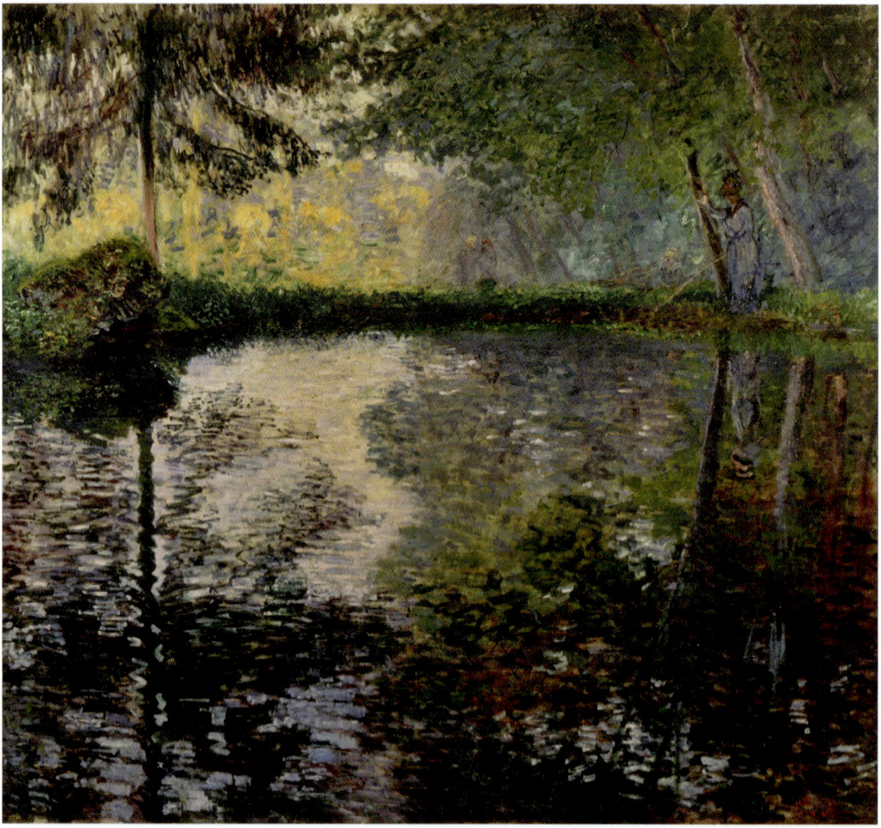

El estanque de Montgeron
1876
172 x 193 cm
Museo del Hermitage,
San Petersburgo

y, haciendo el papel del hombre acosado, acuerda una cita rocambolesca en el Parque Monceau, a medio camino de la rue de Courcelles, donde su madre vive en el número 75, y su propio domicilio, en el boulevard Haussmann 56. «Es imposible salvarme», le asegura, pero cuando la anciana dama le incita a cambiar de ritmo de vida, responde que Alice se niega a abandonar Rottembourg. La situación llega a ser tan grave que, el 1 de enero de 1876, en vez de llevar regalos a sus nietos, la abuela Hoschedé les lleva «un traje para cada uno». Mientras tanto, en el castillo de Montgeron continúa la fiesta.

Del Parque Monceau al castillo de Rottembourg

A partir de 1876, Monet se va separando progresivamente de Argenteuil. Aunque aún sigue haciendo obras admirables, se advierte un cierto cansancio, al mismo tiempo que encuentra nuevos atractivos en París. Desde la primavera, a las vistas de las Tullerías ya mencionadas, vienen a añadirse varias obras pintadas en el Parque Monceau. Si bien no sorprende un paseo desde la estación de Saint-Lazare al Louvre, ¿qué llevó a Monet a este aristocrático jardín del octavo distrito? La respuesta, por supuesto, es una invitación de Ernest Hoschedé, cuya hija Blanche recordará haber conocido al pintor precisamente en el Parque Monceau. En una vista del parque que compra su marido se reconoce la elegante silueta de Alice Hoschedé; la niña que lleva en la mano debe de ser Germaine, su hija pequeña.

En julio, Édouard Manet, acompañado por su mujer, pasa 15 días en el castillo de Montgeron, donde pinta un buen número de cuadros. Para uno de ellos, Hoschedé posa, confortable y despreocupado. Un poco más tarde, Monet será invitado por Hoschedé, que le ha encargado varias obras de gran tamaño. Para trabajar, puede utilizar el estudio que se encuentra en un pabellón del parque. El libro de cuentas del pintor señala «anticipos para los trabajos de decoración» a partir de septiembre de 1876. Ciertos pagos «en especie», mercancías que ha de sacar del almacén de la rue Poissonnière —en una ocasión, por 608 francos— subrayan las dificultades económicas en que se encontraba el mecenas. Después del fracaso de septiembre de 1875, Ernest ha logrado que Tissier, uno de sus asociados, participe en una nueva sociedad denominada Hoschedé, Tissier, Bourely et Cie. La nueva compañía queda fundada el 1 de agosto de 1876 con un capital de 2.900.000 francos y 60 personas dedicadas a la venta.

Los trabajos de Monet en Rottembourg se extienden a lo largo de todo el verano, cuando pinta *Los pavos* (il. pág. 153) y *Los rosales,* y hasta ya entrado el otoño, estación en la que pintó *La caza* e *Interior del bosque,* cubierto de hojas muertas. Una carta dirigida a Gustave Manet muestra que aún está allí el 4 de diciembre. Es entonces, sin duda, cuando realiza el *Retrato de Germaine con su muñeca.* Antes había pintado *El estanque de Montgeron* (il. pág. 154) y *La llegada a Montgeron* (il. pág. 155).

Hoschedé había adquirido, aunque no la había acabado de pagar, una casita de pescadores, La Léthumière, a orillas del Yerres, donde Monet hará algunos estudios. En esa misma ocasión pinta una casa más importante de Yerres, que pertenece al ingeniero Debatiste. El encuentro con Caillebotte es realmente probable, si se tiene en cuenta que este tenía una pequeña propiedad en las afueras de la pequeña ciudad y que había enviado a la segunda exposición del grupo, celebrada en abril de 1876, dos vistas de su *Jardín de Yerres.*

¿Acompañó Camille a Claude en su viaje a Rottembourg? Es posible, aunque en sus escritos Blanche Hoschedé no menciona su presencia. Suponiendo que hubiera venido a pasar unos días de vacaciones, regresaría pronto a Argenteuil, porque Jean —alumno del colegio Fayette— ha de comenzar las clases. En una carta a De Bellio, fechada en Montgeron durante la primera quincena de noviembre, Monet se

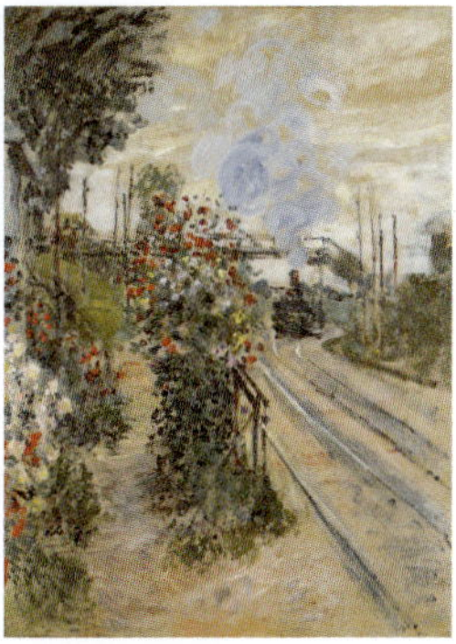

La llegada a Montgeron
1876
81 x 60 cm
Colección particular

PÁGINAS 156/157
La estación de Saint-Lazare
1877
75 x 100 cm
Musée d'Orsay, París

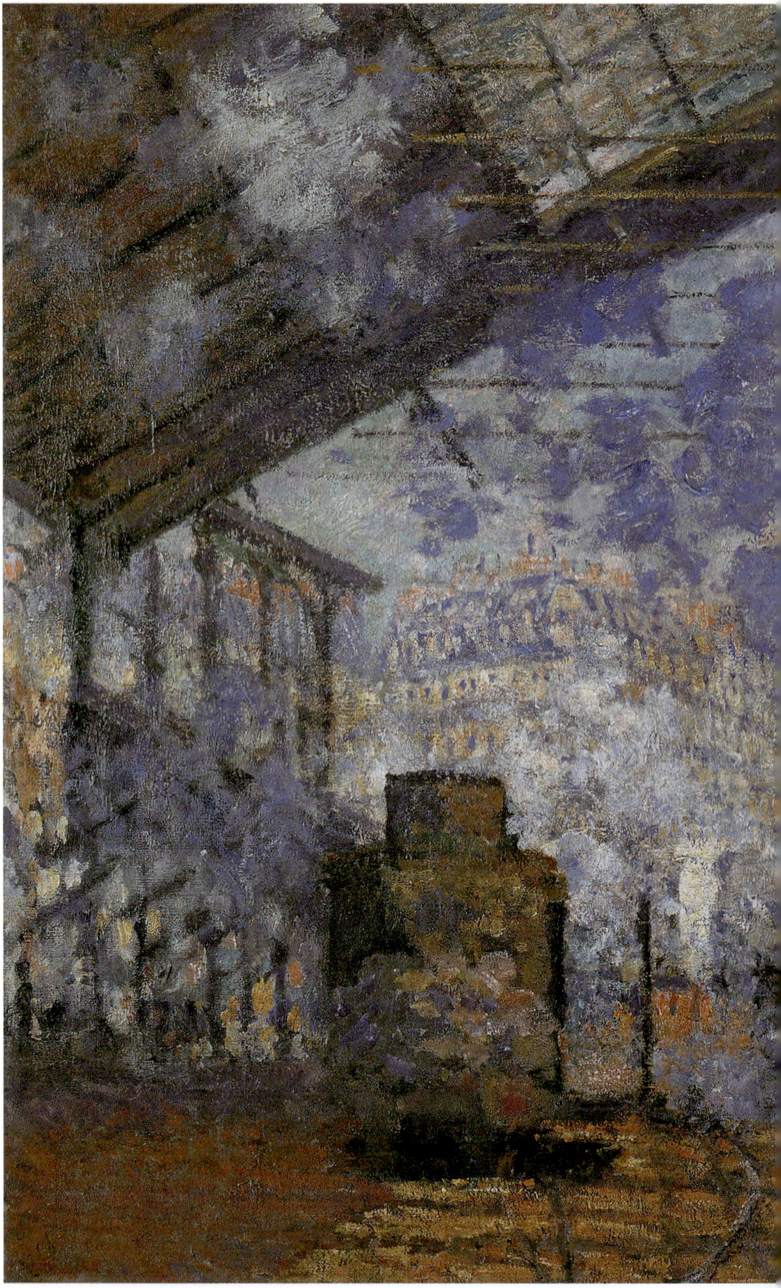

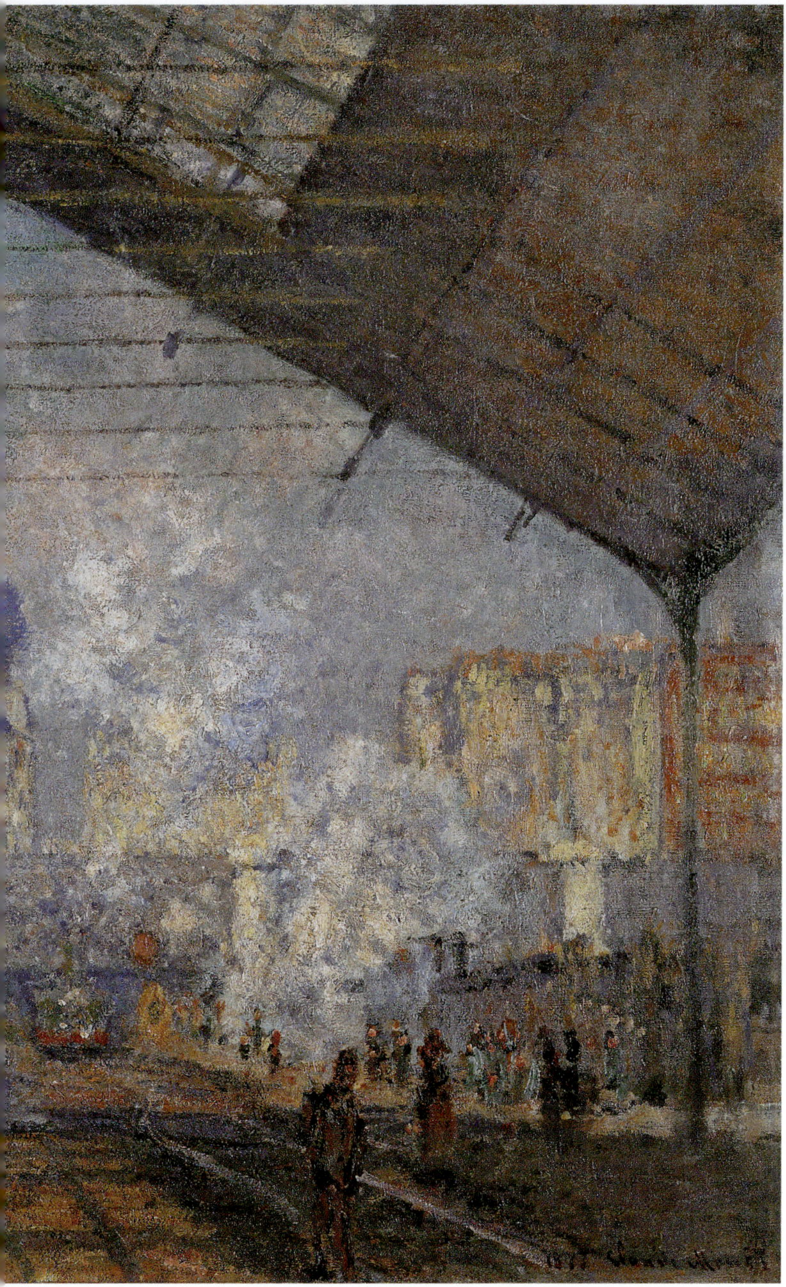

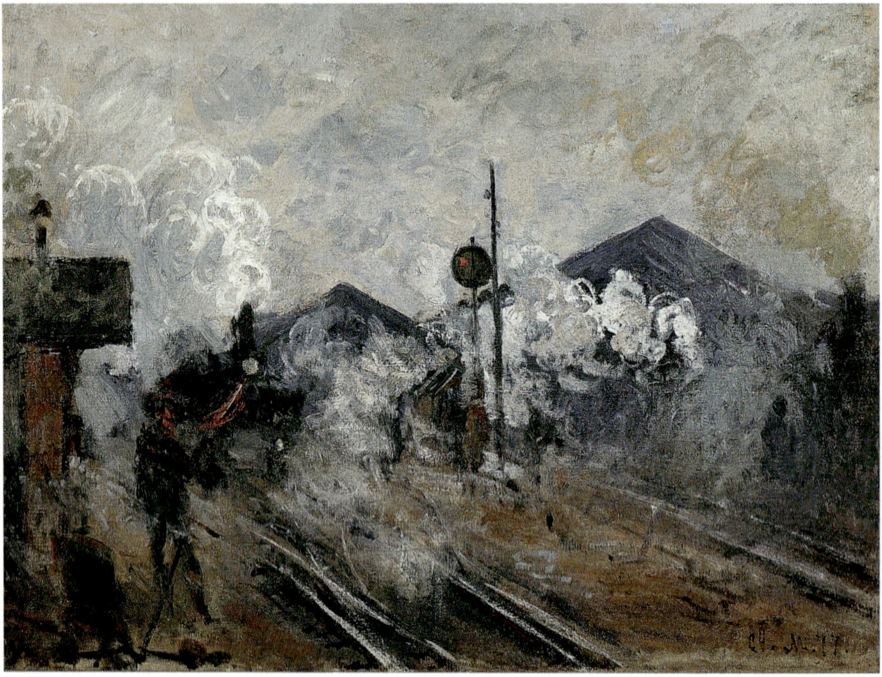

Las vías a la salida de la estación de Saint-Lazare
1877
60 x 80 cm
Colección particular

muestra inquieto por haber dejado a su mujer sola y sin recursos en Argenteuil. Como Ernest ha tenido que volver a París para poner orden en sus negocios, el pintor se queda solo con Alice Hoschedé y los niños. La mujer, aún joven, tiene ocasión de comparar al «gran artista» con el niño grande que sigue siendo su marido.

¿Hasta qué punto fueron demasiado lejos estas comparaciones? Nueve meses más tarde, el 20 de agosto de 1877, cuando se fuga de París huyendo de la quiebra que será declarada cuatro días más tarde, en el tren que la lleva a Biarritz a casa de una de sus hermanas, Alice Hoschedé dará a luz al último de sus hijos, Jean-Pierre Hoschedé.

La estación de Saint-Lazare

A finales de año, Monet regresa a Argenteuil y se ocupa de las gestiones para conseguir la autorización de pintar el interior de la estación de Saint-Lazare. El 17 de enero de 1877, anuncia al editor Charpentier que se ha instalado en el número 17 de la rue Moncey, en el mismo barrio de la estación. Situado en la planta baja de un inmueble de cinco pisos, su apartamento —una pequeña estancia sin calefacción, una alcoba, un cuarto de baño, sin que se mencione un estudio— recuerda uno de esos pisos de solteros tan frecuentes en el París del siglo XIX. El alquiler se hace a nombre de Caillebotte que, cada trimestre, remite a su amigo los 175 francos del alquiler.

La localización central de la rue Moncey le permite recibir a los clientes que no se muestran dispuestos a desplazarse a Argenteuil. Al mismo tiempo, es un punto de apoyo para la importante campaña que ha emprendido en los andenes de la estación de Saint-Lazare y en sus inmediaciones, en el Puente de Europa y en el túnel de Batignolles. Mientras que no se ha encontrado ningún dibujo preparatorio de los temas pintados anteriormente, de esta obra se han conservado varios estudios. Debido a las restricciones impuestas por las necesidades del tráfico, Monet no tuvo posibilidad de pintar íntegramente el lienzo ante el motivo (il. págs. 156/157, 158, 161).

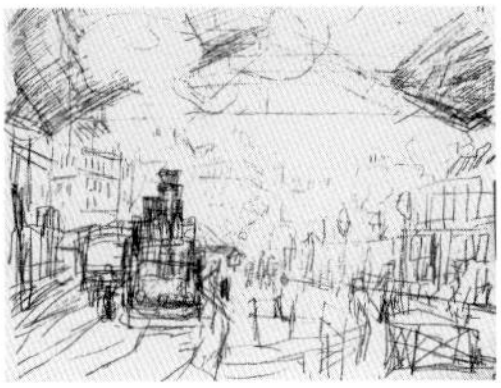

La estación de Saint-Lazare (alrededores de la estación)
Lápiz sobre papel
Musée Marmottan Monet, París

De este modo, Monet se ha convertido en el pintor por excelencia de las más parisina de la estaciones, desde la que se viaja a la mayor parte de los lugares clave para el impresionismo: la costa normanda, Ruán, Chatou, Bougival, Louveciennes, Ville-d'Avray, Argenteuil, Vétheuil, Pontoise, Éragny y Giverny. Símbolos del progreso para los contemporáneos, las locomotoras de larga chimenea —la más famosa de ellas siempre será la *Lison* de *La bestia humana* de Zola— han adquirido en el siglo de la electrónica el prestigio de las cosas que ya han desaparecido, con las nubes de vapor que las rodean. La representación de Monet es tan lograda que algunas frases de Zola que describen el mismo espectáculo, desde una perspectiva diferente, parecen como una paráfrasis de sus lienzos: «Delante, bajo el polvo arremolinado por los rayos, las casas de la rue de Rome difuminaban sus contornos, se eclipsaban, ligeras. A la izquierda, las marquesinas del mercado cubierto abrían sus porches gigantes, con ventanas ahumadas… En la confusión de vagones y máquinas que obstruían los raíles, una señal roja mancillaba el día pálido… Una máquina exprés, con dos grandes ruedas devoradoras, estacionada sola, soltaba por su chimenea un gran humo negro, que subía derecho, lentamente, en el aire tranquilo… Y vio sobrepasar el puente un humo blanco que se arremolinaba como un copo de nieve, volando a través de los armazones de hierro».

Desde marzo de 1877 aparecen varias vistas de *La estación de Saint-Lazare* en las listas de ventas que lleva Monet. El mismo Hoschedé adquiere tres (il. pág. 158). De los 30 lienzos presentados en la tercera exposición del grupo en abril, 11 son préstamos de «M. H.», siglas tras las que se esconde el mecenas acorralado. Le pertenecen dos versiones de *La estación de Saint-Lazare* del catálogo. De Bellio posee una tercera, y otras cuatro siguen siendo propiedad del artista. La exposición, que por primera vez tiene como título «Exposición de los impresionistas» —el crítico Louis Leroy puede estar satisfecho de sus «ahijados»—, se celebra en rue Le Peletier 6, a tan solo unos pasos de la galería Durand-Ruel. El miércoles 4 de abril, la «inauguración particular» produce un éxito tan simpático como pasajero. A la mañana siguiente, la hostilidad de una gran parte de la prensa se ocupa de producir un cambio de tendencia. No obstante, no se puede negar la importancia de la manifestación, que los ataques no hacen sino confirmar. El más criticado es Cézanne, que ha vuelto a reunirse con sus compañeros pero en su reprobación, el inspector de Bellas Artes, Roger Ballu, no hace distinción entre este y Monet: «Cuando los niños se divierten con papel y lápices de color, lo hacen mejor».

Junto con *Los pavos* (il. pág. 153), «decoración no terminada» según el catálogo —«¿Qué será, Dios mío, cuando se haya dado la última pincelada?», se pregunta *Le Moniteur Universel*—, son sobre todo los cuadros de *La estación de Saint-Lazare* los que atraen más la atención. Sin ser conscientes de que su censura encubre un elogio, ciertos comentarios subrayan algo esencial, la sinestesia o combinación de dos sensaciones de diferente naturaleza. Así, el barón Grimm dice en *Le Figaro:* «[Monet], a fin de cuentas, no ha intentado sino darnos la impresión desagradable que resulta cuando varias locomotoras silban a la vez». O, el anónimo de *Le Moniteur Universel:* «El artista ha querido causar la impresión que produce sobre los pasajeros el ruido de las máquinas a la hora de la llegada y de la salida». Esas críticas son más instructivas que los elogios sistemáticos de Georges Rivière en la revista *L'Impressionniste,* creada especialmente para asegurar el éxito de la exposición, pero que apenas sobrevivirá algún tiempo.

Despedida de Argenteuil

En Monet, «la gran miseria de los impresionistas» se traduce en llamadas de socorro de una intensidad hasta entonces desconocida. No obstante, sus libros de cuentas registran para 1877 una cifra notable de ventas y anticipos: 15.197,50 francos, el mejor resultado desde 1873. Pero, si se examina esa cantidad con detenimiento, puede observarse que se ha visto obligado a vender a precios muy bajos. Por ejemplo, el 1 de junio ha vendido 10 lienzos a De Bellio por 1.000 francos, es decir a 100 francos por unidad. Al mismo tiempo, a partir de mayo se aprecia un retroceso notable de las compras y de los anticipos de Hoschedé; Ernest solo puede enviarle cantidades muy pequeñas. En octubre, incluso le encarga que venda ciertas obras que ha conseguido sustraer al embargo judicial que siguió a su quiebra.

La ruina del mecenas acelera la caída de los precios de las obras de Monet. En diciembre, cede cinco bocetos al pastelero Murer por 125 francos ¡y se obliga a entregarle otros cuatro cuadros contra un anticipo de 200 francos! De aquí surgirán pronto disputas desagradables.

Como se ve frecuentemente absorbido por el reembolso de sus apremiantes deudas —por ejemplo, del total de 1.350 francos que le reporta la venta de 16 obras al comerciante de pinturas Voisinot, en mayo, solo percibe 50 francos en efectivo—, las ventas no consiguen cubrir los gastos corrientes de Argenteuil, a los que hay que añadir los gastos ocasionados por la vida en París. Desde 1874 no cesan de aparecer en su contabilidad anotaciones como «letras pendientes», «efectos pendientes», «cuentas pendientes». Si bien es cierto que gran parte de esas notas se tachan una vez que se han hecho los pagos, otras letras simplemente se renuevan. En enero de 1877, el recuento de las «deudas pendientes» es tan considerable que Monet, descorazonado, renuncia a calcular la suma total. Sin embargo, eso no impedirá que vuelvan a anotarse nuevas «cantidades pendientes» durante todo el año, sin que los plazos se respeten mejor que en el pasado.

De los extractos de cuentas se deducen algunos detalles del ritmo de vida que lleva la familia Monet en Argenteuil. Las compras directas a Burdeos y Narbona indican un consumo de vino bastante elevado. Los pagarés suscritos a los nombres de Marie y Sylvain

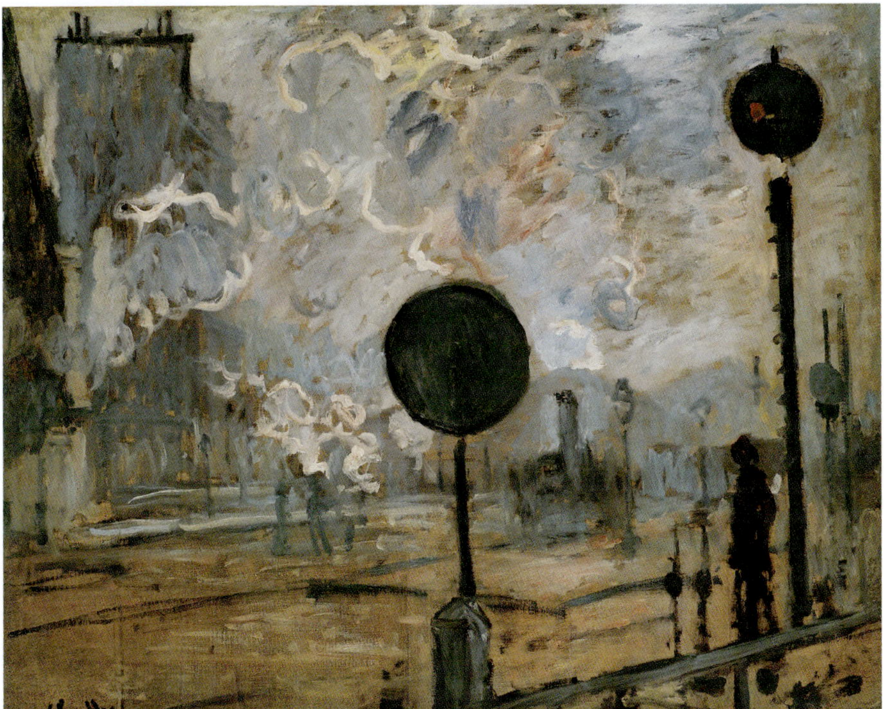

Exterior de la estación de Saint-Lazare (la señal)
1877
65 x 81,5 cm
Niedersächsisches Landesmuseum, Hannover

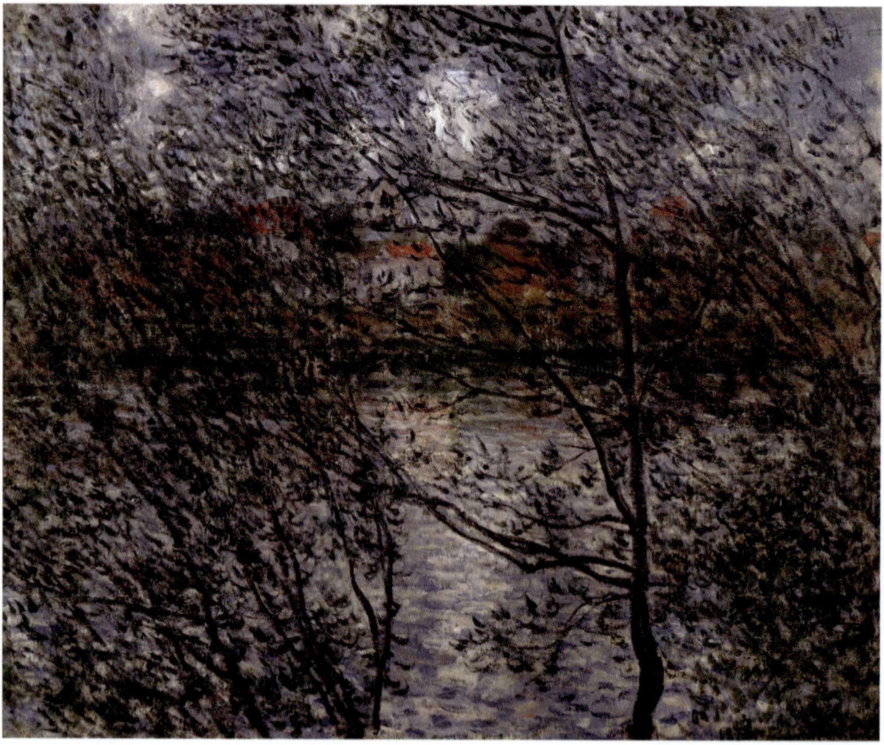

Primavera, vista a través de las ramas
1878
52 x 63 cm
Musée Marmottan Monet, París

atestiguan la presencia simultánea de dos criados, sin contar el jardinero, Lelièvre, que parece cobrar por separado. Una cantidad de 240 francos que se deben a Pleyel y Wolff podría referirse a la adquisición de un instrumento de música o al alquiler de un piano. Aparecen todos los oficios y todos los tipos de comercio. Aunque no vayamos a hacer un recuento exhaustivo, entre los acreedores merece destacar un nombre, el de Braque. Artesanos en Argenteuil desde hace varias generaciones, a la familia Braque pertenecen un carpintero, un cerrajero y un pintor de brocha gorda. El hijo de este último, nacido algunos años después de que Monet abandone la ciudad, conducirá la pintura lejos de los derroteros abiertos por el impresionismo; su nombre es Georges Braque.

A las preocupaciones económicas hay que añadir las que causa al pintor la salud de su mujer. El retrato de *Camille con un ramo de violetas* es muy revelador al respecto. Dos cartas no fechadas, dirigida una a Monet y la otra a De Bellio, muestran que se encuentra seriamente enferma. El médico que la trata en Argenteuil ha llamado a un colega para consultarle; el caso parece tan serio que se llega a hablar de una operación. Monet cree que se trata de «ulceraciones de la matriz». Se ha concluido que Camille había sufrido un intento de aborto. Sin embargo, esas ulceraciones de la matriz, suponiendo que realmente se tratara de ello, podrían tener orígenes diversos, por ejemplo tuberculosis o un cáncer. Parece que se pudo evitar la intervención prevista, posiblemente gracias a los consejos del Dr. De Bellio.

¿En qué momento se produce ese menoscabo de la salud? Ciertamente, durante el último periodo de la estancia de Monet en Argenteuil. En el verano de 1877, Camille se encuentra encinta; el hijo, Michel Monet, nacerá en marzo de 1878. Hacia el fin del embarazo se manifiestan ciertas enfermedades, aparentemente distintas de las graves que acabamos de señalar, que podrían remontarse a su comienzo. Si su mujer estaba seriamente enferma, resulta al menos sorprendente que Monet la dejara embarazada poco después, teniendo además en cuenta que no había tenido ningún hijo más desde hacía 12 años.

En el momento en que se levantan nubes de todo tipo, el adiós del pintor a Argenteuil le infunde, por contraste, una serenidad extraordinaria. Después de varias repeticiones, retoma un motivo dejado de lado desde 1872: un extremo del paseo visto hacia la parte baja del río, con la casa de campo que le sigue directamente. Al menos en dos lienzos se ve el establecimiento de baños, amarrado a la orilla. Las chimeneas de las fábricas están tratadas más discretamente que nunca, casi solo insinuadas. En el primer plano, flores recién plantadas, que permiten relacionar este motivo —en un último homenaje— con el tema de los jardines floridos del Sena, visto en la dirección preferida, la de la puesta de sol. Cuando las flores se han marchitado, Monet pasa las tardes en París. A finales de diciembre está tan atormentado que no encuentra tiempo ni para terminar un cuadro ni para aceptar una invitación a un almuerzo. Tiene que hallar a toda costa la cantidad necesaria para abandonar Argenteuil el 15 de enero de 1878, sin que sus acreedores le embarguen el mobiliario y los cuadros. Finalmente, ha conseguido reunir los fondos necesarios y puede hacer el traslado. En contra de lo que afirma De Bellio, no «se ha desembarazado de todos sus acreedores», sino solo de los más osados. Los humildes tendrán que esperar aún durante mucho tiempo, como demuestra la siguiente carta, fechada en Argenteuil el 16 de julio de 1891:

«Monsieur Monet:
»Respondo a su carta para decirle que he recibido los 200 francos y que ha hecho feliz a dos personas, a mí y a mi esposo, pues el 14 de julio por la mañana no teníamos ni un *sou*. Imagínese qué sorpresa cuando llegó el cartero con su amable carta y, como también yo tengo deudas,

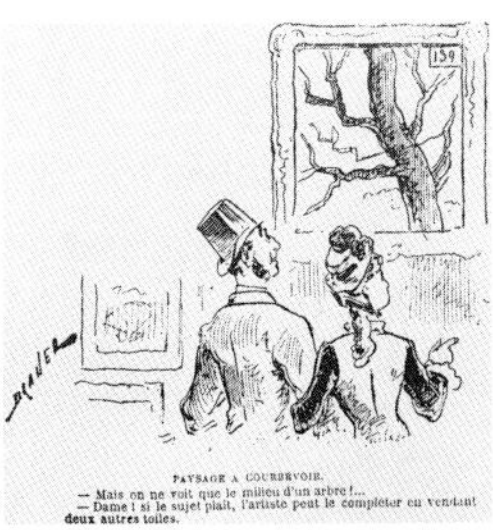

Caricatura del n.º 455, por Draner, en *Le Charivari* del 23 de abril de 1879

salí inmediatamente para distribuir gran parte y contentar a los otros. Usted me pregunta por mi cuenta; aquí la tiene. He recibido en tres ocasiones 30 francos del alguacil del juzgado, lo que suma 90 francos; de usted recibí en una ocasión 50 francos y en otra 30 francos, es decir 80 francos más los bienvenidos 200 francos. Es decir, en total he percibido 370 francos. Calculamos en Argenteuil que la cuenta con usted ascendía a 1.000 francos; pero cuando dejó París se vino a añadir 120 francos más, lo que suma un total de 1.120 francos; restando los 370 francos que he recibido, quedan aún 750 francos a mi favor. Ruego revise la cuenta, pero creo que no hay error.
»Termino estrechando la mano de un hombre honrado y la de su familia.

f(emme) Prétot
Rue de la voie des Bancs S. et O. Argenteuil»

Virginie Levasseur, madame Prétot como ella misma se llama, es lavandera. Ese dinero lo ha ganado con sus manos en el barco lavandería de Argenteuil. Tiene «buen espíritu» como se decía entonces, lo que hace que se abuse de sus buenas disposiciones. Su carta muestra que, incluso en una época en que ha llegado la fortuna con la gloria, Monet está lejos de haber enjugado completamente sus deudas, ni siquiera esta que contrajo con una pobre mujer 10 años antes. Se entiende que los recursos a los alguaciles de los juzgados, objeto de reprobación por espíritus sensibilizados con las desgracias de los artistas, encuentren —en el caso de la «femme Prétot»— cierta justificación.

La isla de la Grande-Jatte

La marcha de Argenteuil va unida a nuevas dificultades. El 8 de enero, cuando Monet anuncia a Murer que va a dejar la vivienda el día 15, no sabe aún adónde ir. El pisito de la rue Moncey, lleno de cuadros, no está en condiciones de acoger en pleno invierno a tres personas: el pintor, un niño de 10 años y una mujer embarazada. Flament, el propietario de la casa de Argenteuil, le concede una prórroga y gracias a los 200 francos enviados por De Bellio consigue encontrar un alojamiento en París. El día 20, el mobiliario está ya cargado en un vehículo de mudanzas, pero no tiene el dinero suficiente para pagar el transporte. Caillebotte probablemente le acabó prestando los 160 francos que le permitieron dejar definitivamente Argenteuil.

Como los encuentros de negocios se siguen manteniendo en la rue Moncey, el nuevo domicilio no aparece hasta el 15 de febrero, en una carta que el Dr. Gachet dirige al 26 de la rue d'Edimbourg, en el barrio de Europa, equidistante de la rue Moncey y del Parc Monceau. La familia Monet ocupa un apartamento bastante grande que da al patio, en el tercer piso de un inmueble de cinco plantas. Consta de un vestíbulo, comedor, salón y otras tres piezas «con calefacción»; el alquiler asciende a 1.360 francos al año.

El 9 de febrero, los médicos anuncian que «el acontecimiento» —el nacimiento de un niño— es inminente. El Dr. Gachet, a quien se dirige esta información, oye por primera vez que carecen aún de «bastantes cosas de primera necesidad». Esa llamada no disimulada le incita a acordar un adelanto de 50 francos, contribución bastante modesta, muy lejos de los esfuerzos que hacen Caillebotte, De Bellio o Manet. Este último expide una letra de 1.000 francos destinada a reemplazar una más antigua, operación al parecer distinta de un préstamo de 1.200 francos que hizo a Monet el 9 de enero precedente. Las relaciones entre los dos artistas siguen siendo excelentes desde los bellos días de 1874. No sorprende, pues, que Manet sea testigo en el acto de la inscripción del nacimiento de Michel Monet, en el ayuntamiento del octavo distrito. Según esta, el niño nació el 17 de marzo de 1878 a las 11 horas, en el domicilio de sus padres. El segundo testigo es Emmanuel Chabrier, a quien Manet hace figurar en su *Baile de máscaras en la Ópera.* Gracias a una herencia de su mujer, el

La isla de la Grande Jatte
1878
56 x 74 cm
Pola Museum of Art,
Hakone, Japón

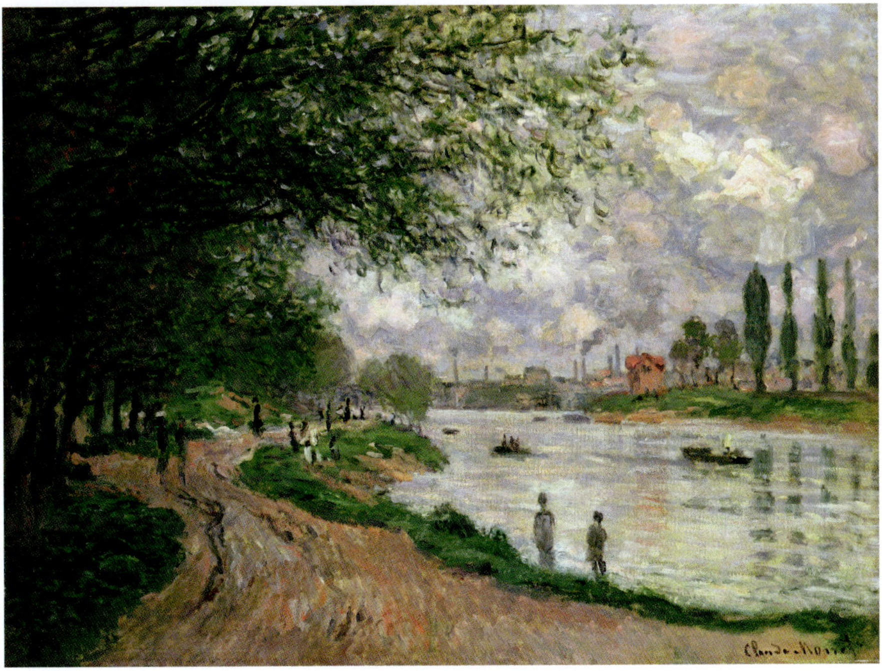

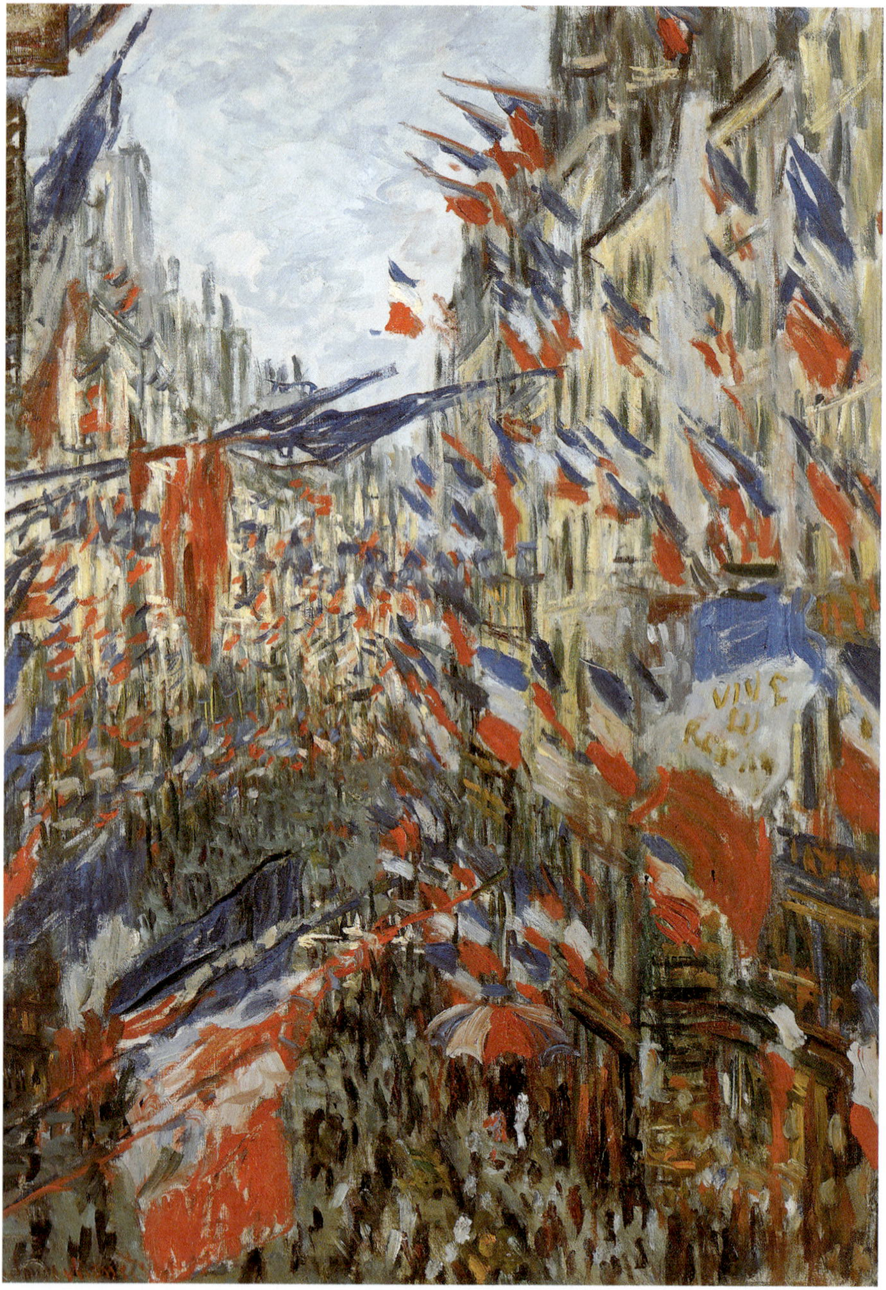
VIVE

futuro compositor de *España* está en condiciones de constituir una colección. Un mes después del nacimiento de Michel, compra tres cuadros a Monet por 300 francos, unos ingresos que también debe a la amistad con Manet.

A la búsqueda de nuevos motivos, Monet recuerda la isla de la Grande-Jatte, que ha visto una y otra vez cuando el tren de Argenteuil atravesaba el puente de Asnières. Situada a menos de 2 km de las puertas de la capital, precisamente por el lado donde vive el pintor, la Grande-Jatte es fácilmente accesible gracias al puente metálico que la une con Neuilly y con Levallois-Perret. Monet recorre la isla entera, desde la punta occidental que mira hacia el puente de Neuilly al extremo oriental, donde se ven las chimeneas de la fábrica de gas de Clichy (il. pág. 165). Uno de los motivos es la orilla de Courbevoie vista a través de una cortina de ramas. Una de las obras de esta serie inspirará los lápices de un caricaturista en la cuarta exposición del grupo, celebrada en 1879 (il. pág. 155). Algunos años más tarde de las excursiones de Monet, los lienzos de Seurat inspirados en *La Grande-Jatte* permitirán observar cómo la idealización neoimpresionista se habrá apartado del naturalismo fundamental del impresionismo primitivo.

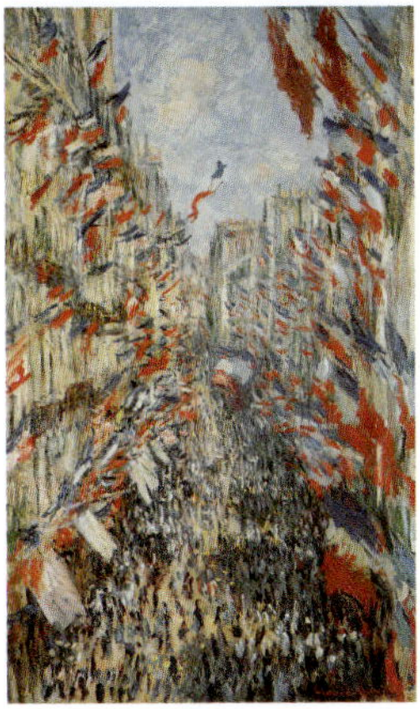

La calle Montorgueil, fiesta del 30 de junio de 1878
1878
80 x 50,5 cm
Musée d'Orsay, París

La Exposición Universal

Debido a la proximidad de la Exposición Universal de 1878, los impresionistas desisten de organizar una particular. Brillantemente inaugurada el 1 de mayo por el general Mac-Mahon, presidente de la República aún seis meses más, la exposición atraerá a un público muy numeroso hacia el Campo de Marte y el Palacio del Trocadéro, edificado ex profeso para la ocasión. Incluso el Salón del Palacio de la Industria se ve eclipsado y retrasa la inauguración del 15 al 26 de mayo. Renoir, fiel a su calidad de «discípulo de Gleyre», expone *El café.* En tan solo unos días, las subastas de Faure y Laurent Richard, así como la disolución del estudio de Daubigny, saturan el mercado. Théodore Duret publica *Les Peintres Impressionnistes,* un folleto destinado a apoyar la causa de sus amigos. Acaba de comprar *Zaan, en Zaandam* (il. pág. 111) en la subasta de Daubigny y proclama: «Monet es el impresionista por excelencia».

«El impresionista por excelencia», cuyas afinidades con el arte japonés —la revelación de la Exposición Universal— resalta Ernest Chesneau en *La Gazette des Beaux Arts,* hace lo posible por no naufragar. Al no poder exponer, se ve forzado a solicitar la visita de eventuales clientes, pero cuando se encuentra ante ellos no se atreve a manifestar su indigencia y prefiere hacerlo por escrito. De ahí el verdadero trabajo de escritorio que llena sus tardes y los días de lluvia. No obstante, después de terminar sus excursiones a la Grande-Jatte se acuerda de las campañas que hizo en el parque Monceau; ahora vuelve a trabajar en

La calle Saint-Denis, fiesta del 30 de junio de 1878
1878
76 x 52 cm
Musée des Beaux-Arts et de la Céramique, Ruán

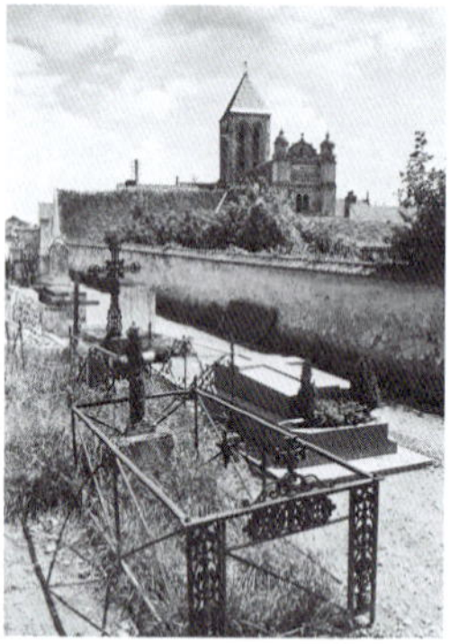

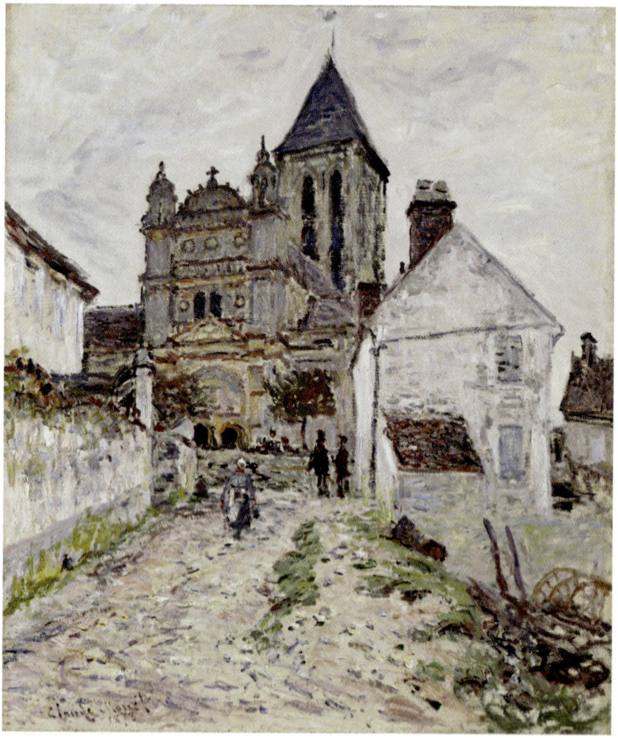

IZQUIERDA
La iglesia de Vétheuil.
En primer plano, la tumba de Camille

DERECHA
La iglesia de Vétheuil
1878
65 x 55 cm
National Gallery of Scotland, Edimburgo

este jardín público, distante apenas 10 minutos de su domicilio. En junio, De Bellio compra una de las obras que realiza allí por 200 francos.

La República ha decidido dedicar el domingo 30 de junio a una fiesta nacional para celebrar, siguiendo la euforia de la Exposición Universal, el renacimiento de París y de Francia. Se invita a los ciudadanos a decorar sus casas con banderas. El barrio de Europa responde a este llamamiento, como puede verse en *La calle de Mosnier, engalanada* de Manet, pero Monet prefiere dirigirse al centro de la ciudad. «Me gustaban las banderas —referirá a Gimpel en 1920—. La primera fiesta nacional del 30 de junio me fui paseando, con mis instrumentos de trabajo, a la rue Montorgueil. La calle estaba muy engalanada y llena de gente. Vi un balcón, subí y pedí permiso para pintar, permiso que me concedieron. Después bajé de incógnito.» El paseo por las viejas calles, que se extienden desde los grandes bulevares hasta el mercado de Baltard, no es casual: *Le Figaro* del 30 de junio recomienda a sus lectores que acudan al espectáculo, que ha comenzado la víspera, en las puertas de Saint-Martin y Saint-Denis, así como en la rue Mandar, que desemboca en la rue Montorgueil. El comercio de tejidos tradicionalmente arraigado en este barrio, favorece la confección de cientos de banderas; algunas calles se habían reservado a los peatones durante las festividades. Se comprende el reto que supone para un artista al que gustan las calles estrechas, con sus casas de frontones góticos.

Satisfecho con su sesión de trabajo en la rue Montorgueil, Monet regresa de incógnito. Pero ¿quién le conocía entonces en el mundo del comercio? Muy cerca de allí, la rue Saint-Denis le ofrece un espectáculo análogo, tan análogo que reina una confusión extrema sobre la denominación exacta de las dos *Fiestas del 30 de junio* (il. págs. 166, 167). ¿Pintó el artista, o incluso terminó, las dos el mismo día? No es inverosímil, aunque las calles se mantuvieran engalanadas, al menos, hasta la mañana siguiente. En cualquier caso entregó *La calle Montorgueil, fiesta del 30 de junio de 1878* (il. pág. 167) a De Bellio el 11 de julio «para saldar la cuenta», circunstancia que permite comprender la rapidez de la ejecución y el efecto que este lienzo causó en ese aficionado ilustrado. También hay otro conocedor que se muestra no menos atraído unos días más tarde. Se trata de Hoschedé, que paga 100 francos por *La calle Saint-Denis, fiesta del 30 de junio de 1878* (il. pág. 166).

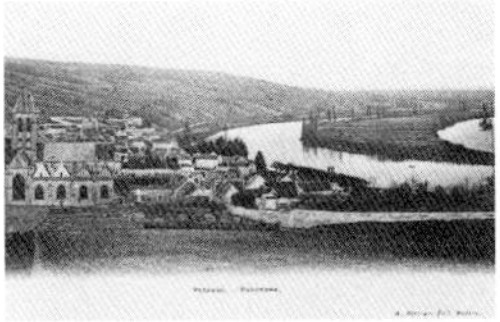

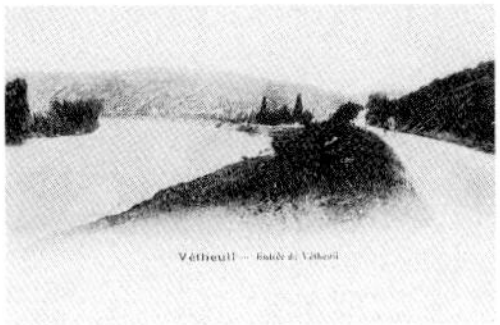

DE ARRIBA ABAJO
Vétheuil: panorama. El meandro del Sena visto en dirección río arriba. Los dos brazos del Sena rodean la isla de Saint-Martin, donde Monet trabajó con frecuencia.
Tarjeta postal, c. 1900

Entrada a Vétheuil: al pie de las colinas a la orilla derecha del Sena, tal como la veía Claude Monet cuando llegaba a la ciudad por la carretera de Mantes, en 1878. Algunas de sus obras muestran este paisaje visto desde muy cerca.
Tarjeta postal, c. 1900

Última subasta de los bienes de Hoschedé

La adquisición de un cuadro en julio de 1878 por parte de Hoschedé sorprende a todo aquel que conoce la quiebra del comerciante, declarada el año anterior y confirmada por el Tribunal de apelación el 6 de abril de 1878. El pasivo y las hipotecas suman más de dos millones de francos, y el número de acreedores asciende a 151. Georges Petit reclama 70.000 francos, Durand-Ruel 12.500 francos, el célebre sastre Worth, 10.192 francos. El castillo de Rottembourg, propiedad de su esposa, está gravado con una hipoteca de 204.861 francos a favor de un habitante de Montgeron, monsieur Blache. También presentan reclamaciones miembros de la familia Raingo: Alice misma —casada en régimen de separación de bienes— reclama 90.349 francos a fin de recuperar parte de la cantidad que será repartida entre los acreedores. Solo recibió 250.000 francos del total recaudado de 906.879, pues solo el procedimiento, que no se cerrará hasta el año 1887, ya supuso un coste de 600.000 francos.

Las operaciones empiezan en julio de 1877 con la venta del mobiliario del boulevard Haussmann. El de Montgeron conoce la misma fortuna después de ser inventariado el 7 de septiembre del mismo año. El castillo es adjudicado a Blache, el 15 de mayo de 1878, por 131.000 francos. Algunos días más tarde, el 5 y el 6 de junio, le llega el turno a la colección de objetos de arte, que salen a subasta en el hotel Drouot por requerimiento de Monseiur Maillard, síndico de

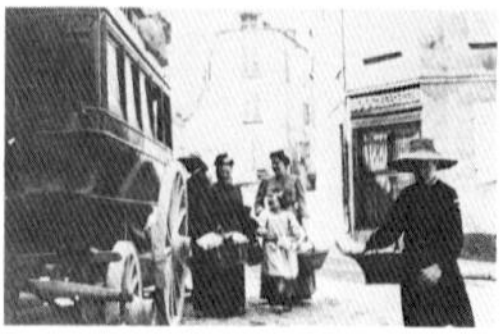

La llegada a Vétheuil del automóvil de *père* Papavoine, c. 1885

la quiebra; la subasta está dirigida por monsieur Dubourg, ayudado por Ch. George y G. Petit.

El catálogo de esta nueva subasta de Hoschedé consta de más de 100 números, 48 de ellos correspondientes a obras impresionistas. Monet está representado por una docena de cuadros catalogados, más cuatro pinturas fuera de catálogo. Los precios oscilan entre 35 y 505 francos, pagándose la cifra más alta por *Saint-Germain-l'Auxerrois* (il. pág. 72). En total, estos cuadros reportan 2.415 francos (la media es de 155 francos y alcanza los 184 francos en el caso de los 12 cuadros catalogados).

Georges Petit compra tres cuadros por 38, 60 y 75 francos, en parte o en su totalidad por cuenta de Monet. De Bellio adquiere una obra no catalogada por 35 francos e *Impresión, sol naciente* (il. pág. 132) por 210. Mary Cassatt se hace adjudicar una *Playa de Trouville* por 200 francos. Faure paga por dos cuadros 50 y 130 francos y por *El Parlamento de Londres (El puente de Westminster)* (il. pág. 106), 250 francos. Así, se muestra más generoso que Chocquet, que ofrece 62 francos por *Muchachas en un arriate de dalias* y 95 francos por *El paseo en el interior del bosque, efecto de otoño.* Con el boceto que compró al artista en enero por 50 francos, posee ya tres obras de Monet.

Comparados con los precios que el pintor obtiene de sus clientes, las subastas no son realmente desastrosas. Sisley se queda muy por debajo de él, con una media de 114 francos, y Pissarro se puede sentir realmente preocupado, pues el mejor precio es de 100 francos; una de sus obras se vende a tan solo 10 francos y otra, ¡por siete francos! Manet supera en mucho a sus amigos, con más de 500 francos de media, pero ninguna de sus obras alcanza los 1.000 francos, mientras que el día anterior se había subastado un cuadro de Théodore Rousseau por 10.000 francos.

Los organizadores habían decidido que las obras de los impresionistas salieran a la puja solo durante el segundo día de la subasta. Al parecer, despiertan deliberadamente cierta hostilidad del público ante los jóvenes pintores. Paul Durand-Ruel narra que las obras se presentan del revés en varias ocasiones para subrayar que son incomprensibles; sin embargo, resulta bastante inverosímil que el síndico tolerara esa actuación, lo mismo que parece increíble que G. Petit, experto oficial y acreedor de 70.000 francos, exprese horror ante los cuadros impresionistas, como relata Tabarant. Los ingresos totales de los días de subasta —69.227 francos— son ciertamente muy inferiores a los precios que pagó en su día el pobre Hoschedé al adquirir las obras.

Es una simple coincidencia, pero 15 días después sucede algo que habría abatido a cualquier otro: a instancia del síndico de la quiebra, Hoschedé es condenado a un mes de prisión. Sin embargo, el mes

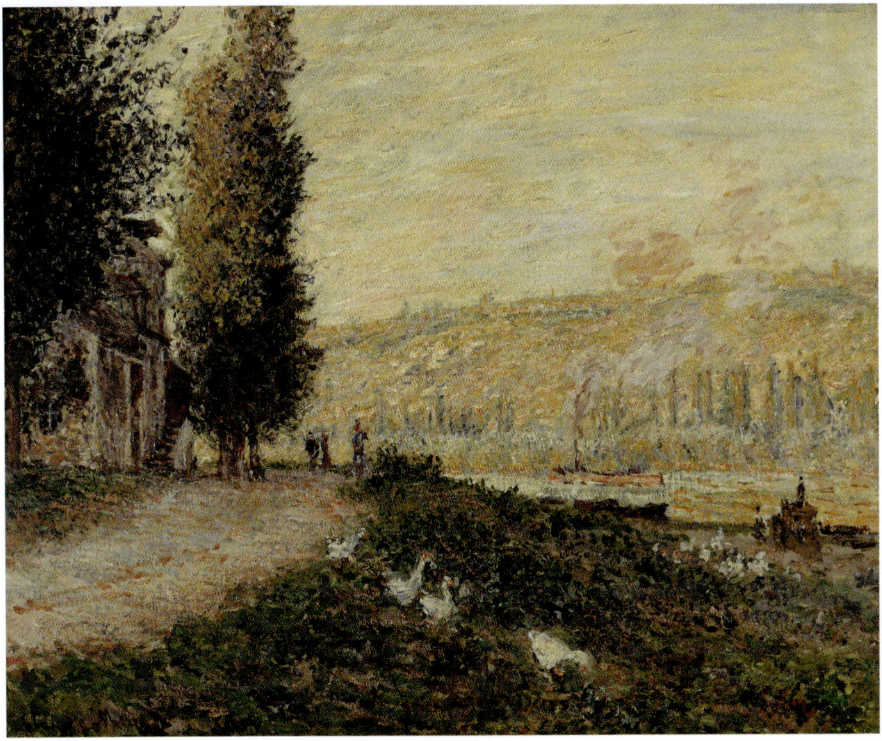

siguiente encuentra los 100 francos necesarios para pagar *La calle Saint-Denis.* Solo conservó esta obra unos días: una anotación del 1 de agosto en los libros de Monet indica que se revende a Chabrier por 200 francos, por cuenta de Hoschedé. El comercio de cuadros, que había simultaneado siempre con sus demás actividades y que había causado su ruina, le debía esta pequeña compensación.

La ribera en Lavacourt
1878
65 x 80 cm
Staatliche Kunstsammlungen Dresden, Galerie Neue Meister

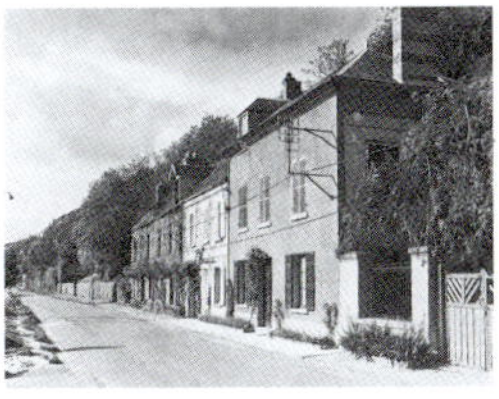

La casa de Monet en Vétheuil

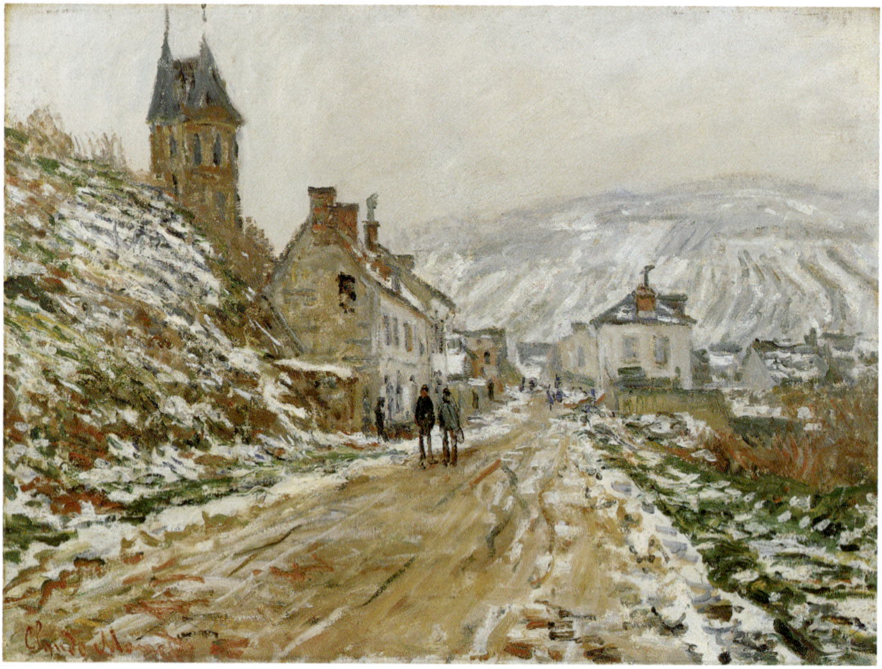

La calle de Vétheuil en invierno
1879
52,5 x 71,5 cm
Göteborg Konstmuseum, Gotemburgo

Primera estancia en Vétheuil

Corre el mes de agosto cuando Monet sale de París para pasar unos días en el campo. La primera mención se encuentra en una carta de De Bellio, que espera «elegir entre la cosecha» que traerá el pintor. El lugar adonde se dirige aparece en una carta que Monet escribe a Murer el 1 de septiembre: «He levantado mi tienda a orillas del Sena, en Vétheuil, en un lugar encantador». Recordaba los extremos de la Île-de-France, recorridos en la época de Bennecourt; ahora se ha instalado en una población de 622 habitantes que, con un médico y una oficina de correos, posee alguna comodidad más que un pueblo.

El tren de las ocho lleva al viajero desde la estación de Saint-Lazare hasta Mantes, a 57 km de distancia; para la docena de kilómetros restantes sube al vehículo público de *père* Papavoine —pronunciado *Papawèn*—. Después de cruzar el Sena, paralelamente al viejo puente que pintó Corot, el vehículo remonta la colina de Saint-Martin-la-Garenne. Desde allí, los pasajeros pueden admirar un panorama magnífico: el río, salpicado de islas, traza un arco casi cerrado, los acantilados blancos de la orilla derecha, bordeando la meseta de Arthies, se extienden hasta La Roche-Guyon y aún más allá, en la otra orilla, se despliega la llanura de Lavacourt y el bosque de Moisson. En el extremo oriental del meandro, donde desemboca el vallecito de Vienne, se encuentra desde hace siglos el pueblo de Vétheuil. Las viejas casas de tejas grises y marrones se agrupan alrededor de una iglesia declarada monumento en 1845. El campanario central y el coro son del siglo XVIII y la nave se reconstruyó en la primera mitad del siglo XVI. Hacia el Sena, tiene una fachada del más bello y clásico Renacimiento. Enseguida, Monet se dedicará a este motivo (il. pág. 168), transición perfecta entre el *Saint-Germain-l'Auxerrois* (il. pág. 72) de su juventud y las catedrales de Ruán que pinta en torno a los 50.

Después de pasar unos días en el hotel Cheval Blanc que regenta la viuda Auger, el pintor se instala en una casita de la carretera de Mantes, donde no solo le acompañan Camille, Jean y el pequeño Michel, sino también Hoschedé con su mujer e hijos, 12 personas en total, sin contar el personal, al que no pueden renunciar. Las cartas que Ernest dirige a su madre completan afortunadamente la información que hay que rebuscar en la correspondencia de Monet. Continúa el mal tiempo. El 3 de septiembre aparece el sol por primera vez desde que están en Vétheuil, pero después vuelven la lluvia y el frío, obstaculizando el trabajo del pintor en las islas y haciendo «insostenible» el hangar donde se han instalado para la vida colectiva. Como el aire penetra por todos lados, para almorzar prefieren una esquina del jardín resguardada por un muro del fondo. ¡Qué lejos queda Rottembourg!

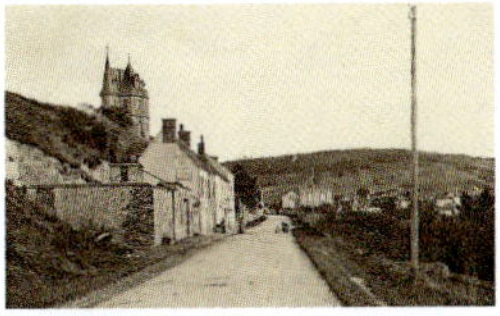

La entrada a Vétheuil por la carretera de La Roche-Guyon
Tarjeta postal, c. 1900

Esta situación influye sobre el estado de salud de Camille. Para calentarse bebe alcohol, cometiendo una imprudencia que pone fin a una mejora pasajera. Otro día, un paseo demasiado largo la agota. Hacia finales de septiembre, su marido está tan inquieto que intenta provocar la visita del Dr. De Bellio. Algunos días más tarde, la mujer decide destetar a Michel, al que ha dado el pecho hasta entonces. Sin embargo, en lugar de encerrarse en sí misma por su enfermedad, se preocupa de los demás. Como ha notado la tristeza de Alice, habla con Marthe, la hija mayor de la familia Hoschedé. Se las ingenia para ocupar a los niños. A mediados de septiembre, las fiestas de Vétheuil, con sus «juegos estúpidos», les apasionan. Cuando se marcha la institutriz particular por no haberle pagado los honorarios, Ernest mismo se ocupa de darles clase durante unas semanas. Una colaboración con *Le Voltaire* que consigue gracias a la ayuda de Manet le supone unos pequeños ingresos. Se las arreglan con los 500 francos de pensión mensual que le envía su madre y los ingresos adicionales que intenta obtener.

Monet se ocupa de mantener las relaciones con sus clientes, con visitas rápidas a París o por correspondencia. Al principio, los resultados son mínimos: 450 francos en agosto, 460 francos en septiembre. Prácticamente la mitad de los ingresos proviene de De Bellio. La carta dilatoria que el pintor dirige el 1 de septiembre a Murer provoca una

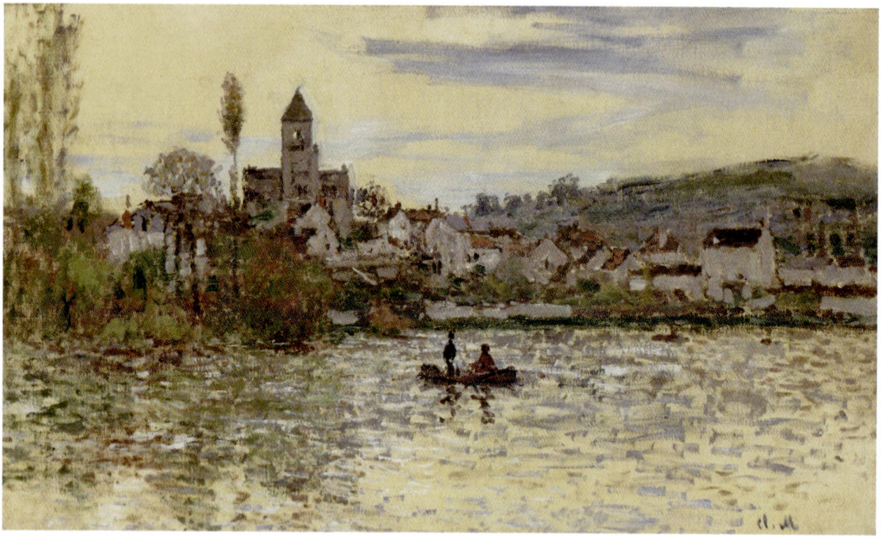

El Sena a su paso por Vétheuil
1879
43 x 70 cm
Musée d'Orsay, París

viva reacción del pastelero, que se siente tratado con menos respeto que los otros. Monet le responde el 6 de septiembre con un alegato hábil y agresivamente irónico en el que Hoschedé, experto en la materia, debió de tener parte. En los días sucesivos, el tono vuelve a ser más amistoso. Después de remitirle un cuadro en diciembre, el pintor volverá a dar largas al asunto. En octubre, la situación mejora notablemente gracias a la venta de las primeras obras pintadas en Vétheuil. El marchante Luquet adquiere seis paisajes por 1.000 francos, De Bellio compra cinco lienzos, por 750 francos que, deduciendo los anticipos, aún reportan 300 francos. Cuatro cuadros se entregan a Hecht, quien abona 500 francos. El total de las facturas del mes asciende a 1.890 francos. La buena acogida que se ha dispensado a su nueva producción confirma a Monet en el plan de fijar su residencia en un lugar cuyos motivos, pintados con la alegría del descubrimiento, despiertan un eco tan favorable. La salud de Camille queda relegada a un segundo plano con respecto al trabajo.

El traslado definitivo

A largo plazo, la casita de la carretera de Mantes, de cuyo alquiler parece haberse hecho cargo Hoschedé, no parece adecuada para las dos familias. En el otro extremo del pueblo, Monet descubre una casa más confortable; la propietaria, la viuda Elliott, consiente en alquilársela sin preocuparse demasiado por los rumores de deudas que han comenzado a circular. El contrato precisa que los tres, seis o nueve años de alquiler «han comenzado a correr desde el 1 de octubre», lo que permite fijar el traslado con la exactitud de unos días. El canon de 600 francos por año, muy inferior a los habituales en París, se ha de pagar en cuatro plazos. El primer vencimiento se fija para el 1 de enero de 1879. Monet, que ya se ha gastado el dinero ganado en octubre y que ha tenido un miserable mes de noviembre —todos sus ingresos se reducen a 10 francos de adelanto de su hermano— recorre todo París para intentar reunir los 150 francos del plazo. De vuelta a Vétheuil el 13 de diciembre, el 18 se dirige a La Roche-Guyon para firmar el contrato en el bufete del notario Delaplane.

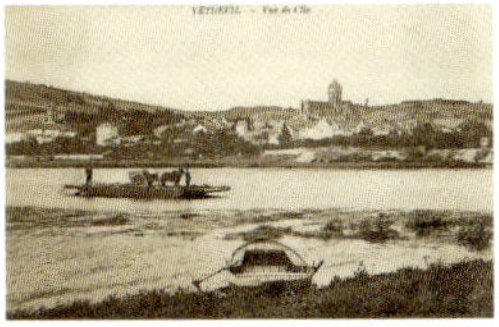

Vista general de Vétheuil tomada desde la ribera de Lavacourt
Tarjeta postal, c. 1900

La casa de campo en que Monet pasará más de tres años de su vida está situada en la salida noroeste de Vétheuil, en la carretera que conduce a Chantemesle y La Roche-Guyon. En la planta baja, además de la cocina, tiene el grupo característico de la casa francesa tradicional: salón y comedor; en la primera planta, tres habitaciones, dos de ellas con calefacción, y el cuarto de baño; en la superior, el cuarto de la criada, otro cuarto de baño y la buhardilla. La presencia de esos retretes es muestra de un confort poco habitual en esa época fuera de las grandes ciudades. Adosada a una pendiente en la que se han practicado dos cavidades, la casa vuelve su fachada principal hacia el suroeste. Desde las ventanas de la primera planta, la vista se extiende por el Sena. En invierno, el sol se pone detrás de las casas del caserío de Lavacourt, que bordean la orilla de enfrente. En el primer plano, la mirada se detiene en los árboles frutales de un jardín que forma parte del alquiler. Precedido de una escalera de piedra, donde Monet instala sus grandes recipientes de pintura azul, este jardín desciende con una suave pendiente hacia el «puerto», donde recientemente Daubigny desembarcó del *Botin* y donde está amarrado el estudio flotante. Una conejera y un gallinero aportan carne a la mesa.

Paralelamente a la instalación en Vétheuil, Monet disuelve el contrato de la rue d'Edimbourg, al mismo tiempo que traslada su estudio de la rue Moncey a la próxima rue de Vintimille. La nueva dirección, en el número 20 de dicha calle, aparece en las cartas del pintor a partir de diciembre, al igual que en el contrato de Vétheuil, donde se indica como domicilio oficial. El alquiler del pequeño apartamento en la planta baja se hace a nombre de Caillebotte. Por su parte, Hoschedé dispone en París de un apartamento que su madre ha alquilado para él en el número 64 de la rue de Lisbonne, cerca del parque Monceau.

Al mismo tiempo que organiza su nueva existencia, Monet trabaja sin interrupción. Como si le retrajera una especie de reserva, vacila antes de abordar los motivos inspirados por el mismo Vétheuil. Después de sus estudios de la iglesia, se contenta con una escalera y una granja, características del hábitat rural en una región en que los campesinos viven de pequeños cultivos. Aquí abundan los manzanos. Monet los pintará en el valle de Vienne y en la carretera a Chantemesle. El pueblo, que aparece a lo lejos en una obra de este grupo, está completamente ausente de los numerosos lienzos pintados en las islas, un vasto campo de acción que se extiende desde el pequeño brazo lateral de Mousseaux durante 3 km río arriba, hasta las islas de Moisson.

También Lavacourt supone un reto para los pinceles del artista. Pinta dos vistas generales desde la orilla de arena de Vétheuil. Monet llega hasta la aldea para pintar varias versiones de *La ribera en Lavacourt* (il. pág. 171), preferentemente en dirección a la puesta de sol. Solo una obra de este grupo está orientada en el sentido opuesto. En ella se aprecia un remolcador. Un segundo remolcador, acompañado por el humo de su chimenea, queda plasmado mientras remonta el Sena seguido de un convoy de gabarras. Este símbolo de la civilización industrial no volverá a encontrarse más en las obras de Vétheuil.

La temporada está ya muy avanzada cuando Monet instala su caballete cerca de su casa para pintar *La carretera de Vétheuil.* El motivo, que retomará varias veces, exige hacer algunas precisiones: la torre que aparece en la colina no representa el campanario de la iglesia, sino el «chalet du Belvédère», también denominado Les Tourelles, domicilio de madame Elliott. Al pie del collado, a la izquierda de la carretera, se encuentra un pequeño grupo de casas; la última es la que alberga a las familias Monet-Hoschedé. Al fondo, la colina de Chênay, el borde abrupto de la meseta de Arthies. El *Retrato de J.-P. Hoschedé, denominado «bebé Jean»* —con el que cierra las obras de 1878—, que hace como regalo de Año Nuevo para Alice, y el *Retrato de Michel Monet bebé,* que terminará a comienzos de 1879, simbolizan la extraña existencia de Claude Monet, cabeza moral de dos familias, mientras que Ernest Hoschedé se encuentra alejado de Vétheuil.

«Oportunidad tanto para la esperanza como para el fracaso»

El invierno de 1878-1879 es tan duro que el prefecto de Seine-et-Oise ha de cerrar la temporada de caza el 9 de febrero, «debido a la nieve que cubre la tierra». Dos meses más tarde, el *Journal de Mantes* escribe: «¿Será que hemos cambiado de latitud? A mediados de abril, los campos siguen estando desnudos y estériles. Todo es lúgubre». De este prolongado invierno, Monet saca el mejor partido posible, con dos motivos que se volverán clásicos: la carretera cercana a su domicilio, que le seduce particularmente cuando la nieve está sucia (il. pág. 172), y la ribera en Lavacourt, donde suele preferir las vistas río arriba. Familiarizado con el lugar, vuelve su mirada al propio Vétheuil y hace una vista panorámica ejemplar. Otras dos obras muestran desde un lugar más cercano las casas acurrucadas alrededor de la iglesia, aunque se diferencian por el ángulo de vista y por el encuadre. Las dos suponen que el estudio flotante se encontraba fondeado a cierta distancia de la orilla, a menos que el pintor estuviera sobre un islote. Por encima de la ribera nevada se distinguen los cercados de los jardines.

En su conjunto, las obras del primer invierno de Vétheuil tienen un carácter de tristeza, al parecer más inspirado en las preocupaciones del artista que en la estación misma. Sin embargo, es suficiente que llegue la primavera para que el pincel de Monet refleje ese renacimiento floral, tanto en los frutales como en pleno campo. Multiplica los motivos, en un verdadero frenesí pintor: vistas generales tomadas en las proximidades de la carretera de Mantes, casas parcialmente ocultas tras una cortina de ramas y pequeños brazos del Sena dominado por la colina de Chantesmele. Un grupo de vistas de Vétheuil reflejándose en el agua ofrece diferentes efectos dependiendo del emplazamiento del pintor y de la luz (il. pág. 174). Aumenta la similitud con los cuadros de Lavacourt, todos ellos tomados desde el mismo ángulo, con excepción de una obra con el campanario de Saint-Martin-la-Garenne emergiendo por encima de la línea del horizonte. Dignas de mencionar son otras dos obras que parecen testimoniar una feliz despreocupación: *La pradera* (il. págs. 178/179) y *Campo de amapolas cerca de Vétheuil* (il. pág. 210). Nada más lejos de la realidad. Para convencerse de esto basta leer las cartas que Monet escribe en esta época. Aunque cambian de tono dependiendo del destinatario, e incluso se puede encontrar un rasgo divertido al encargar coñac a Duret, el descorazonamiento que aparece en una carta de marzo a De Bellio da ciertamente la nota justa. Quizá se deba a que, después de que el mes de enero le hubo reportado 1.070 francos, en febrero y marzo solo consigue 100 francos cada mes, remitidos por Caillebotte.

No le interesa presentarse al Salón, donde Renoir triunfará con su *Retrato de madame G. C... y sus hijos.* Incluso la organización de una cuarta exposición del grupo deja a Monet indiferente. Pero ¿cómo resistirse, cuando no se tiene ni un *sou,* a la amistosa presión de los 2.500 francos remitidos por Caillebotte en abril? «A regañadientes y para no parecer un informal», Claude se aviene a los ruegos de su amigo y deja que este organice su participación. La exposición se inaugura el 10 de abril de 1879, en el número 28 de la avenue de l'Opera. En el catálogo se recogen 29 obras de Monet; solo Pissarro presenta más. A la mañana siguiente, A. Wolff vuelve a escribir su ataque habitual: «monsieur Monet ha enviado 30 paisajes que parecen haber sido pintados en solo una tarde... Ahora da la sensación de encontrarse en un atolladero del que ya no saldrá». El contraataque es lanzado por Ph. Burty en *La République française:* Monet «se muestra como el artista más dotado de ellos». Dos días más tarde, en *Le Gaulois,* Montjoyeux reconoce que el exilado de Vétheuil tiene «un temperamento de artista dispuesto a abrirse paso y que supone una oportunidad tanto para la esperanza como para el fracaso». Profundizando en el análisis técnico, en *La Chronique des Arts,* Duranty subraya la deuda de Monet frente a Jongkind, Boudin y Manet, mientras que, en *La Vie Moderne,* A. Silvestre anuncia el funeral de «los señores impresionistas

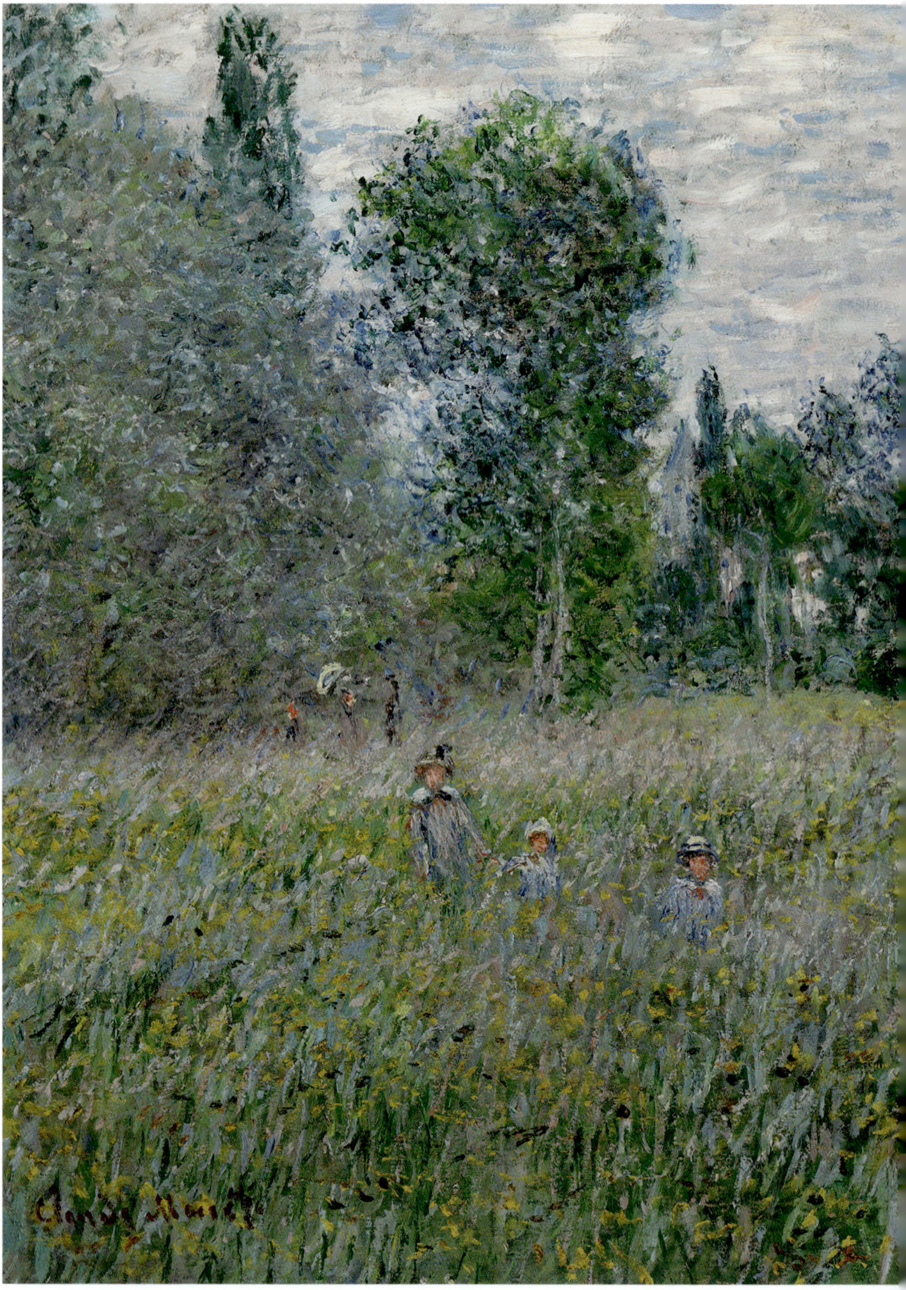

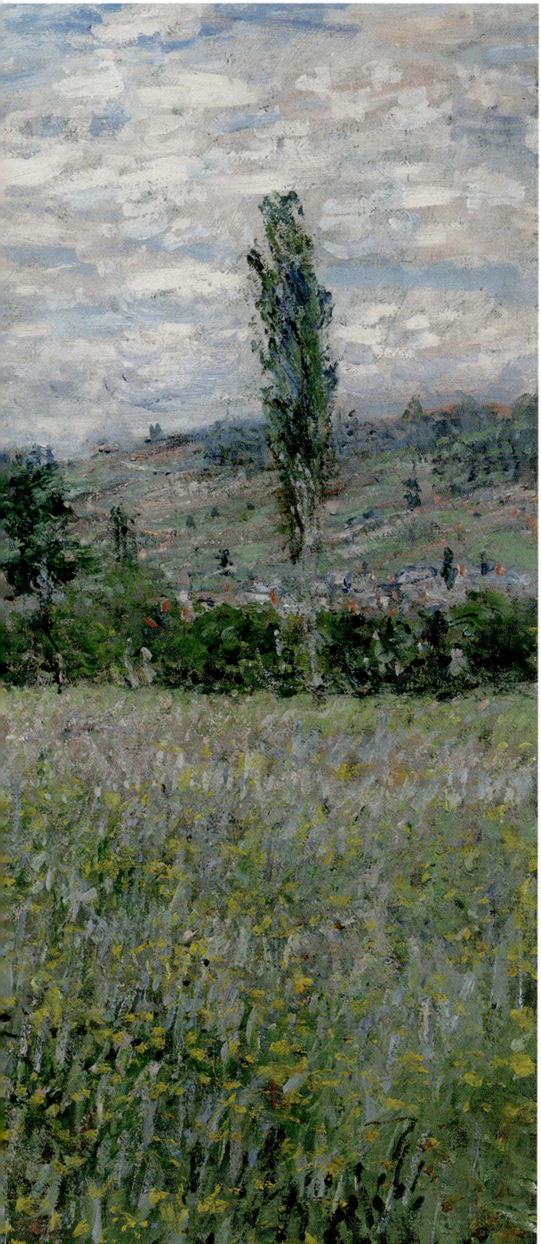

La pradera
1879
79 x 98 cm
Joslyn Art Museum,
Omaha, Nebraska

por obra de los señores independientes», denominación adoptada por los expositores, y en *Arts,* G. Tardieu afirma que el impresionismo «se ha puesto guantes» y «pronto cenará en la ciudad».

La sociedad parisina ya no se muestra tan reprobadora, sino que se dirige a la exposición con el ánimo de divertirse y sin la acrimonia de antes. Después de la clausura de la exposición, el 11 de mayo, cada participante percibe 439 francos. Monet, que no ha puesto el pie en la exposición, registra esta cantidad, seguida de 300 francos que Mary Cassatt ha pagado por un lienzo titulado *Primavera,* que había rajado —junto con otro—, pero que luego entregó a Caillebotte. Este se encargó de hacerlo reparar y felicitó a su amigo por su calidad.

Ni estos cumplidos ni los artículos aparecidos en la prensa favorables son capaces de sacar a Monet de la depresión en que se encuentra, y que alcanzará su momento culminante el 14 de mayo, día en que expone su situación a Manet: su mujer y el niño están «casi constantemente enfermos», el tiempo es «insufrible», su pintura no tiene éxito y siente el fracaso de su «miserable existencia». Esos mismos sentimientos se encuentran también en una carta que escribe ese mismo día a Hoschedé, quien debería, según cree Monet, alentarle a abandonar Vétheuil, donde no es más que una carga económica para su amigo. Hoschedé no hace nada de lo que Monet sugiere. ¿Deseaba irse Claude realmente? Así las cosas, la vida común continúa, al menos para todos los que tuvieron la fuerza de aguantar.

El marasmo económico continúa. En julio, Monet depende prácticamente por completo de Caillebotte, que le concede un avance de 1.000 francos y le remite otros 700 para que pueda abonar los cuatro primeros plazos de la rue Vintimille. Por su parte, Hoschedé vende un *Vétheuil* a Duret por 150 francos. Alice da lecciones de piano y la madre de Ernest responde lo mejor que puede a las incesantes llamadas de auxilio de su hijo. No obstante, las deudas se acumulan. La tendera, madame Lefèvre, reclama 3.000 francos; la viuda Auger, 800; la vendedora de artículos de moda, madame Ozanne, «también se muestra terrible». Movido por la necesidad —hasta se le están terminando las pinturas —, Monet pasa unos días en París para intentar vender cuadros. El 16 de julio regresa, fracasado. «Afligida» de verle abatido por «su completa derrota», Alice se dirige a Ernest, cuya llegada espera en vano. En la carta que le dirige esa misma tarde, reemplaza «Querido» por «Querido amigo» y le hace grandes reproches. De este modo, en la casa Hoschedé la fisura se va haciendo cada vez mayor.

En agosto, no hay mejora: 100 francos que adelanta Rouart, 200 francos Caillebotte, y ninguna venta. De Bellio, solicitado por una llamada desesperada, pero momentáneamente apurado de dinero, le responde sin circunloquios: «Suponiendo su autorización, estuve en rue Vintimille para ver sus obras. Me llevé algunos amigos a los que les había hablado de ellas y he de decirle con toda franqueza —usted me conoce— que es verdaderamente imposible conseguir dinero con esas obras en las que tan poco progreso se nota. Mi querido amigo: usted se encuentra en un círculo vicioso del que no sé cómo logrará salir».

Viniendo de un cliente fiel como es De Bellio, el reproche de que sus lienzos no muestran progresos, merece atención, tanto más cuanto que responde a la opinión que Émile Zola confía al *Messager de l'Europe* de San Petersburgo: «En mi opinión, los impresionistas son realmente pioneros. Durante un tiempo pusieron sus esperanzas en Monet, pero este parece extenuado por una producción precipitada. Se contenta con lo aproximado y no estudia la naturaleza con la pasión de un verdadero creador». Este artículo aparece, en ruso, en julio de 1879 pero, para que nadie lo ignore, Zola confirmará un año más tarde, en *Le Voltaire:* «monsieur Monet ha hecho demasiadas concesiones a su facilidad de producción... En las horas difíciles han salido de su estudio sobre todo bocetos, y eso no vale nada, eso no lleva a un pintor a ninguna parte... monsieur Monet sufre hoy las consecuencias de su precipitación, de su necesidad de vender».

Afirmar que Zola se quedó en el *Mon Salon* de 1868 y que no entiende de pintura sería una salida demasiado fácil. En 1875 aún seguía defendiendo vehemente *Argenteuil* de Édouard Manet, pero es muy posible que estuviera hablando de las obras chapuceras que Monet destruyó más tarde o las que retocó, ya fuera espontáneamente o solicitado por el comprador.

En este contexto de críticas que se expresan incluso en círculos que le son habitualmente favorables, se produce una «anécdota divertida» en relación con *Vétheuil en la niebla.* En una visita a Giverny, André Arnyvelde admira esta obra «de una belleza deslumbradora». Entonces, Monet le refiere que el cantante Faure se rió a carcajadas: «Pero, mi querido Monet, por esta obra no le daría ni 50 francos... Esto no es serio». Al parecer, varios marchantes reaccionan del mismo modo pero, finalmente, el cuadro encuentra comprador. Algunos años más tarde, cuando Monet lo vuelve a comprar, se lo muestra a Faure, que lo admira sin reconocerlo: «Oh, ¡qué extraordinario! ¿Me lo cede?». En recuerdo del repudio que sufrió antaño, el artista rechaza una oferta de 600 francos, decidido a conservar una obra que, para él, tiene un valor simbólico.

Esta es la leyenda de *Vétheuil en la niebla* que, sacada de su contexto, han narrado generaciones de artistas. Siempre que se trataba de estigmatizar a amantes indignos del arte, el barítono ha asumido el papel de chivo expiatorio. Sin embargo, su caso no debería verse disociado de los comentarios de De Bellio y Zola, cuyas exigencias, por muy crueles que parecieran en ese momento inmediato, resultaron muy saludables, en tanto que pusieron a Monet en guardia contra las tentaciones de la facilidad.

Muerte de Camille

Al mismo tiempo que los reveses materiales y morales se acumulan, el estado de salud de Camille empeora progresivamente. En los primeros tiempos de la estancia en Vétheuil, la joven participaba en los paseos en familia. Más tarde, echada en una *chaiselongue* al lado del camino, ve jugar a los niños. Germaine Hoschedé recordará toda su vida la dulce mano que le acariciaba el pelo. A mediados de mayo de 1879, Ernest confía a su madre: «El estado de madame Monet es lo que más nos preocupa de momento, pues no creo que le queden más de unos días de vida; su lenta agonía es muy triste».

El médico que trata a Camille no es el de Vétheuil, sino el Dr. Tichy de La Roche-Guyon, quien cuidó también a madame Elliott. A partir del 10 de agosto, no puede retener ya ningún alimento. El 17, Monet expone su caso a De Bellio, del que solicita un consejo médico, así como una ayuda económica. Ya hemos expuesto la reacción negativa sobre el segundo asunto. En cuanto a la enfermedad, se limita a una lacónica posdata: «Siento muchísimo que madame Monet se encuentre en el triste estado que usted me describe con tan negros tintes. Esperemos que consiga salir con sus cuidados, con muchos cuidados».

¿Por qué esta insistencia? ¿Tiene De Bellio la sensación de que Monet no presta los cuidados indispensables? Esta es, en todo caso, la opinión de un vecino inmediato de la enferma, el pintor Léon Peltier. Una renta de 20.000 francos le permite ver la vida del lado positivo, sin preocuparse de vender sus cuadros. Con la pipa en la boca, el pañuelo al cuello, posa para su compañero y le proporciona gratuitamente madera para la calefacción durante el invierno. Su hijo Jean es compañero de juegos de los chicos. Sin embargo, Léon Peltier habla desfavorablemente, en el círculo de su familia, sobre el comportamiento de Monet para con Camille y su enfermedad, sin que pueda saberse sobre qué observaciones basa su juicio.

En el estado en que se encuentra la enfermedad —un cáncer de útero, agravado probablemente después del alumbramiento de 1878 y extendido a los sistemas digestivo y urinario— sería necesario un milagro para salvarla. Alice, fuera cual fuera su sentimiento íntimo, no oculta su pena. «La terrible enfermedad de madame Monet me ocupa todos los instantes, más que los niños y las clases de piano», escribe el 26 de agosto. «Temo que los sufrimientos de la pobre tendrán un desenlace fatal. Es horrible ver tales torturas, hasta el punto de que la muerte aparece como algo deseable.»

Católica practicante, Alice desea que su amiga tenga un fin cristiano, pero antes hay que superar un obstáculo: su matrimonio civil. El 31 de agosto, *abbé* Amaury, el párroco de Vétheuil, acude a atenderla. A su regreso, inscribe en el registro de la parroquia la «sanación *in extremis* del matrimonio de Claude Monet y Camille-Léonie Doncieux». A la mañana siguiente, Ernest anuncia a su madre:

Camille Monet en su lecho de muerte
1879
68 x 90 cm
Musée d'Orsay, París

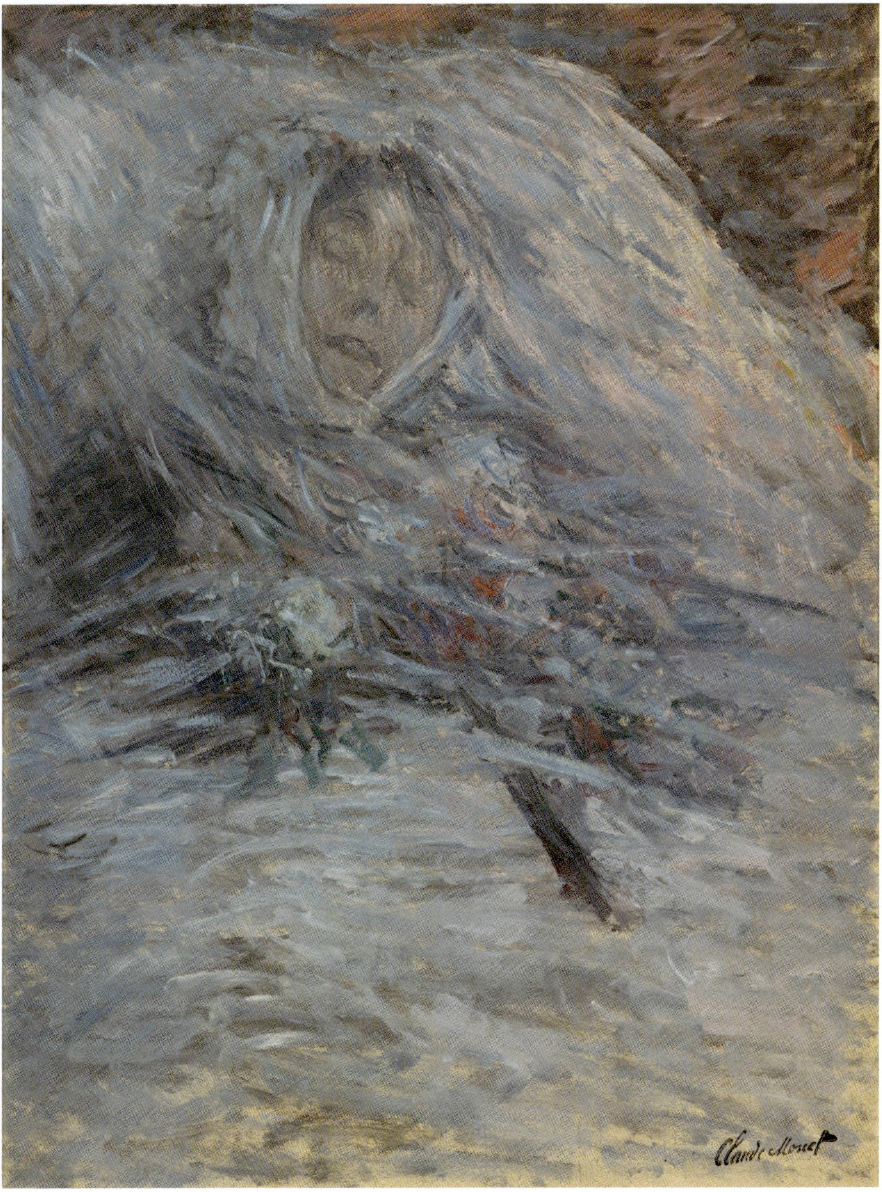
Claude Monet

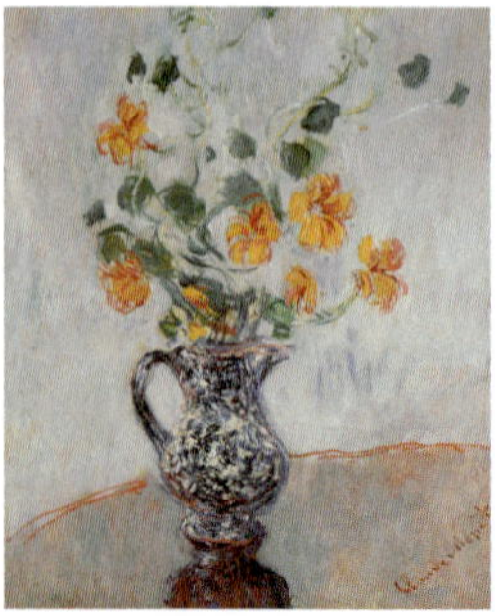

Capuchinas en un jarrón azul
1879
46 x 38 cm
Colección particular

«Gracias a Alice, le administraron los últimos sacramentos y hoy está un poco más tranquila». Un poco más tarde, Alice confirma: «Sí, en medio de toda esta tristeza, he tenido una gran alegría al ver a mi pobre amiga recibir a Dios con fe y convicción, y recibir los últimos sacramentos». Tras la visita del sacerdote transcurren aún cuatro días y cinco noches interminables. Por fin, el 5 de septiembre, a las 10.30 horas de la mañana, el corazón de Camille deja de latir. Claude comunica a De Bellio esa «fatal noticia» el mismo día y le encarga que la trasmita a todo al que le interese. Según dice, Camille «ha sufrido horriblemente». Ernest da a su madre una versión un poco más consoladora: «La pobre mujer se ha extinguido con una calma absoluta y sin sufrimientos durante los dos últimos días». Sin embargo, Alice no ve ninguna razón para consolar a la destinataria: «La pobre ha sufrido mucho, ha tenido una terrible agonía y ha conservado el conocimiento hasta el último minuto. Ha sido desgarrador verla despedirse de sus hijos». No se hace mención a una despedida a su marido. ¿No tenía ya nada que decirle?

A las cuatro de la tarde, el albañil Aimé Paillet y el relojero Louis Gustave Havard, «amigos de la fallecida», se dirigen al Ayuntamiento para firmar la declaración realizada por Louis François Finet, alcalde y oficial del registro civil. Mientras Camille reposa en el lecho de muerte, Monet sufre una extraña tentación: «Al principio se resistió, la idea confusa fue tomando formas concretas, hasta convertirse en una obsesión. Por último salió a buscar un lienzo y comenzó a hacer un estudio» (il. pág. 183). Conforme a las costumbres de la época, Alice no ahorra nada a nadie: «Mis hijas mayores han sido muy valientes y amables. Me han ayudado en las tristes obligaciones y se han quedado a velar a la pobre muerta durante los dos días. Para ellas son grandes lecciones; así conocerán en buena hora las tristezas del mundo». Es de esperar que el cartero trajera a tiempo el paquetito con el medallón de Camille que De Bellio retiró del monte de piedad a petición de Monet, que deseaba ponerlo al cuello de la muerta «antes de que partiera».

Los hermanos de la caridad que se ocupan de los funerales en Vétheuil proceden a meterla en el ataúd. Las exequias se celebran el día 7 a las dos de la tarde, «por ser domingo». El convoy asciende a la iglesia, y desde esta al cementerio. No lejos del muro del recinto, en el lado opuesto de la entrada, se abre una fosa en la tierra. El *abbé* Amaury reza el responso por la que fue *Camille* o *La dama del vestido verde.* No se sabe si la madre de Camille asistió a la ceremonia; solo tiene 50 años y vive en París. ¿Es posible que no supiera nada de la enfermedad o que esta no le preocupara? Las cartas que envió a Camille han sufrido el mismo destino que la correspondencia que recibió o escribió Camille y las fotos en las que aparece: su destrucción le fue impuesta a Monet por la mujer exclusivista y celosa que a partir de ahora dominaría su vida.

Tiempos malos y un invierno muy duro

La muerte de Camille deja un gran vacío. Las respuestas de Monet a los pésames que le envían sus amigos muestran su trastorno. Vacila sobre el modo de organizar su vida, y en ese momento surgen nuevas dificultades como consecuencia de la muerte de madame Elliott en junio. Sus dos hijas, las viudas Chauvel y Origet, no se ponen de acuerdo sobre la herencia. Después de una subasta de muebles, en la que Hoschedé (al que escriben Haugedé) adquiere varios objetos a bajo precio, sacan a subasta tres casas, entre ellas la de Monet, sin que encuentren comprador. Decepcionada por este fracaso, madame Chauvel no entiende por qué habría de hacer un regalo a los inquilinos, cuya presencia precisamente dificulta la venta del inmueble que ocupan. Ruega al notario Delaplane que informe a madame Origet de los rumores según los cuales las familias Hoschedé y Monnet [sic], que desde hace dos trimestres no han pagado el alquiler, se disponen a abandonar Vétheuil en los próximos 10 días. Madame Origet reacciona de un modo muy vivo: «He hablado con mi hijo de la posibilidad de la partida de monsieur Monet, que proporcionaría la oportunidad

Naturaleza muerta: manzanas y uvas
1879
65 x 81,5 cm
The Art Institute of Chicago

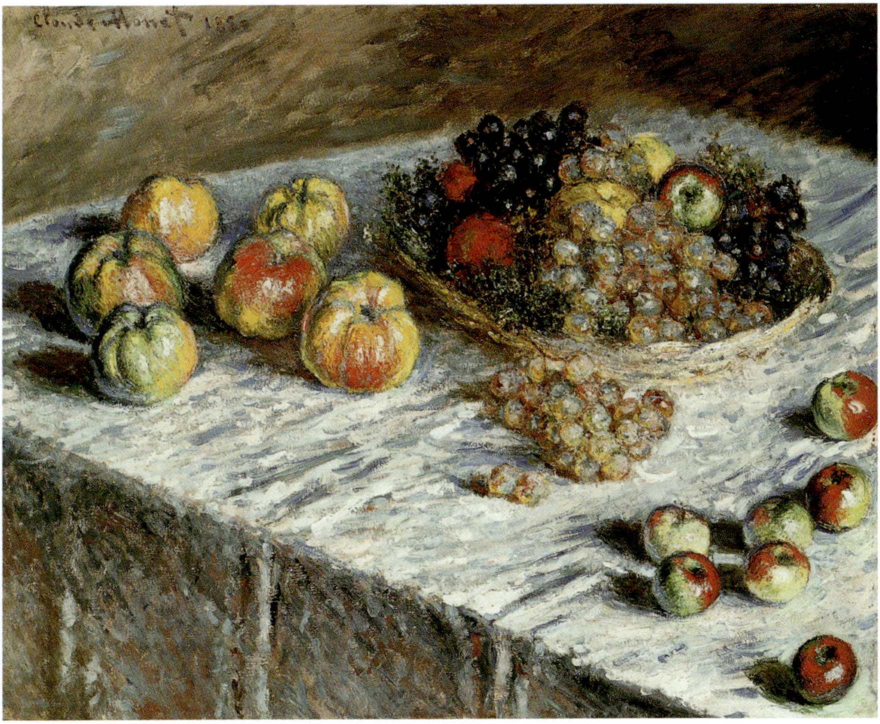

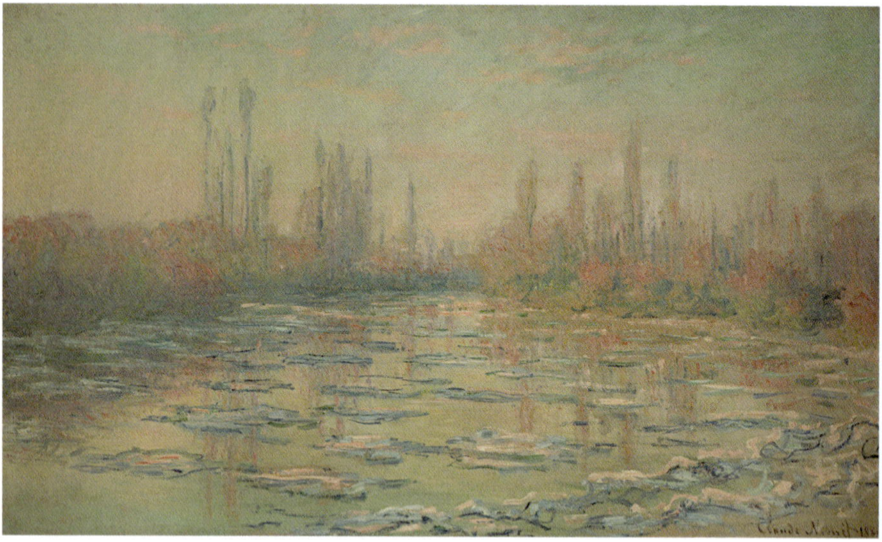

Témpanos de hielo
1880
61 x 100 cm
Musée d'Orsay, París

de rescindir el contrato con monsieur Hoschedé. Mis hijos me aseguran que, viendo los impagos, no hay que tener especiales consideraciones. Le ruego que haga lo necesario, sin esperar a que la familia Hoschedé se haya ido de Vétheuil». De hecho no existe otro contrato que el de Monet, y este es el documento que Origet hijo envía a monsieur Delaplane, el 22 de octubre, para que continúe con las gestiones.

Esta es la situación en la que se encuentra el pintor cuando, el 11 de octubre, se dirige a París cargado con un paquete de 17 lienzos y decidido a venderlos a cualquier precio con tal de no encontrarse en la calle. El resultado responde, al menos parcialmente, a lo que pretendía. Los anticipos de Caillebotte representan aún 700 francos sobre un total de 1.750 para el mes de octubre, pero De Bellio adquiere él solo cinco lienzos. Deduciendo los anticipos, paga 200 francos en efectivo. Faure compra un *Pequeño brazo del Sena* por 100 francos y May un *Lavacourt* por la misma cantidad que había adelantado; otro *Lavacourt* lo adquiere, por 300 francos, Lefèvre.

«Esas Elliott» cobran sus alquileres y la vida común en Vétheuil puede seguir, en ausencia de Ernest. La cocinera Madeleine Blardat se casa, a finales de octubre, con un vecino, el yesero Lauvray. Aunque aún permanecerá algún tiempo al servicio de la familia Hoschedé, cada vez se resigna menos a esperar al salario. Como no se ocupa de lavar la ropa, Alice la lleva a una lavandería de Follainville. Ella misma se mata a trabajar, se ocupa hasta de cortar madera. Sufre continuos dolores de cabeza, se inquieta y consulta a su médico homeópata de París, el Dr. Love. Los acreedores asedian la casa. Un tal Théodore viene a acosar a Hoschedé. Cuando le dejan un momento solo en la planta baja, se dirige al comedor, toma un jarrón con un magnífico ramo de flores, lo rompe y vierte todo el agua en el piano. Alice, ayudada por sus hijas, se ve obligada a desmontar el instrumento. Afortunadamente, el jarrón roto no es el que contiene las *Capuchinas en un jarrón azul* (il. pág. 184) que está pintando Monet cuando Marthe refiere el suceso tomándolo por el lado divertido.

En los primeros momentos posteriores a la muerte de Camille, el pintor parece trabajar sobre todo en el interior de la casa, ya sea para terminar varias obras inacabadas o rechazadas por estar insuficientemente cubiertas, ya sea para realizar todo un grupo de frutas y de flores (il. págs. 184, 185). A comienzos de diciembre no puede aceptar la invitación del coleccionista Coqueret, por no apartarse de la pieza de caza que está pintando. Un mes más tarde consigue faisanes para nuevas naturalezas muertas (il. pág. 194).

Su intimidad con Alice se ha visto reforzada. Hoschedé, consciente del peligro, sugiere a su mujer que se reúna con él. Sin entrar en el fondo de la cuestión, ella se las ingenia para ganar tiempo: «Yo también estoy muy triste por las cuentas. Si aquí gastamos relativamente mucho, ¿qué será en París? Tendremos que hablar de todo esto». Como Ernest sigue sin trabajo, Monet ayuda a su esposa, lo cual tiene

Puesta del sol sobre el Sena, invierno
1880
60 x 81 cm
Pola Museum of Art, Hakone, Japón

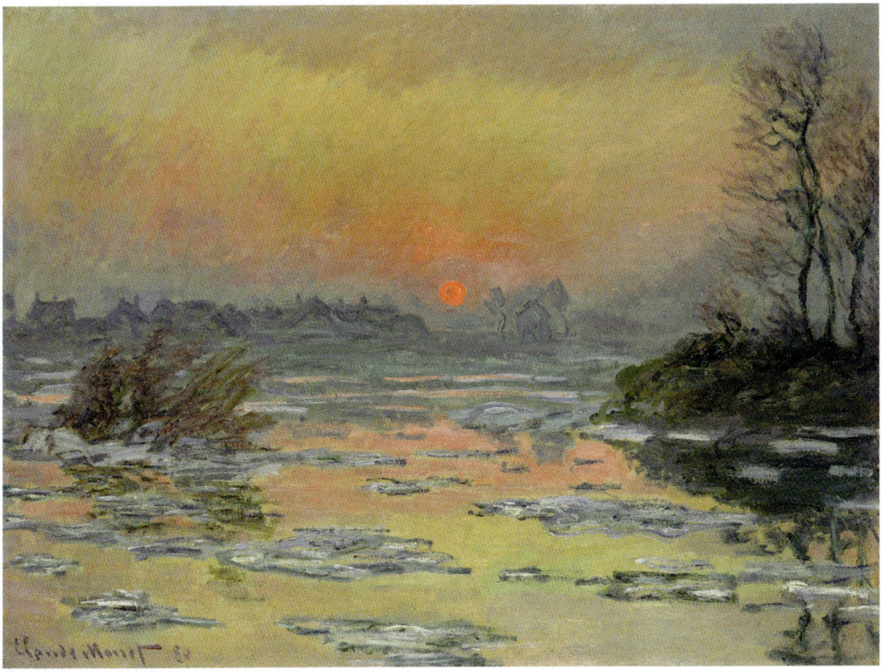

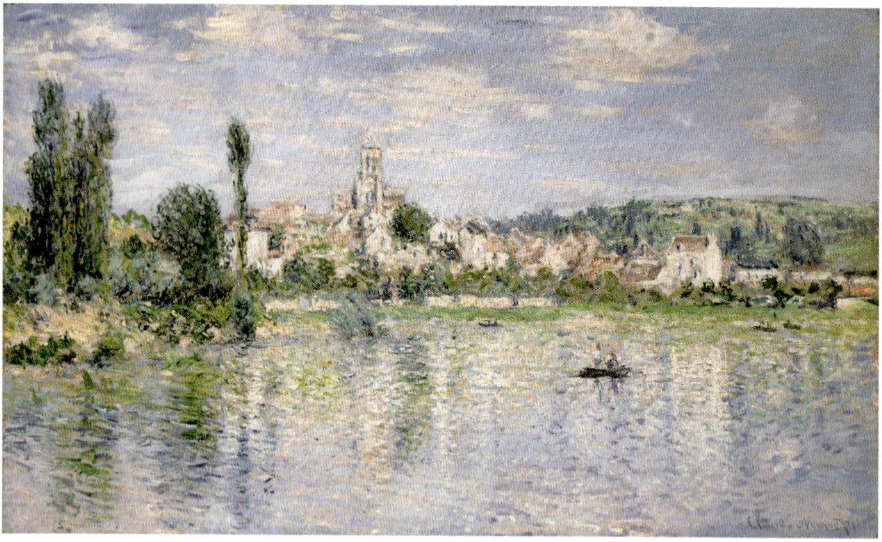

Vista de Vétheuil en verano
1880
60 x 100 cm
The Metropolitan Museum of Art, Nueva York

su mérito, pues el mes de noviembre no resulta favorable: 575 francos, de los cuales 500 se deben a seis cuadros cedidos a Cantin.

El invierno viene particularmente crudo. «Hace un frío de lobos —dice Marthe en su carta de las *Capuchinas*—. Anteayer nevó y ha helado de una manera extraordinaria. Las flores del jardín están completamente heladas y el agua de los estanques, ídem. En fin, no se puede sacar la nariz por la ventana sin que también se hiele.» El 5 de diciembre, Alice lo confirma: «Seguimos teniendo un tiempo muy frío y el Sena sigue creciendo. Gabrielle [sic] debía llegar al puerto ayer, pero aún no ha venido; hoy está inundado». Tres días más tarde, Hoschedé encuentra en Mantes una nieve tan compacta que se le anuncia un viaje de tres horas hasta Vétheuil. Claro que esto es un mal menor, pues el jueves anterior, el automóvil de *père* Papavoine se quedó bloqueado por la nevada, cerca del pueblo de Dennemont. El *Journal de Mantes* del 10 de diciembre constata que «este invierno sin piedad» supera en rigor todo lo que se ha visto en los últimos años. El Sena lleva témpanos enormes, la temperatura desciende hasta los 25 grados bajo cero. El río acaba por quedar completamente cubierto de hielo.

Miseria y esperanza

Una de las consecuencias de la nieve y de las dificultades de comunicación es el aumento de los precios. «Madame Céleste» de Lavacourt exige un suplemento de 50 céntimos por saco de patatas, pues el precio para el paso del río se ha elevado en esa cantidad. El hortelano Arsène, que baja del pueblo de Fontenay-Saint-Père, tiene que retirar la nieve como un minero el carbón para abrirse camino y vende «sus malditas legumbres a precios utópicos». Varios de los niños están enfermos: Marthe sufre un violento mal de garganta, Germaine un eccema que la hace pasar noches enteras gritando, Jacques y Jean tosen. Durante el día, Alice vigila de cerca a Michel y Jean-Pierre, porque teme el contagio.

A mediados de diciembre, Monet sufre las recriminaciones de Ernest. Alice sale en su defensa: «No tengo que responder a los reproches que diriges a monsieur Monet, que sufre más que nadie cuando aquí falta el dinero y que, afortunadamente, nos ha podido ayudar el mes pasado… Trabaja mucho». Este trabajo se refiere a los primeros paisajes del invierno de 1879-1880. Para pintarlos, Monet sufre un frío siberiano. Un viajero desconocido ha muerto de frío en Jeufosse, cerca de Bennecourt y se ha descubierto a un habitante de La Roche-Guyon helado en la nieve. «¿Lo ha atravesado?», pregunta el *Journal de Mantes* refiriéndose al Sena, por el que se han paseado los invitados a una boda.

Lavacourt
1880
100 x 150 cm
Dallas Museum of Art

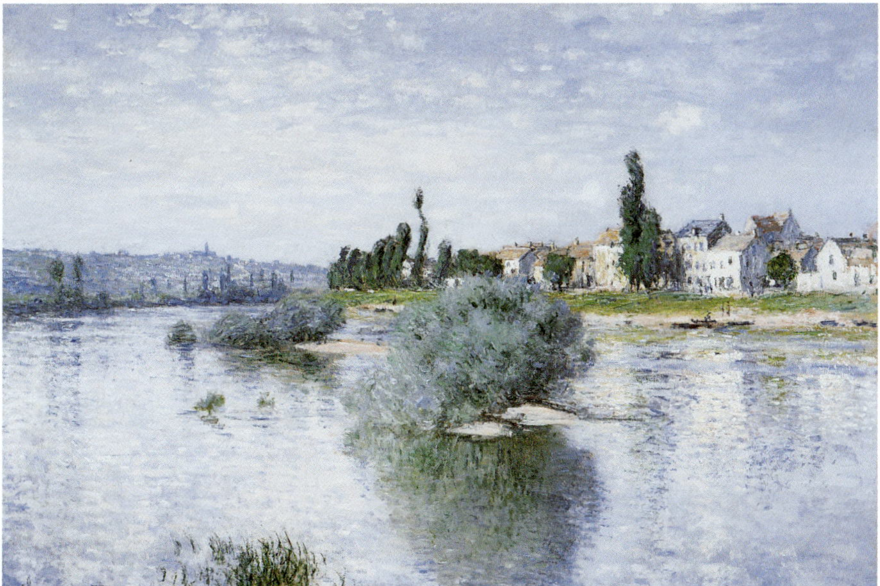

En Vétheuil, el río está completamente helado, como puede verse claramente en *Vista de Vétheuil, invierno,* que Monet pinta sentado en un banco de hielo, lo mismo que la *Escarcha* en el pequeño brazo y los Témpanos cerca de *Lavacourt.* La gente pasa a pie de una orilla a otra y los hijos de Monet y Hoschedé juegan sobre el hielo.

Estos no son conscientes del desfile de acreedores al que se viene a añadir Madeleine, la cocinera. Las lavanderas de Follainville retienen la ropa y Alice ha de emplear las sábanas del servicio para hacer su propia cama. El 24 de diciembre, Jacques, por no tener un traje conveniente, no puede acompañar a su madre y hermanas a la Misa de Gallo; Suzanne, la más divertida de las hijas de Hoschedé, ha tomado prestados los botines de Jean Monet. El día de Navidad es lúgubre. Excepto «unos pobres juguetes» que Alice ha conseguido para los más pequeños, no hay regalos. La ausencia de Ernest «hace muy mal efecto en el pueblo».

A la mañana siguiente llega un saco de ropa, enviado por la abuela Hoschedé, pero sigue sin haber dinero. En el mercado, Alice ha de sufrir una interpelación por parte de la vendedora de mantequilla, a la que debe 30 francos, y no puede pagar un saco de patatas. El 28 de diciembre le quedan ¡apenas cinco francos! Esa misma tarde, gracias a los 50 francos prestados por la directora de la oficina postal, madame Portet, con quien ha trabado amistad Hoschedé, Monet puede viajar a París con *Efectos de nieve.* Los últimos tiempos han sido agotadores. Trabajando a destajo, ha dirigido por intermediación de Alice las gestiones de Ernest ante ciertos clientes. Una carta de De Bellio le decepciona. Anuncia su llegada a Duret y a Chocquet. Este último no compra nada, pero Duret figura entre los clientes que compran un paisaje de nieve por 150 francos.

Aunque los honorarios por este cuadro no llegan hasta enero, el resultado general obtenido por Monet en diciembre es satisfactorio: 1.625 francos. El precio medio de las obras ha crecido sensiblemente. Theulier ha adquirido dos naturalezas muertas por 800 francos, G. Petit ha pagado incluso 500 francos por una tercera, probablemente *Cesto de frutas.* Los paisajes no se venden tan bien. Sin embargo, el mismo marchante paga 300 francos por dos *Efectos de nieve.* Con los consejos y ayuda de Petit, Monet entiende que no debe vender sus obras a precios ruinosos, como se ha visto obligado a hacer demasiado a menudo hasta entonces.

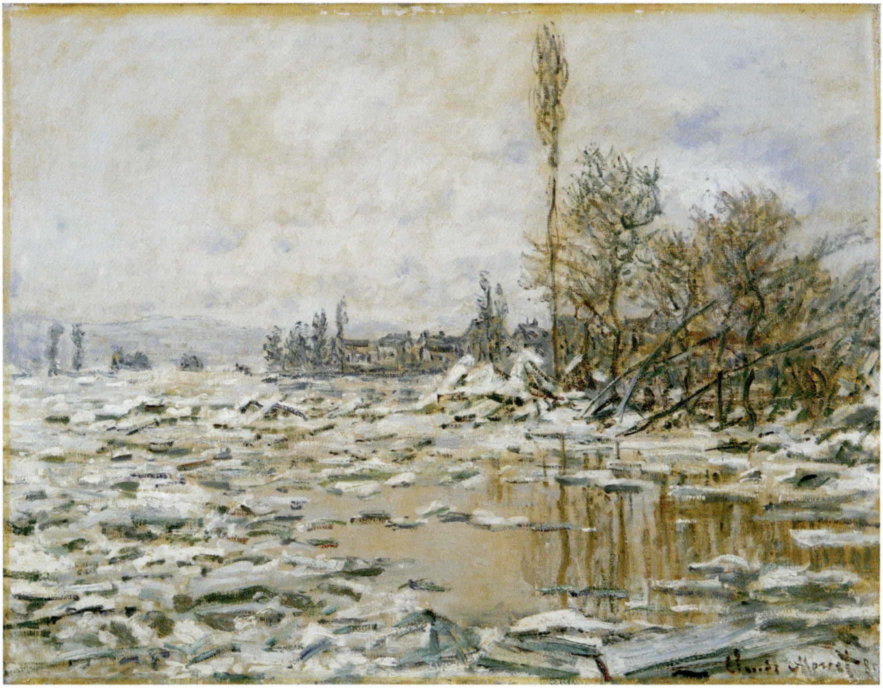

Témpanos de hielo y nieve fundida

El deshielo en un día gris
1880
68 x 90 cm
Museu Calouste
Gulbenkian, Lisboa

En los últimos días del año 1879, las temperaturas suben repentinamente. «Hace un deshielo espantoso —anuncia Alice el 29 de diciembre—. Masas enteras de nieve caen de las colinas, la granja está inundada. Si continúa lloviendo a cántaros, el agua va a llegar hasta la casa.» Por fin deja de llover y celebran el Año Nuevo —Monet y Hoschedé han vuelto a Vétheuil para pasar ese día— en un ambiente distendido. Sin embargo, el deshielo solo es parcial y el Sena continúa totalmente helado. Al atardecer del domingo 4 de enero, cuando Ernest ha vuelto a París, Alice sube al piso superior para acostarse con sus hijos, mientras que Claude se queda en la planta baja. En Vétheuil se ignora que el deshielo, que ha llegado al puente de Mantes hacia las nueve de la noche, va empujando montañas de hielo hacia el mar, inundando las riberas.

«El lunes, a las cinco de la mañana —así refiere Alice— me despertó un ruido horrible, parecido al estruendo de un trueno. Unos minutos más tarde oí cómo Madeleine cerraba las ventanas de monsieur Monet y le decía que se levantara. Eso mismo hice yo también, mientras el terrorífico estrépito se mezclaba con los gritos procedentes de Lavacourt. Fui corriendo a la ventana y, a pesar de la oscuridad, pude ver cómo se precipitaban masas blancas; esta vez sí era el deshielo, el auténtico». En Lavacourt van y vienen luces, los gritos de socorro cruzan la noche, pues los habitantes saben que sus casas, construidas directamente en la ribera, están seriamente amenazadas. Afortunadamente para ellos, los témpanos de hielo son desviados al exterior y destrozan los jardines en la orilla de Vétheuil, arrastrando cercas y talando árboles. Dos horas después, los elementos se calman un poco. Los hombres de Lavacourt arriesgan su vida para pescar los restos del naufragio. Se cree ver cadáveres flotando a la deriva.

Cuando se hace de día, Monet alquila un automóvil y explora —con su compañera y los hijos de esta— La Roche y Gloton, una aldea de Bennecourt. Los viajeros admiran la «desconsoladora belleza» del paisaje. El martes, la vista de Vétheuil continúa siendo conmovedora: un mar de hielo se extiende en la parte inferior del vergel entre la isla de Namur y el puerto. Los islotes han desaparecido y los álamos están derribados. Por la tarde continúa el desfile de témpanos durante una hora. Después, los elementos vuelven a apaciguarse. Aprovechan la oportunidad para cruzar el río a la mañana siguiente. La llanura que se encuentra detrás de Lavacourt está sembrada de bloques de hielo, entre los que los habitantes de la aldea recolectan madera. Esta es la historia del deshielo, que Alice narra en tres cartas. El jueves día 8, probablemente a última hora del día, Monet escribe: «Hemos tenido un deshielo terrible y naturalmente he intentado hacer alguna cosa». Como puede verse, el pintor se expresa en pasado, en la tarde del cuarto día desde que el Sena rompió su capa de hielo, y el lunes lo había dedicado a hacer una excursión, río arriba desde Vétheuil. Cuatro días de enero, cuando el sol sale hacia las ocho y se pone hacia las cuatro de la tarde, son muy pocos para pintar todos los *Deshielos*, todos los *Témpanos de hielo* y una parte de las *Puestas de sol sobre Lavacourt* (il. págs. 186, 191). Se puede suponer que algunas de esas obras las acabó, o incluso las hizo completamente, en el estudio, como está atestiguado para una *Puesta de sol* y para los más grandes de los *Témpanos.*

Sin embargo, hay que tener en cuenta que, como consecuencia de un recrudecimiento del frío, el aspecto del paisaje se modifica muy lentamente. El 14 de enero, el *Journal de Mantes* observa que, aunque el Sena ha abandonado ya gran parte de las llanuras en sus orillas, ha depositado una cantidad considerable de hielo. El día 21, la temperatura sigue estando bajo cero y la nieve sigue siendo compacta «en mil parajes». El 31 el río vuelve a llevar hielo. Habrá que esperar hasta mediados de febrero para que las temperaturas se vuelvan más suaves. Mientras que los vecinos consideran el deshielo como un desastre, Monet no tiene motivo para quejarse. A pesar de los daños que ha causado en el puerto, el estudio flotante no ha sufrido seriamente. Los gastos de la reparación del cercado son asunto de las «Elliott». El 12 de enero, su inquilino ha informado al notario Delaplane de que ha pagado el alquiler. Las pinturas inspiradas en los sombríos días del invierno contribuyen a mejorar la situación. En diciembre, dos *Efectos de nieve* y una naturaleza muerta han seducido a G. Petit, que ha prometido su ayuda. Más adelante se verá el gran futuro que espera a los grandes *Témpanos*.

De momento, es De Bellio quien cubre los gastos de ese restablecimiento. En la carta del 8 de enero ya mencionada, Monet anuncia al doctor sus ventas a Petit, sin precisar que los 300 francos recibidos por los dos *Efectos de nieve* representan el precio total y no el precio por unidad. En su respuesta del 12 de enero, y después de congratularse por «la buena noticia», De Bellio advierte a su amigo contra su «nueva adquisición»: como consecuencia de que una obra suya haya resultado casualmente «un poco más cara», se verá obligado a elevar los precios, con lo que se arriesga a espantar a los otros clientes. De Bellio, que ya cuenta con un buen número de obras de Monet, comprará menos a partir de ahora, según el consejo que ha recibido, pero exigirá que las obras sean mejores. Además de lienzos «de gran mérito», su colección consta de demasiados «esbozos», comprados solo por agradar a su autor. Está dispuesto a vender dos tercios, al mismo precio que le costaron a él. Si Petit quiere pagar más, es muy libre de hacerlo. El dinero que recupere le servirá para comprar obras de Monet «más hechas». En su conclusión, De Bellio —torturado por la idea de que le puedan acusar de haber explotado a su amigo en horas difíciles— le promete un «grande y legítimo éxito» y le asegura que no se separará jamás de su pintura, que no hará de ella nunca «una cuestión de dinero». El incidente parece haber quedado zanjado.

El affaire Le Gaulois

En el momento en que el porvenir parece volverse más halagüeño, sucede un acontecimiento harto desagradable. El 24 de enero de 1880, en la sección «La Journée parisienne», y con el título «Impression d'un Impressionniste», el diario *Le Gaulois* —tradicionalmente favorable al movimiento— publica un anuncio típico del gusto de la época:

«Durante los próximos días, los admiradores de la "nueva escuela" de pintura recibirán, por correo o de cualquier otro modo, la siguiente carta:

»La escuela impresionista tiene el honor de participarle la dolorosa pérdida que acaba de sufrir en la persona de Claude Monet, uno de sus venerados maestros.

»Las exequias por monsieur Claude Monet se celebrarán el próximo 1 de mayo, a las 10 de la mañana, al día siguiente de la apertura de la exposición —en la iglesia del Palacio de la Industria—, salón de monsieur Cabanel.

»Se ruega que no asistan.

»De Profundis.

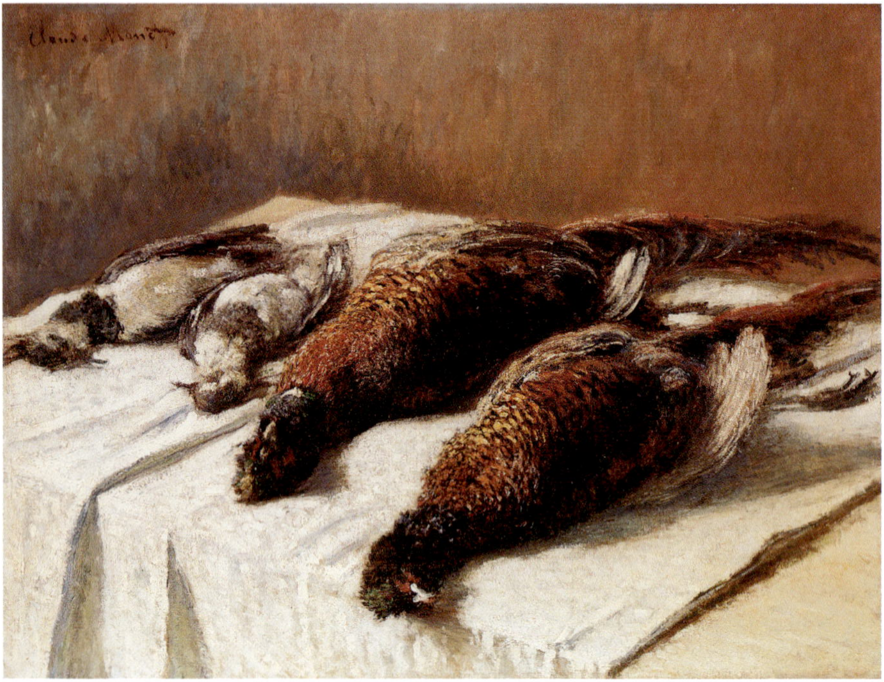

Faisanes y avefrías
1879-1880
68 x 90 cm
The Minneapolis Institute of Arts

»De parte de monsieur Degas, jefe de la escuela; monsieur Raffaëlli, sucesor del difunto; miss Cassatt; monsieur Caillebotte; monsieur Pissarro; monsieur Louis Forain; monsieur Bracquemond; monsieur Rouard, etc… sus examigos, sus exalumnos y sus excompañeros».

En el comentario que sigue, el cronista que firma «Todo París» habla de la pérdida que han sufrido los impresionistas por esta defección, esboza un retrato del desertor y lo muestra instalado en Vétheuil con «su familia: una encantadora mujer y dos niños de siete u ocho años». Los dos niños apenas se corresponden con los ocho niños Monet-Hoschedé, pero la «encantadora mujer» que menciona el crítico es naturalmente Alice, pues está demasiado bien informado como para ignorar la muerte de Camille. La alusión es tanto más clara cuanto que el único familiar al que nombra es Hoschedé, del que dice: «Se ha arruinado el pobre comprando, a precios demasiado elevados, los cuadros impresionistas de esos aprendices de pintor que han roto con el estudio… Hoy se ha vuelto amante platónico y pasa la vida en el estudio de Monet, quien le viste, le alberga, le alimenta y… le soporta». Después, el artículo zahiere al pastelero coleccionista Murer, pero se muestra benévolo hacia los artistas fieles al movimiento, Mary Cassatt, Degas, Pissarro, Forain y Raffaëlli, a quien presenta como el sucesor de Monet.

La reacción de este último es inmediata y doble: dirige a *Le Gaulois* una carta de protesta con el ruego de que la publiquen y escribe a De Bellio, pues sospecha que este puede saber algo, si no es que se cuenta entre los instigadores del artículo. El periódico se contenta con introducir en la sección de «sucesos diversos» del 29 de enero una breve nota desmintiendo que Hoschedé vive «a costa del pintor impresionista». En cuanto a De Bellio, este le escribe que no ha podido desvelar la identidad del «escritorzuelo» y que la nota rectificadora le parece suficiente. En el fondo, le parece que el artículo, «inspirado por la malevolencia más extrema» caracteriza «eso que hoy en día se llama libertad en materia de prensa». Un último párrafo está destinado a atenuar el efecto de la carta del 12 de enero, que ha podido dar al pintor la ocasión de dudar de su amistad.

Monet parece darse por satisfecho con esas explicaciones y se dirige a Pissarro, cuya influencia conoce. El 2 de febrero le escribe una carta en forma de cuestionario. En su respuesta, Pissarro expresa su indignación y la de sus amigos sobre «el individuo» que ha atacado a Hoschedé «con tamaña animosidad». Sobre la eventual defección de Monet se muestra más reservado: «Unos días antes de la publicación del artículo, supe por Durany que usted tenía intención de exponer en el Salón y hablé con Caillebotte de esto, quien me lo confirmó». Deduciendo prematuramente la fidelidad de Monet, le confiesa: «Habría sentido mucho que nos hubiera dejado uno de nuestros viejos y valientes compañeros, después de haber perdido a artistas como Renoir, Cézanne, Sisley, etc.».

Como *Le Gaulois* no ha publicado el texto de su protesta, Monet encarga a Hoschedé que confíe una versión a *Le Voltaire* por mediación de su antiguo director Aurélien Scholl. El mismo día en que Alice se lo transmite a su marido, este escribe directamente a Arthur Meyer, director de *Le Gaulois.* Le comunica que ese artículo «de carácter en extremo difamatorio» le ha reportado «muestras de simpatía» y exige la publicación de su protesta y la de Monet. Entre los papeles de Ernest se conservó una copia de la carta, firmada y fechada el 2 de febrero. Si Mayer recibió realmente el original, este lo tiraría a la papelera. En cualquier caso, su periódico no dedica ni una línea al incidente. Por su parte, *Le Voltaire* tampoco escribe ni una palabra: el «*Figaro* de los republicanos» ya tiene suficientes dificultades con la publicación de *Nana* de Zola para mezclarse en una nueva polémica. En su número de febrero, *L'Artiste* reproduce con alguna modificación el artículo de *Le Gaulois.* Los esfuerzos de Monet y Hoschedé por defenderse de la acusación de complacencia mutua han resultado vanos.

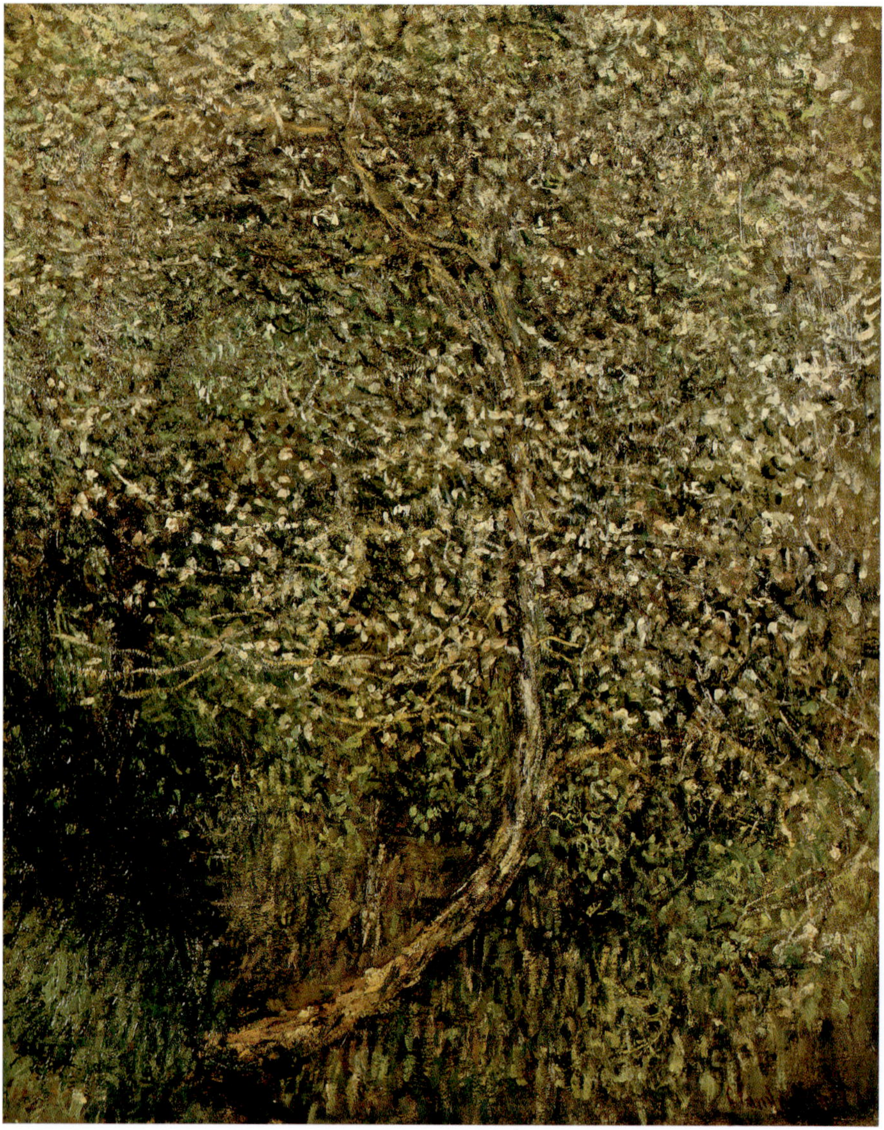

«Trabajo con todas mis fuerzas»

En Vétheuil, la situación económica se ha vuelto realmente precaria. Al haber devuelto a madame Hoschedé los 40 francos que le ha prestado Caillebotte para costear el viaje, Monet no puede ir a París sin que Ernest le envíe esa cantidad. Más aún: Alice no tiene ni siquiera dinero para franquear la carta en la que reclama ese envío y teme que la encargada de correos, impaciente ya, se niegue a dar curso a la carta. Por fin, el 14 de febrero, Claude hace el viaje. Después de su partida, Madeleine y los Lauvray se dirigen a Magny para presentar una demanda. El juez de paz les dará la razón y condenará a Hoschedé a abonar los 300 francos en concepto de salario debido. Por la tarde, el tiempo radiante invita al paseo, del que las niñas traen unas violetas para la tumba de Camille. Después, Marthe vuelve a la cocina, donde se consume esperando a una nueva cocinera que reemplace a Madeleine.

La estancia de Monet da bastante buen resultado: sus libros registran unos ingresos totales de 1.150 francos ese mes, 500 francos por un *Deshielo* adquirido por Theulier y por los *Faisanes,* cedidos a G. Petit. A su vuelta, el pintor entrega 100 francos a su compañera. Quizá sorprenda la modestia de esta cantidad, pero los libros registran otros «pagos a madame Hoschedé» a lo largo de ese mes. Por otro lado, de los gastos totales de la casa, Monet no debe asumir más de tres décimas partes —para él y sus dos hijos—, mientras que Hoschedé ha de hacer frente a siete, por su mujer y los seis hijos. Con el dinero que le queda después del pago a la caja común, ha de abonar viejas deudas.

El 8 de marzo, dos semanas después de su vuelta a Vétheuil, Monet anuncia a Théodore Duret una decisión sin duda influida por el ejemplo de Renoir: aun a riesgo de «ser considerado como un informal por toda la banda», quiere volver al Salón, para el que «estoy trabajando con todas mis fuerzas» en dos lienzos de grandes dimensiones (aprox. 1 x 1,50 m). Un tercero le parece demasiado a su gusto como para complacer al jurado, pero no por eso lo abandona y lo sigue pintando. En lugar de esta obra —probablemente se trataba de *Puesta de sol en Lavacourt*— ha comenzado «algo más prudente, más burgués», descripción que se puede aplicar particularmente al gran *Lavacourt* (il. pág. 189), que presentará con *Témpanos.* Este *Lavacourt,* tanto por su vegetación como por sus aguas claras y poco profundas, es un cuadro de verano. Como lo pintó a comienzos de marzo de 1880, eso significa que lo hizo según estudios tomados uno o dos años antes. La casa de Vétheuil no tiene estudio propiamente dicho pero, para pintar en interior, Monet dispone de su alcoba y su buhardilla. Cuando el tiempo lo permite, instala su caballete en el patio, resguardado del viento. En caso necesario, no tiene más que dar unos pasos para bajar hasta la orilla. Dejando

Manzanos en flor en la orilla
1880
73 x 60 cm
Colección particular

aparte los detalles de la estación, puede repasar algún aspecto de un paisaje que comienza a conocer de memoria.

No obstante, las cosas no van como desea. Cuando se acerca el 15 de marzo, Narcisse Coqueret, el aficionado local al arte ya mencionado, ha de animar a su protegido, quien habla de abandonarlo todo, pues se le acaba el tiempo. Finalmente, Monet conseguirá entregar, antes del 20 de marzo, plazo tradicional, las dos obras que presenta con su dirección parisina «Rue Vintimille, 20». En efecto, ahora todo depende del recibimiento que París dé al intento de su hijo pródigo de volver al mundo oficial, después de tan larga ausencia.

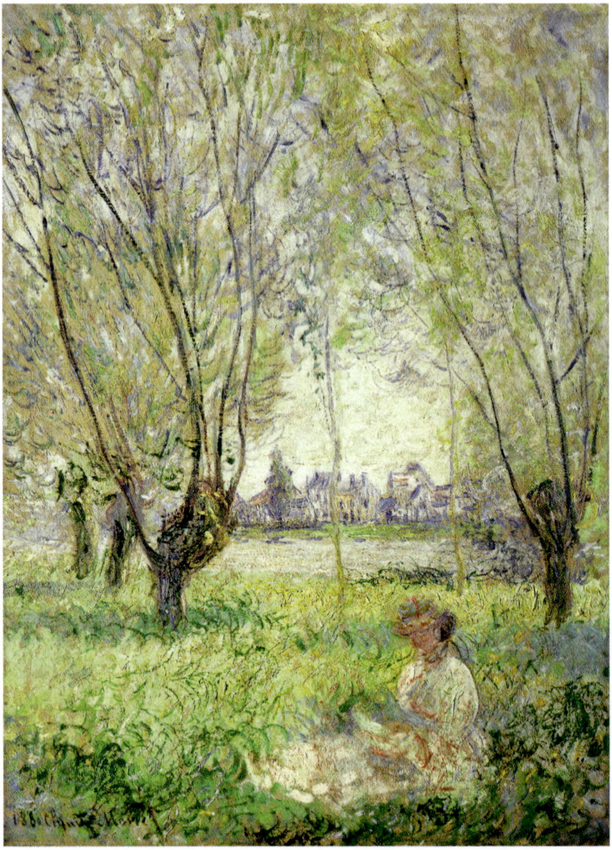

Mujer sentada bajo los sauces
1880
81 x 60 cm
National Gallery of Art, Washington, D. C.

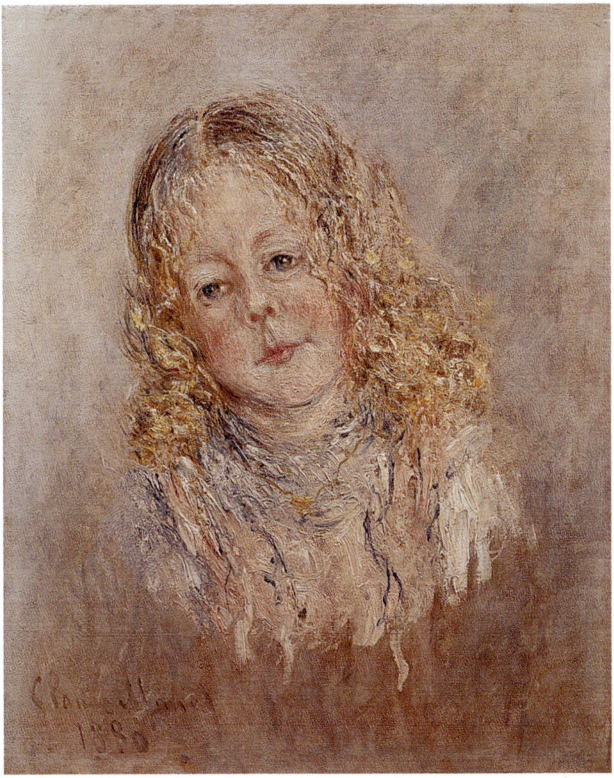

Retrato de André Lauvray
1880
46 x 38 cm
Colección particular

Lavacourt en el Salón

El 24 de marzo, se procede a la elección del jurado de pintura. Como en 1879 se ha extendido el derecho de voto a los artistas admitidos tres veces a la exposición, el número de votantes ha aumentado considerablemente. Se puede suponer que Monet, admitido en 1865, 1866 y 1868, se benefició de esa disposición. Por otro lado, el reglamento dispone que en el jurado, compuesto por un total de 15 personas, el paisaje y la naturaleza muerta han de estar representados obligatoriamente por cinco. El primero de los cinco especialistas elegidos es Vollon, con 667 votos; el último Harpignies, con 289. Guillement es el penúltimo de los suplentes, circunstancia que aprovecha para informar a sus amigos y especialmente a Manet.

En Vétheuil, sobre el ambiente de las fiestas de Pascua pesan la espera del veredicto y la ausencia de Ernest, lo que inspira a Alice reflexiones poco agradables: «Me pregunto quién de nosotros dos está más loco... Nunca más te esperaré ni anunciaré tu venida». Dirigida a Hoschedé, llega a Vétheuil una invitación para la exposición Caillebotte —así llama Alice a la quinta exposición de los impresionistas— el 1 de abril, el día de la inauguración. Monet no se molesta en ir. En *Le Gaulois* del 2 de abril, el mismo «Todo París» se muestra violentamente hostil a los «Artistas independientes» (nombre que ellos mismos han tomado) e incluso prefiere «guardar silencio sobre Pissarro, Rouart, Tillot y Zandomeneghi». Se confirma la sospecha de que el artículo del 24 de enero, hostil solo a Monet, pudo estar inspirado por alguno de los que «Todo París» condena con tanta fuerza, ahora que expresa su personal opinión.

Durante los primeros días de abril se dan a conocer a los interesados las decisiones del jurado: *Los Témpanos* no han encontrado gracia, a pesar de su relativa moderación; solo se ha admitido *Lavacourt* (il. pág. 189). La participación de Monet no ha escapado a Murer. Como en el trato que celebraron en 1877, a 50 francos por boceto, le dejó a deber uno, tiene la desvergüenza de preguntar si le puede dar uno de los dos cuadros presentados en los Campos Elíseos. En una respuesta fechada el 9 de abril, Monet pone las cosas en su sitio: cada uno de los dos cuadros, tanto el aceptado como el rechazado, está valorado en 1.500 francos. Es decir, uno de ellos le costaría al pastelero su recibo más otros 1.450 francos. Algunos días más tarde, Claude se encuentra en París. Sin embargo, no se sabe si está presente, el 13 de abril, en el funeral de Duranty, donde Manet, Degas, Pissarro y Renoir se encuentran con Zola, Daudet y Huysmans. El 19 ya está de vuelta en Vétheuil.

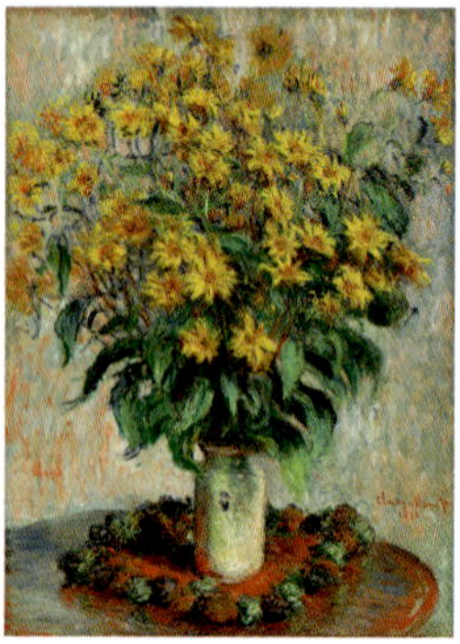

Flores de topinambur
1880
100 x 73 cm
National Gallery of Art, Washington, D. C.

El Salón se inaugura el 30 de abril. La víspera, los críticos son invitados a una visita particular. El sábado 1 de mayo, las puertas del Palacio de la Industria se abren al gran público. Por iniciativa del secretario de Estado de Bellas Artes, Edmond Turquet, y del comisario general Lafenestre, los organizadores han sustituido el orden alfabético por una clasificación en cuatro categorías. Mientras que las obras «fuera de concurso» se exponen ampliamente y las «exentas» convenientemente, las «no exentas» (es decir, las sometidas al jurado) se apilan «como los soldados en vagones para ganado», según la drástica expresión de Émile Zola. *Lavacourt* (il. pág. 189) se encuentra en la sala 15, situada cerca de la entrada y justo al lado de la sala en que se exponen las obras fuera de concurso, pero está colgada en la última fila, a 6 m de altura. No obstante, el efecto que causa es extraordinario. El marqués de Chennevières, antiguo director de Bellas Artes, dice en *La Gazette:* «La atmósfera luminosa y clara de *Lavacourt* hace que parezcan negros todos los paisajes de la misma galería».

Jarrón con girasoles
1880
101 x 81,5 cm
The Metropolitan Museum of Art, Nueva York

Renoir, a quien han aceptado los dos envíos, no tiene mejor lugar que Monet. Los dos amigos escriben una carta de protesta dirigida al ministro de Instrucción Pública y de Bellas Artes «para que el próximo año seamos expuestos en condiciones convenientes».

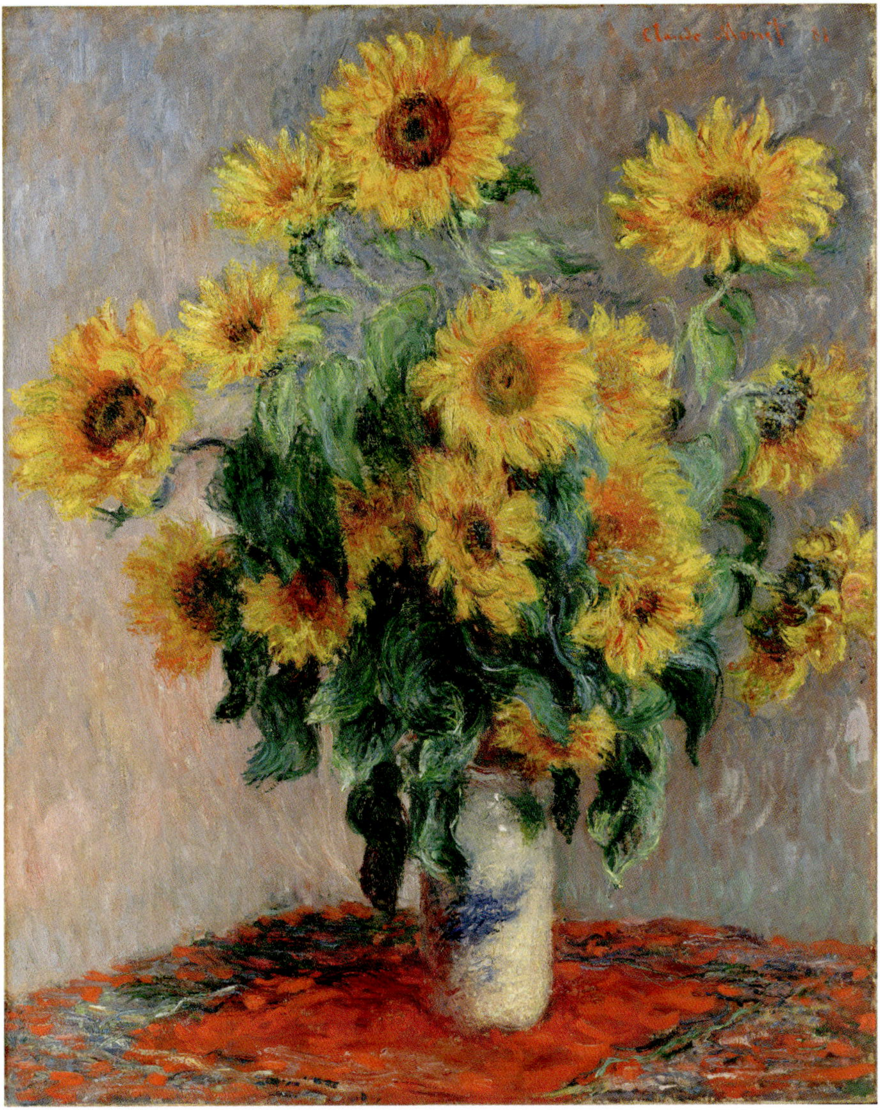
Claude Monet 81

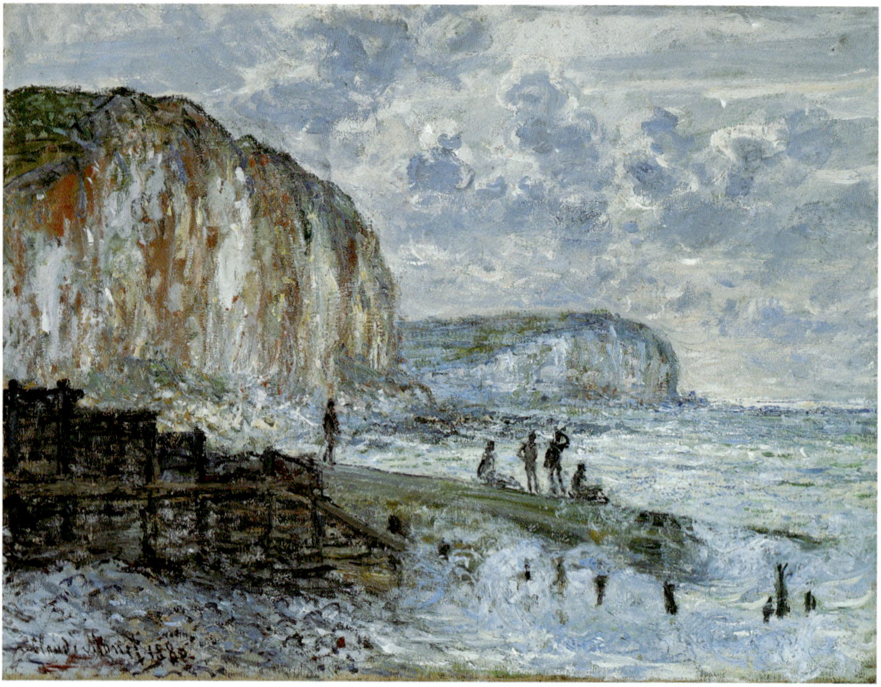

Los acantilados de Petites-Dalles
1880
59 x 75 cm
Museum of Fine Arts, Boston

El 10 de mayo, Cézanne trasmite una copia de la carta a su amigo Zola con el ruego de que se publique en *Le Voltaire,* acompañada de un comentario para dar a conocer a los impresionistas. En lugar de tomar el incidente en caliente, el escritor prefiere dedicar a sus amigos un estudio de mucha más envergadura. Como se decidió de una vez por todas a decir siempre lo que piensa, con su «Le Naturalisme au Salon», que *Le Voltaire* publica en la segunda quincena de junio, Zola no satisface plenamente a nadie: ni a la administración, cuya clasificación por categorías condena, ni al jurado, cuya disolución pide, ni a los impresionistas, de los que «ninguno ha realizado real y definitivamente lo que se han propuesto en teoría».

Desde este punto de vista, Monet, al que se trata bastante más que a Renoir, tiene derecho a expresar sus reservas. Es cierto que el escritor condena la mala colocación de *Lavacourt,* y se muestra tanto más seducido por esa «jovialidad de la salida de sol» cuanto que él mismo situó su novela de juventud *Madeleine Ferat* en Vétheuil. Y, sin embargo, su juicio global sobre el «incomparable paisajista» y «pintor de marinas maravillosas» desarrolla algunos de los aspectos ya tratados el año anterior en el *Messager de l'Europe:* le reprocha una producción precipitada hasta «el borde de la pacotilla», silencia «consideraciones de orden personal» que Zola «no desea abordar» y que ciertamente conciernen a la extraña vida doméstica de Monet, le recomienda «dedicarse a obras importantes, estudiadas durante las temporadas», sin preocuparse «de la cuestión de las exposiciones» y vaticina que «su gran y bella pintura» llegará a la cima y se venderá muy cara.

Cuando se publican estas líneas, el 21 de junio de 1880, la exposición individual de Monet en la galería de *La Vie Moderne* está en pleno apogeo.

La Vie Moderne

Si su retorno al Salón ha enemistado a Monet con algunos de sus compañeros, principalmente con Degas, también ha reforzado su relación con Renoir. Este está en buenas relaciones con el editor de Zola, Georges Charpentier, y se define «pintor ordinario» de su mujer. En 1879, el *Retrato de madame Charpentier y sus hijos* le supone un gran éxito. En junio de ese mismo año expone en los locales de *La Vie Moderne*, semanario ilustrado fundado por Charpentier dos meses antes y dotado de una galería en el boulevard des Italiens 7. Aunque el editor conoce a Monet desde la época de Argenteuil, Renoir no es ciertamente ajeno a la proposición de montar una exposición individual, ahora que su vuelta al Salón le sitúa entre los artistas dignos de una visión ecléctica que da una importancia considerable a la pintura oficial y expone tanto a Antoine Vollon como a Édouard Manet.

A lo largo del mes de abril de 1880, Monet comunica a Émile Bergerat, director de *La Vie Moderne*, que está dispuesto a recibir a uno de sus colaboradores, Émile Taboureux, para una entrevista en Vétheuil. El artículo no se publicará hasta junio, pero conviene situarlo en su contexto «abrileño», por usar uno de los epítetos floridos que tanto gustan al periodista. El texto, demasiado largo para reproducirlo o analizarlo en detalle aquí, contiene algunos datos concretos sobre el «Puerto Monet», algunas planchas reunidas y rodeadas por una balaustrada primitiva. Habla de la existencia de dos embarcaciones, una para paseos y la otra para el trabajo, del jardín con sus flores naturales, de la casa «absolutamente moderna» y de la habitación sencilla, llena completamente de cuadros. Sobre el entorno familiar, la discreción es de rigor: en el «puerto» solo ve a dos niños y dos perros; en casa, a nadie... En cuanto a la pintura, al reducir su estancia en la academia Gleyre a tres meses, contribuye al mito de su formación espontánea. Respondiendo a ciertos ataques, la declaración «Siempre he sido impresionista y siempre lo seguiré siendo» expresa la fidelidad, si no a las personas, a los principios, al mismo tiempo que influye sobre la existencia, pues significa soledad, cuando «la pequeña iglesia se ha convertido... en una escuela banal que abre sus puertas al primer pintamonas que aparece».

Monet reacciona bruscamente cuando el visitante expresa el deseo de conocer el estudio: «¡Mi estudio! Si yo nunca he tenido un estudio. Yo no comprendo cómo un pintor se puede encerrar en una habitación. Para dibujar, bien, pero para pintar, no». Sigue la afirmación: «Aquí está mi estudio», mientras con un gesto histriónico señala el Sena, las colinas y Vétheuil entero.

Esas afirmaciones se corresponden perfectamente con la idea que el pintor, en un esfuerzo consciente de publicidad, quiere dar de sí mismo. Es la misma que desarrolla Duret en sus apuntes sobre el catálogo de la exposición de Monet en *La Vie Moderne:* «Con él ya no se hacen más y más estudios preparatorios, ya no hay dibujos ni acuarelas para hacer en el estudio, sino una pintura al óleo enteramente comenzada y acabada en el escenario natural, directamente interpretada y realizada». Y describe al artista con el pincel en la mano: «Comienza a cubrir bruscamente [un lienzo blanco] con pinceladas de pintura que se corresponden a las manchas coloreadas que observa en la naturaleza. Frecuentemente, en la primera sesión solo puede hacer un boceto. A la mañana siguiente vuelve al mismo lugar para seguir trabajando. Los detalles se acentúan, los contornos se vuelven más precisos. Prosigue así más o menos tiempo, hasta que el cuadro le satisface».

Seguramente que muchos lienzos que Monet denomina sus «estudios», se hicieron de esta manera, con una escrupulosa fidelidad al motivo que no engaña. Pero —como hemos podido constatar en relación con los cuadros del Salón— los estudios tomados al natural pueden servir para hacer otros lienzos alejados del motivo y fuera

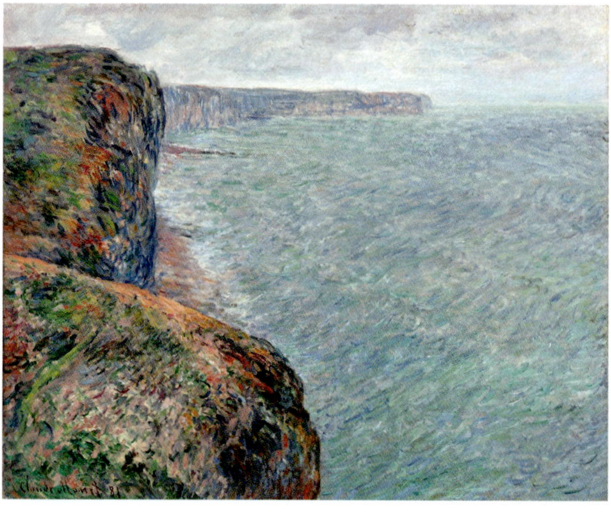

El mar visto desde los acantilados
1881
60 x 75 cm
Colección particular

de la temporada. Sobre este proceso de creación, Duret, Taboureux y todos los que, después de ellos, recibieron el *imprimatur* del maestro, guardan un silencio total, con lo que contribuyen a modelar la imagen que él escogió, la del impresionista por excelencia, campeón incondicional de la pintura al aire libre.

Después de laboriosos preparativos se inscriben en el catálogo de su exposición 18 cuadros: el artículo de Duret está precedido de un retrato del artista realizado por Manet. *Los Témpanos,* rechazados por el Salón, ocupan el número 1 de la lista. Lienzos recientes alternan con obras que se remontan a la época de Argenteuil e incluso a un momento anterior como *Cabaña en Sainte-Adresse,* de 1867. También se encuentra en la exposición *La calle Montorgueil, fiesta del 30 de junio de 1878* (il. pág. 167). Monet llega a París, el domingo 6 de junio, víspera de la inauguración, a la que asiste. A la mañana siguiente, la galería está abierta al público, que acude numeroso. Charpentier y Bergerat hacen bien las cosas: el 12 de junio, *La Vie Moderne* publica el artículo de Taboureux, con un grabado de Monet. En el número siguiente, un dibujo de Monet que reproduce la *Marina* de 1867 ilustra la noticia de que gran parte de las obras se han vendido el primer día. Sin embargo, dado que muchas de ellas no pertenecían ya al artista sino que habían sido prestadas por sus actuales dueños, la verosimilitud de esta afirmación baja en muchos enteros.

La Señora Charpentier se muestra interesada por *El deshielo* o *Los Témpanos,* que desea regalar a su marido. Monet comienza por pedir 2.000 francos; ella ofrece 1.500 pagaderos en tres plazos (octubre de 1880, enero y abril de 1881). El pintor vacila con la repuesta, pues desea sondear las disposiciones de Ratisbonne y de Ephrussi y, como estos dos se contentan con obras menos importantes, decide aceptar la proposición de su cliente, con ciertas condiciones. Una de ellas es que pueda pagar inmediatamente a un acreedor que ha reclamado derechos sobre los cuadros. Por otro lado, los acreedores han concedido una parte importante de las cantidades pagadas por Charpentier, así que el vencimiento de abril de 1881 se hará íntegramente a beneficio de uno de ellos. Es decir, aunque la «publicidad desenfrenada» de Monet —que criticó Degas— no provoca un milagro inmediato, sí que produce una inversión de la tendencia y prepara un futuro mejor.

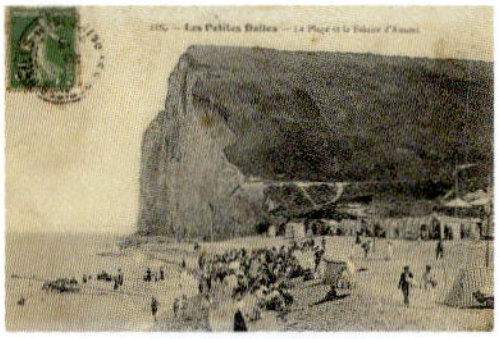

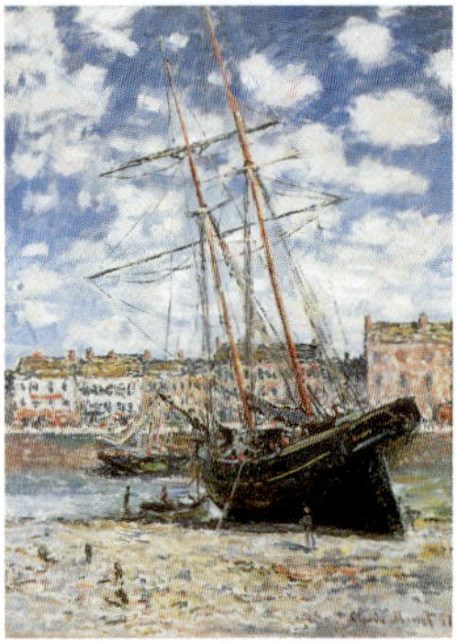

DE ARRIBA ABAJO
Petites-Dalles, la playa y el acantilado de Amont
Tarjeta postal, comienzos del siglo XX

Barco varado
1881
80 x 60 cm
Fuji Art Museum, Tokio

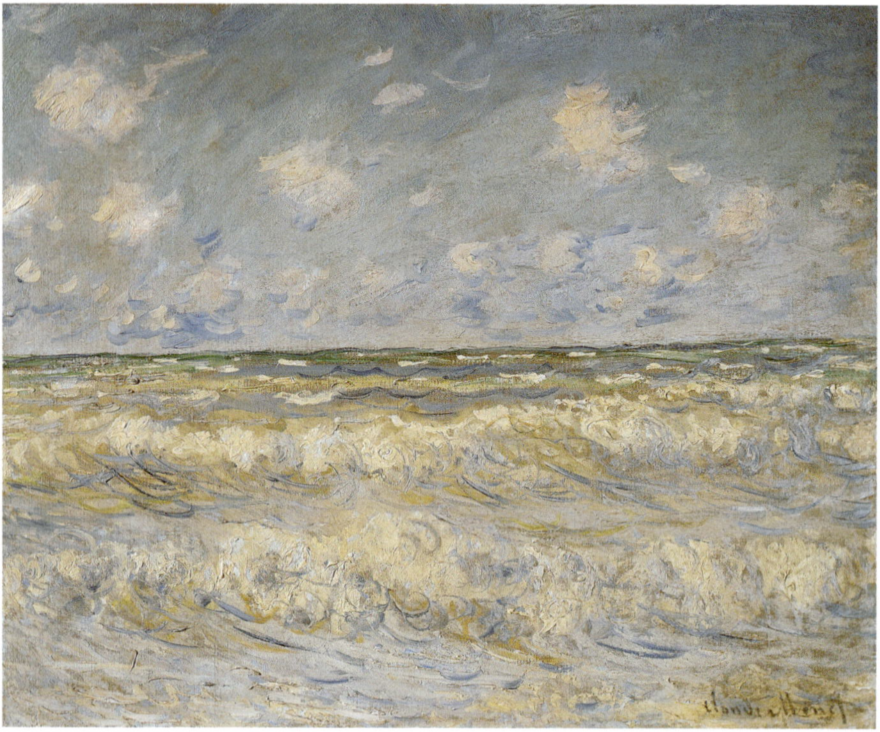

Mar agitada
1881
60 x 74 cm
National Gallery of Canada, Ottawa

El despliegue

Después de entregar sus cuadros para el Salón, Monet regresa a Vétheuil. Cierta pérdida del interés por los motivos frecuentemente explotados queda compensada por nuevas búsquedas y por un radio de acción más amplio. Ya no pinta Lavacourt desde el punto de vista acostumbrado, sino detrás de una cortina de sauces (il. pág. 198) o un plano general. La ribera y las islas, río arriba o río abajo, ofrecen puntos de vista inéditos. Representa la carretera de La Roche-Guyon tanto en dirección a Vétheuil —aunque a una mayor distancia que en el pasado— como en el sentido opuesto. Sus excursiones siguiendo la carretera lo llevan hasta Chantemesle y hasta Haute-Isle, que ya cantó el poeta Boileau. Dos *Efectos de primavera* tienen un aspecto panorámico que se vuelve a encontrar en otras obras. Paralelamente se encuentran también vistas más íntimas sobre el pequeño brazo del Sena. Al lado de las vistas de Vétheuil, semejantes a las del año anterior, aparecen variantes debidas a los árboles de una isla que se interponen entre el pintor y la población (il. pág. 188). Un paseo en

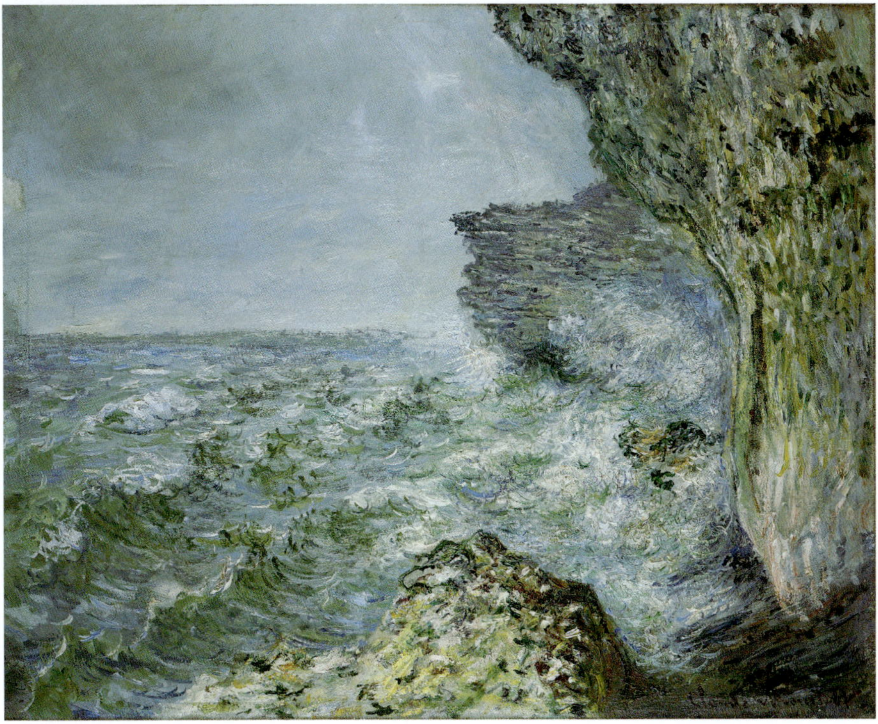

El mar en Fécamp
1881
65,5 x 82 cm
Staatsgalerie Stuttgart

dirección a Vienne conjuga la vibración del follaje con la de un arroyo en el lugar denominado «Paradis». La joven mujer que aparece en algunos cuadros, frecuentemente llevando una sombrilla, es Alice Hoschedé (il. pág. 198).

A comienzos de julio, mientras está esperando el artículo de Zola, Monet confiesa —cosa muy poco frecuente— que se encuentra en una buena veta de trabajo y, en su alegría, promete un recuerdo a Duret. Está en París cuando la República festeja su primer 14 de julio. Hoschedé, por el contrario, aprovecha esa circunstancia para viajar a un Vétheuil adornado por banderas. En esa visita debió de agotar todo el alcohol, pues Claude, cuando Hoschedé vuelve el día 16, encarga a Duret un barril de aguardiente. Monet, sin duda, hacía honor a las tradiciones locales tomando una copa de Calvados entre un plato y otro, como sería después su costumbre en Giverny.

Por lo que se refiere a la familia, las relaciones normandas siguen siendo estrechas. Su primo Lecadre, probablemente el mismo del que hizo un retrato por encargo, le ruega que participe en una exposición

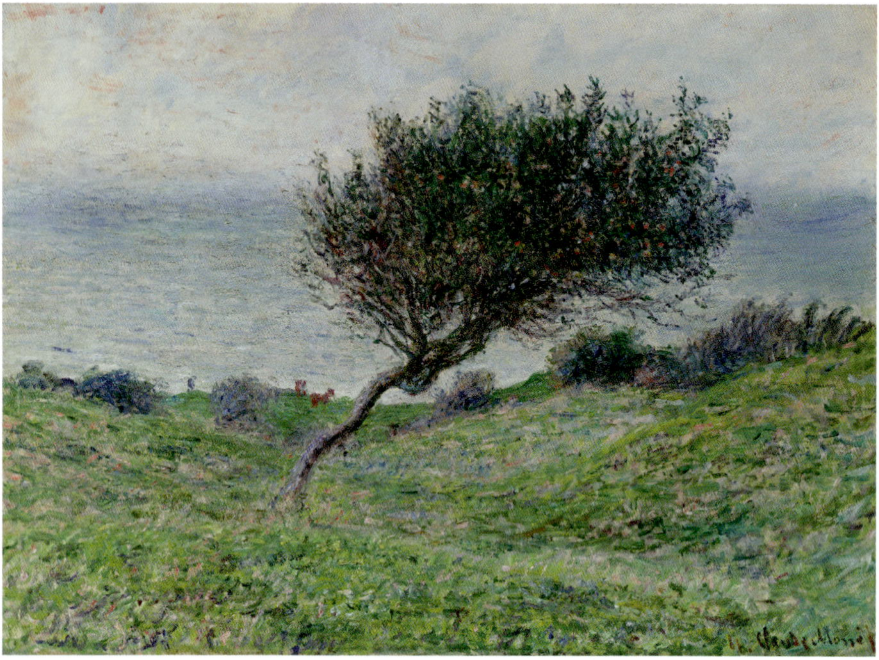

En la costa de Trouville
1881
60 x 81 cm
Museum of Fine Arts, Boston

que se inaugurará en El Havre el 1 de agosto. El cuadro del Salón (il. pág. 189) le servirá de muestra del pequeño lote de obras que se decide a enviar, confiando en venderlas. Pero los habitantes de El Havre se muestran implacables con su antiguo compatriota. Sock, en su *Revue comique du Salon havrais* caricaturiza inmisericorde uno de los cuadros de Monet, que bautiza como *Potaje de primavera.* Los que aún recuerdan el éxito que tuvieron los encargos de «Oscar», reniegan de él a la vista de la reprobación que experimenta su pintura.

Hacia el 10 de septiembre, Claude pasa unos días en Ruán, en casa de su hermano Léon, quien le lleva a Petites-Dalles, un minúsculo balneario cerca de Caux, donde suele pasar el verano. Allí hay unos acantilados impresionantes, donde rompen grandes olas. Monet hace algunos estudios, que le permiten demostrar a sus clientes su talento como autor de marinas. Petites-Dalles marca el comienzo de una serie de campañas que llevarán al pintor a la costa normanda durante varios años consecutivos.

Después de una ligera calma, Monet vuelve a solicitar dinero a sus fieles Duret y De Bellio, peticiones que redobla en el otoño. Esta insistencia podría sorprender. Si las ventas se suceden con regularidad, con un mínimo de 250 francos en septiembre, debido al viaje a Normandía, y un máximo de 2.380 francos en octubre, el total del año 1880 (13.938 francos) supone un crecimiento con respecto a 1878 (12.500) y 1879 (12.285). Este resultado es tanto más apreciable cuanto que lo obtiene sin que tenga que hacer concesiones en los precios, y sin que algunos ingresos tengan cierto carácter de limosna, como antes. Caballerosamente, Caillebotte sigue pagando el alquiler de la rue Vintimille hasta abril de 1880. Su nombre aparece en el libro de contabilidad de Monet hasta febrero del año siguiente.

Surgen nuevos compradores, entre ellos Delius, que en octubre de 1880 compra dos naturalezas muertas de *Frutas,* por 1.400 francos. Otros desaparecen, como G. Petit, que no comprará ninguna obra más a partir de febrero. En Vétheuil va constituyéndose poco a poco una clientela local. A su cabeza, un pequeño fabricante de compases, Narcisse Coqueret, un amigo de tiempos malos, del que suele hacerse mención en las cartas de Alice. Su primera compra se remonta a 1879, después, adquiere otros dos paisajes y, en agosto de 1880, le encarga su retrato, seguido de otros dos a comienzos de 1881, entre ellos el de su hijo. A través de él, Monet traba conocimiento con la familia Serveau

Campo de trigo
1881
65,5 x 81,5 cm
Cleveland Museum of Art

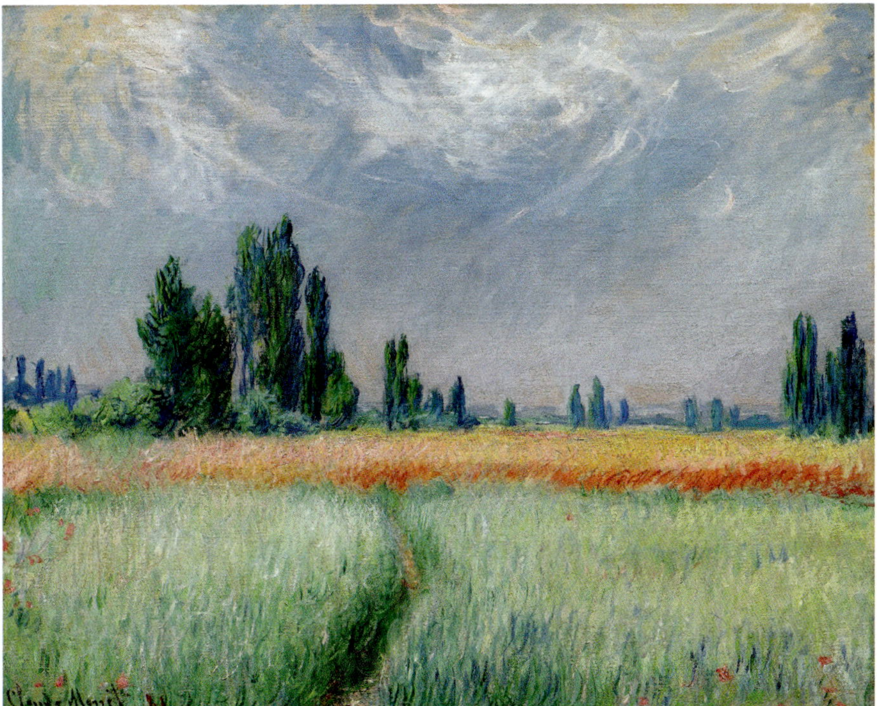

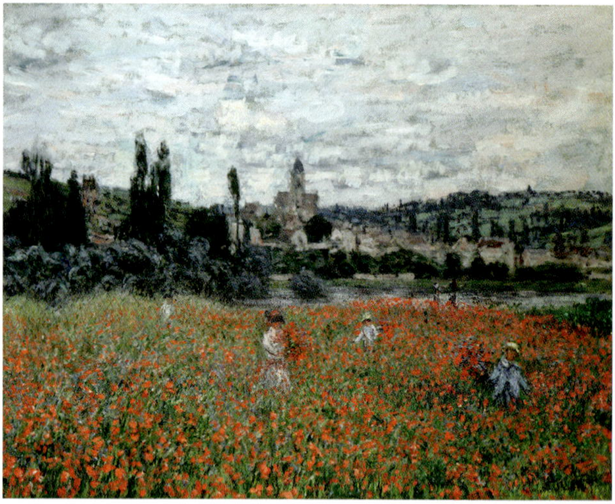

Campo de amapolas cerca de Vétheuil
1879
73 x 92 cm
Colección Fundación E. G. Bührle, Zúrich

de Mantes, que le compra dos paisajes y paga 150 francos por el retrato de su hija Jeanne. Por último, el notario Lauvray —que no está emparentado con el ya mencionado yesero del mismo nombre— le encarga el retrato de su hijo André (il. pág. 199), como pago de sus consejos jurídicos. A esta pequeña galería de retratos se vienen a añadir, en el entorno familiar, el de Blanche Hoschedé, tocada con un «sombrero de caballo» de paja, así como los de Jean y de Michel. En los días de mal tiempo, Monet se dedica a realizar una magnífica producción de flores y frutas, estas últimas más fáciles de reproducir en el interior que al aire libre, donde a veces se producen sorpresas desagradables.

El fin de año se ve entristecido por la muerte de madame Hoschedé madre, el 10 de diciembre. Monet asiste al entierro, temiendo que los acreedores se apoderen de lo que Ernest no ha dilapidado en vida. No obstante, en la vida de su antiguo mecenas hay una cierta mejora. Su nombramiento como director de *L'Art de la Mode,* cuyo primer número aparece a comienzos de agosto de 1880, parece darle por fin un empleo serio. La «revista mensual de la elegancia» está profusamente ilustrada, cuenta con el apoyo de personas como Petit, Luquet y Hébrard, y anuncia colaboraciones de personajes célebres. Sin embargo, la mayor parte de esas celebridades hará esperar su participación o incluso se abstendrá. A la publicidad apenas se atiende. Monet y Alice se inquietan con razón, pues hacia finales de año, Ernest pierde su cargo de director. Una reestructuración le permitirá volver a figurar en el número de febrero de 1881, con el título de redactor jefe. Paradójicamente, el restablecimiento de la situación profesional será fuente de nuevas dificultades de índole familiar e íntima.

El regreso de Durand-Ruel

A comienzos del otoño, un frío precoz inquieta a los habitantes de Vétheuil, pero el último invierno de Monet en el campo resultará menos duro que los dos anteriores. En diciembre, las incesantes lluvias producen una fuerte crecida del Sena. A finales de enero, al terminar un periodo más frío, acompañado de nevadas, un rápido deshielo es la causa de una nueva crecida, que alcanza su máximo nivel el 15 de febrero. Para Monet, es la ocasión para realizar una nueva serie de *Inundaciones,* al término de un tiempo de inactividad debido a la lesión de un dedo.

Pero el acontecimiento más importante del invierno es el restablecimiento de las relaciones con Paul Durand-Ruel, quien dispone de un capital considerable gracias al apoyo de Jules Feder, director del célebre Banque de l'Union Générale. Un primer contacto con Monet, en octubre, se salda con la adquisición de dos lienzos por 250 francos cada uno. Cuatro meses más tarde, el 17 de febrero de 1881, se produce el encuentro decisivo en una visita solicitada por el artista a su estudio de la rue Vintimille. En esa fecha, y dos días más tarde, la admiración del visitante se traduce en la adquisición de unas 15 obras, por el precio total de 4.500 francos, de los cuales 4.000 los abona inmediatamente. Se trata de lienzos de la última época, entre ellos ya dos *Inundaciones* y el reciente *El Castillo de La Roche-Guyon,* que Monet registra entre sus ventas de febrero, pero que Durand-Ruel no registrará hasta abril, cuando se suministró efectivamente. Es probable, pues, que las transacciones se hicieran sobre la base de bocetos, que serían terminados sin prisa.

Monet se siente lo suficientemente apoyado por su marchante como para renunciar a participar en el Salón para siempre y, ese año, también en la exposición de sus amigos. Como se ha dispensado una buena recepción a sus marinas, decide volver a la costa normanda a finales del invierno. Esta vez se inclina por Fécamp, que conoce bien por haber estado allí ya en otra ocasión. Llegado a su destino el 9 de marzo, se instala en Gran Quai, con M. Lemarrois. En el gran puerto de pesca se le ofrecen múltiples motivos: grandes veleros varados con la marea baja (il. pág. 205), el espigón batido por las olas, maravillosos acantilados. Los que atraen a Monet son los situados hacia el oeste. Instala su caballete tanto a los pies de los acantilados como sobre ellos, desde donde realiza vistas vertiginosas sobre el mar limitado por la puesta de sol en el cabo de Yport. Algunos días, sigue la costa hasta Grainval y pinta vuelto hacia Fécamp. En esos cuadros se distingue el espigón y la iglesia de Notre-Dame du Salut. Una vista original está tomada desde el acantilado mismo, de cara al mar, otras a ras de las olas (il. págs. 206, 207). Como el año anterior, explota el tema de la *Mar agitada* (il. pág. 206). Una breve visita a Petites-Dalles, sin duda invitado por Léon, que ha venido a pasar un fin de semana, le permite retomar los motivos del año anterior.

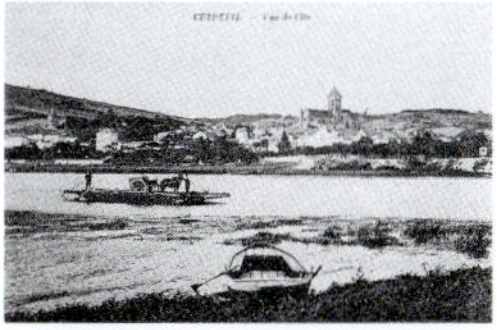

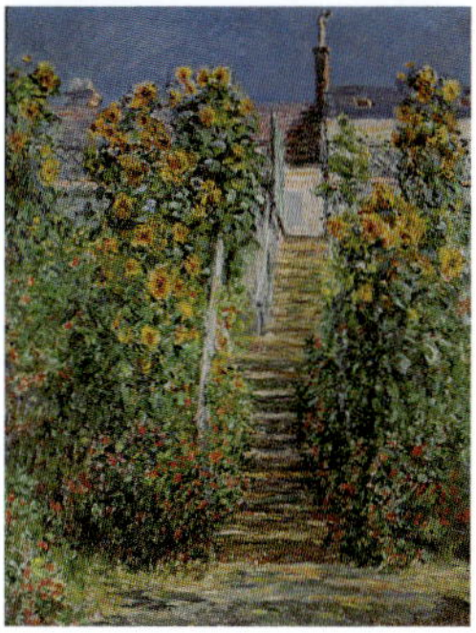

DE ARRIBA ABAJO
Vétheuil: vista de la isla
Tarjeta postal, c. 1900

La escalera en Vétheuil
1881
80 x 65 cm
Mr. y Mrs. Herbert J. Klapper, Estados Unidos

Prevista inicialmente para tres semanas, la estancia de Monet en la costa se prolonga gracias a la ayuda económica de Durand-Ruel. De vuelta a Vétheuil hacia el 10 de abril, el 18 participa en una fiesta familiar para celebrar el 17 cumpleaños de Marthe. Aunque el aniversario de su hija coincide con el lunes de Pascua, Hoschedé no se ha molestado en venir. Marthe sufre por esa ausencia y por la otra realidad que intuye. Nunca se acostumbrará a llamar a Claude «papá Monet», como sus hermanos más pequeños.

Hasta finales de mes retienen a Monet en Vétheuil la belleza del campo y la necesidad de adelantar en su trabajo, y el viernes 29 de abril viaja finalmente a París, con un lote de obras recientes. Una persona que había mostrado interés y al que había invitado a escoger obras la mañana siguiente parece que no acaba de decidirse por ninguna. Por la tarde aparece Durand-Ruel y compra cuatro lienzos al mismo tiempo. A comienzos de mayo, otras obras vienen a añadirse a la adquisición, hasta sumar 22, a 300 francos cada una. Con 18 vistas, predominan las de Fécamp y Petites-Dalles. El 5 de mayo abona 1.000 francos, el día siguiente, otros 1.000, y otros 500 los remite directamente a los comerciantes de pintura Vieille y Troisgros. De regreso a Vétheuil, Claude ha de guardar cama, agotado por los esfuerzos de las últimas semanas, pero tranquilo por el futuro.

El jardín de Monet en Vétheuil
1881
150 x 120 cm
National Gallery of Art, Washington, D. C.

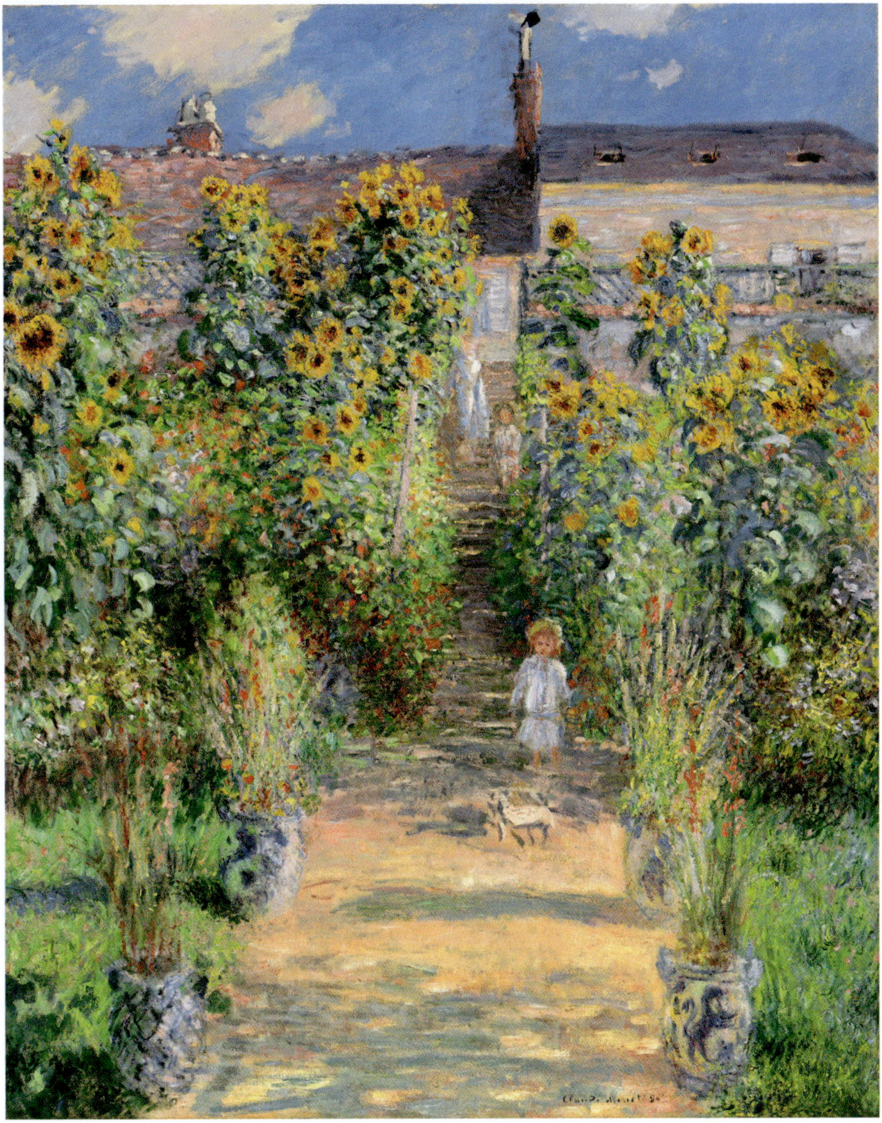

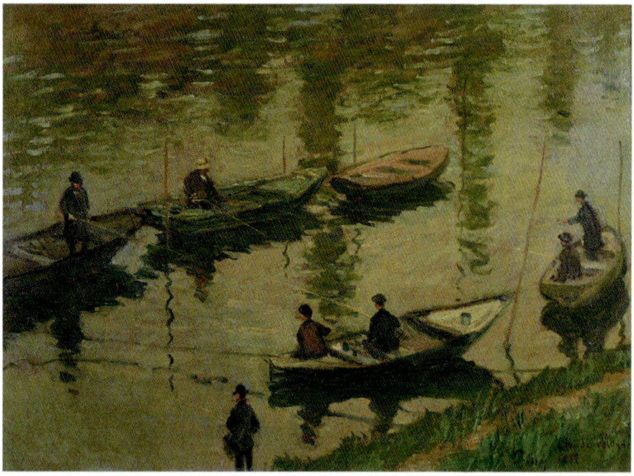

Pescadores de caña sobre el Sena, en Poissy
1882
60 x 81 cm
Österreichische Galerie Belvedere, Viena

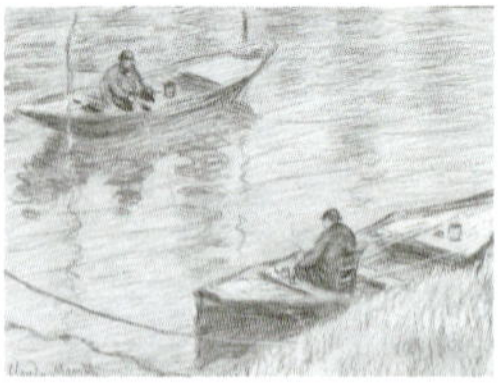

Pescadores en Poissy
Tiza negra sobre papel Gillot, algunos detalles raspados
Fogg Art Museum, Harvard University Art Museums, Cambridge, Massachusetts

Tormenta

Tras sobreponerse a su desfallecimiento, Monet vuelve al trabajo. Su producción nunca fue tan variada como ahora. Los acantilados de Fécamp han llamado su atención sobre los de Chantemesle, muy próximos a su domicilio. Hace nuevas vistas de *Vétheuil*, con el río en el primer plano, mientras que otras presentan la iglesia y el pueblo desde ángulos inéditos. Las islas, sobre todo la de Saint-Martin, continúan ofreciendo perspectivas atrayentes. No se olvida de la llanura de Lavacourt (il. pág. 209), ni tampoco del pequeño brazo del Sena, donde la línea de fuga se perfila detrás de las líneas verticales de los grandes álamos. Gracias al ángulo escogido, ciertas vistas panorámicas suprimen la presencia de casas. Se advierte, asimismo, una gran variedad de encuadres y una creciente audacia de la línea del horizonte, frecuentemente muy elevada.

Otro grupo de obras presenta vistas del jardín, que se extiende hasta el Sena. A la sombra de un frutal, Alice descansa pensativa. Detrás de ella, una cerca separa el jardín de la orilla. Cuando la puerta está abierta se pueden ver algunas casas de Lavacourt. Remontando un poco el puente, obtiene una vista más amplia de la aldea. Más arriba aún, se descubre el meandro del Sena. A espaldas del río, Monet pinta también en dirección a la carretera y las casas. Con el título *Casa de campo*, ha vendido a Durand-Ruel un primer boceto con este tema en abril de 1881. Cuando vuelve el buen tiempo, retoma el motivo, acercándose más a la escalera bordeada de girasoles (il. pág. 211); los jarrones de figuras azules recuerdan el jardín de Argenteuil. En uno de los lienzos de esta serie, «los dos pequeños», Michel y Jean-Pierre, parecen estar inmóviles en su camino. En otro,

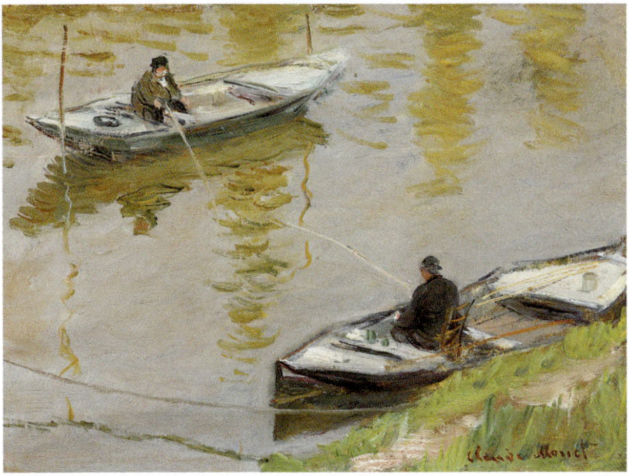

Los dos pescadores
1882
38 x 52 cm
Colección particular

una figura femenina se dibuja detrás de ellos (il. pág. 213). La casa de la derecha es la del artista; nunca antes se había visto tan de cerca. Se diría que Monet ha querido plasmar en pintura los lugares que pronto va a abandonar.

A pesar del giro favorable que ha tomado la situación económica, no ha pagado el alquiler desde el 12 de enero de 1880. En julio de 1881, la propietaria le reclama en un plazo de 24 horas el pago de 986 francos, a que ascienden los alquileres vencidos. No está dispuesta a prolongar el alquiler más de los tres años previstos por el contrato, que expira el 1 de octubre. A su vez, el pintor renuncia a la idea de prolongar su estancia en Vétheuil. Al problema de las deudas se añade la imposibilidad de encontrar allí un colegio donde su hijo Jean pudiera continuar sus estudios, una vez que ha finalizado la enseñanza primaria. En el mes de mayo, ruega a Zola que le envíe información sobre Poissy, que se encuentra a unos pocos kilómetros de Médan, donde vive el escritor.

Aprovechando esos proyectos de partida, Hoschedé apremia a su esposa para que regrese con él, sin ocultar el disgusto que le produce la situación. En su respuesta, Alice se muestra razonable: «Me reprochas que no quiero ir a vivir contigo. Sin embargo, estoy decidida a volver a París en el mes de octubre… Te encargo que alquiles esa casa que has encontrado y que te instales para preparar nuestro regreso en octubre». En el fondo se defiende pasando al ataque: «Me reprochas que no estoy sola en Vétheuil. La situación es la misma que tú aceptaste; tus ausencias se han prolongado cada vez más. ¿De quién es, pues, la culpa?». Para persuadir a su marido de sus fallos, añade: «En fin, tu manera de comportarte frente a monsieur Monet crea una situación extraña y muy singular». La carta termina con «mil pensamientos tristes». Los últimos y convencionales «besos» se remontan al otoño anterior.

Al aproximarse el verano de 1881, la tensión entre los dos hombres es tal que la presencia de Monet en Vétheuil excluye la de Hoschedé, quien no se atreve ya a enfrentarse a su rival ni siquiera por escrito, por lo que encarga a Alice que se ocupe de tratar las cuentas con él. Para que Ernest asista a una fiesta de familia, la primera comunión de su hijo Jacques, celebrada el 28 de agosto, Monet desaparece discretamente, lo que le da la ocasión de una nueva estancia en la costa normanda, como atestigua la carta que dirige a Durand-Ruel el 13 de septiembre, ya de regreso en Vétheuil, por el mal tiempo. Se queja de volver con las manos vacías, pero cuatro lienzos parecen haberse escapado del desastre. Revelan que el pintor viajó de un lado al otro del estuario, a Trouville y a Saint-Adresse, en una especie de vuelta a los orígenes (il. pág. 208).

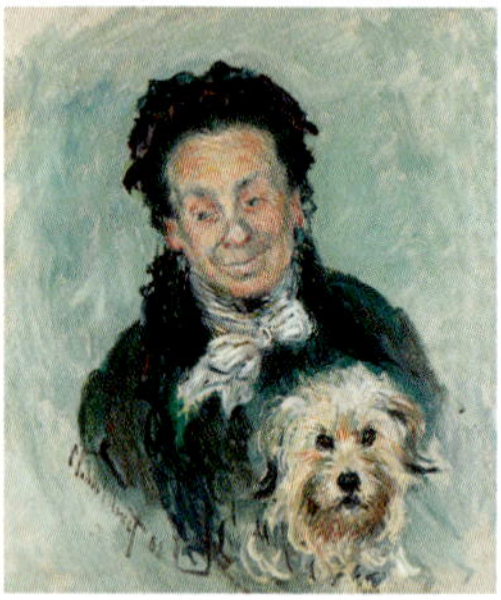

Retrato de mère Paul
1882
65 x 54 cm
Fogg Art Museum, Harvard University Art Museums, Cambridge, Massachusetts

Partida de Vétheuil

Las cartas de Monet que se han conservado del año 1881 están dirigidas, casi en su totalidad, y con mayor exclusividad a medida que los meses pasan, a Durand-Ruel. Pasado el mes de mayo no hay rastro de relaciones con De Bellio; con Duret, las relaciones apenas siguen, y con Ephrussi, el conato de llegar a un acuerdo no se ve coronado por el éxito. Al parecer, los tiempos de las concesiones parecen haber llegado a su fin. En lugar de laboriosas negociaciones con sus antiguos clientes, Monet prefiere vender regularmente a la casa Durand-Ruel, que prácticamente se asegura su producción en exclusiva. Después de los lucrativos negocios de mayo, que se han elevado a 2.500 francos, el pintor percibe 3.000 francos en junio y 800 en agosto.

En octubre, las ventas continúan. 300 francos es el precio habitual por unidad, pero tres grandes lienzos producen 500 francos y el total del mes es de 2.300 francos. Noviembre resulta más fructífero aún, con 3.000 francos. Por una *Puesta de sol* consigue 1.000 francos; la entregará el 31 de diciembre. Con los 2.500 francos del último mes, el año 1881 produce un total de 20.400 francos, cifra importante, aunque inferior al récord de 1873, gracias a la primera serie de compras de Durand-Ruel. Contrariamente a lo que pensaba entonces, el marchante está convencido de que venderá en buenas condiciones no solo las obras recientes, sino también aquellas que guarda en el almacén desde hace 10 años.

A mediados de septiembre, Monet le comunica que se ve obligado a «abandonar Vétheuil de aquí a un mes» y a «buscar otra cosa». Es decir, que no ha previsto irse cuando expire su contrato de alquiler, el 1 de octubre. Hasta su partida tiene la intención de hacer «bastantes cosas». Uno o dos rápidos viajes a París le permiten encontrarse con

Durand-Ruel —los tiempos de las ventas al azar han pasado decididamente a la historia—, pero Monet vuelve rápidamente a Vétheuil, donde el 18 de noviembre de 1881 asiste al bautizo de su hijo Michel. Debido a la influencia de Alice, cuyos sentimientos religiosos son conocidos, este acontecimiento revela, asimismo, la ascendencia que ella ejerce sobre Claude. Si bien se ha mostrado dispuesta a recomponer la vida común con su marido, Alice sigue buscando evasivas y, si se le insta a decidirse, evita el asunto. Entretanto, las deudas domésticas frente a Monet han aumentado en gran medida: de 1.505 francos el 1 de septiembre, han pasado a 1.600 francos el 1 de noviembre, para alcanzar los 2.962 francos el 1 de diciembre. Si Ernest quisiera recuperar a su mujer, tendría que devolver esas cantidades adelantadas, cosa que no desea aunque pudiera hacerlo, tanto más cuanto que, en el fondo, teme ver en París a una esposa descontenta con seis hijos.

Para Alice, seguir a Claude a su nueva residencia es un acto más comprometedor que mantener el *statu quo* en Vétheuil. Sus propios escrúpulos y las críticas que experimenta por parte de su familia se atenuarán si puede invocar motivos morales, motivos que vienen dados por la educación de los dos hijos de Monet, a quienes trata verdaderamente como una madre. Jean fue bautizado en su día, pero Michel no. Al consentir en su bautizo, Claude, sin dejar su reserva en materia de religión, hace una importante concesión que permite a madame Hoschedé ejercer una especie de misión apostólica.

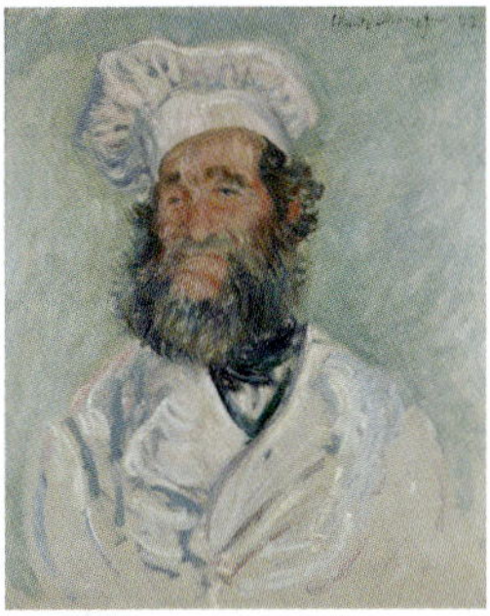

Retrato de père Paul
1882
64 x 51 cm
Österreichische Galerie
Belvedere, Viena

La partida definitiva de Vétheuil se hace esperar. No es cierto que madame Ansault-Chauvel se mostrara conforme con que su inquilino se quedara más tiempo del estipulado. Según una tradición local, Monet y los suyos pasaron unas semanas en una calle de rue du Marché-au-Blé, en el centro del pueblo. Desde finales de 1880, esta casa pertenecía al pintor Ennemond Collignon, cuya esposa dejó una carpeta de croquis de Vétheuil y la región, en parte fechados en 1882. Es posible que los esposos Collignon, antes de ocupar ellos mismos la casa, albergaran a un compañero en un momento de dificultad.

Después de que la consulta a Sisley diera un resultado poco halagüeño sobre la situación escolar en Moret-sur-Loing, Monet se decide por Poissy, siguiendo la información facilitada por Zola. En sus viajes entre Mantes y París ha pasado por esta agradable ciudad situada en la orilla izquierda del Sena. Sin embargo, se tendrá que esperar hasta el 17 de diciembre para encontrar la comunicación de que se han instalado en Poissy. Ha alquilado «Villa Saint-Louis», cercana al Sena. Jean y Jacques, los dos «mayores», van al colegio. Las chicas Hoschedé, a un pensionado de monjas. El 25 de enero del año siguiente Monet realiza un último viaje a Vétheuil para adquirir en el ayuntamiento, al precio de 24 francos y por 15 años, «una concesión temporal de 2 m^2 de terreno en el cementerio donde está enterrada Camille Doncieux, su esposa».

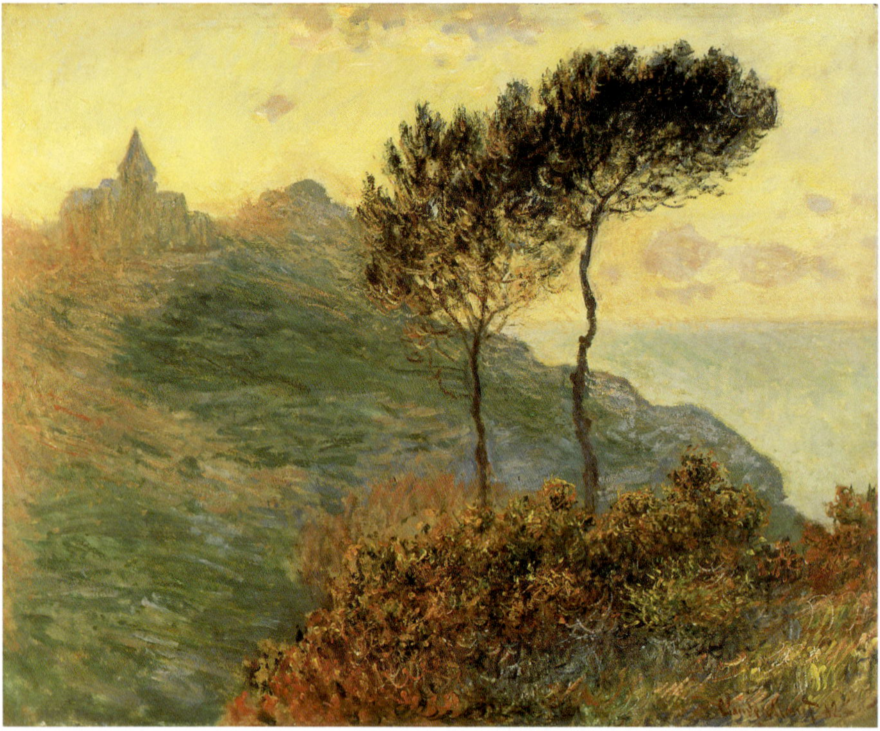

La iglesia de Varengeville en un día gris
1882
65 x 81 cm
J.B. Speed Art Museum, Louisville, Kentucky

Se cierra así una página de su vida. Al término de un largo periodo de luchas y trabajos que el éxito comienza a coronar por fin, Vétheuil viene a unirse a Argenteuil en el repertorio de lugares a los que el maestro impresionista debe lo mejor de su inspiración.

Poissy y la quiebra de la Union Générale

A mediados de diciembre de 1881, Claude Monet ha abandonado definitivamente Vétheuil para instalarse en Poissy, su nuevo lugar de residencia. Situada a 20 km al oeste de París, sobre la orilla izquierda del Sena, Poissy es una pequeña población de 5.600 habitantes, apenas afectada por el desarrollo que estaban experimentando los alrededores de la gran ciudad y capaz de ofrecer a los hijos de la doble familia condiciones suficientes para proseguir sus estudios, que fueron relativamente modestos.

Aunque no se ha conservado ninguna colección completa del diario local, *L'Independant de Poissy,* parece que la llegada de Monet pasó inadvertida, que los habitantes de esta ciudad no tenían ojos más que para el ilustre Meissonier, instalado en Poissy desde hacía

40 años y alcalde en 1878-1879. Villa Saint-Louis no deja de tener su encanto. Más amplia que la casa de Vétheuil, está situada en el barrio norte de Poissy y ofrece vistas amenas del pequeño brazo del río (il. págs. 214, 215), de las islas, del viejo puente río arriba y de los tilos del paseo fluvial, bordeado de viejas casas, altas y pintorescas. A pesar de sus atractivos, Poissy no inspirará al artista, quien, consciente muy pronto de esta incompatibilidad, ya no volverá a la primera impresión.

La situación moral en la que Monet se debate contribuye a sus pasajeras dificultades creativas. En Vétheuil, Alice Hoschedé había permanecido a su lado continuando un estado de cosas en el que había participado su marido Ernest. Al ocuparse de los hijos de Monet tras la muerte de Camille, salvó las apariencias a los ojos de su familia y de la sociedad. Pero, al seguir a Claude a Poissy, hace público un escándalo que trastorna la existencia de todos los participantes en este pequeño drama burgués. La situación es tan tensa que Ernest no se atreve a visitar a su mujer en presencia de su rival, quien aprovecha la situación para terminar una serie de cuadros de la temporada anterior, alejándose unos días, no sin inquietarse por las decisiones que, durante su ausencia, pueda tomar Alice.

Simultáneamente a las dificultades domésticas, hay otras económicas: en el momento en que Monet comunica a Durand-Ruel su intención de dirigirse a Dieppe, se produce la quiebra de la Union Générale. El gran banco de negocios, cuyas acciones se han hundido en el mes de enero, declara suspensión de pagos. El 1 de febrero, el fiscal ordena la detención de su responsable, Eugène Bontoux, y de Jules Feder, su director sobre el papel. Al día siguiente se decreta la quiebra. Feder, aficionado a la pintura, había concedido anticipos importantes a Durand-Ruel, que este ha de devolver antes de ayudar con su propio patrimonio. Es decir, en febrero del año 1882, ve el porvenir con inquietud.

Monet no parece darse cuenta de la gravedad de la situación y continúa acosando a su cliente privilegiado con demandas de dinero. Sin duda, no ha tenido tiempo de leer los periódicos, que dedican bastante espacio a la quiebra de la Union. El *Gil Blas* publica una novela, *L'Amour de l'argent,* en la que la «Inmensa Union» está dirigida por Feedorth, pseudónimo que poco oculta al cliente de Durand-Ruel. Para poder enderezar sus negocios, este ha de conseguir rápidamente un éxito de prestigio. Se le ocurre organizar una exposición de pintura moderna, en la que van a participar los principales líderes del grupo impresionista, cuyas filas han engrosado algunos más, reclutados por Pissarro. Sin embargo, antes necesitará actuar con mucha paciencia y diplomacia.

En casa de père Paul

Aunque sale de Poissy «a primera hora de la mañana», Monet pierde el tren expreso a Mantes y ha de viajar a Dieppe en autobús, vía Ruán. Cuando desciende del tren dos horas después, se dirige al Gran Hôtel du Nord et Victoria, en el paseo Henri IV, donde se aloja por 20 francos al día, cantidad que le parece demasiado elevada para este mediocre hotel.

Desde su llegada se da cuenta de que, si bien el mar es soberbio, los acantilados no parecen tan bellos como los de Fécamp. Deseoso de salir de Dieppe, donde se siente demasiado «en una ciudad», recorre «todos los alrededores, todos los caminos… por encima y por debajo de los acantilados». Nuevas búsquedas le llevan, el día 8, a Puys y al Chalet de la Dame Blanche: «Lo miro todo y no veo nada que me conmueva». Piensa en continuar el viaje a Saint-Valéry-en-Caux y, naturalmente, a Fécamp. Por la tarde se encuentra deprimido, entre la angustia de la habitación del hotel y la sala del café provinciano. No obstante, un pintor pone su taller a su disposición, circunstancia que posiblemente le anima a intentar plasmar algunos motivos: el antepuerto de Dieppe con las casas del paseo dominadas por las masas de la iglesia de Saint-Jacques y el panorama de la ciudad con la torre de Saint-Rémy en primer plano, en la punta de las murallas del castillo.

Sin embargo, al sentimiento de insatisfacción alimentado por el recuerdo de Fécamp se viene a añadir la tensión provocada por la organización de la exposición colectiva. En el momento en que «se ha negociado con ciertas personas», la primera reacción de Monet es negativa. La ausencia de Degas, que le reprochó su vuelta al Salón en 1880, no es a sus ojos razón suficiente para participar en ella. No oculta su forma de pensar a sus amigos Pissarro y Caillebotte. En cambio, Durand-Ruel le achaca sabotear la empresa. Persuadido —al parecer, sin razón— de que se quiere rechazar incluso a Caillebotte, Monet protesta y se opone a la presencia de Guillaumin, de Vignon y de Gauguin, y asegura que no hará nada sin Renoir, cuya postura es similar a la suya.

El 5 de febrero, en el momento en que las discusiones permiten medir la gravedad de la crisis en que se encuentra sumido el grupo, Monet deja el hotel Victoria para instalarse en Pourville, que ha descubierto dos días antes. Pourville es un pequeño pueblo de pescadores, dependiente, en cuestiones del Ayuntamiento, en parte de Hautot, en parte de Varengeville, así como de Offranville para los postes de telégrafos. El relativo éxito del balneario durante el verano ha hecho construir un casino al oeste de la playa, «sobre los mismos guijarros», de modo que «las olas se abalanzan contra la misma casa». El establecimiento, que cuenta también con un hotel restaurante llamado «À la renommée des Galettes», está regentado por Paul Graff y su mujer Eugènie, «buena gente» originaria de Alsacia, felices de acoger a un

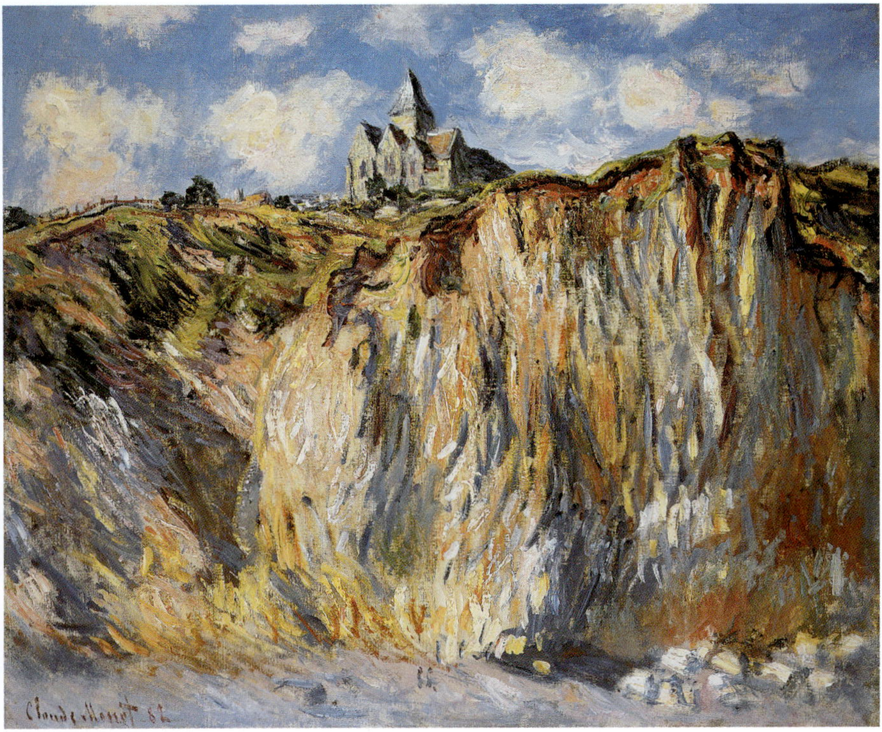

huésped fuera de la temporada, a quien cuidarán con esmero, ellos, sus hijos y «madame Eugène», su nuera, por seis francos al día.

En un día de mal tiempo, Monet pintará dos bizcochos, la especialidad de *père* Paul. Otra vez, retratará al viejo cocinero hirsuto con su gorro de cocinero blanco (il. pág. 217) y a su esposa Eugénie, quien baja la mirada, tímida ante «el señor de París», mientras que el perro no aparta los ojos de él (il. pág. 216). La buena acogida y la belleza del paisaje, con sus altos acantilados y sus valles profundos, producen un gran efecto. Incluso olvidará por completo Dieppe y al complaciente compañero que le permitía utilizar su estudio. Sin embargo, el tiempo es inestable y, en más de una ocasión, el pintor lamentará no encontrar cuevas en las rocas donde pueda trabajar con mal tiempo, como en Fécamp.

Mientras Monet comienza a hacer los primeros estudios de Pourville, Alice Hoschedé —en «este horrible Poissy»— sigue atormentándose con las habituales dificultades materiales, agravadas por las enfermedades de varios niños. Acosa a Claude con peticiones de dinero, que este transmite a Durand-Ruel, al tiempo que asegura su

La iglesia de Varengeville por la mañana
1882
60 x 73 cm
Colección particular

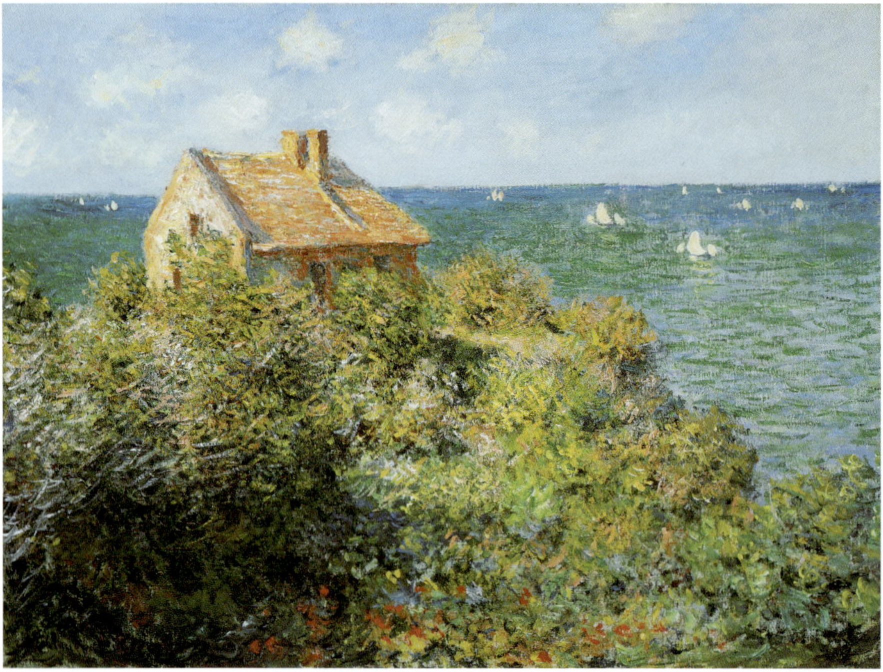

La casa del pescador en Varengeville
1882
61 x 88,3 cm
Museum of Fine Arts, Boston

participación en la exposición prevista. Esta decisión viene acompañada de nuevas preocupaciones: escoger, a distancia, los cuadros y sus títulos, y la perspectiva de tener que dejar Pourville para dirigirse a París. Al fin, el catálogo de la 7.ª exposición de los Artistas Independientes, que se abrirá al público el 1 de marzo de 1882, contará con 35 obras de Monet; solo Pissarro le supera ligeramente, pues enviará 36 piezas.

La exposición, laboriosamente organizada por Durand-Ruel y sus fieles compañeros, ocupa una sala dispuesta por Charles Garnier en el número 251 de rue Saint-Honoré, en un palacio construido para albergar el panorama de la batalla de Reichshoffen. Curiosa elección para la «legión» de los pintores independientes —siete «granaderos» y una «cantinera»—, justo encima del local donde está representada «la agonía de los coraceros de Frœschwiller», «una de la más amargas jornadas de nuestra derrota en 1870». Pero, por mucho que ironicen Claretie y Burty, en 1882 la cercanía patriótica aporta un notable apoyo moral; de las largas filas de automóviles estacionados en la rue Saint-Honoré salen personas de alta alcurnia que van a visitar tanto la exposición de los Independientes como este «detestable panorama».

Del panorama de Reichshoffen a las marinas de Pourville

A la inauguración acude un nutrido grupo de periodistas y, cosa aún más importante, los diarios publican realmente lo que escriben sobre la exposición. A partir de ahora, los impresionistas ya no pasarán inadvertidos. Varios columnistas destacan la ausencia de Degas —Albert Wolff le felicita por ello— y la de Raffaëlli, al que rinden honores. Los mejor informados no ignoran que el regreso de Renoir y de Monet constituye un acontecimiento importante. Los periodistas expresan juicios matizados. Con frecuencia, los elogios aparecen con ciertas restricciones, los ataques en regla admiten circunstancias atenuantes. En esta ocasión, las diferentes opiniones no dependen del carácter político: los periódicos conservadores no se muestran sistemáticamente hostiles y no todos los rotativos republicanos son necesariamente favorables a los artistas. Así, *La Patrie,* de derechas, recomienda a sus lectores que acudan a ver la exposición, que considera muy interesante, mientras que el voltariano *Le Siècle* desarrolla la vieja acusación de que «son preparativos» con una imagen culinaria: «la liebre ya está muerta; para terminar el guiso aún hay que aderezar la salsa».

Lo que más sorprende son los colores, y el diagnóstico de daltonismo es recurrente, aunque *L'Événement* juzgue que «es mejor que las personas que sufren esta enfermedad se dediquen más a la pintura que a vigilar las señales del ferrocarril». Algunos miden por un mismo rasero a los granaderos y a la cantinera, mientras que otros se esfuerzan por marcar las diferencias. Monet, cuyo elevado número de obras causa sorpresa, no escapa a los reproches generalizados respecto al color, sin que los críticos consigan ponerse de acuerdo sobre cuál es el tono dominante. Para el *Gil Blas,* las rocas y el mar son «de color grosella», mientras que *Le Petit Parisien* considera que extiende sobre el lienzo «una tinta vagamente azul». Los elogios se reparten entre los cuadros pintados en Vétheuil y las marinas de Fécamp. Mientras que *Le National* considera a estas últimas abominables, en general cosechan un éxito halagüeño y *La Patrie,* pese a su ligera reserva frente al colorido, habla de «efectos de perspectiva absolutamente notables». Como a Claude Monet le gustaron especialmente las frases de Ernest Chesnau en *Paris-Journal,* le cedemos la palabra: «Me detengo ante estas admirables marinas donde, por primera vez, veo plasmado con gran poder de ilusión cómo el mar se hincha y suspira, al par del centelleo de la marea que se retira, la coloración glauca de las aguas profundas y las coloraciones violeta de las aguas bajas sobre su lecho de arena».

Decididamente, las marinas son todo un éxito. A su vuelta de París, donde ha estado los primeros días de marzo para asistir a la inauguración, Monet vuelve al trabajo. Ebrio de creación en este rincón del Pays de Caux donde se siente en casa, retoma simultáneamente un gran número de motivos, yendo de uno a otro desde la playa de

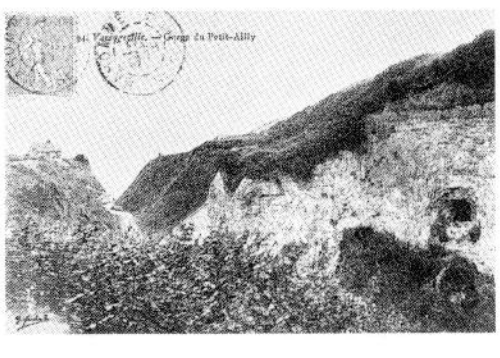

Varengeville, la garganta de Petit Ailly George, con la casa del pescador a la izquierda
Tarjeta postal, comienzos del siglo XX

Pourville al este hasta la iglesia de Varengeville al oeste (il. pág. 218). El 5 de marzo, al volver a ver los cuadros que pintó antes de su marcha, se siente decepcionado por algunos de ellos y rompe dos inmediatamente. Las largas caminatas de ida y vuelta a lo largo de la playa y sobre los acantilados le fatigan, pero está convencido de que conseguirá «cosas superiores a lo que he hecho hasta ahora». Sufre un ataque de fiebre y una picadura de mosquito. Una cena en compañía del cura le proporciona una agradable diversión. El 24 de marzo, un telegrama de Alice, que le llega mientras está trabajando a una hora de distancia del hotel, le llena de angustia. No obstante, a la mañana siguiente anuncia a Durand-Ruel que algunas obras están terminadas. Gracias al espléndido tiempo, espera terminar otras y se reserva revisar «toda la serie de estudios» a su vuelta. Inicialmente prevista para Pascua (en 1882, el 9 de abril), la retrasa algunos días para trabajar «como un poseso». Lo mismo sucederá en la mayoría de los viajes que emprenderá para pintar.

«¿Le gusta lo que le traigo?»

En Poissy, Alice sigue con preocupaciones de todo orden. La renta anual de 680 francos es insuficiente a todas luces para vivir con seis niños. Esposa legítima de Ernest Hoschedé, a quien sigue tuteando, espera al menos que su marido se ocupe de las necesidades de los niños y que ayude a pagar las deudas de Vétheuil. Al mismo tiempo le dice que no quiere pedir más a Monet, al que ya debe mucho. Curiosa ficción destinada a salvar las apariencias y por otro lado superflua pues, al ocuparse de los hijos del pintor, tendría perfecto derecho para percibir un salario, incluso con algún adelanto… Ruega a Ernest que envíe dinero —girará 100 francos en febrero, largueza que no se volverá a repetir— y que aproveche el alejamiento de Monet para viajar a Poissy. Después, como ha dejado pasar la ocasión y su rival está ya próximo a volver, Alice le recomienda que le diga la hora exacta de su llegada para evitar un encuentro desagradable para todo el mundo.

Después de dar el último toque a los cuadros traídos de la costa normanda, el pintor se dirige a París, donde ha de liquidar, antes del 15 de abril, el piso de la rue de Vintimille, cuyo alquiler ha seguido pagando Caillebotte hasta ese mismo momento. Durand-Ruel, a quien saluda de paso, tendrá que esperar hasta el día 22 para verle traer un lote de 16 lienzos, seguidos de otros siete, tres días más tarde. El marchante está en condiciones de responder con un «sí» sin restricciones a la pregunta que le hizo el pintor a comienzos de mes: «¿Le gusta lo que le traigo?». Todavía no es fácil distinguir las obras de la primera estancia en Pourville de las que pintará a lo largo del verano. Sin vegetación, las marinas y los acantilados vistos desde abajo no se diferencian según la estación. No obstante, la *Cabaña del pescador,* con una vegetación aún invernal, seguramente pertenece a la primera campaña.

Paseo por el acantilado de Pourville (detalle)
1882
65 x 81 cm
The Art Institute of Chicago

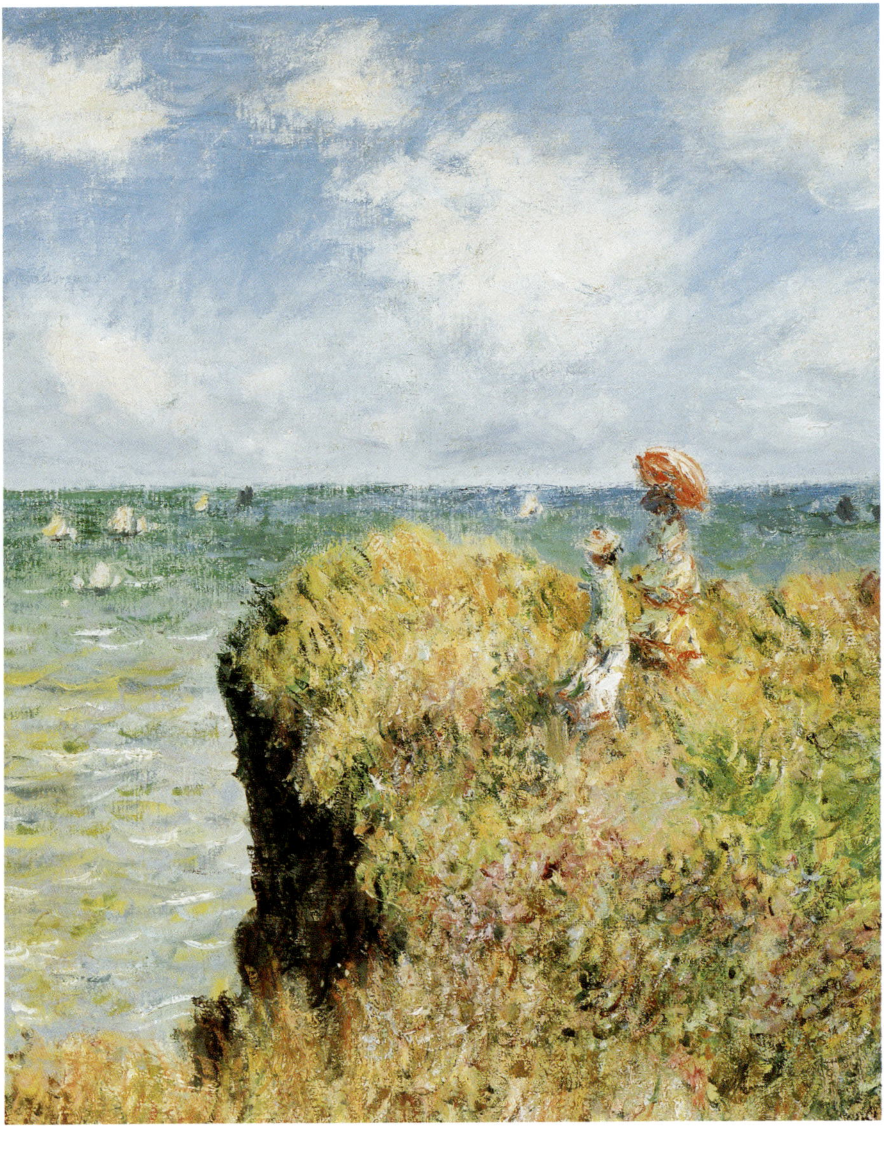

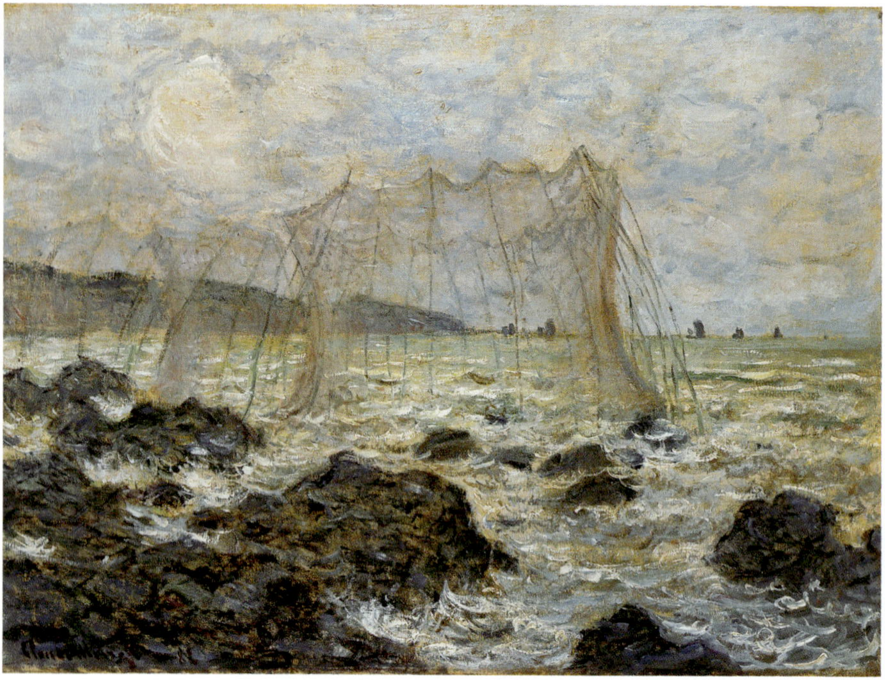

Redes de pesca en Pourville
1882
60 x 81 cm
Haags Gemeentemuseum,
La Haya

Por otro lado, sin permitir siempre una identificación inequívoca, los títulos de las obras vendidas en abril de 1882 muestran que la gama de motivos, ya muy amplia, comprende al mismo tiempo *La Mar* y *Mareas bajas en Pourville*, *Acantilados*, el *Puesto del aduanero* o *Cabaña del pescador*, *La Garganta* y *La iglesia de Varengeville*.

Los 16 primeros lienzos le reportan 6.000 francos; los siete siguientes se pagan a 400 francos por pieza. Como sucedía en el pasado, esas cantidades están ya absorbidas en parte por los anticipos recibidos. Algunas semanas más tarde, en el momento de la exposición, Durand-Ruel habrá revendido las obras de Monet hasta a 2.000 e incluso 2.500 francos. Aun admitiendo que esas cifras, comunicadas por Boudin a su amigo Martin, sean verídicas, se trata claramente de casos excepcionales. En cualquier caso, es cierto que el marchante sabe apreciar los lienzos de Pourville, como también había estimado los acantilados de Fécamp. En sus libros, la anotación *vendido* aparecerá frecuentemente frente al registro de compra, a veces después de un breve lapso de tiempo.

Como Monet se siente cada vez menos a gusto en Poissy, hasta el punto de soñar con disolver el contrato de alquiler, tras el fracaso de un proyecto de viaje a casa de su hermano Léon, se traslada a comienzos de junio a Pourville para alquilar una casa donde pasar el verano con la familia. Se trata de Villa Juliette, situada en el interior del pueblo, no lejos del puente sobre el Scie. Esta vez, Monet vuelve encantado de la costa normanda: «La región está maravillosa en este momento; estoy deseoso de ir allí». Después de llevar ocho obras a Durand-Ruel el 9 de junio, de pertrecharse con unos billetes de banco, de sondear a Georges Petit, de quien sospecha que vende sus obras a bajo precio, y una vez pasados los exámenes de los niños, el sábado 17 de junio de 1882 pueden comenzar unas vacaciones llenas de trabajo en Pourville.

De la euforia a la renuncia

La presencia de los suyos y la certeza de tener todo un verano para trabajar crean —al comienzo de su segunda estancia en Pourville— una sensación de euforia que se desborda en la correspondencia con Durand-Ruel. Monet está orgulloso de mostrar a Alice su nuevo reino y de presentarle los motivos que le gustan, hasta esas redes delante de la playa donde los pescadores pescan con la marea baja y que tanta alegría dan a los niños. Los chicos mayores se muestran entusiasmados de acompañar a Monet en la barca del socorrista, y Blanche Hoschedé está encantada de poder pintar al aire libre.

Por su parte, Monet vuelve al trabajo con un esfuerzo renovado. Su campo de acción es más amplio que nunca. Sube al acantilado de Amont, cerca de Dieppe (il. pág. 225) y escala el camino de Cavée, también denominado Côte. De camino, a veces se detiene en la cabaña del aduanero de la garganta de Petit Ailly, que lleva al lienzo desde todos los ángulos (il. pág. 222). También le atraen los pinos y los árboles aislados que se dibujan a la altura, de cara al mar. El Scie no le detiene frecuentemente. Por el contrario, se instala más a menudo al pie del acantilado, al que llega bien directamente desde la playa de Pourville, bien tomando el camino de Petit Ailly o por el sendero escarpado de la garganta de Moutiens. La mayoría de las veces pinta los acantilados mirando la puesta de sol, sin excluir totalmente las vistas dirigidas al este. Siempre en la playa de Pourville, alterna las representaciones de las olas con las de los barcos en la mar o con la imagen tan típica de las redes de pescadores (il. pág. 226).

Los temas que trata en Pourville-Varengeville podrían hacer pensar que se encuentra en una fase de creación feliz. Sin embargo las cartas de Monet desmienten esta sensación, una vez que ha pasado el primer entusiasmo. El tiempo del verano de 1882 es mediocre en la costa normanda, por lo que espera con impaciencia que aclare, cosa que sucede raras veces. Así ocurre en julio, cuando la visita de Paul Durand-Ruel, sin duda con ocasión de la fiesta nacional, le supone una feliz diversión pero la aparición de un alguacil de juzgado «de la región» provoca una legítima inquietud. Ocurre lo mismo en agosto.

Finalmente, unos días de sol a mediados de septiembre le subirán la moral, pero la perspectiva de las facturas que habrá de pagar a su vuelta supone una considerable inquietud, a la que se vienen a añadir las preocupaciones de la reincorporación de los niños a la escuela. Cuando vuelven las lluvias, el pintor se siente descorazonado: aunque ha hecho un número «elevadísimo» de estudios, no ha conseguido terminar ninguno, o al menos no considera satisfactorio ninguno. Algunos de los lienzos, entre ellos un gran cuadro de flores, los ha raspado e incluso cortado. La crisis llega a su punto álgido el 18 de septiembre, cuando Monet habla de «dejarlo todo como está» y de compensar los anticipos que ha recibido con los cuadros que dejó en Poissy.

Afortunadamente, Paul Durand-Ruel vela por él; ese mismo día le envía 1.500 francos con una carta dándole ánimos. Sin embargo, el desconcierto de Claude es tal que, en lugar de aprovechar la vuelta del buen tiempo, enferma «toda una semana», dejando sus obras en la estacada, antes de destruirlas de nuevo. Descorazonado e incapaz de soportar más tiempo allí, va a pasar unos días de reposo a Ruán, con sus hijos, durante los últimos días de septiembre. Evidentemente, la presencia de Alice en Villa Juliette no ha tenido el efecto benéfico que era de esperar. Es cierto que la joven sigue preocupada por su propia situación. Como sus «últimas conversaciones» con su marido han sido «bien tristes» y teme que un nuevo encuentro «termine en injurias mutuas», pide a Ernest que le exponga por escrito sus proyectos de futuro «después de haberlo madurado» y promete tomarse por su parte el tiempo necesario para reflexionar.

Cuando regresa de Ruán, Monet encuentra la naturaleza tan cambiada —como venía temiendo desde hacía varias semanas— que decide volver a Poissy, lo que hace el jueves 5 de octubre de 1882, en compañía de Alice, de los niños y de un montón de equipaje y de lienzos inacabados.

Balance provisional y nueva partida

El trabajo al que se dedica al regreso a Pourville desmiente las afirmaciones de que, exceptuando los años de aprendizaje, nunca terminó los paisajes en el estudio. Sus cartas a Durand-Ruel, al mismo tiempo que atestiguan lo contrario, permiten constatar que las cosas marchan bien. El 16 de octubre, el pintor no solo entrega al marchante ocho o nueve cuadros, como le había anunciado, sino una serie de 13, por la cantidad de 5.200 francos, seguidos de otros 13 a fin de mes, por 5.900 francos. Con una sola excepción, se trata únicamente de obras realizadas en Pourville. Paralelamente, desde el 20 de octubre está plasmando varios motivos al aire libre.

A comienzos de noviembre se toma unos días de vacaciones, a lo largo de los cuales visita las orillas del Sena para buscar una nueva residencia, antes de abordar un cuadro de flores, tema que le preocupa decididamente ese año. Al mismo tiempo, después de establecer contacto con Sisley, se tranquiliza por la cuestión de las exposiciones. En principio, Monet se muestra hostil a una exposición colectiva, pero no se le oculta que la organización de exposiciones individuales de todos los miembros del grupo conllevaría nuevas dificultades. Por tanto, propone agrupamientos restringidos, formados cada vez por un paisajista y un pintor figurativo, dando prueba así de una alta comprensión por los intereses de cada uno —en esta ocasión, no quiere oponerse a Degas—, y más particularmente por Durand-Ruel, a quien espera poder hacerle entender esa decisión.

En la familia de Monet se sabe que Claude ha comenzado a vender mejor sus obras; quizá él mismo se lo dijo a su hermano Léon. Este se alegró de ello cuando volvieron a verse en septiembre, pero ahora reclama bruscamente 1.500 francos de una antigua deuda que el deudor, fiel a su táctica habitual, no pagará inmediatamente.

A comienzos de diciembre, surge un peligro de naturaleza completamente distinta: el Sena se ha desbordado de su cauce y amenaza inundación. A pesar de la altura de la ribera en este lugar, Villa Saint-Louis está rodeada de agua. Los empleados domésticos se han marchado para ponerse a salvo, pero el pintor ha de quedarse para ayudar a asegurar el entorno. Es decir, que no puede aprovechar la situación para explotar «cosas bien curiosas de hacer», a pesar de los ánimos del Dr. De Bellio. Afortunadamente, después de haber alcanzado su máximo nivel el 9 de diciembre, el río baja rápidamente y vuelve a su cauce. Cuando Monet hace balance del año, anota que la cifra total de ventas a Durand-Ruel ha resultado muy positiva: 24.700 francos. Pero, como a lo largo del año ha tenido que afrontar gastos por un total de 31.241 francos, se encuentra con un déficit de 6.541 francos, que reducirá con un nuevo suministro, el 6 de enero de 1883.

El ambiente malhumorado que reina en Poissy se agrava por el clima de inseguridad política que se extiende en Francia tras la muerte de Gambetta y por el marasmo económico generalizado. Sin embargo, Monet se decide a volver a la costa normanda el 25 de enero de 1883. Tras una breve estancia en El Havre, la ciudad de su infancia, de donde la lluvia le hace escapar pronto, se dirige a Étretat, que ya conocía y donde algunos lugares —«aquí, los acantilados… son distintos a los de cualquier otro lugar»— atraen toda su atención.

Étretat durante la puesta del sol
1883
60,5 x 81,8 cm
North Carolina Museum of Art, Raleigh

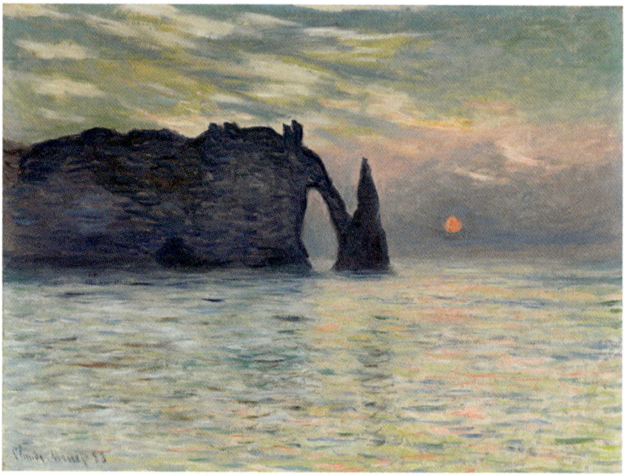

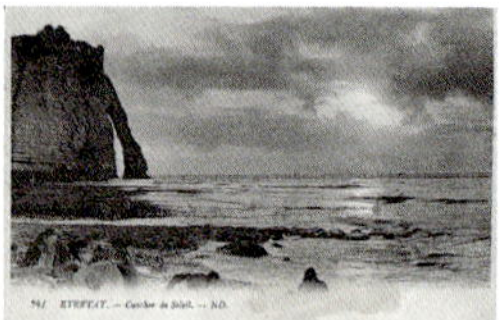

Étretat, puesta del sol
Tarjeta postal, comienzos del siglo xx

En el Hôtel Blanquet de Étretat

Con su letrero subtitulado «Donde se dan cita los artistas», el hôtel Blanquet que ve llegar a Monet el 31 de enero de 1883 se encuentra mirando al mar, al lado izquierdo de la playa de Étretat, algo detrás del paseo marítimo. Desde un principio está encantado: «Tengo motivos en la misma puerta del hotel e incluso uno soberbio desde mi ventana». Diez días más tarde, escribe: «Me he podido instalar en un anexo del hotel, desde donde tengo una vista soberbia sobre los acantilados y los barcos». De este modo, podrá pintar los días de mal tiempo, sin necesidad de salir. En febrero, Étretat está casi desierto: ningún bañista, pocos curiosos y un solo periódico. A quien, como a Claude, no le importa el frío, es la estación ideal para trabajar.

En los primeros días, en vista de una exposición individual en los locales de Durand-Ruel, manifiesta la intención de pintar dos grandes lienzos, uno del acantilado de Aval «según Courbet», el otro de barcos. Hablando con Alice, precisa ese proyecto: «Me llevaré grandes cantidades de documentos para hacer cosas grandes en casa». En esta ocasión, no se trata de terminar en el interior las obras comenzadas al aire libre, sino de hacerlas íntegramente, siguiendo los estudios hechos sobre el terreno. Se trata de una vuelta a las prácticas de la época en que trabajaba para el Salón, y es también un anuncio de su proceso de trabajo en las grandes *Ninfeas* al final de su vida.

El grandioso espectáculo natural que le ofrece Étretat lleva al pintor a un estado de entusiasmo, en el que pronto se mezcla inquietud: ¿conseguirá trasladar al lienzo tan solo una cuarta parte de las maravillas que se le ofrecen? Para lograrlo afronta peligros ante los que se retraía 15 años antes, cuando no era más que el sobrino de la tía Lecadre. Pero ¿no es más hombre ahora y, como le dicen, más simpático que entonces? Así, se arriesga por vericuetos por donde entonces no se habría atrevido a aventurarse. Probablemente uno de ellos es un sendero por el valle de Jambourg que desciende desde lo alto del acantilado de Aval hasta su pie y que le permite pintar desde allí tanto *El arco de piedra Manneporte* (il. pág. 231) como la Porte d'Aval con la Aguja, motivos tratados desde 1883. Ciertos pasajes son tan vertiginosos que ha de «dar la mano como una mujer» a su hermano, que ha venido a pasar con él el primer domingo de su estancia.

Léon no le supone ayuda alguna; todo lo contrario, lo único que hace es molestar. Por contra, ante «todas estas maravillas», a Claude le gustaría conocer la impresión de Alice, quien desgraciadamente está tan lejos. No se trata de un simple cumplido, pues tales comentarios saldrán frecuentemente de su pluma, buena prueba del puesto que ella ocupaba, tanto en el plano artístico como también en el corazón de Claude. Las cartas que comienzan siempre con un

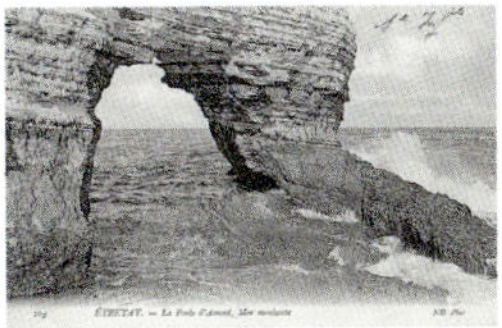

Étretat: la Porte d'Amont, subiendo la marea
Tarjeta postal, comienzos del siglo xx

El arco de piedra Manneporte
1883
65 x 81 cm
The Metropolitan Museum of Art, Nueva York

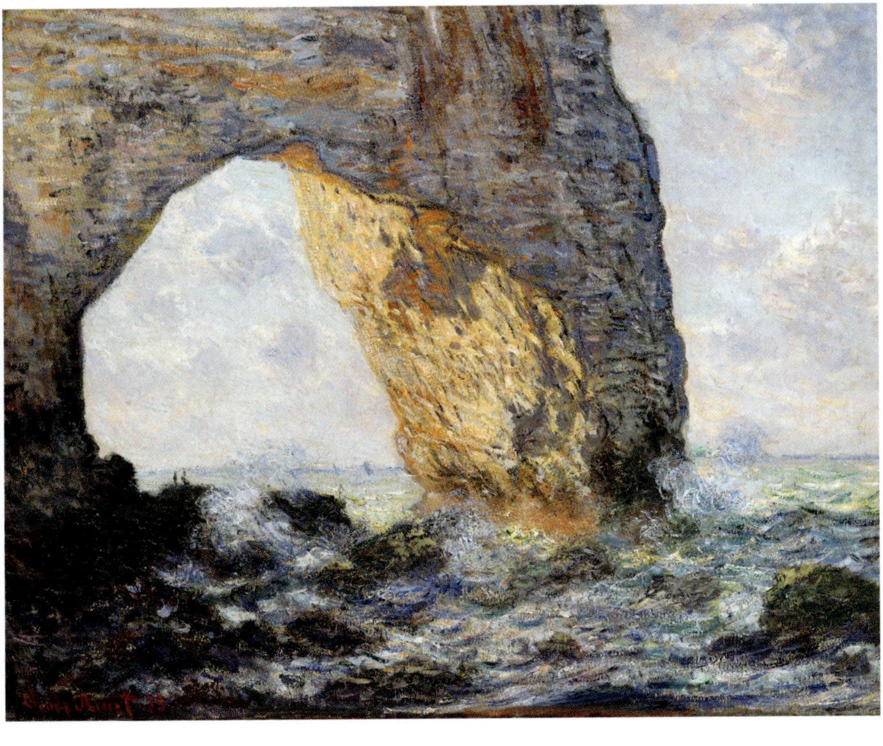

«Chère madame» y que excluyen toda huella de tuteo, admiten ahora ciertas rupturas de los convencionalismos burgueses: un beso, una caricia, una inquieta declaración de amor, aquí y allá, que testimonian una evolución que anuncia la crisis sentimental que se avecina.

En unas vacaciones de invierno que pasa en Vétheuil, Hoschedé ha vuelto en sí y habla de llevarse a su mujer e hijos con él. Monet, que parece apoyar el reencuentro entre los esposos, se atormenta pensando que podría perder a la mujer con quien comparte su vida desde hace cinco años. Un día que ella se retrasa en un desplazamiento a París, él le envía, medio en broma, medio en serio, unas palabras agridulces de las que debe excusarse a vuelta de correo.

Cuando Hoschedé y Alice finalmente se encuentran el domingo 18 de febrero, y sabiendo que Ernest se encuentra de hecho en Poissy. Claude pasa muy mal día. Incapaz de tocar un pincel, envía un telegrama solicitando noticias. Cuatro lacónicas líneas recibidas a la mañana siguiente le arrancan las lágrimas: «¿Me tendré que hacer a la idea de vivir sin usted?». Para colmo de desgracias, ¡se ha olvidado de que Alice cumplía 39 años el 19 de febrero! Un nimio detalle comparado con la gravedad de la situación, pero que le obliga a pedir perdón, una vez más: «Usted ya sabe que no soy hombre de fechas».

A las penas sentimentales se vienen a añadir las incomodidades climáticas. La lluvia sigue al sol de los primeros días y la tempestad obliga a los pescadores a cambiar sus barcos de lugar en el malecón. Muy pronto, ha de abandonar el proyecto del cuadro de grandes dimensiones. Pronto se impone la sensación de que no tendrá listo ningún *Étretat* para la exposición individual. La fecha de la

Étretat: las blanqueadoras y los acantilados de Aval
Tarjeta postal, comienzos del siglo xx

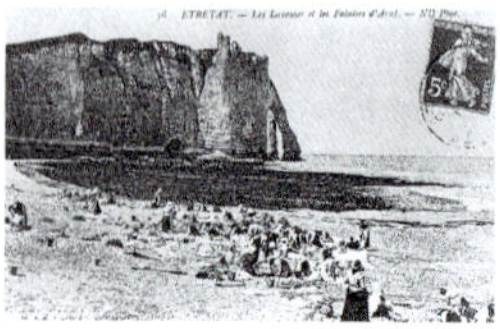

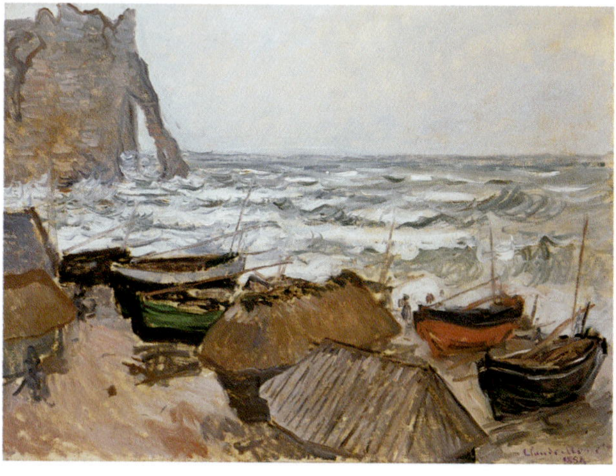

Barcos de pesca en la playa de Étretat
1884
73 x 100 cm
Wallraf-Richartz-Museum & Fondation Corboud, Colonia

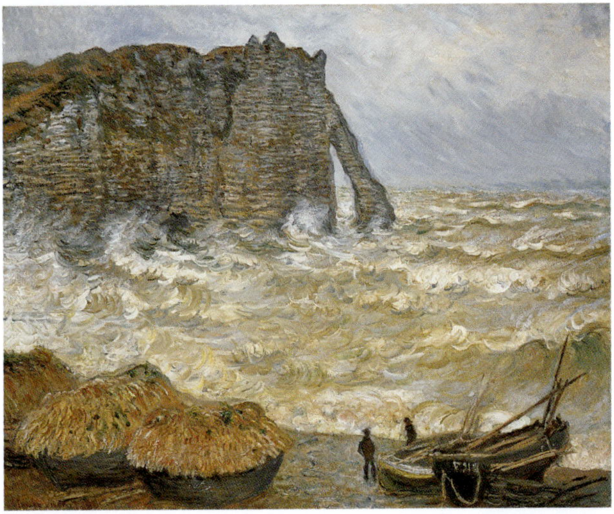

Étretat, mar agitada
1883
81 x 100 cm
Musée des Beaux-Arts, Lyon

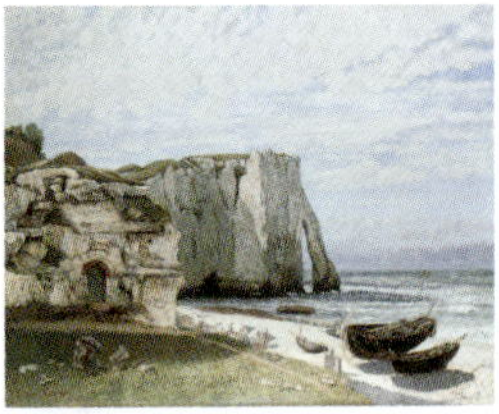

Gustave Courbet
Los acantilados de Étretat después de la tormenta
1870
Musée d'Orsay, París

inauguración se ha fijado ya: el 1 de marzo, como le ha comunicado un empleado de la casa Durand-Ruel. El pintor, que frecuentemente prolonga más de lo previsto sus estancias de trabajo, sabe que en esta ocasión no podrá sobrepasar el 20 de febrero, límite fatídico que aparece ante él como una amenaza. A partir de ese momento se apodera de él un sentimiento de prisa, de insatisfacción, de impotencia ante sus esfuerzos.

Todo esto resulta difícil de creer al observar sus *Étretat* de 1883, los acantilados con la Porte d'Aval (il. págs. 230, 232, 233) o la de Amont, esos «grandes arcos... que se parecen a dos piernas de la roca andando sobre el mar», los barcos y las chalupas o la Aguja «de una roca blanca y puntiaguda» y *El arco de piedra Manneporte* (il. pág. 231), «un inmenso arco bajo el cual se puede pasar andando, cuando hace marea baja».

Al término de esos «terribles días», el 21 de febrero, Monet abandona Étretat a primera hora de la mañana para llegar a Poissy por la tarde. Se puede suponer que Hoschedé, preocupado por la posibilidad de mantener un encuentro que no desean ni él ni su rival, ha desaparecido ya. Si se han tomado decisiones entre los esposos, estas no han cambiado el *statu quo,* pues Alice permanece en Poissy y no se muestra disgustada ante las declaraciones de amor que le ha hecho Claude por escrito y que quizá esperara desde hacía tiempo.

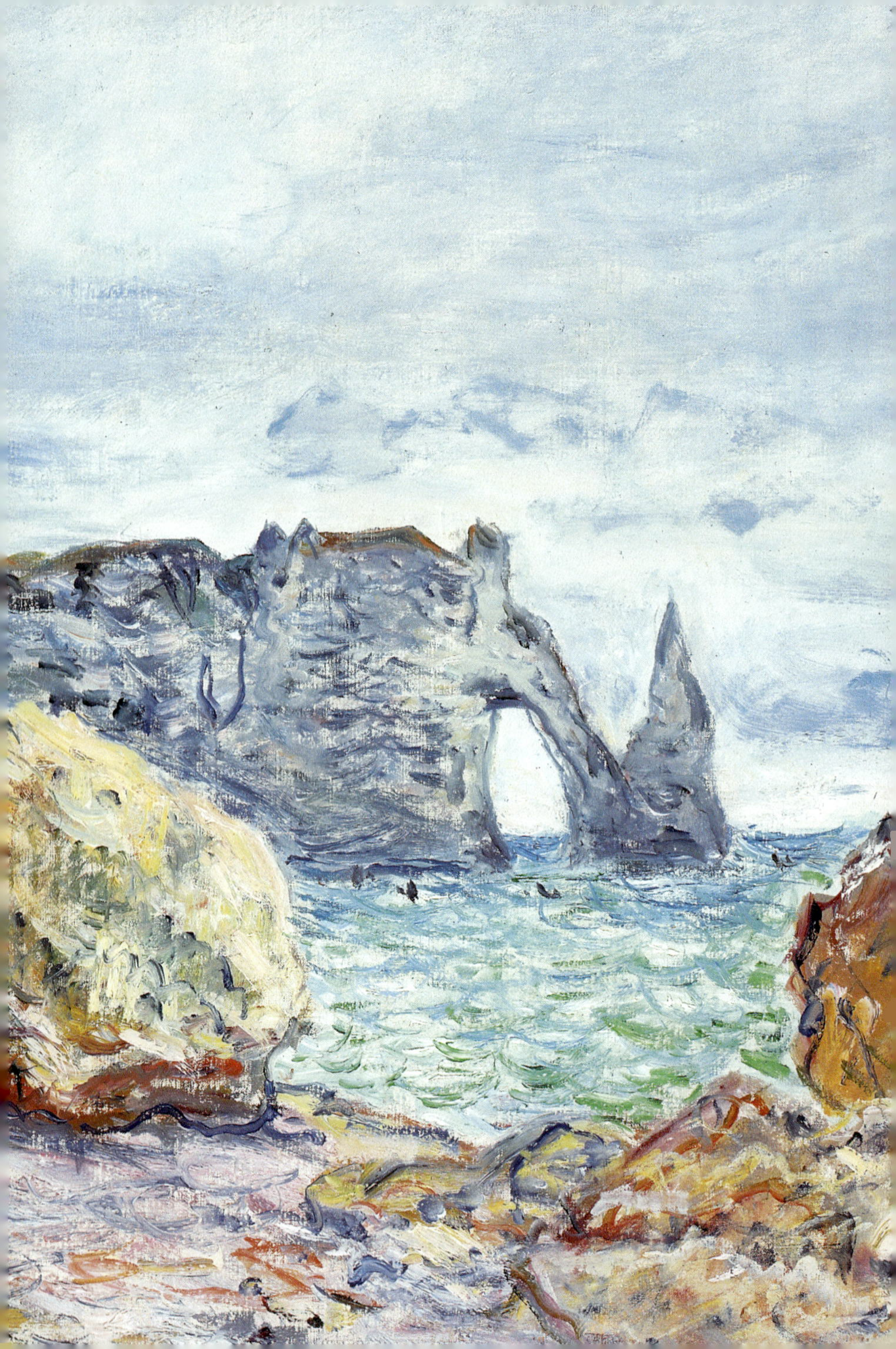

«El fiasco de mi exposición»

Muy pocas obras de Étretat, o quizá incluso ninguna, ha conseguido terminar sobre el terreno, tanto menos cuanto que Monet debe mantener toda una correspondencia para solicitar obras de sus coleccionistas, tanto de los grandes —Faure, De Bellio— como de los humildes, los de la época de Vétheuil, Serveau, Coqueret (de quien se ríe malintencionadamente), y recientemente también de Paul Graff, de quien con esta ocasión se sabe que es el propietario de los *Bizcochos* y de su propio retrato (il. pág. 217). Alice se muestra inquieta ante la perspectiva de que este retrato del *père* Paul se presente en la exposición, pero pensando que proporcionará «diversión», Monet se decidirá a exponerlo.

Se cursan invitaciones para la inauguración, que se celebra el 28 de febrero entre las 8 y las 11 de la noche, en los nuevos locales que Durand-Ruel ha hecho acondicionar, gastándose una fortuna, en boulevard de la Madeleine 9. De este modo vuelve no lejos del lugar donde se presentó la primera exposición del grupo hace ya nueve años. En el catálogo editado por Gouery figuran 56 números. Cierto número de estas obras pertenecen aún a Durand-Ruel, otras a personalidades que probablemente solo fueran testaferros. Otros, en fin, se cuentan entre los primeros coleccionistas de obras de Monet: Faure, De Bellio, Delius, Duret, Charpentier, Fould, Bérard y el antiguo compañero de Zaandam, Michel Lévy. Tampoco faltan a la llamada Serveau ni Graff (cuyo nombre se escribe por error ortográfico *Graft*). Los lienzos de Pourville-Varengeville ocupan un destacado lugar. Por el contrario, Étretat está completamente ausente.

Esta vez Monet debe enfrentarse con la prensa y con el público, solo y siendo el primero del grupo. La excelente impresión comunicada por Camille Pissarro a su hijo Lucien —«gran éxito artístico, muy bien organizado»— revela más el generoso optimismo del decano de los impresionistas que la realidad de las cosas. Al principio, el público pone mala cara y, en la prensa, los comentarios se hacen esperar, mientras que tras la inauguración del Salón de los Independientes, el año anterior, todos los días aparecían varias críticas. Ecos exclusivamente publicitarios, una frase más bien irónica en *Le Journal de Paris*… esto es todo durante los primeros días de marzo. Muy pronto, Monet se da cuenta de lo que él considera «el fiasco de mi exposición», «una catástrofe». Hay que leer atentamente las tres cartas que dirige, una tras otra, a Durand-Ruel para calibrar su decepción, agravada por el sentimiento de haber sido sacrificado a los que, viniendo tras de él, se beneficiarán de su malaventura. Pero en sus cartas también se observa la serena seguridad que Monet tiene de su propio valor y su menosprecio de la popularidad, aunque sabe que resulta indispensable para aquellos que, como él mismo, deben vender para sobrevivir y continuar trabajando.

Como hace falta un culpable, acusa a Durand-Ruel de no haber preparado bien la exposición, de no haberse ocupado «con anterioridad

Étretat, la playa y el acantilado de Aval (detalle)
1884
60 x 73 cm
Murauchi Art Museum, Hachioji, Tokio

Vista de la iglesia de Vernon
1883
65 x 81 cm
Yamagata Museum of Art,
Japón

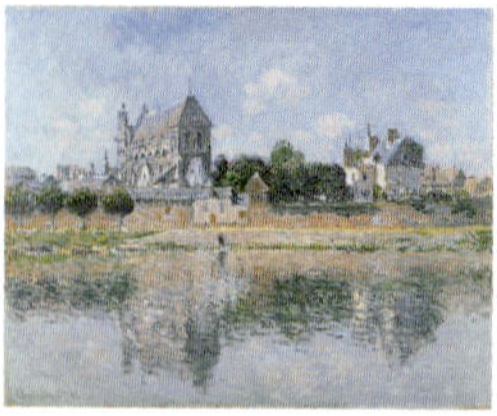

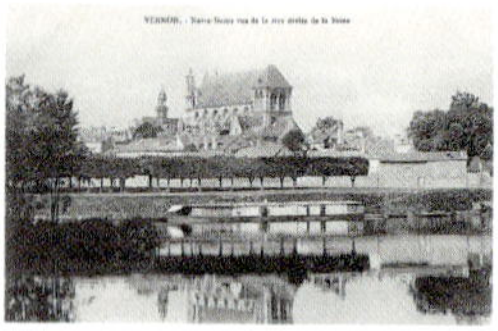

Vernon y su colegiata gótica
Tarjeta postal, c. 1900

de la participación de la prensa» y de haber descuidado poner persianas en las ventanas de la sala del fondo, demasiado soleada. No le gustará demasiado que un crítico, poco más tarde, reconozca: «Algunas obras, situadas en una sala del fondo, en plena oscuridad, se me han escapado completamente...». Entre tanto, otras publicaciones se han ocupado del acontecimiento; el día 6, *Le Journal des Arts,* con la pluma de H. Marriott, habla de un «gran éxito», afirmación que desmiente en la intimidad familiar Pissarro, quien, una vez corregida su primera impresión, constata: «La exposición de Monet, que es maravillosa, no consigue ni un *sou* de entradas». Sin embargo, como para contradecir ciertas afirmaciones injustas de Claude sobre los «que se llaman críticos de arte, uno más bestia que el otro», aparecen artículos significativos de Fourcaud en *Le Gaulois,* de Gustave Geffroy en *La Justice,* de Dargenty en el *Courrier de l'Art* y de Paul Labarrière en *Le Journal des Artistes.* Aunque se advierten reticencias aquí o allá, exceptuando a Dargenty, francamente hostil, los otros se muestran favorablemente impresionados y subrayan cosas exactas, hasta el comentario de Fourcaud, que se imagina a Monet pintando de pie, «pues sus horizontes están muy elevados», o la afirmación de Geffroy —que pronto le seguirá sus pasos—: «El bizcocho, bien hecho, dorado, crujiente, hace recordar el inmortal *brioche* de Chardin».

Los recortes de periódico llegan a Poissy irregularmente y con retraso. El 21 de marzo, Monet agradece su comprensión a un periodista y a la mañana siguiente envía un pequeño lienzo a Philippe Burty para animarle a publicar una recensión. Su gesto le valdrá un importante ensayo en *La République française* del 27 de marzo. La víspera, Émile Bergerat se manifiesta en primera plana de *Le Voltaire.* Curiosamente, la carta de agradecimiento lleva fecha del 25. La revista de prensa, sin ser demasiado numerosa, testimonia el interés suscitado por esta exposición individual, de tal manera que la victoria que celebra Armand Silvestre en la galería de *La Vie Moderne* del 17 de marzo, si no parece estar conforme a la realidad del momento, al menos se corresponde con lo que será verdad el día de mañana.

«Ojalá tuviera una residencia fija»

En el número de abril de la *Gazette des Beaux-Arts,* «una revista que pretende contarse entre las revistas conservadoras de arte», Alfred de Lostalot se lamenta de que la exposición del boulevard de la Madeleine no haya «despertado una curiosidad viva» y le dedica un ensayo objetivo y matizado, del que extraemos algunas frases particularmente significativas: «La visión de monsieur Monet es excepcional; ve de un modo diferente a la mayoría de los humanos y, como es sincero, se esfuerza en reproducir lo que ve... Sus obras me proporcionan una viva impresión poética. Admiro la audacia y la sobriedad de su factura y me sorprenden los resultados plásticos que obtiene... Pero, en ocasiones, la tonalidad de la obra resulta sorprendente o incluso chocante. La impresión primera se me hace extraña e inverosímil... Para observar bien la pintura de monsieur Monet y apreciar sus excepcionales cualidades, hay que superar la primera impresión... Pronto, el ojo se acostumbra y el espíritu se despierta; el hechizo puede actuar... [El pintor] está impresionado por la naturaleza y él impresiona. Conoce su oficio y lo desempeña con todas sus fuerzas. Esta es, me parece, una descripción que responde a la idea que antiguamente había del verdadero artista».

Monet, a quien Lostalot se niega a considerar «un anarquista de la pintura», sigue luchando en Poissy con las habituales dificultades económicas. Forzado a abandonar la casa el 15 de abril, se dirige al campo para encontrar una nueva residencia, que podría estar lo suficientemente alejada para no viajar a París más de una vez al mes, y que sobre todo ha de ser una residencia fija, para que cesen de una vez los eternos y agotadores peregrinajes. Todavía ignora hasta qué punto se va a realizar ese sueño de estabilidad. El 6 de abril, la región en la que piensa Monet aparece en la posdata de una carta: «Voy para Vernon». «Esta región me gusta mucho», se puede leer en una carta del 15. En esta fecha parece haber tomado ya la decisión y el traslado es ya inminente. La propietaria de Poissy ha consentido en una prórroga de 15 días, tras penosas negociaciones que han estado a punto de desembocar en un pleito. El 29, por fin, aparece el nombre de la población escogida: Giverny. Ese día, Claude se instala allí definitivamente «con algunos de los niños». Alice acude allí al día siguiente. Es justo que el primero en leer la dirección que pronto se hará famosa —«en Giverny, por Vernon, Eure»— sea Paul Durand-Ruel, cuya ayuda, de más de 5.000 francos solo en el mes de abril, ha hecho posible la operación.

Aún no han deshecho las cajas cuando, el 1 de mayo, le llega la noticia de la muerte de Édouard Manet, acaecida la tarde anterior. Monet es el único de los impresionistas que desea llevar una de las borlas del paño mortuorio durante el entierro que se va a celebrar dos días después. El 3 de mayo, «a primera hora», se dirige a París, pasa por la casa de Durand-Ruel para recoger un poco de dinero y corre a retirar un traje nuevo que ha encargado a toda prisa. Los funerales de su amigo se celebran al mediodía, en la iglesia de Saint-Louis-d'Antin, no lejos de la estación de Saint-Lazare, tan cargada de recuerdos. Desde allí, el cortejo fúnebre toma el camino del cementerio de Passy. Entre los compañeros del difunto que llevan los cordones del paño mortuorio, *La Chronique des Arts* no señala la presencia de Monet al lado de Antonin Proust, Zola, Duret, Fantin-Latour, Stevens, Burty, mientras que el autor del comentario aparecido en *Le Figaro* sí que lo ha reconocido, lo cual tiene su mérito, pues ninguna otra silueta es menos parisina que la de este poderoso solitario que precisamente acaba de descubrir en Giverny su Arcadia tan ardientemente deseada.

Giverny

¿Será necesario presentar Giverny? Adosado a las colinas de la orilla derecha del Sena, a una legua de distancia subiendo de Vernon, de la que está separado por el río, este pueblo —279 habitantes en 1883— se extiende más de 2 km a lo largo de la carretera departamental 5, que une Gisors con Vernon. Poco después de su entrada en Giverny, la carretera se divide en dos: al norte, «la de arriba», más caprichosa entonces que hoy, asciende hasta el ayuntamiento y pasa por delante de la iglesia, antes de volver a confluir, pasando por una fuerte pendiente, con la carretera «de abajo», también llamada «camino real», que rodea el pueblo por el sur, paralelo a la vía férrea Gisors-Vernon y al Ru, un brazo del Epte, que desemboca en el Sena unos kilómetros corriente abajo del brazo principal del río.

Sobre Monet y Giverny se ha dicho todo, o casi todo. Observando un poco más de cerca, se constata que los testimonios anteriores a 1900 son bastante raros. Lilla Cabot Perry vivió a orillas del Epte de 1889 a 1909, pero sus *Réminiscences* no se publicaron hasta 1927 y no atienden a las etapas sucesivas de una experiencia que duró 20 años. Publicado en 1898, el reportaje de Maurice Guillemot, aunque infinitamente más directo, es 15 años posterior a la instalación del artista: Thiébault-Sisson, en 1900, entrevista a Monet en el mismo París. Un crítico de *Le Temps* no deja la capital para viajar a un lugar perdido. En los años siguientes, otros serán más emprendedores: Louis Vauxcelles, André Arnyvelde, Marcel Pays. Este último escribe en 1921, es decir en una época en que ve aparecer grandes monografías, en las que se fijan las cosas, seguidas pronto —poco después de la muerte del artista— de toda una floración de artículos y estudios que suelen descuidar la época que ahora nos ocupa. De cualquier manera, ninguno de los historiadores y periodistas que han hablado de Monet, quizá con excepción de Gustave Geffroy, puede jactarse de haberlo conocido de una manera un poco íntima.

Esto no puede decirse de Jean-Pierre Hoschedé, quien después de medio siglo de intimidad familiar, escribió al final de sus días: «Claude Monet ce mal connu». Ciertamente, su testimonio es parcial, pero el autor es consciente de ese escollo que algunos no han sabido evitar. Este efecto de teleobjetivo que coloca en un mismo plano los diferentes momentos de una aventura humana, que tendría que comprenderse en la movilidad y en la riqueza de su duración. Si queremos comprender a Monet en Giverny, no de una manera global, sino en su evolución, tenemos que intentar hacerlo progresivamente, siguiendo el orden de los hechos históricos, tal y como los revelan los documentos contemporáneos y sus obras, dos fuentes de información que permitirán apreciar en su justo valor los posteriores testimonios escritos u orales.

Monet conocía Vernon desde hacía tiempo, pues pasaba por allí cada vez que viajaba de París a Normandía; sin duda la conoció

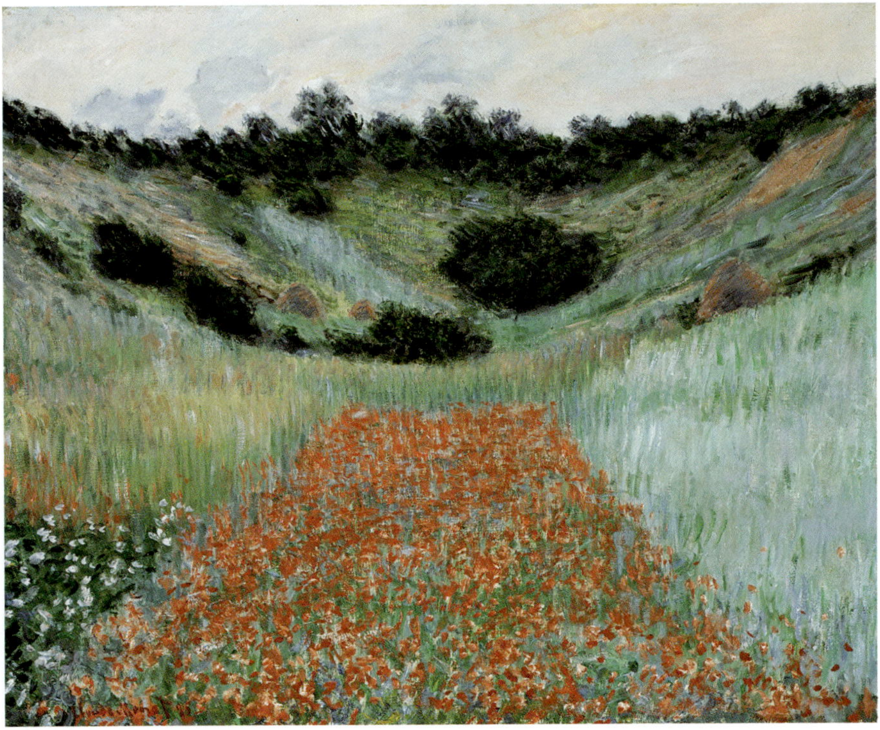

Campo de amapolas, alrededores de Giverny
1885
65 x 81 cm
Museum of Fine Arts, Boston

más directamente durante su estancia en Bennecourt en 1868. Pero Giverny, alejado tanto de la vía férrea París-El Havre como del Sena, del que lo separan cerca de 500 m, no se descubre fácilmente. Hay que buscarlo, y eso es lo que hizo el pintor. Recordando un viaje de exploración en el pequeño tren que une Vernon con Gisors, aparentemente seguido hasta el final, J.-P. Hoschedé habla también de un desplazamiento a pie. Según una información debida a su hermana, madame Salerou, perfectamente plausible por el momento en que se hace la investigación, Monet se mostró seducido por los árboles frutales en flor que se levantaban en el jardín de la casa que iba a ocupar.

Un terrateniente de Giverny, Louis-Joseph Singeot, consiente en alquilar a este artista «extraño» —del que ignora lo mal pagador que ha sido hasta entonces— un inmueble de considerables dimensiones sito en el lugar denominado Pressoir. La finca, rodeada completamente por un muro, se extiende, con su patio, su jardín y unos «chamizos», por 96 áreas, «limita, por delante, con la carretera de Gisors a Vernon, por detrás, con la carretera de arriba o del pueblo». La casa principal comprende cuatro estancias en la planta baja, otras tantas en el piso de arriba, dos buhardillas, granero y sótano. En el ala izquierda se encuentra una especie de pajar, que Monet transformará en estudio; la otra alberga una leñera, un cobertizo y el retrete. Una casa más pequeña tiene también varias habitaciones: una cocina, una cuadra y una bodega. No solamente disponen de suficiente espacio para los miembros de la doble familia, sino también de terreno libre para albergar las progresivas construcciones que Monet juzgará necesarias. De momento se siente «encantado por el lugar». Aquí están todas las promesas del trabajo futuro.

En lo material, la vida se organiza rápidamente. Los chicos mayores van a un pensionado de Vernon, los jóvenes a Dubois, las chicas a las Hermanas de la Providencia. Los pequeños, Michel Monet y Jean-Pierre Hoschedé, frecuentan la escuela pública de Giverny. Su profesor, Auguste Cellier, será llamado para dar clases particulares a los unos y a los otros. Como el Sena pasa a alrededor de 1 km de la casa, Monet hace construir un cobertizo a la orilla del río para guardar sus barcas, sus caballetes y lienzos. Es la primera mención de la instalación en la isla de Orties. El hecho de que abandone su material en esta barraca aislada indica que no conviene exagerar las «dificultades que encontraron en el pueblo», a las que se refiere Jean-Pierre Hoschedé. Pronto le ocupará también la jardinería, preludio de los trabajos futuros.

En cuanto a la pintura, los comienzos vacilantes —«Siempre se necesita un tiempo para familiarizarse con un entorno nuevo»— pronto se ven obstaculizados por la lluvia. De este modo, Monet trabaja bastante en el interior para terminar algunos cuadros de Étretat, o para pintar flores, para bosquejar el retrato de Michel o también para representar, a medio camino al aire libre, *El almuerzo bajo la tienda.* Hacia finales de agosto, el sol vuelve a facilitar el trabajo en el exterior. Como sucedió en Vétheuil, Monet vacila en abordar Giverny de frente. El Sena, que en Poissy le había atraído poco (il. págs. 214, 215), fija toda su atención. Para llegar al río atraviesa, con todo el material, la llanura al sur del pueblo hasta llegarse a los parajes próximos a la desembocadura del Epte. Desde allí realiza algunas vistas de la orilla opuesta, dominada por las alturas de Port-Villez. Desde otro punto, un poco más elevado, pinta otras tres obras, a menos que cruce el Sena en barca para poner pie en el camino de sirga de Grand Val o que se limite a las islas delante de Port-Villez. Bajando de Giverny, también le inspira Vernon.

Unas tres semanas desde la visita que hizo a su hermano en Ruán, en la que también estuvieron presentes Durand-Ruel y Pissarro, Monet puede enviar por fin a su marchante una caja con siete cuadros, en los que aparecen por primera vez los títulos característicos de la región de Giverny: *Vista de la iglesia de Vernon* (il. pág. 236), *La ribera de Vernon, Costa de Notre-Dame-de-la-Mer, a orillas del Sena, Paisaje de Port-Villez.*

Las últimas semanas de 1883 están ocupadas con la realización de un encargo importante: los famosos paneles para el salón del apartamento de Paul Durand-Ruel en el número 35 de la rue de Rome. En la segunda quincena de diciembre, para descansar de esta ardua tarea —¿o para buscar nuevas fuentes de inspiración?— emprende, en compañía de Renoir, un viaje de estudios a la Riviera, que lleva a los dos amigos hasta Génova y que les ofrece un primer acercamiento a los motivos mediterráneos.

A lo largo de ese viaje, que ha visto a los dos artistas «usar bellos colores», Monet ha quedado entusiasmado con Bordighera. Decide volver solo, persuadido de que la presencia de Renoir le molesta para su trabajo. Sin embargo, ruega a Durand-Ruel que guarde el secreto hasta que emprenda el viaje, el 17 de enero de 1884.

Situada a poco menos de 20 km al este de Menton, Bordighera, cabeza de partido de la Liguria occidental, constaba entonces solo de la ciudad vieja —denominada Città Alta o Paese Alto—, construida sobre la altura, al norte del cabo de Sant'Ampelio, un simple recodo de la costa. Hacia 1820, al suroeste de la Città Alta, de la que queda separada por los jardines de Orti Sottani, se creó el Borgo Marina o barrio de pescadores. Después, la expansión continúa hacia el oeste, a lo largo de la Via Vittorio Emanuele y de la Strada Romana, y acelerada por la apertura de la línea ferroviaria Génova-Ventimiglia en 1871, sin que la población fija sobrepase los 2.000 habitantes. El flujo de turistas, sobre todo ingleses y alemanes, algunos de los cuales se establecieron en la región y cuyos nombres se han mantenido hasta nuestros días, causó un notable desarrollo de la hostelería.

Por tanto, Monet debió de encontrar alojamiento fácilmente, pero su aversión por los alemanes y por su lengua —hecho sorprendente para alguien que no se presentó voluntario en la guerra de 1870—, le incita a buscar refugio en una pensión inglesa, situada tras la ciudad vieja. A su llegada, son 13 a la mesa, una mesa en la que el elemento femenino está representado por algunas damas típicamente británicas y por una joven americana muy bella, inseparable de «un enorme sombrero tipo Rembrandt», cuya presencia no dejará de provocar los celos de Alice.

Los comienzos en Bordighera

La maravilla de las maravillas, según la opinión unánime de las guías y de todos los que lo han conocido, son los jardines Moreno, situados inmediatamente al oeste de la Città Alta, a los lados de la Strada Romana, que se convertirá en Via Romana a medida que progrese la urbanización. De ordinario, el propietario, el signor Moreno, abre generosamente sus jardines a los visitantes, pero por un contratiempo reciente ha puesto fin a esta práctica. Monet ha de buscar recomendaciones ante este personaje tan importante para que su estancia en

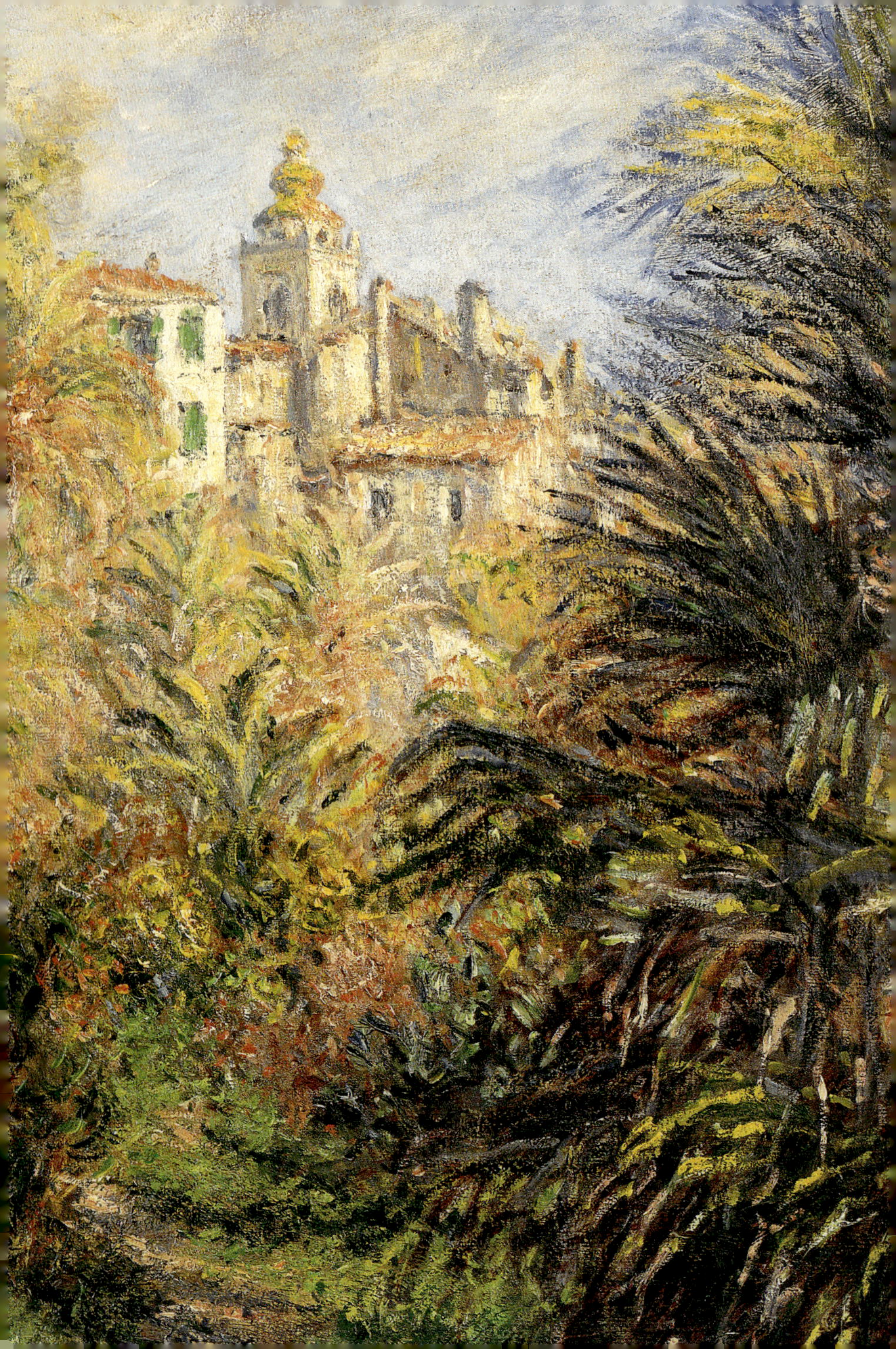

la Riviera di Ponente se vea coronada por el éxito. Mientras espera, recorre Bordighera y sus alrededores inmediatos, explorando «todos los senderos» de este accidentado terreno. Muy pronto se persuade de que ha de centrarse en las palmeras y en «los aspectos un poco exóticos» de este paraje, pues «el agua, la bella agua azul» también la puede pintar en otro lugar. Esta restricción sorprenderá a quien conozca la localización de Bordighera y se puede explicar en parte por la poca envergadura del cabo de Sant'Ampelio, que no ofrece apenas posibilidad de retroceder de la costa.

El 24 de enero tiene comenzados cuatro lienzos, que ha de terminar antes de emprender cuatro nuevos, y así una y otra vez: un programa ambicioso en su regularidad y que la realidad se encargará de contrarrestar pronto: «Estas palmeras me desesperan; los motivos son extremadamente difíciles de plasmar», sobre todo cuando intenta colocar naranjos y limoneros sobre un fondo de mar. «El azul de la mar y del cielo es sencillamente imposible». Una lluvia nocturna ha fundido las nieves de las montañas, un espectáculo inolvidable, pero un efecto de demasiada poca duración para pintarlo. Una excursión en compañía de dos pintores ingleses le permite visitar tres pueblos perdidos en la montaña: Sasso, Borghetto y Vallebona. Con el regreso del buen tiempo, vuelve la lucha: «Estoy sufriendo terriblemente, pues no llego a dar con el tono de esta región. Por momentos, me espanto de los tonos que tengo que emplear». El trabajo se distribuye en seis cuadros por día, a los que en parte dedica hasta seis fases de trabajo. Todavía no hay nada terminado, pues el efecto, al menos por el momento, sigue sin cambiar. Según se acostumbra, va progresando: «Veo motivos donde no los veía los primeros días», por lo que concluye: «Mis primeros estudios son muy malos».

El papel de la ausente Alice está bien definido: «Cada motivo que hago, que elijo, me digo que he de hacerlo bien para que vea dónde he estado y cómo es». No se trata de satisfacer el gusto estético de la mujer que ama, sino sobre todo de aportar elementos de información sobre el viaje, objetivo modesto pero que garantiza la exactitud. En los días siguientes le proporcionará detalles más técnicos, paralelamente a las afirmaciones destinadas a asegurarle su fidelidad y a los consejos de economía doméstica, que ella recibirá muy mal.

Por lo que se refiere a la vida de París, en particular al éxito de la exposición de Manet, una carta de Renoir proporciona información transmitida también a Giverny. Las antiguas deudas, contraídas en la época de Argenteuil, siguen produciendo dificultades y uno de los problemas afecta al *El almuerzo sobre la hierba* (il. págs. 56, 57). Bruno, «el cazador de Lavacourt», a quien conoció en Vétheuil con Hoschedé, consigue hacerse en Marsella —donde signor Moreno tiene relaciones— con una carta de recomendación en la que se presenta a Monet como «uno de los artistas más distinguidos de París». Ahora, ha de

El jardín Moreno en Bordighera (detalle)
1884
73 x 92 cm
Norton Museum of Art, West Palm Beach, Florida

terminar los cuadros empezados —14, el 2 de febrero— para comenzar «una nueva serie»: «Después de conocer mejor la región, me atrevo a emplear todos los tonos rosa y azul; es de ensueño, es delicioso, y espero que le guste».

El signor Moreno «vive como un marqués»

La visita al signor Moreno se celebra el martes 5 de febrero; la acogida es cordial. La propiedad, que le presenta en «sus más pequeños rincones», le despierta una admiración apasionada, que encuentra su justa recompensa en la entrega de una llave. La presencia de la signora Moreno y el ambiente mundano, aunque marcado por la enfermedad del hijo de la familia, alimentan los celos de Alice. Sin embargo, este mismo sentimiento le está prohibido al pobre Claude, al menos cuando se trata de Ernest Hoschedé, que visita Giverny el 19 de febrero para celebrar el 40 cumpleaños de su esposa.

Monet está tan fatigado que, antes de ponerse a trabajar en casa del signor Moreno, ha de obligarse a guardar un día de reposo, que dedica a desplazarse hasta Menton, donde hay dos motivos en el cabo Martin que están esperando a ser pintados algún día y que dejan mucho espacio al mar, que sigue sin desempeñar un papel significativo en sus trabajos de Bordighera.

El 7 de febrero puede comenzar a trabajar en los jardines Moreno, en un olivar, cuyo dominante color azul sorprende al pintor. Para distraerle, su anfitrión le invita a pasar una tarde en Ospedaletti, un pequeño lugar costero próximo a Bordighera. La distracción le viene especialmente bien en un momento en que Alice le abruma enviándole cartas en las que amenaza con la separación y con otras perspectivas poco halagüeñas. A la tarde siguiente vuelve a salir con los dos pintores ingleses, esta vez a Montecarlo. Aquí, mientras pierde 10 francos en el juego, descubre motivos «más completos, más cuadros» que los de Bordighera, a los que achaca ofrecer «piezas con demasiados detalles» y «una confusión difícil de plasmar».

El trabajo exige mucho esfuerzo y le siembra de dudas. Algunos cuadros precisan 10 o 12 fases de trabajo para satisfacer a su autor, ni uno solo se hace «al primer intento». Algunos días de mal tiempo alimentan las quejas habituales. Un nuevo viaje a Menton confirma a Monet en su decisión de dirigirse allí para hacer algunos estudios, antes de abandonar la Côte d'Azur. Unos encuentros fortuitos, por ejemplo con un compañero de pensión de El Havre, con uno de los hermanos Hecht, permiten renovar relaciones. Lo mismo sucederá en Bordighera con Ernest May. Otra excursión, el domingo 17 de febrero, con los pintores ingleses al valle del Nervia, le hace descubrir «un pueblecito extraordinariamente pintoresco», Dolceacqua, adonde Monet volverá solo dos días más tarde para abordar dos motivos «maravillosos», el castillo de los Doria (il. pág. 245) y el puente sobre el torrente, con la iglesia de San Felipe Neri. A su vuelta, sus compañeros se muestran «muy sorprendidos» de lo que ha conseguido realizar en una sola sesión. Es decir, cuando las circunstancias son favorables y se presentan motivos interesantes, Monet siempre se muestra brillante y rápido.

Abandona los jardines Moreno durante algunos días, pues el tiempo gris impide pintar las palmeras. Al volver el sol, el pintor regresa a casa de su anfitrión, quien le anima a acudir al carnaval de Niza, de donde vuelve agotado a las 10 de la noche. El signor Moreno ha estado perfecto, se ha ocupado de todos los gastos de Monet, del tren, del restaurante, lo que no le impide —a la vuelta— cubrir a su invitado con flores y frutas, y enviar un paquete a Giverny. Tanta gentileza será recompensada por… una manzana de bella factura que a Monet no le ha costado un *sou*, pues se la ofreció a él mismo el Dr. De Bellio, que la había comprado en el café Riche.

Como consecuencia de su dispersión de esfuerzos, Monet se queja de que los cuadros «se niegan» a tomar cuerpo, pero esas quejas no están exentas de ironía: «La gente espera que vuelva cargado de maravillas, pero tengo que hacer un esfuerzo inmenso para no acabar en un completo fracaso». El trabajo y el calor que siguen al tiempo frío de los primeros días le producen cierto dolor de cabeza, un poco de fiebre y un catarro. Al finalizar febrero, ha terminado por fin dos cuadros, olivares en tiempo gris, seguidos de un tercero al día siguiente, mientras que unas 30 obras están en proceso de ejecución. Una y otra vez, se queja de tener el mar solo en dos o tres lienzos, cuando este mar «es un poco [mi] elemento». Después del azul, el color que predomina es el rosa, «extraordinario, indescriptible», como subraya en un análisis, del que también se desprende que las pinturas que emplea proceden ahora de Turín. Un cambio de habitación, a una estancia más grande, le permite retroceder más para ver las obras mejor. Con ese cambio se produce una oleada de optimismo lleno de admiración por este «país de ensueño», con una «maravillosa costa» que está pidiendo «lo imposible». Aquí se encuentra «exultante, dando gritos de júbilo». Sin embargo, basta un día de lluvia para barrer esta exaltación. Afortunadamente hay una rama de naranjo para llenar el compás de espera, y que le permite hacer un panel destinado al salón de Durand-Ruel. Aprovechando la ocasión, le envía también un interesante balance de su situación. Con el sol, aumenta también la moral, pero se mantiene la exigencia consigo mismo, al mismo tiempo que es consciente de la injusticia que le hacen, a él y a Renoir: «Claro que nos vamos haciendo difíciles. Sin embargo, se nos reprochará siempre haber trabajado sin esfuerzo». Después de dos meses de trabajo, solo están terminadas ocho obras.

El signor Moreno, que «vive como un marqués», lleva a su invitado a una propiedad que tiene en Andora, a dos horas y media de ferrocarril

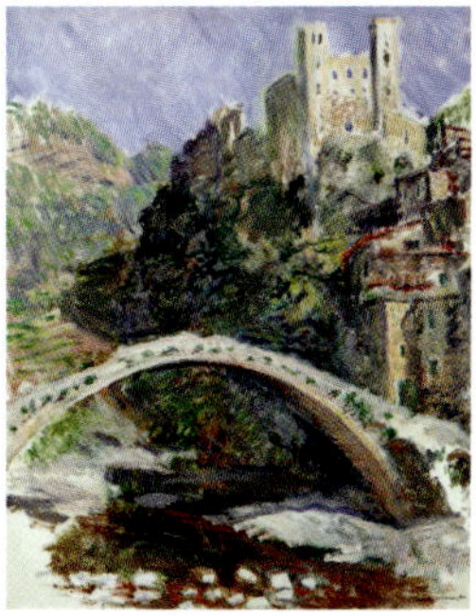

El castillo de Dolceacqua
1884
92 x 73 cm
Musée Marmottan Monet,
París

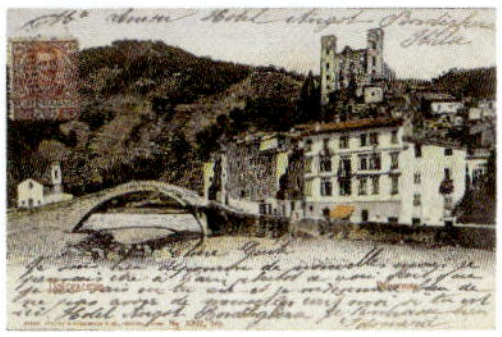

Vista de Dolceacqua, con el Borgho Antico, el puente sobre el Nervia y el castillo de los Doria
Tarjeta postal, c. 1900

(horario de 1884) al este de Bordighera. Al desarrollo lírico que provoca esta excursión corresponde una evocación idílica de Alice, sentada frente a Notre-Dame-de-la-Mer, encima de una elevación del terreno, frente a Giverny. Monet asegura sinceramente lo unido que se siente a esa región: «Sé también lo bellos que son, allí, estos días de comienzos de la primavera y la alegría, el placer que dan al corazón». Encarga dos buenas botellas de champán y colmenillas para festejar una vuelta que verá al pintor fumando una «buena pipa... sobre el diván del estudio».

Los altibajos se suceden a merced del tiempo y de los envíos irregulares de dinero de Durand-Ruel, que se hacen necesarios por las crecientes dificultades económicas. La ropa está andrajosa, ha perdido una chaqueta, todo está sucio. Solo el rostro, «fresco y rosado», se mantiene conforme a los cánones de belleza del siglo XIX. Termina lienzos, pero nunca a su entera satisfacción. Cuando ya no precisan retoques, los guarda en una caja, y pronto necesitará una más para guardar todas las obras. A finales de marzo solicita nuevos marcos para Giverny, a fin de que a su regreso los estudios se puedan examinar «en buenas condiciones». La fatiga es tan intensa que le afecta incluso a la vista. Además, le embarga la duda y la impresión de que todo resultaría mejor si pudiera volver a empezar con la experiencia obtenida. Esta impresión se confirma el día en que consigue hacer un buen boceto, «mejor que muchas de las cosas que he incubado durante 15 sesiones».

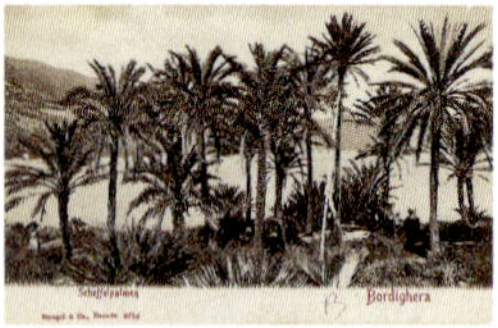

Vista de Bordighera:
las palmeras
Tarjeta postal, c. 1900

La partida de Italia, anunciada primeramente para el miércoles 2 de abril, se retrasa a un tiempo más oportuno. La proximidad del viaje le exige hacer un *sprint* final: «No sé cómo lo hago para seguir en este oficio, para correr de un motivo a otro, rompiéndome la cabeza para plasmar lo mejor posible esta luz en mis lienzos; es un trabajo de locos; soy tonto». El tiempo empeora, provocando un descanso momentáneo en el trabajo al aire libre, reemplazado en seguida por un estudio de rama de naranjo. Cuando vuelve el sol, Monet se dirige de nuevo a Dolceacqua, pero desde su primer viaje, la luz ha cambiado tanto que se le hace imposible trabajar allí. A las cuatro de la tarde está de vuelta en la pensión inglesa, con sus cuatro lienzos «finalizados», pero que no están terminados como querría.

Por la mañana ha trabajado en los jardines del signor Moreno, que le ha presentado a su yerno, el signor Borelli. Este, más «al corriente» en materia de pintura que su suegro, desea ver las obras, que habrá de desembalar de mejor o peor grado. El 4 de abril, ante los ojos sorprendidos y entusiasmados de sus anfitriones, Monet exhibe la cosecha de Bordighera, unas 40 obras de la Città Alta (il. págs. 242, 250/251), el Borgo Marina, la Via Romana con sus chalés (il. pág. 249), la costa en dirección a Francia hasta Menton y Mónaco, el valle de Sasso, Dolceacqua (il. pág. 245), el valle de Borghetto, el del Nervia, dominado por picos nevados, palmeras (il. pág. 247), olivares, limoneros,

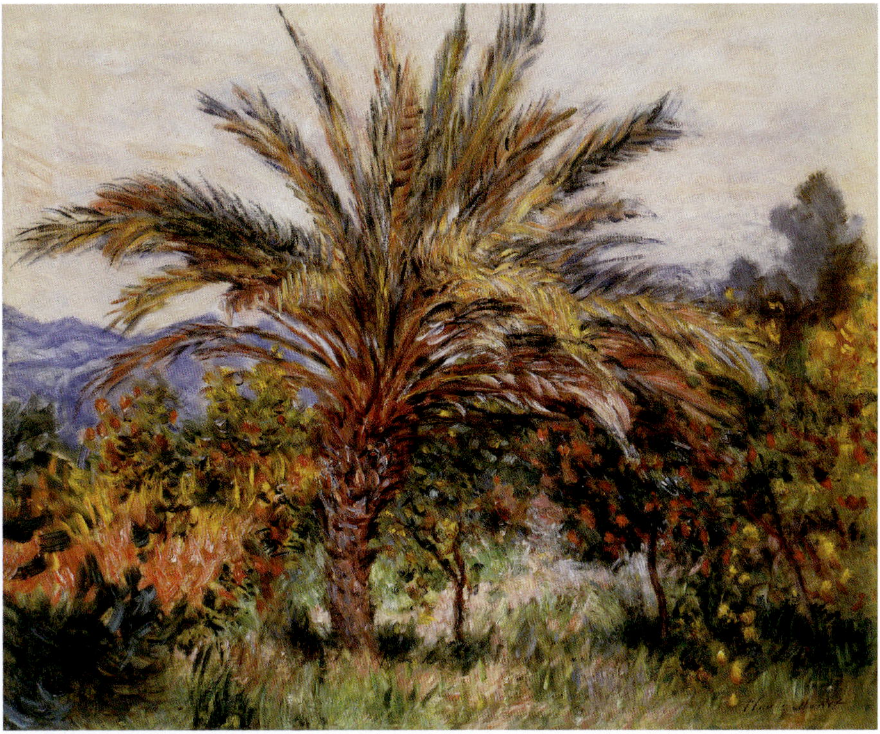

Palmera en Bordighera
1884
60 x 73 cm
Colección particular

naranjos, limones (il. pág. 260) en sus ramas y hasta una vista parcial de Villa Moreno. Los visitantes no caben en sí de admiración, con un temperamento muy latino, pero no se les ocurre comprar ni una sola de estas maravillas. Y Monet, quien se siente muy agradecido al signor Moreno, tampoco le regala ni siquiera una pieza de recuerdo.

De Bordighera a Menton

El sábado 5 de abril de 1884, después de despedirse de su anfitrión, el pintor se dirige en automóvil a Ventimiglia con la intención de dar al correo una cesta llena de todo tipo de objetos y una gran caja de cuadros, que quizá contenía esa «docena de lienzos de los 30» que había anunciado a Durand-Ruel tres semanas antes. Inocentemente, declara una «caja de cuadros para Vernon» y el funcionario de correos reclama un certificado de la Academia italiana «constatando la proveniencia de los susodichos cuadros». De nada sirven explicaciones ni protestas. El funcionario le recomienda acudir a Génova, donde puede conseguir un salvoconducto del representante de la Academia, solución que ratifica cortés pero firmemente el director de la aduana.

Solo se envía la cesta, después de un registro tan metódico que la desordena completamente. Rojo de cólera, Monet se vuelve con su caja, poco dispuesto a hacer el viaje hasta Génova con otras tres cajas igualmente llenas de cuadros.

El signor Borelli, a quien acude, multiplica sus gestiones en esa mañana de domingo para conciliar los intereses del protegido de su suegro con las exigencias de la ley italiana. El pintor ha de hacer una declaración, indicando los títulos de todas las obras, que ha de desembalar de nuevo. El alcalde de Bordighera y el signor Moreno compulsan el documento, antes de sellar la caja. Hacia las cuatro de la tarde, todo está listo, el equipaje en dos coches que van a tomar la ruta de la Corniche, poco accidentada en este tramo, para dirigirse a Menton, sin volver a pasar por delante de los empleados de Ventimiglia. La ruptura casual de un sello, en el momento de la salida, desencadena la cólera del cochero, que jura llevar a su cliente a buen puerto sin esfuerzo. Aprovechando el poco celo de los aduaneros en una tarde de domingo, el convoy llega a su destino sin más complicación.

Por fin ha llegado Monet a Menton, la ciudad que tanto ha deseado pintar. Se instala en el hôtel du Pavillon du Prince de Galles, relativamente próximo al cabo Martin, donde se encuentran sus motivos. A la mañana siguiente se pone manos a la obra, íntimamente convencido de que esta región «se me da bastante mejor» que la que acaba de dejar. Al atardecer está exhausto, tanto por haber recorrido cuatro veces el trayecto entre el hotel y el cabo, como por haber trabajado denodadamente, lo que le ha permitido comenzar cuatro lienzos. El miércoles por la mañana, un viento «terrible» le obliga a interrumpir el trabajo, pero esto no importaría sin la preocupación causada por un viaje que Alice ha hecho a París. Claude contaba con Jean como «carabina», pero cuando sabe que a su hijo le han dejado el día libre, la imaginación le tortura en su soledad, hasta el punto de que habla de no volver a Giverny, clara muestra de su desesperación. Monet se pasa todo un día sin pintar. Una bella carta recibida el viernes es bálsamo para el corazón; vuelve a tomar la paleta.

Aunque la había fijado «irrevocablemente» para el domingo, retrasa la marcha dos días, prórroga que se debe tanto a una carta de Durand-Ruel, que le aconseja prolongar la estancia, como al «tiempo excepcional, maravilloso». El sábado, el encuentro con monsieur Hayem, «el comerciante de mercería», permite verificar que Monet sigue observando escrupulosamente los acuerdos tomados con la galería Durand-Ruel. Si bien esta no goza de una exclusiva absoluta, sí tiene una opción preferente sobre sus obras. Hayem convida al pintor a cenar al día siguiente. Antes de aceptar una invitación poco compatible con el estado actual de su guardarropa, Monet da su visto bueno a la venta de tres lienzos del cabo Martin. Por poco sol que haya, espera terminar otros dos al día siguiente.

Villas en Bordighera
1884
73 x 92 cm
Santa Barbara Museum of Art, California

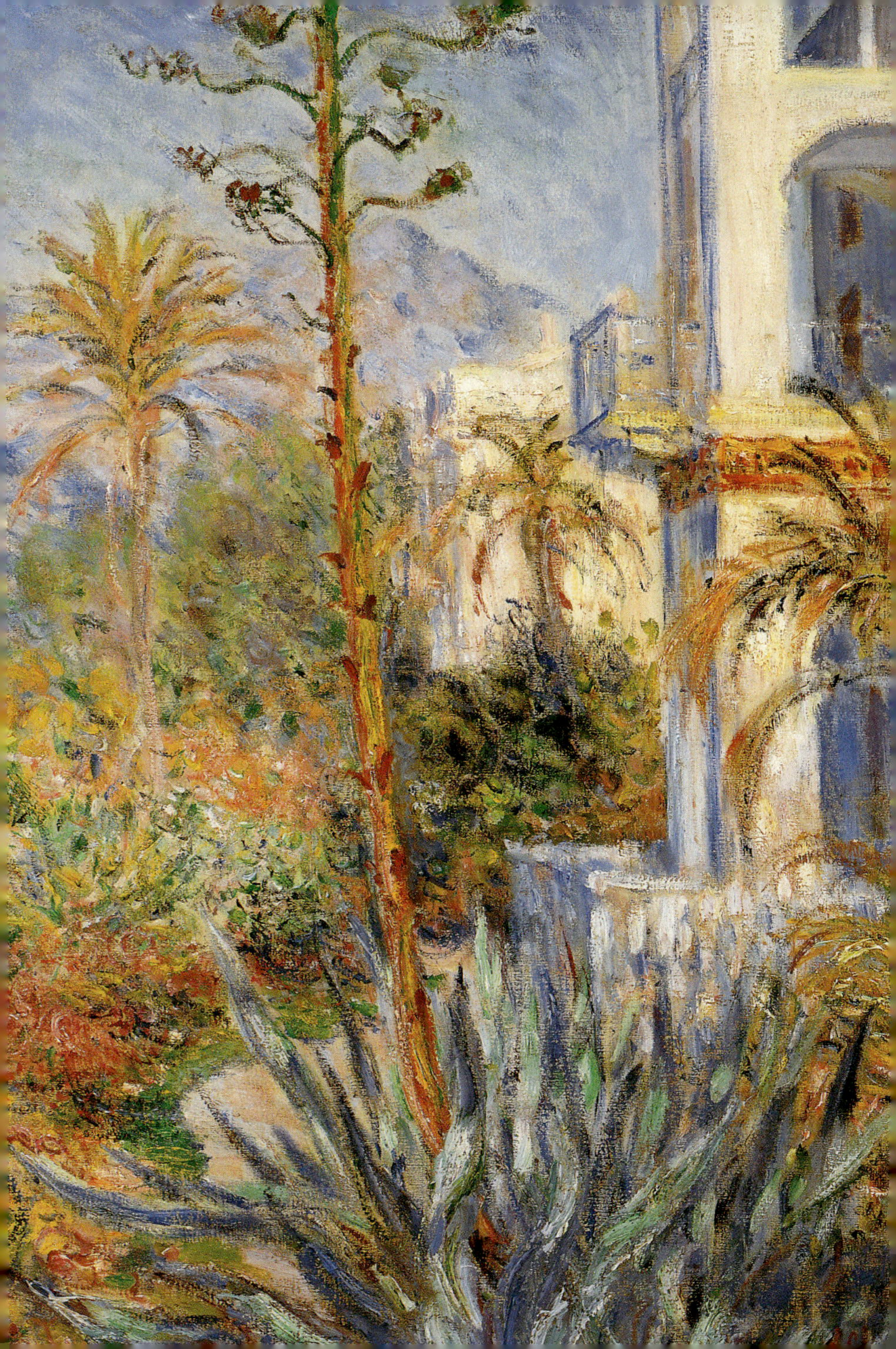

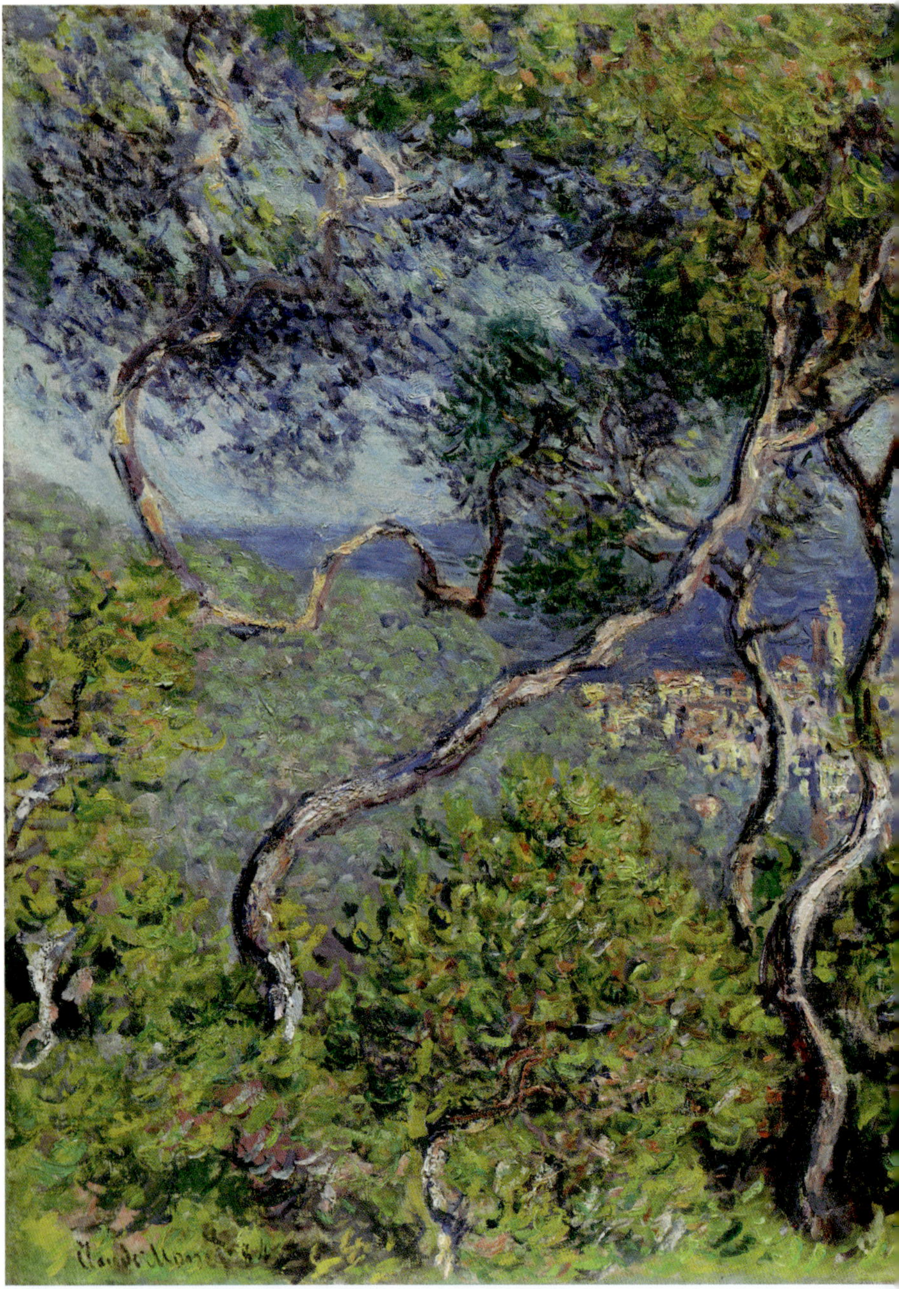

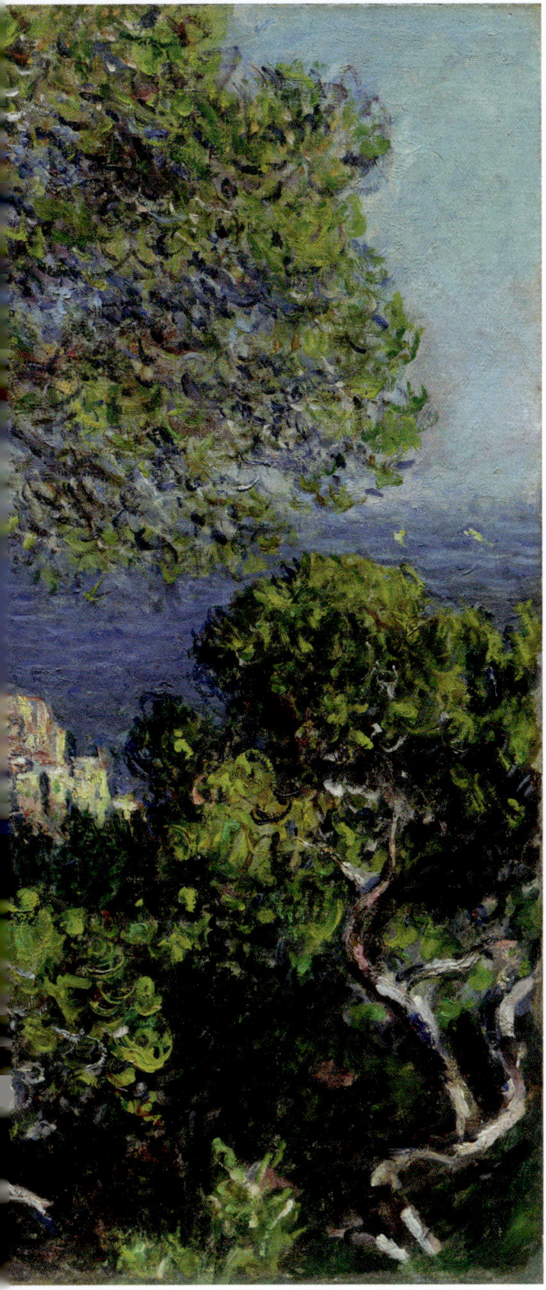

Bordighera
1884
65 x 81 cm
The Art Institute of Chicago

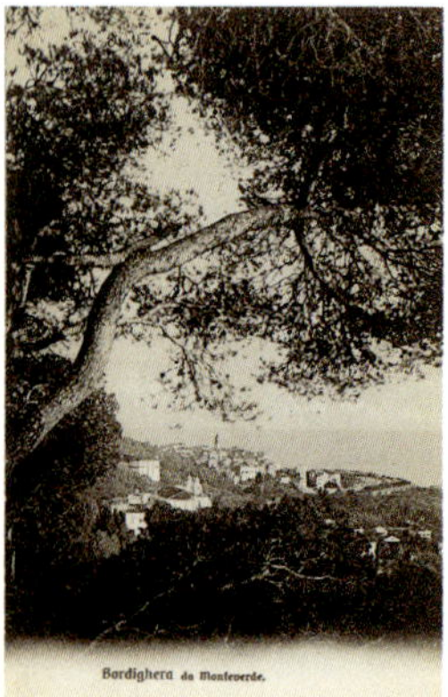

Vista de Bordighera,
Monteverde
Tarjeta postal, c. 1900

Bien está lo que bien termina. Cuando el exprés de las 11:20 horas deja la estación de Menton con destino a Marsella el martes 15 de abril de 1884, lleva a un Claude Monet sereno. En cualquier caso, al término de un viaje de más de 24 horas hasta Vernon, vía París, el artista anuncia a Durand-Ruel con firme certidumbre: «creo que va a quedar contento conmigo». Como es su costumbre, no entregará ningún cuadro tal como está, ni siquiera aquellos que había considerado satisfactorios en el momento de su creación; pasarán aún semanas hasta que pueda hacer el primer envío.

Nuevas dificultades

En la primera quincena de mayo, con ocasión de una breve estancia en París, Monet oye que —como consecuencia de la quiebra de la Union Générale y de la «crisis generalizada en el mercado del arte»— la situación financiera de Durand-Ruel se ha agravado considerablemente. Se ha constituido un sindicato de acreedores y se habla de amenaza de quiebra. «Desesperado por la situación», el pintor vuelve a Giverny, donde se mantiene al corriente gracias a la información de sus compañeros. Pissarro le da noticias más bien halagüeñas; Renoir le dice que ha animado a Durand-Ruel a vender sus obras a buen precio, proposición que Monet toma sin entusiasmo, mientras acosa al marchante con preguntas. Con su admirable confianza en el futuro, Durand-Ruel le consigue tranquilizar, al menos de momento, pero el problema de las ventas directas le abre la poco atrayente perspectiva de tener que «volver a la busca y captura de los amantes del arte».

El 31 de mayo, la casa Durand-Ruel registra el suministro de 13 lienzos, seguidos de otros nueve, el 12 de junio. Son todas obras pintadas en Italia, con excepción de dos vistas de cabo Martin. Sus precios varían entre 300 francos para dos ramas de frutales y 1.200 francos para *Los jardines Moreno* (il. pág. 242) y *Esquina de una granja de Bordighera.* La media es de 820, con una cantidad total de 18.200 francos, superior a cuanto Monet ha percibido desde comienzos de año, unos 12.000 francos. Así, Monet vuelve a ponerse nervioso, reclamando que se actualicen sus cuentas, y entra en contacto con Georges Petit, que acaba de comprar algunos de sus cuadros recientes a Durand-Ruel, urgiendo a este último que llegue a un acuerdo con su compañero. Monet estaba dividido entre su admiración por la inalterable confianza del marchante y por la humillación que siente por aceptar de él un dinero «que le cuesta tanto conseguir». Acaba por reprocharle que no le hubiera autorizado a vender directamente cuando volvió de Riviera. Probablemente con esto en mente, le pide las direcciones de Clapisson y de Hayem, cuya oferta se lamenta ahora haber rechazado en Menton.

Un descenso del Sena en el barco de Caillebotte va seguido de un intercambio de correspondencia, en parte literaria, que una mano piadosa ha debido de podar, pues en el fragmento conservado de una carta de Caillebotte no figura la solicitud de Monet de ayuda financiera. Un panel para Berthe Morisot, del que ya se habló antes de terminar la estancia en Bordighera, se considera «casi terminado» a comienzos de agosto, pero Monet no lo suministrará hasta varios meses después. La necesidad de terminar primero la mayor parte de los lienzos de la Riviera Francesa retrasa en varias semanas el trabajo al aire libre en Giverny. Como atestigua una frase lacónica en una carta de julio, sus primeros temas de exterior tienen como motivo el Epte y los almiares de heno del prado próximo a su domicilio. No obstante, interrumpe el trabajo unos días en agosto para ir de vacaciones con la familia en la costa normanda, pero en cualquier caso lleva consigo su material, como prueban los lienzos pintados en Petites-Dalles y en Étretat (il. pág. 234), adonde ha llevado varios estudios comenzados el año anterior para terminarlos. En una visita que hace allí a Faure, oculta sus dificultades y nota con satisfacción el manifiesto interés del barítono por su pintura.

De regreso a Giverny en los primeros días de septiembre, Monet reitera sus peticiones a Durand-Ruel pues, con vistas al comienzo del nuevo curso, el colegio Dubois se niega a aceptar a su hijo Jean mientras no haya abonado completamente las cantidades debidas por el curso pasado. Hasta entonces puede preciarse de no haber ofrecido sus obras a nadie más que a este marchante, pero se le ve cada vez más tentado de romper con ese principio, al tiempo que le inquieta la noticia de que algunas personas han comprado sus cuadros «a precios irrisorios». Pissarro, que se hace eco de lo que sin duda solo es un falso rumor, se dirige a Durand-Ruel para aclarar la cuestión. Este garantiza que no es cierto, de tal modo que Monet, una vez informado de ello, se deja ganar por una tímida vuelta al optimismo. En este estado de ánimo, anuncia a Th. Duret: «Creo que el desastre y la baja general de los precios nos será favorable», diagnóstico sorprendente y desmentido por el aumento de precios que él mismo ha aplicado a sus lienzos, que en el futuro aumentarán de valor.

Monet hace todo lo posible para terminar «antes de que empiece el mal tiempo» los trabajos comentados sobre el Sena, en Jeufosse, frente a Giverny. Pero el tiempo pasa inexorablemente y la naturaleza, con sus transformaciones, provoca nuevas quejas y una reflexión decepcionada: «Cuanto más adelanto, más dificultad tengo de llevar un estudio a su fin». El esfuerzo que Monet hace le recuerda el reproche tan extendido de que elabora sus cuadros a toda prisa. También Durand-Ruel, en una de sus cartas, le ha recomendado que «termine sus cuadros lo antes posible», argumentando que a esa falta de finalización se deben ciertas dificultades en las ventas. Profundamente ofendido, el artista asegura que nunca estará de acuerdo con el gusto del público por lo «terminado» o más bien por lo «lamido», lo que no le impedirá hacer «obras completadas», de las que pueda estar satisfecho él mismo. De ahí la lentitud en su ejecución y los retrasos en los suministros.

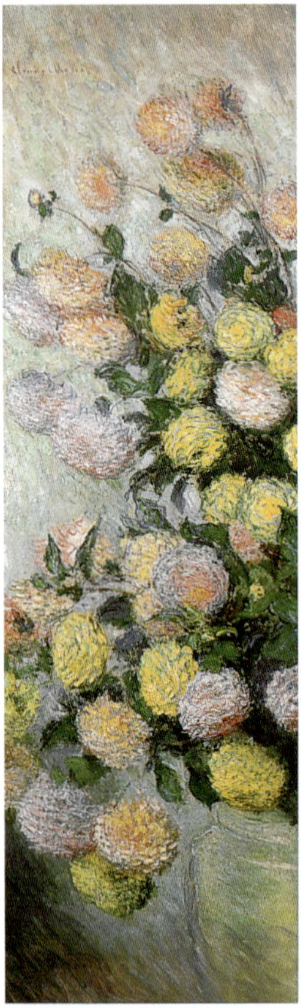

Jarrón de dalias (puerta C)
1883
Paneles de las puertas en el Salón de Durand-Ruel
128,5 x 37 cm
Colección particular

Octave Mirbeau

Con ocasión de los preparativos para la 7.ª Exposición de los Artistas Independientes, Monet manifestó su oposición a que participara Gauguin. Sin llegar a pagarle con la misma moneda, este no parece sentir mucho afecto por su compañero. Cuando ve los trabajos de Italia, que considera «de una ejecución asombrosa», confiesa a Pissarro que le «desagradan totalmente, sobre todo como vía artística» y, cuando Durand-Ruel le confía «en depósito un bello Monet», lo hace vender barato, por 400 francos, en la «horrible tienda» de Chercuitte, el dorador de madera de rue de Douai. Aunque no ha tenido conocimiento del incidente, Monet está convencido de que su alejamiento le perjudicará a la larga. Por tanto, propone a sus compañeros impresionistas de la primera hora reunirse a cenar una vez al mes en París. Al mismo tiempo, se aplica a terminar por fin el gran panel decorativo que prometió varios meses atrás a Berthe Morisot, una vista de la Strada Romana, con la villa construida por Charles Garnier, admirador de Bordighera como él, en primer plano.

El 17 de noviembre, dejando los pinceles por un día, se dirige a la capital para llevar un lote de lienzos a Durand-Ruel, quien ha organizado una cita con Octave Mirbeau. Este es el encargado de la sección de arte en el periódico conservador *La France* y concede mucha importancia a conversar con los artistas a quienes va a dedicar un ensayo. El encuentro de Monet con Mirbeau y las relaciones que de él resultarán constituyen un acontecimiento importante porque, aunque Mirbeau no haya publicado ninguna de las obras que le harán célebre, su prestigio como periodista y autor de panfletos —consolidado después de publicar sus «Muecas»— le asegura una audiencia extraordinaria. Monet se esfuerza por exponer sus ideas y mostrar sus lienzos, de los cuales tres —un campo del alfalfa atravesado por un sendero, un prado con almiares y una cortina de álamos, y un *Étretat* a la luz de la luna— atraen particularmente la atención de su interlocutor. Las «notas sobre arte» dedicadas a Claude Monet se publican el 21 de noviembre de 1884, pero el pintor tendrá que esperar varios días hasta tener conocimiento de ello. Su reacción inmediata es más bien reservada: «En estos artículos se suelen decir torpezas y sería mejor que hiciéramos nuestra defensa con más cuidado pero no creo que sean perjudiciales».

¿Qué ha escrito Mirbeau, para justificar la inquietud que se aprecia detrás de estas líneas? Nada extraordinario a los ojos del lector actual, pero hay que tener en cuenta la época y el lugar en que se escribe. Cuando, en el preámbulo, el crítico estigmatiza al «pueblo de bromistas» que no supo apreciar a los impresionistas en sus comienzos y que se ha desternillado de risa, aún hace poco, ante *La japonesa* (il. pág. 144) y *Los pavos* (il. pág.153), intenta compensar ese arriesgado ataque contándose entre los «sordos» y los «ciegos» a quienes Monet se ha enfrentado con coraje y tenacidad. He aquí que, «todavía muy joven» —al menos, esta es la impresión que ha producido al escritor—, el pintor tiene ya en su haber una obra «considerable y en lo sucesivo, respetada». En cualquier caso, Mirbeau no conoce a ningún otro paisajista «más completo, más vibrante y más impresionante». Como él mismo es elocuente en su panegírico, subraya el talento del pintor, «expresándose de forma clara, fuerte, armónica».

Pasa revista a todos los temas, con algunos efectos de estilo no exentos de complacencia: «Monet ha hecho salir de su paleta todos los incendios y todas las descomposiciones de la luz, todos los juegos de la sombra, todas las magias de la luna y todos los desvanecimientos de la bruma». Hasta el buen Corot debería inclinarse ante «una sensibilidad del ojo tan delicada, una comprensión tan poderosa y vasta». Todo esto sería, sin duda, bastante banal, si no hiciera una descripción de las obras que acabamos de mencionar y unas apreciaciones particularmente pertinentes como la siguiente: «Y el cielo, que se ve a través de las hojas, es de tal exactitud de perspectiva, con un valor tonal tan exacto que, tras este temblor del follaje, se adivinan las profundidades del campo que no se ve». Además hace una verdadera premonición de lo que será el arte de Monet dentro de algunos años, con las series de los *Almiares* y de los *Álamos*, una auscultación de la naturaleza, «sorprendida a todas las horas, en todos los minutos... expresada en todos sus aspectos cambiantes». De este modo, revelando lo que mañana será más aún que hoy, Octave Mirbeau se convierte en perfecto intérprete de las tendencias profundas del artista que quiere magnificar.

De Bellio no se ha equivocado, pues, cuando felicita a Monet el 20 de noviembre, congratulándose de haber encontrado por fin, en una pluma autorizada, lo que él mismo y todos los amigos del pintor pensaban y venían proclamando desde hacía mucho tiempo. Esta reacción y otros ecos favorables, que ya no habrán de faltar en el futuro, ilustran al pintor el alcance de un artículo aparecido, no en una hoja oscura, sino en un periódico burgués capaz de afectar a un público ciertamente todavía no conquistado, pero ya menos hostil y que pronto será subyugado. Para mostrar su reconocimiento, el pintor, ordinariamente parco en regalos, no vacila en ofrecer al periodista un «bello estudio», *Cabaña del aduanero.* En su carta de agradecimiento, el feliz destinatario asegura que no dejará «escapar nunca una ocasión de proclamar toda mi fe artística». Solo los malintencionados sonreirán.

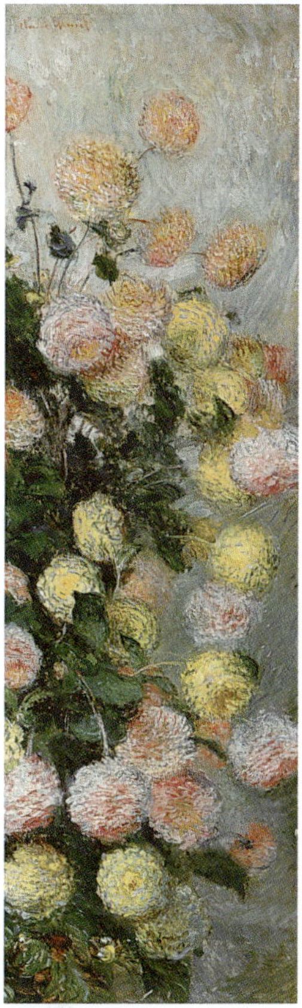

Dalias (puerta C)
1883
Paneles de las puertas en el Salón de Durand-Ruel
128,5 x 37 cm
Colección particular

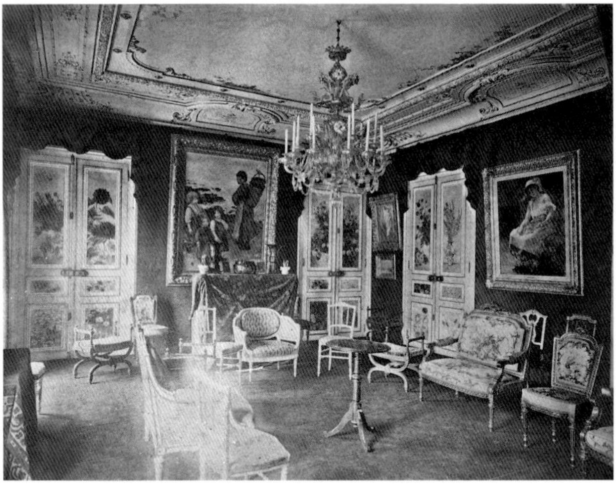

Salón de Durand-Ruel: puertas B, C y D

Del banquete con Lathuille a la Exposición Internacional

Mientras los impresionistas tradicionales experimentan la necesidad de estrechar filas, se produce un incidente que amenaza con echarlo todo a perder. Antonin Proust había lanzado la idea de organizar un banquete, el 5 de enero de 1885, en el restaurante de *père* Lathuille, para celebrar el aniversario de la exposición de Manet en la École des Beaux-Arts. Cuando se enteraron de una iniciativa que no contaba con la unanimidad en la familia del artista, cierto número de sus antiguos compañeros se puso de acuerdo en ausentarse pero, haciendo caso omiso, Proust cursa las invitaciones el 10 de diciembre. Al recibir su tarjeta, y sin consultar a nadie, Pissarro escribe a Leenhoff, encargado de reunir las adhesiones, para expresarle su rechazo. Poco después, oye decir a Renoir que este va a participar en el banquete, al igual que Caillebotte, Degas y el Dr. De Bellio. Sorprendido y contrariado, Pissarro alerta a Monet esperando que, al menos él, actúe como se ha convenido. Pero en esto se muestra poco conocedor de la prudencia normanda que ha llevado a su amigo a tomar una solución de compromiso: ha enviado su cuota de participación, «libre de no asistir si Renoir me anuncia lo contrario». En este caso se ve que, como tantas otras veces, Monet no ha querido tomar ninguna decisión sin ponerse de acuerdo con su compañero de la Grenouillère, cuya moderación le tranquiliza, mientras que siempre se muestra un poco inquieto ante las posiciones extremas del decano del grupo. Como Renoir ha dado luz verde, Claude —sin ponerse en primera fila— asiste a un banquete que todo el mundo, según él, juzga «absurdo e inútil», pero al que nadie se atreve a renunciar, excepto el pobre Pissarro, que decididamente ha quedado aislado.

En enero de 1885 ha nevado en abundancia y Monet ha comenzado una serie de lienzos pintados en la entrada o en el centro del pueblo, sobre el Sena o en sus inmediaciones. Durante algunos días, el tiempo se mantiene sin cambios, pero el sentimiento de impaciencia e insatisfacción, que se puede constatar frecuentemente en él cuando ha de trabajar en un tiempo limitado, se manifiesta una vez más. Una inquietud de otro orden viene a añadirse aún. Veinte años después de las primeras visitas del agente judicial, le amenaza un embargo por una cuestión juzgada en 1875. El efecto causado en sus vecinos sería desastroso pero afortunadamente Durand-Ruel consigue parar el golpe, una vez más. Las relaciones con Émile Zola se vuelven más estrechas, gracias al banquete en conmemoración de Manet, donde el escritor estuvo sentado a la derecha de Proust, y quizá sobre todo porque Monet sigue interesado en la vida literaria. A finales del año precedente, ha leído la última novela de Huysmans, *À Rebours.* A comienzos de 1895 ruega a Zola que le procure una o dos entradas para el martes, 3 de marzo, en que se repone en el Odéon *Henriette Maréchal* de los hermanos Goncourt. Si no es cierto que pudo asistir a esta representación, sí es seguro que leyó *Germinal* de Zola, primero por entregas en la sección de cultura del *Gil Blas,* y después en un volumen que le envió el escritor —sensible a sus cumplidos— antes de la fecha oficial de publicación de la obra.

La puerta B del salón de Durand-Ruel

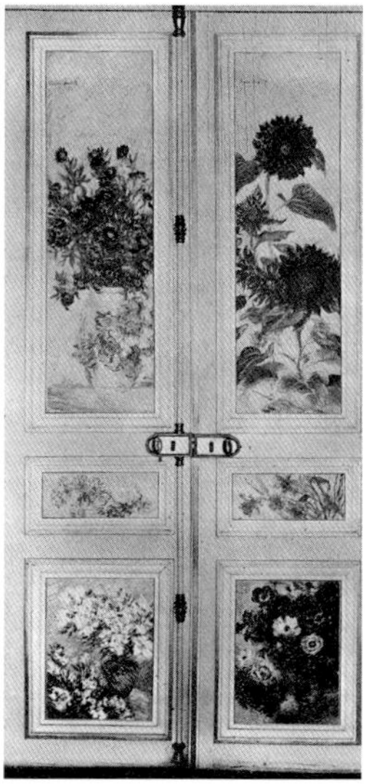

El azar, al que se debe la conservación de los documentos, ha querido trasmitir las huellas del paso por Giverny de Charles Giron. Este simpático pintor ginebrino, no contento con ofrecer a Monet un boceto que le representa a él mismo, le compra una *Iglesia de Vernon* por 600 francos, un precio de amigo. Además, anota algunas observaciones interesantes sobre la paleta del maestro. Más tarde, hay algunas comunicaciones amistosas de este, pero después se hace el silencio. ¿Cuántos personajes episódicos, como Giron, pasaron por la vida de Monet, como por la de todos los hombres ilustres, sin que nada haya quedado para recordarlos?

Dedica gran parte del mes de marzo a los paneles que le encargó Durand-Ruel para el apartamento de la rue de Rome. De ahí las quejas de Monet, a partir de ahora tradicionales, sobre la dificultad hallada y sobre el tiempo perdido, mientras, delante de la ventana de su apartamento, el campo despliega sus sortilegios. Por último, el jueves 2 de abril sale para llevar cierto número de paneles, pues se ha empeñado en transportarlos él mismo. Vuelve después al trabajo, esta vez delante del motivo directamente, y lo hace con un ardor que refuerzan las buenas noticias sobre las ventas de sus paneles. El espacio que Ph. Burty le dedica en su recensión sobre la *Critique d'avant-garde* de Th. Duret, en detrimento de Renoir, subraya el rango que Monet ocupará de ahora en adelante en el ámbito impresionista. Pero se va a imponer en un universo completamente distinto.

Desde 1882 se había interesado por una sala muy bella de la galería Georges Petit, en el número 8 de la rue de Sèze, un día que vio a la flor y nata de París apretujándose delante de las obras de la Exposición Internacional. Entonces no se había planteado participar en esta importante manifestación, restringida a 12 artistas, tres de los cuales habían de elegirse entre los miembros del Instituto. En 1885, al menos si creemos a Gauguin, el compadreo —que en este círculo selecto desempeñaba un papel importante— se ejerció en favor de Monet, apoyado por Cazin, quien parecía estar bien introducido en la casa. Ahora bien, el interés que Georges Petit tiene por el pintor de Giverny podría ser también suficiente para explicar que Monet fuera invitado a la 5.ª Exposición Internacional de Arte. De sus 10 obras que aparecen en el catálogo, la costa normanda ocupa cinco números, al lado de tres vistas de Giverny y su región, y de dos recuerdos de su viaje a orillas del Mediterráneo.

El 15 de mayo, fecha en que se admite al público a la galería, se publica en *Le Figaro,* firmado por Albert Wolff, el artículo más temido por los expositores. Después de haber admirado el *Rolla* de Gervex y de haber alabado a Cazin y Raffaëlli, pasa rápidamente por encima de los otros, antes de dedicar su último párrafo a Claude Monet, al que reconoce «bastante talento» para el paisaje. Aunque los colores, «por separado» le «parecen equivocados», «en conjunto» ejerce «una especie de trampantojo», consigue «plasmar los aspectos del paisaje con una verdad sorprendente». El pintor destaca sobre todo en las marinas, de las que se llevan la palma la vista de Étretat y otra de cabo Martin. El elogio de Albert Wolff tiene tanto más mérito cuanto que otros periodistas se muestran menos explícitos, si es que no son indiferentes o incluso hostiles. *Le Rappel, Le Voltaire* y *Le Journal des Arts* expresan su satisfacción en una frase, mientras que el *Gil Blas* se contenta con dos palabras. El *Courrier de l'Art* y la *Gazette des Beaux-Arts* equilibran censuras y elogios, dejando al lector esta última impresión. Por el contrario, Paul Gilbert, en el *Journal des Artistes* hablará de «alienación mental», para lo cual cree excusarse afirmando «no haber visto más que el centelleo de piedras preciosas fundiéndose, en fantasías de ensueño o en una narración de *Las mil y una noches*», con lo que está elogiando involuntariamente al pintor.

La Exposición Internacional ha mostrado a los ojos de todo el mundo que Monet ha sabido interesar, en la persona de Georges Petit, a otro gran marchante, además de Paul Durand-Ruel. Este último ha visto, sin excesivo entusiasmo, cómo su pintor adquiere éxito en un ámbito que le aleja de él. Pero, buen jugador, y quizá también favorecido por la operación en sus propias ventas, tiene la elegancia de declararse satisfecho con el que ha cosechado Monet.

«La vida de un paisajista»

Las cenas del café Riche comienzan a celebrarse en fecha fija, los primeros jueves de mes. Monet, iniciador de estos ágapes, asiste siempre que puede, lo que no es muy frecuente. No obstante, el 4 de junio de 1885 parece segura su participación, y Durand-Ruel le invita a almorzar ese mismo día, en la rue de Rome, con Renoir, Pissarro y Mirbeau. Como ya ha entregado el panel a Berthe Morisot, puede ver a esta joven sin ponerse rojo. Efectivamente, el jueves siguiente acude a su casa. Como se puede imaginar, se aleja lo menos posible de Giverny, donde pasa el verano, retenido tanto por su intención de trabajar en los paisajes comenzados como por la de ocuparse de su hijo Jean, que está preparando un examen para septiembre. Una excursión de tres días en compañía de Caillebotte le produce cierta diversión, que paga a la vuelta con «un dolor de muelas y una jaqueca terribles».

Una transacción con Portier y Heyman, que le han ofrecido un Degas, fracasa porque Monet —al menos, así lo afirma este— ha renunciado a comprar, correspondiendo a un deseo de Durand-Ruel. Debido a las dificultades económicas por las que pasa, el marchante establece relaciones con Bélgica, Holanda y Estados Unidos. Sin desinteresarse por esos intentos, Monet se muestra preocupado por la perspectiva de ver algunas de sus mejores obras «partir al país de los yanquis», pues él, que tanto ha sufrido por la incomprensión de sus compatriotas, estima que «solo allí [en París] hay aún un poco de gusto». Pero también en este aspecto conviene confiar en Durand-Ruel, pues no parece haber todavía ninguna otra solución. En cualquier caso, Georges Petit tarda bastante en pagar un cuadro que compró en la Exposición Internacional. Paul Durand-Ruel sigue siendo, pues, el confidente de las buenas y de las malas horas y, por tanto, tendrá que leer las quejas y recriminaciones provocadas por los cambios de los efectos y de la vegetación. Su repetición será un testimonio de la exigencia que se plantea a sí mismo y de la fidelidad de los motivos que hicieron de Monet, en la década de 1880, un clásico de la visión impresionista de las cosas.

A la mañana siguiente al examen que Jean ha pasado en Ruán —y que desgraciadamente ha suspendido—, la familia comienza unos días de vacaciones en Étretat, en una casa que el barítono Faure ha puesto generosamente a disposición del pintor. El 10 de octubre, Alice y los niños vuelven a Giverny. Claude prosigue solo la estancia, para la que se traslada de Villa Faure al hotel Blanquet. Ni el frío ni la lluvia le impiden trabajar duro, tanto en el exterior como en una misteriosa escalera, o en diferentes ventanas, o también en Saint-Jouin, donde hace un boceto a pesar del tiempo horrible. Cuando vuelve el sol por fin, Étretat ofrece un espectáculo que «para plasmar todo esto… necesitaría dos manos y cientos de lienzos». La correspondencia permite al lector seguir las luchas cotidianas del pintor contra los

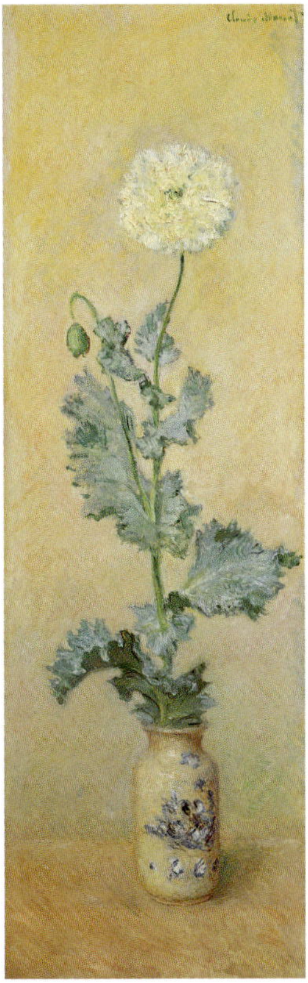

Adormidera blanca
(puerta A)
1883
Paneles de las puertas en el Salón de Durand-Ruel
128,5 x 37 cm
Colección particular

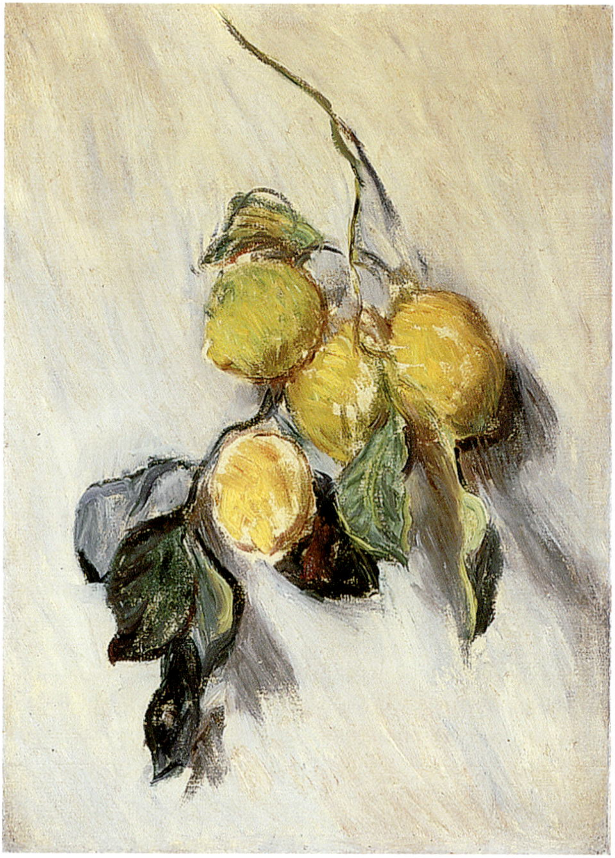

Rama de limonero
(puerta A)
1884
Paneles de las puertas en el
Salón de Durand-Ruel
50,5 x 37 cm
Colección particular

caprichos de los elementos y las dificultades inherentes a su trabajo. Aquí nos limitaremos a subrayar los hechos más destacados de la segunda gran estancia en Étretat.

Como está familiarizado con el lugar desde 1883, Monet se integra fácilmente en ese grupo social mixto, compuesto por las gentes del lugar y por los «bañistas». El encanto del lugar hace que los segundos se sientan pronto integrados en los primeros. El pintor conoce a monsieur Deck, quien dirige el hotel de su suegra, madame Blanquet, y también a monsieur Isnardy, director del casino, y al dueño del castillo, monsieur Frébourg, que le invitará en numerosas ocasiones. En una carta aparece un tendero que caza alondras y que un buen día le regala al pintor parte de su botín, cuando este está trabajando en los acantilados. Observa continuamente a los pescadores, por los motivos que constituyen sus barcos, pero también por el interés humano que suscita su peligroso trabajo. Los extraños van siendo menos numerosos, conforme la estación avanza. Una joven, «la dama de la Chaufferette», que parece haber intrigado a Alice, resulta ser la esposa del cantante Léon Achard, de la Ópera Cómica; el mote que Monet le da se debe a la casa La Chaufferette, construida por su padre, el pintor Eugène Le Poittevin. Este, autor del rótulo del hotel Blanquet junto con Blanchard, había muerto unos 15 años antes. Con Monet coinciden otros artistas en Étretat. Aquí conoce a Georges Merle, que expone en el Salón desde 1876 y que se aloja en el hotel Hauville. Si su marcha, el 21 de octubre, va acompañada de la exclamación «¡qué alivio!», su compañero Marius Michel, instalado en el hotel Blanquet, está mejor visto. Aunque a veces importune un poco, lo compensa por ser un «fanático» de la pintura de Monet y por poner su habitación a disposición de este para trabajar. La relación se deteriora definitivamente en una discusión sobre las opiniones de Maupassant en materia de pintura.

Desde la muerte de Jacques Offenbach, Guy de Maupassant es la mayor gloria de Étretat. El 14 de octubre, Monet pasa una agradable velada en su compañía. Quince días más tarde, el escritor le visita para ver sus obras que «pretende que le gustan mucho», sin que logre convencer a su autor de su autoridad en la materia. *Étretat, lluvia* (il. pág. 271), muy logrado, le ha dejado «absolutamente estupefacto». El escritor trasmitirá esta impresión, el año siguiente, en «La vida de un paisajista», que publica el *Gil Blas:* «[Monet] tomó a manos llenas un aguacero en el mar y lo arrojó al lienzo. Era la lluvia lo que había pintado así, nada más que la lluvia que extiende su velo sobre las olas, las rocas y el cielo, que apenas se distinguen bajo el diluvio». Bosqueja un retrato del pintor en acción: «El año pasado, en esta misma región, seguí con frecuencia a Claude Monet en su búsqueda de impresiones. No era un pintor ya, sino un cazador. Caminaba seguido de niños que llevaban los lienzos, cinco o seis, en los que representaba el mismo tema, a horas diversas y con diferentes efectos. Los tomaba y los dejaba según cambiaba el cielo. Y el pintor, de cara al tema, esperaba, acechaba al sol y a las sombras, recogiendo con unas pinceladas el rayo de sol o la nube que pasa y, desdeñoso de lo fallido y lo conveniente, las plasmaba con rapidez en el lienzo».

A partir de la fiesta de Todos los Santos de 1885, Monet se queda solo en Étretat, pero ni siquiera entonces puede dedicar todo su tiempo a la pintura, pues ha de mantener una extensa correspondencia. Es cierto que las veladas son largas. Aunque reserva la mayor parte a Alice Hoschedé, que exige una carta diaria y se queja cuando se cree descuidada, no debe olvidar a los pintores amigos.

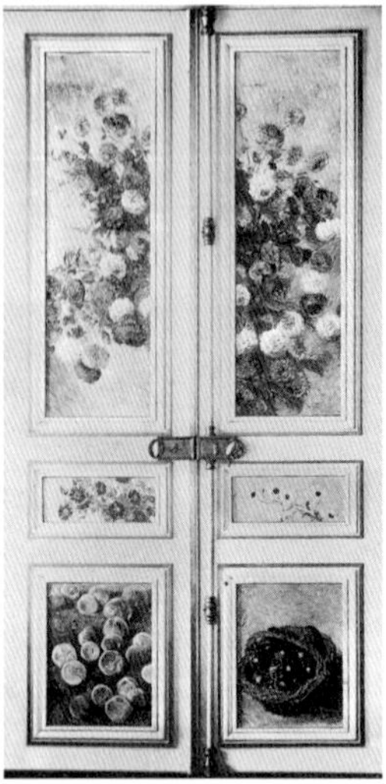

Salón de Durand-Ruel:
puerta C

La Manneporte

Sargent plantea cuestiones técnicas indiscretas. Caillebotte habla de un viaje a Italia, del que espera estar de vuelta para asistir a la cena del primer jueves de mes. A Pissarro tiene que explicarle por qué ha rechazado participar en la manifestación prevista por los Independientes, para poder continuar figurando en la Exposición Internacional. Se han intensificado las relaciones con Georges Petit, y Monet está cada vez más tentado de llevar a cabo una política de división, pues con su lucha encarnizada contra las falsificaciones, Durand-Ruel se ha granjeado muchas enemistades entre sus compañeros. Su aislamiento le obliga a vender algunas obras con pérdidas, lo que despierta vivas protestas de Monet.

Monet recibe una interesante compensación por «la famosa sociedad de los XX en Bruselas», que le invita oficialmente a participar en su próxima exposición. En su respuesta, Claude Monet asegura a Octave Maus, secretario del círculo, que se siente «muy halagado» y que participará con «cinco cosas». Una satisfacción de otra naturaleza es la que le produce la visita de Alice a Étretat a mediados de noviembre, sin los niños, pues los más pequeños —Michel y Jean-Pierre— han quedado confiados a los mayores. Monet tiene ocasión de demostrar a su compañera la verdad de una frase que le había escrito tres semanas antes: «Es cierto que amo el mar, pero en definitiva también la amo a usted». Discretas como lo acostumbrado, la cartas de Claude permiten advertir su alegría y su agradecimiento. Aunque igualmente recibidas, las respuestas de Alice fueron destruidas sistemáticamente, por orden de esta.

En sus cartas habla de los motivos que le ocupan en 1885, pero solo parcialmente quedan plasmados en los lienzos, mientras que estos no son mencionados necesariamente en la correspondencia. En el malecón pinta los barcos tirados sobre la playa de guijarros (il. pág. 268). Desde su ventana, intenta plasmar el movimiento de los barcos, casi imperceptibles aunque de movimientos imprevisibles, mientras que las redes le proporcionan un primer plano para una salida de los pescadores. «El lugar… sobre el acantilado», donde estaba trabajando cuando se encontró con el tendero y cazador de aves, no ha podido ser identificado con toda certeza, lo mismo que la casa Payen, donde la vista se extiende al mar (il. pág. 269). Por el contrario, la gruta de Trou à l'Homme, excavada en el acantilado de Aval, es bien conocida y aparece en diferentes obras, al igual que «La Passée», en el interior, donde Claude trabaja a la mañana siguiente de la marcha de Alice.

Sin embargo, el motivo que se lleva la palma es sin lugar a dudas el arco de piedra denominado la Manneporte, «apertura enorme, por donde pasa un navío». Para llegar al pie de esta monumental curvatura, desde donde es posible no solo representarla entera (il. pág. 266),

Melocotones (puerta C)
1883
Paneles de las puertas en el Salón de Durand-Ruel
50,5 x 37 cm
Colección particular

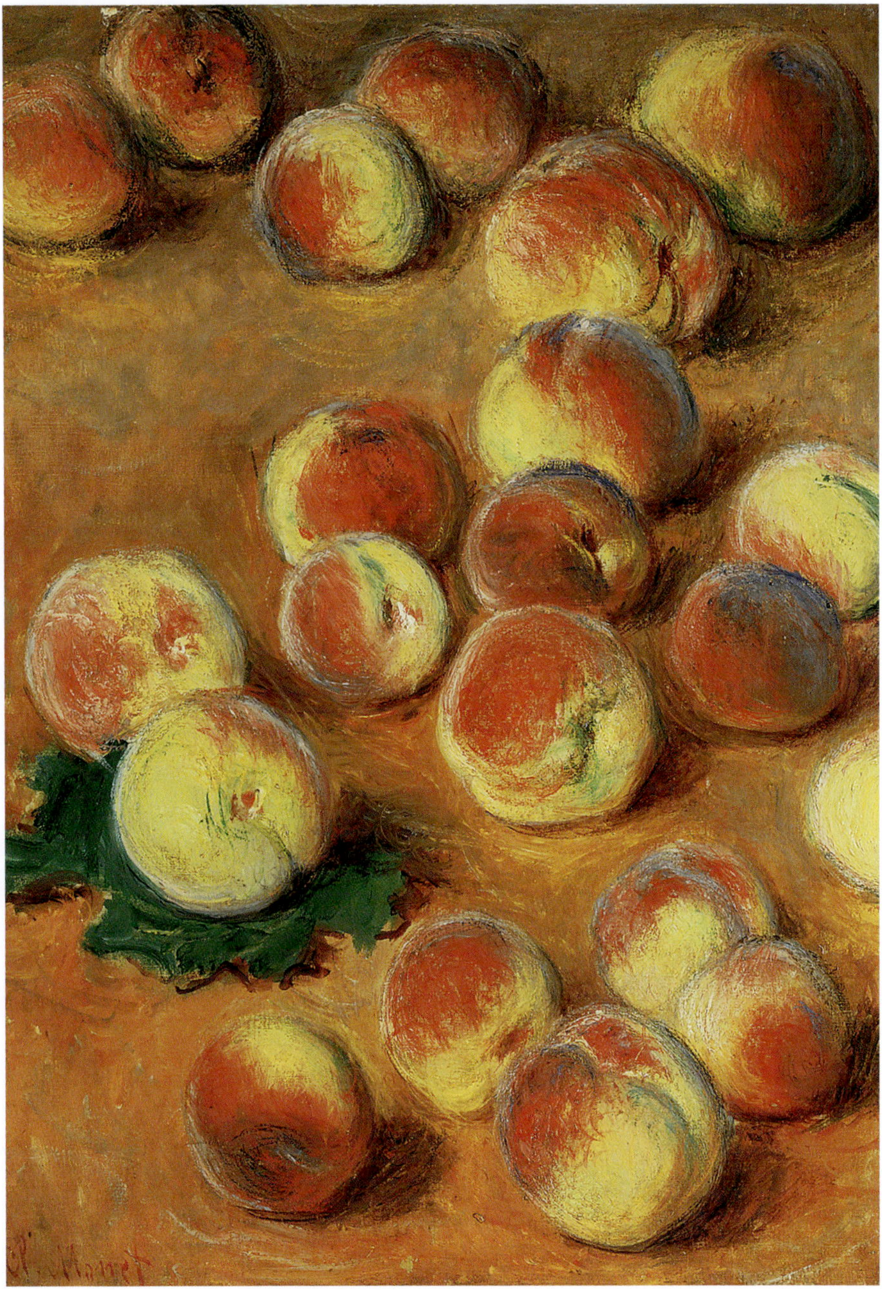

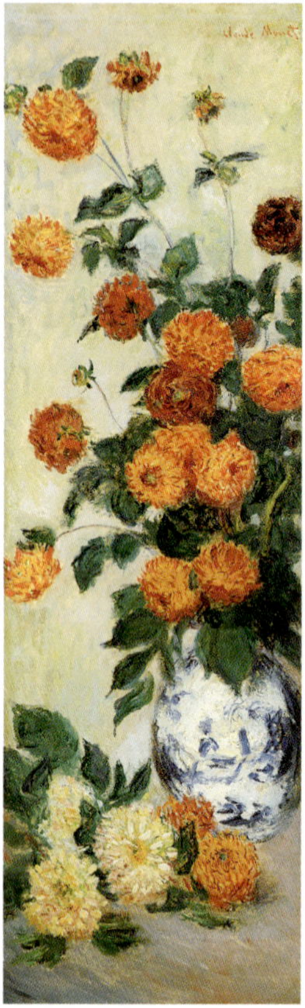

Dalias (puerta D)
1883
Paneles de las puertas en el Salón de Durand-Ruel
128,5 x 37 cm
Colección particular

sino también la Porte d'Aval y la Aguja, en el siglo XIX había que bajar por la peligrosa escalera de la garganta de Jambourg. Una vez abajo, se siente una terrible soledad, sobre todo en invierno, cuando allí pintó Monet, y cuando allí estuvo a punto de terminar su carrera y su vida. Un error en las horas de la marea fue el origen del accidente, pero dejemos que sea el pintor mismo quien refiera el acontecimiento en caliente, la tarde del 27 de noviembre: «Estaba en pleno trabajo bajo el acantilado, al abrigo del viento, en el mismo lugar adonde usted fue conmigo. Convencido de que la mar bajaba, no me preocupaba de las olas que venían a morir a unos pasos. Absorbido por el trabajo, no veo la enorme ola que me echa contra la roca y que me sepulta bajo la espuma, con todo mi material. Me he visto perdido, porque el agua no me dejaba, pero en fin he podido salir a cuatro patas, pero ¡en qué estado, Dios mío! Las botas, las medias gruesas y el pantalón empapados; mi paleta seguía estando en la mano, pero se me había vuelto contra la cara y tenía la barba cubierta de azul, amarillo, etc. Bueno, una vez pasada la emoción, tampoco es para tanto. La pena es que haya perdido el lienzo, roto por el viento, además del caballete, el saco, etc. Imposible de repescar algo de eso, además de que el mar lo habrá pulverizado… En fin, al menos yo he escapado de sus garras».

Calado hasta los huesos, sube la escalera de la garganta con lo que ha quedado del material, lo que al menos le permite vencer el frío. Por la tarde se ha quedado afónico y por la noche las pesadillas atormentan el sueño. A Alice, que se inquieta cuando lee la carta, le responde que se encuentra «absolutamente como antes». Sin embargo, después de la aventura de la Manneporte, ha perdido las fuerzas. Unos días de reposo en Giverny a comienzos de diciembre, seguidos de una breve estancia en París, no son suficientes para recuperarse. Cuando vuelve a Étretat, las sombras son muy alargadas, la tempestad y el frío son más duros, y caen las primeras nieves. Por mucho que monsieur de Frébourg multiplique sus invitaciones y la carretera de Gonneville le ofrezca «cosas muy bellas», el encanto se ha desvanecido. Étretat en 1885 «no será una buena campaña». Al menos, así lo afirma Monet, quien incluso habla de «porquería» y de «viaje perdido».

«El Monet de antes ha muerto»

El 10 de diciembre de 1885, en efecto, pocos días antes de volver a Giverny, Monet redacta una carta muy delicada para anunciar a Paul Durand-Ruel su acuerdo con Georges Petit. Al parecer, este le ha puesto de su parte muy hábilmente pagándole algunos cuadros y ejerciendo un discreto chantaje por la venta precipitada. Después le ha ofrecido participar en la próxima Exposición Internacional, con la condición expresa de no presentar ninguna obra que pertenezca a

Durand-Ruel. Aceptando este verdadero dictado, Monet rompe con el hombre que le ha mantenido en los últimos cinco años. Y lo peor es que lo hace a escondidas y, en su ímpetu, expresa la intención de exponer también con los XX de Bruselas sin su marchante, reservándose el solicitarle cuadros si los necesita. Aún va más lejos: pretende hablar en nombre de Pissarro y de Sisley para reclamar el derecho a vender directamente.

De hecho, con la exclusiva acordada con la Exposición Internacional, se ha prohibido a sí mismo exponer con sus amigos. Teme las presiones que estos, sobre todo Pissarro y Caillebotte, puedan ejercer sobre él. En la respuesta a la carta en la que Durand-Ruel le comunica su disgusto, se ve obligado a dar marcha atrás por lo que se refiere a terceros: «Sin duda, me expresé mal, o usted no me entendió bien, pero yo nunca le dije que Pissarro, Sisley y yo queríamos actuar solos… no quiero hacerles decir cosas que ellos nunca han pensado». Por el contrario, por lo que se refiere a las relaciones con Petit, se muestra inflexible y afirma que Durand-Ruel no puede sino ganar si su competidor expone y vende obras de Monet. Convencido o no, magnánimo o llevado por el temor de perder completamente al ingrato, Paul Durand-Ruel, lejos de romper, le presta cinco lienzos para Bruselas y sigue ocupándose de cubrir sus gastos corrientes, e incluso los extraordinarios, como los producidos por los trabajos de ampliación del estudio. El 31 de diciembre, Monet le suministra 11 cuadros (de Giverny y de Étretat) por un total de 10.400 francos, los siete más caros, a un precio de 1.000 francos cada uno. No obstante, no se ha terminado la polémica y, a comienzos de 1886, el gran marchante aún habrá de leer bastantes cosas que le disgustarán y verá cerrarse todas las perspectivas que, a largo plazo, se abrirán gracias a las relaciones que acaba de establecer con la American Art Association y que producirán amplios negocios en Estados Unidos.

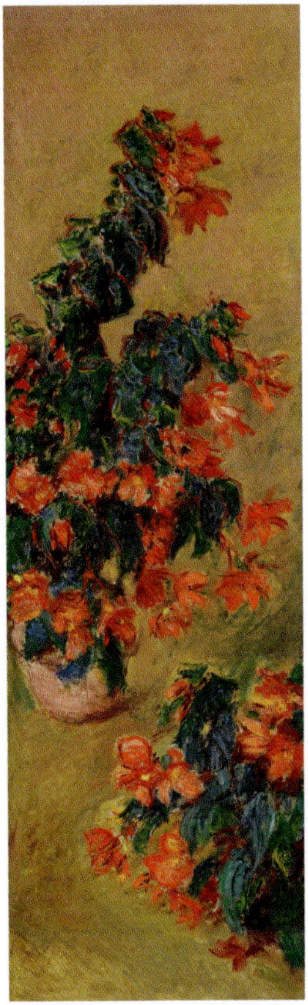

Azaleas rojas en un jarrón
(puerta E)
1883
Paneles de las puertas en el Salón de Durand-Ruel
127 x 37 cm
Colección particular

Su participación en la exposición de los XX en Bruselas, al lado de Renoir, de Besnard y de Odilon Redon, es lo que más interesa a Monet. De los cinco originariamente previstos, los cuadros previstos para esta exposición se transforman en 10 —los números 1 a 10 del catálogo—, que se pueden contemplar en el Palacio de Bellas Artes a partir del sábado 6 de febrero. Los artistas franceses, con 10 participantes, ocupaban el 50 % de las 20 plazas reservadas a los invitados. Al parecer, la exposición tuvo un éxito de escándalo. Camille Lemmonier, en 1887, hablará del «alboroto… del año pasado». Él, que de ordinario se muestra inagotable en la «Correspondance de Belgique» que escribe para *La Chronique des Arts,* no dedica ni una sola línea a la exposición de 1886. Monet no se hace muchas ilusiones cuando pide a Octave Maus que le envíe las eventuales críticas. No se sabe si el secretario del Círculo de los XX le transmitió este eco hostil: «Claude Monet debe de ser uno de los inventores del

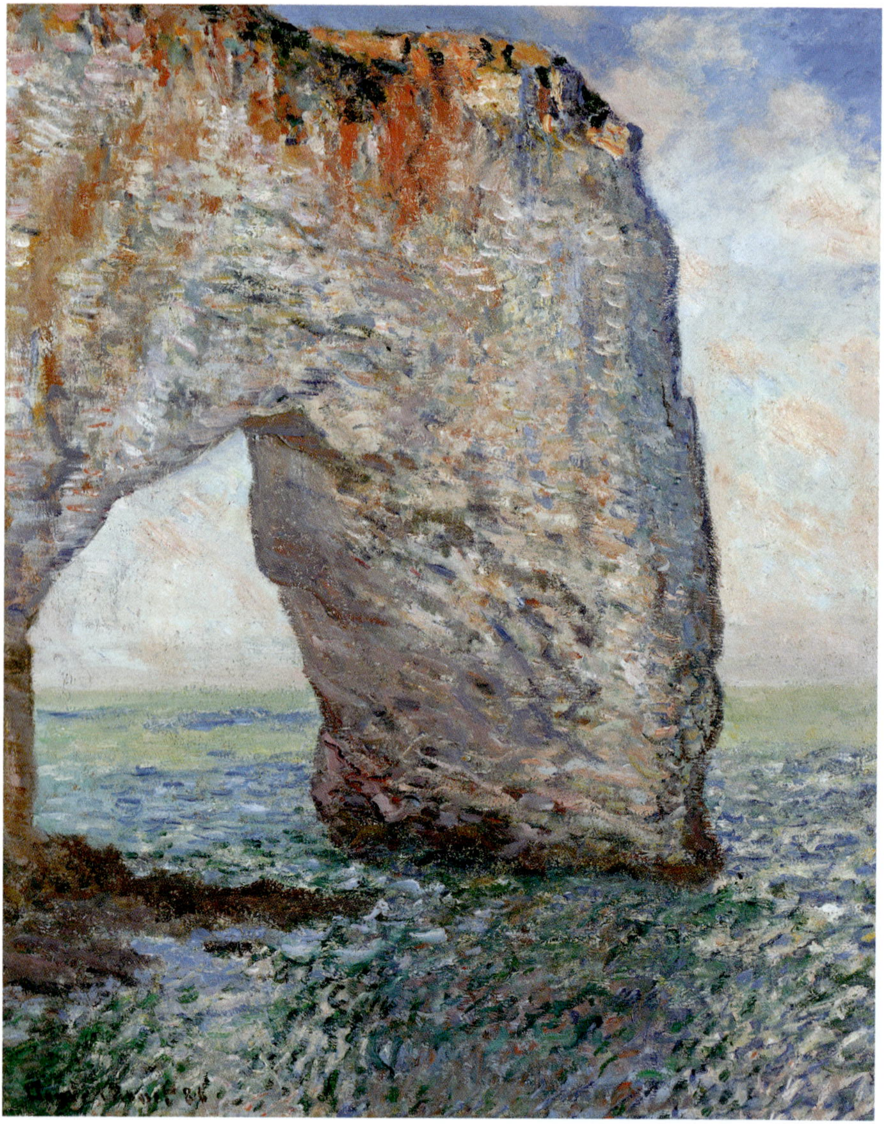

arte incoherente…¡Qué falsos, malsanos y cómicos son sus estudios pasionales de decadencia!».

Después de haber trabajado «en la nieve» en Giverny, Monet vuelve a Étretat a lo largo del invierno. Sin embargo, el día de su llegada, el 19 de febrero —cumpleaños de Alice— revela un drama íntimo que su carta de la tarde siguiente no intenta ocultar: «He llegado a buen puerto, pero bien triste y confundido de encontrarme aquí después de todas esas sacudidas». Ya en 1883, y precisamente en Étretat, Claude había sufrido con la idea de que Ernest estaba presente en una fiesta que la familia Hoschedé siempre celebraba por todo lo alto. Esta vez, cuando se acerca la fecha, el marido ha debido de reclamar sus derechos y de exigir el regreso de su mujer e hijos con él. En cualquier caso, con el giro que ha tomado la situación, Monet se da cuenta de que era una ilusión pensar que Alice le pertenecía solo a él. Se han mantenido vivas discusiones, en las que también han participado las hijas mayores, sobre todo Marthe, quien siempre ha mantenido entero el afecto a su padre. Saben bien las dificultades

El arco de piedra Manneporte, cerca de Étretat
1885-1886
81,3 x 65,4 cm
The Metropolitan Museum of Art, Nueva York

Vista del arco de piedra Manneporte
1885
65,5 x 81,3 cm
Museum of Art, John G. Johnson Collection, Filadelfia

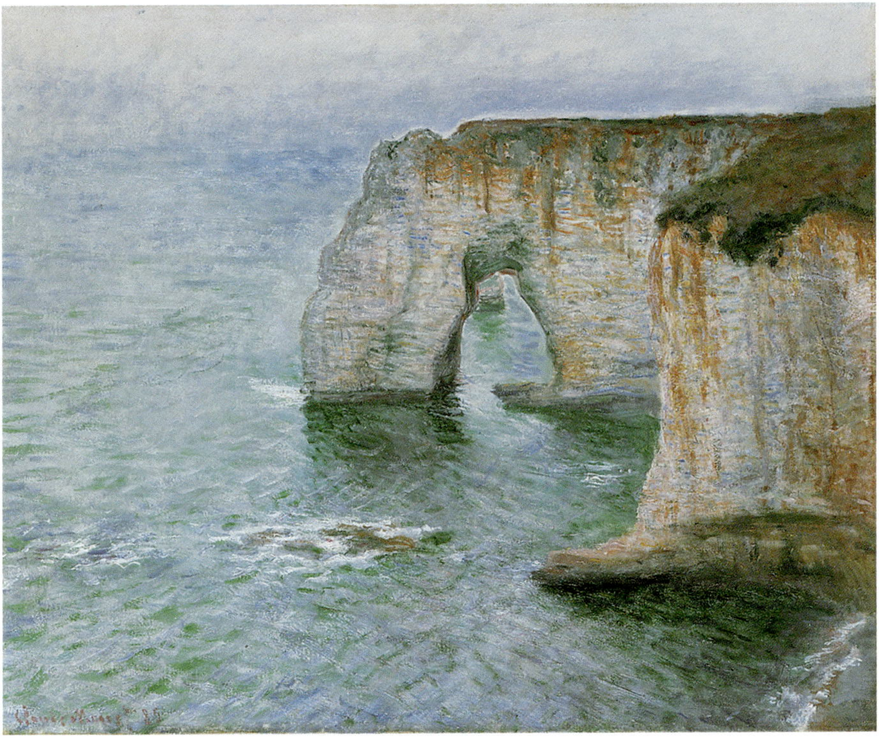

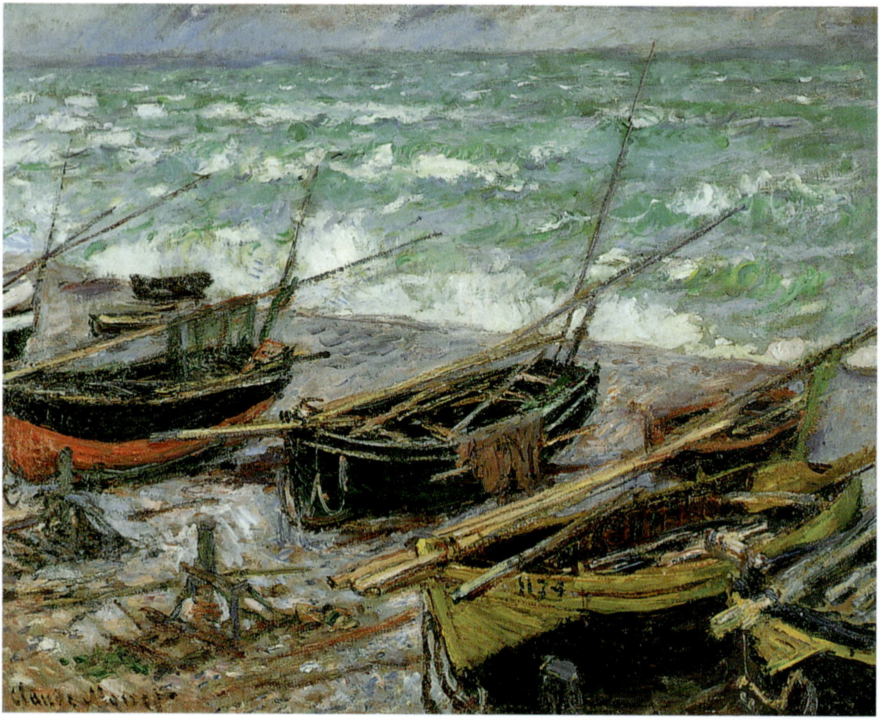

Barcos de pesca
1885
73 x 92 cm
Colección particular

que les causa —estamos en el siglo XIX— la situación irregular de su madre, cuando las de mayor edad ya pueden ir comenzando a pensar en su propio matrimonio.

Claude se encuentra profundamente abatido. No ignoraba, «al comienzo de nuestros amores» que la bella aventura conduciría a un callejón sin salida, pero ahora, cuando se le pide que tome una decisión, la de la separación, sabe que no puede vivir sin su compañera. No es un juego, el hombre se encuentra al borde del abatimiento y, con él, el artista está afectado en su creatividad: «El pintor en mí está muerto... me sería imposible trabajar, por muy buen tiempo que hiciera... El Monet de antes ha muerto». ¡Qué mejor homenaje podría hacerse a la compañera preciosa, exigente e irremplazable, Alice Hoschedé, sin la cual el Monet que admiramos no habría podido convertirse plenamente, sanamente, serenamente, en él mismo!

La obra

Apenas ha regresado a Giverny, a comienzos de marzo de 1886, Monet se vuelve a encontrar con nuevas inquietudes, ocasionadas esta vez por el viaje de Durand-Ruel a América. Las relaciones del marchante con Estados Unidos han tomado un giro decisivo a lo largo del último verano, como refiere Pissarro, testigo de los primeros contactos: «Durante mi estancia en París, Durand me invitó a cenar y me presentó a un americano asociado del propietario de las salas de exposición de Nueva York. Durand tenía grandes esperanzas puestas en conocer a Mr. Robertson, quien me pareció muy favorable. Estos señores parece que se han propuesto llevarnos a América».

Efectivamente, Robertson consigue que los responsables de la American Art Association se decidan a organizar una gran exposición impresionista en estrecha colaboración con la galería de París. Después de haberse asegurado del envío de 300 lienzos, Paul Durand-Ruel se embarca a Estados Unidos el 13 de marzo, en compañía de su hijo Charles, dejando al hijo mayor, Joseph, encargado de dirigir la casa durante sus ausencia. El 10 de abril, poco después de su llegada a Nueva York, en la American Art Galleries de Madison Square se abre

Étretat, la Porte d'Aval: barcos de pesca saliendo del puerto
1885
60 x 81 cm
Musée des Beaux-Arts, Dijon

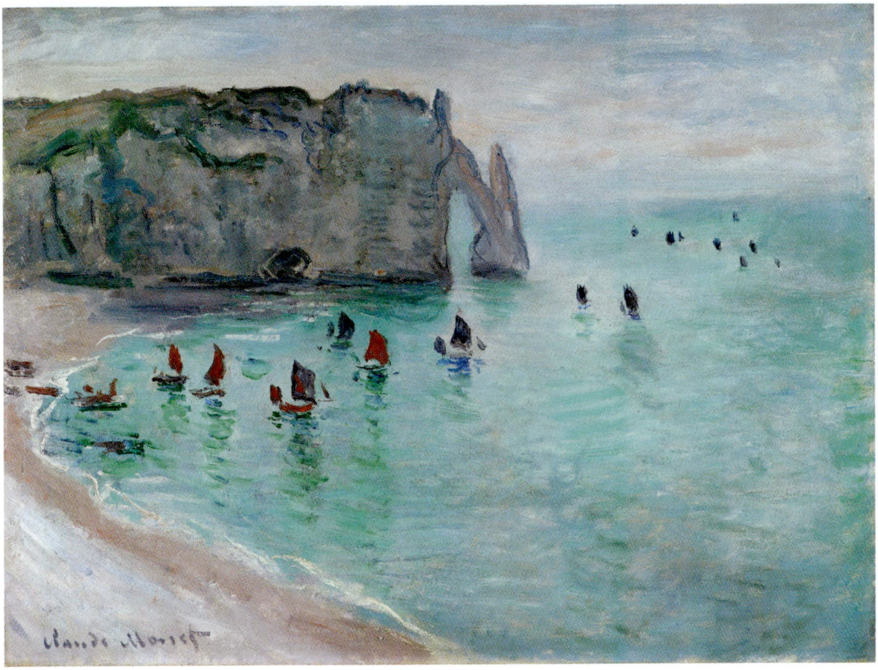

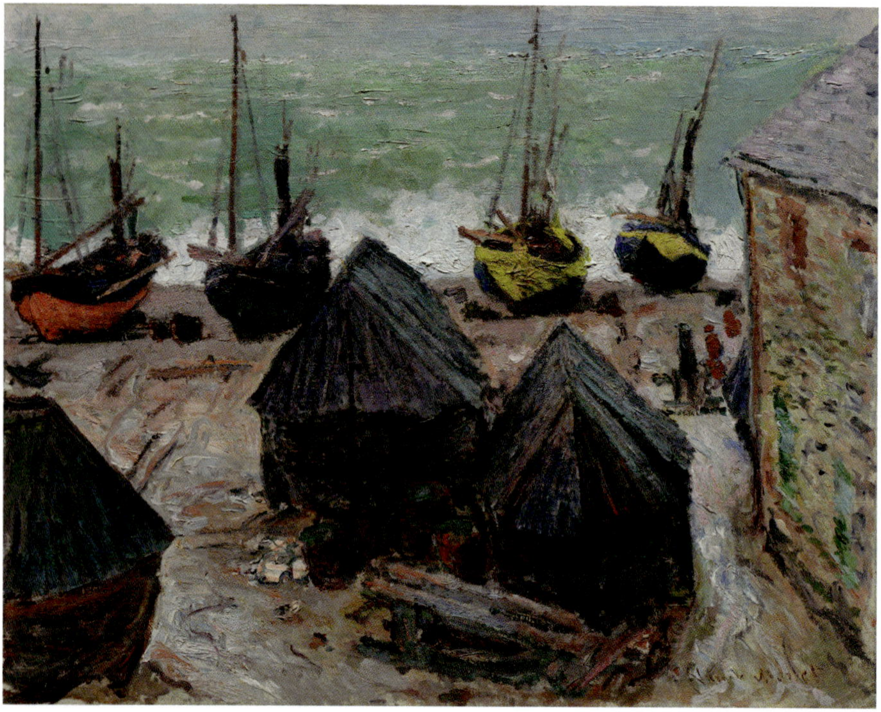

Barcas en la playa de Étretat
1885
65,5 x 81,3 cm
The Art Institute of Chicago

la exposición «Œuvres à l'huile et au pastel des impressionnistes de Paris». Monet está representado con unas 40 obras de toda su carrera, de Chailly a Étretat, de Londres a Vétheuil y a Giverny. La acogida de la crítica es en general alentadora, pero lejos de atisbar la importancia del acontecimiento, el pintor piensa que lo han abandonado y asalta a Durand-Ruel en Estados Unidos y a su hijo en París con todo tipo de recriminaciones, acompañadas de amenazas de vender a terceros. «Ahora estamos con Durand en Nueva York —escribe a Pissarro— pero está claro que no tendremos más que mala suerte.»

En esa misma carta, Monet expresa otro temor, el que le inspira la publicación de *La obra,* libro que Émile Zola acaba de dedicar a los pintores de su generación en el marco de su ciclo «Rougon-Macquart». La novela se había publicado por entregas en la sección de cultura del *Gil Blas* a lo largo del invierno. Es probable que Monet, lector asiduo de ese diario, tuviera así un primer contacto con la novela. Cuando Zola, al publicarse el libro en la editorial Charpentier (la fecha oficial de aparición es el 2 de abril), le envía un ejemplar, le escribe el día 5 para agradecérselo, pero también para expresarle la turbación que le ha producido la forma en que el novelista ha presentado a sus personajes, y sobre todo a su héroe, el pintor Claude Lantier, «un Manet, un Cézanne dramatizado», definido como «un genio incompleto, todavía no maduro». ¿No lo explotarán los adversarios para «apalear» a los impresionistas, a quienes suelen considerar como «fracasados»?

Lo que Monet no dice es que el parecido entre la historia de este Lantier —de nombre Claude, como él mismo— y ciertos aspectos de su propia vida no dejan resquicio alguno para la duda. La estancia de tres años del protagonista en Bennecourt, en compañía de su amante, se parece mucho más a la miserable existencia que Monet llevó durante los tres años de Vétheuil —ahí retrató a Camille en su lecho de muerte (il. pág. 183), al igual que Lantier lo hace con el cadáver de su hijo— que a la presencia de Cézanne y Monet en el mismo pueblo al fin del Segundo Imperio. Bastante menos afectado que su

Étretat, lluvia
1885-1886
60,5 x 73,5 cm
Nasjonalgalleriet, Oslo

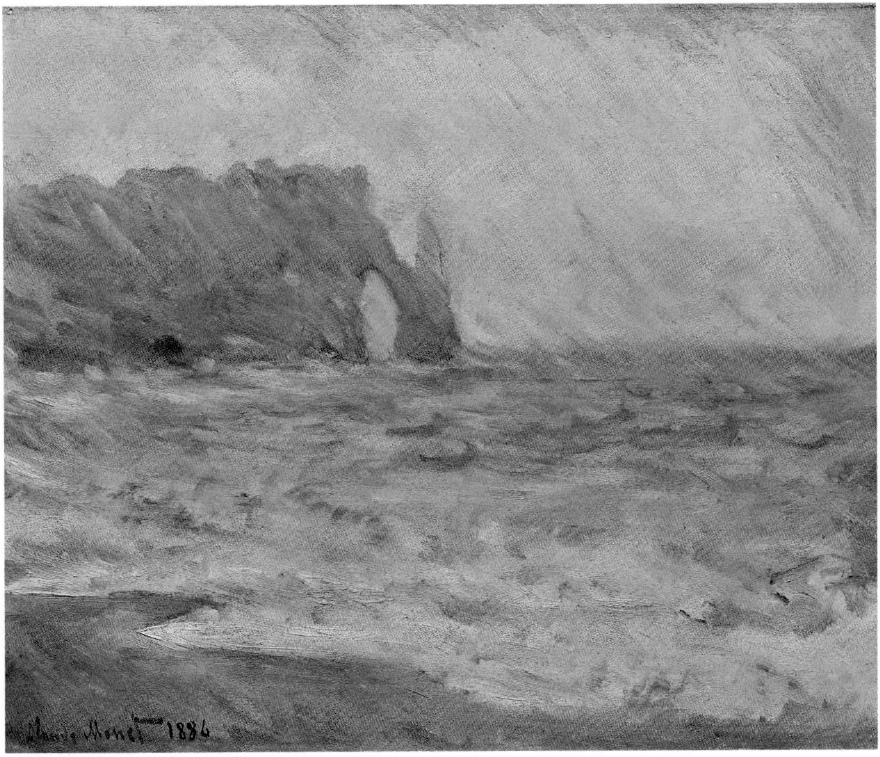

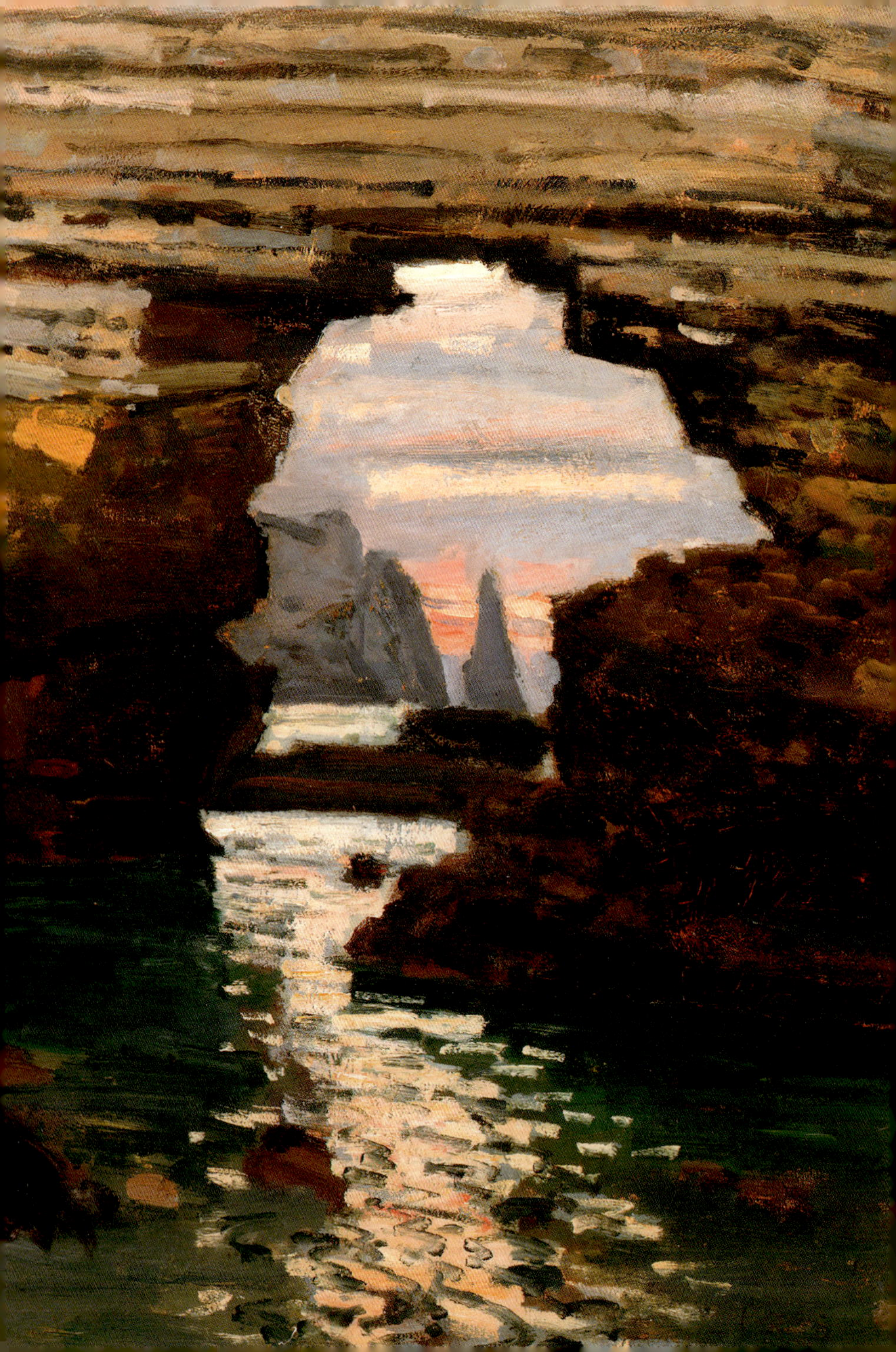

amigo —¿no es este el momento en que se aleja de los impresionistas tradicionales para seguir a Seurat y Signac?—, Pissarro considera que el libro es «romántico» y está «poco logrado», pero no cree que les pueda hacer daño a él y a sus compañeros.

Escribe una última carta llena de reproches a Durand-Ruel, antes de tomar el tren que le lleva a Holanda la tarde del 27 de abril, donde está invitado por un amigo del coleccionista Deudon, el barón de Estournelles de Constant, secretario de embajada de primera cerca de la legación francesa en La Haya, ligado a la familia de otro coleccionista por su reciente casamiento con Daisy Berend. El diplomático, admirador de la pintura de su huésped, le introduce en los famosos campos de tulipanes al norte de La Haya, entre Leyden y Haarlem. Como dispone de poco tiempo, Monet se interesa sobre todo por la parte meridional de esa región florida, sin alejarse demasiado, parece, de Sassenheim, nombre que aparecerá en el título de un cuadro que presenta en la Exposición Internacional de 1886. «Durante 12 días seguidos» encuentra «prácticamente el mismo tiempo», lo que le permite representar, en las mejores condiciones, un tema que al principio le había parecido «imposible de plasmar».

Al contrario de lo que suele suceder en sus viajes, Monet no se entretiene en Holanda: el jueves 6 de mayo está de regreso en París, donde sus amigos le ven franquear la puerta del café Riche a las 8 de la tarde para la cena mensual, especialmente concurrida hoy. Gracias a Pissarro, conocemos los nombres de cierto número de comensales, con excepción de los pintores. Allí están personalidades tan diversas como Duret, Burty, el naturalista inglés Moore, Deudon, Bérard y dos escritores de primera línea, el poeta Mallarmé y el novelista Huysmans. Reunión ordinaria y no banquete organizado especialmente para protestar contra *La obra,* como se ha dicho en ocasiones, la velada proporciona a Huysmans la ocasión de hacer a su compañero de mesa algunos comentarios poco amistosos sobre Zola. Además, describe como una anécdota divertida el cambio de opinión de Guillemet, que al principio se había mostrado entusiasmado con los preparativos de la novela, pero después de su aparición se mostró inquieto. «Ojalá que la "pequeña banda"», como la llama madame Zola, no se reconozca en sus héroes», escribió al autor el 4 de abril. Las reacciones de unos y de otros muestran que la «pequeña banda» sí se reconoció en el libro, lo que da a *La obra* un innegable sello de autenticidad.

La apertura, el 15 de junio de 1886, de la Exposición Internacional en la galería Georges Petit, donde Monet presenta 13 lienzos recientes, constituye una etapa nueva e importante hacia el éxito definitivo. Sin embargo, comenzó mal, con una crítica en el *Gil Blas.* El redactor, Paul de Katow, al tiempo que reconoce que el pintor «a veces tiene talento… con un sentido muy justo de la luz y del aire

La Porte d'Amont en Étretat
c. 1868-1869
79 x 98 cm
Harvard Art Museums/Fogg Museum, donación de Louise y Joseph Pulitzer, Jr., Cambridge, Massachusetts

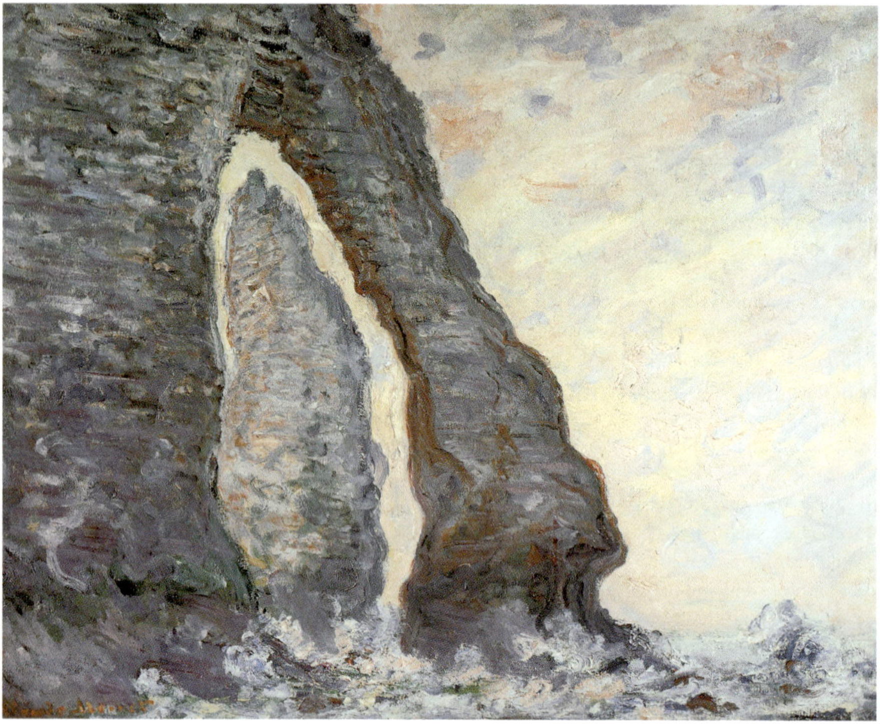

La Aguja, a través de la Porte d'Aval
1885-1886
73 x 92 cm
Colección particular

libre», denuncia su «ojo perverso, que exagera los rojos y los azules hasta un grado extremo». A estas frases poco amables va a suceder un concierto de elogios que las pocas notas discordantes no pueden perturbar seriamente. «Monsieur Monet es un pintor que no recuerda a nadie», estima Charles Frémine en *Le Rappel*, mientras que Marcel Fouquier, en *Le XIX*e *siècle* nos asegura que «es, sin duda alguna, el artista que triunfa en la rue de Sèze». A. Dalligny, del *Journal des Arts*, habla de una «extraordinaria intensidad de colores» y el cronista anónimo de *La République française* afirma: «El gran artista nunca había plasmado mejor la naturaleza». *Le Gaulois*, en pluma de Fourcaud, es igualmente laudatorio.

Albert Wolff mismo, equilibrando elogios y reservas, distingue entre los lienzos expuestos *El mar en Étretat*, del que alaba su fantástico carácter. Incluso habla de un «lago de encanto», como una sorprendente premonición del estanque de las ninfeas. Paul Gilbert condena «las fantasmagorías de Claude Monet» y explica a sus lectores del *Journal des Artistes* que «estas pinturas quiméricas… habrían agradado al infortunado monarca de Baviera». Esta afirmación, de discutible gusto estando aún fresca la muerte de Luis II, puede servir de contraste al ensayo de Félix Fénéon en la recién fundada *Vogue*. Habría que citarlo completo pero nos contentaremos con algunos arabescos refinados y decadentes del «crítico y poeta»: «*La Aguja de Étretat* y las velas azuladas apenas de los barquitos aparecen crudamente en este mantel, donde el violeta enmudece ante los verdes empañados, precursores de los azules titubeantes y de los encarnados furtivos».

También los amigos, los antiguos como Boudin y los nuevos como Huysmans, expresan su admiración. Pero más importante aún, al menos en el plano material, es que la Exposición Internacional va a permitir a Monet vender, y muy rápidamente. El 23 de junio escribe a Joseph Durand-Ruel: «He podido cerrar tres buenos negocios, tanto con [Petit] como con amantes del arte». Incluso después de su clausura, en una carta a Berthe Morisot, dice que «todo lo que se ha expuesto, se ha vendido caro y a buena gente». El libro de cuentas del pintor registra ingresos sustanciosos, con precios de 1.000 y 1.200 francos, e incluso de 1.500 francos por un lienzo. Durand-Ruel se equivoca cuando afirma a Pissarro que Monet no sabrá venderse. En total, las ventas ascienden a 15.100 francos por 12 cuadros, de los cuales tres son comprados por Georges Petit y cinco por el barítono Faure. Las cantidades enviadas por Durand-Ruel, con la interrupción que media entre el 12 de marzo y el 10 de agosto, debido a su viaje a América, no figuran en el extracto de la cuenta.

Joven con sombrilla

La participación de Monet en una exposición de Grenoble con tres cuadros constituye uno de los pocos acontecimientos de ese verano atestiguados en su correspondencia. Otro, más bello y poético, es la creación de sus dos famosas mujeres con sombrilla (il. págs. 278, 281) del Louvre. Lo hizo en la isla de Orties, un prado rodeado por un talud para evitar las inundaciones de la desembocadura del Epte, que Monet había adquirido, a fin de depositar las embarcaciones ligeras en un hangar y de encadenar a un pontón las más pesadas —sobre todo el estudio flotante—. A la vuelta de una sesión de trabajo, ve en lo alto del talud a Suzanne, su modelo preferida entre las hijas de Hoschedé, recortándose ante el cielo. «Pero si es como Camille en Argenteuil. Bien, mañana volveremos y tú posarás ahí». Al menos, así lo refirió el hermano de Suzanne, Jean-Pierre, y lo confirmó su hermana Germaine. Nacida en abril de 1868, cuando Monet la pinta Suzanne tiene 18 años. Es decir, habría que hablar mejor de «joven» que de *Mujer con sombrilla*, el título tradicional inspirado por el recuerdo de Camille (il. pág. 143). Claude se contenta con un nombre modesto, *Estudio de figura al aire libre*.

De creer a la artista estadounidense Lilla Cabot Perry, un eminente crítico —¿Mirbeau? ¿Geffroy?— denominó uno de los cuadros *Ascensión* (¿en el que Suzanne está vuelta a la derecha?) y *Asunción* el otro, en el que aparece con formas menos juveniles. Al parecer, Monet se mostró descontento con uno de los cuadros y lo rompió en el centro con un zueco. Según esta narración, una minuciosa restauración hizo desaparecer las huella de este gesto profanador. Jean-Pierre Hoschedé ignora esta anécdota, por lo que dejamos su responsabilidad en manos de Mrs. Perry y del pintor mismo, que no tenía nada en contra de las anécdotas que hablan de obras rotas por él, seguro de provocar así protestas y alabanzas redobladas. Cuando está declinando el verano, parte para una breve estancia hacia Forges-Les-Eaux con Alice, que está enferma pero allí no se produce ninguna creación artística. Sin embargo, es digna de atención una frase que dirige a Durand-Ruel sobre un negocio en curso: «Me alegraría si a mi vuelta me encontrara con los tres lienzos de Dubourg, con sus indicaciones, para poderlos

John Singer Sargent
Claude Monet pintando en los confines de un bosque
1885
Tate, Londres

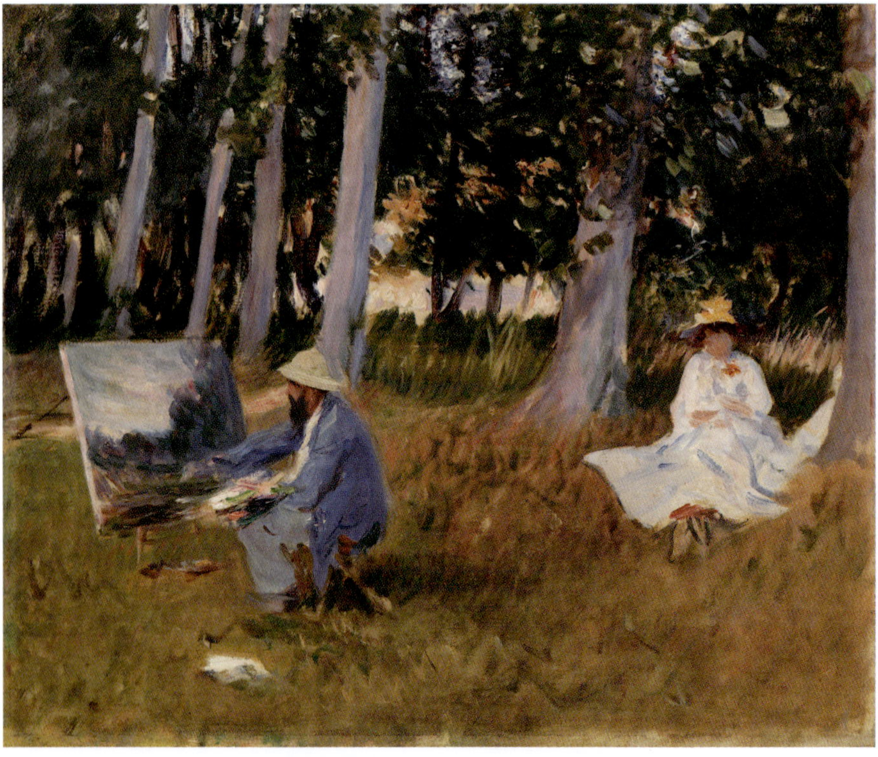

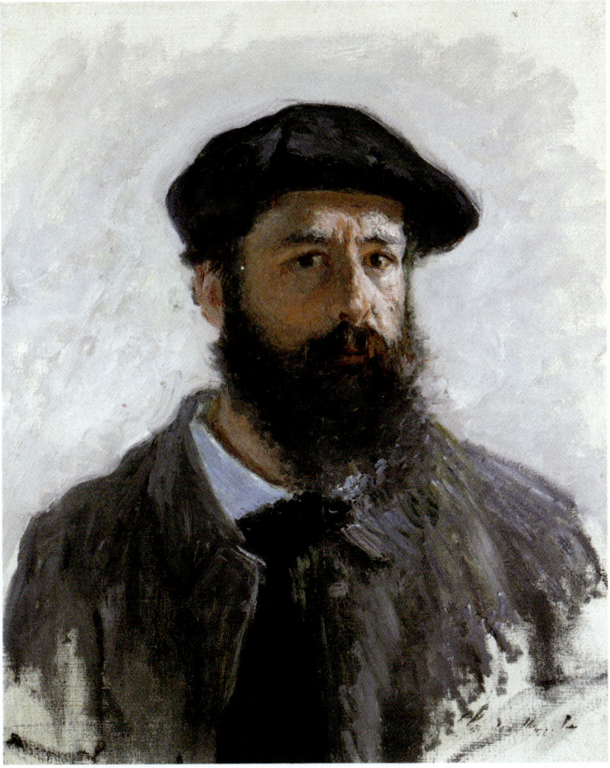

Autorretrato con boina
1886
56 x 46 cm
Colección particular

retocar». Aunque no pueda retomar el trabajo en *Cerca de Étretat*, la accesibilidad que muestra el artista a las sugerencias de su marchante revela las concesiones que está dispuesto a hacer para vender.

Belle-Île, Russell y Poly

A lo largo del verano, Monet manifiesta en varias ocasiones su intención de ir a trabajar a Bretaña. Quizá por seguir el ejemplo de Renoir, que se encuentra cerca de Dinard, quizá por obedecer a los consejos de Mirbeau, que se encuentra de veraneo en Noirmoutier (en Vendée), y que desea reunirse con él. Sin embargo, el pintor prefiere quedarse solo, por lo que se dirige a una localidad situada más al norte, Belle-Île-en-Mer, frente a la costa de Morbihan. El 12 de septiembre desembarca en Quiberon au Palais y se aloja en el Hôtel de France. Pero Le Palais es «una verdadera ciudad» con un puerto de pesca —que descubrirá más tarde, demasiado tarde—, que se encuentra demasiado alejado de «cosas bellas, admirables incluso», cuya existencia le revela

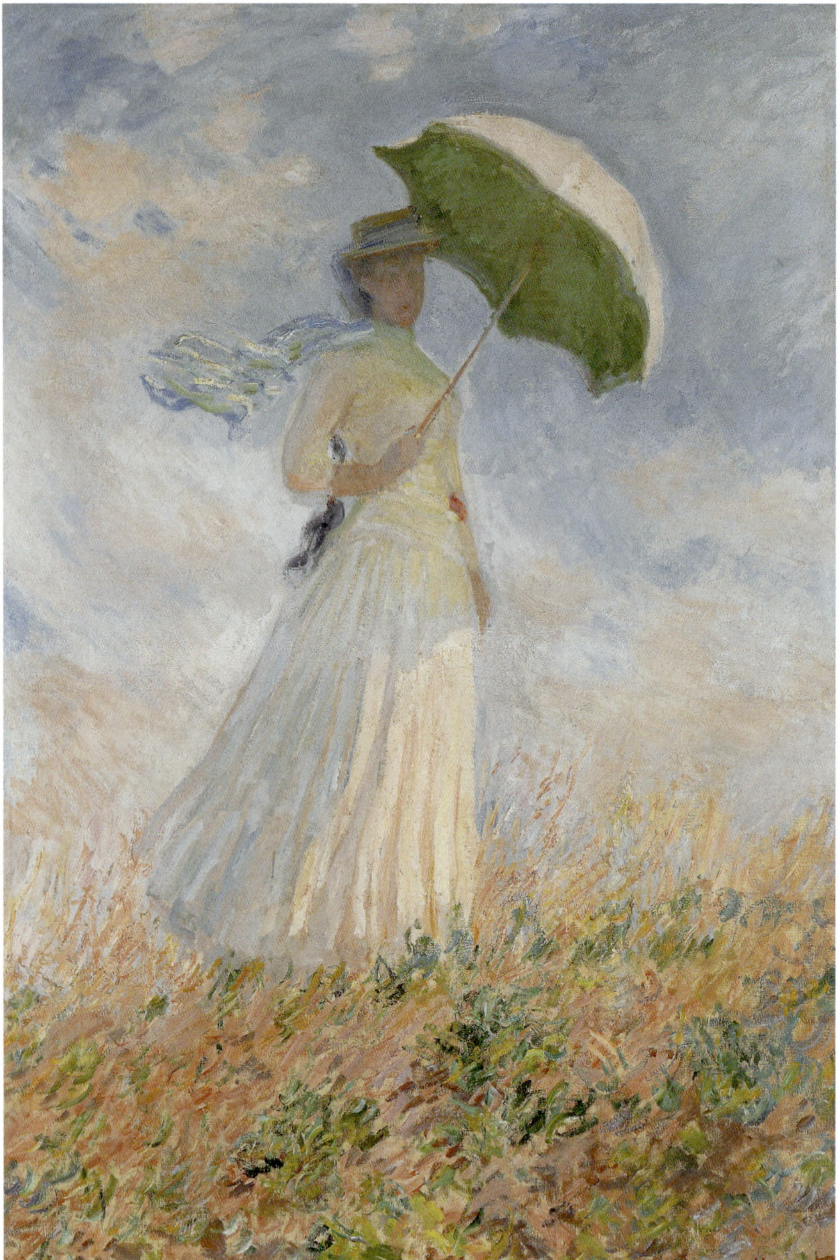

un primer paseo. Le espera «la costa salvaje», abierta al Atlántico. Al pie del Grand-Phare y a 2 km del faro de Talut, se encuentra Kervilahouen, que vigila las vías de acceso hacia el «mar terrible», con Port-Goulphar en el centro, Port-Coton y Port-Domois a los dos lados. Allí descubre «rocas, grutas admirables, siniestras, diabólicas, pero soberbias».

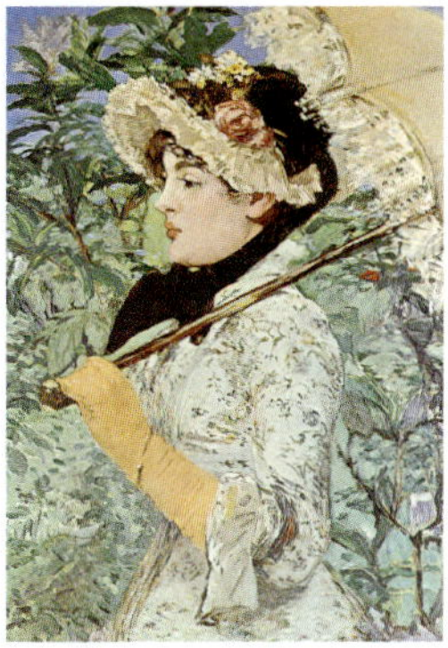

Édouard Manet
La Primavera llamado también **Jeanne**
1881
Colección particular

El pueblo posee una fonda, regentada por J. M. Marec, antiguo capitán del barco de cabotaje *Printemps de Redon.* Al otro lado de una plazoleta, donde se baila en las fiestas y las bodas, se encuentra el anexo de la posada, una casa de campo en la que Monet ocupa una habitación. Madame Marec cocina a base de huevos, pescado y sobre todo bogavante, la especialidad de la costa. Hasta las mejores cosas, repetidas, acaban por saciar: «No puedo ser exigente con la cocina del café Riche», dice el pintor con cierto estoicismo, que también necesita para dormir, por las carreras de ratones y ratas por encima de su cama y los gruñidos de su único vecino, un cerdo. En su juventud ha visto cosas peores. En resumidas cuentas, se encuentra mejor que en el hotel de Palais. Se ha instalado aquí el 15 de septiembre y ese mismo día comienza un cuadro, pero como el tiempo empeora, inicia un segundo al día siguiente, con un cielo gris. Las cosas parecen ir deprisa. Según las primeras previsiones, optimistas, la estancia durará «como mucho 15 días». El día 18 está trabajando en cuatro lienzos. «Es soberbio, pero tan diferente del Canal de La Mancha... un montón de grutas, de puntas y de agujas extraordinarias.» «La magia de la pizarra azul, surcada de oro», tan diferente de los acantilados cretáceos de Caux, ofrece tonos nuevos, gamas más sombrías que exigen un estudio serio. Todo es como el mar, «de un tono inaudito» que se mantiene siempre «azul, verde y transparente». Verdaderamente, tendrán que desencadenarse los elementos en la tempestad excepcional, para que pierdan «un poco de su color de esmeralda».

Cuando se cree solo frente al «mar terrible», Monet se equivoca. En un pueblo vecino se encuentra desde hace cuatro meses «un pintor australiano, con su mujer». Se trata de John Peter Russell, originario de Sídney, y 18 años más joven que el «príncipe de los impresionistas», expresión con la que «el inglés» —como le conocen en el pueblo— trata de captar desde el primer encuentro la benevolencia del maestro. La compañera de Russell, Marianna A. Mattiocco, es una italiana del norte, modelo de numerosos artistas, principalmente de Frémiet, que la tomó como modelo cuando tenía 17 años, para la Juana de Arco de la place des Pyramides de París. Rubia y de formas exuberantes, Monet la encuentra «muy bella», pero en esta ocasión Alice no se inquieta. Como la pareja posee una cocinera, se suceden las invitaciones a cenar, lo que supone una novedad respecto a los platos de bogavante de madame Marec, por mucho que esta se esfuerce en variar la dieta, haciendo venir de la ciudad pan, carne y fruta. Un paseo en compañía de Russell, el sábado 25

Estudio de figura al aire libre, hacia la derecha
1886
131 x 88 cm
Musée d'Orsay, París

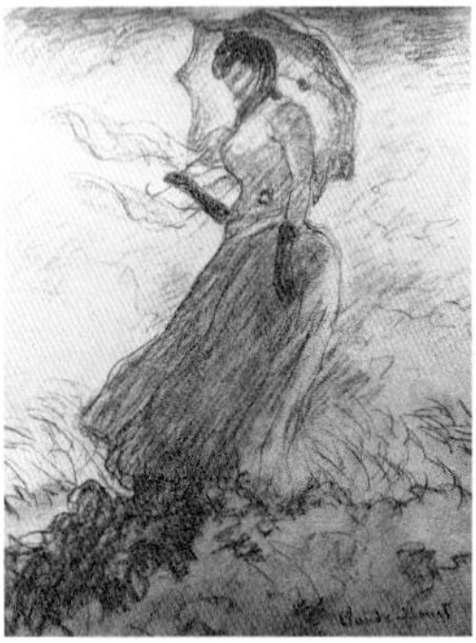

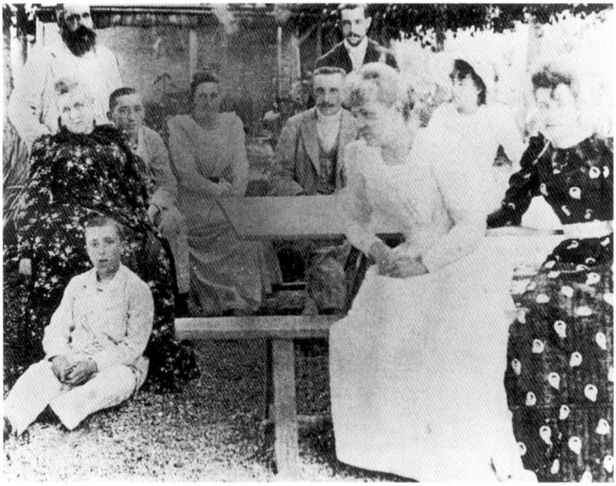

Mujer con sombrilla
Tiza negra sobre papel Gillot, algunos detalles raspados

ARRIBA A LA DERECHA
La familia Hoschedé-Monet en Giverny

de septiembre, está a punto de terminar mal. A la una de la tarde llegan a una «gruta enorme», accesible con la marea baja donde han de esperar, no sin inquietud, el regreso de los pescadores. Son embarcados *in extremis,* con una «mar realmente gruesa», lo que no molesta a Monet: «Ha sido admirable y delicioso». Antes de partir, el martes siguiente, Russell ha procurado a su compañero una persona que se encarga de llevarle el equipaje. El primer contacto es decisivo; se trata de un «viejo marinero, un tipo auténtico, muy divertido y muy servicial». Estos calificativos cuadran perfectamente con lo que se podrá leer en el futuro sobre el famoso Pauli (o también Poly). Hippolyte Guillaume está considerado como el arquetipo del pescador de Belle-Île desde que Monet pintó «ese rostro velloso de troglodita», por emplear una expresión de Anatole Le Braz, que lo reencontró 20 años más tarde. Parece que este lobo de mar fue antes panadero de profesión pero, después de hacer malos negocios, prefirió dedicarse a pescar bogavantes. Decepcionado por la abundante competencia, se retiró a tierra firme, donde su catadura atraía a los artistas, a quienes servía como modelo y como porteador. Cuando Russell se haga construir su casa en la bahía de Goulphar, en 1887, lo empleará como jardinero. Más tarde aún, Poly desempeñará a la perfección el papel de confidente de Monet. Cuando Le Braz admira el extraño impermeable alquitranado que le cubre de pies a cabeza, su reacción es inmediata: «Es un invento mío. No es muy bello, pero es práctico. Pregunte a monsieur Monet. Desde que me lo puse delante de él, no deja de pedirme que le haga uno igual. ¿Sabe usted la cantidad de duchas que nos hemos pegado él y yo?».

Estudio de figura al aire libre (hacia la izquierda)
1886
131 x 88 cm
Musée d'Orsay, París

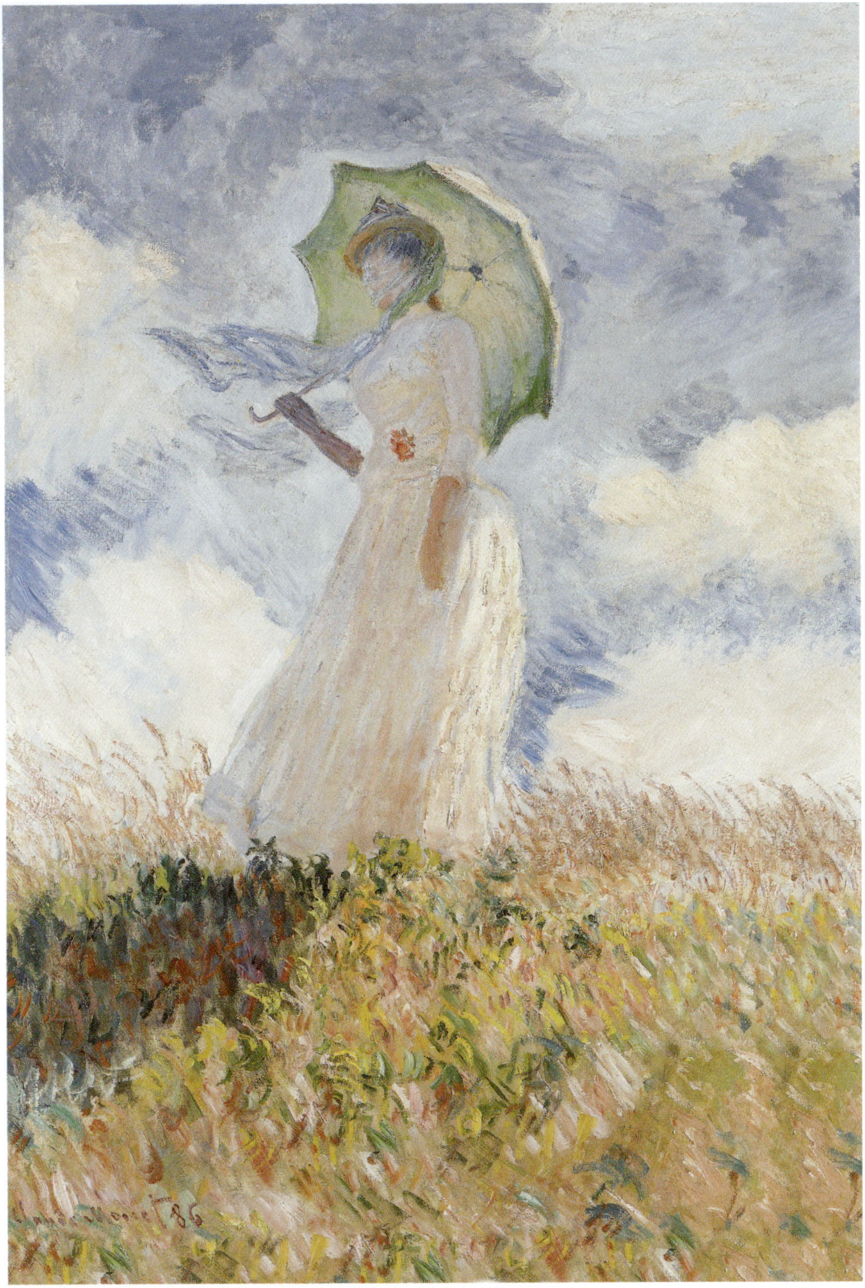

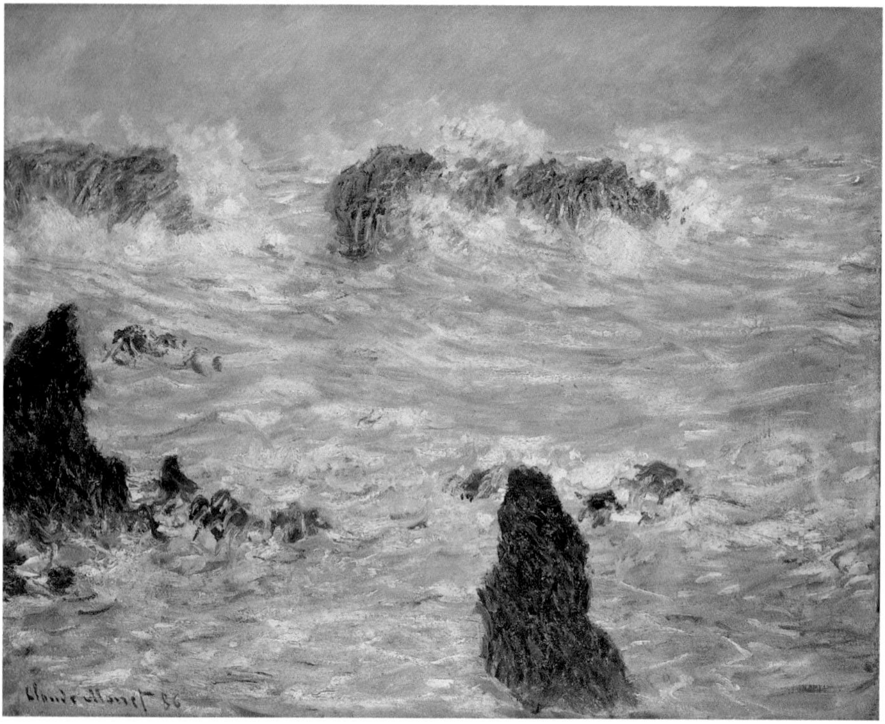

Tormenta en la costa de Belle-Île
1886
65 x 81 cm
Musée d'Orsay, París

A los 57 años, con o sin su impermeable de alquitrán, Poly, verdadero escudero, ayuda al caballero del aire libre a transportar sus «pertrechos» por los senderos más escarpados, haga el tiempo que haga, y todo eso por dos francos al día. Los testimonios de Monet no dejan duda del afecto que siente por el personaje: «Mi viejo porteador es un tipo excelente y muy servicial. Se siente infeliz cuando no trabajo o cuando me ve preocupado; en fin, una buena persona». Cuando el pintor está trabajando, el compañero le observa con admiración, pero si le ve añadir algunos toques a los bocetos hechos anteriormente se muestra desolado, «porque le parece un crimen retocar esas buenas cosas», de las que no cree que nadie «pueda hacer algo parecido». ¡Qué alegría, el 17 de noviembre, cuando, para no perder un día que hace mal tiempo, Monet le hace posar! El resultado es un «boceto bueno, con un extraordinario parecido; lo tendría que ver todo el pueblo». Se mostrará defraudado, pues el buen hombre creyó por un momento que el retrato era un regalo para él, pero se conformará con una fotografía dedicada y enmarcada de su retrato, que los clientes de Marec podrán admirar durante tiempo.

«Cuando me pongo, nada me puede detener»

Diez días después de su llegada, Monet sigue confiando en terminar pronto su trabajo en Kervilahouen, para dirigirse después «a dos o tres lugares muy variados» de la costa. Pero pronto surgen dificultades; sobre todo el viento, que le obliga a amarrar los lienzos y el parasol. Después, las fuertes mareas equinocciales que modifican el aspecto de los motivos. El 28 de septiembre empeora bruscamente el tiempo. Se pone entonces a trabajar en cuadros con el tiempo gris, «lo lúgubre no necesita el sol». Un breve retorno del buen tiempo coincide con una fatiga extrema. Conviene, pues, prolongar la campaña. Un primer cálculo de 10 días resulta demasiado optimista, y se sucederá semana tras semana. Trabajar «en los mismos lugares con tiempos diferentes» supone un jalón más hacia las series, un jalón modesto aún, pues solo está trabajando en 12 lienzos para todos los temas. Un cotejo de los primeros cuadros, un día en que la lluvia prohíbe cualquier salida, le hace emitir un juicio favo-

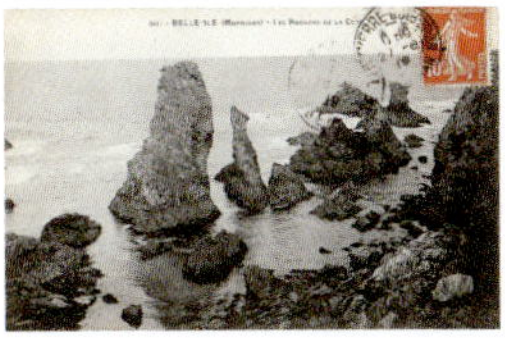

Las agujas de Port-Coton
Tarjeta postal, c. 1900

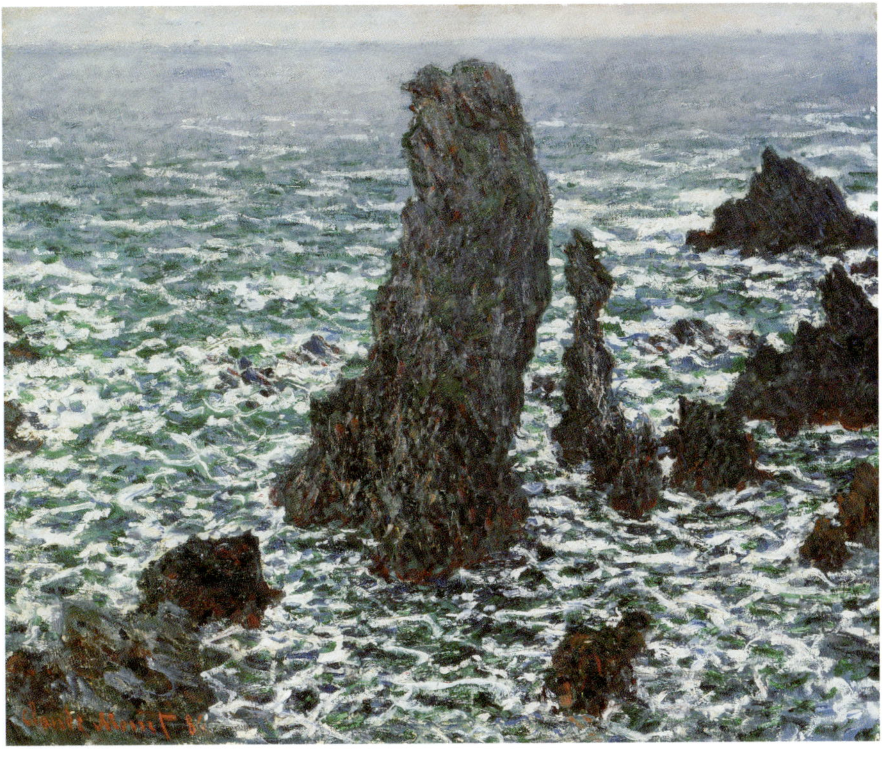

Rocas en Belle-Île
1886
60 x 73 cm
Ny Carlsberg Glyptotek,
Copenhague

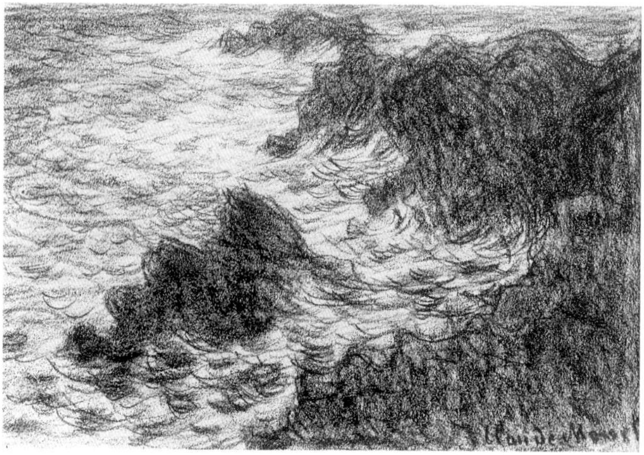

Belle-Île, al atardecer
Tinta negra sobre papel
National Museum of Western Art, Tokio

rable, acompañado del sentimiento de que va a comprender mejor la región a partir de ahora.

Cuando vuelve a ese lugar, el 2 de octubre por la tarde, lo encuentra ocupado por «un señor y una señora». Superado el primer embarazo, se desarrolla una conversación. «Al oír mi nombre —relatará Monet esa misma noche—, el desconocido se abalanza hacia mí, me estrecha fuertemente la mano y manifiesta su admiración. Es un crítico de arte de *La Justice* que ha escrito buenos artículos sobre mí». Cuando Gustave Geffroy, pues se trata de él, ve los cuadros dos días más tarde, expresa su admiración, que se refuerza cuando ve trabajar a Claude: «Es la primera vez que se pinta la Bretaña». De este encuentro en apariencia anodino surgirán buenos artículos y un bello libro. Además contribuirá a que el solitario de Giverny establezca relaciones cada vez más estrechas con el director de *La Justice*, Georges Clemenceau.

Un paseo durante una mañana de lluvia conduce a Monet a Port-Donnant, con su playa de arena en el fondo de una bahía «deliciosa», que lamenta no haber visto antes y que no pintará ya. Encarga nuevos lienzos, algunos de ellos destinados a «cosas soberbias que se pueden hacer de una vez». Este no ha sido el caso de los motivos que ha tratado hasta entonces, pues después de las tres semanas de trabajo no tiene nada terminado. A medida que se acerca la partida, nace un sueño acariciado en todos los viajes que se suceden desde ahora y que jamás llegará a realizar, el de volver un día al mismo lugar. A mediados de octubre parece haberse consolidado el mal tiempo, lo que le provoca inquietud, cólera… y admiración por el mar que «conserva su bello color verde y azul». A falta de algo mejor, «repinta sobre los malos lienzos del comienzo», pues necesitaría «lienzos puros». Cuando llega el material encargado, no se preocupa de la tempestad y vuelve al trabajo, atando más que nunca el lienzo y el caballete, y se pone un «impermeable alquitranado» que acaba de comprar. Cuando los elementos se desencadenan demasiado, ha de resignarse a quedarse a cubierto e intenta hacer «algún boceto» desde la ventana. Cuando Geffroy y sus compañeros se marchan, se organiza «un verdadero festín». Retoma el trabajo sobre lienzos frescos, de cara a un océano embravecido, en ocasiones después de horas de espera bajo la lluvia para trabajar media hora. «Afortunadamente, mi porteador es duro como el cuero; nada lo espanta». Son necesarios esfuerzos denodados para llegar a un lugar abrigado, denominado «playa de los curas», donde puede pintar cierto tiempo. «Ya sabe que, cuando me pongo, nada me puede detener. Intento hacer bocetos de este desorden», escribe a Durand-Ruel en plena batalla. Esto llevará a la serie *Tempestades en*

La costa salvaje
1886
65 x 81 cm
Musée d'Orsay, París

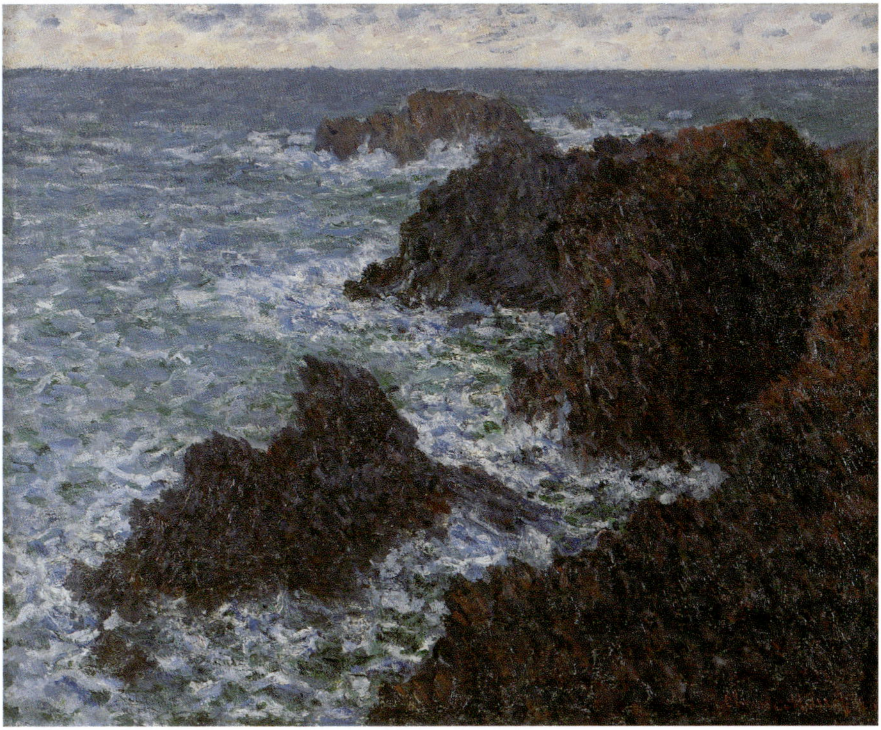

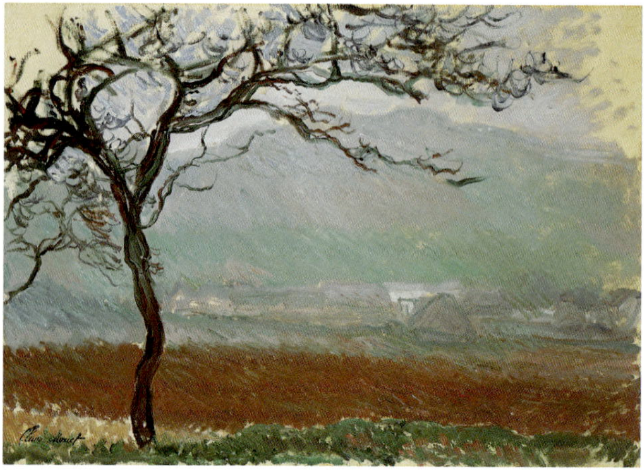

Paisaje en Giverny
1887
65 x 92 cm
Colección particular

Port-Goulphar. La comparación de estas obras entre sí, con el mismo garfio de roca vuelto hacia la derecha presente en todos los lienzos, permite reconocer el cuidado con el que el artista ha variado los puntos de vista.

Cuando oscurece, y mientras su compañero lleva directamente el material a su habitación, Monet vuelve por el camino más largo, para aprovechar aún un paisaje que le apasiona cada vez más. Después de la cena le gusta escuchar las conversaciones. Él, que tan buen concepto tiene de sí mismo, admira a los pescadores y sobre todo a los pilotos, se inquieta con quienes los esperan mientras están en el mar y se alegra cuando todos han vuelto a buen puerto. Antes de irse a la cama tendrá que dedicar aún una hora a la correspondencia, en donde Alice acapara la mayor parte. Es cierto que ella le exige y que reprocha el menor retraso, pero el pintor no podría renunciar a esas confidencias cotidianas, de detalles materiales —un recuerdo de la «ropa de invierno», con las medidas de lana—, de las lecturas —como las novelas de Tolstoi que le ha recomendado Geffroy— y sobre todo de cuestiones artísticas, con incidencias técnicas en ocasiones. El 20 de octubre, después de revisar de nuevo los lienzos, raspa tres. El balance que hace tres días más tarde es impresionante, con 38 cuadros. Restando siete u ocho bocetos y otros tantos cuadros que considera «muy mediocres», le quedan «25 que he de terminar pronto». Sin cesar, invoca a la lejana compañera como testigo: «¡Cuánto me gustaría que estuviera aquí para verlo!». «Cuando estoy pintando, querría darle una alegría, hacerle ver lo que yo veo, y estoy seguro de que eso me ayuda a hacerlo bien». En otra ocasión dice: «Rehago los mismos motivos incluso cuatro o seis veces pero preferiría decirlo todo de viva voz y con mis lienzos delante de usted».

Intercalados entre los mensajes a Alice, algunas cartas a Durand-Ruel se revelan menos tributarias de las variaciones barométricas y más optimistas en general. Imaginándose que su pintor se expone a la mar desatada, Paul Durand-Ruel se inquieta y le aconseja «volver para pasar el invierno en el sur, porque lo suyo es el sol». «Voy a acabar harto del sol», dice Monet a Alice y, en la respuesta a su marchante, precisa: «Estoy entusiasmado con esta región siniestra, justamente porque me saca de lo que estoy habituado a hacer. Quizá sea, como usted dice, un hombre de sol, pero no hay que especializarse en una

Árboles en invierno, vista de Bennecourt
1887
81 x 81 cm
The Columbus Museum of Art, Ohio

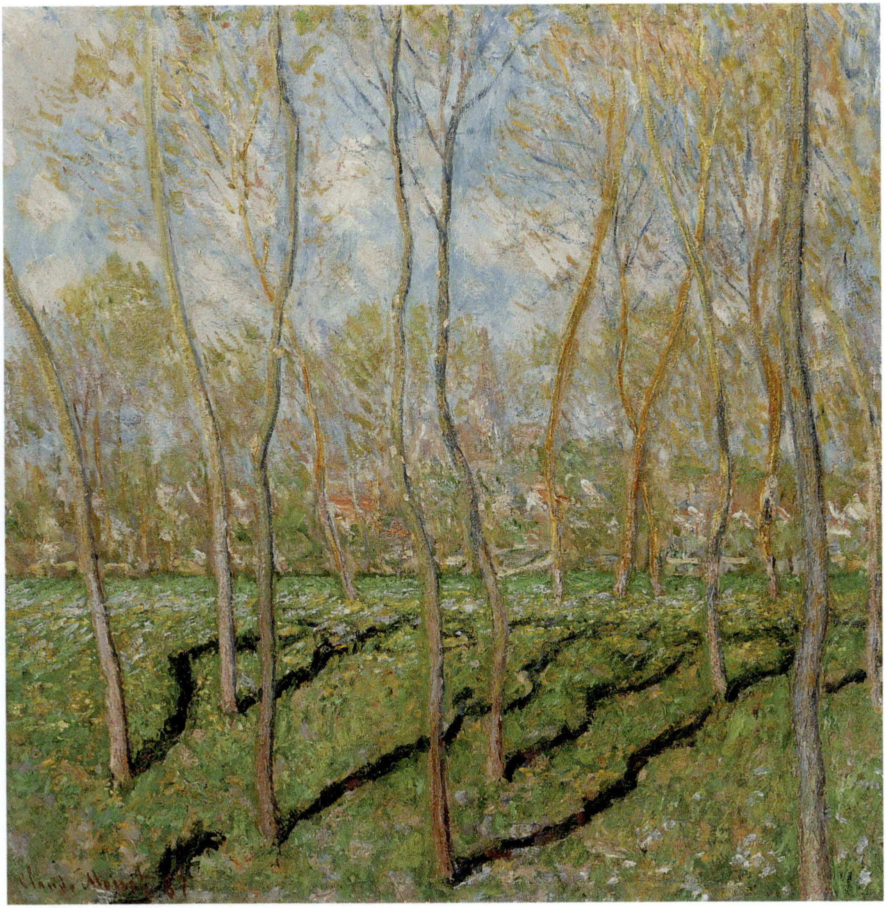

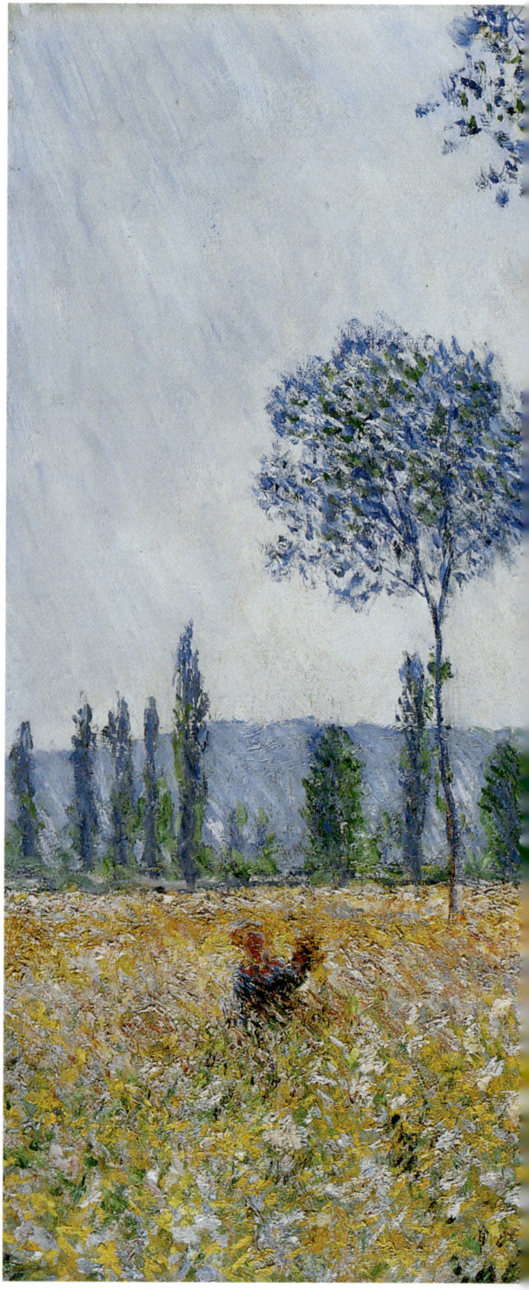

Álamos bajo el sol
1887
74,3 x 93 cm
Staatsgalerie Stuttgart

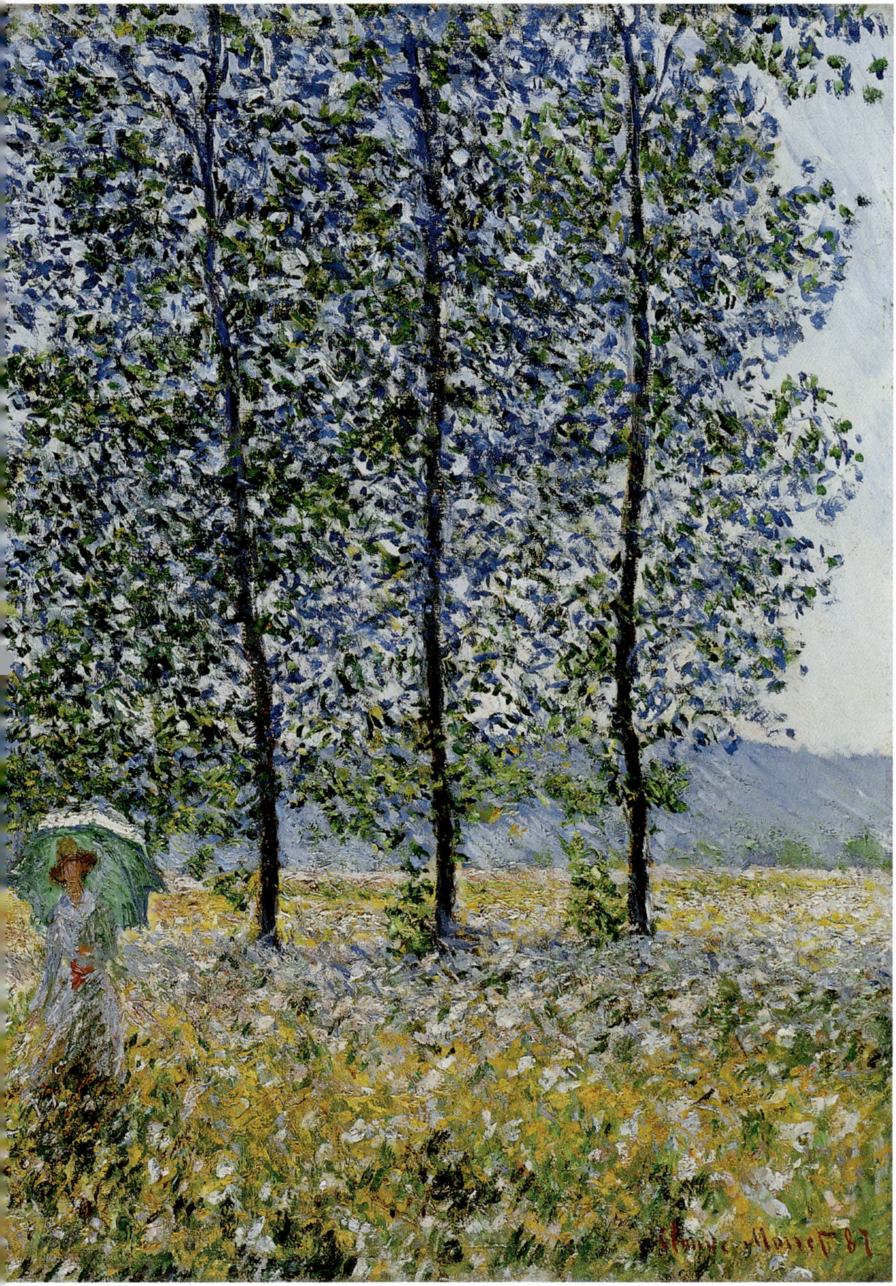
Claude Monet 87

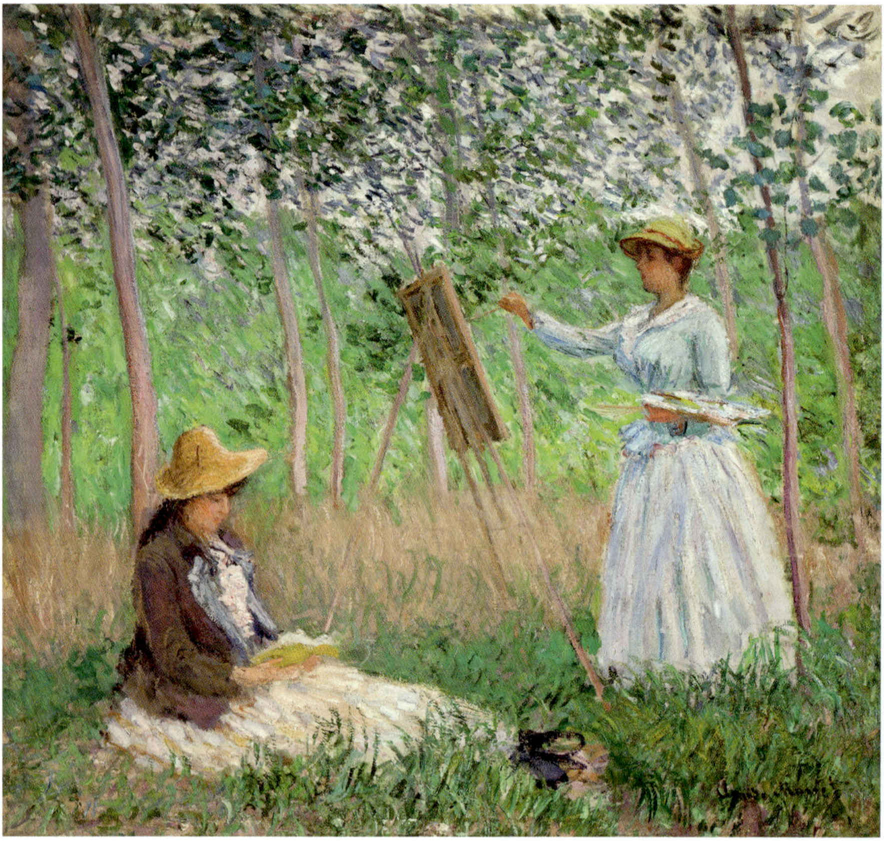

En el marjal de Giverny, Suzanne leyendo y Blanche pintando
1887
91,5 x 98 cm
Los Angeles County Museum of Art

sola nota». Dos días más tarde, con la llegada de una espesa bruma, dirá: «En suma, soy también hombre de niebla».

Cansado de esperar a su invitado, Octave Mirbeau desembarca en Belle-Île el 3 de noviembre, acompañado por su mujer y un amigo. En seguida expresa su admiración por los lienzos que le presenta. «Es verdad que Mirbeau es un fanático», dice Monet con cierta circunspección. Este no deja de elogiar a la «bella Alice [Mirbeau], que es verdaderamente muy simpática y buena», y que ha tomado las riendas en la cocina de Marec y no teme ponerse ropa de hombre para ir de caza, lo que ha supuesto «una revolución en el pueblo»… una afirmación demasiado imprudente que le vale una llamada al orden por parte de «su» Alice. «Lo curioso es que usted siempre tiene que tener algo de lo que quejarse», suspira Claude. Después de la partida de Mirbeau, el 9 de noviembre, vuelve al trabajo con la última energía. Pero los efectos han cambiado, tiene que transformar algunos lienzos, abandona otros, raspa alguno… Así, uno interesante, «en el que he trabajado al menos 20 sesiones», lo raspa completamente. Por fin termina uno, pero «¡con qué esfuerzo!». «Habría hecho mejor si me hubiera ido hace tres semanas… En lugar de llevarme cosas incompletas, habría valido más haberlas dejado en su pureza originaria», es la dura constatación que hace después de más de dos meses de trabajo. Finalmente, y a pesar de algunas jornadas excelentes favorecidas por la vuelta del buen tiempo, tendrá que renunciar a terminar la mayor parte de los cuadros y abandonará Kervilahouen el 25 de noviembre, no sin pena —penas de artista, pero también personales— para responder a la invitación de Mirbeau, que ha aceptado imprudentemente.

La breve estancia en Noirmoutier, a pesar de la admiración por un entorno que le recuerda «absolutamente Bordighera» y de dos bocetos que comenzó allí y cuyo paradero se ignora, no tiene ningún interés para la historia de la pintura. En su correspondencia con Alice, Monet se refiere a la espera del «día del regreso», término homérico que emplea ex profeso, no sin una creciente aprensión a medida que el tiempo avanza: «En fin, volveré y espero no encontrar de nuevo, como otras veces, esta sensación de aislamiento y de extrañeza que tantas veces me ha indispuesto». Este es el estado de ánimo con el que, el jueves 2 de diciembre de 1886, el nuevo Ulises franquea la puerta de entrada a la casa de Giverny, donde le espera una Penélope exigente y quejumbrosa.

A finales de 1886 y comienzos del año siguiente, Monet abandona Giverny lo menos posible, para dedicarse a los lienzos inacabados traídos de Belle-Île. No parece que el viaje de vuelta le cansara demasiado, pues está en París el viernes 3 de diciembre para participar en la cena de los «Bon Cosaques» en compañía de Mirbeau y el jueves 16 acude invitado por Berthe Morisot, que también ha convidado a Renoir. El domingo anterior, Durand-Ruel ha venido a Giverny, pero de las seis obras que considera «muy buenas» entre las 40 traídas de Bretaña, solo ha comprado tres. De esta reserva y los retrasos producidos en el envío de los cuadros retenidos, así como de la devolución de un cheque de 1.000 francos seguida de la proposición de tratar en adelante todos los negocios al contado, no hay que concluir que se haya producido una ruptura. Con todo, hay que reconocer que existen tensiones entre el pintor y el marchante que le ha permitido vivir durante un lustro. Las ausencias de Paul Durand-Ruel, que sigue atraído por Estados Unidos, algo que Monet nunca comprendió, contribuyen sin duda a ese estado de cosas, pero lo que hace que la relación no vuelva a ser lo que era es la imposibilidad para un solo marchante —sobre todo en un periodo en que su tesorería conoce

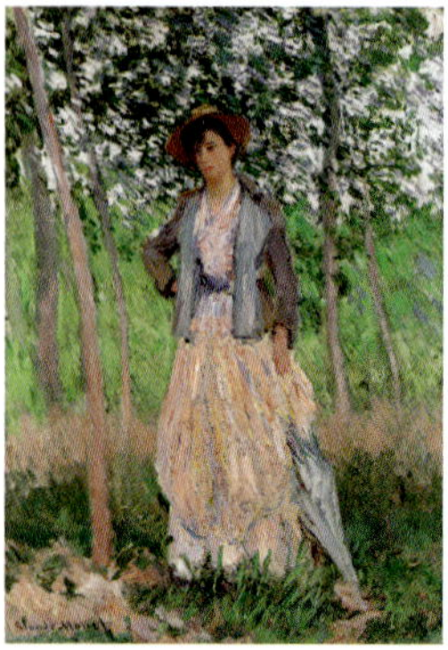

La paseante
1887
100,6 x 70,5 cm
The Walter H. and Leonore Annenberg Collection, Metropolitan Museum of Art, Nueva York

dificultades— de absorber lo esencial de la producción de Monet, mientras que este se puede mostrar más exigente en los precios y explotar la competencia entre sus clientes.

Paralelamente, lo que queda del grupo de los impresionistas amenaza con romperse, una vez más. No hay más que leer algunas cartas de Pissarro, temporalmente ligado a las tesis neoimpresionistas de Seurat y Signac, para comprender el profundo abismo que se ha abierto entre la nueva ola y los naturalistas de la primera generación, «triunfantes» ahora. No obstante, incluso Pissarro, que —con las perspectiva de una posible invitación a exponer con Georges Petit— afirmaba en diciembre: «espero que se pongan firmes», estará contento de hacer su «viaje a Canossa», desde que sabe que han aceptado su admisión. Encargado de comunicar al interesado una decisión en la que él ha intervenido con Renoir, Monet lo hace en términos laudatorios, pero no puede impedir confiar e Berthe Morisot: «Pissarro no duda en encontrarse en tan malas compañías y sus convicciones no son de mucha duración». Las de Claude, a la vez sólidas y eclécticas, le valen desempeñar un papel importante en la organización de la Exposición Internacional. En esa misma época comienza a vender a Théo van Gogh, quien dirige la sucursal del boulevard Montmartre de la «casa Goupil» (alias «casa Boussod»). El 22 de abril ha viajado a Giverny para «reclamar» otros lienzos, después de haber vendido un *Mar de Belle-Île.* «Ya tiene seis, precisa Monet, cuatro de ellos para la exposición.»

En previsión de este acontecimiento, Monet intenta terminar algunos cuadros de Giverny, que habrían sido «otra cosa que las vistas de Belle-Île» pero no consigue hacerlo, en parte porque la fecha de la inauguración se ha adelantado al sábado 7 de mayo. *Vista de la estación de Saint-Lazare,* perteneciente a De Bellio, se encargará de «mostrar una nota muy diferente de las marinas», junto con *Jean Monet en la casa del artista* y *Vétheuil en la niebla.* Belle-Île ocupa dos tercios de los 15 números del catálogo. No hay ninguna obra perteneciente a Durand-Ruel, que está doblemente ausente, pues ha vuelto a Estados Unidos, donde ha de vencer numerosas dificultades para organizar una nueva exposición. Las cartas en que Renoir y Monet le comunican sus impresiones sobre la Exposición Internacional revelan las personalidades de estos dos hombres, con una neta ventaja para el primero en cuanto a corazón y discreción. En el momento en que Monet da rienda libre a su alegría por el éxito obtenido, Pissarro se muestra furioso contra «esta maldita exposición que huele a burgueses» y emite juicios hostiles que se esfuerza en hacer partícipe a quien le quiera oír.

A pesar de que le han solicitado su opinión, Albert Wolff guarda silencio y *Le Figaro* se abstiene. De todas formas, tratándose de una exposición de grupo, las críticas sobre cada participante son menos detalladas que cuando se trata de una exposición particular. De todos modos, hay que hacer notar que Besnard y Whistler son tratados mejor que los repescados de la escuela de Batignolles. En cuanto a Rodin, el único representante de la escultura con *Los ciudadanos de Calais*, eclipsa un poco a todos los demás con su personalidad y su prestigio. Por lo que se refiere a Monet, si los críticos hostiles están aislados, ciertos periodistas entre los favorables se muestran vacilantes. Por ejemplo, Roger Marx se muestra crítico en *Le Voltaire* sobre *Jean Monet en la casa del artista* y *Vista de la estación de Saint-Lazare*, y Huysmans, fiel a «estas admirables marinas que posee monsieur Durand-Ruel», las prefiere a «las masas agregadas y compactas», a «estas volutas inextricables estriadas como el mármol», expresiones con las que caracteriza las obras de Belle-Île, e incluso llega a hablar de «pintura vista por un ojo de caníbal» y de «atractivos repelentes de este arte basto».

Gustave Geffroy

Contrastando con la perplejidad que expresan unos y otros, destacan dos himnos al maestro, que aparecen mediando un escaso espacio de tiempo entre ellos: el de Octave Mirbeau, que se haría clásico, y el de Gustave Geffroy, menos conocido entre los no iniciados. En su artículo sobre el Salón de 1887, que le confió Clemenceau, el crítico de *La Justice* decidió añadir una rúbrica más, con el título de «Fuera del Salón», dedicada exclusivamente a Claude Monet. El redactor jefe, Camille Peletan, concede al primer artículo una columna en portada, a la «continuación y fin», que se publica unos días más tarde, incluso dos. No nos detendremos en considerar por qué durante tanto tiempo Monet sufrió incomprensión. Más interesante es el análisis de las causas a las que se debe que, después de tres años, haya cambiado el tono de las críticas. Su pintura, vilipendiada antes, cuando se exponía por Durand-Ruel, ¿deja de ser criticada desde que se expone en rue de Sèze? ¿O es el artista el que ha hecho progresos? ¿Había que haberlo previsto? ¿Ha consentido a «atenuaciones»? ¿Están sus obras más «hechas»? Más bien se han abierto los ojos a una parte del público, aún limitada.

Sin descuidar las obras antiguas que sus compañeros han resaltado, Geffroy pasa revista a las tres regiones donde Monet ha pintado sus obras más recientes: Holanda, que trata de una manera bastante convencional, el Mediterráneo que estudia en los tres lienzos por él inspirados, y Belle-Île, que analiza como solo puede hacerlo un escritor que ha visto al pintor trabajando en esos lugares —Port-Coton, Port-Goulphar, Port-Domois—, perfectamente identificados: «pirámides que se alzan solitariamente delante de los acantilados», «grutas que se abren en la roca como criptas misteriosas», «colinas peladas, amarillentas y rojizas por la vegetación otoñal», «paquidermos de gruesa piel», «rocas perforadas como arcos», «promontorios de color de hierro, altos, cuadrados y macizos como catedrales». «En fin, el paisaje de mar en todo su horror, durante la tempestad del último octubre». Refiere cómo ha observado —¿quizá dramatizando un poco?— la actividad de este «alquimista rústico, que en la misma tarde ha comenzado 10 estudios del mismo aspecto». Se puede apreciar la precisión de una terminología lejos de la banalidad que caracterizará a las observaciones de ciertos visitantes que desfilarán por Giverny a comienzos del siglo xx. «Precipitadamente, cubre el lienzo de tonos dominantes, estudia las degradaciones, las opone, las armoniza. De aquí surge la unidad de sus cuadros... Observen todos estos estados tan diferentes de una misma naturaleza y verán cómo nace la mañana, cómo estalla el mediodía, cómo declina la tarde». *Polly, pescador de Kervilahouen* —su retrato se expone, asimismo, presidiendo las marinas—, este «ser inculto y bueno, valiente y lento, soñador y decidido... hace volver el pensamiento al pasado, hace revivir los días transcurridos en Belle-Île en compañía de Monet», por los caminos del mar, los senderos del campo y en el pequeño salón del albergue, animado por la cofia bretona de madame Marec. Al hilo del recuerdo de «esta estancia de trabajo, demasiado breve, de los paseos y conversaciones», el discurso de Gustave Geffroy se baña en melancolía en un homenaje conmovedor a Belle-Île y al maestro paisajista que la ha plasmado.

En el Château de la Pinède

Antes de clausurarse la Exposición Internacional, Monet viaja unos días a Londres, donde le recibe su amigo Whistler. A su regreso, el que de ordinario cultivó la soledad en Giverny, cursa invitaciones a diversas personas: a Mirbeau, al poeta Richepin, a Rodin. El Dr. De Bellio, a quien había invitado en compañía de su hija, no puede asistir porque también él tiene visita: John Singer Sargent, que se deshace en elogios de Monet. Este reencuentro con la obra del maestro incitará al pintor norteamericano a dirigirse a Giverny, donde esbozará varios retratos de su anfitrión. Del verano de 1887 data asimismo la primera visita de Théodore Robinson, compatriota de Sargent, que se convertirá en un rostro familiar en las riberas del Epte.

La presencia de sus compañeros no impide que Monet se entregue de lleno a su trabajo. Después de una campaña a comienzos de la primavera que le ha llevado en ocasiones lejos de la casa, dedica la mayor parte de la temporada a pintar «figuras al aire libre... ejecutadas como paisajes», antiguo sueño cuya realización resulta agotadora, pero también deslumbradora en la mayoría de las ocasiones. El resto del tiempo lo pasa pintando paisajes en los que las flores ocupan un puesto primordial, o incluso se convierten en el motivo único, en el jardín que a partir de ahora le servirá de modelo. El año termina con una primera aproximación a los álamos. Mirbeau ha sido testigo del vivo recuerdo que Monet ha dejado en Kervilahouen y de las reacciones de Rodin ante el océano, que ve por primera vez: «Es un Monet». Una admiración recíproca anima la carta que el pintor dirige al escultor para felicitarle al ser nombrado caballero de la Legión de Honor, en la promoción del 31 de diciembre de 1887. Incluso se advierte el deseo de asegurarse el favor del ilustre artista. Los dos se volverán a ver en la cena de «Bons Cosaques», sobre la que una carta de Mirbeau proporciona interesante información, al mismo tiempo que permite entrever las intrigas de los clanes que ha de afrontar.

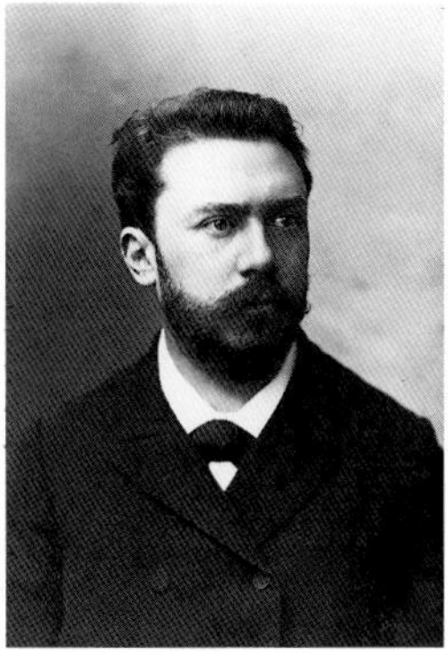

El crítico Gustave Geffroy, 1893

El tono que emplea Monet frente a Durand-Ruel es más conciliador, e incluso invita con cierta insistencia a Charles a que le visite. Es cierto que las relaciones con Georges Petit se han deteriorado, mientras que con Théo van Gogh ha ganado terreno. Gracias a él, la casa Boussod se ocupa de transportar cuadros a Londres, para la exposición en la Royal Society of British Artists, en la que Whistler ha asumido una especie de padrinazgo de Monet. Este manifiesta en varias ocasiones su intención de volver a la capital del Reino Unido para la inauguración, fijada para el 25 de noviembre, e incluso se propone pintar «algunos efectos de la bruma sobre el Támesis». Pero serán efectos muy diferentes los que aborde el pintor, bajo el cielo luminoso del Mediterráneo, adonde vuelve a comienzos de 1888.

El 13 de enero, después de un viaje de noche en un tren de lujo, llega a Cassis y esa noche duerme en Toulon. A la mañana siguiente prosigue el viaje en autobús vía Agay y Le Trayas, en dirección a Juan-les-Pins, desde donde se hace conducir al cabo de Antibes, donde le espera una habitación «inmensa» en el Château de la Pinède, una mansión noble que se ha convertido en «casa de pintores». Le dispensan una acogedora recepción, gracias a la recomendación de Guy de Maupassant. La presencia de varios pintores agrupados en torno a Harpignies y el primer contacto, bajo la lluvia, con los motivos que sus compañeros le presentan, no le inspiran especialmente. Durante dos días explora el terreno: al oeste, hasta Agay y Trayas, al este, hasta Montecarlo, desde donde vuelve a pie a Niza, pasando por Turbie, Eze, Beaulieu y Villefranche, un total de 25 km. Continúa el viaje en ferrocarril, desde donde aprecia «algunas cosas muy bellas». Se quedará, pues, en el Château de la Pinède, pues desde allí puede llegar fácilmente a Juan-les-Pins, particularmente próximo al lado oeste del cabo. En el lado opuesto se encuentran los jardines de la Salis, el altiplano de la Garoupe y las playas que se extienden desde la punta de Bacon hasta Ponteil, además de otros puntos que ofrecen vistas admirables de Antibes y de los Alpes. Descubre cinco o seis motivos, que juzga tanto más «soberbios» cuanto que el tiempo «resplandeciente» le arranca epítetos optimistas. El 20 de enero, el primer objetivo está claramente definido: «Voy a pintar Antibes, una pequeña ciudad fortificada, que resplandece dorada por el sol, destacándose de

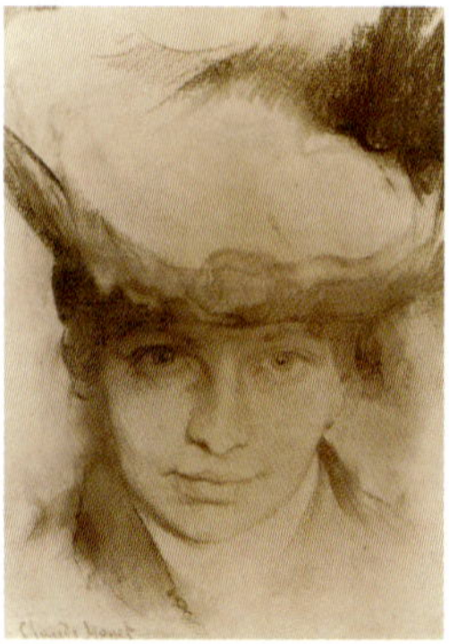

Cabeza de mujer
Dibujo en tiza roja

bellas montañas azules y rosas y de la cadena de los Alpes, eternamente cubiertos de nieve». Pero en los primeros intentos se presentan ya dificultades. En seguida, Agay le parece el paraíso, adonde debe volver rápidamente. La compañía de Harpignies y sus alumnos le resulta pesada, y la presencia de Renoir, que se ha instalado en la casa de Cézanne en Aix, y que se trasladará después, solo, a Martigues, tampoco le complace. La regenta de la casa, «una amiga de Manet y de Degas», se muestra amable y acabará por llevar a su huésped a visitar «una maravillosa finca», desde donde vuelve con los brazos cargados de flores.

Raramente había iniciado antes una campaña de trabajo en un clima comparable a los comienzos de Antibes. Obsesionado con volverse pronto, vacila en «comenzar abundantes lienzos» pero, descontento con los primeros, rasga dos. «El trabajo me inquieta y me corroe.» El tiempo continúa siendo magnífico. Las dificultades se deben a la tarea misma: «El rosa y el azul son tan claros, tan puros, que la menor pincelada que no sea justa da un toque de suciedad», escribe el 1 de febrero, cuando ha comenzado 14 cuadros, de los que seis «serán buenos». Y precisa: «Lo que me llevaré de aquí será el dulzor mismo del blanco, del rosa, del azul. Todo eso envuelto en un aire de hadas». Tanto sol le fatiga: «He de reconocer que los ojos se me cierran y por las tardes no puedo leer», lo cual no sorprende cuando, cerca de los 50 años, se esfuerza en reproducir escrupulosamente las montañas nevadas, que distan más de 60 km. «¡Esta maldita pintura!»; sería muy fácil hacer como esos «pintores de brocha gorda» que, cuando termina la jornada, «ya no piensan más en su trabajo», mientras que él se despierta a las cuatro de la mañana, febril, sintiéndose «terminado, vacío», helado de frío desde que ha comenzado a llover.

Entretanto, en París, Rodin ha sido homenajeado por sus amigos en un banquete celebrado en el Lion d'Or, al lado del pintor Besnard, recientemente galardonado como él. Unos días antes, Mirbeau se cree impulsado a ironizar en su artículo «*Le chemin de la Croix*» en *Le Figaro.* Como desde entonces el escultor no responde a sus cartas, se confía a Monet para que interceda desde Antibes ante el amigo común. El pintor lo hace con tanta discreción y con tan buen éxito que el escritor, engañado y satisfecho, exclama inocentemente: «Rodin está radiante. No estaba enfadado». Este incidente cómico revela la habilidad negociadora de Monet, siempre que sus intereses no estén directamente afectados... y que la cólera no le ciegue. Muy hábilmente, además, consigue que Castagnary intervenga ante la autoridad militar para que le concedan el permiso de pintar en Antibes, pues se trata de una fortificación. Antiguo francotirador de la crítica con sus *Salons,* el antiguo colaborador de *Siècle* es ahora director de Bellas Artes. De este modo, los puestos claves del ministerio van pasando progresivamente a manos de personas favorables a los impresionistas. Este cambio de actitud en los poderes públicos explica, en parte, el creciente éxito del nuevo arte.

Pero el camino a recorrer es aún largo. Cuando Georges Petit no le envía los subsidios que Monet, cada vez más descontento, le reclama, Théo van Gogh se informa sobre el precio de *Árboles en invierno, vista de Bennecourt.* El pintor pide 2.000 francos. A los 15 días le ofrece 1.500, pues, según su interlocutor, sus cuadros están disponibles en gran número y a precios bajos. Intenta conseguir 1.700, pero la situación se agrava con la subasta de Charles Leroux, que saca al mercado ocho lienzos suyos. Telegrafía a sus marchantes —incluidos Durand-Ruel y Portier— para que se mantengan firmes en su postura. Él mismo hace lo propio, vendiendo acciones —es la primera vez que sabemos que posee acciones y que no vive tan al día como se ha dicho—, pero le falta tiempo para encargar a Caillebotte que represente sus intereses. La subasta se celebra, finalmente, los días 27 y 28 de febrero. Las noticias, que le comunica Portier y que confirma *Le Temps,* que habla de precios «bastante considerables», se revelan favorables: *Casas sobre el acantilado* consigue 2.055 francos y el precio más bajo es de 1.000 francos. Durand-Ruel viene en su ayuda, lo mismo que la casa Boussod pero el mejor comprador resulta ser «*père* Chocquet», más deseoso de conseguir obras de Monet que antes. Aunque el precio de las obras se mantiene alto, las arcas del

Clemátides
1887
65 x 100 cm
Colección particular

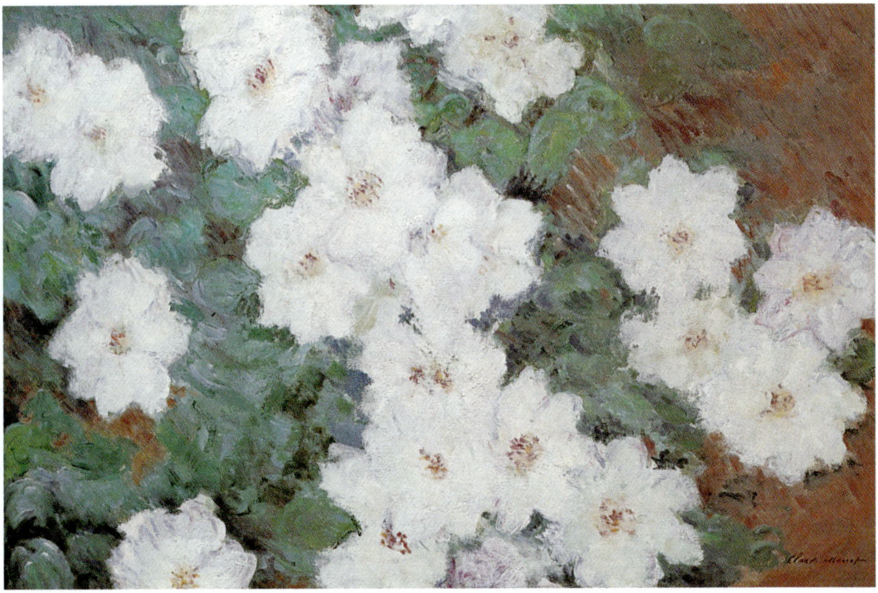

artista continúan vacías. Por este motivo se decide a aceptar la oferta de Théo van Gogh y deja que una de las *Vistas de Bennecourt* se venda por 1.500 francos. Antes de que termine el mes de abril, este cuadro se habrá revendido por 2.200 francos.

«Toda la banda y sus secuaces»

Alternando, como es habitual, la esperanza y el descorazonamiento, condicionadas por el tiempo y por las recriminaciones de Alice a medida que se prolonga la estancia en el cabo de Antibes; los plazos solemnemente fijados para la vuelta se aplazarán en diferentes ocasiones. Las cartas que envía a Giverny a su compañera revelan las fases de un combate que recomienza sin cesar.

Así, el 11 de febrero de 1888, Monet escribe: «No se ya cómo apartarme de un lienzo, siento que todos los días rehago el mismo trabajo, que no adelanto... Le aseguro que tengo miedo de estar acabado, vacío». El 1 de marzo escribe: «No titubeo ya en pintar, haga el tiempo que haga». Y el 4 de marzo: «Por fin hace buen tiempo de verdad. Estoy trabajando sin descanso, pues tengo tantos deseos de volver con usted, que esa idea me anima y siento como si tuviera fiebre». El 16 de marzo: «Ya puedo trabajar tanto como quiera, que no consigo terminar nada; son solo cuadros terminados a regañadientes, por lo que no están concluidos. Además, siento que lo que comienzo de nuevo es mejor». En una carta del 25 de marzo dice: «Es ya el tercer día que no puedo pintar. Usted comprenderá lo que estoy sufriendo. Solo cuadros fallidos. Y todo floreciendo, todo cambia mientras se mira... ¡Qué mala suerte! Pero no tiene sentido enfadarse por ello». El 16 de abril: «He llegado a un punto en que cada pincelada está en su sitio», y dos días más tarde: «Estoy trabajando hasta el agotamiento, pero me encuentro muy satisfecho... Tres cuadros me han salido muy bien y creo que hago bastantes progresos». El 22 de abril: «No tengo interés en terminarlo todo... solo quiero salvar algunos cuadros». Y el 29 de abril: «Estoy completamente desesperado. Aunque tengo unos cuantos cuadros que han salido bastante bien, su estado actual es insuficiente». Por último, el 30 de abril escribe: «Le ruego que me perdone si me quedo aún uno o dos días... Creo que estos cuadros van a salir muy bien. O me meto dentro de ellos o me vuelvo loco».

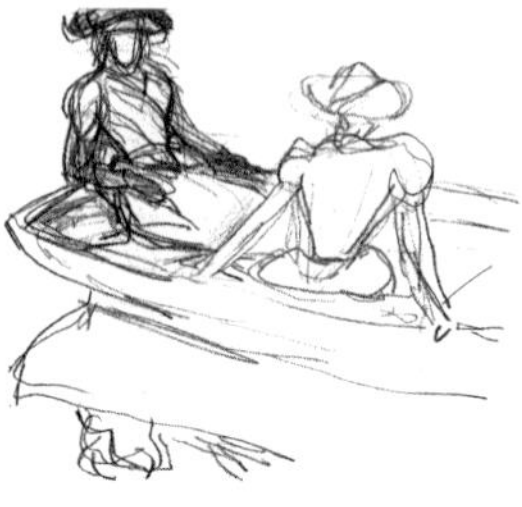

Muchachas en barca
Dibujo
Musée Marmottan Monet, París

Mientras está pasando esos sufrimientos de la creación artística y los contratiempos de la vida familiar, Monet ha de ocuparse también de los planes de exposición. Que Blanche Hoschedé —a quien Monet ha representado en varias ocasiones pintando— desee presentar sus obras al Salón, no le ocupa demasiado. Le interesan mucho más los preparativos para la exposición colectiva prevista para mayo en los salones de Georges Petit. En enero había oído noticias sorprendentes: «rechazo de todos los impresionistas, excepto Whistler y Helleu». Pero Claude sigue convencido de que la exposición prevista ha de ser un

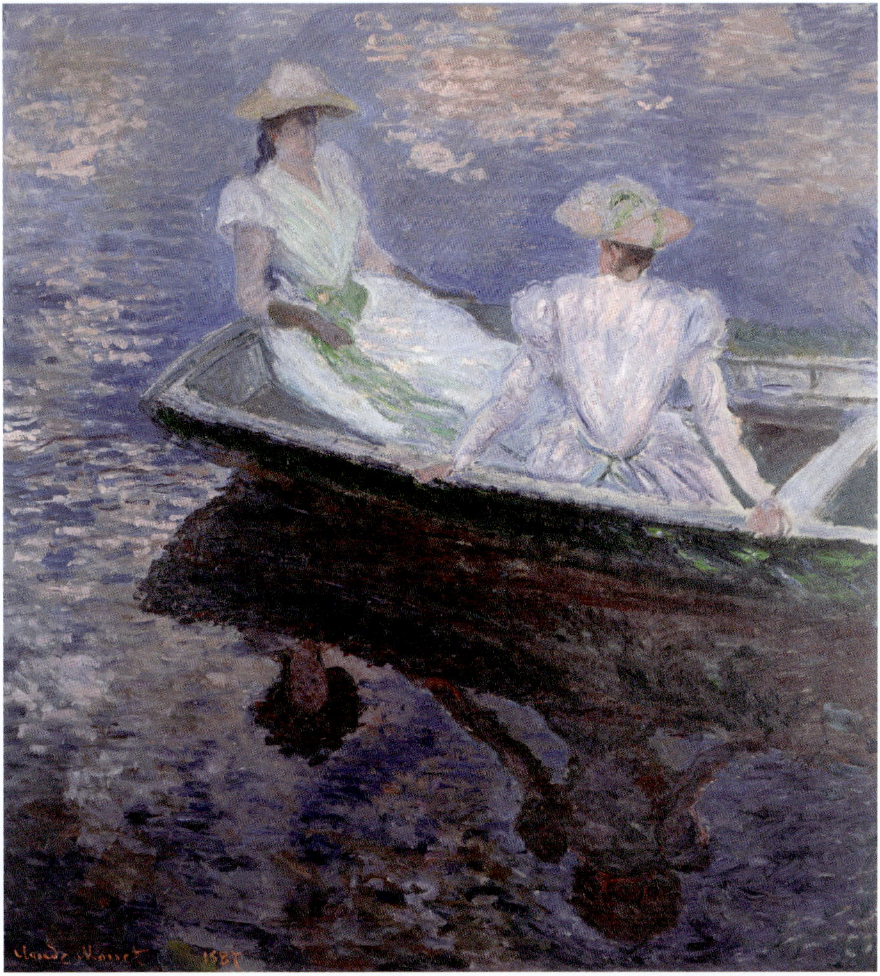

Muchachas en barca
1887
145 x 133,5 cm
National Museum
of Western Art, Tokio

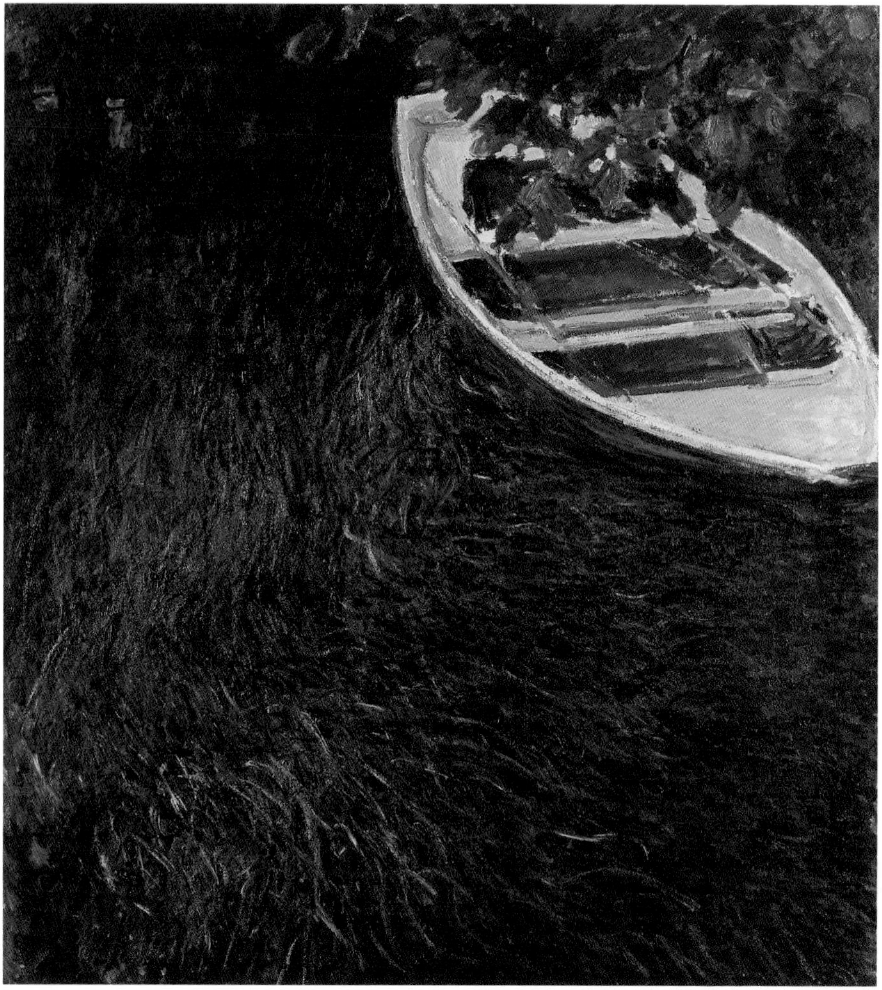

La barca
1887
146 x 133 cm
Musée Marmottan Monet,
París

«acontecimiento artístico». A mediados de febrero empeoran aún más las tensas relaciones con Petit. Acaba por desear que la exposición no se celebre, e incluso está convencido de que la sala ha sido prometida a otros. No obstante, el 10 de marzo anima a sus amigos Berthe Morisot, Helleu y Whistler para que sigan trabajando, mientras que él teme que el mal tiempo empeore la calidad de sus obras. A primeros de abril le llega una carta de Théo van Gogh y otra de Renoir, y la chispa que hace explotar el barril de pólvora: el 16 de mayo, el mismo día en que iba a comenzar la exposición se va a celebrar una subasta en la rue de Sèze. «Es una infamia engañarnos así». El responsable parece ser Cazin, el mismo Cazin que ayudó en su día a Monet a relacionarse con Petit.

¿Debe volver a Durand-Ruel? «Eso significaría volver a toda la banda y sus secuaces, después de lo que me costó alejarme de ellos. Estoy harto, ha sido una tontería llevar a los otros a Petit.» Un ejemplo de cómo Monet piensa sobre sus compañeros de tiempos antiguos: «Al parecer, Sisley me necesita, por eso me escribe». En la cuestión de la exposición, se muestra muy cauteloso cuando trata con Durand-Ruel: mientras que desea «reanudar los negocios con él», le comunica que ya ha prometido enseñar sus obras a otras personas y que estas podrían adelantársele. Interviene entonces Octave Mirbeau —muy hostil también a Petit y a Cazin—, que aconseja participar en la exposición con «*père* Durand». Antes de tomar una decisión definitiva, Monet encarga a Renoir que sondee una última vez a Petit sobre una actividad que les reuniría a ellos dos, a Rodin y Whistler. Incluso antes de recibir la respuesta negativa que le telegrafía Renoir, ha sabido de la boca misma de Mirbeau, que ha venido a descansar al sur, que Petit está cediendo sus obras a bajos precios a personas que luego revenden a Durand-Ruel. Cazin, siempre él, es uno de los responsables de este extraño comportamiento. «Tengo suficientes motivos para no volver a poner los pies allí». Queda la solución Durand, pero también esta entraña dificultades: «Todo el mundo estará allí pero eso es precisamente lo que no quiero. He hecho demasiado por los otros, precisamente ese ha sido mi absurdo error. Sisley... me pide que le diga qué voy a hacer; este es solo el comienzo». Renoir, menos prudente, desea quedarse en «la sala Durand». Monet vacila aún, antes de abandonar el cabo de Antibes. Sin embargo, una vez de regreso a París, es suficiente una visita a Charles Durand-Ruel, en los primeros días de mayo, para volver a poner las cosas en marcha. A su vuelta a Giverny, el pintor comunica a su joven interlocutor que se retira «de todos los proyectos de exposición en la rue Laffitte». Intentará influir en sus amigos para que se abstengan, pero solo Rodin parece haber imitado su actitud. Berthe Morisot, Renoir y Whistler participarán en la exposición de Durand-Ruel, junto a Boudin, Brown, Caillebotte, Lépine, Pissarro y Sisley; en definitiva, «toda la banda».

Del entresuelo de Théo van Gogh al taller de Giverny

El fracaso de las conversaciones mantenidas con Charles Durand-Ruel tiene consecuencias decisivas. Como se había previsto, Théo van Gogh viaja a Giverny. Vincent le envidia: «Verás cosas bellas en casa de Claude Monet», le escribe desde Arlés a comienzos de mayo. El representante de la casa Goupil tiene mano libre y se da prisa: el 4 de junio de 1888 compra 10 lienzos de Antibes por 11.900 francos (los precios por unidad varían de 1.000 a 1.300 francos). Además, se obliga contractualmente a abonar al pintor el 50 % de los beneficios obtenidos en caso de reventa; esos ingresos suplementarios comenzarán a aparecer en los libros de Monet a partir de septiembre: 3.850 francos, por seis cuadros. Por ejemplo, *La playa de Juan-les-Pins,* que se compró al artista por 1.300 francos, ha sido revendida a Boivin, el 12 de junio, por 3.000. De los 1.700 francos de diferencia, se abona la mitad al artista, 850 francos, con lo que en total el lienzo le ha reportado 2.150 francos. El valor de mercado de Monet, que permite registrar estas transacciones y que el rumor público quizá haya amplificado, está lejos de disgustar a Gauguin, quien espera que la especulación provocará reacciones en cadena de las que también él podrá beneficiarse.

Como posee «10 marinas de Antibes», Théo van Gogh desea presentarlas en una exposición privada en su entresuelo del boulevard Montmartre 19. Por los dos pequeños salones, «sin peluche ni cornucopias», desfilarán personas de alto nivel social, entre ellos Guy de Maupassant, interesado por los lugares que bien conoce, el príncipe Eugenio de Suecia, más abierto —nobleza obliga— a la pintura impresionista que los colegas que le acompañan, el pintor alemán Hermann Schlittgen, que estudia atentamente las obras expuestas, Stéphane Mallarmé, que expresa su gran entusiasmo: «Como le gustaba decir al pobre Édouard, Monet es un genio». «Ahora sí que ha conquistado a este público recalcitrante», le dice Berthe Morisot, con un deje de envidia compatible con una franca admiración. Incondicional de Monet desde los días de Belle-Île, Geffroy publica en *La Justice* del 17 de junio una alabanza que atrae la atención de Vincent van Gogh, ya de por sí muy motivado: «¿Quién habrá en el futuro, en la pintura de figuras, que pueda compararse a lo que es Claude Monet en el paisaje?». Vincent se inspira en Geffroy para recomendar a John Russell la exposición que él no ha visto; de haberlo hecho, no habría llamado «abetos» a los pinos, correctamente designados en el artículo de *La Justice.*

Como los lienzos de Antibes le traen «olores de naranjos y de eucaliptos», el pintor Georges Jeanniot, en *La Cravache parisienne* del 23 de junio, aplica al arte de Monet la tesis de las *Correspondencias* de Baudelaire: «¿Es consciente, cuando pinta, de la extraña afinidad que existe entre los perfumes, los sonidos y los colores?». Esta pregunta nos parece hoy banal. Sin embargo, el crítico peregrina a Giverny, para ser el primero en plasmar sus impresiones. Víctima de la mistificación habitual desde la visita de Taboureux a Vétheuil en 1880, repite que su anfitrión «no tiene lo que se llama un estudio» y que el local que parecía estar destinado a serlo, le sirve únicamente para fumar pipa, examinar sus estudios —«que nunca retoca»— y para elaborar sus planes de trabajo. Este lugar, del que se sabe perfectamente que lo utilizaba para completar los lienzos inacabados en el exterior, Jeanniot lo describe tal como se presentaba en 1888, una «especie de granero», completamente lleno de cuadros, «colgados o amontonados en las esquinas», con el suelo de tierra batida y un largo vano vidriado. El maestro permite que le acompañe; caminando, le va mostrando los motivos más variados, hasta detenerse en el emplazamiento escogido. Allí, delante de su caballete, «aborda la pintura de golpe, después de unos pocos trazos de carboncillo, manejando los largos pinceles con una agilidad y una seguridad de dibujo impresionantes; el paisaje ha surgido rápidamente y en rigor podría quedarse tal como está después de la primera sesión». Esta sesión dura «lo que aguante el efecto»; cuando el efecto cambia, el

En la barca
1887
98 x 131 cm
Musée d'Orsay, París

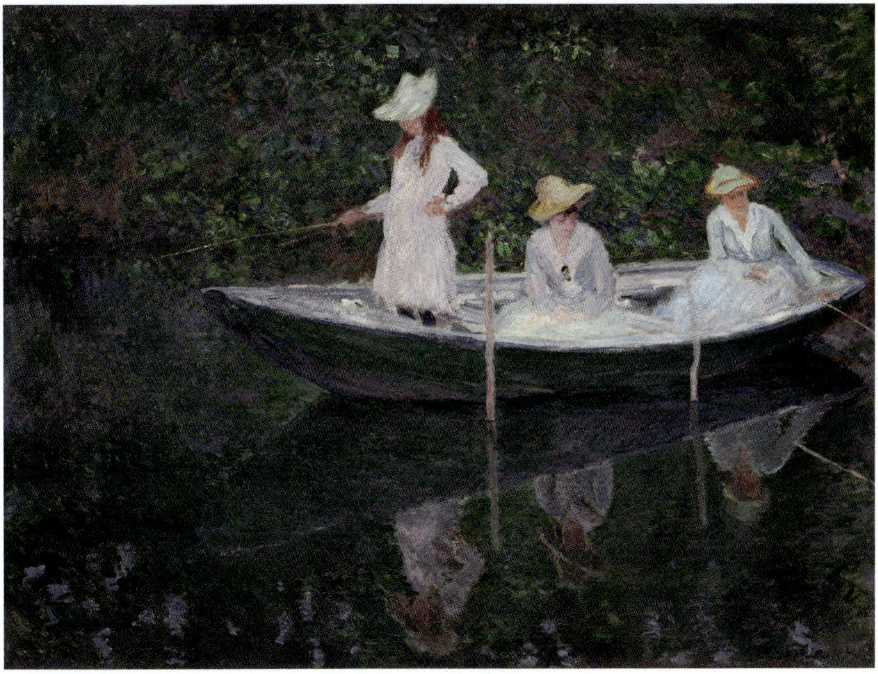

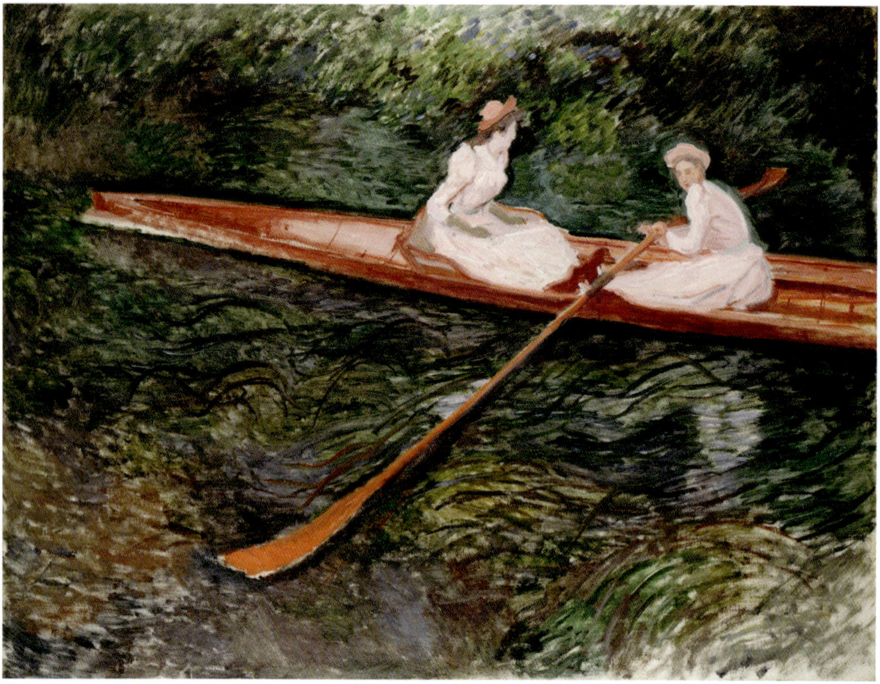

La barca rosa, de una época ligeramente más tardía, anuncia el tratamiento del agua en sus *Grandes decoraciones*
1890
135 x 175 cm
Pola Museum of Art, Hakone, Japón

lienzo es reemplazado por otro. Si este había sido esbozado antes, el pintor lo completa, pintando «a pasta plena, sin mezcla, con cuatro o cinco colores claros», yuxtaponiendo o superponiendo los «tonos crudos». «Otros lo hacen de manera diferente y también consiguen su objetivo», concluye Jeanniot, para no perder ciertas simpatías, «pero pocos… saben, como Claude Monet, comprender la característica de un espectáculo y extraer su armonía. Es lo propio de los grandes maestros».

Mirbeau leyó este artículo, mientras que parece que escapó a la sagacidad de Pissarro, más inclinado a descubrir las reacciones desfavorables a Monet. Por esto, señala a su hijo Lucian, un juicio bastante desagradable confiado por Félix Fénéon a *La Revue indépendante* de julio: «Pintor espontáneo, que no tiene nada de contemplador o de analista», Monet «se sirve de una excesiva capacidad de ejecución, una fecundidad de improvisador» que llega hasta una «brillante vulgaridad». «No es este el arte de un pintor exigente», concluye. «Es más vulgar que nunca», dice el buen Camille. Una vez que coincide con él en la galería de Durand-Ruel, encuentra el medio de restregarle otro artículo en el que el crítico «de una forma idiota, con razones tontas…

añade elogios también estúpidos». Del viejo compañero oye lo que cuesta tener «siempre un aire un poco socarrón».

Anécdotas apócrifas y hechos auténticos

En la promoción del 14 de julio de 1888, Émile Zola es nombrado caballero de la Legión de Honor y condecorado por Édouard Lockroy en el salón de madame Charpentier, esposa de su editor. Por haber aceptado esta distinción, el gran escritor es objeto de las invectivas de algunos de sus compañeros y se defiende en cartas a Maupassant, a Edmond de Goncourt y a Mirbeau en un tono bastante crudo: «Usted no sabe lo que dice; habla de cosas que ignora». A la actitud de Zola se ha querido oponer la de Monet, que rechazó con dignidad la cruz en la misma promoción, pero un examen atento de la documentación nos lleva a guardar el asunto de la Legión de Honor de julio de 1888 en la carpeta de afirmaciones poco documentadas y, en cualquier caso, prematuras.

Las negociaciones mantenidas por Monet con Durand-Ruel a lo largo del verano evidencian la posición privilegiada acordada con Boussod y Valadon, con quienes el marchante de sus primeros tiempos es invitado a tratar si quiere obtener condiciones «especiales», es decir más ventajosas que las concedidas por el acuerdo entre el pintor y sus nuevos clientes. Decepcionado y enfermo, Paul Durand-Ruel no oculta su desagrado por lo que considera una nueva muestra de ingratitud. De este modo, las posibilidades del representante de Boussod, Théo van Gogh, se mantienen intactas. Convertido en un habitual de Giverny, muestra siempre gran interés por las obras de su anfitrión. De julio a octubre, compra cuatro a terceros —el temible Albert Wolff se ha deshecho de un *Pourville*— y uno al artista. En diciembre, realiza una operación sobre siete lienzos por los que paga 8.700 francos en el momento de la entrega, con la promesa de participar en los beneficios en las mismas condiciones que en junio. Pero esta vez, exceptuando un cuadro vendido en marzo del año siguiente y otro en septiembre, tendrá que esperar hasta el año 1891 para ver cómo las últimas cinco obras salen de los almacenes de «casa Goupil». Retrasado por un nuevo viaje a Londres en julio de 1888, en el que abandona a Whistler en beneficio de Sargent, Monet ve obstaculizado su trabajo por el mal tiempo a lo largo del verano. El otoño se muestra más favorable en sus comienzos y el maestro vuelve a escribir que se encuentra «en la fiebre del trabajo» que caracteriza sus mejores momentos creativos.

El año 1889, tan importante para la vida de Monet como para la historia de Francia —la Exposición Universal prestará una importante contribución—, comienza para el artista con normalidad. En Londres, un incidente burlesco entre Whistler y William Stott, a comienzos de enero, le parece tan gracioso que se lo comunica a Mirbeau en una carta. Pocos meses más tarde, el ardiente Whistler podrá ver una exposición de Monet, trasladada a las Goupil Galleries de Londres, después

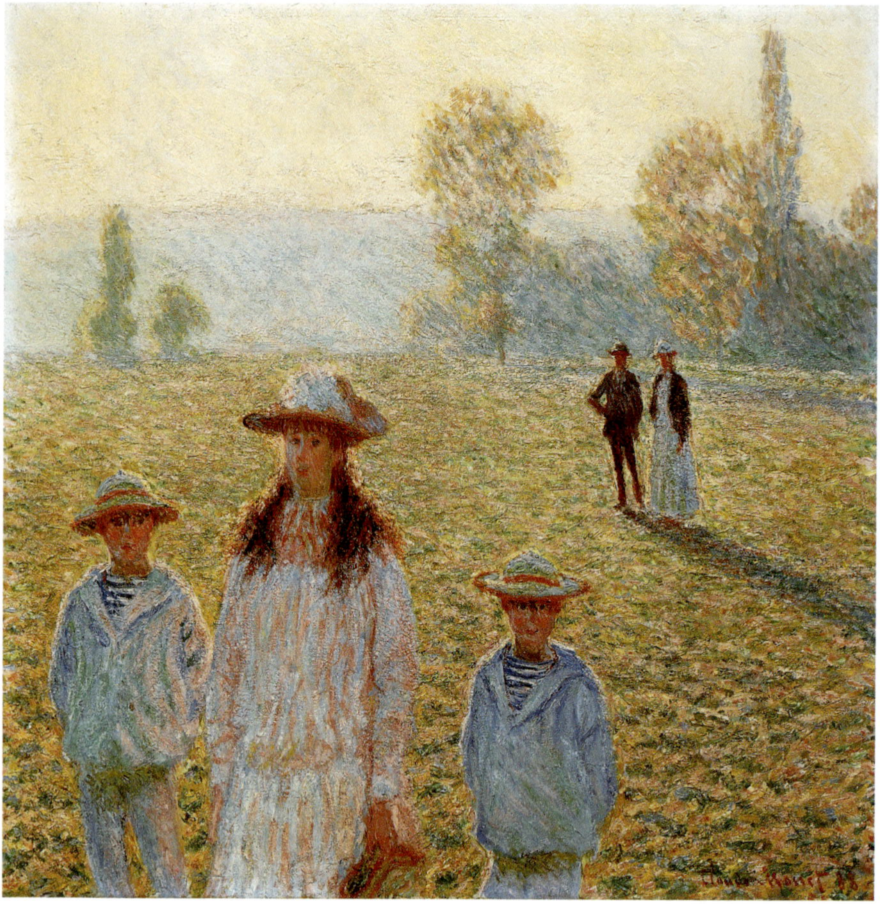

Paisaje con figuras, Giverny, «figuras al sol»
1888
80 x 80 cm
The Art Institute of Chicago

de haber sido organizada por Théo van Gogh en su entresuelo de París. Por otro lado, a Mallarmé le gustaría publicar su *Le Tiroir de laque*, una colección de poemas ilustrados por pintores amigos. Encargado de ilustrar *La Gloria*, Monet comunica el 15 de febrero que no ha tenido oportunidad de dedicarse a hacerlo hasta entonces. Sin embargo, el tiempo inestable que hace en Giverny le impide pintar los efectos de nieve y escarcha que se había propuesto realizar. Este es el hecho real, narrado el mismo día a Berthe Morisot. En cuanto a la leyenda, Marc Elder se ocupa de dar la siguiente versión: «En 1889, en el mes de enero, estuve pintando sobre el hielo. El Sena estaba completamente helado. Allí me instalé…». Aquí se menciona todo, incluida la bolsa de agua caliente, no para los pies sino para las manos, con esa dramatización que ha contribuido a forjar la imagen que se le ha querido imponer. En realidad, el invierno 1888-1889 ha sido poco riguroso y el Sena no ha llevado ni un solo témpano. Los anales de la meteorología son de una precisión cruel.

Del mismo modo hay que tener precaución al tratar las habladurías que refiere René Gimpel, según las cuales «hacia 1889 se decidió a abandonar, por así decir, el paisaje» en favor de la figura, siguiendo los consejos de Renoir y de sus amigos. Para lograrlo, Monet contrató a una muchacha «muy bella» dispuesta a ir a Giverny, pero madame Hoschedé se opuso: «Si aquí entra un modelo, yo me voy de esta casa». Aunque esta afirmación resulte verosímil en los labios de Alice, todo lo demás parece ser una broma. Por lo que se refiere a la avanzada fecha, se encuentra en total contradicción con el éxito creciente del Monet paisajista, fijo ya irreversiblemente en la ruta del éxito.

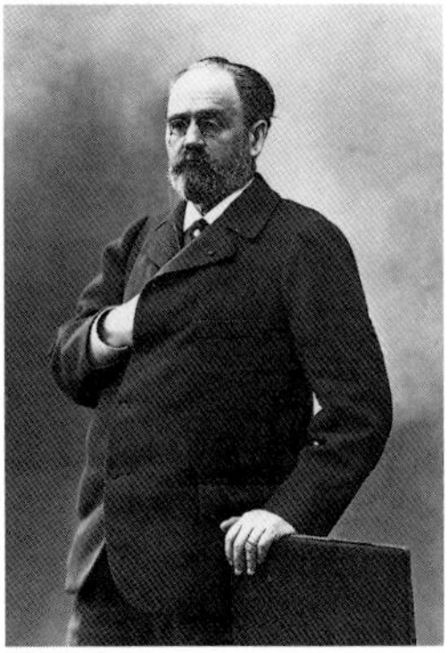
Émile Zola en 1898

Como un contrapunto a esta ascensión, en enero de 1889 la muerte de Alexandre Cabanel, verdadera encarnación del Salón durante muchos años, preludia el declinar de una generación de artistas académicos conocidos por su enemistad con el impresionismo. Los supervivientes, como Gérôme y Bouguereau, están condenados a asistir, impotentes, a la irresistible ascensión de aquel a quien consideraron la deshonra del arte francés.

Los primeros almiares

En el cambio de año 1888-1889, Monet aborda por primera vez los *Almiares* (il. págs. 308, 312, 336). Por supuesto que desde hace muchos años venían apareciendo pequeños almiares en los lienzos pintados en Giverny. Sin embargo, aunque hayan dado el nombre al cuadro, eran un elemento accesorio. Se trata más bien de heniles sencillos y su presencia en los prados es efímera, como la siega de heno que los ha originado. Los *Almiares,* propiamente dichos, centro de interés de las series en las que Monet va a trabajar a partir de ahora, están compuestos de grandes gavillas de trigo. Por tanto, las traducciones «haystacks» o «Heuhaufen» (heniles) son incorrectas. La historia de los almiares de trigo está insuficientemente estudiada por los especialistas de técnicas agrícolas. Realizados para asegurar la cosecha y para preparar las superficies de cultivo, se desarrollaron en Europa occidental en la segunda mitad del siglo XIX. Cien años más tarde, la segadora-trilladora les dará el golpe de gracia.

Para poner al abrigo las gavillas que se iban formando al segar, hasta el momento de la trilla, los campesinos amontonaban almiares en las superficies recién segadas y su aspecto variaba según las regiones: en algunas eran cuadrados, mientras que en los alrededores de París tenían forma circular, al igual que en la parte de Normandía a la que pertenece Giverny. Popularizado por los libros escolares y los mapas, el almiar redondo acabó por convertirse en un elemento

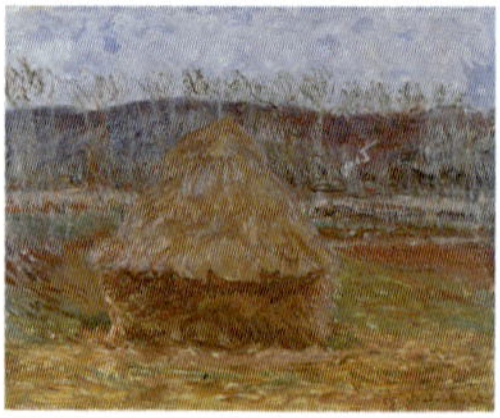

Almiar en Giverny
1889
65 x 81 cm
Tel Aviv Museum of Art

inseparable de la imagen tradicional de la campiña francesa. En la época de su apogeo —desde este punto de vista, los almiares de la región de Barbizon-Chailly que pueden verse en numerosas obras de Millet, no ofrecen aún las formas rigurosamente equilibradas que muestran las que pintó Monet 30 o 40 años más tarde— los almiares constan de una base en forma de cono truncado y una zona superior en forma de cono; esta última representa dos tercios de la altura total. La superficie del conjunto depende de la cantidad de gavillas que hayan de conservarse, así como de la habilidad de la persona encargada de levantar el almiar. Una vez terminado, se recubre la parte superior con una capa de paja de centeno, que le da un color y una apariencia diferentes a los de la base.

Este es el objeto que Monet aborda después de la siega de 1888. Un primer motivo representado en tres obras (il. págs. 308, 312, 336) muestra dos almiares, uno grande y otro pequeño, que se destacan sobre la línea de la orilla izquierda del Sena. A la derecha, aparecen algunas casas de Giverny. Para el segundo motivo, tratado tan solo dos veces (il. pág. 308), el pintor se vuelve hacia la izquierda donde una línea de álamos sirve de pantalla ante las colinas. La elección de los almiares se ve favorecida por las circunstancias: la casa del artista queda a escasa distancia de un gran terreno, la finca Morin, que sirve todos los años para levantar los almiares de un terrateniente de Giverny. La carretera de arriba, antes de llegar a la alcaldía, bordea la finca por su lado norte. Por aquí —y no por la carretera más reciente, que la atraviesa en nuestros días— entra Monet al campo cerrado para abordar los almiares. Se trata de unos comienzos relativamente modestos que, a pesar de las discutibles declaraciones reproducidas aquí y allá, no marcan un progreso inmediato en la aplicación del sistema de series. Lo que no nació como por encanto al contacto de los primeros almiares, sino que se constituyó empíricamente a lo largo de los años, va a encontrar pronto su verdadera manifestación, en los *Almiares* de 1890-1891 y sobre todo en los *Álamos.*

En casa de Maurice Rollinat

El 15 de febrero de 1889, Monet piensa que la temporada está demasiado avanzada para emprender una campaña de invierno lejos de Giverny y el día 28 del mismo mes habla entusiasmado de una excursión que acaba de realizar a casa de Maurice Rollinat. Esto significa que ese viaje rápido al Creuse, adonde le ha llevado Geffroy en compañía de Louis Mullem y de Frantz Jourdain, no se ha realizado en enero, como suele decirse, sino en la segunda quincena de febrero.

Gustave Geffroy conocía desde hacía mucho tiempo a Rollinat, quien en 1883 había publicado un importante estudio sobre neurosis en *La Justice,* y no lo perdió de vista cuando el poeta se exiló al pueblo de Fresselines, no lejos de Crozant, en compañía de una actriz, Cécile

Tarde en la pradera, Giverny
(detalle)
1888
82 x 81 cm
Colección particular

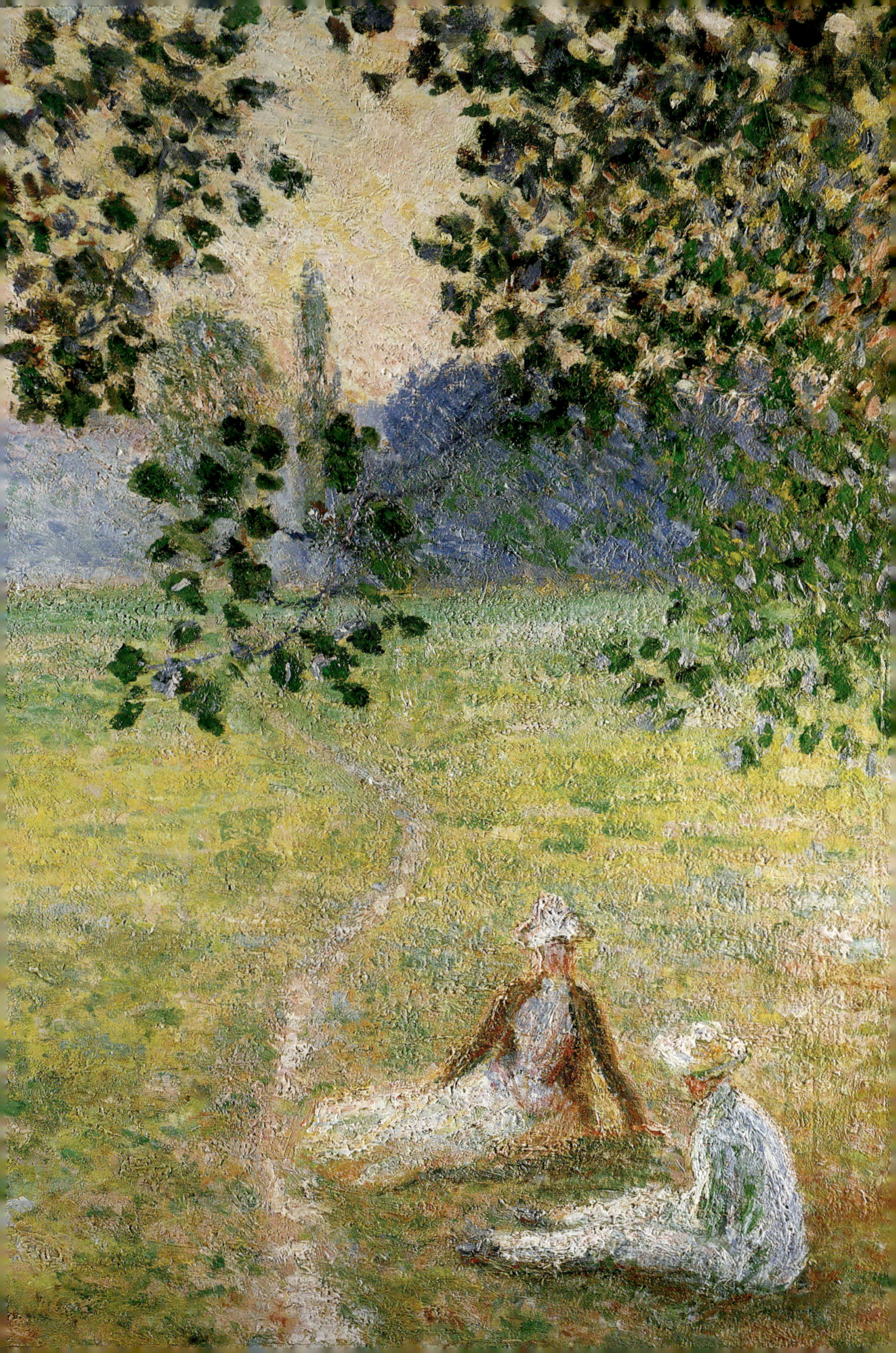

Pouettre, denominada de Gournay: «Cécilette, madona mía, calma un poco mi sed de ti». La pareja ocupa una casa baja, apartada del pueblo, denominada la Pouge: «Mi casita tiene horizontes tranquilos y sus postigos verdes…». Es un hombre extraño, en el aspecto físico como en lo moral, tal como lo pintó Edmond de Goncourt en 1886: «Los cabellos, ensortijados, un poco al modo de los cabellos-serpientes de una cabeza de Gorgona… una belleza de rasgos griegos en un rostro de carne atormentada, como mordisqueada, y bajo esta carne un cerebro que se siente obsesionado por pensamientos bicornes, perversos, macabros e ingenuos. En fin, una mezcla de campesino, de comediante, de niño. Este hombre es un ser complicado, pero de él exhala un encanto indiscutible». A pesar de tener unos ingresos más que módicos, de unos 5.000 francos al año, para Rollinat es una cuestión de honor recibir en su mesa a los amigos, antiguos u ocasionales, aun a riesgo de contraer deudas. Así lo hace para Geffroy, Monet y sus compañeros, aunque las dos noches de su estancia las pasen en el albergue de *mère* Baronnet, frente a la iglesia. A la mañana siguiente a su llegada, el poeta lleva a sus huéspedes «a través de las sorprendentes y sombrías bellezas de los dos Creuses»: por la ruta de Dun-le-Palestel, les conduce al molino de Vervit (o Vervy) sobre el gran Creuse; por la granja de Confolent, les hace descender hasta el barranco del pequeño Creuse, que domina la aldea de Puy Guillon; después, los guía hasta la confluencia de los dos ríos, donde Monet admira «las aguas fingidas» —según una expresión que gusta a Geffroy— y una gran encina solitaria. Cuando los viajeros toman de nuevo la dirección a París, el pintor promete a su anfitrión que volverá con la intención de trabajar duro en esta soberbia región.

Al regresar a Giverny, Monet recibe de Georges Petit la propuesta de exponer en su galería durante la Exposición Universal, solo con Rodin. Monet comprende en seguida la capital importancia que para su carrera entraña esta propuesta. La cuestión se debate el

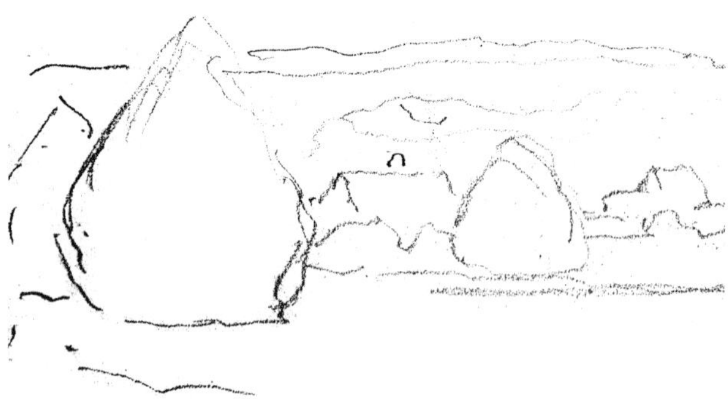

Almiar en Giverny
Dibujo a lápiz
Musée Marmottan Monet, París

sábado 2 de marzo en una primera entrevista. A la mañana siguiente, el *Gil Blas* publica un importante artículo de Hugues le Roux titulado «La exposición de Claude Monet en la galería de Théo van Gogh». Es probable que el periodista conociera al pintor en Étretat, pues lo muestra trabajando en esta ciudad; relata una serie de historietas de su juventud, que el maestro sabe interpretar ya a su mayor gloria, en ocasiones en detrimento de la humilde verdad. Apoyándose en un curso del filósofo Th. Ribot en el Colegio de Francia, Le Roux intenta definir el impresionismo según Claude Monet: «Es, ante todo, la pintura de la apariencia, de este movimiento del éter, de esa vibración de la luz que palpita alrededor de los objetos». El artículo termina con *Vétheuil en la niebla,* «sinfonía blanca», sin ir todavía acompañado de la anécdota del rechazo de compra por parte de Faure, seguido del rechazo de venta por parte del artista.

El miércoles 6 de marzo por la tarde, después de haberse reunido nuevamente con Rodin, Monet regresa al Creuse. Al día siguiente por la mañana, desciende del tren en la estación de Dun-le-Palestel, desde donde Rollinat lo lleva en coche a Fresselines. Tras dejar el equipaje en el albergue de madame Baronnet, se dirigen a almorzar a la Pouge, donde Monet hará todas las comidas. El poeta respeta el trabajo de su invitado; solo las veladas se alargan demasiado, pues el anfitrión no se dispensa de cantar y recitar sus versos. El domingo juegan a las cartas con el cura, el notario y el castellano de Puy Guillon, vizconde de La Celle. La duración de la estancia, al menos según una primera estimación, no deberá sobrepasar los 15 o 20 días, sobre todo porque, una vez superadas las vacilaciones del comienzo, escoge los motivos rápidamente, «por la mañana y por la tarde, con sol y con tiempo gris». Al principio de la estancia aplica el sistema de las series, pero lo abandonará a lo largo de los días como consecuencia de una serie de desfavorables experiencias. El papel desempeñado por Agay durante su estancia en Antibes lo asumirá aquí Crozant.

El 10 de marzo, en el lugar del editorial, y en pleno «affaire Boulanger», *Le Figaro* publica un artículo de Mirbeau titulado «Claude Monet». Los elogios alcanzan tales cotas que la traducción inglesa del texto servirá de prefacio al catálogo, cuando la exposición organizada en París por Théo van Gogh se presente en la galería Goupil de Londres. Además, Mirbeau será elegido para presentar al pintor en la exposición Monet-Rodin, mientras que Geffroy se ocupará de introducir al escultor. Estas y otras cuestiones similares se tratan en la galería de la rue de Sèze el 13 de marzo, durante un viaje relámpago de Monet a París vía Châteauroux. Se reúne con Alice Hoschedé, en compañía de terceros, y se hace acompañar a la estación de Orléans por Rodin y Geffroy, desde donde inicia un nuevo viaje nocturno que le conducirá a Fresselines, donde llega el 14 por la mañana.

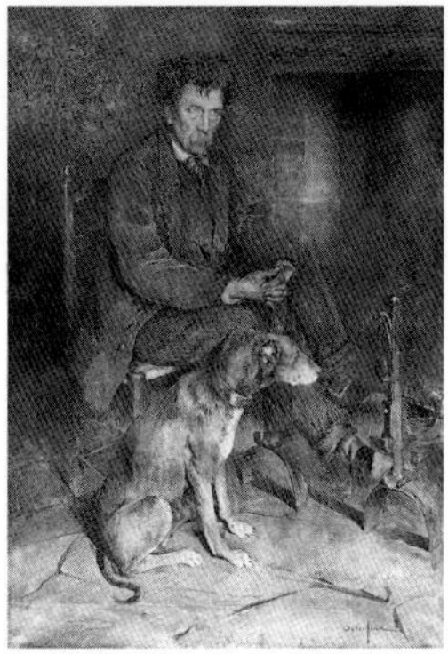

Osterlind
Maurice Rollinat
Musée Bertrand, Châteauroux

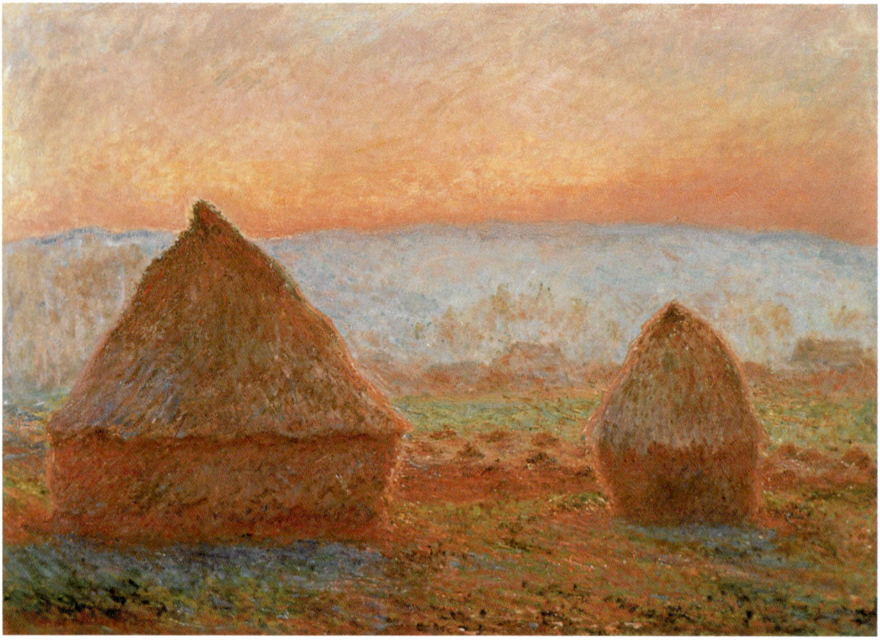

Almiares a la puesta del sol en Giverny
1888-1889
65 x 92 cm
Museum of Modern Art, Saitama, Japón

Como consecuencia del artículo de *Le Figaro* se produce tal afluencia de visitantes que Théo van Gogh prolonga la exposición y anuncia la posibilidad de vender. Inquieto por la poca solicitud que manifiestan Petit y Rodin, mientras que él está deseoso de concluir, Monet se cree en la obligación de «despertarles la memoria», de donde resulta una amplia correspondencia, a la que también se añade una carta de agradecimiento a Roger-Milès, autor de un simpático artículo aparecido en *L'Événement* del 15 de marzo. Menos de 15 días después de comenzar la campaña de Fresselines, está trabajando en alrededor de 14 lienzos, pero el tiempo empeora y con la lluvia se corre el riesgo de que la naturaleza se enverdezca prematuramente. Claro que ¡vaya idea la de pintar paisajes de invierno en pleno marzo! Afortunadamente, Rollinat se ocupa de él y, un día que ha nevado, lleva a su invitado a una larga excursión de la que vuelve «alelado». «Cada día estoy más encantado con Rollinat —anota Claude— ¡es un verdadero artista... lleno de amargura y de tristeza», continuamente «infeliz», tanto que comprende y respeta los tormentos de la creación que sienten los otros. Sin embargo, el pintor no siempre apreciará por igual ese respeto. Cuando, a finales del primer mes, se ve presa de las habituales dudas, constata, con un deje de pesar: «Rollinat nunca viene conmigo cuando estoy pintando, solo quiere ver mis obras cuando están terminadas. Por lo demás, creo que está un poco cerrado a la pintura, en la que solo ve y solo aprecia las cosas de la fantasía y de la extrañeza». Sobre la cama del poeta olvidado cuelga *La melancolía* de Durero.

«Si Flaubert hubiera sido pintor...»

Cuando vuelve a Fresselines en marzo, Monet ignora sin duda las dificultades a que se va a exponer en una región próxima al Massif Central, donde el riguroso clima continental se combina con la humedad debida a las influencias atlánticas. Sin perder de vista lo que se debe a su habitual insatisfacción —«está mal tomado, mal elegido»—, hay que reconocer que el frío, la lluvia, los cambios de la luz, toda la evolución de la vegetación en el paso del invierno a la primavera, le causan problemas que hasta entonces raramente había encontrado con tal rigor. No obstante, observando cómo se esfuerza en resolverlos, se comprenderá mejor lo escrupuloso que es como artista. Los chubascos glaciales de marzo, que alternan con los periodos soleados, no ponen seriamente en peligro su salud: «Cuando trabajo me siento siempre bien, aunque me preocupo». A final de mes está trabajando en 23 lienzos, en algunos de los cuales ha tenido que recomenzar a causa de los cambios del tiempo. Estos le parecen mejor que los primeros. A comienzos de abril empieza a sentir los primeros síntomas de fatiga —«estoy envejeciendo»—, gravados pronto por un mal de garganta que ha «pillado» al tener los pies siempre metidos en el barro. El tiempo «siniestro» ha producido una serie de obras «lúgubres», bastantes de ellas sin cielo. Por lo que se refiere a los efectos comenzados con sol, volverá a trabajar en ellos cuando el regreso del buen tiempo lo permita. El Creuse cambia de color sin cesar: verde en los periodos normales, se torna amarillo en las crecidas. «Entre dos aguaceros e incluso bajo la lluvia», Monet continúa trabajando febrilmente y la mano derecha, agrietada y resquebrajada, la mantiene cubierta día y noche por un guante con glicerina. ¿Debe transformar los lienzos para adaptarlos al tiempo sombrío, o sería mejor devolverlos al estado primitivo, cuando vuelva el sol? En su desconcierto, comienza a dudar de sí mismo: «Estoy tan lejos de terminar nada...». «Cuanto más avanzo, más difícil es conseguir lo que quiero.» Apenas vuelven los primeros rayos de sol, retorna también el viejo entusiasmo, aunque en la naturaleza el verde se encuentra ya muy avanzado. «Estaba entusiasmado, haciendo los cambios que se habían producido y, de repente, ¡pum!», una terrible tormenta lo pone todo en peligro. En cuando aparece el más mínimo claro, sin alejarse demasiado de Fresselines, Monet corre a esbozar una puesta de sol sobre la aldea de La Roche-Blond.

A la mañana siguiente, vuelve a los lienzos que pinta con tiempo claro. Ataques de rabia y esperas angustiosas se suceden hasta mitad de abril, cuando las cosas parecen serenarse pero no por mucho tiempo, pues un periodo de sequía hace bajar el nivel del Creuse, lo que provoca nuevas quejas. El domingo de Pascua, el límite que se había propuesto inicialmente para su regreso, soplan vientos optimistas: «Me encuentro sobreexcitado, con una fiebre inaudita». Cuarenta y ocho horas más tarde, el siguiente desfallecimiento: aturdido, derrengado, Claude Monet tiene que dejar de trabajar y ha de guardar cama. Dos días de reposo y dos cataplasmas —remedio de la época— le ayudan a superar una especie de lumbago que ha contraído y vuelve a la lucha más sereno, esperando el esfuerzo final.

Si solo se tratara de pintar... Pero ha de velar también por su carrera. Si las exposiciones en la casa Goupil de París y de Londres no han supuesto particulares problemas, la que va a reunir a Monet y a Rodin en la galería de Georges Petit exige largas y complicadas negociaciones, cuyas fases sucesivas se desarrollan en contrapunto a la campaña de trabajo. Estas preocupaciones incesantes le hacen descuidar antiguas amistades: Boudin se queja con razón, De Bellio recuerda las promesas incumplidas. Además, sin cesar se manifiestan los problemas familiares: el proyecto de alquiler de una habitación en la rue Godot-de-Mauroy, después de rescindir un contrato en la rue de Provence, el servicio militar y el permiso de Jean en Giverny con ocasión de las vacaciones de Pascua, las quejas de Alice a medida que la estancia se prolonga y sus insinuaciones celosas relativas a la presencia de Cécile, la compañera de Rollinat. Claude intenta tranquilizarla: «No se atormente pensando en esta mujer tan amable y atenta. Yo le pertenezco, y siempre le perteneceré solo a usted». Esta permanente tensión no deja de preocuparle. Aunque su naturaleza le impide animarle, Maurice Rollinat continúa mostrándose complaciente: «Por lo demás, tengo que repetirle una y otra vez lo bueno que es este hombre». La admiración del pintor crece aún más cuando es testigo de los preparativos y de la ejecución de cantos y cánticos, pues el poeta participa en las ceremonias solemnes de la parroquia, con gran satisfacción de los asistentes y del párroco, al *abbé* Daure, que está persuadido de que «en ningún otro lugar hay misas cantadas como aquí». Monet acude a la pequeña iglesia de Fresselines para la misa del domingo de Ramos, atento a los cantos de Rollinat y a la homilía del párroco, que no se olvida de agradecer la presencia de los «grandes artistas». El Jueves Santo, después de los oficios, se sirven los bogavantes y los mariscos enviados expresamente de Belle-Île: «una verdadera boda». Si la presencia de Claude en los oficios está destinada a satisfacer a madame Hoschedé, lo de la «boda» alimenta nuevas recriminaciones. Claude ha de protestar: «Mi sola preocupación, mi vida, es el arte y es usted».

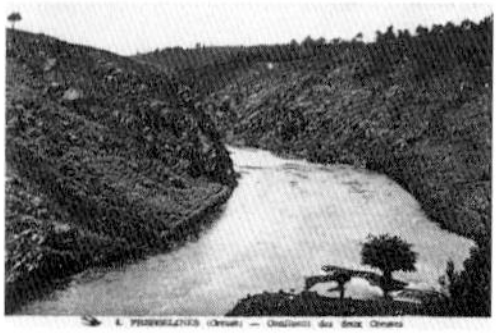

La confluencia de los dos Creuse en Fresselines
Tarjeta postal, c. 1900

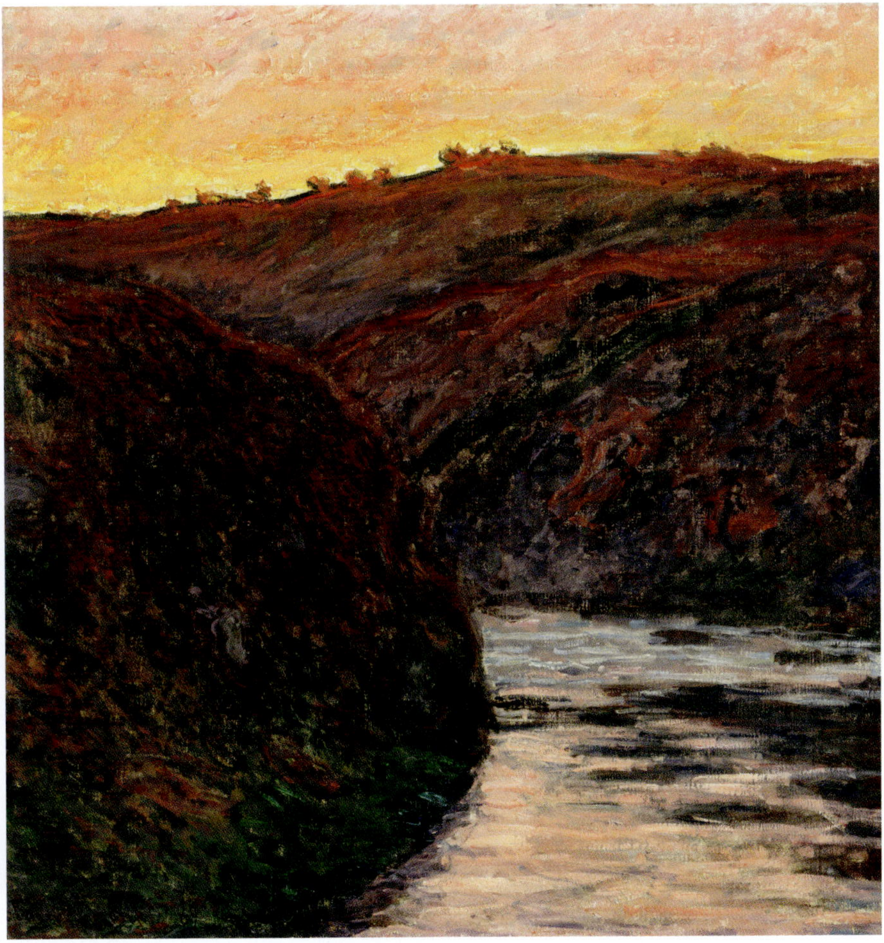

El Creuse a la puesta del sol
1889
73 x 70 cm
Musée d'Unterlinden,
Colmar, Francia

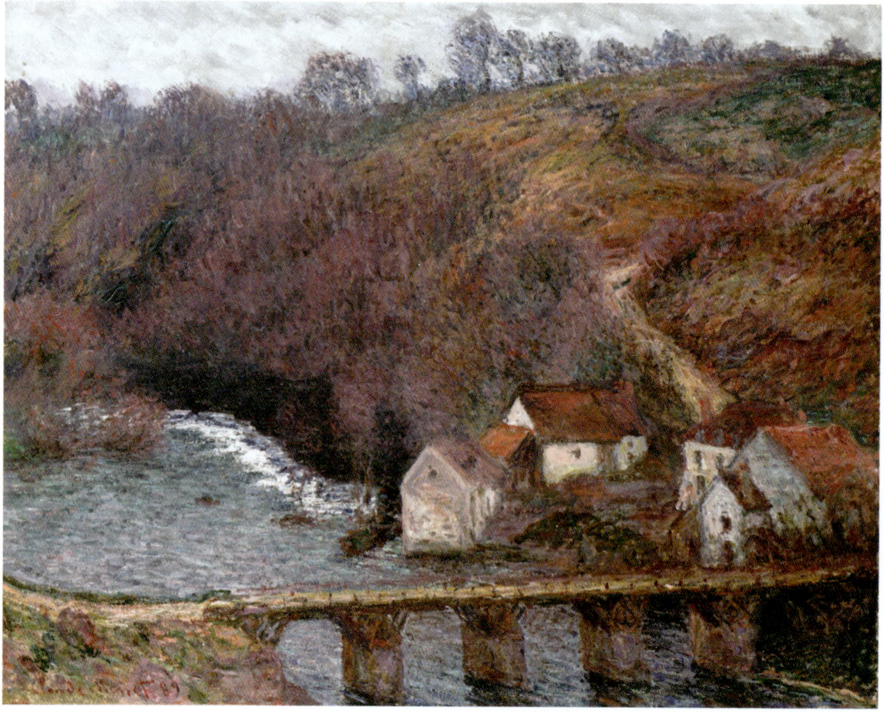

El gran Creuse a su paso por el puente de Vervy
1889
73, 8 x 92,7 cm
Philadelphia Museum of Art

En las últimas semanas de una estancia demasiado larga, el arte le va a someter a tales torturas que, refiriéndose a otro gran atormentado, también normando como él, exclama: «Si Flaubert hubiera sido pintor, ¿qué habría pintado, Dios mío?». Las crisis de descorazonamiento se suceden delante de los árboles podados, el sol ascendiendo al cénit que trastorna completamente los claros y que provoca sobre el agua «lentejuelas de diamantes». Dos días más tarde, el Creuse, cenagoso, se desborda después de la lluvia torrencial de una tormenta, mientras que la vegetación adquiere los más bellos verdes. ¿Cómo podría persistir en la línea fijada, que ha expresado con las palabras: «aquí, trato de evitar todo lo primaveral»? Sencillamente, prolongando el invierno con un artificio sorprendente. La encina que se alza en la confluencia de los dos brazos del Creuse es la víctima de este extraño fenómeno. El 6 de mayo, Monet ha hecho un gran boceto de ella, delante de las aguas amarillas del río. La mayoría de los estudios en que aparece el árbol no está terminada, por lo que ofrece al propietario del terreno 50 francos para que le permita «quitar todas las hojas», a fin de conservar el árbol en su aspecto invernal, con el que lo ha reproducido hasta ahora. Recibe la autorización, y el 8 de mayo dos hombres se encaraman a lo alto de una escalera que a duras penas han conseguido bajar por el barranco, para deshojar completamente a la vieja encina. «¿No es maravilloso terminar un paisaje de invierno en esta época?», se interroga el artista, feliz de haber ganado la causa. Volver la espalda a la naturaleza, por fidelidad a un motivo ofrecido por la misma naturaleza, lleva al artista a un callejón sin salida, que el paisajista intentará eludir recurriendo a la sistematización del procedimiento de series limitadas a unos objetos precisos, álamos, almiares, la catedral de Ruán y, después, con el recurso a las decoraciones artificiales del jardín y del estanque de Giverny.

¡Viva Monet! ¡Viva Rodin!

Con toda probabilidad, Monet regresa a Giverny el domingo 19 de mayo de 1889. A la mañana siguiente, Sadi Carnot preside la inauguración del nuevo Palacio de Bellas Artes, en el marco de la Exposición Universal, abierta desde el día 6. El comisario especial, Antonin Proust, calurosamente felicitado por el ministro de Instrucción Pública y Bellas Artes, Armand Fallières, ha organizado dos exposiciones, una del arte francés del decenio, donde brilla Rodin —autor, asimismo, de una de las seis grandes estatuas alegóricas que decoran el frontón del palacio— y una exposición del centenario, en la que Monet figura con tres obras, sin que al parecer atribuya la trascendencia que se merece el honor que se le dispensa con esa circunstancia.

A sus ojos, el asunto de mayor importancia sigue siendo la organización de la exposición Monet-Rodin en la galería de Petit. Pero, antes de dedicar todos sus sentidos a esta vasta empresa, intenta recompensar a su manera la hospitalidad de Maurice Rollinat, enviándole un cesto de manzanas. Aunque tengan el mérito de haber sido recolectadas el otoño precedente, constituyen un regalo que no guarda relación alguna con las dos comidas diarias que le han dado durante tres meses. En la carta de agradecimiento que Maurice Rollinat se cree obligado a escribir, desfila todo el universo de Fresselines, los amigos de la Pouge, *mère* Baronnet, los animales con el perro «Pistolet» a la cabeza, hasta el árbol del barranco de Creuse, que vuelve a tener parte de su follaje. Ahora, Monet puede dedicarse de lleno a la preparación de su catálogo para la galería de la rue de Sèze, que exige un trabajo considerable, pues comprende unos 150 cuadros. Aunque Faure y Durand-Ruel rechazaron inicialmente su participación, acaban por ceder a las peticiones del pintor que, una vez más, se ha vuelto a salir con la suya.

Los cuadros comienzan a colgarse el sábado 15 de junio. La cena de la Banlieue se celebra excepcionalmente en el restaurante Sapin,

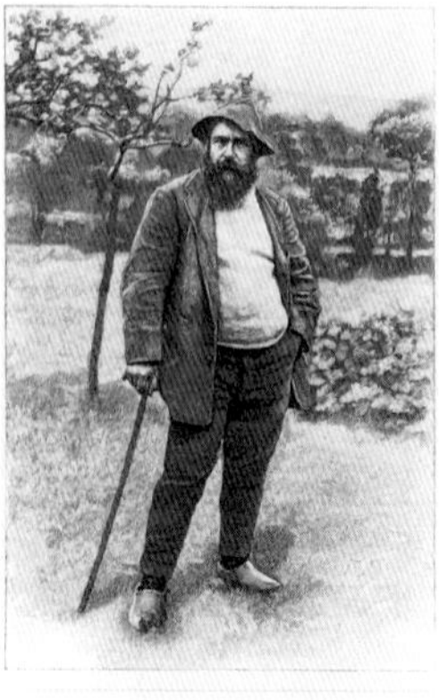

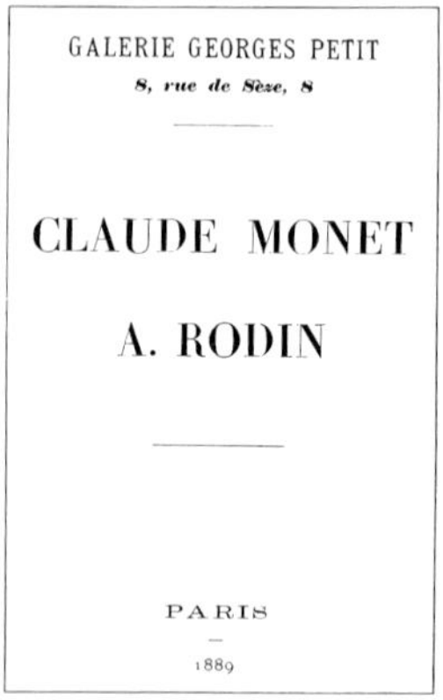
GALERIE GEORGES PETIT

8, rue de Sèze, 8

CLAUDE MONET

A. RODIN

PARIS

1889

DE ARRIBA ABAJO
Claude Monet en 1889

Portada del catálogo de la exposición «Monet-Rodin», de 1889

en el Palacio de Bellas Artes. Con la Torre Eiffel recién terminada y bajo la presidencia de Edmond de Goncourt, se reúnen Monet, Geffroy, Frantz Jourdain, Gallimard, Toudouze y Mirbeau. Este último aboga por un ilustre compañero, perorando de política y de literatura y, de paso, lanzando puyas a Maupassant. «Un silencioso con elocuentes ojos negros», así describe Goncourt a Monet. Rodin parece no haber aceptado la invitación. Por otro lado, mientras que los preparativos de la exposición están en su apogeo, muestra tan poco interés en supervisar la colocación de sus esculturas que Monet e incluso Petit se ven obligados a insistir para que aparezca. De este modo, las disposiciones tomadas por los dos artistas están mal sincronizadas. El 21 de mayo, cuando el pintor llega a la galería, se da cuenta de que el panel del fondo, con toda seguridad «el mejor», está tapado por un grupo de Rodin, probablemente, *Los burgueses de Calais.* Se queja amargamente a Georges Petit y solo piensa en tomar el camino a Giverny para recobrar la calma. El eco de este descontento llega a oídos de Rodin, lo que provoca una violenta reacción, que Goncourt describe en los siguientes términos: «A propósito de la exposición que se hizo en común con obras de Monet y de Rodin, sucedieron al parecer escenas terribles; el dulce Rodin, dejando aflorar un Rodin desconocido para sus amigos, gritaba: ‹¿Qué me importa Monet, qué me importa todo el mundo? Yo solo me ocupo de mí›». Es decir, la relación entre los maestros de la escultura y de la pintura modernas no sucedió sin choques, choques que naturalmente Mirbeau silencia en su artículo laudatorio publicado en *L'Écho de Paris,* dedicado enteramente a Rodin. Al parecer, después de escribir el prefacio para el catálogo de la exposición, donde copió varios párrafos de su artículo sobre Monet aparecido en *Le Figaro* en marzo, la inspiración del escritor comienza a descender. Así, en el *Gil Blas* se contenta con publicar extractos del prólogo. Este desfallecimiento pasajero no le impedirá proponer sus servicios para un nuevo artículo, que se publicará en *Le Figaro,* para paliar el rechazo de Albert Wolff, que parece estar irritado por la actitud de Monet con respecto a él.

No obstante, la revista de prensa es abundante. La crónica de Geffroy en *La Justice* no reserva sorpresas y Roger-Milès, en *L'Événement,* se contenta con remitir al elogioso artículo que dedicó al artista en el mismo periódico en marzo. Igualmente favorables son una breve noticia en *Le Matin* y un estudio más amplio de Charles Frémine en *Le Rappel.* Este último habla de «una exaltación de colores que saltan por encima de la gama natural». J. Le Fustec, de *La République française,* muestra más reservas que elogios, pues acusa a Monet de «emplear demasiado a menudo una representación que hiere la vista». De hecho, en Antibes como en Belle-Île, en Fresselines como en Giverny, el pintor ve los colores de modo diferentes al común de los mortales. Los raros críticos que le son hostiles continúan atacándolo, basándose en esta visión personal. Este es el caso de Alphonse de Calonne en *Le Soleil,* quien con el título «El Arte contra la naturaleza» resume un desarrollo al que diagnostica «una funesta enfermedad del aparato visual», el famoso daltonismo, al mismo tiempo que denuncia una ejecución «inverosímil» bajo el efecto de una «idea fija». Por su parte, Rodin es acusado de «rebajar la naturaleza y de representarla tan fea como sea posible». Esta no es la opinión de Jules Antoine, quien, llevando su análisis aparecido en *Art et Critique* más lejos que la mayoría de sus compañeros, revela que Claude Monet «ha llegado al uso del color puro y a la simplificación del procedimiento», sin alcanzar «el puntillismo». Por su lado, Raoul dos Santos, en *Le Journal des Artistes* subraya «la extraordinaria variedad» de su obra y su rechazo de «la especialización». En la sección «París al día», que publica regularmente *Le Siècle,* Fernand Bourgeat, prodigando elogios por igual a los dos artistas, proporciona una interesante indicación sobre el peso específico respectivo: «Monet es el más controvertido aún (en realidad, es el único controvertido, pues ya nadie osa atacar a Rodin)». Esta apreciación explica bastante bien por qué, de los dos, el pintor suele aparecer como el demandante, mientras que en numerosas ocasiones se ha manifestado la reserva del escultor. Sin embargo, Joseph Gayda estima que los dos artistas han salido ganando. En *La Presse* escribe: «Ninguno de ellos era conocido por el gran público y su obra no había sido acogida todavía con esa exclamación de entusiasmo que cambia en celebridad la notoriedad adquirida, y que hace de un nombre extendido un nombre glorioso».

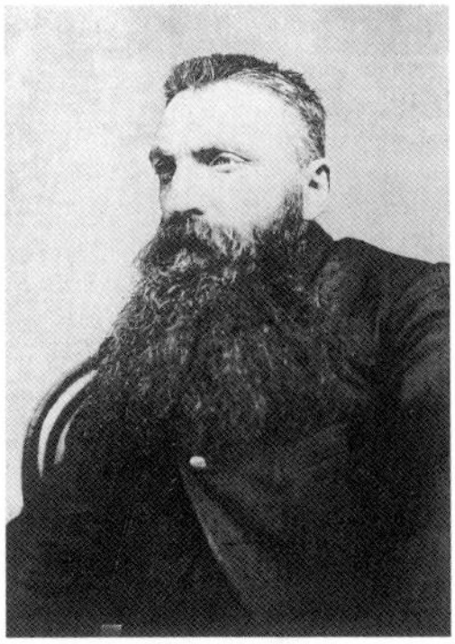

Auguste Rodin en 1889

En julio, mientras Monet sigue insistiendo a Petit para que este haga algunas mejoras de detalle, las publicaciones semanales y mensuales retoman lo tratado en la prensa diaria, en ocasiones con sorpresas desagradables. Sobre el éxito inmediato, finalmente menos neto en cuanto a número de visitantes de lo que cabía esperar de los artículos escritos al calor de la inauguración, una carta de Mirbeau es especialmente reveladora: «No se desanime. Y sobre todo no crea que su exposición es un fracaso por los pocos visitantes que acuden actualmente... Créame, el éxito de un artista no depende del número de asistentes a sus exposiciones». El hecho de que la temporada esté avanzada no lo explica todo, pues el público continúa afluyendo al Campo de Marte. En este contexto hay que situar la nota que Monet dirige a Petit a mediados de julio. Pero Mirbeau no tiene menos razón cuando asegura que, en realidad, la exposición es «un gran éxito». El futuro confirmará el pronóstico que De Bellio había hecho ya antes de la inauguración: «Ahora, ¡viva Monet! ¡Viva Rodin! ¡Hurra!».

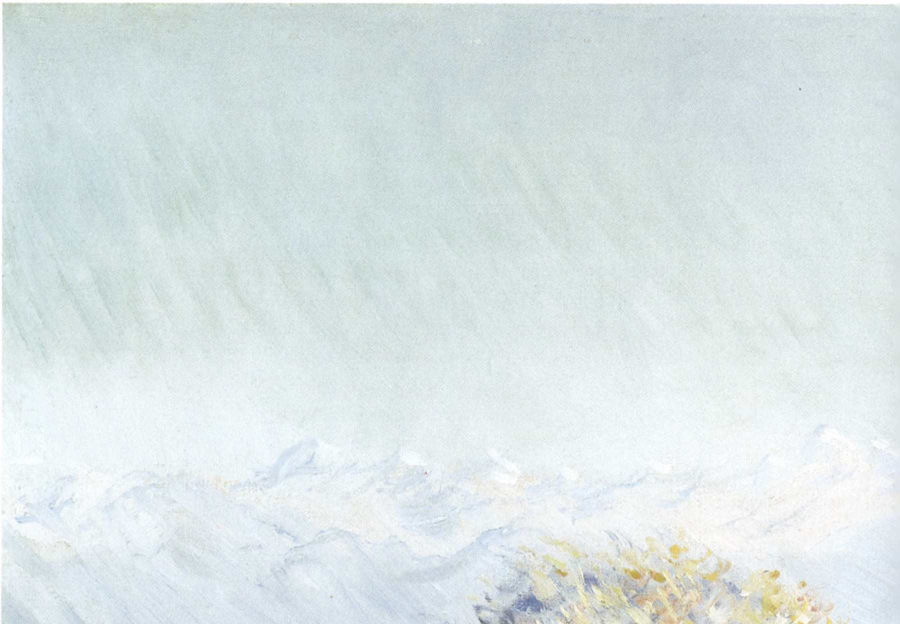
Claude Monet 88

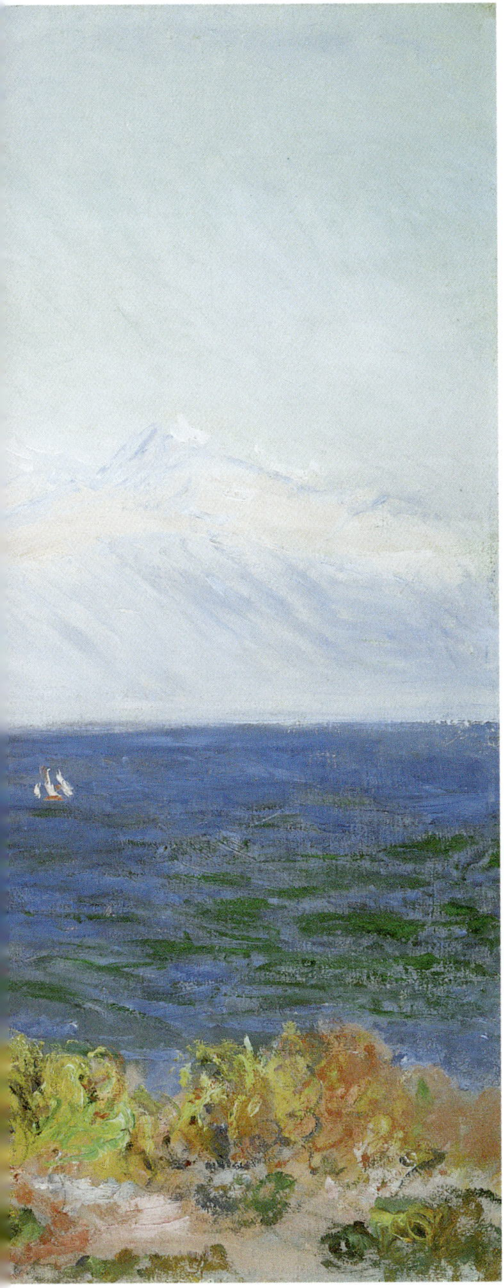

En el cabo de Antibes, con viento mistral
1888
65 x 81 cm
Museum of Fine Arts, Boston

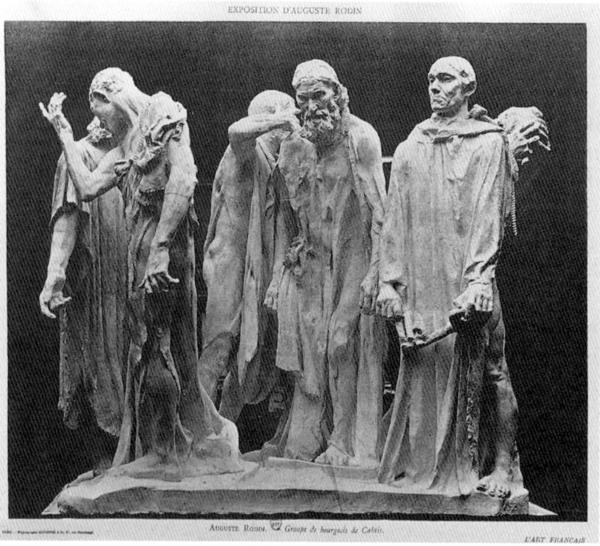

Auguste Rodin
Los burgueses de Calais
Fotografía publicada en *l'Art français* el 6 de julio de 1889 (n.º 1 de la exposición «Monet-Rodin»)

Homenaje a la memoria de Édouard Manet

Con el n.º 487 del catálogo de la exposición del centenario del arte francés figura un cuadro que durante mucho tiempo fue controvertido y que vuelve a dar que hablar: *Olimpia* de Manet. El escándalo que este lienzo provocó en el Salón de 1865 no se había olvidado. En 1884, la viuda del artista lo tuvo que rescatar en la subasta pública de su taller. Sin embargo, un visitante norteamericano de la Exposición Universal parece haber manifestado interés en adquirirlo. John Sargent avisa a Monet, con quien mantiene estrechas relaciones desde hace años. Monet decide comprarlo y donarlo al Louvre. De ese modo aparecerá a los ojos de todo el mundo como el heredero moral de Manet. Solo con una suscripción será posible reunir los fondos necesarios: 20.000 francos. El éxito de la acción constituirá una brillante revancha, un cuarto de siglo después de la primera exposición de la obra. Una vez tomada la decisión, Monet escribe personalmente a todos aquellos de quienes espera una respuesta favorable. La primera respuesta que le llega es la de De Bellio, fechada el 16 de julio de 1889. La suscripción comenzó, pues, a finales de junio o comienzos de julio. El siempre generoso galeno suscribe 1.000 francos y resume en términos excelentes los objetivos que con ello persigue: «La suscripción tendrá el triple mérito de ser un justo homenaje a la memoria del pobre y querido Manet, de ayudar discretamente a su viuda y de conservar en Francia una obra realmente valiosa».

Monet hace suyos los dos primeros puntos de este análisis en sus cartas posteriores, en particular en la que dirige a Émile Zola el 22 de julio: «Es el más bello homenaje que nosotros podríamos hacer a la memoria de Manet. Al mismo tiempo, es una forma discreta de ayudar a su viuda». Ese «nosotros» se refiere a un pasado común, pues el asunto del *Olimpia* es también la celebración de un glorioso recuerdo, el de la escuela de Batignolles. Sorprendentemente, el autor de *Rougon Macquart*, que tantas batallas ha librado en defensa de Manet durante el Segundo Imperio, se niega ahora a apoyar este nuevo combate que, a sus ojos, reviste un aspecto especulativo demasiado desagradable. Resume su posición en términos categóricos: «Manet irá al Louvre, pero es necesario que lo haga por sí mismo, por pleno reconocimiento nacional de su talento, y no a modo de regalo, que suena demasiado a camarilla y reclamo». Cuando le llega esta noticia, el 23 de julio, la acción de Monet está demasiado avanzada como para echar marcha atrás. Después de los 1.000 francos de De Bellio, han suscrito cantidades similares Leclanché, Duret y Rouart. Pronto, madame S. Scey-Montbéliard, una joven amante de la pintura de Monet, suscribirá 2.000 francos. No obstante, la mayor parte de las contribuciones son muy modestas, de modo que Monet debe seguir buscando fondos durante todo el verano y parte del otoño. Solo el pobre Rollinat escapa a esta solicitud interesada, como se desprende de una carta de agradecimiento que dirige al pintor por el envío de un cesto de ciruelas, acompañada de consejos: «No se deje amargar la existencia. Sin trabajar tan febrilmente como en Fresselines, entretenga el pensamiento, el ojo y la mano ante las grandes fisonomías y los colores de la naturaleza. En suma, es mejor cansarse de trabajar que estar ocioso». Necesita dos cartas para obtener 200 francos de Durand-Ruel, que justifica con dignidad que la cantidad sea tan módica y que se abstenga de intervenir ante terceros. Jourdain y Burty no disponen, cada uno de ellos, más que de 25 francos. James Tissot acompaña la promesa de aportar 100 francos con tantas explicaciones que no sorprenderá que, al final, su nombre no aparezca en la lista de suscriptores. Albert Hecht está conforme con entregar 500 francos, pero con la condición de que se indiquen solo sus iniciales. Aunque espera que la administración rechace el cuadro, precisa que sería más peligrosa aún la aceptación, pues la elección del cuadro no le parece «apropiada para el Museo del Louvre». Después de la muerte de Albert, su viuda y su hermano, Henri Hecht, adoptarán la misma actitud. También otras personas se mostrarán reticentes en relación con el proyecto. Si se añade que Mary Cassatt, Faure y Haviland se adhieren al rechazo de Zola, no sorprenderá que Monet conozca momentos de desmoralización, agravada por el mal tiempo que le impide trabajar como querría.

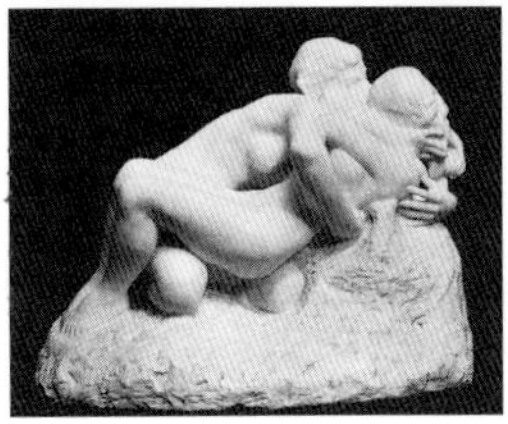

Auguste Rodin
Satyresses
1885
Ateneumin Taidemuseo, Helsinki
(n.º 14 de la exposición «Monet-Rodin»)

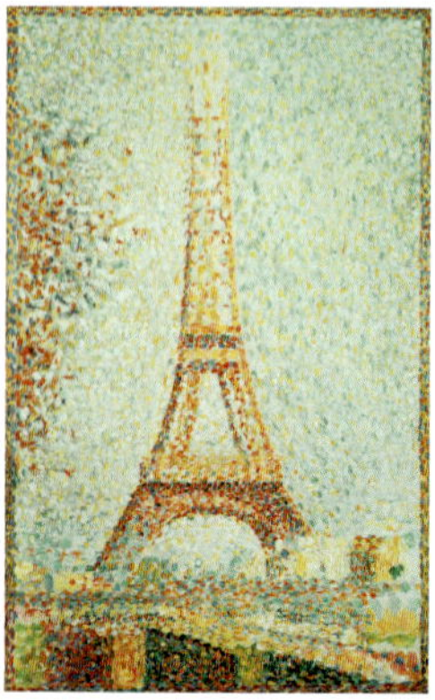

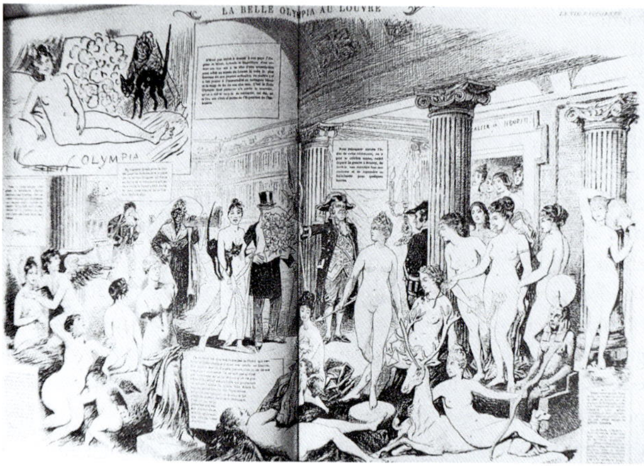

ARRIBA
Georges Seurat
La Torre Eiffel
1889
The Fine Arts Museums
of San Francisco

ARRIBA A LA DERECHA
Anónimo
La bella Olimpia en el Louvre
publicado en *La Vie parisienne*
del 22 de febrero de 1890

Pedagogía y evolución

Entre los visitantes que acuden a él en el verano de 1889, Monet recibe con particular deferencia a un grupo de norteamericanos compuesto por un joven escultor, una estudiante, Lilla Cabot, y su compañero, Tom Perry. Seducida por la personalidad del artista, Lilla hace saber a sus compatriotas de Boston que si lo desean puede adquirir un Monet a 500 dólares la pieza. Recibe una respuesta positiva y compra, para su cliente, un *Étretat* que el artista pretende no entregar sin antes retocar, delante del motivo. Haya tenido o no la oportunidad de llevar a cabo ese propósito, la joven se lleva el cuadro a Estados Unidos a su vuelta, en el otoño, pero la obra solo encuentra gracia ante un norteamericano, John la Farge, de Boston.

Durante una decena de años, Lilla y Tom Perry acudirán regularmente a Giverny, alquilarán una casa cerca de la del artista y estarán muy orgullosos de que el artista venga a su jardín después de comer para fumar una pipa antes de volver al trabajo. Aún más: Lilla Cabot se beneficiará del ejemplo e incluso de los consejos del maestro.

¿Habría sido Monet un profesor liberal, si hubiera consentido en tener alumnos, como afirma Lilla Perry? La cuestión necesariamente ha de quedar en suspenso, pero las observaciones que Lilla hizo a su lado no dejan de tener interés. Para el pintor, el primer contacto con el motivo reviste una importancia primordial y, ya en la primera sesión, el lienzo ha de quedar cubierto completamente. Por ejemplo, un estudio en el que Monet solo ha trabajado una vez está cubierto de pinceladas de medio centímetro de grosor, separadas como unos 2 cm unas de otras, que fijan el aspecto del conjunto. Cuando ha trabajado el lienzo una segunda vez, las pinceladas empiezan a estar más cerca unas de otras y el tema comienza a tomar forma. El cuadro se ha de trabajar tanto como el artista juzgue necesario; solo él puede determinar el momento a partir del cual le es imposible ir más lejos. Como a la joven le gusta pintar figuras al aire libre, Monet le recomienda trabajar dando la misma importancia a una hoja de árbol que al rostro de una modelo. Muchos lienzos del maestro responden de modo admirable a esta exigencia. Así lo consideran muchos: como un maestro. No obstante, Monet no escapa a los ataques de quienes siguen considerando que sus obras son mediocres. Por ejemplo, en *La Vogue* de septiembre de 1889, Félix Fénéon pone los resortes de su prosa poética al servicio de una ambigua animadversión: «La variedad de tantos cuadros es cuestión de geografía y de calendario. En ninguna otra parte la esencia de un paisaje está restituida de una manera tan inesperada o ferviente, aparece por doquier la alegría de un buen pintor que va a llevar los colores de la naturaleza al lienzo, la exaltación de las virtudes vulgares, todos los prestigios de una ejecución maravillosa irradiados sobre una banalidad lírica y esta belleza exterior, inmediata e imprudente… Esta obra, cuyo programa atrae con sus promesas de diversidad, emana monotonía». Aunque este lenguaje simbolista no siempre resulte claro, se puede advertir que los ataques contra Monet proceden no solo de círculos académicos.

Si el poeta es profeta, Fénéon es poeta, pues esta «monotonía» que denuncia, que subyace como una amenaza o como una promesa, pronto tomará unas dimensiones hasta entonces desconocidas. El principal responsable parece ser la edad: Monet se va acercando a los 50 y cada vez se le hacen más incómodos los incesantes desplazamientos. En segundo lugar, y de una manera inesperada, el asunto del *Olimpia* ha obstaculizado su trabajo durante casi un año. «En lugar de

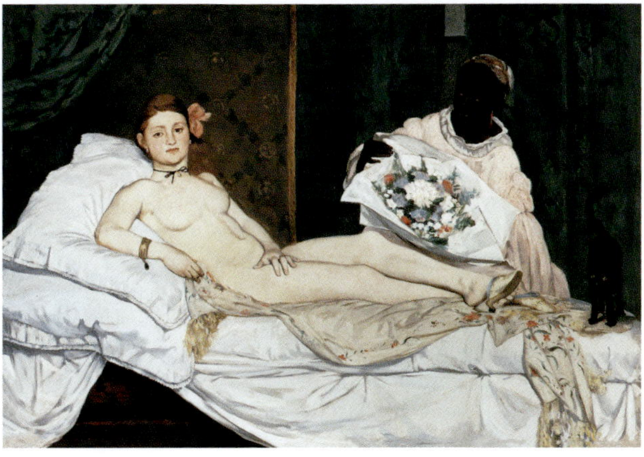

Édouard Manet
Olimpia
1863
Musée d'Orsay, París

pintar —apunta Jean-Pierre Hoschedé— se pasa los días escribiendo cartas y más cartas, con la pluma en la mano.» Cuando deje el cálamo para volver a empuñar el pincel, mientras corre el año 1890, una cosa habrá cambiado definitivamente: los cuadros aislados se harán cada vez más raros. Por el contrario, las series constituirán progresivamente su principal, si no su único modo de expresión.

El incidente con Antonin Proust

A mediados de octubre de 1889, la suscripción para el *Olimpia* supera los 15.000 francos. Berthe Morisot, cuñada de la viuda de Édouard Monet, considera que es suficiente. Pero Monet es de otra opinión y continúa su búsqueda de fondos, sin que las liberalidades de ciertos donadores se correspondan necesariamente con lo esperado. Así, Geffroy, Huysmans, Roger-Marx y Rodin aportan 25 francos, lo mismo que Marie-Auguste Flameng. A pesar de que le promete un boceto, Mallarmé aporta asimismo solo 25 francos, defraudado por la noticia de que Monet ha renunciado a suministrar el dibujo destinado a ilustrar *La Glorie.* Con todo, siguen recibiéndose donativos y el 23 de noviembre se ha reunido la cantidad de 18.550 francos.

Pero el problema ha dejado de ser fundamentalmente de orden económico. ¿De qué sirve conseguir el dinero para comprar el cuadro si el Estado rechaza el regalo? Suscriptor con 300 francos, Puvis de Chavannes se atreve a dar el primer paso. Está considerado como «ceremonioso y complicado», al mismo tiempo que «hombre amable». Aconseja a Berthe Morisot que sondee las intenciones de la Administración por la intermediación de Antonin Proust, diputado del departamento de Deux-Sèvres y amigo de la infancia de Manet, ministro de Bellas Artes con Gambetta y, recientemente, comisario de la Exposición Universal. Cuando la propuesta llega a Monet, este ya se ha puesto en contacto con esta influyente persona, que aparentemente se encuentra en mejor posición que nadie para hacer triunfar la causa del *Olimpia.*

Mientras que Suzanne Manet le agradece una iniciativa de la que solamente le ha informado, recibe una nueva prueba de las dificultades que le esperan con la reacción de Joseph Reinach, diputado de Basses-Alpes y asimismo antiguo colaborador de Gambetta, que rechaza su participación invocando su «conciencia artística». El 14 de noviembre, y después de haber hecho todo lo posible para evitar un encuentro personal, Antonin Proust expone a Monet su posición por escrito: Manet entra en el Louvre, con cuadros que no corran el riesgo —como el *Olimpia*— de provocar el rechazo del museo, apoyado en su oposición por la opinión pública. A la espera de que esta cambie, Proust aboga por la constitución de una asociación que compre obras contemporáneas para presentarlas al Estado, cuando este se muestre receptivo. En este sentido, Proust

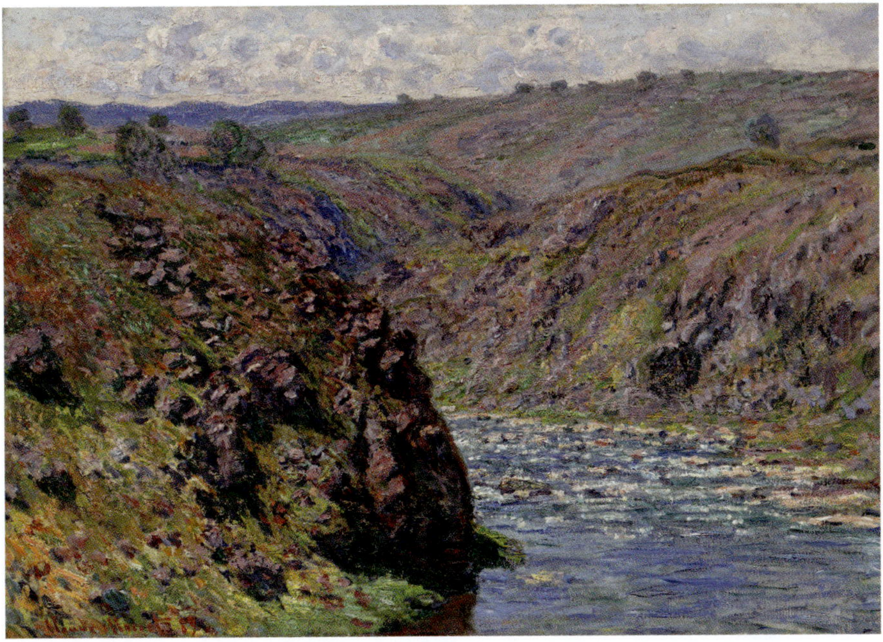

El valle del Creuse con sol
1889
65 x 92 cm
Museum of Fine Arts, Boston

suscribe 500 francos. Poco más tarde, Georges Lafenestre, conservador en el Louvre, viene a poner un freno más: en una conversación con el grabador Bracquemond, da a entender que no parece fuera de lugar una admisión transitoria en el Luxemburgo. Monet piensa en aceptar esta solución provisional, animado en esta postura por Berthe Morisot, persuadida de que «solo cabe derribar las puertas, si estas se pueden derribar».

La anécdota que refiere la joven, según la cual el director de los Museos Nacionales, Kaempfen, fue groseramente amenazado por un partidario incondicional del *Olimpia* —«ya nos ocuparemos de que usted se vaya, para que entre Manet»—, da una idea de la violencia de las pasiones desencadenadas por este asunto. La temporada parecía eminentemente favorable a dichos apasionamientos: en diciembre de 1889, en la Sociedad de Artistas se produce un vivo incidente que lleva a la escisión, de la que nace la Sociedad Nacional de Bellas Artes. A partir de entonces, Francia contará con dos «salones»: el tradicional de los Campos Elíseos y el disidente del Campo de Marte. Entre los campeones de la disidencia figuran, bajo la égida del belicoso Meissonier, Puvis de Chavannes, bastante menos circunspecto que cuando se trató de apoyar a Manet, y muchos otros suscriptores del

Olimpia: Carlous Duran, Bracquemond, Roll, Duez, Gervex, Cazin, Besnard y Rodin. Probable suscriptor, Guillement —antiguo compañero de Zola y de Cézanne— y Vollon, que no llega a suscribir, se mantienen fieles a la vieja Sociedad, al lado de Robert-Fleury, Gérôme y Bouguereau. En el momento en que la vieja guardia se divide, precipitando un poco más el declinar de las instituciones tradicionales, el asunto del *Olimpia,* hasta entonces circunscrito al pequeño mundo de los amigos y conocidos de Monet, se convierte en una cuestión parisina con el anuncio prematuro de la adquisición de la obra por parte del Estado, según la propuesta de Antonin Proust. La *Chronique des Arts* del 18 de enero desmiente la noticia, precisando que «el Louvre se muestra absolutamente reacio a esta adquisición». Dos días más tarde, en *La République française,* Proust asegura que en ningún momento ha hecho nada que pudiera interpretarse como contrario al respeto debido a la memoria del pintor. Para que Manet entre en el Louvre como se merece, es suficiente con esperar el

El Creuse a la puesta del sol
1889
67 x 82 cm
Colección particular

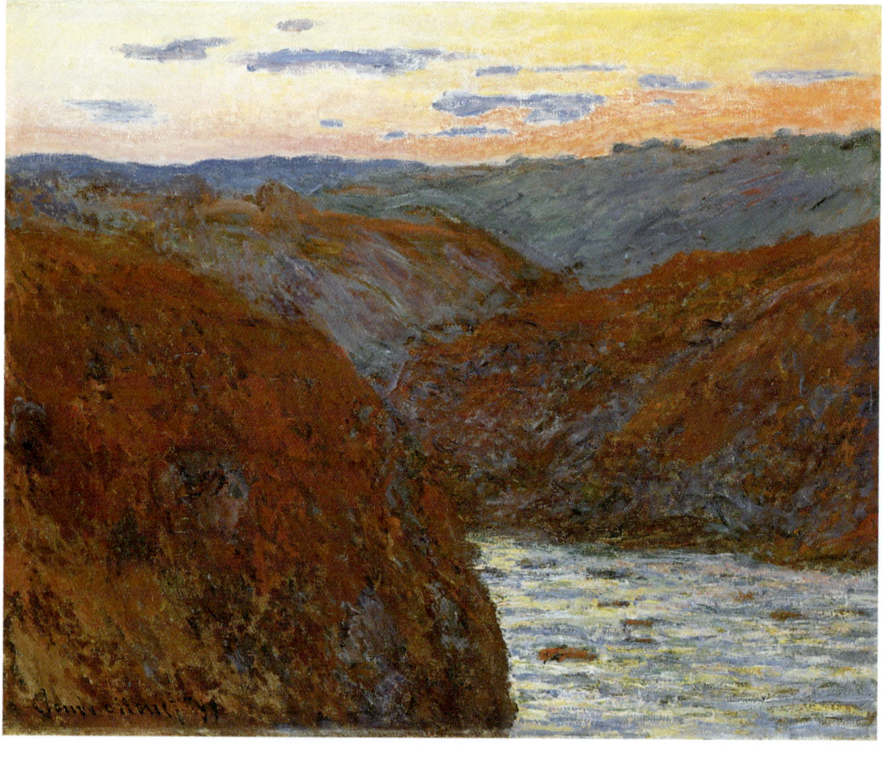

momento preciso. Interrogado por Gaston Calmette en los pasillos de la Cámara de los Diputados, Proust indica que *Olimpia* no es el cuadro de Manet que le gustaría ver en un museo, que los promotores del asunto no estaban tan preocupados por el paradero de la obra como por la situación material, «triste y lamentable» de la viuda. Es por este motivo por lo que él mismo y sus amigos se han sumado a la suscripción, permitiendo que «el adicto instigador» Claude Monet reuniera los 17.000 francos.

Al recordar los apuros de la viuda del artista, Proust no hace más que repetir uno de los motivos a los que Monet se ha referido continuamente en las cartas que ha escrito incansablemente en los últimos seis meses, sin que nadie se sintiera llamado a compasión. Sin embargo, el recurso a este argumento en el artículo de Calmette publicado en *Le Figaro* del 21 de enero produce una viva oleada de indignación. Al día siguiente, el diario inserta la protesta de Eugène Manet, que pone en duda la sinceridad de las afirmaciones de Proust, que «desnaturalizan completamente las intenciones de los suscriptores». Esta es también la postura de Suzanne Manet, quien declara a los lectores de *Le Figaro* y de paso a los suscriptores que no tiene «ninguna necesidad de ayudas de este estilo». El asunto se va extendiendo cada vez más. Monet acusa directamente a Proust de participar en una campaña dirigida contra Manet. En su respuesta, el político —acostumbrado a las retractaciones públicas de las campañas electorales— declina toda responsabilidad de las afirmaciones que ha puesto en su boca Calmette pero, en el fondo, confirma valientemente su rechazo a asociarse a una empresa que «tiene como objetivo someter al juicio del Louvre una obra de Manet, y particularmente el *Olimpia*», lienzo que el pintor no eligió cuando él —Proust—, siendo ministro, le pidió en 1882 que designara un cuadro para el Luxemburgo.

Apoyado por la familia Manet, Monet no se da por satisfecho y exige una rectificación en *Le Figaro*. El mismo día en que se dirige a Proust para requerirle a hacerlo, este puede leer en el mismo periódico una carta pública de Mirbeau que le deja maltrecho: si Proust se mostró «muy entusiasmado» con Manet después de la Exposición Universal es porque se sintió adulado por haber visto su retrato en la sala de honor de la exposición del centenario del arte francés. Más tarde descubrió que «al *Olimpia* le faltaba algo... probablemente que no era el retrato de monsieur Proust». De ahí el cambio de opinión, que comenta de la siguiente manera: «En la estética del antiguo ministro de Bellas Artes hay misterios insondables». El artículo continúa con la glorificación «de los corazones fieles» que no «corren el peligro de descarriarse con las pequeñas maquinaciones de los políticos, ni de salir de los pegajosos papelotes de oficina». Es comprensible que Proust, cuando lea esta carta, no comparta la satisfacción de Eugène Manet, como se aprecia en su respuesta a Monet: «Desde hace tres semanas, la prensa me viene atribuyendo una iniciativa que le pertenece a usted. Usted se ha quedado mudo; está en su derecho. Yo he hablado; estoy en el mío. Hoy, usted piensa que mis palabras han sido desatentas para con usted. Si se siente ofendido, espero a sus padrinos». Afortunadamente, Mirbeau se encuentra retenido en Niza, por lo que los dos testigos designados por Monet son Théodore Duret y Gustave Geffroy. Este último hace publicar un artículo muy moderado en *La Justice,* que augura su actitud de mediador. Deja a Monet en la terraza de un café y, en compañía de Duret, llama a la puerta de Proust, en el 32 del boulevard Haussmann. Cuando salen, los dos aliados aseguran que el encuentro será pacífico. Este se celebra sin la presencia de terceros, y el informe que Monet dirige a Geffroy da a entender que Proust se ha mostrado casi demasiado amable, lo que permite al pintor —ahora, que todo peligro mayor está descartado— esbozar una fácil variación del famoso «Timeo Danaos et dona ferentes» (temo a los griegos aún cuando hacen regalos). En el fondo, a estos dos antiguos amigos de Manet no les separa más que una simple cuestión de oportunidad. Los dos defienden la misma causa: el triunfo de la pintura moderna.

Gustave Larroumet, un director en apuros

Animado por la afortunada solución del incidente con Proust, Monet despliega una actividad de vértigo. No se sabe qué admirar más, su fuerza moral o su habilidad de maniobra. En los primeros días de febrero, está en condiciones de enviar una circular impresa a los suscriptores para rogarles que abonen las respectivas cantidades. Algunos privilegiados tienen incluso derecho a una carta personal, pero la operación reservará todavía algunas sorpresas. Una cuestión más delicada aún es la tarea que Monet emprende cerca de Armand Fallières, ministro de Instrucción Pública y Bellas Artes, en compañía de Camille Pelletan, que Proust se ha ocupado de alertar. El pintor y el político son recibidos en audiencia el 7 de febrero por el futuro presidente de la República, al que Monet entrega una carta anunciando la donación del *Olimpia.* Como, según el reglamento del Louvre, han de pasar 10 años desde la muerte del artista hasta que sus obras sean admitidas, el museo del Luxemburgo es «el más indicado para recibir el *Olimpia* y conservarlo hasta entonces». Se añade a la carta la lista de los donantes, en orden alfabético de sus iniciales. A la mañana siguiente, *Le Figaro* publica los dos documentos, que reproducirán asimismo otros diarios y varias revistas especializadas.

La presencia entre los firmantes de personalidades políticas tan representativas como el radical Pelletan, el oportunista Proust y el socialista Alexandre Millerand impresiona a Armand Fallières pero, republicano respetuoso de las leyes, aplica aquellas por las que se rige su ministerio. En una carta del 12 de febrero, encarga al director de

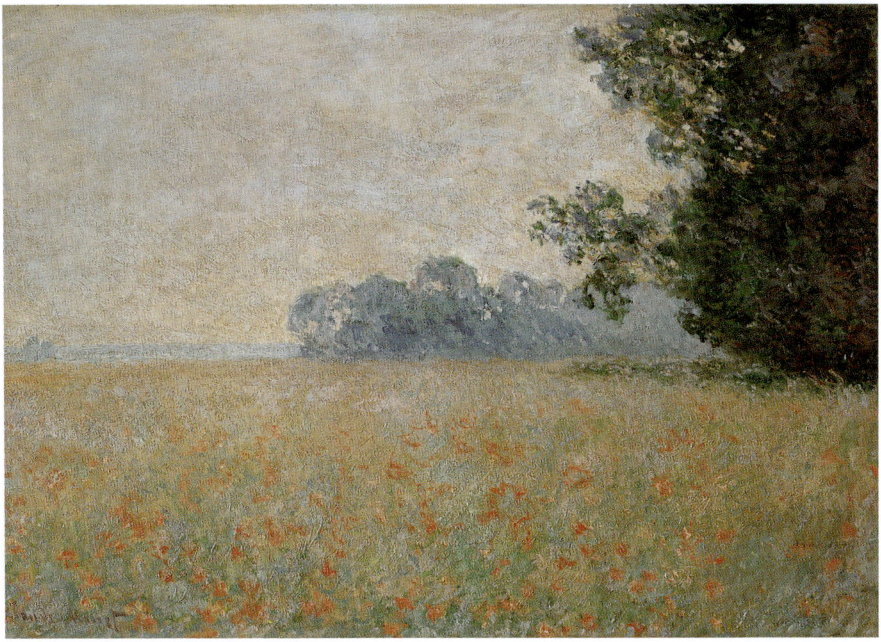

Bellas Artes y al comité consultor de los museos que «examinen la naturaleza de esta donación, según los reglamentos». La causa no está ganada aún. A las tradicionales hostilidades de los medios académicos se vienen a añadir las reservas de los críticos no comprometidos, como A. Dalligny y A. de Lostalot. Este último se niega a admitir con Monet que *Olimpia* sea «una de las obras más características de Édouard Manet, la que le hace aparecer en plena lucha victoriosa, maestro de su visión y de su capacidad». El director de Bellas Artes, Gustave Larroumet, no ignora la importancia de la decisión que debe tomarse. Antes de la reunión ordinaria del comité, consulta a Monet para saber si la admisión en uno de los dos museos, el Louvre o el Luxemburgo, constituye una condición *sine qua non.* A vuelta de correo sabe que así es. La sesión en que se decidirá el destino del *Olimpia* se celebrará el 13 de marzo de 1890. Dos días antes, el cuadro ha salido de la casa de madame Manet, en Gennevilliers, para ser examinado por los miembros del comité, presidido por monsieur Kaempfen, director de los Museos Nacionales. Se plantean tres cuestiones: ¿Es posible admitir inmediatamente el *Olimpia* en el Louvre? Respuesta: no. Segunda: ¿es posible llevarlo provisionalmente al Luxemburgo a la espera de que pasen los 10 años previstos antes de enviarlo al Louvre? Respuesta: no.

Campo de avena con amapolas
1890
65 x 92 cm
Musée des Beaux-Arts, Estrasburgo

Tercera pregunta: ¿es posible admitirlo en el museo del Luxemburgo? Respuesta: sí, pero sin que se tome una decisión sobre su posterior paradero. Cuando le comunica el resultado de la deliberación, Larroumet hace observar a Monet que este último punto modifica una de las condiciones impuestas por los suscriptores, por lo que le pregunta si se mantiene el ofrecimiento de donación. Una vez que quede claro este extremo, enviará el texto al ministro, al menos cuando el Ministerio tenga un nuevo titular, pues Fallières ha perdido la cartera cuando ha dimitido el gobierno Tirard.

Esta vez, Monet solicita un plazo de reflexión. Camille Pelletan escribe enseguida a Léon Bourgeois, nuevo ministro de Instrucción Pública y Bellas Artes en el gabinete Freycinet, formado el 17 de marzo, para recomendar una interpretación de la deliberación más favorable a las tesis de los donantes. La respuesta ministerial equivale a un rechazo de modificar la posición anteriormente definida. Contra la opinión de madame Scey-Montbéliard —esta piensa que, tras el rechazo del Louvre, el cuadro ha de seguir siendo propiedad de los suscriptores—, Monet mantiene la oferta de donación, con la condición de que no quede excluida una posterior admisión en el Louvre y que, a la espera de dicha admisión, el cuadro no salga del Luxemburgo. «Le debo hacer observar que esta es una condición nueva», replica Larroumet. Sin excluir la posibilidad de su entrada en el Louvre con ocasión de una modificación, asegura que la Administración «se esforzará por conservarlo siempre en París y a la vista del público». Sería ingenuo quien se imaginara que Monet se daría por satisfecho con esta respuesta y, en efecto, pide que el ministro confirme «la garantía» dada por su director. Este último protesta: solo ha expresado una «muestra de benevolencia»; se siente superado y remite el dosier a manos de Léon Bourgeois, que juzgará en último término. La decisión ministerial, de acuerdo con el voto del comité, se le comunica a Monet en forma de carta pero esta decisión no es irrevocable, sobre todo después de la visita del terrible Pelletan, que no tarda en comunicar a Larroumet el éxito de su empresa. La retirada de Léon Bourgeois es poco gloriosa: pide a Monet que le devuelva su carta y le enviará una nueva, más conforme a sus deseos. Con su recepción, la «muestra de benevolencia» recientemente expresada por Larroumet recibe el aval ministerial, con la promesa de conservar definitivamente *Olimpia* en París y «a los ojos del público», sin prejuicio de un ulterior traslado al Louvre.

El pequeño drama ha tenido, por tanto, un final feliz. Sin embargo, antes de firmarse el acto de donación, Monet y Larroumet intercambiarán aún varias cartas, últimos ecos de un largo combate en el que el director de Bellas Artes apenas contará con el apoyo de su ministro, mientras que el pintor se beneficiará de una ayuda constante de Camille Pelletan, dispuesto a hacer las cosas más

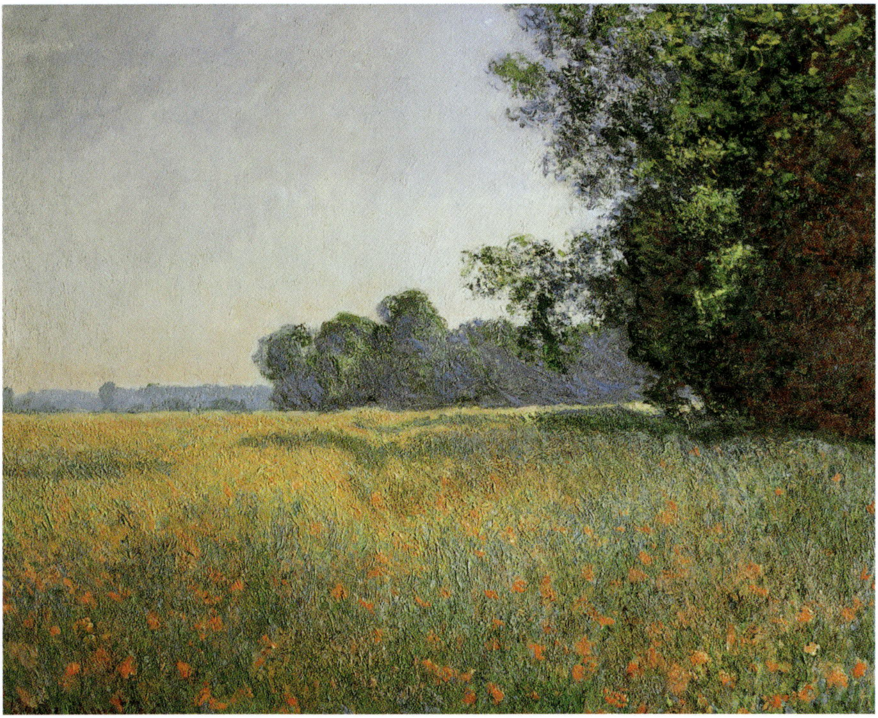

indiscretas y, sin duda, menos preocupado de servir a la causa del *Olimpia* que de poner en un brete a un miembro del Gobierno. Durante todo el asunto, Georges Clemenceau, director de *La Justice*, del que Pelletan es redactor jefe, ha guardado absoluto silencio, hasta el punto de no participar en la suscripción. «El Tigre», todavía no repuesto completamente del «affaire Boulanger», está ocupado con los primeros síntomas del escándalo de Panamá, que también le afectará a él. En cuanto al *Olimpia*, que las maniobras más o menos desinteresadas de estos señores casi nos había hecho perder de vista, entra en el Luxemburgo en marzo de 1890, después de abonar 19.415 francos a madame Manet. Antes de que encuentre un sitio en una de las salas del museo, habrá de esperar las reformas anuales que suelen hacerse en el otoño. Irá al Louvre en 1907, bastante tiempo después de los 10 años originariamente previstos por sus partidarios, tras la orden formal de Clemenceau, que ha pasado a ocupar el primer plano de la escena política, antes de imponerse en la de la Historia.

Campo de avena y amapolas
1890
73 x 92 cm
Colección particular

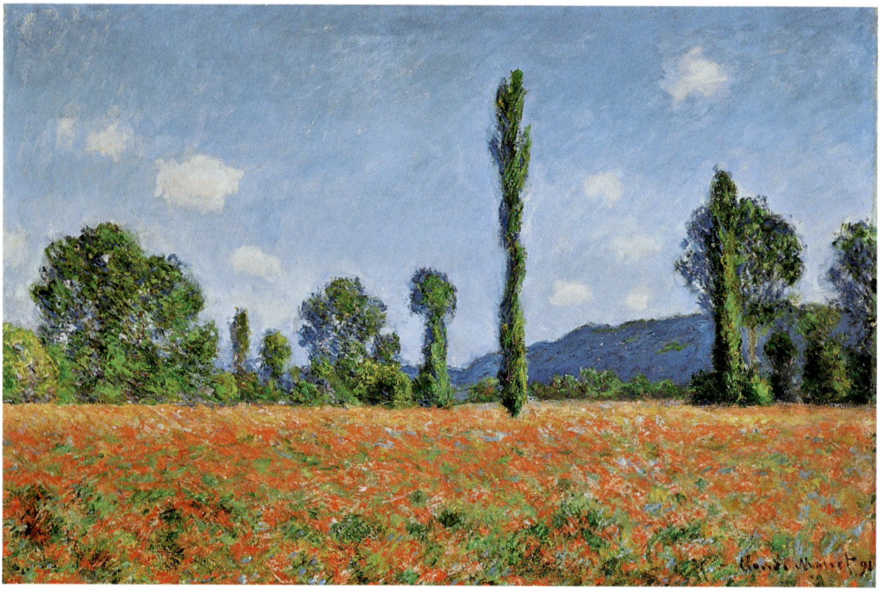

Campo de amapolas
1890
61 x 96,5 cm
Mr. and Mrs. W.W. Kimball Collection, The Art Institute of Chicago

«No se atormente con un querer imposible»

El 1 de mayo de 1890, abre sus puertas el salón de los Campos Elíseos. Quince días más tarde le toca el turno a su joven competidor, el del Campo de Marte. Entre las obras expuestas se encuentra el retrato de Ernest Hoschedé realizado por Louis Picard, prueba de la notoriedad que ha alcanzado el marido de Alice en los últimos años de su vida. Reconvertido a la crítica del arte después de su fracaso en los negocios, se muestra cada vez menos interesado por los impresionistas, que han precipitado su ruina, antes de que uno de ellos le quitara a la mujer. Este Monet, afortunadamente, no está ni en el Palacio de la Industria ni en el de Bellas Artes. Sin embargo, su amigo Gustave Geffroy encuentra el medio de citarlo en su comentario al Salón. Quien quiere alabar demasiado, se arriesga a dar algún paso en falso. Esto es lo que sucede a Geffroy cuando ve en el maestro de Giverny un ejemplo del «paisajista universal», capaz de «ir de aquí para allá, deslumbrado a través de este universo que querría expresar todo entero», a diferencia de Corot y de Pissarro, condenados según el autor a quedar confinados a una región.

Brillante en apariencia, este análisis revela una gran ignorancia de la obra de Corot y de Pissarro. Por lo que se refiere a Monet, la falta de perspicacia es evidente, pues el año 1890 marca precisamente un cambio. A partir de ahora, los viajes para pintar serán la excepción;

en las raras veces en que se desplace, utilizará un número reducido de motivos, a los que aplicará el principio de la serie, para reducir a un mínimo los desplazamientos sobre el terreno. Pero Geffroy se equivoca todavía una vez más cuando, en su «Monet», atribuye a las *Ninfeas* las famosas líneas que el artista le ha enviado el 22 de junio de 1890: «Una vez más intento hacer lo imposible: el agua con hierba ondulándose en el fondo… es algo admirable de ver; pero, cuando se intenta pintar, es para volverse loco. ¿Tengo que atormentarme siempre con esas cosas?» J.-P. Hoschedé, mejor informado, restablece la verdad: «La carta de la que se han extraído estas líneas no se refiere en absoluto a las *Ninfeas.* Por esta época, Monet se estaba dedicando a pintar a mis hermanas en barca sobre el Epte, de aguas vivas y transparentes. En ese agua, la pintura de Monet muestra numerosas hierbas acuáticas en un perpetuo movimiento ondulante».

El mal tiempo, la enfermedad de sus «hermosas modelos» y cierta falta de ejercicio después de la larga interrupción impuesta por el *Olimpia,* le provocan desazón, interrumpida afortunadamente por una visita amiga: Berthe Morisot y Eugène Manet viajan de Metz a Giverny el domingo 13 de julio, acompañados por Mallarmé. Para desagraviar al poeta por no haber participado en la ilustración de *Pages,* Monet le invita a elegir un cuadro. Mallarmé se decide por una obra de enormes dimensiones, la ribera del Sena, con la flecha de la iglesia de Jeufosse y atravesada en diagonal por el humo de la chimenea de un tren —símbolo del siglo— rodando en la misma dirección

Campo de amapolas en Giverny
1890
60 x 100 cm
Museum of Fine Arts, Boston

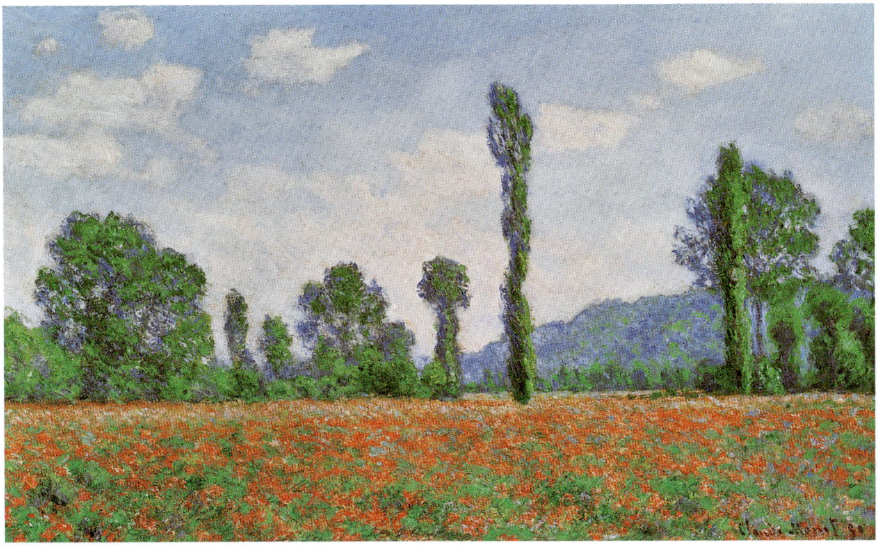

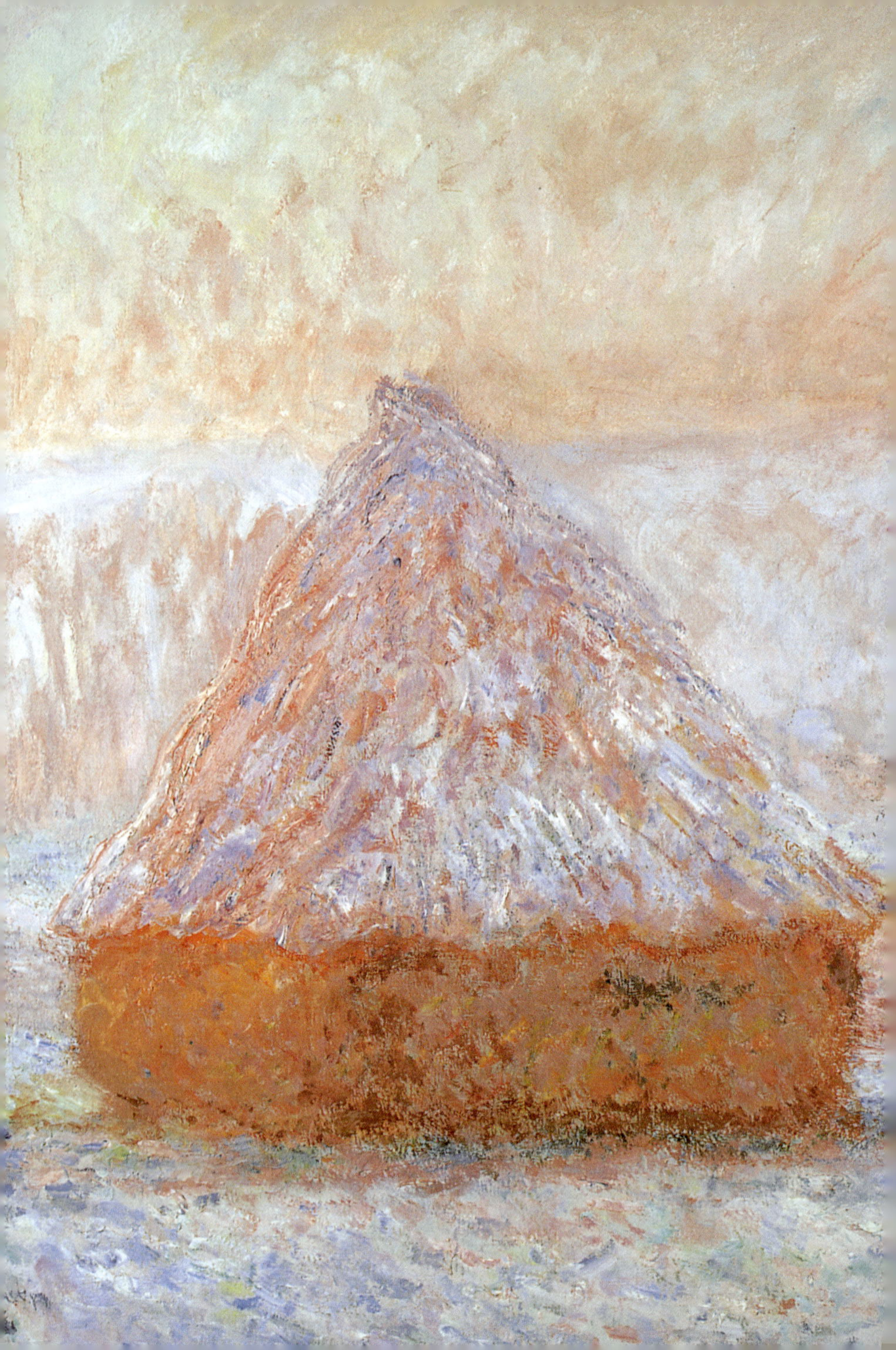

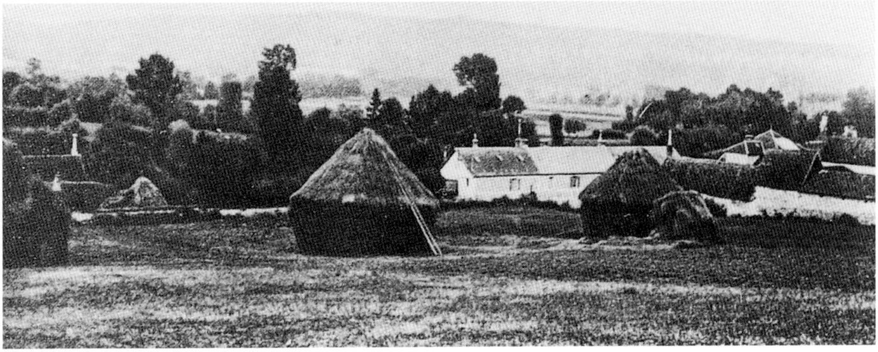

Vista de los almiares desde la casa de Monet en Giverny
Fotografía de época

que el escritor y sus compañeros tomarán en el viaje de regreso. Un viaje muy agitado, pues una procesión de antorchas y otras diversiones populares, propias de la víspera de la fiesta nacional, obstaculizan el avance del coche de caballos que lleva a los viajeros de Mantes a Mézy, última etapa de su excursión. Mallarmé solo se preocupa de que el cuadro no quede dañado, bendiciendo al destino por haberle hecho vivir en la misma época que Claude Monet. Más tarde hará admirar su conquista a Geffroy: «Es tan expresivo como la sonrisa de la Mona Lisa». Como se sabe, la hipérbole es una figura retórica muy querida entre los poetas. En este verano de 1890, también otros visitantes harán lo que el duque de Treviso llamará «la peregrinación a Giverny», más afortunados que la pobre Mrs. Rogers, a la que Théo van Gogh hace desistir de su empresa. Entre los proyectos abortados de viaje hay que contar también el del mismo Théo, que había previsto viajar a Giverny el 14 de julio, en compañía de Valadon. Este viaje habría sido el último por las orillas del Epte de este partidario convencido de la pintura de Monet. Traumatizado por la muerte de su hermano Vincent, Théo ingresará en octubre en la clínica del Dr. Blanche, que solo abandonará para morir en una casa de salud de Utrecht.

Inexorables para los hermanos Van Gogh, los últimos días de julio son también una dura prueba para Claude Monet. Las prolongadas estancias bajo la lluvia y la nieve le han producido reumatismo. Además, ¡han cortado su querida hierba! En horas de desaliento, cómo conforta leer palabras como las que le escribe Octave Mirbeau: «¡Ah! Usted que es una persona fuerte y clarividente, un genio de la creación, que trabaja con cosas verdaderas y sanas, usted es un afortunado, un elegido de la vida. Usted no tiene derecho a quejarse. A sus espaldas tiene una obra enorme y espléndida y aún tiene por delante una obra quizá más bella aún porque, para las personas con

Almiares de Giverny por la mañana (detalle)
1888-1889
65 x 92 cm
Colección particular

un temperamento como el suyo, con el tiempo todo se engrandece, se alarga, adquiere un mayor poder. No se atormente con un querer imposible».

Un paisaje bellísimo

¿Simple coincidencia o resultado de los ánimos que le da Mirbeau? En agosto de 1890, parece haber desechado el pesimismo: «Estoy completamente absorbido por el trabajo», escribe a Paul Durand-Ruel el día 6, y el 24, a Charles: «Trabajo bastante, a pesar de un tiempo variable e incierto». Ese mismo día, le dice a De Bellio, que se sorprende por su largo silencio: «Mi excusa es que trabajo enormemente y que al atardecer estoy agotado y absorbido por lo que he hecho». No hace falta más que echar un vistazo a los *Campos de amapolas* (il. págs. 334, 335), los *Campos de avena* (il. págs. 331, 333) y las *Islas de Port-Villez,* realizados entre dos baños, para calcular la enorme producción del verano de 1890, ahora que el artista ha vuelto a su medio.

Después de la cosecha, el otoño vuelve con el regreso a los *Almiares,* como refleja una carta del 7 de octubre, al menos en el paréntesis que hace Geffroy al transcribir el documento: «Trabajo mucho, estoy intentando una serie de efectos diferentes (de los almiares), pero en esta época, el sol se pone tan rápido que no lo puedo seguir». Siguen las habituales quejas sobre la lentitud de la realización, corregidas por la repugnancia que le causan «las cosas fáciles, hechas de un tirón» y esta afirmación comporta a su vez una ética —«cuanto

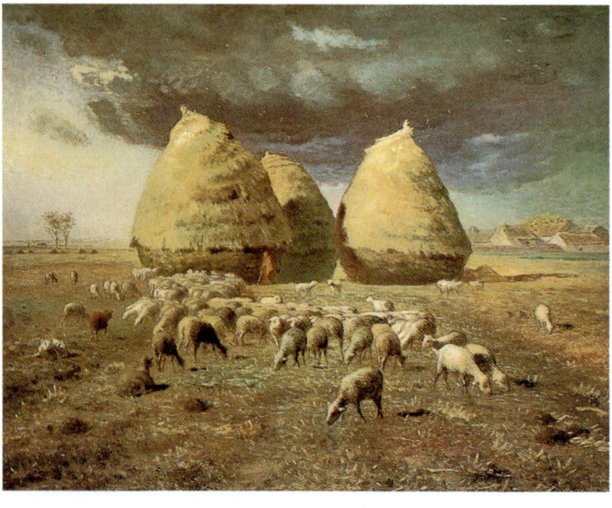

Jean-François Millet
Otoño, los almiares
1868-1875
The Mesdag Collection, La Haya

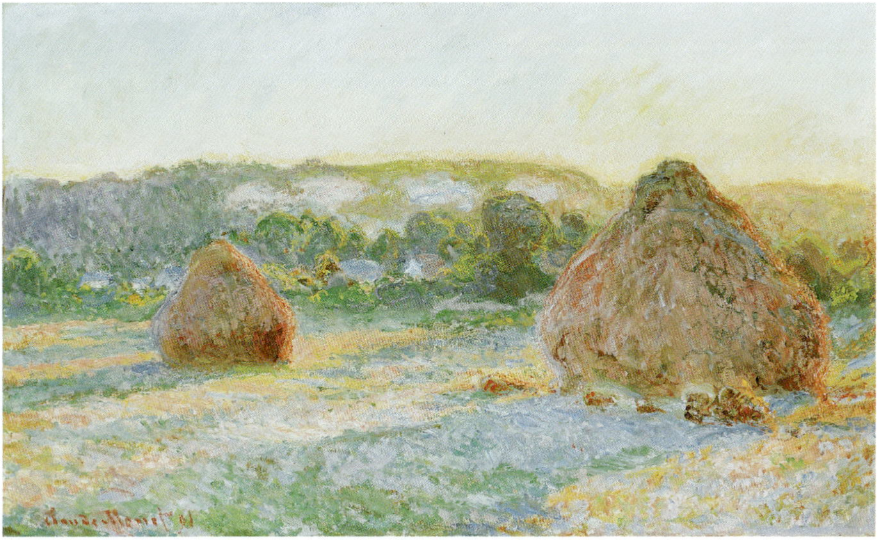

Almiares al atardecer, finales de verano
1890
60 x 100 cm
Mrs. Arthur M. Wood Collection, The Art Institute of Chicago

más avanzo, más claro veo que he de trabajar mucho para llegar a traducir lo que busco»— y una estética —«la instantaneidad, sobre todo la apariencia, la misma luz esparcida por todos los lados»— para llegar a esta conmovedora conclusión: «En fin, estoy cada vez más apasionado por la necesidad de conseguir lo que intento y hago votos para vivir aún sin perder las fuerzas, pues me parece que haré progresos. ¿Qué importa que entregue algunos cuadros con retraso? El trabajo, cada vez que está favorecido por el tiempo, por las circunstancias y ¿por qué no?, también por la inspiración, pasa por alto las dificultades. ¿Qué importa que Boussod, que ha sustituido al pobre Théo van Gogh con Maurice Joyant, «una especie de loco», diga sobre el pintor cosas como: «Encontrarán también cierto número de lienzos de un paisajista, Claude Monet, que empieza a venderse un poco en América. Sin embargo, pinta demasiado. Tenemos un trato para comprar toda su producción, pero nos abruma con sus paisajes, siempre del mismo tema». De hecho, de las seis docenas de obras de Monet compradas por Van Gogh, las dos terceras partes se venden cuando Joyant entra en liza, y Valadon, el socio de Boussod, se acerca incluso a casa de Monet, a comienzos de diciembre. Después de las transacciones acordadas ese día, las afirmaciones del artista —«se ha llevado varios, y no ha sido fácil guardar los *Almiares*»— no concuerdan con los libros de la casa Goupil, donde las primeras compras posteriores a la muerte de Théo no aparecerán hasta febrero o marzo de 1891 y se trata de solo tres lienzos, precisamente de almiares.

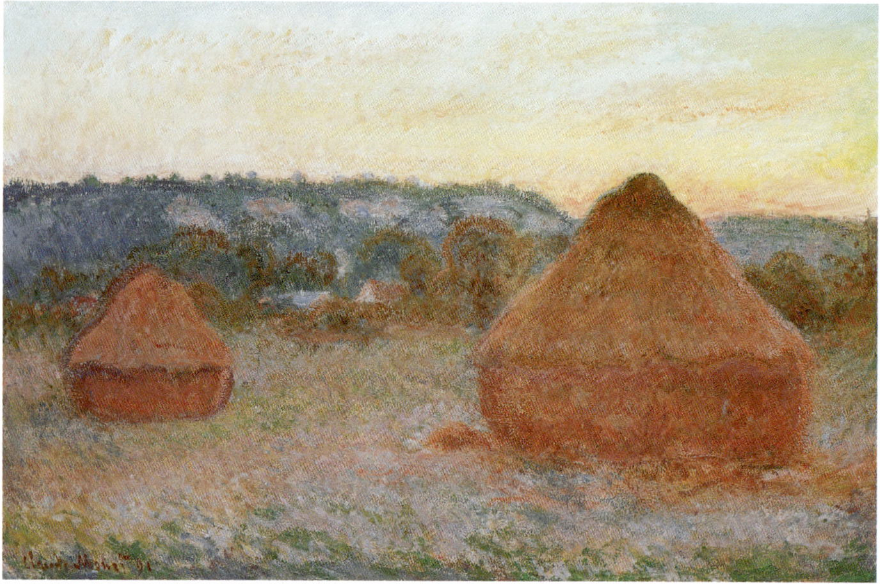

Dos almiares al declinar el día, otoño
1890
65 x 100 cm
Mr. and Mrs. Lewis Larned Coburn Memorial Collection, The Art Institute of Chicago

Para Monet, sin duda, lo importante era alimentar el entusiasmo de Paul Durand-Ruel, a fin de animarle a desarrollar sus propias compras. El contrato mencionado, del que Boussod estaba orgulloso por una parte pero que lamentaba por otra, por verse sobresaturado de cuadros, no durará mucho. Durand-Ruel volverá a ocupar el puesto privilegiado que había tenido durante tantos años.

En efecto, cuando, en otoño de 1890, Monet se decide a comprar la casa en la que vive y que el propietario ha sacado a la venta, parece contar sobre todo con Durand-Ruel: «Me veo obligado a solicitar de usted una cantidad considerable de dinero, pues me veo en la tesitura de comprar la casa que habito o abandonar Giverny, cosa que me contrariaría mucho, pues estoy seguro de que no volvería a encontrar una instalación similar ni una tierra tan bella». Este entusiasmo en una persona que ya frisa en los 50 no sorprende a quienes conocen bien a Monet, Giverny y lo que uno debe al otro. La venta se lleva a cabo el 17 de noviembre. La descripción que hace el acta notarial permite conocer el estado exacto en 1890, con un «solo estudio de pintura en el ala», en el extremo oeste de la casa de vivienda. El precio de compraventa asciende a 22.000 francos, pagaderos en cuatro vencimientos, el 1 de noviembre de cada año, a partir de 1891. Estos plazos diferidos son muy ventajosos para el comprador, lo que no impide que solicite de Durand-Ruel un envío de 3.000 a

4.000 francos. Pero, cuando el marchante se atreve a hablar de exposiciones agrupadas, escucha el mismo rechazo con el que han topado todas las tentativas de este género durante los últimos años: «Estoy completamente en contra de restablecer exposiciones del antiguo grupo... Esta es mi opinión; ya hablaremos más detenidamente».

Variaciones de un tema: el almiar

Hacia finales del verano de 1890, cuando Monet vuelve sobre los almiares, regresa a «la humilde tierra colindante a las casas bajas y rodeada de las colinas próximas», según la definición que Geffroy hace de la finca Morin y de su alrededor. En una carreta llevada en la mayoría de las ocasiones por Blanche Hoschedé, se apilan tantos lienzos como impresiones va a plasmar, y algunas más para no quedarse corto, como aquel día cuando cambió bruscamente la luz y se vio obligado a ordenar a la muchacha: «Corre a casa, si te parece, y tráeme un lienzo más». «Me lo trajo —continúa Monet, dramatizando sus recuerdos para el conde de Treviso—, pero poco después vuelve a cambiar. ¡Otro, otro más! Yo solo trabajaba en cada uno de los cuadros cuando hacía el efecto respectivo».

Solo es de lamentar que estos efectos que tanto le exasperan, no los haya mencionado el pintor con la ocasión de la venta de sus *Almiares,* ni en el momento de su exposición en la galería de Durand-Ruel en mayo de 1891. Los contemporáneos, sensibles a la variedad en la

Almiares con nieve
1890-1891
60 x 100 cm
Hill-Stead Museum,
Farmington, Connecticut

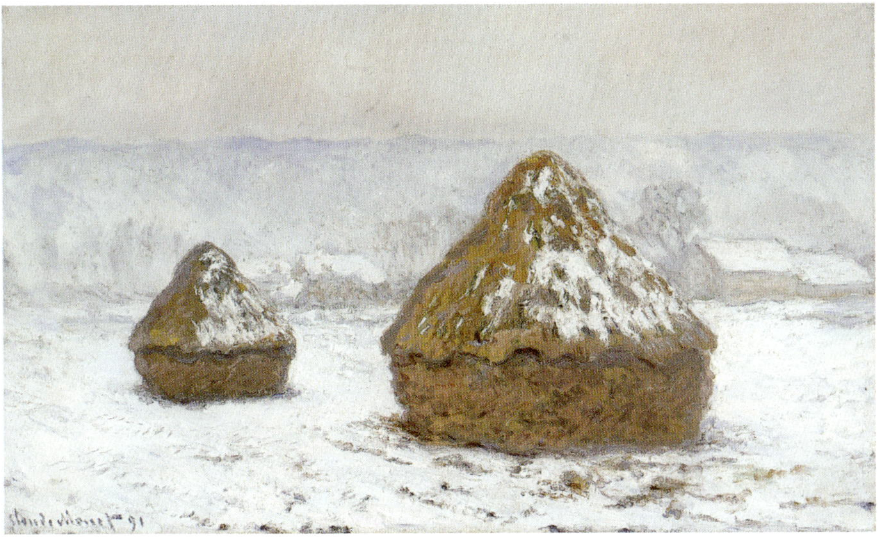

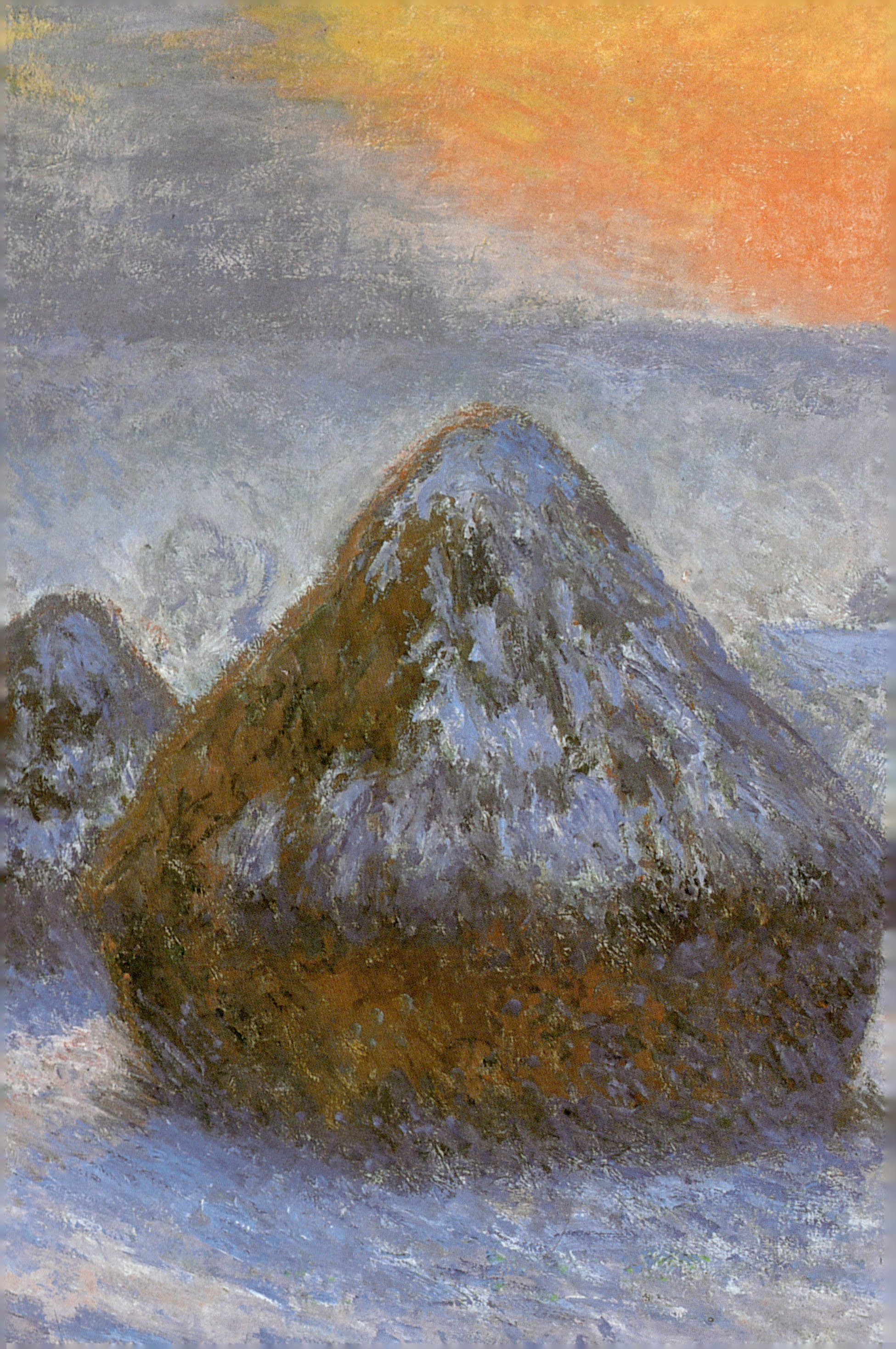

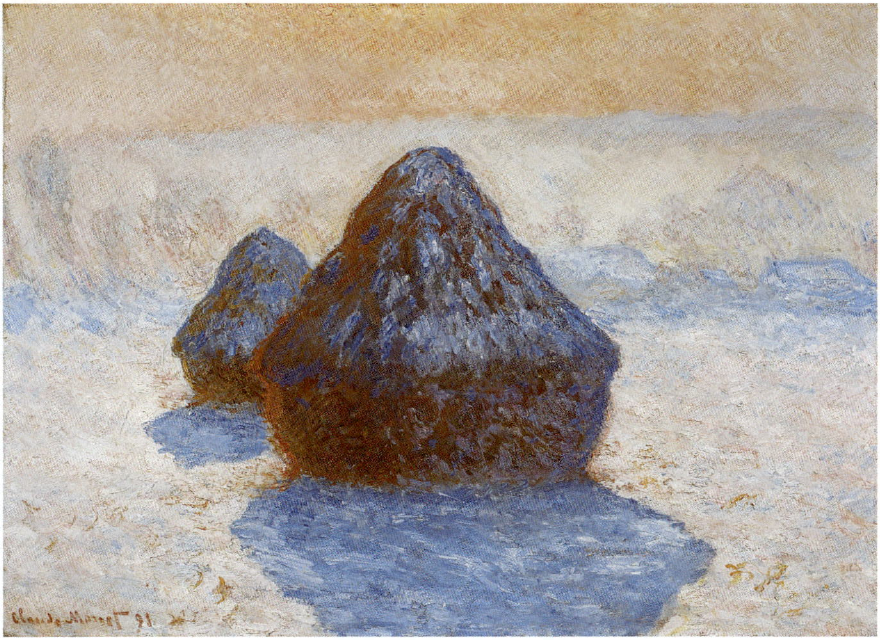

unidad, los admiran o ironizan, como Henri Béraldi: «Quince almiares de paja. El mismo, tomado a diferentes horas del día. Hay un almiar gris, el almiar rosa (a las seis), el almiar amarillo (a las once), el almiar azul (a las dos), el almiar violeta (a las cuatro), el almiar rojo (a las ocho de la tarde), etc., etc.».

Almiares con escarcha
1890-1891
65 x 92 cm
National Gallery of Scotland, Edimburgo

Como solo disponemos del catálogo oficial, hemos de restringirnos a indicaciones aproximadas: *Finales del verano, Último rayo de sol, Sol en la bruma, Puesta de sol…* La cuestión es si el artista, una vez que ha terminado su serie, recuerda las impresiones anotadas. Quizá juzgara superfluo revelar al público sus más profundos sentimientos y se contentara con haber creado obras que poseen una tonalidad propia cada una, una especie de variaciones sobre un mismo tema, de las que solo él —compositor y ejecutante al mismo tiempo— conoce la intención y la tonalidad exacta. Afortunadamente, la disposición de los almiares en un lugar casi siempre fácilmente localizable permite precisar ciertos efectos de la iluminación. Hay que subrayar que se trata de almiares diferentes a los que reprodujo en 1888-1889 (il. págs. 308, 312, 336). Ahora, el de mayor tamaño se encuentra a la derecha del grupo clásico de dos almiares asociados (il. págs. 339, 340).

Almiares con nieve a la puesta del sol
1890-1891
65 x 100 cm
Potter Palmer Collection, The Art Institute of Chicago

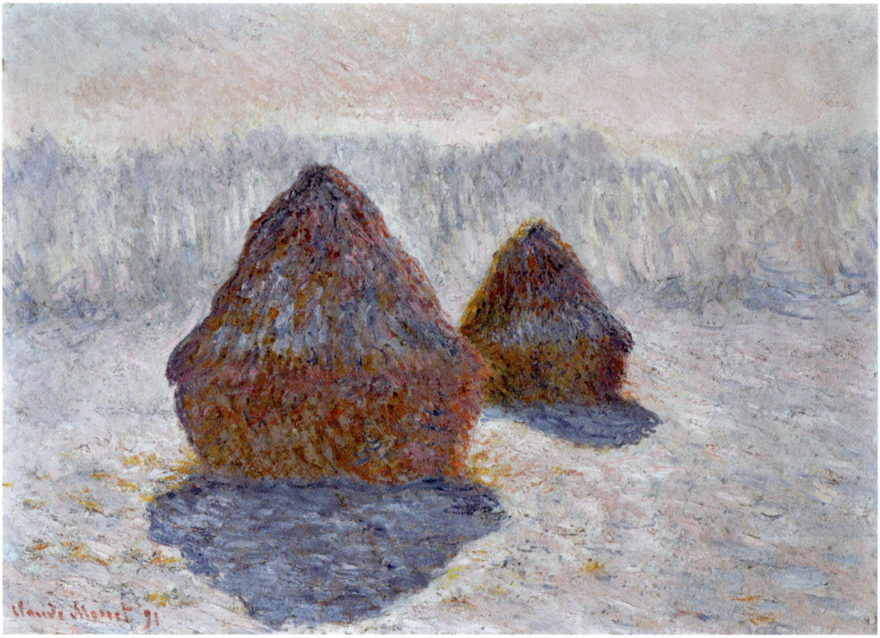

Almiares en invierno
1890-1891
65 x 92 cm
The Metropolitan Museum of Art, Nueva York

A comienzos de diciembre, las primeras nevadas, a las que sucede un «tiempo soberbio», provocan unas ansias de creación en Monet que las condiciones atmosféricas van a favorecer en las siguientes semanas. El invierno de 1890-1891 es de los que se recuerdan en la historia de la meteorología. Hace un frío sostenido, si bien no excesivo —solo durante unos 10 días la temperatura es inferior a los 10° bajo cero, sin descender en ningún momento por debajo de los 15° bajo cero—, con varios periodos de heladas en los que la nieve, relativamente poco espesa, cubre el suelo durante varios días. Del 11 al 24 de enero, el Sena está completamente helado. Es este un decorado ideal para el pintor, que desarrolla una actividad febril, interrumpida, sin embargo, por las gestiones que debe emprender para solucionar las dificultades que surgen en el servicio militar de su hijo Jean, como antaño en el suyo. Tan pronto como lo ha arreglado, mal que bien, se lanza de nuevo a «trabajar como un loco». Tiene «un montón de lienzos en fase de trabajo» para «aprovechar estos espléndidos efectos de invierno». Se trata de los *Almiares,* que se encuentran bajo una capa de nieve más o menos espesa, hasta que el deshielo los vuelva a despejar (il. págs. 341, 349). El campesino de Côte se esfuerza entonces por recuperar las gavillas

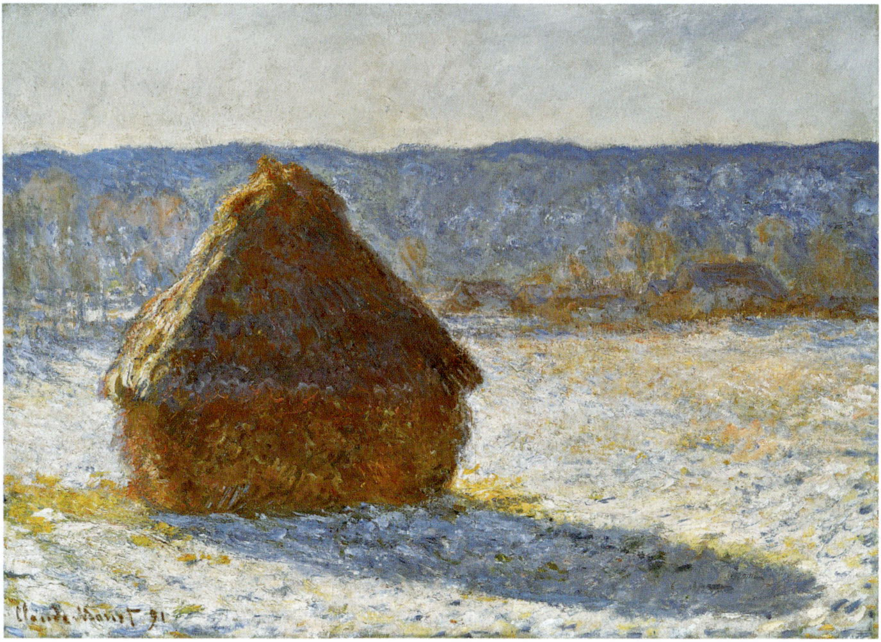

y las trilla. Es posible que el pintor pagara a los agricultores para que retrasaran ese trabajo, como supone J.-P. Hoschedé.

Retrocediendo ligeramente en el tiempo, Monet vuelve a los *Almiares* del otoño para ilustrar un estudio que Mirbeau, feliz de colaborar con su amigo, se decide a publicar en *L'Art dans les deux Mondes*, una revista muy reciente por la que se interesa Durand-Ruel. A Claude le cuesta trabajar con el lápiz y el papel de ilustrador —se trata de entregar tres dibujos— constituye para él un verdadero trabajo. Mirbeau, como de costumbre, queda admirado: «Para un hombre que no sabe dibujar, el resultado le ha debido de sorprender. Yo estaba seguro de ello porque es imposible que, siendo quien usted es, mi querido Monet, no pusiera en las cosas más pequeñas la grandeza de su genio». El artículo se publica el 7 de marzo. Para variar sus efectos, el escritor se entretiene en el jardín de Giverny —él mismo se jacta de ser jardinero—, que evoca en tres estaciones floridas. En su intento de definir un arte consagrado en adelante a la celebridad, junto a ciertas apreciaciones un tanto grandilocuentes, como la de «la iluminación de los estados de conciencia del planeta», hace otros apuntes más moderados: «Un mismo motivo —como la sorprendente serie de sus almiares

Almiar con nieve, por la mañana
1890-1891
65 x 92 cm
Museum of Fine Arts, Boston

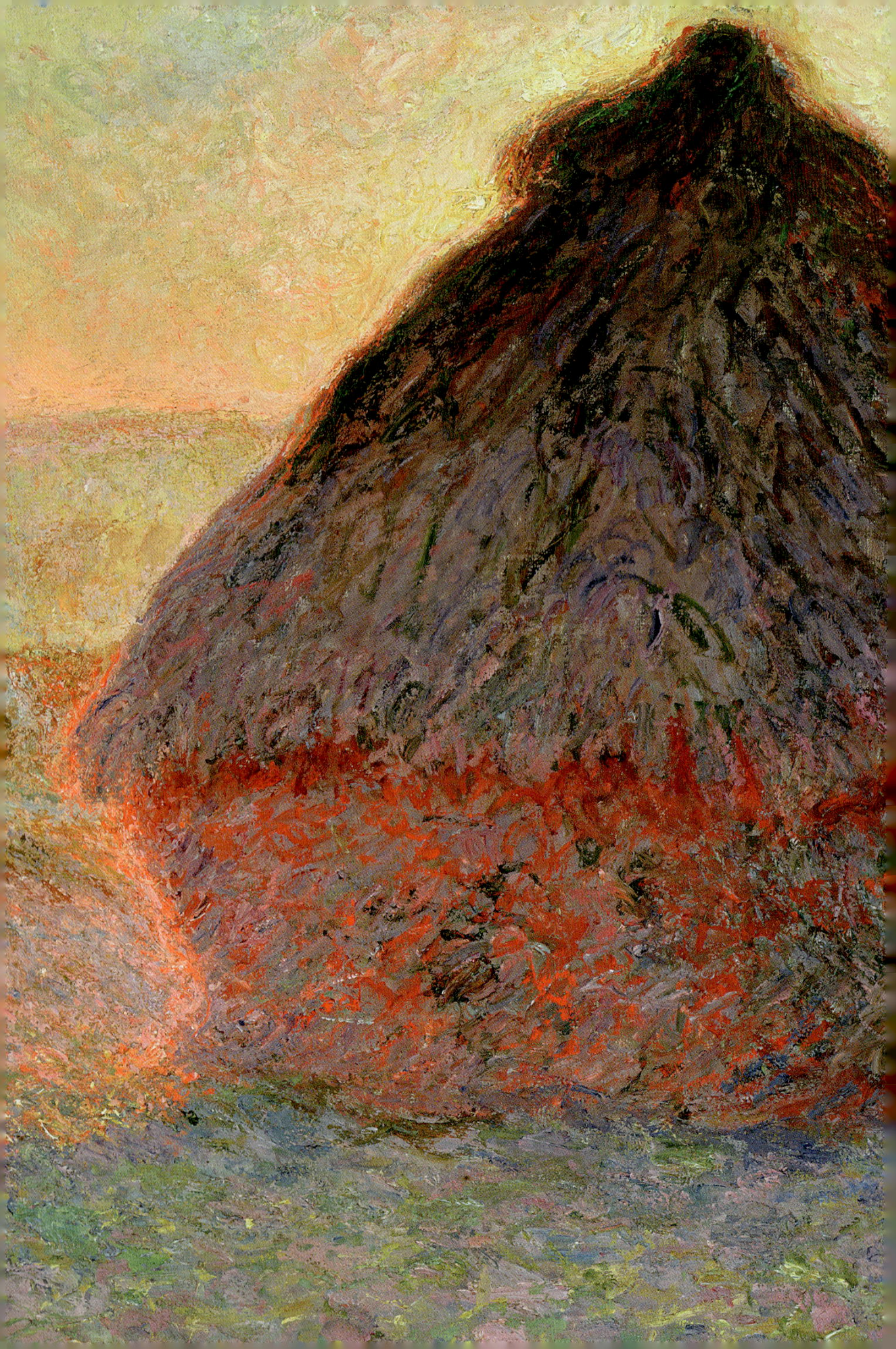

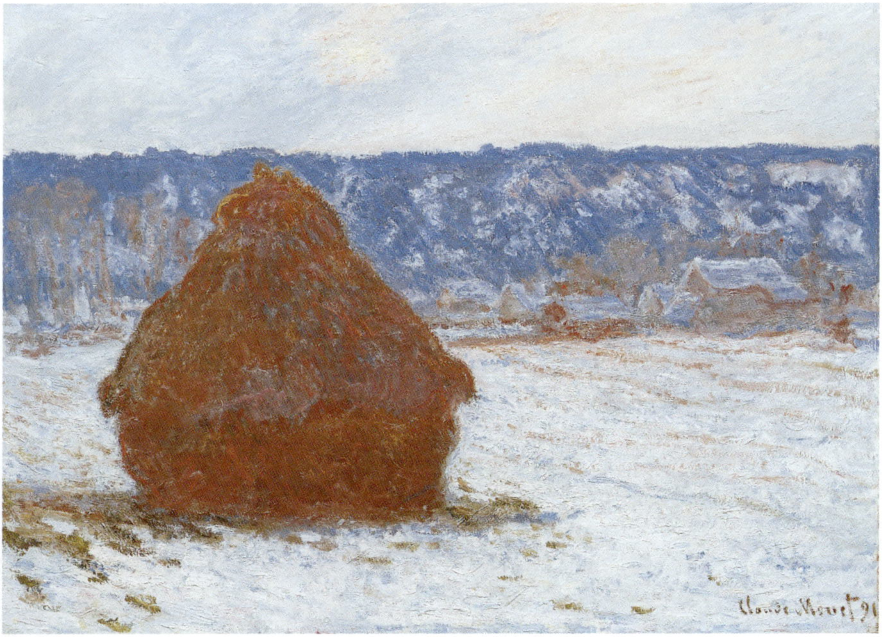

invernales— es suficiente para expresar las múltiples y tan diferentes emociones por las que pasa, del alba a la noche, el drama de la tierra».

Almiar con nieve, cielo cubierto
1890-1891
65 x 92 cm
Mr. and Mrs. Martin A. Ryerson Collection, The Art Institute of Chicago

Réquiem para un hombre de letras

Con objeto de mostrar con unos ejemplos la diversidad del arte de Monet, Mirbeau termina su artículo pasando revista a cierto número de obras características. Por Geffroy ha sabido que, para ilustrar el artículo, el pintor envió a la revista cuatro dibujos, uno de los cuales representa una mujer con sombrilla, y él se imagina que se trata de la más graciosa de las dos figuras para las que posó Suzanne Hoschedé (il. pág. 278) y la describe «esbelta, ligera, imponderable». Sin embargo, la que Monet ha reproducido es la otra, la más opulenta (il. pág. 281). Como no se le informa de su error, el escritor no puede adaptar el texto a la ilustración. Protesta contra esos errores que se deben a la negligencia del editor y que contribuirían a hacer su artículo aún más «estúpido».

Sin embargo, Mirbeau se equivoca pues, siguiendo quizá una premonición inconsciente, Monet puso todos esos atributos a los que se refiere el periodista en otra representación de Suzanne. Se trata de un retrato que muestra a la joven «sentada, con el codo sobre una mesa

Almiar a la puesta del sol
1890-1891
73 x 92 cm
Museum of Fine Arts, Boston

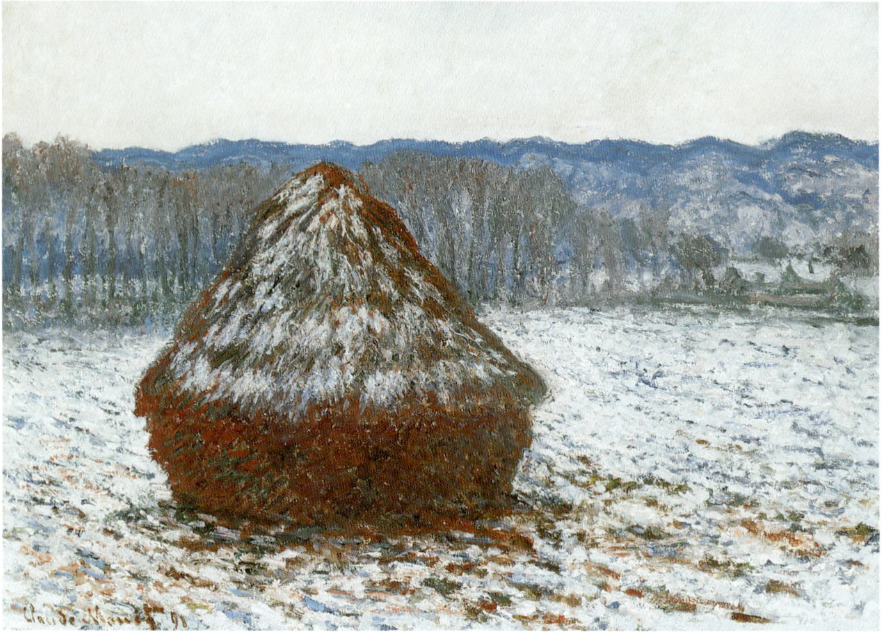

El almiar
1890-1891
65 x 92 cm
The Art Institute of Chicago

de laca» (il. pág. 350). Rápidamente, el análisis sobrepasa el aspecto físico para entrar en el terreno moral: «Es de una belleza delicada y triste, infinitamente triste». Llevando más lejos el examen de esta figura «enigmática… extraña como la sombra que la rodea y, como ella, turbadora y también terrible, un poco», el escritor se deja ganar por esta impresión «conmovedora»: «Involuntariamente se piensa en algunas de esas figuras de mujer, espectros del alma que evocan algunos poemas de Stéphane Mallarmé». Encontradas entre viejos papeles, estas líneas de Mirbeau verán alimentar un día el extraño diálogo que, en su diario, mantendrá incansablemente Alice Hoschedé con su hija, prematuramente desaparecida: «¿No es una extraordinaria adivinación?».

Poco tiempo después de la publicación del artículo de Mirbeau, Alice se ha de enfrentar a un nuevo problema: la lenta agonía de Ernest Hoschedé. Amante de los placeres de la mesa y empedernido bebedor, viene sufriendo dolores en las piernas desde hace algún tiempo, atribuidos —acertada o erróneamente— a la gota. Hacia finales de 1889 se produce cierta mejoría, cuando acude al Dr. Gachet por mediación de un amigo común, el pintor Goeneutte, pero desde noviembre de 1890 ha empeorado a pesar de la «vacuna» que

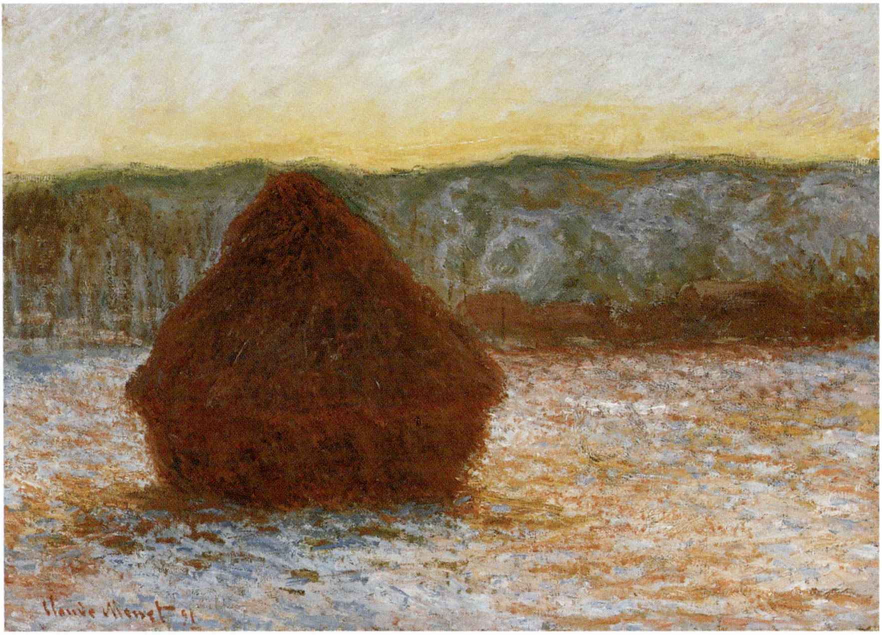

Almiares, deshielo, puesta del sol
1890-1891
65 x 92 cm
The Art Institute of Chicago

ha descubierto el mismo paciente, que no ha perdido su buen humor: picón amargo. Las visitas que le vuelve a hacer Gachet a rue Baudin 14, donde tiene su sede el *Magazine français illustré,* cuya sección de arte dirige Hoschedé, y en la habitación del hotel donde reside, dos casas más adelante, producen solo una pasajera mejoría. «Estoy desesperado—escribe en la última nota conservada, no fechada—. Ahora es el pie izquierdo... No sé si me podré levantar mañana. ¿Qué voy a hacer?» Lo único que puede hacer es esperar el final, abatido por la parálisis, en una habitación de la rue Laffitte 45, donde se ha refugiado *in extremis,* al parecer en las mismas condiciones abominables descritas tantas veces en la literatura del siglo XIX. Más afortunado que los héroes de esas novelas, no está solo; su mujer le acompaña. Cediendo a no se sabe qué sentimiento —deber, remordimientos o conveniencias mundanas— Alice acude al lecho del moribundo. Durante seis días y seis noches, «sin tomarse un minuto de reposo», asiste al hombre que la ha amado apasionadamente y que ella abandonó hace ya 10 años. Al igual que para Camille Doncieux, Alice procura que el moribundo sea confortado con los auxilios de la Iglesia. Al fin, el 19 de marzo de 1891, a las 10 de la mañana, su cuñado Georges Pagny va a declarar al funcionario del Registro Civil

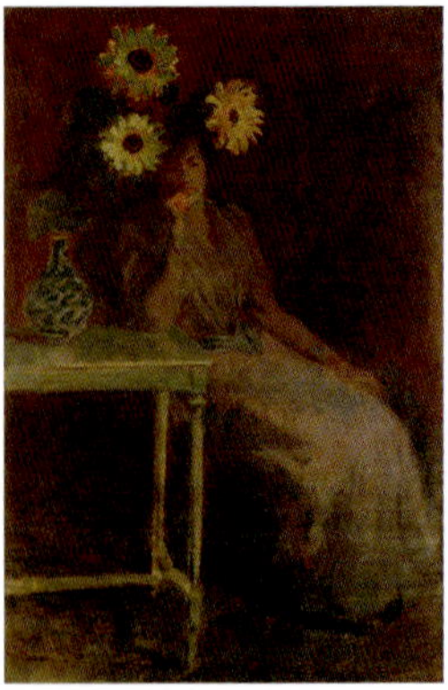

Retrato de Suzanne con girasoles
c. 1889
162 x 107 cm
Colección particular

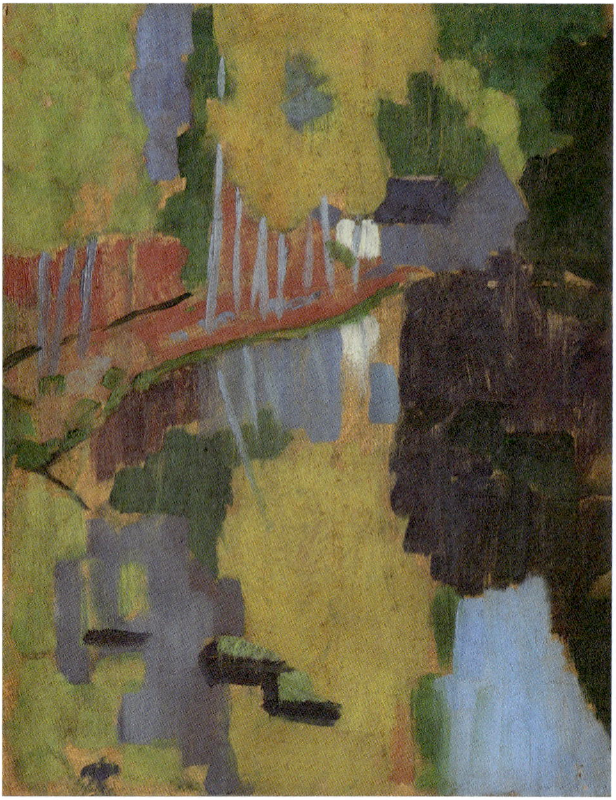

Paul Sérusier
Paisaje del Bois d'Amour (El talismán)
1888
Musée d'Orsay, París

del noveno distrito el «fallecimiento de Jean Louis Ernest Hoschedé, a la edad de 53 años, hombre de letras… un cuarto de hora después de la medianoche». Se envían esquelas a los miembros de la familia de Alice, los Raingo, que dan el pésame a la viuda. Aunque Monet queda excluido del envío, los gastos del funeral corren por cuenta del pintor y se celebran en Nuestra Señora de Loreto, la misma iglesia donde —medio siglo antes— fue bautizado el pequeño Oscar-Claude. De acuerdo con los deseos de sus hijos, Hoschedé es enterrado en el cementerio de Giverny. Cuando todo ha pasado, Alice ha de guardar cama durante tres días.

Le Figaro se hace eco, en un tono de simpatía, de la desaparición de Hoschedé. *L'Art et la mode,* la revista en la que colaboró en la década de 1880, lo ignora totalmente. El *Magazine français illustré* publica un artículo póstumo y una necrológica breve y banal. Así acaba la existencia este hijo de honrados comerciantes parisinos, quien aunó una ausencia total del sentido práctico con un sentimiento artístico indiscutible, que le sacó de sus orígenes burgueses para exponerle a los espejismos de un mundo que no era el suyo. Fracasado como mecenas, perderá no solo su fortuna, sino también su hogar.

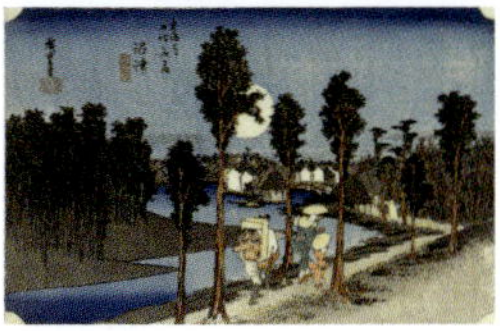

Utagawa Hiroshige
Numazu, crepúsculo
1833
De la serie «Cincuenta y tres etapas de la ruta de Tokaido»

De los almiares a los álamos

El 4 de mayo de 1891 se abre en la galería Durand-Ruel, en rue Le Peletier 11, la exposición de Claude Monet. La aportación más importante, además de algunos paisajes recientes y de las dos famosas mujeres con sombrilla, tituladas en el catálogo *Estudio de figuras al aire libre* (il. págs. 278, 281) son 15 *Almiares.* El prefacio del catálogo corre a cargo de Gustave Geffroy, que queda tan satisfecho de su texto que envía una copia a *La Justice* y otra a *L'Art dans les deux Mondes,* antes de recogerlo en el primer volumen de *La Vie artistique.* La prensa se hace amplio eco de la exposición, a pesar de tratarse de una muestra relativamente pequeña y de corta duración, sin que los artículos aporten nada nuevo. Para encontrar algunas notas originales hay que recurrir a la carta de Béraldi ya citada o a las que envía Pissarro a su hijo Lucien, o a las proezas estilísticas de Félix Fénéon: «¿Cuándo unos colores deslumbrantes se aliarán para conseguir mejores clamores armoniosos? Al sol de la tarde resaltan sobre todo *Los almiares:* en verano se aureolan de púrpura flameado, en invierno, chorrean al sol sus sombras fosforescentes y, bajo un cielo primero rosa y luego dorado, se reflejan esmaltes azulados en el repentino rocío».

Sin duda, el testimonio más directo es el de «un holandés en París en 1891», W. G. C. Bijvanck, que ha tenido la fortuna de escuchar a Monet en persona, cuando este ha hecho una autocrítica en la sala de la rue Le Peletier. Este visitante extranjero se muestra, primero, profundamente impresionado por la «loca zarabanda» de los colores y luego se deja seducir por un *Almiar* «en plena gloria» que, venciendo todas sus dudas, le enseña a ver los otros. El maestro había declarado: «¿Ve ese cuadro que ha atraído su atención desde el primer momento? Solo ese está perfectamente conseguido, ¿quizá porque el paisaje dio todo lo que era capaz de dar? ¿Y los otros? Efectivamente hay algunos que no están mal pero solo adquieren todo su valor en compañía y en la sucesión de la serie completa». En esta apreciación llena de modestia se apoyarán los elogios repetidos con harta frecuencia por las plumas amigas, cuyos juicios no se explican únicamente por las preocupaciones artísticas.

En junio, la primera comunión de «nuestros dos muchachos», Jean-Pierre Hoschedé, pero también Michel Monet, atestigua los progresos de Alice en sus esfuerzos por cristianizar el hogar de su compañero. En relación con el trabajo, el final de la primavera y el comienzo del verano están dedicados en parte a la puesta a punto, en el estudio, de ciertos *Almiares,* pues se anuncia una buena demanda. Un préstamo de 1.000 francos a Pissarro, sin dispensar al viejo compañero de reembolsarlos rápidamente, es síntoma de un creciente desahogo económico que permite al nuevo propietario de Giverny instalar su casa y su jardín según sus deseos. Esta es una de las razones que impiden a Monet viajar a París con la frecuencia que desearían sus amigos. Otra es su deseo de terminar «bastantes lienzos nuevos»; se está refiriendo a las series de *Álamos*. Se conoce la «divertida historia» de los álamos de Limetz: el Ayuntamiento los iba a sacar a pública subasta. Monet se dirige al alcalde para aplazar la subasta, pero se deniega la prórroga y Monet se pone de acuerdo con un comerciante de madera al que promete «entregarle la cantidad» en que la subasta exceda «su puja», con la condición de que los árboles permanezcan en pie el tiempo necesario para acabar de pintarlos. «Así se hizo, no sin merma de mi bolsa.» No exageremos: el precio de los álamos no superó los 6.000 francos, con lo que la diferencia que hubo de abonar el pintor no pudo ser demasiado elevada. En el archivo es posible encontrar los detalles del asunto: el Concejo Municipal tomó la decisión de sacar los árboles a subasta el 18 de junio de 1891 y la venta pública se celebró el 2 de agosto. Afectaba a «una parte de los álamos y de los árboles que se encuentran en las propiedades municipales de Carouge y en la región pantanosa, a lo largo del río Epte». Quedando excluida Carouge, próxima a Villez, por evidentes razones topológicas, solo queda la línea de álamos que sigue el sinuoso curso del Epte bordeando las tierras pantanosas.

Para dirigirse a un motivo que se encuentra a más de 2 km de distancia a vuelo de pájaro, pero que en realidad está mucho más alejado para quien toma los caminos de Limetz o de Gasny, Monet parece haber utilizado la canoa, según el testimonio de J. P. Hoschedé. Hay que remar en firme para remontar el Epte hasta superar el punto donde se separa el brazo de Limetz, pues allí es donde se encuentran los álamos. Sobre el terreno, la barca es indispensable para realizar la casi totalidad de los motivos, tal como los interpreta Monet, no sin las habituales quejas y recriminaciones: «Después de su última visita, no he tenido más que dificultades y decepciones con mis pobres árboles, de los que no estoy satisfecho del todo». «A pesar de este mal tiempo que me hace desesperar por mis pobres árboles…» «Me estoy esforzando, bien que mal, con estos admirables motivos del paisaje, haga el tiempo que haga. A pesar de las buenas intenciones, el número es más bien reducido». Cuando le llegan rumores de que el Dr. De Bellio está vendiendo algunas de sus obras, Monet le dirige enérgicos reproches pero el médico le asegura lo valiosos que son para él esos cuadros antaño adquiridos: «Esté tranquilo, mi querido Monet, de mi colección no saldrá nunca una sola de sus importantes obras». El año 1891 termina con un rápido viaje a Londres, en el que Whistler presenta a su compañero en el Club de Chelsea. No obstante, la muerte de Albert

Álamos a la luz blanca y amarilla
1891
100 x 65 cm
Philadelphia Museum of Art

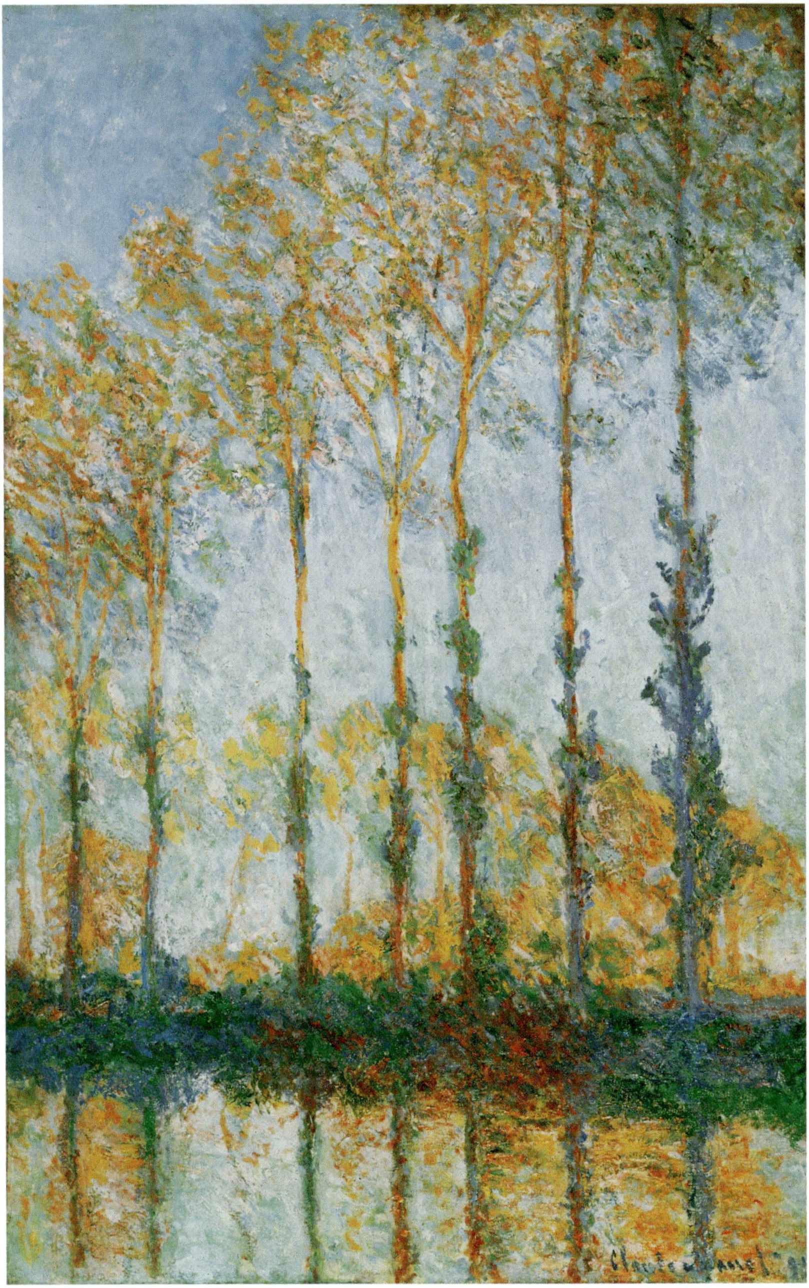

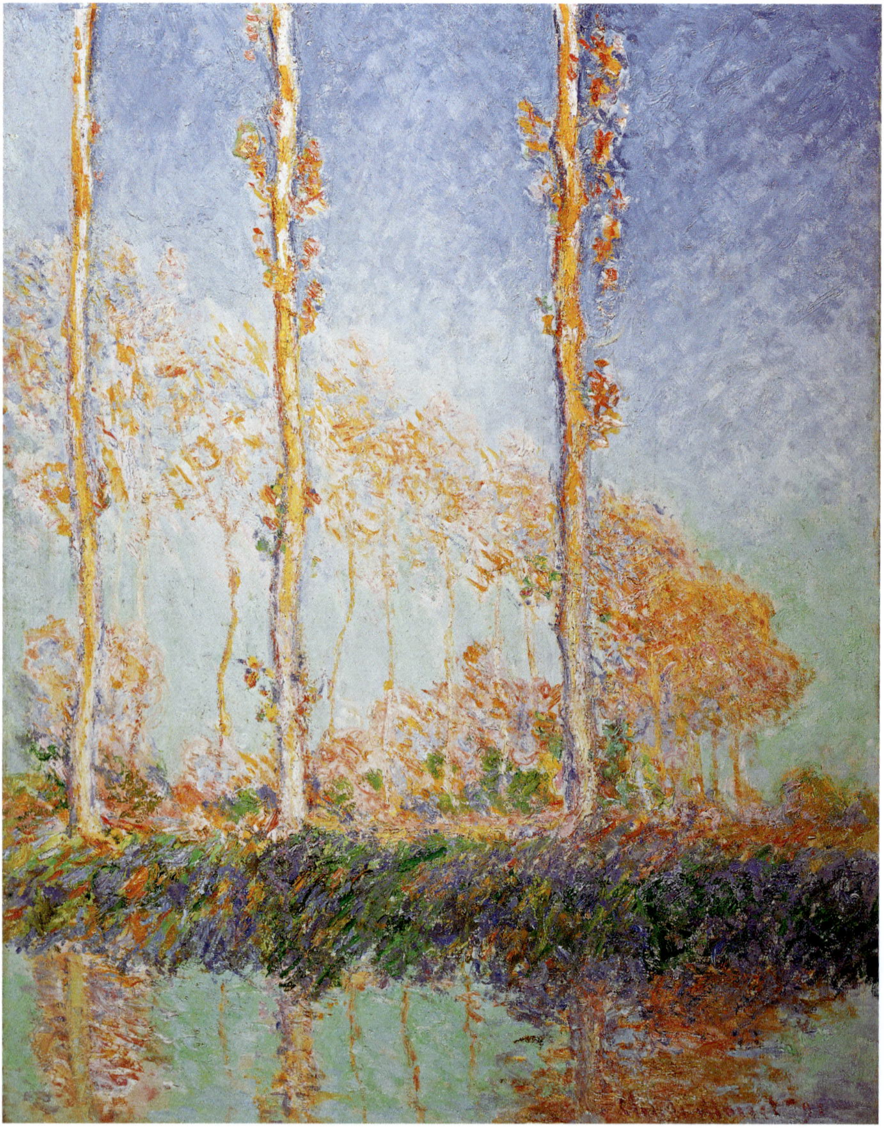

Wolff, acaecida en la tarde del 22 de diciembre, priva a los pintores académicos de uno de sus defensores más denodados. La memoria del crítico, tanto tiempo temido, se va a ver expuesta a la comprensible venganza de los que no ha querido bien, antes de servir de carnaza a los ignorantes del siglo xx, que lo condenarán sin haberlo leído.

«La catedral parecía ser azul, rosa o amarilla»

En julio de 1892 se publica *L'Art impressioniste* de Georges Lecomte, una bella obra que marcará la consagración de la nueva pintura y de Paul Durand-Ruel, a cuya colección privada se refiere el libro. El año ha comenzado trágicamente, con el intento de suicidio de Guy de Maupassant, preludio de su miserable fin. Para Monet, después de su viaje a Inglaterra, el año se anuncia bueno: Durand-Ruel, que le ha enviado 5.000 francos para las fiestas, reclama obras. Por cuenta de Boussod y Valadon, Maurice Joyant compra varios *Álamos* y organiza una exposición de esta «interesante serie de estudios» en las pequeñas salas del boulevard Montmartre. La terminación de unos cuadros retiene al artista en su estudio de Giverny, mientras bajo sus ventanas el invierno desarrolla sus encantos.

En cuanto a la situación material, después de la muerte de su hermanastra Marie, hija ilegítima de Adolphe Monet, en febrero Claude y Léon compran a su madrastra, Amande-Célestine Vatine, su parte de la herencia. Esta operación implica la recuperación de los antiguos lienzos de Claude dejados por Adolphe Monet a su hija. Su viuda —retirada a su Criquetot natal— ignora el valor que han adquirido. El acuerdo entre los dos hermanos proporciona a Claude también la ocasión de pasar una estancia en Ruán, hacia comienzos de febrero. Para preservar su independencia y no perder tiempo en desplazamientos inútiles, se hospeda en el hotel de Inglaterra, cerca del Sena.

Después de algunos días dedicado a la prospección, en los que Monet se dejó tentar por algunos de los motivos más tratados en Ruán por los artistas desde la época romántica, toma posición delante de la fachada de la catedral, que pintará instalado en un apartamento vacío. Este primer contacto es interrumpido pronto por unos días de reposo forzado en Giverny. A la vuelta a Ruán, sufre una decepción, pues en el apartamento se están haciendo obras y no le permiten entrar. Afortunadamente, un comerciante pone a su disposición una «ventana nueva», que ofrece una instalación cómoda. Estas indicaciones hechas por Monet mismo en su correspondencia permiten identificar los lugares desde donde pintó sus *Catedrales,* al tiempo que explican los diferentes ángulos desde los que se ven y ayudan a establecer la cronología de su génesis, pues si todas están fechadas en 1894, en realidad fueron realizadas a lo largo de los dos años precedentes.

El «comerciante de novedades» que acoge a Monet en 1892 es Fernand Lévy, que tiene una tienda, clasificada en el «Almanaque de

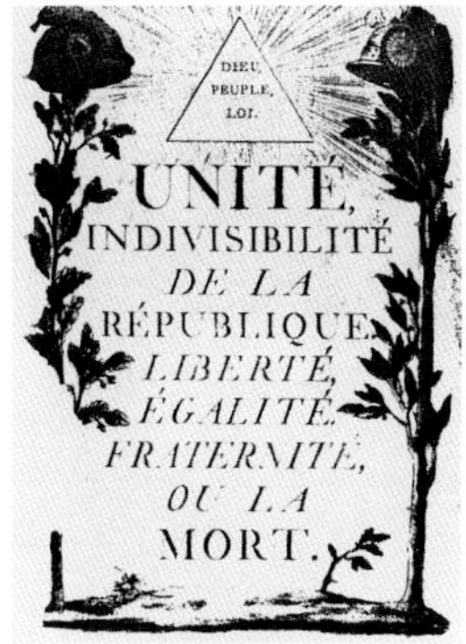

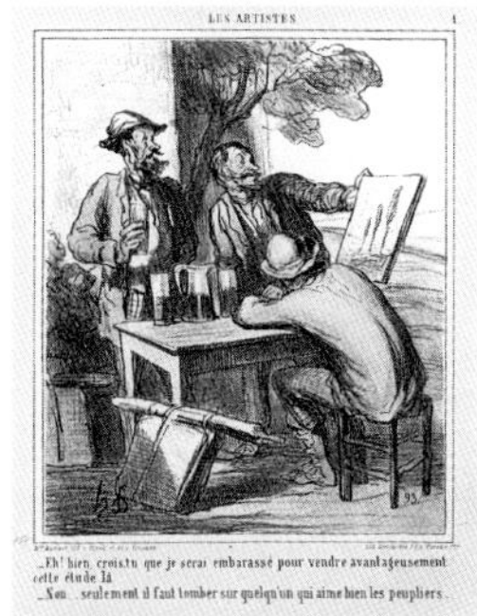

DE ARRIBA ABAJO
Anónimo
El álamo, árbol de la libertad
c. 1790
Bibliothèque Nationale, Gabinete de estampas, París

Honoré Daumier
Los artistas
Publicado en *Le Charivari* el 19 de enero de 1865

Álamos, tres árboles rosa en otoño
1891
92 x 73 cm
Chester Dale Collection, The Philadelphia Museum of Art

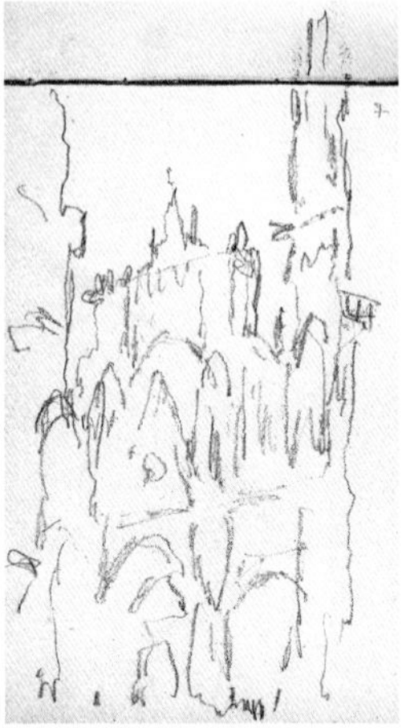

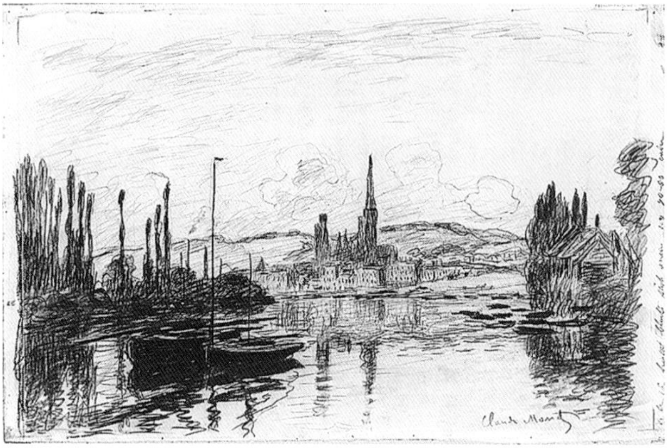

ARRIBA
La fachada de la catedral de Ruán
Dibujo a lápiz
Musée Marmottan Monet, París

DERECHA
Vista de Ruán
Tiza negra sobre papel Gillot
The Clark Art Institute

Ruán» en la sección «lencería y modas», en el número 23 de la plaza de la Catedral, en un bello edificio de la antigua Delegación de Hacienda, que en el siglo XIX albergaba un elevado número de comercios. El de Lévy hace esquina con la rue du Petit-Salut (llamada rue Ampère). La elegantes clientas no debían de apreciar especialmente a este hombre barbudo que les daba la espalda y cuya mirada parecía oscilar con un movimiento pendular entre la fachada de la Catedral y su caballete, que sostiene un lienzo al que cada vez aplica nuevas manchas. Una especie de biombo, prestado por el coleccionista François Depeaux, quien visita asiduamente al pintor, pone fin a una situación tensa, aunque no tuvo mayor influencia sobre la serie de las *Catedrales* pintadas en este comercio, reconocibles por la luz diurna que aparece entre la masa central de la fachada y la torre de la izquierda (il. págs. 357, 364, 367).

Las sucesivas prohibiciones de pisar el apartamento vacío, durante la campaña de 1892, parecen haber tenido un efecto mucho más grave, pues solo se conocen dos cuadros tomados desde este ángulo. En 1893, Monet continuará utilizando este apartamento, cuyas llaves guarda J. Louvet, propietario de una camisería situada en el número 31 de la plaza de la Catedral. Desde aquí, el monumento se ve exactamente desde el mismo ángulo de los dos cuadros conservados.

La catedral de Ruán, a la luz del sol, al final del día
1892
100 x 65 cm
Musée Marmottan Monet, París

Estos son los dos emplazamientos donde, con diferentes resultados, trabajó Monet en 1892: la ventana de Fernand Lévy y la del apartamento vacío en la casa de J. Louvet. El coro de Albán, en el lado norte de la Catedral, detrás de la torre del mismo nombre —llamada, asimismo, torre de San Román— también ha recibido la visita del pintor, al menos cuando el tiempo lo ha permitido. La

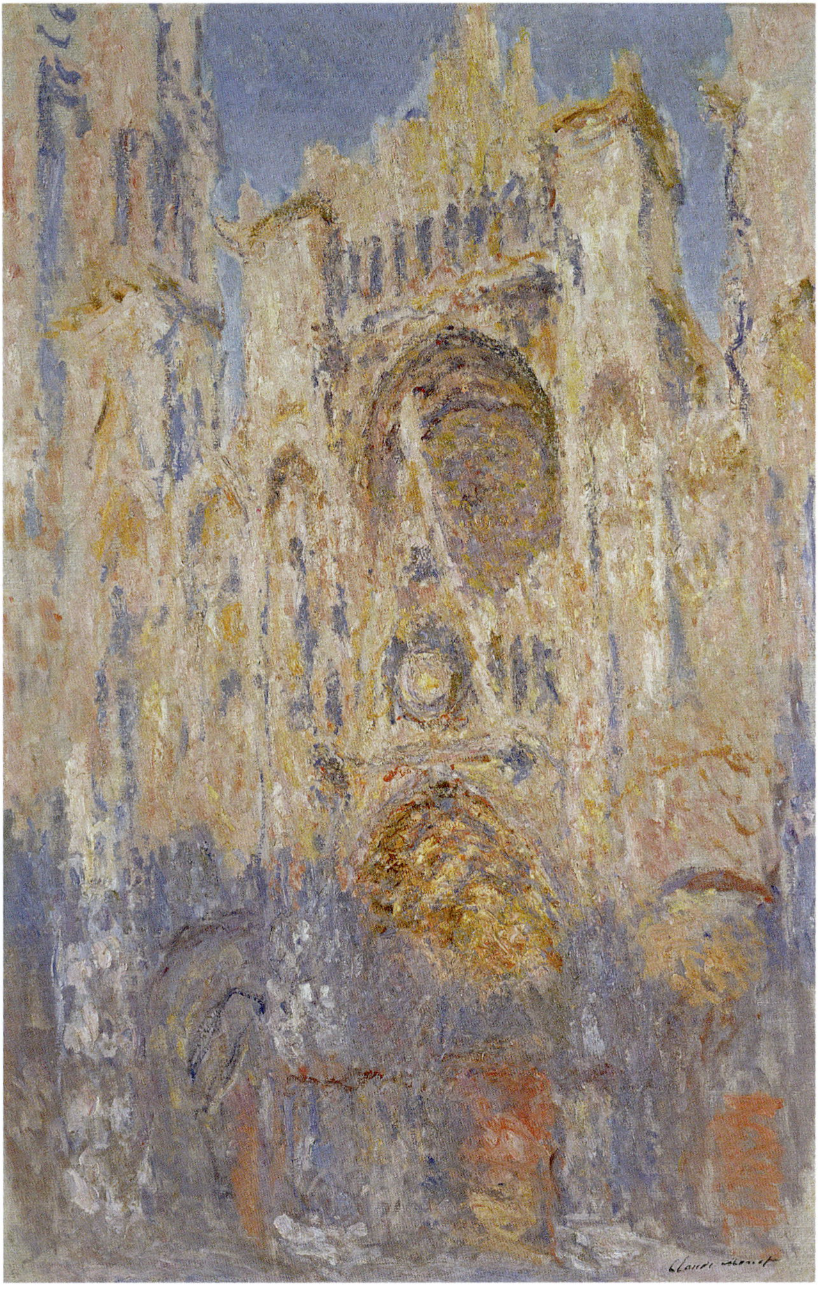

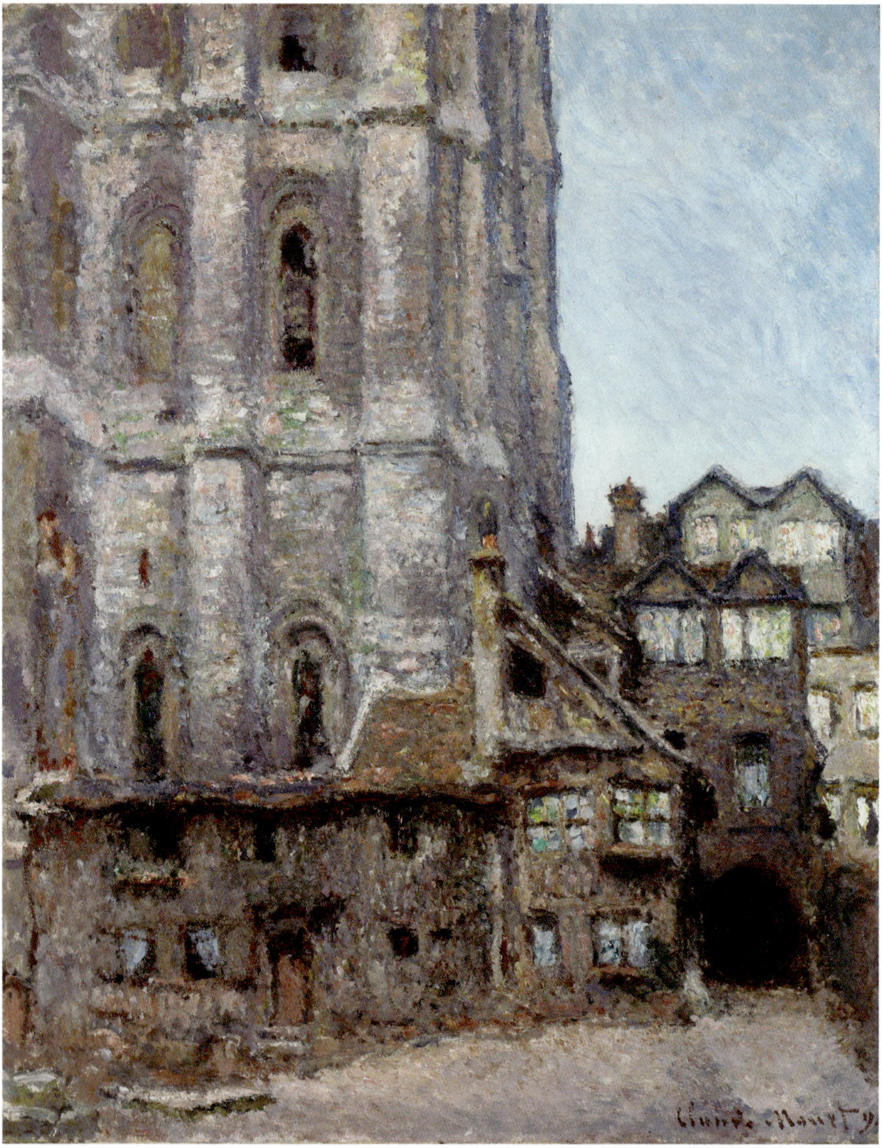

correspondencia refleja la importancia que Monet dio a la luz y a las horas del día, con la interesante precisión del trabajo realizado entre el mediodía y las dos de la tarde, mientras la luz ilumina la fachada de derecha a izquierda. En sus cartas habla de las dificultades debidas a las circunstancias y también a una «forma singular de trabajar», de los lienzos destruidos, y la fatiga que le embarga al final: «Estoy deshecho, no puedo más y, lo que no me sucede nunca, he tenido una noche de pesadillas: la catedral se me caía encima, parecía ser azul, rosa o amarilla». Definitivamente, abandona este trabajo y regresa a Giverny a mediados de abril, sin fuerzas, incapaz de juzgar los lienzos y ni siquiera de mirarlos.

Por fin han llegado los tiempos en que las preocupaciones monetarias han dado paso a cierto desahogo pero en los años duros era relativamente fácil calcular los ingresos del artista, mientras que ahora es difícil estimarlos. Para el periodo que ahora nos interesa no hay libros de cuentas. Si solo contáramos las cantidades que le envían Durand-Ruel y Boussod, nos quedaríamos por debajo de la realidad, pues estas dos casas no poseen la exclusiva en las ventas de Monet. El total de sus ingresos de 1892 supera netamente el cálculo de 100.000 francos hecho por Gauguin con ocasión de la exposición de los *Álamos* en las salas de Durand-Ruel.

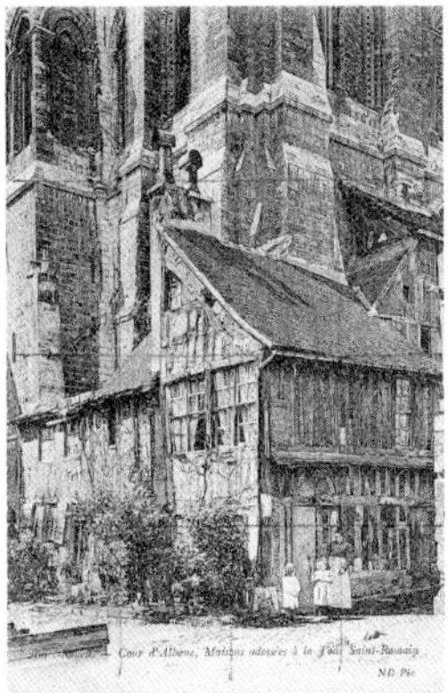

Ruán, casas antiguas adosadas a la torre de Albán
Tarjeta postal, 1900

Una temporada perdida

Después de haber abandonado Ruán por las circunstancias, Monet se ocupa de dirigir la operación de colgar sus obras, una quincena, el lunes 29 de febrero, el día de la inauguración. No aparecerá a la clausura, pero ciertamente conocerá el artículo que le dedica Georges Lecomte en *Art et Critique* y que reproduce parcialmente el *Journal des Artistes.* Paralelamente al éxito obtenido en París, donde sus detractores pronto ya no osarán manifestarse, mientras que sus partidarios no perderán ocasión de injuriar a los no aliados, en Nueva York se advierten nuevos progresos en el interés manifestado por las «gentes de gusto», según la información facilitada por Théodore Robinson, fiel apoyo al maestro de Giverny en Estados Unidos.

Una vez que se ha recuperado de los esfuerzos en la difícil campaña de Ruán, Monet comienza a mostrar sus primeras *Catedrales* a sus visitantes, aunque está decidido a no vender una sola por el momento. Retrasado primero por la fatiga acumulada, el trabajo se ve después comprometido por los acontecimientos familiares que van a acaparar su atención durante parte de la primavera y del verano. El encuentro de Suzanne con el pintor Theodore Butler ha provocado en Monet una viva reacción, y sus consejos de prudencia se añaden a las concepciones burguesas de Alice, a la que acusa de vigilar mal a sus hijas: «No puedo pensar en ninguna otra cosa. Cuanto más reflexiono, más preocupante y triste me parece la situación... Usted tiene el deber,

La catedral de Ruán. El coro de Albán
1892
92 x 73 cm
Smith College Museum of Art, SC 1956.24, Northampton, Massachusetts

después de lo que ha pasado, de negar su hija a un americano, al que ha conocido en la calle... Si está apasionadamente enamorada, hay que hacerla ver los inconvenientes después de recabar información; si, como debe de ser, no es una pasión insuperable, hay que cortar de cuajo toda esperanza». Cuando añade la amenaza de dejarlo todo —«siga usted o no estos consejos, me es imposible continuar más tiempo en Giverny»—, se adivina que no se resigna a la idea de que su más bella modelo pertenezca a otro.

Finalmente se impondrá el buen sentido. Aunque la pareja tendrá que esperar aún algunos meses, a mediados de junio Monet mismo anuncia a Durand-Ruel que pronto se celebrará la boda. Lo que no dice es que él mismo se casará con Alice unos días antes, poniendo fin a una situación extraña, tanto tiempo mantenida mientras vivía Ernest, con lo que asegura a los hijos de Hoschedé un entorno familiar normalizado. Se firma un contrato en la notaría Leclerc de Vernon, y el 16 de julio el alcalde de Giverny, Léon Durdant, declara «unidos en matrimonio a Monet Oscar Claude y Raingo Angélique Émélie Alice». Los testigos son Léon Monet, Georges Pagny, cuñado de la novia, así como los pintores Caillebotte y Helleu. Vuelto de Estados Unidos, Robinson es invitado a la cena. También estará invitado a la boda de Suzanne y Butler, el día 20. Recordará la bella ceremonia, con la entrada del cortejo en la iglesia de Giverny y, a la cabeza, Claude Monet llevando del brazo a su hijastra.

A las obligaciones familiares ponen un contrapunto los servicios de la amistad. Estando a la venta su casa de Éragny, Pissarro se ve en la tesitura de comprarla, para evitar un traslado. En ausencia de su marido, retenido en Londres, madame Pissarro acude a Monet, quien consiente en prestarle 15.000 francos. Cierto retraso en la conclusión de la compra es suficiente para que se imagine, erróneamente, que el proyecto de adquisición solo ha sido una maniobra destinada a sacarle del bolsillo esa cantidad. Al recibir la carta en que se recogen esas suposiciones injuriosas, Pissarro se muestra aturdido. Serán necesarios todo su juicio y sus buenas intenciones para que las cosas vuelvan a su cauce. No tiene complejos ante sus iguales, menos aún ante el maestro de sus primeros años. En la carta que envía para felicitar a su antiguo alumno por su matrimonio, Eugène Boudin expresa su disgusto por no tener ni un solo cuadro de él. Sencillamente le pide que reemplace uno que perdió, en circunstancias que Monet bien conoce. Sin hacer ninguna alusión a este aspecto de la cuestión, Monet envía a Boudin una respuesta dilatoria, verdadero modelo del género, en la que le explica que, por no haber trabajado durante todo el verano, no dispone de ningún lienzo digno de su colección, pero que espera visitarle a lo largo del invierno. ¿Cumplió su palabra? Bien podría creerse. En cualquier caso, en la última carta que el viejo pintor le enviará al final de su vida, no tratará ya de regalos, sino de recuerdos conmovedores y gratuitos. El

La catedral de Ruán. El portal visto de frente; armonía marrón
1892
107 x 73 cm
Musée d'Orsay, París

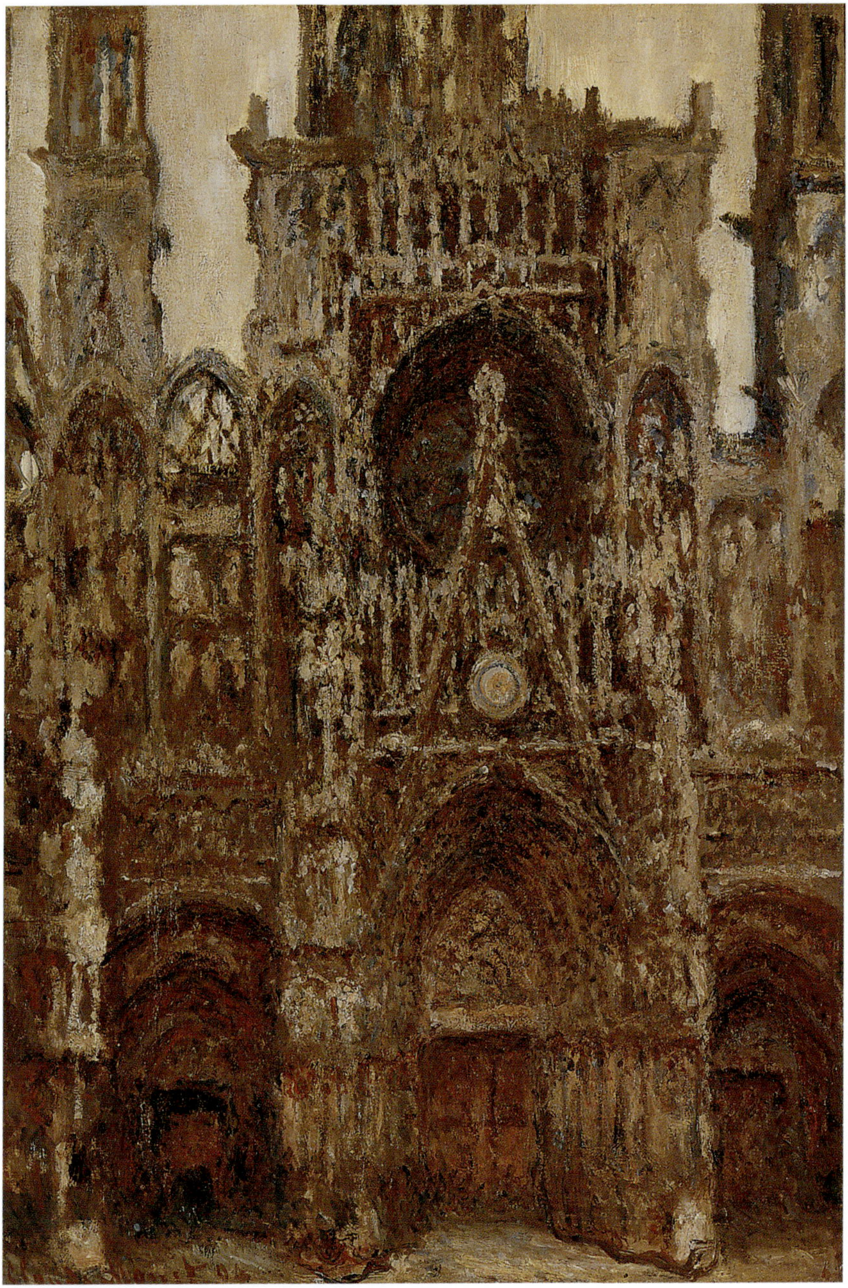

tiempo pasa trabajando en el jardín y construyendo arriates para las flores. Un artículo sobre Monet, publicado por Robinson en inglés y que Jacques Hoschedé traduce a su padrastro, hace que el maestro le felicite, a la vez que dirige invectivas contra los que no quieren dar a los artistas el derecho a dejar sus lienzos cuando les parezca. Un poco más tarde, cuando se acerca el momento en que el pintor norteamericano emprenda el regreso a su país, se acaba el otoño sin que desaparezca en Monet la aprensión que parece experimentar cuando piensa en retomar los pinceles para trabajar al aire libre. ¿Está próximo el fin de su carrera como paisajista?

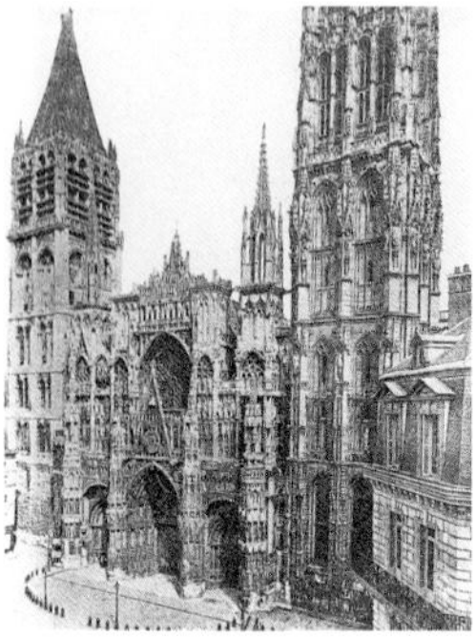

Ruán, la fachada de la catedral, 1900

De la victoria de Lagarde al desastre de Bennecourt

A mediados de noviembre de 1892, la prensa especializada reproduce una nota oficiosa en la que se dice que, después de la dimisión de Jules Breton, encargado de realizar uno de los grandes paisajes destinados a las galerías que dan a los patios norte y sur del Ayuntamiento, la «Comisión de decoración ha designado, para reemplazarle, a Pierre Lagarde, por 10 votos, contra los cuatro dados a Claude Monet». ¡Monet, candidato a un encargo oficial y, además, candidato vencido! Se comprende las protestas de Geffroy. Sin embargo, es interesante conocer lo que ha sucedido. La reconstrucción del Ayuntamiento, símbolo del renacimiento de París después de la guerra francoprusiana y de la Comuna, fue seguida con gran atención en todos los ambientes. En 1879, Édouard Manet dirigió al prefecto del Sena un proyecto de decoraciones para la sala de reuniones del Concejo Municipal, con el tema de «El vientre de París». El proyecto no fue tomado en consideración, pero el tema propuesto siguió presente entre los ediles parisinos. Cinco años más tarde, estiman que se concede demasiada importancia a alegorías, símbolos y demás emblemas y que se dan demasiado frecuentemente encargos a los miembros del Instituto. Bajo la presión de la opinión pública, una comisión de decoración, constituida en marzo de 1887, bajo la presidencia del prefecto Poubelle, recibe la misión de atribuir solo la mitad de los trabajos por encargo directo y de reservar los demás a concurso libre. Entre el primer grupo figuran los paneles de las dos galerías de la primera planta, denominadas «Tourelles», para las que se han previsto cinco grandes decoraciones y un crédito total de 40.000 francos. Los beneficiarios de la operación son Jules Breton, Harpignies, Damoye, Pelouse y Rapin, pero el primer mencionado, un viejo adversario de los impresionistas, muestra poco interés y renuncia al encargo cuatro años más tarde.

Entre tanto, Rodin ha sido nombrado miembro de la comisión, para sustituir a Eugène Véron. Cuando, en noviembre de 1892, dicha comisión ha de nombrar al sucesor de Breton, el gran escultor, apoyado por su compañero Bracquemond, intenta imponer a Monet. En la votación, los dos amigos consiguen otros dos votos, pero los 10 votos restantes recaen en Pierre Lagarde, un antiguo alumno de Dubufe y Mazerolle. La esperanza del arte oficial, Pierre Lagarde, 13 años más joven que Monet, es ya caballero de la Legión de Honor, distinción a la que le hizo acreedor una medalla de plata obtenida en la Exposición Universal de 1889. En su deliberación del 20 de diciembre de 1892, el Concejo Municipal ratifica la elección de la comisión y autoriza al prefecto «a confiar a monsieur Lagarde, al precio de 8.000 francos, el panel del paisaje que se atribuyó en la deliberación del 20 de diciembre de 1888 a J. Breton». Para la galería de la Tourelle, Lagarde proyecta una *Vista del lago en el Bois de Boulogne,* en la que los contemporáneos admiraron «el efecto conmovedor, por el sentimiento de ensueño y de soledad que emana». Las «notas impresionistas», que también se alaban, responden a la adscripción a este movimiento de un número creciente de pintores conocidos por su eclecticismo. En la correspondencia de Monet que ha llegado hasta nosotros, no hay ninguna alusión al asunto del Ayuntamiento, que no parece le preocupara excesivamente, aun en el caso de que hubiera presentado su candidatura, lo que no está probado en absoluto. Rodin pudo hacer incluir el nombre de su amigo sin el conocimiento de este, persuadido, con o sin razón, de que Monet no lo rechazaría en caso de recibir un voto favorable.

Más que los asuntos oficiales de París, lo que le interesa al maestro de Giverny es retomar lo más rápidamente posible el trabajo al aire libre interrumpido durante mucho tiempo. El invierno 1892-1893 parece cumplir sus deseos: una helada intensa y prolongada, considerables nevadas, el Sena cubierto de témpanos de hielo durante tres semanas y después, totalmente helado, el 18 de enero; deshielo, el día 23. Al día siguiente, en una carta a Durand-Ruel, Monet se queja de que el deshielo se ha producido demasiado rápidamente. Por falta de ejercicio, ha hecho «cosas malas», que ha tenido que destruir. Los estudios conservados, incompletos en su estado actual, pero susceptibles de ser retomados si vuelve el frío, no superan la media docena. Esta estimación resulta ser muy inferior a los 14 cuadros del invierno catalogados. Incluso en el caso de que algunos los pintara el año siguiente, todos los esbozó, al menos, en enero de 1893. Si Monet minimiza conscientemente su producción frente a su marchante, no es tanto por una especie de autoinsatisfacción, frecuente en él, como para justificar nuevas exigencias en relación con los precios, siguiendo la vieja ley de que las cosas raras son valiosas. Los cuadros de enero de 1893, pintados en su mayoría a cierta distancia de Giverny, implican que el pintor empleaba un coche de caballos para los desplazamientos, pues es imposible que llegara a pie, por carreteras nevadas, hasta la aldea de Jeufosse, último punto de su trayecto, ni incluso a la entrada de Bennecourt, donde se vuelve a llegar al Sena, de casa al islote de Forée, que aparece en ocho lienzos. Sabiendo que podía encontrar a menos distancia los motivos clásicos de Port-Villez, la

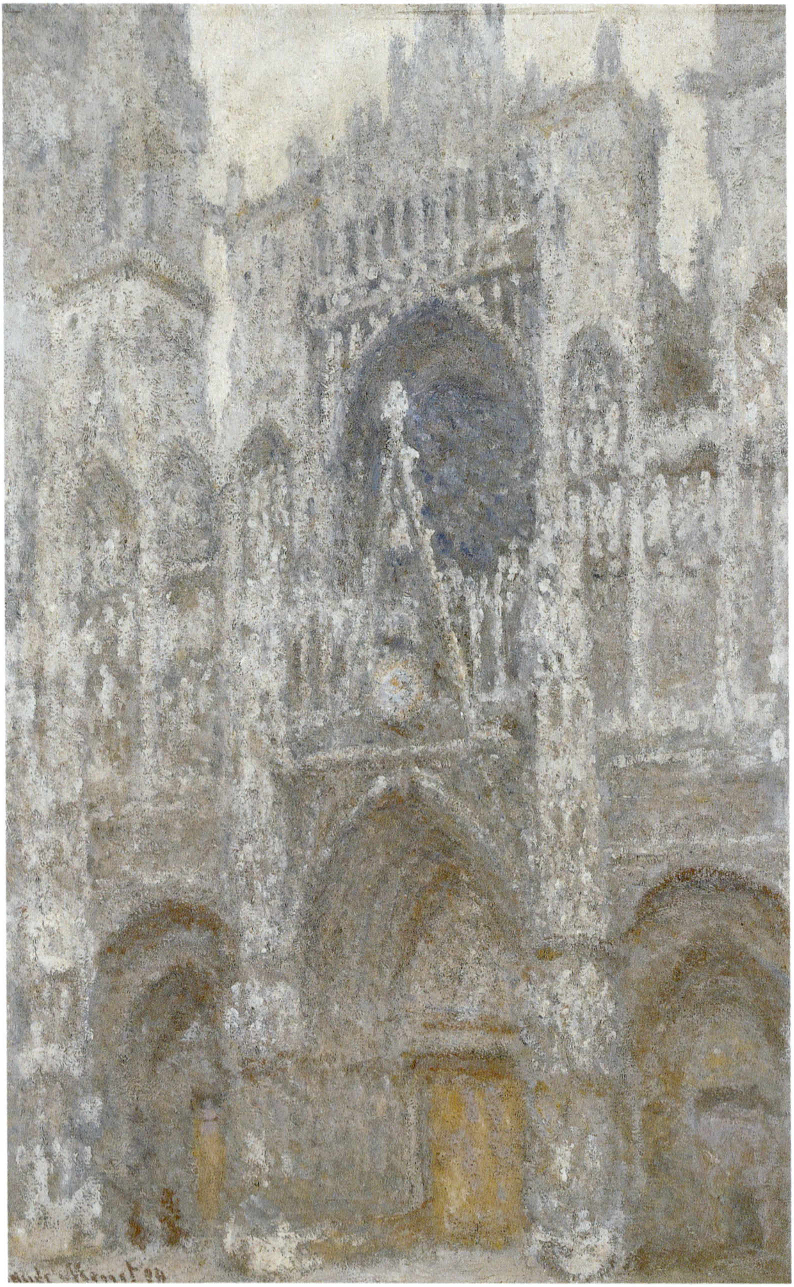

elección de Bennecourt parece estar ligada a un recuerdo literario, el de los «bellos efectos de nieve» que pinta Claude Lantier en *La obra*, publicada algunos años antes.

El martes 1 de febrero de 1893, Monet se dirige hasta la galería Durand-Ruel para visitar la exposición de estampas de Utamaro y de Hiroshige, que no se quiere perder por nada del mundo. En las pequeñas salas «rosa pasado» y «verde pistacho» de la rue Le Peletier se encuentra con Pissarro, que comparte su admiración. Pero, mientras que su viejo compañero, en las obras expuestas, halla sobre todo una justificación *a posteriori* de su «método visual», Monet recoge para el futuro imágenes de aguas perezosas, de plantas exóticas, de minúsculos bosquecillos de bambú y de puentes japoneses. Simple coincidencia, posiblemente —pues los documentos notariales no se preparan en un solo día—: el 5 de febrero, firma en Vernon el acta de compraventa de una franja de terreno por debajo de su propiedad, entre el arroyo de Giverny y la vía férrea. Al añadirse a una parcela sobre la pradera, esta adquisición le permite concretar por etapas el sueño de un jardín de agua, el futuro estanque de ninfeas.

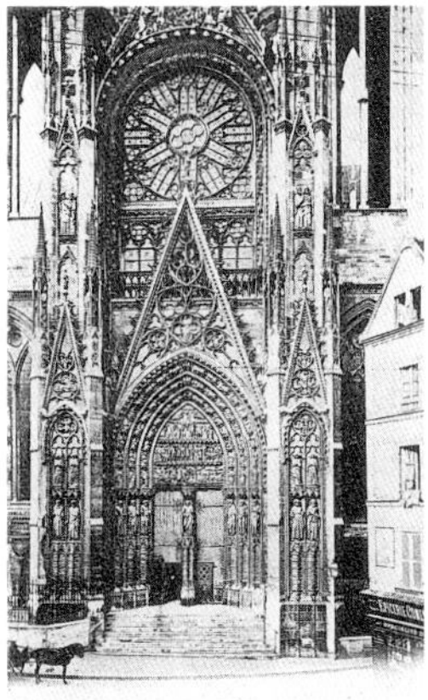

Ruán, la catedral, portal de La Calende
Tarjeta postal, 1900

Crear un estanque y pintar una catedral

Monet está tan inmerso en este proyecto que, poco después, cuando vuelve a instalarse en Ruán para acometer la segunda campaña de las *Catedrales*, y a pesar de las dificultades que entraña esta tarea, se inquieta por el nuevo terreno y mantiene toda una correspondencia a fin de obtener las necesarias autorizaciones para los trabajos de movimientos de tierra, que ha decidido emprender desde un principio. Las reticencias locales y la lentitud administrativa desencadenan una cólera de rara violencia: «No hay que alquilar nada, no hay que encargar ninguna valla y echar las plantas acuáticas al río; allí crecerán seguro. No quiero hablar más de esto, yo lo que quiero es pintar. A la mierda con los naturales de Giverny, con los ingenieros». Afortunadamente, y gracias al apoyo del periodista Ch. F. Lapierre, cuyo retrato hizo antaño, la reacción no se hace esperar. Aunque ha abandonado recientemente la dirección del *Nouvelliste de Ruán*, Lapierre sigue siendo una personalidad influyente en la región. Llevada en su propia mano, la petición que Monet dirige al prefecto de Eure causa el efecto deseado. Sin él, quizá no habría existido nunca el estanque de *Ninfeas*. Durante la segunda estancia en Ruán, el pintor se mostrará bastante más preocupado por las cuestiones de jardinería que en el pasado. A su llegada, se dirige al director del jardín botánico, monsieur Varenne, que le abre generosamente su establecimiento. También compra plantas a los jardineros de la ciudad y las envía a Giverny en cestos completos, prodigando consejos y recomendaciones sobre la forma de tratarlas, como hace regularmente para las especies ya plantadas.

La catedral de Ruán.
El portal en un día gris
1892
100 x 65 cm
Musée d'Orsay, París

La catedral de Ruán.
El portal, sol de la mañana;
armonía en azul
1893
92,2 x 63 cm
Musée d'Orsay, París

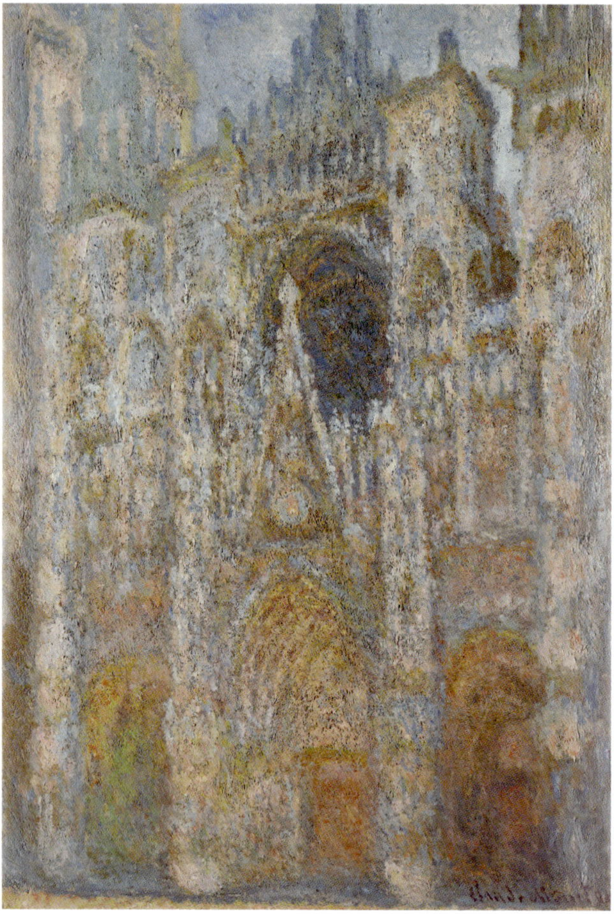

Las preocupaciones hortícolas son una cosa y la voluntad de pintar otra, voluntad que prima. Apenas llegado a Ruán, donde vuelve a alojarse en el hotel de Inglaterra, Monet ha hecho llevar por su portador habitual caballetes y material a los dos lugares donde espera trabajar en sus *Catedrales:* el apartamento ya empleado el año anterior en la «gran casa» de J. Louvet y un nuevo emplazamiento, en la rue Grand-Pont, donde los obreros acaban de terminar una instalación que considera «muy buena». Por las muchas molestias sufridas en la primera campaña, le resulta imposible volver a la casa de F. Lévy, en el número 23 de la Plaza de la Catedral.

La catedral de Ruán.
El portal y la torre de Albán,
a pleno sol
1893
107 x 73,5 cm
Musée d'Orsay, París

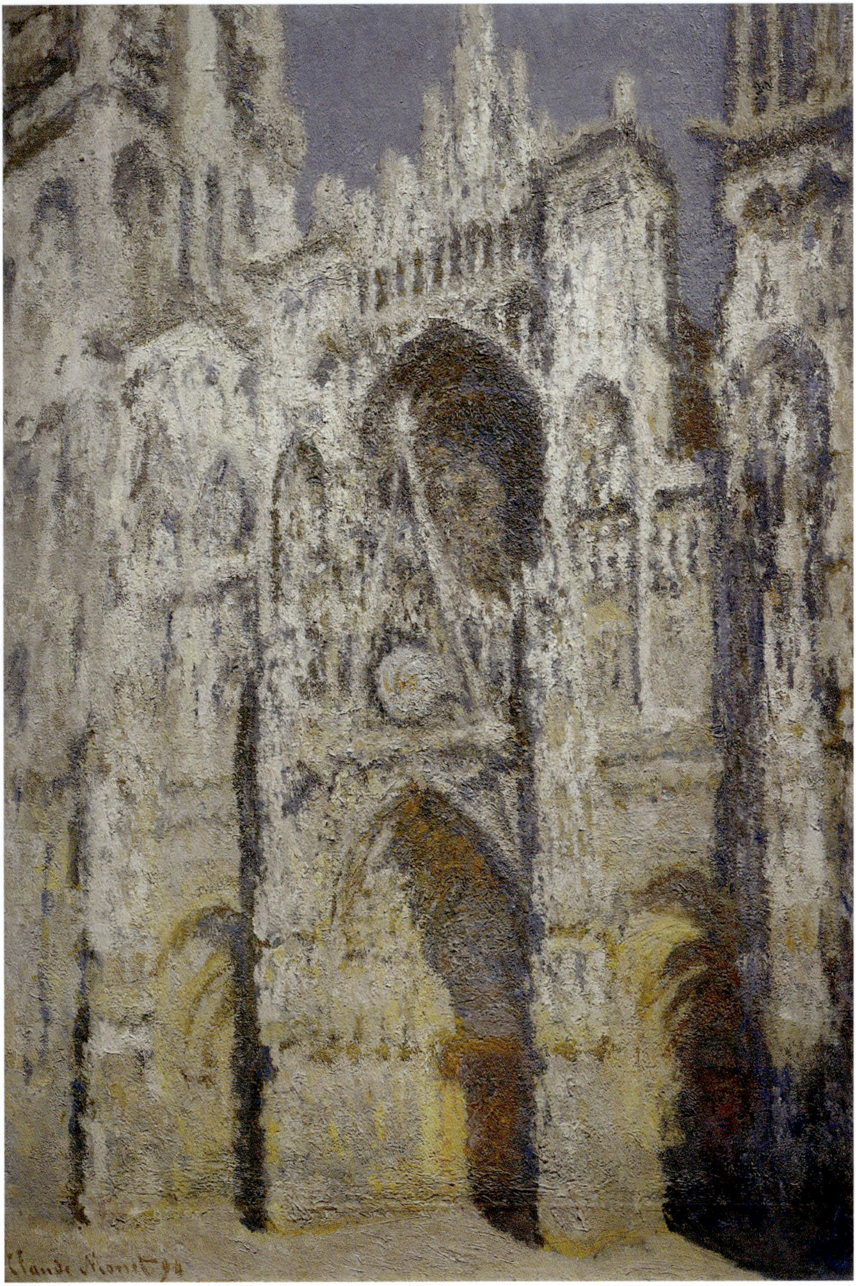
Claude Monet 94

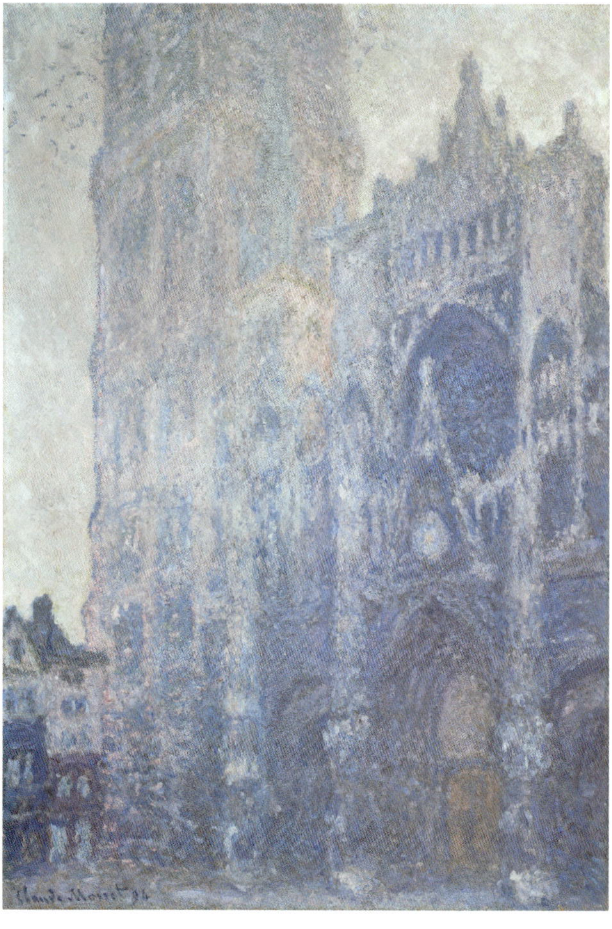

La catedral de Ruán. El portal y la torre de Albán por la mañana; armonía en blanco
1894
106 x 73 cm
Musée d'Orsay, París

Para encontrar un lugar o ángulo desde donde la catedral aparezca de modo similar a la vista que caracteriza la serie comenzada en la antigua Delegación de Hacienda, debió de buscar una solución, ya a finales de la estancia de 1892 o bien más recientemente, en un viaje de prospección. La solución ideal fue instalarse en el número 83 de la rue Grand-Pont, separada del número 23 de la Plaza de la Catedral solo por una calle estrecha, la rue du Petit-Salut (llamada rue Ampère); pero Monet choca contra el rechazo formal de madame Majolier y su hijo Émile, que regentan un comercio de óptica. Al lado, en el número 81 (el 47 actual), las cosas se desarrollan

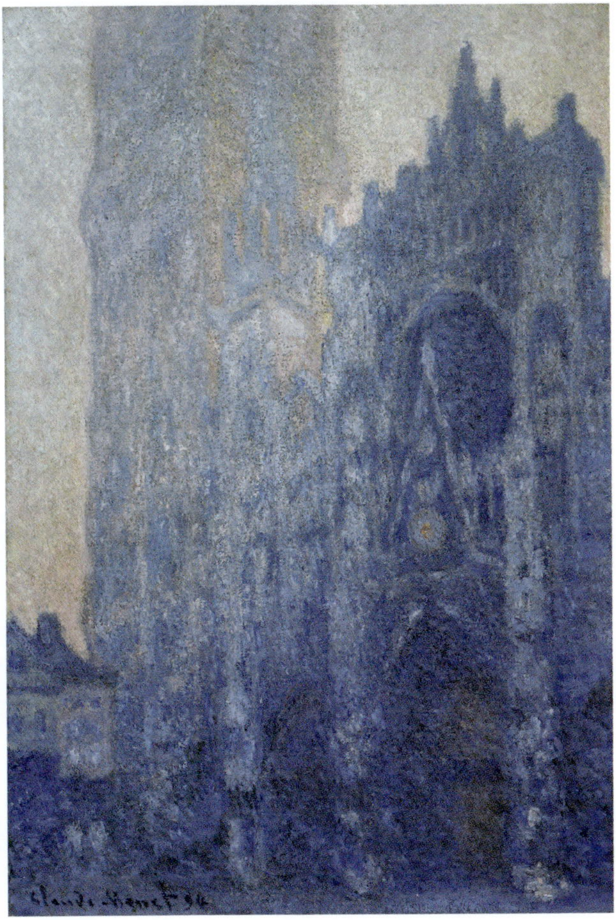

La catedral de Ruán.
El portal por la mañana
1894
107 x 74 cm
Fondation Beyeler, Basilea

mejor, como testimonia el ocupante del local, Édouard Mauquit, respondiendo a las preguntas de Georges Dubosc en el *Journal de Ruán:* «Durante los trabajos de construcción en el número 22 de rue Grand-Pont, pude obtener de monsieur Meyer, que tenía entonces una mercería en el 81 de la rue Gand-Pont, la continuación del contrato de alquiler, para instalar allí provisionalmente mi almacén. Claude Monet vino con monsieur Depeaux y me pidió autorización para instalarse, en la primera planta, cerca del balcón, abriendo las ventanas. Trabajó durante varios meses; cuando se marchó me dijo: "He terminado"».

La casa Mauquit está lo suficientemente próxima al comercio de Lévy para que el pintor esperara trabajar con los mismos efectos que el año anterior, sin tener que modificar la disposición general de las líneas arquitectónicas. El progresivo ascenso del sol, según va pasando el tiempo, es lo que más le inquieta, ya se trate de estudios antiguos o de lienzos en los que acaba de ponerse a trabajar. Entre estos últimos (il. págs. 368, 369, 371, 373, 375, 376) y la serie de 1892 (il. págs. 357, 364, 367) se manifiesta una ligera diferencia impuesta por el nuevo emplazamiento, situado más a la derecha: en los cuadros de 1893 ha desaparecido la luz natural que aparecía entre la masa central y la fachada de la torre de la izquierda en 1892. Para una de estas últimas series, sin abandonar su ventana de rue Grand-Pont 81, Monet se ha vuelto un poco más a la izquierda, a fin de representar la torre de San Román en toda su grandeza y las casas situadas cerca. Después de prometedores comienzos, se vuelve a encontrar las habituales fluctuaciones de un humor condicionado no tanto por los cambios del tiempo —no se trata realmente de paisajes— como por las dificultades propias del motivo mismo, las blondas góticas de piedra de la catedral en un movimiento perpetuo de los juegos de luz. Después de tres semanas, tiene la moral muy baja: «¿De qué me sirve trabajar, si no consigo nada?... Tenía razón de estar descontento el año pasado; es horrible, y lo que estoy haciendo esta vez, aunque sea distinto, es malo... Estoy extenuado, y eso significa que he quemado mis reservas». El sentimiento de impotencia va acompañado por una trágica ironía: «Los que me consideran un maestro no son especialmente clarividentes: buenas intenciones, sí; pero eso es todo».

Sin duda, a las horas de depresión sucederán días mejores, en los que Monet trabajará «a ultranza», en 9, 10, 12, 14 lienzos simultáneamente, para llegar, mes y medio más tarde, a experimentar un sentimiento ya encontrado en otras situaciones: «ahora comienzo a comprender mi tema», antes de volver a la contemplación angustiosa de lo que le parece un desastre: «Nunca llegaré a hacer nada bueno, esto es un cúmulo de colores... pero no es pintura». La verdad se revelará a mediados de abril, a la vuelta a Giverny: «Estoy menos descontento que el año anterior y creo que algunas de mis *Catedrales* no están mal». Antes de salir mostrará su agradecimiento a E. Mauquit, como este refiere en una postdata de su carta al *Journal de Ruán:* «Olvidaba decirle que Claude Monet me dio las gracias enviando una muñeca descolorida para mi hija y una pequeña caja de bombones».

El Nuevo Mundo y el otro

En el momento en que Monet vuelve a instalarse en Giverny, los organizadores de la «World's Columbian Exposition» están ultimando los preparativos para esta importante manifestación, que el presidente Cleveland inaugurará en Chicago el 1 de mayo de 1893. Construido

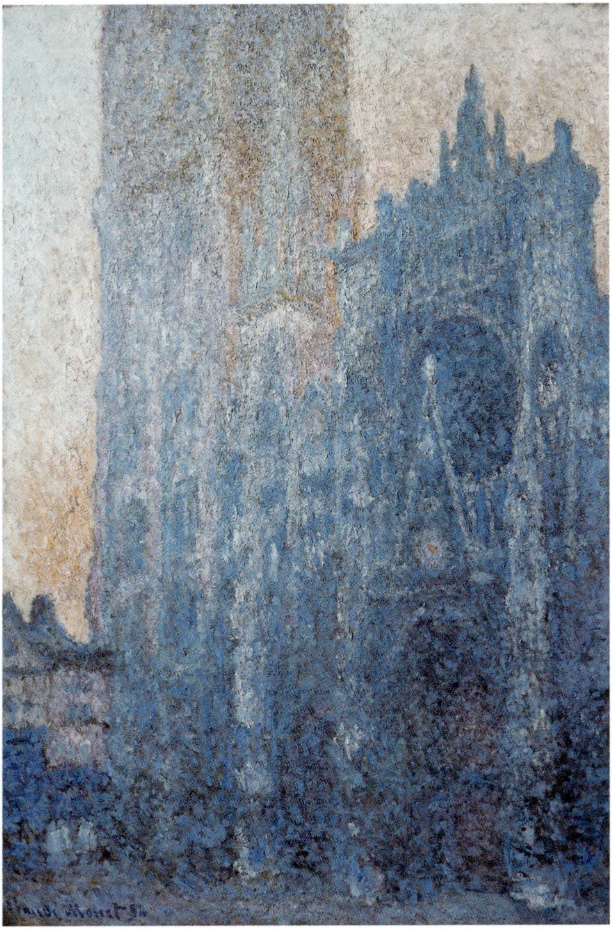

al efecto en la mejor tradición grecojónica, el enorme Art Palace —un edificio central y dos pabellones en las alas— está lleno de cuadros, dibujos, grabados y esculturas de todos los países. El pabellón este está reservado casi enteramente a Francia. Sabiamente seleccionada por un jurado que preside Gérôme, con Bonnat y Puvis de Chavannes como vicepresidentes, la sección francesa no ha dejado ninguna plaza a los impresionistas. Sin embargo, estos están representados en una sección especial debida, al parecer, a Potter Palmer y formada por obras extranjeras pertenecientes a colecciones privadas norteamericanas. Titulada oficialmente «Grupo 146», esta «Loan Collection» ocupa todo un lado del pabellón, con las «galerías» 40, 41 y 42. Para los ex-

La catedral de Ruán.
El portal por la mañana
1893
106 x 74 cm
Museum of Fine Arts,
Tompkins Collection –
Arthur Gordon Tompkins
Fund, Boston

positores, Chicago constituye, en efecto, uno de los acontecimientos más importantes de finales del siglo XIX, con su público nuevo y sus fortunas accesibles a todas las audacias. Los oficiales franceses no han comprendido esta realidad. Ofuscados por la caza de las medallas, al parecer se han confundido de continente y, estimando que el jurado no ofrece las garantías requeridas, declaran su sección fuera de concurso. Uno se siente trasladado al Palacio de la Industria de los tiempos de Cabanel y del conde de Nieuwerkerke.

Mientras tanto, una enfermedad que ha contraído Alice durante una excursión de su marido se está transformando «en un mal más inquietante», antes de evolucionar en una larga convalecencia. El fin de la primavera y el verano de 1893 pasan sin que Monet haya trabajado al aire libre. Con la excepción de una pequeña escapada a Port-Villez, el único terreno de su actividad se sitúa en la pradera donde reproduce un *Almiar* sobre fondo de sauces, sin perder de vista los trabajos en el estanque. Es verdad que la puesta a punto de las *Catedrales,* en las que Monet trabajará aún durante mucho tiempo, absorbe una parte de su tiempo. El resto lo dedica a los visitantes habituales, Durand-Ruel, Mirbeau, así como otros nuevos, cada vez más numerosos. Entre estos últimos figura Jacques-Émile Blanche, que guarda vivos recuerdos de esta época, datos preciosos para conocer el marco en que se desarrolla la vida de Monet, 10 años después de instalarse en Giverny y antes de las transformaciones que serán consecuencia de su creciente fortuna: «La única vez que fui recibido en Giverny, hacia 1893, la sencilla mansión me pareció deliciosa por su frescor, muy a la moda con los trabajos de esparto, de cretona, con sus abanicos y pinturas enrolladas; el bambú hacía furor, al igual que la tela de algodón. Monet había tapizado las paredes del comedor con telas blancas adamascadas. Sobre fondo plata colgaban reproducciones de estampas japonesas. La mesa estaba puesta con sumo gusto, como en casa de Whistler, anunciando alimentos delicados. El dueño de la casa era conocido por ser un *gourmet* y tenía fama por las sorpresas suculentas que reservaba a sus convidados. Apacible, sensual, estaba contento de poseer un hogar tan confortable, antes de que la fortuna, el unánime reconocimiento y el respeto lo elevaran a una posición única».

El Monet de 1893 debía estar ya bien situado, si se tiene en cuenta la forma en que se hace pagar por Durand-Ruel la cuenta de Potter Palmer, 24.000 francos en dos plazos por cuatro cuadros, sin perjuicio de reclamar otras cuentas más adelante. Antes de final de año, como consecuencia de una visita de «Durand hijo», Pissarro está en condiciones de devolverle 4.000 francos del préstamo que le hizo Monet. Más abierto a las desviaciones del postimpresionismo que sus compañeros, el maestro de Éragny se muestra sin embargo desconcertado por el exotismo de Gauguin, que considera «copiado a los aborígenes». En cuando a Monet, quien, como Renoir, nunca ha variado en

La catedral de Ruán.
El portal con niebla matinal
1894
100 x 65 cm
Museum Folkwang, Essen

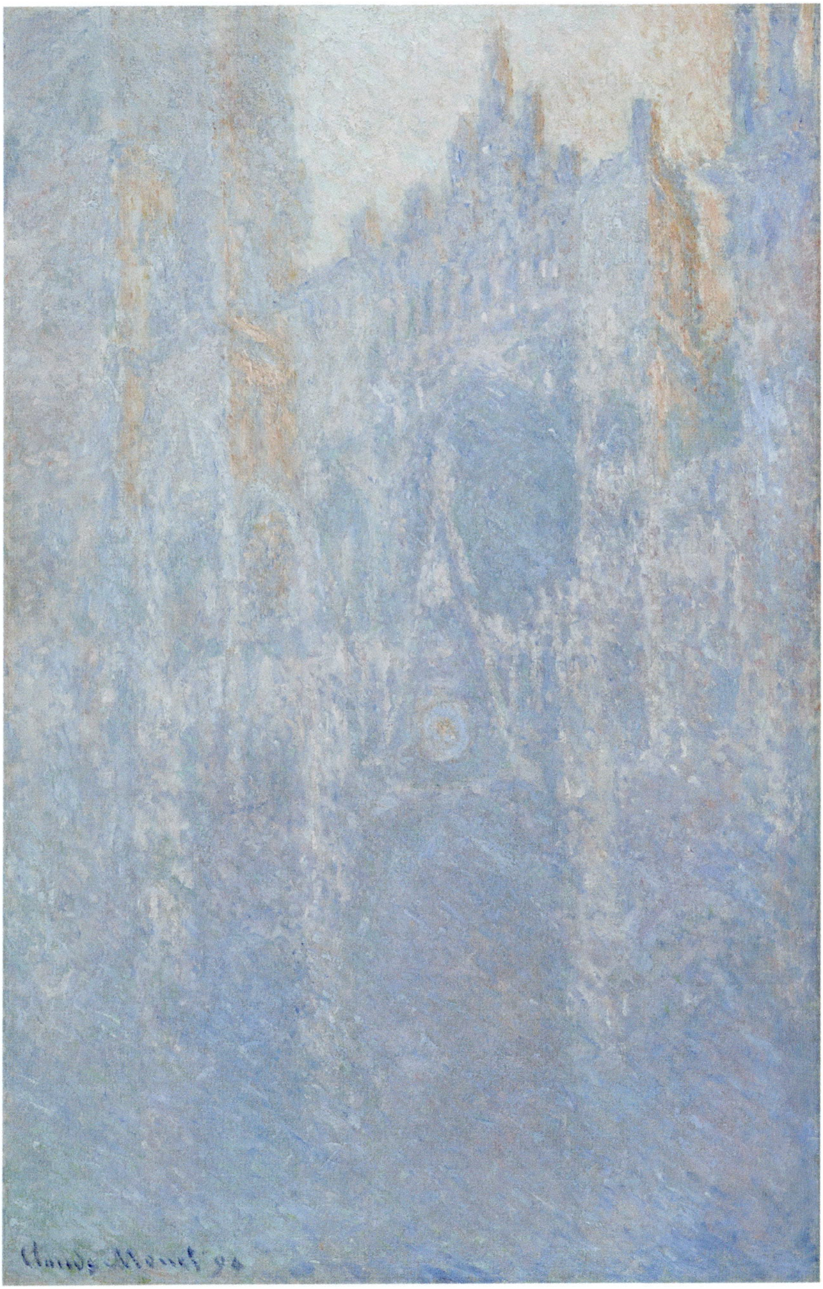
Claude Monet 94

su hostilidad, lo considera «sencillamente malo». Se muestra, pues, cerrado a todo lo que le parece extraño, como Bouguereau y Cabanel. Quizá se deba a un efecto de la edad, o también a los elogios que le hacen sin cesar los críticos amigos, con Geffroy a la cabeza, cuyo «Claude Monet» abre una serie de estudios sobre el impresionismo publicados en la *Revue encyclopédique* del 15 de diciembre de 1893.

A medida que los años pasan, la existencia de Monet está jalonada por un número cada vez más numeroso de desapariciones, algunas ciertamente prematuras. Los primeros meses de 1894 son despiadados y no dejan de impresionar a Pissarro, el alma sensible del grupo: «Nuestro pobre amigo De Bellio y el compañero Caillebotte han partido; Caillebotte tenía 46 años y De Bellio, 66. También el pobre Tanguy: era un amigo, y un amigo sincero; estamos tristes…»

Herencias, ventas y plusvalías

Las reacciones de Monet, en la medida en que han llegado hasta nosotros, no tienen ese mismo tono. Tres semanas después de la desaparición del Dr. De Bellio, las preocupaciones comerciales parecen eclipsar todo sentimiento. Por el contrario, se muestra impresionado por «la triste ceremonia del pobre amigo Caillebotte» y consiente en formar parte del comité de suscripción en favor de la viuda de Tanguy. Esta generosa empresa, que llevará el 2 de junio a una subasta pública patrocinada por Georges Petit, no parece haber apasionado a los contemporáneos.

El problema que plantea el testamento de Caillebotte es de mayor envergadura y está estrechamente relacionado con el asunto del *Olimpia*. El pintor de Gennevilliers ha legado al Estado los 67 cuadros de su colección, para que sean expuestos en el museo del Luxemburgo y más tarde en el Louvre. Interesado en la aceptación de legado, por contar este con 16 de sus obras, Monet queda dispensado de participar en las negociaciones, que resultarán largas y delicadas, y que recaen en el albacea designado en 1876, Auguste Renoir. El legado de Caillebotte es un excelente barómetro para juzgar la combatividad de las fuerzas en liza, la creciente comprensión que encuentra la nueva pintura entre los responsables de los museos nacionales, la matizada posición de los medios políticos, las vacilaciones de los artistas académicos y la fuerza de la resistencia entre ciertos de ellos. Durante muchos años seguirá acaparando la atención pública.

Lo que preocupa esencialmente a Monet en los primeros meses de 1894 son los preparativos para su exposición de *Catedrales*, en las que está trabajando en el mes de febrero, sin «conseguir terminarlas de mi agrado». Un mes más tarde, y aunque se agudiza el problema de la exposición, vuelve a trabajar al aire libre, acometiendo varios motivos simultáneamente. Después de una interrupción a mediados de abril debida al mal tiempo, «el avanzado estado de la

La catedral de Ruán, a la luz del sol
1893
100 x 65 cm
Museum of Fine Arts, Boston

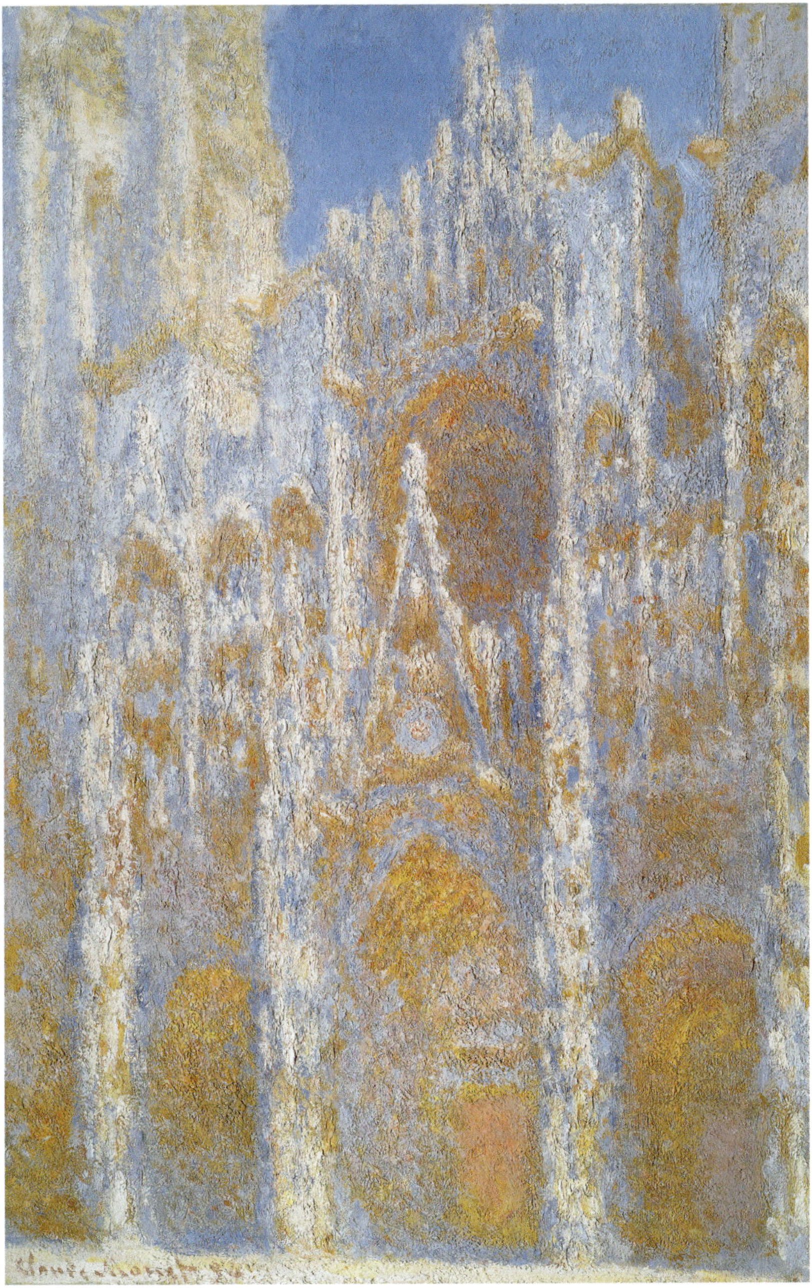

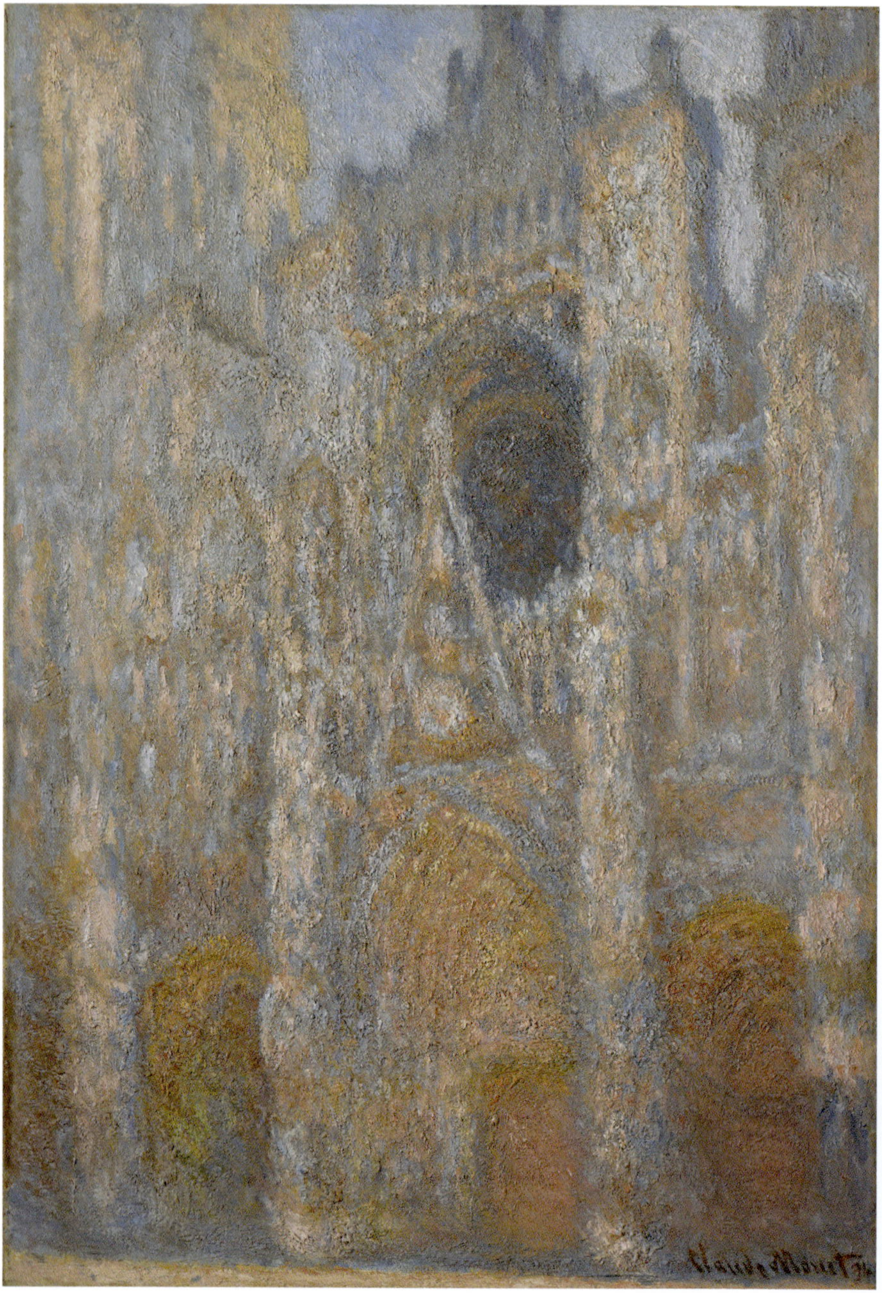

vegetación» le obliga a «recomenzar... algunas obras de primavera». No obstante, lo hará con entusiasmo. Aunque Monet la denomine desde un principio un «chanchullo», la subasta de Duret —celebrada el 19 de marzo en la galería de Georges Petit— proporciona información interesante sobre los precios de sus obras. Los precios de los seis lienzos subastados —el más reciente, un *Sena en Vétheuil*, se adjudica por 7.900 francos— oscilan entre 4.650 francos para *Cabaña en Saint-Adresse* y 12.000 francos para *Los pavos* (il. pág. 153), dan la impresión de que se encuentran en un apreciable alza. De hecho, los dos últimos lienzos citados han sido recomprados por el vendedor, los otros tres se adjudican a Durand-Ruel y solo uno encuentra un comprador aparentemente inédito en la persona de Edmond Simon. Mientras que esperaba un «fracaso» para Duret, en relación con sus obras, Monet solo quiso recordar los incidentes favorables de este acontecimiento y se creyó autorizado a mostrarse más exigente respecto al precio de las *Catedrales.* Paul Durand-Ruel le visita en Giverny el domingo 29 de abril y queda estupefacto ante sus pretensiones —15.000 francos por lienzo— y se aprovecha de la presencia de terceros para evitar una difícil conversación. «Si hubiéramos podido hablar... nos habríamos entendido mejor, estoy seguro», le escribe el pintor, quien nada más regresar su interlocutor despliega una acción de intoxicación epistolar destinada a conseguir que se arrepienta. Para ello, cualquier medio le parece bien, incluido el chantaje. Por ejemplo, anuncia simultáneamente la inminente visita de Valadon y el envío de cartas «a personas que han expresado el deseo de comprar» y que bien podrían escoger las *Catedrales* que Durand-Ruel prefiere. Y termina tomando una verdadera medida de extorsión: retrasar la exposición bruscamente al año siguiente, cuando el marchante lo había dispuesto ya todo para su organización inmediata. Después, por temor a haber empleado demasiado rápido este medio de presión, le hace entender que estaría dispuesto a hacerlo en octubre o noviembre. Al mismo tiempo, hace una concesión de fondo: las obras consideradas como más importantes quedarán provisionalmente excluidas de las transacciones, lo que permitirá «vender menos caras las otras».

Sin dejarse turbar por esta última proposición, Paul Durand-Ruel intenta poner las cosas en su sitio: las obras de Monet no se pueden vender a los precios de compra que él impone; varios aficionados, para «beneficiarse con el valor añadido» de sus obras, han decidido ceder las que poseen y como no está en condiciones de impedirlo, está obligado «a elevar los precios antes de que caigan». «El comprador más ardiente..., Potter Palmer, se ha deshecho de bastantes cuadros y quiere vender otros más». La conclusión de todo esto es: «No escuche a los admiradores platónicos que nunca compran y crea en la experiencia de un verdadero amigo como yo, que siempre he defendido

La catedral de Ruán. El portal a pleno mediodía
1893
106 x 73 cm
Adquirido en memoria de Anne Strang Baxter, 1967,
The Clark Art Institute,
Williamstown, Massachusetts

su causa con convicción y desinterés». Uno de los más representativos entre los admiradores platónicos —como los llama Durand-Ruel—, Gustave Geffroy, acaba de publicar precisamente la tercera serie de *La Vie artistique* que ha dedicado «A Claude Monet». Esta serie se abre sobre una *Historia del impresionismo,* cuyo capítulo más importante está dedicado al pintor preferido del autor. Así, se lleva a cabo una campaña de información del público, aunque no deje de tener cierta apariencia de propaganda publicitaria.

Camondo, Signac y Cézanne

Ante la posición que Paul Durand-Ruel acaba de definir el 23 de mayo de 1894, con el tono a la vez firme y mesurado que le es propio, Monet acaba doblegándose. Por otro lado, ha constatado que hasta los más ardientes entre sus admiradores retroceden ante sus exigencias y que, con excepción de François Depeaux, «todos tienen miedo de los precios». A partir de ahora, tendrá que concentrar sus esfuerzos en Valadon y en Maurice Joyant, que se ha establecido por su cuenta hacia finales del año anterior. El primero, secundado por Glaenzer, quien gestiona su sucursal en Nueva York, lleva un aficionado a Giverny. El segundo, asociado a Manzi, dispone de un cliente serio en la persona de Isaac de Camondo. La táctica de Monet consiste en jugar a dos bandas y persuadir a cada uno de ellos de que, si no se decide rápidamente, corre el riesgo de que las telas que desea —cuatro cada vez— las compre el adversario. Lo que no le cree nadie es que, de este modo, no quiera ejercer «la menor presión».

En los primeros días de septiembre, Camondo viene a Giverny en compañía de Joyant y de su socio y compra cuatro *Catedrales,* que le serán entregadas cuando el pintor haya dado la última mano. Una vez que se ha concluido el negocio, «el caballero Manzi», llevado por su inspiración transalpina» y por la perspectiva de conseguir una confortable comisión, escribe al coleccionista: «Conde, gracias en nombre de Francia»; la grandilocuencia mediterránea divierte mucho a Félix Fénéon, a quien se debe la anécdota. El negocio de Camondo se concluye a unas bases inferiores a las exigencias primitivas y Monet ruega a Joyant que no lo divulgue, para que los ingenuos crean que el límite se ha mantenido en 15.000 francos. Pero Valadon no es un inocente y, después de ponerse de acuerdo con Durand-Ruel y Montaignac, se dirige a Giverny para hacer una oferta inferior. Monet escribe inmediatamente a Durand-Ruel para quejarse de que «se han puesto de acuerdo» y han formado un «cártel». En ausencia de su padre, responde Joseph Durand-Ruel a vuelta de correo: el pintor está equivocado si de un simple convenio de cortesía infiere que entre las tres casas existe un acuerdo permanente «relativo a la compra de sus obras»; aunque la galería Durand-Ruel renuncie a ocuparse «de la serie de las Catedrales» continúa interesada en las otras obras, pero le es imposible elevar bruscamente los precios, hasta que «el considerable stock de sus obras no se haya liquidado en parte». Al día siguiente, el 12 de septiembre, Monet se muestra conforme en «dejar las *Catedrales* al precio de 12.000 francos en lugar de 15.000», una concesión claramente insuficiente. En efecto, cuando Paul Durand-Ruel se embarca el 6 de octubre rumbo a América, con Joseph, no se ha llegado a ningún acuerdo definitivo, y Georges, que ha quedado en Francia, tiene que afrontar una situación difícil.

Mientras mantiene estas delicadas negociaciones, Monet dedica sus tardes a trabajar al aire libre. Continúa transportando a través del campo de Giverny sus lienzos del 25, del 30 e incluso del 40. Paul Signac, en Saint-Tropez, considera que haber hecho íntegramente al aire libre un cuadro del 25 (81 x 60 cm) es una pérdida de tiempo: «Dejemos eso para los impresionistas, que por otro lado han hecho cosas maravillosas... Esos pintores, por estar condenados a trabajar solo según la naturaleza, se creen naturalistas. Pues no, monsieur Monet, usted no es naturalista... Bastien-Lepage está bastante más cerca de la naturaleza que usted. En la naturaleza, los árboles no son azules ni las personas violeta... Su gran mérito es, justamente, haberlas pintado así, como usted siente, por amor al bello color, no tal como son...». Con Signac nos referimos a un artista que, juzgando a los impresionistas en un plano intelectual, pertenece a la filiación de Monet, al que considera su maestro. Otros pintores salidos del impresionismo deben más a Cézanne. Geffroy tiene el mérito de haber notado esta circunstancia ya en 1894: «Existe una relación directa, una continuación netamente establecida, entre la pintura de Cézanne y la de Gauguin, Émile Bernard, etc. E incluso en el arte de Vincent van Gogh». El artículo del *Journal,* donde se publican estas líneas y que está destinado a poner el nombre de Paul Cézanne en el «lugar que le corresponde», parecer haber inspirado a Geffroy por los precios lisonjeros, aunque todavía relativamente modestos, que obtuvieron las obras del maestro de Aix en la subasta de Duret. Conociendo la estrecha vinculación entre el periodista y Monet, Cézanne atribuye el interés que el primero ha manifestado por él a la influencia del segundo. El reconocimiento que considera debido le incita a renunciar provisionalmente a su aislamiento y a pasar una parte del otoño en Giverny. El hotel Baudy, no lejos de la iglesia, acogerá a este suspicaz pensionista.

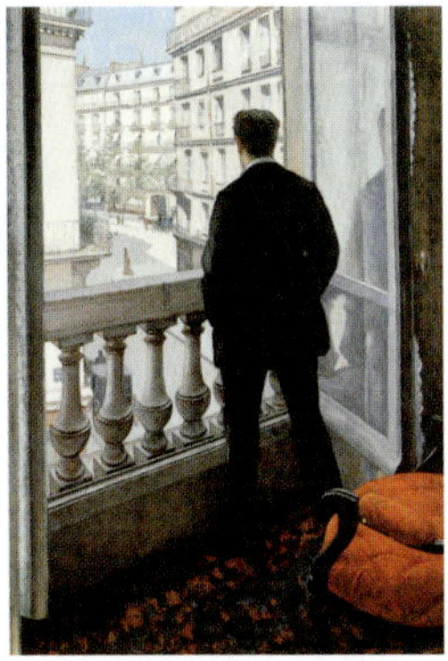

Gustave Caillebotte
Joven delante de la ventana
1875
Colección particular

«Sandviken, cerca de Christiania»

El año 1894 llega a su fin con un acontecimiento cuya verdadera gravedad no se conocerá hasta unos años más tarde: la condena en un consejo de guerra, el 22 de diciembre, del capitán Alfred Dreyfus. Los que más adelante lucharán por la revisión del proceso

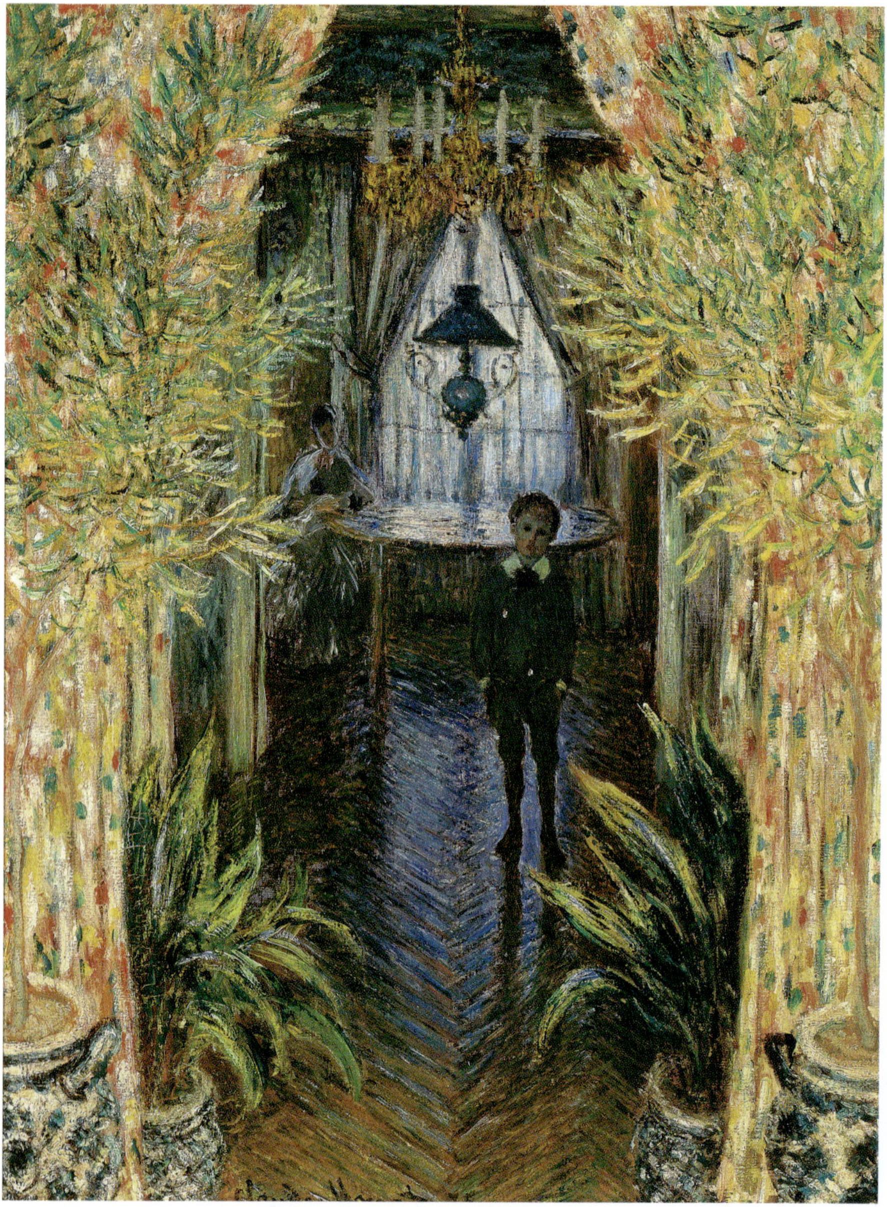

están aún lejos de prever el papel que les tocará desempeñar. Clemenceau se sorprende de la mansedumbre de los jueces, atribuida por Jaurès a maniobras gubernamentales. Solo Émile Zola apela a la reflexión. A Léon Daudet, que le narra la escena de la degradación y los insultos de los ayudantes, le declara: «En ninguna circunstancia debe apelarse a la muchedumbre. Repruebo con energía la ferocidad de las masas amotinadas contra un solo hombre. ¡Aunque sea 100 veces culpable!». En los círculos de artistas no se produce aún ningún remolino; el legado de Caillebotte copa su atención; se está preparando el banquete destinado a celebrar el 70 cumpleaños de Puvis de Chavannes. Monet forma parte del comité preparativo, que preside su amigo Rodin. El 16 de enero, en los discursos, Catulle Mendès hace aplaudir el nombre de Baudelaire, contra Brunetière, que había atacado recientemente la memoria del autor de *Las flores del mal.* A la salida, en el café Bodega, Signac se reúne con Geffroy, Lecomte, Monet, Renoir y Bergerat. Esa misma noche, anota en su diario: «Monet va a viajar a Noruega».

Se suele atribuir a un participante escandinavo en el banquete de Puvis de Chavannes, Fritz Thaulow, originario de Christiania (Oslo), el mérito de haber animado a Monet a realizar ese largo viaje, cuando la presencia en Noruega de Jacques Hoschedé, el hijo mayor de Alice, explica suficientemente una decisión que Monet, tal como lo conocemos, ciertamente no tomó en el momento acalorado de un banquete. Durante el último invierno se ha quejado en varias ocasiones de que el hielo y la nieve de Giverny tienen poca persistencia. Claro que no podía prever que a finales de enero de 1895 —uno de los meses más fríos del siglo, en Francia como en otros países— se helara el Sena a dos pasos de su casa, como en los más bellos días del invierno 1879-1880. El 21 de enero, Monet anuncia a Durand-Ruel su intención de dirigirse a Noruega el 28 del mismo mes. Prefiere el tren expreso al barco de vapor que une El Havre con Christiania; el ferrocarril le lleva por una Europa septentrional cubierta de nieve, desde París a Kiel vía Colonia. Desde la ciudad del Rin envía un telegrama a Alice, antes de salir para Hamburgo-Altona, donde escribe una carta. En Kiel toma de noche un barco correo danés con destino a Korsör, en la isla de Seeland. En lugar de las cinco horas previstas, la travesía dura nueve, debido a los témpanos de hielo y a dos tormentas de nieve. El tren con el que debía enlazar no ha esperado. De este modo, Monet llega con 12 horas de retraso, en la tarde del 31 de enero, a Helsingör, en el otro extremo de Seeland, frente a la costa sueca. Tiene tiempo de escribir una carta a su mujer, antes de tomar un nuevo barco que, franqueando el Ore Sund, le lleva sin ningún contratiempo nuevo a Helsingborg, en Suecia. Después de unas horas de descanso, que ha dedicado en parte a redactar una nueva carta, sale esa misma noche, a las once, en un tren que le conducirá de

Jean Monet en la casa del artista o **Una esquina en el apartamento**
1875
80 x 60 cm
Musée d'Orsay, París

Helsingborg a Christiania en 22 horas, según el horario previsto. Esta vez es demasiado. A pesar de la belleza del espectáculo que le ofrece el día, una vez amanecido, Monet está agotado, saturado del ferrocarril y de la nieve, cuando desembarca en la estación de Östbanegaard de Christiania, el 1 de febrero a última hora del día. Como su llegada ha sido anunciada por un artículo de Andréas Aubert en el *Dagbladet*, titulado «Claude Monet kommer», los artistas noruegos han intentado conocer la hora exacta de su llegada para dispensarle una recepción triunfal, pero Jacques Hoschedé, conociendo bien a su padre adoptivo, ha conseguido evitar esta ceremonia. Por tanto, se dirigen de incógnito a la modesta pensión donde le ha reservado una habitación.

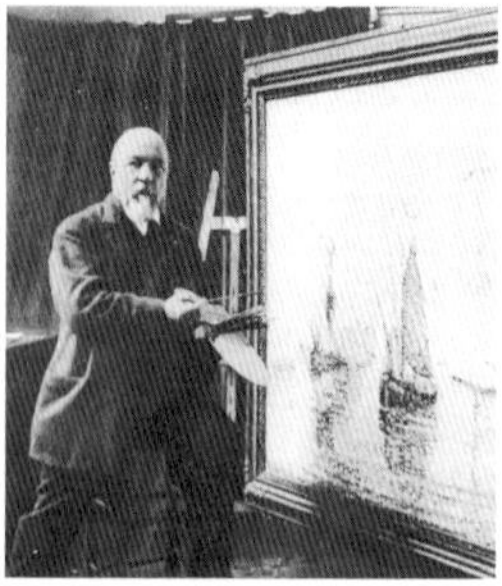

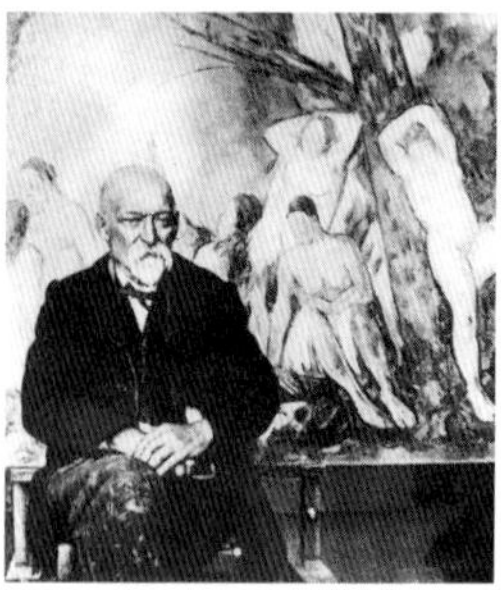

DE ARRIBA ABAJO
Paul Signac delante de su cuadro:
El Puerto de la Rochelle
c. 1900

Paul Cézanne en su estudio de Aix, delante de las
Grandes Bañistas
1904

Durante varios días, conducido por su hijastro, Monet recorre la región de Christiania a la búsqueda de motivos, en tren o en trineo. Aunque no se atreve a ponerse los esquís, tampoco le atemoriza el frío. En el interior de los trenes se queja incluso del calor. En trineo, envuelto en una piel de oso, con el rostro cubierto de témpanos, las cejas heladas, sorprende a los noruegos, que se deshacen en elogios sobre «el pequeño francés, elegante y de sólida complexión», rasgo este último que ayudará a corregir la imagen tradicional que tienen los hombres del norte de los franceses. Si la admiración de sus compañeros le halaga, sus repetidas y en ocasiones indiscretas visitas le cargan. Nunca ha tardado tanto en comenzar a trabajar. A mediados de febrero, incluso habla de claudicar ante las dificultades, sobre todo de orden material. Como Christiania es una ciudad de 160.000 habitantes, con dos líneas de tranvía eléctrico inauguradas un año antes, ha de buscar una localidad donde pueda tener un contacto más estrecho con los lugares que va a pintar. Por fin, siguiendo las indicaciones del pintor Otto Valstad, en el curso de una excursión en compañía de Jacques encuentra un «lugar muy bello», que responde a esa exigencia.

Al término de un paseo, a unos 15 km al suroeste de Christiania, sobre el fiordo del mismo nombre, Sandviken (o Sandvika) posee una especie de colonia de artistas en la aldea de Björnegaard —unas casas perdidas en la nieve—, distante 1 km del centro de la ciudad. La anfitriona no es otra que Jenny, la primera mujer del famoso autor dramático noruego Björnson. La habitación que pone a disposición de Monet da directamente al salón, donde se escuchan ruidos de la mañana a la noche. En el comedor se reúnen los alojados en la pensión, varios pintores noruegos y un escritor danés, Herman Bang. Este último habla francés; si el primer encuentro se ha agotado en un cambio de cumplidos un tanto complacientes, tendrá ocasión de recoger de boca de Monet, confortablemente instalado en una esquina del sofá y «fumando la pipa como un campesino», declaraciones que se caracterizan sobre todo por la sinceridad de su acento: «¿Qué quiere escribir de mí? Por favor, ¿qué puede decirse de un hombre al que no le interesa en el mundo nada más que su pintura... y su jardín y sus

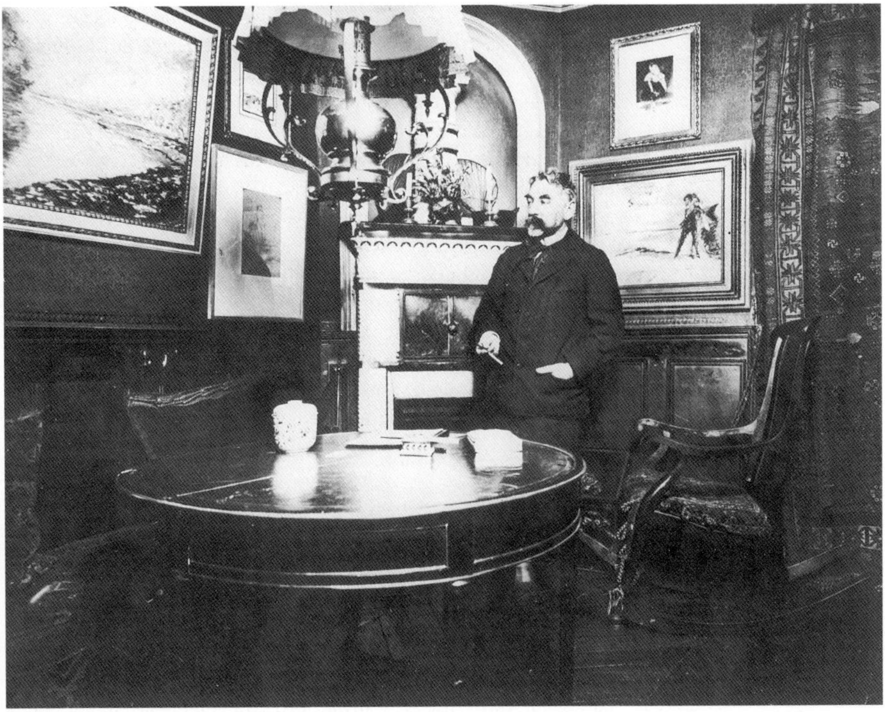

Stéphane Mallarmé en su interior de la rue de Rome c. 1900

flores?». O, en otro momento: «Ahora no tengo ya tranquilidad, los colores me persiguen como una preocupación. Me persiguen hasta en sueños». Otras afirmaciones, cierto es, resultan conocidas, sin que esto les quite autenticidad: «Querría pintar el aire en el que se encuentran el puente, la casa, el barco. La belleza del aire donde están, y esto es sencillamente imposible. ¡Oh, si me pudiera contentar con lo posible!».

«Como en Japón»

El 18 de febrero de 1895, Monet no ha comenzado todavía a pintar, cosa que atribuye a la niebla y a la nieve, pues le impiden «ver bien las cosas», y a Jacques Hoschedé, que no las ha sabido mostrar. Tres días más tarde aparece en su correspondencia la primera mención de un trabajo, que sin embargo no se llevará a cabo sin vacilaciones y pasos en falso. A la vista «de tantas cosas bellas, imposibles de hacer» le asalta una creciente inquietud y un descorazonamiento capaz de cuestionar la continuación de su estancia. El domingo 24 todo está

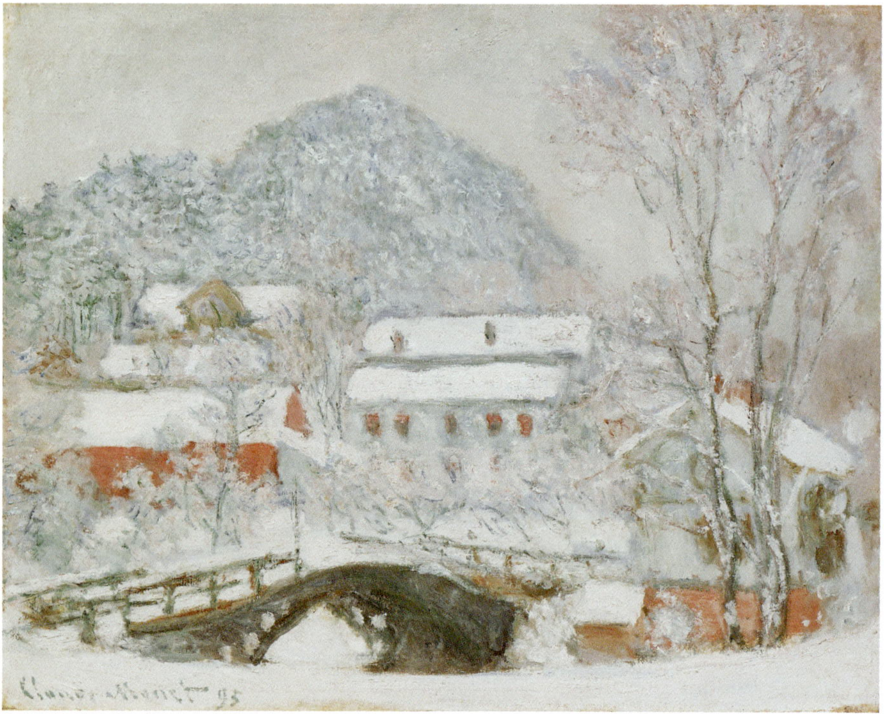

El pueblo de Sandviken bajo la nieve
1895
73 x 92 cm
The Art Institute of Chicago

preparado para comenzar bien la semana, los lienzos y los lugares elegidos en función de las horas del día. Para aproximarse a los motivos ha necesitado especiales precauciones: «armados con palas», el pintor y su hijastro han «practicado caminos en la nieve», ejercicio para el cual Jacques muestra particulares aptitudes. Con el fin de llegar a buen puerto sobre los fiordos helados, utilizan «caminos de comunicación… trazados para los trineos» y están dispuestos a emplear también allí la pala, si es necesario.

«Me encuentro muy bien, a pesar de la horrible comida.» Confiada a Geffroy en una carta del 26 de febrero, esta apreciación, que se encuentra en contradicción con lo que Alice ha podido leer en esos mismos días, tiene demasiado de actitud tradicional del viajero francés en el extranjero, ya estigmatizada por Montaigne, como para ser tomada en serio. Más interesantes resultan las confidencias de carácter artístico. Así, a medida que los lienzos —en ese momento, ocho— van fijando la imagen de este «maravilloso país» donde se encuentra, Monet se rinde a la evidencia: la región de Christiania es «menos terrible» de lo que se había imaginado. El gran norte está lejano y, una vez más, el placer del turista ha cedido terreno a los trabajos del artista. Esta tarea continúa por buen camino, a pesar de los cambios de tiempo, que exigen poner en marcha nuevos lienzos. Es el procedimiento que sigue para las series, con la ventaja de no tener que pararse nunca y con el inconveniente de multiplicar los cuadros. Además, como juzga que no es «posible» terminar ninguno, tendrá que hacer una segunda sesión.

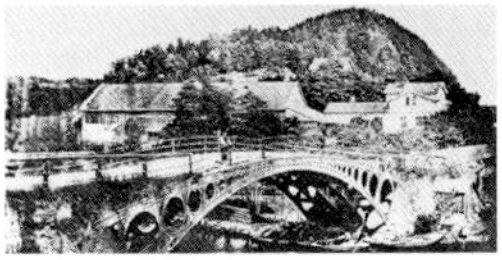

Vista del pueblo de Sandviken, hoy Sandvika
1883

Una carta dirigida a Blanche Hoschedé permite reconocer los tres motivos principales tratados hasta el 1 de marzo. En primer lugar, el fiordo pintado a media hora a trineo de Bjönegaard, en el límite de las aguas libres de hielo, con «islotes a ras de agua». Después, una esquina de Sandviken, que «se parece a un pueblo japonés» y que le inspira la serie del puente de Lökke (il. pág. 384). Por último, una montaña que hace soñar con el Fujiyama, el monte Kolsaas (il. págs. 386/387, 389, 391). En los días sucesivos se producen altibajos a lo largo de una carrera contrarreloj debido a la amenaza de deshielo que anuncia el progresivo alargamiento de la duración del día. Pero, de momento, la nieve sigue manteniéndose y se esperan nuevas nevadas. Mientras que Monet trabaja, con «la barba cubierta de témpanos», Jacques «empolla noruego» en una casa de nieve que ha edificado *ex profeso.* En ese momento se prohíbe a los vehículos circular sobre el hielo del fiordo. Como la distancia que separa la tierra firme del motivo es demasiado considerable para cubrirla a pie, se puede suponer que las obras realizadas a bordo del fiordo son todas anteriores a esa prohibición, a la que hace referencia en una carta del 12 de marzo. En esta época, Monet hace el siguiente plan diario: se levanta a las 6.30 h, trabaja de 8 a 13.30 h, almuerza a las 14.00 h; después, vuelve al trabajo hasta las 7 de la tarde. Su juicio sobre las obras realizadas hasta entonces es significativo: «no son ni impresiones ni lienzos un poco esbozados». No obstante, los esfuerzos unidos del deshielo y de la población hacen desaparecer la nieve de los techos, lo que significa el abandono de un «bello motivo», que había plasmado en tres lienzos. Con toda probabilidad, se trata de la pequeña serie de *Casas azules.* A la inversa, un recrudecimiento del frío favorece el último motivo de esta campaña, *El monte Kolsaas,* que ha pintado hasta entonces en 12 ocasiones, o incluso 13, a juzgar por las obras catalogadas. El resto del día lo dedica a actos sociales; una fiesta en honor de una joven ayudante está acompañada de brindis y un «frenesí» de valses. Con ocasión de una salida a Christiania visita la exposición de primavera, en la que había rechazado participar. Pone en un aprieto a los miembros del comité, pues Monet pasa por delante de los cuadros sin decir palabra. A la salida, inquieto por este silencio, Bang le pregunta qué le ha parecido, a lo que Monet declara: «Querido Bang, ¿qué quiere que le diga de todos esos colores?».

PÁGINAS 386/387
El monte Kolsaas
1895
65 x 92 cm
Colección particular

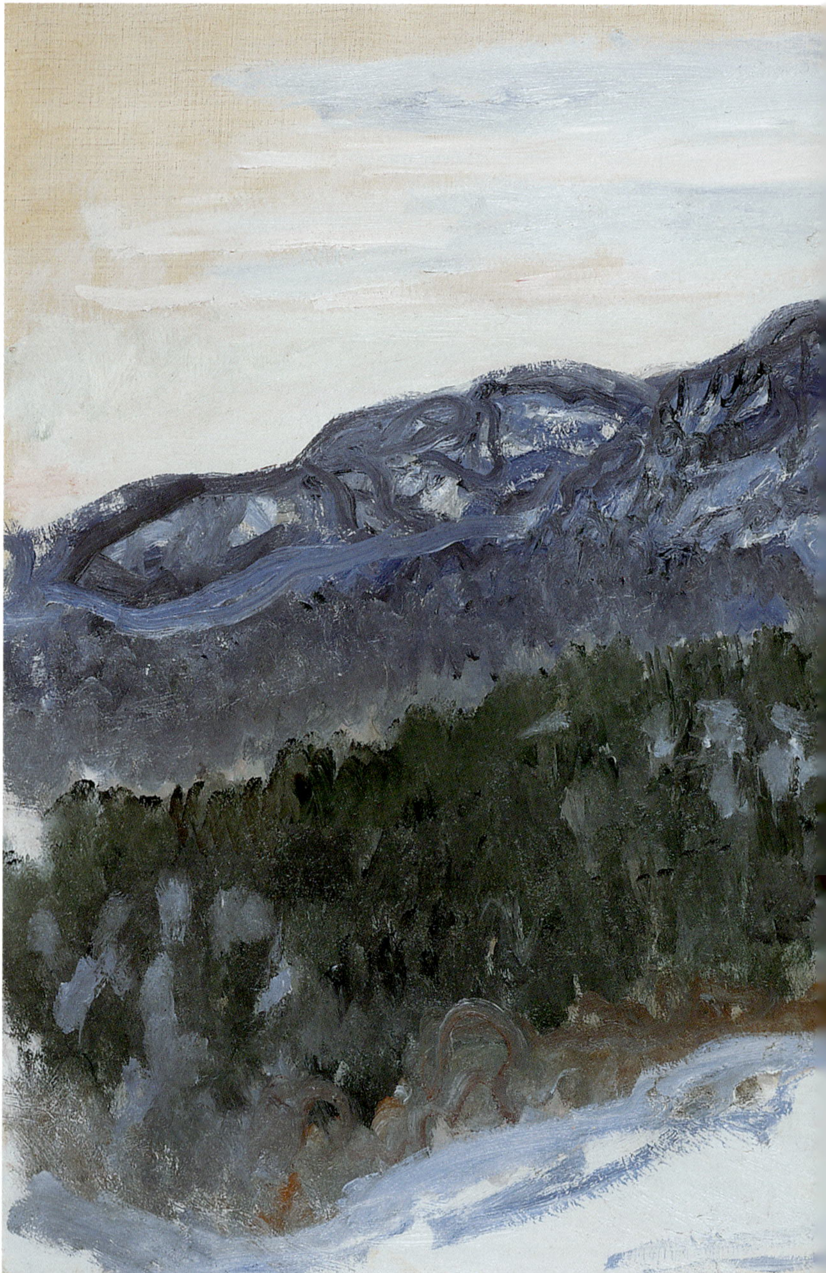

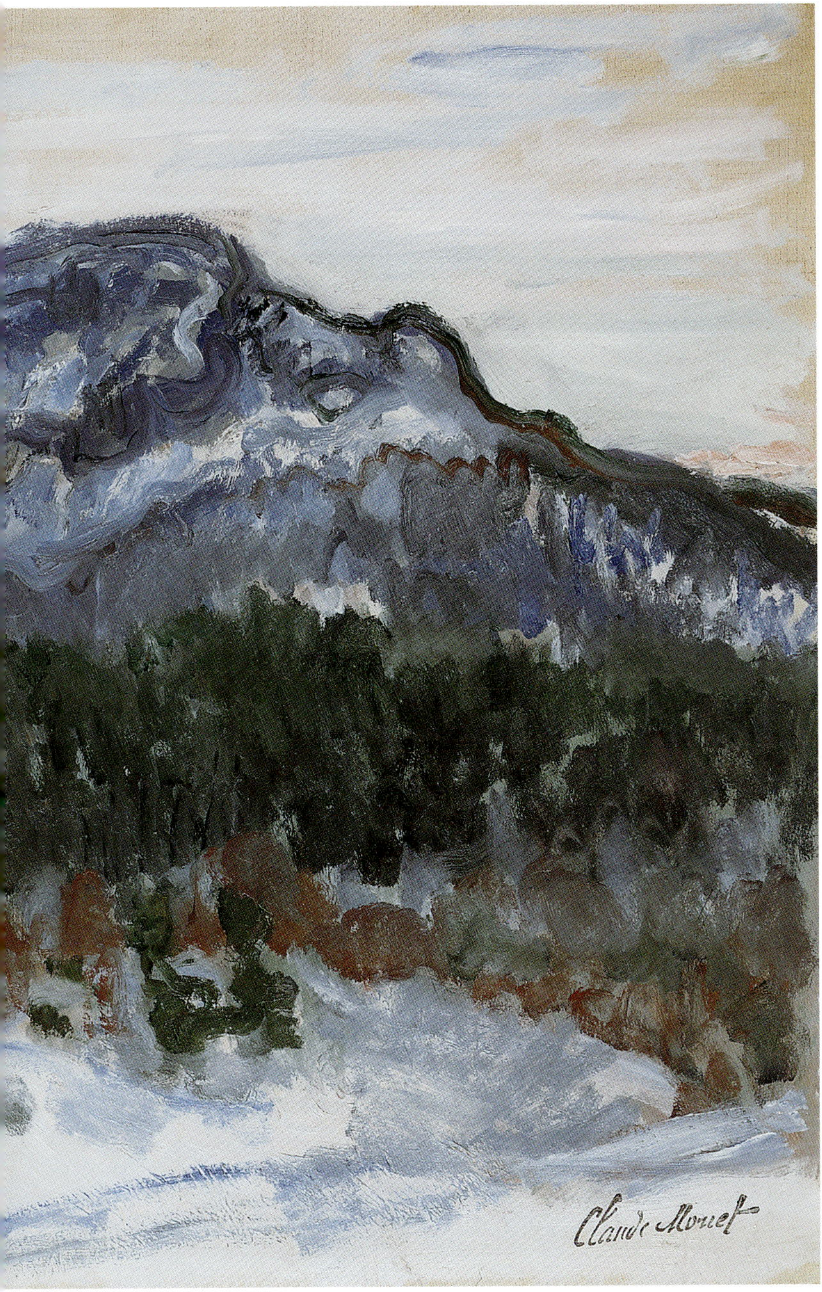
Claude Monet

Cuando el deshielo parece tomar un giro decisivo, la venta de la casa por Björnson provoca la dispersión de la pequeña colonia, donde por otro lado se habían mostrado últimamente menos amable con él, pues el francés les parece decididamente poco sociable. El 26 de marzo regresa a Christiania y se instala en el Grand Hotel. A la mañana siguiente visita el fiordo en un «barco con tajamar», con el capitán del puerto, un espectáculo admirable que deja a Monet conmovido de emoción estética. Tres tardes consecutivas dedicadas al teatro dan lugar a un comentario, breve pero pertinente, sobre la interpretación de las piezas de Ibsen y de Björnson.

El viernes 29 de marzo ha tenido una visita muy esperada: la del príncipe Eugenio de Suecia, acompañado de su ayudante de campo y de un grupo de pintores, bajo la dirección de Thaulow, si se ha de creer la posterior narración del ilustre visitante, que parece haber hecho con la verdad de las libertades reales. Por ejemplo, el príncipe dice que Monet le presentó una selección de obras anteriores a su viaje, entre las cuales se encuentra «un ejemplar de la serie, casi legendaria hoy en día, de las *Catedrales de Ruán*». Siguiendo al príncipe, los curiosos desfilan y, por convicción o por delicadeza, expresan su admiración. «No son realmente muy exigentes», señala el pintor, «conmovido por un testimonio al parecer tan sincero» y que se sitúa en los antípodas del juicio formulado más tarde por Fritz Thaulow: «La Noruega de Monet es un sinsentido total. En eso estamos todos de acuerdo». Ahora bien, no parece ser esta la opinión del cronista del *Dagbladet*, quien hace un sentido homenaje de la vigorosa creación del pintor francés y de la exactitud de sus tonos, al mismo tiempo que revela un buen conocimiento del sistema de la serie y del procedimiento que consiste en dedicarse no más de media hora consecutiva a un efecto. «El motivo —había declarado Monet— es para mí secundario; lo que yo quiero reproducir es lo que hay entre el motivo y yo».

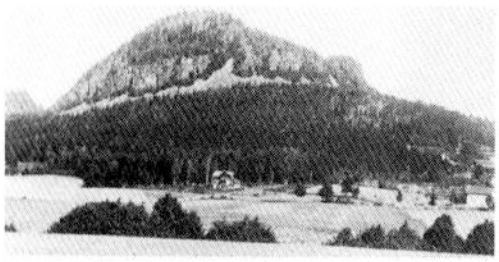

El monte Kolsaas, en Noruega, 1890

Estas líneas las leerá Claude Monet en una traducción al francés, al día siguiente de su regreso a Giverny. Ha emprendido el viaje de vuelta el lunes 1 de abril, a las 11 de la noche, acompañado a la estación por su hijastro y un grupo de artistas, cuya presencia, esta vez, le parece soportable. Incluso antes de reposar de las fatigas del interminable viaje, que ha seguido un itinerario similar al camino de ida, envía a Durand-Ruel una breve nota dedicada a su próxima exposición, con una postdata: «No estoy demasiado descontento con lo que traigo».

«La rebelión de las catedrales»

Preparada sin interrupción desde su regreso de Noruega, la «exposición de cuadros de Claude Monet» se inaugurará el viernes 10 de mayo de 1895 en las galerías Durand-Ruel, en la rue Laffite 16 y rue Le Peletier 11. Las invitaciones se cursan a nombre del artista y se difunden ampliamente. Con sus 49 números, el catálogo recoge lo esencial de la producción de los últimos años. Tres grupos están definidos por su título: *La catedral de Ruán* (n.º 1-20), *Vernon vista desde la orilla del agua* (n.º 21-28) y *Alrededores de Christiania* (n.º 29-36). El cuarto (n.º 37-49), sin nombre particular, es un florilegio de lienzos. Dos de estas obras, anteriores a 1890, están allí como para tranquilizar a los espíritus tímidos.

Ante las creaciones más recientes, sus compañeros expresan opiniones encontradas. El más combativo entre los pintores académicos, Gérôme, vierte «imprecaciones en entrevistas... contra Monet, los impresionistas y los que admiran una obra como las *Catedrales*». En el campo opuesto, Eugène Boudin, el antiguo maestro de Honfleur y de Sainte-Adresse, recomienda a Braquaval la exposición, «una cosa interesante de ver», pero piensa que las *Catedrales* tienen «un carácter extraño» con «cierto rebuscamiento y pastosidad, hasta el límite del empalago». Por el contrario, Pissarro se declara «entusiasmado por esa extraordinaria maestría». Cézanne, que acude a la galería Durand-Ruel el 25 de mayo, comparte su entusiasmo: «Es la obra de una fuerza de voluntad, bien ponderada, persiguiendo un imperceptible matiz de efectos», una búsqueda a la que algunos artistas «niegan la necesidad». En cuanto a los jóvenes, le parecen a Pissarro francamente hostiles.

El monte Kolsaas, en un día brumoso
1895
65 x 100 cm
Préstamo de Gay y Clifton Leonhardt a la Cornell University, Ithaca, Nueva York

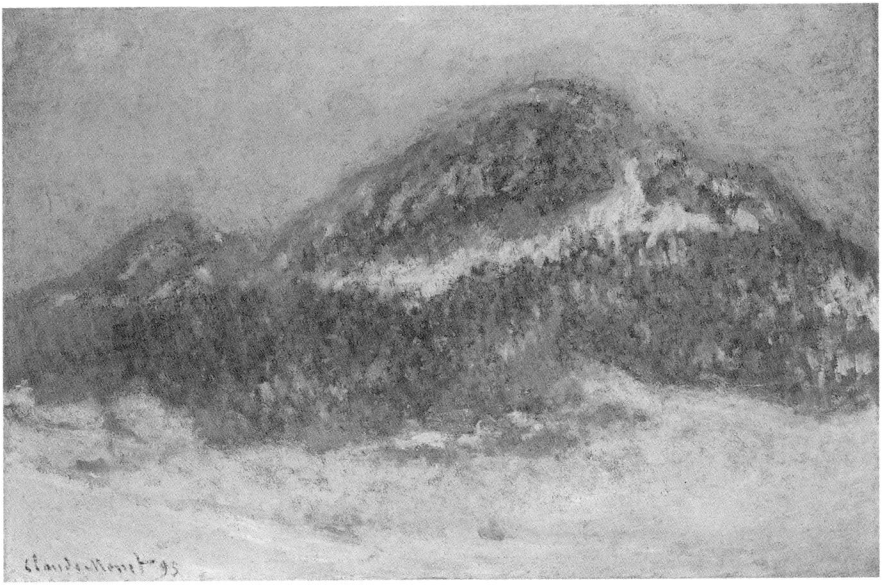

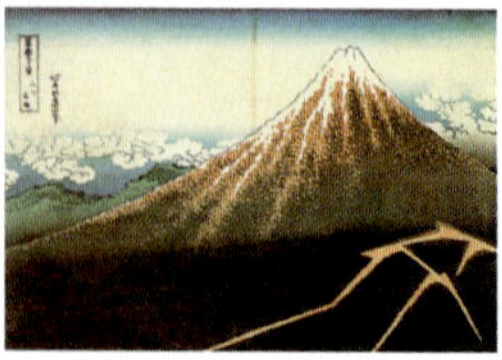

Hokusai
Tormenta bajo la cumbre
De las «Treinta y seis vistas del Fujiyama»
1831-1834

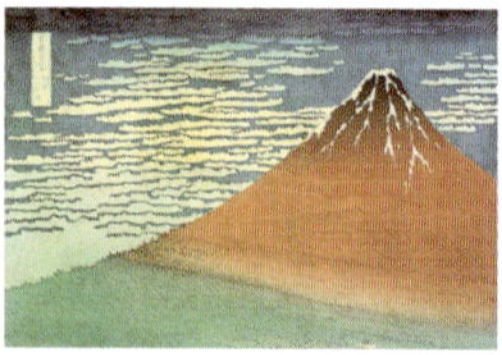

Hokusai
Viento del sur, cielo despejado
De las «Treinta y seis vistas del Fujiyama»
1831-1834

El monte Kolsaas (detalle)
1895
65 x 100 cm
Colección particular

Por lo que se sabe, también están divididas las opiniones entre los representantes de la generación post-impresionista. Théo van Rysselberghe, «conmovido por la ejecución» de las *Catedrales,* opina que «aquí está Monet todo entero, con sus cualidades y sus defectos, las unas y los otros más fuertes que nunca; o se toma o se deja». Aviniéndose a esta última posibilidad, Cross habla de «piezas sobrecargadas» y Luce dice que «las cualidades del pintor no son suficientemente fuertes para compensar la ausencia de composición». Registrando estos reproches, Signac, lejos de París, parece dispuesto a tenerlas en cuenta: «Evidentemente, esto es un defecto». Después cambia de opinión: «Me doy cuenta de lo que son las *Catedrales:* murallas maravillosamente realizadas». En la prensa, las opiniones favorables predominan sobre los juicios hostiles, más claramente que entre los pintores.

Todos estos escritos no parecen haber suscitado en Monet una reacción comparable a la aparición del «admirable artículo» que publica Clemenceau, a cinco columnas en portada, en *La Justice* del 20 de mayo. El diario del «tigre» no había conocido nunca las grandes tiradas, pues desde el asunto de Panamá se encuentra al borde de la quiebra. Desacreditado y cubierto de deudas, su director ha dejado temporalmente la política para dedicarse al periódico y a los escritores y artistas: Carrière, Raffaëlli, Rodin y, sobre todo, Monet. Geffroy, que le ha introducido en este nuevo universo, publica un sorprendente artículo titulado «La rebelión de las catedrales», que va a permitir al cabecilla anticlerical darse aires de espiritualista.

Pero esta visión cíclica de las *Catedrales* es ya la prefiguración de lo que serán las grandes *Decoraciones de ninfeas* en la Orangerie. La llamada, no exenta de ironía, al presidente Félix Faure, su «soberano por un día», de «dotar a Francia de estos 20 lienzos» y de asegurar la supervivencia de su nombre «uniéndolo con el de Claude Monet, el campesino de Vernon», es el objetivo que se ha fijado Georges Clemenceau, añadiendo esta gloria pacífica a esa otra que el destino le hará conquistar en un dominio completamente diferente, a pesar de que él nunca será presidente de la República Francesa.

Las relaciones con Durand-Ruel se enfrían por un breve periodo, a finales de noviembre de 1895, cuando Monet oye ciertos rumores de que el marchante, de acuerdo con sus compañeros, ha impedido la venta de las *Catedrales.* En su carta del 24 de noviembre, se podrá leer la bella justificación de Paul Durand-Ruel, que repite al pintor sus mejores sentimientos. A lo largo del mismo mes de noviembre, sin tener el éxito de la reciente exposición de Monet, la exhibición de Cézanne en la galería de Ambroise Vollard produce una fuerte impresión sobre los artistas que intentan adivinar ese «algo indefinible» de una obra en la que se siente su profunda originalidad. La admiración se traduce, en Monet y Degas, en la adquisición de «cosas admirables».

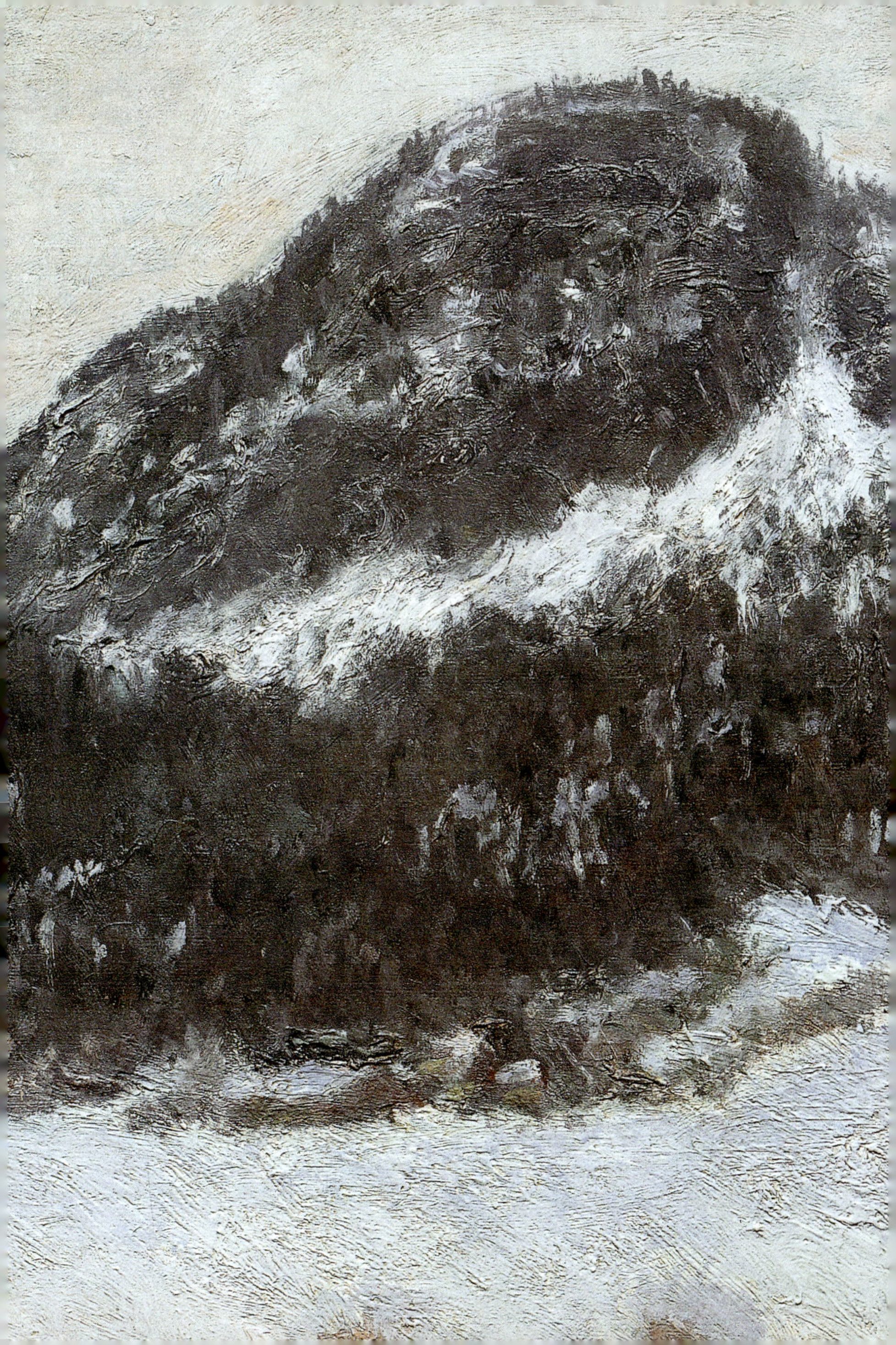

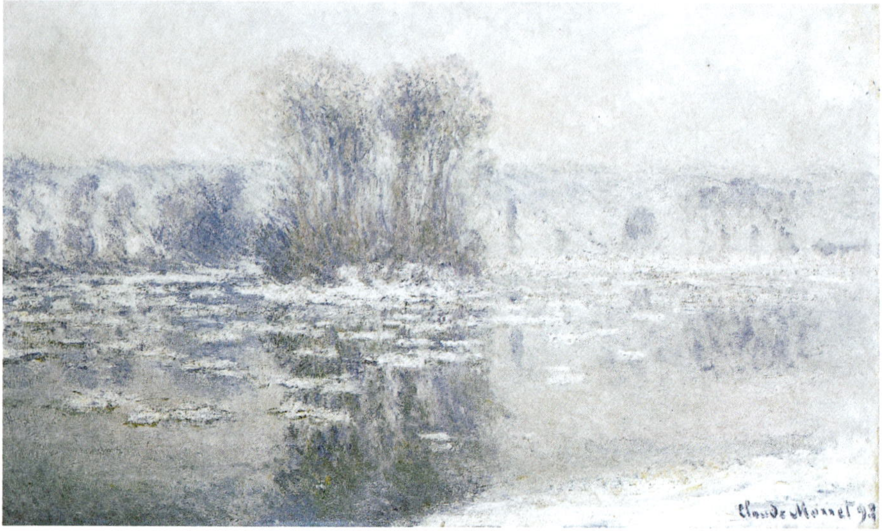

Témpanos de hielo en Bennecourt
1893
60 x 100 cm
Colección particular

Vueltas y repeticiones

Para el antiguo grupo de Batignolles ha llegado la hora de cerrar filas. Después de la desaparición de Caillebotte, cuyo legado continúa planteando dificultades a la Administración, la muerte de Berthe Morisot resulta especialmente dolorosa. A Monet le llega la noticia a Sandviken. Consternado, expresa una pena de tintes más sensibles que lo ordinario. Cuando, a comienzos de 1896, se plantee promover una exposición de Berthe Morisot en la galería Durand-Ruel, participará en su organización con Degas, Renoir y Stéphane Mallarmé, autor del prólogo al catálogo.

En Monet, los pensamientos melancólicos sobre los amigos desaparecidos van emparejados con el deseo de volver a ciertos lugares que lo vieron trabajar en el pasado, un programa demasiado amplio para poder ejecutarlo enteramente. La primera etapa es Pourville, cerca de Dieppe, donde transcurrió un largo periodo de tiempo en 1882 y adonde volverá a mediados de febrero de 1896.

Desde la muerte de Paul Graff y de su esposa, los simpáticos regentes del casino-hotel, las condiciones materiales han empeorado. Afortunadamente, el mar y los acantilados siguen siendo los mismos, azotados por la lluvia, barridos por los vientos, como también son las mismas las reacciones de Monet: entusiasmo casi juvenil ante la belleza del espectáculo y el sentimiento de que precisará «un mes de aprendizaje» para apropiarse de él. Tanta vacilación en la «preparación de los lienzos» y en la «elección del lugar» podrían sorprender, tratándose de un paisaje familiar. De hecho, la «extrema timidez» a la que se refiere el artista se ve ciertamente agravada por su método de trabajo, que le obliga a elegir sus emplazamientos con sumo cuidado, pues cada uno de ellos ha de servir para la realización de toda una serie de estudios.

Aunque sus exigencias producen iniciales retrasos, el sistema de la serie ofrece una importante compensación: la limitación de los desplazamientos a lo largo de una campaña, ahora que Monet comienza a sentir los efectos de tantos esfuerzos acumulados durante los 30 años de trabajo al aire libre, hiciera el tiempo que hiciera. Todavía, de vez en cuando, sigue andando a marchas forzadas o permanece pintando dos horas bajo la lluvia, pero nota que su resistencia física, aun siendo considerable, no es la misma de antes. Esta circunstancia se refleja no solo en la reducción del radio de trabajo —ya no sobrepasará la garganta de Petit Ailly ni la iglesia de Varengeville (il. pág. 218)—, sino también en el cuidado de no exponerse inútilmente a la intemperie. En este sentido buscará «motivos al abrigo del viento», ocupará una cabina de playa, instalará un toldo. También abandonará un estudio después de una hora cuando, a mediados de marzo, «un glacial viento del este» azote el acantilado; lo que más le importa es proteger lienzos y caballete. El sistema de series y la limitación de los desplazamientos suponen una espectacular reducción del número de temas. Frente a la diversidad, todavía muy

Témpanos de hielo, Bennecourt
1893
65 x 100 cm
Colección particular

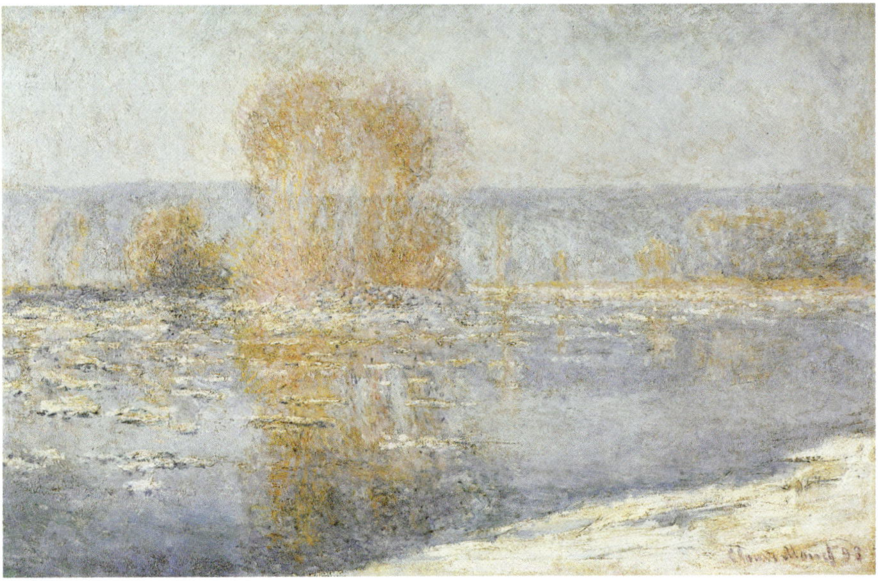

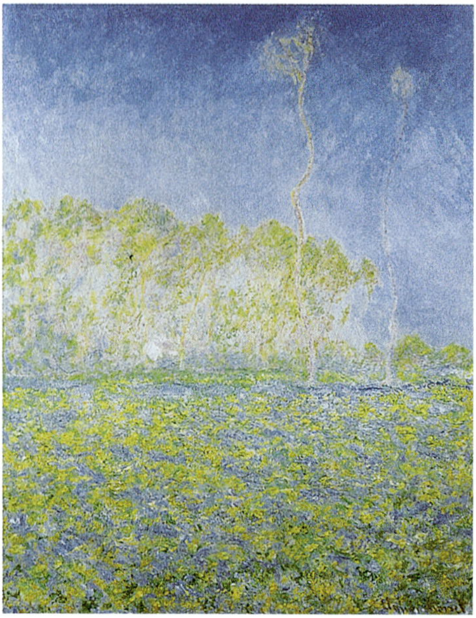

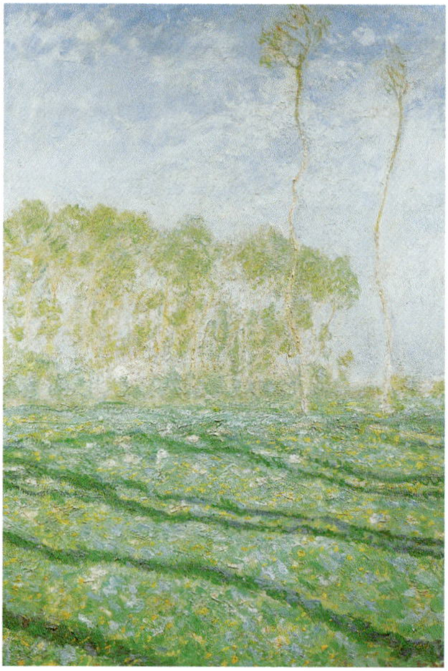

ARRIBA
Paisaje de primavera
1894
92 x 73 cm
Colección particular

DERECHA
Paisaje de primavera en Giverny
1894
92 x 65 cm
Colección particular

pronunciada en 1882, ahora los motivos son muy uniformes; varios de ellos los aborda ya en la primera sesión de trabajo. La serie más importante está tomada en la playa, mirando hacia el oeste. Otras dos, iniciadas sobre el acantilado al este de Pourville, en el lugar denominado costa de Hérons, están orientadas hacia Dieppe y la bahía de Somme. Por último, a finales de su estancia aparece una «casita» —la antigua cabaña de los aduaneros de Petit Ailly (il. págs. 398, 401)— que Monet tiene intención de volver a utilizar un año más tarde.

La campaña de 1896 no le ha satisfecho. Con los retrasos causados por las iniciales vacilaciones, por la lluvia y el viento, y, en fin, por el verdor de las hierbas del acantilado, que él prefiere secas y amarillas, ha de dejar bastantes trabajos inacabados. La decisión de volver a Pourville, tomada poco después de mediados de marzo, le permite soportar sin demasiada impaciencia un nuevo empeoramiento del tiempo, antes de volver a Giverny en los primeros días de abril, con la experiencia adquirida que espera aprovechar durante el siguiente invierno.

«¡Todos son Manet, todos Monet, todos Pissarro!»

Mientras que 1895 fue un año agitado, 1896 parece tranquilo, siguiendo el ejemplo del ministerio Méline, que va a durar más de dos años… hecho insólito en la Tercera República. Los acontecimientos parecen consolidar la posición de Monet, sin esfuerzo por su parte.

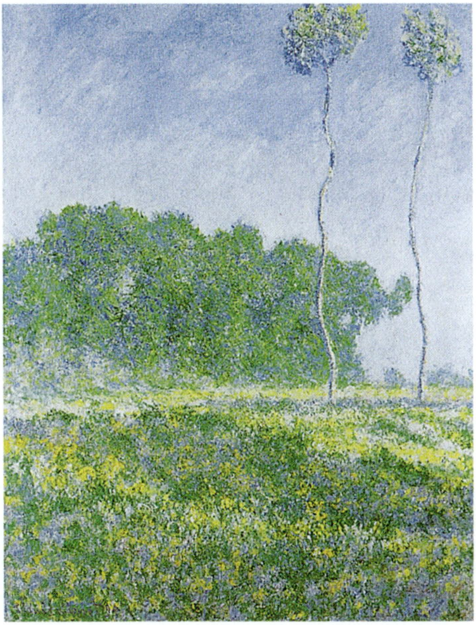

Paisaje de primavera
1894
92 x 73 cm
Colección particular

Así, tras las elecciones de mayo, el nuevo Concejo Municipal de Giverny elige un alcalde y un primer teniente de alcalde enteramente favorables a la causa de «monsieur Monet», quien se ha convertido en una persona influyente, cuyo favor se comienza a buscar. La suma de 5.500 francos, que el pintor ha de abonar a la Administración para la conservación del marjal, se encuentra afortunadamente compensada por la devolución de los 5.000 francos que había prestado a Pissarro.

A este último Raffaëlli le ha referido el éxito obtenido por «el amigo Monet» en América. El entusiasmo fue tal que una dama llegó incluso a declarar: «Monet es tan grande que todos los pintores deberían pintar como él». Propósito ridículo pero, como dice Raffaëlli, que ha sido el testigo de esta salida un poco banal, corresponde a la «exacta verdad» de lo que se piensa al otro lado del Atlántico. En ese mismo momento, en Francia se eleva la voz de Émile Zola en *Le Figaro* —y ¡con qué vigor!— para condenar a los pálidos imitadores de los impresionistas y de Monet, a quien menciona nominalmente con dos o tres de sus compañeros. El gran escritor acaba de visitar los salones del Campo de Marte y de los Campos Elíseos. «En primer lugar, lo que me sobrecoge es la nota clara y dominante; ¡todos son Manet, todos Monet, todos Pissarro! Verdaderamente, ¿por esto es por lo que he luchado?, ¿por esta pintura clara, por estas manchas, por estos reflejos, por esta descomposición de la luz? Señor, ¡qué loco he sido! ¡Son feísimos, me infunden horror!». Ciertamente, el principal «culpable» es Puvis de Chavannes, «el más grande y puro artista» en la medida en que «su pincel es quizá más desastroso todavía que el de Manet, el de Monet y el de Pissarro». A Manet, Zola le reconoce el mérito «de haber simplificado los procesos»; en cuanto a los otros dos, tiene en cuenta que son «los primeros que han estudiado deliciosamente estos reflejos y esta descomposición de la luz». A pesar de estos cumplidos, el escritor persiste en su tesis expresada en *La obra* 10 años atrás. Su generación no ha producido «ningún gran pintor… ni un Ingres, ni un Delacroix, ni un Courbet». A sus ojos, incluso Cézanne es un artista incompleto; «solo hoy comienzan a descubrirse sus partes geniales».

Según Zola, Pissarro y Monet tienen el mismo rango como artistas pero el segundo adquiere una pequeña ventaja como consecuencia de una resolución del Consejo de Estado en relación con el legado de Caillebotte: el conservador del museo del Luxemburgo está autorizado a elegir, con la ayuda de los artistas interesados, las obras que serán expuestas en las condiciones previstas por el testador; las demás obras recaerán en sus herederos. Entre las 40 obras retenidas, el lote más importante está formado por las ocho de Monet. Se trata de las siguientes obras, con los títulos de 1896: *Las regatas de Argenteuil*,

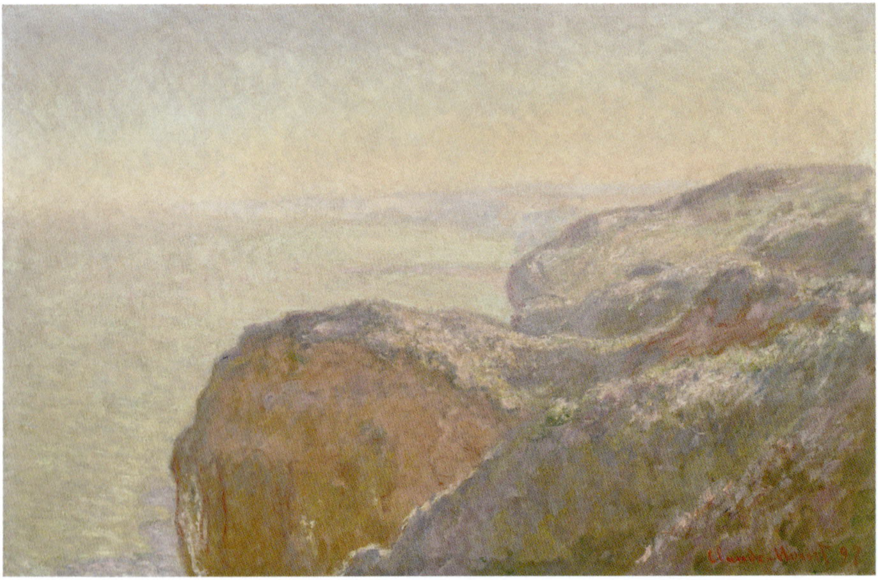

En el valle de Saint-Nicolas, cerca de Dieppe, por la mañana
1897
65 x 100 cm
The Phillips Collection, Washington, D. C.

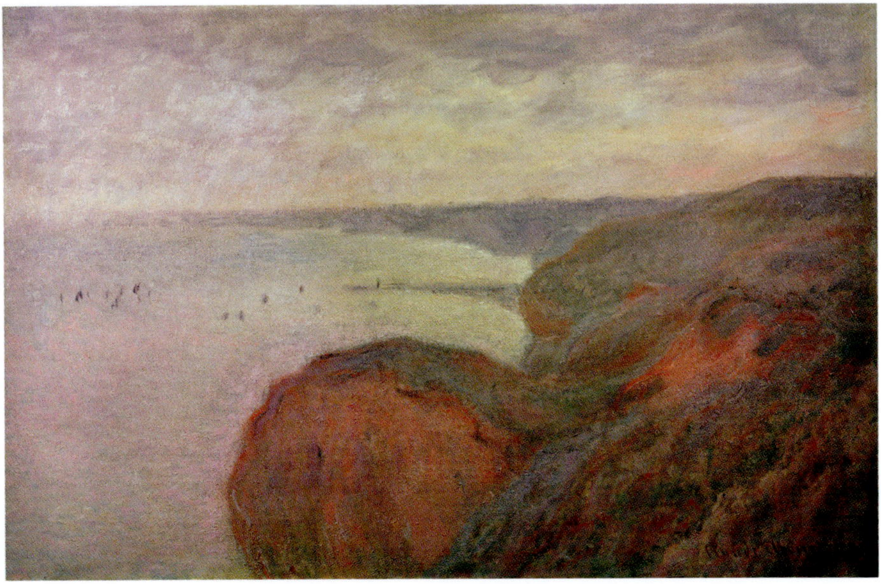

El almuerzo, Interior en el campo, Las Tullerías, La estación de Saint-Lazare (il. págs. 156/157), *Iglesia de Vétheuil, La escarcha* y *La costa salvaje* (il. pág. 285).

En el momento en que se acaba de conquistar sin esfuerzo el Luxemburgo, con el punto de mira en el Louvre, el museo de Berlín adquiere un *Vétheuil,* y en Suecia parecen abrirse nuevas perspectivas gracias al príncipe Eugenio. También Monet se muestra cada vez más firme en los precios, llegando a pedir 12.000 francos por los *Témpanos,* en los que está especialmente interesado Durand-Ruel. Su rechazo de «rehacer otros», si el invierno no le presta, excluye toda idea de repetición en el estudio. La misma preocupación de no pintar nada lejos del motivo ha caracterizado la campaña de verano y de otoño, contrariada por un tiempo tan «espantoso» que la serie de *Mañanas sobre el Sena,* que comenzó en la isla de Orties, deberá terminarse el año siguiente en casi su totalidad. Parece que ha sucedido lo mismo en *Flores,* en las que Monet trabaja en noviembre de 1896, pero que llevan la fecha «97». Magra contrapartida a los diluvios que han caído de septiembre a noviembre, el pintor realiza dos *Inundaciones* cerca de su domicilio, en la famosa pradera con los sauces que rodean el estanque de las ninfeas. Y mientras, a unos pasos de allí, en sus casas azotadas por el viento y las lluvias, los habitantes de Giverny esperan la vuelta del buen tiempo, el estado de Suzanne Butler-Hoschedé

Sobre el acantilado cerca de Dieppe, con el cielo cubierto
1897
65 x 100 cm
Museo del Hermitage,
San Petersburgo

Sobre el acantilado de Petit Ailly
1896
73 x 92 cm
Colección particular

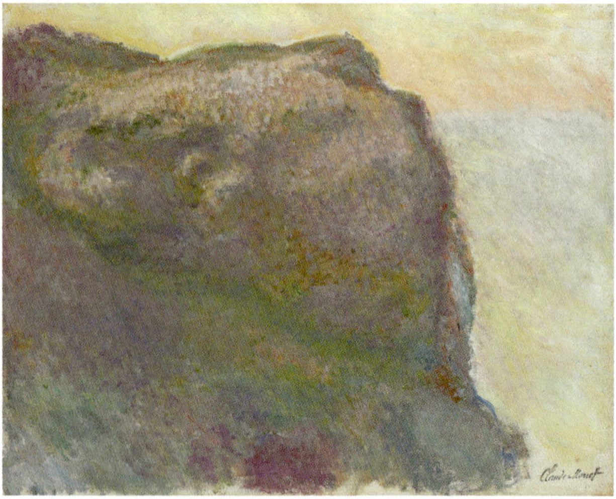

sigue siendo muy preocupante. Para la joven, nunca más volverá la temporada de los quitasoles.

La subasta de arte de Henri Vever

Invitado a participar en exposiciones tanto en Berlín y Bruselas como en Venecia y Estocolmo, a comienzos de 1897 Monet puede constatar que su carrera ha tomado definitivamente una dimensión internacional. Bien lejos de incitar a la facilidad, la certidumbre del éxito le confirma en sus exigencias para consigo mismo, como se aprecia en el hecho de que viaje a Pourville hacia el 18 de enero, un mes antes que en 1896. Como un general antes de la batalla, pasa revista a «todos mis motivos» desde la «casita» o cabaña de los aduaneros, de la garganta de Petit Ailly al oeste hasta la costa de Hérons al este. Las condiciones materiales son incluso más precarias que el año anterior. Su habitación está en muy mal estado y apenas tiene calefacción. La cabina que empleaba para trabajar en la playa ha sido vendida y la que la reemplaza es demasiado pequeña para ofrecer un abrigo eficaz contra el viento, la nieve y la lluvia. A comienzos de enero, la humedad es tal que la vegetación de los acantilados está todavía más verde que el año precedente.

En los primeros días, el furioso mar puede hacer batir sus olas, pues «no se puede pensar de ninguna manera en pintar», ya que el pintor ha instalado un «verdadero despacho de gestiones», donde prosigue las negociaciones sobre los *Témpanos* con Durand-Ruel, al que pone en competencia con un misterioso amante del arte. Al mismo

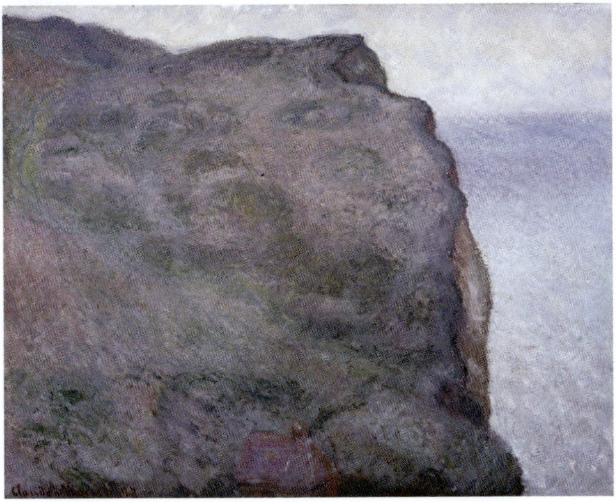

La punta de Petit Ailly en un día gris
1897
73 x 92 cm
Colección particular

tiempo, solicita su testimonio con ocasión de un proceso contra madame Monet, consecuencia de las actividades financieras de Ernest Hoschedé. Asegurado de la exclusividad cada vez que se trata de prestar un servicio, Paul Durand-Ruel se muestra tal como es: un perfecto caballero. Reúne los documentos que se exigen, asegura a Monet su ayuda sin pedir contrapartida; solo se queja de no recibir una respuesta definitiva en relación con los famosos *Témpanos.* La respuesta, negativa, se la debió de comunicar Monet de viva voz, cuando viajó a París para el proceso, que se juzga el 27 de enero de 1897, «a nuestro favor».

Precedida de la publicación de un suntuoso catálogo ilustrado, y anunciada en la prensa con la apropiada publicidad, la subasta de Henri Vever se celebra en la galería de Georges Petit los días 1 y 2 de febrero. La dispersión de aproximadamente 200 obras modernas influirá en el valor de mercado de los artistas afectados. Presente con nueve lienzos, Monet está inquieto pero su inquietud deja paso a un sentimiento de alborozo cuando le anuncian los resultados, aun cuando no todos hayan cumplido por completo las esperanzas de los organizadores. Este es el caso de dos cuadros antiguos, *Sainte-Adresse* y *La ribera en Lavacourt* (il. pág. 171), y de un *Deshielo en el Sena* más reciente, que se habían tasado en 12.000 francos el primero y en 8.000 francos los otros dos, y que se adjudican a 9.000, 7.000 y 6.000 francos solamente. En cuanto a un *Paisaje de invierno* pintado en Argenteuil, que no pasa de los 5.000 francos, *La Chronique des Arts* recuerda oportunamente que ese lienzo se vendió en 255 francos (de hecho, 250) al hotel Drouot en 1875, lo que implica un notable aumento de precio.

La punta de Petit Ailly
1897
73 x 92 cm
The Rothschild Art Foundation, Baltimore, Maryland

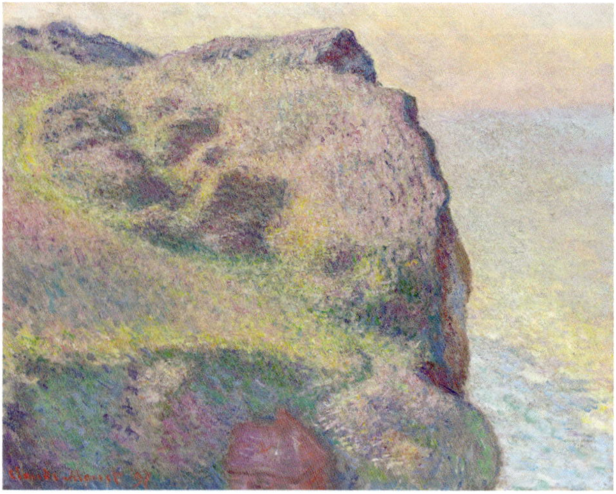

Vendido a 12.500 (o 12.600), aunque estaba tasado en 12.000 francos, *Témpanos de hielo, Bennecourt* (il. pág. 393) confirma en parte las pretensiones del artista en sus negociaciones con Durand-Ruel. También han obtenido un buen resultado *La iglesia de Varengeville* y *Vista de la iglesia de Vernon* (il. pág. 236), con 10.800 y 12.000 francos (tasados en 10.000 y 12.000) respectivamente, lo mismo que los *Faisanes:* partiendo de 5.000 se pujó hasta los 7.000 francos. Pero la palma se la lleva *El puente de la carretera, Argenteuil* (il. págs. 136/137), adjudicado a 21.500 francos, 6.500 más que su tasa.

Léon Gérôme

Esta cantidad solo se ve superada ligeramente por *Ludus pro patria* de Puvis de Chavannes, que encuentra comprador a 22.500 francos. Monet domina claramente a sus compañeros impresionistas, por otro lado muy desigualmente representados. Su posición se ha visto claramente reforzada, lo que le alegra sobre todo frente a Paul Durand-Ruel, no sin cierta ingenuidad aparente o real, pues bien sabe él que su marchante ha sido uno de los principales compradores. En la respuesta que escribe en lugar de su padre, ausente, Georges precisa que la casa Durand-Ruel ha adquirido cuatro cuadros de Monet y que ha ayudado a vender los otros. Afirma no saber para qué cliente Georges Petit ha adquirido *El puente de la carretera, Argenteuil.* Mejor informada, *La Chronique des Arts* publica ese mismo día el nombre del feliz comprador, M. de Curel, cuya familia conservará mucho tiempo el lienzo tan arduamente disputado.

Animado por el feliz desenlace de la subasta de Vever, Monet vuelve al trabajo con renovados ánimos. Después de 10 días de trabajar con esa intensidad, acusa una fatiga que ya no le abandonará, agravada por punzantes dolores de espalda y por repetidos malestares digestivos. A estas preocupaciones físicas se añade la de ver cómo el paisaje se modifica bajo el efecto de un reverdecer demasiado previsible, o por la intervención de los hombres que queman las hierbas secas e intentan nivelar «estos hermosos movimientos de terreno». ¡Hasta el mar, que se muestra hostil, se niega a sincronizar sus mareas con los efectos buscados! Todo esto no tendría mayor transcendencia si no fuera acompañado de una angustia ya conocida y que cuestiona tanto la facultad de pintar como el sistema de series en sí mismo. Cuando ciertos efectos tardan en volver, ¿conviene comenzar nuevos lienzos o es mejor transformar los ya comenzados? En otros términos, ¿qué debe escoger: hacer un amplio número de esbozos que posiblemente nunca conseguirá terminar, u obstinarse en trabajar en los mismos lienzos, aun a riesgo de hacer «cosas bastardas e imprecisas»? A todos estos problemas se vienen a añadir las dificultades que supone ser consciente de que —como se manifiesta en Pourville en 1897— le ha llegado la hora al trabajo al aire libre, al menos en su versión integral, circunstancia esta que lo conducirá,

El acantilado de Petit Ailly en Varengeville
1896
65 x 92 cm
Colección particular

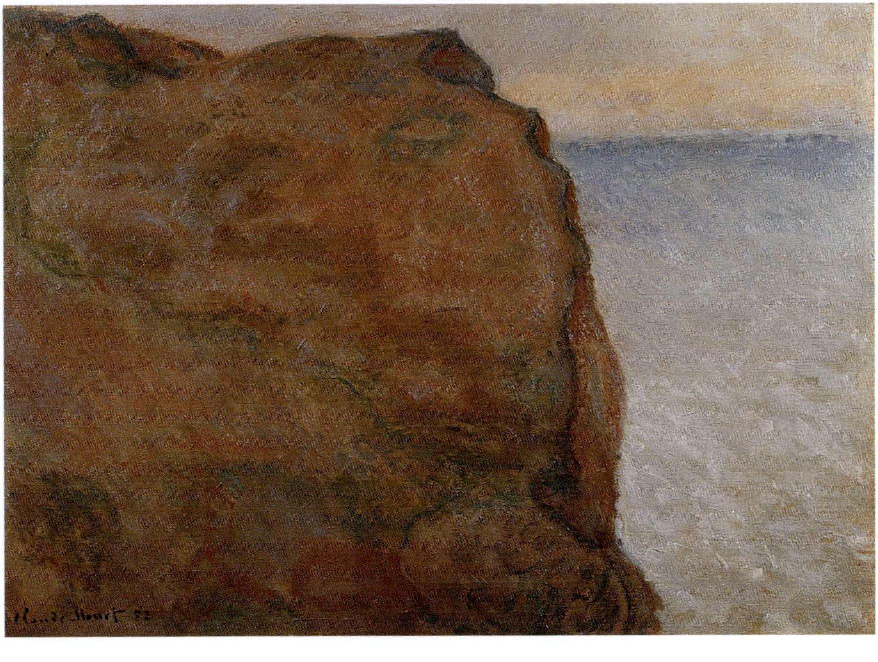

tanto por necesidad como de grado, al entorno tutelar de los jardines de Giverny.

Contrapunto de esta evolución, la presentación al público de la colección Caillebotte, en una galería anexa al Luxemburgo, vuelve a hacer actuales las gloriosas épocas de Argenteuil y de Vétheuil. Como dice Léonce Bénédite, feliz del enriquecimiento que ha experimentado el museo del que él es director, «este pequeño acontecimiento artístico... será muy comentado». Sin embargo se desata una verdadera tempestad, debido a la protesta que la Academia de Bellas Artes dirige al ministro de Instrucción Pública, por considerar que el legado «constituye una ofensa a la dignidad de nuestra Escuela». Aunque no se trata de una carta pública, la prensa la consigue; un reportero de *L'Éclair* entrevista a uno de los firmantes del Quat'z'Arts, con toda probabilidad el pintor Gérôme. Este no se anda con rodeos: «¿Adónde vamos a parar? ¡Que el Estado proteja semejantes inmundicias! ¡La naturaleza no es para ellos! Este monsieur Monet, ¿se acuerda de sus *Catedrales*? Y pensar que este hombre sabía pintar antes... Sí, yo he visto cosas suyas buenas, pero ahora...».

Octave Mirbeau en su despacho

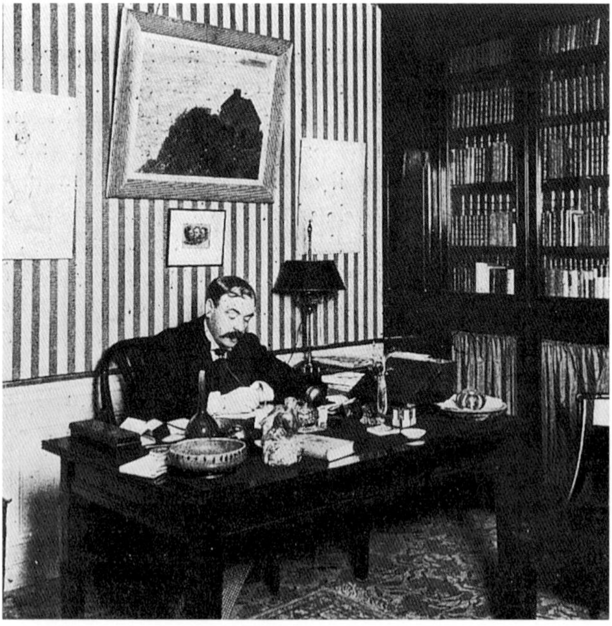

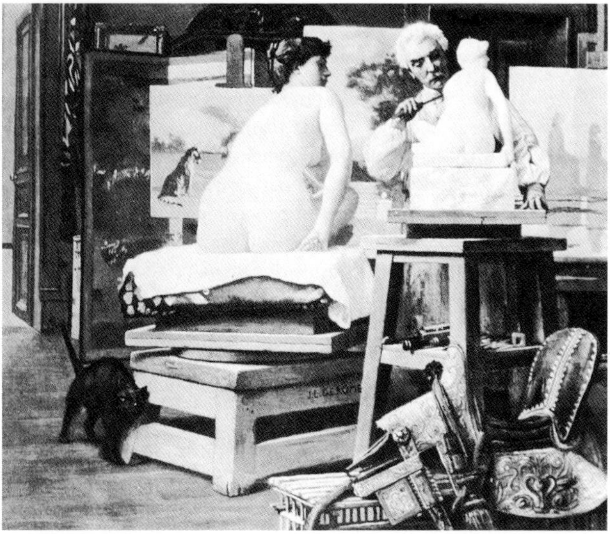

El pintor y escultor Gérôme
en su estudio
c. 1890

Maurice Gillemot, un cronista inspirado

A comienzos de 1897, Monet ha de hacer frente a dos problemas familiares, cuyos desenlaces serán contrarios a sus deseos. Su hermano Léon, viudo desde 1895, haciendo caso omiso a sus objeciones, se ha casado de nuevo en mayo, con una joven de 33 años. Seducido aparentemente por el ejemplo de su tío —¿no está empleado a sus órdenes en Déville?—, Jean quiere casarse con Blanche Hoschedé. Claude trata de hacer razonar a su hijo mayor: ¿es posible amar como exige el matrimonio a una joven con la que se ha convivido desde la infancia bajo el mismo techo? Pero Alice se pone de su parte; el jueves 10 de junio se cursan las invitaciones. La selección de los invitados al banquete de bodas se ha realizado según los criterios de la respetabilidad social. Así, Pissarro, considerado como un invitado poco reluciente, es borrado sin perdón de la lista. Monet se excusará ante su viejo compañero, buen sabedor de que no siempre es el señor de la casa el que manda en casa. La influencia del clan Raingo, al que madame Monet se precia de pertenecer, se ejercita plenamente en el campo de las futilidades mundanas y el pobre Jean ha de aceptar como testigo de boda a Georges Pagny, uno de los cuñados de la que, a partir de ahora, será su suegra y madrastra a la vez. Posiblemente sea la boda de Blanche lo que lleve a una acreedora de Vétheuil a llamar la atención sobre una deuda de Ernest Hoschedé aún sin enjugar. Dicha acreedora reclama a madame Monet el pago de un dinero, para que los documentos de la familia que Ernest le había dado en prenda vuelvan a su poder. Sin embargo, Alice se niega rotundamente a pagar las deudas de su primer marido, del que no se siente responsable.

Para compensar la presión familiar, Monet se esfuerza por cultivar las relaciones exteriores, y particularmente la amistad de Auguste Rodin. En París, propone al gran escultor un encuentro en el Salón del Campo de Marte, delante de la maqueta de su *Victor Hugo*. En Giverny, espera su visita en compañía de Helleu y de Mirbeau, y confirma su invitación a pesar de la defección del escritor. Respondiendo a una carta en la que Monet le felicita por la publicación de sus dibujos por Manzi y Joyant, Rodin expresa el «sentimiento de fraternidad» que le une a su «compañero de viaje en un mismo amor al arte», y se refiere a Mirbeau y a Geffroy como «grupo que amo». ¿Qué peso tienen las relaciones familiares o de amistad ante la historia, comparadas con el testimonio directo de un cronista inspirado? Maurice Guillemot, cuya firma nos la encontramos anteriormente en *Le Figaro*, acude a visitar a Monet al alba de un bello día de agosto de 1897, por encargo de *La Revue illustrée*. «El maestro, cubierto de un sombrero de fieltro pintorescamente abollado», con su eterno cigarro puro entre los labios, «un brillante punto de fuego entre el espesor de su gran barba» —son las tres y media de la mañana—, es un pintor en plena forma que invita al periodista a acompañarlo a su motivo. Han cambiado mucho los tiempos desde cuando, antes de dejar Pourville, escribía: «Si no consigo hacer nada mejor, es que estoy decididamente en las últimas».

Después de seguir el camino que atraviesa el jardín, de cruzar la carretera y la vía férrea, de rodear el estanque de los nenúfares y de franquear el Ru, se dirigen hacia el Sena por prados húmedos de rocío. Cuando llegan al lugar donde el Epte desemboca en el Sena, Monet desata una barca amarrada a las cañas de la isla de Orties y llega a la «gran barquilla», que le sirve de estudio flotante. Un ayudante de jardinero desembala los paquetes de lienzos, «atados de dos en dos y numerados». Se trata de 14 cuadros comenzados al mismo tiempo y en el mismo lugar, donde el pintor trabaja «desde el último verano», es decir, desde 1896. Se trata de la casi totalidad de las *Mañanas sobre el Sena* fechadas en el «97». Ahuyentados por el sol mucho antes de la hora del almuerzo, Monet y su visitante vuelven al pueblo y se refugian «en el frescor del estudio», «o mejor, salón —se corrige Guillemot, sabiendo que aquí esa palabra no gusta— porque el pintor al aire libre solo trabaja fuera. *Museo* sería la palabra justa, viendo lo que allí se encuentra». En efecto, en el primer estudio del pintor, que ha hecho construir en el extremo occidental de la casa, se encuentra una verdadera retrospectiva de sus obras, alineadas en tres filas, como ha conservado una fotografía.

Aquí es donde Monet presenta a su invitado los 14 estudios «en fase de trabajo», estas *Mañanas sobre el Sena*, objeto de un paciente esfuerzo y repetido sin cesar. «Me gustaría evitar que se viera cómo están hechas.» Este deseo, del que bien sabe que se hará eco el periodista, está destinado a mostrar al público que las impresiones, en la mayor parte de los casos, son el fruto de una larga elaboración, como las «improvisaciones hechas sin prisa» de las que habla Molière. Si Monet da importancia a que se sepa la verdad sobre este punto, es más discreto en cuanto al trabajo en interior. El cronista puede estar seguro de que le gustará ver cómo termina el artículo con esta frase: «Su estudio es la naturaleza».

Pero esta naturaleza, a la que se va a aproximar Monet ahora, ¿merece realmente ese nombre? Guillemot revela que «el espejo inmóvil» del estanque de ninfeas sirve de modelo «para una decoración, para la que ya he hecho bocetos. Estos estudios, «grandes paneles» presentados en el estudio, constituyen los primeros elementos de un proyecto de «pieza circular, en la que a la altura de

Brazo del Sena cerca de Giverny, niebla
1897
89 x 92 cm
The Kreeger Museum, Washington, D. C.

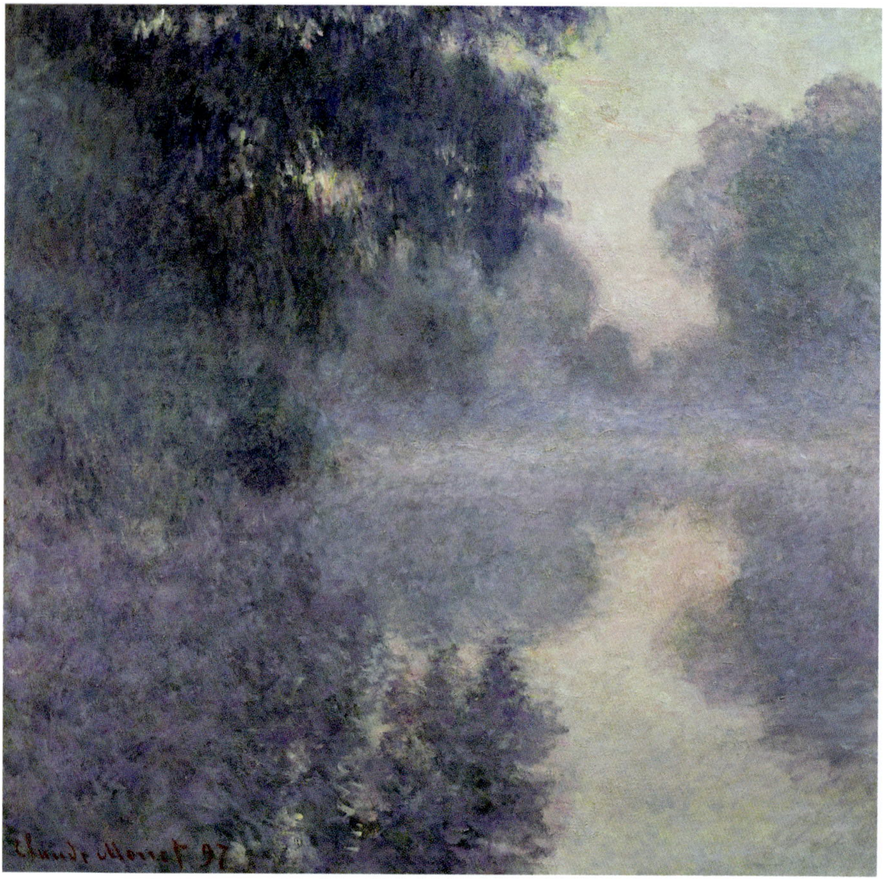

Brazo del Sena cerca de Giverny
1897
89 x 92 cm
Musée Marmottan, París

los ojos está enteramente ocupada por un horizonte de agua manchado de vegetaciones». El desarrollo que sigue, con estas paredes de una «transparencia alternativamente verde y malva», esta «agua estancada reflejando las floraciones desplegadas», estos «tonos imprecisos, deliciosamente matizados, de una extremada delicadeza» es ya el sueño de las *Decoraciones de ninfeas* realizadas en la Orangerie 30 años más tarde. A la génesis de una obra importante para la historia del arte es justo asociar el recuerdo de Maurice Guillemot, primer y lúcido testigo de una gran aventura.

Después del éxito de la subasta de Vever, la dispersión de la colección de Paul Aubry, en mayo de 1897, no da los resultados esperados, y habría sido aún más mediocre sin el auxilio de Durand-Ruel, quien

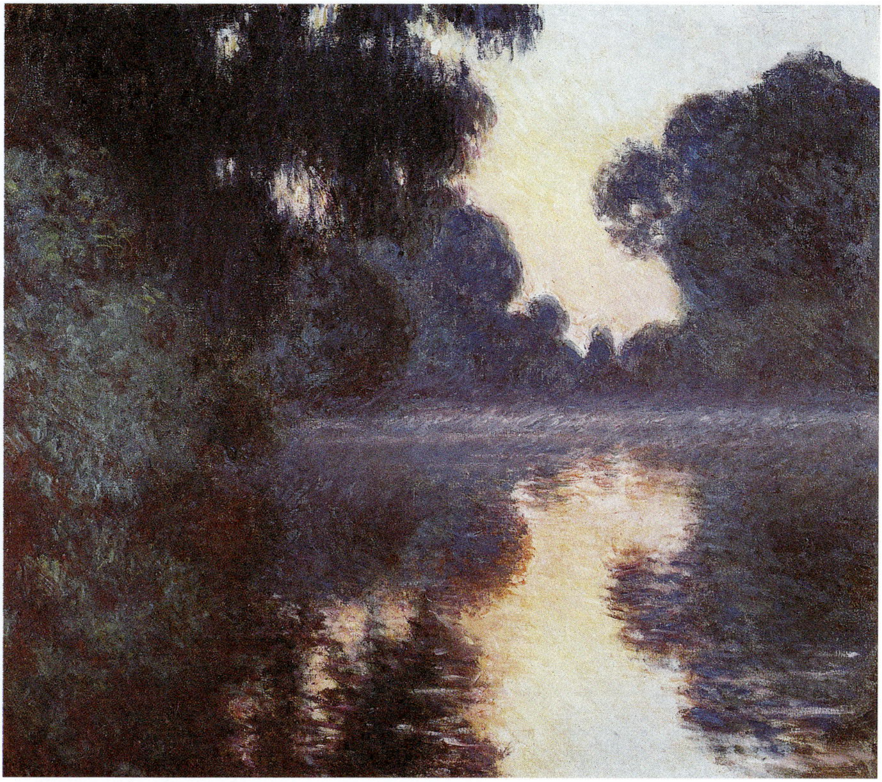

compró cuatro de los cinco lienzos de Monet que figuraban en el catálogo. Los precios se escalonan de los 8.000 francos obtenidos por *La roca de Guibell* a los 4.000 registrados por una *Pirámide de piedra de Port-Coton.* La decepción causada por la última cifra le sirve al pintor de advertencia para moderar los precios. Tendrá que pasar cierto tiempo hasta que vuelva a solicitar a Durand-Ruel 15.000 francos por una *Catedral* o 12.000 por unos *Témpanos.* Pero eso no le sirve para ser más complaciente en sus relaciones con su mejor defensor y cliente. A la primera ocasión que le da el torpe envío de un extracto de cuenta, se escama y envía rabiosamente a «Durand-Ruel e hijos» un giro de 75 francos, rogándoles acusar recibo, lo que harán con las apropiadas explicaciones.

Brazo del Sena cerca de Giverny a la aurora
1897
81 x 92 cm
Hiroshima Museum of Art

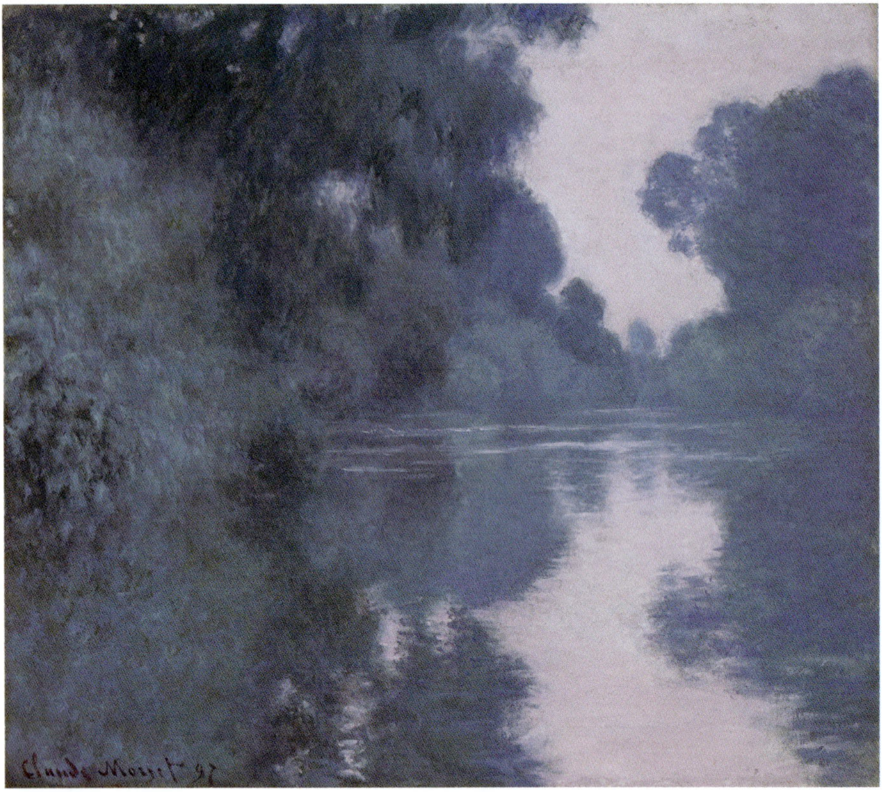

Brazo del Sena cerca de Giverny
1897
81 x 92 cm
Museum of Fine Arts, Boston

Sin duda, Monet no se muestra más fácil en sus relaciones con los habitantes de Giverny, quienes, de considerarle primero un «extraño» y un «artista», han pasado a tenerlo por la gloria del pueblo, ayudados sin duda por el alcalde Albert Collignon, que aprovecha cualquier ocasión que se le preste para hacer valer a su ilustre administrado. Así, cuando se trata de instalar en la escuela municipal un techo para el patio, Collignon declara a su Concejo Municipal que, para conseguir los fondos necesarios, cuenta con los intereses producidos por la «donación Monet» y por la suscripción realizada para la mejora y el embellecimiento del manjar. Algunos meses más tarde, constatando que dispone de 162 francos procedentes de los intereses de la misma «donación Monet», adjudica esa suma a la constitución de una libreta de ahorro para cada alumno de la escuela. «Feliz de perpetuar el recuerdo de la generosidad de monsieur Monet y de testimoniarle su gratitud, el Concejo ha decidido, por unanimidad, que esta distribución se

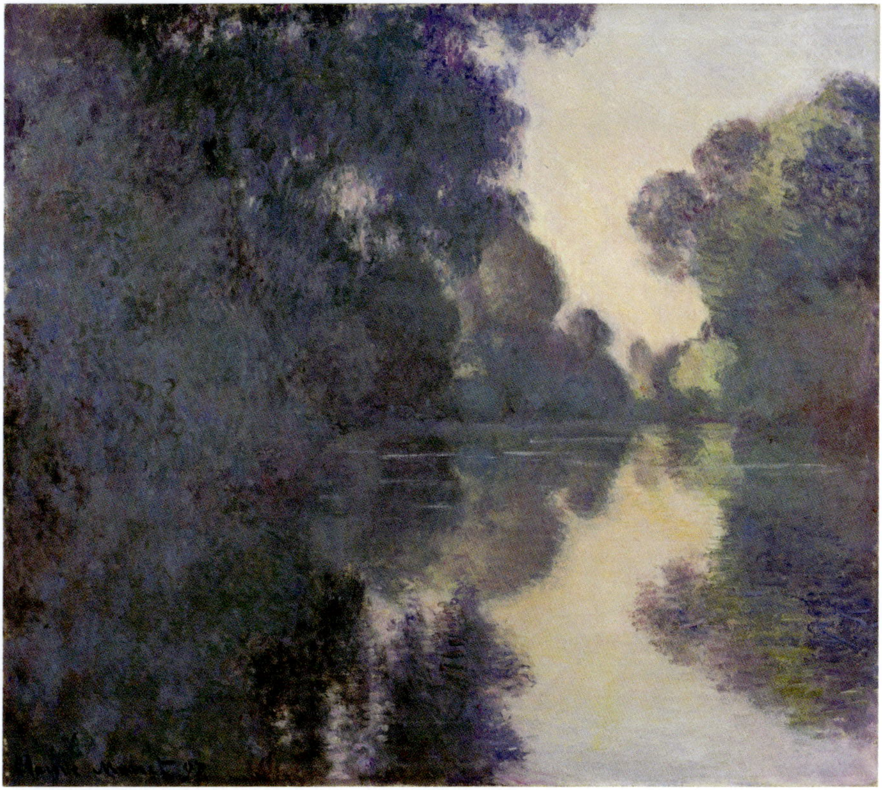

Mañana sobre el Sena en un día claro
1897
81,6 x 93 cm
The Metropolitan Museum of Art, Nueva York

hará el 14 de julio.» El exiliado voluntario de 1870, el eterno deudor de Ville-d'Avray, de Argenteuil y de Vétheuil, ¡promovido al rango de benefactor oficial de su ciudad, y además en la forma más popular de su época: la entrega de premios a los alumnos de la escuela pública, republicana y laica!

«La admirable valentía de Zola»

Sin embargo, la política local de su pueblo de adopción no acapara la conciencia cívica de Claude Monet, en ese momento en que los espíritus de toda Francia están sensibilizados con el famoso «Affaire Dreyfus», cuyos comienzos se remontan a tres años antes y que acaba de tomar una nueva dimensión gracias al «combate por la verdad… lo único bueno, lo único grande» de Émile Zola. En un primer artículo aparecido en *Le Figaro* del 25 de noviembre, el escritor defiende a Scheurer-Kestner, vicepresidente del Senado, que ha tenido la valentía de declarar públicamente que está convencido de la inocencia del capitán Dreyfus. Después, como los enemigos de Dreyfus afirman que los partidarios de la revisión están agrupados en una «alianza», sostenida por un gran banco judío, Zola proclama, en un segundo artículo: «Sí, existe una alianza de hombres de buena voluntad, de verdad y de equidad... Sí, yo pertenezco a esa alianza y espero que todos los franceses valientes formen parte de ella». Dos días más tarde, Monet toma la pluma para cumplimentar a su viejo compañero de los días de Batignolles: «Muy bien, y otra vez muy bien... Solo usted ha dicho lo que tenía que decir y lo ha dicho muy bien». Es el momento de hacer un balance provisional en un tercer artículo, pero el escritor ha de interrumpir su colaboración con *Le Figaro* porque su director Fernand de Rodays ha sucumbido ante la creciente ola de cancelación de suscripciones.

La difusión de dos folletos no han producido el efecto esperado; Zola escribe una carta abierta a Félix Faure, presidente de la República, que lleva al director de la joven *Aurore*, Ernest Vaughan, a cuyo alrededor se han reunido diversas personalidades como Bernard Lazare, Reinach, Mullem, Geffroy y Clemenceau. Este último ha sido ganado recientemente a la causa de la revisión por Mathieu Dreyfus y Scheurer-Kestner. Recogiendo una expresión varias veces repetida por Zola en sus nuevas *Catilinarias*, Clemenceau propone el título «J'Accuse», que es adoptado inmediatamente. Es el 12 de enero de 1898, por la tarde. Esa noche, *L'Aurore* tira 300.000 ejemplares. A la mañana siguiente, en primera plana y a seis columnas, «J'Accuse» estalla como una bomba en el mundo político. El día 14, una nueva carta sale de Giverny: «Mi querido Zola, una vez más muy bien y de todo corazón, por su valentía y su coraje». Monet no se conforma con eso, sino que además firma una petición, conocida como «Manifiesto de los intelectuales», que se publica diariamente en *L'Aurore*. El número del día 18, en el que aparece el nombre de Claude Monet, recoge también un artículo de Clemenceau, donde pasa revista a las numerosas adhesiones a las tesis de Zola. Monet aparece citado al lado de Duclaux, director del Institut Pasteur, Anatole France, Eugène Carrière, pero también Louise Michel, superviviente de la Comuna, cuya cercanía no es del gusto de todos los firmantes.

«J'Accuse» llevó a Zola derecho a la Audiencia del Sena, donde comenzó su «vil proceso» el 7 de febrero, que Monet siguió «de lejos y con pasión». De lejos, pues su estado de salud le impidió viajar a París para ofrecer a su amigo un apoyo más directo. Pero, en el fondo ¿le importa realmente tanto? Se puede dudar de ello leyendo, en dos cartas sucesivas, las perspectivas de vuelta a la calma y apaciguamiento capaces, según él, de hacer que todas las personas «sensatas» y honradas rindan homenaje al gran escritor. Estas perspectivas idílicas

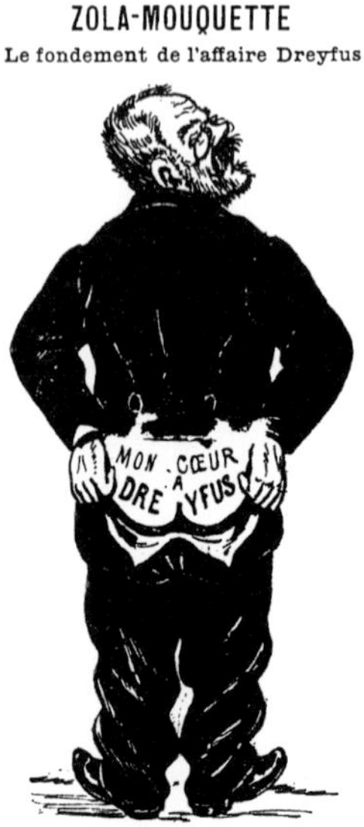

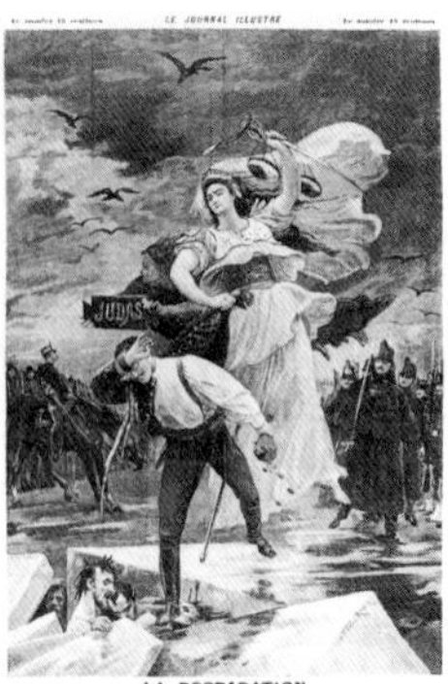

DE ARRIBA ABAJO
Anónimo
Zola-Mouquette
c. 1898
Musée Carnavalet, París

Lionel Royer
La degradación
Aparecido en *Le Journal Illustré* del 6 de enero de 1895

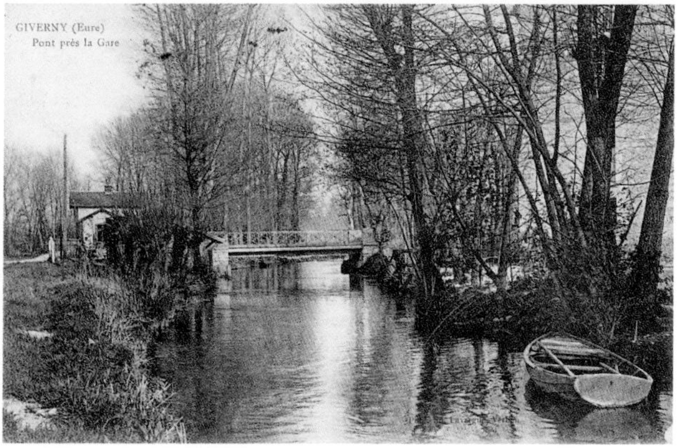

Giverny, el puente cercano a la estación
Tarjeta postal, 1900

se verán desmentidas por los clamores vengadores que acogen el veredicto que condena a Zola. Sin embargo, Monet rechaza asumir la mínima responsabilidad en una organización que intenta agrupar a los partidarios de la revisión: «No es de mi incumbencia formar parte de un comité, sea cual sea».

El rechazo a seguir participando en la causa, retractándose aparentemente de las declaraciones anteriores, no sorprenderá a quienes conozcan el temperamento de Claude Monet. Capaz de entusiasmos generosos como de cóleras brutales, seguía siendo el que fuera antaño, en las deliberaciones de la «Sociedad anónima cooperativa de artistas»: un hombre que prefiere soluciones de compromiso y equilibrio a posiciones extremas. En suma, un conciliador, un moderado que deja las actitudes heroicas a los otros.

¿Hastío o nuevo comienzo?

El mes de junio de 1898 marca una especie de punto de inflexión en la carrera de Monet, pues está presente simultáneamente en dos grandes galerías: la de Durand-Ruel, donde participa en una exposición de grupo, y en la de Georges Petit, donde tiene el honor de exponer solo. En la rue Laffite ocupa una sala entera con obras «soberbias», según Pissarro, otro de los participantes al lado de Renoir y de Sisley. Así, los «cuatro mosqueteros» del impresionismo se encuentran de nuevo, por unas semanas, asociados a Puvis de Chavannes. La presencia del presidente de la Sociedad Nacional de Bellas Artes constituye una garantía de gloria oficial, como las que a partir de ahora serán frecuentes.

La preparación de la exposición que se inaugura el 1 de junio en la galería de Georges Petit ha exigido de Monet un «trabajo

Giverny, el antiguo molino sobre el Epte
Tarjeta postal, 1900

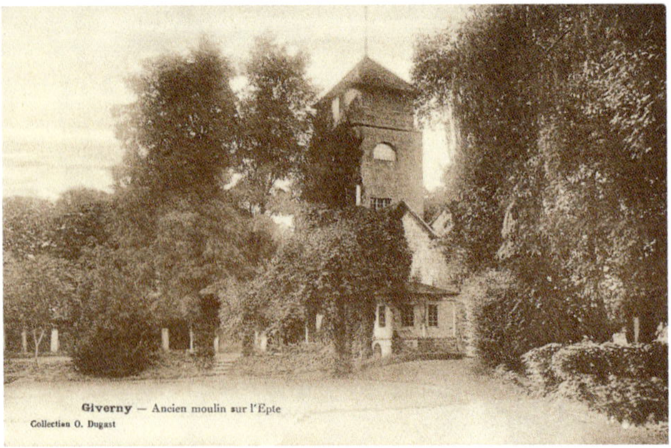

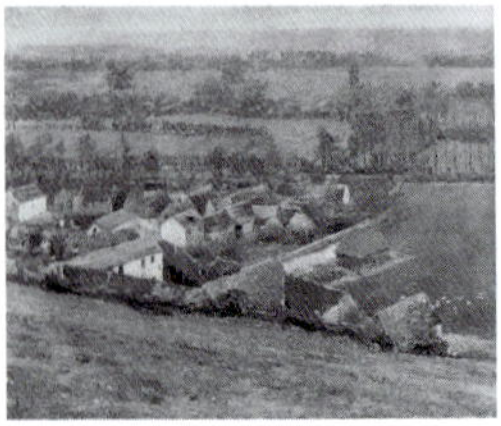

Théodore Robinson
Bird's-Eye View, Giverny France
1889
The Metropolitan Museum of Art, Nueva York

encarnizado», hasta el punto de que no ha podido acudir al Salón del Campo de Marte con la rapidez que habría deseado para testimoniar su apoyo a Auguste Rodin, cuyo *Balzac* acaba de ser rechazado por la gente de letras. Firmará la petición —es esta una época de campañas de recogida de firmas— en favor de una obra de cuya belleza se declara «tranquilo» en el futuro.

La polémica levantada por este asunto y los tradicionales reportajes de los salones ocupan en los periódicos la mayor parte del escaso espacio concedido a las Bellas Artes por la política, tras las elecciones legislativas de mayo. La prensa sobre la exposición de Monet es también relativamente poco abundante, de acuerdo con un público poco frecuente que vacila antes de visitar la célebre galería de la rue de Sèze, donde se ofrece un verdadero festival de series, desde las *Catedrales* de 1894 hasta las *Flores* de 1897, pasando por *Noruega, Pourville* y las *Mañanas.* Los comentarios que inspira el acontecimiento son interesantes en la medida en que las críticas son sensibles al cambio que se ha producido a lo largo de los últimos años y, además, intentan tomar conciencia de una evolución que no ha escapado a los más perspicaces de ellos.

Gustave Geffroy afirma que «no se pueden prever las fases de la evolución de un artista tal». Según él, Monet «mismo, queriendo comprender y aprender, ignora los descubrimientos que le deparará la naturaleza», afirmación sorprendente para quien, gracias a Maurice Guillemot, conoce las promesas del estanque, todo un programa de grandes decoraciones capaces de revolucionar la pintura francesa y de marcar para Monet, cuando se acerca a los 60 años, un nuevo punto de partida hacia conquistas desiguales y más gloriosas que nunca.

«El Paganini del arco iris»

Se aproxima el año 1899 cuando Claude Monet autoriza a uno de sus visitantes que revele el importante cambio que, sin renegar de su obra anterior, le llevará un día a las *Grandes Decoraciones.* Prácticamente nadie se ha dado cuenta de la sensacional revelación que constituye el anuncio de la génesis de las primeras *Ninfeas.* Ahora, la principal cuestión es saber si los cuadros de los últimos años tienen el mismo valor que los lienzos más antiguos y, cuando habla en privado, lejos de los entusiasmos de un Mirbeau o de un Geffroy —los celosos guardianes del tabernáculo de Giverny—, en ocasiones señala que siente preferencia por las obras nacidas una o dos décadas antes, es decir antes de 1870.

Delante de *Camille* o *La dama del vestido verde* (il. pág. 67), durante mucho tiempo reservado a los visitantes de Houssaye y actualmente en el estudio de Durand-Ruel, Paul Signac dice que «este bello Monet... muestra qué prestigioso Carolus-Duran habría sido». Frase ambigua, que cada uno puede interpretar según su grado de admiración por el retratista de personas de mundo, pero que en cualquier caso resulta poco halagadora para los cuadros recientes de Monet, como *Orilla del Sena en la niebla,* «yesoso y escobillado», expuesto en la galería de otro marchante. Algunos días más tarde, reuniendo en una misma desaprobación a Renoir, cuya paleta considera cargada de tierra, a Pissarro, «quien también canta las glorias del barro», y a Monet, a quien acusa de pintar «blanco, gredoso y plano», el jefe de fila de los neoimpresionistas intenta explicar lo que él considera la «quiebra» de los impresionistas tradicionales. Vanos esfuerzos, pues dos días después de esta irrespetuosa reflexión, ha de oír el reproche de Durand-Ruel y de Vollard por no haber continuado pintando como Monet.

Tanto en compañía de otros artistas como solo, este último continúa abriéndose paso en Europa y en América. En este sentido, las exposiciones extranjeras en las que participa o que organiza él en los primeros meses de 1899 son bastante instructivas. Cuando la Sociedad Imperial de Fomento de las Artes en Rusia presenta su exposición de arte francés en San Petersburgo, bebe abundantemente en las fuentes de los dos salones parisinos y, paralelamente, se dirige a la galería Durand-Ruel. El resultado constituye un conjunto heterogéneo de 177 artistas y unas 380 obras. Monet y Renoir ocupan 12 números cada uno en el catálogo, lo que les sitúa a la cabeza de un pelotón confuso de artistas en su mayoría tradicionales. Netamente más selectiva, la Exposición de Primavera de Dresde reúne a algunos pintores alemanes —entre ellos, Claus y Liebermann—, y la flor del impresionismo y postimpresionismo francés. También aquí, con seis telas, de las cuales dos se reproducen en el catálogo, Monet se asegura un puesto en primerísimo plano. Más aún: en Nueva York primero y en Boston

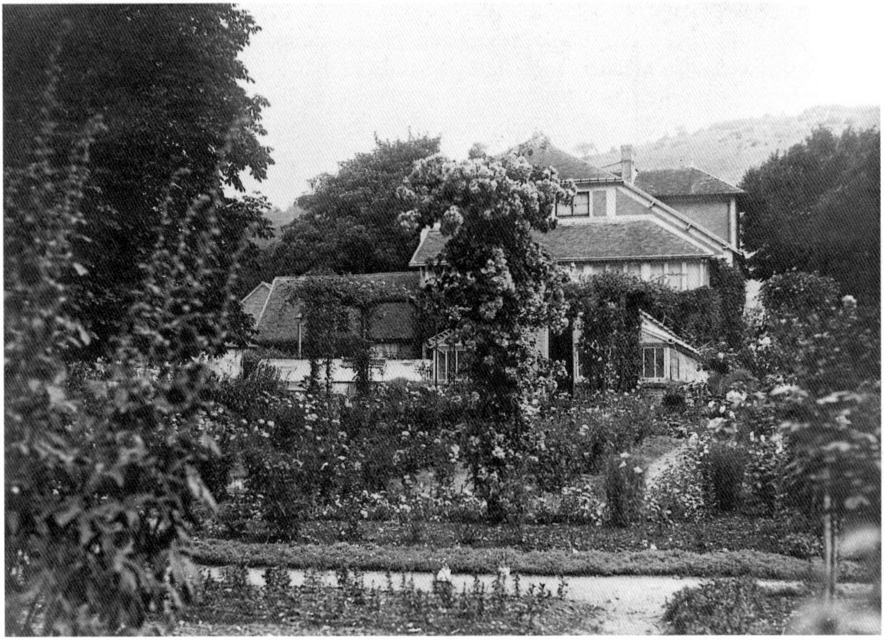

Giverny, el segundo estudio y el invernadero, vistos desde el jardín, 1924

Monet en su jardín, con un fondo de ninfeas y el puente japonés, verano de 1905

después, los amantes del arte son invitados a exposiciones particulares, con 22 obras aquí y 28 allí. En el catálogo de Nueva York se recoge un amplio prefacio biográfico y analítico de William H. Fuller, según el cual Monet tiene la rara audacia, a los ojos de un autor que se dirige a compatriotas fascinados por la atracción de las grandes ciudades, de haber pasado 50 años de su vida en el campo: «¡fifty years in the country!».

Hombre de campo, Monet es seguramente más una persona amante de la naturaleza que un intelectual, lo que no excluye ni el método ni la invención artística. George Rodenbach lo había notado cuando, en *L'Élite,* y al lado de Puvis de Chavannes, Besnard, Carrière, Chéret y Whistler, presentó a nuestro paisajista como «uno de los grandes pintores actuales», si se admite que «la pintura es autosuficiente y no tiene como objeto expresar ideas ni sensaciones literarias». En el «vasto rostro de serenidad» de Monet, el poeta belga descubre «un ojo extraordinariamente móvil que penetra, tiembla y vibra claro de rayos, hormiguea, tornasola, parece tallado en facetas, además de tener los temblores de la luz del diamante», una variante de la ocurrencia famosa de Cézanne, redactada aquí en estos términos: «Sobre todo un ojo, una retina maravillosamente sensible». De aquí resulta,

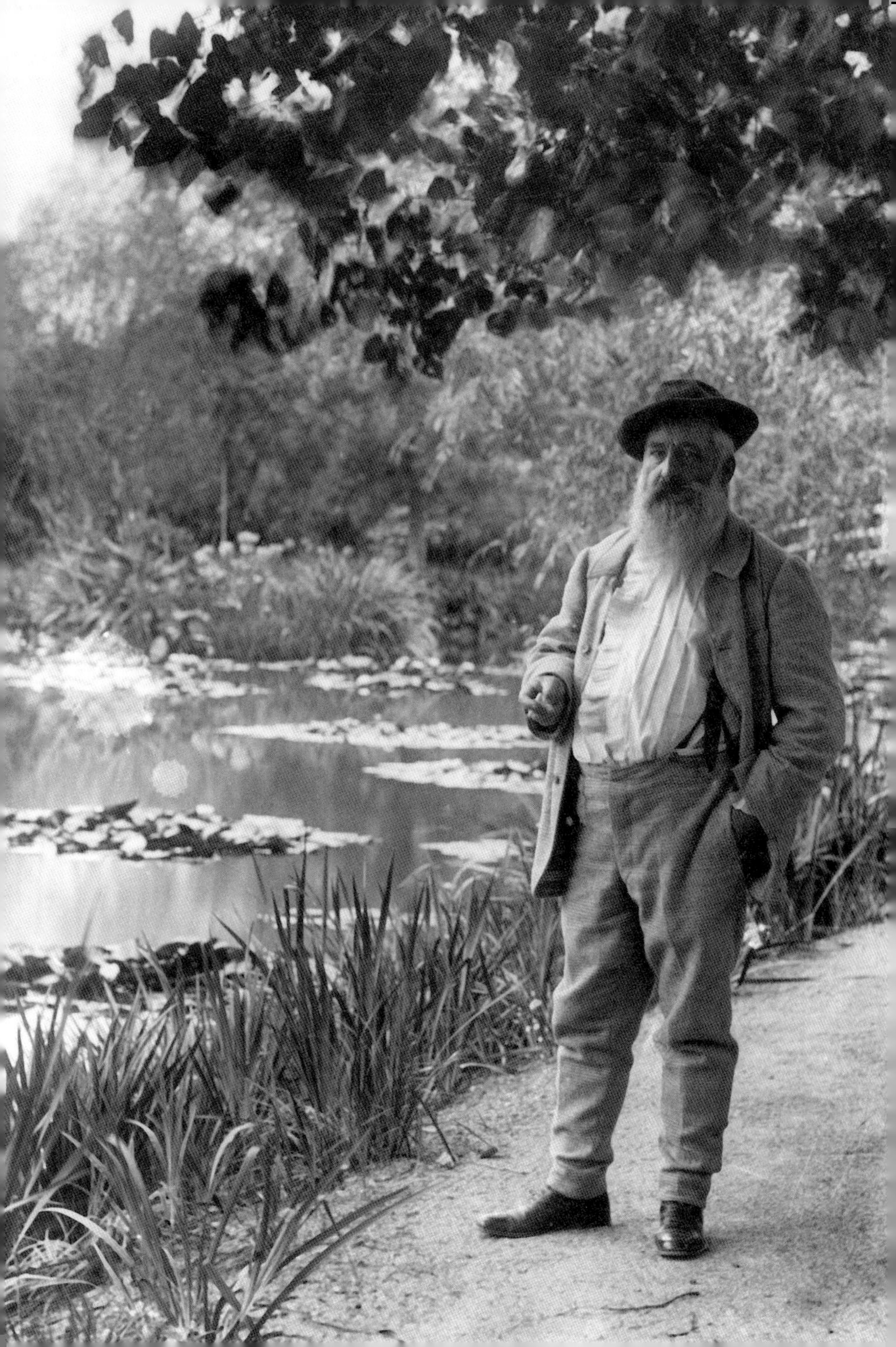

según Rodenbach, una estética espontánea, que crea una pintura donde todo es poesía, «con el solo prestigio de las líneas felices, de los colores sutiles y acordes unos con otros». Desarrollando este tema, el análisis aboca al siguiente juicio: «Claude Monet es el Paganini del arco iris».

«Solo temores y pesares»

1899 comienza con dos acontecimientos dolorosos, de los cuales uno afecta al grupo de compañeros de juventud y el otro a la familia. Consciente del mal implacable que sufre, Alfred Sisley llama a Monet y le encomienda a sus hijos, a los que teme dejar en una situación precaria. El 1 de febrero, unos días después de «este último adiós», Claude vuelve a Moret, en compañía de Alice en esta ocasión, para asistir a las exequias por este amigo. Después del funeral, celebrado en la vieja iglesia que el artista ha representado en tantas ocasiones, el cortejo fúnebre, una treintena de personas, se dirige al cementerio bajo un cielo plomizo de la tarde invernal. Veinte minu-

El paseo central con sus arcos floridos que conducen a la casa de Monet, 1926

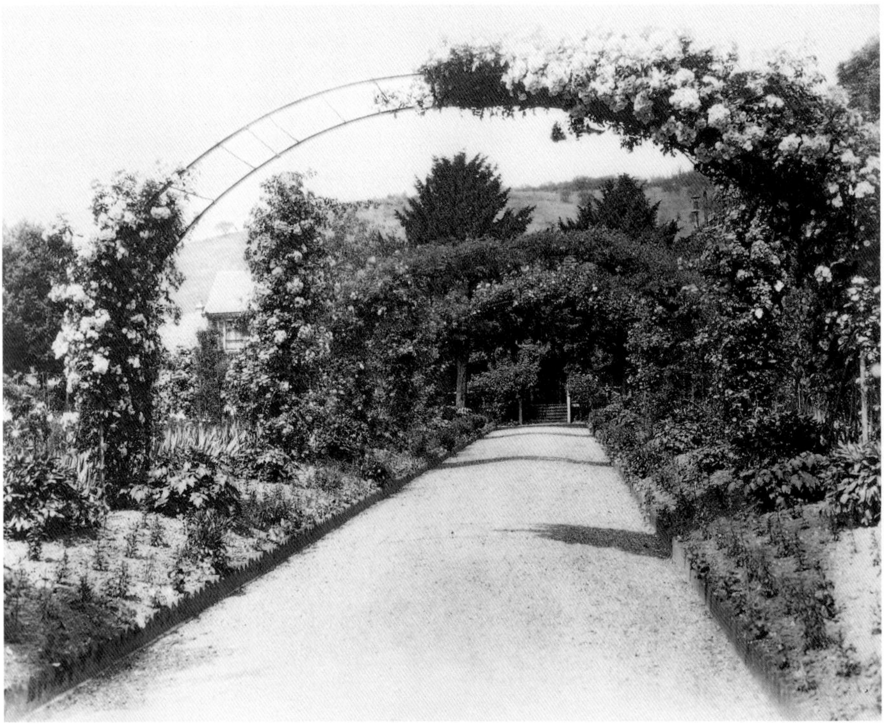

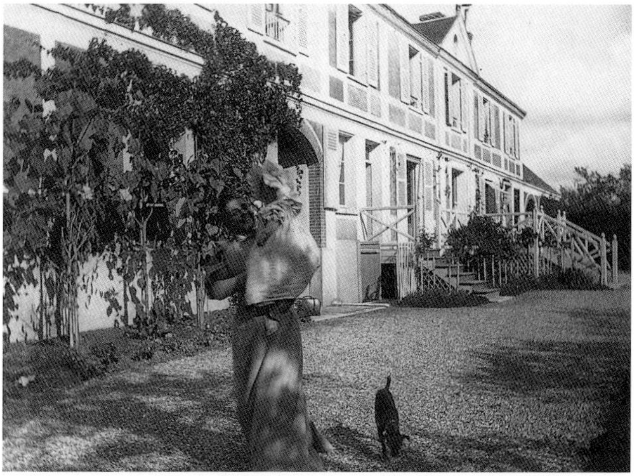

Suzanne Butler y su hijo Jimmy delante de la casa de Giverny, c. 1893

tos de marcha en un ambiente frío y húmedo, a orillas del Loing, durante los que piensan en las torturas infligidas al desaparecido por el «chancro de los fumadores», como se decía entonces. Ante la tumba abierta, a la hora de los discursos, se pone al descubierto la carencia de los impresionistas.

Ni Monet, ni Pissarro, ni Renoir, presentes todos ellos, pronuncian discursos; el impresionismo hace tiempo que dejó de ser un movimiento organizado. Cazin toma la palabra en nombre de la Sociedad Nacional de Bellas Artes, con la que el difunto expuso regularmente; no conocía personalmente a Sisley y el «profundo duelo» que expresa parece un poco oficial. Después de él, Adolphe Tavernier, con «una voz vibrante y sincera», arranca las lágrimas a los asistentes con su homenaje más personal.

Vuelven a Giverny, tras una parada en París, solamente dos días más tarde. Enseguida, madame Monet se dirige a la rue du Colombier, a casa de su hija Suzanne, cuyo estado de salud, frágil desde hace tiempo, proporciona nuevas inquietudes. Aunque se queja de sufrir un fuerte catarro, la joven se muestra feliz ante las flores y los pequeños regalos que su madre le ha traído de la capital. Al día siguiente, Alice encuentra a su hija en cama, «por prudencia», dice. «Duerme, y cuando te despiertes, me llamas.» Después de estas palabras, Alice se retira; son las dos de la tarde. Poco después, por una fuerte bronquitis que ha contraído en Moret, también ella ha de guardar cama. Cuando la llevan a casa de Suzanne, en la tarde del lunes 6 de febrero, esta ha dejado de vivir. Las flores de París adornarán su féretro.

La desaparición, a los 30 años, de Suzanne Butler-Hoschedé es un acontecimiento transcendental en la vida de Monet. No solo ha

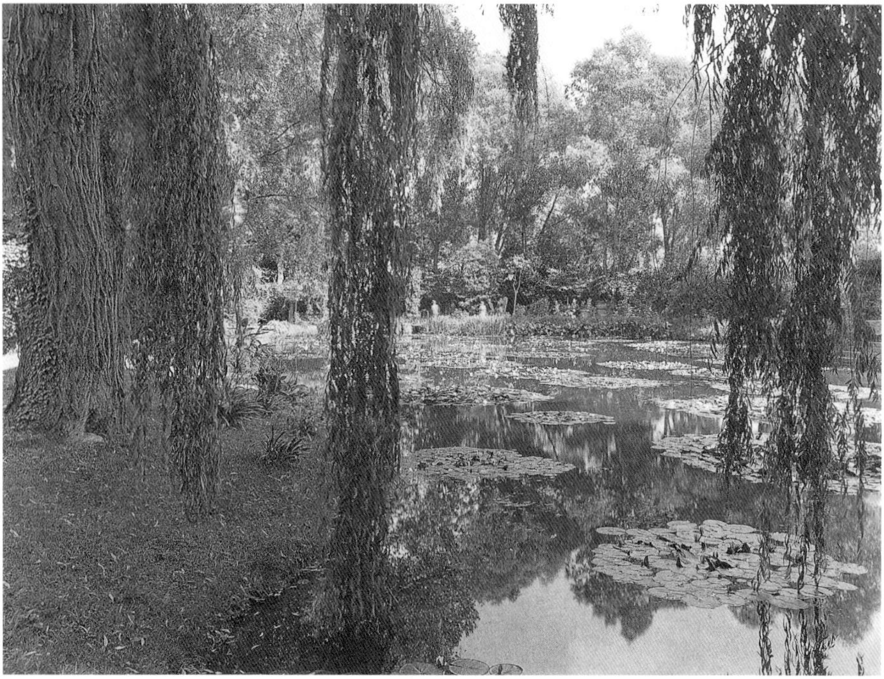

Giverny, el estanque visto a través de las ramas de un sauce llorón, 1933

perdido a la hijastra con quien él, pintor de pocas, pero escogidas figuras, más unido estaba, sino que también va a ser testigo de una grave crisis moral que esta muerte produce en Alice, pues en su diario esta recogerá pensamientos de un acento punzante. A los duros golpes del destino Monet plantará cara con una determinación inquebrantable: «Solo temores y pesares. Sin embargo, he de consolar a los míos».

«Un éxito completo y unánime»

Los tristes acontecimientos de comienzos de febrero de 1899 no impiden a Monet ocuparse enérgicamente de la exposición de grupo que va a reunir, en la galería de Georges Petit, a partir del 16, una selección de obras de cinco pintores: Besnard, Cazin, Sisley, Thaulow y él mismo. El interés que pone por la cronología de los cuadros que entiende han de figurar en el catálogo —un pequeño librito en el que los artistas aparecen ordenados por riguroso orden alfabético— es buena prueba de la importancia que da al carácter histórico de su obra. La inauguración tiene lugar, en su presencia, el día 15 de febrero, en la galería de la rue de Sèze, «justo lo suficientemente grande» y excelentemente iluminada. Enfrente de la entrada, la pared del fondo se atribuye a Cazin; Besnard y Thaulow se reparten la de la izquierda; Sisley y Monet están enfrente, en la derecha. En dos grandes vitrinas se exponen lozas de Chaplet. Cuando Mirbeau se presenta, su amigo ha vuelto a Giverny. La decepción del escritor nos ha reportado esta afirmación, hecha en vivo: «Había una cantidad enorme de personas; apenas nos podíamos mover. El éxito es completo y unánime. No creo que entre toda esa gente hubiera tres personas que lo negaran». Seguramente que no, al menos ante el temible Mirabeau, quien afirma que Monet «aplasta con su genio a los coexpositores». A continuación, en relación con *El almuerzo* y sin duda también con *Camille* o *La dama del vestido verde,* igualmente presente, sigue una reflexión interesante: «¡Qué pena que no vuelva a pintar figuras. Usted sería, con mucho, el mejor!». Decidi-

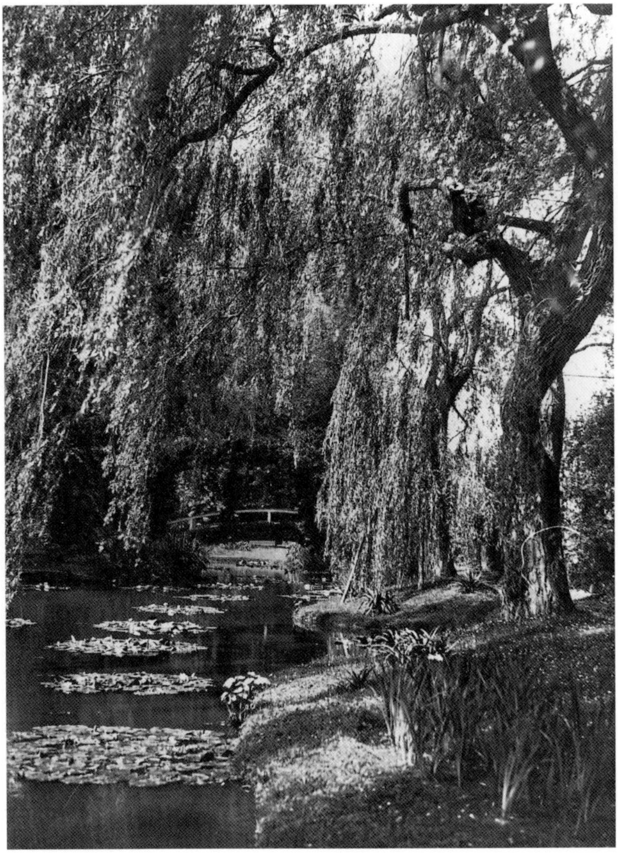

Giverny, la orilla norte del estanque de las ninfeas, rodeada de sauces llorones, y el puente japonés, c. 1901-1902

damente, Mirbeau considera el arte como una especie de concurso o, mejor, como una de esas entregas de premios, tan típicas hasta hace no mucho tiempo en el sistema de enseñanza francés, en las que él mismo, con sus cualidades, sus prejuicios y sus límites, lleva la marca indeleble. El primer premio se lo lleva necesariamente el que saca la mejor nota, aquí Claude Monet. Y el papel igualmente tradicional del perdedor le corresponde a «este pobre Cazin». «¡Qué idea más extravagante ha tenido de venir aquí, a su lado, a recibir un sopapo supremo!».

El problema de la selección propuesto por Georges Petit se plantea incluso a los espíritus menos dogmáticos que Mirbeau. Sin embargo, contrariamente a lo que se puede imaginar hoy en día, la mayoría de los comentarios insisten no en el carácter heteróclito del conjunto, sino a su relativa cohesión.

Los ecos de prensa habrían sido más abundantes si, en la misma tarde del 16 de febrero de 1899, día de la apertura de la exposición, el presidente de la República Félix Faure no hubiera perdido repentinamente el conocimiento y la vida. Las noticias edificantes de su

Ninfeas rosas
1897-1899
81 x 100 cm
Galleria Nazionale d'Arte Moderna, Roma

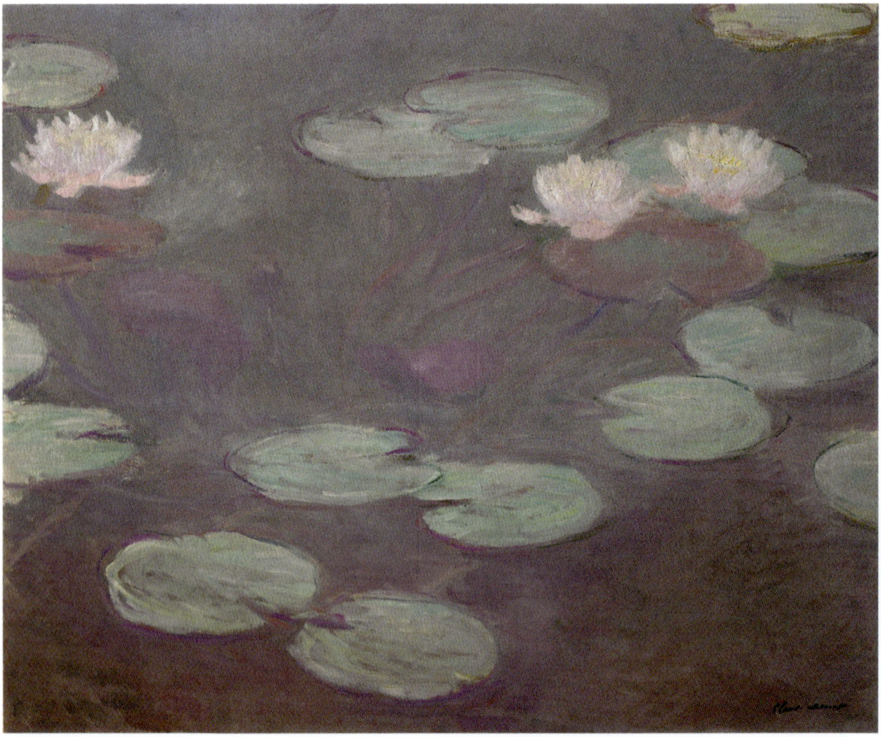

muerte —tratándose de la primera autoridad del Estado, se respeta el decoro—, de los funerales y de la elección de su sucesor, acaparan la atención de la prensa y del público, en detrimento de otros asuntos de interés.

¿Apoteosis u ocaso?

Un mes después de la clausura de la exposición en la galería de Georges Petit, Paul Durand-Ruel presenta a su vez a un pequeño grupo de artistas, pero sin ningún riesgo de disparidad. Exhibir, juntos, a Monet, Pissarro, Renoir y Sisley es una operación segura. Entre el público no se producen ya esos ataques que se recogían antaño en las crónicas; ahora parecen quedar reservados a algunos quisquillosos de tiempos pasados. Esta es al menos la apariencia de las cosas. Sin embargo, viéndolas más de cerca, se advierten ciertas disonancias también en la generación de los más jóvenes, cuando se expresan libremente. Confiando a su diario sus impresiones sobre la exposición de Durand-Ruel, que ha visitado tras la apertura, Signac matiza que «la apoteosis del impresionismo» que todos constatan es «el triunfo definitivo» de Renoir, asegurado particularmente por los cuadros de los años 1878 a 1882, que justificaban su lugar en el Louvre. Ese mismo periodo de tiempo es válido para Monet, aumentado con los dos *Álamos*, pero los cuadros antiguos están perjudicados por la mala calidad de los colores y por las sucesivas capas de barniz y, en bastantes ocasiones, la composición es defectuosa. En su conjunto, la obra de Sisley, caracterizada por la prioridad en la división de estilos, «quizá sea más suntuosa que la de Monet». «En cuanto a Pissarro, ocupa el cuarto lugar.» Los cuatro han renunciado a «colores brillantes» y, como las «búsquedas de luminosidad» ya no les preocupan, la comparación con Corot resulta poco halagadora para ellos: «Corot pintó cuadros; estos, salvo Renoir, no han hecho más que estudios».

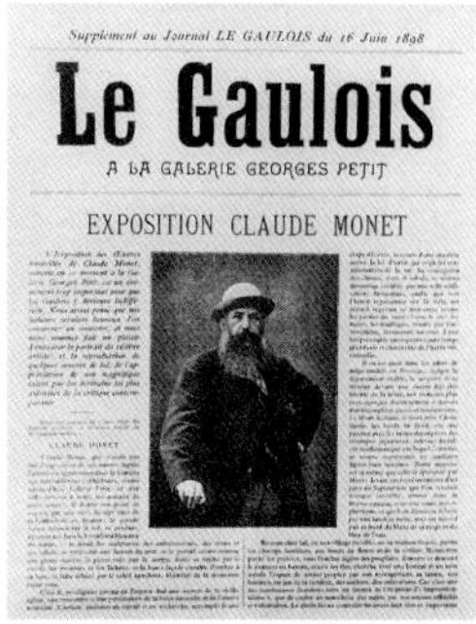
Supplément au Journal LE GAULOIS du 16 Juin 1898

Le Gaulois

A LA GALERIE GEORGES PETIT

EXPOSITION CLAUDE MONET

Portada de un suplemento del diario *Le Gaulois*, del 16 de junio de 1898

La relación con Corot no es fortuita. Detrás de las cuatro salas reservadas cada una de ellas a un impresionista, en el salón del fondo se presenta una exposición particular de sus obras. Las comparaciones, los juicios de valor más o menos afortunados, salen también frecuentemente de las plumas de los críticos. «Corot es el padre de todos», estima Julien Leclercq en *La Chronique des Arts*, pero su presencia no aniquila a sus vecinos… Monet y Renoir son maestros, Pissarro, un bello satélite y Sisley, lo mismo.» La supremacía de Corot se manifiesta más en los títulos de ciertos artículos que en la importancia de las consideraciones que se le dedican.

Estos diversos juicios son confirmados por los de los amantes del arte, tal y como se manifiestan en las subastas públicas a lo largo de la primavera y del verano de 1899. En la dispersión de la colección del conde Doria, como para confirmar la opinión de Signac, Pissarro se queda en el último puesto. Ninguno de sus cuadros supera los

PÁGINAS 422/423
Ninfeas
1897-1899
65 x 100 cm
Los Angeles County Museum of Art

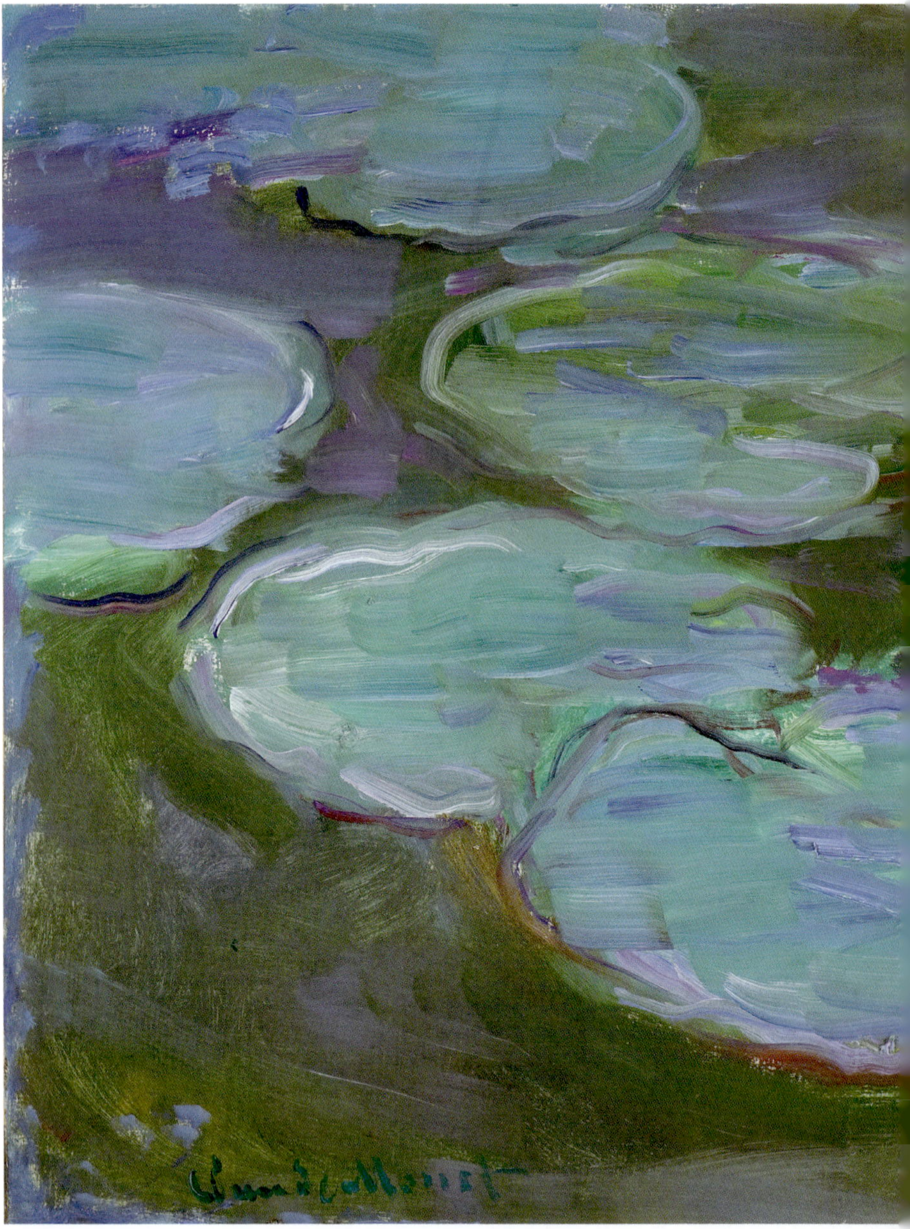

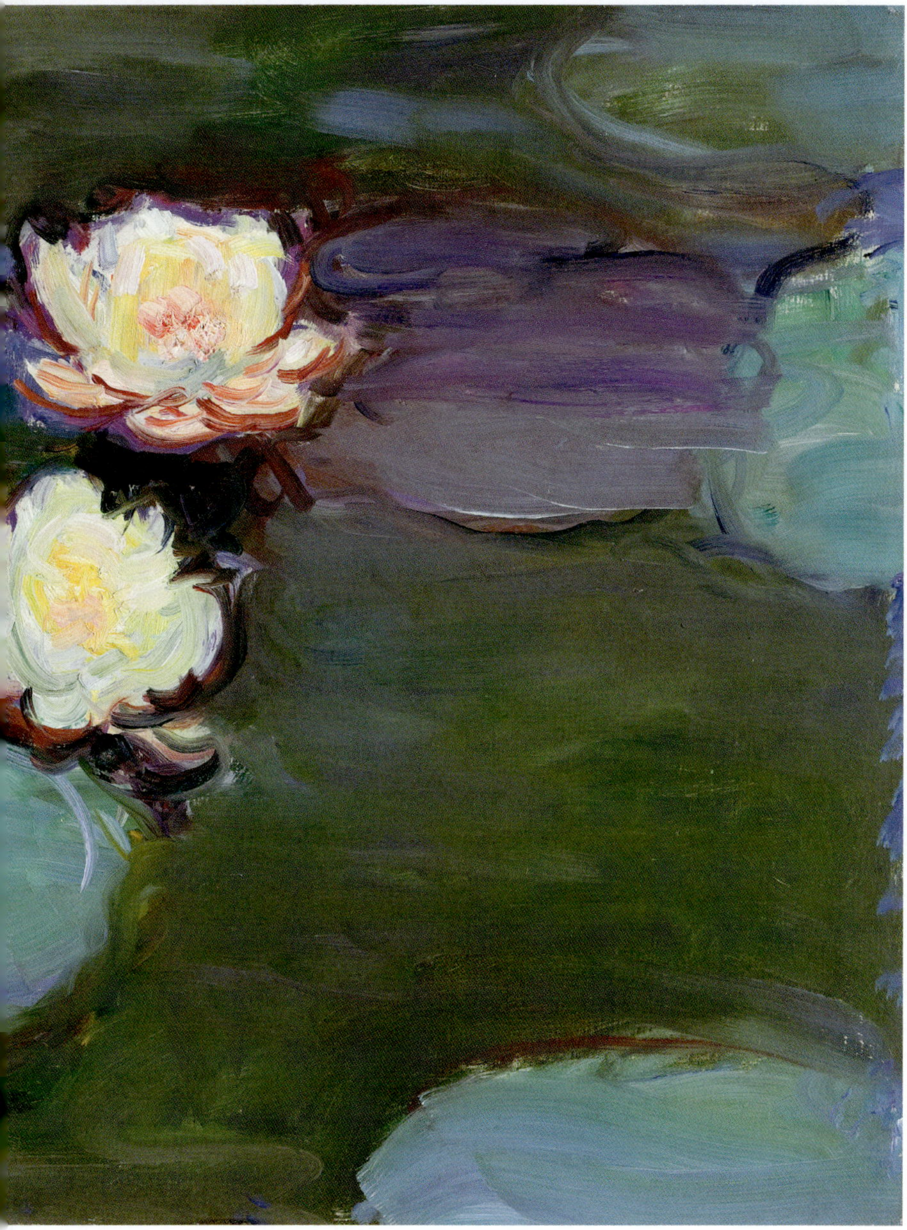

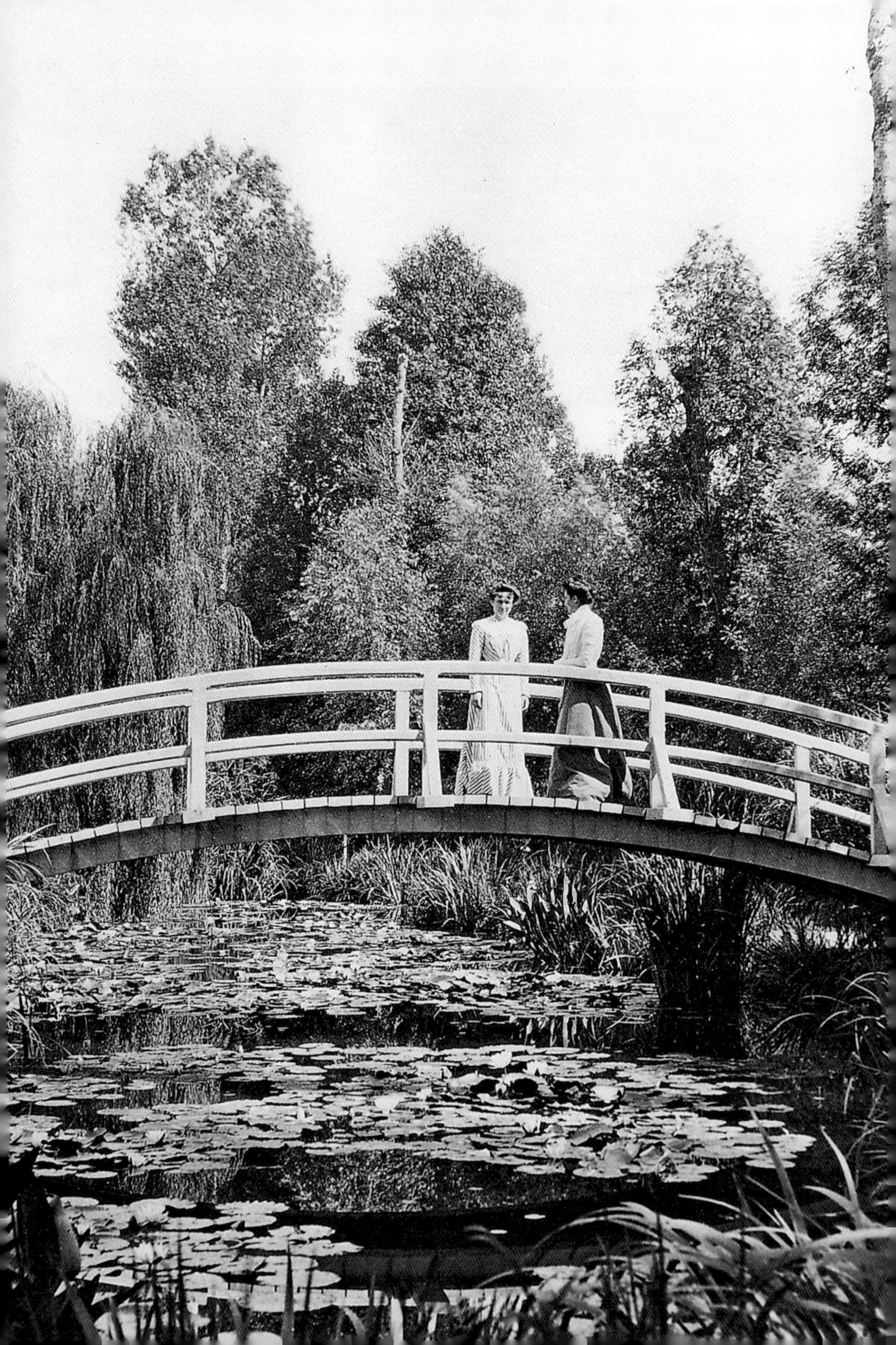

2.500 francos, con lo que quedan muy lejos de los 7.000 francos pagados por los *Barcos sobre un río;* también queda detrás de Sisley, a pesar del hándicap que supone la subasta simultánea de su taller, y sobre todo de Renoir, cuya obra *El pensamiento,* con sus 22.100 francos, ha sobrepasado ligeramente los 22.000 recibidos por *La bailarina en casa del fotógrafo* de Degas. Entre los valores que comienzan a ser reconocidos a partir de ahora, aparece un nombre hasta entonces conocido solo por iniciados: el de Cézanne. Su *Nieve fundiéndose (estudio del bosque de Fontainebleau)* es comprado por Durand-Ruel, por cuenta de Monet, por 6.750 francos.

El afecto de Monet por la causa de su compañero, menos afortunado, y sin duda también la convicción del valor de su obra —hasta el punto de que algunos dirán que está obsesionado por ella— son tales que escribe al conde Isaac de Camondo para incitarle a que adquiera *La casa del ahorcado* en la subasta de la viuda Chocquet, aunque él mismo también asiste a esa subasta en la que salen a la venta 10 lienzos y tres pasteles. Su abnegación es meritoria, pero ¿era Monet realmente consciente de estar trabajando para el éxito futuro de su principal rival entre los pintores de su generación? ¿Y que lo estaba haciendo en un momento en que Signac, hasta entonces su más fiel admirador, anota en su diario: «El bello tenor de antes se ha callado, el virtuoso está paralizado»?

«Monet ha visto las obras de Cézanne, las ha admirado, pero no ha sido influenciado por ellas.» Escrita 20 años más tarde, esta frase de Arsène Alexandre toma todo su significado en este verano de 1899 en que Monet va a afirmarse de una manera nueva, más personal y también lo menos cezanniana posible.

La primera serie de los puentes japoneses

Buena prueba de su propia individualidad es la grandiosa creación de la primera serie de consideración de los *Estanques de ninfeas* (il. págs. 426, 429). Desde 1895 se le ha visto tentado por el puente japonés, pero entonces, incluso en la bella estación, trata la superficie del estanque como un espejo liso, sin una sola planta que lo alegre. Ahora esto ha cambiado y las grandes ninfeas, en capas sucesivas, disputan a los efectos de los árboles y de los iris el microcosmos coloreado de este pequeño estanque que enmarca el arco de la pasarela irreprochable. «99», la fecha inscrita en la casi totalidad de las telas de la serie, planteará el problema de la perfección lograda al primer intento, si no supiéramos, gracias a Maurice Guillemot, que la empresa comenzó hace varios años y que estamos asistiendo ahora al resultado de una larga búsqueda, que —siguiendo la imagen de las ninfeas apenas abiertas— aquí encuentra su primera y magistral eclosión.

La mayoría de los cuadros de la serie tienen un formato poco corriente, casi próximo a un cuadrado, exceptuando dos lienzos de 92 x 73 cm y de 116 x 89 cm, que se presentan en formato alto y de

Germaine Hoschedé y madame Joseph Durand-Ruel sobre el puente japonés, c. 1898

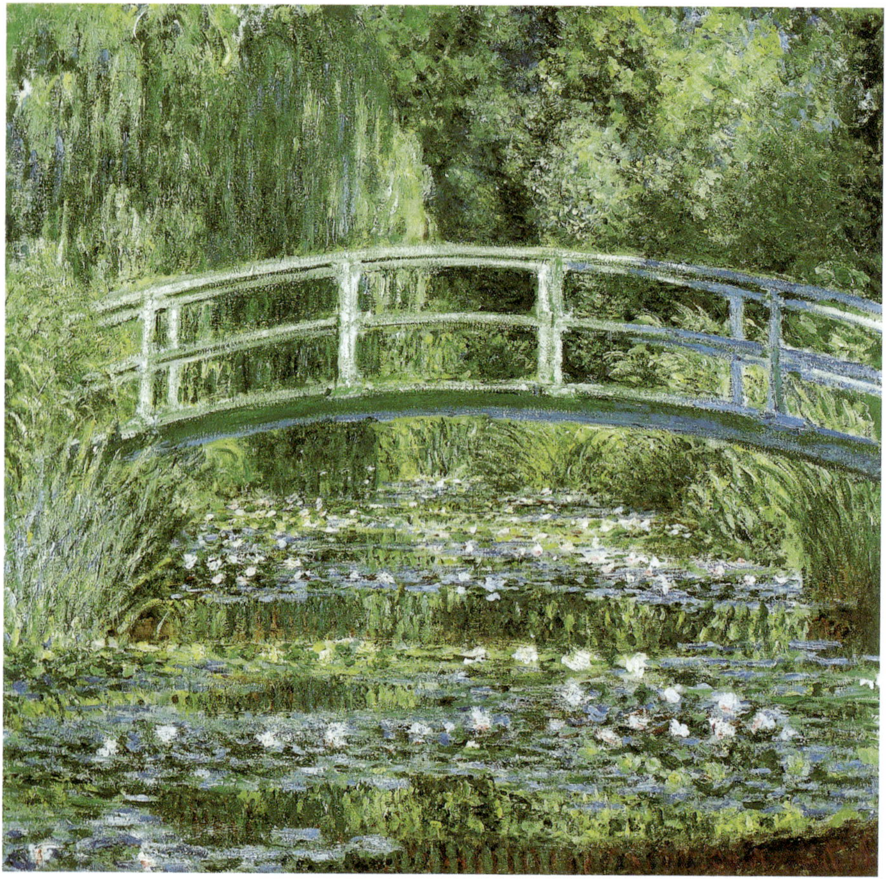

El estanque de ninfeas
1897-1899
90 x 90 cm
The Art Museum, Princeton University, Nueva Jersey

uno de 100 x 81 en formato ancho. El primero se distingue de todo el lote por la ausencia, a la izquierda, de la mata de iris sobre la que se apoya el puente japonés en todos los demás. El tercero se singulariza por el lugar en que se encuentra el puente, casi en el extremo superior del cuadro. Un examen atento de este puente en sus diferentes representaciones permite observar otras variantes. De los siete pares de barrotes que sostienen la rampa, en la mayoría de los cuadros solo se ven cuatro, mientras que en cuatro casos aparece un quinto par a la derecha. Si comparamos la disposición aparente de los barrotes de cada par, establecida conforme a las leyes de la perspectiva, susceptible de variar según el pintor cambia de emplazamiento, se constatan diferencias mínimas que también pueden ser aleatorias. Las ligeras variantes no implican un desplazamiento importante del caballete. Es probable que Monet realizara la serie de 1899 desde un mismo lugar, a la salida del estanque, utilizando la curiosa instalación que figura en una foto de Durand-Ruel y que Arsène Alexandre denomina «un gran estudio plantado en medio del pantano florido, como una tienda y como un observatorio».

No es ciertamente una coincidencia que a la aparición de los primeros *Estanques de ninfeas,* en su perfección casi insolente, corresponda la construcción del segundo estudio, un gran edificio en la parte noroeste de la propiedad. Las prosaicas descripciones de la oficina catastral se complementan con las descripciones más literarias que darán los visitantes sucesivos. Precedido por Monet, el invitado asciende por una escalera encerada, con las paredes cubiertas de estampas japonesas. Una vez franqueada la puerta, se encuentra en una vasta estancia cuadrada, construida a pequeña distancia del suelo, donde entra el sol por dos grandes ventanas vidriadas. Una de ellas da al norte, a la carretera de arriba; la otra, al sur, con vista a los invernaderos, al jardín y a las colinas de la orilla izquierda del Sena. En las paredes y en los caballetes se encuentra el conjunto de la obra de Monet, todo un muestrario de lienzos, en el que el visitante distingue, si está atento, un fragmento del *El almuerzo en la hierba* y de *Mujeres en el jardín.*

Otros caballetes —o quizá los mismos, devueltos a su primer destino después de la partida del intruso— sirven para terminar, o bien para realizar íntegramente un número creciente de cuadros. Monet

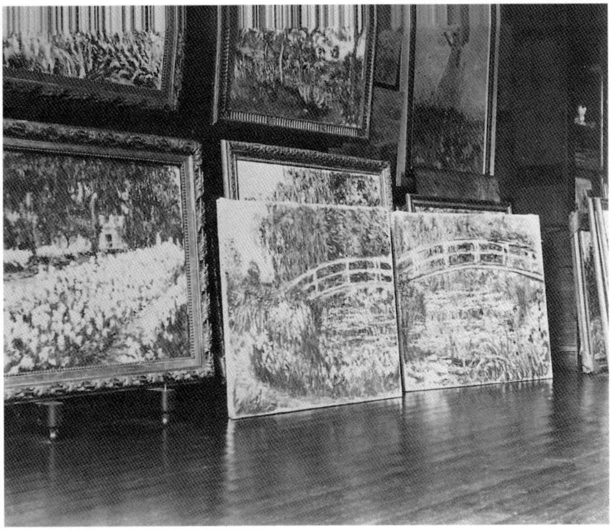

El segundo estudio en Giverny, en 1900

mismo reconocerá este hecho recordando ante Maurice Kahn el resultado decepcionante de sus campañas de Londres: «Después de cuatro años de trabajo y de retoques sobre el terreno, me tuve que resignar a tomar notas y terminar los cuadros aquí, en el estudio».

La primera de las tres estancias de trabajo en Londres, que van a sucederse hasta 1901, se desarrolla en el otoño de 1899 y es decididamente fecunda en nuevos comienzos. Al principio del viaje, y además del afecto ya antiguo en Monet por la capital de la niebla, se encuentra el deseo no solo de escoger una pensión para su hijo Michel, sino también, como se ha afirmado, de apreciar una instalación que descubrió en la primavera. Michel Monet, de 21 años, se aloja en casa de Darby, en el 92 de Bromfield Road, para estudiar inglés. Dirige regularmente a su «querida mamá» cartas cargadas de afecto, que animan a Alice, maternal y prudente, a acompañar a su marido a Londres. Por esto no existe correspondencia entre los esposos, y apenas se dispone de documentación sobre este periodo. Se sabe que salieron de Francia hacia el 15 de septiembre y que se alojaron en el Savoy Hotel, establecimiento de primera categoría situado sobre Victoria Embankment, por encima de la aguja de Cleopatra. Las ventanas de su suite, situada en la sexta planta, dan sobre el Támesis. Desde aquí, Monet puede contemplar un espectáculo grandioso: a la derecha, la vista se extiende sobre el río, aguas arriba, por encima del tablero derecho del puente del ferrocarril de Charing Cross, detrás del cual se encuentra el Palacio de Westminster, sede del Parlamento; a la izquierda, su mirada se dirige a los imponentes arcos del Waterloo Bridge, que se aleja

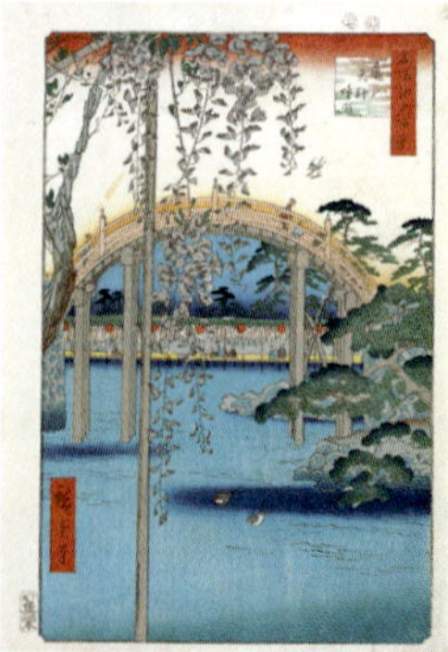

Utagawa Hiroshige
En el santuario de Kameido Tenjin
1856

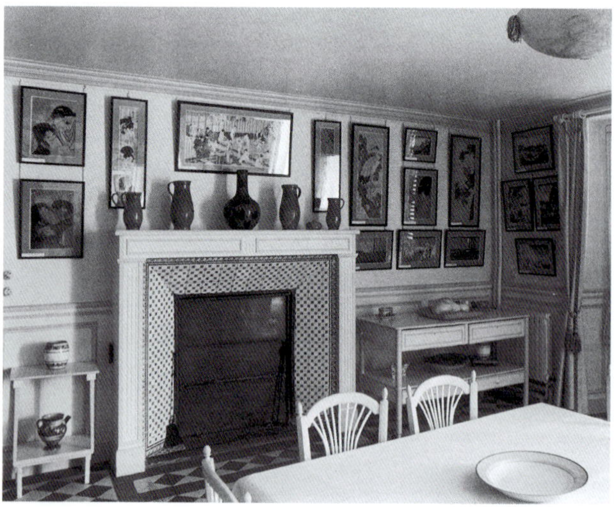

La colección de estampas japonesas en el comedor de la casa de Monet en Giverny.

El estanque de ninfeas
1899
93 x 74 cm
The Metropolitan Museum of Art, Nueva York

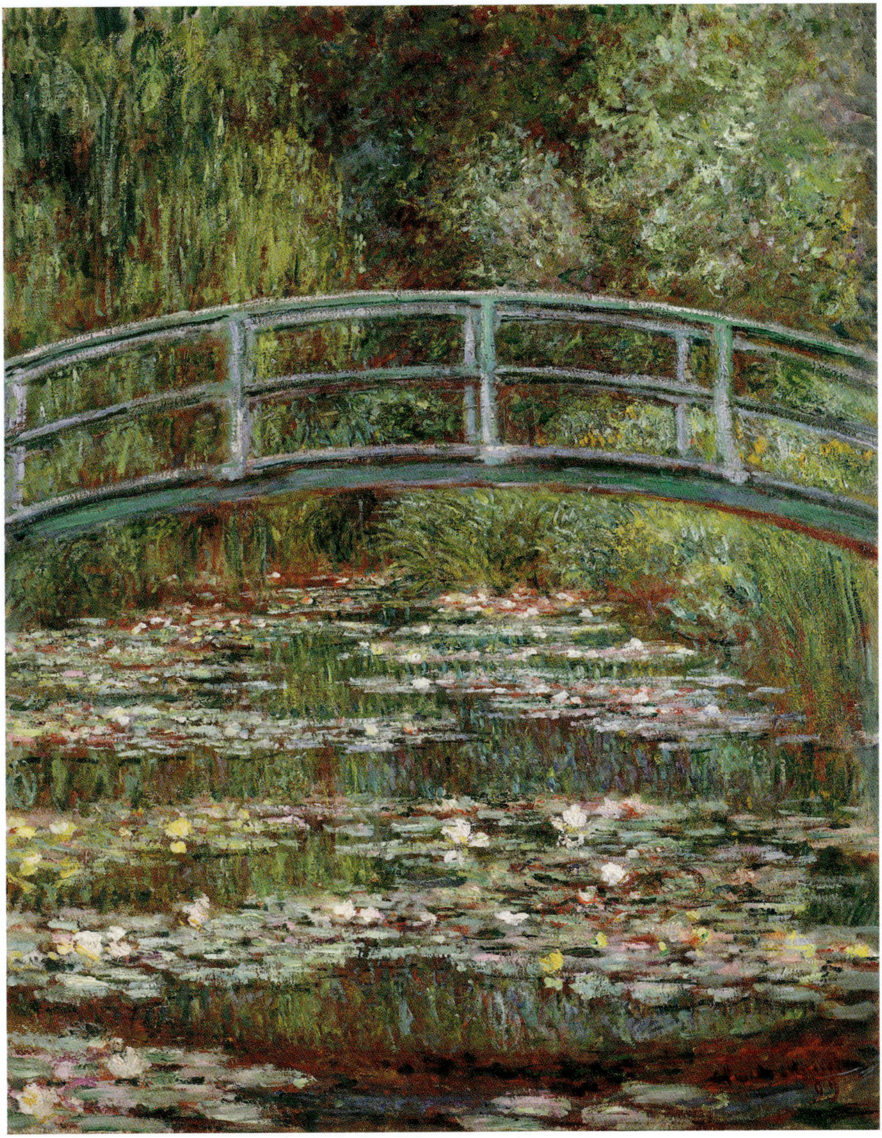

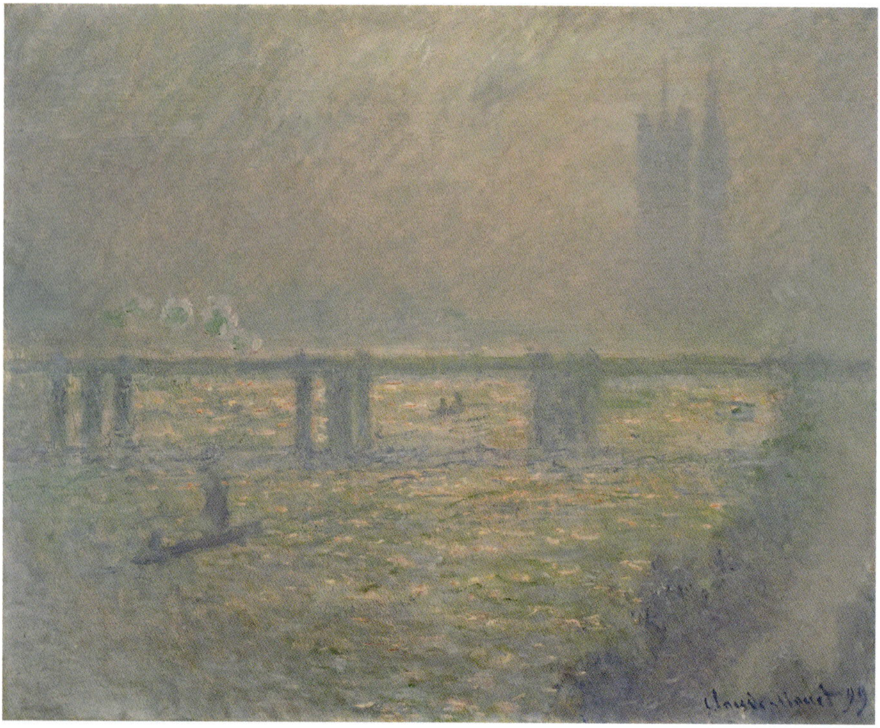

El puente de Charing Cross
1899
63,8 x 79,7 cm
Donación de Katharine Dexter McCormick en memoria de su esposo, Stanley McCormick, 1968.20.4, Santa Barbara Museum of Art, California

en diagonal hacia la orilla opuesta, donde se ve salir el humo de las chimeneas de las fábricas.

Los primeros puentes de Londres

Como ha traído, por si acaso, «algunas telas para bocetos», Monet deja que Alice y Germaine Hoschedé, que han seguido a la pareja a Londres, paseen por la capital inglesa con Michel. Así, Monet transforma sus primeras vacaciones al extranjero en compañía de su mujer en el habitual delirio de trabajo. Los lienzos que comienza son ciertamente más numerosos que los cinco fechados «99», pero el hecho de que estos últimos tengan el doble motivo del puente de Charing Cross y el Parlamento hace pensar que Monet comenzó por allí la serie de *Londres* (il. pág. 430). La tela más legible permite distinguir, detrás del puente de Charing Cross, sobre el que cruzan al mismo tiempo dos locomotoras —como revela el humo de sus chimeneas—, los arcos del puente de Westminster. A la derecha, el Parlamento dominado por la Torre Victoria, flanqueada por el Big Ben. La estancia londinense dura más de un mes. El 17 de octubre, Monet anuncia a Durand-Ruel su regreso «de aquí a dos semanas», y añade que ha «intentado hacer algunas vistas del Támesis», persuadido de que esta noticia le gustará al marchante. Una carta de Michel, fechada el 27 de octubre en Londres y dirigida a su «querida mamá» nos revela que, en esa fecha, Monet y sus acompañantes han abandonado Londres al menos desde hace dos días y que han pasado por Saint-Servan para visitar a Jacques Hoschedé, antes de volver a casa.

El 5 de noviembre, Charles Durand-Ruel viaja a Giverny y marca con su firma un número «enorme» de lienzos, siete *Estanques de ninfeas* y once *Támesis.* Ninguno de estos últimos está terminado aún, pero cinco o seis lo estarán pronto, probablemente aquellos que llevan la fecha «99». Estimándose incapaz de «ultimar aquí» los otros, Monet piensa en llevarlos consigo en el próximo viaje que realice más allá del Canal de la Mancha. Finalmente, ninguno de los *Támesis* encuentra gracia a sus ojos y borrará con su propia mano 11 que ya había anotado en su libro de cuentas en noviembre. Por el contrario, las *Ninfeas* quedan registradas, seis a 6.000 francos, una a 6.500. Para 1899, Monet puede escribir en el activo la suma de 227.400 francos, contra los 173.500 del año anterior, con lo que el año 1899 acaba echando un saldo positivo.

El puente de Charing Cross en un día cubierto
1900
60 x 92 cm
Museum of Fine Arts, Boston

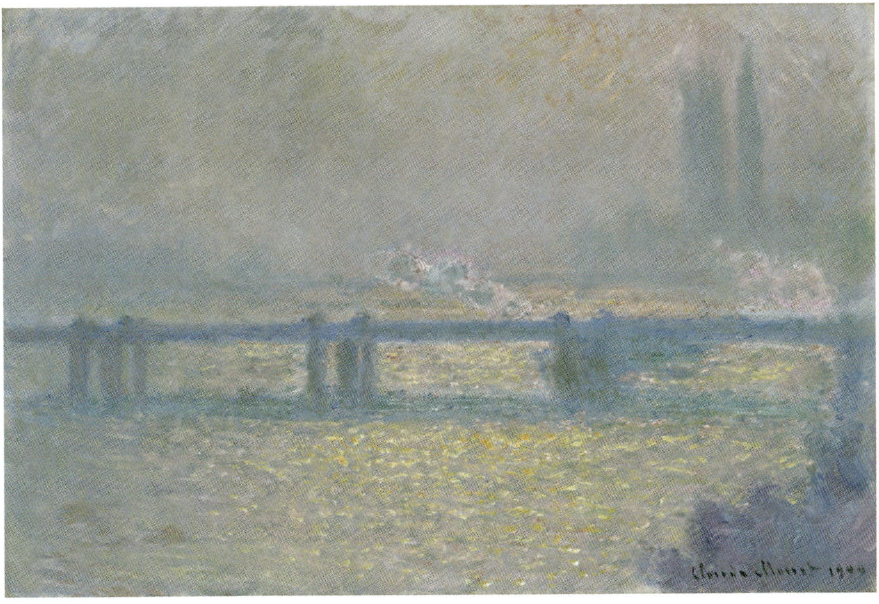

J. M. W. Turner
Lluvia, vapor y velocidad. El gran ferrocarril del oeste
1844
The Trustees of the National Gallery, Londres

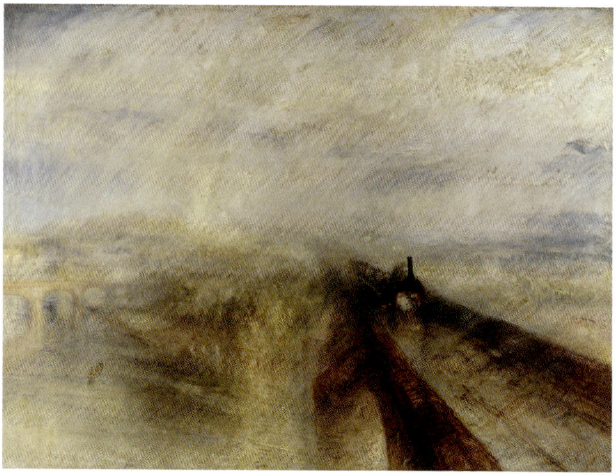

A comienzos de diciembre, Alice y Monet se dirigen a París. Como es habitual, se alojan en el hotel Terminus, frente a la estación de Saint-Lazare. Una de sus visitas está dedicada a Paul Nadar, encargado de retratarlos. El regalo de *Rocas* a Clemenceau también pertenece a este final de año, sin contar, en Giverny, una pequeña campaña de invierno, debido al acusado frío. Como en los bellos días de antaño, a partir del 15 de diciembre, el Sena está totalmente helado tres días más tarde. Los jóvenes patinan sobre los pantanos helados y Monet, olvidando una reciente indisposición, pinta sobre el campo escarchado hasta que el deshielo del río, el 20 de diciembre, y el deshielo generalizado vengan a «sorprenderle en pleno trabajo», como hace años.

En los albores del siglo xx

En contraposición a la cronología oficial, la mayoría de las personas consideran el año 1900 como el primero del siglo xx. En este sentido se festeja el Año Nuevo en la Francia de la Belle Époque. En Giverny no hay nada de particular que comentar, si se exceptúa la llegada de las fotografías que Nadar ha enviado por correo exprés. Todos encuentran «maravilloso» a Monet, pero las fotografías resultan «un poco decepcionantes», según comenta decepcionado Monet, sexagenario con el cabello gris, pero aún muy fuerte.

Para París y Francia, el año 1900 es, en primer lugar, el año de la Exposición Universal, la última gran manifestación de esta importancia durante mucho tiempo. El Palacio de la Industria ha sido demolido para construir el «Grand Palais» y el «Petit Palais», pues la exposición desea crear un marco completamente nuevo para su prestigiosa sección de Bellas Artes, dividida en tres subsecciones: la «exposición retrospectiva», que presenta el arte francés desde sus orígenes a 1800, la «exposición del centenario», que —contrariamente a lo que indica su nombre— está dedicada a los años 1800 a 1889, fecha de la anterior Exposición Universal y la única manifestación internacional de las tres, la «exposición contemporánea» o «del decenio», que constituye una especie de gran salón, donde los seguidores de los «artistas franceses» y los representantes de la Sociedad Nacional de Bellas Artes, juntos por una vez, van a exponer las obras creadas entre 1889 y 1900.

A comienzos de 1900, el rumor de una participación eventualmente forzada llega a los oídos vigilantes de los últimos cuatro impresionistas. No se sabe con certeza si están previstos para la exposición del centenario, como se desprende de una carta de Renoir, o si —como supone Durand-Ruel— los poderes públicos también han pensado en la del «decenio». Lo único seguro es que la iniciativa oficial, apenas sospechan de ella, desencadena en los pintores una fuerte protesta. Los que antaño se quejaban de ser rechazados

El puente de Waterloo
1900
65 x 92 cm
Santa Barbara Museum of Art, California

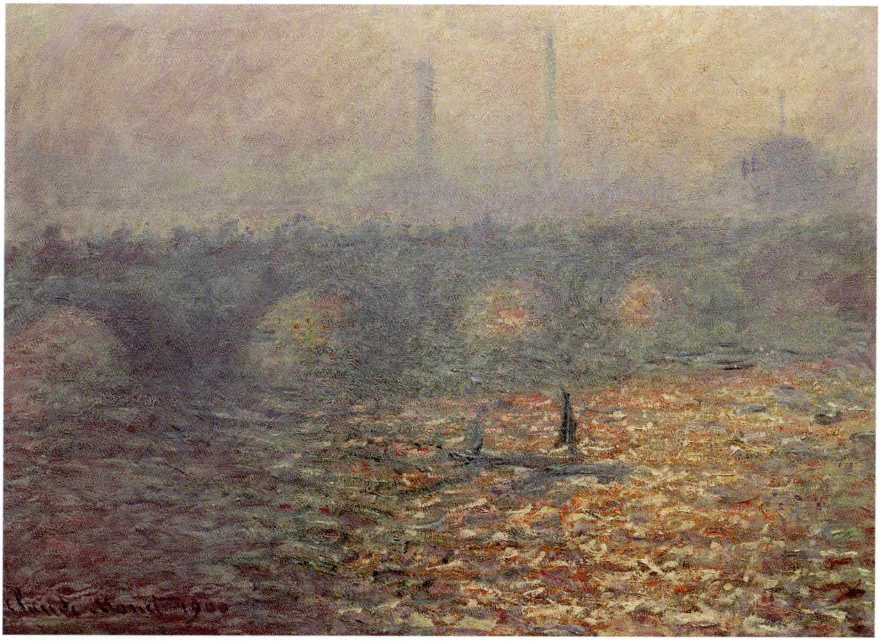

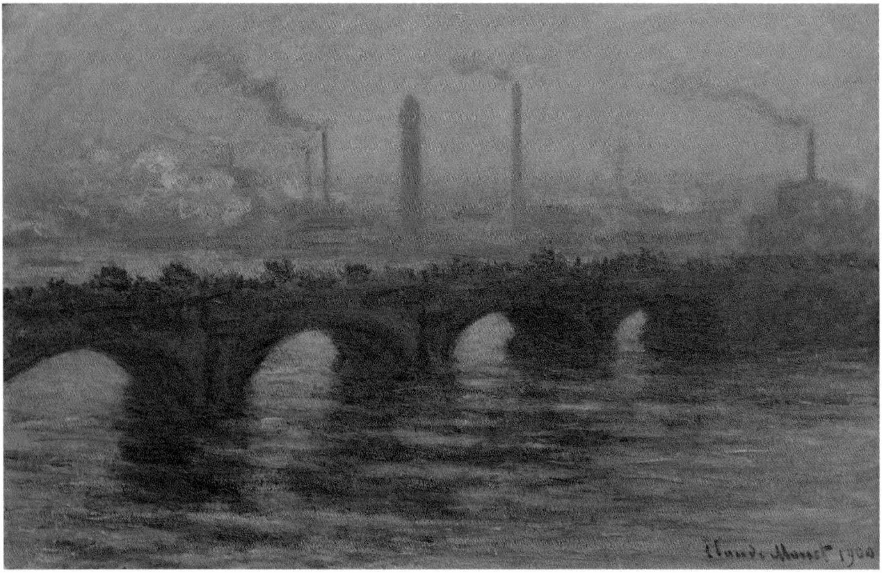

El puente de Waterloo en un día cubierto
1900
65 x 100 cm
Hugh Lane Municipal Gallery of Modern Art, Dublín

se rebelan ahora con toda energía contra la violencia —republicana y por tanto moderada— de la que son objeto. Apoyándose en Pissarro, siempre radical en sus opiniones, Monet opone un rechazo categórico a Roger Marx, uno de los principales responsables de las exposiciones de Bellas Artes. Sobre todo reprocha a los organizadores que no le hayan consultado y teme que, solamente tolerados, él y sus amigos no tengan un buen puesto. Se trata de un veto que podría ser suspendido fácilmente. Sin embargo, el proyecto será afortunadamente desechado, después de que se hubiera pensado en llevar el asunto a los tribunales.

Paul Durand-Ruel es el pilar de la resistencia contra las llamadas de las sirenas oficiales. En el plano privado, continúa siendo el gran capitalista y apoyo logístico de Monet. Este ha solicitado la protección de la galería para su yerno, el pintor Theodore Butler, que ha vuelto a América con sus dos hijos, en compañía de Marthe Hoschedé. Georges, representante de la familia Durand-Ruel en Nueva York, debidamente solicitado, decide organizar una exposición con las obras de Butler a comienzos de marzo. El afecto del que ha dado mil veces prueba, no pone a Durand-Ruel al resguardo de una desagradable sorpresa, como los reproches que sufre con ocasión de haber comprado una obra de Renoir a un precio que Monet considera demasiado caro. Este pequeño incidente y algunos acontecimientos de diferente importancia —una visita de Clemenceau y de Geffroy a Giverny, un viaje a Ruán, el pedido de más copias de las fotografías a Nadar, calurosas felicitaciones a Julie Manet, que ha anunciado su compromiso matrimonial con Ernest Rouart, un viaje rápido a París y los indispensables consejos al jardinero— no consiguen retrasar la salida de Monet para una nueva campaña de trabajo en Londres.

«De verdad, soy un majadero»

El empleo del tiempo, al menos en teoría, está perfectamente previsto: por la mañana y después de almorzar, Monet trabaja desde su ventana del hotel Savoy, pintando unas veces el puente de Charing Cross, otras el de Waterloo; a última hora de la tarde se dirige al St. Thomas Hospital para comenzar una nueva serie. Allí, para acoger su primera sesión, una magnífica puesta de sol ilumina el Parlamento. En realidad, las habituales vicisitudes de sus campañas de trabajo se encuentran agravadas aquí por una neblina capaz de desanimar incluso a una persona habituada a las brumas de Normandía como él. El margen de claridad que le parece posible es terriblemente estrecho: un tiempo demasiado cubierto impide trabajar pero, a la inversa, un cielo demasiado claro crea un ambiente muy poco londinense. Afortunadamente la continua contaminación va a venir en su ayuda: «Cuando me he levantado, me he quedado horrorizado al ver que no había niebla, ni siquiera una sombra de bruma. Estaba anonadado y ya veía perdidos mis lienzos, pero poco a poco comenzaron a encenderse las chimeneas; el humo y la bruma han vuelto». Como un soldado en la almena, el pintor está al acecho, esperando que vuelva el efecto. Cuando este se presenta, se abalanza sobre el lienzo, abandonando cualquier ocupación, incluso la redacción de una carta a Alice: «Ahora, querida, tengo que abandonarte; el efecto no espera».

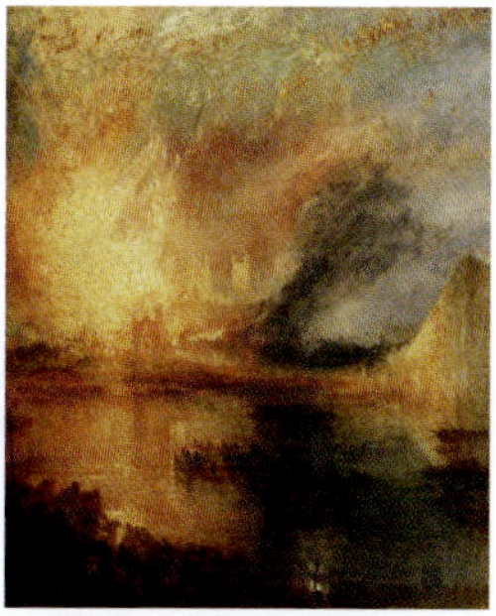

J. M. W. Turner
El incendio de la Cámara de los Lores y de la Cámara de los Comunes, el 16 de octubre de 1834
(detalle)
c. 1835
The Philadelphia Museum of Art

A medida que pasan los días, el sol asciende más alto. Pronto, ya no se pondrá en el motivo del Parlamento, tal como se ve desde el St. Thomas Hospital. Comienza nuevos lienzos sin cesar. El 1 de marzo son 44; menos de tres semanas más tarde son «algo así como 65, cubiertos de colores». De ahí los «enormes gastos» y la «terrible factura» de Lechertier-Barb, su proveedor de material en Londres. A mediados de mes, en el hospital, Monet advierte que «podría haber pintado mejor el Parlamento» y se pone «audazmente» a transformar aquellas obras «cuyo efecto no volverá». Primeramente queda muy satisfecho, pero al día siguiente le asaltan las dudas y vuelve a su primera idea de comenzar nuevos lienzos «con los diferentes tiempos, con todas las armonías», y echa pestes contra «esas desgraciadas transformaciones que no sirven para nada».

La crisis, demasiado previsible, se produce en la mañana del lunes 19 de marzo. Se levanta a las seis de la mañana y descubre los tejados blancos de nieve. Después, una niebla «terrible» le condena a silbar

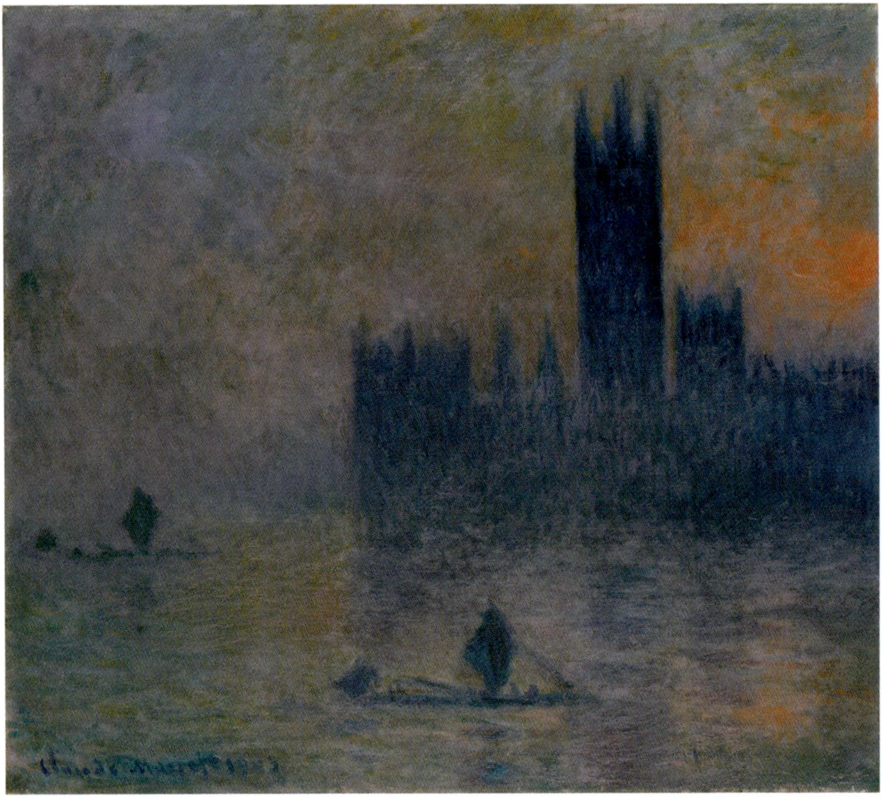

El Parlamento con niebla
1900-1901
81 x 92 cm
The Metropolitan Museum of Art, Nueva York

El Parlamento, puesta del sol (detalle)
1900-1901
81 x 92 cm
Kunsthaus Zürich, Zúrich

de impaciencia. Al fin, a las diez y media, se cree en condiciones de comenzar a trabajar, pero los cambios de luz son tan frecuentes que sería necesario «tomar más de 15 telas a la vez. Apenas ha comenzado una, tiene que dejarla y volver a otra; nunca antes había sido así». Algunas desafortunadas pinceladas desencadenan el drama: considerándolas «horribles», guarda las telas en cajas. Al mediodía, la llamada a la ausente Alice se hace patética: «Perdona que me abandone de esta manera, pero ya sabes que sufro cuando estoy así; ¿a quién me puedo confiar sino a ti? Perdóname y consuélame». Después de almorzar, un nuevo intento no hace sino agravar la situación. «El pobre Michel, estupefacto» asiste sin poder hacer nada a la tempestad. Para tranquilizarlo, empuja a su hijo a la calle para fatigarse dando un largo paseo por Londres, con una visita a la Torre. Por la noche ha conseguido lo que quería: «Voy a cenar y a meterme en la cama. No me tengo en pie».

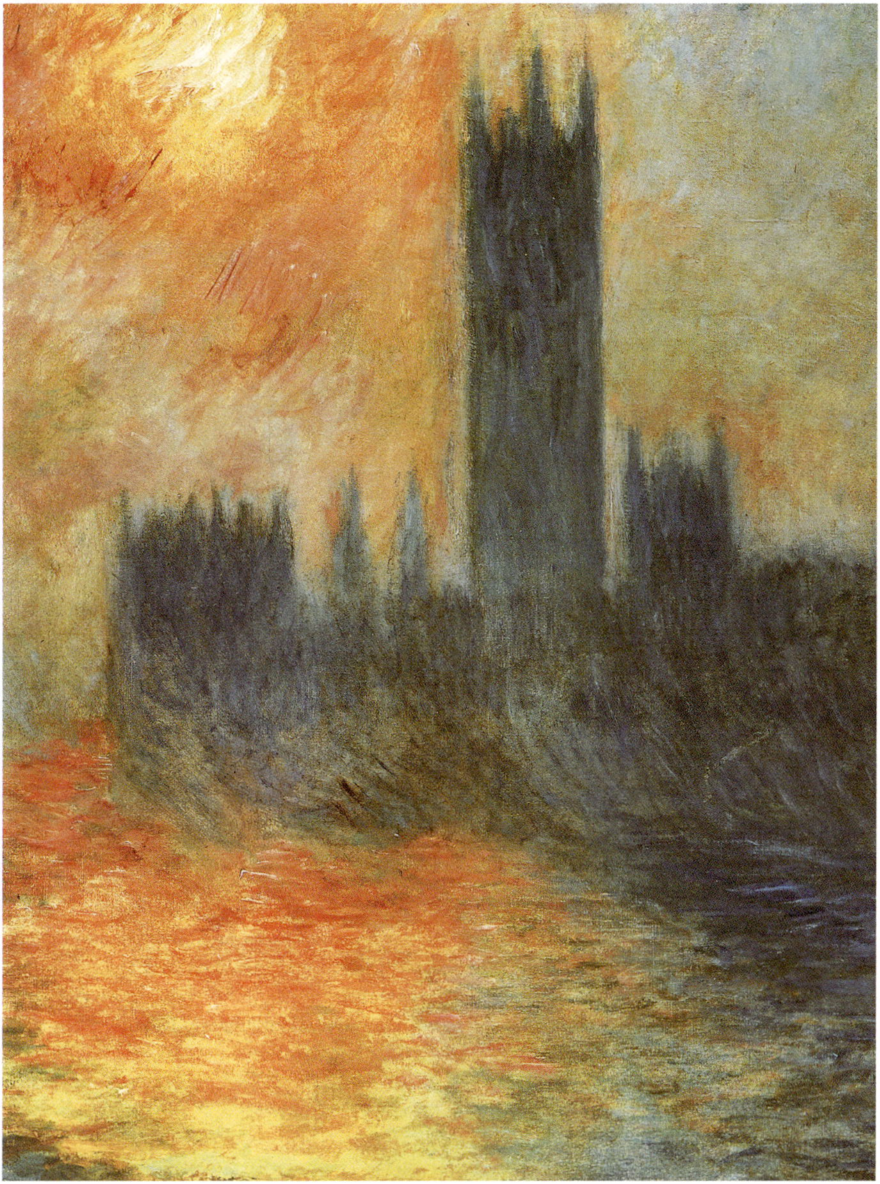

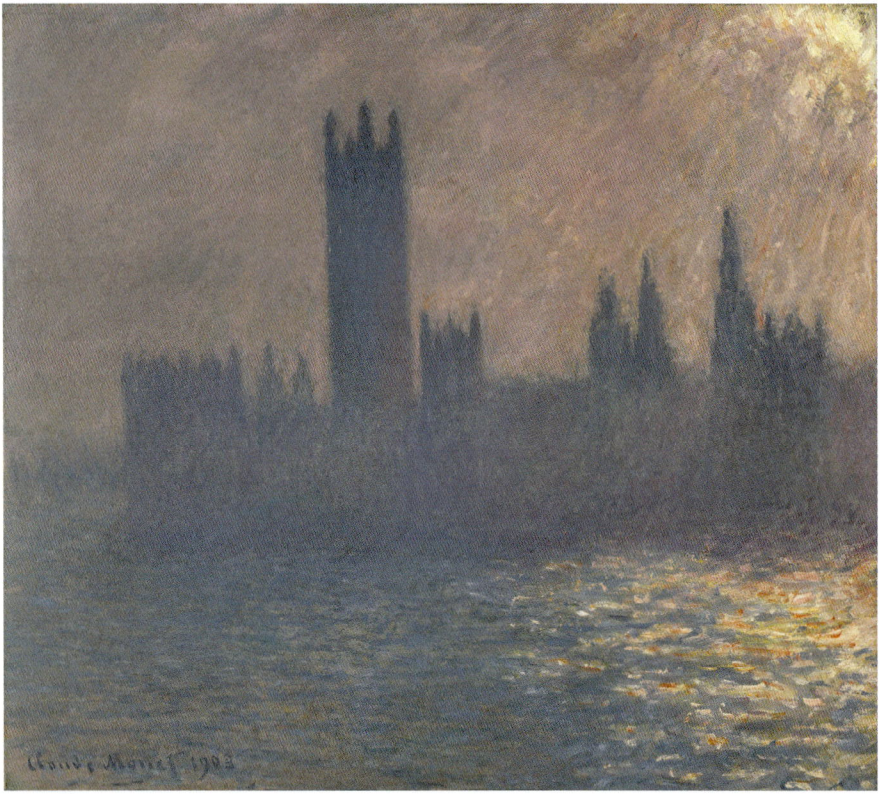

El Parlamento a la luz del sol
1903
81 x 92 cm
The Brooklyn Museum, Nueva York

A la mañana siguiente, el tiempo se muestra más clemente. Retoma entonces la lucha, que va a seguir con los altibajos habituales. La decisión de volver al año siguiente, en particular para terminar la serie del hospital, que «habría podido ser tan interesante como la de la Catedral de Ruán», hace nacer una nueva esperanza: «Progresando cada día en la comprensión de este clima tan particular, ahora consigo, con grandes golpes de brocha, avanzar los lienzos que tanta preocupación me han dado. Prácticamente estaban acabados, pero no eran lo suficientemente londinenses; esto es lo que intento hacer con grandes pinceladas». Algunos días más tarde, esta seguridad ha desaparecido: «De verdad, soy un majadero, a quien el menor acontecimiento le desequilibra».

Circunstancia atenuante: los suyos no le ayudan bastante. Resulta sorprendente ver cómo, de tantas personas a las que alimenta, son tan pocas las que le ayudan. En primer lugar, Michel. Su padre le paga una

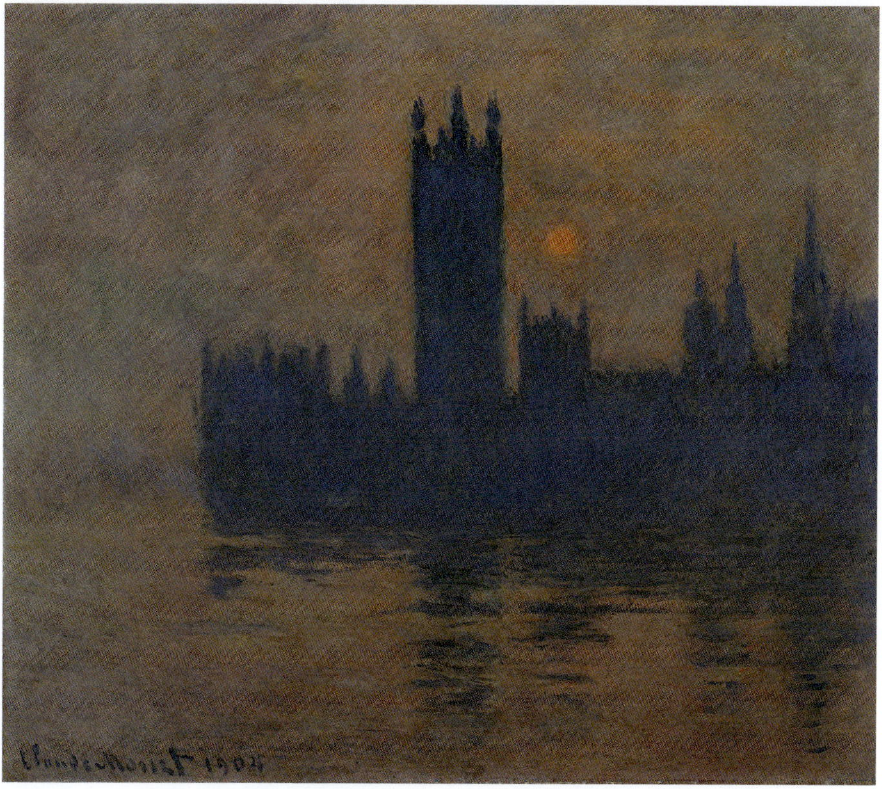

estancia en Londres para perfeccionar su inglés pero, cuando tiene necesidad de su ayuda en el St. Thomas Hospital, el hijo «no aparece» y ni siquiera pronuncia una excusa, absorbido por interminables horas de patinaje, que le dejan reventado. Monet, por otro lado tan pronto a la cólera, no dice una palabra cuando finalmente el hijo pródigo regresa. Después, enfermo o continuamente de viaje, Michel siempre será una fuente casi perpetua de preocupación para su padre. El contraste es sorprendente entre este, tan exigente consigo mismo, y el muchacho, cuya despreocupación encuentra en el patriarca, supuestamente temible, una mansedumbre insospechada. Y esto también puede decirse de Jean, el hijo mayor. Empleado por Léon Monet en su empresa de productos químicos, en Maromme, cerca de Ruán, no parece interesarse demasiado por su trabajo. En lugar de animarle a trabajar mejor, su padre solo escribe: «Espero que… Jean no cause demasiados disgustos a su tío».

El Parlamento, puesta del sol
1904
81 x 92 cm
Kaiser Wilhelm Museum, Krefeld, Alemania

Por parte de su mujer, el apoyo moral no es muy evidente. Mientras su marido se debate en Londres, Alice, que continúa traumatizada por la muerte de Suzanne, se preocupa sobre todo por la estancia de los hijos de esta en Estados Unidos, con su padre (Theodore Butler) y con Marthe Hoschedé, la tía de los niños. Cuando, después del fracaso de su exposición en la galería de Durand-Ruel, Theodore Butler, «decepcionado y mortificado», embarca rumbo a Francia con todo su entorno, Alice cae en un estado de extrema excitación de solo pensar en la travesía. Para mostrar que también él teme por los seres que, en realidad, están emparentados con él por matrimonio, el pobre Monet juzga prudente desempeñar el papel de «abuelo adoptivo» —la expresión es de J.-P. Hoschedé— y hace notar en su carta del 29 de marzo: «día de su partida, con buen tiempo», pero a continuación confiesa: «Para estos últimos días necesitaría todas mis facultades», declaración inoperante para quien conoce a Alice. Mientras que Blanche,

El Parlamento a la puesta del sol
1902
81 x 92 cm
Colección particular

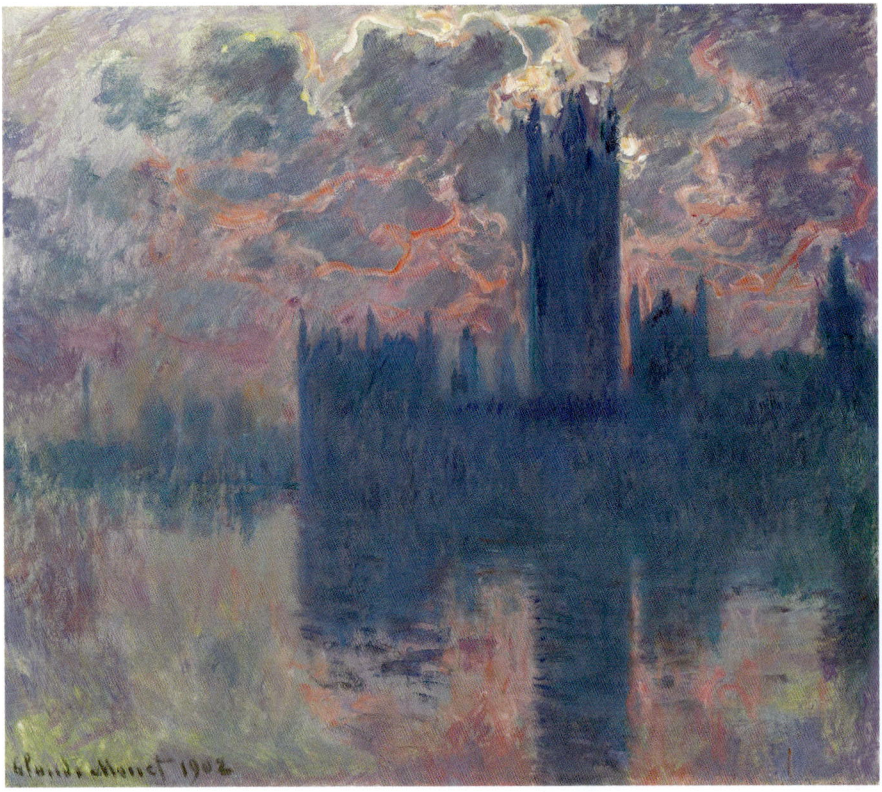

Germaine y Jean-Pierre tienen mucho afecto a Monet, su gentileza contrasta con la actitud de su hermano Jacques, quien —instalado en Saint-Servan— ha decidido, de una vez por todas, «sablear» a su padrastro sin que lo impidan escrúpulos superfluos, persiguiéndole con sus peticiones de dinero hasta las orillas del Támesis. Jacques Hoschedé es un joven de 30 años, cuyo comportamiento no cambiará más, sino más bien todo lo contrario.

El mundano Londres

Se equivocaría quien pensara que Monet se deja acaparar totalmente por el trabajo y las preocupaciones domésticas. En Londres no le faltan relaciones, que son muy reveladoras de su comportamiento social. Desde su llegada, Monet se beneficia de la activa protección de Mary Hunter, esposa de Charles Hunter, propietario de importantes minas de hulla. Mary le pone inmediatamente en contacto con el doctor

El Parlamento con el cielo tormentoso
1904
81 x 92 cm
Palais des Beaux-Arts, Lille

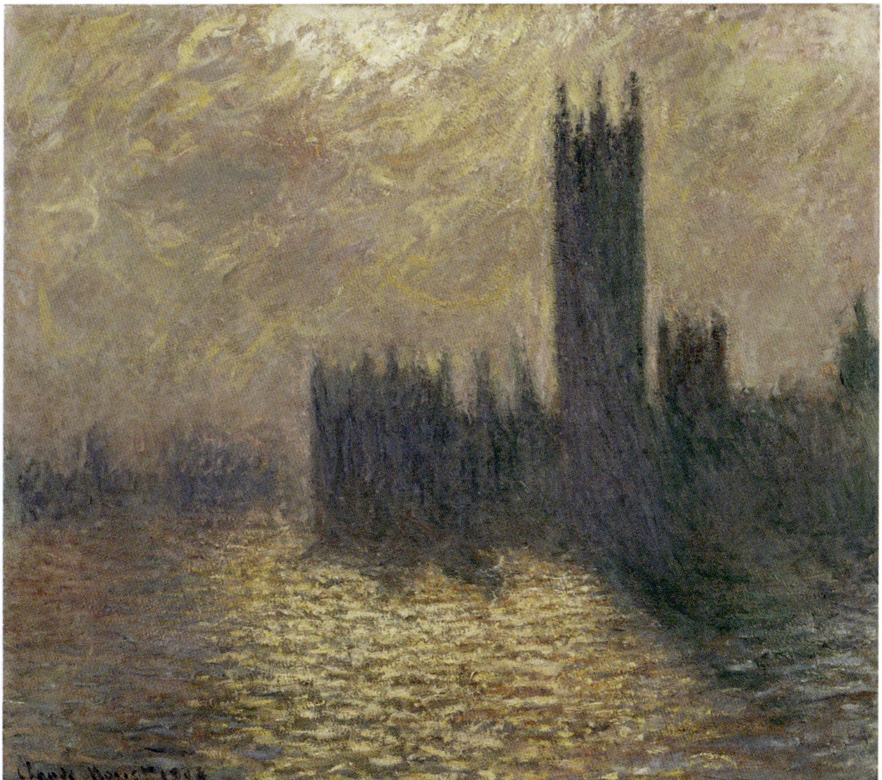

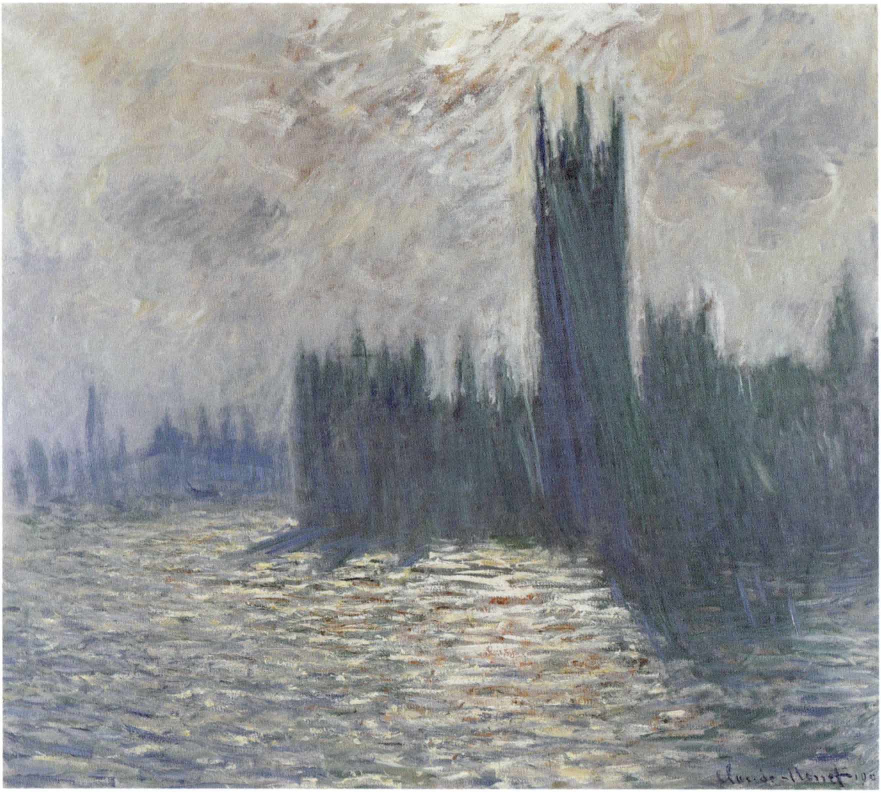

El Parlamento, reflejos sobre el Támesis
1900-1901
81 x 92 cm
Musée Marmottan Monet, París

Payne, que le introduce en el St. Thomas Hospital. En casa de Payne coincide con el director del British Museum, a quien conoció en casa de Durand-Ruel. En Dover Street, en el domicilio de Mary Hunter, se suceden las cenas. Durante una recepción particularmente brillante, Monet espera ser presentado al ministro de la Guerra y a «la condesa de no sé qué, pariente de la reina, que hace esculturas y parece creerse una artista, pero es encantadora». Nueva invitación a cenar, unos días más tarde, en compañía del novelista y crítico de arte George Moore. Después pasa algún tiempo sin que Monet sepa nada de su anfitriona y se inquieta, «desolado» por la idea «de haber podido ofender a madame Hunter, que era tan amable con nosotros, tan atenta conmigo». Finalmente parece que el mal procedía de Moore, por sus contestatarias ideas políticas, actitud que incita a la anfitriona a negarle la entrada en su casa durante algún tiempo. «De mí, ni una palabra.»

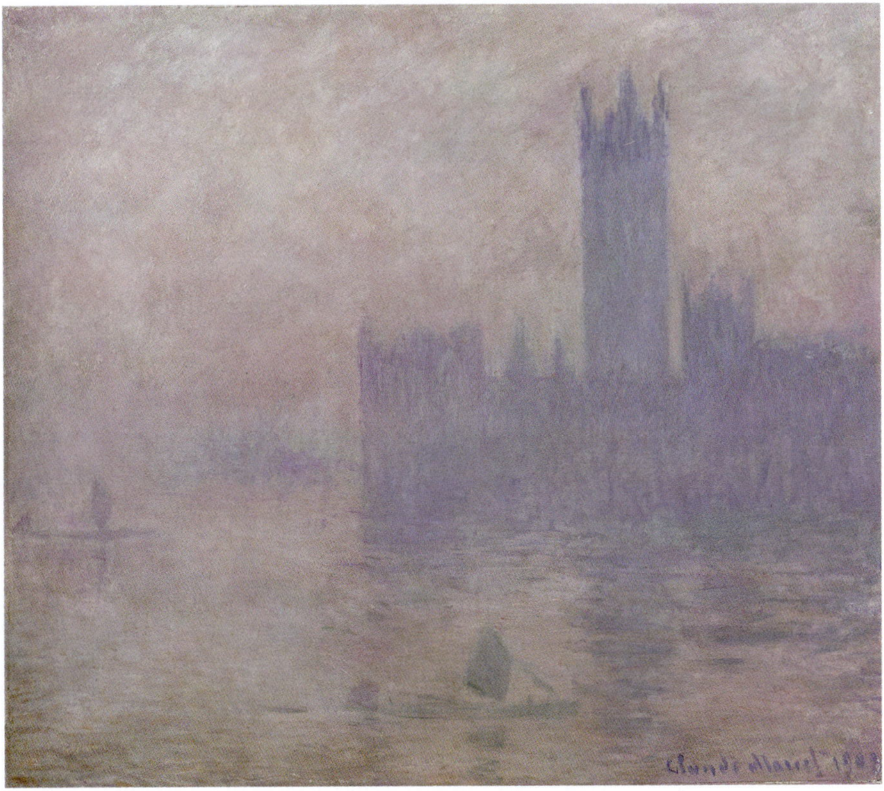

El Parlamento con niebla
1903
81 x 92 cm
Musée des Beaux-Arts André Malraux, El Havre

Para volver a estar en gracia con la señora Hunter, Monet recurre a la intercesión de John Singer Sargent, uno de los asiduos a la casa. El pintor norteamericano está absorbido con sesiones de retratos, pero su compañero consigue visitarle en Chelsea un instante, pues el Támesis no espera. Después, le toca a Monet recibir a Sargent en su habitación del Savoy. El visitante parece «un poco estupefacto delante de algunos lienzos, pero muestra su admiración ante otros». En realidad, la impresión que se lleva Sargent de esa visita es que Monet trabaja en un número demasiado elevado de lienzos como para manejarlos eficazmente. De este pintor procede el dicho de que su compañero se debate en medio de 80 lienzos. Febrilmente, busca el correcto, cuando se produce el efecto que esperaba pero, antes de encontrarlo, el efecto ha pasado ya.

Aunque se mantiene informado sobre los asuntos de Francia, Monet, siguiendo sin saberlo el consejo de Montaigne, se guarda mucho de buscar la compañía de sus compatriotas. Estos acuden a él y no

El parlamento, traspasado de sol en la niebla
1904
81 x 92 cm
Musée d'Orsay, París

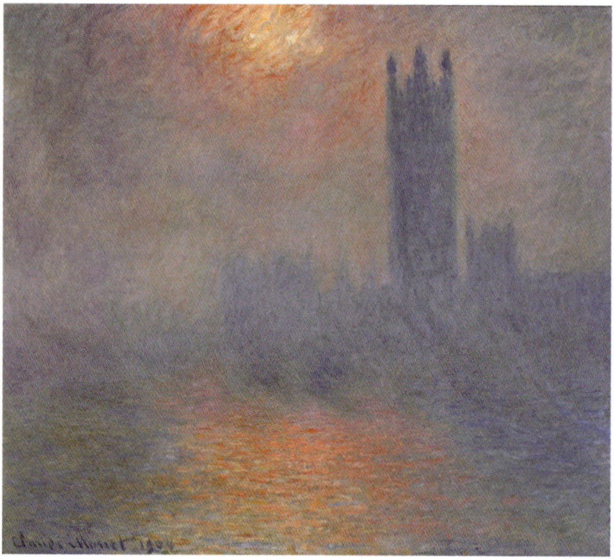

son numerosos, pero de calidad. A finales de febrero le visitan George Clemenceau y Gustave Geffroy. El domingo 25, los tres amigos participan en una «cena muy elegante», el día 27 visitan Minstrels en St. James y, a la mañana siguiente, la visita parte al alba. A las 10, Monet puede asegurar a su mujer: «han estado muy amables y no me han impedido trabajar en absoluto». Esta visita inspirará a Geffroy cuatro páginas de su *Claude Monet.* A las declaraciones laudatorias habituales, prefiere un detalle concreto: cuando la niebla hacía desaparecer completamente el paisaje, Monet decía: «se ha ido el sol», y dejaba de pintar. Poco después, retoma el pincel y la paleta anunciando: «el sol ha vuelto». No obstante, sus huéspedes tienen que concentrarse antes de distinguir una vaga luz que comienza a aparecer y que solo el ojo del pintor ha presentido.

Otro visitante digno de destacar es François Depeaux. El célebre coleccionista de Ruán está anunciado para el 19 de marzo, el día en que se produce en Monet una gran crisis moral. Por una circunstancia que se ignora, tiene que retrasar su llegada un día. A la mañana siguiente a su llegada, comete la imprudencia de preguntar a Monet por el hospital; se adivina la irascible respuesta. Para hacerse perdonar, invita al pintor y a su hijo a cenar en el café Royal, en Regent Street, e invita a Michel a visitarle en Swansea, en el País de Gales, donde posee una mina de carbón. Las noticias que le da sobre la reciente subasta de Tavernier son esperanzadoras. Se declara poco deseoso de dispersar su colección inmediatamente, «pero ese día llegará, pues es el sino de todos los amantes del arte». A pesar de las prisas de los últimos días, Monet encuentra el medio de volverse a reunir con el barón de Estournelles de Constant. El objeto de esta operación es solicitar la ayuda del anciano diplomático para conseguir, si no la exención, sí al menos condiciones favorables para Michel en el servicio militar. Pero ni siquiera Paul Cambon, embajador francés en Londres, parece haber logrado el resultado esperado.

Pero Monet se muestra superado por los problemas que plantean el comportamiento y el porvenir de Michel. Desmoralizado por el creciente nerviosismo que revelan las cartas de Alice, agotado por la labor incesante de su trabajo de pie, con una duración cada vez mayor a medida que los días van haciéndose más largos, afectado por un fuerte catarro con dolores de cabeza, Monet ha de renunciar a las últimas sesiones de trabajo con las que contaba inicialmente. Una sola consolación tiene: la atmósfera y la luz han cambiado demasiado como para continuar el trabajo en los estudios comenzados con la luz invernal.

Cansado e insatisfecho, no le queda más que proceder a embalar y a expedir sus ocho cajas de lienzos y de diferentes objetos, más o menos indispensables, que ha tenido que adquirir por imperativos familiares. Una vez de regreso en Dieppe, con toda probabilidad el miércoles 5 de abril, tendrá que dirigirse a Ruán, o incluso a El Havre, para esperar la llegada de Estados Unidos, a bordo del barco *Touraine,* de Butler, Marthe y los niños.

La exposición del centenario

El martes 1 de mayo de 1900, dos semanas después de la apertura solemne de la Exposición Universal, el presidente de la República inaugura la sección de Bellas Artes. Llegado a las dos de la tarde, Émile Loubet se vuelve al Palacio Élysée hacia las tres y media. Tiene, por tanto, dos horas para atravesar el Petit Palais, donde espera la retrospectiva, y el Grand Palais, donde se podía observar la exposición del centenario y la contemporánea. Es demasiado poco tiempo, sobre todo para un cortejo oficial compuesto por cientos de personas, verdadera serpiente guiada a toda velocidad por el prefecto Lépine y que ha de abrirse camino por instalaciones en parte inacabadas.

El reportero de *Le Gaulois* recuerda un gesto que el prefecto hace al primer dignatario de Francia para recordarle que no hay un minuto que perder: «Si el presidente se detiene para mirar alguna cosa, seguimos aquí mañana». En su precipitación, Loubet está «a punto de chocar» con el busto de su predecesor Casimir-Périer. Al reconocerlo, ¡lo saluda! Gaston Leroux, el creador espiritual de Rouletabille, entrevé al presidente cuando llevan tres cuartas partes de recorrido, cuando está a punto de abandonar la exposición del centenario para dirigirse a la del decenio: «Monsieur Loubet saluda y saluda y da la mano a unos y a otros. Quizá le gustaría pararse un segundo delante

El Parlamento, gaviotas
1903
81 x 92 cm
Donación de Mrs. Vanderbilt Webb, Princeton University Art Museum, Nueva Jersey

de estos venerables lienzos, pero no es posible. Podría creerse que detrás de él se encuentran quinientos amantes de la pintura moderna, que no aguantan que él contemple la antigua. Le meten prisa… Y sigue sonriendo amable, después de haberse metido en las piernas 6 km de pintura y escultura, y diciendo que "lo bueno" es que ya solo le quedan dos».

En este ambiente de apreturas republicanas, guardando las buenas costumbres, Léon Gérôme, portador de la corbata de la Legión de Honor y de cabello blanco, se dirige a la entrada de la sala de los impresionistas, gritando: «Espere, señor presidente, aquí está congregado el deshonor de Francia». Los oídos de la tradición apócrifa son aparentemente más finos que los del reportaje directo o del testimonio coetáneo. En efecto, hemos recorrido en vano la prensa de la época y las obras de los autores que pudieron interrogar a Gérôme, pero la historia anecdótica ha inscrito este incidente en el libro de oro del impresionismo. Registrémoslo para que quede memoria, pero poniéndolo entre interrogantes. Por el contrario, lo que es seguro es que los impresionistas realmente estuvieron presentes. Nadie ha dudado realmente de ello, a pesar de sus protestas contra las ofertas de participación. Aquí no vamos a analizar sus palinodias, sino que nos contentamos con remitir a las cartas de Londres que muestran a Monet en contacto regular con Émile Molinier, uno de los principales organizadores de la exposición del centenario. El resultado es que los impresionistas tradicionales —Degas, Monet, Berthe Morisot, Pissarro, Renoir, Sisley, por limitarnos a aquellos cuya presencia está asegurada— se instalaron en la primera planta del Grand Palais, la sala 17, precedidos de Manet y Bazille, quienes compartieron la sala 16 con Levis Brown, Eva Gonzalès, Fantin-Latour, Legros, Régamey y Ribot.

«Mejor envidiado que compadecido» es un refrán del que los impresionistas hicieron caso omiso. En 1900, algunos partidarios aprovecharon la presencia en la exposición del centenario para lamentar que sus protegidos no gozaban de una representación más importante ni más actual, porque no figuraban en la del decenio pero ¿realmente lo querían? El heraldo de esta tendencia era André Mellerio, quien afirma —en un folleto publicado «bajo la influencia de la primera impresión»— que el lugar reservado a los impresionistas «es tan restringido como incompleto» y se queja de que no se haya organizado para ellos una exposición conjunta «en un entorno específico», siguiendo el ejemplo de Rodin, que presenta en el Pavillon de l'Alma, en Cours-la-Reine, una retrospectiva completa de su obra.

Si se hubiera tomado tiempo para recorrer el catálogo oficial ilustrado, Mellerio habría visto que sus amigos estaban ampliamente representados: Édouard Manet, con tres obras reproducidas, al igual que Chassériau, Daumier, David, Greuze y Puvis de Chavannes. Monet, Renoir, Bazille, con dos obras cada uno, están bien tratados, como Delacroix, el barón Gros y Millet, mientras que los artistas académicos como Baudry, Bouguereau, Breton, Cabanel y Gérôme figuran con una sola obra cada uno. En el catálogo general, Monet está representado con 14 obras, con lo que se encuentra a la cabeza de los impresionistas, por delante de Pissarro, Sisley, Renoir e incluso Manet. Estamos lejos de la mezquina participación que denunció Mellerio. Respondiendo a este último, André Michel, conservador en el Louvre y colaborador de la *Gazette des Beaux-Arts*, y uno de los miembros de la comisión de exposiciones, afirma: «Una amistad imparcial, pero diligente, ha reservado a los impresionistas un bello lugar en la exposición del centenario. Aunque algunos la encuentren insuficiente, no hay realmente motivos de queja».

El microcosmos del nenúfar y el lirio

A lo largo del verano, mientras toda Francia desfila por la Exposición Universal que Émile Zola fotografía desde todos los ángulos, Monet se pregunta si encontrará tiempo para dirigirse a París. Resulta sorprendente el contraste entre el éxito en el Grand Palais y su propia incertidumbre: «Estoy en una fase de desaliento», escribe a Paul Durand-Ruel. «No es buen momento para que usted venga. Aunque desde mi vuelta de Londres no he parado de trabajar, no acabo de terminar nada a mi gusto... He decidido no vender nunca lo que no me parezca más o menos bien... De momento, estoy cansado.» En estas frases se reconoce a Claude Monet tal como es. Incluso aunque parezca que las cosas se arreglan, permanecen la exigencia consigo mismo y la duda: «He trabajado mucho, pero como me vuelvo más lento y más difícil, no he podido hacer lo que quería». Un accidente en un ojo le impide trabajar durante un mes. «Ya se ha pasado, y espero poder volver a trabajar pronto para recuperar el tiempo perdido.»

El trabajo durante la buena temporada de 1900 se desarrolla esencialmente en la propiedad de Giverny: en el huerto, cerca del paseo central del jardín florido, todavía no despojado de sus grandes abetos y sobre todo en el estanque de ninfeas, frente al puente japonés, donde trata dos motivos en tres lienzos cada uno de ellos. El primero, bastante próximo a la interpretación del año anterior, testimonia la preocupación del pintor por no repetir exactamente la misma visión, gracias a un desplazamiento de la pasarela hacia la derecha; como consecuencia de ello, las matas de vegetación que aparecen a la izquierda, en el primer plano, son más grandes. El segundo motivo va más lejos en el desplazamiento ya mencionado, porque a la izquierda, delante de la pasarela aún más alejada, aparece la curva elegante del sendero bordeado de plantas acuáticas. El cielo, casi ausente en la primera serie, está aquí bien visible a la izquierda. Monet

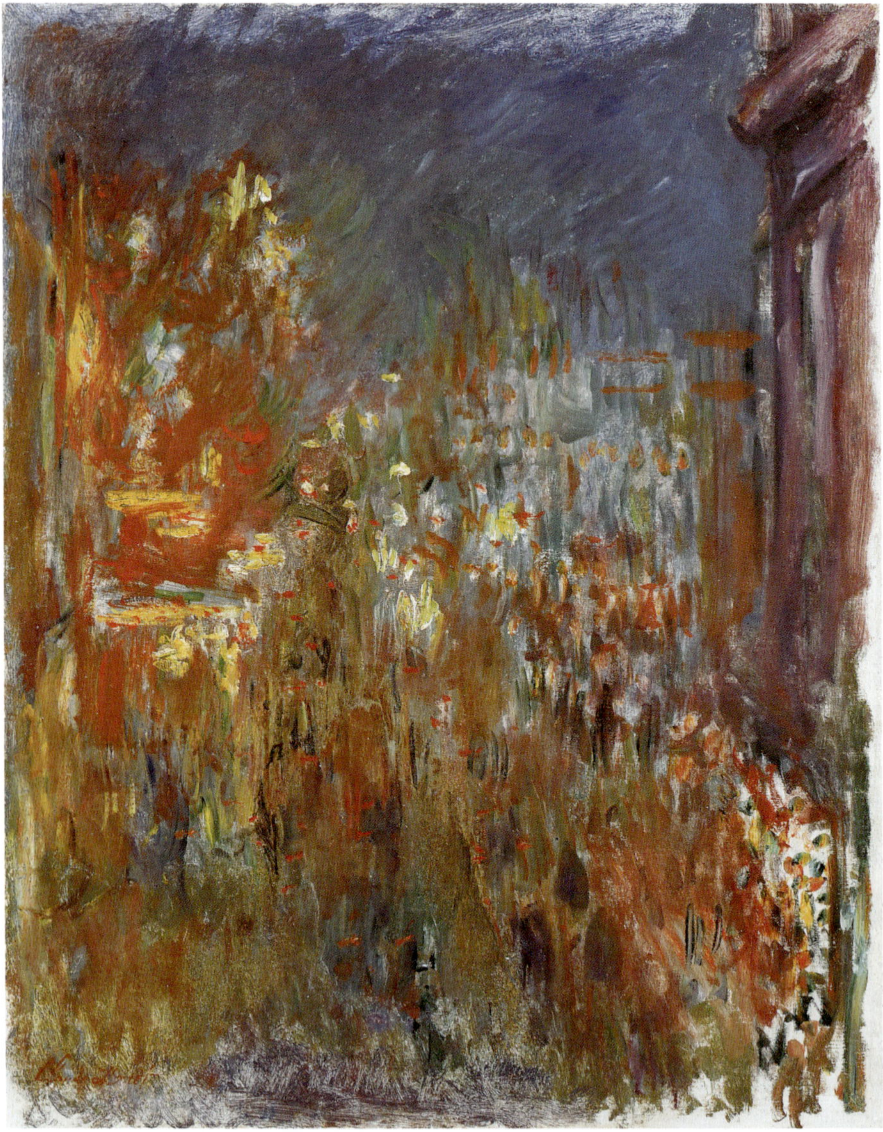

es consciente de esta innovación, pues distingue este segundo grupo introduciendo la palabra *lirios* en los títulos.

En 1900 nadie es realmente consciente de la importancia de los nenúfares y de los lirios, dos emblemas de la Belle Époque, a falta de la necesaria distancia. Más tarde, cuando se esté en condiciones de evaluar todo lo que el artista debe a su tiempo —Monet, ¿pintor testimonio de su tiempo?—, los autores cuidarán mucho de hacerlo, pues preferirán referirse a la paternidad exclusiva de temas que, sin embargo, comparte con toda la sociedad. Por otra parte, después de constatar la aparente contradicción que existe entre los nenúfares que se despliegan en la superficie del agua y los lirios que levantan las lanzas de sus hojas hacia el cielo, Gaston Bachelard escribirá en 1952, en *Verve:* «Si se atreviera, ante una obra de agua de Monet, un filósofo desarrollaría la dialéctica del lirio y la ninfea, la dialéctica de la hoja alzada y de la hoja depositada calmadamente, obedientemente, pesadamente, sobre las aguas. ¿No es esta la dialéctica incluso de la planta acuática? Una quiere surgir, animada por no se sabe qué rebelión contra el elemento vital; la otra, permanece fiel a su elemento... Desde que Claude Monet ha mirado a las ninfeas, las de la Île-de-France son más bellas y más grandes».

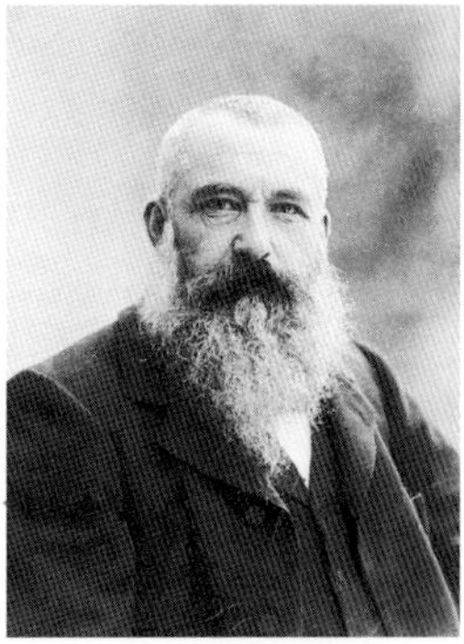

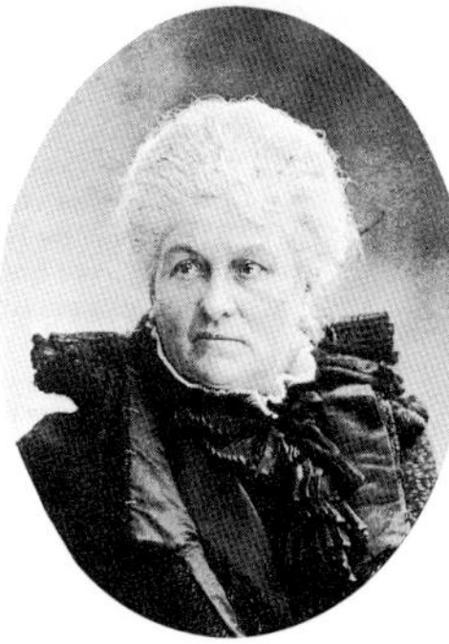

DE ARRIBA ABAJO
Claude Monet fotografiado por Nadar en 1899

Durante la misma sesión, Nadar fotografió también a Alice Monet. Aunque solo tenía 55 años, el dolor por la reciente desaparición de su hija Suzanne Hoschedé-Butler la había hecho envejecer prematuramente

«Un país en el que no se puede terminar de pintar nada»

Después del accidente sufrido en un ojo, que le forzó a interrumpir su actividad, Lucien Guitry anuncia su visita a Giverny en compañía de Anatole France. También se produce una discrepancia breve pero muy viva con Paul Durand-Ruel, con ocasión de la compra de tres lienzos por Rosenberg al precio de 25.000 francos. Por otro lado, con los años se intensifican las relaciones con los hermanos Gaston y Joseph Bernheim-Jeune. Si se añade la adquisición de un automóvil Panhard, estos son, para Monet, los últimos acontecimientos de 1900, un año de consolidación con un total de 213.000 francos en sus libros de cuentas. En los primeros días de 1901, Octave Maus, un amante de la pintura impresionista de Bruselas, puede constatar que no le gusta que se expongan las *Ninfeas,* cuando ya ha anunciado los preparativos de un nuevo viaje a Inglaterra, que iniciará el miércoles 23 de enero. A Londres llega el jueves por la tarde.

Durand-Ruel ha organizado una exposición impresionista en la Hanover Gallery, adonde se dirige Monet el 25 de enero en compañía de Sargent. Encuentra obras de Renoir, de Sisley, de Pissarro y de él mismo, pero la presentación le decepciona: «Como pensaba, el efecto es lamentable. No es bueno darnos a conocer en este país». Mientras espera la llegada de las cajas con las telas que ha decidido volver a tomar o completar sobre el terreno, ensaya pinturas al pastel y se da cuenta de que no solo es un buen ejercicio, sino también una fuente de documentos de los que se podrán beneficiar los óleos. Una vez

Leicester Square de noche
1900-1901
80 x 64 cm
Colección particular

que llegan las cajas, Monet se pone a trabajar, primero únicamente en la ventana del Savoy, donde está trabajando en cuatro lienzos el domingo 3 de febrero y, a partir del día siguiente, también en el St. Thomas Hospital. Vuelve a aplicar el plan diario que ya utilizó el año anterior —por la mañana, en el hotel; por la tarde, en el hospital—, pero con una diferencia: la mañana se limita a un solo motivo, en el momento inmediato es el puente de Waterloo, del que comienza una decena de lienzos al mismo tiempo. La ventaja de este modo de proceder es tener «un menor número de telas que vigilar». Se ignora en qué momento comenzó la torre de Charing Cross.

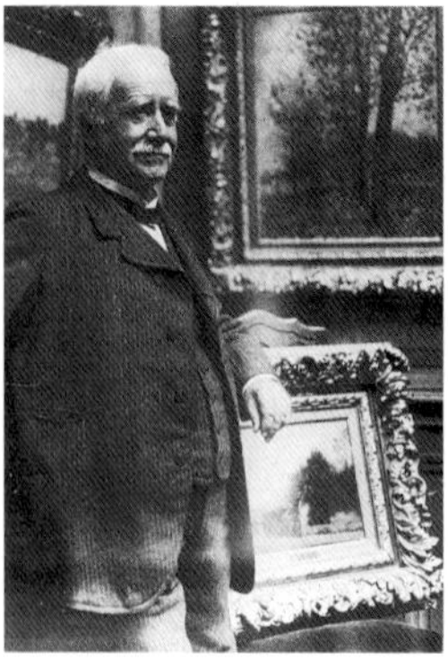

Paul Durand-Ruel
en su galería, c. 1900

A pesar de los días en que consigue un buen rendimiento y de los progresos en la comprensión del tema —es el tercer año consecutivo; lo contrario sorprendería—, Monet acaba por criticar el sistema adoptado desde el año anterior: «Hay que decirlo claramente: trabajar en dos entornos no es bueno. Frecuentemente he de interrumpir una tela que podría terminar en una hora, porque es hora de irme al hospital». Así sucede el 2 de marzo. El domingo 10, su visión de las cosas es aún más pesimista: «Este es un país en el que no se puede terminar de pintar nada; los efectos no vuelven nunca. Debería haber hecho solo bocetos, verdaderas impresiones. Habría podido volverme con ellos y con los dibujos, mientras que he trabajado hasta 20 veces en el mismo lienzo, que he desnaturalizado cada vez para, finalmente, no hacer más que un boceto en unos pocos instantes». Entre los bocetos se puede contar la breve serie de Leicester Square tratada en nocturno (il. pág. 450), hecho excepcional en Monet, con la luces del Empire Theatre. Para realizar estas vistas originales, se dirige al club de Green-Room, situado en la esquina de St. Martin's Street, donde «un tipo horrible» le indica una habitación «del tamaño de la palma de una mano», con una ventana que «tiene una vista soberbia».

En el plano de las relaciones sociales se suceden las cenas en casa de Mrs. Hunter, las reuniones con Moore, que sigue despreciando la política británica, con Sargent en casa del poeta norteamericano Harrison, con Raymond Koechlin en compañía del corresponsal de *Le Figaro*. Un acontecimiento interrumpe la monotonía de la vida cotidiana: los funerales de la reina Victoria, el sábado 2 de febrero, que Monet sigue desde la primera planta de una casa en la que le ha introducido Sargent y donde se encuentra con el escritor norteamericano Henry James. «Habría estado bien haber hecho un boceto.»

Proyecto de ampliación del estanque

Apenas recuperado de las fatigas de su viaje a Inglaterra, Monet no oculta su deseo de recibir la visita de Paul Durand-Ruel, pues en Londres se ha gastado «una locura de dinero» y tiene necesidad de vender. Las negociaciones con su principal cliente ocupan un lugar importan-

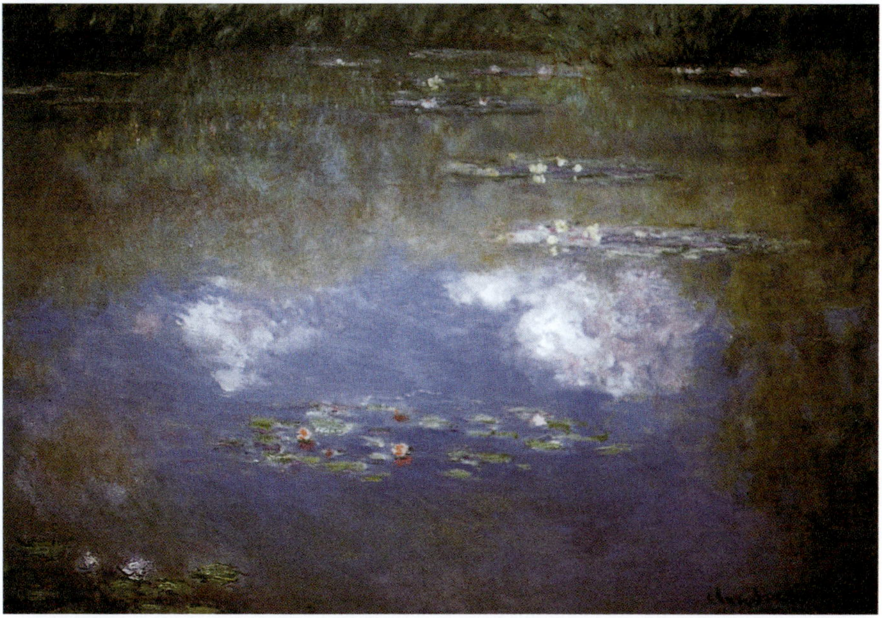

te en la correspondencia de 1901 y permiten estudiar el modo en que consigue elevar su cotización de una forma moderada, pero regular, rechazando que se le considere una «persona de dinero». Las 17 telas que vende a lo largo del año —a Bernheim-Jeune, Stchoukine, Pitet para Julius Oehm y sobre todo Durand-Ruel, quien adquiere doce—, a una media de 7.500 francos, dan un total de 127.500 francos. Aunque es menos que en años procedentes, las rentas siguen siendo confortables, como también lo son las esperanzas puestas en los fondos de que dispone. Se trata de bastantes estudios sin acabar, en particular un gran número de *Londres* y algunos *Jardines*, estos últimos poco favorecidos por las condiciones meteorológicas de la primavera y del otoño, y por la presencia del Panhard, que, inmediatamente adquirido, plantea problemas de «conductor-mecánico», aunque también promete agradables salidas que espera tengan consecuencias positivas para la moral de Alice, que sigue estando muy baja. También el trabajo, como veremos, se beneficia de esta compra.

Las *Ninfeas*, por el contrario, van a sufrir un eclipse debido a una iniciativa de Monet mismo, que se muestra restringido ante su minúsculo estanque. Ha decidido ampliarlo para variar sus efectos. Como lo reducido de su terreno le impide iniciar todo proyecto de ampliación *in situ*, ha de adquirir, al otro lado del Ru, una franja de

Ninfeas, paisaje acuático, nubes
1903
73 x 100 cm
Colección particular

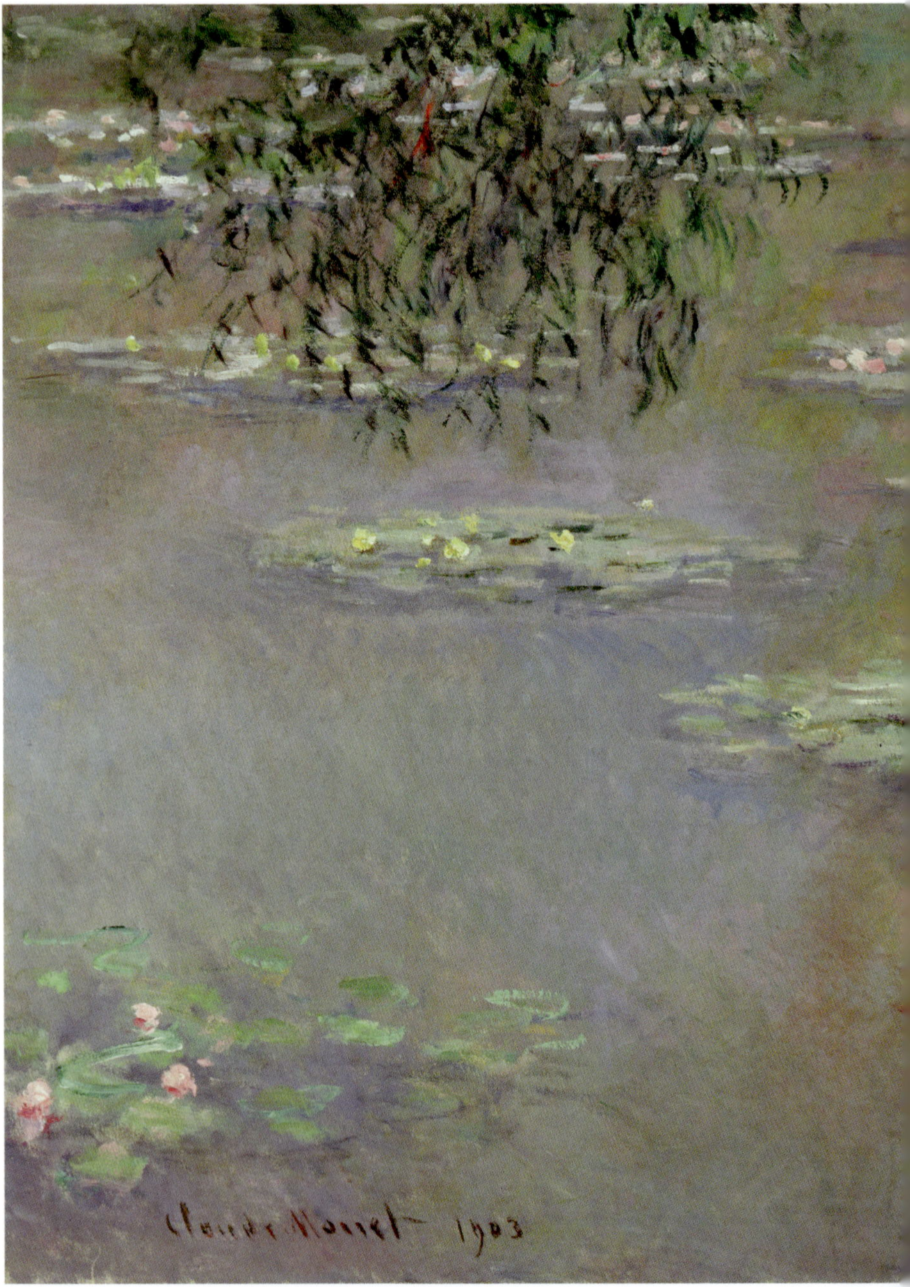
Claude Monet 1903

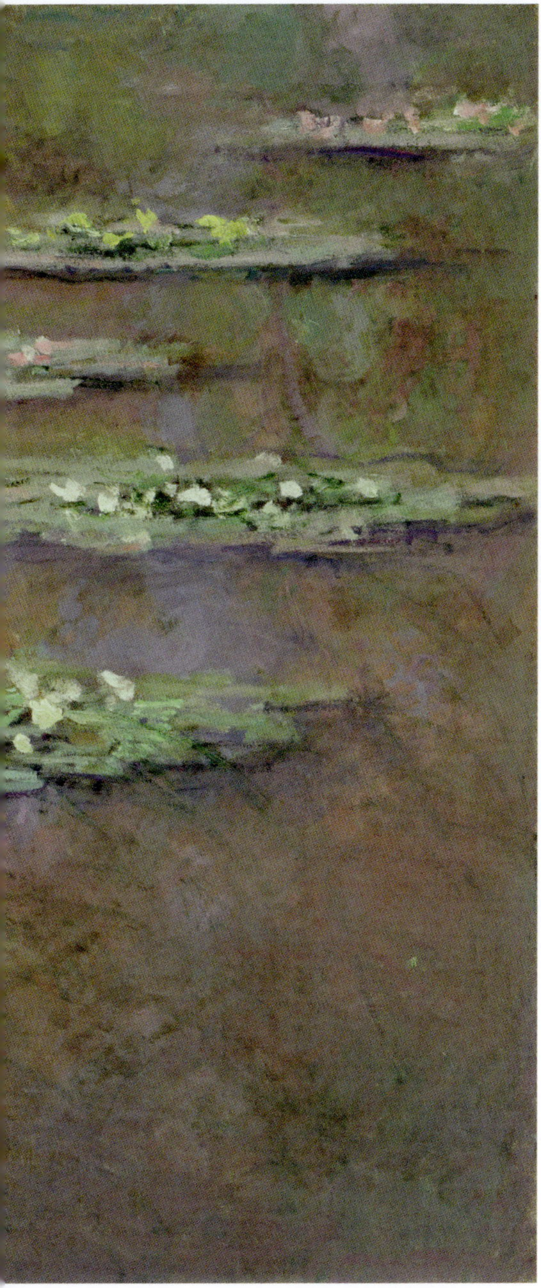

Ninfeas
1903
81 x 100 cm
Dayton Art Institute,
Ohio

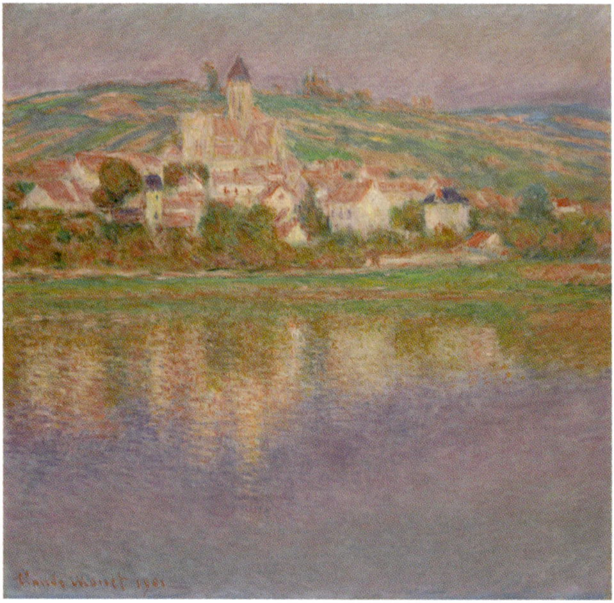

Vétheuil, el pequeño brazo
del Sena
Tarjeta postal, 1900

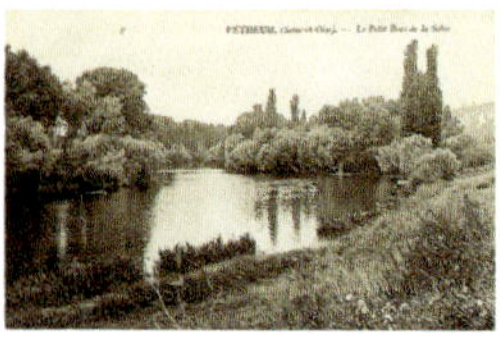

Vétheuil a la puesta del sol
1901
90 x 93 cm
Mr and Mrs Lewis Larned
Coburn Memorial Collection,
The Art Institute of Chicago

terreno paralela a su propiedad. Este prado pertenece a una habitante de Mantes, la viuda Rouzé, que consiente en ceder dicho terreno. La compraventa se celebra el 10 de mayo de 1901 en la notaría de Vernon. En el contrato se trata de «una porción de prado... con una superficie de 39 áreas y 20 centiáreas, que corre a lo largo del pequeño brazo del Epte que se denomina Ru». La nueva parcela se extiende por una extensión de 173,40 m en línea quebrada, con una anchura máxima de 35 m, río arriba; varía después hasta el punto de encuentro con el río. El pago inmediato del precio convenido, 1.200 francos, refleja la prisa febril de Monet. Una cláusula de la escritura de compraventa revela las intenciones del comprador: «Mantenga o cambie el lecho actual del río, monsieur Claude Monet no podrá hacer nada que atente contra los derechos de madame de Rouzé, reservados expresamente». A estos derechos particulares se añaden los de la comunidad. El desplazamiento de un curso de agua, en un país como Francia, no se puede llevar a cabo si no están de acuerdo todos los que tienen tierras en sus riberas. Más que sorprenderse de las formalidades que Monet deberá cumplir, conviene apreciar en su justo valor la forma relativamente rápida en que toda esta empresa llegará a conseguir un resultado altamente positivo.

Despedida de Vétheuil

Cuando Arsène Alexandre le visita a lo largo del verano de 1901, Monet le presenta su propiedad sin hablar de las modificaciones que tiene previstas, o al menos sin autorizarle a referirse a ellas en el artículo que está preparando. El pintor desconfía del periodista después de que, el otoño anterior, este escribió en *Le Figaro:* «Se dice que inundó una parte de su jardín de Giverny, lo sembró de ninfeas y, sobre este estanque improvisado pero florido, hizo tender un puente de líneas japonesas». Más tarde, Alexandre se corrigió, en un artículo que publicó *Le Figaro* el 9 de agosto: «Sobre este estanque corren varias leyendas. Se dice que Monet, un buen día "inundó una parte de su jardín", porque le dio una ventolera, como se dice en el sur, y que "lo sembró de ninfeas". Después, que en la temporada siguiente hizo la serie que se expuso esta última primavera». Hasta aquí el error, ahora expone la verdad: «Hace más de 10 años que existe este estanque. Desde entonces, Monet está trabajando en esa serie, que retoma y vuelve a dejar». En cuanto al pintor, «a veces trabaja en este jardín, dejando que los ojos y la imaginación se embriaguen con los reflejos que juegan, imperceptibles, sobre esta marquetería de grandes flores llenas de regocijo y de metales en fusión. Otras veces, más frecuentemente, trabaja en un gran estudio plantado en medio del marjal florido, como una tienda y como un observatorio».

Sin el testimonio de Alexandre no se sabría que Monet trabajó en el estanque unos días de la primavera y del verano de 1901. Estamos mejor informados sobre la campaña de Vétheuil, última manifestación del intento de volver a las fuentes, como ya hizo primero en Pourville. Ahora, la presencia del automóvil lo facilita. Sin embargo, Monet no se dirige al mismo Vétheuil, donde la tumba de Camille, abandonada en un pequeño cementerio, despierta dolorosos recuerdos. Por Gasny, La Roche-Guyon (unida entonces por un puente a la orilla izquierda) y Moisson, se dirige a Lavacourt. Desde la ribera de Lavacourt y desde el paseo que separa esta última de las casas, se tiene una vista admirable sobre Vétheuil, dominado por la iglesia y por las armónicas líneas de las colinas. ¡Cuántas veces, hace más de 20 años, representó este motivo, desde los más diferentes ángulos! Hoy ya no se trata de desplazar sin cesar el caballete. Es suficiente un solo punto de vista. La variedad, si es que subsiste, proviene únicamente de la diferencia de efectos de la atmósfera y de la claridad.

El emplazamiento elegido por Monet en 1901 se ha revelado examinando los cuadros. Para un observador que da la espalda al río, se encuentra un poco a la izquierda del albergue «Au Rendez-vous des canotiers», exactamente a la altura de un pabellón que se caracterizaba por su fachada de enlucido ocre y de entramado de falsa madera. Los testimonios recogidos sobre el lugar permiten reconocer también una estrecha relación entre la campaña de Monet en Lavacourt y la propietaria de este pabellón, madame de Chambry. Monet, quien probablemente conoció a madame de Chambry durante su larga estancia en Vétheuil, entre 1878 y 1881, encontró una acogida muy buena. A pesar de percibir una módica renta de viudez, de 2.000 francos anuales, esta gran señora regalará un broche a Germaine Hoschedé. Monet, en efecto, no viaja solo a Lavacourt. Jean-Pierre Hoschedé recordará con emoción esos viajes en el automóvil aún nuevo: «Generalmente, yo hacía de conductor. Mi madre y mi hermana Germaine —que todavía no se había casado— tomaban también parte en este agradable paseo. Algunas veces se nos unía mademoiselle Sisley, quien, desde la muerte de su padre, estaba frecuentemente en casa». A veces, un joven pintor, Abel Lauvray, cuyo hermano pintó Monet en aquel entonces en Vétheuil, atraviesa el Sena para mirar tímidamente cómo trabaja Monet y, con más atrevimiento, para hablar con la amable Germaine, pero esta lo rechaza, como ya hizo con Pierre Sisley.

Si todos los testimonios indican que fue el chalé de madame de Chambry donde Monet realizó la serie de sus *Vétheuil* (il. pág. 456), hay algunas divergencias en cuanto al punto exacto donde se coloca: ¿sobre la orilla, delante de la casa? ¿En el balcón de la planta baja o en el de la primera planta? Un examen atento de los cuadros revela que este punto es único y que se corresponde, con toda probabilidad, con el balcón de la primera planta. Este examen permite, asimismo, saber en qué momento del día trabajó el pintor: la tarde, como indica también Jean-Pierre Hoschedé, ocasional conductor, y mejor situado que nadie para recordar esas excursiones que entonces suponían pequeñas aventuras. En cuanto a la duración de la campaña, habla el propio Monet: «He emprendido una serie de *Vistas de Vétheuil*, que pensaba poder realizar rápidamente y que me ha tomado todo el verano, de manera que las otras cosas se han quedado a medio hacer». Si se añade al verano el comienzo del otoño, época en que estas líneas se dirigen a Paul Durand-Ruel, se reconocerá que los placeres rústicos de Lavacourt han supuesto un descanso mayor para sus acompañantes que para un hombre que comienza a envejecer y que escruta una última vez los juegos de la luz sobre la iglesia del pueblo de Vétheuil, donde ha dejado bastante de sí mismo y que le ha dado más aún.

Preocupaciones familiares

A comienzos de 1902, mientras una exposición particular reúne 38 lienzos de Monet en la galería Durand-Ruel de Nueva York, en el jardín de Giverny se desarrollan los trabajos de derivación del Ru y de ampliación del estanque. Si el frío que reina en Giverny hacia mediados de febrero no entorpece seriamente las maniobras de movimientos de tierra, al menos supone un considerable obstáculo para las plantaciones destinadas a cubrir de ninfeas la superficie del agua ganada a la tierra y a ornar de plantas acuáticas y de arbustos los márgenes, en su nuevo trazado. Al mejorar las condiciones meteorológicas, se hace indispensable la presencia del pintor, lo que en principio le contraría, pero también le servirá de pretexto para no alejarse demasiado tiempo de Giverny. Además ha dejado que su mujer viaje sola a Saint-Servan, población cercana a Saint-Malo, para cuidar a Jacques, el primogénito de los Hoschedé, afectado de fiebres tifoideas. Esta separación, en circunstancias adversas, ofrece al menos la ventaja de habernos trasmitido algo excepcional: una serie de cartas escritas por Monet y dirigidas a su esposa desde Giverny.

En ausencia de Alice, el círculo familiar se ha enriquecido con la presencia de Anna Bergman, la hijastra del enfermo, que Jean-Pierre ha traído de Bretaña para evitar un contagio. Monet intenta distraerla

Ninfeas
1904
95 x 89 cm
Musée des Beaux-Arts,
Le Havre

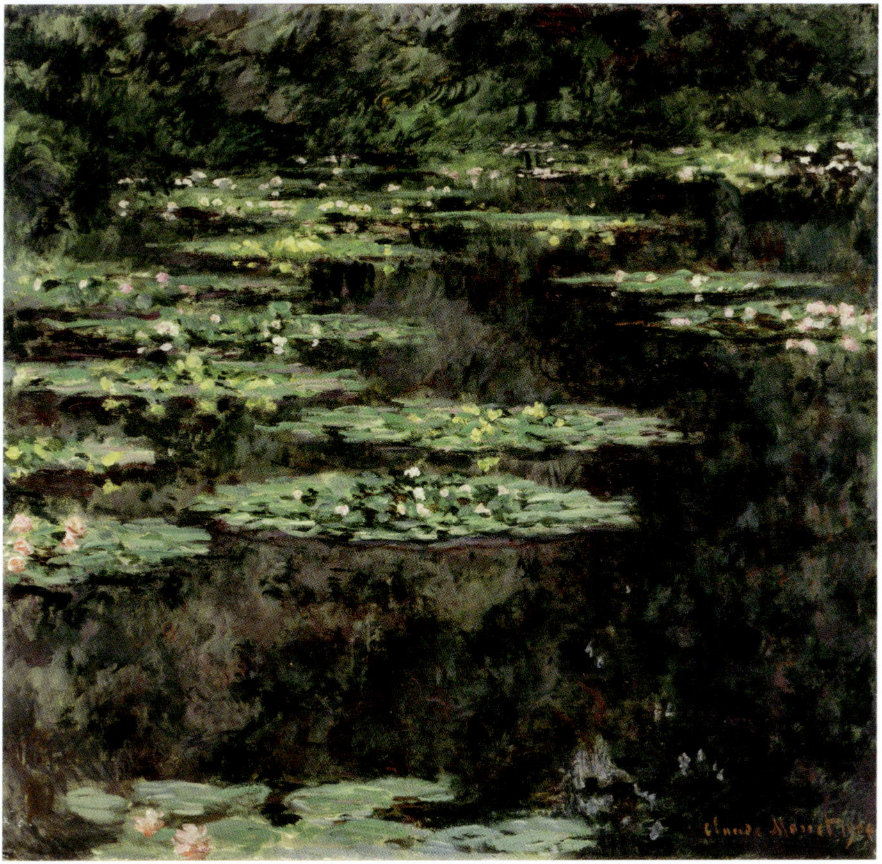

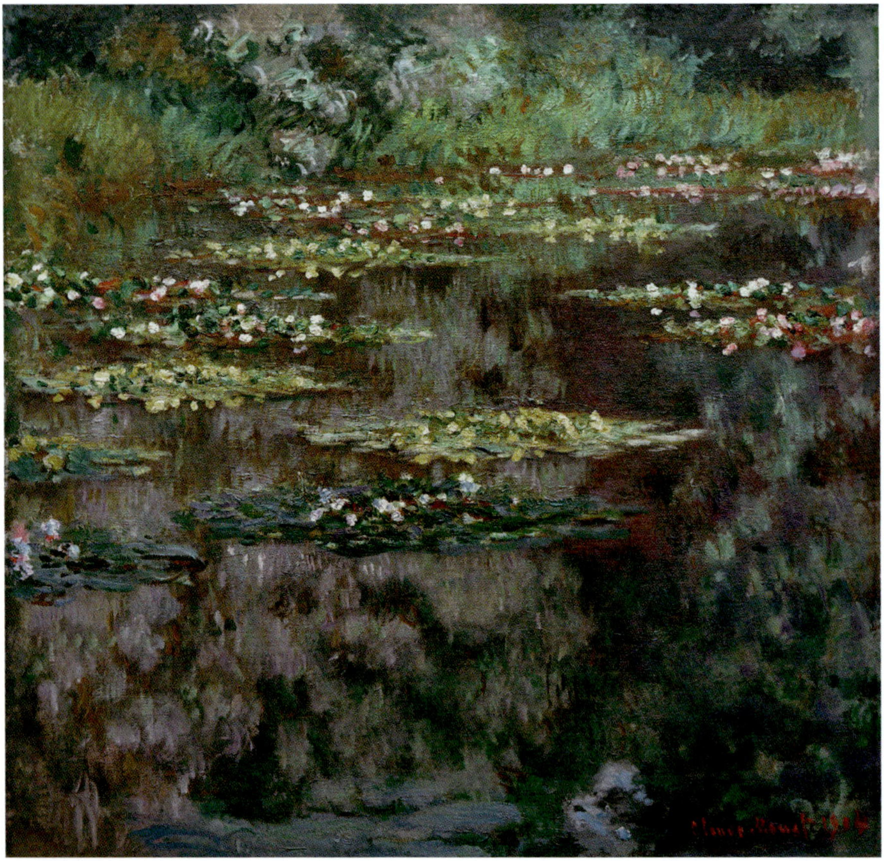

Ninfeas
1904
88 x 91 cm
Fondos procedentes del legado de Helen Dill, The Denver Art Museum, Colorado

lo mejor que puede, ayudado por Jean y Blanche, quienes acogen a la joven noruega durante una semana en su casa de Ruán. El matrimonio Butler, privado momentáneamente de servicio doméstico, almuerza y cena en «Pressoir», una distracción agradable para el señor de la casa, pero al mismo tiempo una fuente de tensiones, pues Michael y Jean-Pierre también están allí. Por estos motivos, el pintor se ve solicitado más que nunca por sus deberes de padre y de abuelo. Sus ataques de cólera son temidos por todos. Sin embargo, él tiembla en su fuero interior pensando que en cualquier momento puede producirse un incidente. Por otro lado, no descuida su papel de marido ejemplar, preocupado por no contrariar de ninguna manera a la mujer temida, pero siempre querida.

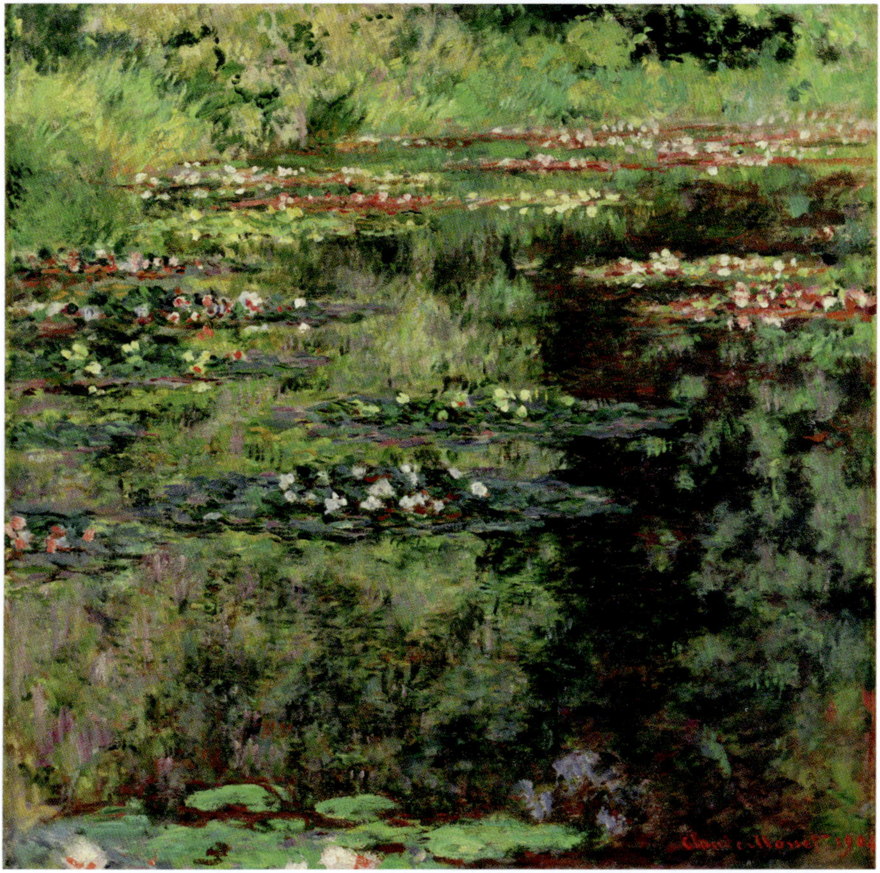

La marcha de Germaine, quien suele ayudar a su madre en las tareas domésticas, no facilita las cosas. La más joven de las hijas Hoschedé se encuentra en Cagnes-sur-Mer, invitada por la familia Deconchy a su propiedad de La Bégude. Al anuncio simultáneo de la enfermedad de Jacques y de la partida de Alice a Saint-Servan, su primer movimiento ha sido el de volver a Giverny. Sin embargo, como poco después recibe noticias tranquilizantes, puede continuar en Cagnes, tanto más cuanto que acaba de conocer allí a un joven abogado, Albert Salerou, que ha conquistado su corazón. La familia Deconchy hace todo lo posible para que su invitada permanezca más tiempo allí, intentando provocar así la venida de sus padres. Pero Monet teme emprender un desplazamiento tan largo en automóvil,

Ninfeas
1904
90 x 92 cm
Colección particular

sobre todo porque le espera el viaje a Saint-Servan, del que no podrá escapar. Germaine encontrará un compañero de viaje hasta París, donde su padrastro la recogerá, para llevarla a Giverny. Estos viajes no tendrían más interés si Ferdinand Deconchy, el anfitrión de Germaine en Cagnes, no fuera el cuñado del arquitecto Louis Bonnier, quien desempeñará un papel destacado en la carrera de Monet, pues será el encargado de elaborar los primeros proyectos para un local destinado a albergar las *Grandes Decoraciones.*

Mientras en Giverny se producen estos movimientos, en la galería Bernheim-Jeune, en el número 8 de la rue Laffitte de París, se organiza la exposición «Obras recientes de Camille Pissarro y una nueva serie de Claude Monet (Vétheuil)». El catálogo solo presenta

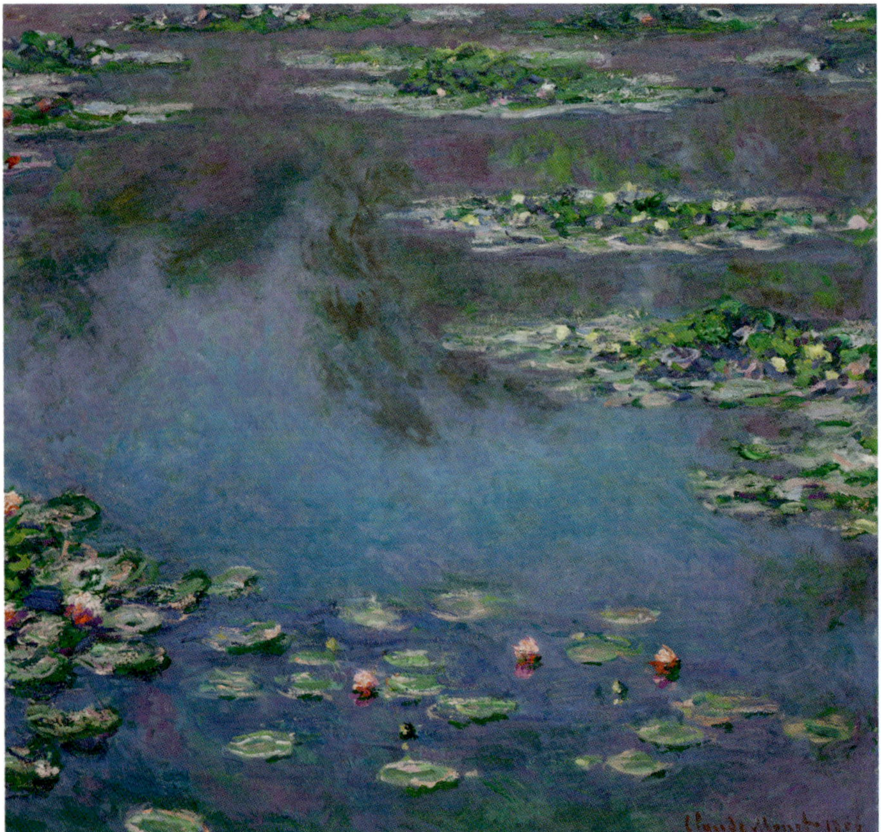

Ninfeas
1906
90 x 94 cm
The Art Institute of Chicago

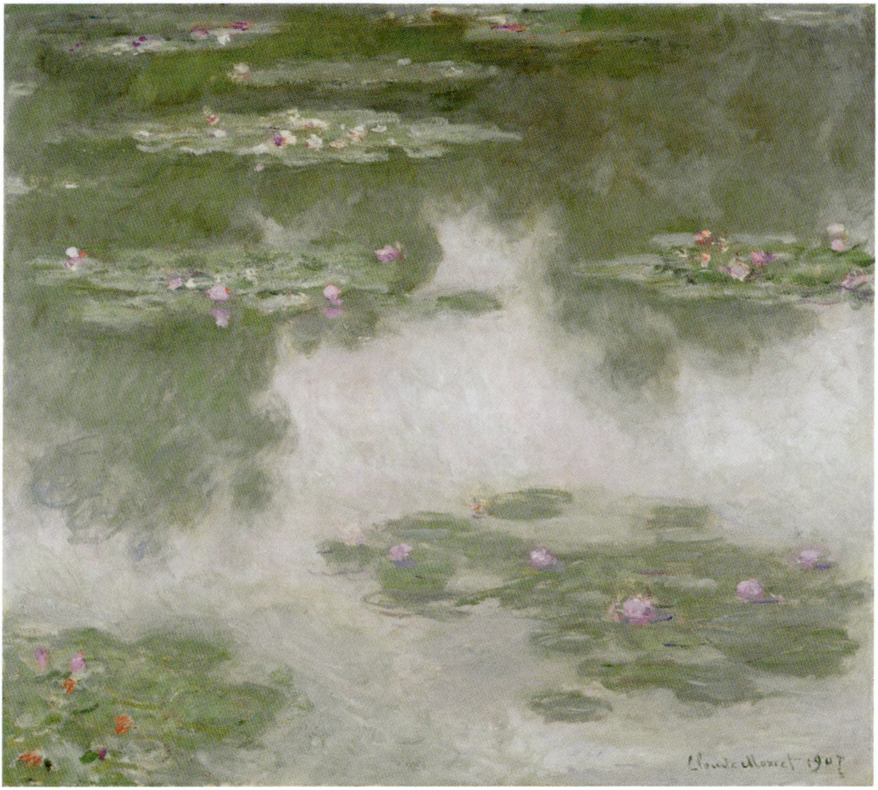

seis números de esta serie, pero los artículos publicados en la prensa permiten afirmar que los visitantes vieron alrededor del doble, pues las condiciones de la exposición no fueron tan «deplorables, en salas mal iluminadas» como se lamenta Paul Durand-Ruel en una carta a Monet. Autorizado por este último a indicarlo a los organizadores, el marchante suaviza el tono teniendo en cuenta circunstancias atenuantes: «Es preferible no decir nada a Bernheim. No son malévolos y, de los marchantes, se encuentran entre aquellos con los que más se puede contar. Su local no es bueno para exposiciones, pero no es culpa suya. Son todavía muy jóvenes y no saben que es necesario esperar los desprecios del público, incluso de los que se creen ilustrados».

Considerando el año 1902 en su conjunto, se puede resumir que los acontecimientos referentes a la vida y la carrera de Monet se sitúan

Ninfeas
1907
81 x 92 cm
Legado de Anne Parrish Titzell, 1957.622, Wadsworth Atheneum Museum of Art, Hartford, Connecticut

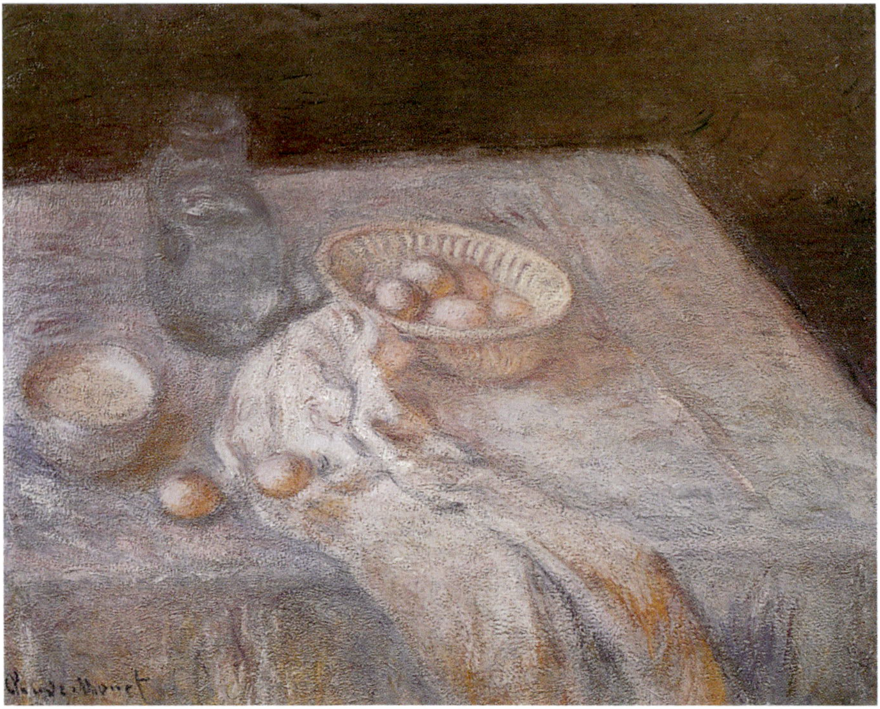

Naturaleza muerta con huevos
1907
73 x 92 cm
Colección particular

en al menos cuatro planos: el primero y primordial, el de su trabajo. El segundo, que condiciona al primero y a veces se muestra contrario a este, está marcado por sus relaciones con su doble familia. El tercero es el conjunto de relaciones sociales en Giverny y otros lugares, sobre todo París, con amigos, periodistas, clientes y, muy en particular, con Paul Durand-Ruel, comprador y consejero a la vez. Y el cuarto plano, menos evidente que los otros tres, pero no menos importante, está constituido por el lento crecimiento de su popularidad y, por tanto, de su valor, en Francia y en el mundo.

«Verá lo que he hecho… o al menos lo que no he podido hacer»

Después de los retrasos causados por los trabajos en el Ru y en el estanque, la pintura reclama sus derechos a lo largo del verano. En agosto, Monet se declara «absorbido por el trabajo» y «bastante contento» con los resultados, aunque, contrariado por el tiempo, tiene «bastante dificultad para terminar los cuadros». Se trata ciertamente del trabajo al aire libre y, muy probablemente, en el jardín florido, mientras espera que las ninfeas crezcan.

Octubre le encuentra menos satisfecho de lo que habría cabido esperar y, aunque piensa que se encuentra «por fin, relativamente en calma», esta afirmación quizá intenta hacerle olvidar el tiempo que ha perdido en los preparativos de la boda de Germaine. Invita a Durand-Ruel a que venga a ver lo que ha hecho, o al menos lo que no ha podido hacer. El asesor, experimentado, reconforta al pintor: «Entiendo que, con su naturaleza, no pudiera ponerse a trabajar seriamente en este momento pero estoy seguro de que este invierno recuperará el tiempo perdido». El envío de un cheque de 20.000 francos, seguido de otro de 10.000 antes de fin de año, al menos le librará de preocupaciones materiales.

Los amigos y los periodistas parisinos, según los documentos conservados, parecen haberse olvidado un poco de Monet. Tampoco acuden ya marchantes. Sin embargo, este hecho no sorprende, pues es un artista que, sin la necesidad urgente de vender, puede contentarse con cerrar en su momento un pequeño número de negocios sobre varios cuadros. Así, los hermanos Bernheim-Jeune compran seis *Vétheuil* por 48.000 francos, Boussod y Valadon, dos *Vétheuil* por 16.000, Durand-Ruel, dos *Vétheuil* por la misma suma y dos *Catedrales de Ruán* por 25.000. El total del año, 105.000 francos, más las rentas, que ya son importantes, le permitirá escribir en los libros de cuentas, para el año 1903, «ninguna venta», sin muestra de inquietud.

Los 10 lienzos de *Vétheuil* vendidos en 1902, a 8.000 francos cada uno, y dos *Catedrales* negociadas a 12.500 cada una, muestran que si bien ha logrado mantener el rumbo, los progresos no son todavía tan extraordinarios, pues inicialmente Monet quiso vender sus *Catedrales* a 15.000 francos, una cifra que nunca llegó a conseguir. Los progresos conseguidos en las exposiciones son más claros. A lo largo de 1902, se pueden ver obras de Monet no solo en Nueva York y París, sino también en Boston, Bruselas, Mulhouse, Karlsruhe, Edimburgo, Praga, Pittsburgh, El Havre, Dresde y Berlín. Excepto en París y Nueva York, se trata de un pequeño número de lienzos, que se presentan en exposiciones de carácter general, pero, para darse a conocer, es importante participar en ellas. Sobre todo en Alemania se le dispensa una buena acogida, en gran parte gracias a Paul Cassirer, corresponsal de la casa Durand-Ruel para toda Alemania, que defiende valientemente la pintura impresionista francesa contra las vivas resistencias de la Alemania guillermina.

«Estudios e intentos que darán fruto»

El contraste es total, en 1903, entre las apariencias y la realidad, entre los dolorosos esfuerzos de Monet delante de sus *Londres,* en los que trabaja encarnizadamente sin conseguir terminarlos satisfactoriamente,

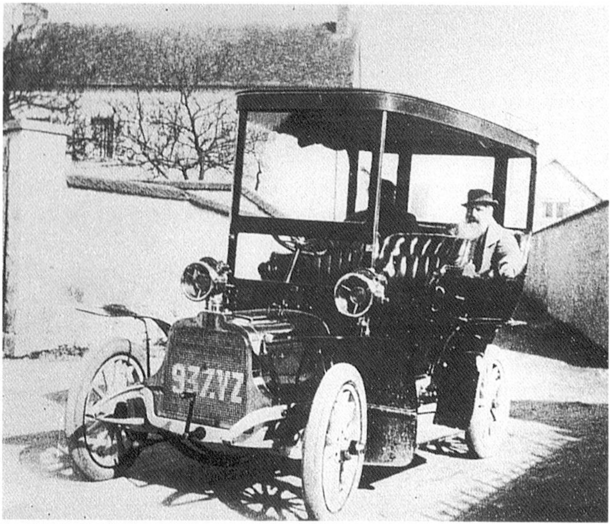

Claude Monet en su automóvil, sin duda el Panhard-Levassor comprado en diciembre de 1900

y una corta serie de *Ninfeas* (il. págs. 453, 454/455), que termina con un éxito cuyo reflejo se busca en vano en la correspondencia conservada. «El trabajo no va bien —confía a Rodin—. La duda y el desaliento se apoderan de mí.» En los momentos de abandono llega a decir: «Creí que algún día conseguiría hacer alguna cosa bien. Ahora, lo que he hecho me parece muy poca cosa, y me faltan las fuerzas para llevar a cabo lo que me haría progresar». Merece respeto oírle hablar de progresar cuando ha cumplido ya los 60 años, pero lo más sorprendente es que lo conseguirá, y de una manera más notoria de lo que cabría haber esperado.

En el momento inmediato, es presa de dudas, dudas que con nadie puede compartir mejor que con Auguste Rodin, con quien se siente íntimamente ligado por la fraternidad de los genios, aunque sus opiniones difieran en relación con ciertas posturas filosóficas. Así, cuando oye a Théodore Duret que Constantin Meunier, el escultor de los mineros, ha recibido el encargo de hacer el monumento al autor de *Germinal*, no esconde lo que piensa de una elección que considera guiada por consideraciones de partido: «Lo primero que he de decirle es que lamento profundamente que el monumento a Zola no se le haya encargado a Rodin, pues se trataba de una cuestión de arte, de un homenaje a un gran escultor y a un gran hombre. No debe convertirse en una cuestión política». Bella y valiente lección que da aquí este espíritu independiente a los sectarios, en un momento en que el sectarismo se halla en su apogeo.

Cuando, a comienzos de febrero, se dirige a la galería Durand-Ruel, Monet asiente imprudentemente a que sus *Londres* se expongan en mayo, animado sin duda por los ecos favorables que llegan desde Estados Unidos y la Secesión de Viena, donde figura con ocho obras antiguas. Mientras sueña con un cambio que le permitiría volver a estar en posesión de *Los pavos* (il. pág. 153), recuerdo de los bellos días de Montgeron, se consagra más intensamente que nunca a las vistas del Támesis, que bloquea en su estudio. Se niega a separarse de ellas para tenerlas «siempre a la vista». Sin embargo, se siente insatisfecho e inquieto. Ni siquiera su participación en la exposición «Obras de la escuela impresionista» en la galería Bernheim-Jeune es capaz de invertir la tendencia. En una carta escrita en un momento de desconsuelo, informa a Durand-Ruel, el 10 de mayo de 1903, que ha decidido abandonar *sine die* su trabajo en los *Londres* y ofrece reembolsar los adelantos al marchante. Hará un último intento al natural cuando vuelva el buen tiempo, lo que le servirá de prueba. «Voy a ver si aún estoy en condiciones de hacer alguna cosa.» Caballerosamente como siempre, Paul Durand-Ruel responde que no le ha sorprendido demasiado, pues no había contado inmediatamente con esas telas. Monet no debe reembolsar nada; ya encontrará algunos cuadros para cubrir las cantidades adelantadas. De hecho, ni los libros del marchante ni la contabilidad de Monet registran transacción alguna durante el año. Sin embargo, Durand-Ruel debió de

Sylvain Besnard, el «conductor del automóvil» de Claude Monet, su chófer permanente, c. 1900

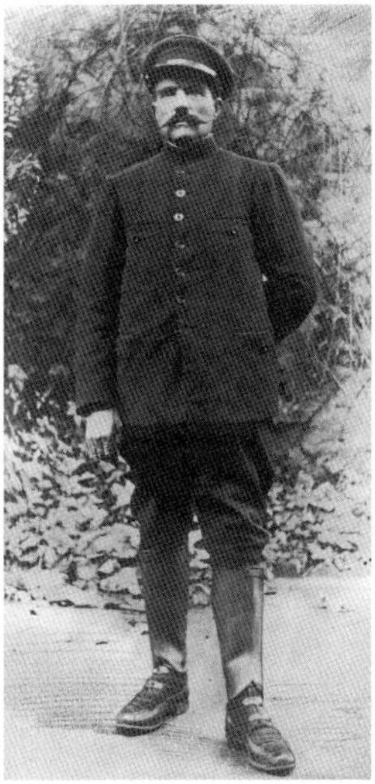

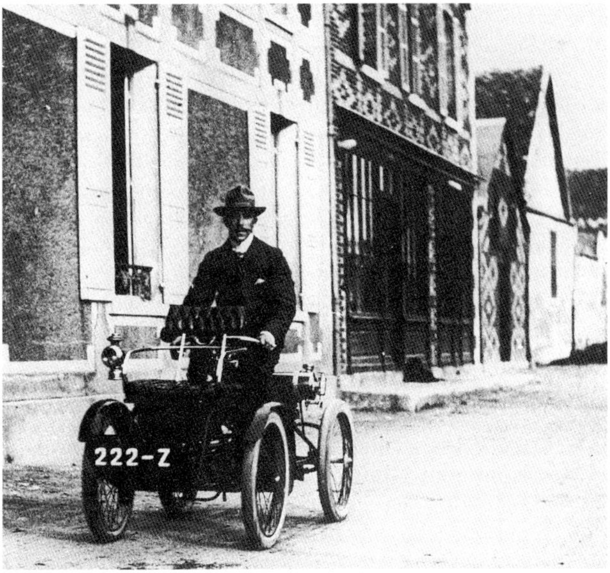

Mientras rueda en cuadriciclo por la arteria principal de Giverny, Michel Monet no puede prever que, algún día, esta calle llevará el nombre de su padre, c. 1900

viajar en junio a Giverny, invitado por el pintor, quien le ruega que no venga en domingo, pues es el día reservado a salir en automóvil. Como se ve, el Panhard ha pasado a ocupar un lugar fijo en la existencia de Monet pero, para evitar que le distraiga demasiado en el trabajo de la semana, reserva su uso a los días de descanso. «El conductor del automóvil», Sylvain Besnard, se convierte en un personaje tan importante que la autoridad militar le dispensa de acudir a unas maniobras de 13 días en Evreux, en condición de reservista, por considerarlo un «sostén de la familia».

El silencio es casi total durante el verano, mientras trabaja al aire libre, en el nuevo estanque, de superficie mucho mayor, recubierto de islotes de ninfeas y que le permite prescindir del puente japonés. En noviembre escribirá: «Trabajé en firme durante todo el verano, entre los numerosos aguaceros pero solo han sido estudios e intentos que darán su fruto, pienso». Sin prejuzgar las futuras cosechas, estos estudios apuntan en diferentes direcciones. Mientras que ciertos cuadros (il. pág. 453) se mantienen relativamente fieles a la manera tradicional del paisaje impresionista con una vista de la orilla opuesta del estanque, más allá del campo de las ninfeas, otro (il. págs. 454/455) recuerda sencillamente la orilla con el reflejo de los árboles, representados con cierto realismo. Otros eliminan deliberadamente la orilla opuesta gracias a un encuadre atrevido, mientras que un fino velo de sauces llorones insinúa la presencia de la orilla sobre la que está pintando Monet. Finalmente, otros conocen únicamente el tapiz florido por los grandes nenúfares. Así, con la representación simultánea de los islotes de flores y los reflejos del cielo, nubes y vegetación, están fijados los temas esenciales de las *Ninfeas* ya desde 1903.

Mientras que en el verano el trabajo se ve obstaculizado por un «tiempo horrible», a comienzos de noviembre Monet se queja de la intranquilidad causada por el parto de Germaine y por el próximo matrimonio de Jean-Pierre, dos acontecimientos que, al margen de los domicilios de unos y otros, se desarrollan en Giverny, un refugio para la familia Hoschedé. Como se ha pedido a Paul Nadar que haga los retratos de Jean-Pierre y su prometida, Monet esboza su opinión en materia de reproducción fotográfica: «He oído decir que… les ha pedido vestiduras…¿qué se yo? Ruego que los fotografíe de la manera más sencilla posible, tal como son… Lo que le digo es solamente para mostrarle mi predilección por los retratos de completa simplicidad, sin aderezo alguno». Es el ideal naturalista aplicado al retrato humano, lejos de las florituras del estilo moderno, al que sin embargo la pintura de Monet se revela cada vez menos extraña, ante una naturaleza artificialmente arreglada.

En la noche del sábado al domingo 10 de enero de 1904, fallece en su hotel parisino, en el 65 del boulevard de Clichy, Léon Gérôme, uno de los más ilustres detractores del impresionismo. Lo hemos

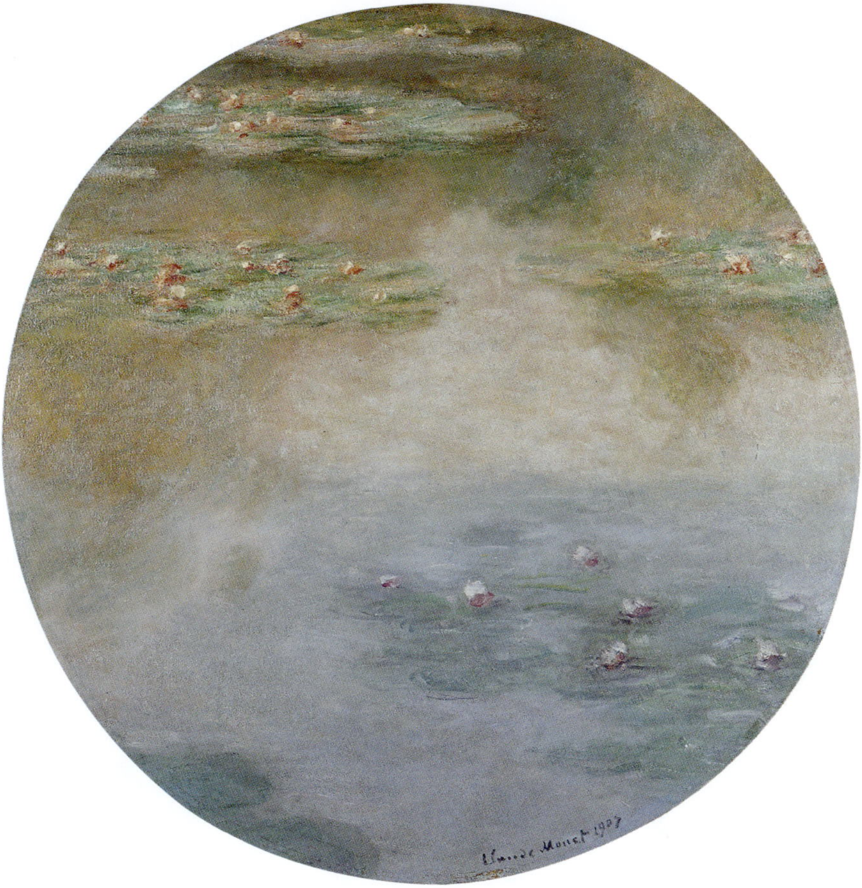

encontrado en varias ocasiones en la vida de Monet y hemos podido adivinar lo que había de trágico en el destino de este resuelto defensor del academicismo, quien vio nacer y crecer bajo sus ojos un universo artístico nuevo que volvía la espalda a su obra.

Ninfeas
1907
Diámetro (tondo) 81 cm
Musée d'Art et d'Industrie, Saint-Étienne

¿Admiración espontánea?

Por una extraña coincidencia, la muerte de Gérôme precede en pocos días al mayor triunfo que ha conocido Monet desde los comienzos de su carrera: la exposición de *Vistas del Támesis* organizada en la galería Durand-Ruel en mayo-junio de 1904. A finales del año preceden-

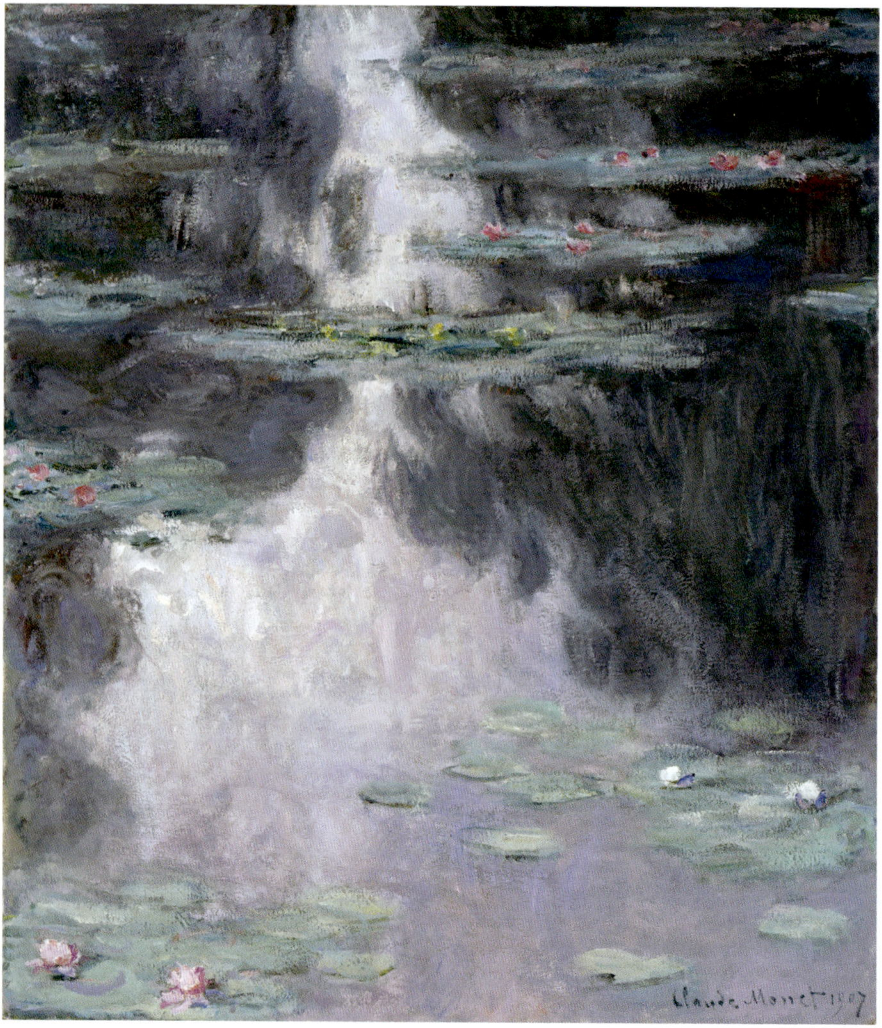
Claude Monet 1907

te había expresado su intención de volver a trabajar en sus telas de Londres, en el estudio, como todos saben pero como tantas personas se obstinan en negar durante tanto tiempo. Así, René-Albert Fleury escribió: «No tiene estudio o no tiene necesidad de él... Claude Monet no trabaja nunca de memoria». Esta última afirmación, sola, es exacta, con los límites que implica y que se refieren a la memoria visual. El pintor ha rechazado ceder «un solo lienzo de Londres, porque, para el trabajo que hago, me es indispensable tenerlos todos a la vista». El 16 de febrero garabatea unas líneas dirigidas a Durand-Ruel: «A toda prisa, pues estoy absorbido por el trabajo». Su marchante deduce con razón que pronto podrá mostrar las «bellas vistas del Támesis», lo que confirmará Monet a finales de mes.

Mientras da los últimos toques a tres docenas de cuadros que ha decidido exponer, le preocupa un nuevo problema surgido en el círculo familiar. Se trata de un oscuro asunto relacionado con un expediente secreto en el que se ve implicado Jacques Hoschedé. Monet se dirigirá varias veces en persona a Georges Clemenceau para que interceda por él. Las relaciones del mundo político tienen decididamente su utilidad, sobre todo a este nivel, pero prohíben que el solicitante se quede encerrado en su torre de marfil. Monet aprovecha una tómbola organizada en favor de los heridos rusos de la guerra contra Japón para atraer la atención de su protector donando un cuadro. Este gesto, excepcional en un hombre tan poco dado a hacer regalos, le muestra por otro lado como un hombre de su tiempo, seducido como sus contemporáneos por la famosa alianza rusa, que tiene ya 10 años de antigüedad y que seguirá desempeñando un importante papel durante otros 10. Paralelamente se ha celebrado la denominada «Entente Cordiale» con Inglaterra el 8 de abril de 1904. La publicación, en marzo del mismo año, de *Impressionist Painting,* obra de Wynford Dewhurst dedicada a Claude Monet, se sitúa en la óptica de un acercamiento cultural, pero igualmente político, del que se va a beneficiar la exposición de sus *Londres.*

Cuando las primeras cajas de telas están saliendo de Giverny a París, Durand-Ruel plantea la cuestión del título que ha de darse a la exposición: ¿«Londres» o «Támesis»? La respuesta viene dada a la mañana siguiente en el modelo de invitación que Monet le envía y en el que las dos denominaciones se encuentran hábilmente conciliadas: «Vistas del Támesis de Londres, 1900 a 1904». La «bella barba blanca» y «sonrisa afable» de Monet reciben también todo tipo de cumplidos. El 10 de mayo, al día siguiente de la apertura de las salas al público, Durand-Ruel puede anunciar a Havemeyer el «enorme éxito» de la exposición. El mismo día, Georges Niel, que firma con el pseudónimo de Furetières su crónica en *Le Soleil,* escribe: «De las dos a las cinco se dirigen carruajes y automóviles, desde los Campos Elíseos hasta la rue Laffitte. Claude Monet hace la competencia al Salón, con el que está enemistado».

Ninfeas
1907
92 x 81 cm
The Museum of Fine Arts, Houston

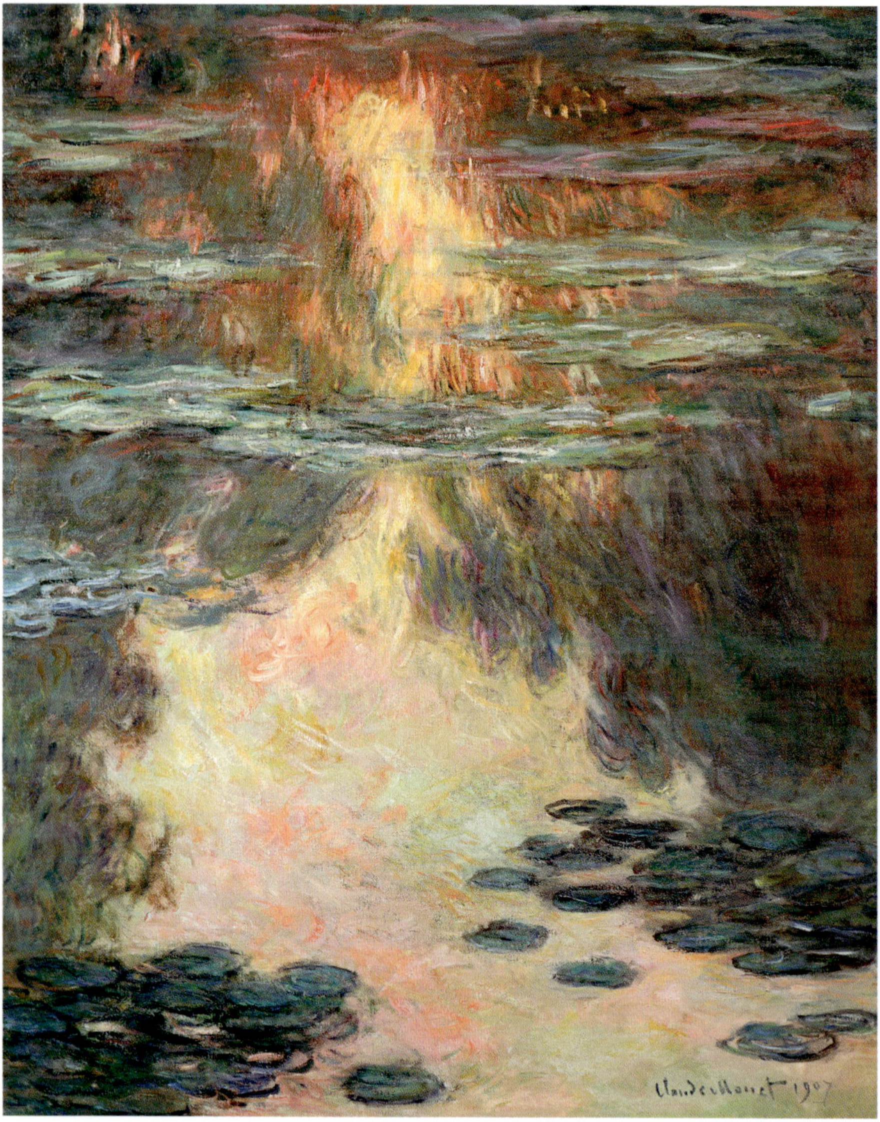
Claude Monet 1907

Encararse él solo con el Salón es decididamente para Monet la gran consagración, que nadie sueña en contestar pero que también despertará ciertos tonos disonantes en sus más feroces partidarios. El principal responsable de su éxito es, sin duda, Octave Mirbeau, cuyo prefacio al catálogo, reproducido el 8 de mayo en la reciente *Humanité* de Jean Jaurès, comienza con un ataque en toda regla contra los críticos de arte, y más particularmente contra Camille Mauclair y Charles Morice —los dos, del *Mercure de France*—, a quienes menciona nominalmente y a quienes lanza puyas por haber hablado mal, el primero hace tiempo, el segundo «muy recientemente», de Pissarro, desaparecido a finales del año anterior. Hay algo desagradable en el reproche que hace a los vivos de no haber ensalzado suficientemente a un muerto. Pero el autor de *L'Abbé Jules* no se turba con estas sutilezas. Una vez que ha puesto en la picota a los malvados, puede dar sus sempiternos «gritos de admiración» —el término es suyo— delante de los *Londres,* convencido de que nadie se atreverá a oponerse.

«Solo sirvo para pintar y trabajar en el jardín»

El éxito de la exposición «Vistas del Támesis de Londres», en la primavera de 1904, al que seguirá un año más tarde el triunfo de la pintura de Monet en la capital del Reino Unido, marca un hito importante en la carrera del artista, quien se encontrará a partir de ahora en el foco de la actualidad. La consecuencia de esta situación es un número de entrevistas y de crónicas que crece sin cesar y que jalonan, con mayor o menor suerte, las etapas de una vida que a partir de ahora será ilustre.

El 11 de mayo ha vendido 18 *Londres* a su marchante. El 7 de junio le cederá otros seis, cuyos precios oscilan entre 8.000 y 11.000 francos. Las dos transacciones juntas ascienden a la cantidad de 252.000 francos. Si se añaden los 19.000 francos obtenidos en la venta de dos cuadros a Sutton, se tienen los ingresos totales correspondientes a 1904: 271.000 francos. Esta considerable suma, aumentada con los intereses del capital colocado en el banco, debería tranquilizar al maestro, pero el problema de Monet es de un orden distinto al material. La pintura ejerce una influencia implacable que no le deja reposo. Como en su juventud, está desolado por la inactividad a la que le condena el mal tiempo, o se agota trabajando hasta la noche cada vez que las nubes ceden su lugar al sol. A veces «entusiasmado y lleno de ardor», en otras ocasiones «desganado, descontento», expuesto a los caprichos del cielo. Estas indicaciones no tienen nada de originales en sí mismas, pero muestran que el Monet sexagenario sigue siendo el pintor al aire libre que hemos conocido, al lado del motivo y viviendo con él.

A pesar de todas estas vicisitudes, de las *Ninfeas* fechadas en 1904 se desprende una serenidad raramente igualada. Se trata de unos grandes lienzos de forma casi cuadrada, en los que los reflejos glaucos sobre el espejo del agua sugieren la tercera dimensión. Las

Ninfeas
1907
100 x 81 cm
Colección particular

balsas alargadas en forma oval de los grandes nenúfares se extienden siguiendo una perspectiva lineal hasta la orilla opuesta. ¡Qué bello sería asistir, para narrarla, a la creación de tales obras de arte! Lamentablemente, los visitantes de Giverny deben contentarse con el aspecto anecdótico y pintoresco de las cosas. El «Jardin de Claude Monet», de Maurice Kahn, presenta a los lectores de *Le Temps* una visión sinóptica del microcosmos de Giverny: la situación del pueblo, la influencia de la presencia de Monet, la afluencia de norteamericanos, grandes copistas de los motivos y demandadores de consejos, a quienes el maestro despacha con cajas destempladas: «Yo vivo en el campo precisamente porque me gusta la tranquilidad... Haga como yo: trabaje, busque». De ahí su «reputación de arisco». Introducido por una persona del servicio «en un pequeño salón japonés», el periodista tiene tiempo de reconocer algunos nombres de autores famosos entre los libros de la biblioteca. Después, la aparición clásica del patriarca: «el paso, pesado, la barba gris», el aire «aburrido y resignado». El maestro invita a su huésped a dirigirse al estudio, el segundo, que se encuentra al oeste de la propiedad. Allí le presenta obras de todas las épocas, desde un fragmento de *El almuerzo en la hierba* hasta las *Ninfeas*, pasando por los *Londres*, a propósito de los cuales confiesa: «Después de cuatro años de trabajo y de retoques sobre el terreno, tuve que resignarme a tomar solo unas notas, que terminé aquí, en el estudio...». «En estas palabras», añade Maurice Kahn, «se distingue un deje de disgusto. Pintar en el estudio, para Monet, no es pintar...». Recorren sucesivamente los dos jardines. El de los nenúfares sorprende por tener un aspecto japonés, que el pintor declara no haber buscado deliberadamente; pero al que monsieur Hayashi, japonés de París, no es indiferente. En el estanque, «bajo un gran parasol... vuelto hacia sus queridas ninfeas»..., Monet, con falsa modestia, tiene una ocurrencia: «solo sirvo para pintar y trabajar en el jardín», a lo que el periodista concluye: «Después de haber visto a Claude Monet en su jardín, se comprende mejor que un jardinero de esa categoría sea un pintor de esa calidad».

Este artículo, publicado en un periódico de gran audiencia como *Le Temps*, contribuye a extender la celebridad de Monet, quien por otro lado ya ocupa un lugar de primer plano en la «Psychologie de l'Impressionisme» de Fernand Caussy, que publica el *Mercure de France* en diciembre. Caussy se esfuerza, asimismo, por conseguir en préstamo algunas *Vistas del Támesis* para su galería de Berlín, mientras que Durand-Ruel intenta organizar una nueva exposición al otro lado del Canal de la Mancha. Monet preferiría organizarla por su cuenta y limitarla a sus *Londres*.

En Giverny, los automóviles empiezan a multiplicarse, hasta el punto de que el Ayuntamiento pronto tiene que prescribir una «marcha moderada a todos los vehículos». Esta normativa puede aplicarse,

Ninfeas
1907
100 x 73 cm
Artizon Museum, Tokio

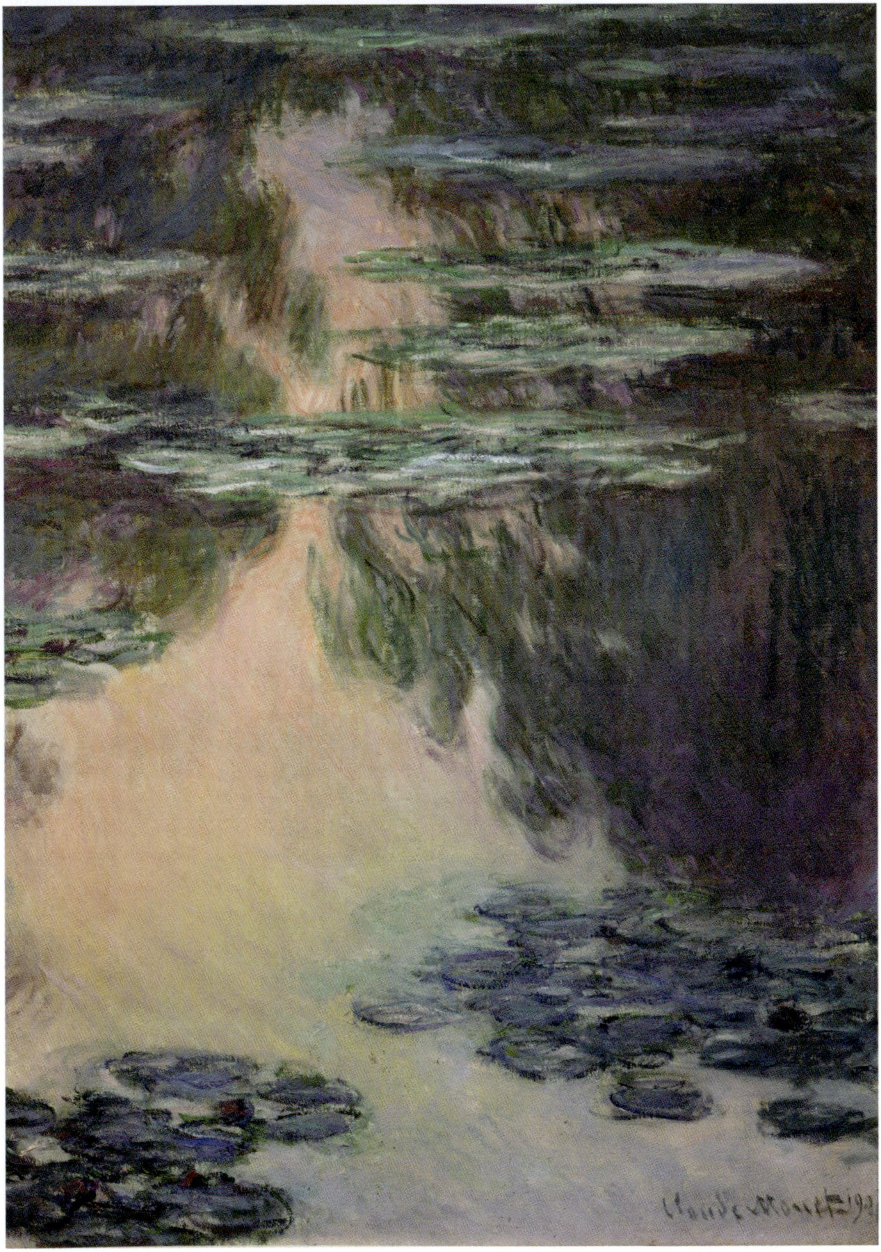

entre otros, también a Monet. Por una infracción de exceso de velocidad, en la travesía de Freneuse, entre Giverny y Lavacourt, en la primavera de 1904, ha de presentarse ante el juez de paz de Bonnières, al que convence de su hostilidad contra las grandes velocidades. Esta postura loable prevalece en octubre por la fuerza de las circunstancias, durante el largo viaje que lleva a Monet, Alice y Michel hasta Madrid. Se puede imaginar al viejo matrimonio enfundado en sus guardapolvos, con bufanda y pañuelo al cuello, los ojos tras unas enormes gafas, y el mapa del Touring Club sobre las rodillas anquilosadas, mientras el Panhard recorre con hipo los 800 km que separan Giverny, de donde salen el día 8, de la ciudad de Biarritz, adonde llegan el 11. Aquí, el coche queda inmovilizado por las indispensables reparaciones y han de continuar el viaje en un sur-expreso repleto. Llegan a la capital de España el día 14. Allí encuentran a Paul Durand-Ruel, quien se alegra de esta coincidencia. Se suceden las visitas a los museos, a las iglesias, a las academias. Ante los cuadros de Velázquez, Monet llora de emoción. Una excursión a Toledo le recuerda la que hizo a Argelia en su juventud y El Greco le llena de asombro. Unas molestias intestinales llegan a su fin después de una buena noche en el hotel madrileño, adonde vuelven contentos. El regreso a Giverny se desarrolla sin dificultad, a pesar del mal estado del Panhard, recuperado en Biarritz, que se niega a pasar de los 30 km por hora. Sin embargo, Monet y los suyos, apenas vueltos a casa, asistirán a las carreras automovilísticas de Gaillon, ocasión para un almuerzo sobre la hierba al estilo del siglo XX, es decir aderezado con polvo y humo de los gases de escape.

A comienzos de noviembre, una verdadera tempestad política se desencadena sobre las riberas del Epte. Se sabe que, desde 1870, una parte de la opinión pública francesa aspira a una guerra de revancha que va a transformar los caminos del Este en un vasto campo de ruinas y de muerte. Los que ven esta perspectiva sin estremecerse esperan preservar su pequeña patria de los menores daños. Así hacen también los responsables municipales de Vernon y Giverny. Los primeros desean que la autoridad militar, decidida a crear un campo de tiro para la guarnición del pueblo, escoja un terreno fuera del territorio municipal; los segundos ponen el grito en el cielo cuando, el día de Todos los Santos de 1904, oyen que el Ejército parece haberse decidido por las canteras de Heurgival, al norte de Giverny. Para el alcalde Albert Collignon, es la ocasión de atraer el reconocimiento de sus administrados con una campaña a tambor batiente. Antes de emprender innumerables actividades que le conducirán hasta las más altas escalas de la doble jerarquía civil y militar, el 2 de noviembre remite a los ediles y a los notables del pueblo —entre ellos, a Claude Monet— cartas de protesta para que las firmen personas de su entorno. Monet recoge, con la suya, las firmas de su mujer, del matrimonio Salerou, de monsieur y madame Hilderson, del chófer Sylvain Besnard y de Félix Breuil, el jardinero

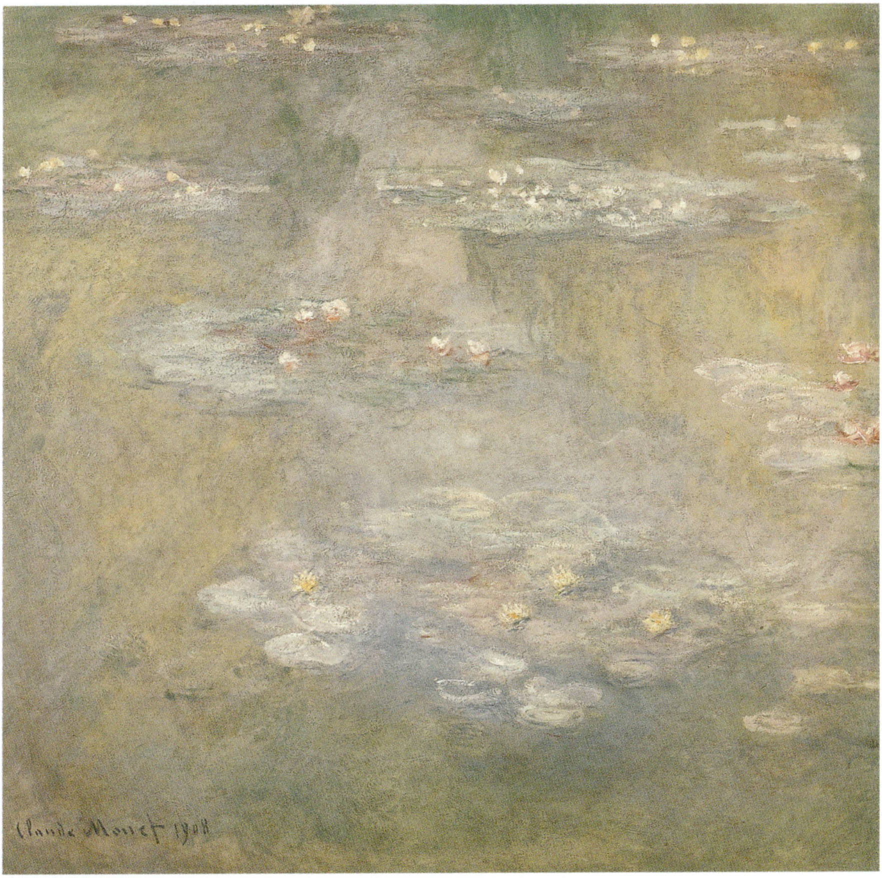

jefe. En la carta, que se pone a disposición del hotel Baudy, inscriben sus nombres una veintena de pintores y artistas extranjeros, con lo que dan una original interpretación del principio de no injerencia en los asuntos internos del país que los acoge. Sería un error imponerse cualquier tipo de reserva, porque la administración de la prefectura y ciertos oficiales superiores, amigos personales de Collignon, aprueban la resistencia de este e intentan aprovecharse de la actitud de los artistas. El asunto terminará a comienzos de enero de 1905 en el gabinete de Maurice Berteaux, ministro de la Guerra, quien, en presencia del demandante, entregará «al general Joffre, comandante en jefe del cuerpo de ingeniería, la orden escrita de elegir para el cuartel de Vernon un campo de tiro diferente del de Heurgival». Giverny respira y Monet,

Ninfeas
1908
90 x 92 cm
Colección particular

serenado, puede viajar a Londres para examinar en qué condiciones puede organizarse la exposición particular que está proyectando.

Entente Cordiale en Londres

«La fin de l'Impressionisme», título ambiguo y sorprendente a la vez de un artículo de Camille Mauclair, publicado por la *Revue bleue* en enero de 1905, sitúa el problema que se plantea desde que el Salón de otoño ha mostrado, al lado de la cohorte de los postimpresionistas, la aparición de un arte nuevo con los artistas que recibirán la denominación de *fauves*. Mauclair no niega que el impresionismo sea una etapa capital en la historia de la pintura francesa, pero reprueba lo que signifique hacer un «cenotafio», estimando con derecho que «la sucesión de Monet» no iguala al maestro y que conviene buscar nuevos senderos. «Se puede hablar del fin del impresionismo, sin que eso signifique desautorizarlo o renegar de él».

Al leer estas líneas, Paul Durand-Ruel toma la pluma para expresar al «querido monsieur Mauclair» la inquietud que le han producido el título y ciertos pasajes de su artículo: «Se ha creído o se ha querido creer que usted considera terminado el éxito del impresionismo, mientras que ese no es su pensamiento. Muchos marchantes y un elevado número de artistas intentan detener el movimiento que se propaga por el mundo entero»: vano esfuerzo, al menos en Londres, a juzgar por la resonancia de «nuestra exposición, que ha atraído a bastante gente. Los periódicos están llenos de alabanzas y la impresión producida es inmensa».

Durand-Ruel tiene razón: la exposición «Pictures by Boudin, Manet, Pissarro, Cézanne, Monet, Renoir, Degas, Morisot, Sisley» —el catálogo recoge más de 315 obras, de las cuales 55 son de Monet— que ha organizado en Grafton Galleries coincide plenamente con la Entente Cordiale. Los artículos de la prensa desencadenan un mar de fondo que tapa algunas reservas acerca del «manierismo» francés que puede revelarse aquí o allá. Informado de un éxito que, en gran parte, le corresponde personalmente, Monet se siente confortado en su proyecto de organizar una exposición individual de sus *Londres* en la galería Dowdeswell, de los que ninguno figura en la de Grafton Galleries. Así, apenas restablecido de una gripe, vuelve al trabajo, esperando que las *Vistas del Támesis* «estarán a la altura de las otras, si es que no son mejores».

Pero, a pesar de una publicidad bien orquestada, la medalla tiene su reverso. El 6 de febrero, Paul Durand-Ruel confiesa a Monet que las cosas no van tan bien como querría: «Hay un buen número de opositores, y en Londres tenemos contra nosotros a bastantes artistas y a casi todos los marchantes. Han venido a reírse, pero el que ríe el último, ríe mejor». Poco después se produce un serio incidente que inquieta al célebre marchante. Sir William Rothenstein y Lawrence

A. Harrison, amigos de Sargent, se han mostrado en efecto muy críticos en su visita a las Grafton Galleries, en particular delante de las *Catedrales* de Monet, de las que dicen que «parecen pintadas según una fotografía». Georges Durand-Ruel, quien les asegura que Monet pinta todos sus cuadros completamente según la naturaleza, ha de oír esta respuesta de Harrison: «Monet pinta un montón de cuadros en su estudio y recientemente me ha pedido que le envíe una fotografía de los puentes de Londres y del Parlamento que le permitieran terminar sus *Vistas del Támesis*». «Haría bien en no solicitar fotografías a personas como Harrison —le recomienda Paul Durand-Ruel—, pues sería dañino para la exposición que está preparando». La reacción de Monet es bien conocida: efectivamente, solicitó a Harrison, por mediación de Sargent, que le consiguiera una pequeña fotografía del Parlamento, pero esta no le sirvió. «Esto no significa gran cosa. Que mis *Catedrales*, mis *Londres* u otros cuadros estén hechos según la naturaleza o no, no le importa a nadie y no tiene importancia alguna.» Antes de informar a Sargent, le gustaría conocer la personalidad de sus adversarios, «para no meter la pata». Por otro lado, no está tan seguro del apoyo de Sargent, del que supone que comparte los celos de sus compañeros. Después de las tranquilizantes explicaciones de Durand-Ruel, según el cual la gloria de Sargent le hace estar por encima de la envidia —apreciación que hace más honor a la grandeza de ánimo del que la expresa que a su perspicacia—, no se habla más de este incidente revelador. Durand-Ruel obtiene un éxito decisivo en Gran Bretaña, lo que le vale las felicitaciones de Monet, poco inclinado de ordinario a prodigar parabienes. Pero la alerta que le ha producido posiblemente haya pesado sobre su decisión de renunciar a su exposición de *Vistas del Támesis* en la galería Dowdeswell.

Louis Vauxcelles en Giverny, lejos de los «salvajes»

En febrero de 1905, la dimisión del gabinete Combes, en el Gobierno desde hace tres años, tiene una consecuencia inesperada: obliga a Monet a solicitar la intervención de Clemenceau cerca del nuevo ministro del Interior en favor de uno de los suyos. Él, que gusta de hacer gala de no haber pedido nunca ningún favor a nadie, se ve condenado a hacer peticiones más o menos humillantes. Al comienzo, el mal tiempo le tiene desolado, como si se tratara de hacer su primer cuadro. La subasta de la colección Bérard en la galería de Georges Petit, en la que figura con seis obras, satisface a su amor propio, gracias sobre todo a *El deshielo*, que reporta 27.100 francos. Una vez más, Paul Durand-Ruel ha sostenido vigorosamente la cotización de sus pintores.

Las vistas del Támesis, en las que Monet continúa trabajando, experimentan cada vez más demanda. Respondiendo a una pregunta de Georges Durand-Ruel, el pintor enumera los seis colores de

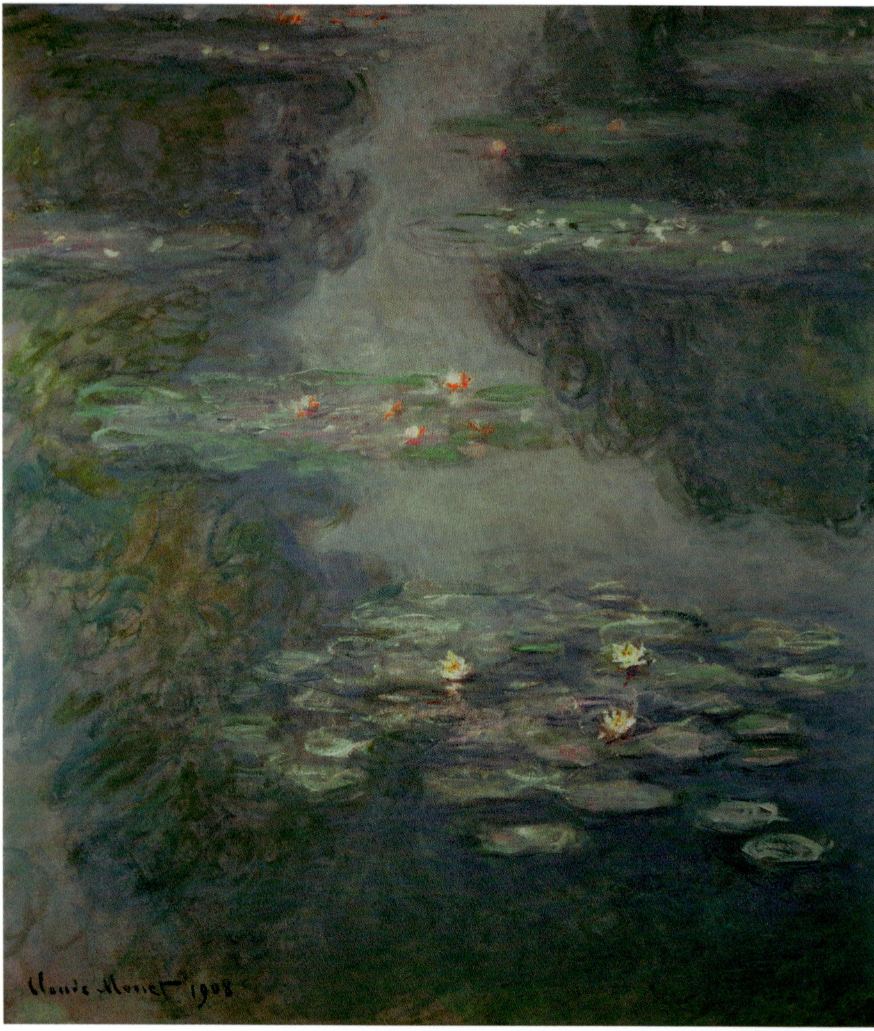

Ninfeas
1908
92 x 81 cm
Colección particular

los que se compone su paleta. Destinada a una periodista de Detroit, esta información constituye una prueba del creciente interés que suscita su pintura al otro lado del Atlántico y de las pretensiones científicas que caracterizan los estudios en Estados Unidos durante esta época. En Francia, la investigación se orienta más hacia el pasado, pues se es consciente de la progresiva desaparición de los últimos testigos de la gran aventura. Uno de ellos, Théodore

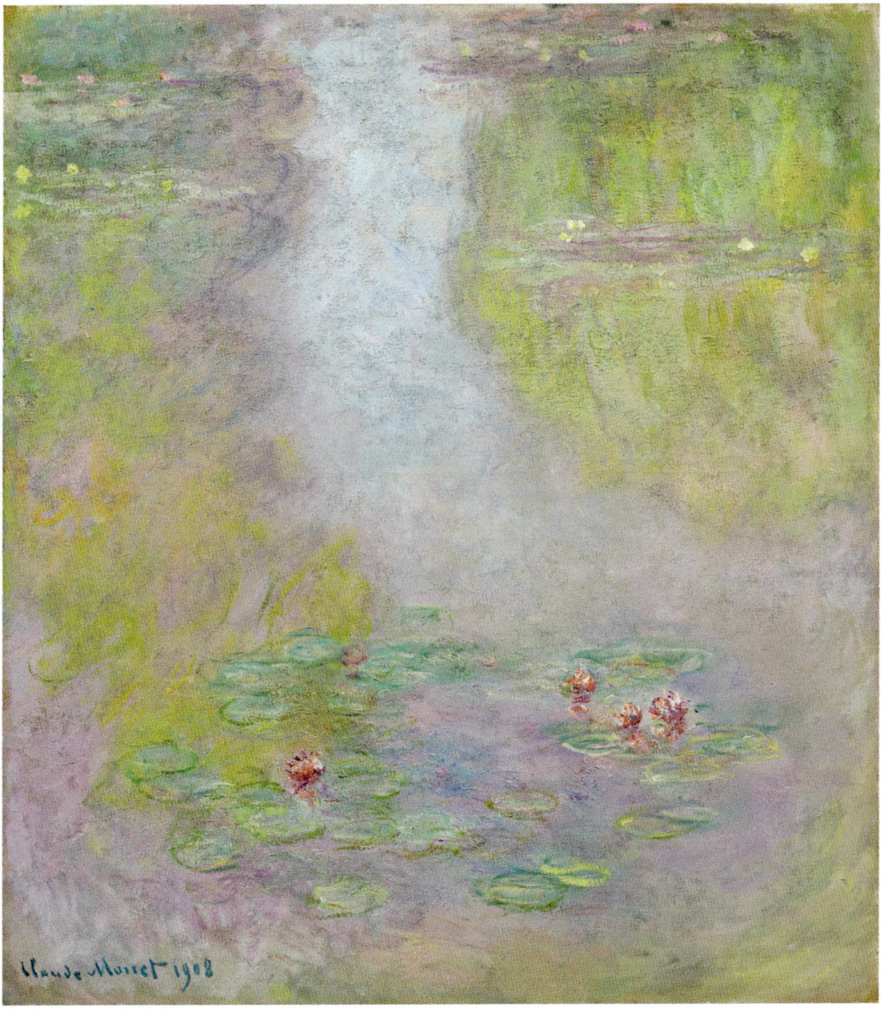

Duret, ha decidido escribir una *Historia de los pintores impresionistas.* Para hacerlo, entrevista a aquellos que, como él, se contaban entre los primeros adeptos de la nueva escuela. La respuesta que le remite Murer es instructiva, pero relativamente seca en relación con Monet, con quien el ilustre pastelero tuvo importantes desavenencias. Desde la época de la miseria real o exhibida, los tiempos han cambiado bastante, pero en los negocios el pintor no se ha vuelto

Ninfeas
1908
100 x 90 cm
Fuji Art Museum, Tokio

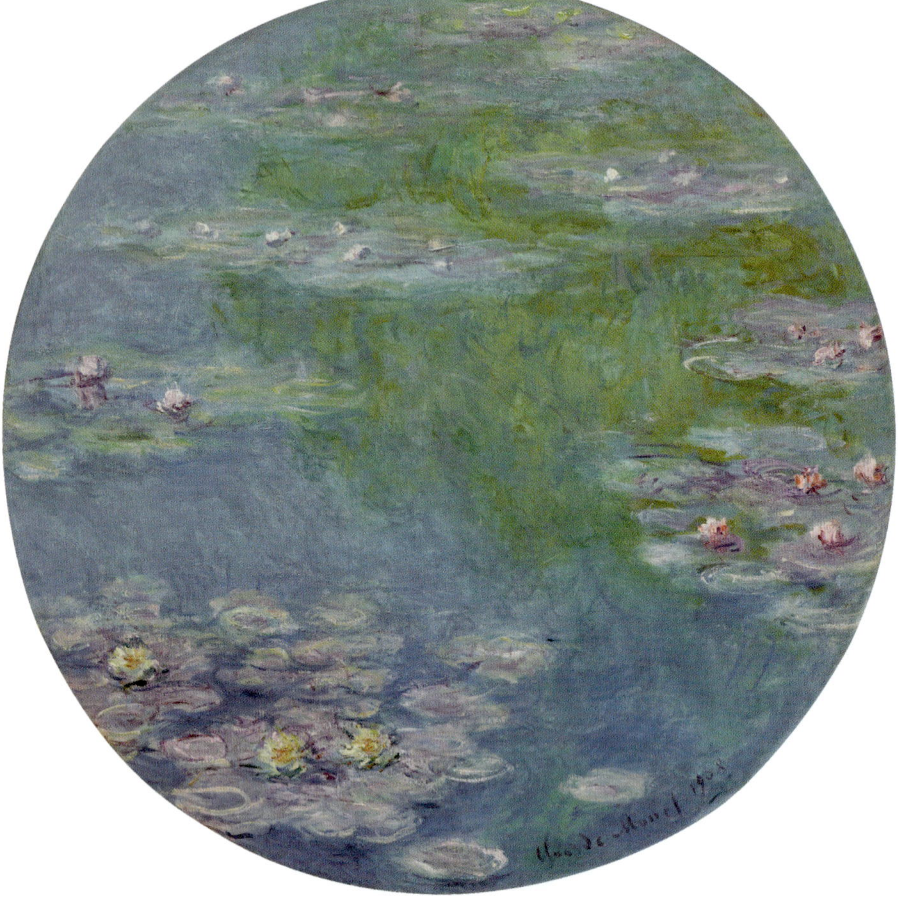

Ninfeas
1908
Diámetro (tondo) 81 cm
Donación de Meadows Foundation, Inc., Dallas Museum of Art

más generoso. Nueva prueba de ello es que rechaza la solicitud que Henry Lapauze le trasmite por mediación de Durand-Ruel de donar algunas de sus obras al Petit Palais, análogamente a lo que han hecho Henner y Ziem.

La monotonía cotidiana se interrumpe, como todos los años, por las salidas en automóvil. En julio, se hace fotografiar sobre los guijarros de la costa normanda y en agosto, se dirige a Mantes para asistir a un *rally* automovilístico. Otra fuente de distracción son las visitas a Giverny debidamente acreditadas: a las visitas tradicionales de los miembros de la familia Durand-Ruel, solos o acompañados de algún cliente, se añaden las de los hermanos Bernheim-Jeune, así como la de periodistas conscientes del interés que tiene para ellos acudir allí cuando escriben sobre la historia actual. Emprenden la expedición de Giverny vía Vernon, o bajan del exprés de Ruán para montar en el «tren caracol» de Gisors, que describe divertido el reportero del *Cri de Paris.* Este cronista, que lamentablemente se mantiene en el anonimato, no se contenta con desarrollar los lugares comunes e inevitables sobre el jardín «policromo» y presuntamente inundado, ni sobre la sabiduría del maestro, hostil a los honores, sino que se refiere a su riqueza, evalúa el valor de su parque automovilístico en 32.000 francos y la potencia de su automóvil personal en 24 CV. Entre otras cosas, dice que su «yerno» —en realidad, su hijastro Jean-Pierre Hoschedé— «tiene un floreciente negocio de automóviles» en Vernon, y su hijastra Blanche Hoschedé expone en el Salón de los Independientes, mientras que «una persona que le es muy cercana, también es paisajista y firma sus obras con el nombre americano de Butler». Los hechos responden a la realidad pero, contrariamente a lo que el periodista se imagina, no constituyen ninguna fuente de ingresos para Monet.

Un reportaje menos indiscreto y al mismo tiempo más detallado se publica en *L'Art et les Artistes* firmado por Louis Vauxcelles, con el título «Una tarde con Claude Monet», tarde que pasó en Giverny en compañía del pintor alemán Félix Borchardt. El año anterior, en su crónica sobre la exposición de la serie *Londres,* su admiración se había basado en citas de otros autores; pero en 1905 se le ve decidido a reproducir plenamente su opinión, lo que hará poco después dando el nombre definitivo a los innovadores del salón de otoño. Pero antes de entrar en la jaula de los «salvajes», ha venido a observar en sus dominios al viejo león del impresionismo, de quien esboza un retrato a la vista de una fotografía de Ernest Bulloz, autor de preciosas fotos que completan el reportaje. La ilustración confirma la descripción del «terrateniente», última encarnación de Monet, «cuyo porte hace pensar en el de Meissonier» y cuyos ojos, «color acero claro», le escrutan. Sin embargo, no se figuraría que, a la vista de su negligente aspecto externo, posee «exquisitas y afables maneras» y la «amenidad de todo un señor». Es la época en que el ciudadano más ilustre de Giverny firma peticiones con el título de «padre de familia», promoción suprema al mundo burgués en que le ha instalado definitivamente la influencia de Alice.

Después de una breve estancia en el primer estudio, en cuyas paredes se resume su carrera, desde los comienzos hasta la primera serie de *Ninfeas,* en unas 30 obras, el pintor lleva a sus visitas al borde del estanque para que vean los nenúfares, «que, en verano, se cierran antes de las cinco». Enmarcada por álamos y cipreses, la decoración floral sobre el agua y sobre las orillas le parece a Vauxcelles «más preciosa que grandiosa, un sueño extremadamente oriental». Una fotografía de Bulloz muestra el puente japonés sobre el que se han montado pequeños arcos destinados a glicinias. En el segundo estudio, admirablemente iluminado, desde donde la vista se extiende hasta los almiares de la finca Morin, los visitantes pueden admirar lienzos de todas las épocas, con una «segunda serie de *Ninfeas*». Después, en la biblioteca, el pintor se regodea en sus recuerdos de juventud, más que en seguir a los interlocutores al terreno de la actualidad. Sin embargo, se le puede oír decir que Cézanne es «uno de los maestros de hoy en día», mientras que «nunca ha tomado en serio a Gauguin», que a sus ojos Loiseau es el tipo de seguidor que «nos plagia», mientras que Vuillard posee «un ojo muy fino» y Maurice Denis es un «gran talento y muy ladino». Borchardt narrará en sus recuerdos que las intenciones del salón de otoño le interesan mucho a Monet, pero que este no aprueba la organización de una retrospectiva de Ingres en la manifestación de este año.

Después de visitar la colección personal en el dormitorio de Monet, en el edificio de habitación, vuelven al estudio para una exposición sucinta de «su método de pintura». Nada nuevo y nada seguro: habla de la disposición de «todos los caballetes como en una fila de habitaciones de hotel sin muebles», que le permiten ocuparse de «100 telas a la vez», aunque ningún documento contemporáneo a su estancia en Londres dice palabra alguna de tal instalación. A propósito de las *Ninfeas*, que juzga «deslumbradoras», afirmará que «al ver algunas telas, se diría que han sido pintadas en un arrebato, durante una tarde, mientras que el ilustre maestro ha trabajado en ellas durante varios años», pintándolas «por arranques» y dejándolas después «ocho días sin tocar». Se guarda bien el secreto del procedimiento seguido delante del motivo. Hemos de contentarnos con los resultados, soberbios: tres *Puentes japoneses* vistos con la separación que permite el estanque en su versión ampliada y una serie de *Ninfeas* en las que, eliminadas las orillas, se centra tanto en los reflejos del cielo sobre el agua cargada de nenúfares como sobre los mismos nenúfares que flotan sobre las profundidades glaucas del inmortal estanque.

«Es el Víctor Hugo de los pintores»

A más de un artista le complacería leer el capítulo «El ojo de Monet» en los *Paseos filosóficos*, donde Rémy de Gourmont no duda en afirmar: «Puede que estemos ante el mayor pintor que haya habido jamás». Pese a la reserva que hace a continuación —«subrayo la palabra pintor para afirmar mis restricciones; no se puede comparar a Monet con otros grandes artistas. Tiene tan poco discernimiento como Víctor Hugo»—, el lector habrá retenido sobre todo: «Es el Víctor Hugo de los pintores», elogio supremo en una época en que

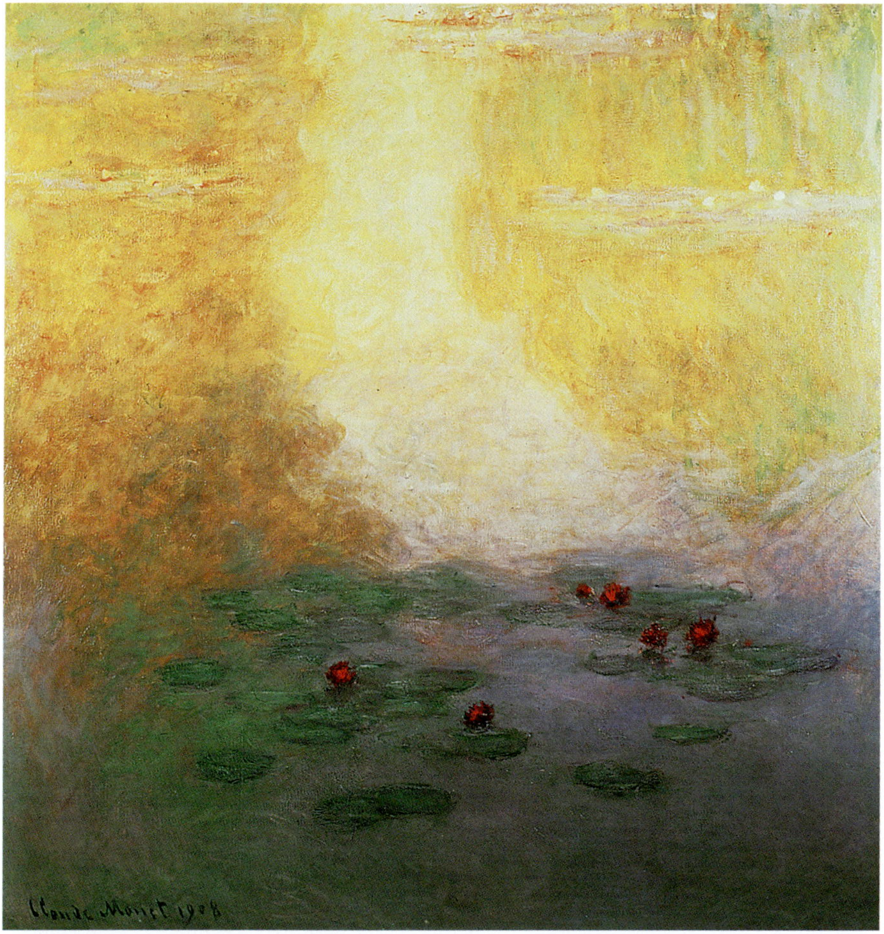

la supremacía de Hugo se había erigido en dogma de una especie de culto republicano.

Al margen del éxito, Monet sigue exigiéndose a sí mismo, como muestra otra anécdota. Hacia 1906, Mrs. Blank, amiga de L. Cabot Perry, admira en el estudio un lienzo que le gustaría adquirir. Monet declara no poder separarse de él antes de terminar la serie completa. Uno o dos años más tarde, anuncia a L. Cabot Perry que ha quemado una treintena de telas esa misma mañana. Cuando le pregunta, confiesa que entre ellas se encontraba también la de Mrs. Blank, y justifica ese acto con las siguientes palabras: «Tengo

Ninfeas
1908
100 x 100 cm
Colección particular

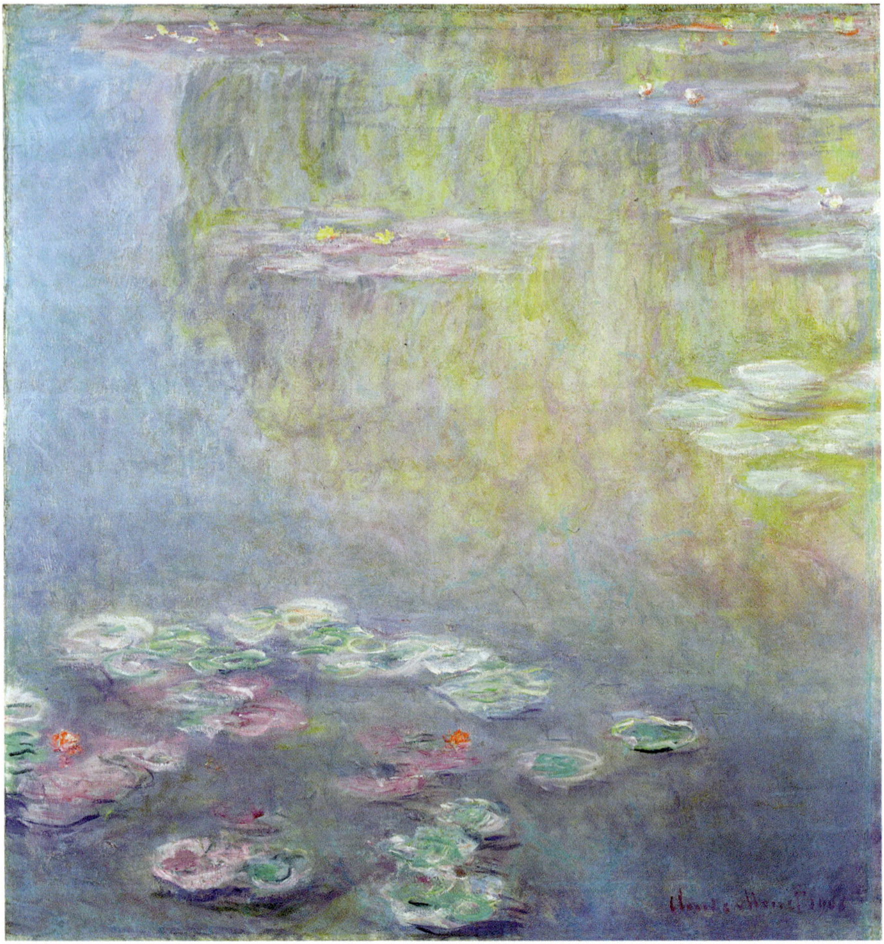

Ninfeas
1908
92 x 90 cm
Worcester Art Museum,
Massachusetts

que velar por mi reputación de artista mientras pueda. Cuando haya muerto, nadie destruirá ni uno solo de mis cuadros, por muy malos que sean». Estas palabras tranquilizan a admiradores inquietos como Maurice Denis, quien anota en su diario en enero de 1906: «Hacia 1869, Monet consiguió imponerse. Desde entonces le ha sonreído el éxito, y esto no está tan bien... Trabaja como un desesperado. Cuando pinta, es un infierno; no hace más que quejarse: "Soy un chapucero, no sé nada, etcétera". Su mujer se preocupa de ocultar los cuadros de Cézanne, porque si los ve, en ese momento, deja de pintar».

Los años 1906-1907 son testigos de la desaparición de grandes colecciones impresionistas. Moreau-Nélaton, deseoso de asegurarse una parte de inmortalidad, regala su colección al Museo de Artes Decorativas. El día de la inauguración, ante el *El almuerzo en la hierba* de Manet, recuerda el *Olimpia,* exilado al museo del Luxemburgo. Demanda la intervención inmediata de Clemenceau y, antes de que finalice la semana, el cuadro maldito hará entrada en el Louvre.

El estanque, un mar de luces

Marcado en sus comienzos por un notable aumento de prestigio, el año 1907 será también propicio en el trabajo, a pesar de ciertas dificultades iniciales afortunadamente superadas. Monet, seducido por un motivo de naturaleza muerta —unos huevos en un cesto que se encuentra sobre una mesa, donde se han dispuesto otros objetos, siguiendo quizá a Cézanne—, dedica dos meses de trabajo duro a un género que no había practicado desde hacía mucho tiempo, del que se despedirá definitivamente con dos lienzos muy parecidos (il. pág. 464). Después, vuelve a las *Ninfeas,* en las que trabaja en el estudio a finales del invierno, con vistas a una exposición que desea realizar en mayo. Apenas ha expresado su satisfacción Paul Durand-Ruel, en cuya galería ha de presentarse, y ha encargado a su hijo Georges que se ocupe de las cuestiones técnicas, cuando en una carta —en la que la cuestión se presenta como una «cosa convenida»— aparecen síntomas de que las fechas no se van a cumplir: «Tengo mucho trabajo y no avanzo como querría. Como siempre, hay momentos en que no consigo nada y en los que todo me parece mal». Quince días más tarde, da marcha atrás al proyecto con las excusas habituales y la exposición se retrasa, en principio, al año siguiente, pues varios lienzos han de «ser retomados en la naturaleza». Punto de partida de las *Ninfeas,* la naturaleza es también el control indispensable para su terminación definitiva.

Paul Durand-Ruel, cuya decepción es fácil de comprender, ni siquiera recibirá la pequeña compensación que le habría dado tener en depósito «dos o tres de las obras que están completamente terminadas». La carta con la que Monet informa de su decisión, motivada por el sentimiento de que solo una exposición de conjunto de obras inéditas produciría el efecto esperado, reafirma de nuevo su horror por la mediocridad y anuncia la destrucción de al menos 30 telas, para su «gran satisfacción». La mala racha continuará en mayo, fecha en que el pintor incluso se niega a recibir a Georges Durand-Ruel, quien iba a acompañar al coleccionista norteamericano Arthur B. Emmons en su peregrinación a Giverny con su esposa y su hija. Es necesaria toda la insistencia de Paul Durand-Ruel y la proposición de desplazarse personalmente para que se abran las puertas a sus protegidos y a él mismo.

A mediados de junio, un tiempo variable provoca quejas. Después, reina el silencio hasta finales del verano. Por fin se manifiesta la satisfacción de una temporada cumplida: «Por aquí van bien las cosas y yo trabajo y trabajo con ardor». La campaña no finalizará hasta los últimos días del buen tiempo. Entonces, Durand-Ruel será invitado a examinar los resultados: «Son tanteos y experimentos, pero creo que va mejor». Los «experimentos» se refieren a la imagen del cielo que se refleja sobre la superficie del estanque en una larga corriente de luz. Los islotes de nenúfares, idénticos o muy cercanos, indican que el artista ha encontrado un emplazamiento ideal a sus ojos, desde donde realiza, con ligeras variantes y preferencias en los formatos orientados verticalmente, una serie particularmente copiosa.

Respondiendo a Julie Manet-Rouart, que ha solicitado varios cuadros para la retrospectiva de Berthe Morisot, Monet participa —con su colección particular— en el Salón de otoño de este mismo año de 1907. A finales de octubre, cuando Clemenceau es presidente del Consejo de Ministros, el Estado le compra, por 10.500 francos, *La catedral de Ruán. El portal visto de frente; armonía marrón* (il. pág. 361) para el museo del Luxemburgo. En las negociaciones participa Frantz Jourdain. La obra se expondrá en el quai Malaquais con las otras adquisiciones públicas del año. *Le Cri de Paris,* según el cual las compras oficiales se suelen hacer «a las mismas personalidades cuyo talento es realmente mínimo», ironiza: «Esta Catedral de Monet es el escudo de monsieur Dujardin-Beaumetz... para poder testimoniar su eclecticismo y para desarmar a la crítica de vanguardia, a cuyos ataques reacciona con sensibilidad».

Una comparación odiosa

En virtud del proverbio «a quien tiene se le dará aún más», en 1908 se atribuyen a Monet cuadros cuya paternidad no reconoce. Es el precio del éxito, al igual que una solicitud de que participe en la exposición francobritánica de Londres presentada por Dubufe y aprobada por Durand-Ruel. Lejos de dejarse embriagar por este honor oficial, sigue sufriendo delante de las *Ninfeas* que querría terminar para su exposición «de nuevas cosas», que se había previsto inicialmente para el año anterior, y que se ha aplazado a la primavera. Es una verdadera carrera contrarreloj, en la que cuenta con los ánimos de Durand-Ruel, si bien este se muestra menos entusiasmado que de ordinario con las obras que ha podido ver en el estudio de Giverny.

Inquieto ante la perspectiva de que el pintor le solicite una compra masiva de sus cuadros antes de presentarlos al público, el marchante se ve obligado a buscar un socio y se dirige a los hermanos Bernheim-Jeune. Sin embargo, el término de «compra eventual» que emplea Gaston Bernheim en una carta a Monet desencadena una tempestad cuya evolución puede seguirse en la correspondencia, hasta su previsible solución en forma de un nuevo aplazamiento de la exposición. Al anunciarse el retraso a Durand-Ruel, este acepta la decisión, máxime cuando no estaba entusiasmado con las condiciones que le habían sido impuestas.

Así, una importante personalidad que durante medio siglo había vivido adelantándose a su tiempo, se ve superado por el movimiento que él mismo ha contribuido a poner en marcha. Este es el sino de Paul Durand-Ruel, al fin de un camino lleno de clarividencia. No solamente se ve incapaz de seguir a Monet, ocupado en sus estudios del estanque de los nenúfares, sino que además sigue con escepticismo el irresistible ascenso de Cézanne, de Van Gogh y de Gauguin. Sin calcular el riesgo al que expone a su pintor favorito, organiza una exposición de naturalezas muertas donde sus obras podían compararse con las de Cézanne. El hijo de Durand-Ruel, Joseph, envía una carta a Monet, cuya inquietud bien conoce, el 21 de abril de 1908, el día de la inauguración: «No tiene nada que temer de la presencia de Cézanne». Y un poco más tarde, el propio Paul Durand-Ruel confía a Renoir: «En mi opinión y en la de los verdaderos conocedores, al lado de las obras de Monet o de las suyas, las de Cézanne... son bastante apagadas. Se ha sobreestimado terriblemente la reputación de este excelente y minucioso pintor. Los farsantes que pretenden que solo tres artistas —Cézanne, Gauguin y Van Gogh— son grandes maestros, han engañado al público, sobre todo en Alemania y en Rusia».

Para evitar un nuevo paso en falso, la siguiente exposición que se organiza en la galería Durand-Ruel a partir del 18 de mayo, se limitará a los paisajes de Monet y de Renoir. Se trata de un campo conocido, sobre todo por Monet, de quien, con una sola excepción, la exposición no sobrepasa la época de Noruega y la última estancia en Pourville. Por su parte, Mirbeau, sabiendo lo desmoralizado que está su amigo, aprovecha para enviarle una carta de felicitación en la que emplea su facilidad para la hipérbole sin complejo alguno.

Entretanto, en la prensa anglosajona a ambos lados del Atlántico se desencadena una campaña bien orquestada, en la que se afirma que Monet ha destruido un importante lote de cuadros, de un valor de 100.000 dólares o 20.000 libras. De este modo se quiere dar a comprender, de forma indirecta, que las obras de un artista tan severo consigo mismo han de ser todas de primera calidad y que los posibles

La orilla norte del estanque de las ninfeas, c. 1900

compradores han de darse prisa antes de que quede ninguna. Lo más seguro, para que cada americano pueda poseer un Monet, sería que el artista viniera a trabajar sobre el terreno. Así se le sugiere en una carta de invitación inspirada por un político francés que visita Estados Unidos —¿es este el instigador de toda la campaña?— y que lleva a mano a su destinatario Walter Pach, reportero del *Scribner's Magazine.* Monet declina la invitación, alegando que es demasiado viejo para adaptarse a paisajes lejanos y que prefiere seguir tratando motivos que le son familiares. También los norteamericanos deberían hacerlo así: representar los paisajes que conocen desde su nacimiento, en lugar de ocuparse de pintar la Bretaña, sus costumbres y su pueblo. También habría podido condenar a los que se dedican al «givernismo» a orillas del Epte, pero así habría corrido el riesgo de indisponerse con la colonia extranjera que se amontona en el hotel Baudy, o que se extiende por el pueblo. Prefiere aceptar los homenajes a regañadientes que ver engrosar las filas de los seguidores de la escuela de Pont-Aven.

«Quiero que sepa que estoy absorbido por el trabajo. Estos paisajes de agua y los reflejos se han convertido en una obsesión, que supera mis fuerzas de viejo. No obstante, quiero plasmar lo que siento. He destruido cuadros..., he comenzado otros... y espero que de tantos esfuerzos salga algo.» El esfuerzo a que aquí se refiere se inscribe en un empleo del tiempo sobre el que dos cartas escritas el 24 de agosto y el 5 de septiembre de 1908 aportan algunas precisiones: en esta temporada, el trabajo

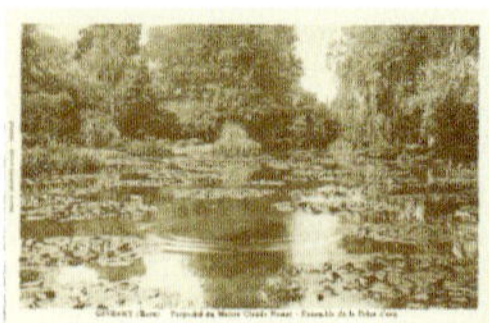

Tarjeta postal con el título: Giverny (Eure) Propiedad del maestro Claude Monet – Conjunto del estanque

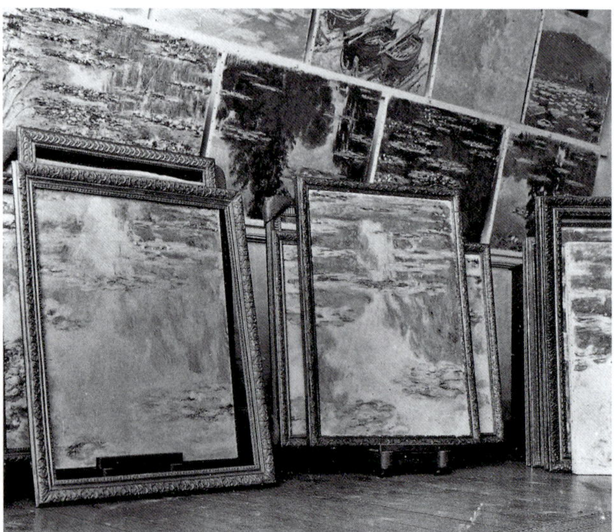

Cuadros de Monet en el segundo estudio, marzo de 1908

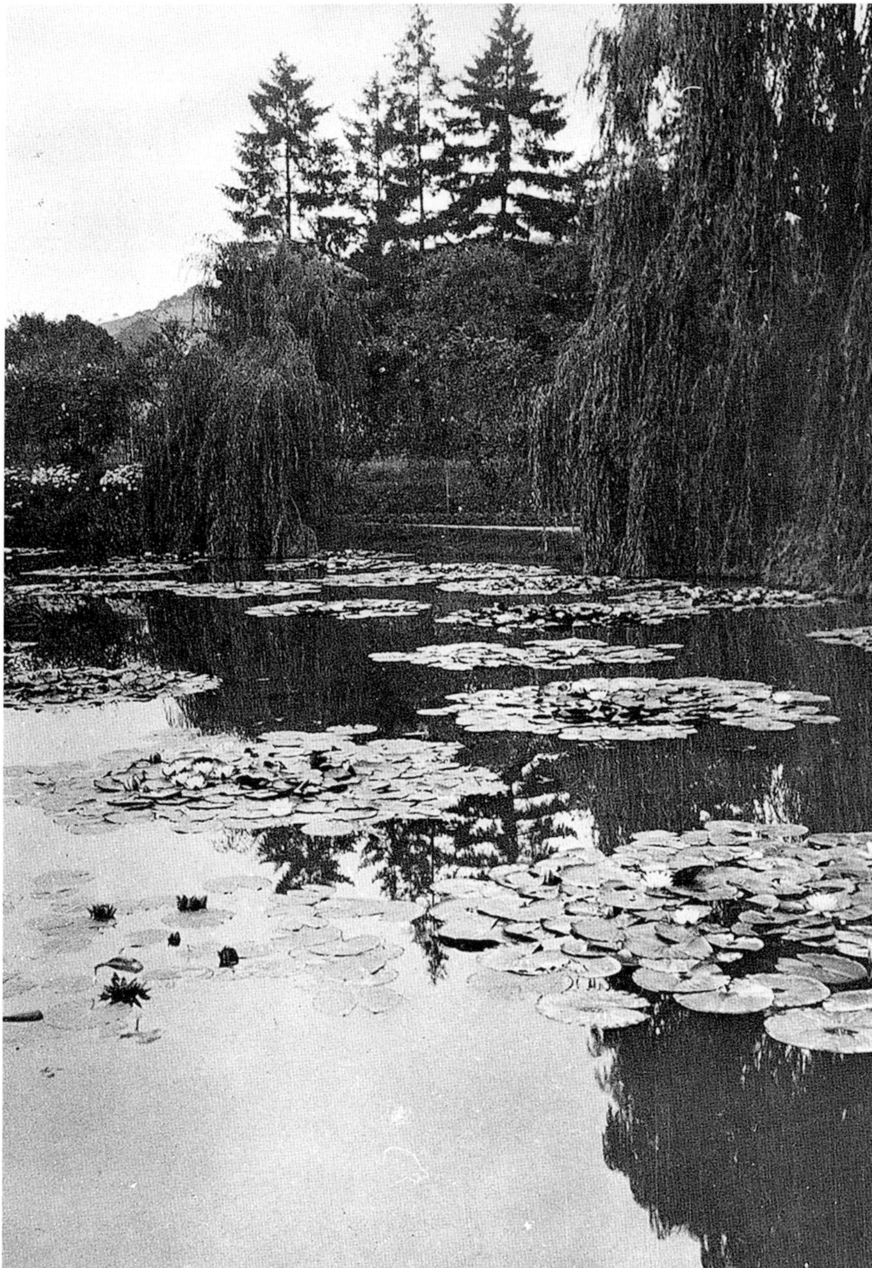

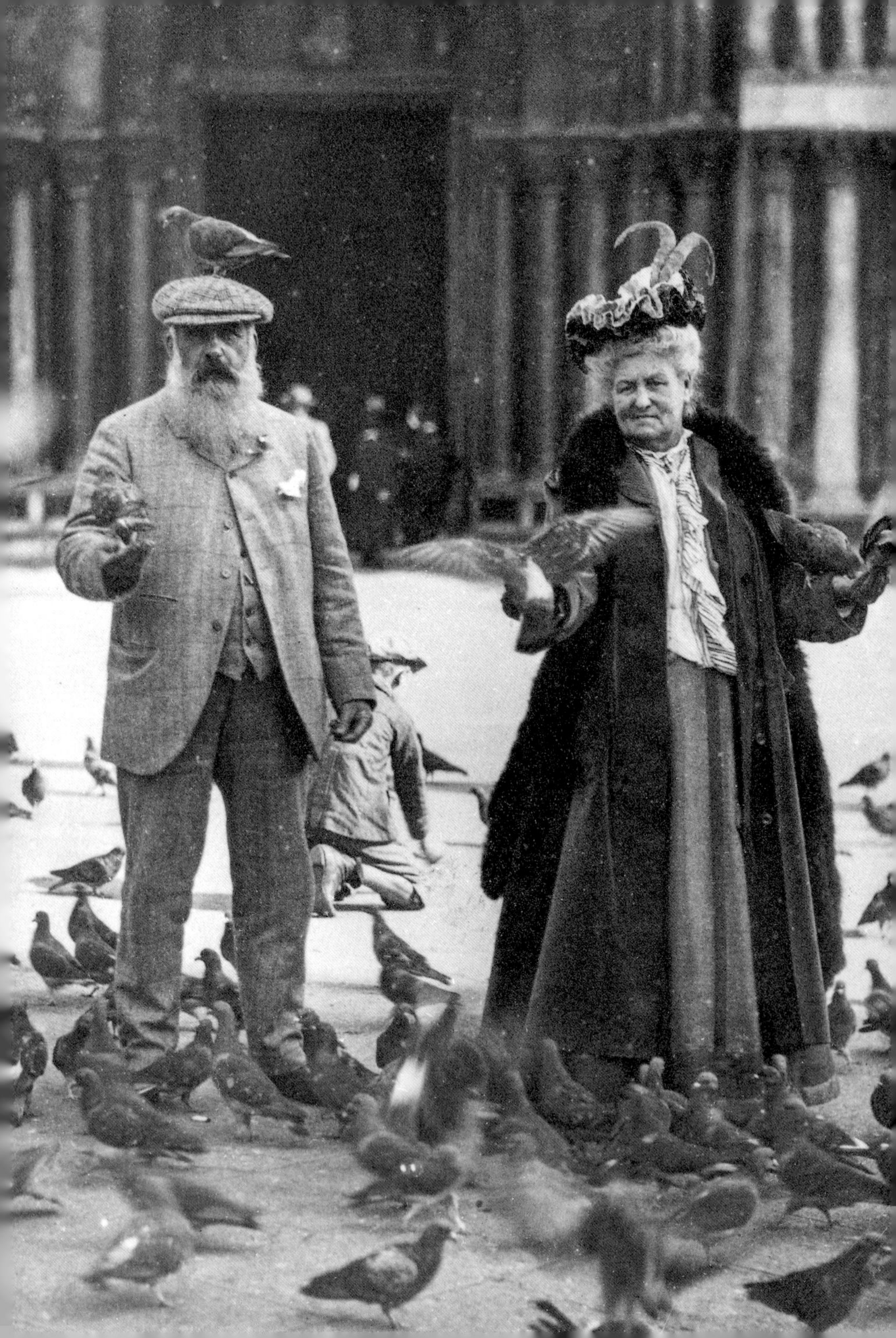

ocupa la mañana y el comienzo de la tarde, separadas por el almuerzo, así como el final del día. De tres a cinco o seis de la tarde se extiende un amplio intervalo, para que Monet pueda recibir visitas. No obstante, no es el deseo de hacerles un favor ni la necesidad de descanso lo que impone esta pausa, sino el cambio de luz en la superficie del estanque y el progresivo cierre de los nenúfares. Una vez que han cerrado las corolas hasta la mañana siguiente, Monet dedica sus últimas fuerzas a los efectos de fin de día, cuando el sol poniente extiende sobre el agua una corriente de fuego y de oro, rodeada del verde sombrío que causan los reflejos de los árboles y atravesada por los islotes más claros o bien azulados de las hojas flotantes de ninfeas, que —una vez cerradas— ya no atraen su atención.

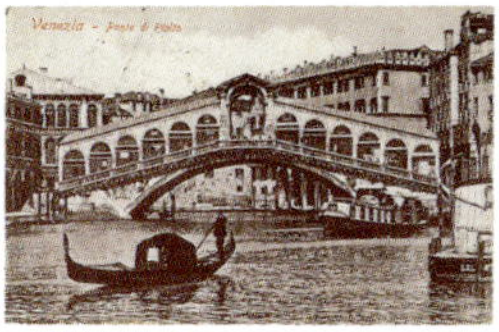

Venecia, puente de Rialto
Tarjeta postal de época

Un poco más avanzada la temporada, J. C. N. Forestier, especialista en botánica de la revista *Fermes et châteaux*, tiene el privilegio de acompañar al pintor por el jardín florido y de observar el trabajo ante el estanque: «Entre toda esta vegetación y hojas mezcladas... los nenúfares despliegan sus hojas redondas y salpican el agua con sus miles de flores rojas, amarillas y blancas... El maestro viene con frecuencia aquí, a las orillas de este estanque adornado de lirios. Allí se le puede ver poniendo toques sucesivos y breves, sus paletas de colores luminosos, dependiendo de la hora del día». Para ilustrar este último punto, el autor recurre a la palabra «justa y encantadora», según la cual «Claude Monet, al mismo tiempo que el paisaje, pinta también la hora en que lo experimenta...». Aunque se suele aplicar a las series tradicionales, esto puede afirmarse también de las *Ninfeas:* «Y este lienzo, al que ha acudido esta mañana, al alba, no es el mismo ante el que lo encontramos por la tarde. Vuelto al atractivo del agua y de sus efectos móviles, del agua que se estremece y ensombrece bajo

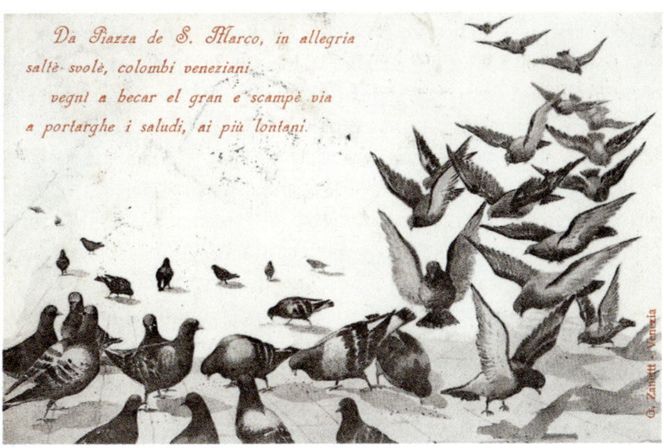

Las palomas de la Plaza de San Marcos
Tarjeta postal de época

Claude y Alice Monet con las palomas de la Plaza de San Marcos de Venecia según una tarjeta postal de 1908

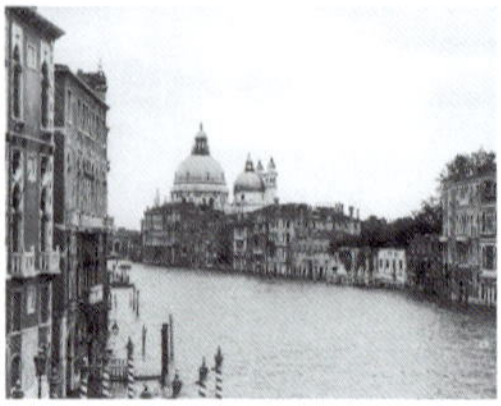

Venecia, vista del Gran Canal

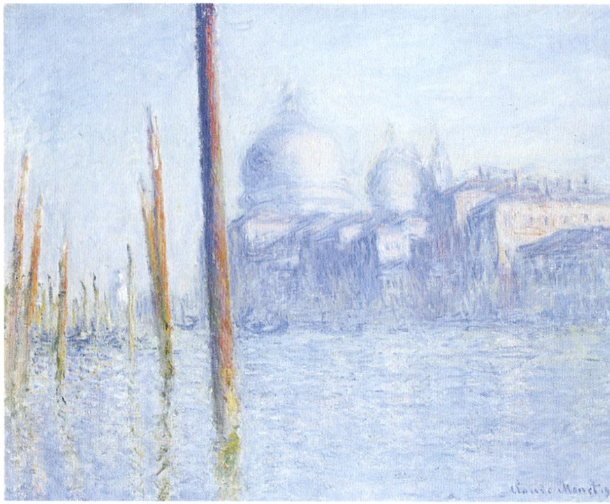

Venecia, Gran Canal
1908
73,2 x 89,7 cm
Donación de Osgood Hooker, 1960.29, The Fine Arts Museums of San Francisco, California

las grandes hojas soñolientas de las ninfeas, por la mañana seguirá la expansión de las flores que, a partir de la mitad del día, comenzarán a cerrarse lentamente». Así se expresa un observador atento y sensible sobre algunos de los más bellos cuadros de 1908, a cuya realización se dedica el mago de Giverny hasta el comienzo del otoño, cuando se sentirá llamado hacia otros cielos y otros espejismos.

Otoño en Venecia

Que se disponga de poca información sobre los primeros años de la vida de un artista, cuando —desconocido de todos— apenas dejó huellas en los anales, es un hecho casi inevitable. Pero que reine una ignorancia casi total sobre un acontecimiento que se desarrolla en una época tardía, cuando acapara ya la atención pública, parece inconcebible. Sin embargo, si se atiende a las obras publicadas hasta una fecha reciente, la estancia de Monet en Venecia, en el otoño de 1908, no es mejor conocida que ciertos viajes de juventud. Este fallo se debe a los contemporáneos que proyectaron sobre Venecia las descripciones floridas a que estaban acostumbrados, sin plantear al pintor ni una pregunta precisa y, por tanto, sin aportar informaciones seguras. A esta carencia de fuentes literarias se añade el hecho de que Alice también participó en el viaje, circunstancia que nos priva de la correspondencia que intercambiaron regularmente los esposos cuando estaban separados. Confrontando descubrimientos recientes con anteriores publicaciones, podemos hacer tabla rasa de ciertos errores comúnmente admitidos y establecer una cronología de los hechos, jalonada por un cierto número de cuestiones sin respuesta.

El 25 de septiembre de 1908, Monet anuncia a Durand-Ruel su partida inminente a Venecia, donde espera pasar alrededor de un mes en compañía de su esposa, siguiendo una invitación de alguien que no precisa. Las cartas que le envíe el marchante las deberá dirigir al Palazzo Barbaro. La presencia de Monet en este palacio gótico situado en la orilla norte del Gran Canal, un poco al este del puente de hierro de la Academia, queda atestiguada por numerosos documentos, así como por un eco aparecido el 11 de octubre en la edición europea del *New York Herald,* que se publica en París. Con el título «Claude Monet en Venecia», un suelto acompañado de una fotografía del artista indica que «el gran pintor francés y madame Monet se alojan en el Palazzo Barbaro en compañía de Mrs. Charles Hunter». Pero como la impresionante Mrs. Hunter no sabía pasar inadvertida, el resto del artículo está consagrado enteramente a ella: ha dado una velada en la que su hermana, Miss Ethel Smyth, ha interpretado diversas canciones, acompañada de la orquesta de Venecia… Sobre las actividades

El Gran Canal
1908
73 x 92 cm
Museum of Fine Arts, Boston

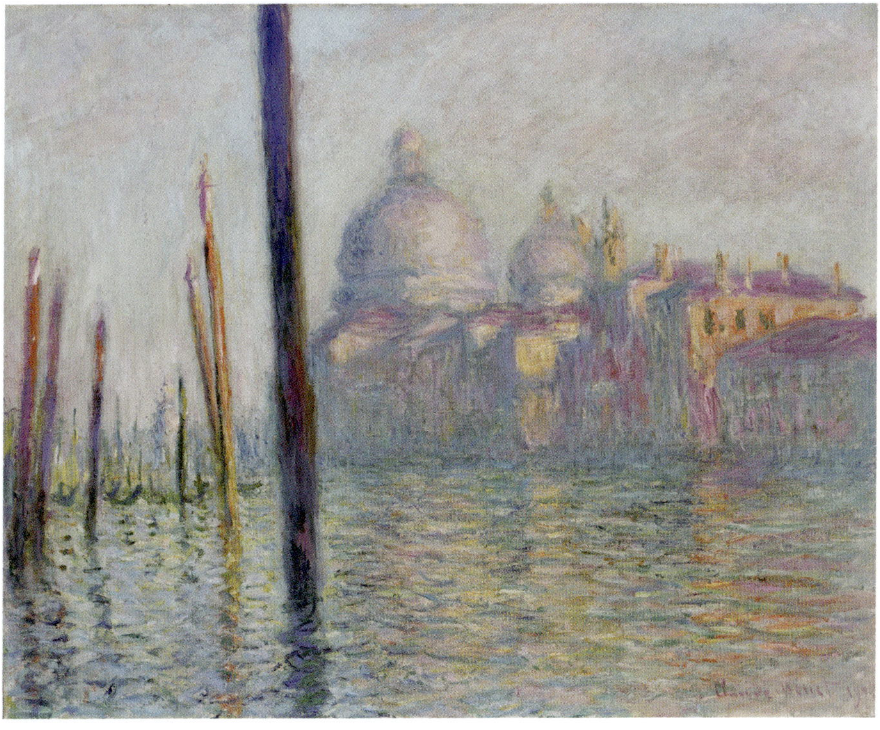

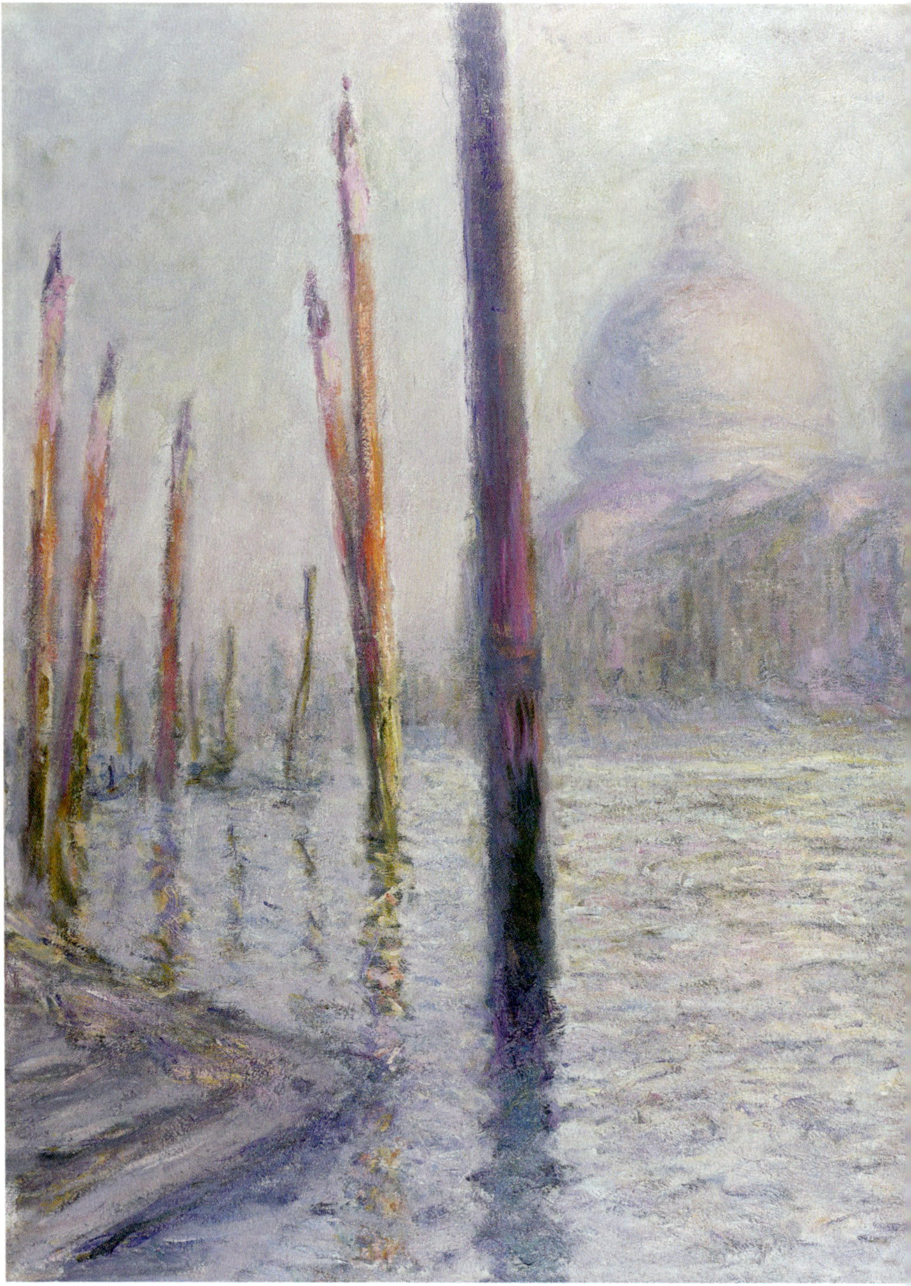

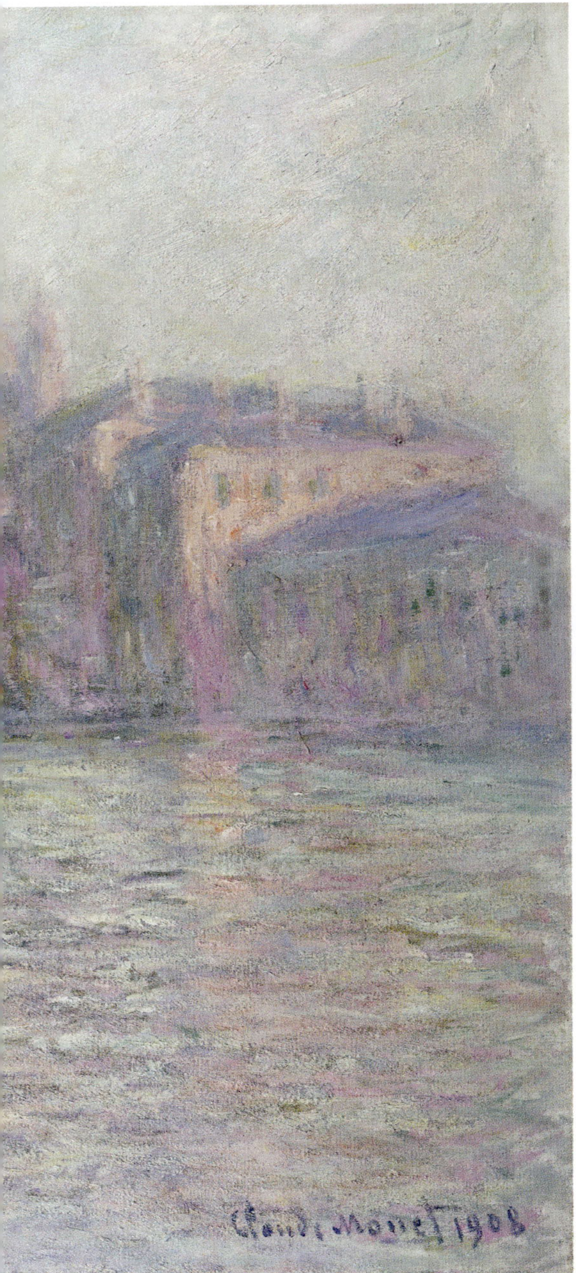

El Gran Canal
1908
73 x 92 cm
Colección particular

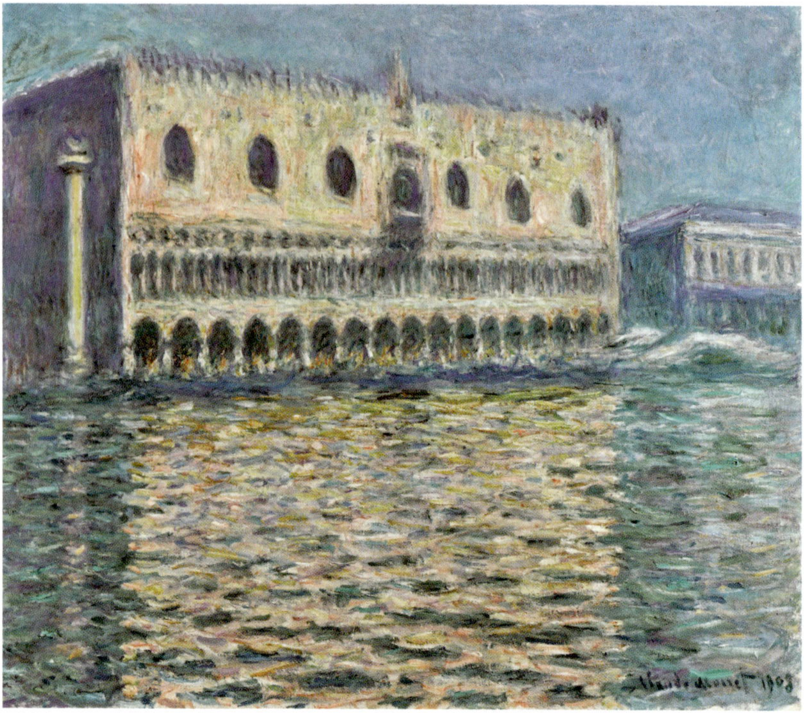

El Palacio ducal
1908
73 x 92 cm
Colección particular

de Monet en esa misma época, estamos un poco mejor informados gracias al escritor florentino Carlo Placci, quien pasó cinco días en La Serenísima a comienzos de octubre. Según su testimonio, el encuentro más agradable de esta estancia fue el que mantuvo con Claude Monet, con ocasión de un cena ofrecida por Mrs. Hunter. Con «la sua vecchia compagna», «el único verdadero gran impresionista del presente» —con su gran barba blanca y maneras cordiales y francas— confía a su interlocutor que vaciló durante bastante tiempo antes de venir a Venecia, por temor a quedar decepcionado, y así le sucedió al principio pero, menos de una semana después de su llegada, le ha vuelto a dominar el «prurito» de trabajar, comezón que satisface dirigiéndose a San Giorgio.

Así, Monet ha encontrado muy rápidamente su primer tema: *El Palacio ducal* (il. pág. 498) y, para plasmarlo, no duda en dirigirse en barco al islote de San Giorgio Maggiore. Le atrae otro punto de vista, que exige el acceso a un pequeño balcón cerrado al público. Para acceder a este, se dirige a Placci, quien le obtiene la necesaria autorización. Una vez que la ha conseguido se da cuenta de que un barco se interpone frecuentemente entre el balcón y el motivo, lo que le obliga a dirigirse a otro lugar. Muy pronto también, aborda las vistas del *Gran Canal con Santa Maria della Salute* y las del *Palacio Contarini-Angaran*, dos motivos que pinta cuando aún se aloja en el Palazzo Barbaro, es decir, antes del 19 de octubre, fecha en la que anuncia un cambio de residencia en una carta dirigida a Durand-Ruel. En este contexto, conviene precisar que la muy activa Mrs. Hunter tiene cierta tendencia a ocultar a la verdadera anfitriona de Monet, Mrs. Daniel Curtis, propietaria del Palazzo Barbaro y pariente, por parte de su difunto esposo, del pintor Sargent. ¿Qué sucedió entre Mrs. Curtis y sus invitados? Nada de gravedad; antes que suponer un incidente entre ellos, pensamos que Monet, ayudado por Alice, más sensible en cuestiones de conveniencias sociales que él, comprendió que su presencia —en plena fiebre de trabajo— podía convertirse en inoportuna, máxime cuando excedía la duración inicialmente prevista. En ese momento, Monet sabe que deberá prolongar su estancia en Venecia durante varias semanas más.

En estas condiciones, se instala en el Gran Hotel Britannia, desde donde escribe a Paul Durand-Ruel el 19 de octubre de 1908, precisando que esa es su nueva dirección, que será también la última. Establecimiento de primera categoría situado entre el Palazzo Barbaro y el Palacio Ducal, en el lugar donde desemboca el Gran Canal en el canal de San Marcos, ofrece un alto confort —luz eléctrica, calefacción central y ascensores—, de lo que se enorgullece su propietario, Charles Walther. Sin embargo, lo que debió de guiar a Monet en su elección es la vista admirable que se tiene desde las ventanas de la fachada y desde el jardín del hotel sobre la laguna y sobre el islote de San Giorgio, un nuevo motivo que Monet no dejará de explotar, feliz con la idea de pintar lejos de la muchedumbre, como ya hiciera en el hotel Savoy de Londres.

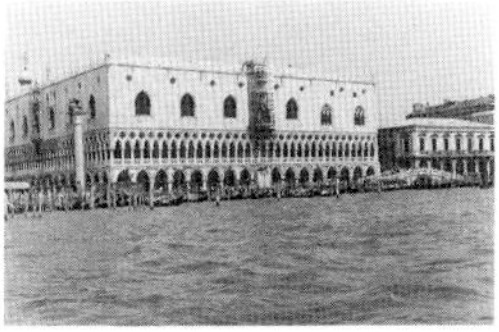

Venecia, el Palacio ducal

Una cosa es descubrir un bello punto de vista y dedicarle los primeros estudios, y otra es declararse satisfecho, sobre todo cuando la lluvia viene a interrumpir su trabajo durante varios días consecutivos. La vuelta de un «sol radiante» no devuelve inmediatamente «la animación y el arrebato de los comienzos». Monet vuelve al trabajo «refunfuñando», mientras Alice admira el desfile de los barcos y los reflejos sobre el agua, un espectáculo difícil de representar, por lo que comprende las recriminaciones que tiene que sufrir.

En París no son conscientes de estas dificultades. De la capital francesa proceden las llamadas urgentes de Paul Durand-Ruel y de los hermanos Bernheim-Jeune, que desean obtener una opción exclusiva sobre la producción que dan por lograda pero, en la incertidumbre de lo que podrían suponer «algunos esbozos o estudios», Monet se niega a ese trato, pues desea mantenerse «absolutamente libre», toda vez que relaciones similares no le dejaron buen recuerdo en el pasado.

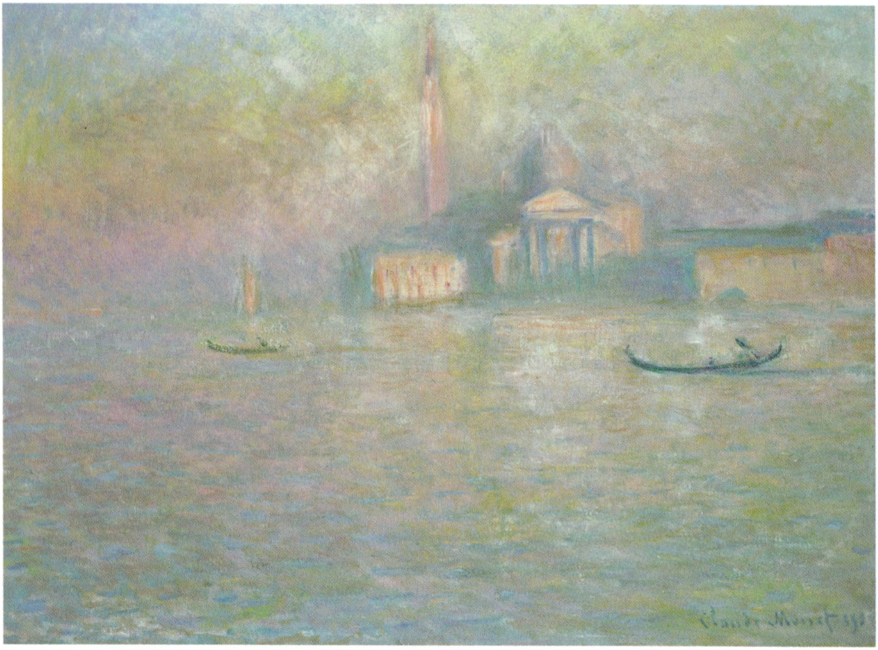

San Jorge el Mayor
1908
60 x 80 cm
National Museum of Wales, Cardiff

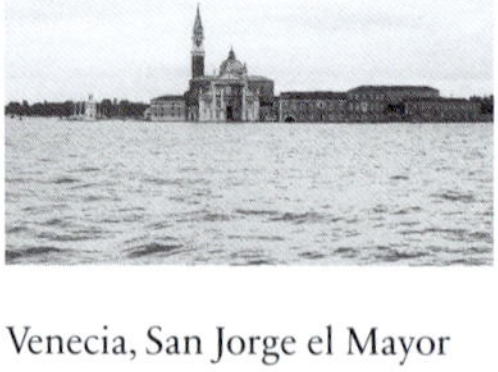

Venecia, San Jorge el Mayor

Lo esencial, por ahora, es el trabajo. En noviembre, adquiere tal intensidad que Alice ha de ocuparse de una parte de la correspondencia. De este modo, es ella quien responde a una carta de Gustave Geffroy, circunstancia que proporciona algunas impresiones de este viaje: «Sí, Monet está trabajando con ahínco; está completamente seducido por Venecia. No puedo decirle suficientemente la alegría que siento, aunque también temo que se llegue a fatigar. ¡Qué días inolvidables he pasado aquí, al lado de mi marido, siguiendo cada una de sus pinceladas! Usted vendrá a Giverny, ¿verdad?, para ver todas esas maravillas, esos reflejos admirables, este agua nacarada que solo él sabe plasmar. Pero es hora de volver. Todo cambia y Monet no puede apartarse sin dolor de sus queridos motivos». A estas afirmaciones líricas hacen eco las líneas dirigidas por el viejo luchador a los hermanos Bernheim-Jeune, en las que vuelve a ser el de siempre: «En cuanto a la fecha del regreso, dependerá del tiempo, que en este momento es maravilloso, aunque hace un poco de frío por la mañana, pero por lo demás es tan bello que no es momento de pensar en la marcha».

Habrá que tomar, por tanto, una decisión. Así, el 3 de diciembre, el mismo día en que ha hecho el estudio de *Góndolas,* que ofrecerá a Clemenceau, Alice comunica el programa del viaje de vuelta a su hija Germaine. La partida se fija para el lunes 7 de diciembre a las 10 de la noche. Aún el domingo, «el encanto de Venecia» fascina al pintor, que siente rompérsele el corazón al pensar en que ha de abandonar todas estas maravillas. A la mañana siguiente, cuando las maletas y las cajas ya están cerradas, engaña a la melancolía escribiendo a Geffroy para expresarle su entusiasmo por la ciudad que va a abandonar, su disgusto por no haber venido aquí cuando era más joven y estaba «lleno de audacias». Se reconforta pensando en volver el año siguiente… vana ilusión, como se sabe, a la que se dio a lo largo de su extensa carrera cada vez que tuvo que abandonar un lugar donde había trabajado. Los dos esposos escriben una última carta de agradecimiento a Mrs. Curtis, y emprenden el camino de retorno a Francia: el martes están en Génova, el miércoles en Bordighera —¡cuánto nos gustaría conocer las reacciones de Monet, más de 20 años después de su fructífera estancia de 1884!— y el jueves desembarcan en Cagnes, donde pasan varios días en casa de Germaine y Albert Salerou y aprovechan este intermedio para visitar a Renoir en su Villa des Collettes.

En Giverny, Paul Durand-Ruel verá, con vivo disgusto, cómo se le han adelantado los hermanos Bernheim, que se han asegurado las primicias del trabajo traído de Venecia. Organizarán una exposición, pero tendrán que esperar hasta 1912 para recibir en su galería las telas que habrán sido retocadas, lejos del motivo, en el estudio.

La exposición de Ninfeas en 1909 o el triunfo del modernismo en pintura

Secuela probable del viaje a Venecia más que del frío que reina en Giverny, una seria indisposición de Alice entristece los primeros días del año 1909. Otra consecuencia del viaje, feliz en este caso, es la manera más favorable en que Monet ve ahora las obras realizadas en el jardín, hasta el punto de que se decide por fin a dar su asentimiento a Durand-Ruel para la gran exposición, «diferida en tantas ocasiones». A finales de enero está en condiciones de fijar la fecha y de proponer el título que se adoptará definitivamente: *Las ninfeas, series de paisajes de agua.* El sábado 6 de febrero, Paul Durand-Ruel viaja a Giverny, donde Alice sigue guardando cama. Se muestra muy contrariado cuando ve la soberbia serie de Venecia, que Monet «ha tenido la debilidad de prometer a los hermanos Bernheim», lo que no impide que el visitante, generoso como siempre, entregue un cheque de 30.000 francos al desleal pintor y asienta a la participación de sus competidores en la organización de la exposición. Monet se esforzará por explotar las perspectivas abiertas por esta colaboración, invitando a los dos socios a elegir a la mayor brevedad la parte de las *Ninfeas* que cada uno de ellos se habían obligado a comprar. Los últimos preparativos se refieren al embalaje de las telas y a un catálogo, reducido a su mínima expresión: los cuadros se agrupan por años, pues Monet se muestra más incapaz que nunca de matizar los títulos. Precedido de cinco cajas de telas, desciende del tren en la estación de Saint-Lazare con una sexta, el lunes 3 de mayo. Inmediatamente se dirige al hotel Terminus, como hace cada vez que sus desplazamientos a París le obligan a pasar la noche en la ciudad.

La exposición se anuncia con una hábil publicidad. La palma se la lleva *Gaulois* de Arthur Meyer, feliz de agradecer al pintor el haber aceptado un encargo delicado y que ha enviado a Giverny a su colaborador Jean Morgan. El detallado relato de este último aparece en primera plana, en la rúbrica «Conversaciones con algunos maestros», el miércoles 5 de mayo, víspera de la inauguración. A partir del día siguiente, todo París se estruja en las tres salas de la galería Durand-Ruel, en la rue Laffitte 16, donde se han expuesto 48 variaciones de un tema, que se corresponden tan exactamente con la estética del comienzo de siglo que los esnobs, cuyos padres se opusieron en su día

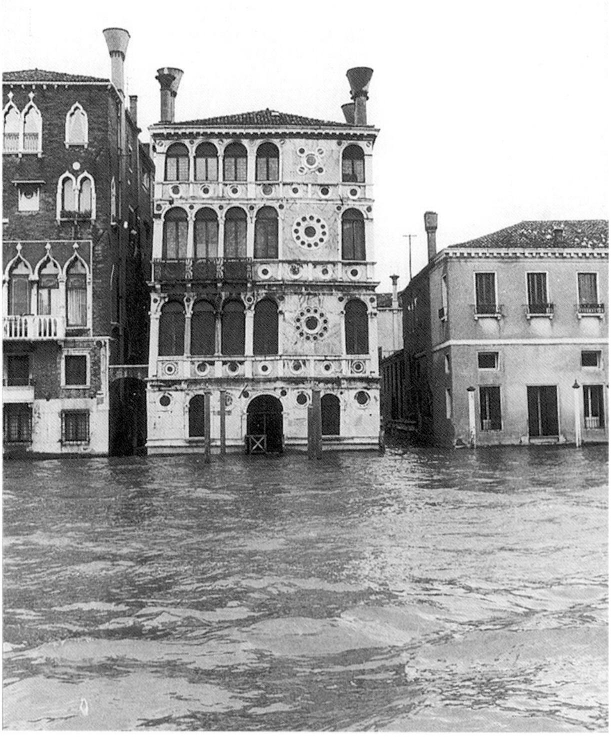

Venecia, el palacio Dario, flanqueado a la izquierda por el palacio Barbaro Volkoff

al impresionismo, se pasman ante las flores de su crepúsculo. Jules Renard se singulariza cuando confía a su diario íntimo: «Es demasiado bello; la naturaleza no es así... Hay un abismo entre nuestro arte y este». Pretende ignorar que «nuestro arte», en la Belle Époque, se expresa menos en el eclecticismo académico que en las gracias floridas del modernismo ilustrado hasta en las calles de París por los carteles de Mucha, por las estaciones del metro de Paul Guimard, por todas esas curvas y espirales con las que tan estrechamente están unidas las figuras curvilíneas que dominan el espejo del acuario glauco de Giverny.

De la decoración a la abstracción

Los visitantes que tuvieron la fortuna, en mayo-junio de 1909, de ver reunidas en la galería de Durand-Ruel esas cuatro docenas de *Paisajes de agua* pertenecientes a un mismo periodo de creación, subrayaron, casi sin excepción, las diferencias de efectos correspondientes a los diferentes momentos de la jornada. Mientras que Forthuny se limita a elogiar «el esplendor de los mediodías y la poesía de las tardes», otros van más lejos, como Thiébault-Sisson, que distingue incluso cinco momentos principales: desde las «notas azafranadas» de la aurora hasta las «transparentes tinieblas» del crepúsculo. Otros, como Robert-Kemp en *L'Aurore*, creen discernir la marca del tiempo que reinaba y las de la estación, desde la primavera al otoño. Si se tratara de motivos clásicos, como *Almiares* o *Catedrales de Ruán*, esta observación parecería banal pero, aplicada a las *Ninfeas*, testimonia una diversidad de efectos que los contemporáneos sintieron profundamente, favorecidos por el modo en que se colgaron conforme a las indicaciones de Monet, mientras que la dispersión actual de las obras dificulta la percepción de este fenómeno, al menos en sus matices.

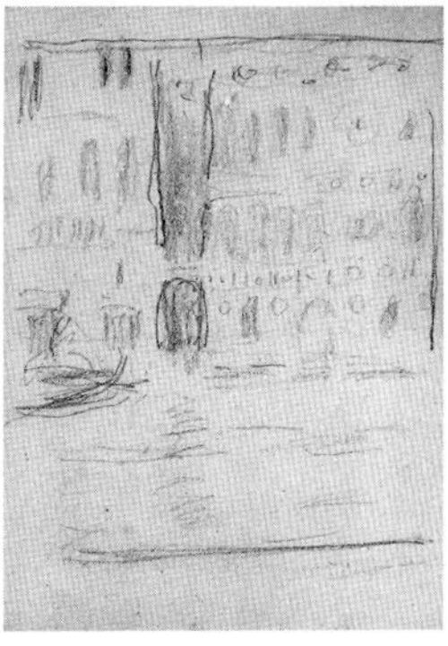

Venecia, el Palazzo Dario
Dibujo a lápiz
Musée Marmottan Monet, París

Animada por las reacciones del público, la prensa multiplica ecos y estudios. Así, el sueño de la decoración subyacente desde la época de las confidencias de Monet a Maurice Guillemot encuentra, en mayo de 1909, una nueva actualidad, como testimonian por otro lado los artículos de Geffroy, de René-Marc Ferry y sobre todo de Arsène Alexandre, que lo evoca de la siguiente manera: «El pintor habría querido disponer, para decorarla, de una sala circular, de dimensiones modestas, bien calculadas. Todo alrededor, hasta media altura de la talla humana, habría reinado... una pintura de agua y de flores... Ningún mueble. Solo una mesa central en esta sala que sería un comedor...»

Este sueño corresponde a una preocupación del maestro, por lo que este indica a Roger Marx, que le había entrevistado en el momento de escribir un artículo para la *Gazette des Beaux-Arts:* «Antiguamente, yo soñé con hacer una decoración con las mismas ninfeas como tema, proyecto que algún día llegaré a realizar». En el artículo de Roger

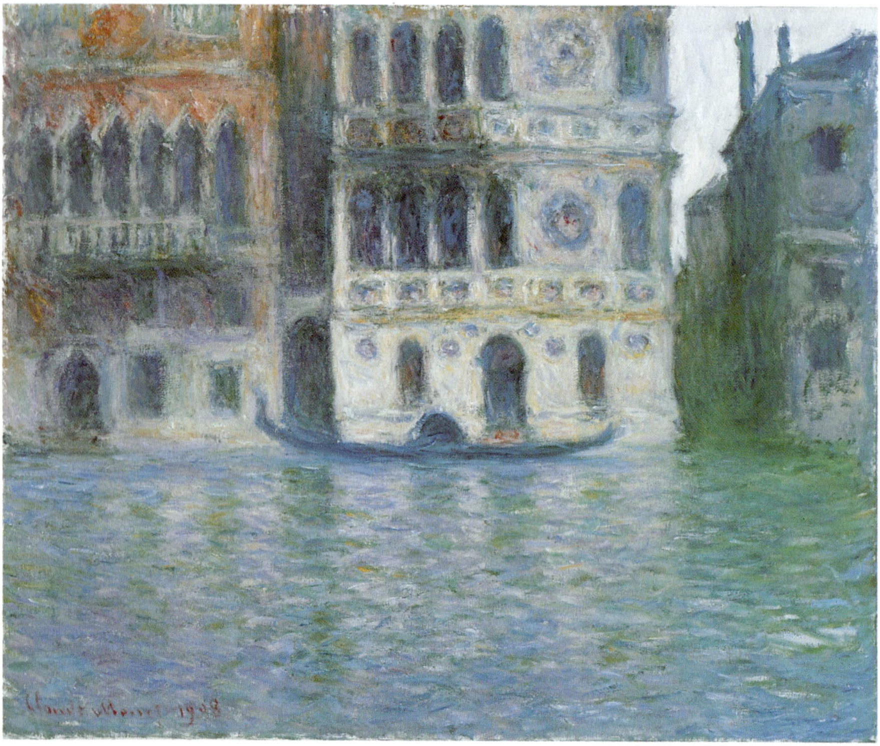

Palazzo Dario
1908
65 x 81 cm
The Art Institute of Chicago

Marx se recogen otros detalles concretos confiados por Monet. Es este un buen ejemplo de síntesis entre escritos anteriores y bastantes trazos inéditos: la confesión de un «malestar» causado en un primer momento ante la aparente monotonía de las telas, la constatación de una ruptura, no solo con la escuela de Barbizon, sino con toda la tradición occidental, el acercamiento, por el común amor a las plantas, a Gallé, cuyas obras son símbolos del modernismo por excelencia. Renunciando a seguir la cronología propuesta por el catálogo, Roger Marx la sustituye por una clasificación personal, que toma como punto de partida el único cuadro en que figura el puente japonés y que examina las obras en función de la decreciente importancia que conceden a la «decoración terrestre» hasta su total desaparición y su sustitución por «la magia evocadora del reflejo». Sigue un largo discurso que se pone en boca del pintor, en el que el autor le hace desarrollar los elementos facilitados por su carta, al referirse a las afinidades con su época, con Mallarmé y con Debussy, y abordar la cuestión de sus relaciones con el arte abstracto: «Los que hablan de mi pintura concluyen que he llegado al último grado de abstracción y de imaginación relacionado con lo real. Preferiría que quisieran reconocer el don, el abandono integral de mí mismo». Insiste con razón en la «atención ferviente y exclusiva» con la que persigue «la representación de un motivo único desde todos los puntos de vista». Sin embargo, el problema del mayor o menor grado de abstracción que ha de reconocerse en las *Ninfeas* ya está planteado, aún más a medida que las series se suceden y que el arte abstracto adquiere un poder de atracción que el maestro del impresionismo no presintió.

Las inundaciones de 1910

Las abundantes precipitaciones de diciembre y de enero originan una crecida del Sena de dimensiones excepcionales. Popularizadas por innumerables fotografías y tarjetas postales, las inundaciones de enero-febrero de 1910 constituyen una dura prueba para París y el valle del Sena. Allí donde diversos brazos del Epte confluyen con el río crecido se forma un inmenso lago que barre el viento y que se oculta bajo la bruma. Situado en su mayor parte en la pendiente de una colina, Giverny sufre menos daños que Lavacourt, Bennecourt, Limetz o Vernon. No obstante, la carretera de abajo y la línea del ferrocarril están cortadas en un largo trayecto y el agua sube hasta media altura del camino central del jardín de Monet. Las orillas del estanque de las ninfeas desaparecen bajo el agua; solo el puente japonés, en forma de caballete, emerge a duras penas. Las relaciones con el exterior son difíciles, lo que dificulta el abastecimiento. «Lo que es verdaderamente triste para usted» —escribe Octave Mirbeau, enfermo y muy afectado por este espectáculo «de desolación y de terror»— «son los días que aún debe pasar separado de todo, con su esposa sufriendo y atormentándose para que nada falte en la casa». Pero, fiel a su personaje de mentor optimista, el escritor añade: «Piense que es uno de los que menos ha sufrido. Por lo que se refiere al jardín, que era su alegría y la alegría de su vida, lo verá salir de las aguas, no digo que intacto, pero sí menos dañado de lo que cree... Mi viejo querido amigo Monet, ¡ánimo!».

En el momento inmediato, las inquietudes del «querido amigo Monet» siguen siendo vivas, como confía a Julie Manet-Rouart el domingo 6 de febrero, cuando las aguas han comenzado a bajar desde el martes anterior: «Estábamos en plena inundación y yo, perfecto egoísta, solo pensaba en mi jardín, en mis pobres flores, llenas de barro». Algunos días más tarde, informa a Paul Durand-Ruel: «Por un momento creí que todo mi pobre jardín estaba perdido, lo que me habría supuesto un gran disgusto. En fin, el agua se está retirando poco a poco y, aunque he perdido muchas plantas, quizá el desastre sea menor de lo que temía. Pero ¡qué calamidad y qué miseria!». A mediados de febrero, el nivel del agua vuelve a subir, lo que hace que Mirbeau escriba: «No acabaremos nunca; ya empiezo a creer que es

PÁGINAS 506/507
San Jorge el Mayor al crepúsculo
1908
65 x 92 cm
National Museum of Wales, Cardiff

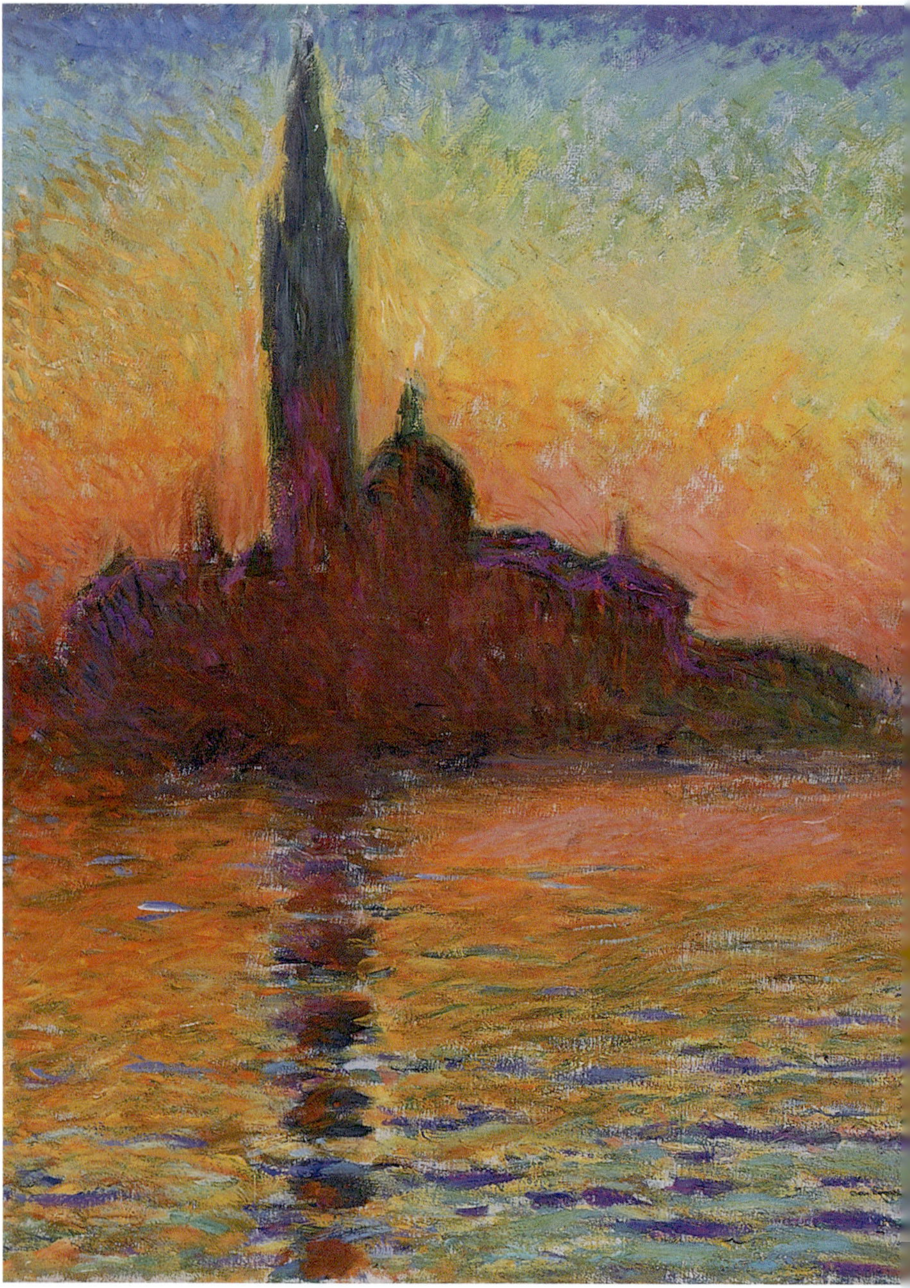

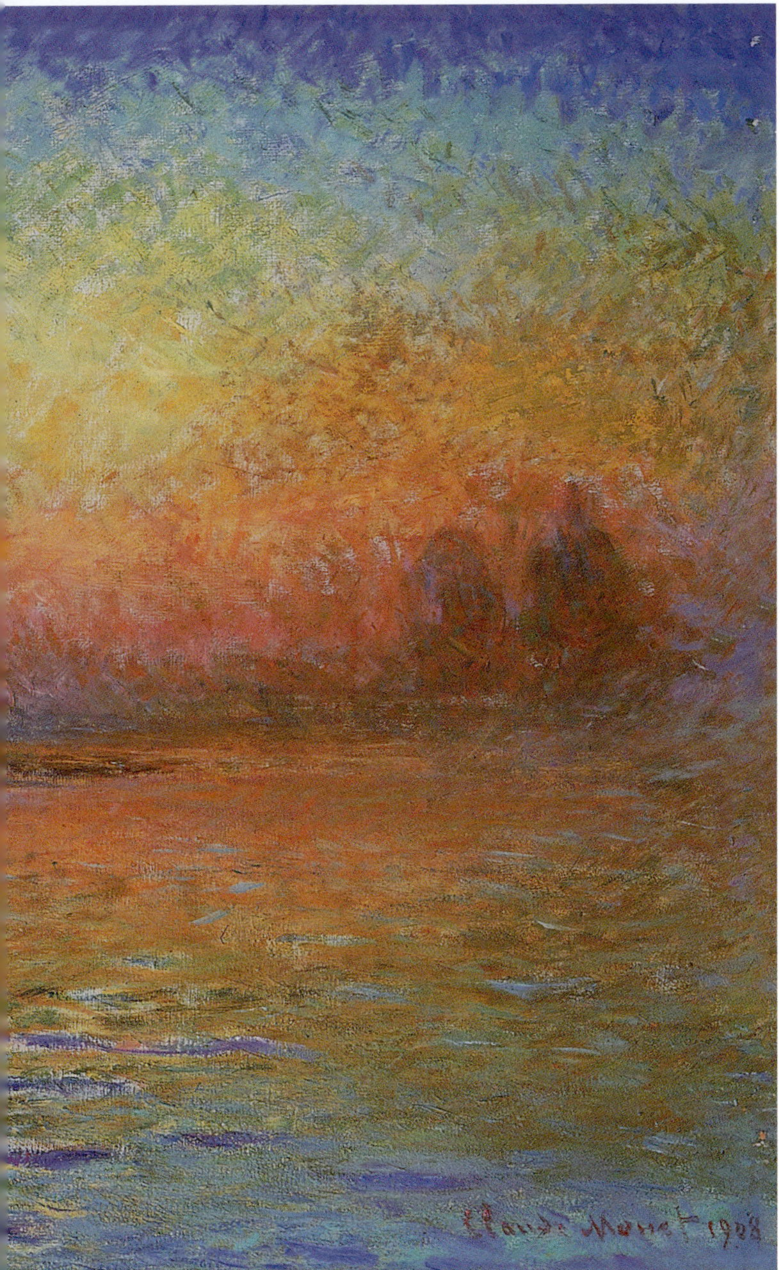
Claude Monet 1908

el fin del mundo. Si sobrevivimos, vamos a tener muchísimo trabajo. Me imagino que más trabajo que pérdidas reales. Si sus plantas no han sido desarraigadas, no se han perdido. ¿Se han echado a perder sus bambúes? Si no, ya verá cómo todo comienza a crecer. No se aflija, querido Monet, antes de comprobar la situación». Cuando el Sena vuelve definitivamente a su cauce, los estragos, sin resultar irremediables, serán lo suficientemente importantes como para justificar una rectificación parcial de las orillas del estanque, que de este modo tomará la forma definitiva que conocemos hoy en día.

Incluso en estos momentos, la vida intelectual sigue en la capital. Mirbeau, que se esfuerza en distraer a Monet de sus preocupaciones, le informa al mismo tiempo del estreno de *Chantecler* en Porte-Saint-Martin y de la exposición de Matisse en la galería de Bernheim.

Muerte de Alice

En respuesta a una solicitud de Henry Roujon, secretario perpetuo de la Academia de Bellas Artes, Monet consiente en ofrecer un *Támesis en Charing Cross* para la tómbola organizada en beneficio de las víctimas de las inundaciones, lo cual tiene su mérito si se considera la hostilidad que le testimoniaron durante mucho tiempo algunos de los más representativos miembros de la Academia. Sin embargo, ahora es tiempo de indulgencia a pesar, o quizá a causa, de las circunstancias, en un Giverny todavía incomunicado de Vernon a comienzos de marzo de 1910 y ahora que Alice debe guardar cama, «en un estado de extrema debilidad». A mediados de abril, no queda más que una «pequeña esperanza» de que se recupere aquella de quien su marido tomaba todas sus fuerzas.

Sus tormentos no son tan solo físicos. A la profunda aflicción que le causó la muerte de Suzanne se han venido a añadir las graves preocupaciones causadas por las reclamaciones de Jacques, que no deja de importunar a su madre —y como consecuencia, también a su padrastro— con permanentes peticiones de dinero. Cuando se entera de que Jacques ha vendido su cargo de agente marítimo, Monet decide romper definitivamente con este hijastro pródigo, tan diferente de los otros hermanos Hoschedé, que son tan respetuosos o incluso, como Blanche, un poco crédulos. Por otro lado, Jean Monet no deja de causar problemas: afectado de una enfermedad que no consiguen sanar ni los cuidados ni las curas, el hijo primogénito de Claude y Camille ha perdido su empleo en la fábrica de Maromme, cerca de Ruán, donde su tío Léon Monet había dado prueba de tener una gran paciencia con él. Hacia fin de año, un día brumoso de noviembre, se dirigirá, con simulado optimismo, a fundar una cría de truchas en Beaumont-le-Roger, en el departamento del Eure.

No obstante, en la primavera de 1910, el estado de Alice mejora un poco. A pesar de la gravedad del mal —una leucemia mieloide—, la pobre puede abandonar su habitación para almorzar en familia y

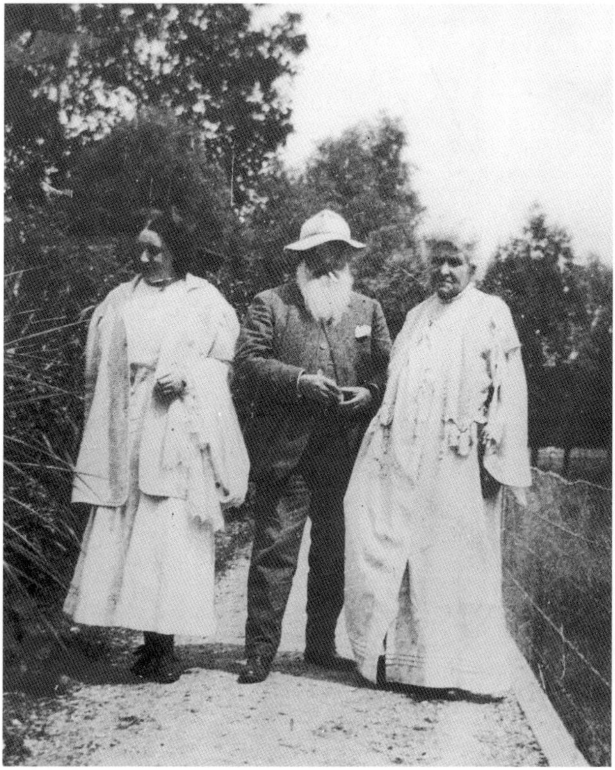

Una de las últimas fotografías de Alice Hoschedé Monet, en julio de 1910, tomada en un camino del jardín de Giverny, al lado de su marido y de su nieta Alice Butler

admirar el jardín florido en el esplendor de los primeros días de junio. Pese a su inquietud y de los persistentes dolores de cabeza, Monet recibe nuevamente a sus amigos y acepta incluso una invitación de Mirbeau, deseoso de mostrarle su nueva residencia en Triel. Al mismo tiempo, sus acciones reflejan una benevolencia de las que uno de los primeros beneficiarios va a ser el instituto de su niñez. En un impulso de generosidad, como hasta entonces no se había visto en él, ofrece a la ciudad de El Havre, en recuerdo a su juventud, tres lienzos por el precio irrisorio propuesto por la municipalidad misma: ¡3.000 francos, los tres! Posa varias veces, en Giverny y en París, para el escultor Paulin, que ha manifestado la intención de hacer un busto de Monet. Únicamente su propia pintura no se beneficia de este estado de benevolencia. Habrá que esperar hasta el 11 de noviembre de 1910 para verlo decidido a «terminar cierto número de *Venecia*». Tres días más tarde, cuando se celebra una ceremonia en la plaza del Panteón para festejar el 70 cumpleaños de Rodin, Monet celebra el

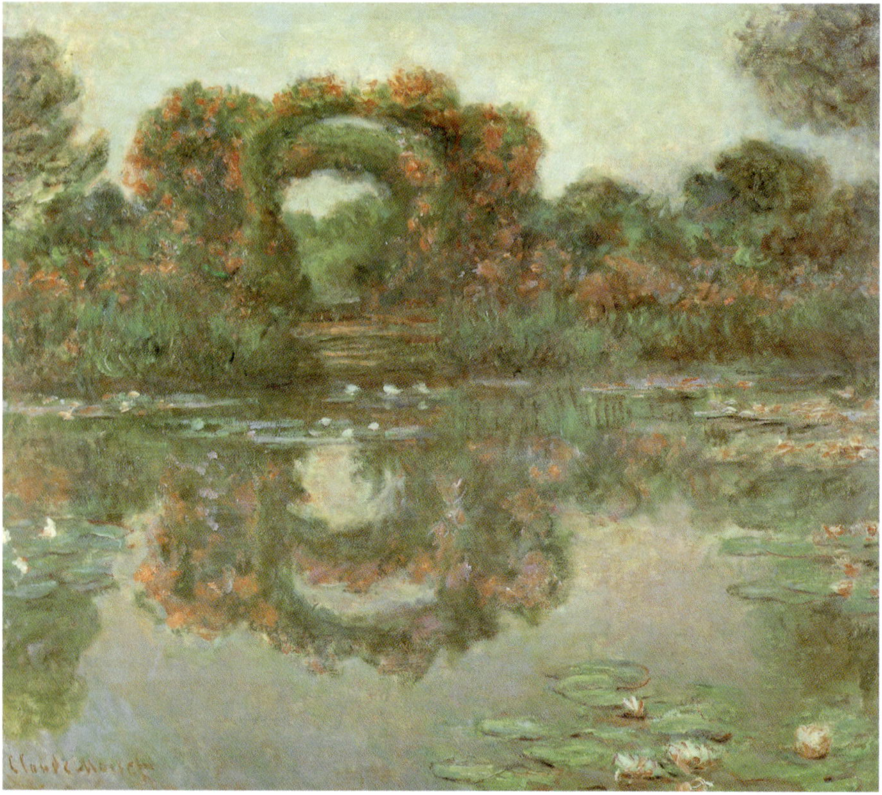

El arco de flores, Giverny
1913
81 x 92 cm
Phoenix Art Museum,
Arizona

suyo en la intimidad de su familia. Sin embargo, el acontecimiento no pasa inadvertido. Así, Geffroy publica en *La Dépêche de Toulouse* un artículo del que extraerá bastante pasajes el *Mercure de France.* Coquiot recuerda a los lectores del *Excelsior* los tiempos en que se podían adquirir obras de Monet y de Renoir por 50 francos. Guillemot, falto de imaginación, vuelve a dar a *Siècle,* casi sin retoques, la entrevista publicada 10 años antes en *La Revue illustrée.*

A lo largo de todo este periodo, diversas exposiciones han venido a concretar el éxito siempre creciente de Monet, esperando la más importante: la que se celebrará en Nueva York en febrero de 1911. Poco después, el domingo 26 de marzo, el principal motor de esta ascensión, Paul Durand-Ruel, viaja a Giverny para adquirir ocho telas de la serie de las *Ninfeas,* por un total de 113.000 francos. En esa fecha, el estado de Alice, aunque precario, aún permite una reunión de negocios, pero la crisis que se produce a comienzos de mes marca

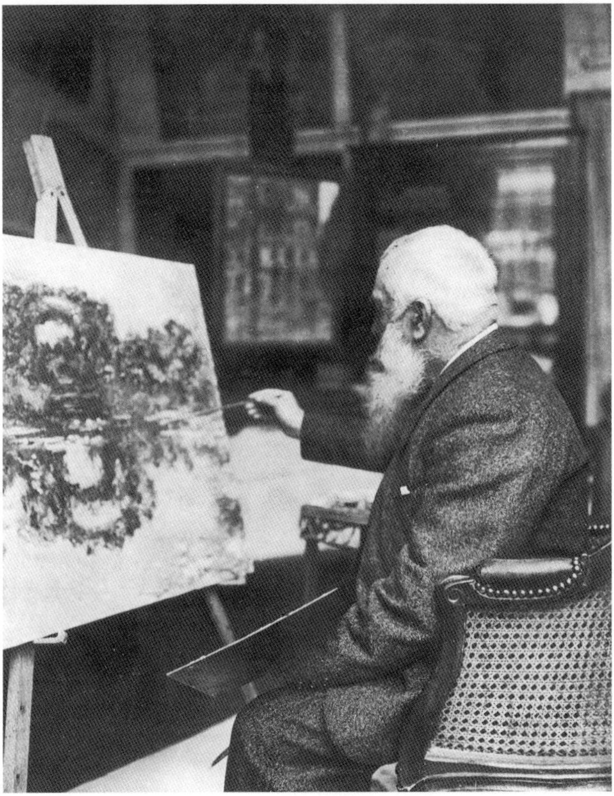

Claude Monet, ocupándose de retocar El arco de flores

un proceso ya irreversible. Pronto, las noticias procedentes de Giverny son tan malas que los amigos temen el «terrible golpe» que la desaparición de su mujer pueda causar al pintor. El 18 de mayo, este anuncia simultáneamente en dos cartas que su «querida compañera está en las últimas». La agonía prosigue hasta las cuatro de la mañana, sin que la moribunda, cuyos sentimientos cristianos son bien conocidos, fuera confortada con los últimos sacramentos. El 19, a las nueve de la mañana, J.-P. Hoschedé y Th. Butler acuden al Ayuntamiento de Giverny para declarar la defunción. Como el secretario omitiera la mención de «artista-pintor» detrás del nombre de Claude Monet, los dos declarantes la hacen añadir al margen después de sus firmas. *¡Vanitas vanitatum!* La esquela, difundida en un gran número de ejemplares, oculta completamente el parentesco con Monet, excluyendo a Claude y a sus dos hijos, mientras que incluye por extenso a todos los miembros de la familia Raingo, a la que la difunta pertenecía por nacimiento.

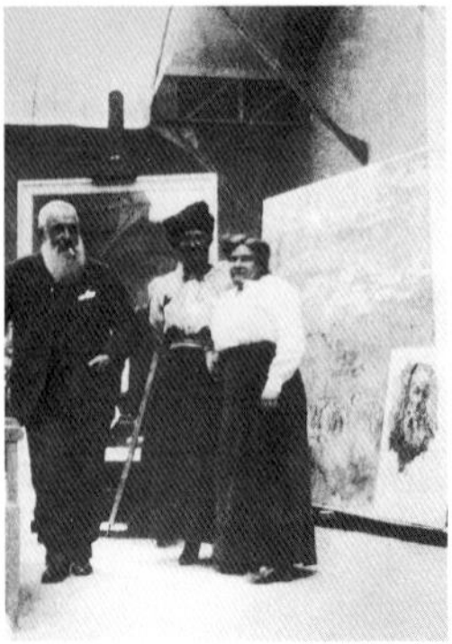
Claude Monet, Germaine Hoschedé Salerou y Blanche Hoschedé-Monet en el tercer estudio, 1917

Los funerales se celebran en la iglesia de Giverny, el lunes 22 de mayo, a las diez y media. Después de la ceremonia religiosa que oficia el abad Hervieu, el convoy se dirige a la discreta esquina donde el panteón familiar, bajo la cruz de mármol en memoria de Ernest Hoschedé, espera los restos mortales de Alice, que se reúne así con su primer esposo y con su hija Suzanne. En la primera fila de los amigos venidos a inclinarse «ante la aflicción de los deudos», según la expresión de Geffroy, también presente, se encuentra una especie de patriarca, «avanzando a tientas, casi ciego, representando el grupo de otros tiempos». Es Degas, venido *ex profeso* de París para testimoniar su adhesión a su viejo compañero Monet, al que quienes no lo conocen bien creen perdido para siempre para la pintura.

La serie Venecia en la galería Bernheim-Jeune

A la mañana siguiente a la muerte de una compañera que ha ocupado en su vida un puesto de excepción, Monet da a sus allegados y a sus amigos la impresión de un septuagenario desamparado. Blanche, el «ángel azul» de Clemenceau, ya no vive en Giverny. Sin embargo, aquí se encuentran Marthe y su esposo, Theodore Butler, así como Jean-Pierre, casado desde 1903 con Geneviève Costadau, pero tanto unos como otros tienen que ocuparse de su propia familia. Mientras que Jean-Pierre siente un gran afecto por su padrastro, Marthe nunca ha olvidado el pasado en el que ella sufrió más que sus hermanos menores, y su afecto hacia el rival de Ernest Hoschedé conoce límites, que afortunadamente el tiempo y el interés irán corrigiendo. En los primeros meses, pasa la mayor parte del día en la gran casa de «Pressoir», donde sorprende frecuentemente a Monet con las cartas de la desaparecida, que quema después de haberlas releído lleno de dolor.

Sin embargo, los más perspicaces no dudan de la victoria del pintor sobre el hombre afligido. El mismo día del entierro, G. Geffroy asegura a Jean-Pierre Hoschedé «que, con Monet, no hay nada que temer, pues volverá a tomar los pinceles y la paleta. Todavía no ha acabado de expresarse». Para ayudar a su amigo a que vuelva a la vida y al arte, Clemenceau le recomienda unas semanas más tarde: «Recuerde el viejo Rembrandt del Louvre… Se aferra a su paleta, resuelto a resistir hasta el final, a pesar de las terribles pruebas que sufre. Aquí tiene un ejemplo». Entretanto, para conseguir una cita se precisa toda la insistencia de Jean-Aubry, deseoso de obtener información sobre las relaciones entre Monet y Boudin, pues está preparando un libro sobre este último. El resultado inmediato es un importante artículo que publica *Havre-Éclair.* Vuelto esencialmente hacia los años de juventud, permite entrever la «figura enérgica» del maestro, velada tras una expresión que suavizan «sus ojos penetrantes». El visitante no acierta a percibir que esta energía latente espera a ser empleada en una obra gigantesca y, cuando se despide del «viejo grave y bello», le aprieta la mano con «el sentimiento piadoso» que se testimonia a un jubilado «que está acabando sus días» en un decorado, cuya sustancia parece haber agotado.

Efectivamente, se buscará en vano una promesa de creatividad en la intención expresada por Monet en octubre «de terminar algunos lienzos de *Venecia*» y después, en su satisfacción de haber conseguido «retocar sin demasiadas dificultades» algunas de las obras adquiridas por Durand-Ruel, «que tenían necesidad de ello», antes de volver a dedicarse a sus Venecia. Sin embargo, muy pronto esta tarea se le hace trabajosa y, después, imposible: «La pintura me desagrada completamente. Voy a colgar los pinceles y las pinturas». ¿Por qué no habrá conservado los lienzos tal como estaban, «en recuerdo de los días felices pasados con mi querida Alice», en vez de haber estropeado algunos hasta el punto de pensar en destruirlos? Sin embargo, dos meses más tarde ha recobrado las fuerzas, y Monet anuncia a los hermanos Bernheim-Jeune que pronto habrá terminado las telas de Venecia y se podrá montar una exposición en su galería, si siguen estando dispuestos a organizarla. Informado a su vez, Paul Durand-Ruel olvida su decepción inicial. Sus estímulos y los de sus hijos rivalizan en elocuencia con los de Clemenceau, quien a pesar de tener que someterse

Claude Monet en su primer estudio en Giverny, c. 1913, mostrando **El desayuno sobre la hierba** (1865) a un visitante

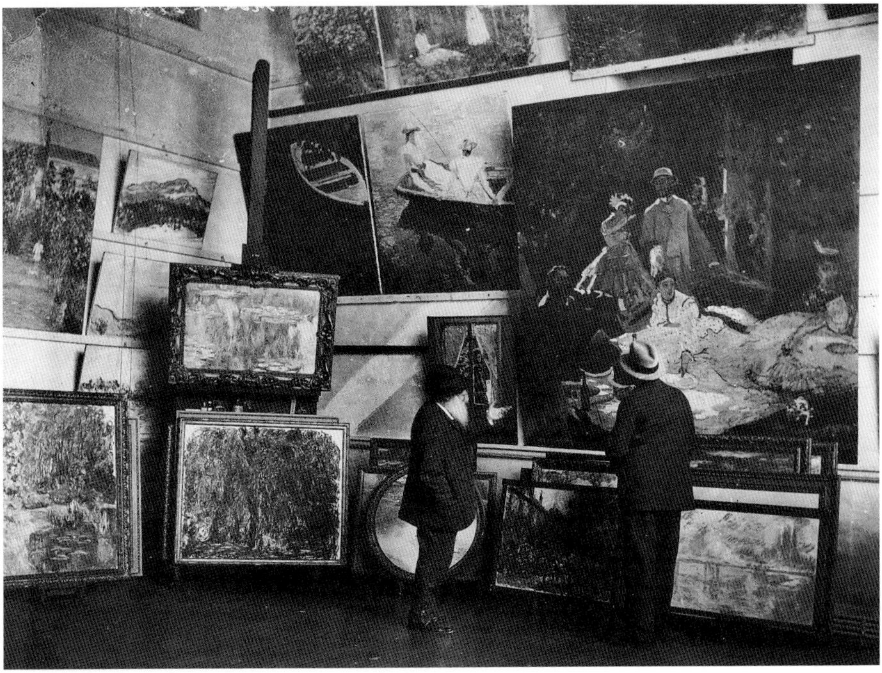

a una operación de próstata, se muestra animoso y reconfortante. Sin embargo, los esfuerzos de unos y otros no impiden que el pintor se vea presa de un negro pesimismo a medida que se acerca la fecha de la exposición: «Ya sé que mis cuadros le parecerán perfectos. Sé que tendrán gran éxito cuando se expongan, pero eso me es indiferente, pues yo sé que son malos; bien seguro estoy».

Esta no es, evidentemente, la opinión de los críticos encargados de comentar la exposición. Al contrario, los testimonios de admiración por la serie de Venecia se alzan como en otro tiempo las olas de la laguna al paso del *Bucentauro*. Animados por el prefacio de Mirbeau, Geffroy, Alexandre y Lecomte dan rienda suelta a los elogios, con su acostumbrada facilidad. Al lado de estos fieles partidarios, no quieren ser menos los cronistas más desconocidos por su opinión sistemáticamente favorable, o demasiado jóvenes para haber tenido ocasión de manifestarla: Henri Genet, Roger Allard, André Michel, Gustave Kahn, George Besson y Henri Ghéon, por limitarnos a los artículos firmados. Signac sitúa los cuadros sobre Venecia en el mismo plano que las obras maestras expuestas antiguamente en *La Vie Moderne*, que le hicieron decidirse a seguir la carrera de pintor. Aunque la opinión de un conocedor como Signac le es «preciosa», Monet continúa desconfiando de ciertas admiraciones exageradas, que estima dictadas por la moda: «Si las críticas injuriosas de los primeros tiempos me dejaron frío, me quedo asimismo indiferente ante los elogios de los imbéciles, de los esnobs y de los traficantes».

«Un gran decorador»

Todavía no se ha cerrado la exposición sobre Venecia en la galería Bernheim de la rue Richepanse, cuando, el 5 de junio de 1912, se inaugura la exposición «Art moderne», organizada por Manzi y Joyant en el número 15 de la rue de la Ville-l'Évêque. Allí, Monet figura con 21 obras, en su gran mayoría anteriores a 1900. Esta circunstancia nos autoriza a no extendernos sobre una exposición que *La Chronique des Arts* considera la prefiguración de una «futura sala del Louvre», mientras que el *Mercure de France* destaca la presencia de Van Gogh, omitido en los anuncios publicitarios, y lamenta la ausencia de los maestros del puntillismo. Un mes más tarde, el público es convocado a «la Trienal», una exposición de arte francés en el Jeu de Paume de las Tullerías. Gracias a un envío de Durand-Ruel, Monet está representado por dos telas, en medio de un conjunto heterogéneo de artistas. Más significativas son las exposiciones que se organizan en el extranjero, especialmente en San Petersburgo y en Fráncfort. Para la primera, disponemos de una interesante información de Louis Hautecœur, que considera a Monet como «posiblemente, el más prestigioso de los paisajistas», sin precisar si ese es también el sentimiento de los visitantes rusos. Con ocasión de la segunda, parece que una parte del público alemán prefiere a Manet, Renoir y Cézanne, al menos si se ha de creer a Erich Hancke, quien pone a Monet en el segundo puesto, en el mismo plano que Sisley y Pissarro, al tiempo que reproduce una afirmación de este último: «Monet no es paisajista, sino un gran decorador».

Las relaciones de Monet con las artes decorativas —que aquí se presentan como un límite a su genio de pintor— toman una nueva significación si se tiene en cuenta lo que escribe Gustave Kahn: en un estudio sobre *Los impresionistas y la composición pictórica,* considera la reunión de una serie de Monet —*Catedrales, Londres, Ninfeas*— como un «logrado intento de nueva composición»; no obstante, cuando considera las posibilidades del impresionismo —privado durante tanto tiempo de encargos oficiales— de afirmar un día sus cualidades de composición y sus aptitudes decorativas, Kahn no piensa en Monet, sino en pintores que se remiten a Cézanne, Van Gogh o Gauguin. A decir verdad, en 1912 Monet sueña con ello tan poco como el crítico del *Mercure de France,* en un momento en que los médicos le han diagnosticado una doble catarata, cuya operación se ha diferido provisionalmente, en el momento en que el estado de salud de su hijo Jean justifica las peores inquietudes y en que la hostilidad declarada de Jacques Hoschedé provoca las tensiones que, a lo largo del otoño, desembocarán en la subasta pública de los bienes de Alice.

A pesar de todas esas trabas, vuelve al trabajo, como testimonian indirectamente una confidencia dirigida a la suegra de J.-P. Hoschedé y dos lienzos que representan la casa del artista, uno de ellos fechado en 1912, lo que no impide que personas bien informadas consideren a Monet como muerto para la pintura, tanto más cuanto que parece contentarse con explotar sus existencias y con cobrar las cantidades que le giran las galerías Durand-Ruel y Bernheim: 369.000 francos solo en 1912. Por otro lado, esta es también la impresión que el mismo pintor trasmite en una carta dirigida a Durand-Ruel en enero de 1913: «No tengo ganas de hacer nada», y añade que está persuadido de que le es imposible progresar y encontrar satisfacción, que todavía desea dar una última mano a los lienzos que siguen gustando a su marchante y amigo, pero «después, habré terminado».

A mediados de febrero, un breve viaje a Saint-Moritz, con Michel y los hijos de Butler, produce el efecto de un balón de oxígeno. Monet, feliz de volver a la vida, inunda de tarjetas postales a los miembros de la familia que han quedado en Francia. Una vez de regreso a Giverny, confía a Durand-Ruel su intención de «volver el próximo año para trabajar en este maravilloso país». Este proyecto se quedará sobre el papel, pero el solo hecho de haberlo concebido ya es prometedor. Por esto no le aterra demasiado que Jean, incapacitado ya para hacer trabajo alguno, haya abandonado Beaumont-le-Roger para refugiarse en Giverny, donde su padre le comprará la casa «Pinsons». Por lo que

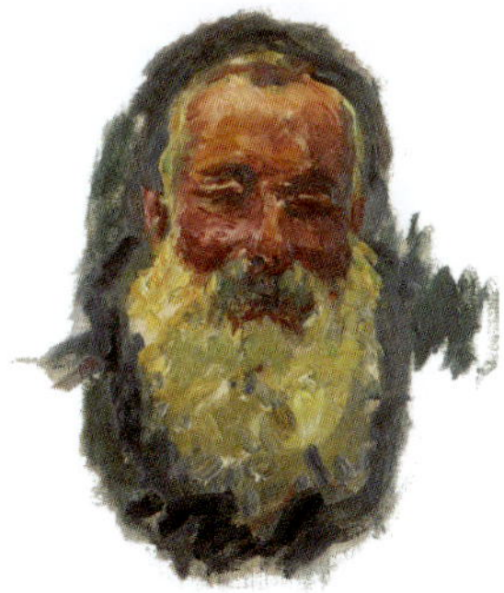

Autorretrato
1917
70 x 55 cm
Musée d'Orsay, París

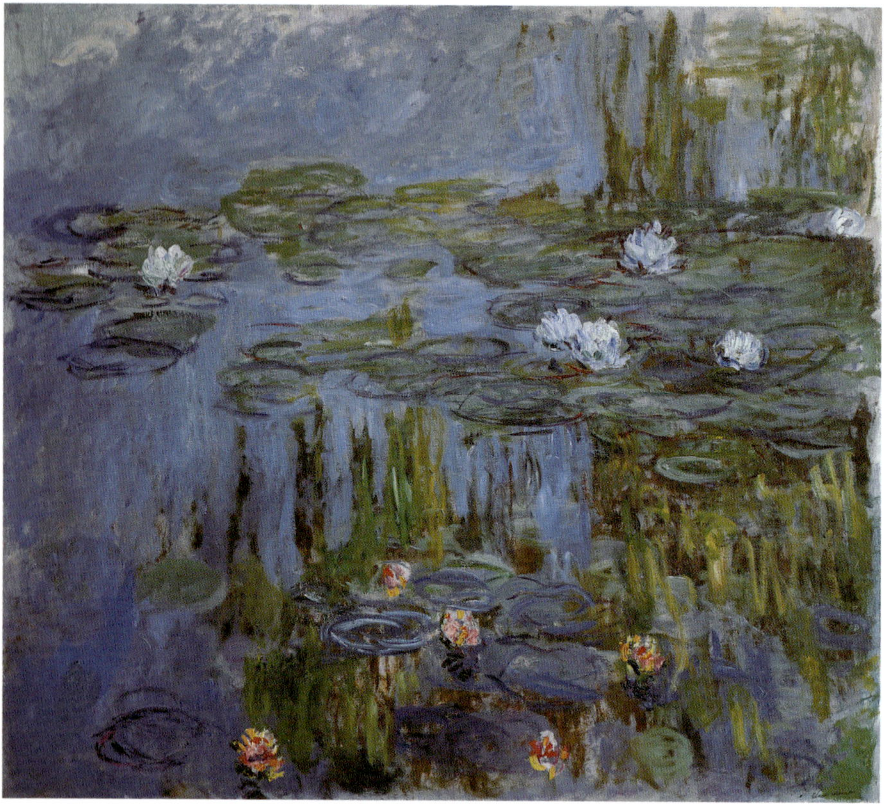

Ninfeas
1915
160 x 180 cm
Portland Art Museum, Oregon

se refiere a las dificultades con la vista, Monet conoce un momento de esperanza cuando viene a París un oculista alemán, quien le promete curarle de las cataratas, sin operación, con la condición de acogerle, gratis, en su clínica próxima a Gotha. Sin embargo, la información recogida por varios intermediarios son poco halagüeñas, por lo que Monet renuncia a someterse a su tratamiento.

Junto a los momentos sombríos, el verano de 1913 ofrece también horas de luz: en primer lugar, en julio, la llegada de Georges Truffaut, célebre horticultor a quien Monet hace visitar sus propiedades y quien publicará en la revista *Jardinage* un artículo firmado por Félix Breuil, jardinero jefe de Giverny, documento precioso para conocer las diferentes variedades de lirios plantados tanto en el jardín de agua como en el florido. Después, respondiendo a una invitación de Sacha Guitry y de Charlotte Lysès, se traslada para una breve estancia a Yainville, cerca de Jumièges, en compañía de Mirbeau. Guitry viaja a Giverny al mismo tiempo que la cantante norteamericana Marguerite Namara, a quien fotografía con el brazo apoyado desenfadadamente sobre el hombro del pintor, aparentemente radiante bajo su sombrero panameño, destacándose del fondo de ninfeas y del puente japonés. Se suceden otras visitas: a comienzos de octubre, las de Bernheim y Durand-Ruel, también la de Germaine, acompañada de su hija pequeña para recoger al mayor, que había pasado parte de las vacaciones en Giverny. Todas esas visitas trastornan al pintor, como él mismo reconoce. Sin embargo, no dice palabra sobre la breve serie del *Arco de flores,* realizada ese mismo año, prueba de que aún tiene suficiente agudeza visual, pues la vista va desde una orilla a la otra de un estanque cubierto de ninfeas en flor. Los cuadros de esta serie forman ciertamente parte de un lote de lienzos que Monet está feliz de terminar en el estudio a mediados de noviembre, mientras «espera poder pintar ante la naturaleza». Por otro lado, se ocupa de retocar uno de los arcos de flores (il. pág. 510), ante el que posa unos días más tarde para el fotógrafo de *Je sais tout,* encargado de conseguir la ilustración para una entrevista con André Arnyvelde. En su artículo, este cronista, buen parisino, confunde el Sena con el Eure y reproduce algunas anécdotas, que contribuyeron más a alimentar la leyenda que a descubrir la verdad sobre la juventud de Monet.

«Aún tengo grandes planes»

El año fatídico de 1914 comienza para Monet con una fuerte gripe, que le tiene atado a la cama durante una parte de enero. A comienzos de febrero se ha levantado, pero es para asistir a la agonía de Jean, su hijo mayor, cuyo estado de salud —apenas llegado al estudio de su padre— parece haber empeorado tanto que se hace imposible trasladarlo: «¡Qué tortura ha sido para mí asistir a este ocaso, allí, delante de mí; qué duro!». La muerte le sobreviene el 9 de febrero, a las nueve de la noche. Todos lo acogen como un alivio: «Nos consuela pensar que ha dejado de sufrir. Ha sido un verdadero mártir». El disgusto de Monet no puede compararse con la tristeza que sufrió tras la desaparición de Alice. ¿Se ha acostumbrado al sufrimiento, o es un egoísmo de viejo, feliz al pensar que Blanche, ahora que ha enviudado, se podrá dedicar enteramente a él? Apenas se han cursado las respuestas a los pésames, cuando suegro y nuera se dirigen al lecho de Michel, que acaba de ser operado en París y cuya convalecencia comienza...¡en el hotel Terminus! Para el pintor, es la ocasión de visitar, en compañía de Gustave Geffroy, la exposición de 50 obras suyas de todas las épocas, desde Argenteuil a Venecia, organizada en su honor por Durand-Ruel. A su vuelta a Giverny se dedica a la jardinería, para satisfacción de Sacha Guitry y de Charlotte Lysès, mientras los conservadores del Louvre preparan la apertura de las salas que van a recibir el legado de Camondo, en el que figuran 14 obras suyas.

Pero, después de un periodo de inactividad casi total, se manifiesta un deseo vivo de trabajar, y además con un plan tan amplio como jamás había concebido ningún otro pintor impresionista. El acontecimiento se revela en una carta dirigida a Geffroy el 30 de abril de 1914, con la impaciencia que le produce un «comienzo en falso» en el trabajo, provocado por «el tiempo perdido»: «Aún tengo grandes planes; pronto podrá ver antiguas tentativas que he recuperado de un sótano. Clemenceau ya las ha visto y ha quedado entusiasmado. En fin, ya las verá, espero». Estas líneas ponen punto final a las conjeturas sobre la génesis de las *Grandes Decoraciones:* fue el azar, o al menos un golpe se suerte, lo que hizo que reaparecieran los intentos olvidados (los mismos a los que, sin duda, se refirió Guillemot en 1898). Al verlos, tomó la resolución irrevocable de sucumbir a una vieja tentación y realizar un amplio programa decorativo. Así, además de algunos lienzos antiguos, la obra capital, concebida en vísperas de la Guerra y que ocupará los últimos años de la existencia de Monet, no se comenzó antes de mayo de 1914. En cuanto a la intervención de Clemenceau en el momento decisivo, mencionada con harta frecuencia posteriormente —«Vamos, no se ande con rodeos». «Usted puede hacerlo aún; hágalo»—, está formalmente testimoniada por el documento capital que constituye la carta a Geffroy y confirmada por el Tigre mismo.

¿Tomó Monet sobre el terreno la decisión de construir un estudio especial para acoger sus «grandes trabajos»? Al parecer, él mismo declaró frente a Thiébault-Sisson que «los obreros comenzarán los trabajos de excavación el 1 de agosto». Esta fecha, un sábado, coincide demasiado exactamente con la de la movilización general en Francia y en Alemania como para no levantar sospechas de que tras ella se oculte una dramatización. Los documentos coetáneos no hacen mención alguna de que se tomara una decisión en este sentido, en vísperas del estallido de la Guerra. Por el contrario, esos mismos documentos muestran al pintor en pleno trabajo, aparentemente insensible al tiempo, primero y después, cuando el cielo se muestra inclemente, presa del desaliento con el que le hemos conocido en circunstancias similares.

Hacia finales de junio, el trabajo ha recobrado el ritmo de los mejores días: «Estoy levantado desde las 4 de la mañana, y llevo trabajando denodadamente todo el día. Al llegar la tarde, estoy derrengado... Todavía me queda suficiente vista». El 6 de julio, Geffroy lee las siguientes palabras: «Me gustaría mucho... enseñarle el comienzo del gran trabajo que he emprendido, pues... desde hace dos meses estoy trabajando sin pausa, a pesar de un tiempo que me contraría bastante». Venido a Giverny con Clemenceau, Georges Michel recordará haber visto «dos inmensos paneles de ninfeas... en una especie de gran hangar», mientras que el gran estudio «octogonal (?)» solo existía en el pensamiento de Monet. Este había expresado el deseo de «terminar al menos 10» de esos paneles antes de tomar una decisión sobre su destino, según una respuesta a Clemenceau, quien en su visita había hablado de una donación al Estado de todo el conjunto. El relato es demasiado tardío y demasiado impreciso en cuanto a detalles y fechas, para constituir otra cosa que un jalón hipotético en la génesis de las *Decoraciones*, pero el ambiente distendido de la entrevista, tal como la presenta el autor, da la impresión de que se mantuvo antes de la Guerra. Los dos paneles podrían corresponder con los que Monet deseaba mostrar a su amigo Geffroy a comienzos de julio. Es decir que, en el momento del comienzo de las hostilidades, ya existían las primeras *Decoraciones*, si bien solo en su forma inicial.

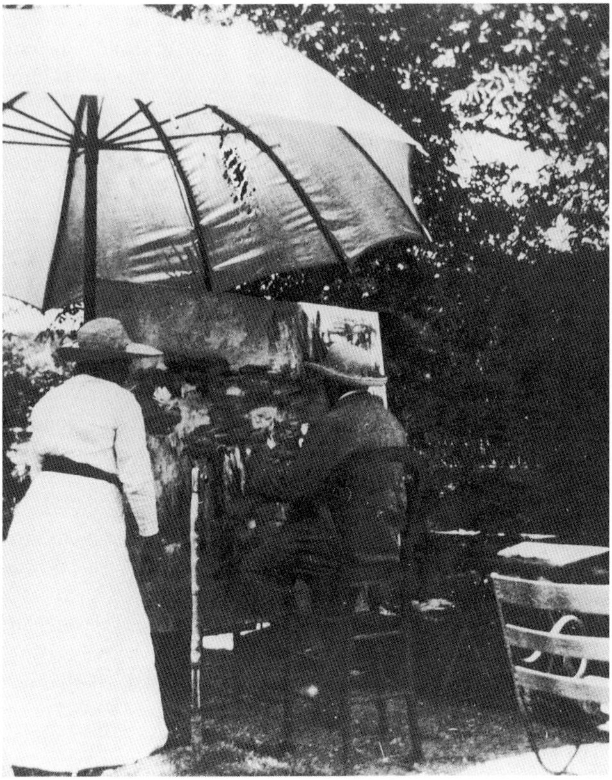

Monet y su nuera Blanche Hoschedé-Monet, verano de 1915

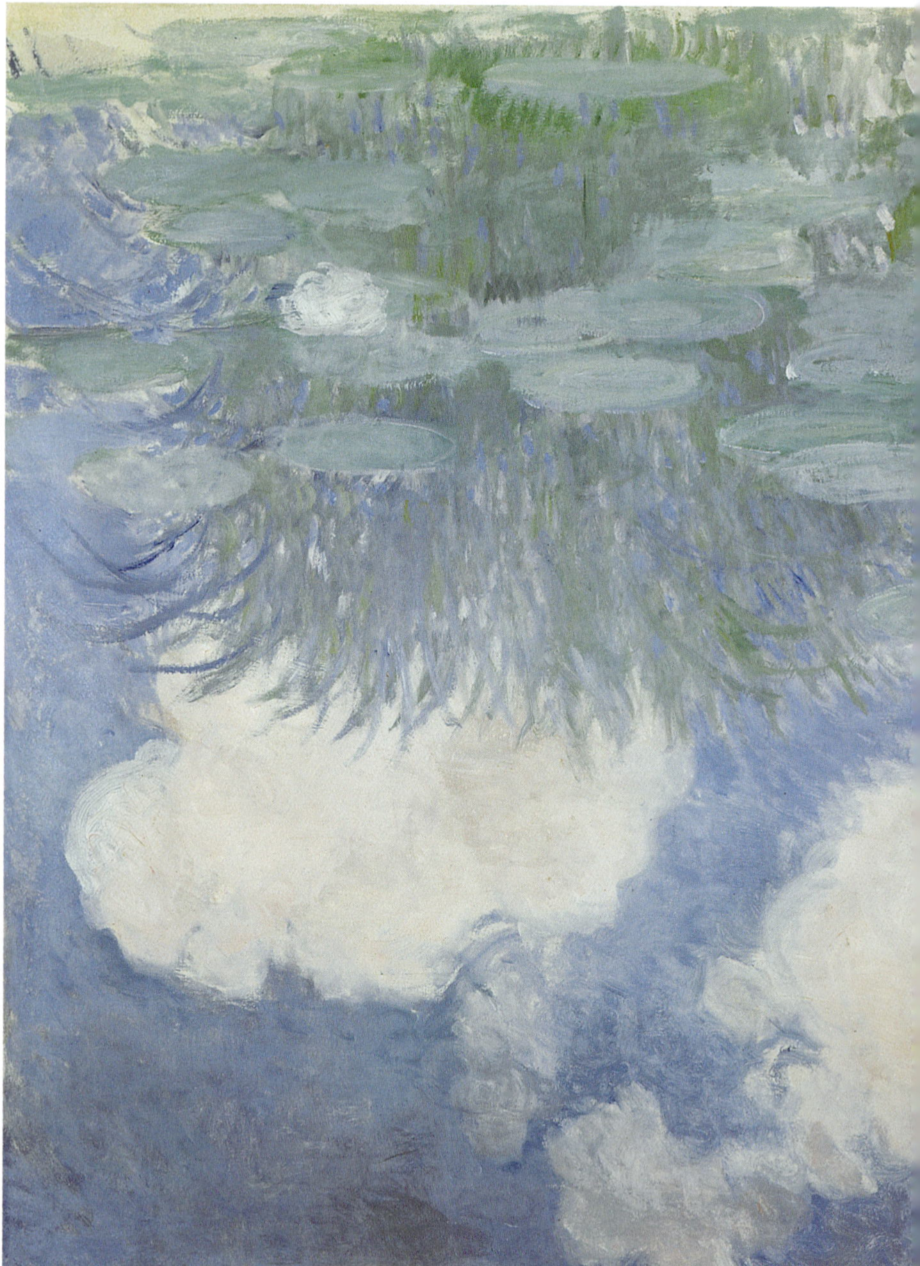

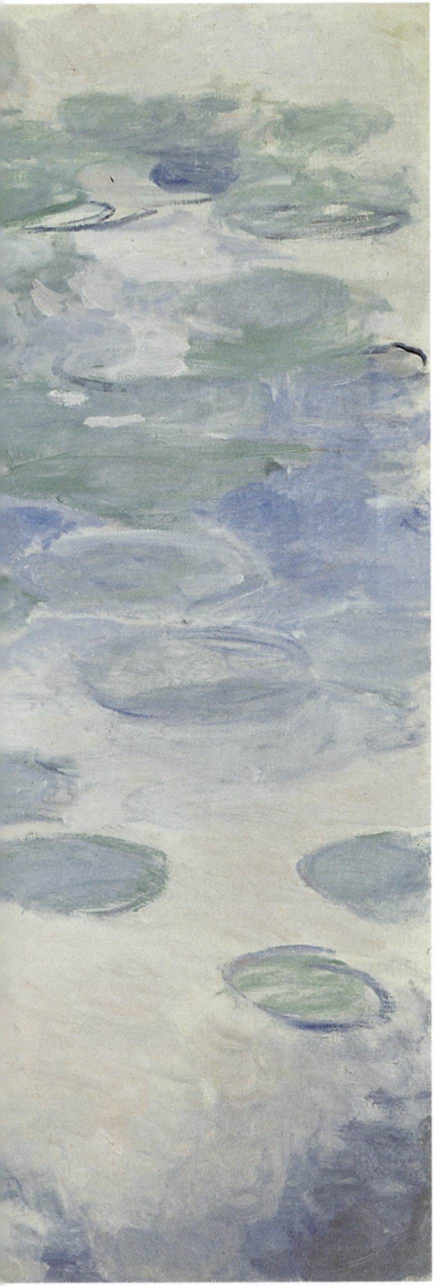

Ninfeas
1914-1917
130 x 150 cm
Musée Marmottan Monet,
París

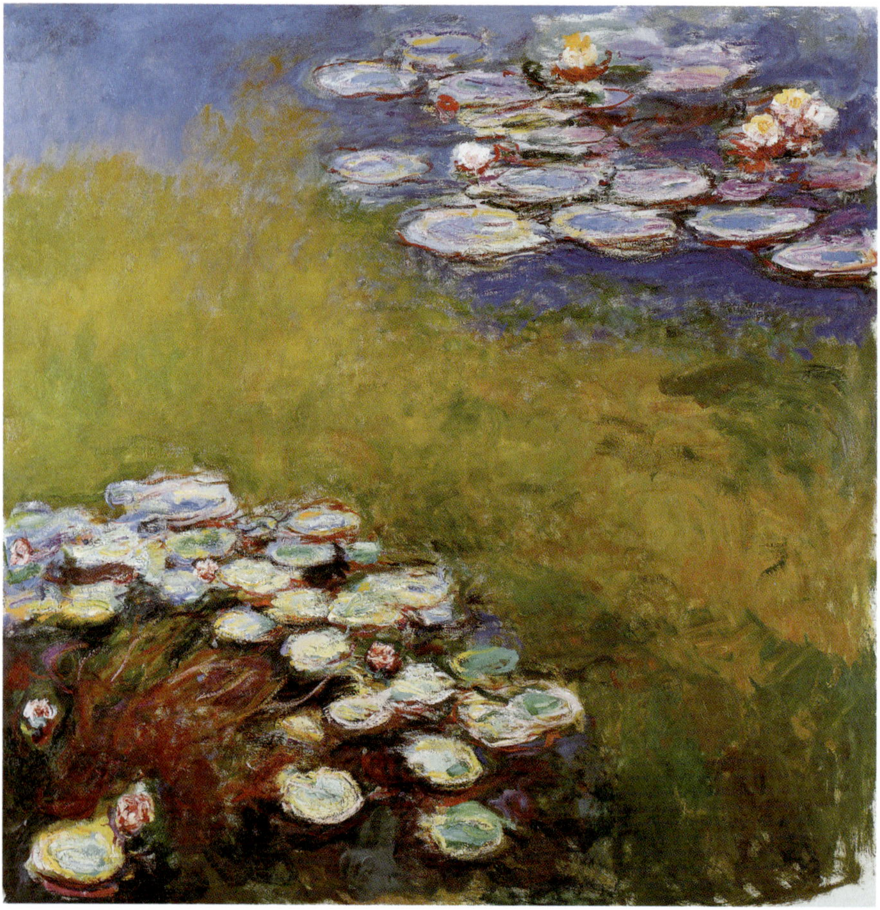

Ninfeas
1914-1917
200 x 200 cm
Musée Marmottan Monet,
París

Un estudio monumental, construido en plena guerra

«¡Bravo! Las grandes *Ninfeas* de Monet son dianas excelentes para ejercicios de tiro...» Este chiste de discutible gusto, atribuido a Renoir, plasma la influencia de la Primera Guerra Mundial sobre el espíritu de los que la vivieron. Es cierto que el tributo que tuvieron que pagar los hijos de Renoir desde las primeras semanas del conflicto armado es particularmente pesado. En la familia de Monet, Jean-Pierre Hoschedé es movilizado en el servicio de transportes y anuncia su partida al frente el 10 de agosto. Michel, declarado no apto primero, se presenta voluntario y combatirá en Verdún. Las primeras derrotas afectan a la moral de la población civil y en Giverny hay un ambiente de pánico que lleva a madame Salerou y a sus dos hijas hasta Touraine, mientras que Monet piensa en llevar los lienzos a un lugar seguro... a París, de lo que le disuade, con razón, Durand-Ruel. Monet mismo se muestra dispuesto a caer bajo las balas de «estos salvajes... delante de la obra de su vida», actitud un tanto teatral y totalmente opuesta a su comportamiento en 1870, pero perfectamente conforme al clima dominante en los años 1914-1918. Poco después, los heridos afluyen «hasta los más pequeños pueblos». Giverny, administrado desde el comienzo de las hostilidades por una comisión de cuatro miembros, de la que forma parte el antiguo alcalde Albert Collignon, alberga un pequeño hospital de 14 camas, al que llaman «ambulancia», en la propiedad del escultor norteamericano MacMonnies. Su mujer, pintora, se ocupa de sufragar la mayor parte de los gastos, mientras que Monet es el encargado de aportar «todas las legumbres necesarias». Los heridos son cuidados por la cantante Eugénie Buffet, promovida al grado de «enfermera principal».

Una vez que se han estabilizado los frentes después de la batalla del Marne y del avance hacia el mar, desciende la inquietud. Monet puede dirigirse a París hacia el 10 de noviembre, e incluso volverá a la capital para el almuerzo al que le han invitado los miembros de la Academia Goncourt, como suelen hacer de vez en cuando, en el restaurante de Drouant. Hacia finales de mes ha vuelto a su trabajo, un poco avergonzado de dedicarse a «pequeñas búsquedas de formas y de colores, mientras tanta gente sufre y muere por nosotros». La visita de Clemenceau, el 10 de diciembre, habrá contribuido a quitarle los escrúpulos, tanto menos fundados cuanto que Monet acaba de cumplir su 75.° aniversario. La Guerra frena los negocios y el dinero se torna escaso. Respondiendo a la llamada del pintor, Durand-Ruel le hace llegar 10.000 francos, en dos plazos, antes de fin de año, esperando poderle remitir más tarde cantidades más importantes. Tras una ligera indisposición después de las fiestas, Monet retoma el trabajo a mediados de enero de 1915. Sobre la naturaleza de la tarea emprendida, declara a Raymond Koechlin: «Persigo mi idea de las *Grandes Decoraciones*... Como ya ha adivinado, este proyecto

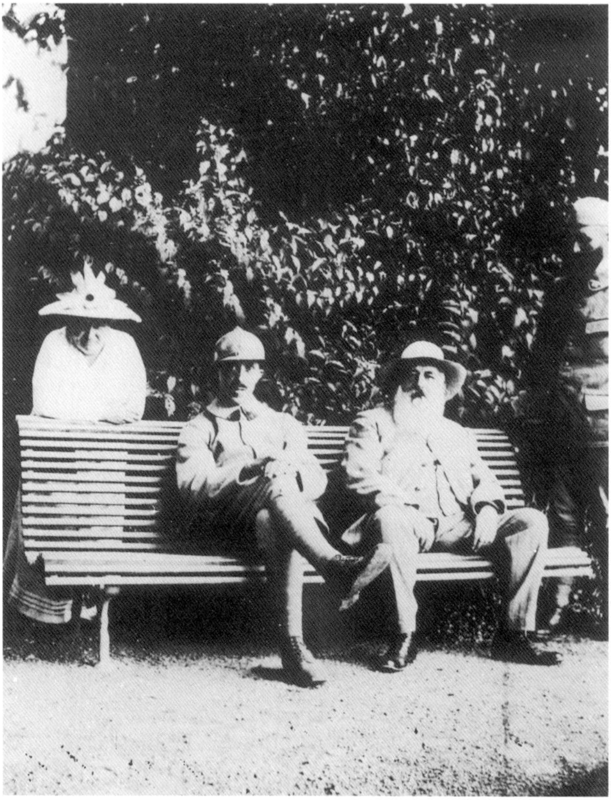

Monet posa orgulloso, en 1916, con los dos soldados de la familia, Michel Monet, con el casco, y Jean-Pierre Hoschedé, de pie. Detrás del banco, Blanche, su nuera

es un deseo que tuve hace ya mucho tiempo: agua, ninfeas y plantas, pero en una gran superficie». Seis semanas más tarde, aún en plena acción, pregunta a Maurice Joyant por las dimensiones de su galería, pues por un momento pensó en colgar los paneles en la rue de la Ville-l'Évêque.

De lo anteriormente dicho se desprende que trabaja en todas las estaciones. Por lo que respecta al verano, a las cartas que jalonan las etapas de una labor incesante se añaden dos documentos iconográficos particularmente interesantes: una fotografía del 8 de julio de 1915 que muestra a Monet bajo una enorme sombrilla, en un paisaje acuático, traspasando al lienzo el espectáculo horizontal del estanque, donde el pintor aparece sentado sobre una silla alta ante este. El segundo es una secuencia del film *Ceux de chez nous* (Unos de los nuestros), que le representa pintando en el mismo estanque.

Esta película, realizada por Sacha Guitry, se proyectará en Variétés a finales de otoño, con un comentario del autor. Monet asistirá a una de las sesiones.

El trabajo de invierno, sobre el que abundan los testimonios a comienzos de 1915, presupone el uso de un local cerrado, ya sea el segundo estudio, construido a finales de siglo en el noroeste de la propiedad, en el que Monet alzó sus grandes lienzos hasta la primera planta del edificio, ya sea esa especie de «gran hangar» al que se refiere Georges-Michel y que podría ser una parte de la planta baja del mismo edificio. Los relatos sobre la visita de miembros de la Academia Gongourt a Giverny —Mirbeau, acompañado de su esposa, Geffroy, Lucien Descaves, Léon Hennique, Rosny, ya mayor, y quizá también Paul Margueritte—, el 17 de junio de 1915, no ofrece mayor precisión respecto de este punto. Escribe Descaves: «Nos esperaba una sorpresa en su estudio. Monet ha retomado las impresiones que antes de la Guerra expresó bajo el título de *Ninfeas,* solo que a una mayor escala: transporta estas impresiones a grandes lienzos de alrededor de 2 m de altura por 3 a 5 de longitud. Ya ha cubierto algunos y ha hecho construir un estudio *ex profeso* para la serie que espera continuar». A Mirbeau, que le interroga «sobre la duración de este trabajo», le respondió: «Me quedan aún alrededor de cinco años». A lo que Mirbeau replica: «Usted exagera. Si continúa con esa laboriosidad, en dos años ha terminado».

La construcción del nuevo estudio es autorizada por una orden de la subprefectura que lleva fecha del 5 de julio de 1915. El emplazamiento elegido, al noreste de la propiedad, en el ángulo formado por la carretera «de arriba» y el camino a Amsicourt, exige derruir previamente varios chamizos que formaban parte de una propiedad vecina,

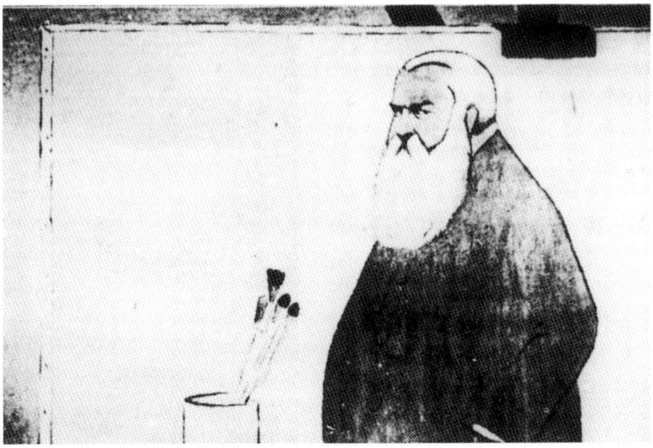

Sacha Guitry
Retrato de Claude Monet
publicado en *Excelsior*
el 12 de enero de 1921

recientemente adquirida. Esta demolición constituye la primera fase de los trabajos que dirigirá Maurice Lanctuit, empresario de Vernon y jefe de obra del conjunto. Las operaciones avanzan a buen ritmo y a mediados de agosto, la obra bruta está lo suficientemente avanzada como para que Monet se encuentre sublevado por la fealdad del edificio. A finales de septiembre, está aún «retenido aquí por el fin del trabajo en el estudio». Un poco menos de un mes más tarde, antes de haber finalizado los últimos acondicionamientos, puede proceder a la «instalación definitiva del nuevo estudio», donde «por fin podrá juzgar lo hecho hasta ahora».

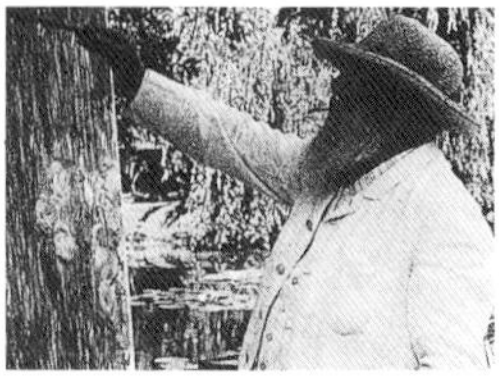

Una secuencia del film de Sacha Guitry *Ceux de chez nous*, en la que se muestra a Monet trabajando Verano de 1915

Prioridad absoluta para las Grandes Decoraciones

Ahora que dispone de un estudio apropiado, Monet puede dedicarse de lleno a las *Grandes Decoraciones.* Desde finales de 1915 y durante bastante tiempo, su existencia se verá limitada a una larga lucha con esta obra, jalonada por épocas alternativas de esperanza y de desánimo, con la creciente conciencia de haber emprendido una tarea que supera las fuerzas de un hombre de su edad, por muy vigoroso y valiente que fuera. Entre las frases escritas por él a lo largo del año 1916, aquí reproducimos las más significativas. Así, el 8 de febrero dice a J.-P. Hoschedé: «Estoy tan absorbido por este endemoniado trabajo que, nada más levantarme, enfilo hacia el estudio. Solo salgo de allí para almorzar, y allí continúo hasta que acaba el día». El 1 de mayo, en carta a R. Koechlin: «Mi vista es lo suficientemente buena aún para trabajar fuerte… en estas famosas *Decoraciones,* que me apasionan». El 26 de agosto escribe las siguientes líneas al subteniente P. Desachy: «Estoy metido hasta tal punto en mi trabajo (una importante *Decoración*) que me veo literalmente obsesionado por lo que estoy haciendo». El 13 de noviembre, a G. Geffroy: «Clemenceau… está entusiasmado con lo que estoy haciendo. Le he dicho que me alegraría que usted me expresara su opinión sobre este formidable trabajo que, a decir verdad, es una locura». Y el 14 de diciembre escribe a Sacha Guitry: «Me encuentro en una fase muy mala de trabajo, en un estado de nerviosismo imposible. He echado a perder cosas logradas, que quise mejorar y que voy a tener que hacer de nuevo, cueste lo que cueste».

De otras declaraciones se desprende que hace a la Guerra responsable indirecta de un creación artística que para el pintor constituye una distracción de las preocupaciones del momento: «Tengo el trabajo, que en definitiva es el mejor modo de olvidar un poco. Las *Decoraciones* tienen el mérito de tenerme ocupado el espíritu». Otro efecto benéfico del conflicto: la dispersión de la colonia de artistas, en su mayor parte extranjeros, que había ido formándose en Giverny a lo largo de las últimas décadas, con más o menos discreción, y las poco frecuentes visitas de periodistas, movilizados u ocupados en

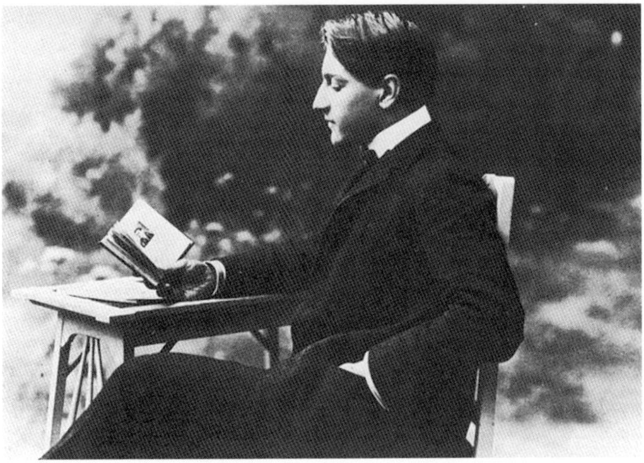

Sacha Guitry, en la época en que rodó el film mudo *Ceux de chez nous*, c. 1915

informar sobre sucesos de mayor actualidad. Muy pocos amigos y marchantes vienen a interrumpir una soledad casi total y muy bien aprovechada.

Hasta la construcción del tercer taller, el invierno constituía un periodo de reposo para el maestro de los jardines, en que se ha convertido Monet desde que abandonó el trabajo en el campo. Ahora, esta estación se dedica al trabajo en el interior, con los riesgos de sobrefatiga que eso comporta. Así, en enero de 1917 escribe: «Hastiado por lo que hago y por lo que veo que nunca llegaré a terminar, me siento sin fuerzas, sin ser capaz de nada». ¿Sabe que en esa misma época está muriendo en El Havre Jeanne-Marguerite Lecadre, su querida prima, a la que pintó en los jardines de Sainte-Adresse (il. págs. 48, 76/77)? Sus relaciones con la familia Monet-Lecadre están muy deterioradas y se adivina bajo qué influencia. Cuando muera su hermano Léon, enviará a su viuda una simple carta de pésame. Por el contrario, siente una viva emoción en el entierro de Octave Mirbeau, el 19 de febrero de 1917: «Con la cabeza descubierta, bajo el cielo brumoso del invierno, este hombre rudo sollozaba. De sus ojos traspasados de dolor salían lágrimas que caían sobre su barba, emblanquecida por completo». También acudirá al entierro de Degas, en septiembre del mismo año.

Ahora que la Guerra se ha aceptado como una pesadilla que pertenece a la vida, Monet emprende algunos viajes a París, en particular para someterse al tratamiento de un cirujano dentista. En esta ocasión, convida a Geffroy a un almuerzo en Prunier, en compañía de Blanche. Por el contrario, no tiene tiempo suficiente para aceptar regularmente las invitaciones de Sacha Guitry a los ensayos generales de sus obras. Algunas exposiciones permiten a los parisinos volver a ver obras suyas, entre otras. Parece que, en el calor comunicativo de las galerías, sale en ocasiones de su habitual reserva. Así, un cronista le oye imitar la estruendosa voz de Courbet en el café Guerbois: «¡Camarero, una cerveza para el maestro de Ornans!». Las subastas de beneficencia toman un aspecto de sacra alianza, que hace aparecer a Monet junto con Rochegrosse, bajo la batuta de los presidentes del salón: Bonnat, Roll, Frantz Jourdain y Signac. Donde las cosas van menos bien, los resultados de algunas de estas subastas se revelan «desastrosas para los donantes», y su valor en el mercado amenaza con bajar.

Considerado cada vez más como el pintor oficial de la República, Monet recibe a dos ministros en funciones, Clémentel y Dalimier, y les propone una idea de «tapiz», mientras que ellos le sugieren un encargo inesperado: «Dirigirse a Reims (al menos, cuando los obuses dejen de caer) para pintar la catedral en el estado en que se encuentre». Aunque se muestra vivamente interesado y, cuando llega la orden ministerial que le encarga representar la catedral mutilada, se siente «halagado y honrado», nunca llegará a realizar el encargo, lo que le valdrá algún disgusto con el beneficiario.

Es esta una decisión fundada, si se tiene en cuenta el tiempo y las fuerzas que habría perdido para las *Decoraciones,* a las que Monet continúa dedicándose por entero, según un método severamente fijado: en invierno, trabajo en el estudio; en el verano, búsquedas al aire libre, incluyendo las recriminaciones bien conocidas, cuando el mal tiempo le condena a la inactividad. En 1917, la transición entre las dos épocas se sitúa a finales de la primera década de octubre, cuando el pintor, importunado entre los dos lugares de trabajo y agotado, preferirá volver a ver Normandía, en un viaje que le conducirá desde Honfleur, de donde traerá algunos bocetos (il. pág. 535), a Dieppe, pasando por El Havre, Étretat, Yport y Pourville, los lugares más importantes de su juventud y de su madurez. Esta vuelta a los orígenes, que sería fuente de nostalgia para un alma más romántica que la suya, desencadena una energía titánica y le inspira un nuevo ardor de trabajo. Prueba de que ha dado frutos es un cambio significativo: mientras que en febrero declaró que no dejaría fotografiar sus *Decoraciones* antes de estar satisfecho, ahora autoriza a Georges y a Joseph Durand-Ruel, que le visitan en Giverny el 11 de noviembre, a tomar ellos mismos algunas vistas del gran estudio con los 10 paneles que allí se encuentran. Estas fotos de aficionados, de una interpretación en ocasiones delicada, constituyen un jalón precioso en el camino que le conducirá a las *Grandes Decoraciones* definitivas y muestran el lugar capital que corresponde a los *Sauces,* desde el origen, en el plan que había fijado Monet, mientras que otras telas

Ninfeas y agapantos
1914-1917
140 x 120 cm
Musée Marmottan Monet, París

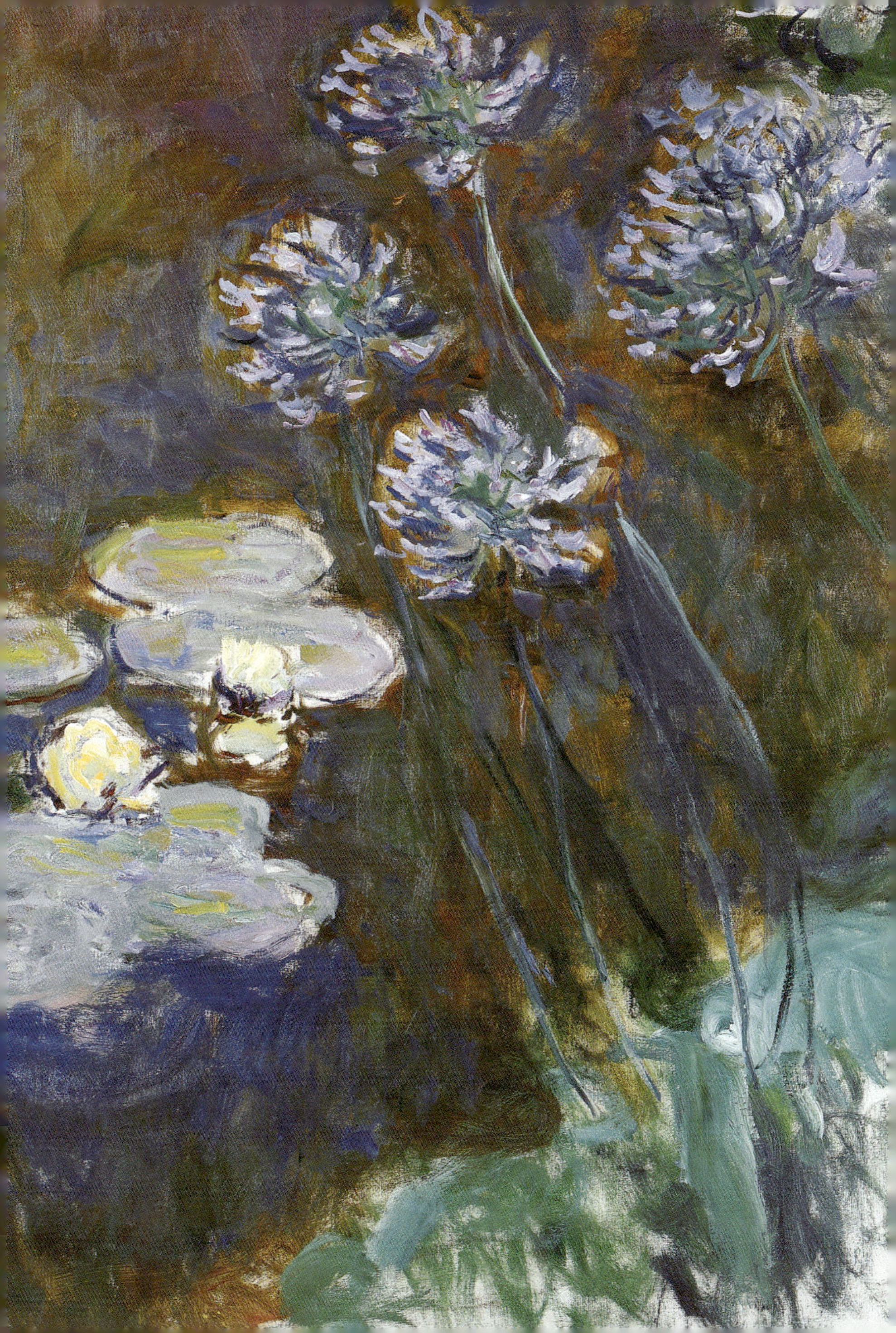

no se encontrarán en el conjunto definitivo, víctimas aparentemente de la creatividad. Esas desapariciones permiten medir el rigor y la extensión del trabajo.

Dos paneles para una victoria

Los encargos urgentes de material —brochas, bastidores, telas— dirigidos a madame Barillon, a comienzos de 1918, testimonian una actividad febril. Como los ferrocarriles se niegan a transportar fletes civiles de grandes dimensiones, Monet recurre a la autoridad de Étienne Clémentel, ministro de Comercio e Industria. Esto no impide que, algunos días más tarde, responda en serio a J. Durand-Ruel —que le ha solicitado una recomendación ante Clemenceau en favor de su hijo Pierre, cadete en Fontainebleau— que ha trasmitido su solicitud, pero que él nunca ha pedido nada a su gran amigo… Decididamente de mal humor, tomó muy mal el asunto de una foto suya, que había destinado a Butler y que se ha «perdido» en la galería neoyorquina de Durand-Ruel. Tarde, bastante tarde en opinión de estos últimos, les entrega cinco lienzos que le habían encargado en noviembre del año anterior.

Si la visita de los hermanos Bernheim-Jeune a Giverny, el 17 de marzo de 1918, está atestiguada, no puede decirse lo mismo de la de Thiébault-Sisson, aunque este afirme más tarde que la llevó a cabo en la primera década de febrero. Como su narración, muy posterior, plantea aún otros problemas, aquí nos contentaremos con mencionarla, y nos reservamos el examinar los elementos esenciales con ocasión de las visitas del mismo autor en 1920, mejor probadas. No existen tampoco dudas de orden cronológico respecto a los acontecimientos anotados día a día por René Gimpel en su diario. Así, el 19 de agosto de 1918, este se dirigió a Giverny en compañía de Georges Bernheim. En realidad habría que citar todo lo referente al primer encuentro con el pintor: las anécdotas narradas por Bernheim durante el viaje, la impresión al encontrarse en el jardín, delante de flores gigantescas, el efecto que le produjo el pintor de conservarse sorprendentemente joven, la conversación mantenida con este… Pero aquí nos limitaremos al «extraño espectáculo artístico» que ofrecía el nuevo estudio: «Una docena de telas sobre el suelo, colocadas en círculo, unas al lado de las otras, todas muy grandes, de unos 2 m de largo por un 1,20 m de alto». Las dimensiones que ha calculado a simple vista con ojo profesional son rigurosamente exactas en lo que se refiere a la longitud y solo ligeramente superiores en altura, pues se corresponden con los bastidores de 2 x 1 m encargados a madame Barillon en abril y con la serie de cuadros de los que los hermanos Bernheim-Jeune comprarán cuatro en noviembre de 1919. Sin embargo, no se trata de las *Grandes Decoraciones*, que tienen 4,25 m de largo por 2 m de alto. En efecto, mientras Monet

Lirios amarillos
1914-1917
200 x 100 cm
National Museum of Western Art, Tokio

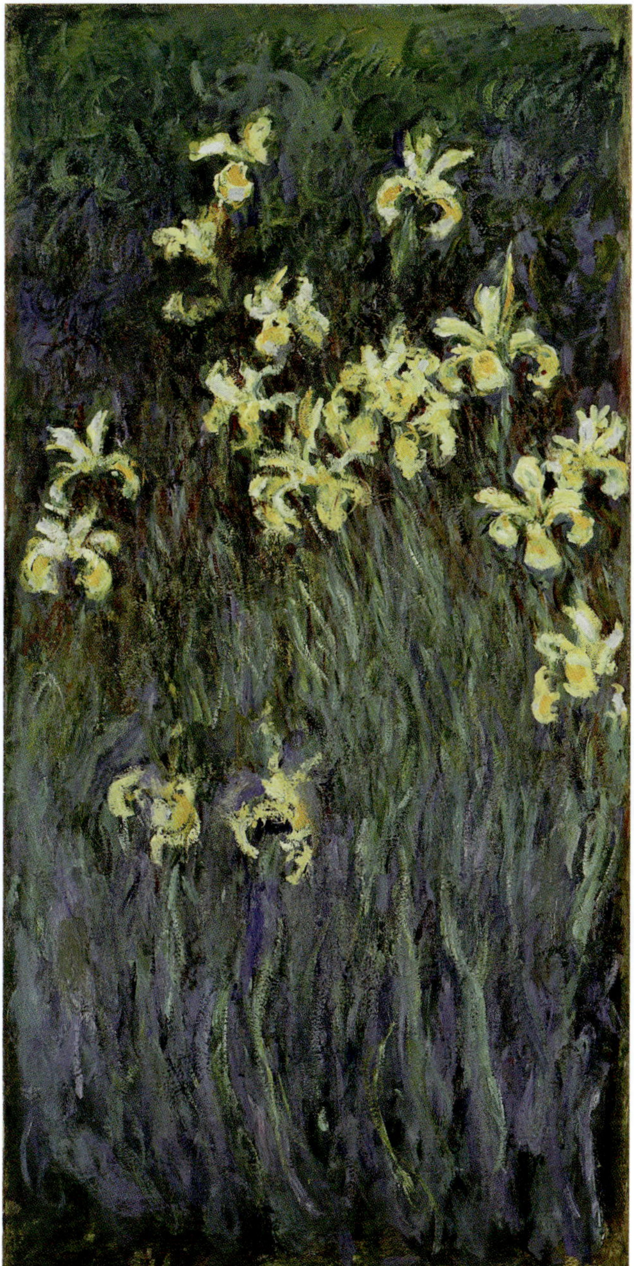

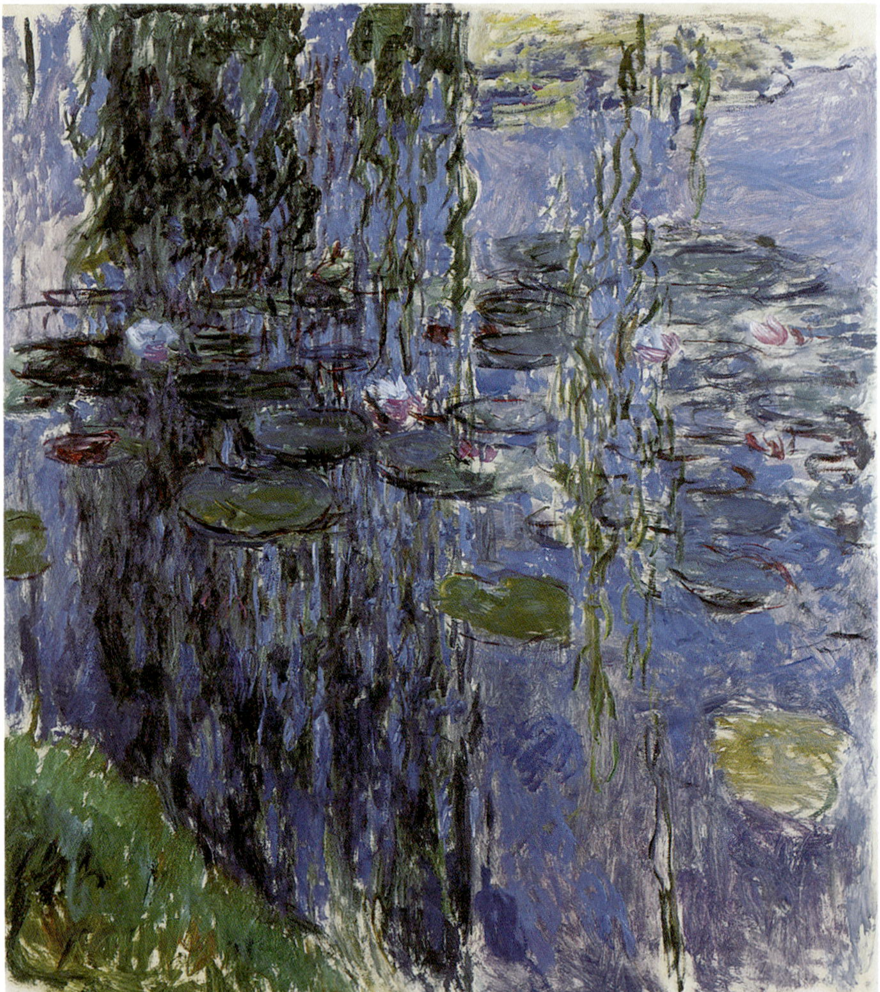

trabaja en estas últimas en el estudio, durante el invierno, las telas de menor altura, más fácilmente transportables, le sirven para sus estudios al aire libre delante del estanque, en el verano de 1918. A la alternancia verano-invierno, a la que ya nos referimos anteriormente, se refiere implícitamente el pintor mismo cuando dice a sus huéspedes, al despedirse: «Vengan otra vez a verme a comienzos de octubre. Los días se vuelven más cortos y me tomaré 15 días de descanso».

Los dos hermanos retrasarán su viaje algunas semanas, pues entretanto la historia conoce una aceleración decisiva que desembocará, el 11 de noviembre de 1918, en la firma del armisticio en el bosque de Compiègne. Llama la atención el contraste entre la ansiedad con que la opinión pública espera este acontecimiento, después de las terribles batallas del último año de guerra, y la aparente indiferencia que se transparenta en las cartas de Monet durante ese mismo periodo. Su obsesión por pintar, hasta agotar sus fuerzas, es tal que parece olvidar el mundo que le rodea. Por el contrario, el día siguiente al armisticio, anuncia a Clemenceau su intención de ofrecer al Estado, por su intermediación, dos paneles decorativos que está «a punto de terminar» y que espera «firmar el día de la Victoria». Desea que su amigo elija por sí mismo los lienzos que —precisa— se destinarán al Museo de Artes Decorativas. Seis días más tarde, el 18 de noviembre, dejando de lado obligaciones y honores, el «Padre de la Victoria», «rejuvenecido 10 años», se dirige a Giverny para proceder a la elección. Geffroy, que le acompaña en el viaje, hablará de «algunos lienzos..., que Monet ofrece a Francia como un ramo de flores en homenaje a la guerra victoriosa y a la paz conquistada». Si los términos que subrayamos corresponden a la realidad, parece que ya en el primer encuentro se trató de más de «dos» cuadros. Se puede estar tentado de inferir que la idea de una donación bastante más amplia de la inicialmente prevista nació ese mismo 18 de noviembre, sin duda bajo la influencia directa de Clemenceau.

Sin embargo, cuando a finales de mes recibe la visita de Bernheim y de Gimpel, Monet justifica su negativa a vender uno «de los inmensos lienzos que ha pintado durante la guerra» con un argumento que ya empleó en otras circunstancias: «Imposible; cada uno de ellos me sirve para pintar los otros». Se abraza a su roca como Sísifo, voluntariamente e inconsciente de lo que le espera.

La ley del silencio

El hecho de que sus marchantes, Bernheim-Jeune y Durand-Ruel, acepten sin aparente dificultad los altos precios que Monet les impone es buena prueba de la fuerte demanda al terminar la Guerra, sin que se explique necesariamente por la amenazante inflación. Interrogado por Gimpel sobre la fortuna de Monet, Durand-Ruel dice que en su opinión es menos rico que Renoir, debido a su

Ninfeas
1916-1919
200 x 180 cm
Musée Marmottan Monet, París

dispendioso ritmo de vida: «A Monet siempre le ha gustado disfrutar», lo que no le ha impedido hacer serias inversiones, a juzgar por la cartera de títulos que tiene en la Société Générale de Vernon. El total se eleva a cerca de un millón de francos, que le reportan alrededor de 40.000 francos de rentas. Si a esta cifra se añade el fruto de las ventas de cuadros, se tiene una cantidad más que considerable que le permite llevar un buen tren de vida, además de responder a ciertas peticiones, las más urgentes de las cuales proceden de la familia Butler, que parecen estar sufriendo serias dificultades económicas al otro lado del Atlántico.

En el verano de 1919, Monet redobla sus esfuerzos. Para trabajar ante el motivo emplea lienzos de formato más pequeño que para las *Grandes Decoraciones.* Su afán de trabajo es tal que Blanche se inquieta, aunque acaba por reconocer que no parece sufrir fatiga. En realidad, los esfuerzos delante del espejo deslumbrador del estanque, a pesar de la sombrilla que tamiza parcialmente los rayos del sol, acaban por dañarle la vista. El 9 de noviembre, Clemenceau, recordando su formación médica, le aconseja que se someta a la operación de cataratas. Después de pensarlo, Monet responde: «Prefiero disfrutar de mi mala vista e incluso renunciar a pintar si es necesario, pero al menos veo un poco lo que amo». Lejos de aportarle sosiego, la idea de abandonar «tantos trabajos comenzados» le provoca un sentimiento de «completa angustia». Cuando Maurice Joyant, respondiendo a una pregunta que le hizo en plena guerra, comunica las dimensiones de su galería para una eventual exposición de los grandes paneles, recibe una respuesta amablemente dilatoria. La muerte de Renoir, acaecida el 3 de diciembre, no ayuda precisamente a elevar su ánimo, por más que Clemenceau, en sus frecuentes visitas, se esfuerce por sostenerlo. Pero, como un «accidente de la gloria», el 16 de enero de 1920, el «Padre de la Victoria» pierde las elecciones a presidente de la República. El domingo siguiente, cuando el Congreso de Versalles elige a Paul Deschanel, Clemenceau se dirige a Giverny para estar con Claude Monet.

¿Tiene la caída del «Tigre» una influencia negativa sobre el proyecto de donación de las *Grandes Decoraciones* al Estado? Los que lo afirman, e incluso llegan a insinuar —¿qué pruebas aportan?—, que ha introducido a un coleccionista extranjero en Giverny para vengarse de la ingrata patria conocen mal al personaje. No, Clemenceau y Monet se debieron de poner de acuerdo en no dar a conocer al público un proyecto que el pintor, siempre presa de la duda, no desea revelar antes de estar plenamente satisfecho de su resultado. De hecho, las negociaciones con el Estado están ya muy avanzadas a comienzos de 1920, pues ya se ha llevado a cabo la adquisición de *Mujeres en el jardín,* impuesta por el artista como compensación de la donación gratuita de las *Grandes Decoraciones.* Así lo atestigua la carta

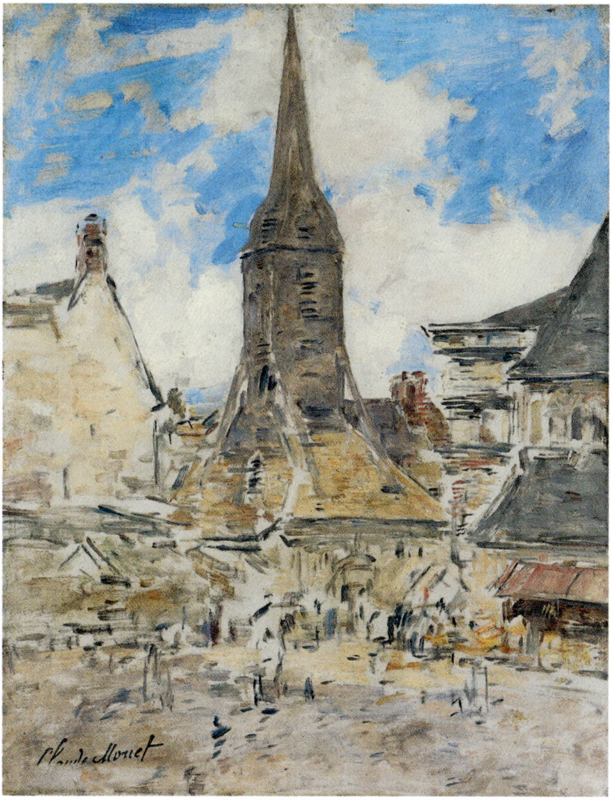

de agradecimiento que Monet dirige a R. Koechlin, presidente de la Sociedad de Amigos del Louvre, quien ha favorecido la transacción. No obstante, frente a los no iniciados, Monet se esfuerza en guardar discreción. El 1 de febrero, confía a Gimpel y a Bernheim que Clemenceau viene a verle «casi todos los domingos», pero no establece relación alguna entre esas visitas y su gran obra. Por el contrario, a propósito de esta se refiere a las ofertas que han comenzado a hacerle y que contrarían su poco interés de vender.

El campanario de Santa Catalina en Honfleur
1917
55 x 43 cm
Musée Eugène Boudin, Honfleur

Donación con ocasión de la fiesta

La intención de volver a trabajar al aire libre, que Monet anuncia a Thiébault-Sisson el 8 de mayo, no debió de surtir efecto, pues, un mes más tarde, indica a Geffroy que, como la vista le impide trabajar fuera, «reservo mis fuerzas para trabajar en las *Decoraciones,* cuando no apriete demasiado el calor en el estudio». Ya que durante el verano no se puede trabajar en él por las tardes, se deduce que lo esencial de la actividad se desarrollaba por las mañanas. Sin embargo, de una carta se desprende justo lo contrario, pues invita al receptor de desconocida identidad a que le visite por la mañana, pues la tarde está reservada a la pintura. Este cambio en el empleo del tiempo solo se puede explicar por la vuelta al aire libre, retorno que testimonia un poco más tarde una nota dirigida a Arsène Alexandre y escrita en plena actividad.

Después de una visita, sin aparente resultado, que hacen a comienzos de junio tres personalidades norteamericanas conducidas por J. Durand-Ruel, el asunto de la donación al Estado francés toma un giro decisivo. En ese orden de cosas, las negociaciones están dirigidas por mediación de Thiébault-Sisson, a la vez bien visto en Giverny —al menos por cierto tiempo— e íntimo amigo del presidente del Consejo Alexandre Millerand, con quien se tutea. Hacia finales de junio, Monet dirige al mediador provisional una carta en la que figuran las dos condiciones que pone en relación con la donación y que estipulan imperativamente su derecho a conservar las telas hasta que haya dado su visto bueno a las disposiciones en relación con su emplazamiento. Al recibirlo, Thiébault-Sisson envía una copia de este documento a Millerand, a quien recomienda que vaya lo más pronto posible a ver a Monet, acompañado por él, para no dejar nada al azar. En el mismo correo solicita a Paul Léon, director de Bellas Artes, que participe en el viaje. Esta reacción resulta un poco precipitada, pues una semana más tarde Monet desmiente contundentemente sus declaraciones.

Una vez que Thiébault-Sisson pierde parte de su influencia, Arsène Alexandre ve llegado el momento de entrar en liza. Los hermanos Bernheim le han encargado que termine la obra sobre Monet, que se ha retirado definitivamente a Geffroy. A comienzos de agosto llega a Giverny. Una vez más, el viejo maestro hace confidencias contrarias a las consignas de discreción dadas por Clemenceau, que no se muestra conforme con que Alexandre le entreviste sobre «la eventual donación con la que no tiene nada que ver». El negociador, impávido, hace caso omiso, e informa a Monet de que el Ministerio de Bellas Artes le ha encargado examinar las obras y las condiciones de la donación, tarea que espera llevar a cabo simultáneamente a la redacción de su monografía. Monet está trabajando aún ante el natural y teme tener que llevar a cabo transformaciones, por lo que solicita una prórroga.

Lejos de aceptarla, Alexandre consigue que el pintor acepte la visita de Paul Léon en la fecha propuesta por este último. Entre la espada y la pared, Monet consigue al menos que participe en esa entrevista Raymond Koechlin, invitado a última hora. En la reunión, celebrada el lunes 27 de septiembre de 1920, se consigue un acuerdo fundamental. A la mañana siguiente, Paul Léon llama por teléfono al arquitecto Louis Bonnier para encargarle que, en los jardines del Hôtel Biron, transformado después de la guerra en Museo Rodin, construya un pabellón destinado a acoger las *Ninfeas.* Precisa que se trata de un deseo expreso de Monet. El pintor conoce a Bonnier, pues este es cuñado de Ferdinand Deconchy, su amigo desde hace mucho tiempo. Sin embargo, la elección no tiene nada que ver con recomendaciones, pues este eminente arquitecto goza de la confianza tanto del Estado como del Ayuntamiento de París, que le han encomendado importantes responsabilidades.

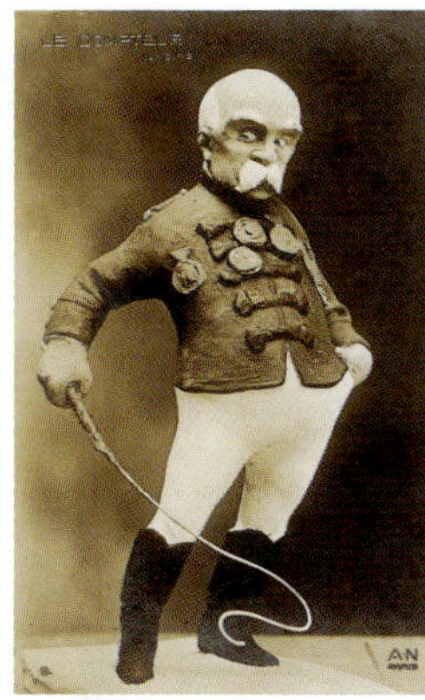

Clemenceau, denominado
El domador
Tarjeta postal, c. 1918

La primera visita de Bonnier, acompañado por el matrimonio Deconchy y su nieta Jacqueline, se desarrolla el domingo 3 de octubre de 1920. Después de un almuerzo conforme a la tradición hospitalaria de Giverny, el arquitecto rinde a las *Ninfeas* el tributo de admiración debido y toma las medidas de los paneles y de su disposición. A su regreso, anota: «los gastos para el pabellón van a ser enormes». Elabora un anteproyecto siguiendo la hipótesis de una sala elíptica que remite a Monet el día 5. En la carta que acompaña el anteproyecto, expone los problemas técnicos que plantea la forma prevista y esboza una segunda hipótesis: la forma circular, que obviaría bastantes dificultades. Poco más tarde, el público tiene conocimiento del proyecto, no por alguna indiscreción, sino en la forma más natural del mundo: una negociación de esta envergadura, en la que el Estado ha de hacer una inversión de tal magnitud, no puede permanecer secreta durante tanto tiempo. Cuando Georges Bernheim, que ha oído la noticia en el Museo Rodin, le pregunta, Monet lo confirma y aporta algunos detalles. Entonces, la prensa difunde la información. El 14 de octubre, *Le Petit Parisien* titula en portada: «El pintor Cl. Monet ofrece al Estado 12 de sus más bellos lienzos» e indica que el Gobierno someterá a la Cámara una petición de créditos, cuya ratificación se espera pronto. El mismo día, *Le Temps* publica un artículo de Thiébault-Sisson, que se ha adelantado a su compañero y rival A. Alexandre, pues el de este aparecerá el día 21 en *Le Figaro.* También en los periódicos especializados se habla de la cuestión.

Comparando las diferentes fuentes de información disponibles, se reconocen los términos en que se presenta la donación en octubre de 1920: Monet ofrece al Estado —que, en compensación, se obliga a adquirir *Mujeres en el jardín*— 12 paneles de 2 x 4,25 m, que forman cuatro composiciones decorativas. Para acoger el conjunto se construirá un edificio especial en los jardines del Hotel Biron, del

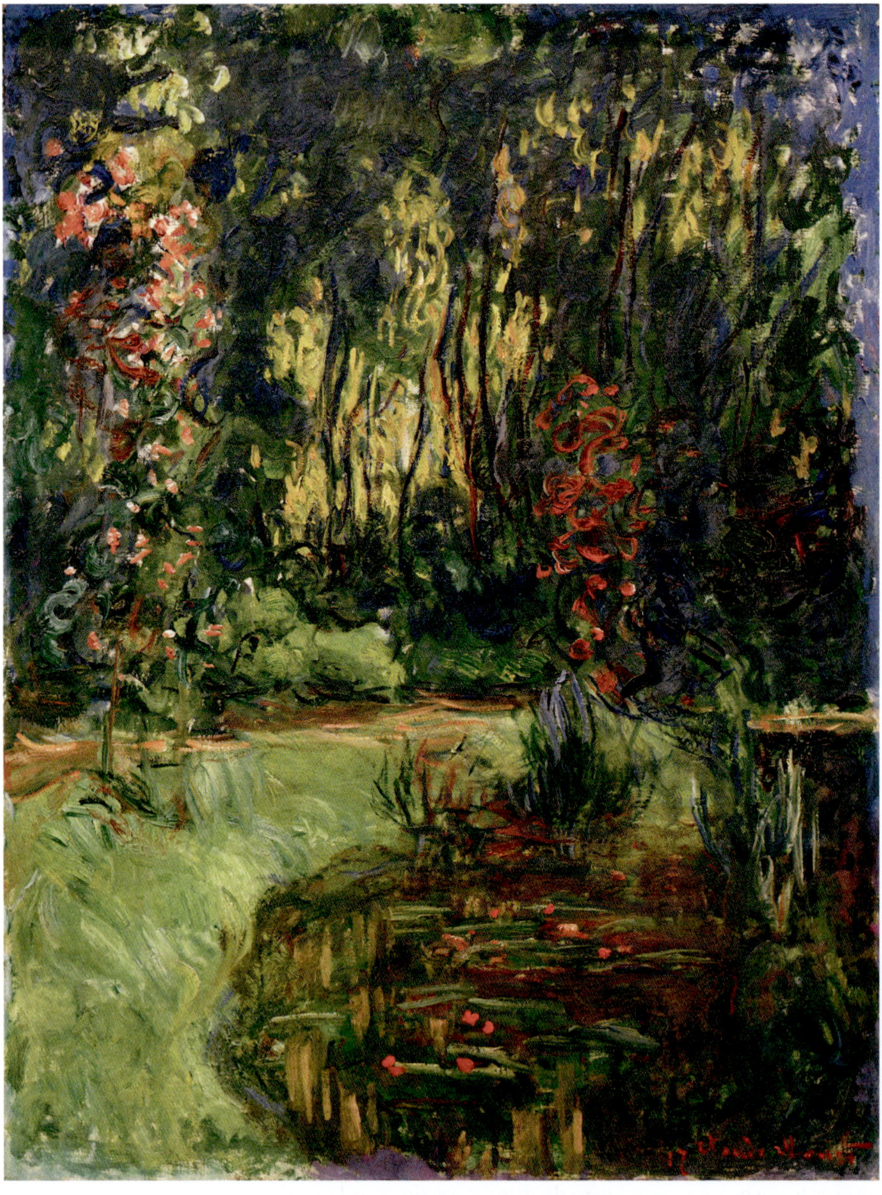

lado de boulevard des Invalides. El proyecto inicial prevé una sala elíptica alrededor de la cual se dispondrán las cuatro composiciones de la forma siguiente: en los dos extremos del eje mayor, es decir en los lados pequeños de la sala, se colocarán dos trípticos de 12,75 m cada uno, *Las Nubes*, «en azul en su mayoría», que el artista decidió ofrecer a su país al día siguiente al armisticio, y *Los Agapantos*, «en los que predomina el oro fundido». El eje pequeño opondrá las «sombrías columnas votivas» de *Tres Sauces*, una composición de cuatro paneles que cubren un total de 17 m, a los *Reflejos Verdes*, un díptico que plasma «todo el frescor más tenue de la mañana». Los títulos y las medidas se deben a L. Bonnier, las floridas citas a A. Alexandre. Gracias a Thiébault-Sisson, se sabe que el espacio que se iba a extender entre los lienzos y el techo acristalado debía estar ocupado por motivos decorativos, un friso de glicinias, del que el pintor mostró las primeras guirnaldas al duque de Treviso. Para el vestíbulo que iba a preceder a la rotonda se había previsto una composición bastante amplia.

Durante todo el mes de octubre, el arquitecto trabaja en los planos, incluso hasta altas horas de la noche. El domingo 28 de noviembre, cuando acompaña a Giverny a André Honnorat, ministro de Instrucción Pública y Bellas Artes, a P. Léon y a R. Koechlin, el arquitecto está convencido de que sus proposiciones serán aceptadas, al menos a grandes rasgos. Sin embargo, ocurre todo lo contrario. Por la noche, confía a su diario: «Hay que volver a empezar todo el proyecto... y vuelta a París». Es decir, que el largo e inútil calvario de Louis Bonnier no se ha terminado aún.

Del Hôtel Biron a la Orangerie

El domingo 14 de noviembre de 1920, la celebración del 80.º cumpleaños de Claude Monet toma un cariz de acontecimiento nacional, que el presidente del Consejo de Ministros se propone honrar con su presencia, acompañado del senador André Berthelot. Con el anuncio de estas visitas de alto rango, Thiébault-Sisson, que hace de intermediario, cree haber encontrado una ocasión para recuperar el favor de Monet, pero por mucho que se esfuerce, las puertas de Giverny le seguirán estando cerradas. Es una pena, pues podría haber narrado en *Le Temps* la fiesta familiar a la que se invitó a «algunos amigos íntimos», mientras que G. Leygues es finalmente rechazado. El duque Eduardo de Treviso, quien ya había venido a Giverny en verano, declama en el estudio-salón una veintena de estrofas que ha compuesto en honor del octogenario. Sin referirse a esta lectura ni a la ceremonia en su conjunto, publicará más tarde *Le Pèlerinage de Giverny*, una obra a la que el historiador debe un gran número de datos recogidos a lo largo de una visita distendida, que reproduce al parecer sin mayores retoques.

Rincón del estanque en Giverny
1918-1919
117 x 83 cm
Musée de Grenoble

El duque de Treviso relata la maniobra que exigía, en el tercer estudio, mover sobre ruedas los paneles, con sus pesados caballetes. Parecía el escenario vacío de un teatro, donde Monet encerraba al visitante entre «decorados fabulosos» que se renovaban frecuentemente. Al Duque debemos también la confirmación del hecho de que el pintor, simultáneamente a las *Decoraciones*, hizo «estudios sobre el terreno» amplios y desconcertantes, «una madeja de 30 colores similares, que ningún otro ojo era capaz de desenmarañar», clara evidencia de las cataratas.

Como regalo de cumpleaños, Geffroy ofrece a su viejo amigo un estudio muy amplio en *L'Art et les Artistes*. El beneficiario no oculta su satisfacción, pero no descuida revelar «algunos pequeños errores». Peor acogida tiene la oferta de un sillón en el Instituto de Francia: los esfuerzos realizados por Henri Martin, Le Sidaner y Ernest Laurent terminan con un fracaso. Este hecho lo trata en el *Excelsior* Marcel Pays, pero el simpático artículo que dedica a su visita a Giverny no tiene la dicha de complacer al maestro, extremadamente parco en hacer cumplidos. A finales de enero de 1921, el éxito que cosecha la exposición de 45 obras en la galería Bernheim-Jeune y la partida de *Mujeres en el jardín* (il. pág. 10), que ha adquirido el Estado, constituyen diversiones bienvenidas para olvidar los días grises de un invierno entristecido por una visión cada vez más precaria.

No obstante, el proyecto de construir un pabellón en el Hôtel Biron para acoger las *Grandes Decoraciones* no avanza. El primer presupuesto, basado en la hipótesis de una sala oval, se considera demasiado elevado. El 20 de diciembre, L. Bonnier remite a P. Léon un segundo estudio, que permite reducir considerablemente los gastos. De forma poligonal en el exterior, la construcción prevista era de cemento armado. La luz cenital aseguraba una buena visión de los paneles «casi hasta a ras de suelo», según Geffroy, a quien cita M. Pays. Este, remitiéndose a Bonnier mismo, precisa que la moldura sobre la que se iban a colgar los cuadros tenía una longitud de 12 x 4,25 m, es decir, 51 m, a los que había que añadir cuatro intervalos libres para separar las composiciones, de los que dos estaban ocupados por puertas, mientras que la separación entre las cuatro composiciones ascendía a 18,50 m.

En enero de 1921, se informa al arquitecto de que el consejo de edificios civiles, donde solo cuenta con amigos, considera que el pabellón «no es suficientemente Luis XV». Esta objeción, tratándose de una construcción moderna, se caería por sí misma si se sustituyera el marco del Hôtel Biron por un emplazamiento diferente. Pero P. Léon se aferra aún al emplazamiento inicialmente previsto y cree poder asegurar a Bonnier: «Una vez que se hayan aprobado los créditos, se pasará por alto la opinión del Consejo». Esto significa no contar con Monet, fatigado y por eso más puntilloso que nunca. Cuando parecía hacerse a la idea de una sala circular, la rechaza bruscamente en una carta que deja «desolado» al pobre Bonnier. En otra, indica a P. Léon que está «decepcionado por la forma demasiado regular de la sala que, así, se convierte en un auténtico circo» y recuerda que la «condición formal» de su donación era que la presentación se hiciera conforme a sus deseos y propone, como «único modo» de salir de este callejón, reducir los paneles a 10 o incluso a ocho.

Mientras Louis Bonnier se dedica, una vez más, a modificar los planos, el director de Bellas Artes, ante la amenaza de la reducción de las obras, piensa en abandonar el proyecto de construir un edificio específico, en favor de utilizar uno ya existente, lo que se considera menos costoso. Se ignora si esta cuestión se suscitó con ocasión de la visita a Giverny del ministro de Instrucción Pública y Bellas Artes, Léon Bérard, en compañía de su jefe de gabinete, de Paul Léon y de Geffroy pero, a partir del 1 de abril, Clemenceau, P. Léon, Geffroy y Bonnier inspeccionan sucesivamente el Jeu de Paume y la Orangerie, destinados a museo o sala de exposiciones. Descartan el primero por considerarlo demasiado estrecho y optan por el segundo, pues su longitud de 13,50 m parece adecuada. Clemenceau informa inmediatamente a Monet y le aconseja que dé su conformidad. El miércoles siguiente, el 6 de abril, el pintor, el ministro y el arquitecto Victor Blavette deciden «avanzar el proyecto de la Orangerie». Así, en lugar de un edificio moderno diseñado por el futuro responsable del plan general de la exposición de artes decorativas, Monet acepta rebajarse a una especie de mazmorra en la planta baja de un amable pastiche del Segundo Imperio. Allí se aventurarán, en las décadas siguientes, algunos visitantes, a la salida de las brillantes exposiciones que se celebrarán en la planta noble.

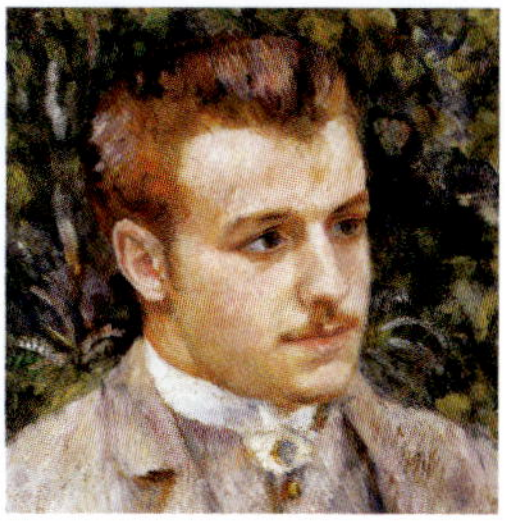

Auguste Renoir
Retrato de Georges Durand-Ruel (detalle)
1882

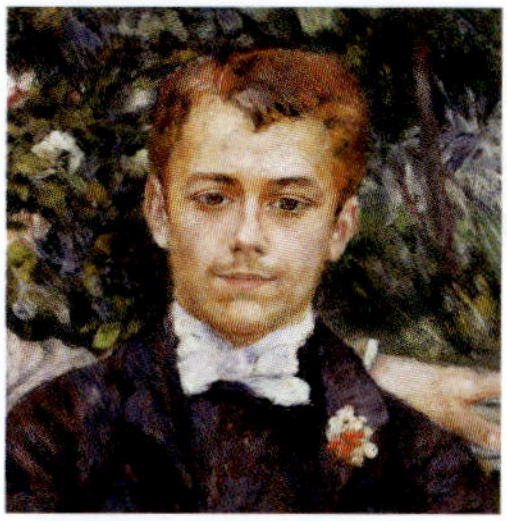

Auguste Renoir
Retrato de Charles Durand-Ruel (detalle)
1882

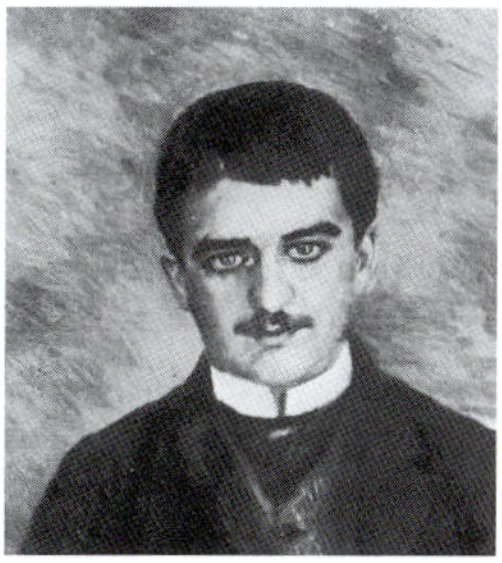

Auguste Renoir
Retrato de Joseph Durand-Ruel (detalle)
1882

De Louis Bonnier a Camille Lefèvre

Apenas se han apagado los ecos del entusiasmo despertado por la visita a la Orangerie cuando se produce un cambio en el pensamiento de Monet, que decide renunciar a la donación. En una carta a Paul Léon explica que había concebido sus *Decoraciones* desde la óptica de una sala especial, donde «cada uno de los diferentes motivos se iba a mostrar combado». Considera que su intención quedaba desnaturalizada de un modo intolerable en un edificio cuya estrechez obligaría a «exponer los diferentes motivos de un modo absolutamente derecho». Todos los que desean la realización del proyecto intentan hacer cambiar de idea al maestro. Así, Marcel Pays publica en *Excelsior* una entrevista con G. Geffroy, en la que este se refiere al problema de la elección de local y a la memorable visita al Jeu de Paume y a la Orangerie, sin decir nada de la ruptura que se ha producido entretanto. Monet, quien sigue sin recibir respuesta a su carta de renuncia enviada tres semanas antes, lee este artículo y escribe inmediatamente a P. Léon, al

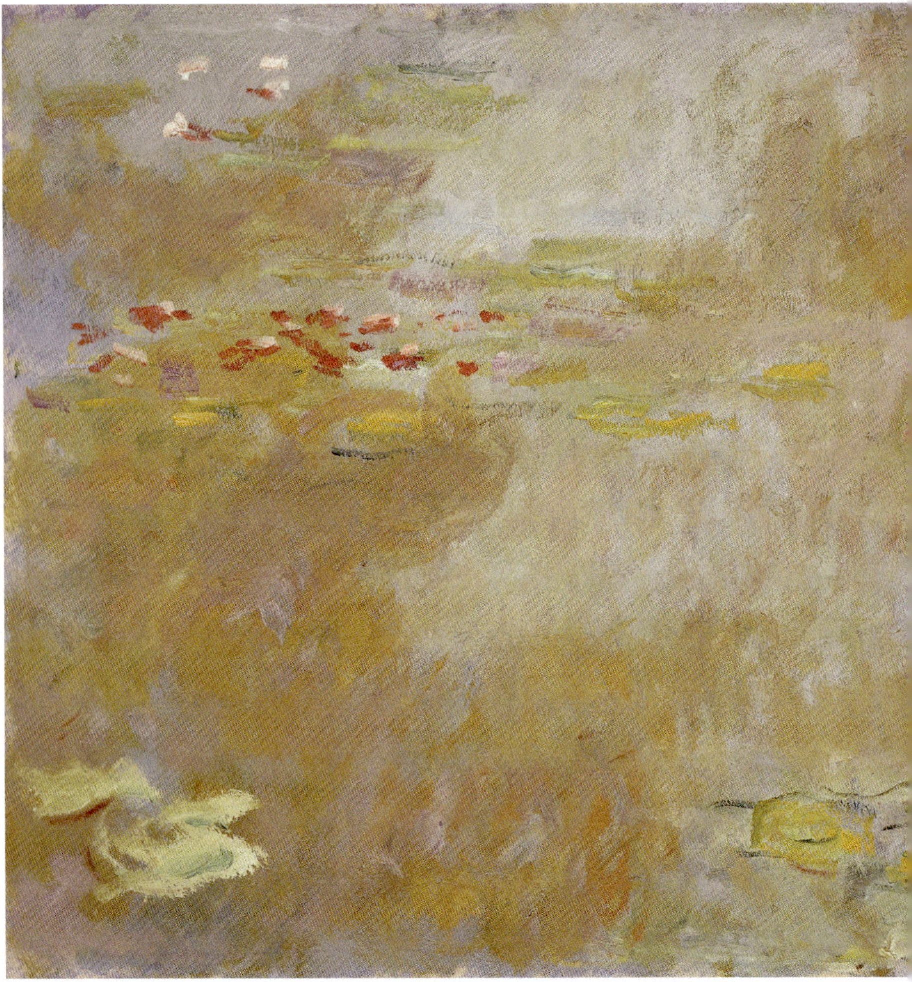

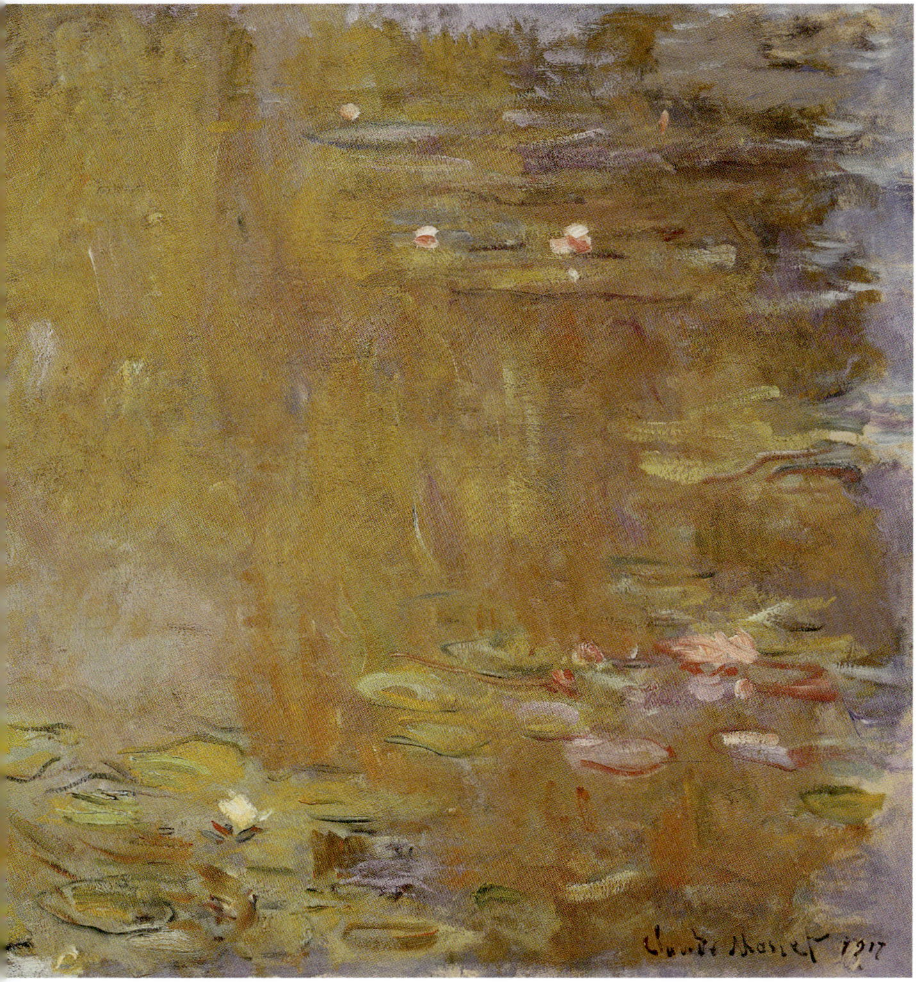

El estanque de ninfeas
1917
100 x 200 cm
Musée des Beaux-Arts
de Nantes

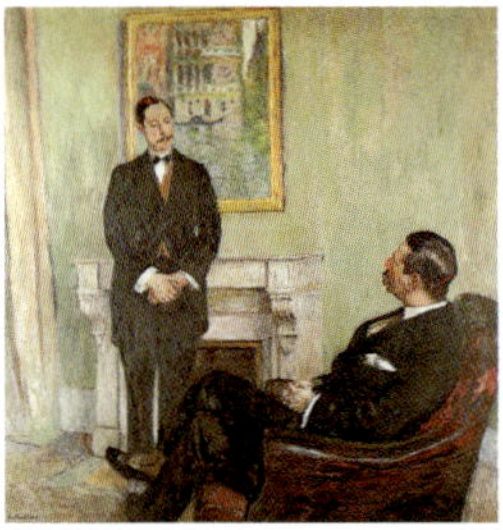

Édouard Vuillard
Josse y Gaston Bernheim
1912
Galerie Bernheim-Jeune, París

parecer animado por el deseo de retomar las negociaciones. El astuto Léon, que pretexta no entender sus complicadas explicaciones, le dice que siente su decisión, pero que la respeta. Con esta táctica consigue que Monet encargue a A. Alexandre que informe a la persona o al organismo competente de que sigue estando interesado en la donación y que incluso la ampliará, «para que llene dos salas».

Entonces, Bellas Artes puede trabajar con toda tranquilidad en el despido de Bonnier, mientras hacen que retoque sus planos durante seis meses más. A finales de octubre, una intervención enérgica de Georges Clemenceau desbloquea la situación. En diciembre de 1921, Paul Léon nombra un nuevo arquitecto del Louvre, Camille Lefèvre. El 20 de enero se concibe un nuevo plan.

El acta de donación

Sobre no se sabe qué promesa, Monet piensa que la Orangerie está preparada para recibir las *Decoraciones* en primavera y trabaja firme en su estudio, persuadido de que aún tendrá que ver «ante la naturaleza» la mayor parte de los lienzos, cuando vuelva el buen tiempo. Condenado a guardar cama por un fuerte catarro poco antes de mediados de diciembre, no tarda en volver al trabajo, entre las quejas de no poder pintar mucho tiempo, porque le parece que la vista «desfallece», y el placer de sentirse «en plena vena de trabajo». Menos inclinado que nunca a recibir visitas, prácticamente no abandona ya Giverny, ni siquiera para asistir a los funerales de Paul Durand-Ruel, a cuyos sacrificios tanto debe el triunfo del impresionismo, como recuerda oportunamente el *Bulletin de la Vie artistique* de sus compañeros Bernheim-Jeune.

Georges Clemenceau sabe que se ha de conseguir lo antes posible un cambio de firmas entre la Administración y Monet. Este último se toma a la letra las aseveraciones verbales de un «plazo máximo de dos años» para la instalación de la Orangerie e informa al director de Bellas Artes que le parece llegado el momento de redactar un proyecto del acta de donación. Como la respuesta de Paul Léon se hace esperar, se imagina que intentan dar largas al asunto, pero continúa trabajando en las *Decoraciones,* a pesar de las crecientes molestias que le causa la vista. No obstante, en una visita a Giverny, Clemenceau le encuentra «una vez más… dispuesto a cambiar de idea», por lo que «suplica» a Paul Léon que «termine». La correspondencia que siguen los dos amigos en los días posteriores a esta visita revela los esfuerzos que hace el Tigre con infinita paciencia.

Un primer resultado se advierte el 23 de marzo, cuando Monet envía a Léon «el detalle de los paneles decorativos», que se han de indicar en el acta que se está preparando. Sorpresa: en lugar de los 20 del plan Lefèvre, anuncia «22 que forman un conjunto de 12 composiciones [sic], modificable en el momento de colocarse en su lugar».

Esta última proposición demuestra que en su pensamiento nada es definitivo. De hecho, en un proyecto de donación mecanografiado, sin fecha, solo se cuentan 18 paneles, una minuta que probablemente hizo la Administración siguiendo las indicaciones del artista. En el acta de donación firmada en Vernon, ante el notario Baudrez, por Claude Monet y Paul Léon, el miércoles 12 de abril de 1922, son 19. Según el contrato, la primera sala comprenderá ocho paneles de 4,25 m y uno de 6 m, dispuestos de la siguiente manera: *Puesta de sol,* el panel de 6 m, al oeste; enfrente, *Reflejos verdes,* un díptico de 8,50 m; en cada uno de los lados grandes, un tríptico de 12,75 m, *Las Nubes,* al norte, y frente a este, *La Mañana.* En la segunda sala habrá seis paneles de 4,25 m y cuatro de 6 m, agrupados de la siguiente manera: en el lado pequeño, adosado a la primera sala, *Reflejos de árboles,* un díptico de 8,50 m; en la parte opuesta, *Los Tres Sauces,* un políptico de 17 m; en cada uno de los lados grandes, un díptico de 12 m, titulados los dos *La Mañana,* sin distinción.

La prensa especializada se hace brevemente eco del acontecimiento. Desde su propiedad de Saint-Vincent-sur-Jard, en Vendée, Clemenceau felicita al donante por haber concluido un asunto al que él ha contribuido más que nadie y le tranquiliza en relación con el valor de la donación. A su regreso a París, se invita a almorzar el domingo 7 de mayo. Nunca antes fue tan necesaria su presencia en Giverny, pues Monet cree que, de tanto retocar sus *Decoraciones,* ha estropeado algunas, hasta el punto de que se cree obligado a destruirlas. Por esto necesita que su amigo le reconforte y se muestra decepcionado cuando una visita anunciada se hace esperar un poco.

Para prolongar el efecto de sus palabras, Clemenceau escribe unas *Reflexiones filosóficas del Altísimo sobre el hombre bajo,* una especie de tratado en el que Dios se dirige a su hijo Monet, un «ciego que no quiere dejarse abrir los ojos» y le anima a «hacer lo que le piden», es decir, que se opere. ¿Qué efecto causa este curioso texto o las visitas reiteradas del amigo? En cualquier caso, a lo largo de junio, vuelve a hablar del trabajo —«he emprendido algunas cosas, que me están costando mucho»—, hasta el punto de que ruega a Albert André, quien deseaba viajar a Giverny con su esposa, que retrase la visita. Solo Clemenceau sigue siendo bienvenido y está presente el domingo 25 de junio, cuando Monet agradece a Geffroy la magistral monografía que le ha dedicado. La noticia de que el 4 de junio Léon Bérard, ministro de Instrucción Pública, ha firmado el decreto de aceptación de la donación, le da ánimos para continuar trabajando. De su pluma vuelven a salir aquellas palabras que escribió el viejo paisajista: «Estoy trabajando en firme, para pintarlo todo antes de que ya no vea nada».

Los esfuerzos reiterados sobre el motivo, perseguidos a pesar de las decepciones, van a dar el golpe de gracia a una vista cada vez

PÁGINAS 546/547
El estanque de ninfeas
1917-1919
130 x 200 cm
The Art Institute of Chicago

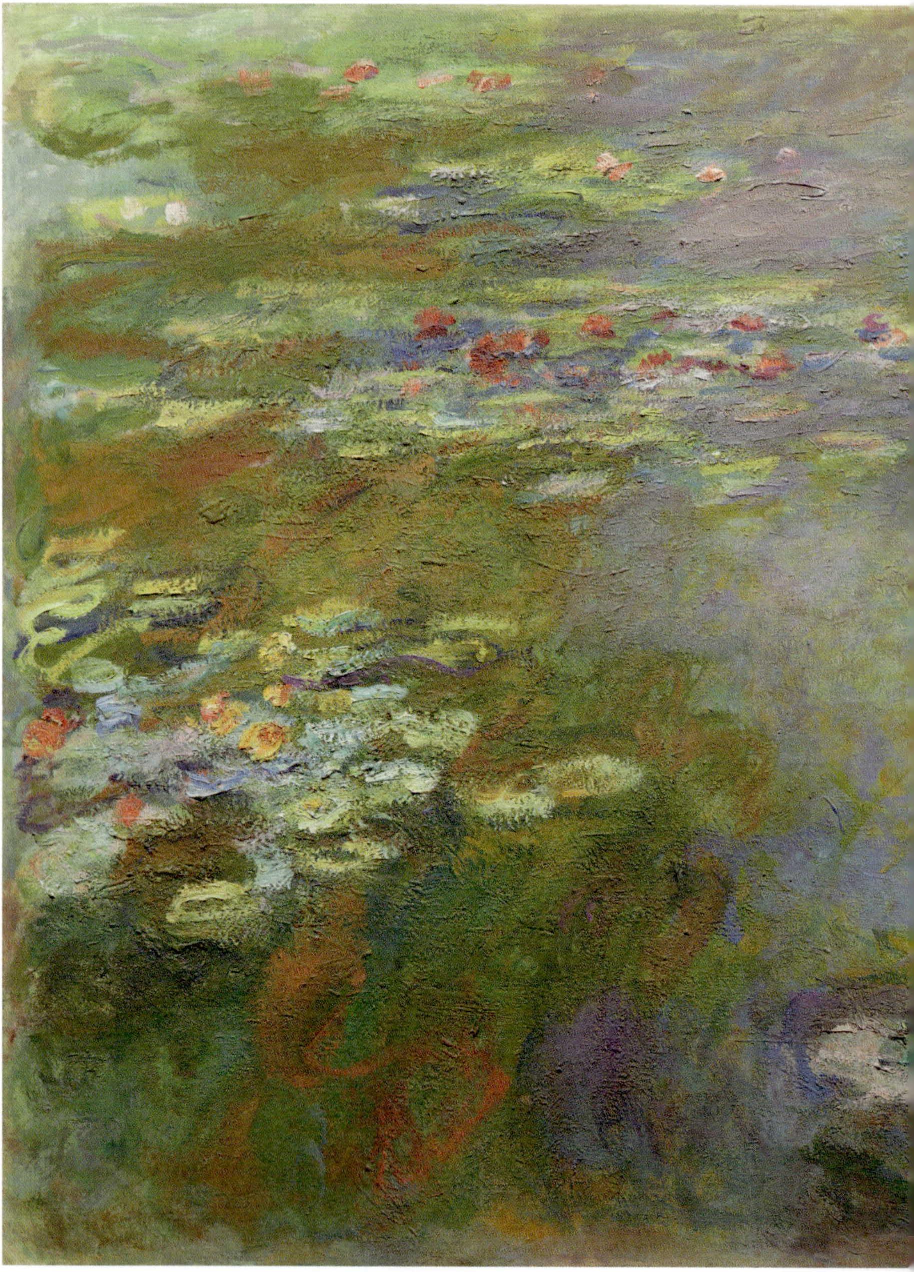

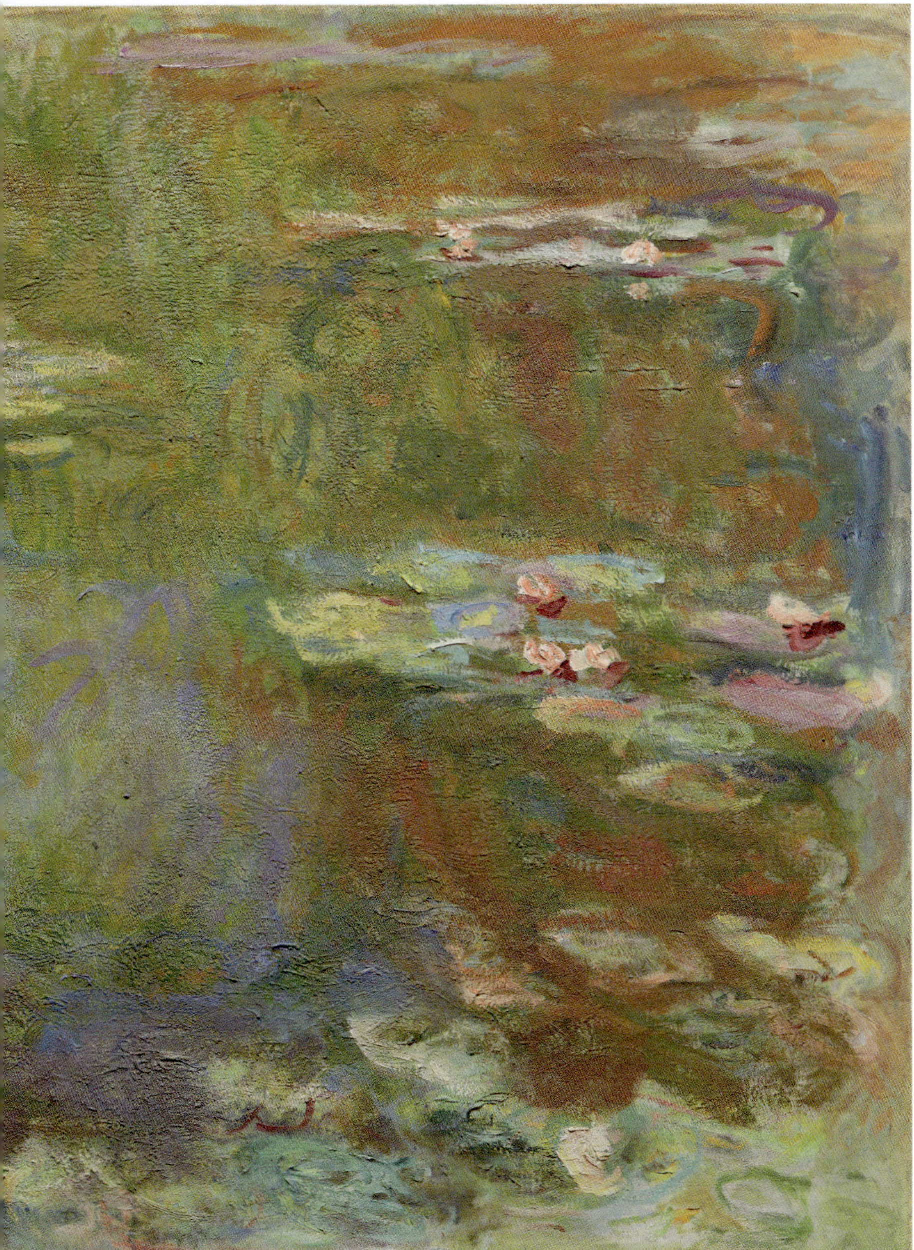

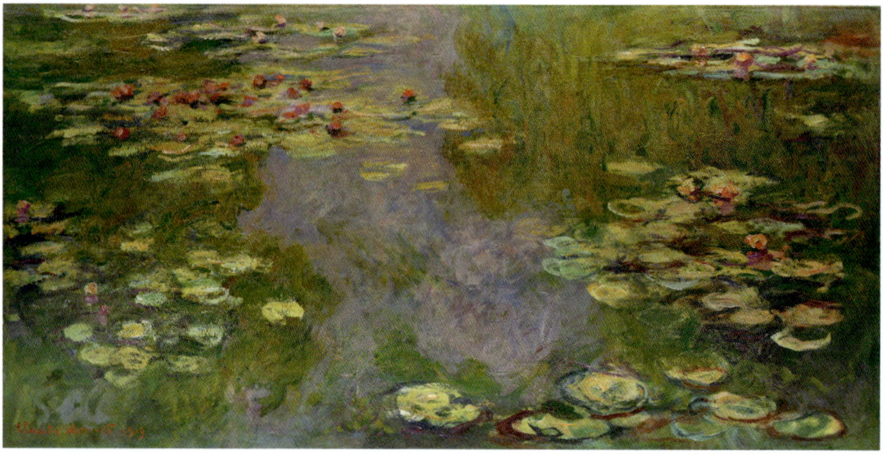

El estanque de ninfeas
1917-1918
100 x 200 cm
The Walter H. and Leonore Annenberg Collection, The Metropolitan Museum of Art, Nueva York

peor y fatigada desde siempre. Se hace necesario acudir a un especialista. Clemenceau chancea: «Me gustaría saber lo que le ha dicho de la vista su veterinario». Ese «veterinario» en cuestión es uno de los oftalmólogos más de moda en París y amigo personal del Tigre: el doctor Charles Coutela. Cuando, a finales de la primera semana de septiembre, Monet llega, latiéndole el corazón fuerte, a su consulta del número 19 de la rue de La Boétie, se encuentra en presencia de un dinámico médico de 40 años, de cabello abundante y ojos maliciosos, cuya acogida cordial y un poco brusca se tiñe de deferencia. La doble catarata que diagnosticó 10 años atrás un compañero ha evolucionado tanto que la visión del ojo izquierdo se encuentra reducida a una décima parte, y la del derecho «a la sola percepción luminosa, si la proyección es buena». Este último extremo indica que «la retina es suficiente» e incita al galeno a pensar en intervenir primero este ojo. En caso de fracasar la operación, la pérdida sería mínima. Como Monet no oculta el temor que le produce la intervención, el doctor Coutela consiente en concederle un plazo y le prescribe, para el menos malo de los dos ojos, el izquierdo, un tratamiento en forma de «algunos medios midriásicos (euftalmina, homatropina)» que le procurarán una inmediata mejora de 2 a 3/10. El paciente se muestra encantado de la suerte de haber evitado la operación a corto plazo.

La operación de cataratas

Al salir de la consulta, Monet se siente como nuevo y se dirige hacia la Orangerie para observar cómo avanzan los trabajos. ¡Qué decepción!: «Ni huella de trabajo y silencio absoluto; algo de revoco en las paredes, eso es todo». Inquieto, se dirige a Paul Léon. Clemenceau, alertado, le pregunta por su parte: «¿Qué significa esto?». Las explicaciones del director de Bellas Artes, ducho en la materia, tranquilizan una vez más al donante. Sin embargo, este no consigue vencer el «horrible temor de que no llegaré a ver el gran día». Esta queja se agrava con la perspectiva de la operación, a la que se ha resignado finalmente como único medio de encontrar una mejor visión, cediendo sin duda a la amistosa presión de Clemenceau, partidario —en esta coyuntura como en otras— de que «a grandes males, grandes remedios». En esta misma disposición de espíritu lo encuentra Joseph Durand-Ruel, invitado a Giverny el domingo 15 de octubre, con su yerno y su hijo Charles. El viejo maestro parece «tener buena salud y no estar demasiado triste» ante la perspectiva de la intervención, cuyo programa, dividido en dos partes, ya conoce. «Hasta una fecha reciente, ha pintado un gran número de telas en su jardín», de motivos similares a los que ya conoce el visitante, aunque el conjunto aparece demasiado «negro y triste» para poder comercializarse, teniendo además en cuenta los precios de las obras del pintor. Al parecer, el artista «tiene la cabeza trastornada por el éxito obtenido entre los japoneses», sobre todo con Kojiro Matsukata, para quien compra en Francia Léonce Bénédite, conservador jefe del museo de

El estanque de ninfeas
1917-1918
100 x 200 cm
Reader's Digest Collection

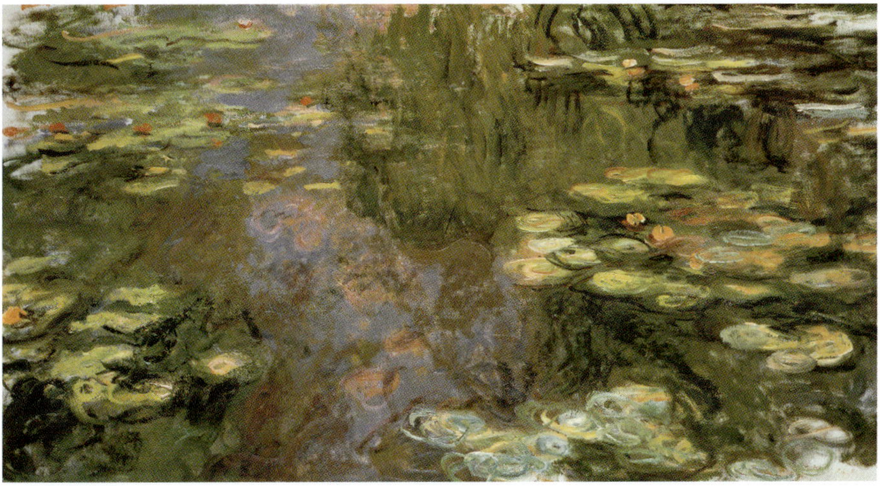

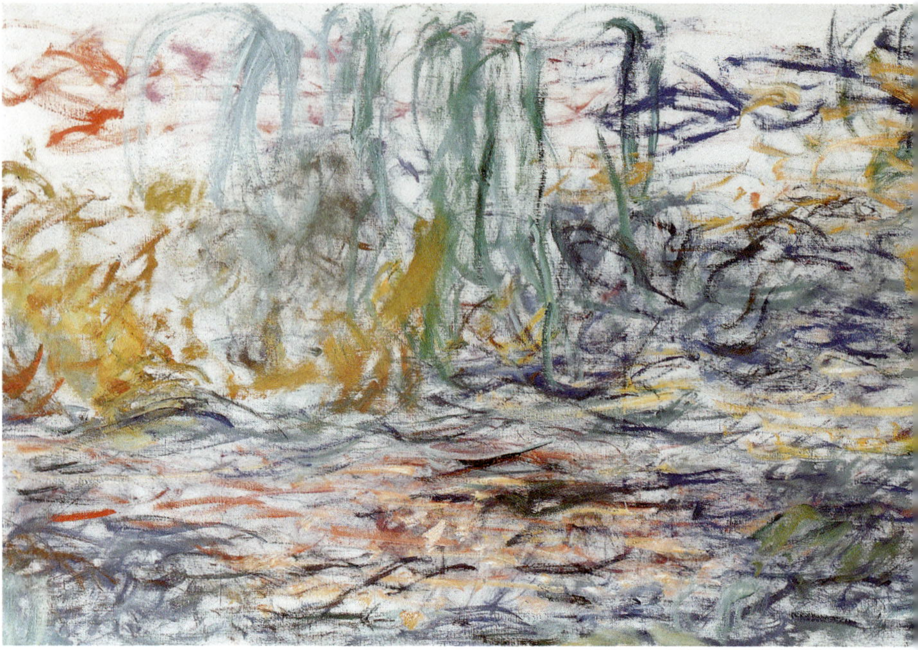

Ninfeas
1919-1920
100 x 300 cm
Musée Marmottan Monet,
París

Luxemburgo y de sus anexos, entre los que se encuentra también el futuro Musée de L'Orangerie.

Diferida algunas semanas gracias al tratamiento prescrito, fijada después para el mes de noviembre y retrasada de nuevo como consecuencia de una gripe, la primera fase de la operación de cataratas se desarrollará hacia el 10 de enero de 1923. El día fijado, en la clínica quirúrgica Ambroise-Paré de Neuilly, el doctor Coutela procede a extraer un fragmento situado en la parte superior del iris.

Esta intervención, realizada con anestesia local, desencadena en el paciente una reacción que el médico resume en los siguientes términos: «En el momento de la iridectomía hubo náuseas e incluso un vómito, incidentes excepcionales e imprevisibles, debidos a la emoción. Pero, por muy molesto y grave que fuera, todo va a ir a mejor». En efecto, ocho días más tarde, Monet está en condiciones de dirigir a P. Léon una carta escrita por su propia mano en la que dice, lleno de esperanza en el resultado final, que se está preparando para la segunda parte de la operación, que será el 31 de enero en la misma clínica. «Después de tomar todas las precauciones —narra el operador— y no sin cierta aprensión después de la iridectomía y con la sólida protección de un largo puente conjuntival (que ahorra la sutura), procedí a extraer la catarata en el ojo

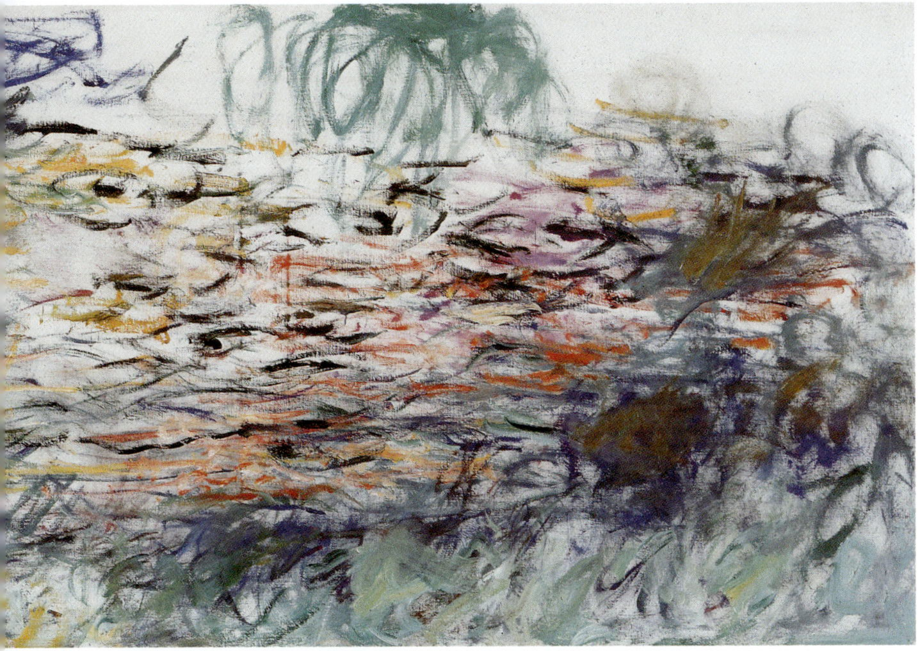

derecho (extracción que fue extracapsular), con aspiración de masas tan completa como fue posible. Esa misma noche se había vuelto a formar la cámara anterior; fue para mí un gran alivio.» Y también para Monet, que sufrió toda la operación con solo anestesia local.

Ya no le quedaba más que pasar, de la mejor manera posible, los tres días de reposo absoluto prescritos por el doctor pero, ya fuera efecto de la operación o fidelidad al papel de viejo gruñón que sabía desempeñar a la perfección, la primera noche es terrible: «Estaba tan excitado y nervioso que se movía todo el tiempo —narra Blanche Hoschedé, que veló a su cabecera—, incluso se levantó varias veces y me costó mucho persuadirle de que se quedara acostado. Quería quitarse los vendajes, diciendo que prefería quedarse ciego a estar condenado a la inmovilidad. Aunque se quedó más sereno, esta crisis de exasperación retrasó su recuperación y tuvo que quedarse ocho días en la clínica». Los cuidados y su robusta constitución van a permitir a Monet remontar rápidamente la pendiente: el sábado 17 de febrero le autorizan a dejar la clínica para una visita en la Orangerie en compañía de Clemenceau y de P. Léon. A la mañana siguiente, vuelve a casa, donde tratará al enfermo su médico de cabecera, Jean Rebière.

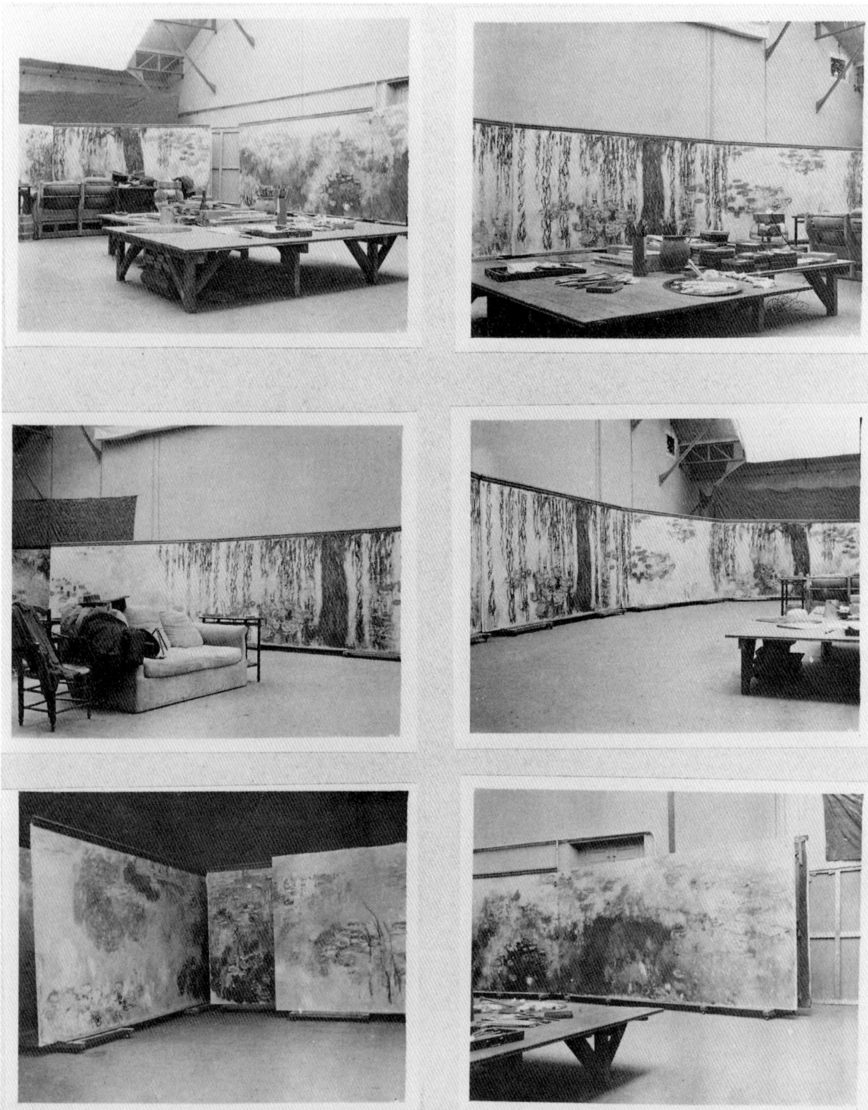
Vernon (Eure)
Atelier de Claude Monet 1917

Tranquilizado por un informe que le ha enviado Coutela, Clemenceau le lleva el domingo 4 de marzo a Giverny. El cirujano encuentra normal el estado del ojo, pero juzga que no es conveniente que empiece a llevar gafas antes de abril. Durante varios meses, Monet será incapaz de escribir y dictará el correo a Blanche. Pero ya desde ahora espera reunirse con el arquitecto y volver «inmediatamente» al trabajo, mientras la Administración está pensando en colocar en su lugar algunas *Decoraciones* durante este año. Sin embargo, en el ojo operado se manifiestan unas molestias, que Clemenceau interpreta como el efecto de «cierta vascularización» que puede restringir la visión y que podría exigir una tercera intervención, si bien no comparable en gravedad, según él, con la primera. Como el doctor Coutela se encuentra en Marruecos por algunos días, pasa por momentos de moral baja, parcialmente compensados por el vivo interés que sigue teniendo por las cuestiones de jardinería y cierto progreso de la visión que le va a permitir leer de nuevo y acudir a la consulta del médico, cuando regrese de sus vacaciones. Clemenceau sigue siendo bienvenido siempre, incluso cuando se presenta en Giverny con una «cohorte» de norteamericanos un poco importunos; quedaría sorprendido si no hubiera accedido a su petición de venir a almorzar en compañía de la duquesa de Marchena, «una gran señora, tan sencilla como millonaria..., cuyo marido desciende de Luis XIV». De origen más modesto, a juzgar por el modo de escribir, una amable persona que firma «Renée Vert, esposa de Adolphe Albert» obtiene de aquel a quien ella conoció como «un señor de barba color castaño y tocado con una boina —tal como aparece en el *Autorretrato con boina* (il. págs. 4, 277)— el préstamo de un lienzo para una modesta exposición en Petit Andelys.

A la mañana siguiente de la tercera intervención en el ojo derecho, Monet puede salir un poco al jardín, con gran regocijo para su hijastra Blanche, quien enseguida informa a los amigos de la favorable evolución. Todavía ignora que, en el informe confidencial que envía a Clemenceau en su condición de antiguo compañero, Coutela ha expresado sus dudas en cuanto al éxito de la operación. Felizmente, estas dudas se desvanecerán después de su visita de control a Giverny el 20 de julio de 1923: «Moral excelente. Por fin he podido ver la membrana (que había desaparecido en la profundidad): está totalmente seccionada. Ahora todo va a ir a mejor: la ventana todavía está ocupada por un coágulo que se va a reabsorber».

El tercer estudio
de Giverny, 1917

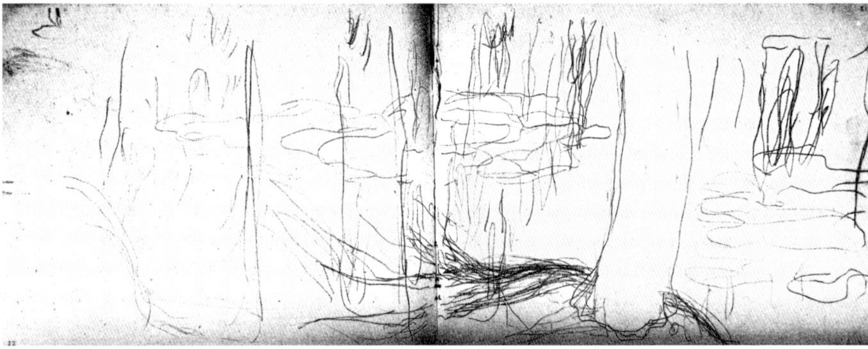

Sauce llorón
Dibujo
Musée Marmottan Monet,
París

La gran paciencia del doctor Coutela

El 6 de septiembre, cuando Coutela —apremiado por «numerosas cartas y telegramas»— se dirige a Giverny, su sola presencia levanta la moral del paciente; por la tarde, escribe a Clemenceau un informe particularmente detallado: «La visión de cerca es totalmente perfecta», desde que «este hombre excelente», siguiendo las instrucciones del doctor Rebière, de Bonnières, el médico de la familia, se ha decidido a ponerse las gafas. «En cuanto a la visión de lejos, la agudeza visual es suficiente... No tiene visión doble. La deformación parece mínima e incluso se reducirá aún más si monsieur Monet quiere usar las gafas para ver de lejos... La apreciación de la distancia no es aún perfecta...» Ha de tener cuidado con las escaleras, en particular con las de Giverny, «que no están bien iluminadas». El principal problema es el que plantea «la cuestión de los colores: lo ve todo bastante más amarillo. Esta visión coloreada no es rara entre las personas operadas de cataratas (más frecuente es ver rojo o azul; la xantopsia es rara)». Como ha venido a Giverny sin el equipo apropiado para solventar esta nueva dificultad, que Monet no le había señalado cuando eligió los cristales, Coutela se esforzará «por remediarla con combinaciones», que le obligarán a «tantear un poco». El resultado final le parece positivo, gracias a las «precauciones minuciosas y en apariencia exageradas que había creído tener que tomar por prudencia».

Al recibir la primera carta escrita a mano por Monet, Clemenceau se decide a resaltar los méritos del médico: «He de decir que, en mi opinión, Coutela ha sabido hacer muy bien frente a las dificultades. Tengo verdadera confianza en él». Por tanto, sufrirá cuando, tres días más tarde, en un nuevo arranque de mal humor, el pintor —después de recibir «toda una serie de cristales coloreados», de los que *sabe* por anticipado que «no pueden producir ningún buen resultado»— escribe a su viejo amigo: «Su Coutela me parece tratar un poco a la ligera la cuestión de las transposiciones de los colores». Claro que la labor del médico no es nada fácil, pues ni siquiera el mismo Monet sabe a qué atenerse: en el manuscrito de una carta del 13 de septiembre, en la que pretende no percibir más que dos colores, el amarillo y el azul, se aprecia la vacilación entre el verde y el amarillo, antes de decidirse por el amarillo. A la mañana siguiente se muestra seguro: «Sigo viendo amarillo lo que es verde, y el resto más o menos azul». Otra dificultad, constatada y analizada por el doctor Coutela mismo, resulta de la diferencia de calidad entre la visión de cerca, satisfactoria, y la de lejos, menos buena. Así, ve la paleta y los toques que aplica sobre la tela, pero no puede juzgar convenientemente el resultado obtenido cuando, según su costumbre, «retrocede 4 o 5 m».

Para remediar todas estas incomodidades, de las que es perfectamente consciente, Coutela aconseja intervenir el ojo izquierdo, «el mejor de los dos desde hace tiempo». Las «congojas» que le había causado Monet le hicieron decidirse a «renunciar a esa operación», pero como «se trata de una buena persona, a pesar de sus ataques de cólera…», ha resuelto operar. El «buen estado» del paciente permite intervenir pronto. Este «informe secreto», que el médico ha redactado sin tener en cuenta «ninguna cuestión psicológica o de sentimiento», para responder al deseo de Clemenceau, corresponde perfectamente al punto de vista de este último, por lo que lo trasmite inmediatamente al enfermo, al que recomienda que se decida rápidamente. De

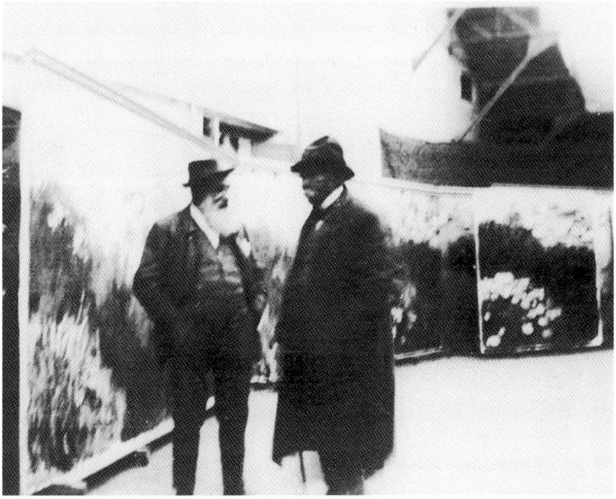

Clemenceau y Monet
en el tercer estudio, 1920

esta manera podrá «hacer rectificaciones en los paneles de forma que estén listos en abril». Es este sin duda un consejo juicioso, pero parece dictado menos por el interés del enfermo que por la preocupación de ver la donación realizada en las mejores condiciones posibles. Se adivina el estado de excitación que despiertan en el pobre Monet la carta de Coutela y el comentario de Clemenceau. El pintor «se niega rotundamente» a operarse, a menos de que encuentre a «un pintor que, después de operarse, declare que puede volver a ver todos los colores». Como la búsqueda que se emprende por intermediación de Albert Besnard no parece haber permitido descubrir a ese ave rara, no se llevará a cabo la intervención, con lo que el problema de los retoques en las *Grandes Decoraciones* se mantendrá evidentemente sin solucionar.

«El patriarca del arte»

Como consecuencia de la conmoción que provoca la propuesta de Coutela de intervenir el ojo izquierdo, comunicada inmediatamente por Clemenceau, se produce un doloroso conflicto entre este último, partidario convencido de la intervención, y Monet, quien se contenta con los «cristales de color» con los que el médico experimenta en Giverny el 29 de septiembre de 1923. Cuando conoce el aplazamiento de cualquier decisión, Clemenceau «se desahoga» en una carta, dura pero no malintencionada, que sin embargo desencadena en Monet una reacción de tal desconsuelo que el Tigre prefiere no insistir. De este modo terminan las justas epistolares entre los dos. Aunque cada uno de ellos seguirá manteniéndose en su posición, sus relaciones no quedarán afectadas de modo duradero.

Monet delante del políptico de los *Tres sauces* en el tercer estudio, 1921

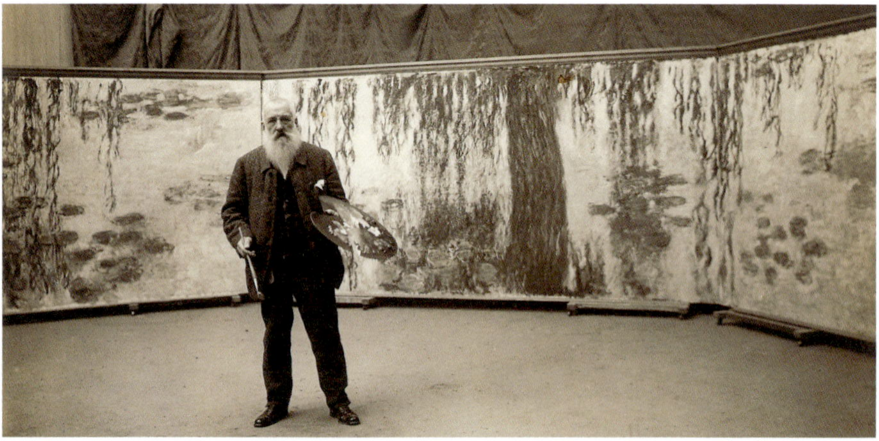

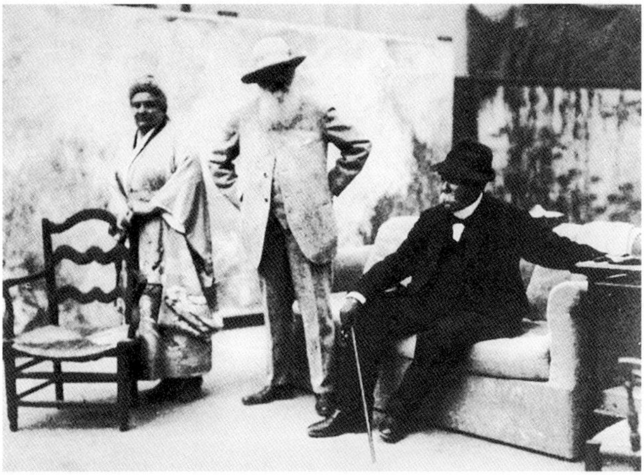

Blanche Hoschedé-Monet, Claude Monet y Clemenceau en el tercer estudio, 1920

Para que nadie se llame a engaño: Monet es perfectamente capaz de mantener una correspondencia privada, en la que recoge acentos lastimosos. Al mismo tiempo, puede escribir o dictar cartas de negocios, por ejemplo encargos de plantas, como se desprende de las respuesta de los horticultores, y también recibe a sus visitas sin faltar a ningún deber de hospitalidad. Por ejemplo, la visita de los hermanos Durand-Ruel, el 20 de octubre, se desarrolla siguiendo la mejor tradición: una vuelta por el estudio para escoger cuadros, seguida de un copioso almuerzo, en el que Monet, anfitrión paternal, está rodeado por su nuera y gobernanta y por su hijo Michel, quien se muestra entusiasmado con su última adquisición, un automóvil de la marca Voisin. Si el almuerzo satisface plenamente a los huéspedes, no sucede lo mismo con la elección de las obras: ni *Ninfeas* ni *Lirios* —al menos, el pintor no muestra ninguna obra de estas series—. Por el contrario, una superabundancia de ejemplares «de la última serie del jardín», lienzos que consideran «atroces, violentos» y que llevan la marca de una visión insuficiente de los colores, como ha confesado el pintor mismo, dispuesto a vender lo que nadie quiere comprar todavía. Al no ponerse de acuerdo, Monet se decide a ceder cuatro telas de épocas anteriores, de las cuales la más reciente —que se describe como «una vista de jardín… muy bella como motivo»— tiene más de 10 años de antigüedad.

Octubre permite registrar progresos considerables, y a comienzos de noviembre una carta a Étienne Clémentel revela un hecho novedoso e importante: «He vuelto a tomar mis pinceles. Trabajo con un poco de esfuerzo, sin duda, pero trabajo. Quiero terminar las *Decoraciones* para la fecha fijada». Como respuesta a un mensaje

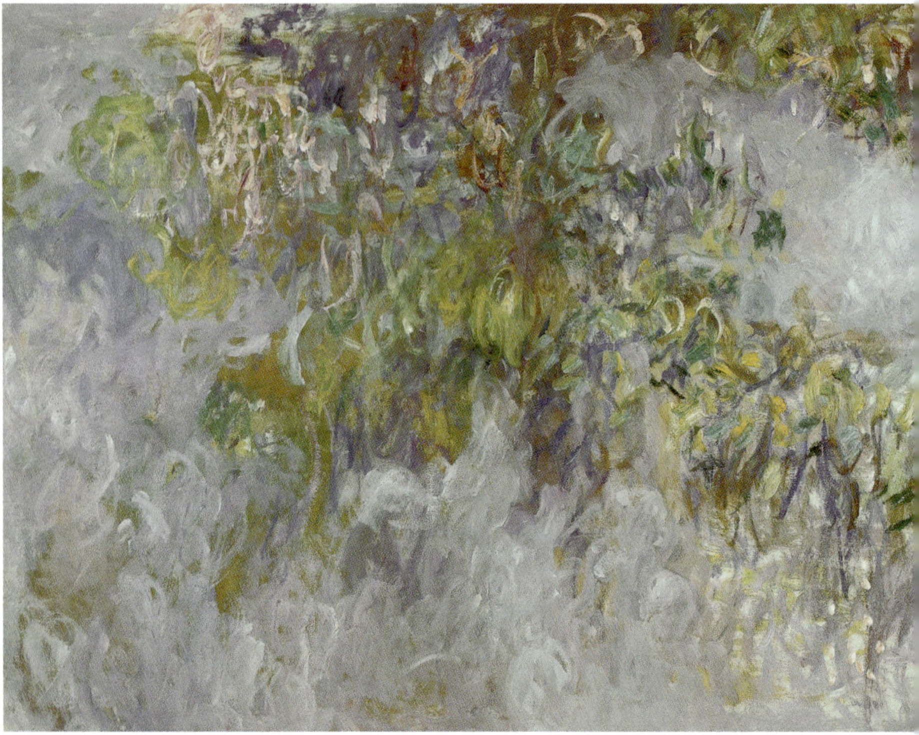

similar, Clemenceau le responde el 11 de noviembre: «Me dice que su trabajo no va demasiado mal. Debe de estar maravillosamente bien». Y tres semanas más tarde: «Usted trabaja, y como se llama Cl. Monet, no me queda más remedio que dejarle hacer. Aunque mi deber sería ir a molestarle, en su propio interés, mi amistad me obliga a dejarle en paz». A partir de ese momento, las visitas de Clemenceau a Giverny vuelven a desarrollarse en el antiguo clima de confianza. Al regreso de una de esas visitas en compañía del doctor Coutela, el Tigre tiene una herida en el rostro, como consecuencia de un accidente de automóvil, que relata con su habitual elocuencia. Sin esperar a ser «descosido» por el profesor Gosset, ha recibido a Paul Léon —preocupado por el destino de las *Decoraciones* y dispuesto a recibirlas a mediados de abril—, quien le ha dicho que Monet está trabajando y que retomará las conversaciones dentro de un mes. En suma, el año 1923 termina mejor de como comenzó. A la alentadora evolución de la visión pone contrapunto esta información, que Joseph Durand-Ruel envía

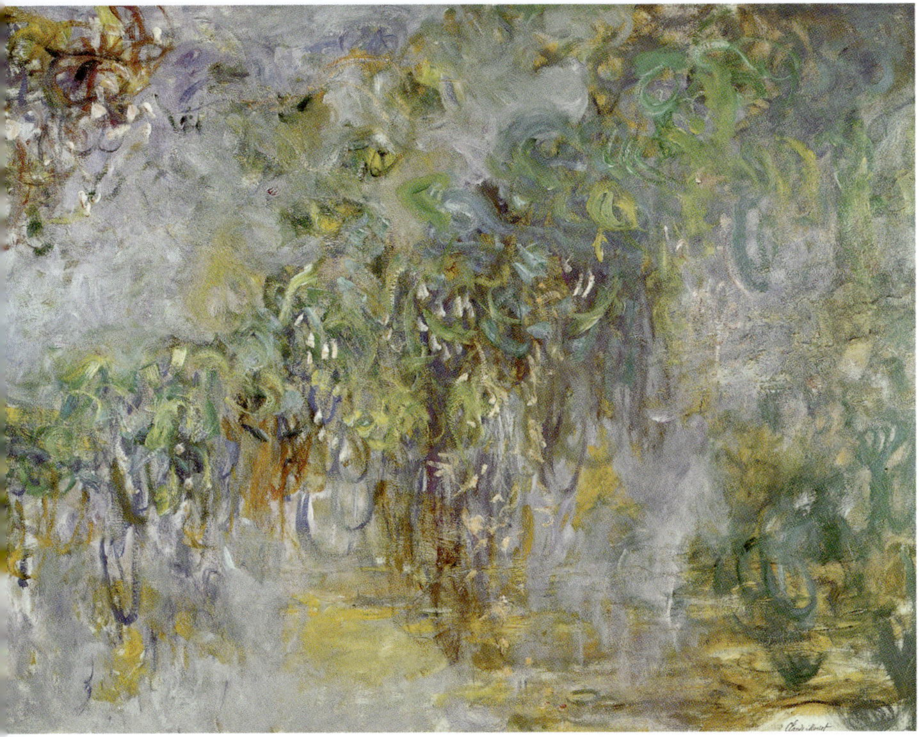

a su hermano Georges a Nueva York: «Se está volviendo a hablar de Monet. Todos los marchantes que habían dejado de comprarlo vuelven a interesarse por él».

En este clima eminentemente favorable para quien *Le Figaro artistique* presenta como «una de las más altas personalidades del arte francés contemporáneo», Georges Petit organiza, en beneficio de las víctimas del terremoto de Tokio, una impresionante exposición de obras de Monet. Léonce Bénédite, que no siempre distingue claramente entre las obligaciones de sus funciones oficiales y las de sus actividades paralelas, contribuye prestando una veintena de lienzos de la colección Matzukata, de la que era depositario, después de haber sido su proveedor. Cuando sabe que en este lote se encuentran dos grandes *Ninfeas,* Monet lo toma muy mal y alerta a Clemenceau. Persuadido de que la iniciativa de Bénédite puede «hacer grave daño a los paneles de la Orangerie», el Tigre interviene enérgicamente ante P. Léon, superior jerárquico del imprudente conservador, con lo que

Glicinias
1919-1920
Díptico, 150 x 200 cm
cada uno
Colección particular

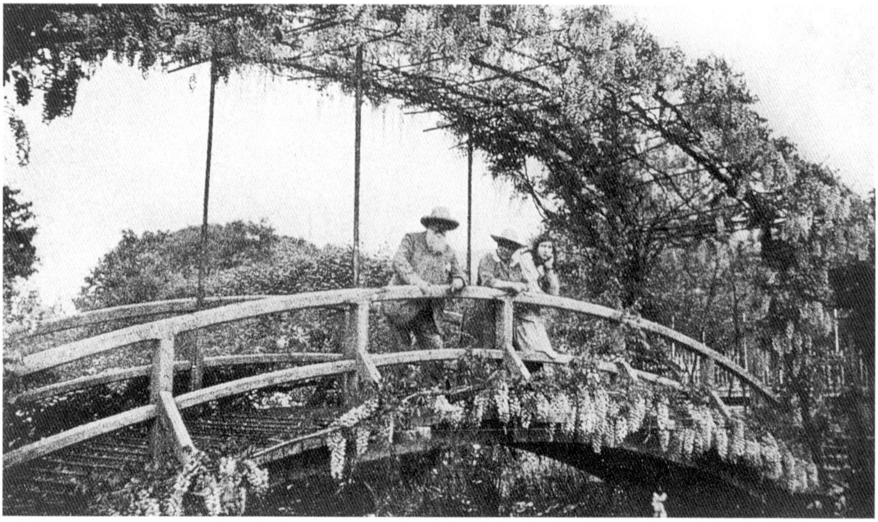

El puente de las glicinias. Monet en familia, con Blanche y Simone Salerou, 1920

se retira la obra más reveladora. Clemenceau informa inmediatamente a Monet y le anima a que comunique su opinión a Bénédite, lo que le vale a este último una reprimenda poco agradable, aunque se esforzará por refutar los argumentos lo mejor posible.

La exposición es un gran éxito, gracias también al apoyo oficial de la Tercera República, que se muestra particularmente honrada en celebrar al «patriarca del arte», pues ella misma es una gerontocracia aunque lo ignore. Otra razón del éxito es la llamada en favor de un pueblo del Extremo Oriente del que pocas cosas se sabe, salvo que fue un aliado en la guerra y que el viejo maestro no desconoce su arte. La prensa especializada dedica al acontecimiento artículos elogiosos; el más brillante es el de Louis Gillet.

«Como si tuviera toda la eternidad por delante»

La efervescencia provocada en los primeros días de 1924 por su exposición en la galería de Georges Petit no impide que Monet siga trabajando en las *Decoraciones* «como si tuviera toda la eternidad por delante», según la expresiva frase de Clemenceau. Este nunca le ha dejado de animar, pero ahora juzga llegado el momento de mantener una conversación seria en la que se fije el calendario para acabar y suministrar los paneles al Estado. «Toda empresa ha de tener un comienzo y un fin», dice el Tigre, cuando los retoques efectuados por Monet en un estado de visión insuficiente amenazan con estropear las obras, que deberían

El puente japonés visto desde el oeste, 1926

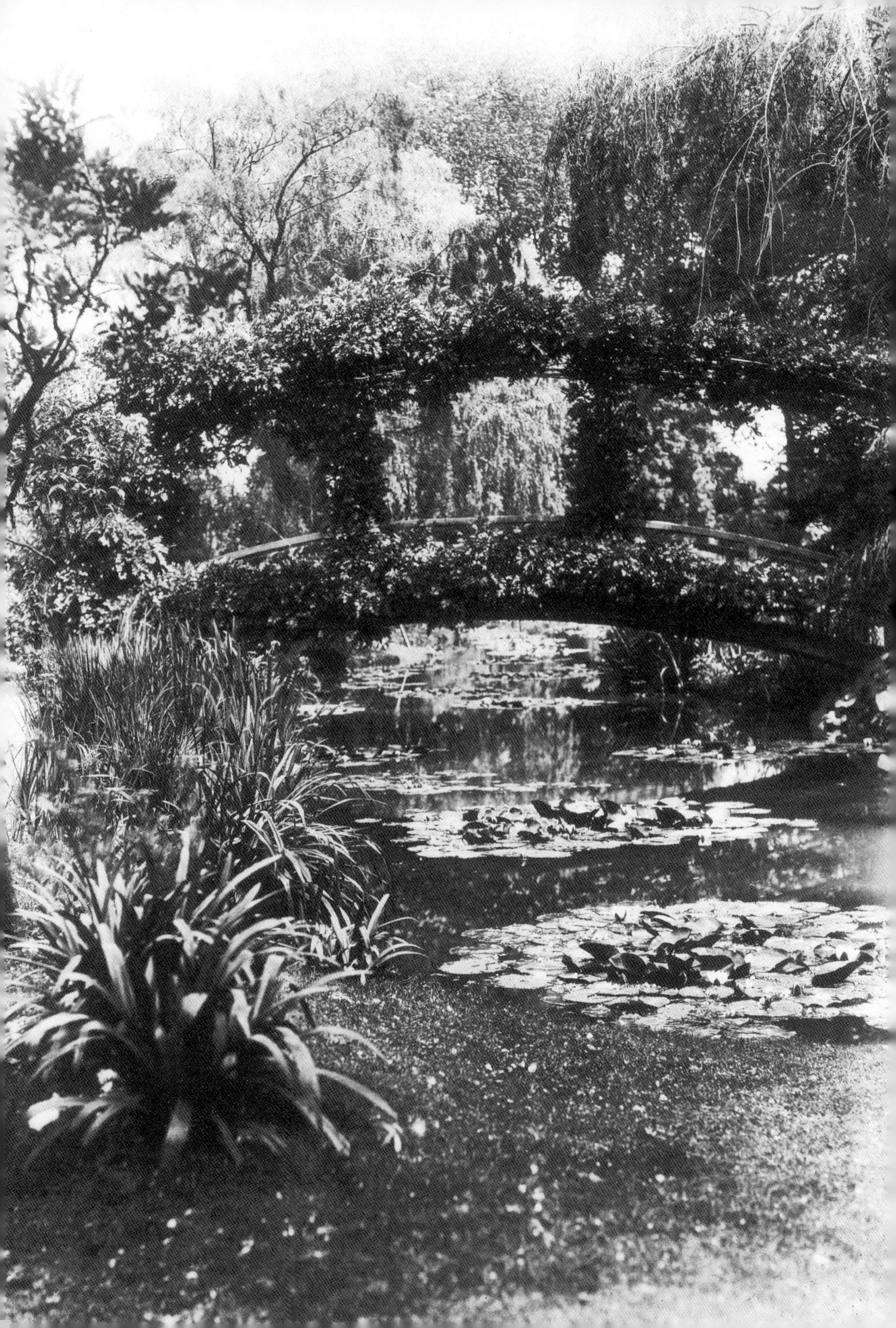

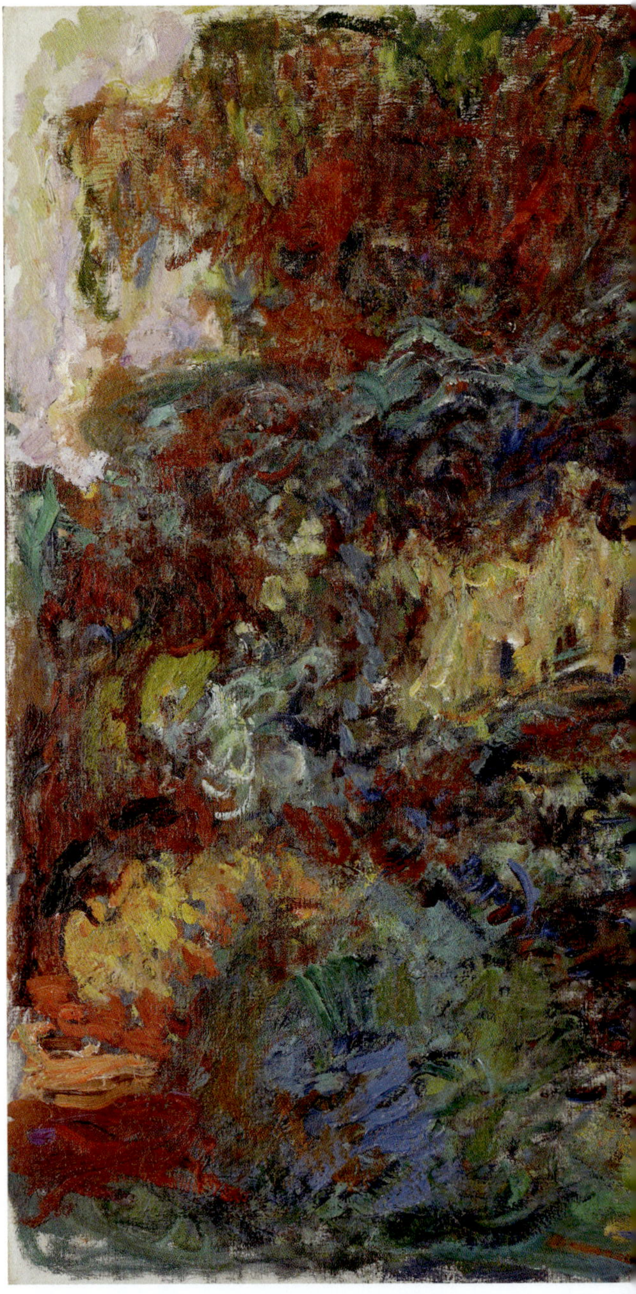

El puente japonés
1923-1925
89 x 116 cm
The Minneapolis Institute of Art

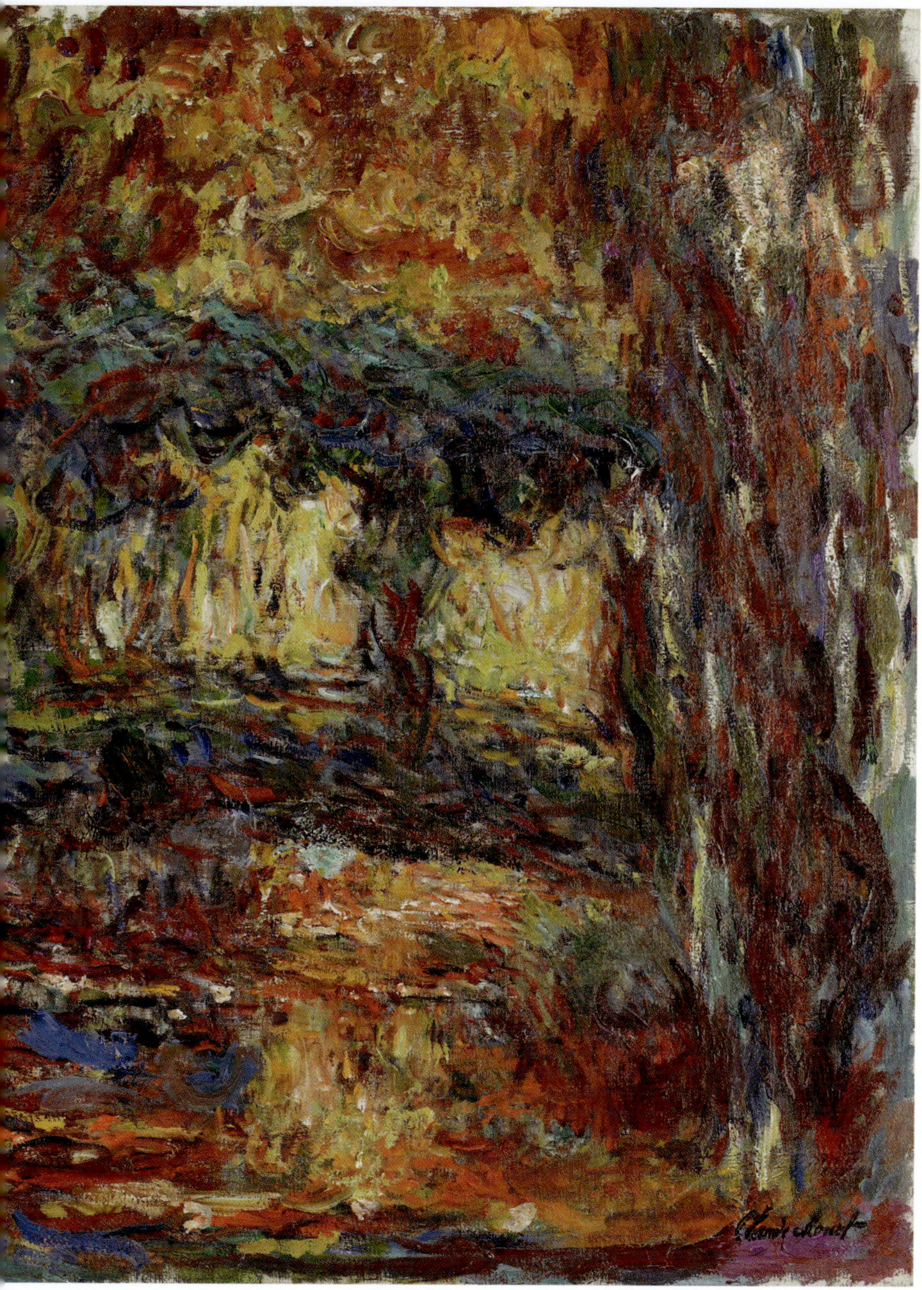
Claude Monet

haber quedado como estaban. La entrevista se fija para el domingo 3 de febrero, pero no tiene el resultado esperado, y Clemenceau debe resignarse a tener que seguir una labor digna de Penélope. Quince días más tarde se produce en Giverny el encuentro imprevisto de dos grupos de visitantes. Los jefes de fila de cada uno de ellos, Jeanne Baudot y Maurice Denis, dan dos versiones diferentes del acontecimiento, la primera en un libro publicado bastante más tarde, el segundo en las notas tomadas estando aún vivo el recuerdo: «Asombrosa serie de grandes *Ninfeas.* Este hombre, de pequeña estatura y 84 años, que abre los telones para mostrarnos sus caballetes… y que solo ve con un ojo, tras un cristal, mientras que el otro está tapado… Sus tonos son más justos y verdaderos que nunca». Si el interesado hubiera podido leer estas líneas confiadas a su diario por un compañero a quien estima, quizá no habría sufrido el grave decaimiento que Clemenceau se esfuerza por combatir con una carta fechada el 1 de marzo, en la que reproduce los acontecimientos que han conducido al punto muerto actual: después de la interrupción impuesta por la operación de cataratas, Monet ha retomado el trabajo «con media vista», lo que no le ha impedido realizar «una obra de arte acabada (el panel de *Las Nubes*) y maravillosos preparativos». Animado por este buen resultado, se esfuerza incluso más, hasta que un sentimiento de impotencia le hace «tomarse un tiempo de descanso». Esta situación, ¿es «imputable a las deficiencias de la vista o de la fuerza creativa»? «La increíble fuerza de la factura de *Las Nubes*» incita a Clemenceau a descartar la primera hipótesis, sin pronunciarse sin embargo por la segunda. Persuadido de que la imprudente promesa de entregar los paneles en la primavera constituye para el

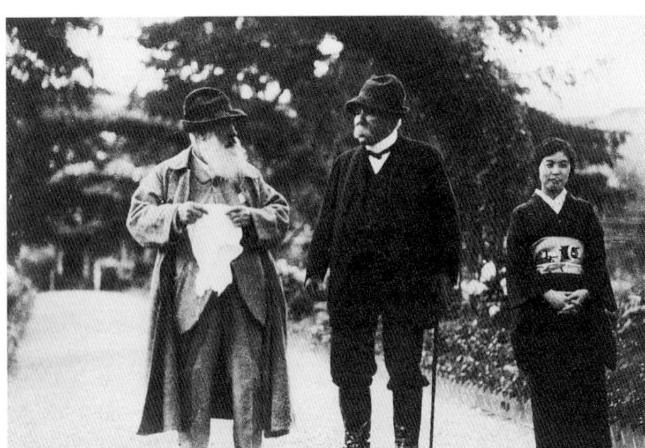

Monet, Clemenceau y madame Kuroki en 1921

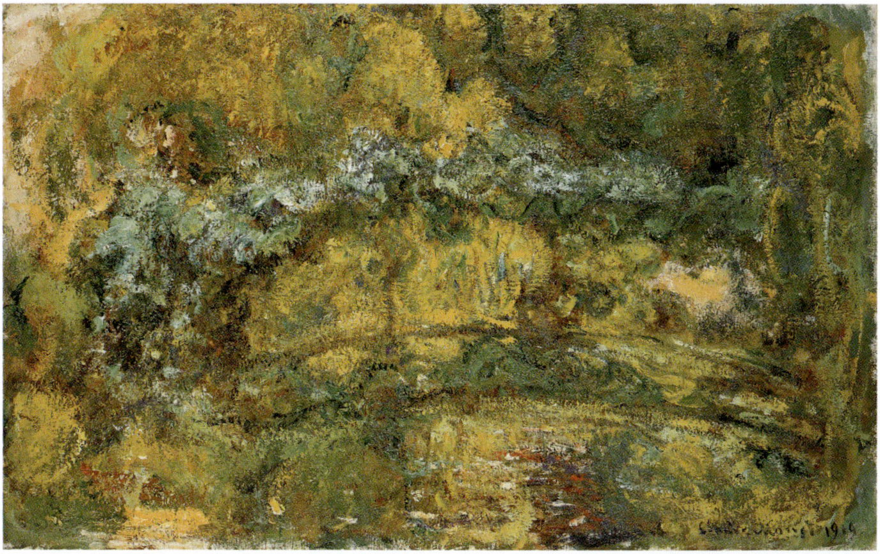

pintor un motivo más de confusión, se encarga de conseguir que Paul Léon no se impaciente. Mientras tanto: «Vuelva a tomar tranquilamente posesión de sí mismo y comprenda que es un hombre con debilidades y errores».

La pasarela sobre el estanque de ninfeas
1919
65 x 107 cm
Kunstmuseum Basel

Más que pensar en separarse de sus obras, a lo largo del verano de 1924, Monet tiene la impresión de que las podrá retocar eficazmente, gracias a que la vista está mejorando. Esta mejoría, natural y progresiva, se ha presentado como el resultado milagroso de la intervención de una persona de mayor competencia. Sobre la base de esta tesis, el pintor André Barbier escribió en 1957 un relato para Jean-Pierre Hoschedé. Según esta versión, no exenta de señales de autocomplacencia por parte de su autor, bastó que el doctor Coutela cediera su puesto al doctor Jacques Mawas, introducido en Giverny por Barbier. De la noche a la mañana, Mawas lo arregló todo gracias a los cristales Zeiss prescritos y hechos sobre el terreno. Los documentos contemporáneos a los acontecimientos, de los cuales la mayoría están inéditos, muestran que este lisonjero escenario exige retoques serios. Por tanto, aquí nos atendremos a los hechos que se desprendan de un estudio atento de todos los documentos disponibles.

Deseoso de hacer beneficiario a Monet de los últimos logros de la técnica alemana que le ha revelado una nota de la casa Zeiss, Barbier se apresura a comunicar este descubrimiento a Coutela. El 25 de mayo de 1924, en una visita que hace a Giverny, el doctor informa de esta situación a su paciente y, después de ensayos concluyentes, le anuncia su intención de solicitar cristales a Zeiss. Encargado por Monet de ocuparse del suministro, Barbier se dirige al establecimiento de un representante de la célebre empresa de Jena en París. Ya sea porque no cree que Coutela esté suficientemente cualificado para tomar «las muy delicadas medidas», ya sea porque desea introducir en Giverny a uno de sus buenos clientes, de quien sabe que se interesa por la visión de los pintores, el óptico envía a Barbier al doctor Mawas, quien no se hará de rogar para continuar el sendero de su compañero.

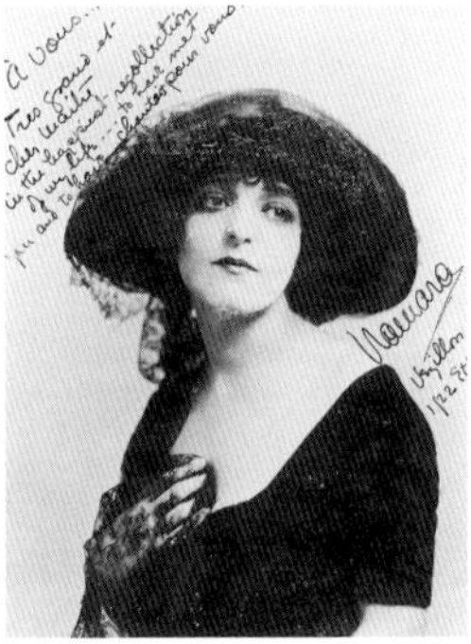

Fotografía dedicada de Marguerite Namara: «A vous... Très grand et cher maître in the happiest recollection of my life... to have met you and to have chantait pour vous». Verano de 1922

La donación, en peligro

Invitado a dirigirse a Giverny «para tomar las medidas decisivas, pero ¿lo son en este momento?». El doctor Mawas se presenta el 2 de noviembre de 1924 en compañía de Barbier y prescribe dos gafas nuevas, unas de cristales ahumados y las otras, de cristales blancos. Una vez hechas por Meyrowitz, sobre todo las blancas, dan «un resultado muy apreciable»: «Veo mucho mejor los colores y puedo trabajar con mayor seguridad». Teniendo en cuenta la temporada, son sobre todo las *Decoraciones* las que se benefician de este progreso.

Según una carta de Barbier, en la que este comenta para Monet la opinión de Meyrowitz, «las gafas actuales son solo provisionales», que permiten constatar que la vista del maestro ha mejorado, porque tolera actualmente los cristales blancos, «como era la intención de Coutela y de Mawas». Que se acostumbre a estos cristales es la condición indispensable para que le prescriban los cristales de Zeiss, asimismo blancos y los mejores según opinión unánime del óptico y de los oftalmólogos. En la misma carta, Barbier aporta una precisión interesante en relación con la importante serie de los últimos *Puentes japoneses:* «Sin embargo, deseo decirle que no se puede hacer comparación alguna entre los dos lienzos que nos mostró, hecho uno antes, y el otro, después de la operación. El primero tiene una armonía curiosa, rica y suntuosa, pero un poco artificial. El segundo representa el puente en un bello día de verano... y admiro infinitamente que, después de 44 sesiones, tenga esa unidad, este frescor, a pesar del cambio constante de la naturaleza, que suele dificultar el trabajo de los pintores que trabajan ante ella, a todos los pintores menos a usted». Esta última afirmación, sorprendente para quien conoce las quejas que Monet expresa con tanta frecuencia por los cambios de la vegetación y de la luz, no impedirá que este exprese su satisfacción a este adulador impenitente que no vacila en escribir: «Usted es el hombre que más admiro y quiero del mundo... Siento una gran adoración por usted. ¡No hay nada que yo no haría por usted! No lo olvide nunca», frases que acompaña con una «buena botella, absolutamente deliciosa» y con un pomelo.

Poco habituado a recibir buenas noticias de Giverny, Clemenceau se muestra encantado con los progresos que hace «mi viejo gruñón»: «Reconoce que ve cada vez mejor y que acabará por terminar cualquier cosa... Sé que ha vuelto a comenzar el gran panel. Es una buena prueba de su maestría». Pero, como consecuencia de la fatiga a la que se expone cada vez que cree poder dedicarse a fondo a su obra, o de la agitación ficticia de las fiestas de fin de año, que nunca le han ido bien, Monet se persuade pronto de su impotencia para terminar las *Decoraciones*, e informa a Paul Léon de su decisión de no cumplir el contrato de donación. Enfrentado a hechos consumados por una carta que considera inaceptable, Clemenceau reacciona de una manera que muestra que, en esta ocasión, su cólera no es fingida: «Por muy vieja y decrépita que esté una persona, artista o no, no tiene derecho a faltar a su palabra de honor, sobre todo cuando es a Francia a quien ha dado esa palabra... Escribiendo a Léon, sin haberme dado la ocasión de una palabra, usted ha intentado romper puentes, como todos los hombres débiles. Es una injuria que mi amistad no merecía... Si ya no es quien yo creía que era usted... seguiría siendo un admirador de su pintura, pero mi amistad no tendría nada que ver con ese nuevo usted». Un mes más tarde, solicitado por Blanche, el Tigre, inflexible, rechaza toda intervención: «Ya no tengo nada que ver con esta desgraciada historia. Si P. Léon me escribe, le diré que se dirija a Monet».

De dos visitas que recibe durante ese periodo depresivo por la mala visión, que caracteriza el primer trimestre de 1925, existen sendas narraciones. La primera se debe a Florent Fels, quien viene a Giverny llevado por Vlaminck al volante de un gran automóvil y

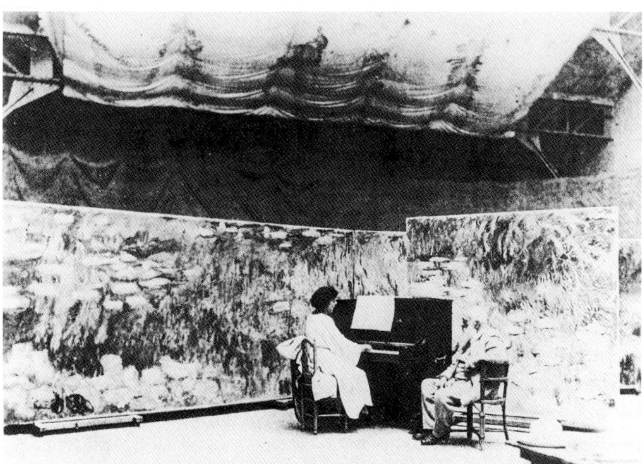

Claude Monet escuchando a la cantante norteamericana Marguerite Namara, en julio de 1922, en el tercer estudio
Colección de la revista *International Studio*

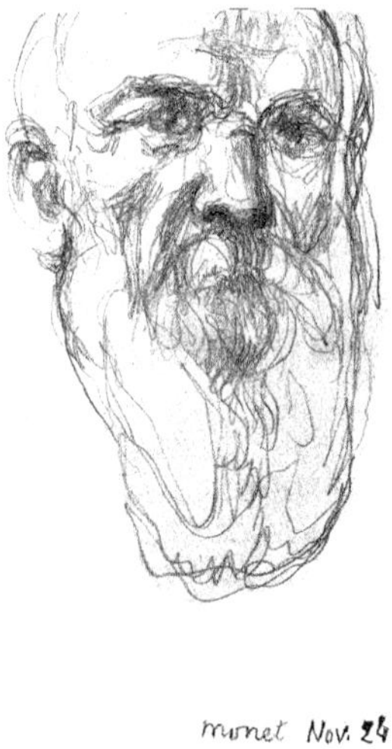

Maurice Denis
Claude Monet
Dibujo
Colección particular

esperaba ver en Monet a una especie de «Neptuno de agua dulce... que su rostro sería la alegoría de un río antiguo» y se encuentra en presencia de un «viejo pequeño y altivo, que elude los obstáculos con pie vacilante. Bajo los gruesos cristales de las gafas, los ojos aparecen enormes, como de insecto, en busca de la última luz...» A Vlaminck, quien «delante de Monet, por la emoción, masculla algunas palabras rimbombantes», Monet le dice: «Le miro, pero no le veo... Desde hace dos años, desde mi operación, no veo más que una niebla, tras la cual, de vez en cuando, los detalles se hacen más precisos. Para mí hay algunos colores que ya no existen... Espero seguir haciendo progresos, pero con mis ojos, no hay medio de continuar pintando».

Sin embargo, sigue pintando, de creer al informe sobre el «Viaje a Giverny de los concejales de Saint-Étienne, que se dirigieron allí para adquirir un cuadro para el museo», testimonio de la Francia profunda publicado en el momento en que se iba a inaugurar en París la exposición de artes decorativas. Jacques Le Griel, el narrador, presenta en primer lugar las «Reflexiones de un concejal: ¿cómo recibirán los 200.000 habitantes de Saint-Étienne la noticia de que se han gastado 30.000 francos para comprar un «reflejo rosa sobre el agua verde»?, seguidas de las «Reflexiones» que atribuye al pintor: «Esta gente viene en tropel. Lo ponen todo perdido y saquean todo... No hacen más que molestarme». Afortunadamente, Blanche está también allí: «Han hecho bien en venir... Claude Monet es tan tímido que les había enviado un telegrama para decirles que no vinieran... Les tiene miedo... Prácticamente no recibe a nadie y se pasa el día trabajando en las *Decoraciones* para las Tullerías». Invitados a esperar en el «inmenso vestíbulo» del salón estudio, engrandecido por los ojos de la inquietud, los invitados examinan el mobiliario, que consideran «muy sencillo», con dos o tres piezas «valiosas», sobre todo «un soberbio buró de caoba». En el centro de la sala, «sobre un caballete, está entronizada la obra que ha elegido para ser, como él mismo ha escrito, dignamente representado en el museo de Saint-Étienne». No se dice nada de las reacciones de los concejales delante de este cuadro (il. pág. 469); por el contrario, el «centenar de telas... sin marco» que cuelga de las paredes les causan la impresión de ser «bocetos que el pintor nunca quiso terminar». Pero el maestro, a quien estiman «tan joven como el Monet salido del pincel de Manet» —los visitantes toman la reproducción que han visto por el original—, llega en ese momento y comienza la conversación. Ignorando la geografía como todo buen francés, el pintor se informa sobre Saint-Étienne y sonríe cuando le dicen que el museo posee, al lado de obras de Henri Martin, Ravier y Flandrin, dos cuadros de Dubois-Pillet, pero declara secamente que no se acuerda de Séon, quien también está representado allí. Los visitantes se sorprenden cuando Monet afirma que los marchantes le venden «bastante más caro de lo que tendría que ser». ¿Eso significa que les va a hacer una rebaja? ¡Claro que no! «Después de unas vacilaciones», exige 200 francos suplementarios por el marco. Cuando «el anfitrión se dirige de nuevo al estudio», Blanche acompaña a los visitantes «hasta el estanque de ninfeas»; J. Le Griel finaliza su narración con una imagen invernal: «El estanque es pequeño, pero atractivo. El fondo es de arcilla gris y resquebrajada y las flores de agua, lastimadas por el invierno, salen a la superficie con sus largos filamentos negros y finos como rúbricas. Sobre el espejo del agua pasa una pequeña nube y toda la gama de colores del estanque se estremece con su caricia. A pesar de todo, es invierno, mientras que en el lienzo de Monet, que va a abandonar ahora Giverny para nuestro museo, está y siempre estará la eterna fiesta de una primavera del ideal y del sueño».

El canto del cisne

A nadie sorprenderá que el enfado entre Clemenceau y Monet no sea duradero. Después de algunas cartas marcadas por el resentimiento,

El puente japonés
1918-1924
89 x 116 cm
Musée Marmottan Monet, París

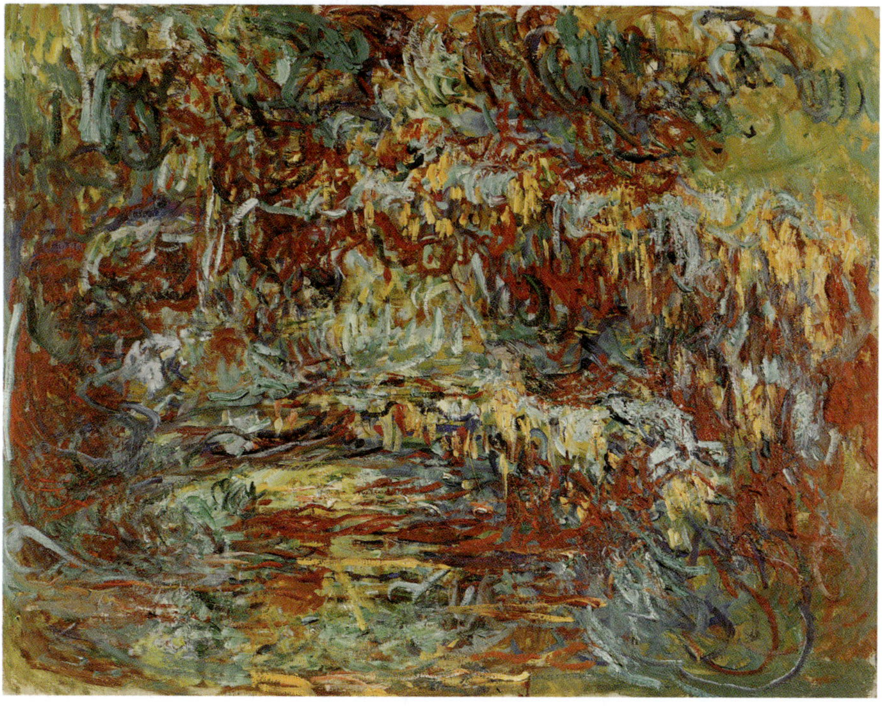

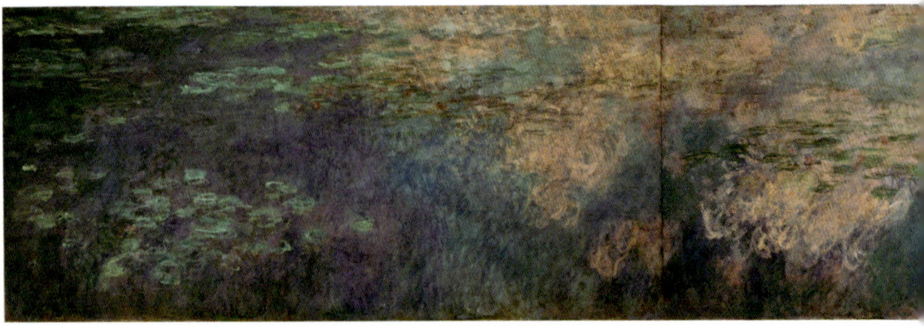

el Tigre, persuadido de que su intervención «no servirá de nada», se rinde a la llamada de Blanche y anuncia su llegada a Giverny para el domingo 22 de marzo de 1925. Se ha representado a los dos grandes ancianos tomados del brazo, después sentados a la mesa, mientras evitan tratar el problema de fondo, es decir las *Decoraciones.* Ocho días más tarde, la reconciliación queda sellada con una nota de Clemenceau, donde solo habla de las flores y del «mal tiempo» que retrasa su marcha a Vendée. La posdata «A los pies del ángel» subraya su vuelta al estilo jovial que emplea habitualmente cuando se dirige a Monet. Pero este último, profundamente afectado por la muerte de Marthe Hoschedé-Butler, sufre una nueva crisis de desmoralización y de introversión. Así, después de haber pedido a Joseph Durand-Ruel que le viniera a visitar, anula la cita en el último momento. Cancela incluso la visita de Gustave Geffroy con un telegrama.

Sin embargo, a pesar de sus dudas y de que persiste la visión azulada, Monet se resigna, a finales de mayo, a recibir una vez más al doctor Mawas para un nuevo examen, sin ocultarle la triste realidad: «Veo cada vez menos, tanto de lejos como de cerca, para leer». La decisión de ocultar completamente el ojo izquierdo, que ha tomado el oftalmólogo, entraña una mejoría decisiva. Alrededor de un mes después de la visita de Mawas, Clemenceau puede constatar: «El informe que me hace de usted mismo, me parece bueno en general». Cuando se anuncia la visita para el primer domingo de julio, «una interesante carta» del amigo le informa: «me pongo a trabajar nada más comer». Su reacción es la que conviene: «No iré el domingo a ver a Monet. Sé por experiencia lo que supone que le molesten a uno cuando está trabajando. Le dejaré tranquilo». Unos días más tarde, Monet entra en acción a media mañana: «He de prevenirle de que tengo que estar libre a las 10, pues a esa hora comienzo a trabajar de lleno, con gran alegría. Después de su visita, la vista ha mejorado considerablemente. Estoy trabajando como nunca, contento

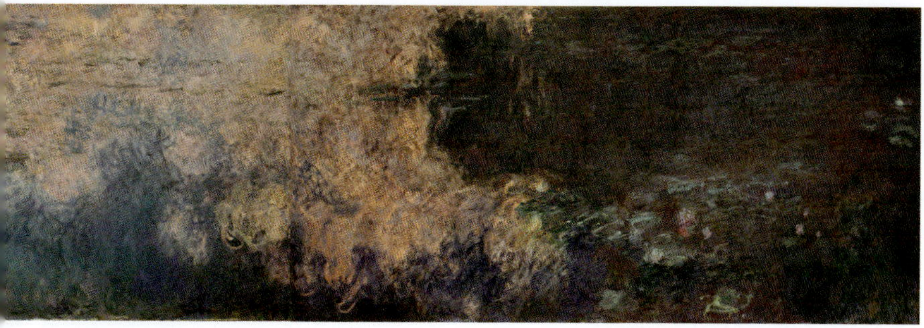

de lo que hago. Si los nuevos cristales son mejores, no pido otra cosa que llegar a los 100 años».

André Barbier, a quien se dirige este himno triunfal, se ve privado de un buen almuerzo, pero al menos es recibido, mientras que a Esther Pissarro la invita a renunciar al viaje: «Después de una fase de desánimo, monsieur Monet ha vuelto a trabajar, y desea aprovechar los días de buen tiempo para trabajar sin distraerse. Por eso, de momento no desea recibir a nadie». A mediados de agosto, no se observa aún síntoma alguno de bajar el ritmo, como se aprecia en una carta a Gaston Bernheim-Jeune: «Estoy bien, estoy trabajando con ánimo y alegría». El epílogo al libro de Marc Elder *À Giverny chez Cl. Monet* registra este verdadero canto de cisne, poco antes de que se cumpla el plazo inevitable: «Al volver la vista y verse solicitado nuevamente por el hechizo del mundo, el pintor ha vuelto a tomar sus pinceles. Estos no mienten, en una mano aún joven y guiada por un ojo seguro. La conciencia en paz, Claude Monet trabaja».

Mentor fiel, quizá más cordial que clarividente —pues es evidente que su amigo agota sus fuerzas—, Clemenceau prodiga sus ánimos: «Querido amigo: como tiene suerte, aproveche. Trabaje, no deje que nadie le moleste. Haga archiobras de arte. Yo no seré quien se queje». Y termina: «Beso su vieja barba amarillecida por el humo del tabaco», una chanza en apariencia insignificante, pero que surtirá efecto poco después. El 7 de septiembre, Paul Valéry, que está pasando unas vacaciones en Mesnil, en casa de Julie Manet y Henri Rouart, acompaña a sus primos a Giverny. A su vuelta, anota en sus «cuadernos»: «Visita a Monet. Todo blanco (hacía 10 años que no le había visto). Gafas: un cristal negro, el otro ahumado. Nos enseña sus últimos lienzos. Extrañas manchas de rosas conmovedoras bajo un cielo azul. Una casa sombría... Vamos al estudio de los nenúfares sobre el agua. Vastas poesías puras». A lo largo de la visita, el pintor se refiere a sus problemas de visión: «Habla de sus ojos. Cuando le

El estanque de ninfeas, reflejos de nubes
1914-1926
Tríptico,
200 x 425 cm cada uno
The Museum of Modern Art, Nueva York

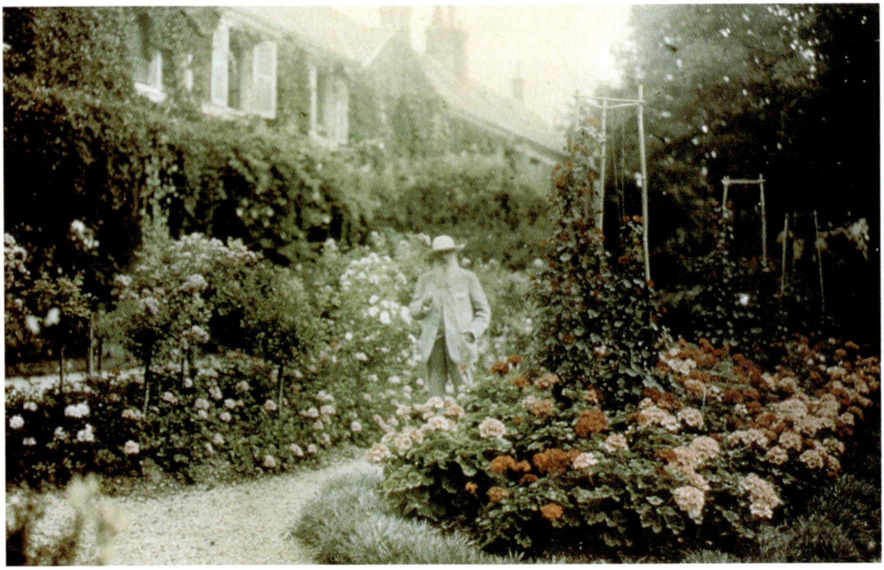

Monet en su jardín
de Giverny, c. 1923
Autocromo

extirparon el cristalino apareció un círculo azul. Él solo veía amarillo. Un azul que causa una impresión deliciosa. Después, cuando lo volvió a ver —encontró un cuadro hecho antes, que es una cacofonía de tonalidades— tomó el amarillo por blanco».

El hecho de que Monet haya recibido a su visita sin mostrarse empujado a volver al trabajo permite suponer que se había terminado ese periodo de intensa actividad, impresión que se ve confirmada, cuatro días más tarde, en una carta dirigida a Geffroy, en la que dice que el trabajo del verano ya se ha pasado, sin renegar de ninguna manera del entusiasmo que le ha dispensado ni de la alegría que ha tenido. Simplemente siente no haber «podido terminar bien las numerosas telas comenzadas», a causa del mal tiempo que ha soportado estoicamente, «aun a riesgo de quedar empapado». Causa admiración el gran artista que, al fin del viaje, ha sabido decir un adiós tan maravilloso a su casa y a sus rosas, pero causa estremecimiento por el hombre, sabiendo lo que va a seguir.

«Los murales están terminados y ya no los tocará»

Decidido a «suministrar por fin» las *Grandes Decoraciones,* Monet ataca la campaña de invierno —la última—, pero sin el entusiasmo que experimentó el pasado verano. Así, al menos en un primer momento, parece que solo dedica las mañanas a pintar. Durante algunas tardes recibe a algunas visitas elegidas, como la de los hermanos Bernheim-Jeune, o la de Moreau-Nélaton en compañía de Helleu y de su hija Paulette. Un poco más tarde, cuando trata de recompensar sus esfuerzos, a pesar de cierto «malentendido» sobre el precio de un cuadro, André Barbier es testigo de los apremios del trabajo pero, detrás de las palabras de circunstancias rogándole que tenga paciencia, se descubre otra realidad: «De momento, no hay nada que hacer. Suelo estar fatigado y me siento sin fuerzas».

El progreso de este creciente agotamiento encuentra su eco en las cartas de Clemenceau, en las que el tono de broma va dejando progresivamente lugar a los acentos llenos de admiración y a una ternura melancólica. A mediados de septiembre: «Adelante, no por la gloria, que no es nada, sino para llevar a su cumplimiento al monstruoso artista que es usted». Un mes más tarde: «Su carta me ha causado un placer inexplicable porque le he encontrado como en los viejos tiempos». A finales de noviembre: «Por nosotros, mesando nuestros viejos pelos mustios, quizá recuperemos algo de nuestra juventud perdida. A ti, Monet, tu viejo espectro de tiempos pasados». A pesar de estos ánimos, el humor se degrada y el trabajo sufre retrasos. Después de recibir la visita de Michel a comienzos de diciembre, el Tigre, aunque también él está enfermo, conserva su optimismo habitual: «Me ha dicho que usted había sufrido una gripe, como todo

Ninfeas, antes agapantos
1915-1926
Tríptico,
200 x 425 cm cada uno
Panel izquierdo
The Cleveland Museum of Art

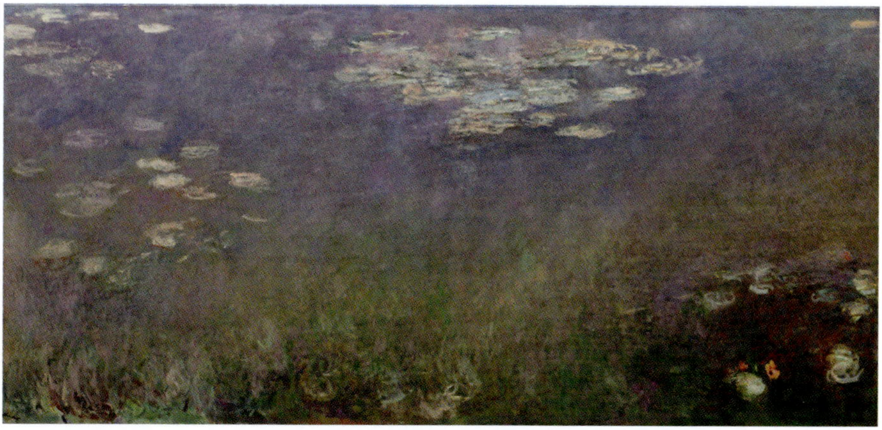

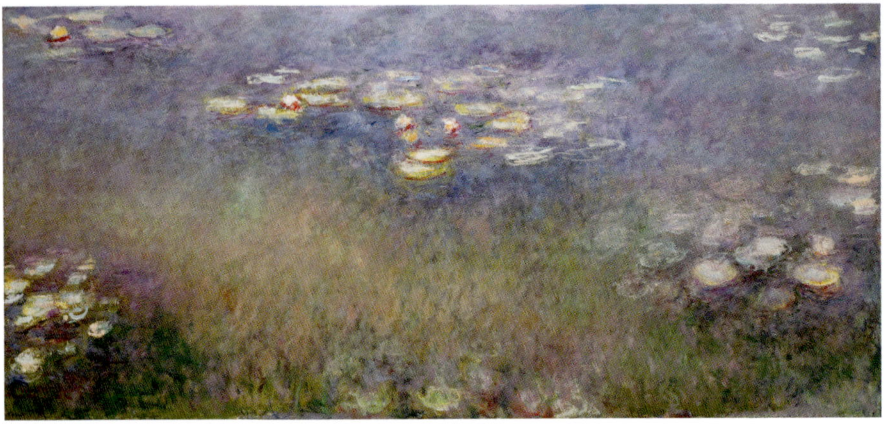

Ninfeas, antes agapantos
1915-1926
Tríptico,
200 x 425 cm cada uno
Panel central
The Saint Louis Art Museum,
Saint Louis, Missouri

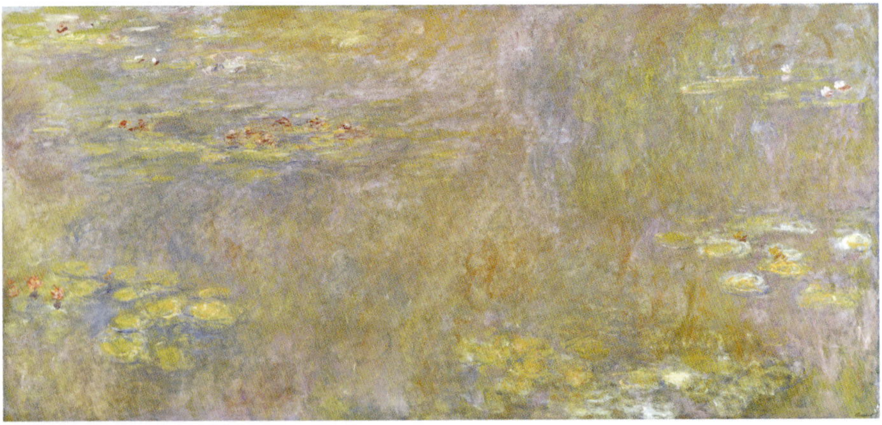

El estanque de ninfeas
posterior a 1926
200 x 425 cm
National Gallery, Londres

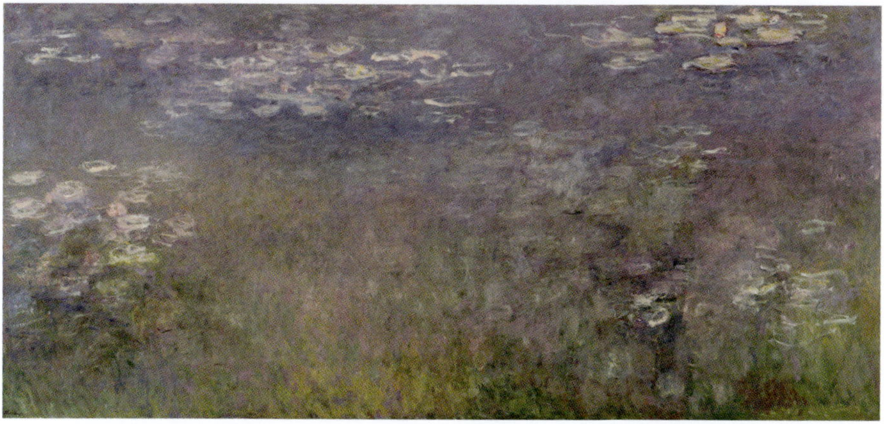

Ninfeas, antes agapantos
1915-1926
Tríptico,
200 x 425 cm cada uno
Panel derecho
The Nelson-Atkins Museum
of Arts, Kansas City, Missouri

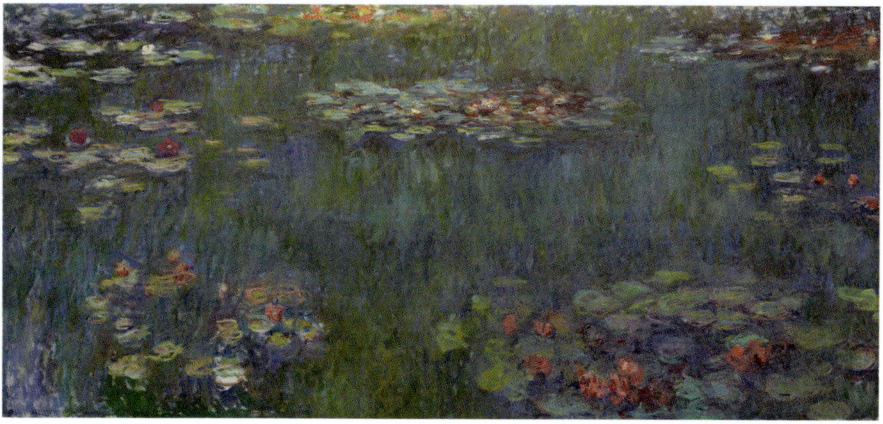

El estanque de ninfeas, reflejos verdes
1920-1926
200 x 425 cm
E.G. Bührle Foundation
Collection, Zúrich

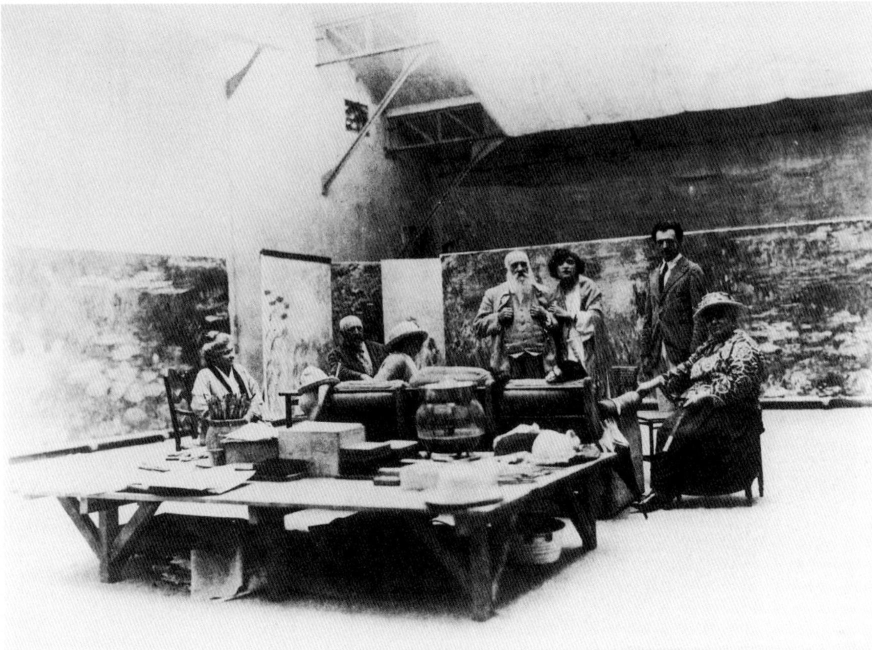

Monet y Marguerite Namara, rodeados por Blanche Hoschedé-Monet, Theodore y Alice Butler, Marthe Hoschedé-Butler y Harry B. Lachman (detrás, a la derecha), 1922
Colección de la revista *International Studio*

el mundo, pero que había recuperado su aplomo». Efectivamente, Monet vuelve a trabajar, e incluso afirma que ha «mejorado» sus cuadros, a pesar de dolores que atribuye a la gota, una «mala bestia que hace sufrir a sus víctimas», como le escribe Clemenceau en respuesta a una «afectuosa carta», con «noticias más bien mediocres» sobre la salud de su «buen amigo».

El año 1926 comienza de mal humor. Después del enorme frío que ha imperado durante una parte de diciembre, abundantes lluvias hacen salirse de madre a los ríos y la humedad rezuma por los muros de las casas. En el gran estudio, batido por el viento y los aguaceros, un viejo sufre delante de sus obras maestras: «Desde hace algún tiempo estoy muy achacoso, desanimado. Puedo trabajar solo poco tiempo y apenas avanzo, cosa que me deja desolado». Tres días después de escribir estas líneas, Blanche cree que puede tranquilizar a Esther Pissarro y tranquilizarse a sí misma: «Monsieur Monet no está enfermo. Ha tenido solo unos dolores intercostales, pero ya se le han pasado». Así se revela el lugar donde se manifiestan esos dolores que al menos el enfermo atribuye a un estado pregotoso, un diagnóstico que no parece sorprender a Clemenceau, teniendo en cuenta las costumbres gastronómicas de Giverny, sobre lo que dice: «Supongo que su médico le habrá prohibido su vasito de *schnick*, por lo que habrá echado pestes».

Esa mejoría a la que se refiere Blanche anuncia una remisión del mal que Monet aprovecha para terminar una primera serie de paneles. A comienzos de febrero, lo único que falta para enviarlos es que «la pintura se seque». Sin interrupción, se afana por terminar la serie, llevando su empeño al límite de sus fuerzas declinantes: «Trabajo sin descanso, a pesar de mi edad y de la debilidad que me asalta cada día». Los ecos de este encarnizamiento llegan hasta el pequeño mundo de escritores parisinos. Uno de ellos se permite ironizar: «El gran pintor Cl. Monet ha prometido legar al Estado una magnífica serie de cuadros que representan *Ninfeas* a todas las horas del día. Esperando el fatal instante, las ha guardado en su estudio de Giverny... Pero las quiere demasiado. No le parecen todavía lo suficientemente bellas. Y, con una mano sacrílega, pues quiere hacer mejor lo que ha hecho bien, las retoca sin cesar. ¡Oh, maestro, tenga cuidado!».

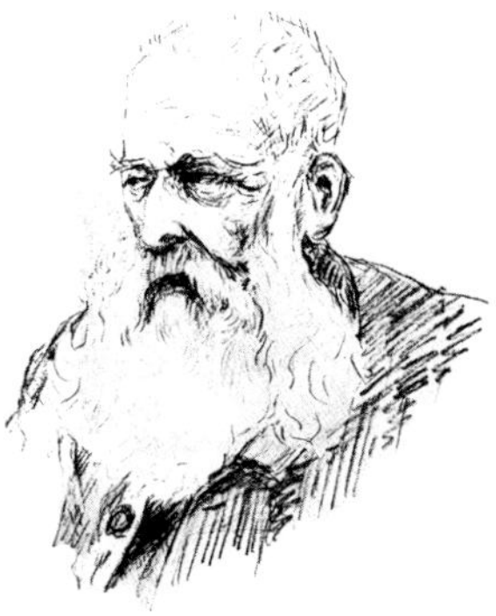

Étienne Clémentel
Claude Monet
Dibujo

Al entorno de Monet, la situación no le parece tan trágica. De lo contrario, el humor de Clemenceau parecería demasiado negro: «Me alegra saber que el monstruo todavía vive y que sigue batallando». Sin embargo, la resistencia del titán está llegando a sus límites. El 1 de abril confiesa hallarse en un «nuevo estado, casi imposibilitado de escribir». El domingo 4, Clemenceau, por fin restablecido, vuelve por primera vez a Giverny, con una noticia poco adecuada para alegrar el encuentro: Geffroy ha muerto esa misma mañana. Al día siguiente, escribe a madame Baldensperger: «Ayer estuve con Monet y le encontré muy debilitado. La máquina humana hace agua por todos lados. Es estoico e incluso se halla alegre por momentos. Los murales están terminados, y ya no los tocará. Pero separarse de ellos, es superior a sus fuerzas. Lo mejor es dejarlo vivir el día a día. Quizá se produzca una reacción que le permita enviarlos». Pero, en el momento inmediato, «el pobre Monet ni siquiera tiene fuerzas para dar su paseo por el jardín. El esfuerzo es tal que se pregunta si no será mejor renunciar a hacerlo. La mujercita, valiente, le lleva con los brazos extendidos». La presencia del viejo compañero ha sido benéfica: «Le he recordado nuestros tiempos de juventud, y ha mejorado. Seguía riendo cuando me he ido». ¡Cuánto nos gustaría terminar esta historia con esa risa!

Entre la vida y la muerte

La muerte de Geffroy, con quien le unía una íntima amistad, le vale a André Barbier la invitación, largamente esperada, de acudir a Giverny. En esa entrevista, Monet le entrega el regalo prometido, acompañado de una lección reveladora en más de un sentido: «Déjeme decirle que me alegra poder entregarle estos tres pasteles, pero le ruego que deje de testimoniarme esa admiración exagerada. Yo bien sé lo que soy y, sobre todo, lo que no soy». Añade que no soporta ya «visitas largas» y le pide que vuelva acompañado por un técnico para «un último intento» de conseguir unas gafas adecuadas, pues las que ha recibido no pueden ser utilizadas, al no haber sido puestas seriamente a punto. El relativo mejor estado de Monet, subrayado por cierto deseo emprendedor, le permite dispensar una buena acogida a Evan Charteris, que ha venido para interrogarle sobre sus relaciones con John Sargent y que le encuentra sorprendentemente fuerte para su edad. La misma impresión favorable la registra también el pintor Jacques-Émile Blanche, quien, tras observar a Monet a través de la verja del jardín en una mañana soleada de mayo, se retira tranquilizado por su «robusta apariencia», pues esperaba verlo disminuido por la enfermedad. No obstante, el 23 del mismo mes, Blanche Hoschedé, a pesar de su natural propensión a abrazarse a la menor apariencia de esperanza, confía a Lucien Pissarro: «monsieur Monet no está muy bien en este momento, pues sufre frecuentes catarros. ¡El tiempo es tan malo!». Cuatro días más tarde, informa a Barbier de que los ensayos de las gafas deben aplazarse *sine die.* «Monet sigue constipado y se siente molesto».

A comienzos de junio, perfectamente consciente de la gravedad del estado del ilustre enfermo, el doctor Rebière informa a su compañero y amigo Charles Coutela, quien se dirige inmediatamente a poner a Clemenceau al corriente de la situación. Este oculta los verdaderos motivos de la visita para no inquietar a su viejo compañero: «Esta mañana ha llegado Coutela, empujado por Rebière, para preguntarme a qué hora quiero que me entierren… He oído que a usted tampoco le va mejor…». Este amable eufemismo va seguido de un chiste: «con nuestras dos mitades de enfermedad podríamos hacer una buena salud». Una semana más tarde, el Tigre —quien, por su parte, ha vuelto a levantarse— espera «hacer el viaje a Giverny en unos ocho días», y precisa: «Como creo haber oído que en estos momentos usted no trabaja, supongo que el domingo le será indiferente».

El 14 de junio se celebra el penúltimo acontecimiento familiar en la vida de Monet: la boda de Alice Butler, hija de Suzanne Hoschedé, con el decorador Roger Toulgouat. La unión devuelve la alegría a Blanche, a pesar de la seria alarma que causa el estado de su suegro: «Lily Butler se casó el lunes con un joven muy simpático que vive en Giverny desde hace seis años y que conoce muy bien.

Monet, verano de 1926

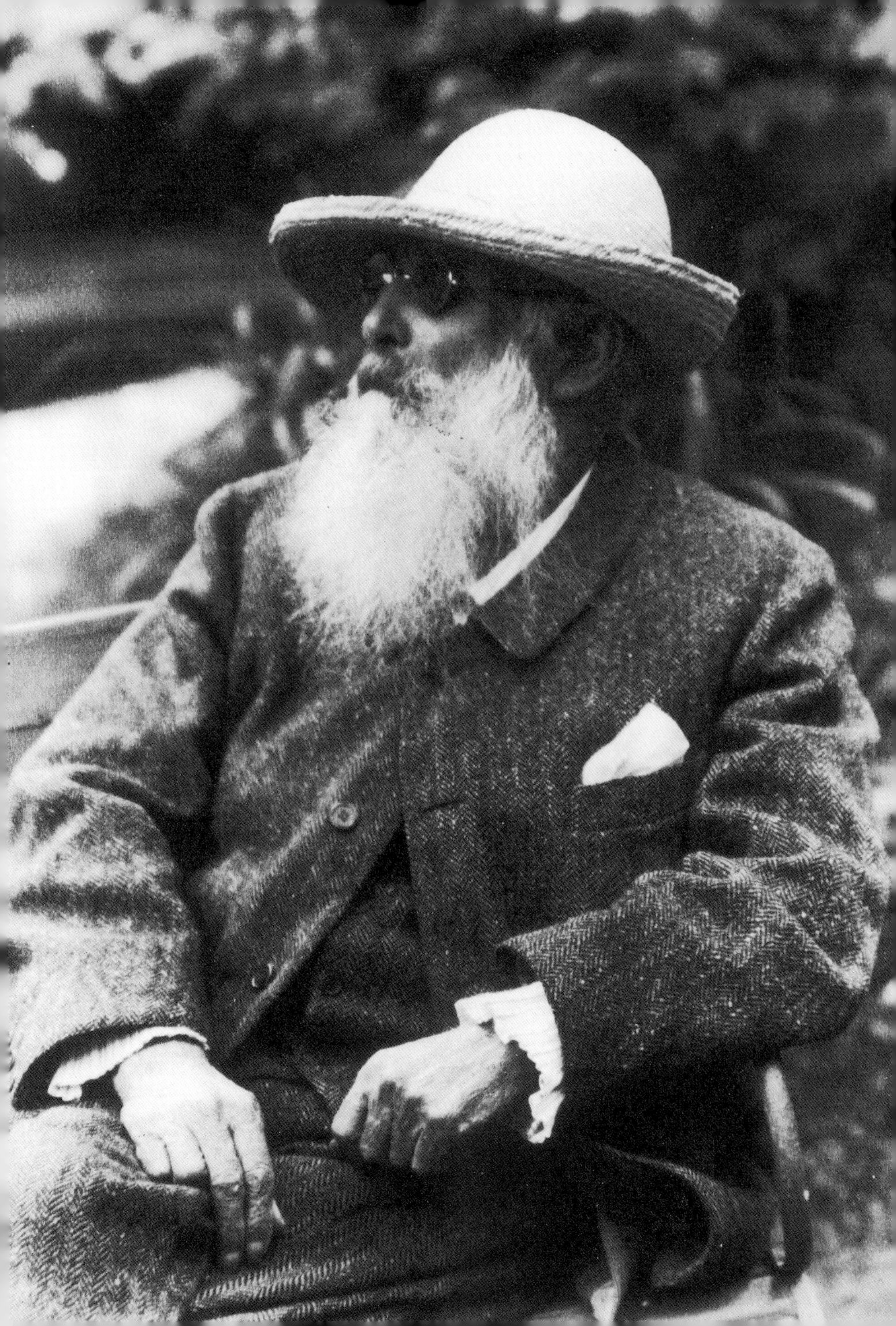

Me alegro tanto por ella… Monsieur Monet está enfermo, no puede salir ni hacer nada. Tiene una bronquitis y tose terriblemente. La tos ha disminuido, pero sigue sufriendo, sobre todo por su estado de ánimo, pues no puede trabajar ni salir a su jardín. Desgraciadamente, no puedo pedirle que venga de momento». La víspera se había cancelado de la misma manera una visita de Roussel y Vuillard. Es, pues, una situación desesperada la que aguarda a Clemenceau cuando este se pone en camino el domingo 20 de junio para llevar a cabo la visita proyectada, que relatará en los siguientes términos: «Excelente viaje a Giverny. Un sol radiante. Monet entre dos aguas. Todavía puede sobreponerse a la bestia, pero hay que animarle, incluso empujarle. El médico que le trata no sabe qué enfermedades padece. Se está haciendo viejo, eso es todo. Si yo viviera con él, en 15 días estaría en pie. No ha salido desde hace tres semanas. He vigilado en su jardín durante más de una hora después de almorzar. No quería comer y he tenido que hacer que comiera, etc.».

Fundada sobre un magistral error de diagnóstico —pues la enfermedad de Monet es absolutamente real—, el tratamiento de Clemenceau, con la ayuda del buen tiempo, produce sobre la psique del paciente una reacción favorable que se va a acentuar durante los siguientes días. Al día siguiente, Monet dicta a Blanche una respuesta a E. Charteris, que le apremia con preguntas escritas relativas a la definición del impresionismo por parte de Sargent. Ese mismo día invita a almorzar a Roussel y Vuillard, que harán el viaje el 30 de junio, una mañana radiante, en compañía de Annette Roussel, su hija y el marido de esta, Jacques Salomon, quien conduce un Ford descubierto y se prepara para dedicar al acontecimiento un relato de apasionante interés. Lo que sorprende al narrador en primer lugar es la pequeña estatura del maestro, una impresión acorde con la realidad —Monet medía 1,65 m a los 21 años—, pero raramente subrayada hasta entonces, salvo por personas de alta estatura como los noruegos, y que aquí se explica por la disminución causada por la edad y la enfermedad. La descripción del traje, de «la magnífica cabeza…» corresponden a lo que han advertido otros. Los ojos son como los han visto otros visitantes: «Lleva unas gafas gruesas; el ojo izquierdo está completamente tapado por un cristal negro y el otro es extraordinario, como agrandado por una lupa».

Claude Monet y Gustave Geffroy, c. 1920

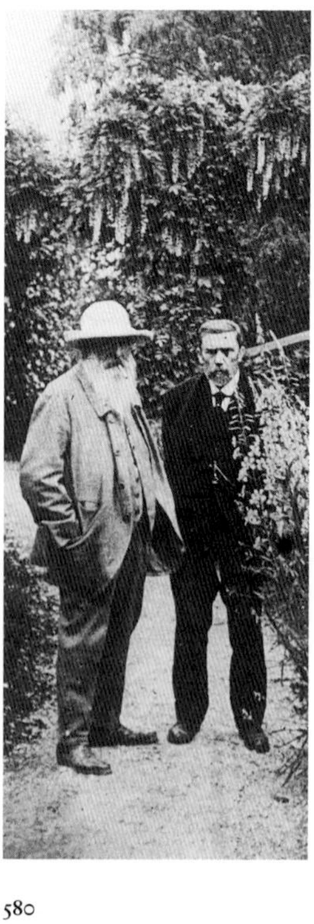

En la mesa es el perfecto anfitrión. Él mismo sazona las alas de pato antes de pasarlas por el «fuego del infierno» y anima a sus invitados a comer y beber, y les da ejemplo bebiendo «a grandes sorbos» a pesar de su régimen. En el momento del café, que toman en el salón estudio, refiere a sus invitados la historia del cuadro *Vétheuil*, cuya calidad desconocía imprudentemente el barítono Faure, antes de convertirse en su víctima hasta el final de los tiempos. Otra anécdota, que dará lugar a la polémica, se refiere a Édouard Manet, quien comentó en estos términos un estudio del «pobre Renoir» en el jardín de Argenteuil: «¡Decididamente, creo que la pintura no es lo suyo!». Los visitantes oyen algunas indicaciones sobre la técnica de Monet, que rechaza el negro, el ocre y el color tierra, y que concede gran importancia al dibujo y a la estructura.

Hacia las cuatro bajan a pasear al jardín, donde J. Salomon hace algunas fotos. Ante una taza de té, que toman delante del puente japonés, una alusión al cubismo y a Picasso le hace encogerse de hombros: «He visto alguna reproducción en revistas y no me dice nada... No quiero verlo, pues no hago más que enfadarme». Al volver, les invita por fin a entrar en el gran estudio, donde se quedan sin palabras ante lo que les aparece como «la obra de un gigante». El maestro ya no mueve él mismo los caballetes y los marcos; deja que hagan esta tarea otros, mientras que él comenta: «Varias veces quise destruirlo todo y renunciar a esto, es Clemenceau quien impidió que lo hiciera... En fin, si no les hace demasiado mal efecto...». Un detalle merece atención: «Sobre una mesa grande, entre montones de tubos de pintura, se encuentran hojas de papel secante impregnadas de colores puros». Monet explica que «los tubos tienen siempre demasiado aceite y así pinta más mate». Se podría creer que aún sigue trabajando, mientras que sabemos que ya no lo hace pero, en la euforia del momento, ¿espera poder retomar los pinceles? Parece que desea mostrar que no se cansa tan fácilmente; lleva a sus huéspedes hasta la habitación de la primera planta para mostrarles su colección personal, donde Vuillard encuentra una de sus obras. Después, la partida, con una promesa cordial y trágicamente ilusoria: «Vuelvan pronto. Para ustedes, yo siempre estaré aquí».

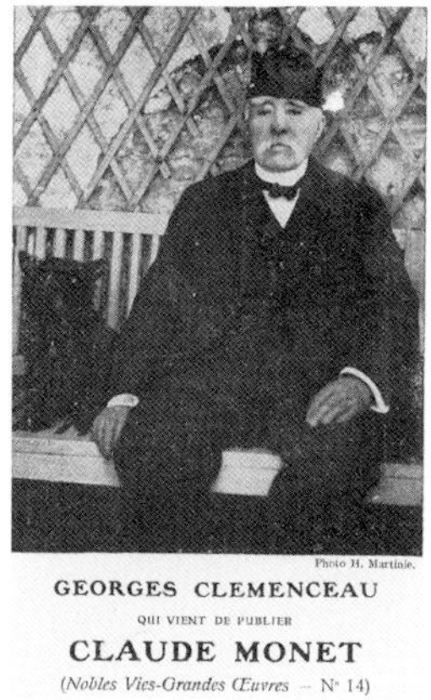

Anuncio del libro sobre Claude Monet, que publicó Georges Clemenceau en 1928 en la editorial Plon

«Una enfermedad incurable»

Se adivinan los sentimientos encontrados de Blanche cuando esta ve cómo Monet se prodiga con la visita de sus amigos pintores. A la mañana siguiente, confía sus esperanzas a Barbier: «No está muy bien, pero con la ayuda del buen tiempo espero que cure... Monet no ha trabajado desde hace dos meses, pero confío en que el buen tiempo le tiente. Hasta ahora no ha querido ver a nadie». Esta regla sufre varias excepciones y no se aplica de ninguna manera a Clemenceau, quien inquieto al oír que el enfermo come con dificultad, anuncia su llegada para el sábado 10 de julio. Ese día encuentra a su «pobre amigo... envejeciendo», pero menos disminuido de lo que temía, incluso capaz de darse con él «un buen paseo por el jardín», en el que el Padre de la Victoria le repetirá una de esas frases que tan bien le caracterizan: «Vaya derecho, levante la cabeza y eche las zapatillas a las estrellas. No hay nada mejor para sentirse bien».

Quince días después de una primera visita de orden puramente comercial, René Gimpel vuelve a Giverny acompañado de su mujer.

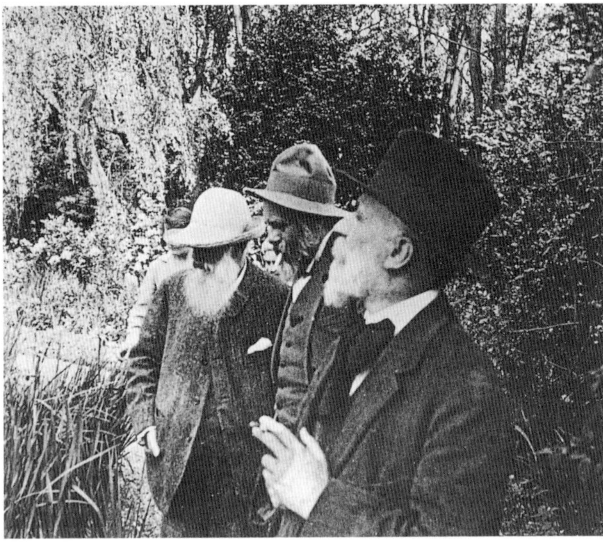

Monet, Roussel y Vuillard,
30 de junio de 1926

Compra dos cuadros y recaba información sobre otros dos adquiridos con ocasión de su anterior visita. Monet dice que desde entonces ha destruido unas 60 obras, cifra que Blanche discute. El procedimiento es siempre el mismo: su nuera corta con el cuchillo un jirón de la tela que Monet le señala y después echa al fuego los lienzos condenados, que se consumen bajo el ojo vigilante del maestro. Todo lo que Blanche consigue, no sin recalcar su reprobación ante la perspectiva de un nuevo auto de fe, es hacerlo diferir un día. Cuando la conversación recae sobre la pintura moderna, Monet expresa una opinión más matizada que antes, al reflexionar sobre su propio pasado: «No la comprendo, pero no digo que esté mal, pues recuerdo a los que no comprendían mis obras y decían: está mal». Un detalle significativo: después del almuerzo, en el que ha participado Michel Monet, el tradicional paseo por los jardines se lleva a cabo sin la presencia del maestro, circunstancia que Gimpel aprovecha para preguntar a Blanche por su estado de salud. ¿Es su mala vista lo que le impide trabajar? «No, los ojos están bien, o al menos la vista está bien rectificada por los cristales... pero le faltan las fuerzas, no tiene fuerza para pintar, el trabajo le agota. Este invierno ha tenido una bronquitis que le ha trastornado de una manera terrible durante dos meses. Todo está mal, hasta el estómago, que siempre había tenido muy fuerte. No comía; ahora vuelve a comer, pero ya no fuma, porque se sofoca rápidamente. Ya no toma alcohol. Ve bastante mal muy de cerca. Le cuesta más firmar que pintar». La pobre mujer esperaba que Gimpel, como ella misma, encontrara al enfermo mejor desde su última visita. «Debe de tener razón», estima sin desvelar su verdadera opinión el visitante, lleno de admiración por su abnegación, que contrasta con la actitud de Michel, que se ha refugiado «en el otro extremo de la casa», donde vive sin trabajar, si hemos de creer a su hermanastra.

Desde su propiedad de Vendée, Clemenceau pregunta: «¿Monsieur Claude Monet tiene calor? ¿O tiene frío? ¿Está de buen o de mal humor? ¿Gruñe contra los ángeles cuando está gruñón? ¿Mira a las rosas con indulgencia o es él el mal visto? ¿Cree, como nuestro Poincaré, que reuniendo una docena de Bouguereau se tiene un Velázquez o un Rembrandt?». Mientras el Tigre sigue bromeando, antes de exhortar a su «pobre viejo crustáceo» a que tenga paciencia y de recomendarle que no cometa «excentricidades con sus especialistas», el doctor Rebière, ante el adelgazamiento continuo de su paciente, sus persistentes dolores y su creciente fatiga, decidió someterlo a un reconocimiento por rayos X, que probablemente llevó a cabo en su consulta de Bonnières, donde, como todo médico que va con el progreso, tiene el equipo adecuado. Al constatar la existencia de una afección pulmonar incurable, avisa inmediatamente a Michel y Blanche. Esta última confía a Esther Pissarro: «Desgraciadamente, monsieur Monet padece una enfermedad que no puede curarse…

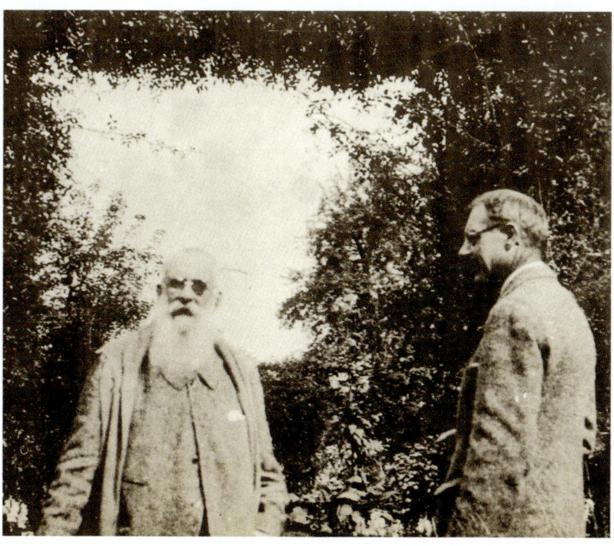

Monet y Bonnard, c. 1926

Albert André
Monet en su jardín
1922

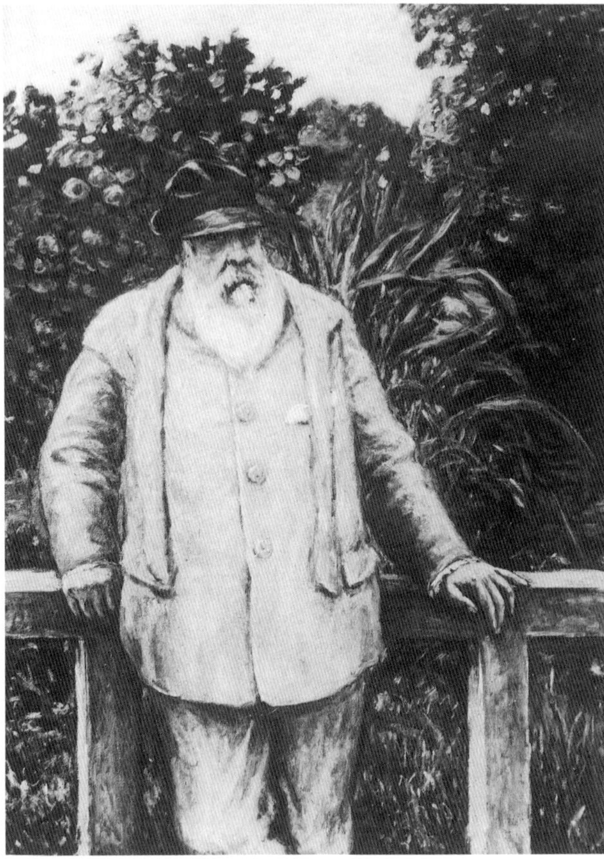

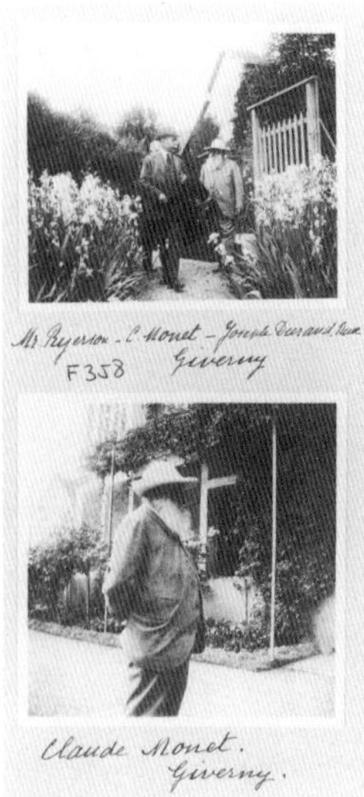

DE ARRIBA ABAJO
Monet con Martin A. Ryerson y Joseph Durand-Ruel en Giverny

Monet en Giverny

Tiene una lesión y una obstrucción en la base del pulmón izquierdo». Informado rápidamente por Rebière, Clemenceau teme «que lo único que podemos esperar es una temible hemoptisis» y aconseja «no abusar de la susceptibilidad» del enfermo, teniendo en cuenta «su extremado nerviosismo», es decir, aconseja dejarlo en la ignorancia de la exacta naturaleza y de la gravedad de su mal, una esclerosis pulmonar.

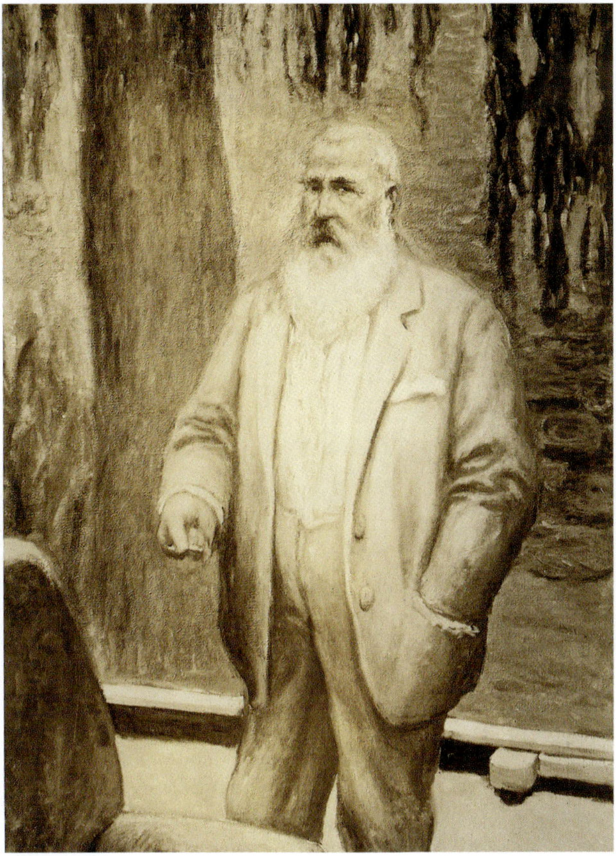

Albert André
Retrato de Claude Monet
1922

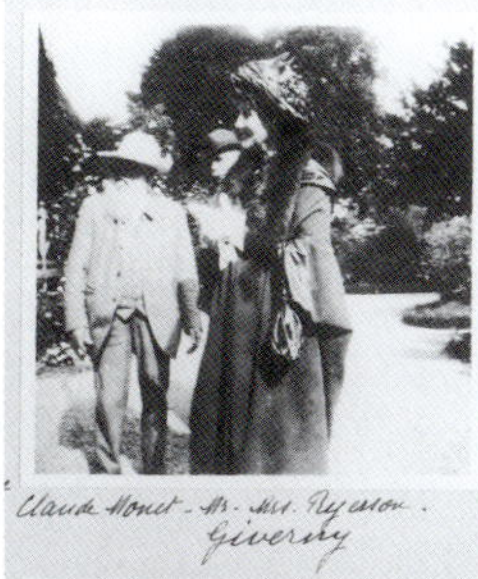

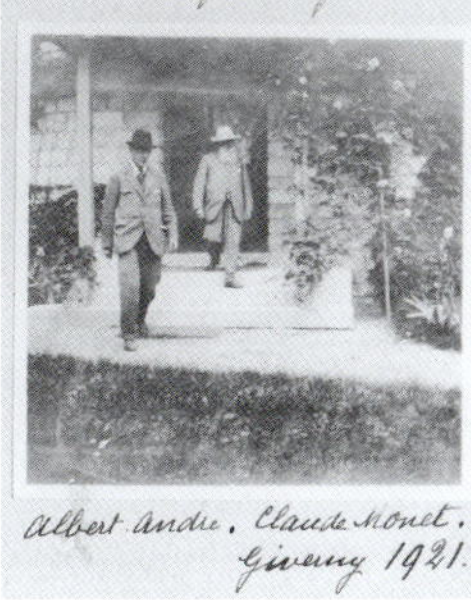

La última obra

Con un optimismo mitigado por la cruel realidad, Monet hace partícipe de sus proyectos a Georges Clemenceau, quien aparenta tomarlos en serio y los acompaña de algunas bromas, pero es manifiesto que ya no cree en ellos. El mensaje siguiente parece más convincente: su amigo «está decididamente un poco mejor» a pesar de la dificultad de «proseguir su camino con medio pulmón». Paul León, que lleva meses esperando indicaciones concretas respecto de la donación, recibe por fin una respuesta escrita por la mano del maestro, el cual lamenta su enfermedad pasada y anuncia que, aunque la curación no es aún completa, ha podido retomar el trabajo «en muy pequeñas dosis». Si la mejoría persiste, le podrán visitar el arquitecto Lefèvre y el director de Bellas Artes.

DE ARRIBA ABAJO
Monet con Mr. y Mrs. Ryerson en Giverny

Albert André y Claude Monet saliendo del tercer estudio

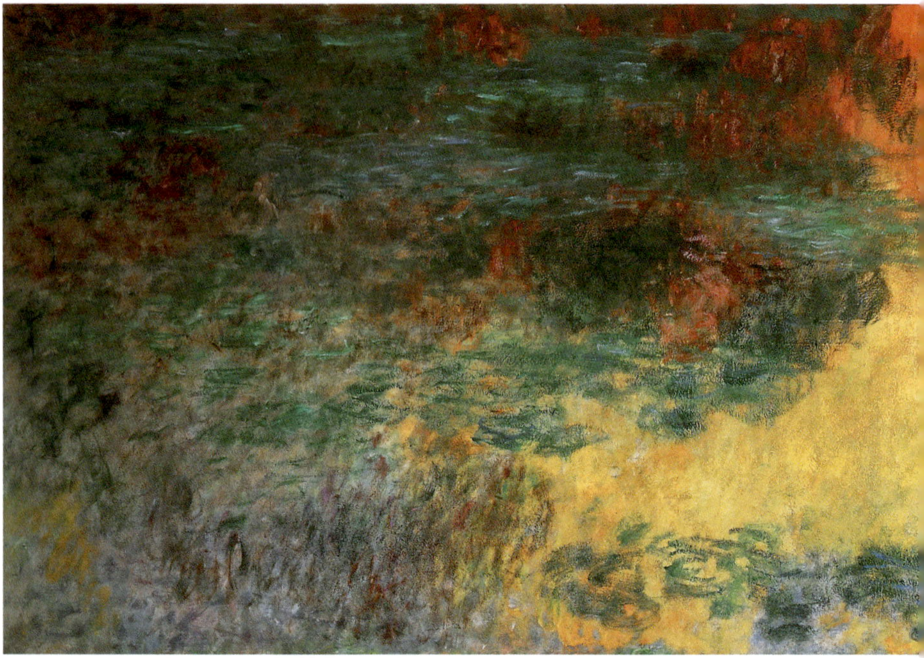

El estanque de ninfeas por la tarde
1916-1922
Díptico, 200 x 600 cm
Kunsthaus Zürich, Zúrich

Esta actitud de mirar valientemente al futuro se descubre en el retrato de Monet de pie, con mirada fatigada pero derecha, que hace a comienzos de su último verano el fotógrafo norteamericano Nickolas Murray, una imagen que preferimos a instantáneas más conocidas del mismo fotógrafo, que le muestran en el jardín de agua, con frío, envuelto en un abrigo que se le ha vuelto demasiado grande. Cuando esa estación está más avanzada, el poeta y cronista Marcel Sauvage apenas puede ver al enfermo, pero su impresión no es menos significativa. Cuando se entera por la prensa de la enfermedad de Monet, se dirige a Giverny en ferrocarril, vía Gisors. Al descender del tren, ha podido admirar la calle, «perfectamente asfaltada» siguiendo el deseo del más ilustre habitante del pueblo, que conduce desde la estación hasta su propiedad. Una vez llegado allí, le dicen que el maestro se ha recuperado parcialmente de un «comienzo de gripe» y ha «salido de paseo» con Michel. Mientras espera su regreso, le permiten visitar «el paraíso florido» de su jardín, desde donde observa un espectáculo que permite medir la popularidad del artista y la celebridad de que goza su finca. «Al otro lado del muro, puede verse una fila de automóviles que circulan lentamente. Admiradores del pintor, muchos cada

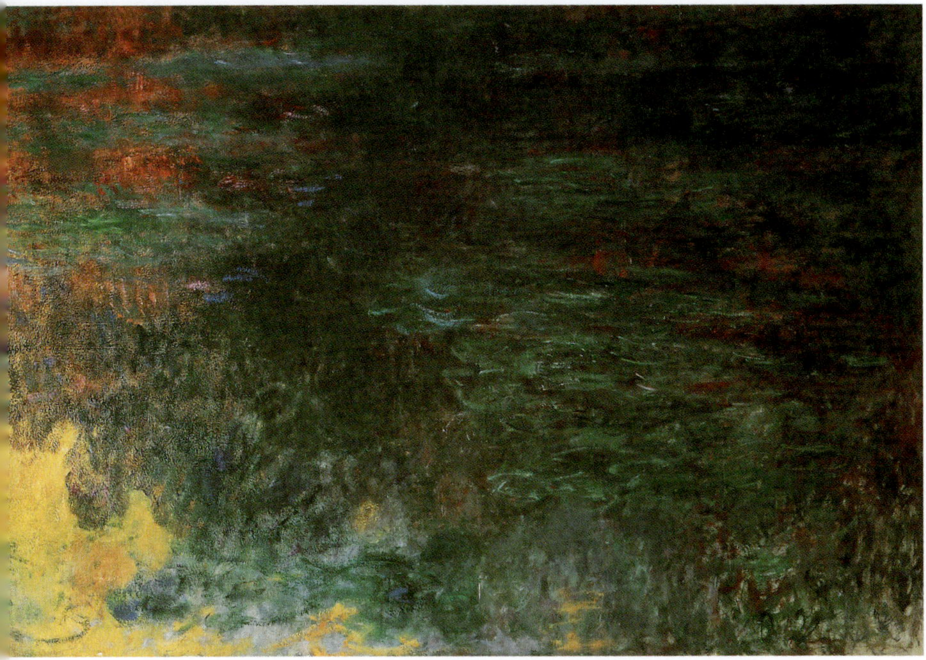

día, y entre ellos bastante extranjeros, paran, miran y querrían entrar: no recibimos a nadie.» Pero «aquí llega Claude Monet». Es una aparición sobrecogedora que tiene mucho de despedida: «Entra del brazo de su hijo. Se diría que está recogido en el fondo de su gran barba blanca. Tropieza al andar. Lleva unas gafas grandes. Tiene unos ojos operados de cataratas, que ya no ven casi nada... El viejito de 86 años sube con esfuerzo los tres escalones de su casa. Se vuelve. Hace una señal con la mano: "No". No quiere ninguna entrevista más. No tiene nada más que decir».

Un final sereno

En su crónica de París, publicada en *The Art News* del 6 de noviembre de 1926, Henri Saulnier-Ciolkowski se apoya en una visita —¿reciente?— de Durand-Ruel a Monet para tranquilizar a los numerosos amigos y admiradores del maestro en relación con su estado de salud. Sin embargo, en esa fecha es solo un deseo piadoso, cuyo cumplimiento desmiente el silencio que pesa desde entonces sobre Giverny. Solo entra un visitante, Georges Clemenceau, cuyo testimonio —recogido poco después por Thiébault-Sisson— es capital en este último

PÁGINAS 588/589
El estanque de ninfeas con lirios
1914-1922
200 x 600 cm
Kunsthaus Zürich, Zúrich

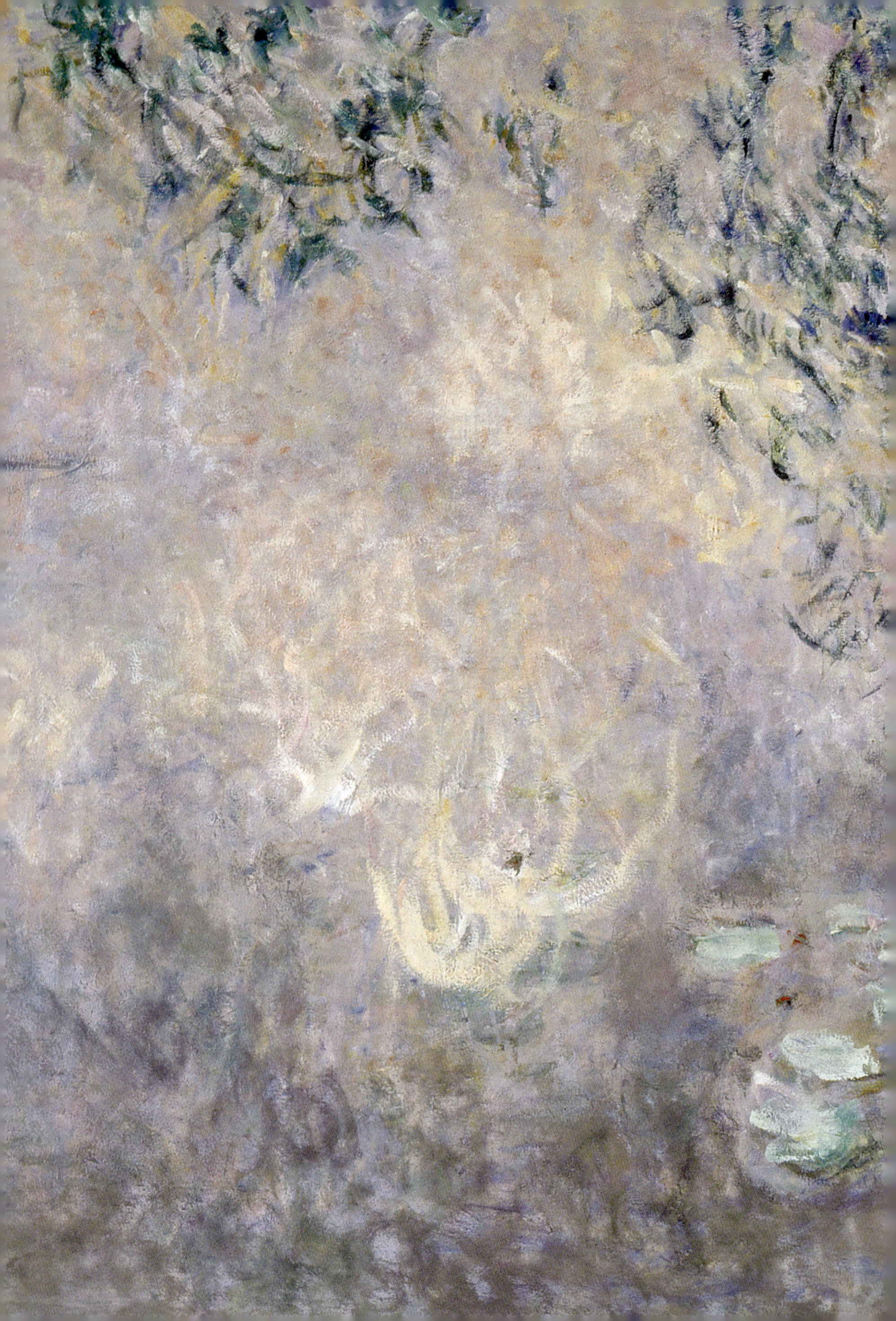

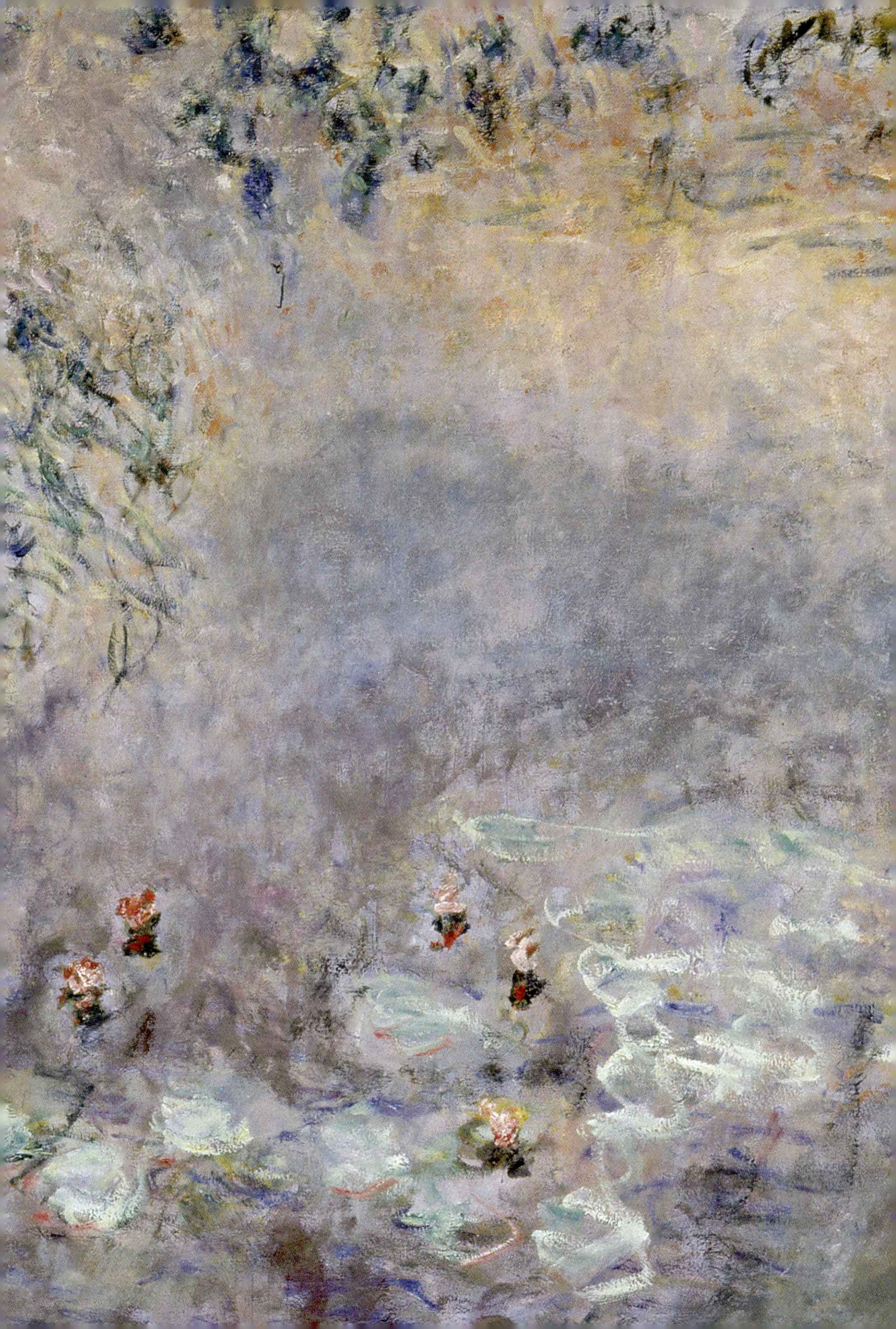

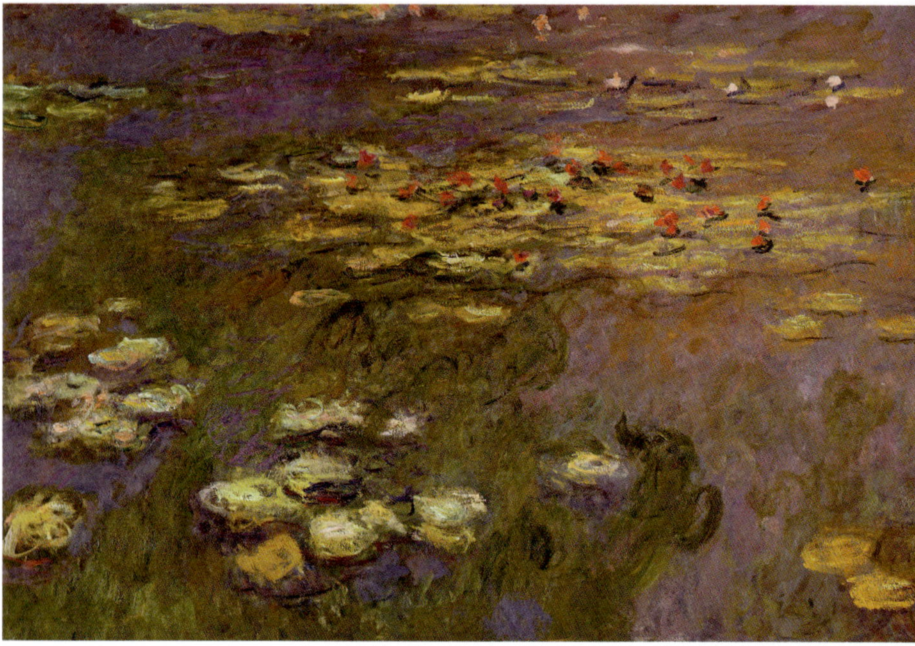

periodo: «Sabía que estaba ya perdido y venía todos los domingos para distraerle lo mejor posible de su enfermedad. En realidad, sufría poco. De vez en cuando tenía unas crisis de opresión, cuya causa no sospechaba, tanto menos cuanto que no guardaba cama. Quince días antes de su muerte aún almorcé a la mesa con él. Me habló de su jardín, me dijo que le acababa de llegar una remesa de bulbos de lirio de Japón, la flor que más le gustaba entre todas, y que estaba esperando de un día para el otro dos o tres cajas de simientes muy caras, pero que darían flores de coloraciones admirables. "Usted las verá en la primavera —me decía—, pero yo ya no estaré aquí". Sin embargo, se sentía que en el fondo no lo creía y que esperaba estar aún para ver en mayo ese espectáculo». Ya no hablaba de pintura, sino únicamente de jardinería. Blanche Hoschedé-Monet caracteriza así las últimas preocupaciones de su padrastro y suegro: «En sus últimos dos meses sufrió mucho y ya no pensaba en la pintura y solo hablaba de sus flores y de su jardín». Como si el titán quisiera participar en las fuerzas de la vida que, todavía este otoño, va a confiar a la tierra.

Después de la visita de Clemenceau, «el debilitamiento fue rápido. Tuvo que guardar cama». Informado de esta nueva noticia, cuyo

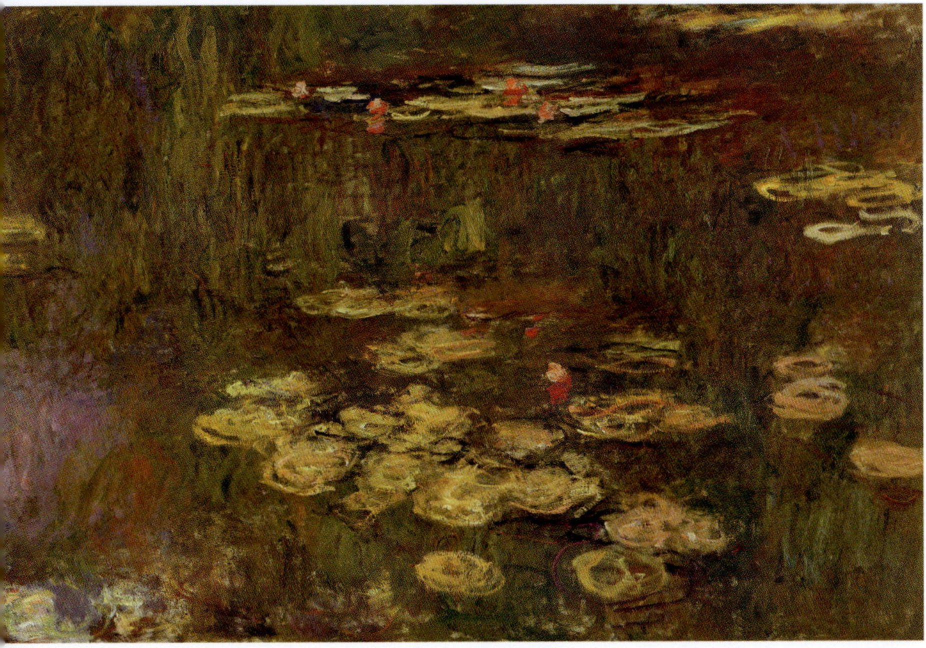

significado no le pudo escapar, el Tigre decide, por discreción, no volver a Giverny sin ser expresamente invitado por su amigo, como explica a Blanche el 1 de diciembre: «Comprendo demasiado bien que usted no tenga tiempo de darme más noticias. Que la enfermedad siga un curso crónico o que se produzcan crisis agudas, no implica gran diferencia. Lo más importante es que no se moleste al enfermo. Estoy dispuesto a ir a verle en todo momento, cuando exprese ese deseo. Pero me parece que lo mejor es esperar a que él me lo diga». Esto debió de suceder muy poco después, pues Clemenceau se encuentra en Giverny el día 2, según una carta de Georges Durand-Ruel a su hermano Joseph: «Paul Rodier ha llamado aquí esta mañana [el 2 de diciembre] diciendo que había visto ayer a Sacha Guitry, quien le dijo que Cl. Monet estaba muy mal… Pierre ha ido a Giverny a las 11 y estará de vuelta a las 5. No ha podido ver a Monet, quien, en efecto, está muy mal, pero ha estado con su hijo Michel y con su hijastra Blanche. Desde hace cuatro días, Cl. Monet no ha tomado ningún alimento. Sufre enormemente y le administran constantemente inyecciones para aliviarle y mantenerle con vida. Este estado no puede durar mucho; se espera el desenlace de un

El estanque de ninfeas
1915-1926
200 x 600 cm
Carnegie Institute, Pittsburgh

momento a otro. Blanche Monet ha dicho a Pierre que me escribirá para decirme si Monet me puede recibir. Clemenceau ha llegado unos instantes después de Pierre. Monet le había hecho llamar y ha subido a verle». Con una sonrisa de moribundo agradece a su amigo que haya acudido a su cabecera.

Tras encontrar al enfermo en el estado que describe la carta de Durand-Ruel, Clemenceau se vuelve triste a París, dispuesto a responder a cualquier nueva llamada. Así, con el corazón roto, toma de nuevo la carretera a Giverny en la mañana del 5 de diciembre, para volver a subir una vez más la estrecha escalera que le conduce a la primera planta donde, en su habitación, está agonizando Claude Monet. «En parte se pueden entrever también las angustias y los sufrimientos de este fin, pero el respeto por la criatura humana prohíbe fantasear.» Esta ligera paráfrasis de un bello texto de Marguerite

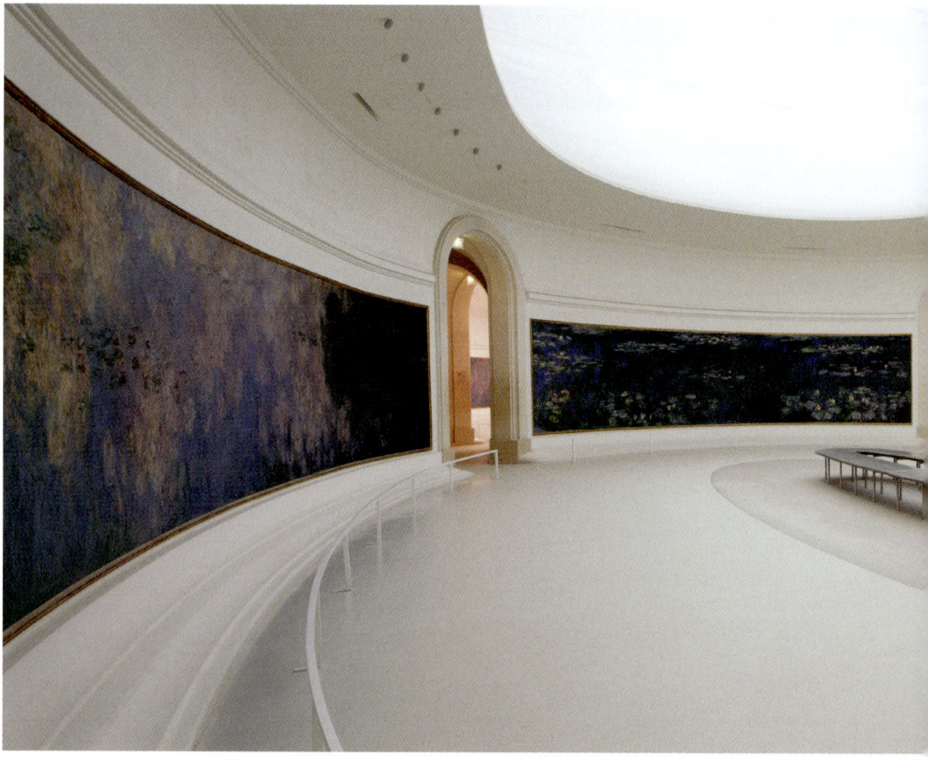

Yourcenar invita a reproducir la narración de Clemenceau, recogida por Thiébault-Sisson: «El día de su muerte, la respiración se fue haciendo cada vez más fatigosa; le tomé la mano: ¿Sufre?, le pregunté. No, me dijo con una voz casi imperceptible. Algunos instantes más tarde se oyó un débil estertor; eso fue todo». Este sereno final que testimonia Clemenceau, está confirmado por Michel Monet: «El fin de mi pobre padre fue muy tranquilo. No lo vio venir y eso es un gran consuelo para nosotros. Pero ¡qué días pasamos antes!». Claude Monet expiró el 5 de diciembre de 1926, hacia la una de la tarde.

El entierro

Cuando todo está consumado, Georges y Pierre Durand-Ruel se presentan a primera hora de la tarde de este domingo 5 de diciembre. Se les autoriza a subir a la habitación para inclinarse ante los restos

Las Ninfeas
Instaladas en el Musée de l'Orangerie, París

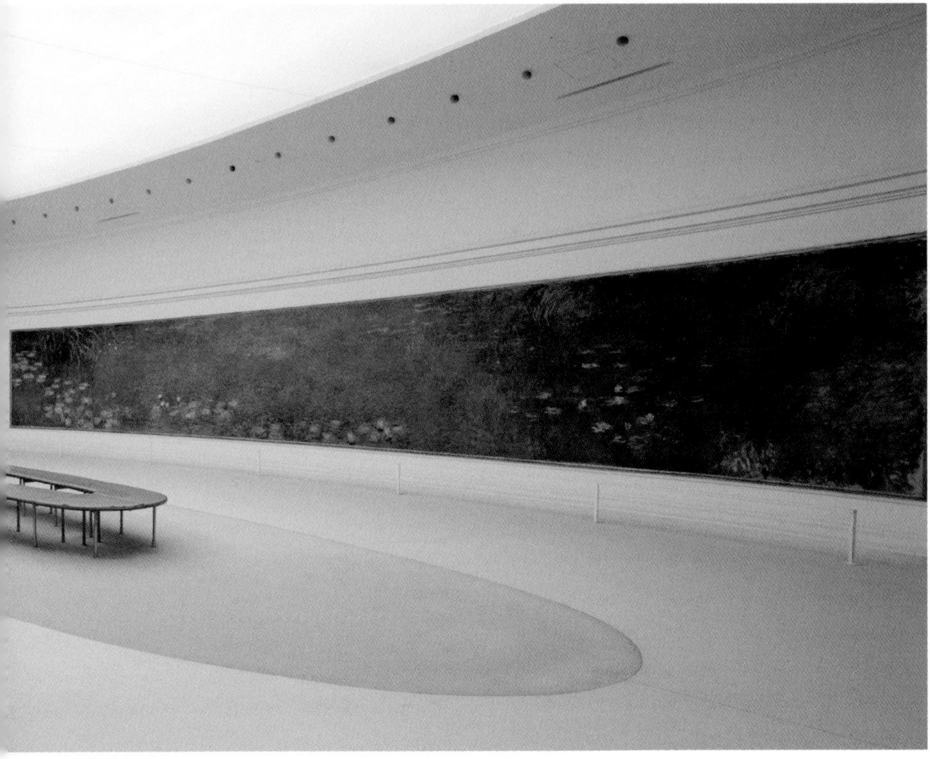

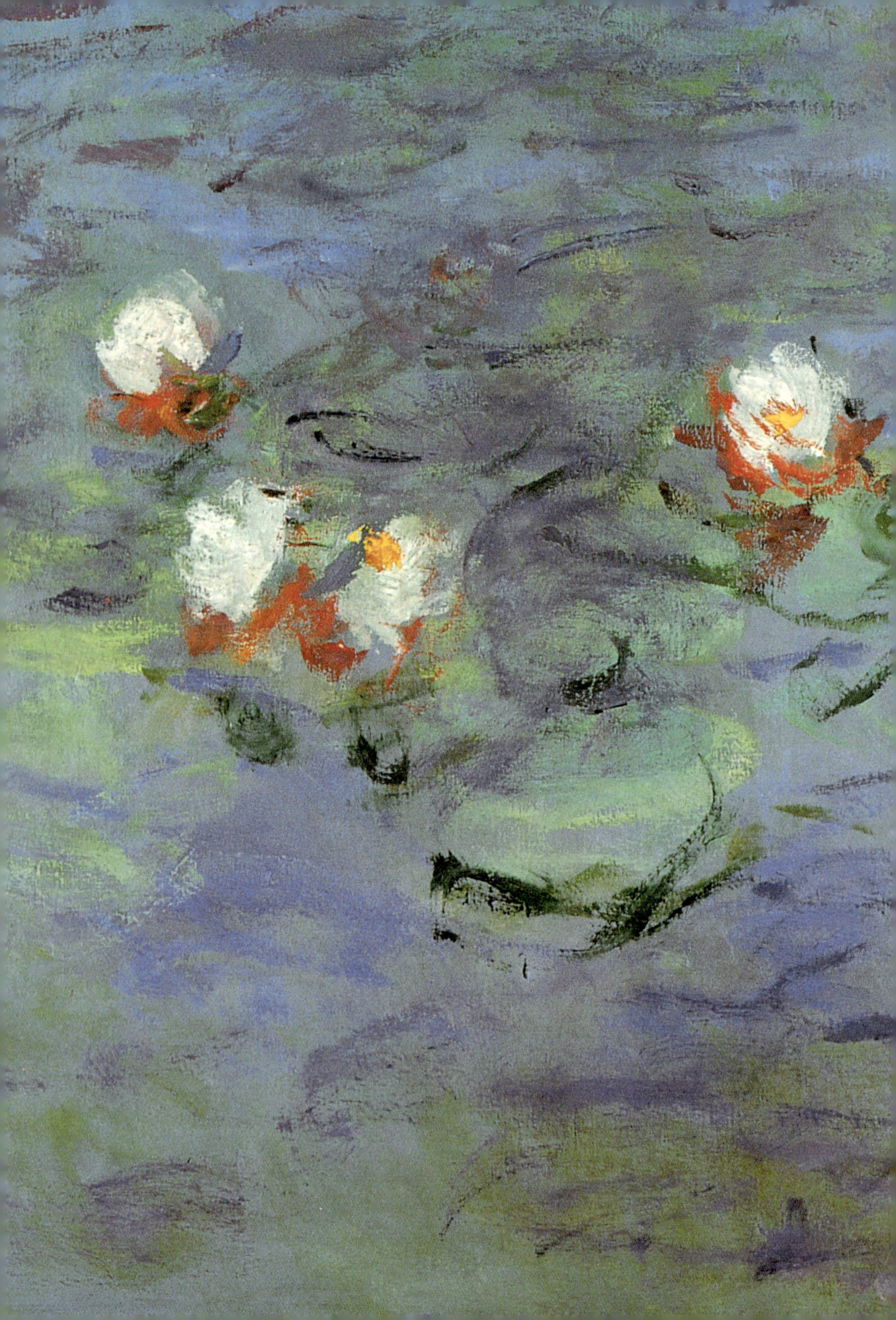

mortales de Monet. Ese mismo día se envía desde Vernon un telegrama a París, de modo que al día siguiente las portadas de los diarios se cubren de artículos, la mayoría de ellos ilustrados, en ocasiones en el lugar del editorial, unánimes en rendir homenaje al gigante desaparecido y en reconocer la inmensa pérdida que ha sufrido el arte en Francia y en el mundo. Se subraya en general cómo Clemenceau recogió el último suspiro del moribundo. Las crónicas se sucederán incluso después del entierro, en una ocasión aun sin mencionar la muerte del pintor, como si se quisiera subrayar así la inmortalidad de su obra. Seguirá toda una serie de ecos, de homenajes y de estudios, algunos bastante amplios, en la prensa periódica, tanto en la especializada como en la general.

Por lo que se refiere al entierro, Monet, quien no gustaba de hablar de su muerte y descuidó tomar por tanto disposiciones al respecto, hizo saber claramente a su entorno que deseaba un entierro civil. Algunos creen haber recibido incluso recomendaciones más precisas: «Enterradme como si fuera un hombre bueno del país. Que solo seáis vosotros, mis parientes, quienes marchen detrás del féretro. No quiero que mis amigos conozcan la tristeza de acompañarme ese día... Recordad sobre todo que no quiero ni flores ni coronas. Estos son honores vanos. Además, sería verdaderamente un sacrilegio saquear con este motivo todas las flores de mi jardín». Esta última frase, tan conforme a todo lo que sabemos de él, confiere al conjunto un acento de autenticidad. Sobre la tumba se depositará una sola gavilla.

A lo largo del lunes, un reportero se atreve a penetrar en la propiedad silenciosa, como desierta. «Al ruido de mis pasos sobre la grava se abre una puerta; es uno de los hijos de Claude Monet. Está desconcertado, con el rostro demudado por el dolor. No quiere decir nada, no quiere ver a nadie.» «Sí, ayer a las doce y media, no me pregunte nada más. Descansa ya para siempre. Déjenle, déjennos.» A los amigos que insisten en que les indiquen la hora del entierro, acaban por decirles que se ha fijado el miércoles 8, a las diez y media, pero les recomiendan que no se molesten en venir. En ese mismo sentido, Jean-Pierre Hoschedé llama por teléfono a Évreux, para rogar al prefecto de Eure que «renuncie a pronunciar un discurso, pues la voluntad de Monet es que no haya ninguno».

Frecuentemente se ha descrito el ambiente que reina en Giverny en la mañana del 8 de diciembre, con sus brumas que flotan sobre el pueblo, las colinas y las filas de árboles a orillas del Epte, desterrando todo color. A pesar de las consignas de no asistir, mejor respetadas por los habitantes de Giverny que por los de fuera, hay un buen número de curiosos en el «Camino Real». Así, cuando, a las diez y cuarto, Clemenceau desciende del automóvil, no puede ocultar su descontento al ver a la muchedumbre que tiene que atravesar para llegar

Ninfeas, Mañana (detalle)
1914-1926
Sala I del Musée de l'Orangerie
200 x 1275 cm
Musée de l'Orangerie, París

hasta la verja. Una vez en el interior, quita con gesto decidido el paño negro que recubre el féretro: «¡No! Para Monet nada de negro» y lo sustituye por un tejido de flores, que un testigo ocular describe de la siguiente manera: «Una cretona vieja del color de la hierba doncella, la miosota y la hortensia, una cretona de tintes suavizados, los tonos de sus cielos velados, los tonos que tanto amaba».

Hacia las once, por la avenida central del jardín que el maestro ha representado en tantas obras maestras y que, en este final de otoño, solo ofrece los vestigios de los últimos crisantemos y de algunas rosas deshojadas, se pone en marcha el cortejo fúnebre. Al llegar al Camino Real, gira a la derecha para tomar la dirección de la iglesia, donde no entrará, y del cementerio que la rodea, es decir un recorrido de aproximadamente 1 km. Con la banda de alcalde ceñida, Alexandre Gens precede al coche fúnebre, de dos ruedas y pintado en negro, con doselete del mismo color y corona, estrellas y festones plateados. Tiran de él dos hombres del país y lo empujan otros dos, los cuatro vestidos de domingo y no en ropa de trabajo, como se ha escrito en ocasiones. Nadie lleva las borlas del paño mortuorio. Siguiendo una vieja costumbre, los hombres —incluso los extraños a la familia— van delante de las mujeres, a la cabeza de las cuales marchan las hijastras del difunto, tocadas con velos negros. Sobre los umbrales de las puertas, detrás de las ventanas y los cercados, los habitantes de Giverny ven pasar el cortejo fúnebre de aquel por quien su pueblo ha pasado a la historia.

Enérgicamente negada por J.-P. Hoschedé, la presencia de Clemenceau está atestiguada por numerosos corresponsales, que lo describen apoyado en su bastón, revestido de una hopalanda de cuello de terciopelo, en ocasiones cerca de las mujeres con sus velos —detalle confirmado por una fotografía publicada en *L'Écho de Paris*—, otras veces a la cola del desfile, del brazo del doctor Rebière, el médico de Monet. Pero, como consecuencia de la fatiga o de la emoción, el gran viejo es presa de una debilidad pasajera: «A medio camino, monsieur Clemenceau se detiene; sus manos tiemblan, sus ojos están llenos de lágrimas. Hay que llamar al chófer». Por eso, J.-P. Hoschedé no ve al Tigre hasta que el cortejo llega al cementerio e ignora —o lo olvidará más tarde— los dolorosos esfuerzos que este hace, hasta el límite de sus fuerzas.

Detrás del ábside de la iglesia se alza una cruz de mármol blanco con el nombre de Ernest Hoschedé. Domina así la tumba en la que Claude Monet va a reencontrarse con Alice y con el primer esposo de esta, así como con Jean Monet, con Suzanne y Marthe Hoschedé-Butler. Al pie de la cruz, sobre un cuadrado de tierra negra, se han plantado algunos pensamientos amarillos y en ese mismo suelo se ha abierto, esa misma mañana, una especie de respiradero. Desde la entrada del cementerio hasta la sepultura, el camino tiene una gran

Ninfeas, Reflejos verdes
1920-1926
Sala I del Musée de l'Orangerie
200 x 850 cm
Musée de l'Orangerie, París

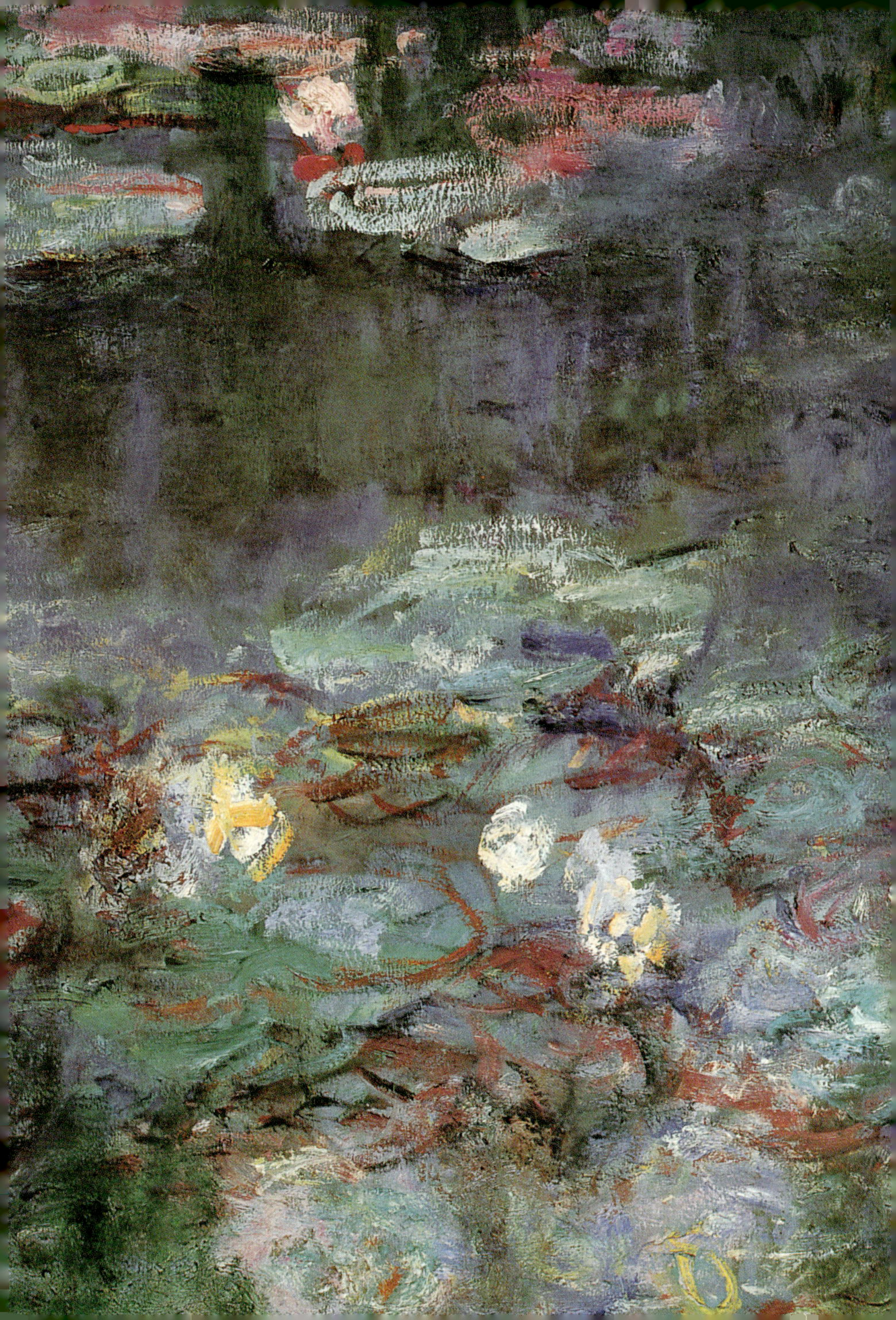

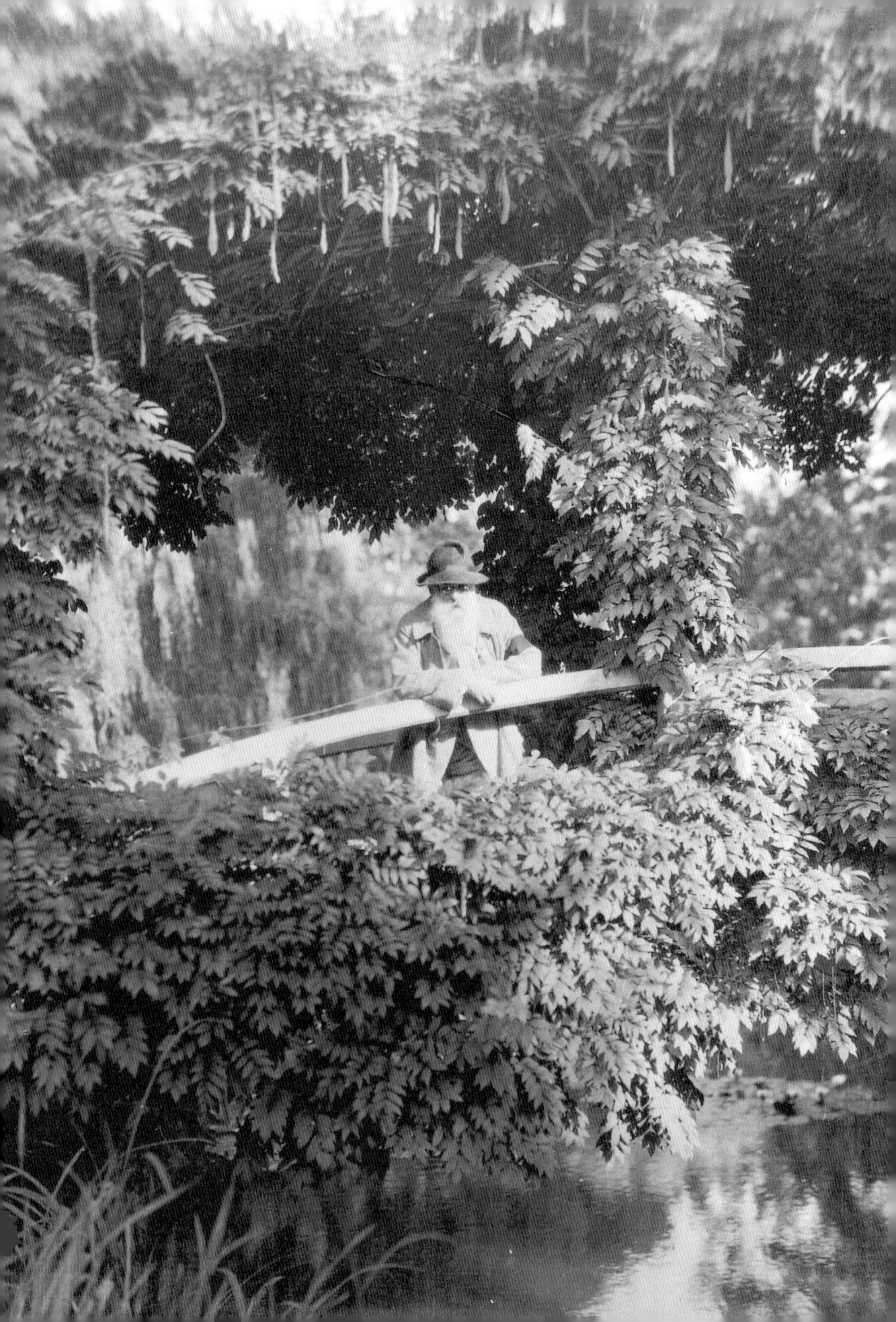

pendiente y el suelo está resbaladizo. Detrás de los cuatro portadores, que llevan el féretro a pulso, los miembros de la comitiva fúnebre chapotean en el barro. Intentan sostener a Clemenceau, pero este da a entender que puede andar solo. Dando la espalda a la tumba, un fotógrafo del noticiario filmado dirige su cámara a los presentes, que forman un semicírculo, pero no realmente en torno del ataúd, que parece abandonado bajo su extraño paño pálido, sino alrededor de Clemenceau, hacia quien convergen todas las miradas, como si se hubieran olvidado de por qué han venido, para no perderse nada del espectáculo que ofrece el dolor sincero del «presidente». Después de un momento de recogimiento, cuando parece que la ceremonia ha terminado, se le oye murmurar: «Quiero verle descender». Descendimiento largo y dificultoso que termina con dos golpes sordos.

Es la señal de la partida. Los que han venido para ver y ser vistos corren hacia la salida para no perder de vista a Georges Clemenceau. El Padre de la Victoria se ha dominado de nuevo. Su mirada ha vuelto a encontrar su vivacidad y sube a la limusina, donde se sienta completamente derecho. A quienes esperaban otros consuelos que la presencia de un hombre tan ilustre, les queda el derecho a una oración silenciosa y la certidumbre de haberse asomado al abismo insondable del genio de la pintura.

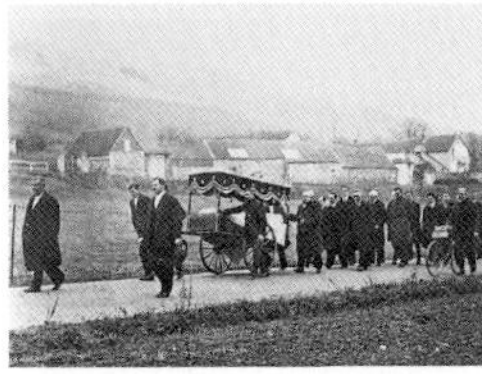

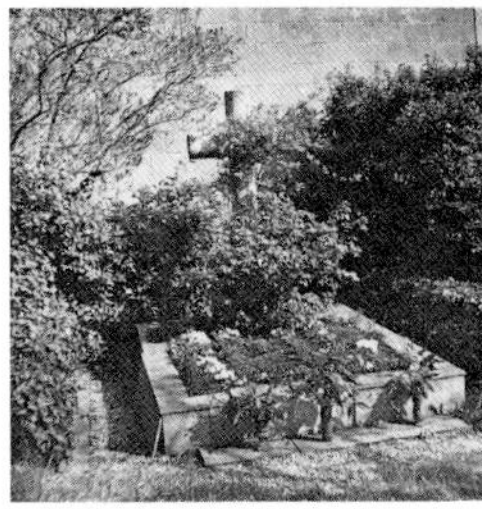

DE ARRIBA ABAJO
El miércoles 8 de diciembre de 1926, el cortejo fúnebre de Claude Monet, conducido por el alcalde de Giverny, Alexandre Gens, y seguido por Michel Monet, James Butler, J.-P. Hoschedé y Theodore E. Butler, lleva al maestro a su tumba

La tumba familiar de Monet en el cementerio de Giverny

Epílogo

A la mañana siguiente al entierro de Claude Monet quedan dos problemas sin resolver. Uno se refiere a la herencia y el otro, a las *Grandes Decoraciones.* El destino de estas últimas se arregla rápidamente. Las disposiciones de su traslado se toman el 21 de diciembre de 1926 durante una visita a Giverny de Paul Léon, director de Bellas Artes, acompañado de Guiffrey y Masson, conservadores de los museos nacionales, y del arquitecto Camille Lefèvre. Algunos días más tarde, las grandes telas toman el camino de París, donde son fotografiadas, antes del encolado, en el patio Visconti del Louvre. Estas fotografías muestran de manera irrefutable que las *Decoraciones* se componen exactamente de 22 paneles, cifra ignorada durante mucho tiempo, incluso por ciertas obras de carácter oficial. Fuertemente estimulada por Georges Clemenceau, la Administración de Bellas Artes procederá a la instalación de los paneles en los primeros meses de 1927, si bien la ceremonias de inauguración y de apertura al público pudieron celebrarse a mediados de mayo. Pronto, la obra entra en un largo purgatorio, cuyos efectos constata el Tigre: «Ayer fui a la Orangerie —declara el 7 de junio de 1928— y no había absolutamente nadie…». Esa situación se prolongará durante medio siglo.

Desde el punto de vista legal, el problema de la sucesión es bien sencillo: como Claude Monet no hizo ningún testamento, su hijo Michel es el heredero universal. En ausencia de instrucciones

Claude Monet sobre el puente japonés, 1925
Archivos del Musée Georges Clemenceau, París

particulares, prometidas pero nunca redactadas, frente a los hijos de la segunda esposa de su padre, Alice Hoschedé-Monet, Michel no tiene ninguna obligación. De este modo, el futuro de Blanche, viuda de Jean Monet, queda en manos de su cuñado, que no ignora la importancia que ha tenido en los últimos años de Monet, en que incluso ha renunciado a pintar para dedicarle todo su tiempo. Así, Michel le confía el cuidado de la finca de Giverny, con la conservación y la gestión de la importante colección de cuadros que allí se encuentran. Algunos de ellos figurarán en las listas de precios que se encargará de enviar a posibles compradores. Estas ventas constituirán esencialmente los ingresos de Michel, quien organiza su existencia haciéndose construir una casa de campo en Sorel-Moussel, entre Dreux y Anet, donde se instala con Gabrielle Bonaventure, una antigua modelo, con quien se casa en 1931. Aunque será un apasionado de los automóviles y de las cazas africanas, no descuidará Giverny y velará sobre todo por el cuidado del jardín en la medida de sus medios, que no son pocos.

Después de la muerte de Blanche en 1947, su hermano Jean-Pierre Hoschedé asumirá el papel de guardián de la propiedad durante varios años, antes de retirarse a la Casa Azul, donde escribirá su emotivo *Claude Monet, ce mal connu*, que tendrá la alegría de ver publicado unos meses antes de morir. El retiro de Jean-Pierre hace que Michel intensifique sus visitas a los jardines y a las tumbas de Giverny, que seguirá haciendo a pesar del duro golpe que supone la muerte de su esposa. En febrero de 1966, en un accidente que se produce en Vernon, resulta herido mortalmente, cuando iba al volante de un potente automóvil que sigue conduciendo a pesar de su sordera.

Su legatario universal es el Musée Marmottan Monet, propiedad de la Academia de Bellas Artes, donde se realizarán amplios trabajos de acondicionamiento para acoger dignamente la prestigiosa colección de cuadros que se exponen con el título «Monet y sus amigos». Además, procederá asimismo a la restauración y al mantenimiento de la propiedad de Giverny, con el conocido buen resultado.

Tras la muerte de Michel, Germaine Hoschedé-Salerou será, durante tres años aún, la última testigo del periodo heroico de Vétheuil, de Poissy, y de los comienzos de Giverny; en su casa de Pinsons sorprenderá a los visitantes con el frescor de sus recuerdos. El afecto manifestado hasta nuestros días por los descendientes de Alice frente a la memoria de Claude Monet se corresponde con la solicitud de que hicieron prueba los hijos del matrimonio formado por su sobrina Louise, hija de Léon Monet, con el doctor Lefebvre. Con el derecho moral sobre la obra del artista, hicieron posible la rehabilitación de los jardines de Giverny.

El primer estudio, c. 1905-1906
The Museum of Modern Art, Nueva York

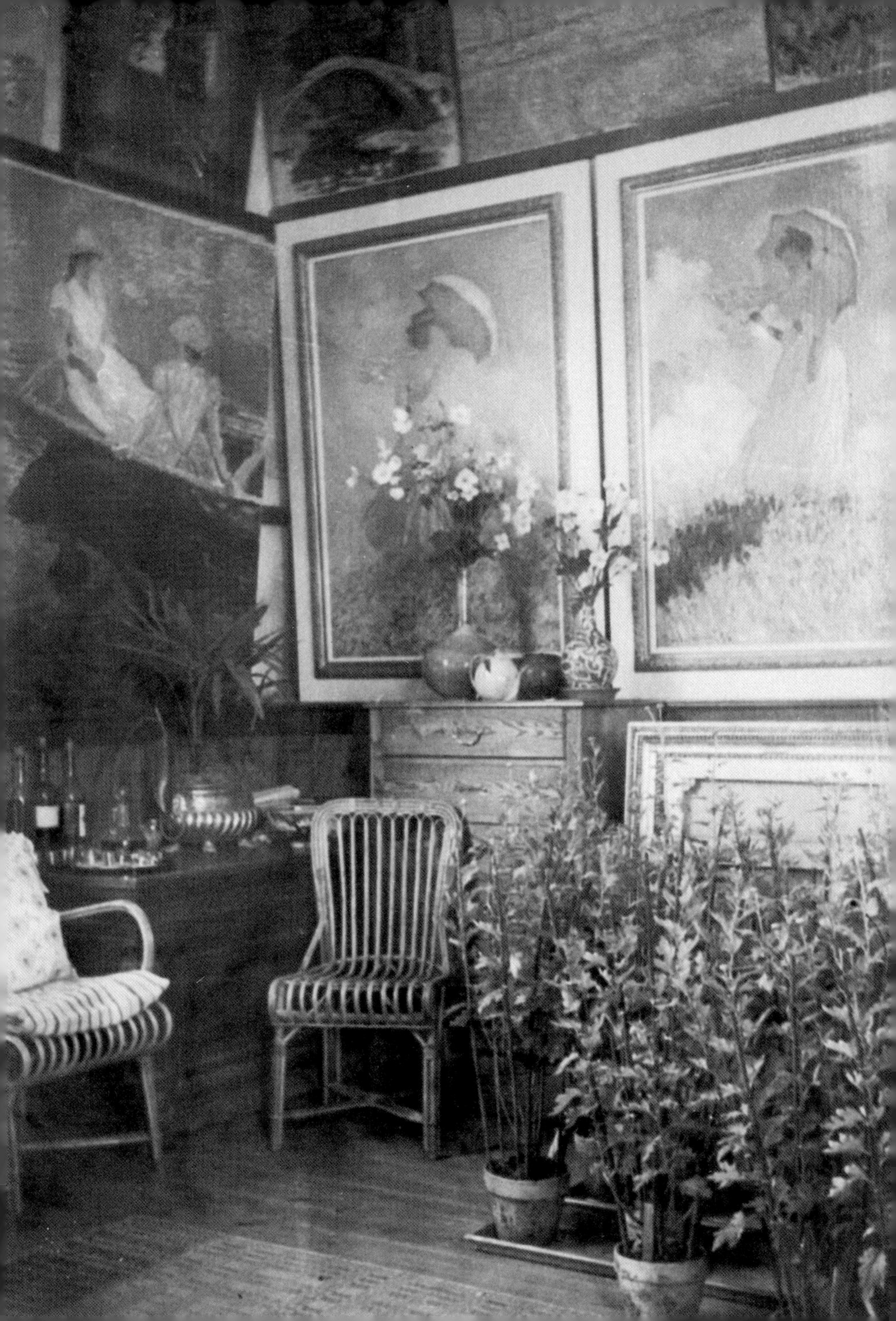

Índice onomástico

A

B

C

G

H

I

J

K

L

M

N

O

P

T

U

V

Agradecimientos

La editorial desea expresar su agradecimiento a todos los museos, colecciones públicas y coleccionistas particulares, así como a los archivos y fotógrafos que han hecho posibles las reproducciones. Las fotografías originales proceden de los museos indicados en las leyendas y de los archivos del Instituto Wildenstein y de la editorial TASCHEN. Además, las fotografías tienen los siguientes copyrights:

Fotografía Agraci: 383
akg-images: 2, 109, 168, 351, 434, 460, 470, 531; akg-images / Erich Lessing: 89
Alamy: 73, 93 abajo, 111, 204, 209, 269, 371, 400, 436, 438, 481, 500
Archives photograhiques, Paris / Nadar: 295, 307, 451
© The Art Institute of Chicago. Todos los derechos reservados: 83, 121, 185, 225, 306, 335, 339, 340, 343, 347, 348, 349, 384, 456, 462, 504
© Artothek Weilheim: 86, 134; © Peter Willi – Artothek: 153, 475
Fotografía Etta Lisa Balsadella: 494 arriba, 499, 500 abajo, 502
Fotografía Paul Baudin, Paris: 168, 171
Belvedere, Viena: 217
Fotografía Benque, Paris: 148
Fotografía E. Bernard: 382 abajo
Ben Blackwell, San Francisco: 147
B.N.F., Paris; 34 arriba, 163, 318 arriba, 402, 403
bpk-Bildagentur: bpk / The Art Institute of Chicago / Art Resource, Nueva York: 250, 270
bpk / RMN – Grand Palais / Gérard Blot: 542; bpk / RMN – Grand Palais / Gérard Blot / Christian Jean: 315, 443; bpk / RMN – Grand Palais / Sylvie Chan-Liat: 186; bpk / RMN – Grand Palais / Sophie Crépy: 592; bpk / RMN – Grand Palais / Adrien Didierjean: 90, 366; bpk / RMN – Grand Palais / Christian Jean: 459; bpk / RMN – Grand Palais / Hervé Lewandowski: 20, 55, 174, 303, 350 derecha, 444; bpk / RMN – Grand Palais / René-Gabriel Ojeda: 29, 441; bpk / RMN – Grand Palais / Tony Querrec: 17; bpk / RMN –Grand Palais / Patrice Schmidt: 183, 368
bpk / The Metropolitan Museum of Art: 409; bpk / The Metropolitan Museum of Art / Malcolm Varon: 188
bpk / Staatliche Kunstsammlungen Dresden / Ursula-Maria Hoffmann: 171 arriba
Fotografía Braun: 319
Bridgeman Images: 26 abajo izquierda, 132, 357, 406, 461, 472, 575 arriba
Fotografía Bulloz: 415
Fotografía Carjat: 26
Fotografía colección de madame Ciolkowska: 599 abajo
The Clark Art Institute, Williamstown: 376
The Cleveland Museum of Art: 112
The Cleveland Museum of Art / Scala Image Bank: 573
© foto: Christie's Images / Bridgeman Images: 165, 350 izquierda, 398, 433, 480
Christie's Images, Londres / Scala, Florencia 304
Courtesy of *Country Life* magazine, London: 418
Courtesy of Dallas Museum of Art: 482
© Dayton Art Institute / Gift of Mr Joseph Rubin / Bridgeman Images: 454
© Dayton Art Institute / Mr. and Mrs. Carter H. Harrison Collection / Bridgeman Images: 15 abajo izquierda
Fotografía Durand-Ruel: 256, 257, 262, 417, 425, 427, 490 derecha, 584, 585, 611
© The Fine Arts Museums of San Francisco: 494 derecha
Photograph Fine Art Images / Heritage Images / Scala, Florencia: 397
© Fine Art Images – Artothek: 299
Foundation E. G. Bührle Collection, Zúrich: 210
Fotografía L. Greiner: 120
Fotografía Sacha Guitry / Roger-Viollet: 580
Harvard Art Museums, Cambridge: 216, 272
Heritage Images / Fine Art Images / akg-images: 187, 245 arriba, 292
Heritage Images / Scala, Florencia: 373
Fotografía antigua colección de Jean-Pierre Hoschedé: 492,

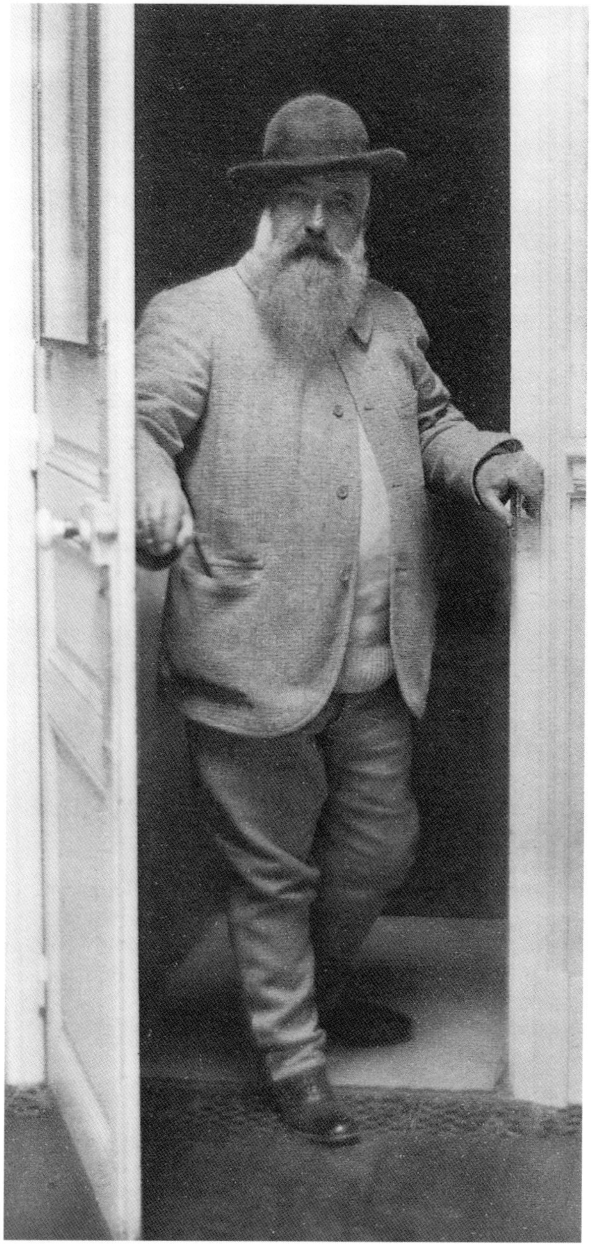

Claude Monet en la puerta
de su segundo estudio,
27 de octubre de 1905

509, 511, 512, 519, 524, 556, 557, 564
Joslyn Art Museum, Omaha: 178
Photograph Josse / Scala, Florencia: 162
The Kreeger Museum, Washington, D. C: 399, 405
Kröller-Müller Museum, Otterlo: 140
© Kunstmuseen Krefeld – Volker Döhne – Artothek: 439
Kunsthaus Zürich. Todos los derechos reservados: 31 abajo, 47, 437, 575 abajo, 586/587
© foto: Lefevre Fine Art Ltd., Londres / Bridgeman Images: 107
Los Angeles County Museum of Art, Los Ángeles, www.lacma.org: 290, 422/423
© Minneapolis Institute of Art / Bequest of Putnam Dana McMillan / Bridgeman Images: 563
The Metropolitan Museum of Art, Nueva York: 35 arriba izquierda, 39, 74, 76/77, 95, 119, 125, 145, 201, 231 abajo, 266, 344, 429, 548
Fotografía antigua colección de Michel Monet: 467, 491
Musée Eugène Boudin, Honfleur: 535
Musée de Grenoble: 538
Musée Marmottan Monet, París: 110, 300, 442, 520/521, 522, 529, 550/551, 555, 569
© foto: 2021 Museum of Fine Arts, Boston. All Rights Reserved. / Juliana Cheney Edwards Collection / Bridgeman Images: 346
The Museum of Modern Art, Nueva York / Nickolas Muray: 416, 561, 579
The Museum of Modern Art, Nueva York / Scala, Florencia: 570-571
Museum of Fine Arts, Boston: 123 arriba, 202, 222, 239, 320/321, 335, 345, 375
Museum of Fine Arts, Boston. Todos los derechos reservados / Scala, Florencia: 37, 144, 208, 327, 369, 408, 431, 495
Nasjonalgalleriet, Oslo: 271
© The National Gallery, Londres / Scala, Florencia: 98, 103, 106, 574 abajo
© National Gallery of Art, Washington, Board of Trustees: 5, 11, 80, 88, 136/137, 143, 198, 200, 213
© The Nelson Gallery Foundation. Todos los derechos de reproducción reservados, 1995: 130
Niedersächsisches Landesmuseum, Landesgalerie, Hannover: 161
Ota Memorial Museum of Art, Tokio: 428 arriba
© Philadelphia Museum of Art / Bridgeman Images: 316
© Phillips Collection / Acquired 1959 / Bridgeman Images: 396
Allen Phillips / Wadsworth Atheneum, Hartford: 463
Photograph Scala, Florencia: 63, 154, 367, 420
Portland Art Museum: 516
Princeton University Art Museum: 447
© Rheinisches Bildarchiv, Colonia: 232 derecha
© Foto R.M.N. Musée d'Orsay, París: 10, 16, 44, 56, 57, 69, 85, 104, 116, 126/127, 156/157, 167, 278, 281, 282, 285, 361, 364, 380, 515; Musée des Beaux-Arts, Lille: 440; Musée des Beaux-Arts, Lyon: 233 izquierda
Photograph Sacha Guitry / Roger-Viollet: 590
The Saint Louis Art Museum: 574 arriba
Santa Barbara Museum of Art: 430
Fotografía Sandvika Bok- og Papirhandel: 385, 388
Peter Schälchli, Zúrich: 52
Smith College Museum of Art, Northampton: 358
Tate Images: 276
Fotografía J.-M. Toulgouat: 280
Fotografía G. Truffaut: 414, 419
Trustees of Princeton University: 426 (foto B.M. White), 446/447 (foto C. Fiori)
Underwood & Underwood / Library of Congress / Corbis / VCG / Getty Images: 588
Virginia Museum of Fine Arts, Richmond: (1996) 122 (foto Katherine Wetzel)
Ole Woldbye, Copenhagen: 34 arriba derecha
Worcester Art Museum, Worcester: 486

Monet en la lugartenencia de Honfleur, finales de octubre de 1917

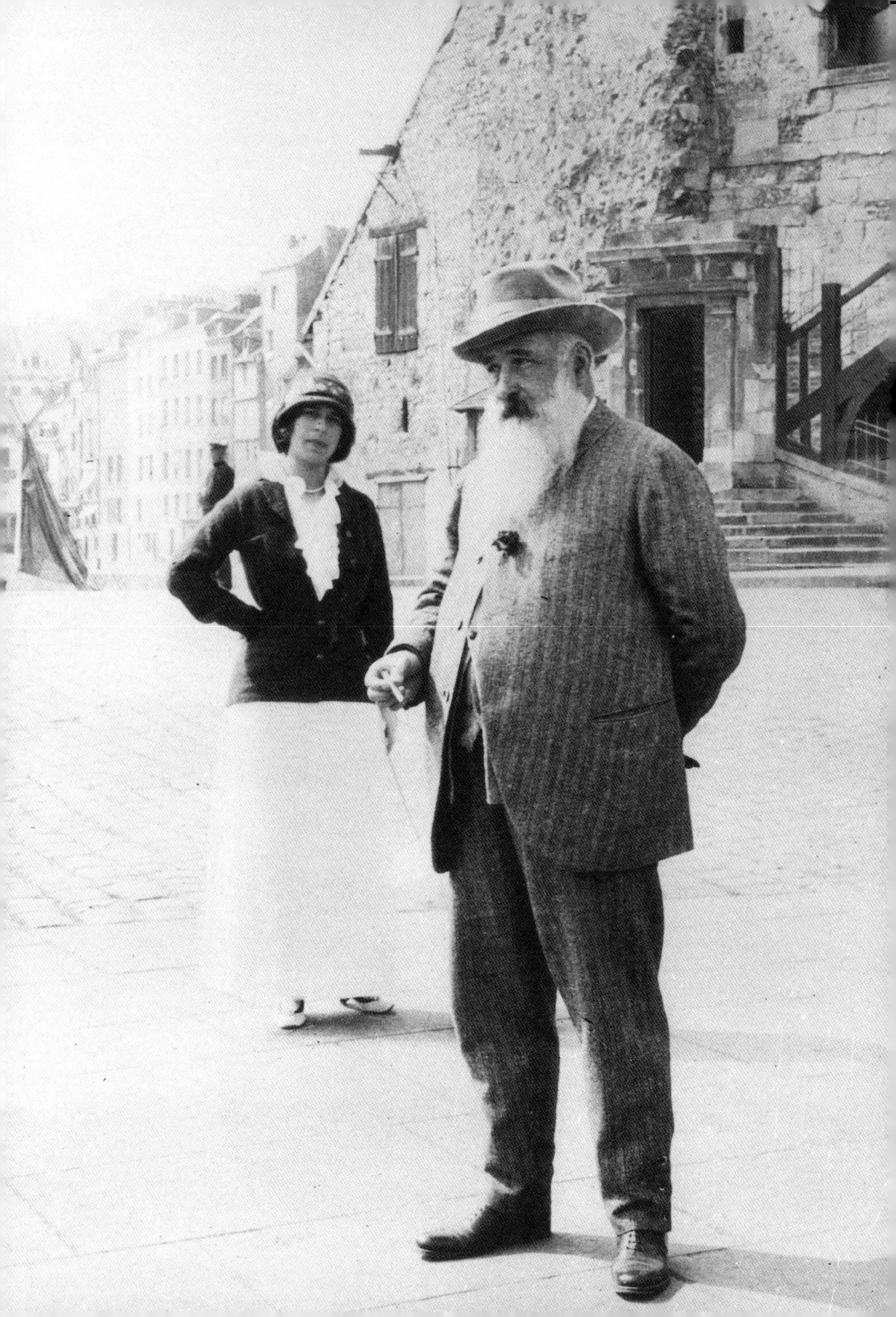

CADA LIBRO DE TASCHEN SIEMBRA UNA SEMILLA
TASCHEN es una editorial neutra en emisiones de carbono. Cada año compensamos nuestras emisiones de carbono con créditos de carbono del Instituto Terra, un programa de reforestación de Minas Gerais (Brasil) fundado por Lélia y Sebastião Salgado.
Para saber más sobre esta colaboración para la protección del medio ambiente, consulte www.taschen.com/zerocarbon
Inspiración: infinita. Huella de carbono: cero.

Si desea información acerca de las nuevas publicaciones de TASCHEN, solicite nuestra revista gratuita en www.taschen.com/magazine; también puede seguirnos en Instagram y Facebook o escribirnos a contact@taschen.com si tiene alguna pregunta sobre nuestro catálogo.

GUARDAS:
Impresión, sol naciente
1873
(véase página 132)

Hohenzollernring 53, D–50672 Köln
www.taschen.com

Concepción y maquetación: Gilles Néret, París
Traducción: P. L. Green, Aquisgrán/Madrid

Printed in Bosnia-Herzegovina
ISBN 978–3–8365–5099–4

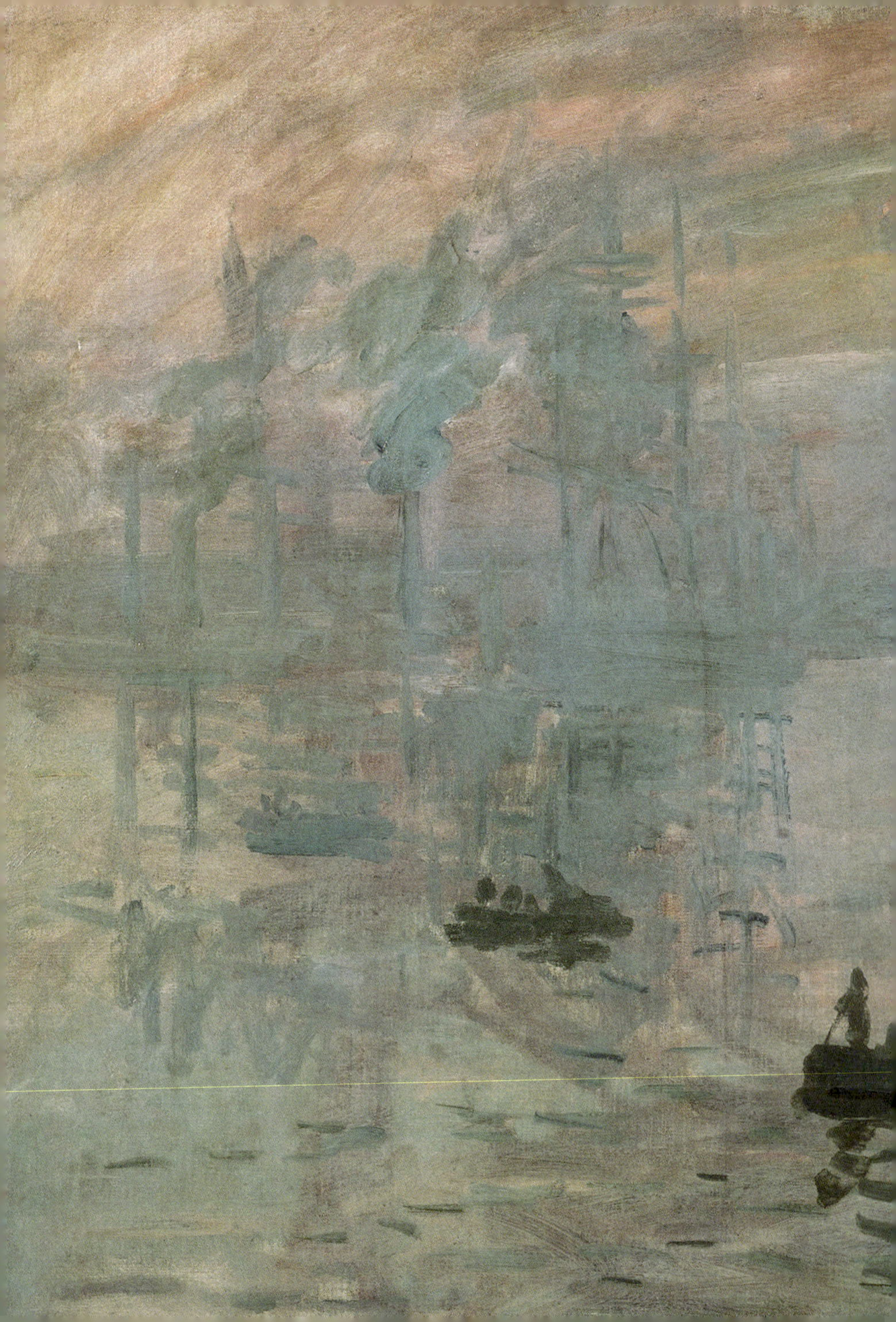